U1074422

浙江广播电影电视年鉴

ZHEJIANG GUANGBO DIANYING DIANSHI NIANJIAN

2013

浙江省广播电影电视局

《浙江广播电影电视年鉴》编辑委员会编

胡瑞庭 主编

中国广播电视出版社

CHINA RADIO & TELEVISION PUBLISHING HOUSE

图书在版编目（CIP）数据

浙江广播电影电视年鉴．2013／胡瑞庭主编；浙江省广播电影电视局《浙江广播电影电视年鉴》编辑委员会编．—北京：中国广播电视出版社，2014.5
ISBN 978-7-5043-7178-2

Ⅰ．①浙… Ⅱ．①胡… ②浙… Ⅲ．①广播事业—浙江省—2013—年鉴②电影事业—浙江省—2013—年鉴③电视事业—浙江省—2013—年鉴 Ⅳ．①G229.275.5-54 ②J992-54

中国版本图书馆 CIP 数据核字（2014）第 114805 号

浙江广播电影电视年鉴（2013）
浙江省广播电影电视局《浙江广播电影电视年鉴》编辑委员会编
胡瑞庭 主编

责任编辑 贺 明
封面设计 朱利红

出版发行 中国广播电视出版社
电 话 010 - 86093580 010 - 86093583
社 址 北京市西城区真武庙二条 9 号
邮政编码 100045
网 址 www.crtp.com.cn
电子信箱 crtp8@sina.com

经 销 全国各地新华书店
印 刷 杭州广育多莉印刷有限公司
开 本 850 毫米×1168 毫米 1／16
字 数 1300（千）字
印 张 41.75
彩 页 62 面
版 次 2014 年 5 月第 1 版 2014 年 5 月第 1 次印刷

书 号 ISBN 978-7-5043-7178-2
定 价 150.00 元

（版权所有 翻印必究·印装有误 负责调换）

8月14日至15日，中共中央政治局常委、国务院总理温家宝来到浙江考察，调研经济运行情况。温家宝在省委书记、省人大常委会主任赵洪祝，省委副书记、省长夏宝龙等陪同下，冒着酷暑高温，先后来到杭州、湖州、嘉兴，进车间，看农户，访社区，了解企业发展和就业情况，看望慰问干部群众。

2月11日至15日，中共中央政治局常委、中央纪委书记贺国强先后到浙江衢州、湖州、杭州等地，就认真学习贯彻胡锦涛总书记在十七届中央纪委第七次全会上的重要讲话精神、扎实做好保持党的纯洁性工作、以优异成绩迎接党的十八大胜利召开进行调研。

2012 年 5 月 19 日上午，在浙江调研创先争优和基层组织建设年工作的中共中央政治局委员、中央书记处书记、中组部部长李源潮视察了吉利路桥基地，对吉利的基层党组织建设工作以及吉利在技术研发、产品品质、国际化步伐等方面取得的成绩给予了高度肯定。

4 月 28 日下午，中共中央政治局委员、国务委员刘延东来到浙江工业大学考察高校教育和科研工作，并亲切看望慰问学校师生。

3月31日至4月1日，中共中央政治局委员、国务院副总理王岐山在浙江省绍兴市、宁波市考察工作，并召开华东七省市外贸形势座谈会。这是4月1日，王岐山在华东七省市外贸形势座谈会上讲话。

9月19日，中央文化体制改革和发展工作领导小组办公室副主任、国家广电总局副局长田进率领中央文化体制改革督查组到浙江督查推进广播电视有线网络整合和数字化、双向化改造工作。

11 月 7 日，赵洪祝、夏宝龙、李强、葛慧君、赵一德等省领导看望了十八大期间随浙江代表团赴京采访的浙江广电集团新闻工作者。

6 月 27 日晚，“群英盛典——2012 浙江省创先争优主题晚会”在浙江省人民大会堂隆重举行。浙江省领导赵洪祝、夏宝龙、任泽民、黄坤明、葛慧君、蔡奇、刘力伟、王新海、赵一德、厉志海、陈加元、陈艳华、黄旭明等出席。

5 月 15 日，省委常委、宣传部部长茅临生等赴华数公司调研，要求加大力度推进浙江"一省一网"的整合工作。

7 月 3 日，省委常委、宣传部长葛慧君到省广电局和浙江广电集团考察调研。在省广电局局长张宝贵、浙江广电集团总裁王同元陪同下，葛慧君部长看望慰问了省广电局机关干部职工和集团一线的工作人员，参观了浙江之声、浙江卫视的播出机房。

5月2日，省委常委、宁波市委书记王辉忠等一行来到宁海广播电视台联系结对村——胡陈乡梅山村调研基层组织建设年活动，县领导卞吉安、褚银良、褚孟形等陪同调研。

1月6日，郑继伟副省长出席全省县级城市数字影院建设工作座谈会并作重要讲话。

10 月 30 日至 11 月 2 日，第二十届国际传输与覆盖研讨会(ICTC2012)在杭州市举办。省广电局巡视员铁国强出席开幕式并致辞。

9 月 16 日，第 27 届华东六省-市广电局长协作会议在杭召开。

2 月 13 日，浙江省文化广电新闻出版局长会议在杭州召开，浙江省委常委、宣传部长茅临生出席会议并讲话，副省长郑继伟主持会议。会议要求切实把思想认识统一到省委精神上来，扎实推进全省文化广电新闻出版工作，在“围绕中心、服务大局”，“加快发展、做大做强”，“文化惠民、服务基层”，“坚持导向、加强管理”，“改进作风、建好队伍”上下工夫。

4 月 17 日，全省乡镇广电站建设交流推进会在杭州举行，全面部署“十二五”全省乡镇广播电视站建设任务，进一步加快构建广播影视公共服务体系，不断推进我省农村基层宣传思想文化工作。

5月8日，全省影视产业发展和创作生产工作会议在杭召开。会议深入学习贯彻党的十七届六中全会和省委十二届十次全会精神，部署进一步繁荣影视创作生产、加快发展影视产业工作。

5月28日，中国（浙江）影视产业国际合作实验区授牌仪式在海宁市举行，省委书记赵洪祝为中国（浙江）影视产业国际合作实验区授牌仪式发来贺信，省委常委、宣传部长茅临生为实验区授牌。

10 月 19 日，华数传媒在深交所挂牌上市，国内资本市场文化产业传媒板块又增添一生力军。当天傍晚，华数传媒上市答谢仪式隆重举行。省委书记、省人大常委会主任赵洪祝，省委副书记、省长夏宝龙，中国文联党组书记赵实发来贺信。国家广播电影电视总局副局长田进，省委常委、副省长、宣传部长葛慧君，杭州市委副书记、市长邵占维，省广电局局长张宝贵等分别在仪式上致辞。

5 月 11 日，内蒙古自治区政协副主席刘新乐率领的广播影视考察团来浙江考察。图为交流座谈会现场。

6月5日上午“国内首条4K/3D影视后期制作生产线投产新闻发布会暨索尼F65高清摄录一体机交接仪式”在横店举行。国家广电总局电影局喇培康副局长、省委宣传部胡坚常务副部长、省广电局长张宝贵局长等领导出席本次活动。

9月28日丽水新农村广播正式开播，图为浙江广播电影电视局副局长华宣飞参加开播仪式。

聚焦十八大 我们在北京

2012《十月的阳光·两富浙江 激情飞扬——浙江儿女喜迎党的十八大电视文艺直播活动》隆重举行

摄影： 赵乃澄

交通第一广播 FM93 交通之声

改变陋习 珍爱生命

喜迎十八大
2012文明出行全省巡回宣传月大型公益活动
圆满落幕

少儿频道喜迎"十八大"大型新闻行动

信仰的种子

浙江省未成年人核心价值体系建设成就巡礼

拉开序幕

摄影：赵乃澄

集团军作战 26

0名记者在一线

记录巅峰时刻 传递浙江风采

集团奥运采访团圆满完成报道任务

浙江骄傲2011年度人物揭晓

摄影：冯林

浙江经视

年度盛宴

"九好之夜"2011年度风云浙商颁奖典礼

见证浙商力量 引领浙江未来
2011年度风云浙商颁奖典礼隆重举行

十大民生工程评选

Livelihood Projects Top 10

—— 2011年度浙江省 ——

2012年1月1日 万众瞩目 荣耀揭晓

浙江省2011年度十大民生工程揭晓 民生休闲频道隆重举行颁奖典礼

摄影：赵

为浙江影视喝彩
为横店影视加油
浙江影视

影视娱乐频道承办

为浙江影视喝彩
横店“金牛奖”颁奖盛典

浙江广电集团成功举办2011年度

浙江新农村建设带头人“金牛奖”评选活动

万朵鲜花送雷锋

“温暖寒冬 让爱流动”

浙江之声联合省卫生厅
成功举办大型无偿献血公益活动

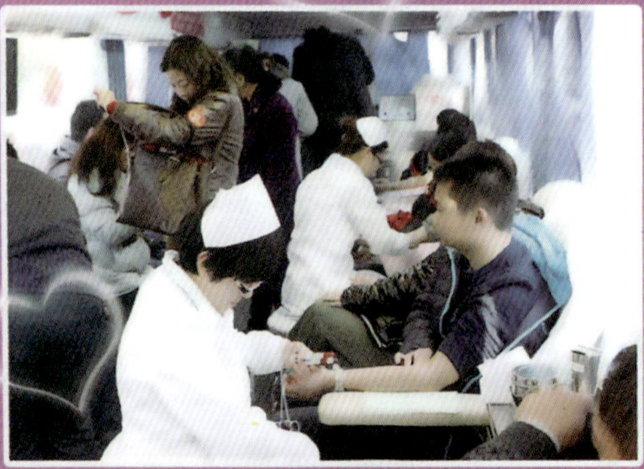

浙江之声正式启动 “小鱼治水——清源洁水行动”

师恩如歌　我爱我师

浙江省感恩谢师大型公益活动温情落幕

摄影：赵乃澄

浙江卫视
中国蓝
全国首档时尚舞蹈瘦身节目
越跳越美丽
让我们一起
为奇迹而战
全能综艺小天后
伊一
著名节目主持人
刘刚
舞动梦想
韧我飞扬

浙江卫视
中国蓝
the Voice of China
中国好声音
每周五21:10
7月至9月季播

大型励志音乐评论节目

浙江卫视中国蓝“中国三部曲”之第二部，继《中国梦想秀》之后又一标杆力作。刘欢、那英、庾澄庆、杨坤担任导师，诚意施教，节目以振兴中国乐坛、培养未来巨星为己任，以真声音、真音乐为唯一的宗旨，充分展现“好声音、正能量、真性情、大气场”的精神。节目一经播出广受好评，被观众誉为“值得期待的音乐盛事”和“耳尖上的中国”。

重大革命史诗电视剧
【唐国强】
【马晓伟】
【孙维民】
【王伍福】
【郭连文】
【申军谊】
五星红旗迎风飘扬Ⅱ
为党的十八大召开献礼
中日建交40周年　尼克松访华40周年
中国加入联合国　中日中美建交　邓小平复出　苦撑危局十年间
克什米尔公主号爆炸案　邢台大地震 哭别延安　周恩来最后的日子
长城影视股份有限公司

CCTV 1
综合频道
晚八点档
恢弘巨献
信义行天下
热血保家国
向东是大海
安建导演作品
领衔主演
王志飞 刘威葳 姜武 冯雷 刘涛 萨日娜
出品
宁波广播电视集团 美迅影视传媒（北京）有限公司

浙江影视集团年度巨献

《温州一家人》即将登陆央视一套

浙江广电集团炫彩展位亮相

第八届国际动漫节

第7届 中国（浙江）电视观众节 开幕

热闹非凡

摄影：赵乃澄

梦想的力量

摄影:赵乃澄

激情飞扬
成就梦想

摄影：赵乃澄

第五届中国（宁波）农民电影节启动仪式

让梦想发声
DREAM SHOW
中国梦想秀
the Voice of China
中国好声音
第二、四季度
每周五21 :10
第三季度
每周五21:10
浙江卫视
中国蓝

浙江卫视 中国蓝
天下义乌
WORLD OF COMMERCE
大型新闻行动

潮起钱江台

最美浙江人2012年度浙江骄傲颁奖典礼

浙江好人德行天下 颁奖晚会

国际3D魔幻艺术中国特别展开幕

国际3D魔幻艺术中国特别展现场

钱江频道日启动仪式

观众节 钱江频道入场

范大姐帮忙 0571-88901111

九点半 HALF PAST NINE

新闻007 NEWS

新闻速写

浙江名医馆 ZHE JIANG MING YI GUAN

风尚日 Fashion

浙江经视
新闻
《经视新闻》
2012中国电视
满意度博雅榜
评论
《新闻深呼吸》
2012年全国第二届
名优电视栏目
十佳电视品牌栏目
服务
《消费能见度》
浙江省消保委唯一
315新闻媒体贡献奖
最强音
ZHESHANG
风云浙商
10
周年
经济
2012年度
风云浙商暨致敬十年颁奖盛典

新青年 创造

教育科技频道

2012 年，教育科技频道进一步强化“以精英的实力创造大众文化”的理念，积极创新节目内容和形式，提高节目质量和平台影响力。频道着力创新《小强热线》、《房产装修我来说》，加强新闻时效、民生服务、新闻评论。《深度报道》播出舆论监督追踪报道 150 篇；《生活 123》增强与观众的互动，推出流动美食车露天烧菜节目，边推广边采制节目。《纪实》丰富题材，加强评论，从宣传法律知识的角度引导观众，国庆和“十八大”期间编排了“红色记忆”特别节目。《美丽 A 计划》主打怀旧节目“那些年那些歌”，还积极探索文艺专题的形式，推出《80 后的四季歌》等主题节目，让人耳目一新，广受好评。2012 年，教育科技频道还创新举办了“中秋合家欢 新青年直播日”、“十月的阳光——两富浙江 · 激情飞扬”、“对话巴里 · 马歇尔——与诺贝尔奖得主面对面”、“西溪湿地端午龙舟胜会”、“《歌舞青春》2012 浙江广电主持人歌舞大赛比赛”、“第七届中国（浙江）电视观众节《同城观众日》歌舞青春走基层活动”、“浙江省第三届微型党课大赛”等多项重大主题活动和品牌活动，影响广泛，好评如潮。

2012 年，教育科技频道晚间的省网、市网收视率继续保持省级频道第一位，全年超额完成了集团广告任务，创收创历史新高。

《对话巴里 · 马歇尔——与诺贝尔奖得主面对面》。澳大利亚诺贝尔生理或医学奖获得者巴里 · 马歇尔于 4 月 7 日来到浙江，与频道的主播涵含在浙江科技馆展开了一场关于科学的对话。

《歌舞青春》2012 浙江广电主持人歌舞大赛比赛，集团近百位 80 后主持人变身唱将、舞者参与了比赛，提升了集团年轻主持人的综合能力、影响力和知名度。

《生活 123》栏目推出“流动美食进社区”推广活动

《小强热线》栏目于 8 月 5 日在杭州运河广场广场举办了“小强走浙江”之“一起为奥运加油”活动。本次活动以“奥运会”为主题，主持人小强、涵含参与趣味游戏比赛，与观众互动。

2012“十月的阳光——两富浙江 · 激情飞扬”大型直播活动于 10 月 14 日在杭州钱江新城市民广场隆重举行。我省艺术家、浙江广电新生代主持人与现场近六千名各界群众一起，以各种文艺形式喜迎“十八大”的召开，生动展现了浙江儿女建设“两富浙江”的时代风采。

频道分别携手钱江频道、6 频道、少儿频道承办了第七届中国(浙江)电视观众节《同城观众日》歌舞青春走基层活动，分别走进海宁盐官、舟山朱家尖、泰顺泗溪镇、杭州浙江工业大学，举办了四场大型演出。

频道于 9 月 30 日在运河广场策划推出“中秋合家欢 新青年直播日”大型活动，奉献上了长达 8 小时的文艺演出、互动游戏和电影大片，由频道联手“五味和”专门制作的、直径 3.88 米、厚 8 公分、重达 2012 斤的超级大月饼在活动上亮相

频道于 9 月 30 日在运河广场策划推出“中秋合家欢 新青年直播日”大型活动，奉献上了长达 8 小时的文艺演出、互动游戏和电影大片。小强、新苗、翁仁康还来到亲亲家园小区与观众欢度百家宴邻里节，营造了团圆和谐的节庆氛围。

西溪湿地蒋村龙舟胜会于 6 月 23 日在西溪国家湿地公园举行。频道派出了四十多人的转播团队，设置了主演播区、演武场、深潭口、领饷台 4 个区域，多点连线直播。

ZTV-7
公共·新农村

2012 年，浙江电视台公共 · 新农村频坚持“服务三农”宗旨，进一步强化和优化对农特色，不断提升对农宣传影响力、竞争力和美誉度。

频道继续精办《新山海经》《翠花牵线》《农技 110》等对农节目，强化知识性、服务性和可看性，不断提升节目质量，努力打造最专业、最贴心对农服务栏目群。《流动大舞台》走进景宁、象山、台州等市数十个乡镇，扎实开展“千镇万村种文化”活动。《新闻大直播》把报道的视角和重点投向基层，增加涉农新闻报道，拓宽新闻题材，涵盖社会生活的诸多领域。《阿康讲道理》凭借翁仁康的人气和其独特的播报方式，积极弘扬了中华美德和正确的人生观、价值观。《噶是噶非》紧扣社会热点做好选题和剧本策划，节目口碑和收视率日益提高。《汽车周报》网络传播的影响越来越大。此外，频道积极探索打造《第三届“新农民 · 新点子”浙江农民创富大赛》《2012 年度浙江省新农村建设带头人“金牛奖”评选》《第三届“新农村冲击播”活动》《浙江乡村书记“双强“论坛》等对农品牌活动，不断提升频道影响力。

《阿康讲道理》联合浙江省曲艺家协会举办了 2 场“喜迎十八大 送戏进社区”大型文艺演出

《噶是噶非》大型户外推广活动“快乐五月天”走进杭州信义坊。

《流动大舞台》《劳动最光荣》五一特别节目

《新闻大直播》推出“首届换年货大会”活动

第三届“新农村冲击播”活动于 4 月开展第五波活动“春至钱江源”活动

第三届“新农村冲击播”活动于 7 月，频道牵线搭桥，由中国海外集团出资 500 万元捐建“中国海外马金希望小学”在开化县马金镇奠基。

第三届“新农民 · 新点子”浙江农民创富大赛于 8 月 31 日举行了隆重的颁奖晚会，大赛共收到千余件参赛作品，现场揭晓 2 名金点子奖和 8 名好点子奖，省委常委、副省长、宣传部长葛慧君，省人大常委会副主任程渭山等领导出席颁奖仪式。

频道《对农栏目群》和《流动大舞台》栏目组，携手走进杭州信义坊社区，和社区居民谈农事，赛农活，唱山歌，尝农家美食，带着“农”情厚意，共度最美四月天。

由省委组织部、省农办、省党建研究会和广电集团共同主办、频道承办的《浙江乡村书记“双强“论坛》于 11 月 18 日举行。

ZTV-9
留学世界

2004 年 6 月 1 日开播，是中国内地唯一一家以留学服务和外语培训为主题的专业数字频道，通过卫星覆盖全国。权威的留学新闻资讯，海量的海外院校信息，丰富的外语教学节目，资深的业内专家访谈，精彩的原生态留学博客，还有最专业的教育招考资讯，《留学看天下》、《招考热线》、《背诵为王》、《雅思训练营》、《SAT全攻略》等节目个个精彩。留学世界付费频道，让你站得更高，看得更远！

“赢在选择——2012《招考热线》高考志愿填报指导讲座”活动

▲2012 年 11月 30 日，“感受非遗精髓、演绎中华文化”——外国留学生中华才艺展演在宁波大学宁波大学林杏琴会堂拉开帷幕。

节目：马灯调

◀频道于 2012 年 9 月赴芬兰、丹麦、瑞典拍摄系列专题片《北欧留学指南》，走访了以艺术创新闻名的芬兰阿尔托大学，商科享誉世界的丹麦哥本哈根大学，以及诺贝尔医学奖的评选机构 – 瑞典卡罗琳斯卡医学院，为频道的目标观众提供全面详实的专业资讯服务。

节目：鹊桥仙

现场观众

由中国（教育部）留学服务中心举办的 2012 中国国际教育巡回展在北京拉开序幕，20 多个国家和地区，近 500 所高校和教育机构参加了本次展会。其中，澳大利亚、新西兰、英国、法国等国以国家展团的形式参展。作为本届教育展媒体合作伙伴及官方信息发布平台，留学世界付费频道在现场最中心的位置设立了展台以及采访区，第一时间为观众呈现展会资讯、留学动态、海外院校招生信息等。▼

你的家庭生活顾问
周一至周五
20：30
搜·家

你的家庭
收藏顾问
鑒寶
周日20：30

《第一家庭剧场》、《930黄金剧场》
两大强档剧场 为你一网打尽
好剧好生活！

你的家庭健康顾问
周一至周五
17:17
健康最重要

娱乐高8度
周一至周日
18:00
你的家庭娱乐顾问

浙江影视
浙江第一家庭频道

你的家庭
美食顾问
周一至周五
17:30（家庭版）
周六
20:30（周末版）
厨星高照

民生休闲频道以“6频道”的品牌形象深得观众喜爱。频道围绕家庭收视人群，成功打造了全自制全直播的晚间六小时黄金收视带，《1818黄金眼》、《钱塘老娘舅》、《老娘舅群英会》、《相亲才会赢》、《我老爸最棒》、《PK大擂台》、《相亲会》、《午夜说亮话》等一系列原创节目独树一帜、深入人心，6月6日频道日、春秋两季交友大会、彩虹计划等大型活动丰富多彩，频道节目的整体收视率和美誉度位居全省前列。6频道拥有最具活力和创造力的团队，并成长为具有稳定收视人群的高品质电视媒体。

天天6频道 生活好味道

CHILDREN'S CHANNEL OF ZHEJIANG TELEVISION STATION

创领未来

ZTV-8

浙江少儿频道

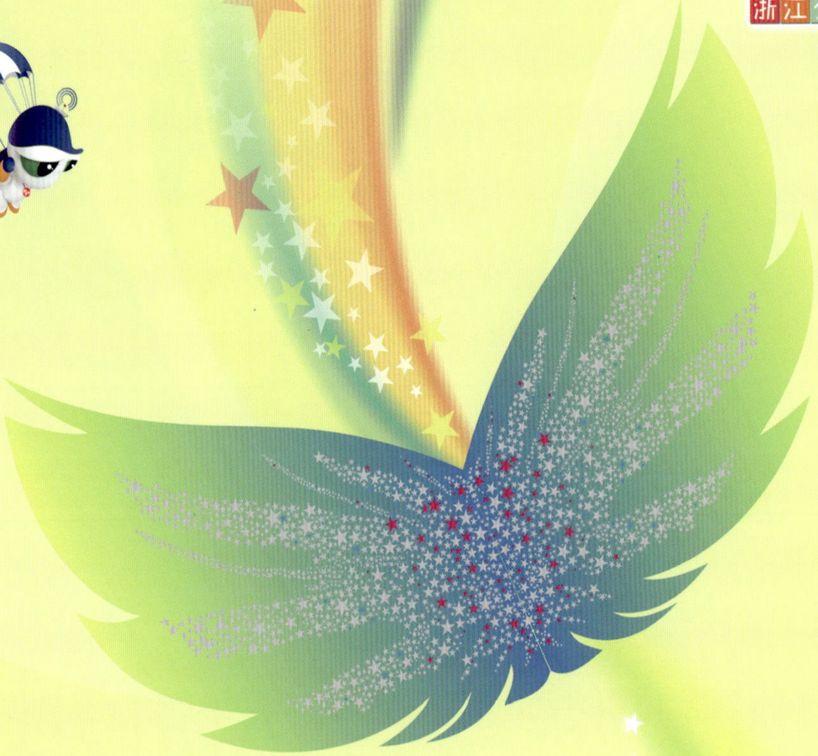

2012全国优秀少儿频道——浙江少儿频道激越青春，新锐出击！六大品牌栏目为全省少年儿童和家长打造时尚电视生活！芒果、超超、柠檬、橙子、毛毛、小丹、崔念,少儿频道主持人集群为您展现精彩！

《小智情报站》，以孩子的视角诠释当下的新热点、新风尚、新面貌；

《成长超动力》，一本陪伴孩子快乐成长的电视百科全书；

《高枕无忧》，汇集八方医学精英、打造儿童健康宝典；

《看吧，宝贝》，100公分看世界，360度去体验；

《你猜谁会赢》，为家长和孩子创设亲情互动、合力挑战、展示才华和斗志的电视竞技舞台。

链接中国动漫产业，2012动漫大片云集浙江少儿频道。蓝猫龙骑团系列之《炫迪传奇》、《中国熊猫》、《魔角侦探》、《星游记》、《数学荒岛历险》，炫酷动画好戏连台，3D播出记此起彼落，引领孩子们在梦话世界里自由徜徉、尽情翱翔！

释放童真、洋溢快乐！2012年浙江少儿频道活动连连，五彩纷呈！中国国际动漫节布展活动、全省少儿才艺大赛、庆六一大型晚会，定将成为全省少年儿童展示才华的舞台、齐心向往的节日！

少儿频道现已与新浪、搜狐、土豆等知名网站建立了战略合作关系。

少儿频道覆盖全省，收视群体已达6000万之众。

高成长、高收视、高回报！与您共赢！

2012浙江少儿，创领未来！

浙江国际
ZTV-WORLD

2012华人盛典

中秋晚会—月是故乡明

春节特别晚会《龙腾盛世中国年》

龙年春节，国际频道邀请省侨办和十一个地级市、八个重点侨乡的侨办共同打造一台节目形式新颖的2012年春节特别晚会 —《龙腾盛世中国年》。

浙江国际频道与浙江卫视联合举办大型文艺晚会“2012华人盛典·中秋晚会—月是故乡明”。晚会创意新、规模大、规格高，组织时间长，海外影响大。国侨办领导在现场对晚会表示充分肯定。

2012年10月，集团第二届运动会上，国际频道风采。

2012我与浙江

《外国人看浙江》摄影比赛

2012年，国际频道举办两次“我与浙江—外国人看浙江”摄影比赛。来自美国、德国、法国、意大利、俄罗斯、丹麦、比利时等国家的近百名驻浙江友人，走进富阳、德清、海盐等地参观考察和摄影采风，共创作了近千幅摄影作品。

《黄金时间》
《华人天地》
《发现浙江》
《钱塘剧场》
《江南剧场》

浙江国际频道

第1品质电视购物 NO.

浙江电视台好易购频道

好易购由浙江广电集团倾力打造，是浙江省唯一的专业电视购物频道。好易购打造全媒体、多平台、立体化的商业综合体，2013年全年销售总额30亿，成为集团经营创收的增长点和浙江文化产业新亮点，引领家庭购物产业的跨越式发展，跻身国内一流电视购物。

「大项目」

这是一个锻造品牌的金矿，车易购、房易购开启全新购物模式，自营品牌线上线下生根开花。春天瑞朵开创中国零束缚内衣领军品牌。

「大平台」

这是一家立体的空中旗舰店，拥有电视、网络、杂志、移动终端、互动点播、线下实体店等多元化购物平台。

「大融合」

这是融汇的商业综合体。多元跨界，合作共赢，陆续推出电视浙江名品中心、电视银行、电视名表馆及多种跨平台合作。

「大服务」

这是最具公信力的购物平台。一站式服务，轻松订购，商品免费闪电配送，便捷多样的支付方式，联名信用卡轻松分期。

「大品牌」

做大规模，做强品质，做久品牌，将好生活带到千家万户。将电视购物品牌永久铸就。

浙广早新闻

时间：周一至周日07:00-08:00

主持人：飞扬 、周雯、维琳、方亮

公务员、事业、商务人士收听新闻的首选。

浙江新闻联播

时间：周一至周日18:00-19:00

主持人：飞扬 、周雯、维琳、方亮

全省60家电台同步转播的新闻节目。

阳光行动

时间：周一至周五10:00-10:30

主持人：伟雯、飞扬

浙江省纪委特别打造的广播舆论监督节目。

新闻110

时间：周一至周日06:00-22:00每逢整点

主持人：王斌、洪放

信息量最丰富的整点新闻节目。

老师来了

时间：周一至周日12:00-13:00

主持人：雪莲、思宁

一档让听众在微信平台以答题互动的方式收获快乐、赢取奖品的娱乐节目。

方雨大搜索

时间：周一至周五08:00-09:00

主持人：方雨

浙江省知名度最高的广播新闻脱口秀节目。

今日大热点

时间：周一至周五17:00-18:00

主持人：方雨

浙江省最具温度和态度的新闻评论节目。

新闻有态度

时间：周一至周日21:00-22:00

主持人：崔麒

一档主打声音、态度、点评的新闻节目。

咖啡时光

时间：周一至周日14:00-15:00

主持人：COCO

午后行车途中最佳伴随性收听节目。

新闻直播室

时间：周一至周五13:00-14:00

主持人：飞扬

拥有庞大知名专家智库的深度新闻节目。

翊白声音杂志

时间：周一至周日11:00-12:00、22:00-23:00

主持人：钱翊白

一档凸显多种声音元素的谈资类节目。

维维说房

时间：周一至周五09:00-10:00

主持人：维维

全省最具影响力的广播房产节目。

我们都是汽车人

时间：周一至周五16:00-17:00

主持人：珂健

听众信任度最高的汽车服务类节目。

路路小贴士

时间：全天逢半点，06:30、07:30、18:30除外

主持人：路路

认知度最高、辨识度最高的广播贴士节目。

人文大讲堂

时间：周一至周日23:00—24:00
周六、周日17:00—18:00

主持人：伊然

一档品味高雅、知识面广、好听实用的文化知识栏目。

三味书屋

时间：周一至周日20:00—21:00
周六、周日13:00—14:00

主持人：兆清

最具文化底蕴的人文类节目。

一杯水大型公益行动

百年不遇的高温天席卷浙江，每天有几万交警、城管、环卫工人、建筑工人等不得不顶着烈日酷暑在户外挥洒汗水。浙江之声策划推出“一杯水”大型公益行动，通过呼吁城市沿街商铺、超市、商场、爱心企事业机关开放免费供水点，为在高温下户外清扫的环卫工人、交警及户外高温劳动者免费提供饮用水和短暂休息的场所。活动推出后仅一个月的时间，有197家爱心单位3000多个网点加入“一杯水”公益联盟。

3000多个网点组成公益联盟
“一杯水”大型公益行动

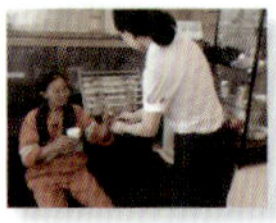

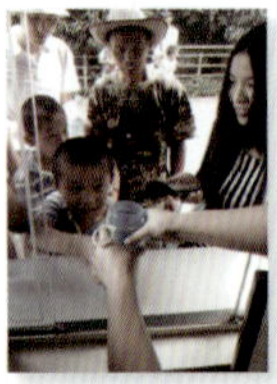

活动在群众当中树立了可亲可敬、可信可学的先进榜样，为唱响最美精神奠定了坚实的基础。

浙江省委常委
宣传部部长

万朵鲜花送雷锋

2013年3月，由浙江广电集团、共青团浙江省委主办，浙江之声、全省80家市县广播电台、市县团委承办的“‘最美浙江人’大型公益活动——‘万朵鲜花送雷锋’”在全省各地同时举行。这是浙江之声全国独创传递雷锋精神的活动，已连续推出三年。活动面向全社会征集了2000多位百姓身边的“活雷锋”，并由社会名流、广电主持人、记者为他们一一送上鲜花，表达敬意和祝福。

上班路上少开车

省级机关带了好头！这是以实际行动支持和推动治堵工程。公务员带头绿色出行一定会影响全社会，带动全社会。

浙江省政府顾问
省政府党组副书记

上班路上少开车
十多个厅局积极参与
近千名公务员响应

2013年6月16日上午，浙江之声联合省直机关工委等十多个厅局推出“上班路上少开车”大型公益活动，省直机关十多个厅局250多名公务员积极参与，活动旨在倡导减少交通拥堵，公务员带头绿色出行。

这一刻 我们和雅安 在一起

2013年4月24日晚，由浙江之声倡议发起的《这一刻，我们和雅安在一起》赈灾义演晚会在杭州涌金广场唱响。当晚3小时的义演晚会200多家省内爱心企业、团体纷纷慷慨解囊，为雅安募得善款近174万元，物资155万元。

FM 95
经济广播
财富路
95行
FM 95
朝九晚五 就听95
财经主播：胡玲玲

交通第一广播

FM93 交通之声

中国广播前三强

2013传媒中国年度十大广播电台

独特优势

浙江唯一应急广播
驰援余姚新闻大行动

在突发状况面前，时间就是生命，信息就是生命，行动就是生命。

"拯救生命的电台",FM93 和你在一起

8 路记者深入腹地,36 次前线直播室播音，
144 小时不间断应急大直播

13 万多条微信信息，326 条微博，1538 万人次累计阅读量

12 路灾情热线，3300 多个电话

李强省长视察灾情希望市民多听 FM93

浙江唯一现场直播媒体

断电与外界失去联系
FM93 成为多数余姚市民获取信息的唯一通道

第一时间发动爱心援助，爱心企业纷纷响应，通过 FM93 向余姚捐赠矿泉水 18.36 万瓶、饮料 4.8 万瓶、食品 18.64 万份，送往灾区第一线。

第一时间启动应急直播报道

第一时间积极组织救援

第一时间搭建互动大平台

一个调频听遍浙江

全国首家女主播电台

FM 1零4.5

品质生活广播

因为公益 所以美丽

十二星座女主播荣膺

2012浙江青春领袖

浙江省巾帼文明岗

浙江省交通安全形象大使

共青团浙江省委志愿者形象大使

浙江省无偿献血形象大使

浙江省十一地市旅游形象大使

杭州市消防宣传形象大使

个性 时尚 品质

《快乐音乐课》

周一至周日 16:00——17:00
主持人：魏 勤（周一至周五）
　　　　小 茹（周六、周日）

《乐听乐动听》

周一至周五 7:00——9:00
主持人：陶陶　一郎

2012年度浙江广播影视政府奖	
2012年度浙江广播影视文艺奖文艺栏目一等奖	心醉爵士
2012年度浙江广播电视播音主持一等奖	尺八情缘
2012年度浙江广播影视文艺奖音乐节目一等奖	号子声声
2012年度浙江广播影视文艺奖文学节目二等奖	爱因为在心中——读《彼岸花开成海》
2012年度浙江广播影视文艺奖广播剧三等奖	亚热带的巧克力
2012年度浙江省广播电视新闻奖	
2012年度浙江省广播电视新闻奖社教专题二等奖	剡西农民诗社
2012年度浙江省广播电视新闻奖新闻专题三等奖	向员工认个错为啥那么难?

《鲁瑾脱口秀》

周一至周五 10:30——12:00
主持人：鲁 瑾

《心醉爵士》

周一至周五 21:00-22:00
主持人：苏 舒

动听968
优质音乐生活广播

2012春运直播现场

采访社区环保达人

社区采访

记者在春运直播现场采访

记者采访金兄弟珠宝集团董事长沈方根

援建青川

记者在断桥上采访外籍游客

记者采访娃哈哈董事长
宗庆后

民生资讯广播

FM99.6

记者在客运站采访

记者采访报喜鸟集团党委班子

记者采访曼卡龙董事长孙忠鹄及党支部班子

记者采访万事利集团
董事局主席屠红燕

2012大事件

2012年1月8日春运特别直播。

2012年3月15日，315维权特别策划。

2012年4月18日，《中国新车榜》，45升油挑战杭州到北京，一箱油，不加油！

2012年6月1日，六一儿童节，云和安溪畲族中心小学，@中国新车榜 大爱浙江之“上海大众途观公益行”。

2012年7月6日，海宁斜桥，葡萄采摘自驾游。

2012年9月28日，宁波鄞州区，宁波鄞州区文化艺术中心，“中河之夜”宁波中河街道第四届文化艺术节活动由民生资讯广播全程策划执行。

2012年9月－11月期间，记者走访全省18家民营企业党组织，真实报道党组织在民营企业中发挥的作用，录制播出系列报道《党旗红、民企兴》25期。

2012年11月24日，杭州地铁开通特别直播。

2012年12月6日——9日，杭州黄龙体育中心。FM996民生资讯广播承办2012年国际乒联世界巡回赛总决赛（杭州）。

2012年12月15日，@中国新车榜 岁末车展正在吴山广场进行。

2012年12月21日，桐乡，FM996民生资讯广播征集听众参加“登船日音乐party”，超过200辆私家车300位听众参与活动。

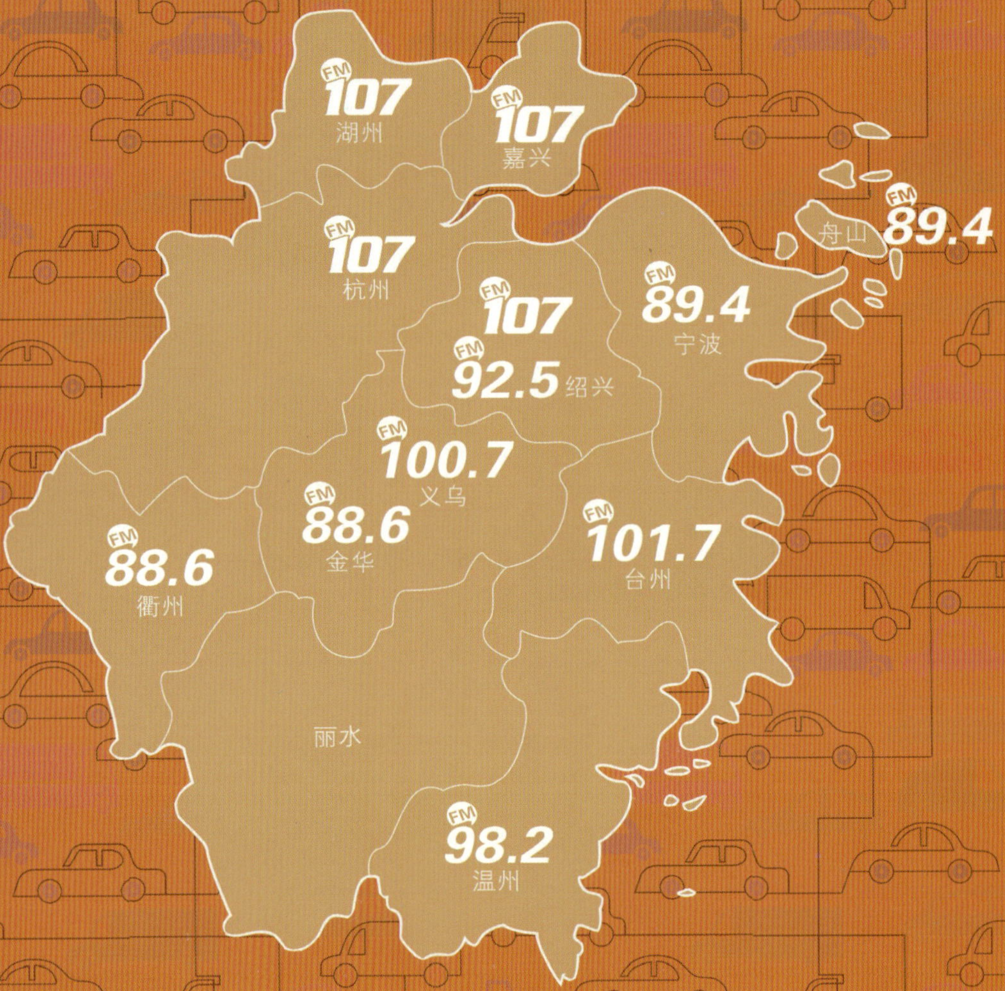

私家车107 · 城市之声

中国第一综艺私家车电台

私家车107 · 城市之声，隶属浙江广播电视集团。

全国首家私家车电台，中国第一综艺私家车电台。立足杭州，覆盖全省，全情打造广播综艺旗舰。

以风格独具的节目优势、极具品牌效应的主持人团队、充满创意的活动策划引领媒体风潮。

扫描二维码关注私家车107官方微信

http://www.fm107.net

一网两台 立体传播

主流媒体 权威声音
新闻事实 公信发布
互动平台 引领舆论

新蓝网既有国新办授予的“互联网新闻信息发布许可证”，又是全国首批、浙江唯一的网络广播电视台，连续三年被评为“浙江省文化传播创新十佳网站”。“一网双证”构建三大传播平台：

新蓝网 WWW.CZTV.COM

浙江省内第一新闻视频门户，十大类新闻版块及教育、体育、浙商等五大专业频道，凸显“新闻立网”宗旨下的主流媒体气质。

浙江网络广播电视台 TV.CZTV.COM

浙江唯一的网络电视台，24小时提供电视直播、在线广播和互动点播，支持用户上传、下载、互动评论。

浙江手机台 M.CZTV.COM

浙江唯一官方手机电视台，IPHONE、IPAD、ANDROID等终端均可畅享高清电视频道直播、点播内容，可看、趣味、实用。

浙江广播电视报刊出版总社

浙江城市广播电视报

浙江城市广播电视报（原浙江广播电视报）创刊于1955年2月，由浙江省新闻出版广电局主管，浙江广播电视集团主办。国内统一刊号：CN33-0094。

浙江城市广播电视报以“宣传集团，服务读者”为办报宗旨，设有频道扫描、一周视点、节目搜索等在读者中有良好口碑的名牌专栏。浙江城市广播电视报突出文化娱乐报道，电视节目预告，频道栏目推荐，剧情内容介绍，是一份集知识性、服务性、娱乐性、可读性为一体的全省首选的家庭娱乐报。

浙江城市广播电视报每周一期，每周四出版，每期四开二十八版。

交通旅游导报

《交通旅游导报》创办于2005年1月1日，由浙江广播电视集团主管、浙江省交通运输厅联办，现为周四刊，每周二、三、四、六出版，有新闻（要闻、深度和热点）、快客、大建设、大物流、信用交通、运管在线、港航周刊、梅花碑副刊等板块。国内统一刊号：CN33-0027。

《交通旅游导报》坚守浙江交通新闻宣传主阵地，以“立足交通，关注民生”为办报宗旨，扎根基层，不断深化行业和社会影响力，报社的新闻、发行、经营连年获得突破性发展，站在了浙江专业报的前列。同时，报社积极探索多平台发展，“交通900”电视栏目品牌渐成，“行周刊” 市场探索全新开局，“浙江交通最美行业创建”、“浙江交通文学艺术梅花奖”等活动影响日隆，浙江交通作家协会、交通文化品牌建设等载体创新交通文化产品，引领行业正能量。

新的时代条件下，导报在“一体两翼”发展战略的引领下，正努力进一步做强主报这一主体业务，并创新发展文化传媒产品和快客传媒产品两大领域，实现导报的转型发展、可持续发展。

大众电视

《大众电视》是我国创办最早的电视杂志，现由国家新闻出版广播电影电视总局主管，中国广播电视协会和浙江广播电视集团主办，2013年全年共出版48期。国内统一刊号：CN11-2773/J。

《大众电视》设有《电视剧》、《纪录片》、《人物》、《文化》、《历史》、《社会·法制》、《论坛》等栏目，为进一步宣传推广我国丰富多彩的电视节目和重大活动作出了努力，受到读者的喜爱。

《大众电视》在经营过程中，通过调整内部管理，加强频道合作，开展各类活动等方式进行运作，为杂志的可持续发展奠定了基础。

《大众电视》16开，每期84页，定价10元，全国邮局订阅。

浙江省广播电影电视局
《浙江广播电影电视年鉴》编辑指导委员会

主任委员：寿剑刚

副主任委员：胡瑞庭　吕建楚　王国富　华宣飞　铁国强　沈金加　施泉明　顾顺坤　赵力平　杨　勇　何跃新　董传亮　夏陈安

委　　员：方建生　赵惠峰　杨速辉　沈铭权　马雪腾　黄松保　朱连芳　章建平　吕新景　颜兆祥　赵正发

《浙江广播电影电视年鉴》编辑部

主　　编：胡瑞庭　浙江省广播电影电视学会

副 主 编：胡　键　浙江省广播电影电视局

林勇毅　浙江省广播电影电视局

姚　休　浙江广播电视集团

编辑部主任：陶广平　浙江省广播电影电视学会

责任编辑：邵颖山　《视听纵横》编辑部

《浙江广播电影电视年鉴》2013 年版特约编辑

郑　宇　浙江省广播电影电视局办公室

汪浩雷　浙江省广播电影电视局宣传管理处

郭新宇　浙江省广播电影电视局电影管理处

傅思聪　浙江省广播电影电视局艺术管理处

郑　斌　浙江省广播电影电视局人事教育处

洪　云　浙江省广播电影电视局社会管理处

张　元　浙江省广播电影电视局执法指导监督处

郁　东　浙江省广播电影电视局规划与产业管理处

方　炜　浙江省广播电影电视局科技管理处

李明月　浙江省广电传媒产业协会

任轶华　浙江广播电视集团办公室

安　远　浙江广播电视集团总编室

金　虹　浙江广播电视集团人事管理部

向利祥　浙江省电影公司办公室

王山河　杭州市文化广电新闻出版局

卢克中　杭州文化广播电视集团

刘　静　宁波市文化广电新闻出版局

汤志光　宁波广播电视集团

季康乐　温州市文化广电新闻出版局

王　冠　温州广播电视台

孙祥玮　嘉兴市文化广电新闻出版局

胡宏宾　嘉兴广播电视台

徐地强　湖州市文化广电新闻出版局

林　平　湖州广播电视台

张槐林　绍兴市文化广电新闻出版局

范　强　绍兴广播电视台

李瑞龙　金华市文化广电新闻出版局

戚国兴　金华广播电视台

朱景春　衢州市文化广电新闻出版局

吴丽青　衢州广播电视台

俞赵飞　台州市文化广电新闻出版局

夏亦冰　台州广播电视台

郑燕历　舟山市文化广电新闻出版局

叶永对　舟山广播电视台

王　健　丽水市文化广电新闻出版局

麻育恭　丽水广播电视台

编辑说明

一、《浙江广播电影电视年鉴》是反映浙江省广播电影电视事业基本情况和发展变化的资料性工具书。内容主要是上一年全省广播电影电视系统各方面的新情况、新资料。

二、本年鉴自2001年起,每年编印一卷。2013年版为第12卷。本卷共分21个部分:(1)特载;(2)特辑;(3)概况(一);(4)概况(二);(5)大事记;(6)文件与法规;(7)机构设置;(8)集团建设;(9)人物;(10)节目栏目;(11)重大宣传活动;(12)广播影视剧;(13)产业经营;(14)专论;(15)文章辑要;(16)报刊出版;(17)科学技术;(18)评奖;(19)交流合作;(20)统计;(21)图片。

三、本年鉴2013年版主要发表2012年的资料。但在《特载》、《特辑》中也收集2013年初的有关资料。

四、有关广播影视宣传报道和播映的情况是本年鉴2013年版的重要内容,着重在以下各栏目中反映:

《特载》——刊登了2012年内温家宝、贺国强、王岐山、刘延东、李源潮和路甬祥等中央和国家领导同志视察浙江工作时的广播电视新闻稿;刊登了中央和省委、省政府领导有关新闻宣传工作的讲话。

《特辑》——刊登了省、市广播电视系统迎接中国共产党第十八届全国代表大会召开和学习贯彻十八大精神重大宣传报道;巩固发展应对国际金融危机,深化推进"四大国家战略""四大建设""五大统筹"推进"物质富裕、建设富有"现代化浙江建设的有关重要活动和宣传报道情况;全省广电战线深入开展走基层、转作风、改文风的活动的有关宣传报道情况。

《概况》(一)和《概况》(二)——刊登了浙江省广电局、浙江广播电视集团及全省各市、县(市)广播电视管理及宣传方面的情况;

《节目栏目》——刊登了浙江广电集团和市、县(市)广播电视台主要栏目及节目的介绍;

《广播影视剧》——刊登了广播剧、电影、电视剧摄制播映的情况;

《重大宣传活动》——刊登了浙江广播电视集团及全省各市、县(市)播出机构策划举办的重大节庆、重大宣传活动情况;

《评奖》——刊登省市广播电视新闻(社教)、文艺(含广播剧、电视剧)及播音主持人作品、论文等获奖情况。

五、本年鉴2013年版有关科技创新和事业建设等情况,主要在《概况》和《科学技术》、《统计》等栏目中介绍。

六、本年鉴2013年版在2012年版的基础上,除继续办好《人物》、《大事记》等重点篇目外,加大了对浙江广播电视集团情况的彩页宣传。

七、本年鉴2013年版其他内容详见有关篇目。

目　录

1.特载

2.特辑

3.概况(一)

4.概况(二)

5.大事记

6.文件与法规

7.机构设置

湖州市

嘉兴市

绍兴市

金华市

衢州市

舟山市

台州市

丽水市

8.集团建设

9.人物

浙江省广播电影电视局

浙江广播电视集团

杭州市

嘉兴市

绍兴市

金华市

衢州市

舟山市

台州市

10.栏目节目

11.重大宣传活动

12.广播影视剧

2012 年电视剧

2012 年电影

2012 年动画片

13.产业经营

14.专论

15.文章辑要

16.报刊出版

17.科学技术

18.评奖

全国性评奖

浙江省评奖

19.交流合作

20.统计

1. 特载

TEZAI

2012 年中央领导视察浙江的广电新闻稿

温家宝在浙江考察经济运行
我们有条件有能力实现今年经济社会发展目标
赵洪祝夏宝龙等陪同考察 乔传秀李强等参加汇报会

温家宝在浙江考察经济运行副本

8 月 14 日至 15 日，中共中央政治局常委、国务院总理温家宝来到浙江考察，调研经济运行情况。温家宝在省委书记、省人大常委会主任赵洪祝，省委副书记、省长夏宝龙等陪同下，冒着酷暑高温，先后来到杭州、湖州、嘉兴，进车间，看农户，访社区，了解企业发展和就业情况，看望慰问干部群众。

温家宝指出，当前我国经济发展的基本面是好的，一些领域出现积极变化，保持经济平稳较快发展具备不少有利条件。同时也要清醒地看到，经济趋稳的基础还不牢固，经济困难可能还会持续一段时间。越是在困难情况下，越要增强信心，各级领导要有信心，广大企业要有信心，整个社会要有信心。要按照中央的统一部署，密切跟踪分析形势，及时发现经济运行中的新情况、新问题，并结合本地区、本部门实际，创造性地开展工作。我们有条件、有能力，也一定能够实现今年经济社会发展目标。

（一）

浙江是我国经济大省，外向型经济发达。2008 年国际金融危机爆发以来，温家宝多次来这里调研。尽管今年国际国内经济形势复杂严峻，浙江第二季度国内生产总值仍同比增长8%，比一季度提高0.9个百分点，经济运行正呈现出“低开稳走向上”态势。

调研期间，温家宝来到网易公司、中控科技集团、诺力机械公司、海信惠而浦电器公司、五芳斋公司和雅莹服装公司等企业详细了解生产经营情况，并在企业里召开3场座谈会，与多个行业的几十位企业负责人深入交流。从实地调研和大家反映的情况看，当前企业发展仍面临很多困难和不小压力，但也有不少亮点。许多企业迎难而上，主动调整，千方百计开拓市场，不仅取得良好效益，也提高了竞争力，有的行业已出现回暖迹象。

温家宝说，我此行的目的概括起来就是八个字：增强信心，关注就业。今年以来，我们按照“稳增长、调结构、惠民生”的要求，为应对国际金融危机特别是欧债危机带来的外需减少等不利影响，采取了一系列调控措施。一是加大结构性减税力度，特别是推进营业税改征增值税试点，并且将试点范围扩大到10个省市，实施一系列减轻小微企业税费负担的政策措施。二是实施稳健的货币政策。两次调低存贷款基准利率，并扩大利率特别是贷款利率浮动区间，降低存款准备金率。三是在全国第二次较大规模支持企业技术改造。中央财政投入268亿元，以贴息方式支持企业技改。四是鼓励民间投资。出台了“新36条”的42个实施细则，目前民间投资占整个固定资产投资比重提高到62%，增长速度高于国有投资。五是实施“节能家电惠民工程”。一方面扩大消费，一方面促进相关企业生产。六是加大关系民生的基础设施建设。加快推进保障性安居工程和农村危房改造，启动部分大城市地下管网改造和给排水工程，加强农田水利设施建设等。这些措施已经并将继续对促进经济发展、结构调整、转变发展方式和改善民生发挥重要作用。

温家宝指出，近几个月，特别是7月以来，经济运行正在出现一些积极变化。一是投资、消费稳定增长，内需支撑作用进一步增强。二是东部地区规模以上工业增速在缓慢回升。广东、浙江、江苏三省7月份工业增速比上半年分别提高了1.4、1.9和0.7个百分点。三是劳动力市场总体平稳。1–7月城镇新增就业人数812万人，比去年同期增加39万人。四是结构调整成效显现。目前总的是轻工业比重工业好，高新技术产业比传统产业好，区域发展协调性也在进一步增强，反映出结构调整正出现“倒逼机制”的效应。五是物价涨幅继续回落，货币政策运用空间增大。7月末，广义货币M2同比增长13.9%，比上月末加快0.3个百分点，金融对经济的支持作用在加大。

调研过程中，一些企业还就应对危机、促进发展提出了意见和看法。浙江恒逸集团是一家生产化纤与化纤原料的大型民营企业。负责人邱建林在座谈会上说，虽然自己的公司有能力渡过难关，但下游产业链中小企业确实很困难，希望对他们加大扶持力度。浙江德意厨具公司负责人高德康反映，今年企业在国内的销售额首次出现负增长，营销渠道费用居高不下是成本上升的重要因素。杭州华日电冰箱股份有限公司成立30年一直从事电冰箱生产，负责人陈励君说，专心做好主业使企业尝到了甜头，不论是亚洲金融风暴，还是国际金融危机，都没有受到太大冲击，产品销售稳定。

温家宝说，中国是人口大国，劳动密集型企业将长期存在。他们的发展与就业和人民生活密切相关。对劳动密集型企业和中小企业，要落实好扶持政策，帮助解决融资难问题，减轻企业负担。一定要从制度和法律上保护民营企业平等的经营权利和合法的财产权利，让企业放心经营。劳动密集型企业要面向市场，加快转型升级，重视技术改造和品牌创新，稳定职工队伍，提高员工素质，增强企业应变能力。对外贸环境不利要做较长时间的准备，要加快转变外贸发展方式，积极开拓多元化市场尤其是新兴市场，加大政策扶持力度。

（二）

调研期间，温家宝详细了解企业招工、员工待遇等情况。座谈会上，他还专门听取了浙江省和杭州市、湖州市、嘉兴市就业服务部门以及企业负责人关于就业状况的分析和建议。

在网易公司，温家宝和一线员工亲切攀谈，仔细询问来自哪里、工作年限、从事工种等。听说企业今年新招收大学生700余人，既有来自甘肃等中西部地区的，也有来自广东等东部沿海地区的，温家宝说，只有广聚人才，企业才能发展。企业要发展得好，既需要负责人经营管理好，也需要广大职工的辛劳付出。

座谈会上，浙江省职业介绍服务指导中心宋立介绍，今年以来浙江就业形势总体平稳，1–7月新增就业57.35万人，同比增长1.92%。现在既有企业招工意愿不强的问题，也有企业招工难压力回升的问题。今年2月以来，城乡用人需求和求职人数连续下降，主要原因是结构性的，不是没有岗位，而是有些低端辛苦的工作没人愿意做。

一些企业负责人也在座谈会上反映，最近几年劳动力成本持续快速增长，员工工资年均增长15%左右，即便如此，还是有不少人不愿做“蓝领”。

温家宝说，在经济比较困难的情况下，必须高度重视就业工作。要坚持就业优先的战略，扎实推进稳定就业的工作部署。一是强化政府责任，加强对就业工作的组织领导。二是鼓励企业稳定就业岗位，尤其对劳动密集型企业和中小企业要给予特殊扶持。三是做好重点群体的就业工作。要继续把促进高校毕业生就业摆在首位，同时做好返乡农民工的就业服务工作。四是为劳动者提供更加及时、便捷、有效的就业服务。五是抓住缺工缓解的有利时机，大力开展职业技能培训和创业培训。

（三）

闻问皆民生，俯仰总关情。每次来浙考察，温家宝总把深情的目光投向基层，将深切的关怀送到群众心中。长兴县洪桥镇太湖村是当地知名的大闸蟹养殖基地，该村与毗邻的橡树下村、金星村共建了总面积1800亩的河蟹养殖示范区，村民因蟹致富。14日下午，温家宝来到太湖村，与蟹农们亲切攀谈。57岁的村民杨国琴与姐姐承包了50亩水塘养蟹，她告诉总理，今年每亩蟹塘净收入能达到6000元，总收入将突破30万元。村民们还争相向总理报告“喜讯”：现在村里几乎家家户户都买了轿车，盖了新楼，日子越过越滋润。温家宝听后，祝愿他们生活得更加美好、幸福。随后，他又来到位于湖州市区的白鱼潭社区，正是华灯初上时分，许多吃完晚饭的居民正在小区内或散步纳凉，或跳舞健身，温家宝向热情聚拢而来的居民问好，与大家亲切攀谈，还向社区党委书记谈国琴详细了解居民生活和社区管理情况，嘱咐社区干部为居民提供更为优质的服务。

14日晚，温家宝在湖州主持召开会议，听取浙江省工作情况汇报。温家宝说，浙江历史悠久，文化灿烂，山川秀丽，人才辈出。我多次到浙江调查研究，其中在国际金融危机爆发以后就来过7次，浙江广大干部群众团结奋斗、真抓实干、勇于创新的精神风貌给我留下深刻印象。过去几年，浙江省委、省政府团结带领全省人民，深入贯彻落实科学发展观，坚决执行中央决策部署，积极应对国际金融危机的冲击，紧紧抓住发展第一要务，加快转变经济发展方式，全省综合实力显著增强，发展质量和效益进一步提高，产业结构调整步伐加快，自主创新能力大幅提升，城乡区域发展更趋协调，改革开放深入推进，发展活力和动力持续增强，各项社会事业全面进步，人民生活水平大幅提高，全省面貌发生了巨大变化。党中央、国务院对浙江工作和发展的成绩是充分肯定的。

温家宝指出，经过改革开放30多年来的快速发展，浙江已经站在一个新的历史起点，既面临难得的发展机遇，又面对严峻的各种挑战。温家宝希望浙江继续走在全国前列，对浙江下一步发展提出要求：一是继续加快转变经济发展方式，推动经济结构调整。二是大力发展民营经济，支持中小企业健康发展。三是大力发展海洋经济，拓展发展空间。四是适应国内外形势新变化，全面提升对外开放水平。五是做好金融改革发展工作，维护金融安全稳定。六是加快发展社会事业，切实保障和改善民生。

省政协主席乔传秀、省委副书记李强等省领导参加汇报会。省委常委、省公安厅厅长刘力伟，省委常委、秘书长赵一德等陪同考察。杭州市市长邵占维以及湖州市、嘉兴市负责人等分别在当地陪同考察。

习近平在看望浙江代表时，殷切希望浙江在新的一年里——转方式调结构走在前列 惠民生促和谐更上层楼

3月6日上午，中共中央政治局常委、国家副主席习近平来到浙江代表团驻地，亲切看望问候各位代表，与大家一一握手致意，并发表重要讲话。习近平强调，今年是实施国家“十二五”规划承上启下的重要一年。浙江要全面把握中央提出的“稳中求进”工作总基调，围绕稳增长、控物价、调结构、惠民生、抓改革、促和谐各项目标任务，扎实做好今年各项工作，以优异成绩迎接党的十八大胜利召开。

中共中央政治局委员、国务院副总理张德江，全国人大常委会副委员长韩启德等一同参加活动。省委书记、省人大常委会主任赵洪祝简要汇报工作。省委副书记、省长夏宝龙，省政协主席乔传秀等在座。

上午10时，习近平一步入会场，全场立即响起热烈的掌声。这掌声中，蕴含着代表们对老书记的感情、对老书记一直以来关心浙江各项工作的感激。本届全国人大以来，每年习近平都会来到浙江团，或是参加代表团审议活动，或是前来驻地看望代表，对浙江工作作出重要指示。

来到代表们中间，习近平说：“今天，我很高兴有机会再次来到浙江团驻地看望各位代表，并通过各位代表向浙江的同志们致以诚挚的问候！我一直关心浙江的发展。浙江送来的材料，我都要看一看；手头上有一份《浙江日报》，每天都要翻一翻……”习近平一番质朴无华的话语，让在场的每一个人如沐春风。

老书记来了，每位代表都想问声好，好好汇报一下工作近况。“纳爱斯集团现在30%的日化产品都运用了高新技术”，庄启传代表向老书记汇报；“义乌人民要我向老书记问好，感谢您对义乌工作的支持”，来自义乌的周晓光代表拉着习近平的手不放；崔巍代表送上杭州歌舞剧院近年来院团改革的近况材料、程惠芳代表递去她撰写的介绍浙江工业企业转型升级的书籍、赵林中代表交上富润集团参与文化产业开发的“成绩单”……习近平含笑一一收下。鲁冠球代表向习近平汇报了万向集团大力实施“走出去”战略取得的成效。习近平听后高兴地说，走向国际化是条好路子，希望你们取得更好的成绩。在一旁的邱继宝向习近平汇报：“飞跃集团通过转型升级，实现了‘凤凰涅槃’，产业链更长了，产业面更宽了，产业层次更高了，不但把缝纫设备继续做精做优，同时在高端制造、资源再利用两大领域有了突破，取得了效益！”习近平说：“很好！希望飞跃集团继续做大做强，在转型升级中走在前列！”武义县后陈村设立村民监督委员会、开展基层民主监督的经验是习近平在浙江工作期间推向全省的。来自武义的俞学文代表向习近平转达了后陈村百姓的问候，希望他有机会再到后陈村走走看看。习近平说：“基层民主建设是维护农村社会和谐稳定的重要途径，要不断创新、始终坚持。”……

听取汇报后，习近平充分肯定浙江过去一年取得的成绩。他说，去年，浙江省委、省政府深入实施“八八战略”和“创业富民、创新强省”总战略，团结一心、攻坚克难，实现了“十二五”时期良好开局。经济转型升级取得新进展，民生事业取得新进步，深化改革取得新突破，党的建设取得新成绩。我对过去一年浙江取得的成绩感到由衷欣慰。

习近平对浙江的未来寄予厚望。他强调，目前，浙江经济发展已达到上中等收入国家水平，随着工业化、城镇化、市场化、信息化和国际化程度全面提升，必然要求实现消费、投资、城乡、区域的重大调整和变化。希望浙江在新的一年里着力推进产业升级、优化结构、自主创新、节能环保、协调发展，在加快转变经济发展方式中走在全国前列。要继续加快产业结构转型升级，在建设大平台、大产业、大项目、大企业的同时，加快运用高新技术改造提升传统优势产业步伐；积极培育和发展战略性新兴产业和高新技术产业；以海洋经济发展示范区和舟山群岛新区建设为契机，推动海洋产业突破性发展；促进服务业发展提速、比重提高、水平提升，切实抓好义乌国际贸易综合改革试点，推动现代服务业集聚区建设和省级服务业重点培育工作；大力发展工业设计，加快发

展壮大文化产业。加快浙江产业结构转型升级，要依靠创新驱动，着力推进国家技术创新工程试点省建设，加快科技创新大平台建设。要抓住科技与经济紧密结合这个根本问题，不断完善以企业为主体的技术创新体系，加快实施重大科技专项和成果转化，大力推进关键技术研发与科技成果转化。

习近平指出，浙江在同步推进工业化、城镇化和农业现代化、保障农产品有效供给和农民收入持续增长方面有良好基础，要乘势而上，做得更好。浙江要继续统筹城乡区域协调发展，根据自身特点，继续加强以中心城市建设为重点的都市区和城市群发展，强化以小城市、中心镇为重点的县域城镇化。要从战略高度大力发展海洋经济，加快浙江海洋经济发展示范区和舟山群岛新区建设。要深化“山海协作工程”，加快形成山区与平原、欠发达地区与发达地区经济社会协调发展的发展格局。

习近平对浙江这些年来始终重视生态文明建设，保护一方青山绿水的做法表示赞赏。他要求浙江继续化压力为动力，加强节能减排、节能降耗。坚持“停劣上优”、“腾笼换鸟”，实现经济社会发展与生态文明建设同步推进。要着眼于不断增强可持续发展能力，全面实施“811”生态文明推进行动，加快循环经济试点省建设，建立节能环保长效机制，加快形成节约能源资源和保护生态环境的产业结构、增长方式和消费模式，着力建设富饶秀美、和谐安康的生态浙江。

习近平强调，浙江要继续推动多种所有制经济共同发展。继续深化省属企业股份制改革，增强国有经济发展活力和竞争能力。要从浙江是民营经济大省的实际出发，针对民营企业存在的结构性、素质性矛盾和问题，推动民营企业转型升级，实现创新发展、转型发展、和谐发展，引导人才、资金、土地等要素更多投入实体经济。要大力营造各类所有制经济公平竞争、共同发展的环境，大力促进民间资金和民营经济的融合，促进各类市场主体平等使用各种生产要素。

习近平希望浙江把建设“平安浙江”，推进民生改善和社会管理创新工作做得更好。他指出，浙江要全面提升民生事业发展水平。高度重视就业问题，大力促进城乡创业。加大财政对民生事业投入力度，着力解决社会保障、医疗卫生、教育文化等事关人民群众切身利益的问题，让全体人民更多更好地共享改革发展成果。要深入贯彻党的十七届六中全会精神，扎实推进文化强省建设，加快文化事业和文化产业发展，完善公共文化服务体系，加大文化惠民力度，不断满足群众对文化、教育、娱乐等精神生活方面的需求。大力开展“学雷锋”活动，使雷锋精神真正深入人心，以此推进社会主义核心价值体系建设，着力提高人民群众思想道德素质。

习近平指出，浙江推行的“网格化管理、组团式服务”模式、“大调解”工作体系、构建和谐劳动关系等做法，集中体现了服务群众的理念。在新的一年，要更加重视公共服务对民生的保障作用，更加注重对人的服务管理，创新服务手段和载体，着力推进基本公共服务由户籍人口向常住人口全覆盖，着力构建城乡一体化服务管理体系，不断做好疏民气、解民忧、通民情、安民心各项工作。更加注重强化基层基础建设，发挥各类组织的作用，通过建设服务型基层组织，把各种服务管理资源更多投放到基层社区、基层单位乃至千家万户，做到心贴心地替群众着想、面对面地为群众服务。他特别要求，浙江正在开展的四级干部“走村入企”大走访活动要不断总结、提升和完善，形成长效机制，长期坚持下去。

习近平指出，这些年来，浙江按照“大平安”的理念，认真抓好社会治安管控和公共安全工作，积极推进经济、政治、文化和社会等领域的安全工作，人民群众安全感和满意度不断提高，有力维护了全省社会和谐稳定。在新的一年，要坚持和发展“枫桥经验”，深化“平安浙江”建设，深入推进基层平安创建，扎实开展领导干部下访接访活动，加强矛盾纠纷排查调处，尽心尽责解决群众信访问题，化解信访积案，着力解决社会安全稳定方面的突出问题，为党的十八大胜利召开营造和谐稳定的社会环境。他还希望浙江继续扎实推进社会管理创新试点工作，不断取得实实在在的成效。

每一句话都语重心长，每一句话都饱含深情，每一句话都充满期望。聆听着老书记的一番叮咛和嘱咐，代表们心头暖洋洋的，就像今晨北京久违的阳光洒进心田，同时，也感到肩负的责任沉甸甸的。

一个多小时转眼过去了。习近平起身与每一位代表告别。代表们有说不完的话，化作一个个炽热的眼神、一次次紧紧地握手……会议室内不到 50 米的路程，习近平花了近 20 分钟才走完。

贺国强在浙江考察时强调 认真学习贯彻胡锦涛重要讲话精神 扎实做好保持党的纯洁性工作 赵洪祝夏宝龙李强等分别陪同

2月11日至15日，中共中央政治局常委、中央纪委书记贺国强先后到浙江衢州、湖州、杭州等地，就认真学习贯彻胡锦涛总书记在十七届中央纪委第七次全会上的重要讲话精神、扎实做好保持党的纯洁性工作、以优异成绩迎接党的十八大胜利召开进行调研。

连日来，贺国强在省委书记、省人大常委会主任赵洪祝，省委副书记、省长夏宝龙等分别陪同下，先后在我省各地考察了工业生产、农业发展、城市建设、文化事业、旅游开发、生态保护以及党风廉政建设等情况，看望慰问基层干部群众，并听取全省工作情况汇报和党风廉政建设工作专题汇报，对浙江经济社会发展各项工作给予具体指导。

位于衢州市的巨化集团是一家大型国有化工企业。1994年5月，时任化工部副部长的贺国强曾到巨化集团调研。18年后，他故地重访。光阴荏苒，巨化集团通过技术改造和产业升级，“老树长新枝”，企业经营效益显著增长，已成为国内氟化工龙头企业。如今，一个面积10平方公里、致力于开发和生产新材料、新能源、新环保、新用途产品的现代化工业城已在建设发展之中。贺国强听情况、看演示，与企业干部职工亲切交谈，鼓励他们进一步加大结构调整、节能减排和自主创新力度，不断增强企业实力和竞争力；希望企业坚持以人为本，不断提高工资水平、改善职工生活，让广大职工共享企业改革发展成果。

在阿里巴巴集团，贺国强充分肯定了企业在服务中小企业、促进社会就业和扩大居民消费等方面发挥的积极作用。他指出，政府有关部门和企业要密切配合，加强社会诚信体系建设，有效防治假冒伪劣商品的生产和流通，促进电子商务健康发展；各级政府要强化政策导向、加大帮扶力度、优化发展环境，切实帮助中小企业解决融资、生产、经营等方面存在的困难，促进中小企业不断发展壮大。

在淳安县和安吉县考察时，贺国强强调要扎实推进生态建设和环境保护，大力发展绿色经济、循环经济和低碳经济，为浙江更长时期、更高水平的发展打下坚实基础。

在衢州市柯城区花园村社区便民服务中心，工作人员周丽泰、戴丽珍正在为村民方银仙的外孙女办理独生子女证。贺国强来到那里与她们一一握手，并询问方银仙，服务中心提供的服务怎么样？方银仙说，村里有了服务中心，我办证不用跑到街道去了，确实方便。贺国强听了很高兴，勉励工作人员要更好地为村民群众服务。随后，他又来到花园村社区村务监督委员会，向委员会主任戴云非了解村务监督委员会的职责、运作程序和工作成效，还了解了资金、资产和资源公开交易平台建设和使用情况。他强调，要加大基层党建工作创新力度，深入推进基层党风廉政建设，着力解决发生在群众身边的腐败问题，特别是要加强对农村集体资金、资产、资源的监督管理，切实做到“给群众一个明白，还干部一个清白”。贺国强说，村务监督委员会是浙江的一个创造，目的在于把监督工作延伸到基层。希望浙江在现在基础上继续开拓创新，完善机制，形成体系，进一步为全国提供鲜活的经验。离别时，看到村庄毗邻巨化集团，贺国强关切地询问村民们有没有空气、水质等污染问题，嘱咐当地干部和企业负责人加强对化工污染的预防和监测，加强对居民应对突发污染事件的应急培训，确保居民的身体健康。

在湖州市安吉县递铺镇横山坞村村委会，贺国强与大学生村官朱晶晶亲切交谈。小朱来到横山坞村已经4年，由于工作出色，去年被选为村党支部副书记和村务监督委员会主任。贺国强勉励她扎根农村，服务群众，在建设社会主义新农村的实践中施展才华、体现价值。

贺国强一直牵挂着人民群众的生活。每到一处，都要走进普通百姓家中嘘寒问暖。在花园村社区，贺国强来到村民程良飞家中做客。贺国强问："家里还有什么需要解决的困难没有？"程良飞的老母插话说："我就是想在广州的孙子早点结婚，生个重孙！"贺国强听了，开怀大笑，祝老人家的孙子早日娶上媳妇。程妻楼菊仙反映，村民的生活现在都很好，但村里的文化生活还不够丰富。贺国强把村支书余雪刚叫到跟前说："群众向你提意见了，这个问题可要重视啊！"他建议村里多组织读书、舞蹈、体育、棋类等群众能广泛参与的文娱活动。在横山坞村，贺国强来到拖拉机手傅建平家，察看家里的装修布置，详细询问家庭收入情况，了解他家生产生活还有什么困难。傅建平的妻子说，2008年丈夫生了一场大病，花费了不少钱。不过，现在已经缓过来了。贺国强得知傅家小女正在念初二，和蔼地鼓励她好好读书。在杭州龙井村，贺国强与茶农王幼展一家6口人围坐话家常，得知该村通过种植、销售茶叶和发展"农家乐"旅游，村民收入显著增加时，他脸上露出欣慰的笑容，叮嘱当地干部进一步帮助和引导村民依托茶乡优势，扩大种植规模，提升茶叶品质，搞好旅游服务，拓宽流通渠道，使"龙井"这一品牌得到保护和提升，使老百姓日子越过越红火。

贺国强十分关心文化事业和文化产业发展问题。在衢州市孔氏南宗家庙、湖州市湖笔博物馆和南浔古镇以及杭州市良渚博物院，贺国强一路走一路看，深入了解历史文化遗产保护和文化事业发展情况。他要求深入贯彻党的十七届六中全会精神，坚持保护与开发并重，加快发展文化事业和文化产业，不断满足人民群众日益增长的精神文化需求，推动社会主义文化大发展大繁荣。

深入贯彻落实胡锦涛总书记在十七届中央纪委第七次全会上的重要讲话精神，扎实做好保持党的纯洁性各项工作，是贺国强这次调研的重点。他指出，胡锦涛总书记的重要讲话，深刻阐述了保持党的纯洁性的极端重要性和紧迫性，明确提出了新形势下保持党的纯洁性的总体要求和主要任务，各级党组织和广大党员干部要认真学习领会、深入贯彻落实，坚持继承和创新、理论和实践、自律和他律、全面和重点、治标和治本的统一，扎实做好保持党的纯洁性各项工作。

时隔两年，再次来到浙江考察，贺国强对我省各方面发展和变化给予充分肯定。他指出，党的十七大以来，浙江省委、省政府团结带领全省广大干部群众，认真贯彻落实中央决策部署，深入实施符合浙江实际的发展战略，有效应对国际金融危机冲击及其他严重自然灾害影响，胜利完成"十一五"规划目标任务，顺利实现"十二五"发展良好开局，经济实力大幅提升，结构调整成效明显，改革开放深入推进，人民生活显著改善，党的建设不断加强，各项事业在过去工作基础上又取得新的显著成绩。这次调研一路走来，我对浙江经济社会发展的一些亮点和特点又有了切身体会：传统产业转型升级步伐加快；新兴产业发展势头强劲；新农村建设特别是"美丽乡村"建设扎实推进；文化事业和文化产业蓬勃发展；生态建设和旅游业发展良好。对浙江取得的成绩，我感到由衷高兴。

贺国强强调，中央对浙江工作高度重视，对浙江改革发展寄予厚望。希望浙江广大干部群众认真贯彻中央的要求和部署，抓住机遇，发挥优势，开拓进取，扎实工作，努力在全面建设小康社会、加快推进社会主义现代化的新征程中继续走在全国前列。要牢牢把握稳中求进的工作总基调，切实推动经济社会又好又快发展。着力抓好加快转变经济发展方式这项重大战略任务，着力扶持中小企业健康发展，着力推进浙江海洋经济发展示范区和舟山群岛新区建设，着力提高改革开放水平，着力改善民生和维护社会和谐稳定。要统一思想认识，围绕工作主线，严明党的纪律，加强基层基础，解决突出问题，扎实做好今年的党风廉政建设和反腐败工作，以优异成绩迎接党的十八大胜利召开。

王岐山在浙江调研时强调
进出口贸易关乎经济就业民生
赵洪祝夏宝龙等分别陪同

王岐山在浙江考察

3月30日至4月1日，中共中央政治局委员、国务院副总理王岐山先后赴我省绍兴、宁波等地调研，并在宁波主持召开华东七省市外贸形势座谈会。王岐山强调，进出口贸易关乎经济平稳较快发展，关乎增加就业和改善民生。要按照中央经济工作会议的要求和政府工作报告的部署，牢牢把握稳中求进的总基调，坚定信心，千方百计确保进出口稳定增长，加快转变外贸发展方式，不断提高对外贸易的质量和水平，以优异的成绩迎接党的十八大胜利召开。

在浙调研期间，王岐山在省委书记、省人大常委会主任赵洪祝，省委副书记、省长夏宝龙等分别陪同下，走访市场实地考察内外贸形势，深入企业了解生产经营情况，并考察海关、检验检疫机关执法流程，对浙江落实"稳中求进"各项工作进行指导。

位于绍兴县柯桥的中国轻纺城是目前亚洲规模最大、经营品种最多的纺织品集散中心。轻纺城的贸易状况较能反映当前市场的景气程度。王岐山走进轻纺城浙江华强集团的门市部，向企业负责人仔细询问产品销售、市场变化、贷款融资和产品创新情况。当得知华强集团从原来仅做销售到现在延伸到产业链上的织布、印染等环节后，王岐山鼓励企业负责人踏踏实实做好自己的事，量力而行，稳健发展。这几年，绍兴县不仅着力打造国际性纺织制造中心、贸易中心，还积极培育纺织业创意中心。在绍兴原色数码科技有限公司和浙江意梦缘科技有限公司这两家高科技创意服务公司，王岐山与员工亲切交流，了解企业科技创新进展，还特别关心知识产权保护问题。两家公司的经营者告诉王岐山，现在企业十分重视对自身知识产权的保护，积极申请专利和登记著作权。王岐山说，对于创意产业来说，知识产权保护十分重要，这是创意产业健康发展的核心。我们要加大对侵犯知识产权行为的打击力度，并进一步加大宣传力度。他还要求随行的国家有关部门负责同志注意企业提出的申请专利过程时间较长的问题，切实加以解决。

在宁波市，王岐山走访了宁波欧琳厨具有限公司和雅戈尔集团。他先后考察了欧琳公司产品陈列室和生产流水线,鼓励企业坚定信心,向世界级品牌看齐,抓好创新和质量,努力提高企业竞争力。在雅戈尔集团,王岐山听取企业收购国外品牌、拓展国际市场的情况汇报,详细了解服装企业面临的生产要素成本上涨、外需疲软等问题。王岐山说,克服要素成本上升的关键还在于提高品牌附加值。目前商品出口虽然遇到一些困难,但一定要坚定信心,保住国际市场份额。在甬期间,王岐山还考察了北仑港二期码头海关、检验检疫联合查验现场,看望慰问海关、检验检疫干部,勉励他们加强执法和服务,为进一步促进外贸增长创造良好环境。他强调,监管部门要加强协调配合,创新监管方法,提高工作效率和服务水平。要加大打击侵犯知识产权和假冒伪劣商品工作力度,确保进出口商品质量和安全。

考察期间,王岐山对浙江省近年来经济社会发展取得的成绩给予充分肯定。

在座谈会上,王岐山听取了浙江、上海、江苏、安徽、福建、江西、山东等省市负责同志的发言。他说,要认真分析研判国内外复杂的经济形势,从方方面面、点点滴滴入手,挖掘潜力,狠抓落实,确保完成今年进出口增长目标。要保持出口政策的连续性和稳定性,落实好出口退税、贸易融资等各项政策,加大对大型成套设备出口的信用保险支持力度,有针对性地解决重点行业和中小企业的实际困难。要着力提高贸易便利化水平,清理各种不合理收费,为外贸发展创造良好的软硬环境。

王岐山指出,扩大进口是转变外贸发展方式、充分利用国际资源、促进贸易平衡的重要举措。要按照国务院常务会议的要求,落实有关加强进口的政策措施。调整部分商品进口关税,为进口企业提供多元化融资支持,清理进口环节的不合理限制措施。进一步优化进口国别和地区结构,积极扩大先进技术设备、关键零部件和能源原材料进口,适度扩大消费品进口。

王岐山强调,商务、海关、质检、金融等有关部门要深入市场和企业,了解实际情况,解决实际问题,更好地服务于企业和地方经济发展。要充分发挥各级地方政府的积极性和创造性。各地区要层层分解指标,抓好落实,确保完成已确定的任务。

省委常委、宁波市委书记王辉忠,副省长龚正,宁波市市长刘奇等全程或在当地陪同调研。

刘延东在浙江工业大学考察时强调
培养更多全面发展的优秀人才
产生更多适应需求的创新成果
赵洪祝等陪同

本报讯(记者　金波)4月28日下午,中共中央政治局委员、国务委员刘延东来到浙江工业大学考察高校教育和科研工作,并亲切看望慰问学校师生。她强调,高校要牢记党的教育方针,深入学习贯彻胡锦涛总书记在庆祝清华大学成立100周年大会上的重要讲话精神,全面落实教育规划纲要,全力做好人才培养、科学研究、社会服务、文化传承创新各项工作。始终坚持正确办学方向,培养更多德智体美全面发展的优秀人才;积极投身创新型国家建设,产生更多适应经济社会发展需求的创新成果,为国家富强、民族振兴作出积极贡献,以实际行动迎接党的十八大胜利召开。

刘延东在省委书记、省人大常委会主任赵洪祝等陪同下,来到浙江工业大学的青年学生和教职员工中间。在学校图书馆的第一阅览室,学生们正在埋头苦读。刘延东走进室内,与同学们握手,并向他们问好。在图书馆内的休憩区,聚集着更多闻讯赶来的学生。她向在场的师生说:"'五一'国际劳动节和'五四'青年节即将到来,我代表党中央、国务院向大家表示节日祝贺,并向辛勤育人的教职员工表示诚挚问候！”看到一张张朝气蓬勃的面庞，刘延东十分高兴地回忆起当年在清华园里的青葱岁月。她语重心长地对同学们说，去年，我们刚刚隆重纪念了辛亥革命100周年和中国共产党成立90周年。百年来，经过几代人的奋斗，尤其是在党的领导下，中国从积贫积弱走向繁荣富强。但是，在许多方面我们仍与发达国家存在差距。中国要从大国变为强国，还需要我们付出巨大的努力。而国家强盛、社会进步的希望，在于广大青年，大学生的健康成长成才关系到国家前途和民族命运。改革开放30多年来，党和国家为青年学生创造了越来越好的学习条件。能在当代读书，大家是十分幸运的。同学们一定要增强责任感、使命感，继承和发扬“五四”光荣传统，珍惜光阴，发奋学习，不辜负党和国家的重托。

刘延东对同学们提出三点期望：一要坚定理想信念，自觉践行社会主义核心价值体系，牢牢把握正确的人生航向。树立正确的世界观、人生观、价值观，立为国奉献、为民服务之志，把个人的未来和国家强盛、民族复兴紧密联系起来；二要全面提高学习能力，切实掌握过硬本领。立身以立德为先，以立学为基。既要掌握知识本领，又要学会做人做事，全面发展、早日成才，担负起推进社会主义现代化的重任；三要着力提高实践能力、工作能力，更好地适应各条战线对人才的需求。要深入到人民群众之中，走基层、知国情，走出校门、参加实践，在向实践学习、向人民群众学习的过程中，增长才干、奉献社会。

高校的科研活动要服务于经济社会发展，科研成果要尽可能转化为现实生产力。刘延东在浙江工业大学考察期间，十分关心这一问题。她来到设在学校内的“浙江省新药创制科技平台”，查看试验场所和设备，与科研人员交谈，并听取工作汇报。这一科技服务平台由浙江工业大学牵头，联合若干医药研发机构和高校共同建设。自2004年创立以来，平台完成和承担了国家级项目140余项、省部级项目400余项，获发明专利50项，成功创制具有自主知识产权的3个化学药品一类新药，取得显著的经济和社会效益。

听取汇报后，刘延东充分肯定“浙江省新药创制科技平台”的运作理念和取得的成绩。她指出，我国要由大国向强国迈进，科技进步是核心。而科技进步靠的是创新。中央高度重视创新型国家建设和科技体制改革，将采取更加有力的措施支持各类创新平台建设。“浙江省新药创制科技平台”要坚持正确的发展方向，进一步完善体制机制，把产学研紧密结合起来，把创新成果与实际应用紧密结合起来，研发出更多满足经济社会发展需要的创新成果。她还对该平台提高新药制剂研发水平提出了具体的指导意见。刘延东还希望浙江工业大学始终坚持“厚德健行”的校训，以提高质量为核心，立足浙江，服务区域，面向全国，接轨国际，建设高水平大学，为经济社会发展作出更大贡献。

考察期间，刘延东对浙江教育事业发展和科研工作表示肯定。

副省长郑继伟等陪同考察。

第八届中国国际动漫节闪亮登场
赵洪祝致辞 夏宝龙等参加开幕式
刘延东宣布开幕 路甬祥出席

刘延东参加动漫节

4 月 28 日晚，第八届中国国际动漫节在杭州黄龙体育馆开幕。

中共中央政治局委员、国务委员刘延东宣布动漫节开幕。

全国人大常委会副委员长路甬祥出席开幕式。

省委书记、省人大常委会主任赵洪祝，国家广电总局副局长李伟致辞。国家有关部门领导江小涓、杜玉波、王志刚、孙寿山、杨承志，省领导夏宝龙、茅临生、冯明、郑继伟、徐辉，全国政协人口资源环境委员会副主任李金明，杭州市市长邵占维等和中外嘉宾参加开幕式。开幕式由省委常委、杭州市委书记黄坤明主持。

赵洪祝在致辞中代表浙江省委、省政府向各位领导和来宾表示欢迎和感谢。他说，动漫产业是文化与经济紧密融合的朝阳产业，具有广阔的发展前景。浙江省委、省政府一直高度重视文化建设，大力支持动漫产业发展。党的十七届六中全会对文化改革发展作出了全面部署，我国文化建设进入了黄金机遇期。动漫产业发展迎来了新的春天，中国国际动漫节也在新的起点上肩负着新的使命。我们将秉承更加开放的精神，深化国际交流合作，积极学习借鉴国内外先进经验，努力把中国国际动漫节办得更好，把浙江动漫产业发展得更好。

中国国际动漫节已成为浙江文化会展业和文化创意产业的“金名片”，并被确定为“中华文化走出去工程”重点扶持的文化交易平台。杭州是中国国际动漫节的永久举办地，迄今已成功举办了七届，本届动漫节于 4 月 28 日至 5 月 3 日举行，以“动漫我的城市，动漫我的生活”为主题，主会场首次移师杭州高新区（滨江）白马湖生态创意城，将举办包括会展、论坛、赛事、活动四大板块在内共计 50 多个项目。

本届动漫节由国家广电总局和浙江省人民政府主办，产业化、专业化、国际化和大众参与程度均有了进一步提升，61 个国家和地区参展、参会、参赛，全球顶尖动漫企业——日本集英社、芬兰 ROVIO“愤怒的小鸟”工作室等参展，12 大国际动漫节举办机构携手参加动漫峰会，并首次携手上海电影译制厂加盟承办动漫声优大赛。开幕式上还举行了动漫作品“金猴奖”颁奖盛典和精彩的文艺晚会。

2012年重要工作会议领导讲话

在2012年全省广播影视工作会议上的讲话

张宝贵

（2012年　月　日）

这次全省广播影视工作会议的主要任务是：深入学习贯彻落实党的十七届六中全会和省委十二届十次全会精神，按照全国广播影视工作会议和全省宣传思想工作会议、全省文化广电新闻出版局长会议提出的总体工作要求，认真总结2011年广播影视工作，分析研究当前面临的形势，全面部署2012年广播影视工作任务，在新的起点上开创全省广播影视工作新局面。下面，我代表省局党组讲几点意见。

一、肯定成绩，2011年全省广播影视工作实现“十二五”良好开局

过去一年，在省委、省政府和省委宣传部的正确领导下，全省广电系统坚持以邓小平理论和“三个代表”重要思想为指导，深入贯彻落实科学发展观，认真学习贯彻党的十七届六中全会和省委十二届十次全会精神，紧紧围绕广播影视“繁荣发展、惠民服务、安全播出”三大主体任务，着力抓导向、保安全、谋发展、惠民生、强管理、夯基础，各项工作取得新进展，许多方面走在了全国前列。初步统计，2011年全省广播影视业经营收入为197.07亿元，同比增长12.93%，高于全省GDP近4个百分点，实现了“十二五”时期的良好开局，为推动浙江从文化大省向文化强省迈进作出了积极贡献。

1. 抓好重大宣传报道，舆论引导水平有新提高。我们紧紧围绕中央和省委工作大局，充分发挥广播影视传播优势，大力营造坚持科学发展、促进转型升级的浓厚舆论氛围。积极宣传应对国际金融危机冲击、保持经济社会平稳较快发展的决策部署、政策措施和典型示范，起到了鼓舞精神、振奋士气、凝聚力量、战胜困难的作用。精心组织重大主题宣传，出色完成庆祝中国共产党成立90周年、纪念辛亥革命100周年、党的十七届五中全会、六中全会和省委十二届九次、十次全会、第八届全国残疾人运动会等宣传报道任务，营造了积极向上、团结和谐的主流舆论环境。妥善应对抗雪抗洪自然灾害、7.23动车追尾特大事故、日本核泄漏危机影响等重大突发事件和涉浙敏感问题，把握时机和节奏，有效引导舆论，促进了社会和谐稳定。研究制定《关于加强广播电视新闻立台工作的若干意见》，推进各级广播电视台深化探索新闻立台实践和导向把关管理。全省有5件作品获21届中国新闻奖，8件作品获中国广播影视大奖，14件作品获中国广播影视提名奖；中央电视台《新闻联播》播出浙江新闻382条其中头条26条，《中国之声》播出浙江新闻1530条其中头条18条，均创历史新高。广播电视品牌创建和节目创新成效显著，突出办好对农、少儿、综艺、经济等栏目节目，在满足各方需求中赢得社会好评。积极抢占舆论宣传新阵地，专题研讨部署推进视听新媒体发展与管理，浙江网视联盟实现网上广播电视联播，移动多媒体广播电视（CMMB）用户达60多万，浙江网络广播电视台和手机台正式上线播出，浙江卫视基本实现高标清同播，移动数字电视发展在全国领先，杭州、宁波、温州三市已有8450辆公交车覆盖接收。浙江国际频道名列长城平台对外宣传七强，海外覆盖面和传播力进一步增强，扩大了浙江外宣影响力。

2. 加强创作引导扶持，影视动画产业有新发展。我们紧紧围绕庆祝中国共产党成立90周年，精心组

织策划，强化引导扶持，创作生产了一批思想性、艺术性、观赏性俱佳的优秀革命题材影视剧和重大理论文献片，浙江影视剧现象得到了中央领导的肯定表扬和全国业界普遍认可。2011 年全省影视制作机构参与投资拍摄电影 35 部，《梦回金沙城》获第 14 届电影华表奖优秀动画片奖；制作电视剧 51 部 1778 集，《五星红旗迎风飘扬》、《东方》、《中国 1921》、《能人冯天贵》等 4 部浙产电视剧在央视一套黄金时间播出；制作动画片 68 部 3535 集 46545 分钟，《天眼神兔》等 14 部动画片被广电总局推荐为优秀动画片。影视动画产业规模不断扩大，去年新增影视公司 114 家，总数达 660 家，总注册资金 62.2 亿元，稳居全国第二。影视产业基地和制作主体平稳较快发展，横店影视产业实验区、杭州高新区动画产业基地年产电影、电视剧、动画等均居全国同类基地之首，支持推动西溪创意产业园创建省级影视创作拍摄示范基地，其集聚孵化效应初步显现。全力打造中国国际动漫节使之成为享誉国内外的动画合作交流重要平台，首次以省为单位组织影视企业参加法国戛纳电视节，签约 1585 万美元，探索了影视产品"走出去"新路。召开全省县级数字影院建设工作座谈会，全面部署了加快推进县级数字影院建设。去年全省新建数字多厅影院 34 家 199 个影厅 22691 个座位，其中县级影院 14 家，镇级影院 8 家，目前，全省共已建成数字多厅影院 120 家 752 个放映厅，累计已有 35 个县级城市建有数字多厅影院，全省电影票房收入达 9.7 亿元，同比增长 35%，列全国第四位，城市电影观影人次达到 2600 多万，同比增长 29%。湖州市在安吉等县积极探索建设村级影院工作，这项工作初见成效，受到了农村基层干部和农民群众的欢迎。

3. *深化广电惠民服务，公共服务体系建设有新成效。*我们紧紧围绕广电惠民服务工作，坚持以人为本，不断创新和深化工作内容，推动广电惠民服务向优质化、数字化、均等化的更高目标迈进。全省各地把广电惠民工作列入为民办实事项目，共投入广电惠民服务资金 20.77 亿元，其中省级投入 1.47 亿元，市、县投入 17.98 亿元，带动社会投资 1.32 亿元，努力推动广电惠民工作由工程建设向公共服务体系建设转变。部署实施"十二五"期间对农节目服务工程建设规划，目前全省市、县两级广播电视对农栏目节目分别达每周 3 档以上，开办总数达到 870 档以上，广电对农节目转型升级成效明显。按照省政府办公厅《关于开展"广播电视进渔船"工程的实施意见》，召开现场推进会全面部署"广电进渔船"工程建设，去年超额完成了省政府下达的 3000 艘渔船直播卫星安装任务，解决了 3 万多海上作业渔民看电视听广播的难题。积极推进农村应急广播体系建设，建立健全广播"村村响"维护管理长效机制，全省各行政村已基本安装室内外各类调频音箱和高音喇叭，有线广播农村覆盖人口超过 80%，在"三农"宣传和公共应急工作中发挥了重要作用。"广电低保"工程实现了全省 41.68 万城乡"低保户"免费收看有线电视，"广电低保"数字化提升工程让 21.25 万户"低保户"免费看上了数字电视。农村电影放映工程送电影下乡 29.95 万场，观影人次 7188 万，数字化放映比例达到 100%。我省广电惠民工作得到了中央领导和国家广电总局的充分肯定，在全国"十二五"广播电视"村村通"工作电视电话会议上介绍了工作经验，《人民日报》、新华社、中央电视台、《光明日报》和省级各大新闻媒体作了大量宣传报道。

4. *顺应三网融合趋势，广电有线网络数字化有新突破。*我们紧紧围绕三网融合和"一省一网"整合要求，坚持改革创新，努力推动全省广播电视网络化、数字化发展。认真贯彻中央和省委、省政府的决策部署，扎实推进全省"一省一网"整合发展，到去年底，杭州、宁波、嘉兴、湖州、金华、衢州、台州、丽水等 8 市和 26 个县已加入浙江华数公司，中广公司所属的温州、绍兴、舟山等 3 市已顺利完成整合商谈工作，近期将促成正式签约加入。目前，全省各地正在按照"时间表"和"任务书"，以县级为重点，加快推进全省有线网络整合发展。继续加快推进广播电视有线网络数字化发展，全省县以上城市全面完成数字化发展任务，整体转换率达到 97.1%，大中城市有线网络双向化改造率达到 98.5%，其他县级城市双向化改造率达到 90.8%，金华市级及永康等地还实现了高清电视整转。在全省 1343.8 万有线电视用户中，数字电视用户达 1016.2 万户，数字化率为 75.6%。特别是各地自觉地积极推进有线数字电视城乡一体化发展，全省农村地区整体转换和双向化改造完成率分别达到 62.9% 和 44.1%，这一发展状况走在全国前列。杭州市三网融合试点工作稳步推进，宁波市已被国务院批准进入全国第二阶段试点地区，浙江广电集团联合杭州文广集团基本完成了 IPTV 集控分平台建设。制定全省数字电视服务质量指导意见，进一步规范提升了数字电视服务工作。

5. 全面履行管理职能，安全播出保障有新加强。我们紧紧围绕以管理保导向、保安全、保稳定、促发展的工作目标，综合运用多种措施手段，扎实做好各项管理工作。认真贯彻落实《广播电视安全播出管理规定》，努力构建集技术监测、节目监测、安全指挥调度为一体的广播电视安全播出监管体系，圆满完成全年11个重要保障期共80天的安全保障任务，实现了第十个安全播出平安年的目标。大力推动省市广电监测机构建设，全省已有8个市建立广电监测机构，监看监测监管和安全播出保障能力进一步提升。加强视听评议工作，召开全省广播电视视听评议工作会议，扩大视听评议社会监督员队伍，积极拓展评议范围，创新改进评议方法，省局被评为全国广播电视收听收看工作先进集体。认真贯彻广电总局关于加强上星综合频道节目管理的意见和取消电视剧插播广告的管理规定，加强对医疗资讯服务类、电视购物、虚假违法广告的专项检查整治，全省广播电视低俗节目和不良广告得到了明显遏制。加强新媒体新业务管理，与省通信管理局联合下发《关于加强IPTV和有线宽带接入服务管理的通知》，积极推进IPTV监管平台建设和市场秩序规范。组织开展整治互联网和手机媒体淫秽色情及低俗信息专项行动，核查违法违规网站29家。加强广电无线电频率规范管理，优化全省频率频道规划布局。继续开展无非法卫星电视接收设施乡镇（街道）创建工作，严厉打击非法“网络共享”设备产品，加强境外卫视传播秩序整治，取缔非法销售安装团伙100余个，查获拆除非法卫星电视接收设施1.5万余套。抓好最高人民法院“破坏广播电视设施罪”司法解释的宣传贯彻，加大了广播电视设施执法保护力度。

6. 加强队伍行风建设，基层基础工作有新面貌。我们紧紧围绕抓基层打基础，按照切实加强广播影视队伍思想、业务和作风建设的要求，深入开展“深化作风建设年”、“之江先锋”创先争优、党的群众路线主题教育活动和“学争树创”党员先锋行动，着力提高各级领导班子、党员干部、职工队伍整体素质。积极推动省局机关干部深入基层蹲点调研，认真听取并努力解决基层和群众反映强烈的突出问题。在全系统扎实推进“一访、三送、四进”、“走基层、转作风、改文风”和“群众满意基层站所评议创建”活动，有力促进工作作风转变，提高了服务基层、服务群众的能力水平。各地广电系统自身建设成效显著，不少单位获得了国家、省级表彰和肯定，玉环县广播电视台2011年被评为第三批全国文明单位，这是全省广电系统、也是全国广电系统唯一一家获此殊荣的县级广播电视台。实施广电系统干部人才培训规划，举办广播电视台长、新闻现场报道、三网融合技术等28期培训班，培训业务骨干3190人。在各市广电台积极参与和支持下，圆满完成新疆阿克苏地区新闻战线48名学员来浙培训任务。制定《浙江省广播影视发展“十二五”规划》，明确了全省广播影视今后发展的基本思路、目标方向和主要任务。下发《关于加强我省乡镇广播电视站建设有关工作的通知》，争取省财政在“十二五”期间，每年投入2000万元资金支持200个乡镇广电站设施改造提升工作，基层基础建设得到夯实加强。

总的来看，2011年全省广播影视工作取得了显著成绩，保持和发扬了十六大以来广播影视改革发展的良好态势，在很多方面进行了新探索、实现了新跨越、开创了新局面。这些成绩来之不易，是省委、省政府和省委宣传部正确领导的结果，是省级有关部门和地方各级党委政府大力支持的结果，也是全省广电战线团结协作、克难攻坚、奋发进取、扎实工作的结果。在此，我代表省局党组和机关，向全省广电战线干部职工致以诚挚的敬意和衷心的感谢！

二、认清形势，切实增强做好全省广播影视工作的责任感使命感

全面审视所处的大环境大背景，准确把握面临的新形势新要求，这是做好各项工作的重要前提。当前和今后一个时期，广播影视工作既面临着难得的发展机遇和有利条件，也面临着一系列新情况新问题和严峻挑战。

1. 面对全面推进文化强省建设的新形势，广播影视肩负着深化改革创新、加快发展繁荣的重要职责任务。党的十七届六中全会和省委十二届十次全会全面部署了文化改革发展的各项任务，这为推动包括广播影视在内的文化大发展大繁荣提供了政治保证和有利条件。省委、省政府对省直各单位贯彻落实文化强省建设的重要举措作了明确分工方案，在97个重要举措项目中，由省广电局牵头的有2项、参与的有65项。面对全面推进文化强省建设的新形势新任务，这就需要广播影视在加快发展上开阔新思路，在改革推进上谋划新举措，在破难攻坚上寻求新突破，下最大的功夫和力气解决公共服务体系还不健全、文化产业规模还不庞大、建设布局结构还不合理、优秀文化产品还不丰富、制约广电科学发展的体制机制障碍还未完全破除等关键性问题，从而进一步解放和发展文化生产力，只有这样才能在文化强省建设中当好排头兵，发挥主力军作用。

2. 面对加快转变发展方式和保持经济社会稳中求进的新形势，广播影视肩负着围绕中心、服务大局的重要职责任务。当前，我们正处在全面建设小康社会的关键时期和深化改革、加快转变经济发展方式的攻坚时期。由于受到国际国内各种因素的影响，今年我省经济运行的不确定因素增多，各种与之相联系的民生问题也将日益突出。在经济社会问题相互叠加的情况下，牢牢把握"稳中求进"、"转中求好"的工作总基调，把全力保障经济发展和社会和谐摆到更加突出的位置尤为重要。特别是要清醒地看到，在深化经济社会改革阶段，社会思想日益活跃，各种思潮此起彼伏，意识形态领域并不平静。经验还表明，每逢遇到党和国家政治大事，境内外敌对势力都会借机进行渗透破坏。今年即将召开党的十八大和省党代会，社会噪音杂音会明显增多，我们面临的思想舆论环境将十分复杂。这就需要广播影视始终坚持党的喉舌阵地的根本性质，切实肩负起主流媒体的社会责任，更加有效地加强舆论宣传和引导工作，为全省经济社会平稳较快发展提供强大的精神动力、舆论支持和思想保证。

3. 面对人民群众精神文化生活需求快速增长的新形势，广播影视肩负着丰富产品、优化服务的重要职责任务。"十二五"时期，我省人均生产总值将由7000美元向10000美元迈进，人民群众对文化的需求会呈现螺旋式上升态势，文化消费习惯会逐渐培育养成，文化欣赏标准会不断提高，这种日益活跃旺盛的文化消费需求和巨大的市场潜力必将为文化发展注入强劲的内生动力。近年来，无论从全国还是全省来看，广播影视创作都取得了很大成就，电影电视剧呈现出空前繁荣的局面，涌现出了一批深受人民群众喜爱的优秀作品。但同时要看到，与人民群众日益增长的精神文化需求相比，与对外开放不断扩大的新形势相比，与建设文化强国、文化强省的要求相比，广播影视创作还存在着一些不适应的地方，具体表现为影视节目内容原创能力不强、产品质量水平不高、市场运作机制不活、国际竞争影响力不大。这就需要广播影视大力提高文化产品的生产和供给，全力打造群众喜闻乐见的精品力作，努力创作生产出更多既叫好又叫座的影视作品，不断满足人民群众多方面、多层次、多样化的精神文化生活新需求新期待。

4. 面对现代信息技术和传播手段迅猛发展的新形势，广播影视肩负着转型升级、科学发展的重要职责任务。目前，全国三网融合试点已经进入第二阶段，按照国务院总体部署，全面推开广电与电信业务双向进入的时间越来越近，我们在数字付费频道、高清、交互等视频业务中将直面包括电信在内相关行业的激烈争夺。适应三网融合要求，大力加强广播电视网络整合发展、整体转换、双向改造、内容开发和业务拓展，增强广播电视网络核心竞争力的任务更加紧迫。随着现代传播技术的飞速发展，互联网广播电视、IP电视、手机电视、移动多媒体广播电视等视听新媒体迅速崛起，显示出强劲的发展势头和传播影响力。特别是微博客的广泛应用，使互联网、手机成为信息传播的重要途径和载体，从根本上改变了原有的传播秩序和舆论格局，对广电主流媒体有效引导舆论带来了巨大的挑战和压力。这就需要广播影视紧跟现代信息技术发展趋势，以推进数字化网络化和三网融合为契机，全面加快广播影视技术升级和发展转型，不断提高科技自主创新和支撑能力，加快广电传统媒体与新兴媒体融合发展，努力抢占新阵地、开发新业务、提供新服务、拓展新市场，进一步提升广播影视科学发展水平，发挥好主流媒体的重要作用。

5. 面对各类媒体激烈竞争和实施广电管理新政法规的新形势，广播影视肩负着依法管理、提升品质的重要职责任务。当前，各种形态的各类媒体为抢占阵地和市场，使出浑身解数展开了激烈竞争，无序化、不规范等违规情况时有发生，再加上法规制度的滞后和管理力量的薄弱，对现有的广播影视管理工作带来了很大冲击。新的一年，国家广电总局66号令和加强上星综合频道节目管理意见等法规制度正式实施，这些法规政策既是完善管理的重要依据，也是保障人民群众基本文化权益、体现以人为本服务宗旨、提高公共文化服务水平、维护广播影视良好社会形象的重要举措，已经受到了社会各界和人民群众的普遍欢迎。面对这一新形势，各级广播电视台，一方面要充分认识加强管理的重要性和紧迫性，切实增强纪律性和执行力；另一方面要以执行法规制度为倒逼机制，主动调整市场竞争思路和策略，重点在提高节目质量、调整广告品种结构、转变经营理念方式、改善营销管理措施上狠下功夫，着力促使广播影视向高品质、优效益、强实力方向发展。

总之，深刻认识和正确把握新形势新任务，我们要坚定信心、振奋精神、抓住机遇、迎接挑战，找准目标定位，把思想和行动统一到中央和省委、省政府对广播影视工作的部署决策上来，以强烈的责任感、使命感和紧迫感，坚定不移地探索实践具有中国特色的广播影视发展道路，不断开创浙江广播影视繁荣发展的新局面。

三、开拓进取，扎实做好 2012 年全省广播影视各项工作

今年是深入学习贯彻党的十七届六中全会、迎接党的十八大和省第十三次党代会召开之年，是全面实施“十二五”发展规划承上启下的重要之年，是大力推进文化强国、文化强省建设的关键之年。做好今年的工作，具有十分重要的意义。根据全国广播影视工作会议精神和省委、省政府的总体部署，今年全省广播影视工作的总体要求是：坚持以中国特色社会主义理论为指导，深入贯彻落实党的十七届六中全会和省委十二届十次全会精神，突出把握稳中求进、转中求好的工作总基调，紧紧围绕建设文化强省的重大战略部署，继续推进广播影视“繁荣发展、惠民服务、安全播出”的主体工作任务，抓住重点、突破难点、创新亮点，着力把握正确舆论导向，着力完善公共服务体系，着力促进转型升级发展，着力强化监管保障机制，切实提高舆论引导能力、惠民服务能力、现代传播能力、安全播出能力、产业发展能力和依法管理能力，自觉地服从和服务于全省经济社会发展大局，以优异成绩迎接党的十八大和省第十三次党代会胜利召开。关于今年的工作，省广电局制定了《2012 年全省广播影视工作要点》，作了全面具体的部署。这个文件将根据大家在会上讨论的意见修改后正式印发，希望各地各单位结合实际，抓好贯彻落实并创造性开展工作。下面，我就抓住重点、突破难点、创新亮点的有关工作要求，再强调如下意见：

1. 抓住重点，切实把迎接宣传贯彻党的十八大和省党代会摆在更加突出位置。

迎接宣传贯彻党的十八大和省代会，是今年广播影视战线的首要政治任务和头等大事，是贯穿全年工作的一条主线。我们要紧紧围绕这一工作重点和主线，认真履行工作职责，着力抓好宣传舆论引导、繁荣影视创作生产和安全播出放映工作。坚持团结稳定鼓劲、正面宣传为主，坚定主心骨，唱响主旋律，打好主动仗，全力保障党的十八大和省党代会的胜利召开。

第一，集中精力抓好重大宣传报道任务。要按照中央和省委部署要求，围绕党的十八大和省党代会的召开，精心组织谋划，制订工作方案，调集精兵强将，开辟专题栏目节目，在重要时段形成集中宣传规模和声势，全面、准确、深入学习宣传贯彻党的十八大和省党代会精神，推动各地各部门兴起学习宣传贯彻党的十八大和省党代会精神热潮，大力唱响共产党好、社会主义好、改革开放好、伟大祖国好、各族人民好的时代主旋律，激励全省各条战线不断创业创新，努力开创浙江经济社会发展和党的建设新局面。要深入宣传党的十七届六中全会和省委十二届十次全会议精神，充分反映各地大力推进文化强省“三大体系”建设、实施“八项工程”和“十大计划”的新举措新进展新成效，增强全社会的文化自觉和文化自信。要深入宣传全国、全省“两会”精神，全面准确解读中央、省委关于今年经济社会发展的总体要求、主要任务和工作重点，加大推进“三大国家战略”、“四大建设”、“五大统筹”的宣传报道力度，为全面实施“十二五”发展规划提供强有力的舆论支持。要深入宣传经济、政治、文化、社会、生态文明建设和党的建设的重大成就、成功实践、先进典型，凝聚坚定走中国特色社会主义道路的信心和力量。要深入宣传加强和创新社会管理、保障和改善民生等重大决策部署，充分反映解决群众切身利益问题取得的实际成效。要深入开展学雷锋活动的宣传，抓好“我们的价值观”大讨论报道，办好道德建设栏目，推动深化社会主义核心价值体系教育，大力弘扬良好社会风尚。要健全新闻报道快速反应机制，积极主动做好经济社会热点问题和重大突发公共事件的正面舆论引导，着力解疑释惑、疏导情绪、化解矛盾，大力营造倍加顾全大局、倍加珍惜团结、倍加维护稳定的浓厚氛围。要重视加强和改进舆论监督，推动解决党和政府高度关注、群众反映强烈的实际问题，密切党和群众关系。围绕今年各项重大主题宣传活动，要创新新闻宣传内容形式，加强新闻采编能力建设，提高新闻节目播出比例，有效遏制过度娱乐化倾向，坚决抵制低俗之风，切实把《加强广播电视新闻立台工作的若干意见》落到实处。今年将适时召开全省广播电视新闻宣传工作座谈会，总结推广新闻立台、导向立台的典型经验，推动全省广电新闻宣传工作迈上新的台阶。

第二，大力繁荣影视创作生产。影视创作是影视艺术的重要组成部分，对推动影视事业的繁荣发展具有基础性源头性作用。今年要认真做好迎接党的十八大重点影视剧的创作生产和展映展播。各影视制作机构和艺术工作者要始终坚持“二为”方向和“双百”方针，坚持以人民为中心的创作导向，坚持以弘扬社会主义核心价值体系为己任，热情讴歌改革开放和社会主义现代化建设伟大实践，生动展示人民群众奋发有为的精神风貌和创造历史的辉煌业绩。要坚持以扶持原创和现实题材创作为主攻方向，深入社会生活，提炼思想内涵，丰富艺术表现，提升品格境界，引领价值追求，创作出更多贴近实际、贴近生活、贴近群众，思想性、艺术性、观赏性相统一的精品佳作。要坚持对民族、对人民和对后代负责的创作生产态度，以正确导向为灵魂，以真实可信为生命，追求高格调，弘扬真善美，贬斥假恶丑，认真对待和积极追求影视产品的社会效果。要强化艺术创意创新，鼓励题材内容、表现手法、风格样式和制作技术手段创新，支持创作生产适合网络传播特点、广受网民欢迎的新型视听内容，鼓励各地加强优秀纪录片创作生产，制作播出迎接十八大和省党代会的电视文献专题片。要紧紧抓住剧本创作和人才培养两个关键环节，充分调动影视创作队伍的积极性和创造性，努力形成既出优秀剧本又出名家大师的生动局面，为影视事业繁荣发展打下坚实基础。今年上半年，省委宣传部、省局将联合召开全省影视创作生产座谈会，进一步推进影视创作生产繁荣工作。

第三，切实加强安全播出放映工作。保障党的十八大和省党代会的胜利召开，是今年安全播出放映工作的重中之重。各级广播影视管理部门和播出机构必须树立全面系统的管理理念，始终绷紧安全播出、安全放映这根弦，做到强化忧患意识，警钟长鸣，常抓不懈，守土尽责。要强化播出审查、值班值守和应急保障等各项防范措施制度，扎实做好新闻宣传、线路传输、频道频率、新媒体新业态、影院放映等各项管理工作。要认真落实一把手负总责的安全播出放映管理责任制，领导干部要靠前指挥，加强督促检查，确保全年各重要保障期安全播出放映万无一失。要大力推进安全调度指挥平台建设，加快监测网络延伸工程建设，完善互联网视听节目监测技术系统，推进市一级广电监测机构全部建立，努力实现省、市两级技术监测平台互联互通和资源共享。要深化无非法卫星电视地面设施乡镇（街道）创建活动，继续深入开展打击非法“网络共享”网站及设备产品专项整治工作，严厉打击非法销售、安装和使用卫星电视接收设施行为。要切实加强视听网站、手机电视和IP电视的建设、运用和管理，继续抓好整治互联网和手机媒体淫秽色情及低俗信息专项行动，规范视听新媒体有序运营和发展。继续广泛开展刑法第124条司法解释的学习宣传和贯彻，重视指导文化市场综合执法部门做好广电设施保护工作。各级文广新局要高度重视做好原农村电影放映员和部分电影公司转企改制信访维稳工作，深入细致地抓好综合施策，防止群体串访、防止问题上行、防止事态升级、防止局面失控，切实把信访人员吸附在当地，把问题解决在基层。各电影院线和放映单位要严格执行各项安全管理规定，切实抓好放映场所消防安全和治安保卫工作。

2. 突破难点，着力推进加快广播影视转型升级发展。

当前，广播影视正处在战略转型的关键时期，传播理念、发展方式、管理模式、体制机制等都在发生深刻变革。我们必须紧紧围绕贯彻落实建设文化强省的重大决策部署，着力推动广播影视深化文化体制改革，以更宽的视野、更大的作为、更实的举措，解放思想观念，突破难点工作，切实把中央和省委确定的广播影视改革发展重点任务落到实处。

第一，大力推动广播影视加快发展现代传播体系。文化的影响力不仅取决于思想内容，而且取决于其传播能力。谁的传播能力更强大，谁的思想文化和价值观念就能更广泛地流传，谁就能产生更有力的辐射力和影响力。中央和省委在加强文化建设的《决定》中都指出，提高社会主义先进文化辐射力和影响力，必须加快构建技术先进、传输快捷、覆盖广泛的现代传播体系。这是对广播影视加快转型升级提出的目标要求。实现这一目标要求，一要基本完成“一省一网”整合。加快广播电视有线网络整合发展，是中央和省委部署深化文化体制改革的重要任务，也是实现全省广电网络转型升级发展的必然要求。今年要在完成市级网络全部加入省网络公司的基础上，重点推动县级网络加入省网络公司，确保在今年6月底前基本完成“一省一网”整合发展任务。在推动网络整合发展中，各地要积极稳妥推进网络公司转企改制工作，有线网络资产清产核资和资产评估工作，务必在今年3月底前基本完成。个别有困难的地区可适当放宽到4月底前完成。同时要落实“老人老办法、新人新办法”的文化改革政策，妥善解决好人员安置问题，确保队伍稳定与社会和谐。要正确把握台控网络、台网经营分离，充分调动地方积极性的改革方向，坚持走出一条以资本为纽带、多种资本合作方式并存的具有浙江特色的"一省一网"整合发展之路。浙江华数广电网络公司作为网络整合的主体，要制定发展规划目标，不断开发创新业务，提高经营管理水平，重视研究支持地方网络发展的政策措施，真正发挥好龙头带动作用。二要积极推进三网融合发展。三网融合是我国经济和社会信息化的重大战略任务，是发挥各类信息网络设施文化传播作用的内在要求，必须作为构建现代传播体系的一项重要工作来抓。适应三网融合要求，必须加快有线电视网络由小网向大网、模拟向数字、单向向双向、用户看电视向用电视的转变，进一步加快有线电视数字化整体转换和网络双向升级改造。必须加强内容和服务创新，大力开发高清电视、视频点播、互动电视、远程教育医疗、电子政务商务、生产生活信息、文化休闲娱乐等数字广电网络多样化服务，让人民群众享受到广电数字化给精神文化生活带来的新变化新实惠。必须全面提升广电网络综合效益，努力把有线电视网络建设成为以视频服务为主、提供多种信息服务，可管可控、安全可靠的综合信息网络。杭州、宁波市要认真抓好三网融合试点工作，积极推进广电进入电信业务的探索实践。浙江广电集团要进一步完善 IPTV 和手机电视集成播控平台建设，省广电监测中心要加快 IPTV 和手机电视监管平台建设，确保播出内容和传播安全，促进三网融合健康有序发展。三要积极拓展新媒体新阵地建设。广播电视台是党的新闻宣传事业的主阵地、主力军，是构建现代传播体系的战略重点。面对舆论引导格局和传播生态环境的新变化，加强广电主流媒体建设，必须增强统筹传统媒体与新兴媒体融合发展的能力。各级电台电视台要加快数字化建设，不断完善采、编、播、存、用一体化的数字技术新体系；高度重视和推进高清电视、3D 电视、数字广播和下一代广播电视网等新技术新业态发展；充分发挥资源优势，积极拓展网络广播电视、手机电视、移动多媒体广播电视等新兴传播阵地，抢占科学技术制高点，把握舆论引导主动权；省级和有条件的市级台要努力构建面向多个播出平台、多种用户终端的综合制播系统，大幅度提升广播电视播出质量和水平。继续办好浙江卫视高清频道，推进具备条件的电视频道实施高标清同播，促进高清频道更多入户。积极推动中央台 3D 电视频道在全省广电网络的传输入户，鼓励支持省、市广电播出机构、各类影视制作公司创造条件，积极参与 3D 电视节目制作和试播工作。支持浙江华数广电网络公司基于云服务的全省数据中心布点建设，推进跨代网、超光网、云计算等新技术的开发和应用。同时加快数字技术在电影制作、发行、放映、存储、监管等各环节的普遍应用，全面提升电影数字化发展水平，充分发挥电影在现代传播体系中的重要阵地作用。

第二，大力推动广播影视文化产业跨越式发展。发展文化产业是社会主义市场经济条件下满足人民多样化精神文化需求的重要途径。推动广播影视文化产业跨越式发展，使之成为新的经济增长点、转变发展方式的重要着力点，为推动科学发展提供重要支撑，这是加快广播影视繁荣发展的重要任务。一要培育影视市场竞争主体。中央明确提出要把文化产业发展成为国民经济支柱性产业，这对深化文化产业体制改革、培育壮大广播影视产业主体提出了紧迫要求。我们要继续坚持"支持国有、扶优民营"的工作方针，毫不动摇地支持和促进国有影视文化企业发展壮大，毫不动摇地鼓励和引导民营影视文化企业健康发展，在全省形成以公有制为主体、多种所有制共同发展的影视文化产业格局。要继续实施"一企一策"的工作措施，在资金投入、项目支持、资源配置、税收优惠、上市融资等方面加大扶持倾斜，重点扶持和培育一批具有较强实力和竞争力的影视动画龙头骨干企业，使之成为引领影视文化产业发展的中坚力量。要实施重大项目带动战略，落实全省文化产业倍增计划，积极推进一批影视文化重点工程建设。加快筹备组建省级电影集团，打造具有竞争实力的国有文化企业。支持新蓝网和浙江网络广播电视台做大做强做优，成为全省视听节目服务第一门户网站。支持华数传媒公司、浙江时代电影院线、长城影视公司等企业上市做大做强。要继续促进电影院线跨所有制、跨领域、跨地区发展壮大，推动全省农村数字电影院线公司拓展经营发展。要基本完成全省电影发行放映单位转企改制，增强电影文化市场主体的生机与活力。二要优化影视基地园区建设。坚持重点扶持、整体推动、互补发展、资源共享的工作思路，统筹规划全省影视动画基地建设布局，大力发展影视文化产业集群，努力改变影视文化产业"低、小、散"的状况。要加强横店影视产业实验区、杭州高新区动画产业基地、西溪创意产业园等重点影视创作拍摄基地建设，支持杭州(海宁)影视文化产业国际合作实验区基地向国家广电总局立项申报挂牌工作，充分发挥其特色发展优势和集聚辐射作用。推动中国美院、浙江大学、浙江传媒学院动画教学研发基地创新发展，进一步完善产学研机制。要落实配套政策，加大扶持力度，加快影视动画基地园区转型升级，大力发展新兴文化产业，向着高科技、创新型、集约化、规模化的高端方向发展。三要增强影视文化产业核心竞争力。内容生产是影视文化产业的核心主干，影视作品是影视文化产业的品牌标志。针对影视创作生产中存在的“数量不少、精品不多”的问题，要重视加快影视内容生产由数量扩张向以质量提高为主的转变，深入实施精品战略，加大组织推动力度，把政府引导和市场机制有机结合起来，形成多方共同抓好优秀作品生产的氛围。要坚持以人民群众满意为最高标准，把群众评价、专家评价和市场检验统一起来，不断完善和形成科学的影视文化产品评价体系和激励机制。要鼓励和支持浙产影视产品和服务走出去，积极开拓国际市场，努力扩大国际竞争力和影响力。

第三，大力提高广播影视管理科学化水平。管理是事业产业发展的重要保障，事业产业越发展越要加强管理。随着广播影视事业产业发展壮大、工作领域拓展、阵地不断扩大，管理对象更加多样，管理任务更加繁重，管理要求更加严格，管理面临的挑战更加复杂。对此，我们在管理上必须适应发展变化，转变管理思路，创新管理措施，改进管理办法，善于综合运用行政、经济、科技、法律、教育等手段，不断提高依法行政、依法管理和科学管理的水平，坚持以管理保导向、保质量、保安全，以管理促改革、促发展、促稳定，维护全省广播影视健康有序发展的良好局面。一要全面加强宣传导向管理。要建立健全新闻报道选题、审查、播出等项管理制度，加强对新闻、纪实、评论、调解及娱乐、情感类等重点节目的审查、把关和监控，不断探索形成宣传管理长效机制。要建立健全收听收看监测和视听评议工作机制，完善系统内外、管办双方、省市结合的评议工作网络，今年要推动市级全面开展视听评议工作。要认真研究制定广播电视节目综合评价标准，推介各级广电台在这些方面的探索实践和做法经验，有效扭转唯收听收视率的倾向。要严格执行黄金时段国产剧、国产影视动画和影院放映国产片的有关规定，完善电影、电视剧、影视动画备案公示和内容审查制度，加强电视剧、娱乐类节目播出和节目引进管理。二要突出抓好广告播出管理。重点执行好关于取消电视剧插播广告等管理规定。各项广告管理工作要做到敢抓善管、持之以恒、落到实处、防止反弹。三要严格频道频率开设管理。频道频率是国家专有资源，也是广播电视的核心资源。各地不得借改革发展之名，擅自开办播出机构、擅自增设频道频率、擅自调整节目定位、擅自更改名称标志和呼号、擅自使用广电无线转播频率、擅自开设前端播出节目，擅自以频道频率资源违规合资合作，自觉规范广播电视传播秩序。四要重视法规制度建设。依据国家有关法规，配合法制部门着手推进《浙江省广播电视管理条例》修订工作，促成《浙江省公共场所大屏幕播放视听节目管理办法》的政府规章尽早出台。认真抓好全省广播影视第六次普法宣传教育工作。

3. 创新亮点，着力巩固和拓展广播影视惠民服务系列工程建设。

加强公共文化服务，是实现人民基本文化权益的主要途径。抓好广电惠民服务工作，是广播影视领域的永恒主题和根本任务，也是推动广播影视繁荣发展的最终目的和归宿。近年来，全省各地坚持广电惠民理念，不断创新开展广电惠民服务工程建设，取得了重大成绩。但服务群众永无止境，我们做了大量工作，还有更多工作要做。因此，我们要以不断满足人民群众文化需求为根本任务，进一步巩固、提高和扩大广电惠民工作的成果，拓展服务范围，提高工作标准，提供更优服务，创新工作亮点，努力构建具有浙江特色的广播影视公共服务体系。

第一，深化广电惠民服务工程建设。要以加快城乡文化一体化发展为目标，以让群众真正看得到、看得起、看得好广播影视节目为标准，深入、扎实、有效地抓好各项重点惠民服务工作。一要进一步巩固和拓展广播电视“村村通”的成果。扎实推进林场、海岛、偏远山区等农村广播电视全覆盖工作，采用有线、直播卫星等多种传输方式，让2万余户20户以下自然村群众收听收看到广播电视，争取全面实现全省广播电视“户户通”。同时努力完成今年5000艘渔船移动卫星电视接收设施安装任务，让更多的远海作业渔民收听收看到广播电视。二要全面实施“广电低保”数字化提升工程。今年要基本完成全省“广电低保”数字化工程建设，确保城乡“低保户”收听收看到有线数字广播电视节目。三要推进农村应急广播体系建设。依托全省现有有线广播“村村响”建设良好基础，发挥有线数字电视网络优势功能，努力建成统一联动、反应快捷、安全可靠、可管可控的公共应急信息综合发布平台和通道，更好地发挥广播电视在应对突发公共事件中的重要作用。今年将开展农村应急广播体系建设试点工作，希望各地积极参与配合，为加快我省农村应急广播建设创造经验。四要加快县级数字影院建设。目前，全省还有27个县（市、区）没有新建多厅数字影院，其中还有22个县（市、区）还没有完成影院数字化改造任务。尚未完成影院数字化改造任务的县（市、区），要按照全省县级城市数字影院建设座谈会的工作部署，抓紧落实措施，实施强力推进，确保在党的十八大之前实现全省县级城市数字放映场所全覆盖。同时鼓励各地继续加快数字多厅影院建设，改变城镇群众看电影难的问题。五要保证农村电影放映工程效果。按照“市场运作、企业经营、政府购买、群众受惠”的方针，保质保量完成农村电影放映任务，实现一个中心村一月放一场电影的目标。要倾听农民群众的呼声愿望，抓好固定和流动、室内和户外、公益和商业相结合的农村电影放映试点工作，提高农村电影放映服务实效。各电影院线要深入城乡社区、厂矿工地、大中小学校开展优秀国产影片展映活动，采取免费或优惠票价等多种方式，满足城市低收入居民、农民工、学生等群体观影需求。六要提高对农节目服务工程质量水平。按照广播电视对农节目服务工程建设五年目标规划，进一步完善对农节目联席会议制度，抓好通用性对农节目编辑制作，办好对农频道频率、节目栏目，在稳固数量基础上着力提高内容服务质量，充分发挥县级台服务“三农”、联系群众的主阵地作用。

第二，强化广电惠民政策保障。各地要努力确立广播影视在公共文化服务体系中的重要地位，推动地方党委政府把广电惠民工作纳入重要工作议事日程、纳入经济社会发展规划、纳入公共财政支出预算、纳入扶持欠发达地区发展计划、纳入干部责任目标考核，不断强化组织领导和政策保障。要建立健全广播影视公共财政保障机制，争取各级财政加大对广播影视惠民服务系列工程的投入。要落实欠发达地区资金补助政策，继续促进对口帮扶，做好广播影视援藏和援疆工作，推动资源投入向革命老区、民族地区、欠发达地区倾斜，不断扩大广电公共服务的惠及面。

第三，优化广电惠民服务机制。各地要坚持服务基层、重心下移，完善广电传输系统运营维护长效机制，保障“村村通”、“村村响”等项工程建设优质通、长期通。要加强农村广播影视基础建设，加快乡镇广电站设备设施的改造升级，按照省财政每年投入2000万元的专项补助资金，用心完成每年200个乡镇广电站设施更新改造任务。要重视抓好乡镇广电站从业人员技术业务培训工作，切实提高广电公共服务能力和质量。要建立健全以县为中心、以乡镇为基础、服务广大农户，覆盖广泛、结构合理、功能完善、实用高效的广播影视公共服务网络。上半年将召开全省乡镇广电站建设工作经验交流会，进一步推进广电基层基础工作。

四、领导到位，强化各级广播影视局台长的责任担当

今年是党和国家发展进程中具有特殊重要意义的一年，做好全省广播影视工作非同寻常，关键是各级广播影视局台长要加强领导、勇于担当，切实担负起领导责任和政治责任，率领本部门本单位坚决贯彻落实中央的要求和省委、省政府的部署，确保广播影视各项工作任务落到实处。这里，向局台长提四点要求：

第一，要带头维护大局。广播影视是党和政府的喉舌，是党的路线方针政策的坚定维护者、宣传者、执行者，必须在思想上和行动上坚决与党中央保持高度一致，坚持站在全局和战略的高度谋划发展，坚持在大局下思考、在大局下行动，在服从大局上更加自觉主动。在事关政治方向、政治原则的问题上，要增强政治敏锐性和鉴别力，做到旗帜鲜明、清醒坚定，把握正确导向，传播先进文化，掌控发展大势，保证本地区本单位广播影视沿着正确方向前进。

第二，要带头守土有责。要不折不扣地落实谁主管谁负责、谁主办谁负责和属地管理的原则，认真履行导向把握、政策调节、市场监管、社会管理、公共服务的管理职能，坚持一把手责任制，一手抓发展，一手抓管理，两手都要实和硬。要看好自己的阵地，管好自己的队伍，确保舆论宣传、安全播出、行风管理、廉政建设等重要环节不出任何大的责任事故和问题。

第三，要带头转变作风。在深化“三项学习教育”和“走转改”活动中，要带头深入基层一线、走进群众、融入群众、服务群众，善于从群众的呼声和愿望中科学决策工作，带动整个队伍树立良好的职业精神、职业道德和职业品格。要积极开展“进村入户大走访”和“双服务”专项行动，扎实推进广电“一访、三送、四进”活动，加强调查研究，深入把握新情况新特点，及时研究和正确处理广播影视改革发展中的重大问题，不断提高广播影视服务基层、服务群众的能力。

第四，要带头狠抓落实。广播影视工作贵在求真务实，成在执行有力。今年各项工作目标任务已经明确，关键在真抓实干、狠抓落实。要紧密结合实际，理清发展思路，谋划发展战略，明确发展重点，努力掌控发展主动权。要加强项目化推动，认真梳理、逐项分解工作任务，将原则要求变为可操作工作措施，把目标任务变成实实在在的重点项目，做到有规划、有布局、有项目，有载体、有抓手、有措施。要明确时间表、路线图，加强动态跟踪、加强督促检查，把各项工作任务抓实、抓细、抓具体。要整合资源，凝聚力量，协同作战，形成强大工作合力。要经常主动向党委、政府和宣传部门请示汇报，积极争取各方面理解、支持和配合，为广播影视工作顺利开展创造良好环境。

同志们，做好今年广播影视工作责任重大，使命光荣。我们要深入贯彻落实党的十七届六中全会和省委十二届十次全会精神，坚决按照中央和省委、省政府的决策部署，统一思想、坚定信心，团结奋进、扎实工作，努力开创新时期广播影视发展新局面，以优异的成绩向党的十八大和省党代会献礼！

在全省各市广播影视局台长座谈会上的讲话（摘要）

张宝贵

（2012 年 7 月 31 日）

这次全省各市广播影视局台长座谈会，主要任务是认真学习胡锦涛总书记 7 月 23 日在省部级主要领导干部专题研讨班上的重要讲话精神，深入贯彻党的十七届六中全会和省第十三次党代会精神，分析交流近年来全省广电系统职业道德和行风建设情况，重点研究加强当前和今后一个时期全省广播影视职业道德和行风建设工作，同时总结交流上半年工作情况，研究布置下半年重点工作。昨天，各位局台长和浙江华数公司负责人围绕会议主题，畅谈认识体会、交流工作经验、探讨措施意见，达到了预期效果。刚才，程蔚东总编辑同志向大家介绍了浙江广电集团近年来加强职业道德和行风建设的做法经验，很有启示指导作用。等会，省局几位领导还就分管的有关工作向大家通报情况。下面，我就加强全省广播影视职业道德和行风建设这个主题讲几点意见。

一、肯定成绩，正视问题，坚持不懈地推进全省广播影视职业道德和行风建设

近年来，全省广播影视战线认真贯彻落实中央和省委、省政府及省纪委、省委宣传部的部署要求，根据广播影视工作任务、行业特点和性质规律，坚持围绕中心、以人为本、标本兼治、纠建并举，着力加强学习教育，着力完善规章制度，着力强化监督检查，着力开展特色活动，深入推进全系统的职业道德和行风建设，取得了明显成效，为顺利完成广播影视“繁荣发展、惠民服务、安全播出”各项工作任务，起到了积极促进和保障作用。主要体现在：一是围绕中心任务，服务大局能力不断增强。各级广播影视部门、单位坚持政治意识、大局意识、责任意识和阵地意识，坚守政治家办台的理念和新闻立台的方向，紧紧围绕党委政府的中心工作和重大决策部署，履行广播电视引领风尚、教育人民、服务社会、推动发展的重要职责，牢牢把握团结、稳定、鼓劲、正面宣传的总基调，大力宣传党的理论、路线、方针、政策，积极传播科学文化知识和各类信息，努力丰富人民群众的精神文化生活，把党和政府的声音传送到千家万户，积极发挥了舆论引导和文化引领的作用，为我省全面实施“两创”总战略、大力推进建设“两富”现代化浙江提供了强大的精神动力和舆论支持。二是推进舆论监督，保障民生作用有效发挥。各级广播影视部门、单位坚持面向基层、服务群众，通过开办舆论监督类栏目或组织开展批评性报道，积极发挥舆论监督作用，纠正了一些损害群众利益的突出问题，解决了一些关系百姓切身利益的问题，广播影视成为关注民生、反映民情、通达民意、密切党群关系、促进社会和谐的沟通桥梁。如浙江电视台、浙江电台和省纪委、省纠风办联合开设的《反腐前线》、《阳光行动》等节目，许多市县广播电视台开办的“行风热线”、“阳光行动”等节目，温州台组织市民监督团等做法，在加强舆论监督、倾听呼声诉求、积极为群众排忧解难等方面发挥了重要作用。三是注重道德实践，队伍建设得到全面加强。各级广播影视部门、单位坚持以社会主义核心价值体系为指导，认真贯彻落实《公民道德建设实施纲要》，以树立和践行社会主义荣辱观为重点，深入开展“三项学习教育活动”和“走转改”活动，积极引导广大干部职工知荣辱、讲正气、守纪律、作奉献，增强职业道德的责任感和荣誉感，培育广电人的敬业奉献、勇于担当、进取向上、奋发有为的良好素质。各地认真贯彻《中国广播电视编辑记者播音员主持人职业道德准则》、《关于新闻采编人员从业管理的规定（试行）》等一系列规章制度，加强了广电行业行为规范建设。认真开展“群众满意基层站所（办事窗口）”和“青年文明号”创建、政务公开和民主评议政风行风活动，广大群众对广电行风建设的满意度逐步提高；持续开展“净化声频荧屏”活动，重点整治有偿新闻、虚假广告、低俗之风等问题，广电的社会形象大为改观。四是加强廉政建设，惩防体系构建逐步完善。各级广播影视部门、单位坚持标本兼治、综合治理、惩防并举、注重预防的方针，积极构建并不断完善具有浙江广电特点的惩治和预防腐败体系。每年召开纪检监察、行风建设工作会议，深化示范教育、警示教育和岗位廉政风险防范教育，坚持把反腐倡廉教育贯穿于干部培养、选拔、管理、使用的全过程，特别重视抓好领导班子和党员领导干部的勤政教育和廉政监督，落实党内监督条例和中央关于廉政建设的“四个文件”精神，强化落实领导责任追究制度，严格执行廉政准则。重视抓好宣传采编播人员包括主持人的道德教育和管理监督，教育和引导他们秉持社会责任，提升政治素质和能力水平，加强和改进新闻舆论工作。重视抓好关键岗位和重点环节的风险防范，切实加强工程建设、设备采购、广告经营、影视产品交易等领域全过程的反腐倡廉工作，严格各项内部管理制度，强化健全自律机制，着力铲除滋生腐败的土壤和条件。

总体来看，全省广播影视职业道德和行风建设取得了很大成绩，对此，各级党委、政府和社会各界、人民群众给予了充分肯定和高度评价。但是，我们也要清醒地看到，在广播影视事业产业快速发展的进程中，全省广播影视职业道德和行风建设还存在一些问题和薄弱环节，还不能完全适应新的形势和任务的要求。比如在新闻宣传上，有的报道导向把关不严，节目品位质量不高，解决片面追求收听收视率、过度娱乐化倾向、节目低俗化现象等问题仍然不容忽视和放松；在舆论监督上，有的舆论监督偏颇偏激有失客观公正，有的甚至为了吸引眼球编造新闻事件误导群众；在职业规范上，有的受利益驱动导致虚假新闻时有发生、违法广告屡禁不止，有的收受“红包”、车马费、劳务费，吃、拿、卡、要，搞有偿新闻；在服务管理上，有的网络服务质量不高，收费不合理，群众对此意见很大、投诉很多，“门好进、脸难看，话好听、事难办”的现象还存在于少数行政审批环节中；在廉政建设上，管理体制机制有待进一步理顺，监督制度落实还不够到位，特别是近段时间来在工程招投标、设备采购等领域集中发生的违法刑事案件，严重影响了广电系统的公信力和权威性，给广播影视的健康发展带来了严重损害。这些问题的存在，虽然是个别的局部现象，是少数人的行为，但有损于全省广电系统的整体形象，在社会上产生了较大的负面影响，对一个单位的士气、信心、形象、工作也都带来很大影响。分析产生这些问题的原因：一是有些单位和领导对广播影视的性质、地位和作用缺乏深刻的理解和把握，对职业道德和行风建设的重要性思想认识不足、重视强调不够、执行落实不力，对管辖范围的职业道德和行风建设管理和指导不到位；二是市场经济环境下商业竞争、唯利是图的逐利行为对广电行业产生侵蚀影响，导致少数单位淡化社会责任，过分追求经济利益而忽视社会效益；三是随着广播影视事业产业的发展和广电队伍的壮大，一些广电从业人员的主体意识、媒介素养、专业技能和服务能力还不能完全适应形势发展的要求；四是职业道德和行风建设制度机制还不完善，监督制约措施还不严格，自教自管自律能力缺乏，经受不住各种不良诱惑的影响。因此，我们抓职业道德和行风建设既不能满足成绩，一蹴而就，也不能回避问题，降格以求，必须做好长期的思想准备，真正落实长效管理机制，坚持不懈地抓好职业道德锤炼，坚定不移地推进行风建设，以良好的职业道德和行业规范保障全省广播影视发展繁荣工作。

二、统一思想，提高认识，深刻领会加强广播影视职业道德和行风建设的重要意义

今年是落实党的十七届六中全会精神的关键一年，是实施“十二五”规划承上启下的重要一年，也是迎接党的十八大胜利召开之年。按照今年省党代会规划的宏伟蓝图，推进文化改革发展，建设"两富"现代化浙江，全省广电系统肩负的责任重大，任务艰巨。在这样的形势背景和工作要求下，我们必须从全局和战略的高度，充分认识加强广播影视职业道德和行风建设的重要性和必要性，切实提高加强广播影视职业道德和行风建设的紧迫感和责任感。

*1. 加强职业道德和行风建设，是贯彻落实中央和省委指示要求的重要举措。*中央和省委高度重视职业道德和行风建设。党的十七届六中全会明确提出加强职业道德建设和行风建设，强调文化工作者要成为优秀文化的生产者和传播者，必须加强自身修养，做道德品行和人格操守的示范者，要求广大文化工作者自觉践行社会主义核心价值体系，增强社会责任感，弘扬科学精神和职业道德，并把加强职业道德和推进行风建设作为深化文化体制改革、推动文化大发展大繁荣的重要举措作出了部署。按照中央要求，中宣部、国家广电总局、国家新闻出版总署制定出台了《关于进一步规范新闻采编工作的意见》、《关于进一步加强电视上星综合频道节目管理的意见》、《关于防止虚假新闻报道的若干规定》等文件，全面动员和深入开展"走转改"活动。国家广电总局也制定下发《中国广播电视编辑记者、播音员主持人职业道德准则》等一系列管理规定，在全国广电系统广泛开展行风评议活动。省委十二届十次全会、省第十三次党代会把加强思想道德建设作为加强党的建设的重要内容，作为实现精神富有的工作目标和文化强省建设的主要任务，省委、省政府还连续5年部署开展作风建设年活动，以作风建设成效保障经济社会发展。可见，加强职业道德和行风建设是中央和省委提出的工作要求，是加强社会主义思想道德建设的应有之义，是构建社会主义核心价值体系的重要组成部分。我们一定要把思想和行动统一到中央和省委的决策部署上来，大力推进广播影视职业道德和行风建设迈上新的台阶，为文化强省建设和"两富"现代化浙江建设作出积极贡献。

*2. 加强职业道德和行风建设，是推进广播影视科学发展的重要基础。*事业发展关键在人。加强职业道德和行风建设，本质上就是加强人的建设，促进人的全面发展。一个部门行业只有人心齐、风气好、作风正、工作实，才能赢得党委政府的支持和人民群众的信任，才能推进事业产业全面健康发展。当前，广播影视正处于改革发展的关键时期，面对全面推进文化强国文化强省建设的新形势，肩负着深化改革创新、加快发展繁荣的重要职责任务；面对加快转变发展方式和保持经济社会稳中求进的新形势，肩负着围绕中心、服务大局的重要职责任务；面对人民群众精神文化生活需求快速增长的新形势，肩负着丰富产品、优化服务的重要职责任务；面对现代信息技术和传播手段迅猛发展的新形势，肩负着转型升级、科学发展的重要职责任务；面对各类媒体激烈竞争和实施广电管理政策法规的新形势，肩负着依法管理、提升品质的重要职责任务；面对极好的历史发展机遇和多重的严峻挑战，要求广电系统必须全面提高整个队伍的综合素质和能力水平。为此，我们只有通过加强职业道德和行风建设，共同营造风清气正、和谐奋进的良好氛围，培养造就德才兼备、锐意创新的人才队伍，形成理想崇高、信念坚定的强大精神力量，才能真正肩负起广播影视的历史使命，承担好大力发展公益性文化事业和加快文化产业发展的重大任务，不断增强全省广播影视的发展实力和竞争力，为广播影视科学发展和可持续发展奠定坚实的基础。

*3. 加强职业道德和行风建设，是深化广播影视惠民服务的重要保障。*广电惠民服务是广播影视工作的永恒主题和根本任务，是广播影视系统深入贯彻落实科学发展观的内在要求，事关统筹城乡协调发展，体现改善民生幸福质量，有利于促进社会和谐稳定。近年来，全省广电系统大力推进农村有线电视"村村通"、"户户通"、有线广播"村村响"、对农节目服务、广电低保、数字电视整转、数字影院全覆盖、广电进渔船、应急广播建设、农村电影放映等系列广电惠民工程建设，进一步建立健全长效机制，加快构建农村广播影视公共服务体系，努力推动广电惠民实现均等化、优质化、数字化，让人民群众真正得实惠、有好处、获利益。加强职业道德和行风建设，就是要进一步牢固树立以人为本、人民至上、为民服务的理念，更加自觉地贯彻党的群众路线，怀着对人民群众的深厚感情，扎扎实实解决好群众听广播看电视看电影难的问题，努力实现好、维护好、发展好人民群众的基本文化利益，真正将各项广电惠民服务工程建设成精品工程、民心工程、德政工程和廉洁工程，让人民群众共享广播影视改革发展的成果。

4. 加强职业道德和行风建设，是维护广播影视良好形象的重要途径。职业道德和行风建设不仅体现着本行业的自身形象和整体素质，而且对整个社会风气的改善产生重大影响。广播影视是党和人民的喉舌，是重要的宣传思想文化阵地，是党和政府联系人民群众的桥梁和纽带，具有鲜明的政治属性和意识形态特征。广播影视战线的行风直接关系着党风、政风，直接影响着党和政府在人民群众中的形象，与其他行业相比，广播影视对社会风气和社会道德的影响更强更大更深远。作为广播影视工作者，特别是各级党员领导干部和新闻采编播人员，其一言一行都直接代表着广播影视的形象，体现着党和政府的公信力。因此，我们必须充分认识广播影视行业的特殊性和重要性，在全面推进文化体制改革和大力发展文化事业产业过程中，始终坚持正确的发展方向，正确处理好意识形态和产业属性、社会效益和经济效益之间的关系，绝不允许和容忍发生与广播影视根本属性背道而驰的不正之风。要通过加强职业道德和行风建设，有效规范从业人员的职业行为，引导大家坚守广播影视的社会责任，提升广电队伍的综合素质，塑造广播影视行业的崭新风貌，增强广播影视的公信力和影响力，以广电的良好声誉和形象，切实维护好党和政府在人民群众中的威望。

三、突出重点，求真务实，切实加强广播影视职业道德和行风建设

面对当前广播影视发展的新形势和人民群众的新期待，针对社会普遍关注的问题，加强广播影视职业道德和行风建设，要深入推进和着力落实以下重点工作措施。

1.加强职业道德和行风建设，要深入开展社会主义核心价值体系的学习教育。党的十七届六中全会强调指出，社会主义核心价值体系是兴国之魂，是社会主义先进文化的精髓，决定着中国特色社会主义发展方向。建设社会主义核心价值体系，在全社会形成统一指导思想、共同理想信念、强大精神力量和基本道德规范，始终是发展中国特色社会主义的一项重大战略任务，是巩固全党全国各族人民团结奋斗的共同思想道德基础，是社会主义文化建设的精神支柱和根本要求。广播影视承担着传播和弘扬社会主义核心价值体系的重大政治责任，必须首先从我做起，做践行社会主义核心价值体系的参与者和实践者，以自己的崇高价值追求和德行境界倡导和引领社会风尚。为此，全省广电系统要把加强社会主义核心价值体系建设，与积极倡导以“务实、守信、崇学、向善”为内涵的当代浙江人共同价值观的学习教育紧密结合起来，与深入开展学雷锋等先进模范人物活动紧密结合起来，努力强化科学理论学习，坚持不懈地用中国特色社会主义理论体系武装头脑、指导工作；坚定崇高理想信念，自觉地把个人理想融入到中国特色社会主义共同理想之中，时刻把党的事业和人民利益放在心中最高位置；大力弘扬民族精神、时代精神和创业创新的浙江精神，始终保持永不懈怠、敬业奉献、开拓进取的精神状态；牢固树立社会主义荣辱观，坚守新闻职业道德、职业精神和社会责任。总之，在社会主义核心价值体系学习实践中，我们要引导全体广播影视工作者加强自身修养，锤炼思想品质，做道德品行和人格操守的示范者。真正把社会主义核心价值体系贯穿于广播影视改革发展的各项工作中，体现到广播影视产品创作生产传播的各个方面，为广播影视大发展大繁荣指明正确方向。

2.加强职业道德和行风建设，要扎实做好共建道德精神家园的社会动员和宣传工作。建设社会主义核心价值体系，倡导当代浙江人共同价值观，共建我们的道德精神家园，深入做好社会动员和宣传工作是先导。强化主流价值导向，广泛凝聚社会共识是基础。各级广电媒体和社会影视制作机构要充分发挥阵地优势，融汇文化元素，深化开展社会主义道德建设的宣传报道和艺术创作生产，把功夫真正下在推进社会主义核心价值体系大众化上。各级广电台主频率主频道要积极开设道德建设类专题栏目，认真办好道德建设类节目，不断提升道德宣传的教育功能，大力营造推进社会主义道德建设的舆论环境。要大力宣传社会主义道德建设的先进典型，充分发挥道德模范引领示范作用，在全社会形成崇尚先进、学习先进、争当先进的良好风气。要创作生产符合社会主义思想体系、价值观念、道德准则、审美取向和健康向上的广播影视作品，切实做到以优秀的作品鼓舞人，以高尚的精神塑造人。要积极参与配合当前正在开展的全国道德领域突出问题专项教育和治理活动，充分发挥广电媒体的集中宣传和舆论监督作用，大力推进商务诚信、行业诚信和社会诚信建设，用道德建设的实际成果促进社会风气的改善和提升。

3.加强职业道德和行风建设，要坚决整治广播影视传播和经营中的突出问题。从总体上看，这几年全省各地持续开展规范广告经营管理、抵制低俗之风专项行动、加强反腐倡廉和行风建设等项工作，人民群众对广播影视反映强烈的滥播滥插广告、过度娱乐和低俗现象等有关问题得到了有效遏制，电视荧屏有了根本性改观。但是，我们切不可一劳永逸和放松管理，更要清醒看到有些问题还整治得不够彻底，在工作中要时刻防止问题的反弹频发。当前和今后一个时期，我们要持之以恒地严肃查处有偿新闻、虚假报道、不良广告和节目低俗之风，大力整治手机和视听网站等新媒体传播淫秽色情节目和有害信息行为，坚守住广电主流媒体的政治底线、道德底线和社会责任。要重视加强对节目主持人代言商业广告的严格管理把关，不得为节目主持人代言商业广告开绿灯，更不得让虚假广告上荧屏。要教育节目主持人恪守职业操守，不为利禄诱惑所动，自觉维护媒体及主持人的公信力。针对我省广电系统近期发生集中性的行业腐败案件，各地各单位要加强警示教育，从教育、管理、监督和制度上总结经验、吸取教训、引以为鉴、亡羊补牢。要围绕设备采购、工程建设、经营创收、节目交易、项目许可、投融资等易发问题的环节，制定风险防控措施，及时消除腐败隐患，严肃查处各类违法违纪行为。要优化广电惠民服务机制，提高广电惠民服务水平，杜绝在广播影视公共服务中的欺骗欺诈行为。要加大对中央和省委重大决策部署贯彻落实情况的纪检监察力度，提高完成广播影视改革发展重大任务的执行力，切实防止或转变精神懈怠、庸懒散慢、敷衍塞责等不良作风。

4. 加强职业道德和行风建设，要建立健全监督管理长效机制。职业道德和行风建设，制度建设是根本，加强监督监察是保证。各级广电系统要狠抓制度建设，建立健全职业道德和行风建设长效机制，推进这项工作制度化、规范化、常态化。要坚持属地管理机制，按照“谁主管、谁负责”、“谁办台、谁负责”的原则，落实“一把手”负总责的工作责任制和究责制，实行各司其职，分级负责，守土有责，切实把好职业道德和行风建设的领导关，形成齐抓共管、推进有力的工作格局。要建立考核评价机制，把职业道德和行风建设纳入党风廉政建设目标责任，纳入领导班子政绩考核指标，纳入干部职工奖惩评价体系，与整体工作统一研究部署、统一组织实施、统一督促检查、统一考评激励。要完善纪检监察机制，把职业道德和行风建设深入到宣传导向、节目内容、广告播出、项目审批、行政许可、政府采购、工程招标、经营活动等重点领域、重点部位和重点环节，严格管权、管人、管事、管钱、管物的各项监管措施，从源头上预防腐败和治理不正之风。要健全社会监督机制，充分发挥人大监督、政协监督、司法监督和社会监督的作用，坚持推进政务公开，开展行风民主评议，聘请社会监督员、设立投诉举报电话、公布网上邮件信箱，建立观众意见收集、受理、反馈的工作机制，把广电职业道德和行风建设置于人民群众的监督之下。要加强自管自律机制，充分发挥广电学会、产业协会、互联网协会等行业组织作用，不断增强自我教育、自我约束、自我管理的能力。要强化教育培训机制，开展多种形式的思想教育和针对性的学习培训，提高广电队伍业务水平和整体素质，推动从业人员深入基层、服务群众，在实践一线吸取养分、增长才干，更好发挥广电媒体舆论引导作用。

5. 加强职业道德和行风建设，要充分发挥领导干部的带头示范作用。加强职业道德和行风建设，领导干部是表率，组织领导是关键。各级广电领导干部作为一个部门单位的领军人物和社会公众人物，必须带头践行社会主义核心价值体系，成为职业道德和行风建设的组织者、推动者、引领者。要带头强化政治意识和大局观念，在重大原则问题上立场坚定，在大是大非面前头脑清醒，确保广播影视正确发展方向；带头强化公仆服务和人民至上意识，坚持把人民群众是否满意作为第一标准，努力做出经得起历史、实践和人民检验的业绩；带头强化责任担当和激情干事，坚持以党和人民事业为重，忠诚履行职责，做到实干苦干、善做善成，心无旁骛地抓好工作；带头强化勤政廉政和修身立德，在任何情况下都要稳住心神、管住行为、守住清白，永葆纯洁和政治本色。此外，各级广电领导干部还要切实加强组织领导和统筹协调工作，把职业道德和行风建设与创先争优、双服务、作风建设年、学习型党组织、优化政务环境、深化“走转改”等项工作结合起来，使之相互融合、协调推进，不断把全省广播影视职业道德和行风建设引向深入。

同志们，今年在我们党和国家发展进程中具有特殊重要的意义。无论是从形势背景还是从目标任务来看，做好广播影视工作非同寻常，机遇多、挑战多、任务重、要求高，尤其需要我们树立良好的精神状态，保持旺盛的进取之心，切实增强做好工作的责任感和使命感。全省广电系统要大力弘扬“求真、务实、团结、创新、实干”的作风，不断加强职业道德和行风建设，全面完成今年工作目标任务，努力开创全省广播影视繁荣发展的新局面，以优异成绩迎接党的十八大的胜利召开。

2012年国家及省领导对浙江广播影视工作的重要批示

3月2日，省委副书记、省长夏宝龙在有关资料上批示肯定“浙江广电集团充分发挥主流媒体作用”，超额实现上送央视《新闻联播》“连续三年平均每天一条浙江新闻”的目标任务，有力宣传了我省认真贯彻落实科学发展观，深入实施“创业富民、创新强省”总战略，加快转变经济发展方式，加快建设文化强省的创新举措和成功实践，“宣传浙江取得优异的成绩”。

4月6日，省委常委、宣传部长茅临生在有关材料上批示，肯定集团全国“两会”新闻报道“做得很好，使浙江观众及时了解两会精神，使全国观众了解了浙江代表参政议政及浙江的有关情况，且有良好效果，当再接再厉。”

6月9日，中共中央政治局委员、国务委员刘延东在《关于第八届中国国际动漫节的情况报告》中批示：本届中国国际动漫节规模、效益、国际化、产业化水平超过以往，取得圆满成功，作为“十二五”文化改革发展规划确定的国际文化产品交易平台，开办以来影响越发显著。望总结经验，开拓创新，继续打造好这一品牌，努力发挥动漫节的综合作用，为推动我动漫产业发展和中国文化走出去作出新贡献。

6月16日，省委书记赵洪祝在有关材料上批示，肯定浙江卫视对省第十三次党代会报道工作“十分重视，准备得早，谋划得深。卫视有关省党代会的报道和专题片《坐标》，我都看了，感到主题鲜明，形式多样，生动具体，很有感染力和说服力”。

6月，省委书记赵洪祝在《关于第八届中国国际动漫节的情况报告》中批示：本届中国国际动漫节规格高、规模大、人气旺、效益好，在诸多方面取得了新的突破，可喜可贺。希望杭州市继续努力，勇于创新，不断提升动漫产业的整体实力和国际竞争力，为推动我省经济转型升级作出更大贡献。

6月22日，省委书记赵洪祝在“浙产电视局在央视及各卫视播出情况良好”一文上批示：影视产品是最容易走出去的文化产品，上半年形势很好，文化战线要继续加倍努力。

7月1日，省委书记赵洪祝在有关材料上批示，充分肯定浙江电视台公共·新农村频道“新农村冲击播”活动。他说，“新农村频道结合‘走、转、改’活动，发挥自身优势，探索助推欠发达地区发展新路子，形式多样，求实管用，成效明显”，在发挥电视媒体的宣传功能和桥梁作用、宣传推广我省欠发达地区的资源优势、助推当地经济社会发展方面取得了明显成效。

7月26日，省委常委、副省长、宣传部长葛慧君对浙江卫视《两富新动力，蹲点大项目》系列报道给予充分肯定，认为报道“手法新，气势大，可看性强，有效发挥了宣传鼓动、服务大局的重要作用”。为我省加快推进经济发展方式转变、推动产业转型升级、建设“两富”新浙江营造了良好的主流舆论氛围。

7月29日，省委书记赵洪祝在有关材料上批示，肯定今年上半年浙江广电集团上报新闻工作：“精心谋划，把握主题，创新形式，加大力度，围绕新闻联播上送节目稿件，质量俱佳，工作做得出色，体现了强烈的大局意识和精湛的业务水平”。

8月12日，省委常委、副省长、宣传部长葛慧君批示肯定浙江卫视《中国好声音》栏目突出公益特色，崇尚励志阳光，弘扬真善美，传递正能量，“走出了综艺节目的新天地，是一个导向性、艺术性和观赏性相统一的好节目”。

8月上旬，省委常委、副省长、宣传部长葛慧君先后在相关材料上作出批示，肯定浙江广电集团多项宣传工作。她肯定集团上半年上送中央媒体播出的新闻有力宣传了我省深入实施“两创”总战略的实践成果，要求集团以省委书记赵洪祝的批示鼓励为新的动力，尽心谋划，再创佳绩。她还肯定了《中国好声音》“走出了综艺节目的新天地，是一个导向性、艺术性和观赏性相统一的好节目”，评价集团在“食品安全大整治百日行动”宣传报道中“行动迅速，把握有度，形成合力”，为保障公共食品安全营造了良好的舆论氛围。

9 月，省委常委、副省长、宣传部长葛慧君在有关材料上批示，肯定集团“两富”浙江宣传报道“发挥媒体特色，深化报道创新，多栏目推进，多媒体参与，形成了不少宣传报道的亮点，为建设‘两富’浙江、迎接党的十八大召开营造了浓厚的舆论氛围”。

10 月，省委书记赵洪祝在相关材料上作出批示，肯定“浙江广电集团合力打造‘浙江卫视’品牌，成果丰硕，捷报频传，令人欣喜和振奋”。他同时指出，“浙江卫视‘输出正能量，传递真善美’的理念体现正确导向，是时代呼唤和观众需求，路子走对了”，并勉励浙江广电集团再接再厉、不断创造新业绩。省委副书记李强也在有关材料上批示肯定浙江卫视近年佳作频出，特别是以《中国好声音》为代表的综艺节目做到了“注重品质与关照现实的统一、提高收视率与弘扬主流价值观的统一”，勉励浙江卫视积极探索电视节目的创新发展。省委常委、副省长、宣传部长葛慧君要求集团以赵洪祝书记、李强副书记的肯定鼓励为新动力，不断提高创新力，策划推出更多思想性、观赏性、艺术性、大众化相统一的电视综艺节目，进一步扩大媒体品牌影响力。

10 月 30 日，省委常委、副省长、宣传部长葛慧君在有关资料上批示，肯定集团重点品牌活动“十月的阳光”具有“较大的影响力”，“思想性时代性很强”。她特别赞扬今年的活动“紧扣喜迎十八大、建设‘两富浙江’主题，精心组织，节目丰富，场面热烈”，尤其是活动特别创作的诗歌朗诵《最美浙江人》，热情歌颂了浙江精神，彰显出浙江人的大爱大美。

11 月 6 日，省委常委、副省长、宣传部长葛慧君在有关资料上批示，为集团出品的《温州一家人》于十八大期间在央视一套黄金档播出感到“十分可喜”，肯定集团作为省级广电宣传部门为宣传浙江精神所做的努力，再次强调“文艺创作只有坚持贴近社会现实，植根人民群众创业创新伟大实践，尊重文艺创作生产规律，才能出精品、出效益”。

12 月 25 日，王建满副省长在有关材料上批示，肯定集团“浙商回归”宣传“为支持浙商创业创新发展鼓与呼，为创造良好的舆论环境，做了大量工作和积极贡献”。

一、迎接中国共产党第十八届全国代表大会召开和学习贯彻党的十八大精神的重大宣传报道情况

浙江广电集团

迎接十八大、宣传十八大、贯彻十八大，是2012年集团新闻宣传工作的重中之重，在省委宣传部的统一领导下，集团编委会在年初就开设制订十八大报道计划，精心部署、统筹安排，各宣传单位、各新闻栏目都按照要求，精心策划、精选题材，集中全力做好十八大的宣传报道工作，在全年的宣传报道工作中，始终围绕“党的十八大”这条主线，突出重点、服务大局，主题宣传形成强势，充分发挥了主流媒体的舆论引导力和社会影响力。

按照时间跨度，浙江广电集团“十八大”的报道战役主要分为三个阶段：

一、会前报道营造氛围

从四月中旬开始，集团各新闻栏目就开始陆续推出以“开好党代会、迎接十八大”为主题的大型宣传报道，为十八大的召开营造良好氛围。

《浙江新闻联播》在4月中旬推出的大型系列报道《创业创新、成就辉煌》，以生动鲜活的新闻事例为切入，全面反映我省各地贯彻“八八战略”和“两创”总战略的生动实践，推进科学发展、和谐发展的辉煌成就。《浙广早新闻》也同步推出大型系列报道《创业创新、辉煌成就——我说浙江新变化》，通过挖掘各地近五年来经济社会发展中的典型事例，全面反映贯彻“八八战略”和“两创”总战略取得的新变化、新成就。《新闻速写》播出的系列报道《十年化城——鄞州人的幸福生活》、城市之声《新闻早上好》推出系列报道《浙江民生五年》等专业频道的主题报道也都通过反映近年来我省各级政府落实“科学发展、和谐发展”，促进浙江的经济、社会、文化、民生快速发展的典型事例，为党的十八大胜利召开进行了宣传上的预热与准备。

省党代会闭幕以后，各新闻栏目再积极做好贯彻省党代会精神主题报道的同时，开始逐渐加大有关“十八大”道报的力度，主题报道不断升温。

《浙江新闻联播》推出专题报道《贯彻省党代会精神　迎接十八大召开》，深入企业、社区，日常生活中的点滴变化反映近年来我省经济社会文化的巨大成就，着力做到精准选题、扎实采访、丰富内容、权威高端。《浙广早新闻》继续推出《科学发展，成就辉煌——贯彻省党代会精神　迎接十八大召开》专题，记者深入一线调研采访，以老百姓的视角看变化，从基层的角度想问题，以小见大地展示了近年来全省各地经济、社会、文化、党建等方面发生的显著变化。

进入下半年后，各宣传单位更是倾力投入迎接十八大的报道战役之中，主题宣传声势浩大、舆论氛围日益浓厚。

浙江卫视、浙江之声两个主频道积极发挥主阵地作用，在重要新闻时段集中推出一批重点报道、重点评论，浓墨重彩地宣传经济社会发展的辉煌成就。《浙江新闻联播》推出新闻行动《科学发展　十年回眸：在路上　微直播》，记者在浙江大地上一路前行，观察、记录各地科学发展、创建"两富"的生动实践，用微直播的方式加以直观表现。《"实"字当头　强筋健骨》、《创新驱动浙江转型升级》、《金融改革先行先试　民间资本迎来"阳光"》等系列报道创新内容形式，聚焦浙江走在前列的生动实践，呈现浙江实施"八八战略"、由"两创"进而"两富"的发展脉络。

《浙广早新闻》近期播出《实力浙商青睐现代农业，大手笔投入求农业转型升级》、《宁波镇海设立"网络问效平台"，打造不下班的政府》、《衢州龙游县公安局在全省率先实行"交巡警合一"，市民安全感明显增强》等报道，选题宽广、制作精良，较好地呈现了浙江近期"两富"建设的新业绩。10月底，浙江之声《浙广早新闻》、《浙江新闻联播》等重点新闻栏目中推出特别报道《浙江声音》，以声音为载体，忠实还原过去十年间浙江大地发生过的，对浙江乃至中国的发展具有历史意义的重大战略、重要事件、重点人物。

其他专业频道也结合各自定位、发挥特色优势，多层次、多侧面、多角度地推出主题报道，形成了强大的宣传合力。钱江都市频道《范大姐帮忙》栏目推出的主题报道《村支书的香榧梦》揭示了丽水景宁县标溪乡叶谢村腾笼换鸟的创新举措，系列报道《秋天里的温暖事》记录身边点滴让人感动的瞬间；《新闻007》栏目推出的《微公益　正能量》专栏，通过报道一批在公益行动召唤下聚集起来的普通人，传递民间草根正能量。浙江经视《经视新闻》的系列报道《十年十人》选择了宗庆后、南存辉、徐冠巨、周晓光等十位具有鲜明时代特征的浙商，从他们的创业起始点、十年前的转折点和当下的站立点梳理出浙商人生轨迹的若干条主线，反映浙江经济在十年间经历两次宏观调控和经济危机之后，实业精神回归、浙商资本回流的辉煌历程。教育科技频道《小强热线》推出《毕业这十年》系列报道，通过2002届毕业的大中专学生走上社会这十年的人生故事，折射社会生活方方面面的进步和变化，以小见大，以个人的命运故事来反映科学发展的成功实践。《新闻大直播》推出专栏《创业创新　科学发展》，以"三农篇"、"科技篇"、"教育篇"的形式回顾了近十年来我省在科教农业方面取得的巨大成就。影视娱乐频道推出《浙江"好声音"》专栏，采集全省各地最有表现力的群众声音，生动折射十年来，我省政治、经济、文化、社会等领域的飞速进步。民生休闲频道《1818黄金眼》播出系列报道《民生十年看浙江》，从老百姓最关心的热点话题着手，通过贴近基层的典型事迹，揭示浙江民生十年发展变化的剖面。少儿频道推出新闻行动《信仰的种子》，展现我省少年儿童对十八大的热切期盼。国际频道在《黄金时间》栏目里推出系列报道《面向大海，浙江发展海洋经济见闻录》和《十年，变化中的中国》，回顾发展历程，展望美好未来。

广播经济频道开展《关注中小微企业、促进创新创业》大型新闻行动，奔赴各地的中小微企业进行集中采访，全方位、多侧面反映中小微企业经济发展状况和成功经验。广播音乐调频推出系列报道《党旗红，民企兴》，报道了吉利集团、万事利集团、浙江传化集团、千岛湖啤酒等在浙江有影响力的民营企业的党建工作。交通之声推出系列报道《浙江乡村交通新调查》，在反映浙江乡村交通建设取得长足进步的同时，解析"堵车"、"停车难"等城市病向乡村的蔓延状况及各地解决交通难题的生动实践。城市之声播出系列主题报道《十年车生活》，重点选取省内18位从事交通管理、道路设计、路面执勤的管理人员和一线交警，结合他们的工作介绍这十年来全省道路的变化发展；同时依托新闻专栏《107微感动》推出"党员正能量"特别报道。新蓝网不断更新充实"贯彻党代会精神、迎接十八大召开"、"科学发展、成就辉煌"两大新闻专题，并推出了"影像海岸线"新闻行动，展现我省海洋经济建设的成果。《交通旅游导报》推出《科学发展　辉煌交通——浙江交通喜迎党的十八大召开》系列报道，分十年转型、十年争先、十年腾飞、十年惠民、十年历练、十年创优、十年感动、未来畅想等8个专题展开报道和评论。

二、会中报道浓墨重彩

11月8日，举世瞩目的中国共产党第十八届代表大会在北京隆重开幕，集团各新闻栏目近期按照编委会的要求，全力聚焦十八大做好相关主题报道：浙江卫视、浙江之声派出强大的报道团队赶赴北京，及时准确做好大会的各项报道；各专业频道根据自身定位和前期部署，继续高密度推出相关内容，各新闻栏目协同合作，全面反映了浙江各界喜迎十八大、关注十八大、拥护十八大、讨论十八大的生动局面，营造出热烈浓厚的舆论氛围。

1.多角度聚焦十八大热点

浙江卫视派出了50多人的报道团队，设立北京演播室，搭建了全高清的技术平台。《浙江新闻联播》推出特别报道《连线北京?十八大特别报道》，共包括《首席新观察》、《我是党代表》、《代表热话题》、《全媒体聚焦》、《心系党代会》等多个板块，在节目编排上集合了消息、特写、评论等多种节目形态，将会议程序、分组讨论、会外反响、大会花絮有机结合，更多的细节展示、更活的现场纪录、更深的观点提炼，使得本次党代会特别报道在规范准确之外呈现出生动深刻的特点。《新闻直通车》、《午间新闻快报》、《新闻深一度》也集体聚焦十八大，这些新闻栏目协同作战，大篇幅、大版面密集播出大会盛况，浓墨重彩做好十八大开幕和浙江代表团讨论十八大报告等重要报道，及时准确报道大会各项重要议程，深入解读十八大报告亮点，充分报道我省十八大代表积极履行职责、踊跃建言献策的风采以及全省各地干部群众认真学习、热烈讨论十八大报告的情况。

浙江卫视会议期间还在《新闻联播》后推出《十八大专题报道》，节目除回顾当日大会重要议程和浙江代表团的重要活动外，还开辟《对话党代表》深度访谈专栏，每期邀请两名我省代表走进北京演播室，通过前后方互动，以访谈形式围绕大会报告的亮点和关键词进行深度解读，聆听代表心声，共话发展蓝图，力求生动深刻。

浙江之声在《浙广早新闻》等主要新闻栏目中推出《十八大特别报道》和《捎句话儿到北京》等专题报道：《十八大特别报道》一方面及时全面报道十八大的各项重要议程，另一方面围绕十八大报告的新热点、新提法、新思路，专访浙江代表、解读十八大报告、聚焦提案议案、摘录精彩发言，大大提高了十八大报道与广大听众的关联度，既突出主题性，又提高贴近性；《捎句话儿到北京》征集了基层党员和普通群众对“十八大”的建议、期望，并以录音的方式带到北京，请党代表结合报告对基层老百姓的心声予以互动交流，关注民生、倾听民意、体察民情，贴近实际贴近群众。

2.全方位挖掘浙江元素

党的十八大报告内涵丰富、主题深刻，对浙江经济社会文化的发展繁荣都具有纲领性的指导意义，十八大期间，我省的代表将十八大报告的普遍性与浙江的实际紧密结合，踊跃建言献策，浙江卫视与浙江之声的记者也将报道的重点聚焦到十八大中的浙江元素和浙江实践中，使得浙江群众能够更充分、更深入、更准确、更具体的理解了十八大报告的重要意义和指导作用。

《浙江新闻联播》推出的报道《中外媒体聚焦浙江　“最美现象”受关注》，记者通过对“中外媒体热切关注浙江代表团”这一现象进行了观察分析，寻找到了浙江以民生改善、经济转型等“走在前列”的步伐而成为新闻“富矿”的背后成因。观点提炼到位，电视特色鲜明；《全面小康　绘就幸福画卷》紧紧抓住浙江代表在发言时频频提及“民生发展”这一话题，生动地反映了十八大报告所描绘的“民生改善和民生发展的幸福画卷”；《三个倡导：迈向“两富”浙江的新目标》把镜头对准浙江代表围绕十八大报告中首次明确提出的“积极培育社会主义核心价值观，倡导富强、民主、文明、和谐，倡导自由、平等、公正、法治，倡导爱国、敬业、诚信、友善”这“三个倡导”所展开的热烈讨论；《四大国家战略举措成焦点　期待浙江改革新突破》，记者抓住本次大会间中外媒体热切关注采访浙江四大国家战略举措这一现象，进行观察分析，表现了全国甚至全球媒体对浙江经济转型升级、率先突破的热切关注；《美丽中国　引领生态文明建设》围绕浙江代表在发言时频频提及“生态文明　美丽中国”这一话题，结合进入新世纪以来浙江率先开始生态文明建设探索，为观众展示了浙江的生态立省之路。

《浙广早新闻》围绕民营经济发展、精神文明建设、美丽中国、教育公平等社会热点问题，从党代表的精彩发言中找新闻，抓亮点：《国有、民营走出合作共赢之路》，较好地反映了浙江国有企业、民营企业合作共赢的情况；《让“最美”现象从盆景变为风景》，选取了俞佳友、吴菊萍、葛慧君三位代表的发言碰撞，倡导最美精神、唱响最美声音；《“美丽中国”从“美丽乡村”始发》采访村民收听十八大报告的感想，用他们朴实的话语谈生活的变化与憧憬，反映浙江新农村和生态浙江两大建设工程的伟大实践，生动鲜活、亲切可信；《让孩子　“读好书”》围绕浙江代表在发言时频频提及　“教育”话题展开，通过海岛女教师的体会，就如何解决教育资源分配不合理、受教育机会不均等问题，提出了深入的思考。

3.重特色营造舆论氛围

十八大期间，各专业频道发挥自身优势、结合频道定位，推出了一系列主题报道，从不同侧面反映了近十年来浙江发生的翻天覆地的巨大变化，以小见大，鼓舞人心，为十八大的胜利召开营造出良好的舆论氛围。

钱江频道立足频道的定位，关注城市发展和城市发展中的人，从鲜活的事例中反映浙江人创建两富的生动实践。《新闻007》推出系列报道《喜迎十八大主题报道“微公益　正能量”》，挖掘民间草根“样本”，提炼社会正能量；《新闻速写》从10月29日起开设专栏《喜迎十八大主题报道“八小时之外”》，将立脚点放在都市人群的业余生活，从八小时之外来看浙江人的物质富裕、精神富有，内容选材广泛，充满了都市气息；《范大姐帮忙》11月9日起推出十八大特别报道《新居民的新生活》，通过反映外来务工人员生活的新变化，反映时代的进步和社会的发展。

《经视新闻》在十八大期间集中推出了五组主题报道：其中《两富新业绩　喜迎十八大》、《迈进地铁时代》反映了浙江近年来取得的巨大成就，展现了浙江人民以良好的精神风貌喜迎党的十八大；《十年十人》选择了宗庆后、南存辉、徐冠巨、陈妙林等十位具有鲜明时代特征的浙商，分别选取他们的创业起始点，十年前的转折点，以及当下的站立点，通过三点梳理出浙商人生轨迹的若干条主线，回顾发展成就，弘扬浙商精神；《舌尖上的浙江》通过反映浙江人饮食习惯的“变化”反映出人们生活水平的提高和城市面貌的改善，以小见大，生动鲜活；《最美浙江人》将结合典型报道与走基层相结合，报道发生在我们身边的好人好事，弘扬社会正气。

《新闻大直播》迎接十八大系列报道《毕业这十年》目前已经播出十五篇，这组报道通过这对一批十年前毕业大学生的报道，见证了十年间社会发生的深刻变化，以及年轻人自身事业与伟大时代的共同进步，催人奋进，发人深省；系列报道《寻找美的力量》深入挖掘改革发展中涌现的先进典型，大力弘扬时代楷模的感人事迹和崇高品德，宣传“最美”人物，倡导“最美”精神，有力倡导了社会主义核心价值。

《小智情报站》推出特别策划　“童声献礼十八大”，发动全省“校园记者站”学校发挥同学们的艺术特长，为十八大献礼，以“小智记者出镜＋歌声＋祝福”的形式进行屏幕呈现，用孩子们欢乐喜庆的氛围喜迎党的十八大。

民生996《新闻早上好》开设了《聚焦十八大》、《聆听十八大》板块，摘编十八大的相关新闻，播出浙江卫视的十八大报道，向听众传递大会上的最新情况。

交通之声结合频道专业特色，推出系列报道《浙江校车改革进行时》记者深入湖州、上虞、泰顺等地聚焦浙江校车改革新举措，体现出浙江以人为本的发展理念和施政思路。

城市之声的迎接党的十八大专栏《党员正能量》11月联合省公安厅、杭州市公安局推出了报道报道“最美警察”，宣传优秀警察为人民服务的崇高品质，大力弘扬社会主义核心价值观，报道真切感人。

民生休闲频道的系列报道《我的十年》、《民生十年看浙江系列》，影视娱乐频道的系列报道《浙江“好声音”》、少儿频道的新闻专题片《信仰的种子》、城市之声的专题节目《十年车生活》，交通旅游导报的专栏《喜迎十八大—交通民生汇》、新蓝网推出的“十八大特别报道”等专题、专栏都有力宣传科学发展观在浙江的生动实践，有力配合了十八大的胜利召开。

三、会后报道温度不减

十八大结束后，集团各宣传单位立即转入对十八大精神的宣传贯彻之中，全面做好会后报道，在全社会营造学习贯彻十八大精神，努力建设两富浙江的浓厚舆论氛围。

浙江卫视《浙江新闻联播》推出系列报道《学习贯彻十八大，创造两富新业绩》集中反映全省各地各部门认真学习贯彻党的十八大精神的有关情况，表达了全省上下贯彻十八大精神，建设两富浙江的坚定信心和有为姿态；系列报道《党代表宣讲》邀请参加十八大的多位代表畅谈参加十八大的切身感受，并结合自身实际就如何学习贯彻好十八大精神，促进浙江经济社会的科学发展建言献策；系列报道《微直播》也在基层采访的过程中记录下全省各地群众认真学习十八大精神，努力贯彻十八大要求，满怀激情建设两富浙江的生动场景，具有很强的感染力。

浙江之声一方面做好规定动作，在《浙广早新闻》、《全省新闻联播》、《新闻110》节目中，及时摘播新华社、《人民日报》刊发的十八大会后的重要会议报道、人事变动以及相关评论；另一方面继续推进自选动作，《浙广早新闻》开设的专栏《学习贯彻十八大，创造两富新业绩》，抓住浙江经济社会改革中的热点难点，结合十八大报告，介绍各地各部门在创建两富浙江中的新经验、新思路，起到了很好的宣传效果，目前已播出相关稿件十篇。特别节目《浙江声音》近期也继续以每天一篇的速度播出，先后播出《百年越剧，风华正茂》、《非遗之花，盛开浙江》、《有书读、读好书》、《让优良作风飘扬在党旗上》等稿件，用声音勾勒时代的精彩，见证浙江前进的足迹。

钱江都市频道《新闻007》会后立即推出贯彻十八大精神的系列报道“教育纵横谈”，结合十八大报告中教育体制改革的内容，紧扣当下教育热点，就百姓关心、政府关注的重大教育问题展开深入讨论，《范大姐帮忙》还策划推出了贯彻十八大精神专栏“我的小康生活”，前后共播出20余篇。 浙江经视《经视新闻》会后播出了《分水制笔十年 一支笔撑起一座城》、《青山湖科技城对接会 吸引25省浙商回归》、《长兴：绿色引领发展 整治倒逼转型》等报道，紧扣十八大报告中的经济主题，有解读、有观点。教育科技频道《新闻大直播》为了宣传贯彻十八大精神推出了大型系列报道《为浙江加油》，这组报道立足民生视角，从十八大报告中选取“生态文明”、“美丽中国”、“文化建设”、“住房保障”、“医疗保障”、“户籍制度”六大方面展示浙江成就和未来规划，整组报道既有宏观把握，又有具体呈现，点面结合，以小见大，内涵丰富。民生休闲频道在十八大闭幕后主推“2012年度浙江省十佳民生工程”特别报道，“自下而上”地反映浙江社会的大发展大变革。少儿频道契合“美丽中国”主题，策划《我陪爸妈看家乡》大型公益活动，每天展播观众提供的“美丽家乡”照片、视频和文字，进行孩子心中最美家乡评选，为候选美丽家乡拍摄新闻专题片。

广播经济频道《财富中国》推出了《学习贯彻十八大 创造两富新业绩》和《18大热词》两个专栏，精心编辑、集中报道，大力宣传党的十八大精神，宣传广大干部群众在学习贯彻党的十八大精神过程中取得的新成效新进展，深入解读党的十八大提出的重大理论观点、重大方针政策、重大工作部署，增强舆论引导能力。广播民生996《新闻早上好》栏目在十八大胜利闭幕后，结合民生特色，开设读报专栏，就十八大报告要点主题以及十八大提出的新目标、总布局、总任务、核心价值观、四大考验、四大危险、中国特色社会主义的丰富内涵等关键内容进行详细的介绍和解读，信息量大，贴近性强。 广播城市之声重点做好“十八大”报道的汇编和“十八大”系列主题报道：《发现“最美浙江人”》生动诠释社会主义核心价值体系的“最美浙江人”；主题报道《职业经理人的春天》，用职业经理人的视角看浙江经济发展，通过采访报道18位杰出职业经理人，表现了浙江民营经济迎难而上，生生不息的顽强生命力和伟大创造力；主题报道《十年车生活”》，结合交通法规的变化，深刻反映了这些交通习惯在日常的车生活中的作用以及十年来人们生活的巨大变化。新蓝网推出的《学习贯彻十八大，创造两富新业绩》汇集央媒有关十八大的重要消息、社论、评论及重要文件、文稿、讲话和图集、音视频等报道资源，会议结束后一个月内，新蓝网“十八大”专题就转发相关新闻稿件近550篇，转发集团各频道视频新闻100多篇，专题总浏览量超过十五万次；《交通旅游导报》推出“喜庆十八大 交通民生汇”专栏，连续报道反映各地市交通系统宣传贯彻“十八大”精神的各种活动及交通服务民生的故事。

杭州文广集团

围绕党的十八大，做好宣传工作。杭州文广集团将党的十八大宣传作为今年宣传工作的头等大事，高度重视，精心组织，贯彻全年。按照省、市宣传部门的统一部署，集团广播电视媒体和文艺院团充分发挥各自特色，积极推动新闻创新、文艺创新，紧密结合杭州实际，加强选题策划，细化工作方案，投入骨干力量，根据各个阶段的宣传要求，统筹安排，形成声势、形成规模、形成合力，做好各项宣传报道工作，打好了党的十八大广播电视宣传的主动仗。

高度重视、周密部署，集团统筹强化十八大报道。集团把十八大宣传报道工作作为一项重要政治任务，切实加强领导。集团多次召开党委会，对党的十八大宣传各阶段工作进行专题研究和部署，同时召开总监总编会议，制定《党的十八大主题宣传报道方案》、《安全播出方案》、《北京演播室报道方案》等多项方案，加强集团统筹协调。受集团党委委托，集团总经理余新平专程赴北京坐镇指导“十八大报道北京演播室”报道工作、并与新华社、央视等中央主流媒体、省广电集团等对接，加强对杭州的宣传。频道(率)主要领导也靠前指挥，各媒体把握正确导向，紧紧围绕主题主线，加强策划创新，重点加强成就宣传、主题宣传和典型宣传，加强学习十八大报告宣传，在扩大报道声势、加强报道深度、提高报道鲜活性上下功夫，着力提高传播效果。同时加强新闻把关和安全播出。

围绕主题、结合实际，营造喜迎十八大氛围。为喜迎党的十八大召开，集团广播电视媒体围绕科学发展观主题，紧密结合杭州工作实际，充分反映杭州经济社会发展的新举措、新亮点、新经验，将喜迎十八大与杭州正在开展的“打造东方品质之城、建设幸福和谐杭州”宣传实践活动、“建设三城三区”、杭州转型升级实践、“我们的价值观” 主题实践等和主题报道有机结合，通过成就报道、系列主题报道、大型主题采访、典型报道、文艺晚会等多种形式，为迎接党的十八大胜利召开营造良好氛围。集团以时政主频道(率)为主，整合专业频道(率)、周报、数字电视、移动电视、网络媒体等多种宣传资源，在广播电视主要新闻栏目中推出“创造新业绩　喜迎十八大”为主题的系列主题报道，回溯近年来杭州推动科学发展、谱写人民美好生活篇章的生动实践。综合生活频道《推进科学发展　建设三城三区》系列报道，记者在一线记录杭州三城三区建设生动实践；《喜迎十八大，走进县市区》系列报道，用典型、用数据，展示杭州统筹城乡、科学发展的新成就；《幸福的样子》系列报道，在民生工程中寻找杭州老百姓的幸福生活。杭州新闻广播系列报道《行进中的杭州》，记者行进在科学发展的杭州，用话筒传递杭州大地广大干部群众发展的愿景；《民情热线》“科学发展——杭州民生问答”系列，职能部门领导轮流上线，在与听众互动中，对杭州民生工程建设成果进行展示。明珠频道推出了《十年民生账本》和《百姓十年间》、《杭州好时光》等系列报道，西湖之声、交通经济广播、中波954、影视频道、少儿频道也分别推出了《品质三城三区，主播品读新杭州》、《小城大爱、城市的力量》、《谁动了我的生活轨迹》、《幸福在杭州》、《小记者看杭州》等系列主题报道，从不同视角彰显杭州科学发展主题。在党的十八大宣传报道中，集团重视策划组织有影响、有特色、大手笔的新闻活动，全方位、多角度、多平台地展现十八大主题报道，以规模效应形成传播效应。杭州新闻广播与中央人民广播电台联合推出《喜迎十八大——幸福城市　走进杭州》大型直播活动，省委常委、市委书记黄坤明走进直播室，在一个小时的直播中，畅谈“打造东方品质之城、建设幸福和谐杭州”的政策举措和成功经验，向全国听众介绍杭州“三城三区”建设，解读幸福和谐杭州。中国之声新浪官方微博、中国广播网等不同形式的载体都对直播进行了预告和报道。综合生活频道策划推出的《飞越三江两岸》大型航拍系列新闻活动，从位于钱塘江入海口的大江东产业集聚区起步，沿着钱塘江、富春江、新安江一路向上，以航拍加地面采访的手法，多角度、全景式、系统性地展示了我市近两年来在统筹城乡发展战略指导下，通过区县协作、联乡结村等工作机制，大力促进城区和五县市协调发展、统筹发展的新举措、新成就。推进科学发展，需要增进共识、凝聚力量、激发活力。而核心价值体系是一个社会意识形态的主体和灵魂，是社会稳定发展的支撑和动力。在十八大宣传报道中，集团结合杭州“我们的价值观”主题实践，开展了特色鲜明、形式多样的新闻宣传。集团承办第八届“杭州市十大道德模范“评选活动和颁奖晚会，积极宣传各行各业的先进典型和道德模范，努力引导全市干部群众自觉把社会主义核心价值观内化于心，外化于行。杭州电视台综合频道、杭州新闻广播推出《我们的价值观》、《道德的力量》、《发现最美杭州人》、《杭州好人》等专栏，以最快的速度，以最大的版面和多样的形式对他们的事迹充分挖掘、广泛传播。特别是“发现最美杭州人”报道已报道人物50多个，引起了社会各界的关注和反响，很多观众通过电话、网络等方式与节目组互动，对“最美杭州人”表示敬意，对报道给予好评。围绕喜迎十八大重大主题，集团整合媒体和文艺院团资源，策划组织大型主题电视晚会和特别节目，积极营造团结奋进氛围，提升十八大主题宣传的传播效果。为把喜迎十八大的宣传推向高潮，集团精心策划组织“飘扬的旗帜——杭州市喜迎党的十八大召开电视文艺晚会”，前期组织了综合、明珠、生活三大频道骨干力量做好此次晚会的前期策划、节目创作、VCR拍摄等各项准备工作。晚会投入演职人员近300人，18人的导演组，是杭州电视台近年来阵容最为齐整的晚会班底。晚会以“爱国”为主题词、以“旗帜” 作为引领，全方位多角度展现在党的正确指引下，近年来我市各级党员干部群众昂扬向上、幸福和谐的精神风貌和在推进科学发展建设三城三区方面取得的辉煌成就。晚会在集团各频道播出，鼓干劲，聚人心，受到各界好评。

精心策划、加强联动，及时传递十八大声音。党的十八大召开期间，集团精心组织十八大宣传报道。为及时传递十八大声音，解读十八大报告精神，传递浙江、杭州党代表风采。集团派出十八大北京直播报道组，在北京设立十八大直播演播室，以《杭州新闻联播》为平台，通过卫星直播的方式为杭州观众“第一时间第一现场”传递十八大声音。为做好北京演播室直播报道，集团抽调技术中心、相关频道精干力量，派出卫星车、转播车、保障车，23人的直播团队在北京搭建了全景式演播室。十八大期间，北京演播室采制播发了《黄坤明在参加浙江代表团讨论时发言：深入学习贯彻党的十八大精神　发展创新型经济建设创新型城市》等会议新闻，七位浙江、杭州党代表走进北京演播室，结合十八大报告，对“最美现象”、“道德高地”、“转型升级”、“统筹城乡”等，做了深入浅出的访谈。与此同时，集团各媒体加强联动，在十八大期间，各媒体及时反映杭州各行各业学习十八大报告的动态，并结合十八大报告中五位一体的战略布局，组织播出系列主题报道。综合生活频道、杭州新闻广播派出多路记者，深入机关、企业、高校、军队、社区、农村，报道社会各界收听收看十八大开幕式的情况，采制播发《新闻特写：下姜村与北京“心连心”》、《全面建成小康社会　人们满怀期待》等报道，及时全面反映杭州人民对十八大召开的喜悦心情和对小康社会的美好憧憬。杭州新闻广播《连线快评》，以新华社、《人民日报》的权威声音为依托，解读十八大报告精神。10月15日，新任中央政治局常委集体亮相，集团再次派出记者，深入习近平、张德江同志在浙江工作时曾经蹲点指导过的淳安县下姜村等地，反映当地村民对两位领导的真挚感情和对全面建成小康社会的热切期盼。会议期间，集团时政频道(率)加强安全播出保障，对十八大开幕式、新一届领导班子与中外记者见面会等重要活动进行了同步直播。

整合资源、丰富载体，有效提高宣传传播力。集团整合广播电视、文艺院团、新媒体等多种资源，丰富宣传载体，努力形成内容布局合理、编播形态新颖、传播效果良好的十八大宣传系统性格局。十八大胜利闭幕，11月16日，由集团策划组织的“和谐生态　美丽家园”——2012聚焦杭州都市圈环保行采访活动启动，这次采访活动围绕十八大报告中“美丽中国”主题，联合国家、省、市报纸、广播、电视、网络媒体，全方位报道杭州都市圈区域生态建设和环境整治所取得的成效。集团文艺院团开展了“主旋律舞台艺术精品展演”的主题文艺活动，整个展演活动历时一个半月，上演了越剧《德清嫂》、杭剧《永远的雷锋》、大型多媒体舞台剧《梅兰芳》、交响乐《富春山居图》、动漫剧《一封信》、歌舞剧《红色的十月》等主旋律精品力作和新作，为党的十八大胜利召开营造良好的文化氛围。同时，各院团从国庆开始在杭州的九大广场推出了丰富多彩的广场演出，演出形式多样，丰富了市民们的文化生活，为党的十八大营造了和谐的社会氛围。“十八大”召开前后，集团各频道进行了迎接十八大纪录片展播，综合、明珠、影视、导视等频道在黄金时段播出了《杨善洲》、《祖国至上》、《走向海洋》等主旋律纪录片。影视频道特别推出《铁道游击队》、《血战杭州湾》等爱国主义影视剧，用优秀的影视作品展现党的奋斗历程。华数新媒体互动电视制作上线“喜迎十八大”专题，组织了“代表风采”系列、“数字十年” 系列、“行进中国” 系列、“历史回眸”系列、“发展之路”等系列，多角度全方位宣传十年来党和国家取得的进步与成就。十八大期间，华数互动电视不仅在新闻、栏目等板块设置“聚焦十八大”等专题，也在门户等重要位置上及时更新十八大最新动态消息，以最高到达率保证十八大的宣传工作及时到位。集团葫芦网利用新媒体资源优势，推出丰富多彩的“十八大”主题宣传报道。开设专区发起“我记忆里的老杭州”、“明天的杭州”、“西湖的变化”等讨论，从身边的人事物来反映我们的生活的巨大变化，并对集团各频道频率与“十八大”相关的视频报道，进行微博推广和转载。

宁波市文广集团

宁波广电集团各频道频率紧紧围绕喜迎、喜庆和贯彻落实十八大精神这一主线，及早策划，创新载体，认真做好宣传报道工作。新闻综合频率会前推出《开好党代会　迎接十八大　建设现代化国际港口城市》、《争创新业绩　迎接十八大》、《科学发展成就辉煌》等专栏，充分展示了宁波市过去十年尤其是过去五年来所取得的巨大成就；十八大召开期间推出《十八大特别报道》，其中“十八大代表北京热线”，跟踪报道我市三位十八大代表在北京履行职责、认真学习、献计献策的风采；“心系十八大”反映宁波各地干部群众收看收听、认真学习十八大报告的情况；十八大后推出《学习贯彻十八大　提前基本实现现代化》、《十八大精神在基层》等专栏，迅速掀起宣传学习贯彻十八大精神的热潮。新闻广播联合推出的《蓝色崛起——浙江、广东、山东海洋经济发展行》系列报道因荣获国家广电总局党的十八大广播电视宣传优秀节目而受到表彰。经济娱乐频率从2012年9月起联合宁波广播协作联盟各成员台,共同策划、制作和播出以“喜迎党的十八大”为主题的三大系列报道:“科学发展　成就辉煌——贯彻落实省市党代会精神　迎接党的十八大召开”主题新闻宣传、“喜迎十八大——优秀基层党组织巡礼”专栏和“我为党旗添光彩——优秀党员风采录”等,通过社会经济文化等成就性报道、基层党组织体验式报道和党员事迹报道,凸显宁波在科学发展观引领下取得的新成就、基层党员与党组织的新面貌和全市上下喜迎党代会的新气象。经济广播还参与了中宣部“迎接十八大”重点栏目——“诚信身边事”的采访报道,把宁波最美女儿方亚儿等形象推向全国。交通频率开设了《交通提速进行时》、《我们走在大路上》、《他们这十年》等专栏,以普通人物故事为主题,讲述十年交通生活变迁,以小见大,充分展示宁波交通科学发展的十年历程和辉煌成就。老少广播在早间主打资讯节目《一路阳光》中,先后开设了“喜迎十八大,阳光下成长”和“解读十八大,展望新蓝图”等特别专栏,点面结合深入浅出地做好喜迎十八大和解读十八大的新闻宣传。

新闻综合频道按照会前、会中、会后的重要时间节点,分别推出了“喜迎”、“喜庆”和“学习贯彻”三个阶段的系列主题策划报道。会前报道,重磅打造“见证科学发展、感受十年巨变”喜迎十八大系列主题策划,由《喜迎十八大　走基层　行进宁波》大型电视媒体行动、系列报道《喜迎十八大　走基层　宁波脚步》、纪实专题《行进中的宁波人》、《喜迎十八大总宣传片》和公益宣传片《蜕变·跨越——县市区风采展播》、系列主题报道《人居宁波·十年变》以及《直通十八大》七大系列组成。《喜迎十八大　走基层　行进宁波》大型电视媒体行动是其中的重头戏,分沿海、沿山、沿江三条线,以行进的方式,反映科学发展观在宁波的生动实践,反映十年来身边的巨变。三个采访组上高山、下海岛,进村入企,足迹遍及宁波60多个乡镇、街道,行程达2000多公里,采访人物超过150名,共采制播发了40篇来自基层的鲜活报道;会中报道,组成9人报道团队奔赴北京采访,《宁波新闻》强势推出“直通十八大”专栏,分为“见证”、“感言”、“日志”、“特写”、“寄语”、“评论”、“献礼”共七个子栏目,放大组合报道效应,每天播发十八大相关稿件10余篇,时长超过30分钟,呈现出了强烈的时效性、权威性、互动性和全面性,营造了热烈、喜庆、奋进的氛围;会后,《宁波新闻》又迅速开设“学习贯彻十八大　建设四好示范区”和“学习贯彻十八大　提前基本实现现代化”专栏,下设四个系列十一个子栏目。通过组合策划、强化实施,深入走转改,形成“迅速有力、突出重点、创新特色”的报道力,为学习、宣传、贯彻十八大精神营造良好的舆论氛围。

社会生活频道在《来发讲啥西》等栏目中开辟“喜迎十八大、争创新业绩”、“百姓心系十八大”、“我身边的优秀共产党员”等专栏,通过专题访谈、重点报道、消息报道等形式,从不同角度、不同层次、不同侧面,集中力量、集中时段、集中人力,开展全面的、大声势的宣传报道,以统计数字等方式展现成就,凸显变化与成绩。

都市文体频道《讲大道·新闻》栏目推出喜迎十八大专栏,重点报道各个领域最近几年的进步与变化;加强人物报道,选择一些基层百姓典型,表现他们真实的生活状态和在新时期精神状态;加强基层组织的报道,重点宣传一些基层组织在服务人民服务企业的新时期创新思维和创新举措。

影视剧频道以“三贴近”的方式开展迎接党的十八大宣传报道。《新闻四鲜汤》紧密结合宁波实际,从普通市民的生活或者身边入手,用他们能真切感受到的变化来宣传党的十六大特别是十七大以来改革开放和社会主义现代化建设的辉煌成就,生动展示科学发展带给我们生活的实实在在的改变。

少儿频道与市精神文明办合作,精心拍摄制作了十八大献礼片——文艺专题《童心向党》。该片结合中央文明办、教育部、团中央、全国妇联在全国开展的“童心向党”歌咏活动,挑选了《红星歌》、《亲亲太阳》、《我和我的祖国》、《听妈妈讲那过去的事情》等六首经典曲目,确定了余姚梁弄中心小学、慈溪第三实验小学、江东实验小学等数千名师生参与拍摄,拍摄地点选择在慈溪烈士纪念馆、梁弄烈士陵园、镇海炮台等红色纪念场馆,把真诚的歌声献给祖国献给党。

温州市广播电视台

温州广播电视台从7月起,全面启动党的十八大新闻宣传工作。各单位部门按照会前、会中、会后的三个不同阶段制订宣传方案，营造良好的舆论氛围，深入解读十八大精神，引导广大干部群众积极投身中国特色社会主义事业建设。各频道频率从8月份起陆续推出一批专题、专栏节目，新闻综合频率推出“科学发展在温州，辉煌成就看十年”的专题报道，通过记者观察，百姓声音，报道我市经济社会发展新成就，宣传基层党组织、党员争先创优新风采，展现全市上下凝心聚力谋发展的生动画卷；交通频率特别制作了30集大型综艺节目《丰碑》，用宏大的叙事结构，全方位、多角度展现了我党近百年的伟大历程，以文艺手段再塑我党辉煌历史，坚定国民信仰；经济科教频道推出新闻专栏《迎接十八大　百晓看变化》，宣传党的十六大以来我市在经济、政治、文化和社会建设等方面的发展成就；瓯江先锋频道推出由中组部等单位联合摄制的历史文献纪录片《信仰》，并争取到了重大历史题材剧、十八大献礼片《红旗飘扬》的全国首播，在十八大即将召开之际全力营造团结奋进、昂扬向上的社会舆论氛围。10月底，还在广播新闻综合频率、经济生活频率和电视新闻综合频道同时推出了“今年经济形势怎么看”和“全市扶工兴贸怎么干”两大系列报道活动，引导人们正确看待我市经济发展形势，满怀信心扶工兴贸，促进百日攻坚大行动，以优异成绩迎接党的十八大胜利召开。

嘉兴市广播电视台

2012年11月8日至15日，党的十八大和十八届一中全会在北京隆重举行。嘉兴市广播电视台（以下简称嘉兴台）以强烈的责任感和使命感，牢牢把握正确导向，把迎接党的十八大宣传工作摆在更为重要的位置，全力以赴兴起迎接党的十八大宣传热潮。从2012年8月下旬起至年底，嘉兴台围绕“科学发展　成就辉煌”主题，分会前、会中、会后三个阶段，精心策划、陆续推出《喜迎十八大·我这十年》、《幸福这十年》、《民生十年？新票证》、《光荣与梦想》等12个专栏，运用消息、专题、系列报道、人物专访等多种报道形式，多角度、全景式、深层次地反映党的“十六大”以来的十年国家和嘉兴经济社会发展变化和辉煌成就。电视各频道集中安排播出一批激发爱国热情、振奋民族精神、凝聚党心民心的主旋律影视剧，以及《科学发展铸辉煌》等纪录片；广播、电视还播出大量的公益宣传片，为党的十八大胜利召开营造积极向上的浓厚氛围。

8月初，广播频率率先在《新闻观察站》栏目中连续播发6篇《人民日报》有关深入学习胡锦涛总书记“7·23”重要讲话精神的评论员文章。电视方面开设《科学发展　变化十年》、《我这十年》等五个专栏，从微观入手，着力反映和折射嘉兴巨变。9月26日，嘉兴台抓住中央人民广播电台“中国乡村之声”开播的时机，与央广合作、举办“中国乡村之声”开播特别节目暨“文化有约”——走进农村新社区现场直播活动，嘉兴成为“中国乡村之声”开播当天，除北京的开播仪式外、全国唯一的分会场，直播活动向全国人民展示了嘉兴文化大市建设、城乡一体化、基层农民精神文化生活提升等方面所取得的新成就。10月3日起，电视《嘉兴新闻》推出十八大主题报道“科学发展成就辉煌”；广播方面开设《十年数据看变化》等六个专栏，加大宣传力度，拓展宣传深度，进一步唱响科学发展主旋律，营造喜迎党的十八大的浓厚氛围。

在11月8日党的十八大隆重开幕之际，嘉兴台旗下“声、屏、报、网”联动，广播电视主新闻节目及时播出《嘉兴各界收听收看中国共产党第十八次全国代表大会开幕盛况》、《连线十八大代表——报告讲到了我们心里去》以及嘉兴全市各地各部门收听收看十八大盛况、党代表讨论发言、全市各界认真学习十八大精神等报道，并连线十八大代表畅谈感想。十八大开幕当天，央视《新闻联播》播出嘉兴党员干部群众在红船旁收看大会盛况的报道，体现党的诞生地嘉兴的影响力。嘉兴人网站制作“十八大”专题页面，链接直播十八大开幕式。

十八大闭幕后，嘉兴台在前期迎接党的十八大宣传工作的基础上，乘势而上，及时制定学习贯彻十八大精神宣传报道方案，全方位宣传十八大精神，深入解读十八大确定的奋斗目标、主要任务和重大举措，广播、电视集中报道嘉兴全市各地学习贯彻十八大精神的动态消息以及各地、各部门联系工作实际，谋划下一阶段发展的典型做法，及时反映广大干部群众学习贯彻十八大精神的实际行动，推出“十八大报告系列解读”等专栏，邀请市委党校专家教授从不同角度解读十八大报告的重大意义；同时，成功策划、举办《学习十八大　宣传十八大　寻找新地标》

大型新闻行动，以具象的地标来生动展示嘉兴经济建设成就，迅速兴起学习宣传贯彻党的十八大精神的热潮。

10月下旬，《学习十八大　宣传十八大　寻找新地标》大型新闻行动“我心中的嘉兴地标”、“幸运导航员”征集两个预热活动一经推出，就引发一万多市民广泛参与。11月20日上午，《寻找新地标》大型航拍活动启动仪式在嘉兴市区七一广场举行。同日起，新闻综合频道在《嘉兴新闻》、《小新说事》、《今朝多看点》栏目中同步推出《学习十八大　宣传十八大　寻找新地标》大型航拍系列报道，电视、广播、网络、报纸全媒体互动，特别是成功地把全向微波、3G、光缆、电话等各种手段同时运用到60分钟的航拍启动仪式直播节目中，实现天上“观众导航员”与地面记者即时“天地对话”，报道深入解读嘉兴发展的新成就、新变化和十八大提出的“美丽中国”、“核心价值观”、“翻两番”、“三型政党”、“四化同步”、“五位一体”等新观点、新举措，聚焦城市发展和百姓生活的幸福图景；截至活动结束，共播出航拍系列电视报道近90篇（次）。这次报道成功地实现了重大主题报道的创新，取得良好的宣传效果，浙江省委宣传部副部长鲍洪俊对此专门批示肯定：“重大主题报道如何创新？嘉广集团开展《寻找新地标》大型航拍新闻行动值得总结，系统性策划、社会化操作、全媒化联动是三大关键因素，其他媒体可借鉴学习。”

《学习十八大　宣传十八大　寻找新地标》大型新闻行动及报道设置的互动参与环节，群众参与热情高涨。《寻找新地标》大型航拍新闻行动延续到12月15日，拍摄区域覆盖嘉兴全市。在“航拍”活动过程中，引发嘉兴人网近1.4万多名网友关注；有100多位热心网友始终跟随航拍足迹，通过微博播发航拍活动进程，引来网友1万多次的转发和评论。

绍兴市广播电视台

2012年，绍兴市广播电视台（以下简称：绍兴台）把党的“十八大”宣传报道工作作为全年宣传工作的重中之重，坚持导向、把握节点、创新载体，有计划、有节奏、有重点地组织宣传报道，“十八大”报道立体丰富，主题突出。

一、会前，六大专栏营造喜迎“十八大”浓厚氛围。2012年7月开始，绍兴台全面启动了“十八大”会前宣传，电视推出了《科学发展　绍兴十年》、《我的十年》、《先锋》、《唱支山歌给党听》四大专题专栏，广播开设了《家事国事，讲述绍兴新故事》、《红色记忆　从党的一大到十八大》二个专栏和系列节目，共播出报道215篇。充分运用历史资料和现场评述等形式，宣传普通党员和基层党组织创先争优的新典型新业绩，展示绍兴市在科学发展观的指引下，加快现代化建设进程的辉煌成就，讲述人民群众感念党恩、感受快乐生活的美好心境。

二、会中，发挥广电特色传播大会盛况。在党的十八大开幕当天，绍兴台《绍兴新闻联播》通栏报道了我市党员干部和城乡群众通过各种方式收看收听十八大开幕式直播，突出盛会连民心、盛会话巨变、盛会寄愿景的主题，充分发挥广电声画特色。在当天的节目中，还连线采访在北京出席十八大的浙江省唯一民营企业家代表、海亮集团董事长、党委书记冯亚丽，请她畅谈聆听十八大报告后的感受。当天，民生栏目《第1热线》、《直播绍兴》也都推出了《今天是个好日子》等专栏，从早晨七点至晚上七点，多路记者辗转菜市场、学校、敬老院、企业、景点、医院、电影院、露天广场等地，记录绍兴这座城市的一天，展现市民的幸福生活，映衬盛会喜庆气氛。11月9日，绍兴台广播电视各时政栏目都推出了专栏《学习领会党的十八大报告》，围绕十八大报告提出的新思想、新观点、新论断，结合绍兴实际，采访经济界、理论界人士和基层群众代表畅谈心得体会，播出《推进生态文明建设　构建美丽和谐家园》、《社会和谐人人有责　和谐社会人人共享》、《“人均收入翻一番”目标温暖人心》、《把握主题主线　全力推动我市工业经济由大到强的新跨越》等报道。11月15日，中共十八届一中全会选举产出的中央政治局常委与中外记者见面，绍兴台《绍兴新闻联播》《738早新闻》又采制了《市民群众对新一届中央领导集体充满信心对未来的好生活充满期待》等报道，充分反映各界群众对中共中央总书记习近平在与中外记者见面时的讲话的热烈反响和积极评价，表达对“美丽中国”“美丽绍兴”的热切期盼。

三、会后，全媒体联动掀起学习贯彻“十八大”精神高潮。党的十八大胜利闭幕后，为贯彻落实好十八大精神，绍兴台发挥广播、电视、报纸、网络俱全的多媒体优势，开展了全方位的十八大精神宣传报道工作。主要体现三大特色：

1.宣传紧扣民生。11月16日，各主要时政栏目率先推出了“学习贯彻十八大精神、加快建设现代化绍兴”、“局长谈民生”等专栏，播出《推进生态文明建设　构建美丽和谐家园》、《“人均收入翻一番”目标温暖人心》、《坚持优先发展　让学生享有更好教育》等50多篇报道。这些报道都从民生角度切入，运用百姓语言，结合政府部门、理论界人士的学习体会，生动形象地解读十八大报告提出的新思想、新观点、新论断，做到事理融合、引人入胜。如《“人均收入翻一番”目标温暖人心》通过采访种粮大户、外贸业务员、社区居民、大学教师的心得，阐释收入倍增计划是我们党以人为本执政理念的生动写照，彰显了党和政府更加注重老百姓的幸福感。

2.结合地方实际。在十八大精神宣传报道中，绍兴台注重结合本地实际、讲求宣传的贴近性和实效性。党的十八大提出要建设“美丽中国”，为此绍兴台广播电视携手，策划推出大型系列报道《“镜”中行》。镜湖新区是目前绍兴市大城市建设的核心，也是未来生态型城市的绿心，其建设发展正是“美丽中国”在绍兴的生动实践。系列报道《“镜”中行》以现场报道的形式，全方位展示镜湖新区的建设成就和生态环境，让绍兴市民真切地感受自己生活的这座城市正在变大、变高、变美、变优，从而“看变化、树信心、鼓干劲”，进一步激发绍兴人建设家乡的热情，以实际行动贯彻落实十八大精神，促进经济社会又好又快发展。

3.发挥多媒体特色。在十八大精神宣传报道中，绍兴台还充分发挥多媒体特色，11月16日起，我台民生栏目《直播绍兴》和绍兴网络台联手，推出了互动性新闻行动《美丽绍兴镜湖行》。新闻行动包括三个环节，一是看镜湖，以记者现场出镜的形式，开展体验式报道，推出了《湖畔又闻渔歌声》、《湿地公园过周末》、《教育均衡聚人心》等9篇报道。二是拍镜湖。在电视推出报道的同时，在绍兴网络台首页同步开辟专栏，与观众、网友展开互动，号召绍兴市民用相机、手机拍摄自己看到的生态美景和建设成就，发送到栏目组，我们再在《直播绍兴》节目和绍兴网络台展播，年底展开“我心目中的镜湖十景”评比活动。三是游镜湖。电视报道和观众照片展播活动开展一段时间后，绍兴台征集老城区50多个社区100名“老绍兴”实地游览镜湖新区，诉说心中感受。看镜湖、拍镜湖、游镜湖，三个环节环环相扣，不但充分发挥了广电声画合一、网台互动的优势，同时，通过媒体与观众的互动交流，也进一步扩大了报道的影响力。

金华市广播电视台

做好党的十八大宣传报道，是当前新闻宣传战线的首要政治任务。金华广播电视总台对此高度重视，在肯定前一阶段迎十八大宣传报道成绩的基础上，对大会召开期间的报道专门进行研究部署，要求各频道、频率相关栏目精心策划，开设专栏，创新报道手法，密切关注大会进程，积极联系与会党代表，及时传递大会声音，迅速组织播发我市各地干部群众收听收看、学习贯彻十八大的动态消息，为十八大胜利召开营造了良好的舆论氛围。

一、积极组织播发我市各地干部群众收听收看、学习贯彻十八大的动态消息。

新闻综合频道《金华新闻联播》发挥主流媒体作用，及时反映金华干部群众学报告、谋发展的动态活动。在十八大开幕当天，记者走进厂矿企业、学校社区和军营，以点带面，全景式地展示了金华干部群众对“十八大”的关注和期待，精心选择采访对象和现场声，从不同侧面表达心声，具有很强的感染力。

教育科技频道《百姓零距离》提前精心策划，在开幕当天推出长达30分钟的“关注十八大”特别报道。当天播出的13篇报道，如“连线代表陈美兰”、“公交公司员工　期盼十八大”、“社区干部群众喜看开幕式”、“浙师大师生　热议十八大”、“一个老党员的情怀”、“老外关心盛会”等，全方位宣传报道我市社会各界收看收听十八大开幕式盛况，以及大家对十八大的期待。

此外，《百姓零距离》和《百姓直播间》栏目还深入到广大农村、社区，挖掘普通百姓以不同形式欢庆十八大召开的情况。播出了像“八旬老人巡回办邮展　宣传党的光辉历程”、“金华道情庆盛会　字字句句表真情”、“农民满怀信心　期盼幸福生活”、“共和国同龄人　谱曲讴歌十八大”、“金华百姓眼中的全面小康生活”、“福利院里生活好　期待养老好时代”等报道，其中有四篇报道在浙江卫视《浙江新闻联播》播出。

十八大开幕当天，电台《金华新闻广播》派出多路记者深入机关企业、农村乡镇、车站商场、学校军营等地，及时报道我市各地各行业收听收看党的十八大开幕式盛况，畅谈感想，共话美丽金华。

二、密切关注大会进程，积极联系与会党代表，及时传递大会声音。

对于地方台来说，十八大这样的全国性的最高规格会议，基本不可能取得采访资格，但为了及时关注到金华代表的活动动态，新闻综合频道《金华新闻联播》栏目事先和浙江卫视取得联系，在他们力所能及的情况下，能够兼顾到金华代表的活动情况，并利用网络传输手段，及时回传画面，顺利播出了"十八大代表　市委书记陈一新畅谈新型城镇化"、"十八大代表　市委书记陈一新参加代表团讨论：加快建设义乌国际贸易特区"、"十八大代表金建婵：为百姓出行便捷而忙碌"等新闻，及时传达了金华代表的声音。

教育科技频道《百姓零距离》栏目从 7 日浙江代表团抵达北京开始，到 15 日党代会结束，专门推出一组"连线代表陈美兰"连续报道，通过每天与来自我市的十八大代表陈美兰连线采访，及时关注十八大的动态消息。先后播出"期待十八大"、"十八大报告催人奋进"、"全面建成小康社会的号角鼓舞人心"、"发掘民俗资源　推动地方文化繁荣"、"学习宣传十八大　满怀信心奔小康"等新闻，每天在头条位置进行连续报道。

三、推出专栏专题，结合十八大报告亮点，联系金华本地实际，对十八大报告精神进行解读，提升宣传报道的影响力。

新闻综合频道《金华新闻联播》推出了"学报告谋发展"专栏。结合十八大报告亮点，联系金华本地实际，迅速展开报道，及时发现干部群众"学习贯彻报告精神"的一些新做法、新亮点。根据报告中提出的建设"美丽中国"的目标，栏目根据金华实际，迅速结合到"美丽乡村"建设的报道中去，通过生动事例展示新农村建设的成就，通过对村民的采访，表达对美丽中国建设的期待。浙江师范大学的大学生利用微博等新媒体手段传播十八大、讨论十八大，栏目及时进行了播发，该新闻还上送浙江卫视《新闻联播》播出。

广众网推出《科学发展　成就辉煌　喜迎党的十八大特别专题》和《聚焦金华·推进市区重点建设和赶超发展专题》。通过对金华市区及百姓生活的连续关注与报道，反映基层发展新面貌。同时重点关注浙江代表团及参会的金华代表及其提交的建议内容，结合金华近年来的发展成就及改革方向，突出展现代表心系百姓、发出人民心声的风貌，全面反映金华经济、社会等方面所取得的成绩和下一步赶超发展的宏伟蓝图。

金华广电报结合十八大报告精神，就如何加快市区建设，把金华市区打造成我省第四大都市区的重要核心城市，以及如何推进产业集聚发展，加快经济转型升级等话题做了相应报道。

另外，教育科技频道《百姓零距离》还策划了一组我市全国基层党代表关注十八大的专题报道。从十四大开始，我市才有真正意义上的基层普通党代表，先后出现了武义公安英模王火木、金华市人民医院妇产科医生沈云华、浙江婺剧团国家一级演员陈美兰、金华公交总公司职工金建婵等四位代表。栏目组通过采访，先后推出《十四大代表王火木勇做革命螺丝钉》、《十五大代表沈云华　白衣天使的心愿》等多篇报道，很好地营造了八婺大地关注十八大召开的良好氛围。

舟山市广播电视台

迎接中国共产党第十八届全国代表大会召开和学习贯彻党的十八大精神的重大宣传报道情况

9 月 10 日开始，广播新闻综合频率推出《创造新业绩，喜迎十八大》专栏，先后播发《政策争取成效显著，新区效应日益凸显》、《基础设施建设，大笔书就辉煌》、《国际物流岛建设如火如荼》、《新业态，激发舟山海洋旅游新活力》、《海岛医生钟杏菊》、《六横成为我市海洋经济发展的先导区》、《定海册子乡开展党员创业示范店工作》、《摘箬山岛，正在积蓄一股海洋科技创新的巨大能量》等报道 20 余篇，反映十七大以来全市经济社会建设成就和优秀党员的先进事迹，迎接党的十八大胜利召开。11 月下旬开始，《舟广新闻》集中报道学习贯彻党的十八大精神，报道各地、各部门、单位学习贯彻党的十八大精神的相关活动；派出记者采写基层干部群众学习贯彻党的十八大精神的报道，相继播发《城东街道通过网络帮助农民实现创业致富》、《定海区发展现代高效农业，增加农户收益，丰富本地农产品市场》、《“网格化管理，组团式服务”改变人们日常生活》、《舟山焕发新的“蓝色”动力》等报道30余篇。广播交通经济频率在《交通直播网》和《97夜新闻》中开设“创造新业绩 喜迎十八大”专栏。专栏将喜迎十八大报道与新区宣传有机结合，记者深入基层，以平民视角、亲身经历、感人故事，讲述经济社会生活各方面的变化，内容包括临港工业、科技创新、园林城市、旅游经济、民生工程等，共话新成就，谋求新发展。

电视新闻综合频道《舟山新闻》于9月10日推出《创造新业绩　喜迎十八大》专栏，并制作片头和角标。该组报道由“经济系列”、“文化系列”、“民生系列”、“文明系列”、“人物系列” 组成，每周播出3–4篇，每篇报道均由记者现场出镜，突出细节，凸现变化。从“十一”长假开始，《舟山新闻》推出“走基层·寻找舟山魅力人物”系列报道，介绍各地涌现出的一批具有道德影响力的典型人物。十八大开幕后，宣传十八大掀起高潮。大会开幕当天，《舟山新闻》 播出组稿，反映全市各地收听收看大会开幕式盛况，内容涉及党政机关、部队、企业、学校、社区、老干部、渔农民、新居民等，范围涵盖四个县区。同时重点报道十八大代表、副省长、市委书记梁黎明讨论政治报告时的发言。并连续三天连线另一位十八大的基层代表钟杏菊，请她畅谈参加大会的感受。11月19日起，推出《学习贯彻十八大　创造新区新业绩》专栏，宣传各地各部门结合实际，学习贯彻十八大精神的情况。同时与“新区启航”主题报道相结合，宣传各地党委政府落实党的十八大精神的新思路、新举措，播出相关新闻40余条。电视影视娱乐频道播放中央党校等联合摄制的系列文献电视片《红色传奇》，该片以真实再现的手法，全景展现中国共产党90多年波澜壮阔的历史，讲述其中的人物、故事、血与泪、悲与欢。《红色传奇》共21集，11月8日起每周播出5期。

普陀区广播电视台

为迎接党的十八大胜利召开，普陀广播电视台突出重点，多角度、全景式、深层次地反映党的 “十七大”以来普陀经济社会发展变化和辉煌成就。

从2012年10月1日起，普陀广播电视台在《普陀新闻》节目中推出“十年看发展”、“我们这十年”、“村里的幸福事”三组系列报道，这些报道既从宏观层面展现十年来我区经济社会各方面取得的辉煌成就，也通过百姓视角和感受反映十年间发生的幸福变化。

党的十八大召开后，普陀广播电视台开设了“学习宣传贯彻十八大精神”专栏，对全区各地各部门学习贯彻党的十八大精神进行动态性报道，反映普陀区在科学发展观和十八大精神的指导下所取得的新成绩、新变化、新发展。同时全面准确解读十八大报告，帮助全区广大干部群众更好地理解党的十八大报告提出的理论观点、战略思想和决策部署，为我区迅速掀起学习贯彻党的十八大精神热潮提供强有力的舆论支持。

岱山县广播电视台

为深入学习宣传贯彻党的十八大精神，把全县广大党员干部群众的思想认识统一到十八大精神上来，推动我县各项工作，县广播电视台积极策划开展“学习贯彻十八大精神”主题宣传，推出了一批有深度的专栏，多角度、多层次地开展主题宣传报道。

一是为迎接党的十八大的召开，推出 “数字十年”、“我的这十年”和“走基层——我这十年”主题报道。从9月24日起，岱山广播电视台在《岱山新闻》“时政新闻”和“今日视点”栏目及《生活驿站》栏目中同步推出“数字十年”、“我的这十年”和“走基层——我这十年”主题报道。“数字十年”通过数字堆砌，以图表形式反映十年来我县在国民生产总值、地方财政收入、城镇化水平、医保社保事业发展等方面取得的成就，共播出七期。“我的这十年” 和 “走基层——我这十年”则以走基层的形式，跟随不同领域的劳动者和创业者，通过他们的切身感受，讲述这十年里发生的故事，见证10年生活生产的变迁和时代变化，凸显我县十年经济文化社会发展历程，共播出十七期和十四期。

二是在《岱山新闻》的时政栏目开设专栏。从11月22日和11月26日起分别推出了“学习贯彻十八大——新词汇　新期待”专栏和“学习贯彻十八大、融入新区促跨越”专栏。“学习贯彻十八大——新词汇 新期待”专栏注重于解读报告中关于“美丽中国”、“生态产品”、“五位一体”、“两个翻一翻”、“从建设到建成”等名词的新表述、新思想、新论断。至11月30日结束，共播出七期。“学习贯彻十八大、融入新区促跨越”专栏则以我县各部门、乡镇、村、社区学习贯彻十八大精神为引线，根据各部门的工作特性，以点对点，畅淡学习体会。同时根据相关行业特点，以“创新”引领发展”为主题，选择我县部分企业畅谈今后发展。该专栏播出近两个月。

三是于12月中旬起在《今日视点》中推出“贯彻十八大 提问一把手”访谈专栏。根据我县各部门学习进度，围绕十八大报告提出的经济建设、政治建设、文化建设、社会建设、生态文明建设五位一体总体布局，访谈各乡镇书记、镇长、主要经济部门一把手，谈思路，促工作。四是《生活驿站》栏目于11月底推出“学习十八大 我与百姓面对面”专栏。专栏通过一名记者(主持人)的一线见闻、生动事例和鲜活语言，倾听干部群众心声，反映基层党员干部群众(渔农民、新居民、大学生村官、志愿者等)对党的十八大精神的理解和期待，并从他们的理解和期盼中反映他们的生活工作现状。专栏每星期2-3档，至12月底结束。

舟山市嵊泗县广播电视台

2012年11月8日，举世瞩目的中国共产党第十八届代表大会在北京隆重举行。为营造良好的迎接会议召开的氛围，从10月19日起，嵊泗台搜集各方面的信息，推出“喜迎‘十八大’”专栏，反映嵊泗县各乡镇部门积极营造平安、和谐氛围，迎接“十八大”的召开。会议召开之前一天，嵊泗台派记者来到“十八大”代表钟杏菊的家乡陛下岛，和当地群众一起分享会议开幕的盛况。当天，嵊泗台派出多路记者，深入基层乡村、来到渔船码头、来到党政机关，采访海岛干部群众收看会议开幕盛况后的激动心情和对国家美好未来的期盼。会议结束后至12月15日，嵊泗台跟踪报道了各部门、各团体、各乡镇学习贯彻“十八大”精神的动态，其中包括“十八大”代表钟杏菊的专题报告会。同时报道了各地把工作实际与“十八大”精神相结合，加快项目实施、关注民生，建设和谐社会。

丽水市广播电视台

自10月25日至11月20日，电视新闻综合频道与丽水市人民政府办公室联合推出《加快绿色崛起，促进科学跨越——展示新成就，喜迎十八大》专栏，立体式、多方位地展示十七大以来，丽水经济社会各个领域所取得的辉煌成就，取得了较好的传播效果，得到了市政府和社会各界的好评。为了做好宣传，丽水市人民政府办公室下发了《关于做好“展示新成就，喜迎十八大”专题报道的通知》，《通知》筛选了现代农业园区建设、生态工业园区建设等25个题材作为“展示新成就，喜迎十八大”专题报道的选题，要求与选题有关的市发改委、农业局、旅游局、教育局、交通局等22个市直部门确定分管领导和联系人配合采访报道。专题报道，自10月25日到11月20日在《丽水新闻》连续播出，取得了良好的宣传效果，得到了市政府有关领导和广大观众的好评。电视新闻综合频道同时推出了《这十年，在前列》、《这一刻，看现在》、《这一刻，谁最美》系列报道，反映丽水大地发生的翻天覆地的变化，展现丽水人的精神风貌。

电视经济生活频道推出喜迎十八大“十年·丽水第一”专栏，围绕丽水在全国、全省首创的“第一”做文章，全面回顾这些深刻影响丽水人民的大事。通过寻找十年来丽水人民在党的领导下在生产、生活中取得的一个个创新、突破，来反映丽水十年中党建成就、经济发展和生活变化。

2012年10月份开始，文化休闲频道《老白谈天》节目推出迎接十八大策划报道《十年，我这样走过》。报道从我市各行各业的成功人士入手，讲述他们在十年间凭借好的政策和形势，抓住机会，实现人生理想和自我价值的故事。

广播新闻综合频率开设了《加快绿色崛起，促进科学跨越——贯彻党代会精神、迎接十八大召开》专栏，宣传了十七大以来我市经济、政治、文化、社会建设和生态文明建设及党的建设等方面取得的巨大成就，特别是结合全省“深化千万工程、建设美丽乡村”现场会在丽水召开的契机，大力宣传了我市美丽乡村的美丽画卷，为十八大的召开营造了浓厚的气氛。自8月6日以来，每天都做到一篇迎接党代会的成就报道。并结合报道了我市十八大代表雷洁畅、张龙生的事迹。

“迎接十八大，感受新生活”，丽水交通音乐频率推出大型系列报道《交通改变生活》。这是该频率创新主题报道的一次尝试，它首次采用3G直播，以现场直播台主持人为中心，以频率直播室主持人为纽带，连接各地现场记者、主持人，使报道突破地域限制，在多个点同时直播，记者主持人直接走入农户、工地、景区等与交通建设有关的现场，全方位反映丽水交通人“为善至乐”的核心价值理念；精彩展示“大路网、大水运、大港口、大物流”的建设成果；真实展现交通给人们生活带来的巨大变化。《交通改变生活》大型系列直播共分9期，在丽水9个县(市)区进行9场现场直播，每期直播时长50分钟。这次报道市县记者主持人联动、广播电视报纸联合报道，共有30多位记者主持人参与报道，在各地产生了良好的效果。

十八大胜利闭幕以后，丽水台全面组织报道了丽水各地各部门联系实际确立新思路、采取新举措，学习、贯彻十八大精神。2012年12月开始，电视新闻综合频道策划推出了《十八大精神在乡村》、《十八大精神在企业》、《十八大精神在社区》系列报道，把学习贯彻落实十八大精神的报道做深、做透。

二、推进“物质富裕、精神富有”现代化浙江建设的有关重要活动和宣传报道情况

浙江广电集团

2012年，集团按照中央和全省经济工作会议精神，以推进“物质富裕、精神富有”现代化浙江建设为中心，围绕扩大有效投资、振兴实体经济、服务基层促发展等方面内容，以“四大国家战略”、“四大建设”、“稳中求进、转中求好”“五大统筹”为重点，组织实施了一系列深度报道和专题节目，全面反映浙江各地克服困难、转型升级的具体做法，提振了信心和决心。

一、经济成就回顾报道

新年伊始，为了迎接省两会的召开，浙江卫视《浙江新闻联播》围绕“回眸‘十二五’开局之年”、“展望浙江发展新蓝图”两大主题，开辟专栏，围绕省委省政府中心工作，梳理浙江经济社会发展新成就，聚焦科学发展、转型升级新亮点，采制播出了《浙江：金融服务助发展，全年新增企业超12万家》、《浙江：14个产业集聚区完成产业项目投资超1150亿元》、《浙江：科技成果登记数全国第一，企业成为技术开发主体》等一批有分量的报道。同时，他们还围绕省两会的热点话题，采取“动态事件＋背景链接”的报道方式，着力强化新闻性、注重动态性、凸现事件性，把主题宣传做得更新、更实、更活。《浙广早新闻》采制播出年度经济观察《十个“如何看待”》，全面解读百姓关注的经济增幅、物价调控、居民收入等十大热点问题，辨证分析我省经济社会发展面临的新挑战、新机遇，为加快转变经济发展方式鼓劲加油。各宣传单位2012年内推出的系列报道《浙江风景线》、《我们的钱江，我们的桥》、《十年化城》、《小城故事》、《寻找浙江之最》、《幸福像花儿开放》、《我的文化梦想》、《幸福民生样本》、《文化在民间》、《生态文明在浙江》、《平安、法治、生态成就新浙江》；大型新闻行动《小康村里的幸福事》、《寻找春天》、《穿越浙江——交通让生活更美好》、《舞出幸福来》、《小记者探大工程》等，多角度、全方位报道浙江五年来取得的成就辉煌。电视专题片《坐标》运用丰富的电视表现手法，全面展示省第十二次党代会以来浙江贯彻落实科学发展观，深入实施“八八战略”和“创业富民、创新强省”总战略的生动实践，创业创新、奋力前行的精彩历程，扎实推进经济建设、政治建设、文化建设、社会建设以及生态文明建设和党的建设的巨大成就，受到省委领导和干部群众好评。值得一提的是，摄制组从接受任务到节目播出，仅仅不到一个月的时间，充分体现了大局意识和责任意识。

二、“四大国家战略”宣传报道

为了更好地宣传我省的“四大国家战略”，浙江卫视推出了《坚守实业的浙江“样本”》、《聚焦温州金融综合改革》等系列报道，面对浙江新阶段的发展任务，深入基层调研，注重点面结合，把报道成就与分析问题、解决问题相结合，发挥了新闻宣传营造氛围、引导舆论、推动工作的积极作用。浙江之声也推出系列报道《2012浙江优势》，展示我省实施“四大国家战略”、产业集聚区建设、金融体制改革、打造服

务型政府等举措带来的发展新优势。较有深度和力度。他们采制的《千里海岸线·海洋经济发展调研组考察侧记》,着力展示浙江海洋经济转型升级的新动态、新经验、新成效。特别报道《乘风破浪新特区——写在义乌国际贸易综合改革试点一周年之际》,深入反映一年来,义乌市坚持深化改革、创新发展思路、加快转型升级,做大做强国际贸易的新亮点、新成效、新经验。浙江经视通过专家解读和典型实例,客观分析我省经济数据,广播经济频道推出《中小企业之声》专栏,发挥了提振信心、推动工作的积极作用;其他频道和网站、报刊都以"营造企业发展良好舆论环境"为主线,推出各具特色的报道,形成了强大的舆论声势,大大地提振了市场信心和企业迎难而上的决心。广播经济频道《财富中国》的特别报道《迎接省党代会》从"三大国家战略"、"四大建设"等方面,反映浙江五年来取得的辉煌成就。在国务院批复设立温州金融综合改革试验区后,各新闻栏目及时安排采编力量,采制播出相关报道。《浙江新闻联播》采制播出系列调查《破冰——温州金融综合改革试验区设立》,通过走访经济和金融界专家、政府官员、民间借贷机构、中小企业主,深度剖析温州金融综合改革试验区实质内容,金融改革对解决中小企业融资难和民间资本出路等问题的重要意义。及时权威、有深度。《浙广早新闻》运用大量篇幅,及时报道社会各界对温州金融综合改革试验区设立的强烈反响。同时采访经济专家,连续关注试验区设立,对于温州民间资本阳光化、规范化从事金融活动的良好机遇。有力度、有声势。《经视新闻》在第一时间报道国务院决定设立温州金融综合改革试验区的消息,并采访特约评论员,分析试验区设立对于促进经济转型升级、深化金融体制改革的重要意义。较好地体现了频道和栏目的报道特色。《经视新闻》还播出了系列报道《四大国家战略在浙江》通过对舟山、温州、义乌等地在国家战略的支持下快速发展的事实,展现了浙江经济的勃勃生机。

三、"稳中求进、转中求好"转型升级报道情况

2012年,集团各新闻栏目继续全力做好经济转型升级的报道。《浙江新闻联播》、《浙广早新闻》大密度播出系列报道《稳中求进、转中求好》,一方面介绍各地产业集聚区加快发展方式转变,各级各部门优化发展环境、推动转型升级的生动实践、新鲜经验。充分体现围绕中心、服务大局的宗旨,另一方面深入挖掘各地企业加快转型升级、摆脱困境的新事例、新经验,为落实省委省政府提出的"稳中求进、转中求好"经济工作总基调营造声势。各专业频道也依托自身定位,加大各行业转型升级的报道力度。前将都市频道《新闻速写》播出系列报道《生态浙江走基层》,走进各地生态示范村,报道我省落实"八八战略"和"两创"总战略,经济、社会、文化、生态协调发展的崭新面貌。小切口、大主题,新闻性强、可看性好。浙江经视《经视新闻》的大型新闻行动"寻找春天",近期播出两组系列报道。其中,《浙江新动力》挖掘各地转型升级创造发展新活力的典型事例,《创业新生代》讲述80后90后青年创业新兴产业领域的事故。感染力强,特色显明。影视娱乐频道《快乐一点通》采制播出《加大文化产业投入》系列报道,解读投资文化产业对于经济社会发展的强大推动力。报道与频道和栏目定位高度契合。国际频道《黄金时间》的系列报道《海归创业在浙江》,介绍我省海归企业转型升级历程,讲述海归创业者的快乐与苦涩故事,为海归人员创业发展加油鼓劲。交通旅游导道围绕我省"实施大投入,建设大交通,促进大发展"主题,刊发连续报道和特别专版,形成较大的报道声势,赢得交通部门干部职工的肯定。广播经济频道先后推出两组系列报道。其中,《走银行看发展》,报道各大商业银行为浙江企业融资、产业转型升级采取的重大举措;《稳中求进看上市公司》,从上市公司发展看转型升级成效。既有专业性、又有服务性。其他转型升级的报道主要有:《新闻早上好》的系列报道《浙江民生五年》,纪录浙江改善民生重大举措;《新闻大直播》的《喜迎党代会,寻找浙江之最》,挖掘各地最具特色的发展亮点;《1818黄金眼》的《凤凰创意产业园里的"愤怒小鸟"》,讲述杭州凤凰创意产业园里一群年轻人的创业故事;《93早高峰》的特别报道《穿越浙江——交通让生活更美好》,展示交通发展带来的新变化;《交通旅游导报》的系列报道《交通助推民营经济大发展》,反映浙江建设大港口、大路网、大物流、大水运,给民营经济发展带来的新机遇。

四、"创业富民,创新强省"报道情况

2012年,按照省委宣传部的统一部署,集团各宣传单位开始集中推出"两创"的宣传报道。浙江卫视《浙江新闻联播》连续播出主题报道《创业创新、成就辉煌》,着力做到精准选题、扎实采访、丰富内容、权威高端,全面反映各地贯彻落实"八八战略"和"两创"总战略,经济社会发展取得的辉煌成就:其中《小康村里的幸福事》等系列报道,以老百姓的视角看变化，晒晒小康村里的幸福事，全面展示近年来我省坚持科学发展、和谐发展，农民生活、农村面貌、农业生产发生的显著变化。记者走进农家，发现农民朋友最高兴的新鲜事，亲身感受农民的幸福生活。《创业创新、成就辉煌——本台特稿》，从经济、民生、社会管理创新、城乡统筹和区域发展、文化强省建设、党的建设等方面，全面展示“两创”总战略实施五年来，浙江各地的生动实践和由此带来的百姓生活、城乡面貌巨大变化。采用“数字解读”、“专家访谈”、“新闻事例”相结合的办法，强化了报道的时效性、贴近性和厚实度。《浙广早新闻》的大型系列报道《创业创新、成就辉煌——我说浙江新变化》，以普通百姓的报道视角和第一人称的叙述手法，从经济发展、民生改善等方面，展示我省五年来经济社会发展新成就、新变化；系列报道《楷模》，挖掘基层优秀党员和党组织的感人事迹，报道党员和党组织在经济社会发展中的楷模作用；系列报道《浙江风景线》，全面介绍五年来我省创新社会管理、建设“平安浙江”的显著成效。这些报道各有侧重、构成整体、形成声势，大量采用录音报道、记者口述等手法，发挥广播优势，提高报道的贴近性和可听性。《经视新闻》的系列报道《小城故事》，展示我省通过扩权强镇、推进城市化建设，实现经济发展、民生改善等可喜变化。《1818 黄金眼》的系列报道《幸福像花儿开放》，用百姓身边的“幸福故事”，反映全面建设小康社会的战略目标。《快乐一点》的系列报道《我的文化梦想》，从文艺工作者和普通百姓的角度，感受文化强省建设成效。《新闻早上好》的系列报道《幸福民生样本》通过挖掘基层群众的生产生活现状，反映五年来百姓生活的显著变化。《93 早高峰》的特别报道《穿越浙江》，以交通建设促进浙江经济发展为主线，全面展现交通建设成就带来的经济生活、生产方式、思想观念等方面的改变。《新闻夜高峰》的系列报道《文化在民间》，通过讲述民间文化“达人”故事，反映浙江建设文化强省取得的丰硕成果。新蓝网的专题报道《平安、法治、生态成就新浙江》，采用全媒体手段，全面报道“辉煌浙江”、“平安浙江”、“法治浙江”、“生态浙江”。《交通旅游导报》的系列报道《交通让生活更美好》，多角度、多侧面、全方位呈现浙江五年交通发展足迹，宣传交通服务经济社会发展的重要作用。

五、推进“物质富裕，建设富有”现代化浙江的报道情况

2012 年 6 月以后，集团各宣传单位按照编委会的统一部署，集中精兵强将，深入调研、精心采制，以建设“两富”浙江为中心，不断强化主题报道。浙江卫视《浙江新闻联播》6 月底开始推出《“两富”新动力》专栏，深入发掘浙江经济发展中涌现的亮点、特色，并从中寻找“两富”的不竭动力。特别是蹲点大企业、大项目、大平台、大产业等四组报道，记者深入我省经济社会发展建设的最前沿调研采访，围绕省委省政府中心工作，为我省近年来推动大产业、大平台、大项目、大企业建设加油鼓劲；在形式上，这组报道也大胆创新，既综合运用了电视新闻的表现手法，又注重新闻事件中矛盾冲突和各类细节的展现，充分铺垫、层层递进、可看性较以往的主题报道有了明显提高。7 月中旬，《“两富”新动力》专栏又推出了系列报道“慈溪调查：上半年投资增长 50%的背后”这组报道从一个简单的数字延伸开去，深入分析了在全国大部分地方投资增速大幅下滑的同时，我省的慈溪市却实现经济持续升温背后的原因，通过介绍一批慈溪企业的典型案例，充分说明了企业必须通过转型升级、腾笼换鸟、提高附加值的手段，才能真正走出危机，转危为安，具有很强的舆论引导作用。《浙广早新闻》以建设“两富”浙江为主题，推出多组专题报道，这些报道内容丰富、涵盖面广，从宏观形势、政策扶持、产业升级等多个角度，全面反映在目前的不利条件下，浙江各地克服困难、转型升级的生动实践和由此带来的可喜变化。报道采用“记者调研”、“数字解读”、“专家访谈”、“典型事例”相结合的办法，强化了报道的时效性、贴近性和信息量。浙江经视《经视新闻》近期从经济现象和经济数据入手，运用大量的新闻素材，结合经济专家的访谈，比较客观地分析上半年经济运行的质量和下半年面临的挑战，聚焦浙江经济未来走势，探究转型升级新路子。《经视新闻》还对近期油价下调、央行降息、股市震荡、楼市回暖等经济热点进行了重点报道和深度解读，分析这些变化的原因和对百姓生活与浙江经济发展的重大影响，并对下半年的宏观经济的运行进行了展望，贴近实际、关注度高。广播经济频道的《走银行、看发展》和《稳中求进看上市公司》两组系列报道继续向纵深推进：《走银行、看发展》走进了多家信托、基金、保险公司，为听众介绍投资理财知识，提供了金融服务；《稳中求进看上市公司》则深入企业一线调研采访，介绍企业在转型升级过程中遇到的各种困难，以及在激烈的市场竞争中应对挑战浴火重生的经验，具有较强的代表性和借鉴作用。

宁波市文广集团

经济娱乐频率把应对国际金融危机、深化转型升级贯穿全年，推出一系列的经济报道，报道我市稳增长、促转型、惠民生的政策措施；报道在党委政府的有力支持下，宁波广大民营企业积极探索转型升级，实现稳定增长的典型案例。与中央电台经济之声、上海第一财经等权威媒体共同发起“迎接十八大媒体基层行”活动，推出“‘关注中小微企业、促进创新创业’——全国经济广播电台记者巡回采访”专栏，引领中央及省外市外媒体走进宁波，报道宁波中小微企业转型升级的典型代表和成功经验。推出“伦敦奥运赛场上的宁波制造”专栏，报道宁波企业如何抓住奥运机会，抢抓奥运订单。推出记者走基层——“走进上市公司”系列报道，围绕我市各家上市公司如何发展实体经济，练好内功，实现稳步发展的案例进行宣传报道。推出“宁波外贸企业转型升级之路”系列报道，通过对我市外贸企业的采访报道，挖掘他们未雨绸缪、因时而变、强化内部管理、开拓新兴市场的成功经验。

温州市广播电视台

2012 年 3 月 28 日，“温州金融综合改革试验区”获国务院批准设立，温州又一轮金融改革正式启动，这对全国的金融改革和经济发展具有重要的探索意义。围绕这一重大事件主题，温州广播电视传媒集团多管齐下，开展全方位的宣传报道，相继推出《全力推进金融改革创新》、《金融创新改革在温州》《金融改革探路者》和《金改在温州》等专栏，紧密结合金融改革的各个节点，紧盯金融改革进展，邀请地方政府官员、专家学者、温州小企业代表、金融业界代表等共同聚焦温州金融改革进程，追踪金改热点，解读金改新政。各频道频率利用开办栏目搭建起抒发观点、沟通交流的平台，通过全民了解金融改革，探讨金融改革，集合全民智慧为温州金融改革献言献策，推动金融改革在温州更好的前进。涉及温州金改的新闻报道先后在中国之声《全国新闻联播》、《新闻和报纸摘要》重点新闻节目播出相关稿件 4 篇；在央视新闻频道、省卫视《浙江新闻联播》分别播发报道十余条，其中央视《新闻联播》报道 1 条，使对外宣传温州市金改工作有了阶段性成效。

嘉兴市广播电视台

面对国内经济运行中面临的新问题、新矛盾，嘉兴市广播电视台牢固树立服务大局的政治意识和责任意识，突出以正面典型宣传为主，创新报道形式，丰富报道内容，通过“主题宣传”引领、“典型宣传”凝聚、“成就报道”助推，全方位、立体式宣传报道全市上下在经济发展中勇迎挑战、拼搏奋进的精神，有效凝聚全市人民同心同德、同舟共济推进“三城一市”建设的意志和力量，提振加快“两富”浙江建设的信心和决心。年内，围绕“稳中求进　共谋发展”主题，坚持“团结鼓劲”总基调，强化经济宣传，精心策划、推出《稳中求进　创新实干》、《转中求好强实业》、《嘉兴经济进行时》、《服务企业在行动》、《重点项目巡礼》、《攻坚克难看亮点》、《看亮点　强信心　增实力》等十多个专栏，深挖典型，集聚正能量，提振嘉兴科学发展的精气神。广播电视全年共播出相关稿件 1300 多篇(次)，全力营造“抱团取暖过冬、和衷共济渡关、同生共荣创业”的良好舆论氛围。

年初，新闻主频率、主频道推出《稳中求进　创新实干》、《转中求好强实业》等专栏，及时报道嘉兴市经济工作方面的动态信息，大力宣传报道企业典型和政府部门服务企业的具体举措，为企业克服时艰、拓展眼界和思路。公共频道、城乡生活频率与南湖、秀洲两个区委宣传部共同制定《两行两记》新闻实践活动，推出《转型升级车间行》专栏，专门围绕两区的中小企业在自主创新、拓展市场、提档升级、节能减排等过程中的主要做法和新鲜经验，选取各个区转型成功的企业，深入车间采访，先后播出相关报道 30 多篇(次)，助推两区企业转型升级。

3 月初，结合嘉兴全市开展的以“营造环境、服务发展”为重点的“走基层、转作风、改文风”活动，嘉兴市广播电视台及时调整和细化原“走、转、改”活动方案，进一步推进活动的深入开展。广播、电视积极宣传“双千双百”进村入企服务活动，报道各级、各部门开展进村入企走访服务活动的动态情况，及时反映“进村入企、助推发展、强化服务”实际成效；同时，通过典型引路，深入挖掘在经济转型过程中的典型企业、典型人物，推出《经营之道》、《嘉兴金融新政》等系列报道，介绍成功经验，为广大面临转型的企业提供借鉴，并配发相关评论，提出对策，为企业开阔思路。7月份，广播、电视继续加大经济报道力度，新设《嘉兴经济进行时》、《服务企业在行动》、《重点项目巡礼》等专栏，及时报道、分析当前经济形势，宣传政府部门、相关机构服务企业、为企业排忧解难的做法，报道主动转型、效益提升、走出困境的企业典型，为面上企业提供借鉴、提振信心。

下半年，嘉兴市各大媒体组织开展了一次以全市经济建设为主题的统一采访活动。在活动中，嘉兴市广播电视台密切关注经济建设中的亮点和兴奋点，电视推出《看亮点　强信心　增实力》专栏，分11个篇次报道嘉兴市经济建设现状及典型事例；广播分“企业典型”、“综合报道”、“部门服务”等多个系列，分别在《转中求好强实业》、《嘉兴经济进行时》、《服务企业在行动》等三大专栏中播出相关报道，做足鼓劲和增强信心的报道，为提振发展信心、凝聚发展共识提供强有力的舆论支持。

舟山市广播电视台

2012年是全市推进浙江舟山群岛新区建设的起步之年，4月10日起，舟山台推出《新区启航》等反映新区风貌大型主题报道和系列报道，反映新区获批后呈现的新气象及重大项目建设情况，为新区建设发展当好“助推器”。广播电视各新闻栏目先后播发主题报道及相关系列报道800多篇，形成宣传舟山群岛新区的强劲声势。

广播新闻综合频率《舟广新闻》开设“新区获批历程”、“新区新气象”、“民生实事”、“走基层，话新区”、“文明新区文明人”等多个栏目。“新区获批历程”栏目梳理新区获批的重大节点，通过采访参与新区报批的相关部门负责人，多角度介绍新区获批来之不易和新区获批后给舟山带来的变化。“新区新气象”栏目是《新区启航》报道的重头戏，重点围绕“四岛一城”的建设目标，集中宣传大宗商品交易平台落户，舟山港综合保税区启动等众多项目，让听众感受舟山变化。“民生实事”栏目围绕发放市民卡、提升改造农贸市场、建设保障性住房、治理渔农户生活污水等市政府提出的十个方面改善民生举措，深入采访报道。“走基层，话新区”栏目结合媒体“走转改”活动和市级机关“进村入企”大走访活动，重点采访新区建设中的一些重大项目、重点工程，报道新区建设进程，反映民情民意。“文明新区文明人”栏目报道一批道德模范，同时通过曝光一系列不文明现象，引导听众积极参与道德建设大讨论，在全社会形成新区建设中市民素质需要大提升的共识。9月，广播新闻综合频率与宁波之声合作，联合开展“国家海洋经济发展示范区巡礼”　异地采访活动，组织多路记者分赴浙江、山东、广东等省采访。在《舟广新闻》推出“新区启航·走向深蓝”专栏，重点介绍这些沿海省市海洋经济发展状况，播出相关报道30多篇，为推进舟山海洋经济发展提供借鉴。10月11日，省政府举行国务院批准设立舟山港综合保税区新闻发布会，标志着舟山群岛新区建设迈出重大步伐。频率派记者到杭州，内外联动，多地连线，推出一组特别报道。广播交通经济频率先期报道舟山口岸扩大开放。10月，《小卫当家》对舟山港保税区获批播出特别直播节目。在新区宣传中，《舟广新闻》还报道一批创业创新、带领渔农村群众走小康的新农村致富带头人。

电视新闻综合频道《舟山新闻》推出“新区三人行”、电视访谈“小叶话新区”、“稳中求进　共建新区”等栏目。“新区三人行”介绍舟山大陆引水二期工程、摘箬山科技岛建设、海天大道扩建工程、市科创园招商引资、金海重工转型升级、渔博会、舟山国际水产城改造、鲁家峙文化创意园区等重点项目。三位主持人深入现场，出镜串场，展现新区重大项目热火朝天的建设场景。“小叶话新区”邀请市住建委、市科技局、市口岸办、市工商局、市旅游委、浙大舟山海洋研究中心负责人和相关人员来到演播室参与访谈，对《舟山群岛新区空间发展战略规划》、省工商局出台的《关于支持舟山群岛新区建设的若干意见》、新区获批后口岸利好政策、新区创业环境、新区海洋旅游业前景等作深入解读。节目中间穿插VTR，运用大量资料画面，并做了双视窗特技，用字幕亮出嘉宾主要观点。系列报道“稳中求进　共建新区”保持一定发稿率，有关部门支持企业发展的举措、企业自身的努力、上半年主要经济数据成为报道重点。下半年,《舟山新闻》推出系列报道“走基层、建新区”、“进百村走千企”、“做怎样的新区人”、“小康村里的幸福事” 等, 从各个方面全面展示新区建设的壮丽画卷。经济生活频道结合市委提出的 “我们的价值观——做怎样的新区人”大讨论,与市文明办合作,从4月中旬开始,推出“做怎样的新区人”主题报道,分“道德观察”、“道德实验”、“道德行动”三个阶段。报道主体由电视经济生活频道采制完成,由广播、电视各档新闻节目联动播出、舟山广电网等转载相关稿件,扩大覆盖面。《新闻361》国庆期间推出《国庆·行进新区》系列报道,通过镜头,聚焦新区大工程、大项目进展情况。报道内容包括:海天大道拓宽改造 大动脉穿上“新衣”、大陆引水二期主坝、保障房建设超额完成任务、走进新城中央商务区、山海之间的高等学府、国际水产城加快改造等。

6月30日,国务院正式批准设立浙江舟山群岛新区一周年,广播新闻综合频率《舟广新闻》在6月29日18时至19时推出庆祝浙江舟山群岛新区获批一周年特别报道:《新区一年间 迈步从头越》。报道由七个板块组成,内容包括:政策、规划、项目、岛屿、民生、文明、展望,最后由歌曲《走进新时代》结束。18时至18时50分,电视新闻综合频道推出《启航 新区获批一周年》直播报道,报道分三个板块,重点反映新区一年来的变化及广大群众的感受,有市委书记、市长等领导的访谈, 又有普通群众的心声。节目开始提出互动话题,结束前播放有代表性的留言,增强报道关注度。直播报道启用300平方米演播室,采取男女对播方式,同时,制作特别报道片头、板块分隔小片头、角标以及30秒的VCR;运用地图音效特技,用于一线报道八个地点的过渡;新区十件大事以及新区摄影作品比赛均加非编特技;引用《舟山 向着太阳远航》歌曲结尾,整组报道鲜活大气。经济生活频道推出系列报道——《我与新区同行》,选择与新区发展直接相关的群体或个人为采访对象, 近距离接触并通过他们在过去一年里的工作经历和切身感受,展示新区的建设成就和美好前景。

普陀区广播电视台

2012年,普陀广播电视台紧紧围绕区委区府工作大局,充分发挥广播电视传播优势,营造坚持科学发展、促进转型升级的浓厚舆论氛围。全年共精心组织 “转型升级促发展”、“加快四大建设”、“统筹发展促和谐”等各类重大主题报道12组,计385篇,特别是紧紧围绕舟山群岛新区建设, 普陀广播电视台先后策划推出了“跨越崛起、走在前列”、“百日攻坚大行动”、“我们的价值观”、“进村入企” 等一系列专题报道,为普陀在新区建设中加快跨越崛起,奋勇走在前列营造了良好的舆论氛围。

岱山广播电视台

一是推出了《走基层——探访海岛坚守实业的民营企业》系列报道。2012年岱山广播电视台紧紧围绕县委县政府重投入、兴实体、高度重视发展实体经济的工作思路, 于2月27日起在《岱山新闻》的《今日视点》栏目中,推出了《走基层—— 探访海岛坚守实业的民营企业》系列报道。以走基层报道的方式,下企业蹲点,探访我县坚守实业的典型,放大他们立足主业,做强实业的探索以及脚踏实地、甘于寂寞、一心一意做实业的品格,弘扬一批静下心气专心经营,把主业做专、做精、做实,把企业做强、做大、做久和自觉转型升级,勇于开拓创新,积极发展模式创新、技术创新和管理创新的典型企业。播出了玩具业、修造船业、机械加工业及汽配行业等各行业的系列报道共计十六期,为县内企业提供参考,以助推我县民营企业转型升级。报道播出后受到了社会各界的关注,尤其在企业界引起了较大反响。

二是推出《开启新区时代——舟山群岛新区获批一周年》特别报道。今年6月30日是浙江舟山群岛新区获批一周年,在新区获批一年间,岱山县各行各业都发生了巨大的变化。为集中报道我县特别是工业经济领域在产业结构调整、转变发展方式、技改等方面的亮点工作,县广播电视台于6月25日起在《岱山新闻》的“时政栏目”中推出了《开启新区时代——舟山群岛新区获批一周年》特别报道。该特别报道以我县的新投产项目、新开工项目、“短、平、快”技改项目、重点产能释放项目和企业为主,展示我县在舟山群岛新区建设中取得的成就和发展变化,直观而真实地诠释新区的建设成就和美好前景, 连续播出二十多期。

三、全省广电战线深入开展“走基层、转作风、改文风”活动和有关宣传报道的情况

浙江广电集团

开展“走基层、转作风、改文风”活动，是全国新闻战线深入贯彻落实胡锦涛总书记“七一”重要讲话精神、牢固树立群众路线和群众观点的重要举措，也是集团新闻工作者坚持党的新闻事业性质宗旨、履行新闻工作责任使命、落实“三贴近”要求、增强新闻宣传吸引力、感染力的重要行动。根据中宣部等五部门《关于贯彻落实党的十七届六中全会精神，深化新闻战线“走基层、转作风、改文风“活动的意见》和省委宣传部《关于在全省宣传文化系统开展以“营造环境、服务发展”为重点的“走转改”活动的意见》的要求，浙江广电集团党委高度重视，多次召开会议专题研究部署，并专门成立了以总编辑为组长的“走基层、转作风、改文风”活动领导小组，统筹协调集团“走转改”活动的具体工作。按照集团统一部署，各宣传单位统一思想、提高认识，结合自身实际，积极研究贯彻措施，将“走转改”活动作为一项政治任务摆上了重要议事日程。2012年，集团各级领导带头深入基层调研采访，全体采编人员沉到基层，大量带着温度、充满深度、富有力度的鲜活新闻源源不断地见诸广播电视、报纸和网络，取得了比较明显的成效。

（一）“走转改”活动开展的基本情况

2011年9月，集团经过层层筛选，确定了泰顺县黄桥乡、嘉善县姚庄镇等120个地方或单位，作为集团“走基层、转作风、改文风”活动的基层联络点。这些联络点中有乡村社区、二三产业、教育科技、文化卫生、部队公安站所等，比较全面地反映了浙江省改革开放进程的重点领域、前沿阵地，涵盖了海洋经济、综合改革试验、高新产业、“四大建设”、传统产业转型升级、高效生态农业、城乡统筹、生态建设、基层党建、基层文化建设、对外开放、新农村建设、现代服务业、平安浙江建设、社会管理创新、民生改善等方面的实践内容。截至2012年底，集团新闻战线共有约5000人次深入基层，驻点总天数超过1.2万天，开辟“走转改”专栏36个，播发“走转改”报道近6000条。据统计，2012年大多数时间内，集团每周都有近百名记者在基层采访，播出来自基层的报道120篇左右。在这项活动中，集团党委和管委、编委委员以及广播电视频道、宣传单位的负责人纷纷率先垂范，带头下基层，带头搞调研，带头写报道，有效营造了开展“走转转”活动的良好氛围，有利推动了集团“走转改”活动的不断深入。其中，集团编委会的9位领导还各自负责了1—2个基层联系地区，确保基层联系点工作顺利开展。总的来说，集团“走转改”活动已经在集团形成了较大的规模，形成了较强的声势，也形成了较好的效果。

（二）“走转改”宣传报道情况

2012年度在集团编委会的统一部署下，集团各宣传单位按照不同阶段的不同要求，都开辟了大量“走转改”的专题专栏，高密度推出相关报道，不断将“走转改”活动推向深入，在转变作风，锻炼队伍的同时，也取得了很好的宣传效果。

新年伊始，各频道就安排采编人员深入基层调研采访，以“新春走基层”为主旨，播出了一大批生动鲜活的报道，既丰富了节日报道内容，又展示采编人员的良好作风。浙江卫视派出记者走进兰溪市2011年钱塘江特大洪峰灾区、杭州消防支队、余杭区五杭社区、平阳县海防哨所、镇海小岛灯塔等地采访，反映基层群众生活状态，慰问节日坚守岗位的劳动者。浙江之声“记者新春基层行”联合中央台和全国省市电台，开展“百家电台走基层”活动，采访报道我省加快经济发展方式转变的创新实践。他们还推出系列报道《春耕问农事》，播出记者深入农村采访的所见所闻。

电视经济生活频道记者前往农民工输出大县——安徽省歙县，带着“用工荒加剧，浙江中小企业如何走出去、谋发展”的课题，进行实地调研，深入反映“走出去的是哪些类型企业”、“为什么会选择走出去”、“走出去后情况怎么样”等焦点。民生休闲频道记者深入到外来民工集中居住地——杭州市余杭区闲林镇黄泥坞村蹲点采访，播出的系列报道《“春”近黄泥坞》，全方位反映外来民工生活工作状态、回家过年与留守当地情况。交通之声记者赶赴舟山群岛新区，围绕海洋经济建设中的人才瓶颈话题，深入企业蹲点调研，与工人、技术人员一起工作生活，发

布招贤信息、探寻破解对策。城市之声开出“新春下基层”专栏，20 多位采编播人员带着“五个一”（即采访一个场所、对话一位听众、讲述一个故事、送出一份礼物、发回一组报道）任务回家过年，春节期间集中播出“走基层”报道。

随着“走转改”活动不断推向深入和党的十八大日益临近，集团各宣传单位将“走基层”报道与主题宣传结合起来，派出记者深入基层，采访挖掘鲜活新闻事例，全面提升主题报道的时效性和贴近性，有力促进了新闻宣传质量的提升。

浙江卫视派出多路记者深入北仑港、浙江物产集团、吉利集团等大企业蹲点采访，集中介绍我省大企业、大项目、大平台的建设和发展情况。浙江之声也组织精兵强将，先后对纺织、水泥、电镀等传统行业进行了深入调查，并在《浙广早新闻》的《推进科学发展，建设两富浙江》专栏中连续播出，这组报道围绕一批有代表性的产业通过转型升级实现快速发展的情况，充分展示了我省各地坚持科学发展，深化创业创新，推动“两富”浙江建设的先进经验。浙江之声还推出了《实现“两富”、成就辉煌——市县委书记多媒体访谈》，邀请各县市的一把手走进演播厅，介绍我省各地突出自身优势，建设“两富”浙江的生动实践。钱江都市开展“生态浙江走基层”大型采访活动，记者走进全省生态示范村，报道各地落实“八八战略”和“两创”总战略，经济、社会、文化、生态协调发展的崭新成就。《1818 黄金眼》推出连续报道《挺进两富·北汤村的“纪录片”》，通过讲述一个村庄脱贫致富后，物质富裕起来的村民拍摄纪录片讲述村子发展历程的故事，展现了浙江群众不仅要实现物质富裕，更要实现精神富有的内在追求。城市之声记者采制播出了迎接省党代会主题报道《让世界听到中国幸福乡村的声音》，通过介绍村歌的形成发展，感受近年来我省农村基层文化建设的成效和村民们的幸福生活。

在“走转改”活动中，各专业频道也结合自身定位，通过深入基层调研采访，提高传播效果，极大地丰富了“走转改”的报道形式和内容。经济生活频道把“走转改”报道的重点放在企业转型升级上，记者走进各地产业园区和重点企业，介绍企业克难攻坚、转型发展的新鲜事例。教育科技频道记者深入田间地头、蹲点农村山区，采制播出大型系列报道《走基层——田畈里的读书郎》，介绍各地大学毕业生转变就业观念，投身新农村建设，用科学知识发展现代农业的成功典型，发挥了很好的舆论引导作用。影视娱乐频道记者走进杭州大街小巷，记录方言发音人传承地方语言的故事。国际频道记者走进桐庐、平湖等地海归创业园，采制播出系列《发扬优势，海归企业进入快车道》，展示我省五年来改善投资环境，吸引海外人才回乡创业的举措。少儿频道开辟“小记者画大工程”专栏，大记者携手小记者，走进家乡正在建设的重点工程项目，用彩笔画下工程蓝图，以场景、人物、故事等形式，立体式呈现五年来浙江经济社会的深刻变迁和百姓生活的可喜变化。广播经济频道记者走进各地产业园区，调研采访我省“四大建设”的最新进展。城市之声记者走进淳安县、景宁县农村，开展为期两个月的蹲点采访，策划开展“微笑私家车”公益活动，发动观众与山区贫困孩子结对扶贫。新蓝网记者蹲点遂昌县，调研当地电子商务企业发展情况和山区经济转型升级的变化。浙江城市广播电视报记者深入城市社区，采制系列报道《记者在你身边》，讲述优秀社区工作者的感人故事。《交通旅游导报》推出“张日新回乡记”专栏，记者深入到龙游县大街乡贺康村，以打工返乡农民张日新的视角，通过纪录乡村道路的变迁，反映农村小康工程建设成就。

在 9 月份中宣部和省委宣传部分别召开“走转改”电视电话会议以后，浙江广电集团立即响应，在总结前一阶段经验的基础上，研究部署下一阶段深化“走转改”活动的报道方案，精心策划、突出重点，按照要求推出专题专栏，全集团上下掀起新一轮“走基层、转作风、改文风”的高潮。

自 2012 年 9 月 12 日起，浙江之声、浙江卫视分别在“科学发展　十年回眸”、“创造两富新业绩　迎接党的十八大”等专栏中统一加挂“走转改大型主题采访活动”标志，重点推出记者蹲点一线，采自基层的鲜活报道，反映我省广大干部群众自觉的十六大以来，立足岗位奉献、推动科学发展的生动实践和取得的巨大成就。浙江卫视将“走转改”与迎接党的十八大报道充分结合，记者深入基层挖掘典型事例，从不同角度生动反映浙江坚持科学发展的成功实践和给人民群众带来的可喜变化。

浙江之声派出三路采访队伍，深入浙江各地基层进行采访，这支队伍从浙江的最中心深入到最边远的山村和海岛，走入浙江的市场、企业和家庭，贴近基层实际，聚焦重大命题，立足战略高度，从记者见闻和百姓感受入手，将省委省政府中心工作与全省各地干部群众的实践有机结合，将直观见闻与理性思考相互渗透，以质朴而真诚的声音生动展现“两富”浙江的新现象、新发现。各专业频率频道也结合自身定位，纷纷推出“走转改大型主题采访活动”的专题专栏。钱江都市频道推出《再访“骄傲”——浙江人的精神底色》，从浙江骄傲的人物中选出十位，结合走转改活动，进行纪录片式的回访记录，彰显当代浙江人的精神特质。《大家》栏目推出《浙江好人》系列报道，四支摄制组奔赴温州、台州、金华、等地，记录身边的“浙江好人”；浙江经视派记者深入浙江援疆一线，才写了系列报道《爱在阿克苏》，目前已播出四篇，通过普通援建者身上的点点滴滴，反映了浙江人民对阿克苏人民的无私援助；教科频道精心策划了“记者走边关，团圆送祝福”的走转改主题报道活动，分别派出三路记者中秋节前奔赴祖国最南端的三沙市、最东边的东极岛哨所以及浙江对口支援的新疆阿克苏，为他们送上家乡亲人的祝福；浙江影视频道推出《人文浙江传承非遗》，展现了浙江精神遗产传承与保护的丰硕成果；民生休闲频道的记者深入象山县的偏僻海岛，采写了系列报道《守望渔山岛》，介绍了海洋经济开发浪潮中海岛渔民的精神与梦想；少儿频道推出新闻行动《信仰的种子》，反映我省未成年人思想道德建设情况；交通之声推出了“走转改”系列报道《小岗位　大作为》，这组报道通过记者走基层体验式采访，反映以交通行业为主的基层人才在小岗位上做出的大贡献；城市之声推出了《“走转改”——锦绣浙江》大型主题采访活动，通过深入采访我省40个县市近百个旅游景点，展现我省的锦绣风貌，为广大听众提供有效服务。

（三）“走转改”活动创新举措

2012年3月，集团编委会专门召开会议，研究制定《浙江广播电视集团进一步深化“走转改”活动方案》，决定从“部署、组织、报道、交流、考核”等五个方面着手，进一步深化“走转改”活动。

1.深化部署。(1)进一步明确活动主体：以浙江卫视、浙江之声为重点，全面投入、主动出击，深入推进“走转改”常态化建设，充分发挥舆论引导的主平台、主渠道作用；其他各宣传单位根据各自定位和实际情况，发挥优势、做出特色，因地制宜开展“走转改”活动。(2)进一步细化活动方案：根据集团深化“走转改”活动方案，各宣传单位结合实际，制定具体实施细则，明确目标任务、时间安排、主要内容、具体负责人等工作要点；建立“走基层”台账，把采编人员深入基层联系点情况、所作报道情况及活动成效等记录备案。(3)进一步加大播出力度：各宣传单位在主要新闻栏目、重要版面中开辟“走转改”专栏的基础上，进一步加大播出密度。浙江卫视、浙江之声每周播出“走基层”报道不少于5条，其他宣传单位每周播发“走基层”报道不少于3条。

2.深化组织。(1)进一步加强活动领导：召开宣传单位“一把手”专题会议，部署活动深化工作，明确“第一责任人”职责，全面抓好本单位活动。(2)进一步发挥表率作用：各宣传单位形成本单位领导下基层年度计划，并形成中层以上干部带头深入基层、一线指导新闻实践的工作机制。(3)进一步落实职责分工：集团总编室负责“走转改”活动的业务指导和协调；集团人事管理部负责对各宣传单位开展“走转改”活动情况的统计汇总和年度考核评比；集团办公室负责活动信息的汇总交流；每个宣传单位确定一名“走转改”联络员，负责活动协调和信息统计。

3.深化报道。(1)深化选题策划：围绕“开好党代会、迎接十八大”、“稳中求进、转中求好”和建设文化强省等贯穿全年的重点主题宣传，进一步深化“走转改”报道的选题策划。(2)深化报道主题：更加注重以群众易于接受的议题设置、专栏设置和表达方式来获得受众，从党心和民意的共鸣中寻找“对接点”，有效提升传播效果。(3)深化品牌打造：努力提高“走转改”专栏质量，在人财物等方面全力扶持“走基层”专栏，着力打造名专栏。

4.深化交流。通过开展业务竞赛、举办集中研讨交流、做好常态互动交流等方法，及时总结经验、发现典型、宣传先进，加强“走转改”活动对新闻业务建设的推动；充分发挥《“走转改”活动简报》和《编播导刊》、《浙江广电报》的作用，大力宣传“走转改”先进典型，积极营造“学先进、比业务”的业务氛围。

5.深化考核。深化完善考核机制，强化考评工作，以“走转改”活动为载体，加强采编队伍的思想作风建设和业务建设，促使采编人员进一步增强服务基层、服务群众的积极性和自觉性。

（四）建立“走转改”活动长效机制

探索建立和不断完善长效机制，推动“走转改”活动的常态化、长效化和规范化，是集团在开展活动中的一项重要内容。对此，集团高度重视，从领导机制、工作制度、人员安排等方面着手，创新制度、明确要求、强化考核，取得了一定的效果，得到了省委宣传部领导的充分肯定，也在实践中发挥了明显的作用。

1.建立工作制度。2011 年 9 月 23 日，集团正式制定实施《集团“走基层、转作风、改文风”活动考评暂行办法》，标志着浙江广电集团在创新和探索“走转改”活动长效机制上迈出重要一步。《暂行办法》从集团和广播电视的工作实际出发，坚持定量和定性相结合、激励和约束相结合、立足当前和着眼长远相结合，将记者参与“走转改”活动的数量和质量，纳入员工年度考核范畴，以充分调动广播电视新闻工作者“走基层、转作风、改文风”的积极性、主动性和创造性。这项规定也在 2012 年得到了很好的执行。

2.完善工作体系。2012 年，集团再次完善“走转改”活动考评体系，提出四项要求：一是要求新进大学生（采编播岗位）必须下基层驻点，时间不少于一个月，这项工作列入大学生见习期考核内容；二是要求全体采编播人员轮流到基层“联系点”调研采访，每轮时间 3 天以上；要求每个记者每年“走基层”累计不少于 20 天；并将下基层调研采访的落实情况作为编辑记者业务考核的重要指标，在奖金发放、职称评定、提拔任用方面予以倾斜；三是频道分管副总监、部主任带头赴联系点蹲点调研，每年为少于 2—3 次；四是把“走基层、转作风、改文风”活动作为各宣传单位“加强队伍建设”的一项硬任务，列入宣传单位年终考核体系。

3.明确工作要求。2012 年各宣传单位也纷纷根据各自实际，研究制定与集团考核办法相配套的实施细则，把“走基层、转作风、改文风”的成效成为采编人员绩效考核的一项重要指标。同时，积极探索和改进全体从业人员的业绩考核办法，对基层一线岗位和采自基层的优秀作品进行量化考核，真正发挥绩效考核对采访作风建设的导向作用，使深入基层成为常态化、规范化，成为全体从业人员的职业自觉。

宁波市文广集团

新闻综合频率进一步提高思想认识、强化领导责任，不断推动“走转改”活动制度化常态化。2012 年先后推出了“广播记者新春基层行”、“广播记者走基层”等专栏，记者编辑深入一线，展示各地保障和改善民生的显著成果，展现基层群众的幸福生活和对未来的美好期望，反映基层群众的实际困难，呼吁社会关注。2012 年共播出“走转改”稿件近 400 篇。还推出了“宁波革命老区行”、“蓝色崛起——浙江广东山东海洋经济发展行”两大广播新闻行动，产生了强大的传播效果。经济娱乐频率继续深入开展“走、转、改”活动报道。2012 年 4 月起推出“经广记者走基层——一线见闻”专栏，体验式报道基层劳动者立足岗位无私奉献的可贵精神，弘扬基层劳动者的风采。2012 年 8 月，推出“经广记者走基层——社区文明行”专栏，组织记者深入社区一线，通过百姓口吻和基层视角，陆续推出一系列关于社区社会矛盾调解、群众自治组织建设、社区志愿者默默奉献等方面的报道。推出经广记者走基层——“走进上市公司”系列报道，从记者视角观察宁波各家上市公司发展现状。这些报道以小见大，以点带面，生动反映党和政府的政策措施给民营企业和人民群众生活带来的实际变化，反映人民群众分享改革发展成果的美好生活，展示人民群众创业创新的精神风貌。

电视各频道围绕全市开展的“进村入企”活动，以“营造环境　服务发展”为重点，深入开展“走转改”活动。制定并细化了“走、转、改”活动实施方案，把深入基层、深入一线作为了解民情民意、服务人民群众、锻炼提高队伍、改进作风文风的根本途径，努力使走基层、下基层机制化常态化，不断提高新闻工作服务群众的水平。

《宁波新闻》记者从改变文风做起，慢慢摆脱以往联播体的写作模式，从人物入手，用平实的语言，捕捉的细节，鲜活的故事，来打动观众。新春走基层中的《妙红丽的陕西面馆》、《叶协钗的 6 亩菜地》等稿件，都是一些反映基层、反映普通人生活的好稿件。《看看看》加强了对稿件品质的把关，“第一现场”着重关注社会热点与突发事件；《直通 12345》版块做好服务文章，力促问题解决；调查稿件和《警方视线》等版块强化舆论监督和调查追踪，探寻真相；《丹丹说网事》升级为周日版节目《丹说无妨》，在探索民生新闻思想性上做出积极尝试。

社会生活频道主打栏目《来发讲啥西》重新调整栏目定位，进一步强化“民本、民生”的节目理念，以报道民生新闻为栏目基本定位，聚焦本土，上接政府，下通市民；以平民视角、民生内容、民本取向，看生动的宁波，展现爱心文明城市；以热点话题制造影响力，以百姓题材营造亲和力；以爱心元素增强号召力，力争做群众喜闻乐见的主题宣传的同时，强化民生求助的服务功能，积极有效地进行舆论引导。《娘舅大石头》突出"为观众服务、为百姓服务，关心百姓的日常生活、关注百姓的喜怒哀乐和生存状态"的栏目定位，每一期外出采访都把"走基层、转作风、改文风"付诸行动中，为普通人排忧解难，集中体现频道"社会生活"的特色。

少儿频道开展"走、转、改"走进百家学校、走进百家社区活动，节目主持人进学校、社区，和孩子们零距离接触，面对面互动，走进家庭，为电视机前的观众带去欢乐，送上关怀。针对城市独生子女家庭教育中暴露的典型问题，频道探索"以孩子影响孩子"的方式来影响和改变我们身边的孩子，七个记者扛着摄像机，带着两个宁波问题孩子，走进深藏在云南怒江傈僳族自治州的一个偏僻山区，让宁波孩子体验当地孩子的生活艰辛，共同学习共同成长。7天6夜里，宁波孩子经历了挫折和成长，体验了友情和亲情，学会了珍惜和感恩。片中揭示的独生子女的教育问题，以及西部少年在艰难环境中坚韧不拔、刻苦求学的精神，深深震撼了甬城孩子和家长们的心，节目播出当天，就有热心市民通过微博、电话等各种方式，表达捐助西部孩子的意愿，许多学校特意录下节目播放给学生们看，作为学校思想品德教育的有益补充。在2012年度浙江省青少节目评选中，根据这次"走转改"活动创作的专题片《云上少年》荣获专题类一等奖。

温州市广播电视台

全市新闻战线"走基层、转作风、改文风"活动启动以来，根据上级要求和部署，温州广播电视传媒集团全力开展以"造氛围、强服务、惠民生"为重点的"走基层、转作风、改文风"活动，专门制定了活动实施方案，大力开展群众路线教育，广泛建立基层联系点，开办面向基层、服务群众的专栏专题节目，积极开展"新闻扶贫"和结对帮扶工作，建立完善"走转改"长效工作机制，同时结合温州经济社会发展的实际情况，确立了服务市委市政府中心工作、服务温州改革发展与转型升级、服务基层群众和民生诉求的"三服务"原则。结合"2012破难攻坚大行动"、温州金融改革试点等重点工作，推出一系列服务温州改革发展和转型升级的"走转改"报道，并将新闻宣传与帮助解决实际问题相结合，努力为基层群众帮实忙、办实事。全年共设立基层联系点74个，开办新闻专栏58个，播出专题节目82期，播出新闻报道1600多篇，参与"走转改"的采编播人员达1468人次，开展服务基层群众的相关活动98次，实施新闻扶贫项目18个，落实扶贫资金309万余元，救助帮扶困难群众和温州新居民等4020余人。

嘉兴市广播电视台

2012年，嘉兴市广播电视台（以下简称嘉兴台）从新闻媒体"为了谁、依靠谁、我是谁"思想高度出发，在年初就推出以"人勤春早"为主题的"记者新春基层行"活动，组织一大批编辑记者走进农村、社区，感知国情民情，回应群众关切。年内，共陆续开设7个"走基层、转作风、改文风"（以下简称"走转改"）专栏，把活动与重大主题宣传、重大典型宣传、社会热点引导及舆论监督结合起来，推出报道1000多篇；同时，按照上级宣传部门的要求，从广播电视自身发展实际出发，健全完善"走转改"长效机制，着力"三个创新"，实现"三个提升"，推动活动走向深入、持久。

一、深入社会基层，关注鲜活生活，创新新闻报道视角

年初，嘉兴台在总结上一年"走转改"活动实践的基础上，经充分调研、征求意见，制定《以"营造环境、服务发展"为重点的"走转改"活动具体实施方案》，重新与各镇（街道、村、社区）、企业等单位确定建立10个部门联系点，从台领导到普通记者一共建立104个个人联系点，做到领导、记者、编辑、主持人参与全覆盖。记者吃住在当地，与市场经营户、企业老板、科研人员、农民、新嘉兴人等深入接触，连就餐时间也成为极佳采访机会，从这些人群中听到许多平时听不到的声音。有记者在96345社区求助服务中心蹲点采访，做一线接线员，跟着服务人员上门为居民服务，一个多月来尝遍服务中心人员的酸甜苦辣。

蹲点活动让记者深入接触基层一线的实践和普通群众的生活，挖掘到最鲜活的新闻，并在报道理念和内容上发生转变，不仅关注主流群体，更关怀"边缘”群体，不是炒作社会热点，而是对社会热点作深入调查，紧紧抓住当下的社会生活，反映基层群体最真实生存状态，报道鲜活、生动。如，系列报道《天涯海角育种人》记录农科人员的育种经历，挖掘了可贵的甘于寂寞、敬业奉献的南繁精神，带给人们诸多启示。系列报道《高温下的坚守》，把镜头对准每天顶着烈日的太阳能维修工、送水工、运煤船户等。系列报道《爱在上学路》，那些寒门学子的勤奋、坚强、乐观、感恩感动观众。编辑记者还深入服装之乡——平湖市独山港镇，调查采访企业用工情况，全面剖析问题，提出解决问题的途径。7 月 16 日，嘉兴台启动“夏日直播季”，着重反映个人、群体的生产生活，对社会的影响和奉献，体现一定的人文关怀，引起社会关注。值得一提的是，嘉兴蒋水港亲水河道群众溺水事故频发，记者历时半个多月，多方深入采访，分析原因，提出对策建议，并以内参形式上报，得到市委主要领导的高度重视，责成有关部门采取综合性措施解决问题。

二、强化题材挖掘，创新报道文风，增强新闻宣传的感染力、引导力

嘉兴台注重加强对“走转改”活动的指导，在 4 月份多次组织一线采编人员收看、学习中央电视台《“新春走基层”座谈会》，以央视“走基层”的宣传报道为学习样本，使采编人员在对比中更直观、准确地找到差距；宣传口各部门还积极学习上级台、兄弟台的先进经验，通过每周的编前会、每月的宣传例会以及“走、转、改”专项学习交流会，相互交流、相互借鉴，在报道中更注重以平视的角度观察社会，以平实的文风报道新闻，倡导清新朴实、生动鲜活、言简意赅的文风，真正体现用群众语言，挖掘群众身边的故事，反映群众生活现状，关注民生，关注人的命运，关注真善美，使主流价值观的宣传更具感染力、引导力。特别是一直排名嘉兴地区收视首位的民生新闻栏目《小新说事》，去年以来开设《身边的雷锋》、《好人好事》等专栏，题材选择上从最初的邻里琐事向关注更深层次社会问题转变，如“三·八”妇女节期间播出的《十年如一日　孝女真“英雄”》、《一个男人的妇女节愿望》等报道，赞赏伦理亲情，弘扬传统美德。在报道手法上，以点滴小事，放大核心价值，如《小孩落水获救　父母急寻恩人》、《爱心不分大小　点滴汇聚成河》、《尽职保安　勇追窃贼》等报道，通过对这些小事的深入解析，让受众为故事而感动，使内心感受到社会正气、正义的温暖。在报道延伸上，通过主持人的“说”、或劝导、或提醒、或表扬、或批判，传达社会主义核心价值观，弘扬社会正气。如《电脑总动员　只为火车票》报道公司在年终为员工买车票这一举动，营造和谐劳资关系。新闻把虚的理念和身边的实事相结合，把大道理和身边的小事相结合，把单纯的说教和情感互动相结合，以多样的传播方式、样态，扩大传播效果，赢得高收视率，发挥了贴近民生，反映民情的特色，以百姓视角解读新闻，歌颂美德，鞭挞丑恶，导向鲜明，入情入理，对弘扬社会正气，宣传社会主义核心价值，起到很好的舆论引导作用。

三、增强群众意识，创新媒体服务，以舆论监督推动解决实际问题

媒体“走转改”活动的成效，关键在于新闻报道体现党和政府的主张与反映人民心声、坚持正确导向与通达社情民意、正面宣传为主与加强、改进舆论监督是否统一得更好。年初，记者走访小区发现一些社区用房被违规出租，而居民们被迫在寒冷、充满了汽车尾气的地下车库练习跳排舞，记者通过明察暗访，播出连续报道《社区用房变出租房》，将问题揭示出来，引起各方的关注，最终推动问题的解决。在嘉兴建设局质检站蹲点的记者采访时得知海盐一村民安置点由政府统一代建的地基存在严重质量问题，导致 200 户村民无法按期建房。记者多方采访，通过大量的对比分析、举证、述评等，在刊播消息的同时促成事件较为圆满的解决，受到当地百姓的支持和欢迎。《阿秀嫂帮你忙》、《阿秀嫂团购》等民生栏目继续提升服务民生的能力，帮助居民解决困难，推销农产品。《行风热线》栏目在年内累计受理听众热线 1600 多个，办结率在 97%以上，并获得年度嘉兴市首届反腐倡廉影响力人物、嘉兴市“十佳政府服务品牌”创建先进单位称号。嘉兴台还依托“阿秀嫂进社区”、“阿秀嫂与您面对面”、“阿德邀你看电影” 等品牌活动，定期走进农村集镇、城市社区、企业学校，既是媒体自身宣传，更是服务百姓。

“走转改”活动开展以来，嘉兴台记者编辑深入基层，心系群众，有效增强了宣传报道的张力和穿透力，更加贴近老百姓的生存状态、所思所想，传达百姓的喜怒哀乐，反映党和政府对民生的倾心关注和所做的努力，传播中国人的真善美。“走转改”活动给新闻工作者，特别是给年轻的编辑记者带来了许多思想上转变，实现了“三个提升”的效果。

一是提升了新闻宣传为谁服务的认识水平。以往，新闻报道的确存在报道政府工作多，下乡走马观花多，真正蹲点基层、用心感悟的报道少等现象。其中有考核等客观方面的原因，也有主观方面的原因。蹲点调研方式得到基层干部群众的欢迎，他们说，这不仅能最真实地挖掘基层的亮点，更重要的是，记者可以帮助地方党委政府发现很多问题，成为乡镇党委政府的眼睛。"走转改"活动让记者编辑体会到，从事新闻宣传面对的是广大群众，做的是交流思想、沟通心灵的工作，媒体既要宣传党和政府的中心工作、政策方针，同时还要看到这些政策方针在基层落地的情况，听到感受到广大基层群众的冷暖和呼声。

二是提升了采编人员求真务实的思想作风。"走转改"活动使采编人员认识到，只有深入基层，才能及时发现、深入开掘有价值的新闻，挖掘出反映事物本质的生动细节，采写出有血有肉的新闻。只有深入基层，才能把握时代脉搏，做到心中有大局，手中有情况，获得丰富多彩、真实生动的素材。通过"走转改"活动，不仅能磨练新闻从业人员恪守良好职业道德，也是提高自身业务修养的必经途径，从而成为记者的自觉行动。

三是提升了采编人员的人文情怀和专业素养。有记者在采访种粮大户后体会中说，"个人体会最深的还是在发展现代都市农业过程中，农民用地建生产用房与政策的矛盾，一些已建成的烘干机房被推到，一些正在建设中的仓库停建，一些只能临时搭个草棚过渡，本该全身心地投入到农业生产上的农民却被几间房搞得晕头转向。"字里行间，透露出的是记者对农民的深厚感情，感受到的是记者与基层群众的喜怒哀乐、酸甜苦辣融在一起、打成一片，讲述百姓心声，反映群众意愿，在感情上成为群众的贴心人。"走转改"也是磨砺采编人员精神意志的一个重要手段，有记者不顾严重晕船呕吐跟随拍摄乍浦渔民出海捕鳗苗，有在高温下体验交通协管员、船户的辛劳。新闻宣传要求记者用客观公正关注社会，人文情怀和不怕吃苦更使我们的作品具有了质感和灵魂，提升了记者思想的深度和广度。

"走转改"活动推动新闻工作者深入基层、深入实际、深入群众，这既是提高新闻宣传质量水平，树立新闻记者良好形象的过程，也是新闻工作者牢固树立群众路线的过程，让其直接感受到广大基层的生活状态、人民群众的价值准则、各项决策的是非得失，感受到历史的趋势、生活的脉动、人生的意义，从中能够让其更加深入地懂得社会发展的基础是什么，历史进步的动力是什么，人民群众的需求是什么，新闻工作的职责是什么等等，站在这样的高度，更要求新闻媒体以制度化、规范化、常态化，推动走"转改走"向深入持久。

湖州市广播电视台

随着"走转改"活动的深入开展，2012 年，湖州广播电视台"声、频、报、网"各宣传平台共确立基层联系点 180 个，派出下基层蹲点记者 130 多名，开设了 70 多个专栏专题，已播发走基层稿件 1020 余篇，开展扶贫结对活动 110 次，募集帮扶资金 62 万余元。台新闻中心先后被评为市级和省级"走转改"活动先进集体，自办电视新闻栏目《新闻 60 分》被评为"走转改"活动优秀栏目，多篇稿件获评"走转改"好新闻。

为使宣传报道范围更广，内容更实，湖州台在 2011 年 120 个基层联系点基础上，拓宽层面，新增基层联系点 60 个，足迹涉及社区、乡镇、企业、军营、学校、部门等。进一步制定、实施了"记者编辑长驻计划"，以获取最新鲜的新闻素材，及时反映湖州社会生活各个方面的显著变化，反映群众分享改革发展成果的美好生活。在策划推出"走转改"活动新的宣传主题和系列时，更加注重突出经济社会文化发展的主流，不断加大经济报道、深度报道的宣传力度。如《新闻 60 分》推出了《走基层·百企行》、《走基层工业强镇行》、《走基层·寻找身边的雷锋》、《美丽湖州人》、《我来帮你上大学》、《走基层·丰收的喜悦》、《走基层·新春公益行》等一系列系列报道，从多方面多角度挖掘了我市经济社会生活方面的亮点与特色，以及发现的困惑与思考，以纪录、体验和寻访的方式，还原现场，捕捉细节，使报道更加生动、鲜活，为广大电视观众奉献了一批接着基层"地气"、带着记者情感体温的新闻报道。

提升采编队伍的综合素质，是湖州台深入持久开展"走转改"活动中需着力提升的工作重点。2012 年，湖州台在不断完善学习和调研制度、编辑记者岗前和在岗培训制度、考评和奖励制度基础上，切实做好新闻宣传公共课程培训和部门内部交流工作。一是围绕新闻宣传工作的热点、难点以及推进新闻宣传改革创新等问题，开展辅导讲座，加强广大采编人员特别是年轻记者、编辑的培训教育，切实提高新闻记者在会议、经济类报道的策划能力；二是围绕新闻宣传业务通过开展“清新文风”评议活动，进一步强化采编人员的工作作风，切实提高采编一线的岗位意识和自我学习能力；三是在各宣传部门开展首席率先垂范，导师业务帮扶的内部传帮带制度，通过先进引路及传帮带作用，切实提升新闻记者的综合业务素质和解决实际问题的能力。四是进一步加大专业比武工作力度、幅度，不定期开展“鲜活新闻”、“图编、摄像技能”、“演讲、朗诵技巧”、 现场直播各工种技术操作等专业比武、评比。此外，还充分发挥台监审员、观察员队伍监督评议作用，融合社会力量，以每月书面梳理小结的方式对活动成效进行监督，助推“走转改”活动真正落在实处。

通过新技术、新媒体的融合互动，扩大“走转改”活动影响，提升广电传统媒体的传播力公信力影响力，是湖州台深化“走转改”，服务中心、实现可持续创新发展的有效动力。目前，湖州台在挖掘广电宣传潜力，提升“走转改”活动辐射面方面主要有以下做法：一是利用电视直播、新闻现场连线等方式提高新闻的传播速度；二是在传媒湖州网上开辟所有广播电视专栏节目网页，设立专门联络员，利用网络微博互动站开展话题互动，加大与受众的交流；三是强化新技术、新媒体在活动中的融合互动，打组合拳，扩大品牌影响力，实现资源共享、信息辐射传达的效果。

衢州市广播电视台

根据全省新闻战线“走基层、转作风、改文风”活动动员电视电话会议的要求，衢州市广电台认真贯彻部署，并就开展此项活动制定了《活动方案和报道计划》，要求记者走向一线、面向基层、服务群众，进一步提升新闻工作者的业务素质、切实转变工作作风和文风。

活动开展以来，衢州广电台领导班子成员深入基层，走访调研了一批特色文化村、文明村和文化企业。各媒体建立了55个基层联系点，宣传口部门负责人带队深入一线，依托目前已建立的基层联系点，持续不断开展蹲点采访活动，深化“新闻扶贫”、帮困结对活动，同时采写刊发了一百多篇鲜活的稿件。

在已有“身边的感动”“最美衢州人”等专栏基础上，广播电视各频道、广电报推出“记者基层行”等专栏。电视主打时政新闻栏目《衢州新闻》每周保持3篇左右的发稿量，广播频道的《衢广新闻》中开设了“走基层、访民情、听民声”专题报道。专栏稿件精心策划选题视角，以小见大，全面反映我市“两地三城、两个崛起”的最新成就，反映人民群众分享发展成果的美好生活。电视生活娱乐和经济信息频道继续在《百姓连线》、《百姓留言板》和《新闻直白讲》栏目中设置“我在基层”专栏，并制作片头，精心组织策划开展“我在基层”系列采访活动。并根据各栏目实际和特色，推出“我在基层·现场见闻”、“我在基层·文化村日记”、“我在基层·记者调查”、“我在基层·民情面对面”、“我在基层·记忆老衢州”等系列栏目。

1.事关全局创新举措的报道。如在《衢州新闻》头条播出的《衢州市投入22.97亿元 创建富美乡村》、《开化：财政兜底包干，实现贫困生助学全覆盖》。报道了衢州市从实际出发，为解决群众困难，促进社会发展出台的新举措，以及取得的实效。

2.关注民生民情的报道。如《荷西苑社区开通微博？服务民生促和谐》，反映小小微博架起了政府与百姓沟通的桥梁；《阳光周记》专栏中报道《民工子弟学校阳光小学提前开学》真情倾听民工子女及老师、家长的心声，体验他们的生活，记录他们的苦与乐。

3.基层工作出现的新亮点。如《江山：外地种粮专业队 田间地头种植新希望》，报道了安徽农民来到屡创水稻高产纪录的江山市包田种地，具有较强的指导意义。

4.群众中涌现的新鲜事。如《江山老人生日不摆宴席 省下万元修建凉亭》，为观众介绍了一位80多岁农村老太的善举，为我们展示了一副母慈子孝、祥和欢乐的农村生活画卷。

这些报道，记者深入到了基层一线，现场出像、记者入画，与基层一线工作人员、群众打成一片，给荧屏带来了一股清新之风。

舟山市广播电视台

深入开展“走基层、转作风、改文风”活动和有关宣传报道的情况

2012年，舟山台各广播频率、电视频道深入开展“走基层”活动，用心感受新区建设的巨大变化，用情抒写百姓故事。广播新闻综合频率继续开设《听民声、知民情、察民意——记者来自基层的报道》，围绕群众反映的民生问题，整合《舟广新闻》、《行风热线》两个品牌栏目优势，反映群众呼声和政府职能部门的处理举措，促进问题的解决。《走基层话新区》专栏记者深入基层，从百姓生活着眼，描述新区建设给群众生活带来的实惠。先后播发《湖北籍工人欠薪事件得到圆满处理》、《舟山黄牛濒临灭绝》、《野猪袭扰，农民抛荒山坡地》、《渔歌号子需要传承》等报道；频率总监、副总监多次带队下基层采访，全年发稿70余篇。电视新闻综合频道《舟山新闻》推出《走基层、建新区》、通过走访重点工程，让群众了解大项目、大企业、大平台；通过记者现场出镜，展现新区建设的新变化、新气象。《汪大姐来了》栏目推出《下基层群岛行》、《汪大姐跑基层》专栏，记者每周利用双休日走访一个小岛，挖掘小岛特色，展示小岛变迁，同时对一些涉及面较大的民生事件全方位报道。走基层活动与新区宣传紧密结合，分“走基层·经济系列”、“走基层·文化系列”、“走基层·民生系列”、“走基层·民主系列”、“走基层·文明系列”和“走基层·寻找舟山魅力人物”等系列报道。电视经济生活频道分阶段持续推进“走转改”活动。年初的《新春走基层》，选取全市重点工程建设关键节点，看新区速度、新区效率；历时半年的《走基层·看变化》，体现百姓情怀，倾听民声、反映诉求；4月份推出“《大手牵小手　主持人进校园》专栏，主持人走进学校，当起课外辅导员。接着推出《十佳新舟山人》和《新居民创业》等系列报道，颂扬新舟山人之美。教师节前后，又推出《走基层·我的讲台在小岛》，记者走近一些长期留守小岛的教师，记录他们的工作、生活状态，反映他们甘于清贫、奉献教育的精神。

普陀区广播电视台

2012年，普陀广播电视台根据普陀区实际情况，建立了10个新闻采访基层联系点，民生节目《阿宝在现场》栏目组与六个社区建立了定点联系关系，定期派记者到社区，和社区工作人员一起办公，了解民情，倾听民声。普陀广播电视台还在《普陀新闻》节目中策划推出了“我们在基层”专栏，鼓励记者深入一线，倾听老百姓心声，利用媒体力量，为老百姓解决一些实实在在的问题，并将“走转改”活动与日常的一些主题性报道有机结合，整合资源，推出更有针对性，更富感染力的新闻报道。普陀广播电视台还通过建立和完善考评、奖励制度，鼓励和引导记者编辑深入基层、走进群众，切实转变作风、改进文风。

岱山广播电视台

自2011年8月份全省新闻战线开展“走基层、转作风、改文风”活动以来，岱山广播电视台秉承“引导记者编辑贯彻党的群众路线，深入新区建设前沿，深入群众生产生活第一线，推进群岛新区建设，更好地加强舆论引导，宣传党的政策，反映人民心声，树立新闻战线良好形象”的指导思想，精心组织策划，在《岱山新闻》、《今日视点》、《生活驿站》和《闲话岱山》四个栏目中同步推出“走、转、改”系列报道，相继推出了“走基层——蹲点报道”、“走基层——探访坚守实业的海岛民营企业”、“走基层——我们村里的幸福事”、“走基层——草根文化滴滴点点”、“走基层——身边的榜样”等专栏，播出后受到了观众的好评。

2012年来共派出记者40余名，下企业、下农村，走遍了30多个偏远小村，与基层干部群众面对面、心与心交流，发回了近200篇蹲点报道，相比传统报道在内容和形式上都有了突破和创新，体现了“三贴近”，达到了最佳的传播效果。同时还有多位记者撰写的新闻稿在省、市广播电视新闻奖评选中获奖。其中《万南村蹲点报道：我的柴油款缩水了》获浙江省走、转、改活动优秀作品三等奖、舟山市广播电视新闻奖二等奖；《万北村蹲点报道（四篇）》、《皇坟基蹲点报道（四篇）获舟山市广播电视新闻奖二等奖；夏伟君同志撰写的论文《沉在基层　带着情感连接地气——岱山电视台“走基层、转作风、改文风”100天感悟》分别在省、市重点刊物《视听纵横》和《千岛声屏》上刊出。

丽水市广播电视台

丽水台自开展“走基层、转作风、改文风”活动以来，就把活动贯穿日常新闻宣传报道工作的始终，并以此为着力点，切实做好思想作风、工作作风、写作文风的转变，取得了扎实效果。

认真转变作风，将采编人员深入基层机制常态化。各频道确定每位采编人员每月走基层的次数，规定采写稿件的数量，并对稿件质量进行量化考核，以此鼓励编辑记者深入群众生产生活一线，挖掘鲜活素材，采录现场实况。鼓励记者把镜头对准普通群众，多拍群众喜闻乐见的新闻，多拍振奋精神、鼓舞士气的新闻，多拍反映实际、反映基层的新闻，不断增强新闻报道的实效性和可看性。开辟“走转改”专栏，通过多方位、立体式、多形式的高强度、高密度报道记者深入基层的蹲点调研。电视新闻综合频道在专栏中先后开设“记者调查”、“采访手记”、“蹲点日志”、“百姓故事”、“新春走基层”等子栏目。

广播新闻综合频率则由频率负责人带队到松阳的大东坝镇、庆元县贤良镇、遂昌的三仁畲族乡等基层蹲点，写出了反映基层农民生活的系列报道。同时，利用品牌栏目《百姓热线》的影响力，每隔 2-3 个月携手相关政府职能部门和社会服务机构进行走基层进乡镇街道活动，选定某个基层乡镇街道，为农村群众服务，深入了解民情民忧，拷问基层政府工作，系统宣传农村工作和讲解农村政策。

丽水交通音乐频率通过采访挖掘了一批普通劳动者的先进事迹，推出典型人物和典型事迹，报道了龙泉市塔石乡最美养路工周林松的事迹以及临危不惧、勇闯险关，使一车乘客躲过鬼门关的司机朱文龙的事迹。

新成立的新农村频率从 2012 年 1 月 1 日试播以来，积极开展“走、转、改”活动。频率负责人带队走基层，采制了一批鲜活的、有深度的新闻报道。精心策划并推出深入开展“走、转、改”、喜迎十八大大型系列报道——山乡巨变，反映丽水农村十年巨变，共采制稿件 50 多篇。

四、刊登全省贯彻落实国家广电总局《关于进一步加强电视上星综合频道节目管理的意见》、《关于进一步加强广播电视广告播出管理的通知》和《〈广播电视广告播出管理办法〉的补充规定》以及《省级卫视电视剧播出管理意见》《关于进一步加强和改进境外影视剧引进和播出管理的通知》的重要情况、重要成果。

舟山市广播电视台

舟山台认真贯彻国家广电总局下发《关于进一步加强广播电视广告播出管理的通知》和《(广播电视广告播出管理办法)的补充规定》，各广播频率、各电视频道坚持把社会效益放在首位，把握广告内容的正确导向，依法审查广告，抵制虚假违法广告、内容低俗的不良广告。

一、各电视频道严格遵守总局规定，播出电视剧时，不在每集中间以任何形式插播广告。以前，电视各频道经常在影视剧片头、片中、片尾插播广告，国家广电总局出台相关规定之后，电视各频道认真学习，严格按照要求在片头之后、剧情开始之前，以及剧情结束之后、片尾之前禁止插播任何广告；播出片尾画面以及演职人员表等内容时，禁止播出任何形式的广告。

二、规范新闻节目插播广告行为。广播新闻综合频率《舟广早新闻》、电视新闻综合频道《舟山新闻》等时政新闻类节目，自开播之日起不以企业或者产品名称等冠名，严格禁止使用新闻报道及其素材，或以新闻采访形式做商业广告。

三、整顿虚假违法的健康资讯广告，严格审验医疗、药品、医疗器械、保健食品等健康资讯广告的资质、证明等法定材料。严格把握健康资讯广告的内容导向和格调，坚决禁止播出涉性广告。为逐步减少高风险广告的投入比例，使广告结构呈现均衡化、合理化，全年进行三次清理整顿，下半年起停播电视新闻综合频道的所有涉嫌违法广告，清理整顿经济生活频道、影视娱乐频道部分涉嫌违法广告。同时对各频率、频道实行全年广告信用指数考核，出台相关奖励处罚措施。各频率、频道的广告信用指数考核以全省排名为依据，年终排名列全省前十名的，予以奖励，按广告实际到款数增加1%的广告业务费用；排名列全省后十名的，予以处罚，按广告实际到款数扣减1%的广告业务费用；排名列全省后三名的，按广告实际到款数扣减2%的广告业务费用，并视情取消该频率、频道其他奖励。近几年，总台广告信用指数比往年提高，其中广播各频率在全省47家单位排名均在前10名。

四、按规定播出公益广告。各频道、频率切实履行媒体的社会责任，认真执行每套节目每日黄金时段公益广告播出数量不得少于4条(次)、全天公益广告播出时长不得少于商业广告总量3%的规定。电视新闻综合频道每日黄金时段公益广告播出量平均4条，占全天商业广告总量的5%。严格控制酒类商业广告，广播各频率每套节目每小时播出的烈性酒类商业广告，不超过2条；电视各频道每日播出的烈性酒类商业广告不超过12条，其中19:00至21:00之间不超过2条。并进一步强化监管，完善监督管理机制，坚持不定期全程监听监看。重点是每天18:00—23:00播出的电视节目和广告。

五、重新修订《舟山广电总台广告监管办法》，明确广告审查、串联、上载等流程及细则，由专人审核广告内容，并严格遵照《广告法》等法律法规。是年，全台无电视购物短片广告的播放。

五、全省实施《关于加强广播电视新闻立台工作的若干意见》和以浙江卫视综艺节目创新创优为代表节目创新创优与品牌建设重要情况

浙江广电集团

2012年，全国广播电视的竞争格局和经营环境都发生了较大的变化，在这种形势下，集团各频道抓住机遇，迎难而上，根据集团编委会的部署和要求，加大研发力度，加快品牌培育，加强策划营销，保持了良性发展的整体态势，特别是浙江卫视在品牌栏目的打造上，卓有成效，实现了跨越式发展。从整体看，2012年集团各频道较好地适应了新的市场环境和游戏规则，栏目的结构更加合理、内容更为贴近、形态更加丰富、栏目的品牌建设主要体现出以下三个特点：

1.《梦想秀》、《好声音》强势崛起，浙江卫视栏目群整体提升

集全集团之力打造浙江卫视，是集团新一轮发展的重要战略举措。2012年以来，集团进一步细化了对浙江卫视的扶持措施，在全集团各频道的通力协作之下，2012上半年，浙江卫视全力打造的新一季《中国梦想秀》强势崛起，不仅树立了新的收视高峰，也有力带动了卫视晚间栏目带的整体提升。

经历了前两季的艰辛探索之后，第三季的《中国梦想秀》终于实现了从品牌栏目到王牌栏目的“质的飞跃”。以全新姿态亮相的《中国梦想秀》，大胆引进了梦想大使周立波这一关键元素，利用其出众的现场语言表达能力，对圆梦人物和圆梦故事进行精彩到位的点评，引发了观众的共鸣。《中国梦想秀》在“梦想”的选择上，强调了朴素、真实和感人的基本条件，在“梦想”的呈现上，有悬念、有惊喜、有幽默、有煽情，充分调动了观众的情感，兼顾了艺术效果和社会责任，在节目制作上，从追梦故事的挖掘铺陈到舞台呈现的精雕细琢，每一期《中国梦想秀》都不遗余力，力求尽善尽美。在包装推广上，更是真正做到了举全集团之力，以前所未有的力度、密度和广度，在最短时间内将《中国梦想秀》栏目的形象传达到全社会。在整个卫视的全力打造和全集团各频道的积极配合下，新一季《中国梦想秀》开播伊始就让观众眼前一亮，收视表现也稳步提升：1–5月杭州市网达到创纪录的14%，全国网最高收视达到2.59，创下浙江卫视收视记录，平均收视目前也达到2.29，在竞争激烈的周五晚间黄金档节目中排名稳居第一。

进入下半年后，浙江卫视再接再厉，继《中国梦想秀》强势崛起后，又引进全球热播的《the voice》节目模式，打造推出全新励志专业音乐评论节目《中国好声音》，成功实现了引领全国电视节目在后选秀时代的正能量突围，也使“中国蓝”品牌得到了跨越

式的提升。《中国好声音》一经推出就先声夺人，收视率、影响力、美誉度持续发酵，15 期节目全国网平均收视 3.904%，最高一期达到 6.109%，名列年度所有综艺节目榜首。这档节目归结起来，主要有三大创新优势：第一，内容形式上，“盲听”选择排除了相貌等因素对声音优劣评判的干扰；“转椅子” 的形式以及导师学员权力反转的设计，提升了节目的互动性和悬念感；对战双方同唱一首歌等战法设置大大增强了节目的对抗性。第二，录制方式上，根据节目的推进，设计每一阶段不同的舞美灯光；采用 27 讯道无死角全程不间断录制，海量素材剪辑制作，片比大于 1:100，用 200 小时素材剪出 90 分钟成片的精良后期制作，保证了节目的高品质；音频部分采用多轨录音机录制所有音源，后期调校缩混，保证了节目的超一流音质。第三，营销推广上，采用 360° 多媒体全方位的推广互动，通过微博、微信等多媒体直播的方式，最大限度地吸引各方观众。

2012 年浙江卫视的强势崛起在整个中国电视界都产生了巨大的影响：不仅原有的收视格局被打破和重组，更在节目导向、内容形态以及议题设置上引导了整个产业的发展，从 2012 年下半年开始，浙江卫视所提出的“梦想”主旨逐渐被从央视到个地方台所普遍认同和效仿、而在《中国好声音》走红后，湖南、东方等卫视也纷纷开始策划推出《中国梦之声》、《我是歌手》、《中国最强音》等等类似形态的音乐节目，可以毫不夸张地说，浙江卫视在 2012 年成为了引领行业风尚的“标杆媒体”。

值得一提的是，在中国梦想秀强势崛起的同时，浙江卫视一批原有的品牌栏目也没有停滞不前，而是不断通过节目创新和改进，保持、甚至提升了品牌生命力。

《我爱记歌词》从今年 1 月份起，创新节目形态，推出了“年代金曲感动季”，现场观众被分为 60、70、80、90 四个年代方阵，相互比拼，不同年龄层选手间的碰撞既体现了时代烙印，也充满了娱乐元素，这一变化收到了良好的效果，上半年最高收视达到 1.38，平均收视也达到 1.06，在经历了一段时间的沉寂之后，《我爱记歌词》现在又稳居全国省级卫视栏目收视排名前十位。

《爱情连连看》也保持了去年以来的良好势头，依靠愈发成熟的节目模式、更加到位的现场展示以及主持人和嘉宾间日益默契的配合，《爱情连连看》逐渐形成了自己的风格和稳定的收视群体，上半年以来全国收视率平均达到 1.07，在每周一、二基本保持了全国同时段第一的好成绩。

除这几档栏目以外，《越跳越美丽》、《爽食行天下》、《奇妙见面会》、《婚姻保卫战》等栏目都克服了人力不足、资源有限的困难，整体节目质量保持了较高的水平，全国网收视均在 0.6 以上，基本都稳定在同时段前三的位置，这些栏目的优秀表现，使的整个卫视的晚间黄金档栏目群做到既突出重点，又统筹兼顾，很大程度上提升了卫视自办栏目的核心竞争力。

2.紧跟受众需求，推进节目研发

当下的中国正处于深刻的变革和发展之中，随着社会热点的不断涌现和百姓关注的迅速转移，我们的广播电视节目也同样需要紧跟时代脉搏，聆听社会心声，及时创新和调整节目的形式和内容。2012 年以来，一些频道在认真分析受众需求的基础上，推出了自己的新栏目，其中不少栏目由于定位准确，内容贴近，推出后迅速占领市场，取得了良好的效果。

继 2011 年《资本相亲会》、《非常董事会》等栏目的尝试之后，浙江经视今年起在《经视新闻》、《新闻深呼吸》两大王牌栏目间推出了消费服务类节目《消费能见度》。在节目形态上，《消费能见度》注重了和新闻节目中消费投诉的差异化竞争：演播室使用了 DLP 大屏墙，节目的预告、报道的进出、连线当事者、小栏目呈现，几乎全部由主持人面对大屏墙串联而成，节目的图片化、视频化、直观化相比以往有了突破。在内容上《消费能见度》采用介入式采访，体验式采访等手法，挖掘出消费背后的真相，引发较大大的社会反响和观众的强烈共鸣，也促进了被曝光企业的整改，起到了良好的舆论监督效果，播出以后，杭州市网平均收视超过 2.1，比去年同时段有所提升，省网收视更是进入集团非新闻栏目省网排名前十。

电视少儿频道 2012 年针对目前节目构架中缺少幼儿类节目的情况，推出了一档幼儿游戏类栏目《宝贝，站出来！》，该节目依托先进的幼教理念，设置了一动一静两大游戏板块，前者侧重身体活动，后者侧重心理教育，这档节目推出后在全省幼儿及其家长中形成了良好口碑，市网平均收视率达到 1.9%，省网达到 0.8%。

浙江之声 2012 年以提高节目的伴随性和可听性为主要目标，优化了午间和晚间板块的栏目设置，在周六日也进行了重新设置。它们在完善新闻栏目的基础上，强化和补充了文化、娱乐、服务类节目的比重。《钱塘不夜天》、《麻辣串串烧》、《咖啡时光》等栏目以年轻的语态和平民的姿态让以往比较严肃的浙江之声充满了欢乐气息;《人文大讲堂》、《三味书屋》等知识类栏目坚持人文路线,发挥媒体的教育功能;周末大板块节目《快乐出发》、《周末欢乐秀》,将音乐、休闲、人文、咨询、服务等内容有机整合,有效提升了可听性,这些栏目的出现,使浙江之声的节目形态更加丰富,也增加了听众类型的有效覆盖。

目前的城市广播已经进入以汽车人群为主的新终端时代,而新媒体蓬勃发展又带来了许多新的概念,基于此,广播城市之声今年起推出了广播综艺节目《娱乐大爆炸》,以"整体化运作,碎片化表达"的全新运作样态,"大团队制作,大综艺品牌"的全新形态,打破广播节目的传统创作播出模式。《娱乐大爆炸》有长达三个小时的"大综艺"结构,由十数个碎片化的综艺小单元构成。一期节目同时云集了诸如脱口秀、情景剧、模仿秀、相声、小品、评书等多种形式,形成了角色化的演绎、情景式的设计、曲艺化的形态,使《娱乐大爆炸》形成了多个独具魅力的板块,如"袁老师上课"、"老陕脱口秀"、"夫妻对话"、"相亲记"、"时事演唱会"、"阿哲评书"、"广播 TV 剧"等等。在内容上,大时段广播综艺节目的背后,既有对资讯的传递和解读,又注重受众轻松心态的营造,在拥堵的城市高峰时段,依托资讯和综艺,打造"快乐收听"的情绪传播,深受听众好评。

浙江之声和城市之声两频道新栏目的出现只是今年以来广播各频道根据收听需求变化进行节目调整的一个代表,浙江之声的《路路小贴士》、广播经济频道的《非常会生活》和《@ 有车人》、广播音乐调频的《越听越动听》、交通之声的《小马来了》和《93 听财经》等新推或改版栏目都在很大程度上适应了车上收听和细分收听的传播趋势,收到了良好的效果。

3.强化主题意识,塑造节目个性

一档节目要有自己的风格定位,同样,每一期节目也要有自己的主题思想。今年以来,集团各栏目纷纷加强了主题的策划,或紧跟社会热点、或紧贴频道定位,通过这样的方式,吸引受众关注,强化节目个性,提升节目美誉度,传播效果显著提升。

在"最美司机"吴斌的英雄事迹受到社会广泛关注时,浙江卫视迅速反应,把"最美司机"这一热点与《中国梦想秀》节目内容结合。6 月 8 日将吴斌的同事和被他救下的乘客请到节目现场,通过陈述他们梦想,深化人们对英雄壮举的理解和感悟,传达人们对英雄的感念,节目感人至深,成功地将栏目追寻梦想的公益品质与"最美司机"吴斌爱岗敬业,舍己为人的崇高精神有机结合,彰显了主流媒体的社会责任和人文关怀。

教育科技频道的《生活 123》栏目以流动美食车露天烧菜为主题,边推广边采制节目,增强了与观众的互动;《招考热线》重点打造《家长学校》系列,强化了服务院校、服务家长、服务考生的多重功能;公共频道的《嘎是嘎非》今年以来专心打造草根娱乐平台,对节目内容编排更为精心,明确草根定位,接地气,聚人气,做到了"土气"但不俗气,今年上半年收视率相比去年有了较大的提升,CSM 市网平均在 1.7 以上,杭州万人数据也在 1.2 以上,超过了不少品牌栏目。

影视娱乐频道的《厨星高照》今年上半年强化了"主题季"的概念,春节期间针对阖家团聚的节日氛围,推出了"亲情美食季",介绍春节期间各地的家乡菜,透出浓浓的乡情、亲情;春天推出的"美食相亲季"通过制作、品尝美食的过程,让单身男女相互了解,节目很有新意;暑期则根据夏天适宜旅行的特点,推出了"背着厨艺去旅行"的主题,在旅行中品尝和学习各地风味美食,将各地风土人情和特色美食有机结合,可看性很强,收视率始终保持在 3%以上,在激烈的市场竞争中站稳了脚跟。

民生休闲频道的两档品牌栏目《钱塘老娘舅》和《我老爸最棒》今年都强化了公益主题;《钱塘老娘舅》在开播三周年之际推出了"三周年家庭圆梦行动",帮助那些接受过老娘舅调解并和好的家庭圆梦。通过这样的方式,加强了栏目和观众的间的互动和信任,更好地发挥了调解百姓矛盾,促进社会和谐的作用。《我老爸最棒》则邀请了"彩虹计划"报道帮助过的小学生来参加节目,并且请频道的主持人和孩子们结成临时家庭,也让这些大山的孩子感受到社会的温暖和关爱,节目生动感人。这两档栏目的不断改进,也保证了其在收视市场的强势地位,《钱塘老娘舅》CSM 市网收视超过 5.8,排名仅次于《中国梦想秀》,在杭州万人数据中更是超过 7.4,排名第一;《我老爸最棒》在两个公司的数据中也分别超过 3.7 和 2.9,同样位居前列。

教育科技频道《美丽 A 计划》推出的"歌舞青春—集团主持人大赛"、影视娱乐频道《鉴宝》栏目与观复博物馆合作推出的"寻找西藏天珠"寻宝活动等节目也都因为其鲜明的主题特色和别具一格的新颖内容而获得了观众的欢迎，新的主题推出后，收视情况较以往都有了明显的提升，《美丽 A 计划》2012 年市网平均达到 1.9 左右，较 2011 年下半年提升 70%以上。

广播各频道近期同样用通过强化主题的方式，将特定主题、节目内容以及社会活动紧密结合，大大提高栏目的美誉度和影响力的同时，也有力推进了栏目的市场化、产业化运作。浙江之声的《维维说房》在资源整合上优势明显。频道于去年 8 月，成立了以主持人裘维维为主、房产记者和营销人员共同组成的《维维工作室》，举办了多场看房和买房活动，为听众争取到了较大的折扣，在听众中极具号召力。工作室成立的 9 月广告创收 70 多万， 11 月份达到 100 多万，实现了节目品牌与营销价值同步提升。广播经济频道下半年推出全新专业服务栏目《中小企业之声》，与浙江中小企业局密切合作，围绕中小企业发展过程中所遇到的各类问题和困惑，向广大企业主提供融资、政策、人才、法律、健康等全方位的服务。音乐调频民生 996 频率的《非常投诉》栏目侧重于跟老百姓日常生活密切相关的普通消费类维权，除了解决消费投诉问题外，更注重理性消费的引导，栏目围绕网购投诉，与淘宝、天猫的客服中心建立互动机制，既让媒体充分发挥监督职能，又让消费者的事件解决更有保障。交通之声老牌服务类栏目《有理走天下》拓展投诉内容，关注听众日益关心的银行问题，推出了看不懂的银行收费专题维权报道，并在 6 月和省政府纠风办合作推出银行行风评议访谈——对话银行，11 月下旬，独家直播了“行风评议大会”，继续彰显交通维权特色。城市之声的《107 房产现场》栏目依托活动扩大影响，采用“百盘现场”3G 直播的形式，帮购房者踩盘，了解楼盘的品质、配套等方面，2012 年全面已出团近 30 个，搜索楼盘 120 个，实实在在地为普通老百姓提供了买房咨询服务。

其他诸多栏目，比如浙江之声的“保护母亲河”、“我爱背唐诗”等主题活动；广播经济频道推出的“女性主题周”、“消费主题周”等节目概念；音乐调频《中国新车榜》的“美人季”海选；交通之声 FM93 发起的“生态文明在浙江”、“穿越浙江——交通让生活更美好”专题节目；城市之声的“文化发现之旅”活动等等，这些主题节目与活动，紧扣栏目定位和时代脉搏，通过强化主题，形成了差异竞争和市场细分。

温州市广播电视台

在 2011 年度浙江省广播电视政府奖和浙江新闻奖的评选中，温州广播电视台共有 73 件作品获奖，其中一等奖 26 件，获奖等次和数量均名列全省城市台第一，取得了超越杭州、宁波的历史性突破；《“7·23”动车追尾事故大救援现场直播》荣获中国新闻奖一等奖，继获得 2011 年度浙江新闻奖、浙江省广播电视新闻奖、全国城市台电视新闻奖等多个一等奖后，实现了国家、省、市新闻奖一等奖大满贯，同时也是我省新闻界今年唯一获得中国新闻奖的作品。论文《微博时代广播媒体如何提升突发事件的舆论引导力——以“7·23”特别重大铁路交通事故为例》荣获第 12 届全国广播电视学术论文一等奖。

2012 年，温州广播电视台以品牌建设年活动为载体，出台了《进一步加强品牌建设培育的实施意见》，大力推进品牌栏目、品牌活动和品牌播音主持人的培育。6 月在北京举办“大铭现象”研讨会取得圆满成功。《政情民意中间站》在庆祝创办十周年系列活动中，主办了“民主监督创新之路高峰论坛”，中国广电协会常务副会长张振华、省政协副主席陈艳华应邀出席，引起广泛关注。新闻综合频率在奥运期间派出了温州地区唯一的官方持证记者奔赴伦敦现场采访，共发回录音报道、连线报道 50 多篇，为温州市民带回第一时间、第一现场的奥运资讯，同步推出的奥运季活动也收到了良好的社会反响，进一步树立了频率品牌。

嘉兴市广播电视台

2012 年，嘉兴市广播电视台围绕中心，服务大局，坚守“新闻立台”理念，坚持“三贴近”，深化“走基层、转作风、改文风”活动，通过新闻创优、报道创新、节目改版，进一步提升新闻宣传品牌效应，提高广电主流媒体的传播力、公信力和影响力，舆论引导能力显著增强，新闻宣传工作亮点纷呈。

一是十八大主题宣传气势恢弘。广播电视全年共推出 15 个专栏和 150 多组报道，出色完成十八大主题宣传任务。由嘉兴市广播电视台承办的《寻找新地标》大型航拍新闻行动更是在嘉兴全市掀起了学习宣传十八大的热潮，得到了广大市民的热情参与，浙江省委宣传部副部长鲍洪俊专门就此批示肯定："重大主题报道如何创新？嘉广集团开展《寻找新地标》大型航拍新闻行动值得总结，系统性策划、社会化操作、全媒化联动是三大关键因素，其他媒体可借鉴学习。"

二是中心工作和重大事件报道声势强大。全年围绕市党代会、"两会"、水环境治理、城市有机更新等市委市政府中心工作和抗击台风"海葵"等突发事件，开展了大容量、全方位、多角度的报道。"海葵"抗台报道，投入193名采编人员，连续36小时实时播报，得到了观众听众的高度认可和市领导的批示肯定。

三是经济和社会宣传引导有力。围绕"稳中求进转中求好"经济主题，推出10个专栏和100多组报道。围绕"我们的价值观"大讨论、"两创"复评和人才党建工作，推出《身边的好人》、《勤善和美嘉兴人》、《红船行》、《文明岗》等各类专栏。其中"天涯海角育种人"的系列报道，展示了南繁人的高尚职业操守，得到了鲁俊市长的批示肯定。

四是民生报道和节目改版有声有色。继续办好《小新说事》、《行风热线》等品牌栏目，关注民生。如密切关注蒋水港亲水河道溺水事故频发，并提出对策建议，得到李卫宁书记的批示肯定。年底，立足"新闻立台"理念，成功完成节目改版，1月1日广播电视节目全新亮相，新增《第1民生》、《老嘉兴茶馆》民生节目，《今朝多看点》、《新闻一线》全新改版，受到各方好评。

五是对外宣传和精品创优捷报频传。超额完成市委下达的外宣报道任务，在央视和央广等中央媒体播发稿件26条，在浙江卫视和省广播台播发稿件337条，广播、电视通联双双获得全省一等奖；十八大开幕当天，嘉兴党员干部群众在红船旁收看大会盛况的报道就在《新闻联播》中率先播出。创优工作成绩喜人，46件作品省级以上获奖，《嘉广早新闻》、《嘉兴新闻》在全省新闻节目抽评中双双获得一等奖，《三轮车夫之歌》获省广电文艺奖一等奖。

绍兴市广播电视台

作为思想文化战线的一员，绍兴台不断践行"以优秀作品鼓舞人　以先进文化激励人"，致力于作品创新创优，并取得了突出的成绩。

一年来，绍兴台共有近30件作品获得省级二等奖以上奖项。其中，大型电视纪录片《绍兴，一座名城的2500年》荣获第十八届中国电视纪录片"十优"作品、中国电视艺术家协会《人文中国·世居系列》纪录片大赛一等奖、第二十二届浙江省电视"牡丹奖"；电视纪录片《风雷激荡光复会》荣获第八届"中国纪录片国际选片会"文献类二等奖、第十四届全国电视外宣"彩桥奖"一等奖、第二十二届浙江省电视"牡丹奖"和浙江省电视新闻奖一等奖，并成为国家广电总局推荐的国产优秀纪录片。这两部纪录片还双双入围第26届中国电视金鹰奖。在2012年6月揭晓的浙江省第十一届精神文明建设"五个一工程"入选作品奖中，绍兴台创作的越剧电视剧《一钱太守》、广播剧《风雨1907》和歌曲《香林秋韵故乡情》分别获得省"五个一"工程奖。一年有三件作品荣获省"五个一"工程奖，这在绍兴台历史上尚属首次。

舟山市广播电视台

舟山台牢记主流媒体的政治责任和社会责任，坚持新闻立台的发展战略，突出新闻节目的龙头地位，把握正确的舆论导向，唱响主旋律、打好主动战，创新闻宣传的内容、形式和手段，提高广播电视节目质量和新闻宣传水平。

坚持新闻立台理念，推进新闻阵地建设。在与时俱进、加快改革的进程中，始终坚持新闻立台的核心理念，加强新闻阵地建设，切实加强对广播新闻综合频率、电视新闻综合频道的人、财、物配置创造条件，为充分发挥新闻主频率、主频道作用提供有效保障。同时扶持其他专业频率、频道的新闻节目，激发各频率、频道做大做强新闻节目的主动性和积极性，形成新闻栏目不断涌现、节目人员不断增加、节目时间不断延长、节目质量不断提高的可喜局面。是年，全台共有《舟广新闻》、《舟山新闻》、《汪大姐来了》、《讲拨侬听》、《有啥说啥》、《新闻加油站》、《对渔农村广播》、《定海新闻》、《行风热线》、《阳光投诉》、《交通直播网》、《阿斌说新闻》等20多档新闻类节目。

把握正确舆论导向，强化重大主题报道。把坚持正确舆论导向作为广播电视工作的着力点，把做深做透重大主题报道作为提高主流媒体舆论引导力的核心环节来抓。发挥编委会的作用，整合全台资源，建立策划机制，精心策划并组织一系列有影响的重大主题报道。各频率、频道和广电报牢牢把握舆论引导的主动权，着重做好党的十八大、"新区启航"、"市三代会"、文明城市创建、舟山港综合保税区批复、抗击"海葵"台风等重大主题报道，主题宣传高潮迭起、亮点纷呈。同时，新闻节目积极创新，公益活动有声有色，宣传成效显著，社会反响良好。

搞好节目创新创优，推进品牌栏目建设。按照新闻立台的原则和本土化、品牌化的思路，以广播电视的主频率频道为重点，以受众的需求为目标，对广播电视节目实施调改。针对节目生产小、散、弱的现状，整合力量，调整体制，成立电视新闻中心，提升电视新闻策划和生产能力。同时，对电视节目全面改版。《舟山新闻》、《汪大姐来了》、《讲拨侬听》、《有啥说啥》、《非常故事》、《旅游晚八点》等新版节目在新闻贴近性、资讯实用性、栏目公益性、节目互动性等各方面得到强化。经过全面改版，"立潮头，观天下"——新闻综合频道、"我的视界，我的生活"——经济生活频道、"海自在，心同行"——群岛旅游频道三大频道以新闻、生活、旅游板块鼎足而立，定位明晰、风格各异。

在深化节目调改过程中，强化品牌意识，完善品牌栏目培训机制，加强品牌栏目建设，对已有一定基础、又受众看好的栏目节目，重点培育，使之成为有一定影响的品牌栏目。继续强化《舟山新闻》、《行风热线》、《汪大姐来了》、《讲拨侬听》、《小螺号》等一批老牌栏目，并涌现了如等一批新的品牌栏目。对于已经评上的省、市品牌栏目，着力做好栏目的创新、提升工作，在保证品牌栏目的新鲜度和持久活力的同时，不断补充新鲜元素，提升品牌栏目层次，以此带动其他栏目的品牌化建设。根据总台出台的《品牌栏目培育扶持方案》，对各频率、频道重点打造的十多个栏目进行扶持，提高栏目的知名度和影响力。

进一步完善节目创优制度，提高节目质量，注重从日常宣传中挖掘素材，发现亮点。围绕市委市政府的中心工作，加强新闻策划，用新的思维、新的角度、新的手法创作出反映舟山群岛新区建设和海洋、海岛特色的优秀作品。同时强化队伍建设机制，通过"首届职工职业技能大比武"、专家讲课等形式，为节目创优工作奠定良好基础。在省广电局组织开展的全省市级广播电视台新闻栏目抽查评比中，《舟山新闻》栏目凭借地域特色，围绕中心服务大局，及时报道新区建设的热点、难点，荣获市级电视台新闻栏目二等奖。《行风热线》节目组荣获2011-2012年度舟山市"工人先锋号"称号。在2012年度浙江新闻奖和浙江省广播电视新闻奖评选中全台共有32件作品榜上有名。其中，其中一等奖1件、二等奖7件、三等奖24件。

六、全省推进网络视听等新媒体发展，增强广播影视竞争力的工作情况。

宁波市文广集团

重视新兴媒体建设。由深圳广电集团、宁波广电集团等19家媒体联合投资的城市联合网络电视台(CUTV.com)正式上线，城市联合网络电视宁波台同步正式开播，并成为浙江首家获得国家广电总局批准设立的城市网络电视台。上线一年多来，CUTV宁波分台发布视频内容5000多条，发布视频总长度超过50个小时。

与中国网络电视台的全面战略合作，利用中国网络电视台的国家网络视听公共服务平台和其海内外庞大的镜像站点体系，集团旗下有三个电视频道实现了全球落地，为宁波的网络外宣探索出了一条新路子。

积极发展和探索新媒体之路。集团成立了网络新媒体（新闻）中心暨宁波纽米地传媒科技有限公司，公司旗下的宁波广电网(www.nbtv.cn)于2012年12月26日正式上线。宁波广电网(www.nbtv.cn)是宁波广电集团创办的本地化垂直门户网站，整合了原有的宁波电视台网和宁波广播在线，以宁波电视台和宁波电台优势资源为特色,契合本地实际、注重内容的深度和广度,体现差异化竞争为手段。

宁波广电网目前由“读新闻”、“看电视”、“听广播”、“品生活”、“逛社区”和“玩微博”等六个板块组成。“读新闻”板块是当前最新的新闻资讯,以本地新闻为主,集合了宁波电视台和宁波电台的视音频新闻,给网民更立体更丰富的新闻体验。

“看电视”板块在原有宁波电视台网站(NBTV.COM)的基础上,融合了电视直播、点播、回看、视频集锦等视频资源,并对宁波电视台5个频道的资讯动态进行集中展示。实现主要新闻栏目的网络同步直播。

“听广播”板块在原有“宁波广播在线”网站的基础上,融合了广播直播、点播、回听、音频集锦等音频资源,并对宁波人民广播电台5个频率的资讯动态进行集中展示。坚持广播与网站联动的办网宗旨,不断创新载体,在对电台透明直播室和《阳光热线》、《守护生命》栏目实行网络同步直播外,还对各广播频率、各个栏目开展的特别节目进行专题视频报道,全年共完成近100小时节目的各类视频节目录制发布。

“品生活”板块包括了各类生活资讯和民生信息,为网站的商业运营提供了广阔空间。“逛社区”板块在原先“宁广论坛”的基础上,根据宁波广电网的实际,对论坛进行社交化运营,原有会员用原先的账号和密码可直接登录新论坛。“玩微博”板块紧跟当前网络社交化媒体的发展趋势,将宁波广电集团所有栏目和主持人微博进行集中展示,形成网民、观众和集团各栏目主持人的快捷互动交流。

嘉兴市广播电视台

随着“三网融合”的推进和媒体环境的新变化,嘉兴市广播电视台(以下简称嘉兴台)主动适应网络媒体、移动终端等新媒体的融合,与微博、微信等自媒体嫁接,着力加快发展新媒体、新业态、新技术,为民众讨论公共事务、参与社会监督搭建新平台,实现广电媒体在舆论引导、有效覆盖、受众渗透等方面的有效拓展,进一步增强广播电视的影响力和竞争力。年内,在平台搭建、技术运用、媒体融合方面取得明显成效。

一、精心打造嘉兴人网网络平台,实现传统媒体的数字传播

一是建设嘉兴人网(www.jxrtv.com)网络平台。嘉兴人网是嘉兴台所属网站,是嘉兴地区综合性生活服务类门户网站,网站整合了全台电视、广播、报纸的新闻资源,为网友提供快速、贴心、有效的城市生活服务。到2012年底,旗下嘉兴人网论坛拥有会员总数30万人,日均独立IP超过1万个;年内,嘉兴人网新注册用户13000余人,新增帖量20余万帖,为嘉兴最大的网络社区之一、嘉兴唯一一家拥有网络视听许可证的网站。二是开设网络电视。经过前几年的建设,网络电视已汇集嘉兴电视三个频道、广播三个频率的所有自办节目,支持直播和点播。年内,继续完善版面,优化技术,加强运营,增加软硬件的投入。三是开办报纸的电子阅读。嘉兴广播电视报自2008年始实现传统报纸的电子化,可在网上免费阅读。四是尝试拓展手机电视业务。嘉兴手机电视是以手机为媒体终端、以移动互联网为传输渠道,提供嘉兴电视、电台的直播、点播等视听内容和生活应用服务,年内,完成安卓内测版的开发。

二、广泛运用全球眼、微波、3G等数字技术,电视新闻现场直播实现常态化

全球眼、微波、3G等新媒体技术在新闻报道中广泛运用。如《嘉兴你早》栏目运用全球眼,为市民早间出行提供天气、路况等及时信息;《嘉兴新闻》从7月起推出“记者走基层夏日直播季”活动,每天晚上利用3G直播连线技术,直播报道夏日里的游泳培训、足球比赛、医院忙碌的输液室、夏夜广场上的排舞等近60个生活场景。

在重大突发事件发生时,广泛运用各种新技术,结合新媒体,发布权威信息。在年内抗击台风“海葵”的宣传报道中,电视打造全天候的直播时段,2天时间内推出8次《防御“海葵”特别报道》,新闻时长近200分钟,完成直播连线70多次。广播主频率共完成80多次连线报道,推出《整点新闻》22次,每整点至少3组直播连线;《嘉广早新闻》推出7组直播连线,以最快的速度反映全市各地各部门抗台防台动态,报道最新的风情、雨情、灾情和人情。交通经济频率推出全天特别节目《迎战“海葵”特别行动》,及时报道全市各地最新道路交通状况并给予市民相关的提醒,通过官方微博、主持人微博跟听众互动,关注“海葵”对嘉兴交通造成的影响。新闻中心与县(市)

台联动，全面报道五县（市）两区抗台情况。同时，加强与浙江卫视等媒体的合作，新闻中心选派骨干人员加入到浙江卫视的8小时大直播中，完成三次直播连线，让全省观众随时了解嘉兴方面的防台抗台情况。

克服技术难题，完成航拍直播仪式。在大型航拍活动“寻找新地标”启动仪式中，嘉兴台把全向微波、3G、光缆、手机、对讲机等各种手段同时运用于直播节目中，其中在直升机飞行过程中运用微波实时传回画面的方式，即使央视、省级卫视也鲜少运用。呈现的一小时直播节目既有环环紧扣的内容，又有流畅的天与地对接，让全市人民从空中俯瞰嘉兴美轮美奂的画面，展现了一个充满历史感、文化感，一个生态的、活力四射的嘉兴。

三、主动嫁接“微传播、移动化”数字终端，实现新媒体舆论的主流传播

嘉兴台通过在节目中创设受众短信互动平台，推动广播节目与微博、微信等自媒体的无缝对接等，进一步增强节目的互动性和影响力。年内，嘉兴台组织的大活动都注重传统媒体与网络、微博等新媒体的结合与互动。为吸引受众进一步增加对嘉兴台广播电视节目的关注度，扩大节目、栏目的影响，以及收集广大受众对广播电视节目的意见建议，7月初，嘉兴台启动“我最喜爱的广播电视节目评选暨节目创意金点子”活动。经过近两个月的网上投票、手机投票、邮件投票三种方式，评选出《小新说事》、《嘉兴新闻》、《出行早高峰》等8个优秀广播电视栏目；同时收集到来自上海、广东、杭州等全国各地热心观众和网友60多条金点子，为下一步的节目栏目改版提供许多好意见。

在嘉兴台举办的“首届观众听众节”中，节目金点子征集活动、十大最喜爱节目栏目评选、十佳记者等也都是经过网络投票产生。在大型航拍活动“寻找新地标”中，邀请市民参与推荐新地标、邀请市民参与十大新地标投票这两个子活动，都是通过网络投票实现。这些活动充分考虑到与受众的互动，吸引受众的持续关注，也使活动和主题报道更有影响力。此外，鼓励推广网络微博，借助于微博的广大空间，鼓励栏目、主持人与受众间的微博互动。据统计，年内已有100多位经实名认证的栏目、主持人、记者、编辑等开通微博，通过微博与网友互动的利用率非常之高，其中数位名主持的粉丝过万。

参与三网融合、加快有线广播电视网络联合发展与数字化整转情况

2004年7月18日，嘉兴市有线数字电视正式开播，数字电视信号覆盖嘉兴全市城乡用户。2010年9月18日，嘉兴市全面启动有线数字电视整体转换工作，并逐步停传有线电视模拟信号。到2012年6月，嘉兴市所有乡镇停传有线电视模拟信号。

嘉兴数字电视整体转换工作采用有线网络双向全覆盖的方式，对所有在网有线电视用户免费配置基本交互型机顶盒一台，嘉兴市区共发放基本交互型及广播型机顶盒约20万台，发放互动机顶盒（含高清互动机顶盒）约5.3万台。到年底，嘉兴已全面完成有线数字电视整体转换工作，数字电视总用户约17万户，其中互动电视4.3万余户。

嘉兴有线数字电视已从最初的DVB平台，发展互动及高清互动平台，还建立电子政务、电子商务等信息服务平台及高清轮播、高清点播等影视娱乐平台，提供电影、电视剧、新闻娱乐、文化体育等视频点播服务以及阳光政务、电子商务、旅游、交通、教育、医疗、就业、气象等各类便民信息服务。

湖州广播电视台

2012年，湖州华数进一步巩固有线电视数字化工作。按照我市有线电视数字化整体转换工作推进计划，已于2010年3月19日零时、2011年4月1日零时分别实施了两期停模，今年通过电视广告、平面广告、户外广告、软性宣传、线下路演等各种媒介的全方位宣传以及应急队伍的全力保障，于2012年5月22日零时平稳完成了第三期停模工作，有线电视模拟频道从最初保留的43套减少到目前的12套，有效加快了我市有线电视数字化工作。截止2012年底，数字电视有效用户数347113户，当年发展20742户；互动电视有效出帐数32673户，当年净增15869户。

根据“十二五”发展规划的总体部署，湖州华数依托浙江华数的省网资源，构建完成全市统一的数字电视发展平台，向广大用户全面开放全媒体业务。同时，明确了“以视频业务为主导，多业务融合为支撑，适应‘三网融合’发展需求的多媒体信息服务综合提供商”的发展目标，全方位构筑全市统一的云城市、云家庭、云电视、云通信，为我市文化产业的发展提供了巨大支撑，推动了智慧湖州、智慧社区、数字家庭建设。

绍兴市广播电视台

经过一年多时间的运行筹备，绍兴台旗下的绍兴网络电视台2012年获得了绍兴首张网络电视台运营牌照，正式上线开播，意味着绍兴台对外宣传跨入了一个全新的全媒体时代。

绍兴网络电视台是绍兴地区目前唯一一个合法的集网络视频采集、发布、播放为一体的网络新媒体，第一时间向CUTV总台和全国40多家合作网络电视台发布绍兴市的重要信息，直接覆盖22个省市的8亿多人口。

目前，网络电视台每天对绍兴台三套电视、三套广播节目进行24小时不间断高画质、高音质直播，推出了《书记、市长日记》、《绍兴风韵》等专栏，原创了一批自办节目，“乌篷船论坛”开设半年来注册会员已达36000多人，日均页面点击量同比增长5倍。

舟山市广播电视台

推进网络视听等新媒体发展，增强广播电视竞争力的工作情况

舟山广电网，网址：www.zsgd.com。创建于2003年，网站于2010年改版，2012年进入稳定运营阶段。现有1个电视频道和3个广播频率的网络直播，以及16个品牌栏目的网络视音频点播功能，努力打造舟山第一视频门户网站。舟山广电网发布的视音频内容全部来自于舟山台下属的3个电视频道和3个广播频率播出节目。并且开设了主持人博客、活动直播等多个热点板块。是年，舟山广电网内容丰富多样，点击率逐渐增多，受到各方领导和群众的关注。

对于所有转载的新闻资讯、视频等都注明详细出处，严格保护著作权人的合法权益。每天有专人登陆国家广电总局互联网视听节目信息库，了解国家对新媒体的最新管理动态，及时删除各类违规信息，以保证网站内容的转载，链接，聚合，集成节目的合法化。建立健全节目内容审查制度，严格实行舟山台网站节目审查管理规定，当班编辑初审，责任编辑二审，策划中心负责人终审的内容审查流程。所有的节目在网站上均可保留150天。建立完善信息网络视听节目应急预案，发生突发事件后，网站安全员在30分钟内赶到现场，快速有效地判断出问题所在，并及时处理，以保证网站在最快时间内恢复安全运作。

在网站维护、内容管理方面，严格按照《信息网络传播视听节目许可证》载明事项开展网站的视听节目服务，并在网站首页的最下方标注国家广电总局网络传播视听节目许可证1103022号。

丽水市广播电视台

2012年，丽水在线网站世界排名保持在20万左右，日均点击量3.5万，单条视频最高点播次数为45000次。网站全年新增各类视音频节目49500条，制作了《2012丽水两会》、《秀山丽水养生福地——“生态丽水”全国电视联合采访活动》、《科学发展共绘蓝图　浙江省第十三次党代会胜利召开》、《平凡中见证伟大——最美养护工周林松》等网络专题。对网站首页、新闻中心、生态频道、论坛进行了改版升级，优化页面。

论坛处理各类网友咨询投诉、寻求帮助问题160多个，开展论坛抢楼活动200多次。组织网友分别走进莲都区的碧湖敬老院、老竹敬老院和缙云县新建敬老院，为老人送上温暖。丽水在线网站发起开展购买爱心橘、与福利院儿童过中秋、暖冬行动等公益活动，受到广大网友的热烈响应。

2012年，网站举办了多场大型活动。其中第三届相亲大会有1100名单身男女参加了相亲活动，现场牵手成功24对，并配套开展了情人节交友活动、“粽香飘千里　爱情万年长”端午交友活动、第三届七夕激情派对。大型活动“小秋走县市”走进青田县和缙云县，为县市网友送去医疗、文化、生活服务等，现场参与活动人员都达到2000人以上。配合市农办推广农家乐旅游活动，组织体验畲家民俗活动、云和品尝新米活动、美丽乡村摄影活动、汽车进乡村仙渡桃花节活动等，开展了70多场登山、远足、聚会以及

组织慰问贫困居民的活动。

网站在技术支持方面更换了新闻系统，采用PHP框架全新改版，并对媒资结构全新优化，对服务器进行负载均衡，能承受更大压力。升级了相亲大会用户系统，溶入二维码技术，使信息查询更方便快捷。针对微信的公众平台开放协议，丽水在线开发了微信公众平台：chinalsol。从最初简单的推送一些活动信息发展到现在具有生活服务，定位服务，娱乐等功能于一体的生活服务平台。可对用户群发或单一推送信息。目前，丽水在线微信公众账号的技术和服务性能位列丽水地区的其他微信公众账号前列。

2012年，网站通过发布商业广告、举办大型活动、承接网站建设维护业务等方式完成经营收入180万，同比增长20%。

七、全省参与三网融合、加快有线广播电视网络联合发展与数字化整转情况

2012年，全省广电系统坚持业务技术先进、体制机制创新、产业发展加快、信息安全可靠，积极参与三网融合试点与广电有线网络“一省一网”整合、数字化发展工作。

一是加强工作部署。2012年三网融合试点工作被列入省委省政府年度重点工作，也是我省推进智慧城市试点示范建设的重要基础支撑。省里印发了《2012年浙江省三网融合试点工作要点》，提出了加快推进省IPTV集成播控平台建设、加快融合业务创新、加强安全监管和分业监管等八个方面的重点工作，较好引导我省三网融合试点第二阶段工作的有序开展。

二是扎实启动宁波市三网融合试点工作。我省宁波市被国务院批准为三网融合第二批试点。宁波市政府高度重视，协调相关单位认真制定、反复修改实施方案，提高方案质量。省广电局、浙江广电集团、浙江华数公司等单位参加了对宁波市三网融合试点方案的会审论证，从而确保了实施方案业务内容合规，体现宁波特色，相关平台建设合理对接。此后，又以省政府办公厅名义向国务院三网融合工作协调小组办公室予以了报备，成为最早报送国协办第二批试点实施方案的城市之一。

三是“一省一网”整合创新发展。按照中央和省委、省政府的总体部署，我省各级广电部门全力推进“一省一网”整合工作。截止2012年底，全省80个（市级11个，县级69个）广电有线网络已全部与浙江华数公司签订合作框架协议，已有9个市级、20个县级有线网络与浙江华数公司完成了实质性资本整合任务，占有线网络总数的36.25%；其他市县级广电有线网络也按照浙委办〔2012〕100号文件的有关要求，与浙江华数公司积极协商，探索一条符合双方利益的广电有线网络“一省一网”整合之路。

四是网络数字化整转取得新突破。截至2012年底，全省共有有线电视用户1426.7万户，其中共有有线数字电视用户1293.6万户，整体转换完成比例为90.7%，成为全国第三个有线数字电视用户超千万的省份。其中，城区共有有线电视用户554.2万户，有线数字电视用户547.8万户，整体转换完成比例约为98.8%。除个别县以外，全省各地均已全面完成整体转换任务。农村共有有线电视用户872.5万户，有线数字电视用户745.8万户，整体转换完成比例为85.5%。全省已有51个农村有线网络基本完成了整体转换任务，占农村有线网络总数的67.1%。

五是积极参与网络共建共享工作。2012年以来，全省广电系统积极参与信息基础设施共建共享工作。省广电局积极参与了《“宽带浙江”发展规划》的编制工作，认真研究共建共享的政策措施；杭州广电部门参与制定《杭州市移动（无线）通信基站建设暂行管理办法》，推进共建共享工作；宁波市广电部门认真贯彻落实《关于进一步规范我市住宅小区及商住楼网络基础设施建设工作的通知》，在全市范围已建小区及商住楼规划用地红线内全面推进共建共享工作。据了解，全省其他城市信息基础设施共建共享工作也取得积极成效。

六是广电IPTV集成播控平台与电信IPTV传输系统完成技术对接。2013年5月11日，浙江广电集团与中国电信浙江公司签署“三网融合”战略合作协议，此举标志着我省“三网融合”试点工作迈出实质性关键性一步，并将为我省三网融合试点全面推开奠定基础。省政府孟刚副秘书长出席签约仪式并讲话，他对省广电集团与省电信公司的战略合作给予高度评价并提出要求。到6月底，浙江电信传输光纤铺设已经到位，省IPTV集控平台技术对接全面完成。双方正在就运营的合作细节达成一致，平台全面上线进入倒计时。

七是宣传交流工作进一步加强。省广电局切实

加大工作的宣传力度,加强与外省市工作交流,先后与甘肃、广西、江苏等交流三网融合与共建共享工作,达到了相互启发、共同提高的目的。同时,我省作为今年长三角地区信息化合作与发展的轮值方,6月初在杭州组织召开第一次联席会议,沪苏皖浙三省一市信息化主管部门领导参加会议。会上,三省一市对推进三网融合试点有关工作也展开了广泛交流,并把三网融合试点工作列入了长三角地区信息化合作与发展的重要合作内容。

绍兴市广播电视台

根据《广电总局关于进一步加强和规范有线电视数字化工作的通知》、《广电总局关于印发〈关于加快广播电视有线网络发展的若干意见〉的通知》等文件精神,绍兴台网络公司积极探索有线电视技术的实际应用价值,注重配合各级党委、政府的工作,注重服务老百姓的文化生活需求,开发了多个系统功能,主要用于党委、政府工作宣传、市民日常信息服务以及自身业务服务宣传。

一、开展视事通导视、视事通服务。视事通导视和视事通服务是通过NVOD技术(准视频点播)实现的一种视频推送功能,其中视事通导视主要用于公司业务、服务的导视和推介,视事通服务主要用于向广大用户公司产品操作指导、服务网点和服务承诺等内容介绍。目前全国开展有线电视数字化的各个城市,都已开通了这项服务,并将此作为提升对有线电视用户服务水平的一种实现方式。

二、推出"袍江广电"、"鉴湖广电"、"皋埠广电"、"东浦广电"信息服务。袍江广电、鉴湖广电、皋埠广电、东浦广电是通过NVOD技术(准视频点播)实现的一种定向视频推送功能,由公司镇站统一播出平台集中编排、上传、播出。主要用于镇级广播电视节目的播发以及当地乡镇、开发区党委、政府的宣传工作,同时提供一些与老百姓生活相关的分类信息服务。其中,宣传职能是在20世纪90年代就由当地乡镇党委、政府确定下来的,并一直延续至今。所以维持这几个加密的播出通道既有历史沿革的原因,也是当地乡镇党委、政府不断持续强化广播电视宣传工作的实际需要。

三、开设《绍兴学习》平台。《绍兴学习》数字电视平台是通过"数据广播+NVOD(准视频点播)"的技术结合,实现的一种新颖的广播电视信息传播方式。该平台由中共绍兴市委宣传部主办,由绍兴台承办,是绍兴市马克思主义理论的大众化、普及化的有效载体。该平台主要向党员干部群众传播学习动态、宣传热点知识、介绍学习方法、推荐学习内容,现已被90个部门和单位使用,成为全市党政领导、理论工作者以及普通干部了解政策信息、把握理论热点的新型交流平台,在全市党员干部群众中营造尚学、好学、善学的良好氛围,积极推动我市以学习型党组织建设带动学习型城市建设中发挥了积极的作用。

参与三网融合,加快有线网络联合发展与数字化整转情况

今年继续有序推进新城和定海乡镇有线数字电视整转,在2011年基本完成市本级和定海城区有线数字电视整转停模的基础上,分别于3月和10月全部平稳有序地完成上述区域的有线数字电视整转停模工作,整转率分别达到97%和95%以上。至此,市本级和定海区有线数字电视整转基本结束,定海乡镇提前3年完成省市下达的整转任务。

期间,为顺利推进整转停模工作,采取措施,迎难而上,把工作做实、做细、做到位。一是加大宣传力度。印发有线数字电视整转通知单7万余份,走村入户上门送达;通过媒体刊登整转停模公告,扩大公众知晓面;利用数字服务指南频道宣传相关政策,提供机顶盒操作知识普及平台。二是做好优质服务。树立用户至上服务理念,在人员少,任务紧,安装任务集中的情况下,统筹兼顾,分工协作,加班加点,耐心接待投诉,努力化解矛盾,提高服务水平。三是调整安装模式。在继续完善政策宣传、现场受理、安装维护、后勤保障、财务核算等分组工作的同时,调整安装维护外包模式,为用户提供较好的技术指导,提高安装维护质量。四是全面完成集团用户整转。利用中广有线舟山分公司出台的有关优惠政策,加强沟通,促进专线用户、宾馆、饭店及家庭旅馆等集团用户的顺利整转。五是抓好整转后服务工作。开展整转用户资料整理核对,未整转模拟用户的清理稽查,推出一体机视密卡销售业务,巩固和促进有线数字电视整转成果。据统计,整转前有线电视在线用户14.1万户,整转后,第一终端在线用户15.5万户,副终端用户5.2万户。

2012年，搭建数字电视多媒体视讯平台，内容形式包括视频、音频、文字、图片等各种多媒体信息的组合以及动画特效，最大限度地调用多媒体资源。建设两年多的国家高新技术“863”试验项目—NGB我国下一代广播电视网通过验收。数字电视应急备份切换和与联通对接技术一并完成。

因地制宜开展双向业务的规划，拟定“有线电视接入网络设计施工规范”、“市本级城域网规划建设方案”，与此同时，基本完成定海城区、新城的双向网络改造，占城区总用户数的90%，对有条件的乡镇积极做好双向网络改造规划，完善数字电视机房建设。

普陀区广播电视台

2012年，普陀区广播电视台围绕三网融合和“一省一网”整合要求，坚持改革创新，努力推动全区广播电视网络化、数字化发展。全面开展“一省一网”整合工作，于3月份同浙江华数广电网络有限公司签订了框架合作协议，并于8月底基本完成网络资产剥离评估工作，实现了台网分离，普陀华数广电网络有限公司正式运作。

2012年，普陀区广播电视台还继续加快推进有线电视数字化整体转换。截止2012年年底，已完成城区关模工作，街道关模工作有序推进，乡镇整转关模工作已正式启动。全区共整转居民用户28116户，其中城区整转用户12705户，乡镇（街道）整转用户15411户。全区新装数字终端10815户，全区用户数字主终端83080户。

岱山广播电视台

数字电视整体转换继续推进。2012年岱山城区小区居民用户已全部整转到位，整转率达到86%以上。至2012年10月底，高亭城区数字电视用户已达24100户，商业用户已近3000户。4月起，岱山县分区域逐步实施在有线电视网络里停止传输模拟电视信号。为确保停模工作“平稳、高效、有序”推进，岱山广播电视台对整个停模工作作了及时的安排和部署。组织有关工作人员提前在小区内设立了数字电视现场服务办理点，现场为小区居民办理副机安装及数字电视业务咨询等有关工作，受到小区居民的欢迎，同时在工作中加强了各方面的值班力量，对投诉咨询等都做到及时处理，安装维修等工作快速办理快速解决，台技术人员还加班加点重新搭建了一条数字模拟混合前端平台，使停模工作顺利平稳进行。目前共办理用户6500余户。停模后，岱山县将根据国家规定，暂保留中央一台、中央七台、中教一台、浙江卫视、舟山新闻综合频道及岱山台6套模拟电视节目信号传输，供没有机顶盒的用户免费接收。上述6套模拟节目也将在2015年全部关闭。岱山各乡镇广电站也积极稳妥推进农村数字电视整体转换工作，整转数字不断被刷新，1–10月，整转居民用户约8500余户，（其中新申请安装数为1150户），乡镇站整转用户总数达到27650余户，乡镇数字电视整转率达到71%。其中衢山站已顺利完成第一轮整转，整转用户14450余户，整转率在83%以上。乡镇站于4月初推出第二第三台副机的安装配置，目前副机数为200余户，为下一步关模工作创造了条件。在推进停模工作的同时，岱山广电还继续加快实施有线电视网络改造工程，积极实施数字电视整体转换，同时增加人员配置，优化工作流程，加强业务培训，全面提高广电服务保障能力，确保电视信号传输安全、畅通。

继续加大网络改造力度。紧紧围绕数字电视整体转换中心，岱山乡镇广电站大力推行“光进铜退”改造计划，加快实施镇村有线网络升级改造进程。有线网络的可靠性、传输质量进一步提高。各站共完成（部分完成）了10个村（居委）的网改工程。共新架光缆51.5公里，更新（新增）各类电缆83公里，新增光节点112余只，种立电杆370余根，改造用户4500余户。岱山各乡镇广电站配合开发区规划建设、镇村道路建设、电网改造等建设工程，做好杆路迁移业工作。据不完全估算，岱山各乡镇广电站约迁移杆路18处，工程共迁线路路6000余米，迁移立杆70余根，迁移暗埋管线3000余米。各乡镇、村各项建设工程频繁，对有线电视传输线路造成较大压力。衢山站做好码观线（一、二期）公路扩建有线电视暗埋管网（约2.5公里）的迁移工程。四石线公路扩建工程迁移杆路0.8公里，新立杆子18余根，拉线10余只。因各村道路扩展、建网场、建住宅规划区等移线拔杆、立杆30余根，拉线15余只。东沙等因电网改造、新农村建设、道路等工程建设共迁移杆路12处，线路近4公里，迁移杆子30余根。

至10月底岱山广电台开通了绿城蔚蓝公寓一期9幢高层、嘉和名邸2号楼太阳城B区和工兴路经济适用房的双向网有线数字电视信号。敷设了蓬莱路至对港山1.5公里48芯光缆、浪琴机房至东海800米68芯光缆、东海至工兴路、东海至嘉和名邸24芯光缆各一根，台机房至浪琴机房2.8公里144芯大芯数光缆一根。并敷设了各种光缆近8公里，电源线近3公里，五类线3.5公里，安装光接收机10只。完成了嘉和名邸、海口安置房、工兴路安置房、海德花园二期、绿城蔚蓝公寓一期及新法院大楼的管道埋设工作。至10月底共埋设管道5.2公里，新彻窨井200只。至今年10月，共签订暗埋协议13.3万平方米，协议金额199万元。新装有线数字电视用户1407户，安装数字整转机顶盒1892只和第二台及以上机顶盒2400只，其他手续543户（其中移机20户；停机267户；复机256户），维修1000次。1—10月份，呼叫96371客户服务热线和维修固定电话共接入用户来电2.4万余次，接通率60%，在线解决用户故障1.2万余次，维修人员上门服务用户超过1万次。

嵊泗县广播电视台

广播电视有线网络数字化是“三网融合”的基础，广播电视有线网络数字化建设，主要由数字电视整体转换工程和有线网络双向化改造工程两部分组成。2012年继续做好泗礁本岛的有线电视用户数字电视整转工作，并完成泗礁本岛有线电视停模工作。截止到12月30日止、已整转数字电视用户19451户。（其中居民用户15703户、集团用户3748户、副终端4612只）。泗礁本岛的整转率达到90%，泗礁本岛的有线电视用户数字化整体转换后，传输电视节目由2011年的98套增加到118套，从而更大程度地满足了群众文化的需要。外岛乡镇的数字电视整体转换工程我们已上报到计划当中，也会列入这几年的实事项目工作计划当中。2012年完成了泗礁本岛的双向网互动平台建设工程。

台州市广播电视台

推进网络视听等新媒体发展，增强广播影视竞争力的工作情况。

台州广播电视台加快新媒体布局，推进数字电视、网络电视和移动电视的发展。广电网络公司业务的拓展关键在于网络，建设和改造好一张网络既能保障数字电视传输要求，又能适应今后广播电视网络多功能业务和新技术应用的需要。2012年，台州广电网络公司基本完成了各乡镇（集镇）范围的广播电视双向网络改造工程，逐步实现光缆到楼，并建设部分光缆到户试点区域，城区光缆到楼栋工程覆盖1万多户；注重数据业务发展，与通信企业正面竞争，全年新增党政专网电路7条，金融业等电路专线12条；积极开展“数字电视高清进小区”等各种宣销活动。加强台州网络电视台建设，与台州在线全面融合，频道和栏目设置更加人性化，着力改善用户体验，优化视频访问；建设完成基于移动终端的WAP网站，实现内部上线运行，用户体验良好，视频播放流畅，画质优良并适应各种手机平台；密切与CUTV及成员台合作，和CUTV移动部门合作开发的手机和平板电脑客户端进入合同签订和实质性开发阶段。移动电视节目进入数字有线网络播出，在节目内容的研发和制作上进行了探索。

参与三网融合、加快有线广播电视网络联合发展与数字化整转情况。

台州广电台在岁末年初顺利实现了椒江、路桥两区网络的整合，台州广电网络有限公司于1月份开始正式运营。加快推进“一市一网”、“一省一网”工作。

2月下旬，省广电局局长张贵宝到台州调研“一省一网”有关工作，台州市委常委、宣传部长张燕，市委宣传部副部长卢红菊，台州广电台党委书记、台长吕新景，副台长江琴宁参加情况汇报会。张宝贵局长在听取有关情况汇报之后，对台州广电有线网络整合工作提出三点要求：一是尽快印发台州市广电网络整合工作实施方案，成立市广电网络整合工作领导小组；二是县市区广播电视台尽快启动“网台分离”工作，确保在四月底前完成网台分离和广电有线网络的清产核资工作；三是台州广播电视台和县市区广播电视台尽快启动网络资产的资产评估工作，尽快签订资产合作协议，确保在六月底前完成“一市一网”整合任务。

6月13日上午，台州市文化建设领导小组举行“一市一网”合资合作签约仪式，台州广电网络有限公司与各县（市、区）广播电视台签订了合作框架协议，这标志着台州市广播电视网络实现资本合作和一体化运营又向前迈出了坚实的一步，全市广电网络整合工作进入一个新的阶段。台州市委常委、宣传部长张燕，副市长叶海燕参加了签约仪式。

按照省委、省政府的要求，2012年6月底前，全省广电网络要实现资本合作和一体化运营。自3月26日台州市广电有线网络整合工作领导小组扩大会议召开以来，台州市、县两级都非常重视，为推进“一市一网”工作做了大量的工作，经过市县两级顾全大局、友好协商，合资合作协议正式签订。本次组建公司，采用的是县市区与市本级互相参股实现资本包括网络资产的联合，重新建立市场主体。具体办法是各县市区向台州广电网络有限公司各投入600万元（黄岩区300万元），市公司以同样的资本投入到各县市区公司，各占一定的公司股份。全体总资本初步拟定为1.9亿。县市区公司成为台州广电网络有限公司的子公司，按照“五个统一”实现一体化运营。

台州市黄岩区广播电视台

“一省一网”整合是为“三网融合”作准备，“三网融合”对网络的要求相对较高，黄岩区原有网络很大一部分需要作重新改造。去年黄岩广电启动了光信号改造工作，把城区大部分的光节点信号从1310转换至1550，并将替换下来的1310光发射机用到西部乡镇电力网改造村。同时根据电力网改造等实际情况，完成了部分村居的光缆网络改造规划设计工作和农网改造。在“一省一网”整合上，去年黄岩广电集中投入力量对全区光缆、放大器、传输设备等一系列网络资产进行了摸底登记及资产评估，于6月13日与台州市广电网络有限公司签订了合作框架协议，并于年底成立了黄岩广电网络有限公司。

台州临海市广播电视台

认真贯彻省委、省政府和台州市的决策部署，根据台州市“一市一网”的整合要求，稳步推进临海的网络联合发展工作。在台州市的统一安排下，于2012年6月完成了与台州广电网络有限公司合作框架协议的签订，明确了改革的基本方向，并于2012年12月份完成了对台州广电网络有限公司的投资出资。同时组织相关工作人员，落实工作职责，严格按照省里制定的网络整合有关政策，对有线电视网络进行清查摸底，并聘请专业的评估机构完成了对网络资产的评估工作。临海市人民政府于2012年4月批准了组建临海广电网络公司的请示，网络公司于2012年8月完成了工商注册。

台州三门县广播电视台

6月13日，与台州广电网络有限公司签订框架协议。县政府分别于10月9日和12月3日批复同意成立三门广电网络有限公司并出资600万元参股台州广电网络有限公司。12月11日，三门广电网络有限公司注册成立，与台州广电网络有限公司完成资本整合，清产核资、资产评估等前期准备工作基本就绪。

3. 概况（一）

GAIKUANG

2012 年全省概况

2012 年浙江省广播电影电视概况

2012 年，在省委、省政府和省委宣传部的正确领导下，全省广电系统坚持以邓小平理论和“三个代表”重要思想为指导，以科学发展观统领广播影视工作全局，按照党的十七届六中全会和省委十二届十次全会关于文化强国、文化强省建设的决策部署，突出把握稳中求进、转中求好的工作总基调，紧紧围绕广播影视三大主体任务，抓住重点、突破难点、创新亮点，着力把握正确舆论导向，着力完善公共服务体系，着力促进转型升级发展，着力强化监管保障机制，切实提高舆论引导能力、惠民服务能力、现代传播能力、安全播出能力、产业发展能力和依法管理能力，广播影视各项工作继续保持了积极健康的发展态势。2012 年全省广播影视经营收入预计超过 220 亿元，同比增长 10%，其中，电影票房收入预计达到 13.7 亿元，同比增长 40.5%。

1. 抓好重大宣传报道，舆论引导正确有力。以迎接党的十八大和省党代会宣传报道为主线，开设重点专栏和专题节目，深化推进“四大国家战略”、“四大建设”、“五大统筹”等重大主题报道，积极宣传加快我省经济发展稳中求进、转中求好的决策部署、政策措施和典型示范。精心组织党的十七届六中全会和省委十二届九次、十次全会、全国全省“两会”、省第十三次党代会精神宣传报道，反映各地推进文化强省和“两富”现代化浙江建设的新举措新进展新成效。按照中央、省委部署，以社会主义核心价值体系引领社会思潮，精心组织策划我们的价值观、思想道德建设、“最美浙江现象”、加强和创新社会管理、保障和改善民生等重大主题宣传，营造了积极向上、团结和谐的主流舆论氛围。制定下发《关于加强广播电视新闻立台工作的若干意见》，召开深化新闻立台工作座谈会，总结交流各地工作经验，努力推进各级广电媒体坚持正确办台宗旨，改进新闻报道质量、提高舆论引导水平，广电主流媒体建设进一步加强，这一实践探索得到了国家广电总局的充分肯定并向全国推介，省委宣传部也向全省宣传系统批转了这一文件。坚持推动各地广播电视频率频道科学定位，实施专业化、品牌化发展，推动节目创新创优，不断提高舆论引导水平，增强宣传的传播力、公信力和影响力。全省有 4 件广播电视作品获得第 22 届中国新闻奖。《中国梦想秀》、《中国好声音》被广电总局评为 2012 年广播影视创新创优栏目，省局适时组织召开两档节目的专家研讨会，扩大了浙江广电的全国影响。浙江卫视、宁波电台分别获得党的十八大广播电视宣传优秀节目和播出机构的荣誉，受到广电总局表彰。省政府给予浙江卫视荣记了集体一等功。扶持推动对农、少儿等公益性频道发展。大力推进各级广电媒体加快与新兴媒体融合发展，拓展了广电新媒体市场，不断巩固壮大主流舆论宣传阵地。浙江广电集团“新蓝网”、浙江网络广播电视台和手机台发展加快，积极抢占网络舆论宣传新阵地和文化传播制高点。移动多媒体广播电视(CMMB)全省用户超过116万,居全国第三位,在11个市有效覆盖率达到90%,初步构建省市县三级网络覆盖传输体系。

2. 加强创作引导扶持,影视动画增量提质。坚持“支持国有、扶优民营”工作思路和“一企一策”措施,注重培育和扶持影视文化骨干企业,鼓励和引导各类资本进入影视动画产业,在全省初步形成了多种经济成分共同发展的影视产业格局。全年新批影视公司169家,新增注册资12.1亿元,全省共有影视节目制作机构716家,总注册资金85.3亿元,民营影视企业占总数的90%以上,注册资金在1000万以上的有175家。2012年5月,省委宣传部、省广电局召开了全省影视产业发展和创作生产工作会议,部署全省繁荣影视创作生产、加快影视产业发展工作。制定了《关于鼓励支持影视文化产品和服务走出去的意见》,营造推动影视创作和产业发展的政策氛围。通过组织全省广播电视文艺奖、电影“凤凰奖”、电视剧“牡丹奖”评奖研讨,加强创作规划引导,扶持在全国有影响力的重点影视精品。全年共制作电影40部、电视剧75部2803集。全年共有36部浙产电视剧在央视及全国各卫视播出。长城影视制作的《五星红旗迎风飘扬2》等7部浙产电视剧在央视一套、八套播出,其中由浙江影视集团、温州广播电视台等单位制作的《温州一家人》、宁波广电集团制作的《向东是大海》、华策影视制作的《国家命运》登陆央视一套黄金时段播出,引起社会热烈反响。《岁岁清明》、《东方》等4部浙产影视作品获第12届全国“五个一工程”奖。浙产电视剧《五星红旗迎风飘扬2》、《创业年代》入选中宣部、国家广电总局10部迎接十八大重点电视剧剧目,占全国总量的五分之一,居全国之首。电视剧《东方》、《中国1921》、《悬崖》等获得第26届中国电视金鹰奖。全年制作动画片46部2968集,《锋速战警》等15部动画片列入国家广电总局今年推荐优秀动画片。鼓励各地抓好优秀纪录片创作生产,支持优秀国产纪录片推荐播映,全年推选15部浙产纪录片参与总局优秀国产纪录片评选。省委、省政府制定出台了《关于加快我省影视产业发展的若干意见》,加大扶持力度,落实用地、税收、项目审批等优惠政策,大力推动横店影视文化产业实验区跨越式发展。2012年横店影视文化产业实验区新增入区企业52家,累计达到487家,实现营业收入78.11亿元,同比增长146.5%。积极争取国家广电总局批复同意在杭州、海宁毗邻区块设立中国(浙江)影视产业国际合作实验区,中国国际广播电台译制中心落户该影视基地。第八届杭州中国国际动漫节共吸引61个国家和地区的461家动画企业和机构参展,会展总成交额达146亿元,继续保持了全国影视动画交易流通的重要平台。全年全省影视产品国内销售额29.53亿元,同比增长180%;据初步统计,影视产品出口额为1721.9万元。认真贯彻落实省政府《加快电影产业繁荣发展的实施意见》等文件精神,大力推动全省电影业繁荣发展,全省累计建成数字多厅影院165家1069个放映厅,已有72个县(市、区)城市建有数字多厅影院,城乡群众观影条件大为改善。

3. 完善监管体系建设,安全播出巩固加强。全省广电系统认真贯彻落实《广播电视安全播出管理规定》,建立长效机制,加强技术装备,提高监控手段,落实应急预案,加强群防群治,圆满完成了元旦、春节、全国、全省“两会”、“五一”、“十一”及省党代会等8个重要保障期共计57天的安全播出保障任务,为平安浙江建设作出了贡献,省广电局被国家广电总局评为全国广电影视安全播出工作先进单位。围绕迎接党的十八大和省党代会胜利召开,组织召开全省广播电视安全播出工作会议,研究部署安全播出重点工作任务。按照中央和省委、省政府要求,认真开展反插播实战应急演练和安全播出工作检查,组织开展全省热线节目管理辅导讲座、全省广电安全播出对口大检查,落实各项防范制度措施,确保了广播电视安全播出,受到国家广电总局全国安全播出检查组充分肯定。开展重点视听网站安全播出大检查,督促各视听网站增强防范意识,落实内容审查机制,完善应急预案,坚决杜绝各类有害视听节目上网传播,切实维护好全省网络视听传播秩序。广播电视安全播出监管系统二期项目工程建设顺利完成并上线运行,实现对全省所有市县有线电视播出的监管。浙江省IP数据传输网升级改造项目建设通过验收并投入运行。省安全播出指挥调度系统一期广播电视舆情分析预警和楼宇信息发布系统调试启用。省IPTV监管平台建设加快推进。

4. 深化广电惠民服务,完善公共服务体系。召开全省“广电进渔船”工作会议、全省广播电视“户户通”工作会议、全省乡镇广电站建设交流推进会、全省县级数字影院建设工作座谈会,完成2011年度广电惠民服务检查验收,制定下发2012年广电惠民服务工作标准,部署推动广电惠民服务系列工程建设,各项广电惠民工作取得了明显成效。认真实施"十二五"期间对农节目服务工程建设规划,通过对农节目服务工程建设考核、对农节目政府奖评选、编制150多档通用性对农节目、举办浙江农民创富大赛、全省生态循环农业创新模式电视节目竞赛活动等方式,推进广电对农节目转型升级,不断提高对农宣传服务水平。全省市、县两级广播电视播出机构均自办对农或涉农节目,广播电视栏目分别达到每周3档以上,开办总数达到870档以上。利用有线、直播卫星等多种传输方式,开展海岛、林场、偏远山区广播电视全覆盖工作,农村有线电视实际入户率达到91%。按照中央要求,启动全省"十二五"广播电视"户户通"工程建设,采用有线联网和直播卫星方式,解决20户以下通电自然村农民群众听广播看电视的问题,31个县(市、区)全部完成了直播卫星安装任务,安装直播卫星4800台。沿海有关市县贯彻落实《关于开展"广播电视进渔船"工程的实施意见》精神,已安装5000多艘渔船,超额完成全年安装任务,全省1.2万艘远洋渔船已有8300多艘通上广播电视。在海宁市开展农村应急广播试点工作。建立健全广播"村村响"维护管理长效机制,全省3万多个行政村已安装室内外各类调频音箱和高音喇叭近200万只,有线广播农村覆盖人口超过80%,发挥了广播在农村宣传和公共应急工作中的重要作用。"广电低保"已经让近40万户城乡"低保户"免费看上了有线电视,占有线电视通达地区城乡低保户的98%以上,其中38.2万城乡"低保户"免费看上了有线数字电视,为总计划数的90%以上。完成送电影下乡30.5万场,占总任务数的113%。积极推进全省县级数字影院建设,22个县级城市全部完成数字影院全覆盖工作,超额完成全年目标任务。完成全省农村数字流动放映监管平台中央控制系统建设,在湖州安吉等县启动农村公益电影室内固定放映试点工作,积极探索农村电影室内放映新模式,受到农村群众欢迎。

5.顺应三网融合趋势,数字网络加快发展。按照中央和省委、省政府深化文化体制改革决策部署,各地各级认真贯彻落实省委办公厅、省政府办公厅《关于加快广播电视有线网络"一省一网"整合发展的通知》精神,坚持按照"科学发展、体现特色,行政推动、市场运作,兼顾各方、利益共享,统一部署、分步推进"的原则,克难攻坚,全力以赴,按照时间节点大力推进,按计划在2012年6月底前基本完成了全省"一省一网"整合任务。目前,全省79个广电有线网络已全部与省网络公司实现了联合发展,其中74个与省网络公司签订了资本合作协议,占有线网络总数的93.7%,中广有线公司所属的5个与省网络公司实现了内容业务联合。各县(市、区)大力开展网络整合巩固提升工作,按计划逐步推进当地广电有线网络公司化改造任务,取得了积极进展,走出了一条具有浙江特色的广电有线网络"一省一网"整合发展之路,特别是县级广电网络基本上全部进入资本合作,独具浙江特色优势。目前,浙江华数网络公司直接运营的广电有线网络资产达到120多亿元,拥有有线电视用户约1210余万户,其中有线数字电视用户约890余万户,居全国领先水平。华数传媒于2012年10月成功借壳上市,借助资本市场更好地服务于全省广电网络的发展壮大。认真贯彻落实省委、省政府《关于加快广播电视有线网络数字化发展的意见》精神,全省县以上城市全面完成数字化发展任务,整体转换率达到97.1%,大中城市有线网络双向化改造率达到98.5%,其他城市达到90.8%。在全省1426.7万户有线电视用户中,数字电视用户达1294.1万户,数字化率为90.7%。同时,积极推进有线数字电视城乡一体化发展,全省农村有线数字电视用户达到745.8万户,整体转换和双向化改造分别达到85.5%和66.2%。浙江广电集团和杭州文广集团联合基本完成IPTV集控平台建设,推进与浙江电信对接,不断丰富节目内容,积极开发增值产品。积极推动跨代网建设,指导推动浙江华数网络公司加快新内容、新产品、新业务、新平台建设,努力提升广播影视服务功能和服务水平。2012年5月,我省广电有线网络"一省一网"整合、网络数字化整转和双向化改造工作得到了中央文化体制改革督查组的充分肯定。

6.注重依法依规行政,科学管理力度加强。按照中央和省委要求,坚持不懈抓好净化社会文化环境,深入开展抵制低俗之风专项行动。创新收听收看和视听评议工作,加大市级视听评议指导,联合浙江大学传播所完成对浙江电视台8个频道满意度调查,积极探索建立广电节目综合评价体系。全年共编发《视听评议》简报、专报和专告共75期,及时督促整改,严肃宣传纪律,其中有近30期受到国家广电总局、省委、省政府和省委宣传部领导的批示肯定。按照中央要求,组织开展全省各播出机构对广告管理66号令的落实情况和公益广告播出情况检查,配合工商等部门重点加强对医疗资讯服务类、电视购物、虚假违法广告的专项检查整治，全省广播电视低俗节目和不良广告得到了明显遏制。加强全省互联网视听节目持证网站节目规范管理，坚决清理查处网络和手机视听节目违法行为，核查违法违规网站65家。协调“中国气象频道”在我省正式落地开通，开展全省广播电视节目传送管理情况检查，优化全省广播电视频率频道规划和布局。深入推进创建无小耳朵乡镇（街道）活动，继续深入开展全省打击非法“网络共享”网站及设备产品专项行动。查获非法卫星电视接收设施和“网络共享”设备及其产品1200余套（件），拆除非法卫星电视接收设施7210座，有效整治了境外卫星电视传播秩序。国家广电总局通报了浙江推进完善综合治理社会卫星接收设施长效机制的做法。积极配合省法制办调研征求意见，争取省政府出台了《浙江省公共视听载体播放活动管理办法》。贯彻落实全省改善发展环境电视电话会议精神，加快广播影视领域审批制度改革，调整下放审批权，缩短审批时间，提高工作效率，目前共下放广电行政审批项目共24项，占我局总审批项目的47%。

7. 加强队伍行风建设，基础建设夯实提高。通过组织开展“进村入企”大走访、“创先争优示范行动”、“万人评组工”、“比学赶创”、学习雷锋、学习吴斌等先进人物事迹，积极参与“我们的价值观”讨论，进一步深化“走转改”工作，落实机关干部基层蹲点调研制度，并为新昌县4个村的低保户捐献了20多台电视机，大力加强广电系统职业道德和行风建设。认真学习贯彻国务院、省政府廉政工作会议精神，召开全省广播影视党风廉政建设工作会议，部署广播影视系统党风廉政建设和反腐败工作。深入贯彻落实党员领导干部廉洁从政若干准则，制定《廉政风险防控机制建设工作实施细则》，梳理廉政风险防控措施，汇编省局工作职权目录和工作程序表，提高机关工作程序化、科学化水平。全省广电系统深入开展“群众满意基层站所（办事窗口）创建”、青年文明号、青年岗位能手评比活动，促进思想政治建设和工作作风转变，提高服务基层、服务群众的水平。制定下发《浙江省广播影视系统2012–2014年培训工作规划》，今年已举办广播电视台长、安全播出、县级台新闻从业人员等14期培训班，培训了1815名业务骨干，超过任务数的26%。召开全省乡镇广电站建设交流推进会，部署“十二五”全省乡镇广电站建设任务，全年全省完成223个乡镇站设备设施改造任务。

广播电视新闻宣传管理工作概况

2012年，全省广电新闻宣传战线紧紧围绕党的十七届六中全会和省委十二届十次全会关于文化强国、文化强省建设的决策部署，扎实开展新闻宣传管理工作，正确引领舆论导向，稳步推进新闻立台，深入开展创先评优，有效提升了广电媒体的新闻宣传能力，较好地体现了“围绕中心，服务大局”的作用。

1. 抓好重大宣传报道，舆论引导正确有力。以迎接党的十八大、宣传贯彻党的十八大和省党代会精神为主线，部署、指导全省广电媒体特别是省级广电媒体开展“四大国家战略”、“四大建设”、“五大统筹”等重大主题报道，积极宣传加快我省经济发展稳中求进、转中求好的决策部署、政策措施和典型示范。省局对十八大重要保障期的节目播出安全工作高度重视，多次专题研究部署并专门下发文件，对重要保障期的宣传工作重点、宣传报道基调及内容播出安全提出了明确要求。十八大召开前后，及时传达总局和省委宣传部关于做好十八大宣传的部署安排和提示要求，对广电媒体完整、全面、系统地做好十八大宣传报道和直播提供了强有力的支持和保障。党的十八大召开以来，指导全省广电媒体集中力量、周密安排，运用多种形式，展开了全方位、多视角、多层面的宣传报道，掀起了十八大宣传的热潮，营造了浓郁的宣传氛围。

2. 强化新闻立台工作，推进广电主流媒体建设。省广电局在广泛调研、充分论证的基础上，制定下发了《关于加强广播电视新闻立台工作的若干意见》，并通过召开深化新闻立台座谈会和赴基层实地调研等途径，及时掌握各级广电媒体在推进新闻立台建设方面的经验与做法，摸清面临的问题和困难，研究解决问题的方法和策略，不断推进各级广电媒体坚持正确办台宗旨，改进新闻报道质量，提高舆论引导能力。支持播出机构开展完善频率频道设置、优化新闻栏目的结构配置，完成丽水台对农广播的开设，协调浙江电台新闻广播的开办工作。为了检验新闻立台工作的阶段性成效，下半年，对全省市级广播电视台主频率频道的新闻类栏目进行抽查评比，肯定了市级台在强化新闻宣传力量、增加新闻栏目数量、提升节目质量水平等方面的阶段性成果，同时也认真梳理了新闻宣传投入不足、人才短缺、形式单一等问题和不足。我局在推进新闻立台上的做法,特别是出台《关于加强广播电视新闻立台工作的若干意见》,得到了国家广电总局的充分肯定并向全国推介,省委宣传部也向全省宣传系统批转了这个文件。

3.推进精品工程建设,着力提升新闻宣传的影响力。为了提升广电媒体新闻宣传节目的质量和水平,一年来先后开展了全省新闻类节目、青少节目政府奖的评选;开展对农节目抽查评比,在鼓励先进的同时,大力扶持欠发达地区的对农节目建设,稳步推进对农节目服务工程;选送了4批共15部电视纪录片参加广电总局推荐优秀纪录片的评选。通过一系列新闻宣传节目的评优活动,有效引导了相关节目的正确方向,激励了各级广电媒体抓质量、出精品的积极性。省广电局还坚持推动各地广播电视频率频道的科学定位,指导实施专业化、品牌化发展,以栏目节目的优势互补,形成播出机构的整体宣传合力,对全面提升全省新闻宣传工作的影响力发挥了积极作用。为了提高全省特别是县级台广播电视新闻从业人员的综合素质,制定了全省县级广播电视台新闻从业人员的轮训规划,计划用三年时间,对县级台的记者、编辑、播音主持人、摄像等专业的新闻从业人员轮训一遍。今年已举办三期培训班,培训人员近300人,增强了县级台抓好新闻宣传的能力,进而提升新闻宣传的水平。

4.加强节目监管,确保导向正确格调健康。一方面,及时传达总局有关节目播出的最新部署和要求,及时转发总局关于查处其他省市节目违规问题的通报,及时处理群众对节目播出方面的投诉反映,并要求全省各级广电播出机构切实引以为戒,加强自律。另一方面,以《视听评议》为抓手,不断加强对播出节目的监听监看工作,今年已出刊《视听评议》71期。在监听监看工作中,我们把舆论导向的把握引导和促进节目质量的提升作为评议重点,一是对重大主题宣传报道全程跟踪,密集评议。如对党的十八大宣传的评议已连续评议6期,对弘扬社会新风尚的道德建设栏目节目已评议了4期;二是对播出机构特别是省级频率频道节目调改创新实践及时给予全面评议。如先后对浙江卫视、浙江电视台公共·新农村频道、金华广电台等广电媒体年度节目改版等动作进行了深入评议;三是对荧屏声频中涌现出的广受群众喜爱、社会关注度高的栏目节目,认真分析探寻取得成功的原因,展开探讨性评议。如对《中国梦想秀》和《中国好声音》的评议,得到了领导和业内专家的一致好评;四是对各类栏目节目中存在的导向偏差、内容低俗、格调低下、广告违规等问题,则及时坚决开展批评性评议。今年已评议了近30期,有效发挥了《视听评议》的督查监管功能,有力规范了广播电视的播出秩序。

广播剧、电视剧、电影、影视动画管理工作概况

(1)全面完成我省县级城市影院数字化改造。

根据党中央国务院"到2015年基本完成县级城市和有条件县城的数字影院建设改造任务,东部地区和有条件的地方可率先建设"的要求,2012年1月起,我省启动了全省县级影院数字化改造和建设工作,旨在解决22个县(市、区)群众看不到数字电影的问题。淳安、乐清、平阳、东阳、新昌、仙居、龙湾、泰顺、常山9个县(市)新建了多厅数字影院,洞头、文成、龙泉、云和、庆元、松阳、景宁、玉环、三门、衢江、金东、武义、磐安13个县(市、区)完成了老影院数字化改造。至此,按照中央工作部署和时间节点要求,我省基本全面完成了电影数字影院全覆盖工作,全省所有县(市、区)级城市的群众都能实现同步观看电影大片的愿望。

我省县级城市影院基础设施建设、特别是欠发达地区县级城市数字影院全覆盖建设取得重大突破,主要做法和基本经验是:

领导重视,任务明确。2012年年初,省政府就把全省县级城市数字影院建设摆上工作日程,召开了县级城市数字影院建设工作座谈会,郑继伟副省长到会并讲话并作出工作部署。省广电局成立了数字影院建设工作小组,履行行政主管职责,精心组织实施,加强指导与督促检查。各县级广电行政部门作为建设的责任主体,认真落实全省县级城市数字影院建设工作座谈会精神,具体部署并扎实推进。

措施有力,保障到位。影院数字化改造和建设任务没有完成的地方,往往工作难度比较大。为更有效推进工作进程,省广电局协调落实了给予每个县级城市50万元的设备补贴款,用于统一采购2K数字放映机、2K服务器、还音设备等影院数字化设备;同时对直接上马新建多厅数字影院的欠发达县,优先安排可以享受的多厅影院建设补助资金。

因地制宜,整合资源。针对不同群体的需求和群

众消费能力，省广电局按照“实事求是、因地制宜、整合资源”的原则，综合考虑当地财政承受能力和社会资本投资意愿，在一些暂不具备新建多厅影院条件的县级城市，积极帮助指导将现有的礼堂、剧院、音乐厅、活动中心等改造成数字电影放映场所，不片面追求豪华高档，而是先解决让老百姓看上电影的实际问题。

做好服务，加强管理。在前期深入调研、摸清底数的基础上，省广电局派出技术小组深入基层帮助各地设计改造方案，测算设备型号，安装计算机售票系统，同时专门为22个县开办了放映员技术培训班。各县(市、区)电影行政管理部门积极配合和支持，认真落实改造场地、配套改建资金，加快影院的开业审批手续。

(2)电影精品创作成效明显。

抓精品促进创作的繁荣发展。一是对优秀电影文学剧本进行研讨，对创作方向提出指导性意见；二是为重点影片举行映前研讨，推动影片宣传发行，扩大影响和票房；三对重点企业的整体创作进行分析研讨，促进企业提升创作层次。

浙产电影票房的市场份额不断扩大。2012年，浙江领衔出品影片33部，比上年增加9部，增幅27%，排名前移至全国第二位。2012年全国城市院线放映的影片中，浙江领衔出品影片18部，参与出品5部。2012年内地票房国产片前10名中，浙江领衔出品影片2部(《一九四二》3.7亿元、《搜索》1.73亿元)，参与出品影片3部(《画皮Ⅱ》7.02亿元、《十二生肖》8.7亿元、《听风者》2.33亿元)，两者总票房9.5亿，占前十国产片票房总额的25.2%；内地票房国产片前50名中，浙江领衔出品影片6部，参与出品影片3部。合拍片成为精品创作的有效方式。2012年浙产合拍影片6部，其中5部票房上亿元。

附:2012年出品的影片片目

2012年电影片内容审查目录

序号	片名	出品单位
1	魅妆	杭州一线文化传媒有限公司
2	影子爱人	印纪影视娱乐传媒有限公司/DMG(香港)集团有限公司
3	我的幸福辣妈	东阳腾远影视传媒有限公司
4	醉后一夜	浙江横店影视制作有限公司、北京多声部影视文化有限公司、北京新浪互联信息服务有限公司
5	非常营救	浙江天翔影视文化有限公司
6	搞定岳父大人	浙江横店影视制作有限公司、杭州文化广播电视集团、广东南方电视台
7	戚继光英雄传	浙江河姆渡动漫文化发展有限公司
8	跑出一片天	欢瑞世纪影视传媒股份有限公司
9	以后的以后	中青创文化发展有限公司、杭州玄武影视有限公司、中青影文化传媒有限公司
10	搜索	新丽传媒股份有限公司、北京二十一世纪盛凯影视文化交流有限公司
11	葡峰山下小村官	宁波广播影视艺术中心、北京大众联播文化传媒有限公司
12	我要幸福	中青创文化发展有限公司、杭州玄武影视有限公司、中青影文化传媒有限公司
13	化妆师	绍兴新锐传媒影视文化发展有限公司
14	别惹乔尼	杭州璞亮影视传媒有限公司

序号	片名	出品单位
15	爸爸妈妈我爱你	浙江海纳影视制作有限公司
16	茶花村的幸福生活	金华广播电视总台、杭州明朗影视制作有限公司
17	夏天的拉花	杭州中赢影视传媒有限公司、北京华录百夏影视股份有限公司、东阳腾客影视传媒有限公司
18	情缘廊桥	杭州明朗影视制作有限公司
19	爱谁谁	浙江新影年代文化传播有限公司
20	太极 1 从零开始	华谊兄弟传媒股份有限公司、华谊兄弟国际有限公司
21	当流星划过天际	浙江海缘影视有限公司、海莱坞影视发展有限公司
22	男人如衣服	杭州天马影视文化有限公司、上海凯羿影视传播有限公司、福建恒业电影发行有限公司?
23	荒唐协议	宁波默默影视文化传播有限公司
24	父子战争	海宁海博影视有限公司
25	太极 2 英雄崛起	华谊兄弟传媒股份有限公司、华谊兄弟国际有限公司
26	沈园情	绍兴麟浩文化传播有限公司、绍兴文化发展集团有限公司
27	兰花香	浙江青木影视有限公司
28	一九四二	华谊兄弟传媒股份有限公司
29	母亲的放弃	浙江仪和岚文化创意有限公司、杭州萧山广电文化创意有限公司
30	夹缬之恋	杭州海空影视广告制作有限公司
31	李三娘	浙江越剧团
32	第 101 次求婚	新丽传媒股份有限公司、日本富士电视台
33	秘密花园	浙江天鹏传媒有限公司

(3)电影产业持续快速发展。

全年新建改建数字化影院60家310个厅,其中新建多厅影院42家271个厅。

做好电影专资收缴工作，被国家广电总局评为年度专资收缴管理工作特等奖。

(4)抓好农村电影改革试点工作。

农村电影监管平台建设进展顺利。中央监管平台建成，完成与流动放映机生产厂商之间的技术对接,对农村电影公益放映实行实时监管。

在湖州组织开展全省农村公益电影室内固定放映试点工作,在安吉、德清、吴兴等县(市、区)30多个行政村、外来务工人员集聚地、大型企业等建立室内放映点,积极探索农村电影从室外到室内、从流动到固定放映,让农村观众在“看得上”、“看得到”的基础上“看得好”,引起了国家广电总局重视和关注。

电影发行放映(包括农村公共服务、数字电影放映与发展)概况

(1)城市影院票房收入持续增长。

2012年,全省城市电影收入13.6亿元,比2011年增长40%,位列全国第四。城市观影人数近3544万,同比增长36.3%。

(2)超额完成农村公益放映任务。

2012年,农村电影放映工程被省政府列入十件为民办实事工作。各地农村电影放映队深入偏远地区,深入田间地头,累计放映近30.5万场(次),超过全年27万场总任务的13%，农民群众累计观影达6334.5万人次，基本实现一行政村一月放映一场电影的公益服务目标。

广播电影电视科技管理概况

一、广电有线网络发展进一步加快

1.深入开展“一省一网”整合。到2012年6月,完成与各县框架协议的签订工作,2012年11月,华数通过股份收购成为中广有线公司的最大股东,同时花大力气全力推进县级广电网络公司化改造。在业务推进方面，对加快推进全省跨代网建设进行了部署。

2.加快推进数字化发展。截止2012年11月底,全省共有有线电视用户1426.7万户,其中有线数字电视用户1294.1万户,整转完成比例为90.7%,双向化网络覆盖用户1118.4, 双改完成比例为78.4%,基本实现有线数字电视城乡一体化发展。

3.积极推动三网融合试点。完成省IPTV集成播控平台建设,并于3月份完成与省电信的技术对接。与省经信委、省通管局保持密切联系，积极推进杭州、宁波两市的三网融合试点工作,并已完成宁波试点方案的申报工作，帮助宁波成功组织了以三网融合为重要内容的智慧城市博览会。

二、广电惠民工作进一步强化

1.做好广电惠民的标准制定和任务落实考核工作。年初组织完成了2011年度惠民工作考核,并制定下发了2012年度惠民工作标准。

2. 农村地区网络数字化水平得到长足进展,整体转换和双向化改造完成率分别达到了62.9%和44.1%；广电低保和数字低保工程有力推进，全省38.8万户低保户免费收看到了有线电视（占总数的98.1%),21.25万户低保户免费收看到了数字电视(超额完成年初制定的18万户工作任务)。

3.在完成调研的基础上，密切跟踪关注国家应急广播体系推进情况，选择个别县开展我省农村应急广播试点工作。

三、加强科技行政管理

1.加强广播电视无线电频率管理。以我省个别台对民航造成干扰的事件为契机，采取堵疏结合的办法,引导各地规范使用广播电视无线频率;督促浙江广电集团和台州、绍兴、金华等广电播出机构对违规使用频率情况进行整改；完成9个中波转播台的迁建任务;在广科院、规划院指导下,完成我省地面数字电视频道规划工作。

2. 认真做好广播电视发射设备进口审核工作；认真核发《广播电视节目传送业务经营许可证》;切实做好广电设备器材入网认证质量管理体系的审核和产品抽样；认真做好乡镇站技术设备改造有关技术工作。

3.认真做好2012年度年广播节目技术质量奖、电视节目技术质量奖、科技创新奖、优秀技术论文奖、技术维护奖、安全播出奖、操作能手奖的省级评审和向总局推荐申报工作。

4.指导全省各级广电单位和部门完成广播电视相关信息系统安全等级保护定级工作；按照广电总局62号令的要求,组织落实重大广播电视技术项目技术论证和安全评估工作。

广播电视社会管理工作概况

一是新媒体发展健康有序。

按照省委省政府促进网络文化建设的要求和总局、我局工作重点，我省各级广电管理部门在发展新媒体、培育新业态、开拓新市场中积极发挥引导、协调、督促、帮助的作用，促进互联网等新媒体产业健康发展。目前我省十一个市播出机构均实现了上网播出；有42家县级广播电视台加盟浙江网视联盟。“浙江网络广播电视台”（新蓝网）等主流媒体网站立体传播多元开发，在全省起到龙头引领作用；宁波、台州、绍兴三地加入城市联合网络广播电视台，扩大广播电视影响力，其余各市广电主流媒体视听网站均在正确引导舆论导向，积极创新中办出了自己的特色；德清等42家县级广播电视网站，减少重复投入，加盟具有浙江特色的网视联盟，在营造健康向上网络氛围中发挥了积极作用。我们在重视主流媒体引领作用的同时，积极推动民营网站注重社会效益办出自己特色。目前全省经总局批准建立的民营商业网站21家，华语之声和播视网被评为全省十大创新网站，社会效益和群众反映较好。

其他新媒体也有了新发展。截止2012年12月31日，浙江中广CMMB在网用户26.9万户，建设完成186个发射台站及36个大功率室外直放站。车载移动、楼宇电视发展处于全国前列，其中由杭州、宁波、温州广播电视播出机构开办的移动电视覆盖了三地6200多辆公交车。

二是安全监管得到强化。

为维护视听新媒体播出安全，全省各级广电管理部门根据总局和省局部署多次开展敏感节点督查、集中专项整治等行动，同时采取排查技术漏洞、进行安播演练、签订责任书等多项举措，落实管理要求，打击违规行为。2012年，我局共向各市文化市场综合执法机构下发核查单66张，其中国家广电总局要求督办网站31家，我局监测发现要求核查网站35家。在市、县两级按照属地管理原则，组织力量积极配合下，提请省通管局关闭网站15家；停止视听节目服务网站9家；关闭虚假备案网站并列入黑名单管理网站17家，对8家视听网站做出行政处罚。维护了新媒体播出安全和传播秩序。

三是广电惠民成效显著。

2012年，全省各级广电部门积极有效推动广电惠民服务深入开展。在各级党委政府的重视支持下，沿海各地广电部门认真履行职责，克服时间紧、任务重等困难，圆满完成省政府下达的目标任务。截止2012年12月31日，全省25个有任务的市、县（市、区）共计完成5336艘渔船安装船载移动电视设备任务（两年来累计完成8340），超额完成省政府下达的5000艘“广电进渔船”安装目标。为加强基层文化建设、阵地建设和丰富海上作业渔民精神文化生活做出了贡献。

在抓紧实施“广电进渔船”工作的同时，同步推进直播卫星“户户通”工程。《浙江省直播卫星“户户通”工程建设实施方案》下发后，各地广电部门配合省局对用户情况进行了三次摸底核查，根据实际情况细化工作任务，明确时间进度。经过分段实施，稳步推进，截止2012年10月25日，全省安装直播卫星设备4809台，26个地区全部完成目标任务。

四是创建活动扎实推进。

无“小耳朵”乡镇街道创建活动开始深入人心。在持续三年开展创建活动的同时，各地加强对非法卫星地面接收设施和网络共享设备销售活动进行打击查处。年初我局会同省综治委印发了《关于开展2012年全省创建无非法境外卫星电视设施乡镇（街道）活动》的通知，各市文广新局会同有关部门认真制定创建活动方案，针对突出问题，拿出应对措施，稳步有序推进。一年中全省广电及公安、工商、安全等部门，开展专项治理检查170余次，出动车辆800余台，执法人员9000余人次，取缔非法销售安装团伙135个，查获非法卫星电视接收设施和“网络共享”设备及其产品1200余套（件），拆除非法卫星电视接收设施7800座。我局向全国整治办上报信息15期。广电总局简报第19期以《浙江推进完善综合治理社会卫星长效机制》为题介绍了我省经验。

五是制作机构管理有序。

按照国家和总局有关规定，围绕行政审批和年度审核，坚持从严管理，努力提升服务。截止2012年12月31日，全省共有广播电视节目制作经营机构690家（已通过总局年度审核），其中《电视剧制作许可证（甲种）》持证机构7家，总注册资金79.95亿元；新批广播电视节目制作经营机构169家；新增注册资金12.1亿元；浙江横店影视产业实验区落户机构48家，海宁国际影视实验区落户机构50家；注册资金1000万以上企业160家。广播电视节目制作经营机构数量列全国第二。通过培育、服务节目制作公司,为推动我省影视产业发展打下了良好的基础。目前我省影视机构制作的节目质量不断提高，出品发行销售等走在全国各省前列。

广播影视执法指导监督工作概况

一、全力配合做好相关立法工作。

一是配合省政府做好《浙江省公共视听载体播放活动管理办法(草案)》的调研、征求意见、文本修改完善等一系列工作。《办法》已经省政府第99次常务会议通过,以省政府令第305号发布,自2013年2月1日起施行。

二是配合总局做好《卫星电视广播地面接收设施管理规定》立法后评估工作,在对全国上千问卷进行复核、统计、分析和整理的基础上,形成专题调研报告。

三是配合省人大启动《浙江省广播电视管理条例》修订的调研工作,并申报列为省人大2013年立法计划二类项目。

四是配合省委宣传部开展地方文化立法调研工作。

五是承办省人大、省法制办、相关厅局起草的法规、规章、规范行文件征求意见稿22件,结合实际,认真研究，提出修改意见，不少意见被立法机关采纳。

二、广泛开展法制宣传教育工作。

一是重视实施领导干部学法制度。邀请浙大法学教授为局党组理论中心组讲授“社会主义法治理念”。局领导认真完成省管干部学法用法网上作业。

二是以《浙江广播影视》机关小报为载体,开辟法律知识小问答专栏，定期宣传广播影视专业政策法规。

三是组织各级广播电视播出机构在重大节假日和重要活动节点开展“三电”专项斗争宣传和广播电视设施保护公益宣传活动。

四是组织协调全省广电系统开展知识产权保护宣传周活动。

三、深化行政审批制度改革。

一是落实省政府关于改善发展环境的对策研究专项工作,及时梳理下放审批权限项目。局主要领导亲自参与研究,切实履行依法行政第一责任人制度,反复要求解放思想、服务基层、应放尽放,最终促成向各市、县(市、区)下放审批(审查、备案)项目24件,占全局审批(审查、备案)项目的47%。同时,制定《委托办理有关广播影视行政审批事项实施办法》,明确了权利义务和相关法律责任，并为受委托方提供审批文书、许可证件、人员培训、工作衔接等服务。

二是规范行政审批行为。对照广播影视法规规章,再次梳理调整我局政许可、审查、备案等事项。截止11月底,共依法审批事项327件,审批工作规范有序,没有任何投诉复议事项。

三是开展许可案卷评查活动。对全局2011年5月31日至2012年6月30日的行政许可案卷进行自查抽查,发现问题,及时纠正。

四是推进政府信息公开。指定专人负责完善门户网站信息,全年自查3次,重点检查网上办事指南和公告内容,做好有关事项的查漏补缺工作。

四、切实做好执法指导工作。

一是关注广播影视行政监管的热点、难点、焦点问题,研究相关应对措施。积极协调省法院、温州市法院的行政审判庭以及其他相关部门关系，妥善处理温州平阳IP电视行政处罚案件的应诉工作,并顺利结案。督办浙江广电集团勾庄发射台南边超高建筑、西边建筑工地施工塔吊影响发射以及移动公司搭建发射塔等查处工作。严查省内参与境外直播卫星平台非法落地活动，继续组织全省开展打击非法“网络共享”网站及设备产品专项行动。认真组织开展卫星电视接收设施专项整治活动，全省共查获非法卫星电视接收设施1200余套,拆除非法卫星电视接收设施7210座。全年下发行政执法案件交办单48起，各地文化市场执法机构基本做到件件有回音、事事有落实。

二是部署开展打击侵犯知识产权和制售假冒伪劣商品专项行动。对我省44家互联网视听节目持证网站2012年度影视类节目购片合同等有关版权证明材料进行备案,从源头遏制侵权盗版行为。先后约谈新蓝网、浙江在线等影响大、节目多的持证网站,督促各视听网站加强自律,建立内容审查机制,制定安全播出应急预案。部署开展整治互联网和手机媒体淫秽色情及低俗信息专项行动，共核查违法违规网站68家。

五、加强执法队伍建设。

一是开展广播影视行政执法年度考评工作,通过评选先进集体、先进个人,带动广播影视执法整体水平的提高。

二是继续实施全省广播影视行政执法业务三年轮训规划的第二期，各市、县(市、区)160多名执法骨干参加培训。

三是举办专题广电行政执法研讨会，就互联网视听节目、卫星电视、设施保护等重点领域进行案例分析和业务研讨，提升广播影视行政执法办案能力。

四是会同文化等部门组织执法机构开展办案交流和技能比武，着力培养一支熟悉广电执法的骨干力量。

五是完成局本级《浙江省行政执法监督检查证》和《浙江省行政执法证》到期换证申办手续。

浙江省广播电视节目评议审查中心 2012年工作概况

2012年，节目评议审查中心围绕抓“政治方向、管理方向、业务方向、效能方向”等几个方面的要求，抓住重点，强化业务研究、队伍建设、网络建设及机制创新等基础工作。全年共出刊视听评议简报普刊48期，专报24期，共72期，比2011年又有所增加。全年视听评议工作可以归纳为“一突出、二改进、三推进”。

1.“一突出”是突出重点，做好播出内容监管评议。由于广播电视播出量非常巨大，全面监听监看几乎是不可能的。无论是对播出机构的内容监管还是广告评议，评议中心均以有利于广播电影电视局开展行政管理为中心。根据这一重点，节目评议始终围绕播出机构播出的内容，其舆论导向是否正确为主线。2012年以来，中心对省市两级主要广播电视频率频道在重要时段、重点栏目、重要活动以及群众反响较为热烈的播出内容都进行了必要的关注和评析。如对全省广电迎接、学习、贯彻十八大的宣传报道情况，浙江卫视2012年改版情况、中国梦想秀、中国好声音等重点栏目，公共·新农村频道新版栏目、杭州电视台综合频道新闻栏目、宁波电视台等新闻栏目、省市广电媒体关于最美司机报道，浙江、杭州、宁波三家电视台少儿频道节目播出状况，法制类节目、彩票类、情感类节目等都出刊了专门的评议简报。在肯定播出机构重点栏目做好重点宣传报道、坚守舆论导向的同时，评议简报也对个别栏目随意调侃、话题选择不当以及语言文字适应不规范、播出的影视剧存在部分镜头过于暴力血腥及购物广告涉嫌低俗、违规等进行了批评。

2.“二改进”是改进评议队伍、改进评议方式。2012年以来，评议中心根据工作需要，对评议员专家队伍进行了一定范围的调整，使之更为年轻化，并扩充了社会监督评议员队伍，社会覆盖面更广。同时，2012年评议中心还增加了以短平快形式出刊的评议内容，改进了原有的评议方式。这些短平快的评议内容大多以反映问题为主，以专报形式出刊。

3.“三个推进”是推进完善省市评议网络建设工作，推进与评议对象之家——播出机构的联络对接工作，推进中心各项制度建设与完善。2012年，中心指导、帮助了舟山、温州等市级监测中心开展了视听评议工作，推进了省市两级视听评议网络建设，并加强了与省市两级播出机构的联系沟通。同时，加强了中心自身的发展建设工作，对中心的各项管理制度进行了修订与完善。

浙江省广播影视产业协会 2012年工作概况

2012年，产业协会继续认真落实在协会换届时确定了“搭平台，打基础，做事实”的工作思路。2011年，在做好常规工作的同时，致力于巩固服务平台，热忱服务会员。主要做了以下几方面的工作：

一、《视听纵横》技术版顺利改版发行

2011年9月28日，我们召开了《视听纵横》技术版指导委员会和编辑委员会会议，确定了办刊的指导思想和基本思路。根据会议精神，从去年第一期开始正式改版发行，全年出版发行共七期（增刊一期），超额完成了年度计划。改版后《视听纵横》技术版受到了领导的充分肯定，广大读者的赞赏。

1.克服困难做好发行工作

改版的《视听纵横》技术版是否得到广大读者的认同，发行量是最好的检验。各市、县(市、区)、网络公司、电影公司等单位，刊物征订较为积极，共征订杂志700余份。由于协会受财政管理条例的限制，发票的开具遇到了困难。我们多方协商，想方设法克服了难题，使征订工作顺利开展。

2.精心编辑刊物

根据《视听纵横》技术版指导委员会和编辑委员会会议精神，在省局、广电集团领导的指导下，对刊物的栏目设置及内容安排进行了认真编排，如新增的《政策管理》、《特约刊载》、《行业聚焦》、《信息汇集》等栏目，积极向有关领导和单位约稿，提高刊物对广电技术政策和产业的指导；所刊载的论文力求论点显明，力求高新技术向推广应用，为求在实践工作中所取得的经验与体会，使读者在认识上有启迪，在工作上有借鉴和帮助。

3. 及时听取对办好刊物的意见

改版后的首期《视听纵横》技术版出版发行后，于3月9日召开了部分编委、顾问参加的《视听纵横》技术版编辑委员会座谈会，认真听取编委的真知灼见。同时，在日常工作中，也能积极收集广大读者对刊物的意见和建议。

4. 办刊经费基本收支平衡

刊物出版发行经费得到了浙江广电集团、省广电局的大力支持，也得到了浙江广电集团电视制作中心及传输发射中心、华数、杭州、宁波、温州的大力支持，由于大家和支持，办刊经费基本得到了满足。

5. 做好2013年度杂志的征订工作

从今年10今年开始启动了征订工作，到现在已有101个单位，征订数量已达653份。

二、全省有线广播电视工程资质评审工作有序推进

密切配合中广协会，做好对工程资质申报单位的宣讲工作，提升该项工作的服务水平，提高我省各地有线广播电视网络中心（公司）、有线广播电视工程施工、运维单位对工程资质申报材料的质量。目前，各地对对开展工程资质评审工作重要性的认识有很大提高，申报工作的热情逐步提高，为实现省广电局领导提出的有线广播电视工程从行政审批向资质管理顺利过渡创造了良好条件。至今，已有下列单位经中国广播电视协会批准，获得了相应资质证书，另有众多家单位正在审批及申报之中。

三、为庆贺党的“十八大”胜利召开，由省广播电影电视局、省广播电视集团和省摄影家协会共同主办的“美哉　浙江”摄影作品巡展已于十月底成功展出。这次活动得到了全省广播影视系统干部职工的大力支持，收到了各类题材的摄影作品近400件。我们还邀请了省摄影家协会前后二任主席和省摄影家协会的资深会员，参与了摄影作品的评审，他们对作品的质量给予了很高的评价，认为不少作品已经达到了专业的水平。经专家评审，评出一等奖3件，二等奖6件，三等奖17件，优秀奖45件。

四、顺利完成2011年度省广播电视广告作品奖评审，有73件作品分获一、二、三等奖

2011年度浙江省广播电视广告作品奖评审于去年5月上旬在宁波举行。全省共有213件广播电视广告作品参加评审，都是经各市广播电视学会初评后择优选送的。

经过评委会认真评审，共有22件广播公益类广告作品、24件电视公益类广告作品、15件广播商业类广告作品、12件电视商业类广告作品获奖。

去年的广告作品评审有三个特点：一是送评积极性高。今年送评的作品比去年的156件增加了36.5%。二是送评作品质量进一步提高。三是获奖面扩大，获奖单位覆盖49个省、市、县广播电视台（集团）；特别要提一下的是，有不少县级广播电视台的广告作品获得了一等奖，改变了省市广播电视台（集团）包揽一等奖的局面。这说明设立广告政府奖的举措和此前两次广告创意制作培训班，对提升广告制作质量的促进作用已经显现。

五、完成了第四期广告创意制作和经营培训班。

浙江省广播电影电视学会 2012年工作概况

2012年，省广电学会在省委宣传部和省局的领导下，围绕迎接和喜庆党的十八大召开，认真学习贯彻党的十八大精神，紧紧围绕省委、省政府的中心工作和省局对全省广播影视工作的部署开展工作；加大对新时期广播影视理论和重要课题的研究；进一步扎实改进政府奖评选工作，提升评选和扩展后效应水平；加大推进广播电视节目创新创优和实施品牌化战略工作力度，更好发挥学术团体的理论学术研究、引导和智力支持作用，开展多种形式活动，推进广播影视科学发展，为全省广播影视业的繁荣发展争作更大贡献。

一、围绕中心，服务大局，突出主题，凝聚优势，积极开展理论与业务学术研究等活动，充分发挥理论与业务指导作用。

学会围绕中心，服务大局，突出主题，充分发挥学会自身优势，组织各市学会、各专委会以及相关力量，积极开展理论和业务研究。围绕强化优化宣传管理大环境下的坚持新闻立台、先进文化引领和节目创新创优开展理论和业务研究。引导广电从业人员树立新理念、展开新作为，推进新发展。

为了进一步深化新闻立台理念，推动省广电局出台的《关于加强广播电视新闻立台工作的若干意见》的贯彻落实，提高广播电视新闻工作者的业务素质和创优水平，5 月 15—17 日，省学会在杭州召开 2011 年度浙江省广播电视新闻奖颁奖暨新闻创新创优研讨会。省广电局党组书记、局长、广电学会会长张宝贵到会作专题报告，从深刻理解广播电视的根本属性和基本职责、正确把握广大受众对新闻传播的新需求、积极探索媒体融合下的新闻传播规律、充分发挥新闻工作者创造精神、不断完善对创新创优新闻节目的考核激励机制、自觉遵守法律法规和广电行政管理的要求等六个方面，强调进一步深化新闻立台工作，多出精品佳作。

2012 年以来，浙江卫视全力推动经自主创新的《中国梦想秀》和引进模式后倾力“本土化”创新的《中国好声音》这两档影响力和传播力兼备的大型综艺栏目，因极具正能量、真性情、好故事、好声音，引起了社会各界的强烈反响和广泛好评。为总结典型经验，推动电视理念与实践的创新，10 月 22 日，省广电学会和省广电局在杭州召开了“《中国梦想秀》《中国好声音》专家研讨会”，邀请来自中广协会，北师大、浙江大学、浙江省社会科学院等高校与研究机构的专家学者、有关部门领导以及社会评议员，从电视综艺节目的功能作用创作宗旨与理念、模式和管理机制等多个方面，进行了深入探讨，总结经验，推动理念与实践创新，对更好地推进电视综艺节目的引导管理，促进电视综艺节目的健康繁荣发展，起到了理性提升具和示范作用。新华社、《人民日报》、央视央广、《浙江日报》等媒体记者与会进行了报道。

2011 年下半年以来，国家广电总局相继发布了《关于进一步加强电视上星综合频道节目管理的意见》《关于进一步加强广播电视广告播出管理的通知》和《〈广播电视广告播出管理办法〉的补充规定》以及《省级卫视电视剧播出管理意见》《关于进一步加强和改进境外影视剧引进和播出管理的通知》。这些管理规定的颁发，促使各级电视台进行新一轮的节目调改和经营创收的转型升级。为聚焦广电总局管理新政发布后广播电视发展的新方略，正确认识和理解总局上述规定的精神实质、总结推广这方面好的好做法、好经验，探讨新问题，交流新思路、新方略，4 月下旬，省广电学刊《视听纵横》召开了总局管理新举措实施后电视节目调改与经营发展新方略研讨会，围绕如何正确认识与理解总局管理新举措精神实质、电视节目调改如何确立新方向新结构、如何推进经营创收转型升级等问题，畅所欲言，充分研讨，达成共识，指导和推进面上工作。

为认真学习贯彻党的十八大精神，进一步推动广播影视科学发展，加强全省广播影视理论建设，12 月 18 至 19 日，省学会在海宁召开 2012 年度广播影视学术年会，以深化广播影视改革与科学发展，推动广播影视节目与作品创新创优为主要内容，组织邀请浙江卫视、浙江之声、杭州电台经济交通广播、宁波电视台创优个人、海宁广播电视台台长等五位在广播影视一线的领导、骨干，结合实践纵论理念和节目创新创优的丰富经验与体会；学会常务副会长胡瑞庭作了关于浙江卫视综艺节目创新创优的理论价值与意义的学术讲座。

为了加大广电媒介对构建社会主义核心价值观体系，深入推进思想道德建设作用的理论研究。凝聚思想共识，弘扬社会美德，提升精神文明，发挥广播影视对推进社会主义核心价值体系建设的作用，学会积极开展一些公益性活动，2012 年 10 月 15 日是第 29 个国际盲人节，主题是“推进文化建设、共享文化成果”。省广电局、浙江广电集团、省广电学会主办，省学会播音主持专委会承办了“用我的声音做你的眼睛”关爱盲人大型公益活动，全省播音主持人为盲人录制的有声作品捐赠暨关爱盲人微电影《听见阳光》和有声读物新浪网、新蓝网同步上线启动仪式与节目当天在浙江省盲人学校举行。

为了更好运用视频形式开展科普宣传，激发公众科学兴趣、提高公众科学素质，省广电学会还同浙江省科学技术协会，与《钱江晚报》等单位联合协办浙江省首届科普微视频资源创作征集大赛。大赛运用微视频形式普及科学知识，旨在发现科普微视频优秀作品，激励科普微视频创作热情，交流科普微视频创作技法，提高科普微视频创作水平，促进更好地运用微视频形式开展科普宣传工作。

二、努力改进和做好广播影视政府奖评选工作，充分发挥评奖的导向和示范作用

继续加强和改进与省记协的合作，共同做好浙江新闻奖(广播电视部分)和浙江广播电视新闻奖评选工作，使这项工作更加科学、规范、完善。

学会先后完成了 2011 年度省广播电视新闻奖、广播电视文艺奖、广播电视播音主持作品奖、广播电视学术论文奖评选。同时，为了引导和促进网络视听新媒体做好新形势下的新闻传播工作，经研究并请示省互联网信息办公室同意，决定自2012年度始，在浙江广电新闻奖中增设音视频网络新闻奖项。通过开展此项评选活动，推动网络音视频媒体从业人员遵循网络音视频新闻传播规律，发挥网络音视频新闻独有优势，坚持正确舆论导向，提升专业业务水平，促进我省音视频网络新闻传播队伍建设。

为推动节目创新创优、省学会紧密结合颁奖等活动，更加扎实有效地组织好各门类专业业务研究、交流、授课等活动，充分发挥评奖的导向和示范作用。分别两次重点组织了广播电视新闻和文艺与播音主持作品创新创优的节目点评、业务研讨、经验交流和专家授课。

三、巩固、发展学刊改版成果，努力把《视听纵横》办实办活办优，为业界提供更佳理论与业务交流阵地。

2012年，《视听纵横》杂志紧密结合浙江省广播影视改革和发展的实践开展理论业务研究，全年共出版刊物6期，刊发文章326篇。学刊重点做好以下三方面工作：

一是抓住广播影视实际工作中的热点难点问题组织文章进行集中论述。坚持办好刊物的重点栏目《热点聚焦》，做到每期都有一个重点，先后就加强广播影视媒体的舆论引导能力、主动融入新媒体、对广电管理新政的认识、电视综艺节目的公益性传播、加强行风和职业道德建设等问题，组织实际工作者和有关专家，从不同的角度进行集中论述。这些问题都是业界关心的问题，也是业界正在实践和思考的问题。问题抓得准，文章也都各有独到之处。配合《热点聚焦》栏目，刊物在封面设计上也进行了改进，由原来登载新闻照片，改为根据每一期的重点，请专人进行设计，由图案进行表达。

二是重视刊载各级领导一些事关事业发展全局，对实际工作具有现实指导意义的文论，提高刊物的权威性。各级领导由于所处位置的关系，经常要对一些事关广播影视改革和发展全局性的问题进行思考，对他们的思考成果，刊物注意及时刊发。中国广播电视协会副会长张振华、省广电局局长张宝贵、浙江广电集团总裁王同元、总编辑程蔚东、副总编辑顾顺坤等都在刊物发表了文论。

三是学刊召开了编辑委员会会议，由《视听纵横》编辑部向编委会汇报刊物工作，听取编委会对搞好刊物工作的意见，并在办刊实践中加以落实、改进。

四、进一步发挥专委会作用，积极开展多种形式满足各类专业需求的活动，增强活力，提高成效。

2012年，学会促进和支持各专委会紧密结合各专业实际需要，开展了多种形式的学术研讨、合作、协作等活动，许多专委会较好发挥了各自的独特优势与作用。

为了加强党的十八大新闻宣传工作，12月上旬，省学会市级台专委会在金华武义召开了年会，专门对11个地市台报道党的十八大新闻作品进行了评选，并邀请中央电视台驻浙江记者站的专家等参评、点评。

为进一步加强与全省各县级台的交流与协作，加强对农宣传理论研究，提升全省对农节目宣传与服务水平，省广电学会县级台与对农节目专委会配合省局对如何继续加强全省通用性电视对农节目的征集和制作工作，组织开展好全省对农节目宣传协作并进行了交流；协助继续完善对农节目服务工程建设有关制度，发动各级对农、涉农部门积极参与和支持对农节目建设等相关活动；继续加强 “三农”问题与对农节目理论与业务研究，筹备实施2013年开展征文活动。

交通广播专委会围绕增强各地交通广播的核心竞争力，除了继续深化优化“有氧周末”大型活动的合作协作外，为了提高主持人的综合素质和采编水平、满足一线人员的学习业务愿望，先后举办了两期交通广播采编播从业人员业务培训班。他们专门从北京和上海请来中国人民大学教授喻国明、中国传媒学院播音主持艺术学院院长鲁景超和中央电台音乐之声副总监张东、中央电视台播音主持人陈家传及我省等一些专家和老师，到杭州为全省各市、县台从事广播交通新闻记者和播音主持人进行业务讲座。

为了加强省、市各台之间业务联系和横向交流，全面提升全省对外传播业务能力和影响力。对外传播专委会在杭州组织召开了浙江省外宣工作专题研讨会，进行了业务培训；并于10月份在衢州举办了新一次异地采访活动。

9月下旬，借浙江绍兴第21届中国金鸡百花电影节之机，学会电影、电视剧专委会与有关方面合作，共同举办了中国影视与绍兴论坛，从理性认知的高度，深化对绍兴影视和城市文化创意的认知，酝酿绍兴影视城和城市文化创意产业发展的可行性规划和目标前景，起到了舆论先行、理论启示、实业示范作用。

五、重视史料积累，精编《浙江广播电影电视年鉴》，积极做好《浙江通志·广播电视电影卷》编纂启动及篇目设计工作；加强信息交流，办好《季报》。

为做好广播影视资料和史料的积累工作，2012年学会在按时按量精编出版《浙江广播电影电视年鉴》（2012年版）的同时，积极做好《浙江通志·广播电视电影卷》编纂启动和篇目草拟工作。篇目框架在省广电局审定的基础上，报经省地方志和《浙江通志》编委会组织专家论证通过。

为加强学会工作信息交流，促进面上工作，学会与产业协会共同办了4期《学会协会季报》，刊登省学会、协会及各专委会、各市学会的重要工作和信息，以交流与推进工作。

学会还编辑下发了《浙江广播电视获奖作品集》及光盘。

六、做好学会理事会召开等有关工作，组织开展交流考察工作。

2月14日，省广电学会在杭州召开了第五届第二次常务理事会。学会常务副会长胡瑞庭简述了学会2011年度的工作总结和新年度的工作要点，省广电局局长、广电学会会长张宝贵做了题为“团结协同凝聚合力，充分发挥特有职能作用”的讲话。学会还分别通过了增免了一些理事、常务理事，充实和调整了一些专委会负责人。

2012年，省广电学会应中华广播电视节目制作商业同业公会邀请，由北京中视广通国际文化交流中心组织，省学会与浙江广播电视集团、杭州、宁波、温州广播电视台有关人员参加了台北国际电视节暨两岸影视论坛交流座谈会，考察了台湾年代电视台，进行了影视业务交流和现场考察。

4. 概况（二）

GAIKUANG

2012 年浙江广播电视集团概况

2012 年，在省委、省政府和省委宣传部的领导下，集团以科学发展观为指导，秉持“做大做强做久”理念，开拓创新，真抓实干，各项工作迈上了新的台阶，建设“品质广电、幸福集团”实现了良好开局。具体表现在以下几个方面：

1.主题宣传取得成效。围绕党的十八大和省第十三次党代会这条主线，全力办好《创业创新，成就辉煌》、《推进科学发展，建设“两富”浙江》等新闻专栏，策划实施“天下义乌”、“百家电台走基层”等新闻行动，合力开展“最美浙江人”宣传活动，形成强大舆论声势，得到上级领导和基层群众的好评。出色完成全国和省“两会”、“四大国家战略举措”等重大报道任务，联合开展“钱江潮”、“千岛湖水下古城”、“抗击海葵台风” 等新闻直播。在中央电台播出浙江新闻1000 多条，在央视《新闻联播》播出浙江新闻 370 多条，办好浙江国际频道和新蓝网，扩大浙江影响力。深入开展“走转改”活动，举办“改文风”和主题报道大赛，有力提升了新闻队伍的政治业务素质。

2.品牌品质明显提升。落实“合力打造卫视”政策举措，成功打响《中国好声音》、《中国梦想秀》两大标杆节目，显著提升了“中国蓝”品牌的全国影响力，浙江卫视被省政府荣记集体一等功。“第七届电视观众节”和“浙江骄傲”、“风云浙商”、“新农村建设带头人”、“十佳民生工程”等年度评选影响广泛，“新农村冲击播”、“首届中国广播微剧大赛”、“国际 3D 魔幻艺术展”等活动受到好评，“歌舞青春”等主持人推广成效明显。创作投拍《温州一家人》、《那样芬芳》、《离婚前规则》、《一九四二》等影视剧，取得了较好业绩。2012 年，集团蝉联“中国 500 最具价值品牌”，继续位居全国媒体前列。

3.经营创收逆势增长。应对严峻形势，加强市场营销，集团全年创收达到 61.8 亿元，同比增长11.2%；实现利润 15.2 亿元，继续保持平稳增长的势头，成为省级广电经济效益最好的单位。其中，广播电视广告创收 40.2 亿元，同比增长 10.1%，特别是浙江卫视创收 24.8 亿元，同比增长 27.8%，为集团广告增长作出了突出贡献。相关产业经营收入 21.6 亿元，同比增长 13.1%，发展总公司、梅地亚宾馆、《交通旅游导报》等直属单位取得较好业绩。特别是好易购一举扭转亏损局面，销售收入突破 10 亿元，同比增长 14.7%，利润 1480 万元，同比增长 87.5%，呈现出良好发展态势。

4.平台建设稳步推进。扎实推进两大省重点工程，广电传媒大厦拆迁协议签订率超过 70%，国际影视中心综合大楼施工至第 10 层，演播厅等裙楼基本结顶，服务大楼完成桩基工程。原教育台大楼、电视播出系统、影视娱乐和民生休闲演播室等改造工程全面完成，全台网和媒资管理项目启动实施，卫视高清地面数字电视成功试播，广电科技创新成果显著，技术装备实力提升。集团参股的华数公司完成增资扩股并成功上市，“全省有线电视一张网” 取得重要进展，浙江 IPTV 集成播控分平台圆满建成。进一步统筹和挖掘频率资源，广播覆盖实现较大拓展。修订实施“电视播出管理”等规定，开展安全应急演练，确保安全播出和安全生产。

5.内部管理更加规范。开展人事、财务、法务等专项培训，出台“网络安全管理”、“微博客管理”、“主持人管理”和“保密管理”等制度规章，规范重大活动支出和节目经费使用，加强广告应收款催收和网络版权维权工作，完善节目销售管理机制和价格体系，集团化管理效能进一步提升。深化以“三能”为核心的人事分配制度改革，完善人事信息管理系统，探索建立“首席制”、“星级员工”、“拜师结对”等新机制。进一步加强内部审计和招投标工作，防范经营风险，维护集团利益。

6.党的建设得到加强。学习贯彻党的十八大和省党代会精神，组织“我们的价值观”大讨论，召开第二次集团党员代表大会，加强基层党组织建设，实施“五必谈”、“三必访”等思想政治工作制度，完善廉政风险防控机制，开展多层次警示教育，集团党建工作取得新成效。同时，调整选拔一批处、科级干部，深入实施“四级员工培训”计划，新招聘 80 多名应届大学生。成功举办集团第二届运动会，开展“广电青年走基层”、“青年辩论比赛”等活动，完善困难职工扶助政策，制订“二轮腾空房出售办法”，做好住房补贴、误餐补贴发放、农副产品检测和食堂膳食等民生实事，改善员工福利待遇和生活条件，有力推进了幸福集团建设。

2012 年，集团在新闻宣传、品牌打造、产业经营、队伍建设等各个方面，都取得了突出的业绩。《中国好声音》、《中国梦想秀》传递正能量，颂扬真善美，引领了当今媒体创新发展的潮流，成为中国电视综艺节目的新标杆，大大提升了浙江广电品牌的全国影响力；《温州一家人》紧扣大时代，弘扬主旋律，奏响了当代中国梦的激情赞歌，在党的十八大期间登陆央视一套黄金时段热播，有力扩大了“浙派影视”的社会美誉度；集团广播电视广告创收克难而上，取得骄人业绩，浙江卫视创下了 15 秒广告 116 万元的全国纪录，教育科技、民生休闲、浙江之声、交通之声等频道广告总量再创新高，为集团事业建设立下了汗马功劳；集团涌现出“敢立军令状、敢打攻坚仗、敢争第一流”的卫视综艺团队精神和“勤于学习、精于才艺、甘于奉献”的广电主持人精神，丰富拓展了集团精神和集团核心文化理念，极大地鼓舞和激励了全体员工为梦想而战、为广电事业而奋斗的精神勇气。

全省四大院线及外省院线在我省的发展概况（附全省影院一览表）

（1）浙江时代电影大世界有限公司

2012 年时代院线新增签约影院 41 家，其中投入运营的 33 家，银幕 168 块，新增开业影院同比增幅为 73.68%，是院线成立以来新增影院最多的一年。其中，院线公司控股影院 5 家，参股影院 6 家，加盟影院 22 家。截至 2012 年底，时代院线共有签约影院 121 家，银幕 643 块，座位数 90854 个。

2012 年，省电影公司新设立了“浙江时代在线电子商务公司”，业务拓展至电商领域。注册成立了“影时代商务酒店”，启动酒店设计、装修、施工。取得玉环电影城项目，取得建设用地指标，完成项目设计规划。全年实现利润总额 38,729,130.86 元,实现净利润 38,729,130.86 元，比上年增长 40%。

（2）浙江横店电影院线有限公司

2012 年，公司以电影发行放映为主要业务，签约影城项目 35 个，建成成都、都江堰、天津、镇江、长春等 30 家影城，并如期开业。旗下影城达到 103 家，其中全资影城 78 家。

公司克服项目竞争、影院竞争加剧，房租、用工成本增加等不利因素，全年实现经营收入 6.85 亿元，同比增长 63.2%，排名继续保持全国前 10 位，呈现持续增长发展态势。

（3）浙江星光电影院线有限公司

2012 年，公司签约影院 4 家，包括丽水万地国际影城、广州泛博国际影城、杭州卓越影城、淳安你点我播影城。院线拥有的 IMAX 银幕数增加到了 4 块，并与 IMAX 公司、REALD 公司签订了项目开发合作协议，在全国范围内开展项目的合作。新华影都、临平影剧院已完成数字化改造升级，滨文电影大世界由 3 个厅增加至 6 个厅。

全年放映总场次已达 160380 场，观影人次达 4385164 人，取得了 16701086.27 元的年票房，递增幅度达到近 41.12%。院线影片票房成绩超 1000 万的影片有 2 部，票房成绩超 500 万的影片达到 6 部，票房成绩超 100 万的影片达 34 部，刷新历史纪录。

(4)温州雁荡电影院线有限公司

2012 年,公司共有加盟影院 34 家,合计 159 块银幕,23726 个座位。其中新加盟的有:温州市区的恒隆影城、新国光影城、赛格金典影城、鑫乐影城、全都影城以及平阳鳌江影城、金华东阳汇金影城、衢州金泰影城等 8 家影院,新增银幕 50 块、4500 多个座位。

全年投放市场新片 295 部,创造票房 16740 万元,与 2011 年同比增长 31.2%;在全国 45 条院线排第 21 位。年度放映场次 167091 场,同比增长 72%;观影 3711814 人次,同比增长 32.4%。

(5)外省院线在我省的发展概况

2012 年,浙江共有 17 条外省院线,比上一年增长 240%。分别为北京万达、广东大地、广州金逸、上海联合、中影星美、中影数字、北京九洲中原、北京红鲤鱼数字电影、重庆保利万和、北京新影联、北京时代华夏今典电影院线、北京华夏联合电影院线、上海大光明院线有限公司、北京翼达九州数字电影院线、武汉天河、湖南潇湘影视传播有限责任公司、深圳市中影南方电影新干线有限公司。

2012 年浙江新建改建数字影院

	影院名称	所属院线	3D 影厅
1	丽水瓯江影城	浙江横店	1
2	衢州裕丰电影城	浙江横店	3
3	宁海豪盛时代影城	浙江时代	4
4	镇海时代电影大世界	浙江时代	3
5	余姚天一时代影城	浙江时代	4
6	黄岩时代电影大世界	浙江时代	4
7	江山蒙太奇影城	浙江时代	4
8	玉环大剧院	浙江时代	
9	温州恒隆影城	温州雁荡	8
10	桐乡永乐影城	上海联和	3
11	东阳横店电影城金天地店	浙江横店	4
12	宁波万里影城	上海联和	2
13	宁波镇海今典保亿影院	北京时代华夏今典	
14	千岛湖你点我播影城	浙江星光	1
15	新远下沙影城	浙江星光	3
16	新昌南明电影大世界	浙江时代	4
17	临海杜桥左岸影城	北京华夏联合	2
18	宁波金逸电影城	广州金逸珠江	5
19	温州新国光影城	温州雁荡	8
20	嘉兴 UME 国际影城	上海联和	5
21	温州赛格金典影城	温州雁荡	5
22	桐庐晨光国际影城	浙江时代	5
23	平阳鳌江影城	温州雁荡	3
24	转塘时代电影大世界	浙江时代	4
25	慈溪中影星美国际影城	中影星美	7
26	星美国际影城金华金发店	中影星美	3
27	乐清时代国际影城	浙江时代	7
28	台州富仕大光明影城	上海大光明	6
29	桐庐时代金球影城	浙江时代	6
30	临海自力电影大世界	北京华夏联合	6

31	长兴百叶龙时代电影大世界	浙江时代	4
32	温州鑫乐国际影城	温州雁荡	9
33	台州雷亚电影城	浙江时代	5
34	温州全都影城	温州雁荡	4
35	武义电影院	浙江时代	
36	庆元时代数字影院	浙江时代	
37	宁海横店电影城	浙江横店	5
38	东阳影城	温州雁荡	5
39	磐安县影剧院	浙江时代	
40	杭州低碳科技馆巨幕影院	浙江时代	1
41	云和银都影剧院	浙江时代	
42	景宁影城	浙江时代	
43	龙泉电影院	浙江时代	
44	松阳瓯江影城	浙江时代	
45	嘉兴 17.5 影院(协和广场店)	北京时代华夏今典	2
46	丽水时代电影大世界	浙江时代	5
47	文成电影院	温州雁荡	
48	衢江百姓电影院	浙江时代	
49	台州市仙居电影院	浙江时代	
50	诸暨市大唐横店电影城	浙江横店	4
51	柯城金泰电影院	温州雁荡	3
52	温州龙湾万达电影城	万达	9
53	海盐绮园电影大世界	浙江时代	6
54	天河影院	中影数字	2
55	奉化博纳国际影城	浙江时代	4
56	金华施光南音乐厅数字影院	浙江时代	
57	浙江横店电影院线仙居分公司	浙江横店	3
58	台州新时代环球影城	浙江时代	9
59	杭州卓越影院	浙江星光	2
60	杭州金逸电影院	广州金逸珠江	3

浙江省广播电视评议与审查中心概况

2012年，节目评议审查中心围绕抓“政治方向、管理方向、业务方向、效能方向”等几个方面的要求，抓住重点，强化业务研究、队伍建设、网络建设及机制创新等基础工作。全年共出刊视听评议简报普刊48期，专报24期，共72期，比2011年又有所增加。全年视听评议工作可以归纳为“一突出、二改进、三推进”。

1.“一突出”是突出重点，做好播出内容监管评议。由于广播电视播出量非常巨大，全面监听监看几乎是不可能的。无论是对播出机构的内容监管还是广告评议，评议中心均以有利于广播电影电视局开展行政管理为中心。根据这一重点，节目评议始终围绕播出机构播出的内容，其舆论导向是否正确为主线。2012年以来，中心对省市两级主要广播电视频率频道在重要时段、重点栏目、重要活动以及群众反响较为热烈的播出内容都进行了必要的关注和评析。如对全省广电迎接、学习、贯彻十八大的宣传报道情况，浙江卫视2012年改版情况、中国梦想秀、中国好声音等重点栏目，公共·新农村频道新版栏目、杭州电视台综合频道新闻栏目、宁波电视台等新闻栏目、省市广电媒体关于最美司机报道，浙江、杭州、宁波三家电视台少儿频道节目播出状况，法制类节目、彩票类、情感类节目等都出刊了专门的评议简报。在肯定播出机构重点栏目做好重点宣传报道、坚守舆论导向的同时，评议简报也对个别栏目随意调侃、话题选择不当以及语言文字适应不规范、播出的影视剧存在部分镜头过于暴力血腥及购物广告涉嫌低俗、违规等进行了批评。

2.“二改进”是改进评议队伍、改进评议方式。2012年以来，评议中心根据工作需要，对评议员专家队伍进行了一定范围的调整，使之更为年轻化，并扩充了社会监督评议员队伍，社会覆盖面更广。同时，2012年评议中心还增加了以短平快形式出刊的评议内容，改进了原有的评议方式。这些短平快的评议内容大多以反映问题为主，以专报形式出刊。

3.“三个推进”是推进完善省市评议网络建设工作，推进与评议对象之家——播出机构的联络对接工作，推进中心各项制度建设与完善。2012年，中心指导、帮助了舟山、温州等市级监测中心开展了视听评议工作，推进了省市两级视听评议网络建设，并加强了与省市两级播出机构的联系沟通。同时，加强了中心自身的发展建设工作，对中心的各项管理制度进行了修订与完善。

杭州文化广电集团概况

2012年杭州文广集团上下以迎接党的十八大召开和学习贯彻十八大精神为动力，在宏观经济形势不利和自身困难矛盾较多的情况下，认真落实市委、市政府的重要部署，坚定信心、沉着应对，迎难而上，锐意进取。广播电视舆论引导正确有力、文化演艺体制改革取得突破、产业经营体量效益明显壮大。2012年集团经营总收入达到29.786亿元，同比增长9.36%，继续保持良好发展态势。宣传工作有新成效

2012年，集团各媒体正视当前媒体传播理念、传播渠道、传播方式发生深刻变化的新态势，紧紧围绕市委、市政府中心工作，做好舆论引导，提升传播能力。坚持新闻立台，坚持正确导向，坚持新闻创新，唱响主旋律，打好主动仗，巩固主阵地。

加强统筹规划创新主题报道。以重点新闻栏目为突破口，切实加强和改进新闻宣传工作，进一步强化主流舆论的影响力。制定出台《关于加强和改进重大主题报道的实施意见》，进一步加强重大主题报道统筹和媒体联动，开创主题报道集团化统筹、战役化谋划、规模化传播的全新形态，全年做好近50项大型主题宣传报道。策划推出十八大系列宣传报道，包括十八大北京特别报道组卫星直播报道、展示杭州统筹城乡发展新成就的大型新闻航拍活动《飞越三江两岸》、畅谈“打造东方品质之城、建设幸福和谐杭州”经验的《幸福城市·杭州篇》大型广播直播、解读贯彻十八大精神的《我们圆桌会》系列节目以及“飘扬的旗帜”主题晚会。报道力度前所未有，调动载体形态前所未有，共播发十八大主题报道1600多篇。认真完成全国省市“两会”、省市党代会、市委十一届二次全会等宣传任务，进一步深化“打造东方品质之城、建设幸福和谐杭州”宣传实践活动、“进村入企、服务基层”大走访、城乡区域统筹发展、“我们的价值观”主题实践、“创新促转型”打造创新型城市、动漫节、西博会等重大主题报道，形成了贯穿全年的宣传声势，营造了强大的舆论氛围。

把握正确导向提升引导能力。始终坚持"新闻立台"战略,牢牢把握正确舆论导向,充分发挥广播电视主流舆论引导能力。在全国媒体中率先开展"最美司机"吴斌的典型报道,与央视协作有力,使吴斌英雄事迹在全国形成了较大的报道声势,并迅速成为全国关注的热点。加强对重大突发性事件和热点问题的舆论引导,在抗击强台风"海葵"的宣传报道中,集团整合新闻栏目资源,首次实现"四台合一",四大电视频道实现8小时并机直播,创造了集团抗台报道的新纪录。推出《我们的价值观》、《杭州好人》、《平民英雄》等专栏,挖掘"最美妈妈"吴菊萍、"最美爸爸"黄小荣等典型,开展特色鲜明的"我们价值观"宣传。继续深入开展新闻战线"走基层、转作风、改文风"实践活动,编辑记者走基层6800人次,播发相关新闻报道1500余篇,建立基层联系点263个。

注重节目研发加大创新力度。综合频道以《杭州新闻联播》为突破口,以重大主题宣传策划报道为重点,加强和改进新闻宣传报道成效明显;明珠频道以《百团大战》为突破口,用民间文化力量为杭城百姓搭建"全民娱乐"的舞台,打造杭州文化娱乐第一台;生活频道《做给你看》积极探索节目内容与频道产业发展相契合的播出经营模式;影视频道高端人文访谈节目《字说丝绸》探索媒企合作新路子,获得省市领导肯定;少儿频道以家庭为收视主体培育时尚育儿类节目《家有Baby》。中波954全力打造《老年维权热线》等一批为老服务节目;杭州新闻广播提升《民情热线》、《连线快评》老牌节目影响力,培育《博闻天下》等新品牌节目;西湖之声重点打造《汽车百事通》;交通经济广播以品牌栏目促营销,继续打响橙色品牌。

立足两个效益扩大活动影响。继续以活动"品牌化、节目化、系列化、市场化、合作化"为目标,立足"两个效益",推出了一批有影响、有特色的大型活动。纪念建党91周年"我为七一献热血"、"红旗飘飘"群众歌咏大会等打造多年的品牌活动,有声势、有亮点;举办中国曲艺牡丹奖杭州赛区曲艺大赛凸显集团文艺实力;第二届"十大金牌和事佬"评选(人民调解员专场)活动、"杭州十大孝子(女)评选活动"有力弘扬社会主义核心价值体系;"创新中国"2012总决赛颁奖盛典,助推杭州创新型城市建设;交通91.8的微电影《迫在眉睫》展现杭州城市人间大爱精神;"杭州·祈福2012"、"爱心助考"、"六一关爱大行动"、天堂儿歌评选活动、"一鸣惊人——西湖十景全国主持人选拔赛"、"杭帮盛宴·民间厨神秀"等各项活动,既体现了媒体社会责任,又彰显了媒体传播价值。

推进媒体融合构建传播平台。积极推进传统媒体与新媒体的融合,着力构建"全天候、全媒体、全平台"的大传播格局。广播电视媒体创新运用4G技术完成杭州地铁一号线通车直播,创造国内电视广播直播史上的新纪录。积极发挥华数、移动电视、网络媒体等新媒体资源优势,与传统媒体联动互动,形成全媒体覆盖的格局。华数通过数字电视频道、互动电视平台、互联网电视平台、手机电视平台、96345城市综合信息化平台等新媒体载体,打造新媒体主流舆论渠道阵地。葫芦网推出杭州电视台多种手机客户端,实现了集团各频道(率)栏目手机实时直播和点播服务。葫芦网通过与土豆网的合作,转型升级为新媒体内容提供者。

扶持精品创作再获创优佳绩。西湖之声广播剧《踮起脚尖》成功入选全国"五个一工程"奖,创造了单个广播频率勇夺三次全国"五个一"奖的纪录;综合·生活频道的新闻评论《救人后"求表扬""炫善"行为应提倡》和杭州新闻广播的消息《我眼中的中国军队之好兵卢家胜》双双捧回中国广播影视大奖;综合频道纪录片《不灭的信天游》在全国电视联合采访活动节目评比中获得第一名;杭州新闻广播的广播剧《最美妈妈》获"第十二届中国广播剧专家奖"金奖;中波954广播连续剧《父辈的歌谣》获"第十二届中国广播剧研究会广播剧专家奖"连续剧金奖;在2011年度两个省级"政府奖"评选中,集团共获得77个奖项,其中一等奖21个,值得一提的是杭州新闻广播获得7个省级一等奖,精品创作取得重大突破。

强化品牌升级保持标杆地位。继续大力实施栏目、活动、主持人和频道"四大品牌升级战略"。交通91.8、西湖明珠频道继续保持在全国城市台中的标杆地位。交通91.8在中国传媒大会·金长城传媒奖评选中,获"2011中国十大广播电台"称号,综合频道、明珠频道、生活频道同获"2011中国十大地面广播电视频道(地市)"称号,同时交通91.8总监董敏君和西湖明珠频道总监李春晨同获"2011中国传媒年度创新人物"称号;西湖明珠频道、生活频道、西湖之声、交通91.8、《时尚周末》等媒体获得2011-2012中国品牌媒体百强—"广播电视台/频道(地市)品牌10强"、"广播电台10强"、"最具品牌价值城市生活周报"等多个全国性奖项;在中国电视艺术委员会中国电视理事会主办的2012年度电视民生类节目高峰论坛上，西湖明珠频道荣获“2011民生类年度城市频道”称号。

拓展多方渠道加强对外宣传。围绕十八大报告中“美丽中国”主题，策划组织了“和谐生态 美丽家园”——2012聚焦杭州都市圈环保行采访活动，联合国家级、省级各类媒体，全方位报道杭州生态建设成就；配合中央电视台、浙江卫视完成《千岛湖水下古城探秘》、《钱江潮》直播，推进杭州旅游产业转型升级；《走遍杭州》落地澳洲，增加向世界传播“杭州形象”的新途径；《字说丝绸》成功发行至覆盖泰国全境的两个卫星频道泰国中央中文电视台和东盟卫视，覆盖人口6千万；中央电视台浙江记者站入驻集团，开创了央视地方记者站与地方电视台合作的新模式。全年在中央电视台、中央人民广播电台发稿300余篇，其中《新闻联播》发稿31篇，并实现《新闻联播》头条播出零的突破；继续做好对美国国际卫视（ICN）、中国黄河电视台、江苏国际频道、浙江国际频道等涉外媒体平台的送片播出工作，播出各类外宣节目90部（集），计1000分钟。

演艺事业有新发展。2012年，集团以“出人出戏出效益”为目标，充分整合内外艺术资源，积极深化文化体制改革，大力推动文化创新发展。加大创作投入，推动创作繁荣，打造思想性和艺术性俱佳的艺术精品；完善市场运作机制，培育实力文化主体，繁荣演出市场；强化社会公益服务，打造有影响力的文化演艺品牌，展示了杭州文化院团的水平和实力。攻坚克难，体制改革深化成效明显。在市文改领导小组的领导下，集团认真贯彻落实中央、省市关于国有文艺院团改革的精神和目标要求，全年召开三十余次专题会议，妥善解决了转制院团原事业身份人员住房补贴、院团优秀人才进编、转制院团公司企业用工经费、转制院团核销后的事业编制处理、改制歇业单位退休人员补充生活补贴等转企改制过程中出现的问题。代市文改办起草了《杭州市市属文艺院团改革发展专项资金使用管理办法》，制订和下发了《院团企业注册资金管理办法》，加强对各院团公司注册资金的管理和监督，提高了资金使用效益。杭杂、杭话已顺利实现转企改制，杭歌采取分立式改制形式，成立南宋乐舞江南丝竹传习院，杭越整体划转为杭州越剧传习院，市属文艺院团深化文化体制改革工作取得阶段性成果。传承创新，精品佳作创排硕果累累。各文艺院团积极推动艺术生产，打造精品剧目，创排了近10部艺术性和思想性俱佳的新剧目，包括经典越剧《红楼梦》、现代越剧《德清嫂》、大型舞台多媒体话剧《梅兰芳》、杭剧《永远的雷锋》、大型声乐交响乐作品《七阙西湖》、大剧院版意大利歌剧《艺术家的生涯》以及《高椅》、《牌技》等杂技与魔术新节目。酝酿三年，呈现千年运河灿烂文化的大型舞剧《大运河》主创团队集结完毕，市委书记黄坤明亲自接见主创团队。精益求精，创优奖项频摘实力雄厚。杭歌演员徐镇摘得2012年“新加坡国际华人声乐大赛”专业组流行唱法金奖；杭话演员朱静瑛获中国话剧界最高奖项戏剧文化奖金狮奖；杭滑演员朱明获第七届全国曲艺牡丹奖表演提名奖，演员梁雪荣获新人入围奖；杭歌声乐演员陈韬在第十届全国声乐比赛中获得流行组银奖；杭滑演员董其峰被评为全国“送欢笑、到基层”惠民文化活动先进个人；杭歌在“华东六省一市专业舞蹈比赛”上摘得两金、六银、两铜，取得历年来最好成绩；杭杂、杭滑演员在省第四届曲艺杂技魔术节上多个节目获得最高奖——优秀节目奖，7人获表演金奖；杭越吴素飞和缪海洁、竺欢欢和谢莉莉在“新松计划”省青年戏曲演员大赛中再获佳绩。双效统一，演出市场拓展效益良好。加强演出规划，整合演出资源，积极部署各院团、剧场加大演出力度，发挥各演艺类公司作用，通过项目制等手段积极走市场。经典越剧《红楼梦》、现代越剧《德清嫂》、大型多媒体舞台话剧《梅兰芳》三部作品进入北京国家大剧院展演，在市属文艺院团中罕见；杭越携经典剧目三年四赴香港演出、新加坡中秋汇演、上海“西子红妆映浦江”系列巡演，场场爆满，在出人出戏出效益实践中再获显著成绩；杭话《叩问青春》在全省高校开展“高雅艺术进校园”巡演；杭杂赴科威特、日本、宁波商演50余场；杭歌《茶与咖啡》完成全国30场巡演；杭州大剧院引进有“世界第一音乐剧”美誉的《妈妈咪呀！》中文版连演七场，场场爆满；红星剧院推出中法文化之春演出季，加强国际交流。同时，集团积极参与全国性文艺盛事，成功举办全国曲艺界最高赛事——第七届中国曲艺牡丹奖全国曲艺大赛（杭州赛区），提升杭州文化软实力。精心培育，演艺品牌打造影响扩大。集团加强院团推广力度，创新对外合作方式，丰富市场营销手段，培育发掘文艺演出市场，不断扩大对外影响。杭州爱乐乐团继2010年成功举办中国交响乐峰会后，再次承办2012年第六届中国交响乐峰会，中国交响乐峰会今后将永久落户杭州，杭州爱乐品牌进一步打响；在继续办好西湖国际音乐节、西湖之夜、爱乐演出季、大剧院演出季、特色文化广场、文化春风行动等演艺老品牌活动的基础上,举办了首届杭州国际戏剧节,孟京辉执导的话剧《活着》作为开幕演出,连演三场,场场爆满,再破杭州单剧目票房纪录;与杭州金海岸文化发展有限公司、千岛湖旅游集团共同出资注册成立淳安千岛湖金旅文化有限公司,以市场化运作方式打造的极具地域特色和文化品位的旅游文化演艺项目《千岛湖水之灵》试演成功,并力争打造成国内一流的文化旅游演艺项目。

爱心公益,惠民文化服务再上台阶。围绕市委、市政府中心工作,各文艺院团积极调动演艺资源,加大公共文化服务。集团连续七年举办"文化春风行动",向全市长期坚守岗位的一线职工代表等赠送演出门票3000余张,安排各类演出26台,直接受益群众约1万人。各院团全年组织特色文化广场演出260场,受益人群6.8万。多家院团还推出惠民专场,如杭歌动漫剧场推出公益品牌剧目《给爸爸的一封信》,爱乐乐团"一元走进交响乐"系列惠民音乐会等。此外,还圆满完成了"飘扬的旗帜——杭州市喜迎党的十八大召开"电视文艺晚会、动漫节、休博会和西博会开闭幕式等活动的演出任务。

宁波市广电集团概况

2012年,宁波广播电视集团紧紧围绕市委、市政府的重大决策、重大主题、重大活动、重大典型和重大成就、重大事件展开宣传,宣传报道工作呈现出不少亮点,取得许多新的突破。精心组织党的十八大和省市党代会的宣传报道,集团所属各媒体根据各自定位,发挥优势和特色,开设"科学发展、成就辉煌"主专栏,并相继推出了大型系列报道《见证十年》、大型新闻媒体行动《宁波革命老区行》、《行进宁波》、纪录片《行进中的宁波人》等分栏目;《"深化走转改 喜迎十八大"大型广播新闻行动--蓝色崛起》被国家广电总局评为"党的十八大广播电视宣传优秀节目",在全国广播影视工作会议上受到表彰。十八大期间在央视和浙江卫视的发稿数有30多条次。市第十二次党代会的宣传报道在宣传模式上有了新的突破,首次实现了党代会开幕式广播频率、电视频道和广播电视网站同步直播,首次在大剧院开设现场演播室,首次在《宁波新闻》推出了党代会特别访谈专栏,首次用电视日记的形式进行宣传报道,全新的报道形式增强了大会宣传报道的深度和看点,营造了积极向上的良好舆论氛围。认真做好突发公共事件舆论引导。全力做好抗击第11号台风"海葵"、镇海炼化一体化项目印发群体性事件、徐戎三村塌楼事件的宣传报道,由于抗台宣传报道任务完成出色,集团及新闻综合频道、交通频率受到市委、市政府表彰,被评为抗台救灾先进集体。配合央视成功完成"小白礁1号沉船"水下考古现场直播工作,精心策划文明宁波、爱心城市宣传报道,宁波之声精心策划的"沙漠孩子寻海梦"宣传报道,大力宣传宁波支教老师胡惊雨带着25名新疆孩子在宁波实现"看海梦"的故事,这一公益活动的宣传,不仅有利于增进民族团结,同时也进一步提升了宁波文明城市、爱心城市的美誉度。新闻综合频道"最美四姑娘"报道,彰显了新时代主流价值观和社会正能量,再次扩大了宁波这座爱心城市在全国的影响力。完成了大型电视系列片《和村三十六法》的制作。集团社会生活频道积极配合市委组织部做好《和村三十六法》的制作工作,该片充分反映了和谐社会、科学发展的时代主题,得到了上级的充分认可,并在全国党建电视栏目、远程教育网络等媒体播出。此外,由社会生活频道制作的《整体推进共创和谐》专题片在全国社会管理综合治理工作会议上播出,受到与会众多中央级部委领导的赞扬。广播电视外宣工作取得了新的成绩,电视在中央台发稿294条,其中在《新闻联播》播出35条,防御台风"海葵"8月8日上了央视头条,《最美四姑娘》上了《新闻联播》单条;在浙江卫视《新闻联播》发稿428条,播出头条20条,稿件质量和分数都列全省各市第一名。广播在中国之声发稿近30条。专题片《星星的约定》通过黄河电视台在美国SCOLA频道播出后,引起海外观众广泛关注,刘佳芬及其教学模式也引来了一系列更深入的国际间交流合作。经济娱乐频率继续与美国洛城双语电台合作,共播出《东海明珠 - 宁波》200多期。

在精品生产方面,顺利完成了广播剧《辫子坟》和34集电视连续剧《那样芬芳》的创作生产。宁波大剧院与上海戏剧学院合作创作的舞台剧《我在丹山赤水》成功上演,并在江浙沪地区巡演38场。在作品播出方面,长篇电视连续剧《向东是大海》于3月10日在央视一套黄金档播出,该剧播出后深受社会关注,得到各界广泛好评。12月20日在东方卫视、深圳卫视首播,各大网络平台也相继播出,获得了观众的广泛好评。在获奖方面,《向东是大海》获第12届全国精神文明建设“五个一工程”奖,这也是集团连续四届获此殊荣。电视《江南话语》栏目在2011中国广播影视大奖·广播电视节目奖评选中,独揽“电视文艺栏目大奖”和“电视文学节目大奖”两个大奖,实现了“三连冠”。电视专题《星星的约定》获得第22届中国新闻奖二等奖。在“省政府奖”评比中,集团继续保持了在全省市级台的领先地位。为表彰集团为宁波文化事业繁荣发展作出的突出贡献,市政府作出决定对集团予以嘉奖。

着力打造品牌栏目和品牌活动,提升核心竞争力。新闻综合频道对《看看看》进行了全新改版,成功承办了宁波市创业创新企业颁奖盛典;社会生活频道精心打造的《宁波达人》节目,推出后获得好评,创造了宁波电视台周播节目收视率的新高;文化娱乐频道将老品牌栏目《讲大道》成功拆分成新闻和民生两个板块;少儿频道全新推出了首档本土青年服务类交友栏目《幸福来敲门》,广受群众喜爱,并联合市教育局、市慈善总会等单位推出“请让我来帮助你”大型爱心广场义卖活动。广播各频率联手推出第六届广播月活动;新闻综合频率联手飞越大剧院成功举行了规模空前的“宁波好声音　娱乐星擂台”年度总冠军赛;社会生活频率全程承办了《宁波市第三届广告创作大赛》;经济娱乐频率做响《社区红娘》相亲会、“中国梦想秀”宁波站海选等大型活动;老少频率成功承办了“诵中华经典,做有德之人——宁波市中小学经典诵读比赛”和“阳光爱心”系列活动;交通广播联合音乐广播共同推出“绿色出行　开达标车”、“汽车电影节”等活动。

茅洋山发射台基本建成,启动西郊中波发射台、宁海中波转播台迁建工程,积极拓展网络等新业务,合计新增用户近3万户;移动电视进地铁项目取得实质性进展,基本与宁波市隧道建设指挥部达成进驻框架协议;整合媒体网站资源,投资2000万元打造的门户网站“宁波广电网”于12月26日成功上线。加快数字化建设和技术改造步伐,完成了高清电视频道的调研和初步发展方案;完成了三网融合方案的制订;完成了新媒体发展、省IPTV集成播控平台、电视新闻演播室改造、广播电视楼宇电力改造等项目调研。坚持“安全第一、预防为主”的方针,做好安全生产各项工作,确保了供电安全、消防安全、内卫安全、车辆安全,全年无重大安全责任事故发生。

不断加大人才队伍建设,安建获国家特殊津贴,广播如意鸟、广播影视艺术中心2个团队被评为省级创优团队,获批市领军和拔尖人才9人,施展同志获“金话筒”提名奖,李飒同志被授予市级优秀共产党员称号。

温州市广播电视台概况

温州市广播电视台为温州市委、市政府直属的正县级事业单位,归口市委宣传部管理。内设(党委)办公室、总编室、纪检监察室、人事教育中心、财务核算中心、广告监管中心、产业拓展中心、技术中心、新闻综合频率、交通频率、音乐之声频率、经济生活频率、对农频率、新闻综合频道、经济科教频道、都市生活频道、公共民生频道、瓯江先锋频道等18个部门,以及温州市有线广播电视网络中心、温州广播电视报社、温州市广播电视发展公司、温州市电视剧制作中心、温州广播电视传媒集团有限公司等五个单位。办有5个广播频率、5个电视频道、1个数字移动电视频道。领导班子成员:党委书记、台长杨速辉,党委副书记、副台长王晓峰,党委委员、副台长林贵提、蒋庆涵、王莉、李志坚,党委委员、纪委书记孙智勇,党委委员、总工程师宋志坚,党委委员董静海。编制858人,现有在编职工955人,其中,正高职称8人,副高职称83人,中级职称227人。

地址:温州市新城大道39号
电话:0577-88920000
邮编:325000
网址:www.wrts.cn

湖州市广播电视台概况

湖州广播电视台是湖州市委、市政府直属事业机构,是集广播、电视、报纸、网站、艺术团于一体的综合性传媒。2005年3月按照中央、省、市深化文化体制改革的要求,在原湖州市广电局、湖州人民广播电台、湖州电视台的基础上成立湖州广播电视总台。2009年10月,经湖州市委、市政府批准,正式组建湖州广播电视传媒集团,构建广播电视总台与产业经营集团两大体系,分别履行新闻宣传和产业发展两大中心功能。

湖州广播电视台履行广播电视及相关传媒的公益性管理和运行职能。广播电视媒体包括新闻综合、都市文艺、交通经济三个广播主频率和新闻综合、文化娱乐、公共民生三个电视主频道。其中,广播自办节目量平均45小时/每天,电视自办节目量平均22.8小时/每天,广播电视节目自制能力处在全省城市台中上水平,节目创优处于全省城市台前列。办有《湖州广播电视周报》、传媒湖州网站和广播电视艺术团,实现了"声、屏、报、网、团"一体化全面发展。以贴近本地生活、服务受众为宗旨,全面宣传湖州形象、弘扬湖州文化。各广播频率、电视频道立足定位、探索创新,创办了《新闻60分》、《阿奇讲事体》、《关注》、《开心一家人》、《百姓热线》、《行风热线》、《和谐家园》、《开心宝贝》等一批具有本土化的新闻资讯类、民生服务类、文化娱乐类的广播电视品牌节目栏目,深受湖州百姓喜爱,拥有广泛的受众群,收视份额稳步攀升。近年来,各宣传平台还积极开展了"温暖的黄丝巾"、"阿奇慈善援助基金"、"温暖魔方"等社会公益活动,搭建联系政府和百姓之间的桥梁,倡导社会主义核心价值观。

湖州广播电视传媒集团承担广播电视文化产业管理和运营职能。集团下设湖州广播电视发展有限公司、湖州广播电视网络有限公司、湖州广播电视多媒体有限公司、湖州梅地亚文化艺术中心有限公司、天开影视文化传播公司等产业发展平台。2012年1月1日,参与发起成立浙江华数网络股份有限公司。

"十二五"期间,湖州广播电视传媒集团(总台)将着力发挥好党委政府喉舌作用、文明生活引领作用和文化产业龙头作用,致力于构建以创新为动力、科技为支撑、人才为引领、机制为保障的科学有机、灵活多元的事业产业发展格局,努力打造特色鲜明、结构合理、具有较强竞争力和影响力的综合性媒体。

嘉兴市广播电视台概况

2012年,嘉兴市广播电视台(以下简称嘉兴台)认真学习贯彻党的十八大、省第十三次党代会和市第七次党代会精神,围绕让党委政府满意、让广大群众满意、让广告客户满意、让员工自身满意"四个满意"广电核心价值追求,继续深化"走基层、转作风、改文风"活动,着力提高广播电视引导力、传播力和影响力,增强舆论宣传及时性、针对性和实效性,着力推进广电业转型提升,新闻宣传、节目创优、技术保障、惠民服务、产业发展和党建人才等各项工作再上新台阶。年内,嘉兴台广播电视节目牢牢占据本地收视收听市场,经营总收入同比增长1.88%,在中国传媒大会上荣膺"2012中国十大影响力城市电视台"称号。

一、新闻宣传与舆论引导明显提升

突出重大主题宣传。2012年是党的十八大、浙江省第十三次党代会和嘉兴市第七次党代会召开之年。嘉兴台围绕市委、市政府全局工作和中心任务,着力壮大主流舆论,弘扬核心价值,为全面推进"三城一市"和"两富"现代化建设提神鼓劲。年内,嘉兴台统筹抓好"喜迎十八大,宣传十八大"、经济宣传、"我们的价值观"大讨论等各项重大主题报道,重点策划、推出《稳中求进,创新实干》、《"两会"新动力》、《转中求好强实业》、《嘉兴经济进行时》、《天涯海角育种人》、《服务企业在行动》、《喜迎十八大　我这十年》、《民生十年　新票证》、《科学发展,成就辉煌》、《我们的价值观》、《勤善和美嘉兴人》、《建文明城市,创美好家园》等50多组专栏专题报道,有力助推市委市政府各项中心工作。

一是"喜迎十八大　宣传十八大"主题报道气势恢宏。嘉兴台正确把握迎接十八大宣传工作主基调,及早策划、制定《迎接党的十八大主题宣传报道方案》,全力做好党的十八大宣传报道工作。从8月下旬起至年底,围绕"科学发展　成就辉煌"主题,分会前、会中、会后三个阶段,多角度、全景式、深层次地反映党的十六大以来十年国家和嘉兴经济社会发展变化和辉煌成就。8月初,广播频率率先在《新闻观察站》栏目中连续播发6篇《人民日报》有关深入学习胡锦涛总书记"7·23"重要讲话精神的评论员文章。电视方面开设《科学发展　变化十年》、《我这十年》等五个专栏。10月3日起,《嘉兴新闻》推出十八大主题报道"科学发展　成就辉煌";广播方面开设《十年数据看变化》等六个专栏,营造喜迎党的十八大的浓厚氛围。11月8日,党的十八大隆重开幕,嘉兴台"声屏报网"联动,广播电视主新闻节目及时播出《嘉兴各界收听收看中国共产党第十八次全国代表大会开幕盛况》、《连线十八大代表——报告讲到了我们心里去》以及嘉兴全市各地各部门收听收看十八大盛况、党代表讨论发言、全市各界认真学习十八大精神等报道,并连线十八大代表畅谈感想;十八大开幕当天,央视《新闻联播》播出嘉兴党员干部群众在红船旁收看大会盛况的报道,体现党的诞生地嘉兴的影响力。嘉兴人网站制作"十八大"专题页面,链接直播十八大开幕式。在十八大闭幕后，广播电视集中报道嘉兴全市各地学习贯彻十八大精神的动态消息以及各地、各部门联系工作实际，谋划下一阶段发展的典型做法，推出“十八大报告系列解读”等专栏，邀请市委党校专家教授从不同角度解读十八大报告的重大意义，迅速兴起学习宣传贯彻党的十八大精神热潮。

策划、推出“学习十八大　宣传十八大　寻找新地标”大型航拍活动，创新十八大宣传报道形式，通过“天地对话”形式，展示嘉兴在“红船精神”指引下科学发展的生动实践，展示嘉兴经济社会发展的新成就、新变化。活动包括“我心中的嘉兴地标”推荐和“嘉兴十大新地标评选”、“幸运导航员”征集、航拍启动直播、“寻找新地标”大型系列报道四大内容。10月下旬，“我心中的嘉兴地标”和“幸运导航员”征集两个预热活动推出，引发一万多市民广泛参与，经市民推选、层层筛选出27个最具代表性的嘉兴地标。11月20日，“寻找新地标”大型航拍活动在市七一广场正式启动。当天，嘉兴台成功运用全向微波、3G、光缆等传输手段，采用天上“观众导航员”与地面主持人即时“天地对话”的报道形式，对航拍启动仪式进行60分钟的并机直播。随后三周，直升机带着摄制组人员，搭载普通市民，对新南湖革命纪念馆等27个地标进行航拍，拍摄区域覆盖全市。每航拍一个地标，嘉兴台都通过天地对话和现场采访形式，深入解读嘉兴发展的新成就、新变化和十八大提出的“美丽中国”、“核心价值观”、“翻两番”、“三型政党”、“四化同步”、“五位一体”等新观点、新举措，聚焦城市发展和百姓生活的幸福图景。自11月20日起，新闻频道在《嘉兴新闻》、《小新说事》、《今朝多看点》栏目中同步推出“学习十八大　寻找新地标”大型航拍系列报道，电视、广播、网络、报纸全媒体互动。活动期间，嘉兴台旗下“声、屏、报、网”全媒体互动，播出航拍系列报道90篇；数万市民参与各个环节，一百多位热心网友始终跟随航拍足迹，通过微博播发航拍活动进程，引来网友一万多次的转发和评论。系列报道《寻找新地标》得到浙江省委宣传部副部长鲍洪俊的批示肯定。

二是配合市委市政府工作部署及阶段性的重点工作，全力营造良好舆论环境和浓厚氛围。围绕市党代会、“两会”、水环境治理、城市有机更新等市委市政府中心工作即阶段性的重点任务，创新运用全向微波、3G直播、微博等新技术手段，开展大容量、全方位、多角度的报道，助推党委政府中心工作。强化经济宣传加快推动“两富”建设，围绕“稳中求进　共谋发展”主题，坚持“团结鼓劲”总基调，推出《稳中求进　创新实干》、《转中求好强实业》、《嘉兴经济进行时》、《服务企业在行动》、《重点项目巡礼》、《攻坚克难看亮点》、《看亮点　强信心　增实力》等十多个专栏，集聚正能量，提振嘉兴科学发展的精气神。围绕“我们的价值观”大讨论、全国文明城市和全国卫生城市复评等工作，推出《我们的价值观》、《身边的好人》、《勤善和美嘉兴人》、《建文明城市，创美好家园》、《文明岗》等专栏，弘扬“勤善和美”当代嘉兴人的共同价值观，特别是“天涯海角育种人”系列报道，展示“南繁人”创新发展、坚定信念和不畏艰辛、乐于奉献的职业精神，得到市长鲁俊的批示肯定，“南繁”团队荣膺2012“浙江骄傲”称号。

加大对外宣传力度。利用喜迎党的十八大、嘉兴端午文化节、红船节等重要会议、重大活动，联合中央级、省级媒体加大外宣力度，在加强城市宣传中提升嘉兴形象。着重抓好嘉兴台上送中央级和省级媒体稿件的工作，年内，14篇稿件在央视《新闻联播》播出，5篇稿件在央广《新闻和报纸摘要》和《全国新闻联播》播出；有5部专题片通过浙江国际频道向境外播出；嘉兴台获得2012年度浙江省电视上送央视《新闻联播》工作前十强单位，在全省11个地市台中名列第三。继续办好《小新说事》、《今朝多看点》、《新闻一线》、《出行早高峰》、《行风热线》等民生栏目，关注党委政府实施的大民生，关心百姓的小民生。

加快推动传统媒体与新媒体的融合，为民众讨论公共事务、参与社会监督搭建新平台。主动适应媒体环境新变化，积极推进传统媒体和网络媒体、移动终端等新媒体的互动融合，与微博、微信等自媒体嫁接，以及全球眼、微波、3G等数字技术的广泛应用，实现传统媒体的数字传播、新媒体舆论的主流传播和新闻现场直播常态化，实现广电媒体在舆论引导、有效覆盖、受众渗透等方面的新拓展。在喜迎十八大主题报道中，“声屏报网”联合联动，构建广播、电视、网络、报纸这一立体、全面的宣传网络，有效提升宣传影响力。在市“党代会”、“两会”报道中，首次在大会会场设立现场演播室，首次运用3G连线技术直播报道“党代会”和“两会”的动态消息，首次利用新媒体——微博报道“两会”，增强节目互动性，发挥桥梁功能，传递百姓声音，达到及时、全面、立体、灵活的宣传效果。在抗击“海葵”台风等热点及突发事件报道中，嘉兴台所属“声、屏、报、网”联合联动，3G、微博等新技术手段广泛运用，在第一时间第一现场发布权威声音，及时解答受众关心的相关情况，牢牢把握舆论引导的主动权。年内，嘉兴人网新注册用户13000余人，新增帖量20余万帖。广电报获“2011——2012中国最具品牌价值广播电视报/城市生活周报10强”奖项。手机电视业务完成安卓内测版的软件开发。

三是关注社会热点及突发事件，及时、稳妥、有效、有针对性地做好各类热点、突发事件的宣传报道工作，切实发挥好媒体舆论监督和引导的功能。年内，在报道嘉兴抗击第11号台风“海葵”期间，广播电视动员组织193名采编人员、连续36小时，以即时、高密度、大容量的信息。广播在所有的整点播报中都有相关的信息更新和现场连线，电视更是首次进行三个频道并机直播，两天时间推出8档、每档半小时左右的《防御“海葵”特别报道》，完成直播连线70多次，凸显了广电主流媒体在自然灾害面前的应急服务功能和宣传引导作用，嘉兴台防台抗台宣传报道工作受到市委常委、宣传部部长陈越强的批示肯定。围绕近年来嘉兴一直较为严峻的水质问题，根据市委市政府相关要求，配合全市治理水环境大会的召开，广播、电视分别推出“五问嘉兴水环境”、“治水十问”系列报道，扎实、深入地采访了解嘉兴水环境整体质量、上游来水境况、城乡生活污水排放处理等情况，全面、客观地反映嘉兴水环境存在的问题；在分析问题的同时，更注重报道多年来市委市政府为治理水环境所采取的各种措施，以及取得的相关成效，让群众看到政府实实在在为民办事的工作作风，很好地疏导群众的情绪。积极发挥媒体建言献策功能，如报道蒋水港溺水事件，在连续报道、深入走访调查基础上摄制的内参，受到市委书记李卫宁的重视与批示。此外，关注做好南湖区大桥镇化工厂爆炸事故、出租车“油改气”事件、平湖技工学校校车翻车事故等突发事件的报道，以第一时间第一现场，严谨、准确报道事件真相，有效引导舆论。

四是节目改版与精品创优工作。改版电视三个频道，优化节目形态和整体编排。新闻综合频道新增直播新闻节目《第1民生》，关注小民生，服务大民生。文化影视频道新增节目《老嘉兴茶馆》，为市民细述嘉兴的掌故与风情，展示嘉兴历史文化名城的文化底蕴。公共频道在提升《新闻一线》质量基础上，重点新推出《秀秀在一线》、《秀秀话三农》两档节目，让记者站在田间地头，传播对农政策，优化对农服务。推进精品创优工作。年内，嘉兴台共有49件作品获得省级以上奖项，其中，《嘉广早新闻》、《嘉兴新闻》在全省新闻节目抽评中双双获得一等奖，《阿秀嫂说三农》获省电视对农栏目一等奖，《三轮车夫之歌》获省电视类文学节目一等奖，《第七届全国“德艺双馨”颁奖晚会》获省电视节目录制技术质量奖综艺类一等奖，《崇福皮草大世界》获省电视商业类广告一等奖，《越王珠宝》获省广播节目技术质量奖广告类一等奖。此外，获得省级以上各类先进荣誉27个。

二、安全播出工作常抓不懈

确保节目安全优质播出。2012年是党的十八大召开之年，也是各级党委、政府换届之年，重大活动、重要报道多，安全播出工作任务繁重。嘉兴台全力保障安全播出工作，及时修订《安全播出管理条例》，制订《计算机及网络安全管理规定》等制度，以制度统领安全播出工作；开展技术系统自查，完善应急预案、安全播出应急培训演练等，健全安全播出保障机制，确保各重要和敏感时期广播电视节目的安全优质播出，实现广播电视的零停播、零插播、零事故。6月6日，国家广电总局科技司副司长孙苏川率安全播出检查组一行到嘉兴台检查安全播出组织机构、人员配置、安保消防、设备等级、系统方案及应急预案等各项工作，对嘉兴台相关工作予以肯定。9月29日，嘉兴市组织开展由市委宣传部、市委610办公室、市公安局、市文广局、嘉兴台、市电力局、市无管局等多部门参与的广播电视直播节目“反插播”演习活动，增强“反插播”意识和快速处置突发事件的能力。

强化技术管理与创新。加大资金投入，推进技术创新和数字化改造工作，完成电视新闻制播网扩容项目和广播媒体资产管理系统项目的实施；启用广播无线监测系统，对广播三个频率的调频无线覆盖进行实时的监测；建成新闻演播室硬盘播出系统并投入运行；自主完成广播网络化文稿编辑系统的升级。加强管理提高设备使用效能，重点抓好媒资系统、非编网、摄录设备间IC刷卡计算机管理系统及演播室、导控室等各技术系统、技术用房设备的维护与使用管理工作。成功举办夏季“直播季”活动，完成包括市“两会”、红船节、“寻找新地标”等在内的大型直播(录播)活动50余场(次)。积极推进科技创新创优。综艺节目《第七届全国“德艺双馨”颁奖晚会》获国家广电总局电视节目录制技术质量奖(金帆奖)二等奖、2012年度浙江省电视节目技术质量奖录制技术质量奖综艺类一等奖;《多媒体〈TV的未来在云端〉》(软科学类)、《嘉兴台广播机房整体搬迁项目——基于全台网的广播数字播控系统》(工程技术类)等两件(项)成果分获浙江省广播电影电视局2012年度科技创新奖二等奖;共有10件作品在2012年度浙江省广电局节目技术质量奖评比中获奖,其中,一等奖3件(项),二等奖5件(项)。

三、内部管理与事业建设再上台阶

深化机构改革,完善管理机制。调整嘉兴广播电视集团有限公司董事会、监事会及经营班子,实行领导班子成员双向兼职。撤销电视新闻中心,完善频道制和广告经营管理机制。深化以电视三个频道、广告经营中心为重点的干部人事制度改革。从9月下旬到12月底,频道中层正职等岗位实行竞争上岗,现有中层副职岗位实行双向选择;广告经营管理中心正职和下设的7个行业经理岗位实行竞标上岗,部门重新设岗定编,员工全部实行双向选择。完成市本级镇(街道)广电站站长(副站长)届末考察和新一届镇(街道)广电站站长聘任等系列干部工作。

加强广播对农宣传。注重推进市本级镇(街道)广电站自办节目创新,丰富自办节目内容,提高录音报道稿件比例;出台《嘉兴市本级乡镇广电站广播自办节目指导意见》,加强对自办节目的日常管理。3月28日,中央人民广播电台副总编辑史敏一行到余新、王店广电站考察市本级农村有线广播"村村通"、"村村响"工程建设和对农广播宣传工作;4月5日,央广《新闻和报纸摘要》栏目播出《嘉兴农村喇叭户户响》,报道"嘉兴农村广播模式"。9月26日,中央人民广播电台"中国乡村之声"开播特别节目(嘉兴站)暨"文化有约"走进农村新社区活动在王江泾镇举行,嘉兴为全国唯一的开播分会场。

深化广电惠民服务。主动服务全市新农村和"两新"工程建设,在巩固农村广播"村村响"、"户户通"成果和推进镇(街道)广电站自办节目创新的基础上,组织开展有线广播进社区、进企业、进专业市场、进公共场所"新四进"工程,工程试点工作率先在大桥广电站、王店广电站展开。年内,市本级农村广播电视管理工作相继被浙江省委宣传部、省广电局授予"广播电视安全播出先进单位"、"乡镇站建设管理先进台"、"广电惠民服务工作优秀单位"称号。11月,市本级王店、王江泾、洪合、余新、大桥等5个广电站顺利通过由嘉兴市文广新局组织的"特级站"评估与验收,新塍、油车港、凤桥、新丰、七星等5个广电站顺利通过"一级站"评估与验收。

四、广电产业发展稳步推进

面对年内严峻的经济形势及困难,嘉广集团有限公司下属各经营公司及时调整经营思路,开展业务整合,增强企业效益,全面完成年初确定的目标任务。顺应"三网融合"趋势,坚持"安全与技术并重,服务与市场并行,培训与发展同步"的宗旨,继续推进网络工程建设、小区配套建设、功能平台建设、双向接入网建设、城域网建设等各项工作。

积极发展数字电视互动业务。6月底,全面完成嘉兴市本级农村数字电视整转工程,工程历时21个月,整转率达98.3%;同时,平稳完成市本级农村有线电视整转、停模、调价三步工作。在全面完成"有线电视数字化整体转换"基础上,坚持服务、营销双管齐下,着力巩固原互动电视市场,大力推广高清互动电视,推动相关增值业务的发展。如通过开展全员营销劳动竞赛活动,拓展农村数字电视互动业务市场,提高数字电视入户率和发展数字互动电视用户数;拓展数字电视增值业务,挖掘农村广阔的需求市场,不断满足农民群众日益增长的文化需求。

厘清产业发展体系,加大文化产业集聚发展平台建设力度。新设立"文化产业发展部",整合"广电创意产业发展公司"。稳步推进江南传媒文化产业园区建设、招商、服务、推介等各项工作。年内,完成土建2.538万平方米,9个企业总部的江南庭院式办公大楼结顶,完成一期规划的17.5%。广泛接触各方文化客商,与中国作家出版集团签订"百城映像"影视项目落户协议;与国家话剧院、PPTV等在业界有影响力的文化企业达成合作意向;年内,新增入驻企业8家,新增注册资本650余万元。此外,成功举办第三届长三角国际动漫嘉年华活动,共吸引来自全国各地的参展商120余家,接待参观人数近两万人次,取得较好的社会效益和经济效益。

五、队伍建设有新成效

着眼于"四个满意"广电核心价值追求,继续深化"五型"机关创建活动以及"走基层、转作风、改文风"主题活动,着力提高员工素质和节目质量。积极实施"进校园再培训"计划,以频率、频道一线岗位为重点,共组织培训和讲座30余场次,2557人次参训,参训率达95%以上。发挥党组织以及工青妇等群众组织优势,内强素质,外树形象,组织开展"做自觉学习的模范,当推进发展的先锋"主题实践活动、"我们的价值观暨部门价值观表述语”大讨论活动、“献计献策促发展”合理化建议活动以及“群众满意广电站”、“青年文明号”、“巾帼文明岗”等各类创建活动；相继开展“双千双百”进村入企走访和社区共建活动，举办“阿秀嫂进社区”、“走到一起来”、“阿德邀你看电影”、“寻找嘉兴达人”、第四届“的士节”、“戏行天下”等系列品牌服务活动。成功举办首届观众(听众)节，包括“双十佳”及“十位热心观众(听众)”评选、媒体开放日、观众(听众)嘉年华、媒体服务社会、“魅力广电”文艺晚会等六大系列活动，进一步密切了广电媒体与受众联系，推进了嘉兴台“走基层、转作风、改文风”活动的深入开展。

嘉兴新媒体(音视频网站等)发展概况

随着“三网融合”的推进和媒体环境的新变化，嘉兴市广播电视台主动适应网络媒体、移动终端等新媒体的融合，着力加快发展新媒体、新业态、新技术，为民众讨论公共事务、参与社会监督搭建新平台，实现广电媒体在舆论引导、有效覆盖、受众渗透等方面的有效拓展，进一步壮大主流思想舆论。年内，在平台搭建、技术运用、媒体融合方面取得明显成效。

精心打造嘉兴人网网络平台，实现传统媒体的数字传播。一是嘉兴人网是嘉兴广播电视台所属网站，是嘉兴地区综合性生活服务类门户网站，网站整合了全台的电视、电台、报纸的新闻资源，为网友提供快速、贴心、有效的城市生活服务。年内，旗下嘉兴人网新注册用户 1.3 万余人，新增帖量 20 余万帖；嘉兴人网论坛目前已拥有会员总数 30 万人，日均独立 IP 超过 1 万，为嘉兴最大的网络社区之一、嘉兴唯一一家拥有网络视听许可证的网站。二是开设网络电视。经过近些年的初期建设，目前汇集嘉兴电视三个频道、广播三个频率的所有自办节目，支持直播和点播；同时，继续在完善版面、优化技术、加强运营等方面增加软硬件的投入，提升运行能力和水平。三是开办报纸的电子阅读。嘉兴广播电视报于 2008 年实现传统报纸的电子化，市民可在网上免费阅读。四是尝试拓展手机电视业务。嘉兴手机电视是以手机为媒体终端、以移动互联网为传输渠道，提供嘉兴电视、电台的直播、点播等视听内容和生活应用服务。2012 年，手机电视业务完成安卓内测版的软件开发。

绍兴市广播电视台概况

2012 年，绍兴市广播电视台(以下简称：绍兴台)紧紧围绕绍兴市委市政府确定的“稳中求进、致力惠民、积极有为”的工作基调，在绍兴市委宣传部的指导下，以学习宣传贯彻党的十八大精神为主线，牢牢把握宣传思想文化工作重点，大力深化“走转改”活动，不断提升传播手段和水平，进一步壮大主流媒体的社会影响力；继续着力做好以“加快转变经济发展方式”、“发展战略性新兴产业”为主题的经济报道，浓墨重彩开展“我们的价值观”主题宣传活动，大力宣传绍兴市以更高标准实现经济繁荣生活富裕风尚文明，全面建成惠及全市人民的更高水平小康社会的奋斗目标。同时，积极巩固创先争优活动成果，通过讨论、总结、提炼，形成了具有广电特色、体现时代要求的价值观核心词——“崇学、扬善、务实、合作”，为绍兴台新一轮创新发展提供了坚实的思想基础。

1.荣获全国广播电影电视系统先进集体，全省地市台唯此一家。一年来，绍兴台大力创建学习型广电，深入开展“做一个什么样的媒体人”大讨论活动，出台并实施“首席岗位评聘”和“劳动代理制员工转台属企业编制员工”两项制度，进一步激发了员工的团队活力。同时，根据台发展实际，适时制订出台《绍兴市广播电视台创建全国文明单位三年规划纲要》和《2012 年创建工作要点》，开展“创文明单位，找存在差距”主题活动，使全台的文明创建工作再上新台阶。2012 年 12 月 27 日，绍兴台作为全省唯一一个地市级台荣获全国广播电影电视系统先进集体，受到人力资源社会保障部、国家广播电影电视总局的表彰。

2.新闻宣传 20 余次得到市领导批示表扬，广电总局也专文介绍绍兴台的经验做法。全年共开设专题专栏 30 多个，播发系列报道上百组，全景式记录绍兴市“加快转变经济发展方式”、“发展战略性新兴产业”的坚实脚步，深度挖掘全市践行社会主义核心价值观的典型经验，全面展示全市文化惠民的服务成果等，积极营造经济发展、文化繁荣、社会和谐的良好舆论氛围。全年电视频道平均市场份额保持在 36.06%，广播频率平均市场份额保持在 50.75%。相关宣传工作有20多次得到市四套班子领导的批示表扬，国家广电总局《决策参考》以《创新机制 着力提升地方媒体公信力》为题，向全国广电系统推广介绍我台的经验做法。

3.在境内外媒体播发新闻（专题片）1326条、部（次），其中央视《新闻联播》22条次。一年来，共在境内外媒体累计外送专题片、纪录片474部（次），戏曲6台。在中央电视台、中央人民广播电台、浙江电视台、浙江电台等上级媒体累计播出新闻852条（次）。特别是在中央电视台播发新闻76条次，其中央视《新闻联播》22条次，分别是去年全年的3倍和2倍。

4. 获得绍兴市第一张网络电视台运行牌照，直接覆盖22个省市的8亿多人口。12月7日，绍兴网络电视台正式上线开播，标志着绍兴台的广播电视资源进入互联网平台面向全球传播，也意味着绍兴台对外宣传跨入了一个全新的全媒体时代。目前，绍兴网络电视台每天对绍兴台三套电视、三套广播节目进行24小时不间断高画质、高音质直播，推出了《书记、市长日记》、《绍兴风韵》等专栏，原创了一批自办节目，“乌篷船论坛”开设半年来注册会员已达3.6万多人，日均页面点击量同比增长5倍。这些信息新载体把绍兴市的重要信息第一时间发向CUTV总台和全国40多家合作网络电视台。

5.一年三件作品荣获省“五个一”工程奖，在绍兴市广电历史上尚属首次。一年来，绍兴台共有近30件作品获得省级二等奖以上奖项。其中，大型电视纪录片《绍兴，一座名城的2500年》荣获第18届中国电视纪录片“十优”作品、中国电视艺术家协会《人文中国.世居系列》纪录片大赛一等奖、第22届浙江省电视“牡丹奖”；电视纪录片《风雷激荡光复会》荣获第8届“中国纪录片国际选片会”文献类二等奖、第14届全国电视外宣“彩桥奖”一等奖、第22届浙江省电视“牡丹奖”和浙江省电视新闻奖一等奖，并成为国家广电总局推荐的国产优秀纪录片。这两部纪录片还双双入围第26届中国电视金鹰奖。在2012年6月揭晓的浙江省第11届精神文明建设“五个一工程”入选作品奖中，绍兴台创作的越剧电视剧《一钱太守》、广播剧《风雨1907》和歌曲《香林秋韵故乡情》分别获得省“五个一”工程奖。

6.爱心公益活动形成“春夏秋冬”四季品牌，营造城市文明新亮点。一年来，绍兴台联合相关部门推出“冬日暖阳”、“春暖我心”、“夏日亲情”三项爱心帮扶活动，共有近千名外来建设者、贫困家庭人员及其子女得到了帮助，受助人数接近往年的10倍；新闻频率《行风热线》栏目开展的“对话民生”、“进百村联百企入百户”系列活动，成为全省都有影响力的一个民生品牌活动；交通频率在高考前夕推出第7届爱心送考大型公益活动，共征集到380辆爱心出租车参与送考活动。5月和6月，绍兴台在全市媒体中独家率先对“献血英雄”金宇隆父子和诸暨“小聪聪”母女遭遇的困境分别展开连续报道，感动了无数绍兴人和杭州人，大家纷纷伸出援手，金宇隆父子收到捐款37万元，“小聪聪”母女收到捐款32万元，在社会上形成了“好人帮社会 社会帮好人”的爱心接力。

7.全年广电经营收入2.6亿余元，超额完成绍兴市委宣传部下达的考核指标。全年完成广告营收1.2075亿元，比去年同比增375万元，增长3.21%。；网络公司完成营收1.47亿元，同比增长6%，创利2393万元；台本级多种经营收入428万元，同比增长4.39%。广电报发行与去年同期持平。到12月底，绍兴台净资产为2.40亿，增800万元，增长3.45%。全年完成技术装备改造投入2833.61万元。

金华广播电视台概况

2012年，是金华广播电视台具有里程碑意义的一年，也是丰收的一年。这一年，为适应传媒产业发展趋势，突破广电科学发展、全面发展的体制束缚和瓶颈制约，制订完成了《金华广电台深化体制机制改革方案》，明确了金华广电台今后发展战略。该方案获得金华市政府常务会议和市委常委会议讨论通过。根据方案，金华广播电视台于2012年10月11日隆重举行金华广播电视传媒集团成立大会。传媒集团的成立标志着金华广电台从原来单纯的事业向事业和产业协同发展转变，从传统广电媒体向现代传媒产业转变；从传统事业管理向现代企业管理转变。

2012年金华广电台全年总收入接近3亿元（包括金华华数数字电视有限公司的收入）。全台全年的广告创收在全省地市台全面下滑的背景下，2012年实现增幅达到6.85%。电视三个频道全年市场份额40.3%，比2011年（为36.3%）提高了4个百分点，在全省各地市台中位居前茅。外宣工作取得历史性突破，在浙江广电集团各频道(频率)的用稿量，电视全省排名第三，广播全省排名第四。列入市政府2012年十件实事的数字电视整转工作超额完成任务，整转数达到30.48万户，全面完成网络双向化改造和停模工作。

金华广电台荣获了“中国品牌传播力创新传媒机构”、浙江省广电惠民服务工作示范单位、浙江省广播电视安全播出平安单位奖等荣誉。

一、内宣和外宣并重：内宣抓好主题报道，典型宣传取得突破；外宣整合通联力量，省台用稿排名进位。

坚持“新闻立台”原则，坚持正面宣传为主，按照市第六次党代会所确定的各项目标任务要求，唱响主旋律，打好主动仗，为市委、市政府各项工作的顺利开展营造好舆论氛围。省广播电视节目评议审查中心在对金华台的主要新闻类栏目进行集中收听收看后作出总体评价：“金华台的新闻类栏目在整体架构中占主干地位，影响力和美誉度不断提升；主频率频道的主阵地作用发挥明显，服务中心工作意识增强，服务大局更加有力。”

(一)突出主题报道。2012年市委、市政府推出了一系列重大发展战略和惠民举措，广播、电视、报纸、网站各栏目围绕“赶超发展、浙中崛起”、金义都市新区建设、“思想大解放、作风大转变”、企业转型升级等重点工作，早策划、早部署，做到每月有主题，每周推系列。影响较大的主题报道有：1.“赶超发展”主题。市第六次党代会提出“赶超发展　浙中崛起”的总目标，着力营造浓厚舆论氛围，其中推出的《赶超路上》大型系列主题报道，统筹广播、电视和网络媒体等宣传资源，实现多部门、多媒介的联动作战，形成一段时期人们持续关注的话题。同时，在《金华新闻联播》开设了《金义都市新区周报》专版，内容丰富、重点突出，及时报道金义都市新区建设的新成就。2.经济转型升级主题。推出了“发现企业活力”等多个系列报道，宣传各地转型升级的新举措和节约集约生产的好典型。电视和广播都推出了多个系列，报道金华市调结构、抓转型的新思路、新举措、新成就。3.“党代会”主题。为宣传好市第六次党代会，推出了“展示新成就喜迎党代会”等多个专题专栏。为营造喜迎十八大召开的舆论氛围，各个频道推出“科学发展的金华实践”、“喜迎十八大　喜看新变化”系列报道、“记忆中的金华”、“我们这十年”等多个系列报道。党的十八大召开期间，《金华新闻联播》通过与浙江卫视的合作，与出席大会的党代表联系，及时传递大会声音，使十八大报道立体丰富。4.“典型宣传”主题。2012年典型人物宣传有声有色，最美交警吴连表、爱心老人楼小英、孝义典型陈斌强、篮球奶奶朱淑媚等一批正面典型在荧屏闪耀。关于吴连表的典型宣传，《省“走转改”活动简报》期刊文章《快速出击深入现场，精心组织深度挖掘，金华台全力做好吴连表事迹报道》。市委书记陈一新作出批示表扬。“磐安孝子”陈斌强，教育科技频道率先报道，随后又联合中央电视台记者，从10月14日到23日，短短十天时间，央视《新闻联播》等栏目连续播出，在全社会产生巨大反响。

(二)突出民生报道。民生新闻的作用和影响越来越大，创新民生新闻报道方式，建立大民生视野。一是探索时政新闻民生化之路，《金华新闻联播》开设“于琪快跑”板块，关注市区十件实事完成情况、医保一卡通等热点问题，赢得了较好口碑。二是增强民生新闻互动性，《新闻节节棒》“叮当姐妹现场留言板”广开言路，每周五在闹市区街头与观众互动；《天天三句半》成立娘舅工作室，8位热心老娘舅共调解纠纷近千起，成功率超过80%；新闻综合频道新推出的《市民问政》栏目，成功解决了金兰班线公交、公园设施优化、双龙大桥修复等一批市民关注的问题，相关工作经验已经被省政府办公室汇编成专报信息供省领导传阅。三是增强民生新闻公益性，《百姓直播间》、《百姓零距离》栏目开展了一系列“新闻助农”惠民活动。第四届“赢在职场”共吸引1万多名各类人才参加，有1700多人现场达成协议或意向。

(三)突出对外宣传。2012年是金华广电台外宣成绩显著的一年。出台《对外宣传奖励的实施意见》，设立50万元专项奖励基金，发挥现有外宣网络优势，整合各县(市)台的外宣力量，共同把金华推向全省、全国乃至全球。在浙江台的用稿排名，广播、电视取得了历史最好成绩。在央视的用稿量也大幅提升，仅10月就有4条新闻在央视《新闻联播》中播出，密度之高，前所未有。吴连表和陈斌强均入选浙江骄傲年度人物，陈斌强入选感动中国2012年度人物(系浙江唯一)。浙师大篮球奶奶朱淑媚的影响甚至扩大到国际，美国《时代》杂志专门撰文报道了她的故事，英国BBC对她进行专访并拍摄了专题片。

二、练好内功和做好对外服务并重：练好内功抓队伍，提升采编人员素质水平；对外服务重惠民，提升金华广电整体形象。

(一)深入开展以“走转改”为重点的主题实践活

动。2012年,按照全市统一部署开展"思想大解放、作风大转变"主题实践活动,重点深化"走基层、转作风、改文风"活动。1.建立完善"走转改"联系点制度,台领导带头,在婺城区和金东区建立了8个农村基层联系点和6家企业基层联系点。在婺城区莘畈乡和箬阳乡设立"走转改"活动基地,帮助莘畈乡举办油菜花节,促成了箬阳乡停工6年的琴南公路重新开工。2.开展"百名记者进百村入百企"活动,全年有2000多人次进村入企,还选派7名骨干记者分别到婺城区、金东区的6个村和开发区1个社区担任主任助理,共为社区群众和村民办实事解难题达30多件。3.创新"走转改"报道方式,推出了"走基层·看三农"、"追赶春天的脚步"、"走进小微企业" 等专题。《省"走转改"活动简报》刊登文章《进村入企问民情 助农帮企暖人心——金华广电台"走转改"活动彰显实效》,介绍金华台"走转改"的做法和成效。

(二)积极实施以数字电视整转为重点的广电惠民工程。数字电视整体转换工作2012年继续被列入市区十大实事,在完成城区整转的基础上,启动农村整转,并于上半年提前完成市政府下达的目标任务。农村整转和城市一样采用高清技术,这在全省乃至全国都是不多见的。到2012年底,金华市本级数字电视整体转换工作累计完成30.48万户。市本级已基本停止模拟电视信号的传输。同步实施"数字电视低保工程",为低保家庭免费安装数字电视,市本级核定的7666户低保户做到"应保尽保",合计减免有线电视基本收视维护费近200万元。

(三)不断加强安全播出工作。为了迎接党的十八大顺利召开,将广播电视安全播出当作重中之重的工作来抓。上半年扎实做好自查,并在全省安全播出对口检查中得到充分肯定。9月21日与市文广新局、市委610办公室、市公安局、市无线电管理局等联合举行了以防干扰、防插播为主要内容的广播电视安全播出实战联合演练,提高了应急处置水平。同时,围绕安全播出和高清制播加大技术改造与升级的力度,全年共投入各项技术改造资金1165万元。

三、内部管理和外部拓展并重:内部管理抓落实,提高办事效率;外部拓展抓产业,增强综合实力。

(一)内部管理方面:一是强化督查。制订16项重点工作,明确目标任务,落实分管领导和责任单位。为确保这16项重点工作落到实处,严格执行"月例会、周计划"制度,加大考核督查力度,到年底,全面完成各项目标任务。二是强化监管。通过抓警示教育、风险排查和制度建设,做到思想工作做在前,廉政风险查在前,风险漏洞补在前,实现了干部职工队伍安全。及时完善了招投标工作《廉政承诺书》、黑名单制度、邀请市纪委、市控办参与监督等制度,进一步提高招投标工作的公开性和规范性。

(二)产业拓展方面:一是制订《台深化体制机制改革方案》,组建广电传媒集团。投资成立5家全资公司,与国内唯一拥有影片进口权的中国电影集团签约合作,共同在浙江中西部地区共同建设最先进的电影院线。二是广告经营难中求进。在全省绝大多数地市电视台广告负增长的情况下,保持了增长的势头。特别是在模块化开拓金融业广告方面,新闻宣传与广告经营相互配合,理财业务与广告拓展有机融合,实现了金融业广告的重大突破。还利用集团成立契机,积极组织传媒集团成立庆典祝贺广告。在抓好创收的同时,主动加强对广告经营的监管,及时整改、停播有问题广告,全年信用指数平均分位居全省第六,比去年有大幅提升。

衢州电视台概况

一、新闻宣传紧紧围绕工作大局和百姓需求提升水平

一是紧扣改革发展大局,做大做强主题报道。衢州广播电视台紧紧围绕市委、市政府中心工作,提前谋划、大胆创新,全力做好党的十八大、省第十三次党代会、市第六次党代会、市"两会"、市六届四次全会这"六会"宣传,在项目建设推进上突出了"互看互学进行时"和"两南改造"宣传,在宣传报道好两南改造的同时,本台只用了20天时间,全面完成了市政府交办的四户被征迁户征迁腾空任务,在34个有交办任务的部门中名列前茅。在贯彻市六届二次全会精神上突出工业立市、城市建设管理、旅游业大发展的宣传报道,同时扎实做好"三年"活动、文化强市建设、2012衢州创业文化周活动、"一村一品" 建设等重大活动报道,推出各项主题宣传报道十多个,为宣传、推进市委市政府战略决策和重大工作部署营造了浓厚的舆论氛围。

二是始终关注民生,传民情、解民忧、促和谐。把民生报道与"走转改"、"进村入企大走访"活动有机结合,深入基层,挖掘典型,以小见大,以点带面,反映基层群众思想生活的巨大变化,展示人民群众创业创新的精神风貌；与正在开展的各项中心工作相结合，用平民的视角和温情传递大局观念；与舆论监督相结合，积极反映基层群众的困难、困惑、要求、呼声，引起重视，推动政策落实，促进问题解决，起到化解矛盾、理顺情绪、促进和谐的作用；把各类社会活动与民生服务相结合，既展示了主流媒体的形象，也帮助群众解决了实际困难。

三是传播文明，弘扬衢州最美精神。在“最美衢州人—我们的价值观大讨论”活动报道中，始终把镜头对准基层群众，挖掘、宣传、弘扬“平民英雄”，开设“最美衢州人”、“为最美衢州人画像”、“身边的感动”、“节日中的坚守”、“万朵鲜花送雷锋”等专题专栏，大力宣传“最美大学生徐建龙”、“最美警察火场救人”、“民生使者周言松”、“首例器官捐献”等典型，弘扬最美精神；在《衢州新闻》开辟“最美衢州人”专栏，持续挖掘了一大批拥有高尚情怀的普通人物典型，反映了社会真善美，营造了浓厚的宣传氛围；按照市委宣传部的统一部署，发挥广电媒体自身特色，精心筹备承办首届“最美衢州人”十大人物评选活动，启动仪式主题鲜明、大气新颖、亮点突出、节奏紧凑，社区现场投票反应热烈，感人至深。目前正在紧张筹备颁奖晚会，力争办成“精品”现场录播准确、生动、流畅，播出后受到市民和阅评员的好评。9月份开始，大力弘扬以“诚信、责任、仁爱、奉献”为主要内涵的衢州人价值观，精心策划拍摄制作宣传片和公益广告片，在《衢州新闻》、《衢广新闻》、《975新闻》等节目中增开“学习衢州人价值观”专栏，紧紧抓住“最美战士吴奇龙”等正面典型，围绕衢州市民的核心价值观，继续做大《最美衢州人》系列，深化最美衢州人专题报道。同时结合最美人物评选，最美婆媳评选，循序推进“最美衢州人”专题报道。

四是抓住契机，努力扩大外宣影响。主动积极对接省级、中央级媒体，精心采制外宣报道，扩大衢州美誉度。据不完全统计，全年在央视发稿43条，仅新闻综合频道上央视18条，其中8条是“最美”内容。其中《新闻联播》4条，在中央人民广播电台主频道“中国之声”发稿12条。广播电视在省级媒体发稿295条，其中在浙江卫视《浙江新闻联播》播发176条。在搞好新闻宣传的同时，电视收视率也持续上升。今年1月至12月底，本台频道组晚间平均收视份额25.3%，比去年全年提高4个百分点。

五是精编栏目，收视业绩稳定增长。在抓好新闻宣传的同时，注重优化整体节目布局，有效提升收视业绩。今年1月至12月底，本台频道组晚间平均收视份额25.3%，比去年全年提高4个百分点。

二、经营创收紧紧围绕调整结构和提高质量较快增长

一是广告经营克难而上。截止到12月31日，电视广告发布量4462万元，与去年同期相比，增长10.5%，增幅居全省11地市前列。全台广告发布量5751万元，与去年同期相比，增长4.5%。全台经营创收总收入达1.04亿元，增长14%。

二是创新开展社会活动。努力克服经济下行、企业效益下降等不利因素影响，以社会活动弥补广告总量不足。策划组织了第二届电视观众节一系列社会活动，实现了社会效益与经济效益的双赢。

三是稳步拓展文化产业。成立了由台长挂帅的产业发展领导小组和工作班子，谋划文化产业项目。利用频道资源优势，通过资本联合投资控股山水庄园大型文化游艺项目《快乐向前冲》，创新了节目形态，社会反响良好；衢州市广播电视制作传输中心二期工程，即“衢州数字影视传媒产业基地”项目即将正式启动工程立项报批程序。该项目建成后，将充分发挥孵化器、聚合器、辐射器的作用，推进文化创意产业发展。

三、技术事业紧紧围绕确保安全和拓展服务做好保障

一是确保广播电视播出安全。圆满完成了党的十八大、全国及省、市“两会”、省市党代会、春节、“五一”、国庆等重要播出保障期的日常安全播出任务；据全省广播电视安全监测中心的通报，自2009年起到现在，广电台自办“播出异态”次数均为零，实现了安全播出；完成市党代会、人代会开幕式等30余次广播电视直录播活动，未发生任何差错。

二是加强数字电视用户服务，稳步推进一省一网整合发展。积极在用户服务上做文章：顺时应势推出高清、3D电视节目；在城区实施光纤到楼幢的改造方案，进一步提高有线电视网络的信息承载能力；柯城农村数字电视整体转换完成比例85%，网络双向化改造稳步推进；开展有线电视营业厅标准化、规范化建设，研发和开通银行网点付费系统，更好地服务群众；协助浙江华数与各县(市区)签订“一省一网”框架协议，台自身的一省一网整合清产核资工作已基本结束，资产评估和股权分割等相关工作正在进行。

三是积极开展技术创新。全市所有城区实现了

CMMB 手机电视信号的全面覆盖，衢州市民只要借助手机、车载导航等装有 CMMB 接收装置的终端，即可收看包括衢州电视新闻在内的 7 套电视节目。进一步加快数字电视应用平台、阳光政务平台、增值业务开发和移动电视等新媒体建设。

四、内部管理紧紧围绕凝聚合力和激发活力改革创新

一是开展“落实‘两化’，三治三比”活动，全面推进重点工作项目化建设。按照“主题载体化，工作项目化”的要求，将全年重点工作进行细化，制定了 37 项重点工作的项目化推进表，每个项目都排出具体时间表、责任到人，目前部分项目已经完成，其他项目正在有序推进。

二是深入开展“做最美广电人——我们的价值观”大讨论和集中整治活动。根据市委宣传部统一部署，按照规定程序持续开展大讨论活动。针对存在的突出问题，为进一步消除隐患、建立长效机制、确保导向安全和播出安全，5 月 22 日，下发《关于全面开展“严查隐患、建章立制、狠抓整改”集中整治活动的通知》，开展了为期一个月的集中整治活动，全面排查各方面、各环节工作隐患、问题，及时整改，并制定完善长效机制，新出台规章制度 10 个。

三是深化开展“走基层，转作风，改文风”活动。今年以来，台领导班子成员深入基层，走访调研了一批特色文化村、文明村和文化企业(7 个)。各媒体建立了 55 个基层联系点，宣传口部门负责人带队深入一线，依托目前已建立的基层联系点，持续不断开展蹲点采访活动，深化“新闻扶贫”、帮困结对活动，同时采写刊发了百余篇鲜活稿件。

四是实行全员化、常态化学习，争创学习型单位。将每周一定为“全员学习日”，各部门结合工作实际开展形式多样的集体学习和研讨交流活动，每次时间不少于一个半小时；台党委每两星期召开一次“干部讲学会”，由台领导和中层干部开设讲座进行业务讲学，每次安排 2 人，每人讲学时间为 40—60 分钟，并由台领导作出点评。两项制度实施以来，台及下属各部门坚持执行，收到较好效果。

五是强化日常管理。制定衢州市广电台《首问首办负责制》、《服务承诺制》、《工作落实和督促检查责任制》，促进效能提升、群众满意度提高；台层面出台了《台中层干部离任年龄及离任后待遇的规定》，对广播电视发展公司经理职务进行全台公开竞聘、开展第三轮首席职务评选；责任部门层面，如发射中心还创新性地开展“工作包”式的任务分解、量化考核办法，有效提升了工作积极性。这些做法，创新了选人用人和激励机制，激发了干部职工创业创新、勇争一流的热情。

六是推进党风廉政建设。配合检察机关查处贪腐案件，净化了干部员工队伍；深化完善《廉政风险防控机制建设工作细则》，加强《干部任用条例》、《廉政准则》、《重大事项报告制度》等的执行力度；加强宣传纪律执行情况、财务制度执行情况、日常管理制度执行情况的监督检查，加强对干部任用、人员招聘和党风廉政制度执行情况的监督检查，加强对窗口部门，关键岗位不正之风的监督检查，加强对中层干部开展履职情况的监督检查。进一步深化落实台内控内审机制，对发现的问题苗头进行整改，对违反台纪律规定的少数干部职工，进行了行政处分、免职、清退等处理。

舟山市广播电视台概况

2012 年，在舟山群岛新区起航的大背景下，舟山广播电视台坚持以新区建设的引领者、道德风尚的倡导者、文化价值的传播者、社会民生的服务者为己任，创新工作思路，加强团队建设，增强舆论宣传引导能力，提高广播电视的技术水平，提升广播电视的市场运营能力，各项工作稳步发展。

一、创新载体，服务大局，围绕中心做好舆论引导

各广播频率、电视频道和广电报牢牢把握舆论引导的主动权，着重做好“十八大宣传”、“新区启航”、“市三代会”、“走转改”活动、文明城市创建、舟山港综合保税区批复、抗击“海葵”台风等重大主题报道。同时，新闻节目积极创新，公益活动有声有色，宣传报道工作成效显著。

党的十八大宣传是重大主题宣传的重中之重。各频率、频道、广电报等媒体未雨绸缪，创新思路，通过开设《喜迎十八大　创造新业绩》等专栏、专题，全面报道全市 10 年来经济、社会、文化、精神面貌的变迁，见证了新区发展。十八大后，各媒体聚焦十八大精神的学习、贯彻、落实等，宣传报道有声有色。

充分发挥广播、电视、报纸、杂志、网络等优势，从 4 月起联合推出“新区启航”重大主题报道，开设《新区启航》、《新区新变化》、《新区三人行》、《小叶话新区》、《发现新区之美》等一批新栏目。在新区批复一周年之际，主频率、主频道打通各档栏目，精心筹划制作特别报道，全方位、多角度地报道新区批复历程、新区新气象、新区新政策、新区新变化等。此外，提前制订详细报道计划，广播电视利用各自特点和优势做好国务院批准设立舟山港综合保税区宣传报道，为舟山群岛新区建设营造浓郁的舆论氛围。

结合全市开展的"我们的价值观"大讨论，与市文明办、教育局等单位紧密合作，推出"做怎样的新区人"特别报道，通过"道德观察"、"道德实验"、"道德行动"三个阶段，倡导市民提高文明素质，与新区时代接轨。这组报道在报道形式、报道规模等方面都有新的突破。同时还把"走转改"活动与文明城市创建宣传结合起来，通过开设"最美舟山人"、"寻找身边的文明"等专栏，关注普通百姓的文明行为，弘扬正义、倡导文明。

在抗击台风"海葵"报道中，采编播人员冒着风雨深入一线，连续作战，报道容量之大，直播次数之多创历史纪录。广播新闻综合频道推出《抗击海葵 我们在一线》特别报道，节目打破常规，延长时间，连续36个小时全程直播。同时，及时插播台风消息和各类服务信息。电视新闻综合频道打通栏目，及时更新抗台报道，在不到三天的时间里连续推出18档滚动特别报道，提供400多分钟的台风新闻资讯，并通过现场直播、现场连线等方式提高时效性，增强现场感。

在服务新区发展的新要求下，充分利用自身资源，积极开拓，以开放办台的理念，打造了新的宣传平台。10月，与市人社局联合推出专业化电视公益频道新区就业服务频道，得到市委、市政府及省人社厅和国家人社部的肯定。12月底，与市旅委联合打造的我省首个专业旅游频道——群岛旅游频道开播，为新区旅游产业发展提供全方位的服务。两个全新频道的运作获得良好社会效应和经济效应。目前，正积极筹建看舟山·新区宽频网站，打造宣传新区发展的一个新窗口。

提出"公益靓台"的理念，以"舟山广电公益力量"为品牌推介语，所属各媒体全面参与全市公益活动，同时依托频率频道有影响的品牌栏目，策划组织多种公益活动，进一步提升公益品牌的形象。"舟山魅力" 人物评选、"爱心总动员"、"声动舟山·全民K歌赛"已成为有影响力的一系列媒体公益品牌活动。

二、突出重点，改革创新，努力夯实广电发展基础

一是理思路、重布局。提出"内容精品打造、经营创收倍增、技术全面进步、队伍建设优化、体制改革创新"的五年奋斗目标，并制定"4321"的发展战略，打造广电新平台，拓展产业新渠道，构建全媒体发展格局。"4"是指频道电视4个(新闻综合频道、经济生活频道、群岛旅游频道、新区就业频道)，"3"是指3个广播频率(新闻综合频率、交通经济频率、城市生活频率)，"2"是指两个平面媒体(舟山广播电视报、《魅力》杂志)、"1"是指1个网络媒体(新区宽频)。

二是调体制、改节目。针对电视节目生产小、散、弱的现状，整合力量，调整体制，成立电视新闻中心，提升新闻策划和生产能力。同时，对电视节目全面改版，在节目口子人数总量不变的情况下，新增自办节目近一小时。《舟山新闻》、《汪大姐来了》、《讲拨侬听》、《有啥说啥》、《非常故事》、《旅游晚八点》等新版节目在新闻贴近性、资讯实用性、栏目公益性、节目互动性等各方面得到强化。经过改版，"立潮头，观天下"——新闻综合频道、"我的视界， 我的生活"——经济生活频道、"海自在，心同行"——群岛旅游频道三个频道以新闻、生活、旅游板块鼎足而立。通过抓节目质量，各广播频率、电视频道积极创新，在省广电局组织开展的全省市级广播电视台新闻栏目抽查评比中，《舟山新闻》栏目围绕中心服务大局，凭借地域特色，抓住新区建设的热点、难点，荣获市级电视台新闻栏目二等奖。广播《行风热线》节目组荣获2011-2012年度舟山市"工人先锋号"称号。

三是拓渠道、稳创收。广告部门积极参与市场竞争，勇于开拓新市场，在逆境中求突破，下半年起广告创收止跌回升，广告经营从业人员积极转变观念，变被动营销为主动营销，大力开发本地广告，重点拓展房产、汽车、金融类广告，并加大品牌广告的引进和播出量，加强对违法违规广告的监测、整改，使广告整体结构趋于合理化，促进广告经营可持续发展，稳定了广告信用指数。同时以活动促效益，各频率频道相互合作，资源共享，多次打造各种公益或商业活动，提高社会影响力。"观音文化节"、"明星足球赛"、"戏曲票友大赛"、"年度车展" 等活动均取得良好的社会效益与经济效益。同时开拓广电延伸产业，培育广告新亮点。把开发户外广告，电视购物和会展经济作为新的经营思路，实现产业结构的多元化发展。在原有的电视购物基础上引进新的购物精品频道。全年广告创收4700万元，比2011年增长100万左右。

四是确保安全播出。安全播出是广播电视工作的关键。总台通过多次应急预案的演练，牢固树立安全责任意识。在节假日和敏感时期加强技术值班力量，并开展自纠自查工作，及时处理各种隐患，确保全国及省市两会、春节、五一、十一、十八大等重要安全保障期的安全播出。在全省广电安全播出大检查中，由省局组织的检查组对总台安全播出工作给予充分肯定。

五是完善设施设备。加大投入力度，不断完善设施设备。蚂蝗山发射台重建工程顺利完工、新发射机房的启用、广播音频工作站的综合验收、电视三套播出节目声音电平不统一问题的解决，都为广播电视播出工作提供有力保障。

六是完成数字整转。网络中心加快数字电视整转力度，提升网络服务水平。市本级和定海乡镇提前完成省政府下达的有线数字电视整转停模工作，全面完成市本级有线网络数字化发展工作。

三、多措并举，凝聚队伍，大力巩固事业发展根本

通过组织价值观“大讨论”和专业技能“大比武”，打造激情、开放、创新、大为的核心价值观，培育核心竞争力，从管理制度、激励机制、培训教育、人才引进等各方面提升团队职业水平，激发队伍创造力。

一是明晰制度，鼓励创新。加强制度建设，搞活机制，编制印发《总台加强人才队伍建设的意见》，围绕引进人才、改善结构、提升能力、体现关怀等重点工作提出具体实施办法，以期实现培养造就一批名记者、名编辑、名主持人、技术尖子和经营人才等目标，为提高新闻宣传质量和广电事业快速发展提供强有力的人才保障和智力支持。出台《总台台聘人员晋升激励及奖惩暂行办法》、《关于开展“创业创新”活动的决定》等政策，使全体工作人员有展示才能的舞台，鼓励人才奋发向上、创业创新，为广电建设献计献策。群岛旅游频道、新区就业频道的开播、汪大姐为民工作室联盟的成立，是2012年总台创业创新活动的亮点。

二是开展比武，提升水平。成功举办“新区·新广电”首届职工专业技能大比武活动。历时三个月的大比武活动设置了广播电视播音主持、广播电视、报纸编辑记者、电视摄像、电视制作、广播电视技术、广告营销、车辆驾驶、网络线务等11个专业共25个比武项目，参与人数达254名，是舟山广电史上规模最大的一次职工专业技能综合性大比武。大比武活动构筑起一个发现人才、培养人才、选拔人才的平台，是激发广大员工刻苦钻研业务的热情，培养优秀团队，推动广电事业发展的有效途径。

台州市广播电视台概况

在市委、市政府的正确领导下，经过全台上下的共同努力，台州台坚持正确导向，大力弘扬主旋律，坚持改革创新，集团化改革取得重大突破，广播电视频道制改革不断深化，在新闻宣传、经营创收、队伍建设等方面均呈现良好的态势，事业和产业实现同步发展，全面完成了年初预定的各项重点工作任务。

一、壮大主流舆论，服务社会经济发展

坚持围绕中心，服务大局。针对各项重大宣传主题，加强节目策划，创新报道形式，继续推进“一月一主题一策划”主题报道行动；坚持新闻立台，遵循新闻传播规律，强化新闻创新；认真贯彻“三贴近”原则，做好社会热点引导，不断改进和加强新闻监督，牢牢掌握主流媒体的话语权和主导权，完成了各项宣传任务。

一是浓墨重彩做好十八大的宣传报道。从年初就开始谋划，6月份起不断深化“科学发展、成就辉煌”主题宣传，进一步集中力量、调配资源，加强整体策划，挖掘思想内涵，分会前、会中、会后三个阶段把主题宣传各项任务落到实处，会前推出了《科学发展成就辉煌》、《创造“两富”新业绩　迎接党的十八大》、《喜迎十八大　迈向“两富”新生活》等专栏；会中推出了《喜庆十八大　学习十八大》专栏，报道动态、解读精神、掀起热潮；会后，电视新闻综合频道和广播新闻综合频道开设了《党代表心声》、《十八大精神在台州》等专栏；其他频道在新闻栏目中开设了《博士看十八大》、《十八大报告聚焦》等专题，这些专栏专题主题突出，互相呼应，在全市范围营造了浓厚的学习贯彻十八大精神的舆论氛围，凝聚了人心，激发了全市干部群众干事创业的热情。

二是精心组织好重要会议的宣传报道。克服时间紧、任务重等不利因素，统筹协调，精心策划，胜利完成了市四届一次党代会、市四届人大二次会议、市政协四届二次会议的报道。对三个重要会议的开幕式进行了现场直播。推出了专栏，从会议动态、代表委员履职到记者观察、会议精神解读以及群众反响等，对党代会、“两会”进行全方位、立体式的报道，会后推出了《贯彻党代会精神　推进新台州建设》、《贯彻两会精神　推动科学发展》等专栏，宣传贯彻落实会议精神。大型新闻行动“我们这七年——说说身边的变化”暨“十大身边变化评选”活动，提升了新闻宣传的声势和影响力。圆满完成省第十三次党代会、全国两会、省两会、全市干部大会、全市工业强市大会、市区发展大会、市委四届二次全体(扩大)会议以及市四套班子主要领导调研走访等重大时政报道任务。

三是精心策划主题报道唱响主旋律。围绕弘扬社会主义核心价值观的宣传，推出了《身边的最美》、《平凡良心》、《学习雷锋好榜样　培树核心价值观》、《温暖人心的力量》《好人好事》等专栏和系列。围绕“稳中求进、转中求好”这一主基调，配合市委市政府季度工作部署，电视新闻综合频道推出了《做强实体　转中求好》、《改善发展环境　促进有效投资》、《大干二季度　全力保增长》等专栏，重点报道各县市区和各部门优化发展环境的具体举措，项目推进情况、一把手公开承诺系列等；启动了新闻行动“火热的一线”，真实记录建设一线的生动场景和阶段性成就，挖掘了一批激情干事、豪迈创业的先进典型。影视文化频道开辟“转型与升级”和“改善投资环境”等专栏。电视财富频道推出了《实业兴市　号角再起》、《银企携手　攻坚克难》等系列报道。广播新闻频道则重点关注了中小微企业，策划开展贯穿全年的“寻找成长之星”大型新闻活动。交通广播推出“强实体　增信心　大干二季度”的专题策划。

四是举全台之力做好防御台风的宣传报道。2012年多个台风对台州造成影响，台州台积极应对。尤其在防御抗击今年11号强台风“海葵”报道战役中，台州台快速反应，周密部署，第一时间开设不间断滚动直播报道，并首次启动电视一套、三套并机直播，7日、8日两天，电视直播27档共840分钟，广播直播超过60小时，90多名记者深入防台第一线，以最快速度，最大容量报道台风动态，将新闻宣传与防台信息服务融于一体，发挥了主流媒体在防台抗台救灾中应有的作用。市委书记陈铁雄予以批示肯定；省广电节目评议审查中心第36期《视听评议》专题介绍台州台做好抗台报道三点启示。

五是热点引导有理有利有节。重点关注了温岭疯抢神水、幼师虐童、最牛钉子户，黄岩太空实业特大火灾、新型地沟油产销网络、台州首例人体器官捐献、高速公路免费通行等热点事件。关注本源，以正确的舆论加以引导，既遵守宣传纪律，又不失声，力争第一时间介入，把握事件真相，客观报道事实，掌握舆论的主导权，通过舆论引导和积极监督，向社会传导真实正确信息，平息纷争、化解社会矛盾、维护公平正义和社会稳定。

六是关注民生促进社会和谐。继续深入开展“走基层、转作风、改文风”活动，推出了一批来自基层的深度报道。如《我在基层　我看见》、《田间小巷》《走基层　看民生》等，几个月来，记者深入企业、厂矿、乡村等基层一线，记录下基层群众生产生活的真实情况，记录下他们对于近十年来身边变化的感言，言语朴素、镜头真切、情感真挚。台党委班子结合宣传文化系统“进村入企”大走访活动，每人各率一支采访小组，走访了2–3个特色文化村和1–2家文化企业，围绕文化事业和文化产业的发展，播出了系列报道《台州文化产业调查》。及时传递党和政府改善民生的政策信息，做好解读，深入报道党和政府改善民生工作的举措，将“焦点”集中在劳动就业、社会保障、医疗卫生、教育收费、食品安全等人民群众最关心、最直接、最现实的利益问题上。同时发挥媒体优势，开展了“我是文明开车人”、“助梦2012”、“转角遇到爱”、爱心车票、候鸟教室、候鸟守护计划等公益行动，服务弱势群体，彰显媒体责任，促进了社会和谐。

七是加强外宣打响台州品牌。把做好对外宣传作为围绕中心、服务地方经济社会发展、扩大台州知名度和美誉度的重要工作来抓，外宣工作取得新突破。电视有80余篇上送稿件被央视录用，其中《新闻联播》10条；有277篇在省卫视录用，其中头条8篇，电视新闻综合频道获2012年度浙江电视新闻协作先进集体二等奖。广播新闻综合频道在中央台发稿近60篇，其中在中国之声发稿40余篇，位居全国同类城市台上游，在浙江之声发稿300余篇，发稿数量列全省地市第二位，获2012年度浙江广播新闻协作先进集体一等奖。交通广播承办了“畅行中国—全国交通广播走近台州海岸线”大型采风活动。邀请了全国30家交通广播48名嘉宾来到台州，历时5天，对台州的经济建设和旅游开发进行了全方位的报道。

八是精品意识催生创优新突破。广播剧《何小川和他的挂帘村》获得了浙江省第十一届“五个一工程”奖，这是台州台首个获“五个一工程”奖的广播作品。城市生活频道被中国电视艺术交流协会评为2012全国年度优秀生活服务类频道；《有点名堂》被中国电视艺术交流协会评为2012全国电视生活服务类十大增长潜力栏目；《台州我最LONG》栏目被中国电视艺术家协会电视节目制作委员会评为2012十好电视栏目。《987城市超声播》荣获中国广播电视协会授予的“全国广播栏目民生影响力10强”称号;《〈小路来了〉之成语小课堂》获中广协会娱乐节目二等奖。音乐广播频道承办了中广协文艺工作委员会14届广播音乐作品评析活动，音乐作品《大陈岛上的苏珊大妈》获得一等奖,《回荡在国家大剧院的红色二胡情怀》获得二等奖,主持人林刚被评为“全国十佳DJ”。在2011年度浙江新闻奖和浙江广电新闻奖参评中，台州台共有18件作品获奖。其中一等奖1件,二等奖6件;三等奖11件;在浙江省第22届电视牡丹奖评选中,台州台获得一等奖1件,二等奖2件,三等奖2件;在台州市第6届曙光奖评奖中,台州台有6件新闻作品、2件文艺作品获奖。

二、加强品牌栏目建设,提升媒体竞争力

继续抓好栏目建设，鼓励频道进行品牌节目创新,改进和提高节目质量;认真听取观众意见,不断深化品牌节目内涵,保持收视、收听率的高位平稳运行。电视三个频道总收视率为11.6%,收视总份额为39.9%;广播三个频道总收听率为2.57%,收听市场总占有率为69.5%。

一是品牌节目提升品质。电视新闻综合频道推出了“创优总评榜”，每月对《台州新闻》、《第一时间》、《大民讨说法》三档自办栏目进行随机抽评,对每月评出的优秀作品进行讲评和奖励，对存在问题的作品进行分析、讨论,增强了采编人员精品意识,提升节目品质。《大民讨说法》栏目还联合黄岩城东派出所、黄岩区司法局东城司法所等单位联合创建了“老娘舅调解中心”,探索尝试延伸服务、调解民间纠纷、参与社会管理。《600全民新闻》在内容上更加强调了新闻的时效性,遇到突发事件及时出动、及时出稿、及时在直播中进行播报;重点打造直播12345版块,加强舆论监督题材报道的分量和力度,提升舆论监督的引导能力。《阿福讲白搭》加大了与老百姓关系密切的信息类、政策类消息的报道量,增加了生活服务类信息,观众反响良好。《直通现场》更加注重新闻话题的主导性,用新闻话题来串联节目,提炼具有引导价值的精彩评论，增强了节目完整性和可看性。广播节目《阳光热线》针对热点问题精心谋划,推出了台州中小微企业融资对接会、全市银行系统群众满意度调查测评等活动,提升了影响力。广播节目《路家兄妹》提升策划能力,增加现场连线,影响力进一步扩大。广播节目《聆听台州》加强全领域的文化报道,凸显了音乐广播的专业定位和文化传播价值。

二是节目类型更加丰富。电视新闻综合频道自办经营类栏目《淘最台州》和财经类栏目《易财经》,自办栏目达到10档，形成了以新闻类栏目为主体，以生活服务、财经经营、农业服务类栏目为补充的栏目群;开办人物专题栏目《四海台州人》,聚焦富有时代特征和奋斗历史的台州人，塑造台州城市的认同感。影视文化频道党建电视栏目《东海先锋》开播,实现党建栏目的改版升级。公共财富频道推出消费维权服务类节目《消费深观察》和《消费新主张》,音乐广播频道《HELLO上班族》、《边走边唱》、《乐游天下》、《滔滔不绝》等一批个性化节目反响良好。

三是节目品牌的保护和宣传得到加强。加强媒资管理,高度重视版权工作,开展了台州台知名栏目商标注册工作,《大民讨说法》、《小丫讲天气》、《阿福讲白搭》、汽车音乐100.1和阿福卡通形象等五个商标申请注册九大类,已向工商部门提交申请。连续第七年在全市范围的不同地域、不同层次人群中开展“万人问卷调查活动”,为改进节目,提高宣传质量提供了参考。

三、努力打造文化精品,文艺活动精彩纷呈

牢固树立精品意识，文化精品工程取得重要成果,重大文化品牌活动和文化栏目丰富多彩。

一是成功举办了第六届中国网络音乐节。本届网络音乐节首次引入了户外音乐节的概念,12组知名艺人在台州体育中心现场献唱,现场还集合美食、汽车展示、露天电影、台州风光摄影展、户外露营、创意市集等多种元素，为台州人民提供了一次丰富的多样性的文化享受,共计有超过3万人来到现场,感受音乐的魅力。全国网络歌手大赛在全国20个赛区全面启动,有30000多名音乐爱好者参与,参赛选手数量再创新高,46名优秀选手参加了在台州举行的总决赛。本届音乐节合作支持媒体为历届最强的阵容,新浪微博、新浪看点、百度、搜狐、呱呱视频、酷六网等20家大型网站加盟报道,城市联合网络电视台和35家成员台首次加盟,这些合作媒体的支持让台州借中国网络音乐节的机会,在全国扩大了影响力、知名度和美誉度。本届音乐节首次进行了市场化运作,为今后台州台大型活动的市场开发积累了经验。

二是打造电视剧、广播剧等文化精品工程。继续做好反映两岸题材的36集电视连续剧《海之谣》立项拍摄工作,完成了剧本和拍摄基地的选取。继续拍摄讲述两岸大陈人故事的纪录片《血脉》。台州台摄制组3月初赴台，共用27天时间，走遍岛内36个大陈村，采访了200多人，包括了大撤退的亲历者和第二、三代大陈人以及台湾地区的部分高官要员，拍摄了175–185个小时的素材，基本完成了在台湾的拍摄任务，进入到后期创作阶段。广播剧《何小川和他的挂帘村》获得了浙江省第十一届“五个一工程”奖。《乡村大擂台》完成了100场演出录制，得到了省广电局的肯定，获浙江省第22届电视牡丹奖三等奖。

三是举办了各类文化文艺活动。顺利完成龙年春晚的演出录制播出工作，举办了首届台州“十大孝贤”评选、“2012春季购物节暨第三届电视汽车文化节”、“台州好声音”、“K歌总动员” 挑战赛等文化文艺活动，活跃了荧屏，丰富了群众的精神文化生活。

四、强化技术设备保障，确保安全播出

安全播出是广播电视的生命线，确保广播电视安全播出是一项长期任务，强化了技术保障，把各项防范措施落到实处，全年实现了零插播零停播，未发生安全播出事故。

一是确保安全播出。2012年是十八大召开之年，安全播出的任务很重，台州台根据广电总局有关广播电视安全播出的规定与要求，进一步建立和完善了各项规章制度，加强各系统技术维护和安全播出管理工作，实现机房设备设施管理规范化。在十八大召开之前，联合市委宣传部，市610办公室、公安局、文广新局、无线电管理局等部门开展“反插播(网络插播)、防干扰(广播)”演练，这是台州市本级举行的规模最大的安全播出演练。全年共完成7个安全播出保障期共57天的安全播出任务，实现广播电视安全播出零停播、零插播。获2012年度浙江省创建治安安全示范单位。

二是强化技术保障。坚持开展常规性的技术维护工作，对广播电视设备进行例行检修、维护，消除设备故障隐患，确保设备正常运行。广播制播网及录制室设备更新改造项目完工并正式投入运行。完成调频广播部分发射频率的无线电执照报批工作，完成3KW调频发射机控制单元软件升级以及广播综合制作系统专业测评机构二级安全等级测评，完成括苍山电视发射设备更新改造。紧密围绕电视“网络化、高清化”要求，先后完成了高清化、网络化环境下的全台采、编、播系统技术规划编制、全高清开放演播室的初步设计、高清卫星直播车的初步方案。全年共完成20余场次重大活动的广播技术保障工作和50余场次的电视直录播任务。

三是推进机制调整。加快科技事业中心朝经济实体方向转变，初步完成作为实体运行的各项准备。《台州广播电视台技术成本核算方案》征求意见稿及成本核算明细表分发给频道征求意见。

五、应对经济危机挑战，全力提升广告经营

努力克服经济危机带来的不利影响，科学全面分析形势，积极应对困难和挑战，全年广告创收达到1.36亿元，完成创收任务。继续加强广告整治，打造绿色荧屏，继续保持广告信用指数全省第一。

一是多措并举应对创收下滑趋势。出台激励政策，加强新业务的开发；成立大客户部，开拓市外广告市场；积极拓展创收渠道，加强活动创收，增加经营性栏目创收以及植入性广告开发；探索各频道、单位联合营销模式，合作共赢，抱团取暖；党委中心组(扩大)学习会打破常规，专题研究经营创收事宜，要求直面困难，提振信心和勇气；经营线多次召开研讨会，就当前经济形势下全国广告市场动态及本单位经营现状进行研讨分析，经营管理中心根据调研情况撰写了分析报告和品牌广告开发方案，为各单位经营活动提供思路和方法。继续实施广告线的绩效考核，对业务量最多和新增业务量最多的广告业务员进行重奖。

二是继续狠抓广告整治。加强对广告内容的审查，坚决杜绝虚假广告和不良广告的播出，大力倡导绿色广告，品牌广告；强化公益广告宣传，加强制度规范和监督管理，开展不定期的广告抽查工作，规范各频道广告播出行为，保证经营创收稳定健康发展。提升台州台品牌形象，全省工商监测广告信用指数排名第一。

三是圆满完成了2013年度广告招标。连续第七年举办黄金资源广告招标会，共推出网上挂牌130项，金额5300多万元，成交56项，成交金额1290万元；现场竞标成交标的30个，总成交额1114.1万元，为2013年的广告创收打下良好的基础。为减少经济形势低迷，企业广告投放缩减、转移等因素对本届招标会的影响，在路桥、杭州举行了三场2013年度黄金资源广告项目预售沟通会。对汽车、金融、通信、房产家装等大行业分别进行推介。

六、继续推进集团化改革，广电产业发展进入新阶段

按照社会效益最大化、经济效益最优化的要求，积极探索市场化运作、企业化管理、产业化发展的新模式，加快推进广电体制机制的调整，改革逐步深入，市场主体逐步建立，全年产业创收1.31亿元。

一是集团化改革迈出实质性步伐。市委、市政府以台市委办〔2012〕29号文件批准组建台州广播电影电视集团。台党委明确了事业集团旗下的产业集团（广电新传媒集团有限公司）的组织架构，相继完成了广电报业有限公司和网络电视有限公司的注册工作，组建了台州广电新传媒集团公司。与此同时，探索建立企业化管理的财务制度并形成计划方案，深入推进台州台事业部分人事用工和分配制度的改革，邀请了国内知名的管理咨询机构正略钧策公司，在深入调研的基础上，拟定了岗位管理制度，薪酬制度、绩效考核制度，财务管理制度。

二是广电网络联合发展取得阶段性成果。顺利实现了椒江、路桥两区网络的整合，台州广电网络有限公司于1月份开始正式运营。加快推进“一市一网”、“一省一网”工作，台州广电网络有限公司与各县（市、区）广播电视台签订了合作框架协议，股份制改造有序进行，各县（市、区）广播电视台完成对台州广电网络有限公司的注资。县市区网络公司全部成立，市县公司双向参股工作完成。各县市区向台州广电网络有限公司各投入600万元（黄岩区300万元），市公司以同样的资本投入到各县市区公司，各占一定的公司股份，总资本为2.02亿。县市区公司成为台州广电网络有限公司的子公司，按照“五个统一”实现一体化运营。

三是新媒体建设拓展新领域。基本完成了各乡镇（集镇）范围的广播电视双向网络改造工程，逐步实现光缆到楼，并建设部分光缆到户试点区域，城区光缆到楼栋工程覆盖10000万多户；注重数据业务发展，与通信企业正面竞争，全年新增党政专网电路7条，金融业等电路专线12条；积极开展“数字电视高清进小区”等各种宣销活动。加强台州网络电视台建设，与台州在线全面融合，频道和栏目设置更加人性化，着力改善用户体验，优化视频访问；建设完成基于移动终端的WAP网站，实现内部上线运行，用户体验良好，视频播放流畅，画质优良并适应各种手机平台；密切与CUTV及成员台合作，和CUTV移动部门合作开发的手机和平板电脑客户端进入合同签订和实质性开发阶段。移动电视节目进入数字有线网络播出，在节目内容的研发和制作上进行了探索。

七、学习贯彻十八大精神，加强人才队伍和党风廉政建设

高度重视党建工作和人才队伍建设，充分发挥党组织的政治核心作用、战斗堡垒作用和党员先锋模范作用，不断提高党建工作水平。大力开展学习型机关建设，努力提升队伍素质，深化对外合作，为台州台事业的科学发展提供了有力保证。

一是不断夯实队伍力量。进一步健全党建工作责任制，积极组织各支部开展政治理论、业务知识学习，深入贯彻落实党的十八大、省第十三次党代会精神，举办“我们的价值观”演讲比赛，形成了以中心组学习为龙头，以支部学习为基础的“点线面”相结合的学习模式，我台被评为全市学习型党组织先进单位和全市党建工作先进单位，继续坚持开展党建“三培养”制度和推优入党制度；积极配合市直机关工委组织入党积极分子和预备党员进行政治理论培训教育，发展预备党员5人，预备党员转正6人。建立党员信息网络管理平台，构建了开放式、互动式的党员管理新机制。结合市委中心工作，深入开展“创先争优”、“进村入企”以及“党员对接服务”等活动，提升了党员的先锋模范作用和基层党组织的凝聚力、战斗力。全年共组织了3批次的公开招考，为记者、主持人、驾驶员等岗位补充新鲜血液，择优录用新员工19人。对符合升档条件的员工进行了升档。加强广播电视播音主持队伍建设，成立台州台播音主持人专业委员会。选派干部到天台白鹤镇皇都村担任驻村指导员。开展结对助学、暑期夏令营、迎新游园等活动，丰富了职工业余生活；摄影、乒乓球等群众性活动组织有声有色。

二是深入推进党风廉政建设。高度重视党风廉政建设，进一步完善落实党风廉政责任制；召开了党风廉政建设暨警示教育大会，开展各类廉政教育活动。重点开展预防和治理商业贿赂工作，推进“廉洁单位”建设，抓好各项权力规范运行，进一步规范工程、设备招投标工作，开展了对投资入股、经商办企业、违规参与集资等专项治理。认真探索廉政提醒干预运行新机制，实施“廉政提醒在身边”主题活动；以短信、书信、集中谈话、诫勉谈话、网络沟通等形式，对600多人次分类进行廉政提醒，形成了崇廉、尚廉的良好氛围。我台被评为2012年度全市纪检监察工作先进单位和目标考核优秀单位。

三是继续开展全员培训。全年邀请师资28名来台授课，并在机制和内容上都做了比较大的调整。实行了“突出重点，分层实施”的新模式，频道和各单位成为全员培训工作的责任主体，台州台对各频道和单位的全员培训情况进行指导和考核，调动了频道和单位开展全员培训的积极性和主动性。加强了对新员工的始业教育，进行了集中培训，实施了“以老带新”制度，提升新员工的业务能力。加大了走出去培训的力度，首次在香港浸会大学举办了业务培训班；组织经营线人员赴台湾，同东森电视台等同行交流；不少频道都把各个业务岗位的员工派到国内强势频道跟班学习。各频道开展的岗位比武工作卓有成效。

四是保持对外交流合作。继续做好和农一师阿拉尔电视台的交流帮扶工作，接收阿拉尔广电干部来台挂职培训，帮助解决困难，赠送阿拉尔台一辆越野采访车。加强同国内广电媒体的交流与合作。

八、强化发展基础，事业建设稳步推进

积极推进事业建设，搭建新的发展平台，抢抓发展机遇，为台州台长远发展赢得更大空间。

一是稳步推进基础设施建设。路桥广电技术服务大楼完成了内外墙粉刷、外墙装饰等工作，室外配套工程开始进场施工。累计完成投资额4380万元，占概算总投资额的77%，完成总工程量的85%，实现基本完工。启动台州台全媒体新闻中心建设项目，组织了省市技术专家对技术方案进行研讨、论证，完成了制播系统项目招标和施工建设单位招标。启动广电老大楼改造装修项目。

二是继续加强广播频率建设。加快对农广播报批进程，做好大地广播试播工作，确保节目顺利播出，整体运转基本顺畅，着手制作大地广播的呼号、新台宣，做好新节目的研发工作，打造一批能采、能编、能播的全能型主持人，扩大对农广播的信息渠道，开展具有影响力的活动。做好桔子网络电台前期调研工作。

三是努力寻求广电产业发展空间。深入研判广电发展形势，规划广电产业发展路径，在前期深入调研的基础上，与临海市政府达成口头协议，共同打造文化产业项目东海文化创意城，形成了初步的规划方案。

丽水市广播电视台概况

2012年，丽水市广播电视台坚持以邓小平理论、“三个代表”重要思想和科学发展观为指导，深入学习贯彻党的十八大精神和市第三次党代会精神，紧紧围绕市委、市政府的中心工作，努力提高服务丽水改革发展大局的水平，为丽水推进“三大跨越”，打造“秀山丽水、养生福地”，实现“绿色崛起，科学跨越”提供强有力的舆论支持。与此同时，内练苦功强素质、外树形象扩影响、规范管理出效益、齐心协力谋发展，推动“硬实力”和“软实力”有新增强，各项事业沿着科学发展的轨道前进。

一、推进品牌建设，传播能力进一步提高

1.舆论宣传引导有力。宣传工作坚持正确导向，扎实推进新闻创新，进一步提升舆论引导能力。紧紧围绕市委市政府的中心工作，认真开展了贯彻落实十七届六中全会精神、丽水市第三次党代会精神、“秀山丽水，养生福地”、实施丽水“十二五”发展纲要、深入学习实践科学发展观活动、生态文明建设、瓯江文化大发展大繁荣、进村入企活动、市两会、“当代丽水人共同价值观”、创建国家卫生城市、“最具幸福感城市”评选活动、迎接十八大和贯彻十八大精神等重大主题宣传。重点办好《建设生态文明、推进全面小康——迎接丽水市第三次党代会召开》、《秀山丽水　养生福地》、《加快绿色崛起，促进科学跨越》、《展示新成就，喜迎十八大》、《走基层》等新闻专栏，策划推出《解读关键词》、《破译丽水长寿密码》、《旧机场区块整治开发》、《食品安全百日攻坚》、《丽水美丽乡村行》、《十年，我这样走过》等系列报道，主题鲜明，声势强大，为丽水经济社会发展提供了强有力的舆论支持。精心摄制《丽水特色文化村落》、《笔生万象，墨润瓯江》等专题片。完成松阳开茶节文艺晚会、云和根石文化节等70多场次直播、录制工作。电视新闻综合频道还承担了《部门点评》栏目的制作，每月由市直重点经济部门及部分县市政府主要领导对各自部门的经济工作进行点评，对实际工作起到了很好的促进作用。内参工作有了新突破。编发了《警惕“消费返利”带来的社会危害》、《丽水文化精品的市场之路——对〈千年山哈〉实行“院线式生存”的几点思考》、《西班牙“帝王行动”给青田华侨带来警示》等内参，特别是由台领导带队采写编发的内参《爱心点燃希望》，得到省市领导的赞誉，时任省委常委、宣传部长茅临生、市委书记卢子跃、市长王永康、宣传部长陈建波等领导纷纷作出批示表扬。

2.品牌品质得到提升。进一步整合频道、节目、栏目、活动和主持人等资源，完善培育机制，加大推广力度，提升品牌品质。电视新闻综合频道《丽水新闻》在播报形态、版块设置、内容安排等方面进行了优化。电视经济生活频道《瓯江报道》和《社区直通车》进行品牌整合，实现1+1□2的效果。新开办大型访谈节目《养生谈》，围绕食养、药养、水养、体养、文养5个方面，深度剖析秀山丽水赋予我们的得天独厚的地理环境，以及在此基础上的养生之道。栏目开办以来，赢得了许多丽水观众朋友的关注，成为他们生活中寻找健康和快乐的朋友。电视文化休闲频道《老白谈天》栏目时间加长至半小时，新推出的“老白有话讲”版块，以评点国内媒体报道、大众关注的热点事件为主，增加了节目的信息量和题材的广泛度。栏目组建“老白调解团”，帮助消费维权，调解民间纠纷，为构建具有丽水特色的大调解机制做出贡献。广播新闻综合频率强化与电视、网络密切协作，抓好热线培育，深化反馈跟踪报道力度，通过开展《百姓热线》走基层活动，进一步提升品牌形象。广播交通音乐频率充分利用交警城市道路智能监控系统，加大路况报道力度。经过精心筹备，广播新农村频率顺利开播。广播新农村频率主打两档对农节目《希望的田野》和《农村大市场》，以立足对农服务、贴近丽水农村为特色，积极探索广播对农节目的创新实践。广播电视报扩版至32个版，重点开辟“养生版”，从多方面介绍养生内容，报纸内容得到进一步的扩充。策划推出《走古道》系列、连载小说《洋葱皮》等受到读者的青睐。各宣传单位成功举办《百姓热线》走基层、“温暖岁末，传递幸福”、“慈惠童心老白义卖”、“处州古韵”诗歌朗诵会、“相约古堰画乡”相亲大会、第五届小主持人大赛等系列活动，进一步提升了影响力。

创优获得好成绩。在2011年度浙江省好新闻评选中，丽水市广播电视台共有34件作品获奖，其中《为民爱民记者俞佳友》获浙江新闻奖和浙江广播电视政府奖一等奖；《把身边的美丽呈现给世界》、《一诺十年》等13件作品获浙江新闻奖和浙江广播电视政府奖二等奖。

3.外宣工作有力拓展。整合资源，抽调精兵强将，专门组建了外宣专题部，组织开展各项外宣工作。与中央电视台中文国际频道建立战略合作关系，有力拓展了丽水的电视外宣空间。与央视积极对接，配合做好省第七地质大队的事迹报道，推出与韩国丽水在央视“城市1对1”、“8+1：对话绿色丽水”等宣传，有力地提升了丽水的知名度和美誉度。修订了外宣考核制度，进一步做好向浙江卫视和中央台的新闻报送工作。在中央电视台一套录用21条、省卫视播发新闻233条，在浙江之声用稿5130分，在全省城市台排位取得中上水平的好成绩。精心摄制《秀山丽水·养生福地》外宣形象片。

4. 扎实开展“走、转、改”活动。频道、频率设立多个常年基层联系点，总监带队下基层蹲点采访。策划推出《十年一瞬间》、《我们是一家人》、《交通改变生活》、《山乡巨变》等专栏。采编人员到全市各地基层一线，走进普通百姓家中，一起生活、劳动，体验，发现新思路、挖掘新典型、展现新面貌。采制了一批鲜活的、有深度的新闻报道，广播电视全年共播发各类走基层报道1500多篇。

二、拓展广告市场，经营水平进一步提高

受经济增速放缓的影响，广告创收遭遇了前所未有的困难。各经营部门积极应对危机挑战，加强内部管理，努力开拓市场，挖掘经营潜力，广播、电视报、丽水在线网站、电视发展公司等均在逆势中实现了增长，但电视广告面临较大困难。广播广告活动显成效。春节团拜、百姓热线、绿谷之春、认购广播等活动开展有声有色，取得了较好的经济效益和社会效益。电视报广告进一步激发了市场活力，经营再创新高。电视发展公司影视制作业务和文化活动业务稳步发展。丽水在线网站经营势头良好，“小秋走社区”和第三届“相亲大会”等活动也取得了不错的效益。

丽水华数公司运营良好。丽水华数实施分块停模促整转，全年新整体转换5700户，累计已整体转换用户数为67676户。完善激励考核机制，推动互动业务发展，互动总用户数超7645户。完成有线电视新装用户4720户，有效收费用户净增4488户。加快网络改造与建设，完成夏河新村、枫树湾村等4373户的双向网络改造工程。加强技术建设，完成新的播控机房建设并投入使用。顺利完成各县(市、区)台自办节目时移回放平台建设、省委宣传部视频会议系统、省纪委信息综合平台等建设、省华数主干传输网设备安装调试等工作，进一步完善数字电视系统应用和管理功能。同时加强服务规范化建设，数字电视服务质量全面提升。

三、完善设施设备，技术保障能力进一步提升

严格执行技术维护和保障制度，落实保障措施，认真做好省、市党代会、党的十八大等重要保障期的安全保卫和安全播出工作。制定专门计划，开展广播电视安全播出大检查和安全播出突发事故应急演练等，确保各检查项目达到要求，实现了广播电视安全播出。

积极谋划拓展技术项目，推进设施设备改造工作。以新农村广播开播工作为重点，完成了第三套广播节目播总控和陈寮山发射工程项目，新农村广播节目于元旦顺利播出，并覆盖到了丽水9县(市、区)。完成市交通指挥中心广播电视连线直播项目并投入使用。自主研发的调频监测接收机项目完成了各县调频覆盖点的监测布点，提高了技术监测保障水平。新增加了光端设备、广播音频工作站的备份播出站，完成新闻演播室的电源、原新闻稿件系统等改造升级，提高节目信号源的安全保障能力。大楼工程审计、结算、档案整理等工作也在有序进行。

加强技术管理，提高了服务水平和能力。认真开展电视摄、制人员用机资格培训工作，组织新增人员进行了电视制作设备使用资格考核和新增播出上载人员的培训考核。节目制播技术明显提高，选送节目获2012年度浙江省广播电视节目技术质量奖一等奖2项，二等奖3项。

四、深化体制改革，内在动力进一步激发

出台了岗位设置方案，推行评聘分离的事业单位改革，对专业技术人员按实行岗位设置前和岗位设置后分两批进行了专业技术职务的聘任，共有213人次被聘各项专业技术职务。进一步深化事业单位绩效工资改革，结合实际出台了新的《丽水市广播电视总台内部分配制度》。新的分配制度进一步体现了向一线倾斜，向重要岗位倾斜，多劳多得的激励作用，有利于充分调动全体员工的积极性。

对部分制度进行了梳理修订，进一步加强和完善了岗位工作管理体系，明晰岗位职能，落实岗位责任，提高了工作效率。电视新闻综合频道对重大题材宣传采取"项目"负责制，每月对重大题材的新闻稿件、宣传栏目进行点评，规范了节目质量管理。广播交通音乐频率重视复合型主持人的培养，同时注重主持人个性化风格的培养。广播电视报采用"采编合一"的管理模式，记者要编辑稿件，编辑也要采访报道，激发了采编人员的工作积极性。

五、培育组织文化，队伍战斗力进一步提高

大力开展组织文化建设，把组织文化融入人才队伍建设。在人才精神培养层面，围绕"精诚团结、精明强干、品质做事、品位做人"的核心理念，结合社会主义核心价值观，展开大讨论。结合学习贯彻省党代会精神，开展"物质富裕、精神富有"讨论和"我为台发展献一计"活动。组织开展了职工春节联欢晚会、趣味运动会等丰富多彩的文体活动，倡导"快乐工作、健康生活"。通过廉政学习、慈善捐赠活动、张倩先进事迹报告会等系列活动，提振队伍精神，使组织文化理念逐步深入人心。在人才素质提升层面，着力优化队伍结构，打破常规引进高层次人才，首次大规模引进了7名研究生人才。全员培训有序开展，推广"师傅带徒弟"人才培养方式。邀请央视中文国际频道总监杨刚毅来讲学，提高员工的业务技能。

积极推进基层组织建设年活动，加强规范化党支部建设，充分发挥党支部的战斗堡垒和党员的先锋模范作用。组织党员开展结对帮扶、党员一条街、"七个一"主题教育等活动，树立党员队伍的良好形象。注重对入党积极分子的培养，完成了5名预备党员转正工作，发展了4名预备党员，确定了6名入党积极分子。扎实开展进村入企走访察民情活动，台领导带队深入青田舒桥乡走访调研，了解民情民意，帮助宣传推广，助推当地经济社会发展。

5. 大事记

DASHIJI

1月

4日 在“新浪微博之夜——2011网络盛典”上，浙江卫视因微博覆盖度、活跃度、传播力等多个方面的突出表现，成为获得“微博影响力媒体”荣誉的唯一电视媒体。

6日 浙江省县级城市数字影院建设工作座谈会在杭召开，郑继伟副省长出席会议并作重要讲话，强调各地各部门要加大力度，加快进度，认真完成县级城市数字影院建设任务。张宝贵局长就做好县级城市数字影院建设进行具体布置。

6日 省广电局召开局党组扩大会议，认真贯彻落实全国宣传部长会议和全国广播影视工作会议精神，会议紧密联系全省广电工作实际，研究部署了下一步工作的思路。

8日 湖州广播电视台《成长快乐》节目组荣获中央文明委颁发的全国未成年人思想道德建设工作先进集体称号。

9日 省委宣传部、省广电局、省文化厅等8家单位联合评选“2011浙江省文化传播创新十佳网站”，新蓝网因舆论导向正确、传播手段创新、传播内容优化、传播渠道拓展等系列成绩，在众多参选网站中脱颖而出，再次获得“文化传播创新十佳网站”荣誉称号。

10日 全省广电系统召开青年文明号、青年岗位能手表彰会。会议表彰了2009-2010年度国家级、省级青年文明号和青年岗位能手，交流各地开展青年文明号、青年岗位能手活动的经验方法，研究和布置新年度开展青年文明号、青年岗位能手活动有关工作。省局副局长、机关党委书记马乐其同志出席会议并讲话。

12日和11日 省十一届人大五次会议、省政协十届五次会议分别于在杭州开幕。按照浙江广电集团党委工作部署、编委会统一协调，以浙江卫视和浙江之声两频道为龙头，集团各广播电视频道和宣传单位把“两会”报道作为近期新闻宣传工作的重中之重，以高度的政治素质和良好的精神状态，全面、准确、及时、生动地报道和传达“两会”精神，充分发挥集团广播电视全省宣传主阵地作用。

12日 由中国人民大学、北京大学、复旦大学等10所知名大学和中国新闻史学会联合主办的中国传媒大会2011年会，对在中国新闻传媒事业中作出突出贡献的媒体和个人进行了表彰。钱江都市频道荣获“金长城传媒奖·2011中国十大广播电视台／频道（省级）奖项”，成为浙江第一个上榜的省级地面频道。

16日 国家广电总局通报表彰2011年度全国广播电视技术维护先进台站（集体）、先进个人。浙江广电集团广播制播中心获先进台站（集体）一等奖，浙江广联有线电视传输中心陆建获先进个人三等奖。

17日 省林业厅和省广电局到开化县钱塘江源头的枫楼坑林区，为两户护林员家庭安装上了直播卫星的接收设备（如图），这标志着浙江省直播卫星公共服务建设工程正式启动。

30 日 省委书记赵洪祝在全省民营经济大会上号召各级主要领导开展“进村入企”大走访活动。该视频在集团新蓝网和网络台发布后，立即引起社会反响。新华网、人民网、中新网、中国网络台等中央媒体迅速转载，省内各台网站也都在显要位置链接转发，较好起到了鼓舞全省民企民众的积极作用。

31 日 省广电局局长张宝贵在机关全体干部职工大会上传达落实全省民营经济大会精神，并对“进村入企”大走访活动进行部署。

本月 1 月 22 日 0 时至 28 日 24 时是全国广播影视春节重要保障期，全省广播影视系统认真贯彻落实省委、省政府安全工作总体部署和国家广电总局具体要求，发扬连续作战精神，高度重视，全面防范，圆满完成了安全播出放映任务。

本月 春节七天，浙江时代院线共放映电影 16701 场，观众 503893 人次，票房收入 1750.83万元，分别较去年同期增长了 28.77%、24.58%和 22.97%，再创佳绩。

本月 宁波广电集团投入 3000 万打造的首辆高清转播车顺利完成整车功能调试及项目验收。该车目前配置了 10 个高清标速摄像机讯道、2 个高清高速摄像机讯道、3 个高清遥控摄像机讯道，是目前国内最大的内套单侧拉转播车。

本月 由宁波广播电视集团申报承担的国家广电总局部级社科研究课题《三网融合背景下的广电制播分离改革研究》，经严格评选入选总局 2011 年度部级社科项目，这是集团第一次入选承担国家社科研究课题。

2 月

1 日 浙江省副省长郑继伟在省广电局《关于 2011 年“广电进渔船”工作总结报告》上批示：“广电进渔船”是重要的文化惠民工程，要不懈地扎实推进。

7 日 国家广电总局、发改委、财政部在北京召开全国“十二五”广播电视“村村通”工作电视电话会议，中共中央政治局委员、国务委员刘延东作重要讲话，国家广电总局局长蔡赴朝、国家发改委副主任朱之鑫、财政部副部长张少春分别讲话，浙江省副省长郑继伟在会上介绍发言（贵州、安徽领导也在会上发言）。郑继伟副省长表示，要认真贯彻落实这次会议特别是刘延东国务委员的重要讲话精神，坚持广电惠民理念，不断创新和深化“村村通”工程建设。

7 日 省广电局出台《加强我省广播电视新闻立台工作的若干意见》，要求进一步做好新形势下广播电视新闻宣传和管理工作，促进全省广播电视播出机构坚持正确办台宗旨、规范新闻采编与节目播出行为、改进新闻报道质量、提高舆论引导水平，增强广播电视主流媒体的权威性、公信力、影响力。

13 日 省文化厅、省广电局、省新闻出版局联合在杭州召开全省文化广电新闻出版局长会议。会议传达了全国宣传部长会议，全国文化、广电、新闻出版和版权工作会议及全省宣传思想工作会议精神，回顾总结了 2011 年全省文化广电新闻出版工作，研究部署了 2012 年工作各项任务。省委常委、宣传部长茅临生，副省长郑继伟出席会议并讲话。

13 日 国家广电总局监管中心第 9 期《监听监看清样》刊登专文《强化舆论引导功能，彰显人文公益色彩》，充分肯定浙江卫视创新实施“完善新闻布局、打造人文精品、优化文化服务、提升品牌影响”的实践做法。

14 日、15 日 全省广播影视工作会议在杭州召开，这次会议的主要任务是：深入学习贯彻落实党的十七届六中全会和省委十二届十次全会精神，按照全国广播影视工作会议和全省宣传思想工作会议、全省文化广电新闻出版局长会议提出的总体工作要求，认真总结 2011 年广播影视工作，分析研究当前面临的形势，全面部署 2012 年广播影视工作任务，在新的起点上开创全省广播影视工作新局面。

15 日 按照省委、省政府关于省市县三级开展 “进村入企、助推发展、强化服务” 活动的部署，省局积极开展“进村入企”大走访活动。省广电局局长张宝贵、副局长王国富到新昌县实地调研经济社会发展环境存在的突出矛盾和问题。

17 日 金华广电台与浙江师范大学签署战略合作框架协议，正式建立长期战略合作关系，共创双赢，共谋发展。

19 日 由绍兴县纪委、绍兴小百花艺术中心、绍兴市广播电视台联合拍摄的三集戏曲电视剧《一钱太守》在中央电视台戏曲频道黄金时段首播。

24 日 省广电局党组召开党组中心理论组学习会，传达贯彻 2012 年全国文化体制改革工作会议精神，对 2012 年工作进行布置。张宝贵局长主持会议。

24 日 镇海新闻中心创作的电视纪录片《托老所》被国家文化部选为 2011 年度对外文化宣传片。

25 日 景宁县政府出台数字惠农政策，对全县 1.3 万户农村居民 2012 年度视听费实行 50%减免，减免金额达 163 万元。

28 日 省广电局党组召开“坚持以人为本执政为民理念发扬密切联系群众优良作风”为主题的专题民主生活会。省委宣传部副部长鲍洪俊到会指导。

29 日 省广电局领导班子进行年度工作述职，张宝贵局长代表省广电局领导班子做 2011 年度工作述职报告。

本月 《中国广播影视》推出 2011–2012 年志刊，对过去一年广播影视行业的发展轨迹、热点、个案进行梳理总结，评选出 2011 年取得突出成就的十大年度榜样。浙江广电集团和浙江卫视《中国梦想秀》同时名列“榜样 2011”。

3 月

1 日 浙江横店影视产业实验区发展规划论证会在省人民大会堂举行。省委宣传部常务副部长胡坚，省广电局副局长王国富等出席论证会。

2 日开始 浙江广电集团全国“两会”北京直播室启幕。两会期间，集团进行了连续 13 天全方位、多角度、高密度的宣传报道，充分发挥浙江卫视、浙江之声舆论主渠道作用，统筹整合网络、微博、手机电视等新兴媒体，扩大传播覆盖面，强化整体宣传合力。特别是着力抓好新闻上送工作，在中央电视台《新闻联播》播出浙江新闻 18 条，形成强大的舆论声势，充分反映了全国“两会”的盛况，生动展示了浙江代表委员“参政议政、共商国是”的动人风采，有效提升了我省的全国影响和良好形象。3 月 3 日，省领导赵洪祝、夏宝龙、乔传秀、王永明等先后来到集团北京直播室，亲切看望一线工作人员，提出希望要求，给予勉励肯定。

2 日 省委宣传部、省委外宣办、省广电局、省新闻出版局、省记协联合组织开展“走基层、转作风、改文风”活动专题评选。

5 日至 7 日 根据省委、省政府的统一部署，省广电局党组书记、局长张宝贵率机关有关人员在新昌县开展以“进村入企、助推发展、强化服务”为主要内容的大走访活动。

6 日、7 日 浙江省副省长王建满带领有关部门负责人到浙江横店影视产业实验区调研影视文化产业发展情况。王建满指出，横店文化产业规模庞大、特色鲜明，走在了全国前列，是我省文化强省建设的典范。省委、省政府将大力支持横店文化产业发展，努力使横店成为全国的典范。

8 日 由浙江影视（集团）公司出品，首部描写军嫂情感生活与心路历程的电视剧《十五的月亮》登陆浙江卫视。29 日，在中央电视台八套播出，吉林卫视、山东卫视、河北卫视也相继播出，网络视频由华视网同步播出。

9 日 国家广电总局副局长田进、李伟同志在总局会议室听取浙江省广电局局长张宝贵关于浙江申报建立中国影视产业国际合作实验区情况汇报。

12 日 省广电局召开全体干部职工大会，传达贯彻省政府第九次全体会议精神，研究部署省局机关各处室和直属单位今年目标分解任务。

12 日 安吉县开通 3D 立体电视、电视回放、高清点播等高端服务，完成 7 个客服中心建设。

13 日 衢江区、江山市、龙游县、开化县、常山县等衢州五县（市）与浙江华数广电网络股份有限公司举行“一省一网”整合工作签约仪式，以全资方式加入省网络公司。衢州五县（市）加入浙江华数公司，标志着我省广电有线网络“一省一网”整合发展又取得了新的进展。

12、13 日 省法制办和省广电局联合赴湖州开展《浙江省公共场所播放视听节目管理办法》立法调研。

13 日 桐乡市广播电视台与浙江传媒学院文学院签署协议，共建教研创作实践基地。

14 日 丽水市县级台广播电视监测通道建设项目顺利完工。该项目的顺利完工，可实现下辖 8 县市广播电视自办节目的实时监测，确保广播电视安全播出。

15 日 借《西湖》获“星光奖”之机，浙江卫视召开新闻发布会，以“新人文视界，由中国蓝制造”为口号，介绍浙江卫视的人文传统，推荐正集群打造的《人文深呼吸》、《艺术北纬 30 度》、《南宋》三大重点节目，宣示和践行“中国蓝”人文理想。

19 日 台州市委办、市府办批转台州台《关于组建台州广播电影电视集团的方案》，同意组建台州广播电影电视集团。

20 日、21 日 省委常委、宣传部长茅临生到杭州西湖区西溪创意产业园和横店影视产业实验区调研影视产业发展。

21 日 第 20 届中国国际广播电视信息网络展览会上，中广有线温州分公司作为唯一将当地电视信号实时传到北京展馆、向参观者同步展示多元化数字电视业务的参展单位受到了业界关注。中共中央政治局常委李长春、中共中央政治局委员、中央书记处书记、中宣部部长刘云山，中共中央政治局委员、国务委员刘延东对温州数字电视多元化发展给予赞许和肯定。

23 日 中国气象频道(浙江应急)正式开通。所有华数数字电视用户只要打开 121 频道，就可免费收看最新的天气资讯和插播的以浙江本地气象为主的应急防灾减灾节目。省委常委、副省长葛慧君，中国气象局党组副书记、副局长许小峰，省政府副秘书长陈龙等领导出席开通仪式，省广电局张宝贵局长主持开通仪式。

23 日 省广电局在浙江传媒学院桐乡校区召开广播影视人力资源培训工作研讨会，省广电局马乐其副局长到会讲话，浙江传媒学院副院长李军参加会议并致欢迎辞。

27 日 省广电局下发《关于播出投资者警示教育词条的通知》，要求省及有关市、县(市、区)广电媒体在 4 月至 5 月份播出的证券类等节目中，以滚动字幕或公益广告的形式播出投资者警示教育词条。

27 日 在省委组织部、省委宣传部、省科技厅、人力资源和社会保障厅组织开展的浙江省重点创新团队评选工作中，湖州广播电视台新闻中心被确定为浙江省第二批重点创新团队。

27 日 金华市国资委下发《关于参与投资组浙江华数广电网络股份有限公司的批复》，同意金华广播电视发展公司将持有的金华华数数字电视有限公司股权经评估作价，投资浙江华数广电网络股份有限公司，作为浙江华数广电网络股份有限公司的发起人之一。

28 日 第五届《综艺》年度节目暨电视人评选揭晓盛典举行，浙江卫视《中国梦想秀》获“年度综艺节目”荣誉，《新闻深一度》、《人文深呼吸》获“上星频道 30 佳节目”称号。浙江电视台经视新闻时评节目《新闻深呼吸》荣膺“地面频道 20 强”，浙江卫视主持人伊一获选“年度潜力主持人”。

29 日 省广电局召开党组扩大会议，传达学习国务院第五次廉政工作会议和省政府廉政工作会议精神，重点传达学习了温家宝总理和夏宝龙省长的讲话精神，研究部署贯彻落实工作。

30 日 全省广电系统 2012 年党风廉政建设工作会议在杭州召开，会议传达贯彻十七届中央纪委七次全会、省纪委十二届八次全会、全国广播影视党风廉政建设工作会议以及省级宣传系统纪检监察工作会议精神，总结交流了 2011 年全省广播影视系统党风廉政建设和反腐败工作，认真分析当前反腐倡廉工作形势任务，研究部署了 2012 年工作任务。

30 日 在首届中国传媒(北京)论坛暨中国传媒社会责任座谈会上，教育科技频道被评为“2011 中国责任传媒·年度广电地面频道”，成为全国获授该奖项的三家媒体之一。

31 日 《温州好人》栏目开播仪式在温州广播电视台举行，市委常委、宣传部长胡剑谨、市文明办邱小侠主任出席开播仪式并予以祝贺。今年 2 月份，市委书记陈德荣在《纪检监察报》上读到一篇关于温州普通市民好人好事的报道，由此引发感慨：温州处处有好人，并作出相应批示，要求市文明办全力做好此类宣传工作。《温州好人》栏目由此应运而生。该类型栏目的开播在省内尚属首创。

本月 全国“两会”召开期间，省、市主要广电媒体切实按照广电总局的有关要求，紧紧围绕今年“两会”的主题和热点，展开了全方位、多形式、大容量的宣传报道，发挥了广电媒体以“两会”重大主题宣传为平台，全面展示浙江成就，努力促进全省发展的积极作用。

本月 浙江省委组织部和省政府分别下发通知，铁国强同志任浙江省广播电影电视局巡视员，免去铁国强同志的浙江省广播电影电视局党组成员和副局长职务。

本月 为了配合全省乡镇广播电视站规范化建设工作，省广电局组成 4 个检查组到各地考察被推荐为先进县(市)台和先进乡镇广播电视站的 50 多个单位，认真听取县(市)台和乡镇分管领导及站长汇报，了解乡镇广播电视站建设总体情况。

本月 23 日至 29 日，浙江“波兰电影周”分别在杭州市和绍兴市两地展映。

4 月

1 日 丽水举办全市广电有线网络“一省一网”合作框架协议统一签约仪式。丽水市委常委、宣传部长陈建波，市委常委、市人民政府副市长廖思红出席。

6日 张宝贵局长在浙江广电集团沈金加副总裁陪同下到浙江电视台好易购频道调研，参观了好易购客户营销中心订购大厅、节目制播中心演播厅及电商事业中心办公楼，并与好易购中层以上干部交流座谈。

8日 第21届中国金鸡百花电影节专有权属资源市场开发合作签约暨电影节徽标等征集启动仪式在中国绍兴国际大酒店隆重举行。

9日 全省“广电进渔船”工作会议在杭州召开，认真贯彻落实党的十七届六中全会、省委十二届十次全会精神，按照省委、省政府领导关于做好“广电进渔船”工作，加强基层文化建设的重要批示要求，总结成绩，推广经验，分析问题，部署工作。

10日 省广电局党组理论中心组集中学习《集中精力把两会精神贯彻好》、《牢牢把握稳中求进的总基调》和《满怀信心迎接党的十八大》等三篇人民日报评论员文章，认真通读全文，深入讨论发言，研究贯彻意见。

10日 浙江省广播影视规划与统计学专业委员会成立，这是全国广播影视行业首家规划与统计学专业委员会。

10日 全国百家电台“走基层 看浙江”大型采风报道活动走进第一站——海宁中国皮革城，“中国之声”携手全国百家省市电台的200多名编辑记者对海宁经济社会发展进行采访报道。

11日 省广播电视监测中心在杭州组织召开“浙江省广播电视安全播出指挥调度系统（一期）项目之舆情分析系统”验收会。

12日 省广电局召开有行政审批职能的处室负责人会议，专题研究审定下放审批权限的项目。贯彻夏宝龙省长在全省改善发展环境电视电话会议上的讲话精神，省广电局迅速传达落实措施。

13日 中央电视台表彰2011年度优秀剧目，浙江影视（集团）公司出品的电视剧《中国1921》在央视去年播出的6万多小时的电视剧中脱颖而出，荣登央视优秀剧目榜首。

13日 温州市委、市政府召开县级广播电视网络“一省一网”整合工作推进会并出台了《关于加快县级广播电视有线网络“一省一网”整合发展的实施方案》。

15日 全国电视外宣协作网秘书长台联席会议暨中国“神州瞭望”电视外宣协作网第十五届年会在江苏靖江召开，湖州广播电视台获外宣“繁荣奖”杯。

17日 全省乡镇广电站建设交流推进会在杭州举行，全面部署“十二五”全省乡镇广播电视站建设任务，进一步加快构建广播影视公共服务体系，不断推动我省农村基层宣传思想文化工作。来自全省市、县、乡镇广播电视部门的代表近200人参加了会议。

19日 中央文化体制改革和发展工作领导小组办公室副主任、国家广电总局副局长田进率领中央文化体制改革督查组到浙江督查推进广播电视有线网络整合和数字化、双向化改造工作，省委书记赵洪祝会见中央文化体制改革督查组，并与督查组交换了意见。督查组听取了浙江省广电局局长张宝贵的工作汇报，省委常委、宣传部长茅临生主持会议并讲话，副省长郑继伟出席会议。

19日 省广电局组织召开了“浙江电视台社会满意度调查”课题报告专家评审会。专家们认为，报告调查数据科学严谨、翔实客观，研究方式以量化与质化相结合，较为真实全面地反映了省内观众对浙江电视台各频道及其节目的满意度评价。

22日 宁波广电集团《江南话语》栏目在2011中国广播影视大奖广播电视节目奖（第二十二届星光奖）颁奖典礼上荣获“电视文艺栏目大奖”和“电视文学节目大奖”两项大奖。

23日 由浙江广电集团编委会、“走转改”活动领导小组举办的新闻报道“改文风”大赛评选揭晓，共评选出优秀作品17件。浙江之声《温州民间借贷风波追踪》、钱江都市频道《走进你心中》、民生休闲频道《德清校车的新征程》等3件作品获一等奖，浙江卫视《四个村支书的共同约定》、新蓝网《灰树花村网上“开花”》等14件作品获二、三等奖。

24日 省广电局召开第六次直属机关党员大会，局机关、直属单位党员、离退休党员代表共89人参加会议，选举产生了新一届机关党委、纪委。

24日 以中央组织部党员教育中心主任曹毅为组长的中组部调研组一行，到浙江省长兴台调研基层党员教育工作。

25日 省广电局在杭州召开了社会监督评议工作座谈会。张宝贵局长为新聘社会监督评议员颁发聘书，并就如何改进和做好社会监督评议工作提出要求。

26日 温州广电市民监督团授牌授旗暨全市19个分团成立仪式在广电中心举行，广电市民监督团在全市各县(市、区)、在温高校设立了 19 个分团,发展监督员 3000 多人。

28 日 国家广电总局副局长李伟一行在省广电局局长张宝贵、副局长王国富陪同下,到中国(浙江)影视产业国际合作实验区考察基地申报事宜。

29 日 由衢州广播电视台拍摄制作,并被央视收购播映权的电视纪录片《老皮衢州印象记》在央视纪录片频道(CCTV—9)播出,时长 30 分钟。这是衢州台在对外宣传形式上的又一次创新。

本月 浙江卫视以《浙江新闻联播》为主阵地,启动实施大型主题报道《创业创新,成就辉煌》、大型新闻行动“小康村里的幸福事”、专题片《天下义乌》等一批重点报道和重大活动项目,总结提炼我省深入贯彻落实科学发展观的宝贵经验,大力鼓舞全省人民以更加昂扬的精神状态投入未来发展,为我省全面完成“十二五”目标任务营造积极氛围,提供有力支持。

本月 省广电局机关党委下发了 2012 年机关和直属单位党建工作要点 21 条,认真贯彻中央和省委精神,大力开展“基层组织建设年”、深化创先争优活动,为完成局党组确定的工作任务提供坚强保证。

本月 浙江省公安厅、浙江省社会管理综合治理委员会办公室、浙江省社会治安综合治理协会联合下发了关于表彰 2011 年度省级治安安全示范单位的决定(浙公通字[2012]56 号)宁波广播电视集团荣获“2011 年度省级治安安全示范单位”,这是集团成立以来首次获此殊荣。

本月 中国广告主峰会暨第四届金远奖颁奖盛典在北京举行,杭州交通经济广播电台被评为“中国最具影响力广播电台”,成为全国唯一获此奖项的广播电台。

本月 4 月底,由新华社、《参考消息》报社和中国品牌监测中心联合主办,《人民日报》、中央电视台、中央人民广播电台、中国网络电视台、腾讯网、搜狐网、新浪网等单位联合参与的 2011 年度全国品牌创新大会评选结果揭晓,金华广电总台被评为 2011 中国品牌传播力十大创新传媒机构,这是省内广电系统唯一获此殊荣的单位,也是全国唯一获此殊荣的城市广播电视台。

5 月

2 日 在中国《神州瞭望》电视外宣协作网第十五届年会上,嘉善广播电视台被中国黄河电视台授予年度电视外宣“繁荣奖”,这已是嘉善广电台连续多年获此荣誉。

3 日 历时 6 天的第八届中国国际动漫节圆满落下帷幕,动漫节取得了丰硕成果。共有 208 万人次参加了包括产业博览会在内的各项活动;签约项目达 165 个,涉及金额 104 亿元,现场成交 42 亿元,总金额达 146 亿元。

4 日 省广电局召开党组扩大会议,学习传达全省互联网管理工作电视电话会议精神,研究贯彻落实举措,切实抓好互联网视听新媒体的发展管理工作,以优异的成绩迎接党的十八大和省党代会胜利召开。

4 日 国家广电总局公布了 2011 年度“少儿精品及国产动画发展专项资金项目”评审结果,浙江少儿频道连续第七年蝉联“全国优秀少儿频道”荣誉称号,频道的《你猜谁会赢》、《成长超动力》分获优秀电视少儿栏目二等奖和三等奖。

7 日 -11 日 由中广协会主办、宁波广播电视集团承办的第 23 届城市电视台新闻评析会在宁波市举行。会议共有全国 49 家城市电视台,104 名代表参加了会议。

8 日 全省影视产业发展和创作生产工作会议在杭召开。会议深入学习贯彻党的十七届六中全会和省委十二届十次全会精神,总结回顾近年来全省影视产业发展及创作生产的主要成效,研究部署进一步繁荣影视创作生产、加快发展影视产业工作。省委常委、宣传部长茅临生出席并讲话,副省长郑继伟主持会议。

8 日 国家广电总局下发文件(广局【2012】156 号)批准在杭州、海宁毗邻区块设立中国(浙江)影视产业国际合作实验区。

10 日 嘉兴市委、市政府任命金琴龙同志为嘉兴市文化广电新闻出版局党委委员、书记,局长。

11 日 省委书记赵洪祝接见内蒙古自治区政协副主席刘新乐率领的广播影视考察团,对考察团到来表示热烈欢迎,并与考察团亲切交谈。

15 日 省委常委、宣传部部长茅临生等赴华数公司调研,对华数创新推进“新媒体、新网络”发展给予充分肯定,同时特别要求加大力度推进浙江“一省一网”的整合工作。

15 日 省广电局和省广电学会共同举行 2011 年度浙江广播电视新闻奖颁奖暨创新创优研讨

会，省广电局党组书记、局长张宝贵出席会议并作“深化新闻立台、多出精品佳作”主题讲话。

16日 王建满副省长赴横店影视实验区现场督办万花园（暂定名）、上海滩等重大影视文化建设项目的前期进展情况。

18日至21日 第八届中国国际文化产业博览交易会在深圳举行，集团组团参展。集团展位内容丰富，精彩绚丽，向国内外机构和社会各界人士宣传我省近年来广电事业的发展成就，展示浙江广电集团的品牌品质，提升集团在全国业界的影响力和知名度。

18日 宁波市委、市政府决定王必恒同志任中共宁波广播电视集团党员委员会书记，赵惠峰任宁波广播电视集团管理委员会总裁。

21日、24日 全省广播电视台长培训班在杭州举行，全省市、县（区）广播电视台台长70余人参加了培训，其中新任台长29人。

25日 由省广电局、浙江广电集团主办，公共·新农村频道承办的“第三届浙江农民创富大赛”启动仪式在诸暨广播电视台800平方米演播厅内隆重举行。省人大常委会副主任程渭山开启了象征农民致富的“金钥匙”，并宣布“第三届农民创富大赛”正式启动。

28日 中国（浙江）影视产业国际合作实验区授牌仪式在海宁市举行，省委书记赵洪祝为中国（浙江）影视产业国际合作实验区授牌仪式发来贺信，省委常委、宣传部长茅临生为实验区授牌。

29日 省委书记赵洪祝批示：中国（浙江）影视产业国际合作实验区获批是件大好事，可喜可贺。希望华策影视公司乘势而上，创新发展理念，注意内涵提升，丰富创作实践，提高产品质量，努力打造国际影视产业基地，为我省发展文化产业、建设文化强省作出新的贡献。

29日 省广电局在杭州召开了全省广播电视安全播出工作会议，省广电局党组书记、局长张宝贵出席会议并作了重要讲话，他要求全省广电系统要以志在必胜的信心和举措，坚决打赢广播电视安全播出保卫战。

29日 由衢州市委政法委牵头，协调组织市政法系统和各县（市、区）政法委等共16家单位，成立了电视新闻综合频道《法制衢州》和广播新闻综合频率《衢州政法之声》的栏目理事会。

30日、31日、6月1日 省委常委、宣传部长茅临生、副省长毛光烈、郑继伟分别批示，要求尽快推进省级IPTV监管平台建设。

本月 丽水市154个乡镇应急广播远程控制系统建设完工，成为全省首个乡镇建有应急广播远程控制系统的地级市。

6月

1日 温州市所属瑞安市、乐清市、永嘉县、洞头县、平阳县、苍南县、文成县、泰顺县八县（市）与浙江华数广电网络股份有限公司签署了整体加入一省一网的合作框架协议。

4日至10日 浙江卫视共播发省党代会报道130多篇，总量创下历史新高，为大会召开营造了良好的舆论氛围。

5日 由广播交通之声发起、全省30多家媒体共同参与的“生态文明在浙江”大型新闻行动在杭州划上圆满句号。活动于5月中旬启动，走遍全省11市，行程3000多公里，全面反映我省建设“生态浙江”的显著成就和最新进展，受到省委外宣办、省环保厅等相关部门单位的高度肯定。

5日 国家广电总局科技司孙苏川副司长率检查组来我省检查安全播出工作。省局张宝贵局长和浙江广电集团杨勇副总裁参加汇报会并作工作汇报，省局巡视员铁国强主持汇报会。

5日 省广电局下发了《关于继续开展通用性电视对农节目征集工作的通知》。《通知》对通用性电视对农节目的选题范围、采制要求、规格要求和报送时间、报送方式及资金补助等内容作了进一步明确。

5日 《浙江省基本公共服务均等化行动计划2012年度实施计划》出台，广播电视惠民服务工程列入其中。被列入的一共有四个项目：广电低保、农村广播“村村响”、对农节目长效服务机制和“广电进渔船”工程。

5日 “国内首条4K/3D影视后期制作生产线投产新闻发布会暨索尼F65高清摄录一体机交接仪式”在横店举行。

5日 《浙江省基本公共服务均等化行动计划2012年度实施计划》出台，广播电视惠民服务工程列入其中。被列入的一共有四个项目：广电低保、农村广播“村村响”、对农节目长效服务机制和“广电进渔船”工程。

6日 省第十三次党代会隆重开幕。集团按照省委和省委宣传部的统一部署，紧紧围绕“开好党代会、迎接十八大”宣传主线，依托浙江卫视和浙江之声两大龙头，充分发挥各专业频道和报刊网站的宣传功能，营造了良好舆论氛围。

8 日 浙江广电集团电视教育科技频道“新农村冲击播”电视助推行动启动“中国海外马金希望小学捐建工程”，由中国海外集团有限公司出资 500 万元，在开化县马金镇捐建一所希望小学。此次捐建工程也标志着为期一年的第三届“新农村冲击播”电视助推行动取得圆满成功。

8 日至 15 日 在上海电视节上，浙江影视（集团）公司打造的《那样芬芳》、《离婚前规则》、《创业年代》、《亲爱的》等一批电视剧佳作颇受好评，销售情况喜人。《创业年代》已被央视一套定为首播“十八大”献礼剧。《离婚前规则》下半年由浙江卫视全国独播，《那样芬芳》也将由几家卫视同步首播。

12 日 省广电局召开党组扩大会议，认真传达学习省第十三次党代会精神，研究部署贯彻落实举措。局党组书记、局长张宝贵主持会议。省局领导马乐其、王国富、铁国强及机关各处室、直属单位负责人参加学习。

13 日 台州市文化体制改革工作领导小组举行“一市一网”合资合作签约仪式，台州广电网络有限公司与各县（市、区）广播电视台签订了合作框架协议。市委常委、宣传部长张燕，副市长叶海燕，市委宣传部常务副部长章巧明，副部长卢红菊，台州台领导吕新景、江琴宁参加了签约仪式。

16 日 由《中国广播电视学刊》和温州台共同举办的温州广播“大铭现象”研讨会在北京钓鱼台国宾馆举行，就近年来温州广播出现的“大铭现象”进行了深入研讨。

18 日 省委组织部任命华宣飞为浙江省广播电影电视局党组成员。

18 日 湖州市委、市政府任命沈铭权同志为湖州市广播电视台（湖州广播电视传媒集团）党委书记、台长（总裁）。

18 日 省广电局下发通知，要求全省广播电视全力做好防汛抗灾安全播出工作。

19 日 《光明日报》文化新闻版头条刊发《〈中国梦想秀〉：哭着，笑着，感动着》一文，对浙江卫视《中国梦想秀》节目给予了高度评价，称节目“追求社会效益和经济效益的有机统一，实现主流价值和传播效果的完美结合，是新闻媒体‘走转改’在综艺节目中的具体实践，对全国省级卫视综艺节目的创新创造和品质提升，具有极好的典型意义和示范价值。”

20 日 湖州市全面完成网络建设、公司化运营改造、清产核资等整合相关准备工作，长兴县广电台、德清县广电台、安吉县广电台分别与浙江华数广电网络股份有限公司签订合作框架协议，组建合资公司。

21 日 杭州市委组织部宣布文广集团领导班子调整方案，杭州市委宣传部副部长余新平调任杭州文广集团总经理。

24 日 –27 日 宁波广电集团央视直播团队圆满完成对象山“小白礁 1 号沉船”水下考古直播工作。这是央视首次采用海陆空三维立体方式直播水下考古工作现场，是一次全新的探索和创新。

25 日 省广电局召开全省广播电视户户通工作会议，全面部署广播电视户户通建设工作：计划对 162 个行政村、16208 个（其中 20 户以上 1302 个，20 户以下 14906 个）自然村，采用有线电视联网和直播卫星覆盖相结合的方式，力争在 2013 年内基本实现全省广播电视全覆盖的目标。

25 日 中央电视台记者一行 5 人冒雨赶赴遂昌，对当地 50 年一遇的特大暴雨引发的洪涝灾害进行了现场直播，并在中央电视台《新闻联播》、《晚间新闻》和 26 日早上的《朝闻天下》里滚动播出，引起社会各界的关注。

25 日至 29 日 首期全省县级广播电视台新闻从业人员培训班在杭举行。来自全省县级台的近 120 名新闻节目的记者、编辑参加了培训班的学习。在培训班的开班仪式上，省广电局党组书记、局长张宝贵为全体参训人员作了开训动员。省广电局党组成员、副局长马乐其作了培训总结。

26 日 南北湖影视基地项目在海盐县轻纺市场举行海盐南北湖影视基地启动仪式。2012 年，在南北湖影视基地完成拍摄的电影有《养蟹人》、《无缘无故》、《凤凰山下》等。

28 日 在北京举行的 2012 年世界品牌大会上，世界品牌实验室权威发布了最新的中国 500 最具价值品牌榜，浙江广电集团连续第二年荣登榜单，位列第 135 位，比去年上升 11 位。在入围的 45 个传媒品牌中，位居第九，品牌价值达 105.81 亿元，居浙江媒体首位。

29 日 省人民政府任命华宣飞同志为浙江省广播电影电视局副局长。

29 日 浙江卫视“梦想盛典”在杭州大剧院上演，为第三季《中国梦想秀》画上圆满的句号。节目得到社会各界的一致肯定和好评，收视率高达 2.306，位列同时段所有节目全国第一。至此，第三季《中国梦想秀》共12期每期节目收视率均位居同时段第一，取得了社会效益和经济效益“双丰收”。

29日 省政府表彰在全国第三届大学生艺术展演中作出突出贡献的集体和个人，集团被授予先进集体荣誉称号。

29日 杭州文广集团在获得吴斌英勇事迹的消息后，迅速调集采访力量，在全国所有媒体中率先展开报道，并第一时间联系中央电视台，借央视平台，在全国范围宣传吴斌英勇事迹引起极大关注。

30日 为纪念建党91周年，省广电局组织机关和直属单位全体干部职工参观嘉兴南湖革命纪念馆，并举行重温入党宣誓和党课教育，张宝贵局长又对贯彻落实夏宝龙省长重要讲话精神提出了要求。

30日 温州影业公司正式挂牌，该公司为国有独资有限责任公司，注册资金3000万元，由温州电影发行放映公司（包括白鹿影城）、新中国影都、新时代电影大世界合并重组而成，并控股温州雁荡院线。

本月 中央电视台《新闻联播》播出浙江新闻171条，其中头条9条、单条38条，创下了上送新闻数量、质量、分量均居全国省级广电媒体前三名的历史最好排名；中国之声《新闻和报纸摘要》、《全国新闻联播》播出浙江新闻86条，有效扩大了浙江的全国影响。

本月 国家广电总局评出2011年度科技创新奖，集团取得了1项一等奖、2项二等奖和1项三等奖的历史最好成绩，体现了集团技术发展取得的显著成果，有力提升了在广电行业的技术影响力。

本月 国家广电总局正式批复同意金华市广播电视台开办第四套广播节目——对农广播。

本月 浙江广电集团各宣传单位对平民英雄吴斌的事迹进行了深入报道，以榜样的力量引导全社会形成正确的价值观，营造爱岗敬业、无私奉献的良好社会风尚。

本月 全省广电系统认真贯彻落实省委、省政府总体部署，高度重视，责任明确，计划周密，狠抓落实，圆满完成了安全播出保障期为2012年6月6日零时至10日24时的党代会重要保障期安全播出各项工作任务。

7月

3日 省委常委、宣传部长葛慧君到省广电局和浙江广电集团考察调研工作。在省广电局局长张宝贵、浙江广电集团总裁王同元陪同下，葛慧君部长看望了省广电局机关干部职工，参观了浙江之声、浙江卫视的播出机房，看望了一线的工作人员。

6日 由省委宣传部、浙江日报报业集团、浙江广播电视集团共同主办，电视教育科技频道等承办的省第三届微型党课大赛在集团800平方米演播厅举行。各主办单位领导观摩比赛并为获奖者颁奖。

6日 由浙江广电集团所属浙江影视（集团）公司等单位出品，首部描写军嫂情感生活与心路历程、被中宣部、国家广电总局定为十八大献礼剧的电视剧《十五的月亮》，登陆央视八套电视剧频道。

6日 中国传媒大学与温州广播电视台举行隆重的合作签约仪式，拉开战略合作的序幕。双方代表共同签署了建立教学科研实习基地协议书，中国传媒大学副校长高福安和温州市委常委、宣传部长胡剑谨共同为教学科研实习基地揭牌。

13日 省直机关工委表彰一批先进集体和个人。浙江卫视节目中心党支部被评为省直企事业单位“标杆团队”。浙江卫视陈俊、教育科技频道王志强、民生休闲频道余云等三位同志被授予“创先争优优秀共产党员”称号，浙江卫视屠荣根被授予“创先争优优秀党务工作者”称号。陈俊、余云和浙江之声方向红被评为省直企事业单位“标杆党员”。

13日 浙江广电集团第六届公益广告创作比赛结果揭晓，18件作品获奖。其中，交通之声《发声》、少儿频道《节约用纸——打印篇》获得一等奖；集团广告管理中心《为“最美”喝彩》、钱江都市频道《舍己为人，无私奉献》等6件作品获二等奖；浙江之声《远离毒品》、浙江卫视《陈俊，好样的》等10件作品获三等奖。浙江之声、钱江都市频道获组织奖。获奖作品近日开始将在各频道展播，部分作品将推荐参加全省和全国比赛。

19日 省广电局召开专题会议，传达学习贯彻全国、全省维稳工作电视电话会议精神，局党组书记、局长张宝贵主持会议并讲话。

20日 省第十一届精神文明建设“五个一工程”作品公布，集团电视剧《中国1921》、《延安爱情》，动画片《蓝巨星和绿豆鲨》，广播剧《合璧》、《琴潭溪》，歌曲《一个人的美食》等6部作品入选。

20日 德清县将总投资1.2亿元的德清县会展中心及千秋广场划拨给德清县广播电视台。通过改造建设将成为德清广电台技术先进、设施一流的新广电大楼。

20至21日 在全国社会管理综合治理工作会议上，由宁波广播电视集团国际部拍摄的专题片《整体推进 共创和谐》作为全国唯一的一部大都市社会综合治理经验介绍片播出，得到与会众多中央和省部级领导的赞扬和肯定、

22日 由中国广播电视协会交通宣传委员会、市委宣传部、台州广电台、市旅游局联合主办的2012"畅行中国——全国交通广播走近台州海岸线大型采风活动"在台州举行，全国30家交通广播会员单位参加了此次活动。

26日 由浙江广电集团电视教育科技频道策划组织的浙江省首届"十大杰出义工"评选颁奖晚会在集团800平方米演播室举行。副省长、省慈善总会会长陈加元，省民政厅、省慈善总会和集团相关领导出席晚会并为"杰出义工"们颁奖。

26日 省委常委、温州市委书记陈德荣，走进温州广播电视传媒集团公共民生频道《政情民意中间站》演播室，首次以电视、网络、微博同步直播的方式，和现场的六十多位各界代表以及在线的温州网友互动对话。

27日至29日 由中国广播剧研究会、浙江广播电视集团联合主办、长兴传媒集团太湖之声协办的首届中国微广播剧大赛定评工作在长兴举行。长兴传媒集团的原创作品《真心话芯片》和重庆万州台、甘肃兰州台选送的共三件作品摘得大赛金奖。

28日 第30届夏季奥林比克运动会在英国伦敦开幕，集团各宣传单位第一时间报道了大赛开幕盛况，随后对各项运动赛事进行跟踪报道。浙江卫视开播"奥运浙江风"板块，生动播报浙江籍运动员在奥运赛场上的精彩表现，浙江之声特派记者赶赴伦敦，实时发回对我国参赛运动员、教练员和工作人员的采访录音，浙江经视深入发掘伦敦奥运的浙江元素、经济元素，教育科技频道、音乐调频等不断传送赛地最新动向，新蓝网在首页专门开设"爽看伦敦奥运会"，为浙江健儿再创佳绩、为国争光，营造了良好的舆论氛围。

30日至31日 全省各市广影视局台长座谈会在杭州召开。会议重点围绕加强广播影视职业道德和行风建设的主题开展深入座谈，同时研究部署下半年重点工作，提高广播影视转型升级发展能力，为推进文化强省建设作出新的贡献。

31日 省委常委、副省长、宣传部长葛慧君到东阳横店影视产业实验区调研影视文化产业。她强调，横店要抢抓机遇，构筑发展大平台，加快建设大项目，做大做强文化产业，使其成为我省文化产业转型发展的重要示范区和深化文化体制机制改革创新的重要实验区。

8月

2日 省广电局局长张宝贵一行到桐乡调研广播影视工作。

6日 省广电局发出紧急通知，要求全省广电系统特别是沿海、山区要切实做好防范台风"海葵"的各项工作。

8日 全省广电系统党风廉政建设工作座谈会在杭州召开，认真分析当前全省广播影视反腐倡廉工作形势任务，研究部署了下半年工作任务。中纪委驻国家广电总局监察局副局长徐灵芳，省广电局副局长兼局纪检组长马乐其讲话。

8日 杭州电视台在抗击强台风"海葵"的宣传报道中，整合新闻栏目资源，电视四大频道突破常态，首次实现"四台合一"，全天候推出特别直播报道。

8日凌晨 强台风"海葵"登陆全省。集团高度重视，迅速贯彻落实省委和省委宣传部的决策部署，加强领导，精心组织，全力以赴做好抗击台风"海葵"宣传报道工作，采取"集团军作战"的报道模式，成功实现6个省级电视频道连续8小时的"大容量"并机直播，及时传达权威声音，广泛宣传防台知识，生动报道抗台事迹，为我省夺取抗击台风"海葵"的全面胜利提供了有力的舆论支持，得到各级领导的充分肯定和社会各界的广泛好评。

9日 中央电视台浙江记者站正式入驻杭州文广集团。中央电视台地方部主任申勇、省委宣传部副部长鲍洪俊和市委常委、宣传部长翁卫军一起看望了中央电视台驻浙江记者站的工作人员。

10日 浙江卫视"群英盛典"晚会节目组党员群体被省创先争优活动领导小组授予"创先争优闪光言行月度之星"称号。这是集团基层党组织和党员在全省创先争优活动中首次获得此项荣誉。

12 日 安吉县广播电视台开发并完成“美丽乡村信息服务中心系统”,该系统已获国家版权局颁发的计算机软件著作权登记证书。

14 日 省广电局召开局党组扩大会议，认真传达贯彻落实全国广播影视工作会议精神,会议紧密联系全省广电工作实际，研究部署了当前重点工作。

16 日 浙江有线 0 频道暨新业态媒体——浙江青春频道合营签约仪式在桐乡市广播电视台举行。浙江青春频道由桐乡市人民政府、浙江传媒学院和浙江华数集团三方共同打造，由桐乡广播电视台具体承办，主要的节目除了华数网络服务、华数咨询外,还包括青年教育类、生活时尚类、旅游休闲类、娱乐活动类的内容以及微电影的播放等。

17 日 省委办公厅和省政府办公厅公布第三期“浙江省重点创新团队”名单，浙江经视的“浙商工作室”入选文化创新团队。

15 日 国家广电总局对今年以来创新创优取得突出成就和经验的广播电视栏目进行公开表彰。浙江卫视的《中国梦想秀》和《中国好声音》两档栏目因“注重社会效益,体现以人为本”,双双获评“2012 年创新创优电视栏目”。

15 日 由浙江广电集团影视集团立项投资的电视剧《创业年代》,被中宣部、国家广电总局列为 10 部“十八大”献礼剧之一,成为集团继《十万人家》、《中国1921》以后,又一部在党和国家重大节庆和历史节点上献礼的电视剧作品。

21 日 第 26 届中国电视金鹰奖评选揭晓。集团投拍的革命历史题材电视剧《中国 1921》获得金鹰奖唯一最高奖项——“电视剧最佳作品奖”,并获单项——“最佳照明奖”。

28 日 浙江卫视树帜“中国蓝”品牌满四周年。四年来,浙江卫视立足“中国蓝”品牌特质,频道收视率、创收力、覆盖率进入第一阵营，各项事业实现了跨越式发展，尤其今年,《中国梦想秀》、《中国好声音》等品牌标杆风靡全国。在刚刚落幕的第六届中国品牌节上,浙江卫视还获评“品牌中国华谱奖”,成为该奖项历史上获此殊荣的三家省级媒体之一。

29 日 浙江广电集团重点节目《艺术:北纬 30 度》摄制组在杭州良渚博物院启动出征仪式。从 8 月 30 日开始,摄制组将沿着北纬 30 度穿越亚洲、非洲和美洲的 16 个国家和地区,横穿整个地球,用艺术的视角,寻找文明的脉络,用当下的努力,接续人类的未来，用镜头向这条神奇纬线上辉煌灿烂的人类文明致敬。

31 日 由中国电视艺术家协会主办的全国第二届名优电视栏目评选结果在北京揭晓，浙江卫视《中国梦想秀》入选综艺类“2012 十佳品牌电视栏目”,《爱情连连看》入选生活服务类十佳,浙江经视《新闻深呼吸》入选新闻类十佳,国际频道《发现浙江》入选社教类十佳，电视钱江都市频道《新闻速写》入选“2012 十大创新电视栏目”。

31 日 第三届浙江农民创富大赛揭晓,省委常委、副省长、宣传部长葛慧君，省人大常委会副主任程渭山等领导出席了揭晓晚会，并为获得本届创富大赛的 2 名“金点子奖”和 8 名“好点的选手颁奖。

本月 由中国广播电视协会举办的“2011 年度优秀电视经济节目”评选结果揭晓,好易购频道《盛世钱塘,秋享西博》获特别节目类一等奖,《COACH 典雅浪漫手袋》获优创类节目一等奖,频道购物主持王顾佳摘得新人奖二等奖，另有多个主持人或作品取得三等奖。

本月 省文化体制改革领导小组办公室和省广电局联合下发通知，决定近期在全省范围内开展一次广电有线网络“一省一网”整合工作专项督查。

9 月

4 日 省广电局在杭州召开了全省安全播出专题工作会议，省广电局党组书记、局长张宝贵出席会议并讲话，要求全省广电系统明确责任、敢于担当、践行诺言、志在必胜,坚决打好党的十八大安全播出和安全放映的保卫战。

5 日 省广电局召开局长办公会，传达学习省委专题学习会上赵洪祝书记、夏宝龙省长重要讲话精神，并紧密联系全省广电工作实际,研究部署了 9、10 月份重点工作。

5 日至 7 日 巴林、科威特、也门和伊拉克等西亚阿拉伯四国电视媒体联合采访我省杭州、义乌等地。

6 日—29 日 第 31 届大众电影百花电影节在绍兴举行,评出最佳男主角、最佳女主角、最佳编剧奖等 9 个奖项。

6 日 省广电局党组书记、局长张宝贵到桐庐县、建德市调研党的十八大期间广播影视工作情况，并就广播影视工作与当地党委、政府领导交换了意见。

7 日—9 日 第二届中国（宁波）智慧城市技术与应用产品博览会在宁波举行。

10 日 浙江省广播电影电视局转发国家广电总局关于同意绍兴市新增调频广播频率的批复，同意绍兴市新增调频广播频率 93.6 兆赫，播出绍兴市广播电视台综合广播节目。

13–15 日 第五届中国（宁波）农民电影节成功举办。

14 日 国家广电总局宣传管理司副司长高长力一行就贯彻落实全国广播影视座谈会精神的有关情况，来我省进行督查指导。

16 日至 18 日 国家广电总局副局长田进到浙江考察影视产业，田进指出，要提升影视作品品质，促进浙江影视产业转型升级、科学发展。

16 日至 18 日 首届中国横店影视节在横店影视产业实验区隆重举行。经评选，首届中国（东阳横店）"金牛奖"最佳电影奖授予《龙门飞甲》，《后宫甄嬛传》被评为最佳电视剧大奖，郑晓龙获得最佳导演奖，张嘉译、罗海琼分获最佳男、女演员奖，于冬获得最佳电影制片人奖，赵锐勇获得最佳电视剧制片人奖，华谊兄弟传媒股份有限公司获得年度最佳机构奖。

19 日 省广电局局长张宝贵主持召开影视动画产业调研座谈会，听取杭州市文创办、滨江区国家动画产业基地办公室、西湖区国家数字娱乐产业基地及部分在杭影视动画企业负责人对我省发展影视动画产业的意见建议。

20 日 省委常委、副省长、宣传部长葛慧君一行到华数公司调研考察、指导工作。

20 日至 21 日 省文改办副主任、省广电局局长张宝贵带领督查组到金华督查县级电影发行放映单位转企改制、数字影院全覆盖和"一省一网"县级网络公司企业化改造工作。

22 日 2012 中国广播剧研究会举行年度作品评选活动，镇海新闻中心选送的《热血丹枫》和《他心中有座高山》双双获得金奖。镇海新闻中心副调研员李静获得"最佳制作人奖"。

24 日 由中宣部主办、中央电视台承办的"为祖国放歌－第十二届精神文明建设'五个一工程'颁奖晚会"在京举行。由宁波广电集团投资、宁波广播影视艺术中心有限公司拍摄的 36 集电视剧《向东是大海》获"五个一工程"将，这是集团第四次获此殊荣。

27 日 《国家命运》首播仪式在北京人民大会堂举行，中央军委委员、总装备部部长常万全，广电总局副局长田进，中央电视台台长胡占凡，省委宣传部副部长来颖杰、省广电局局长张宝贵等领导以及神九航天员景海鹏、刘旺、刘洋和剧组主创人员出席首播仪式。

27 日 省广电局党组会议传达学习了全国文化体制改革工作表彰大会精神。

28 日 在中国广电协会和中央电视台共同主办的第二届中国电视发展年会上，浙江卫视被授予"中国电视发展最具创新力十大上星频道"称号。

28 日 丽水市广播电视总台新农村广播频率正式开通，为三农服务提供新平台。频率重点推出《希望的田野》、《农村大市场》、《百姓大舞台》等节目。发射频率为 FM 88.3 兆赫，广播节目信号通过有线和无线双重覆盖丽水 9 县（市、区），全天播音 15 小时。

28 日至 29 日 省文改办副主任、省广电局局长张宝贵带领督查组到丽水督查县级电影发行放映单位转企改制、数字影院全覆盖和"一省一网"县级网络公司企业化改造工作，并就广播影视工作与丽水市市长王永康、宣传部长陈建波交换了意见。

29 日 省广电局召开了处以上干部会议，认真传达学习贯彻全省宣传文化系统负责人会议精神，研究部署当前各项工作，确保广播影视安全播映，以优异成绩迎接党的十八大胜利召开。

30 日 浙江卫视"中国好声音巅峰之夜"在上海八万人体育场激情开演，晚会首次实现全程同步直播。当晚全国网收视高达 6.109%，创下省级卫视综艺节目收视新高，《中国好声音》第一季圆满落幕。

本月 全省各地认真部署十八大期间广播影视安全播映工作，为党的十八大营造良好的舆论氛围。

本月 浙江省委办公厅、省政府办公厅出台了《关于设立浙江省横店影视文化产业实验区提升影视文化产业发展水平的意见》。

本月 为喜迎党的十八大胜利召开，集团各宣传单位提前预热，统筹安排，浓墨重彩宣传报道浙江改革发展实践，为"十八大"召开营造良好氛围。浙江卫视策划推出《科学发展、十年回眸》、《创造两富新业绩、迎接党的十八大》两大专栏，聚焦浙江"走在前列”的中国特色社会主义实践，城市之声策划推出《十年车生活》、《党员正能量》等系列报道，反映浙江十年来经济社会发展取得的卓越成就，弘扬优秀党员的先进事迹，教育科技频道精心制作了两个喜迎十八大的宣传片，钱江都市频道、浙江经视、民生休闲频道、影视娱乐频道、广播交通之声等纷纷推出喜迎十八大主题报道，新蓝网在首页特别开设“贯彻党代会精神、迎接十八大召开”、“科学发展、成就辉煌”两大新闻专题，从各个角度展示浙江省发展成就，形成聚焦十八大、喜迎十八大的浓厚氛围。

本月 浙江广电集团电视钱江都市频道被由北京大学、清华大学和中国人民大学等10所大学联合主办的中国品牌媒体高峰论坛评为“2011—2012中国品牌媒体百强广播电视频道(省级)品牌十强”，还被中国广电协会评选为“全国电视媒体民生影响力十强”。

本月 由浙江广电集团所属浙江影视公司立项投资的电视剧《创业年代》，被中宣部、国家广电总局列为10部十八大献礼剧之一，成为集团继《十万人家》、《中国1921》以后，又一部在党和国家重大节庆和重要历史节点上献礼的电视剧作品。

本月 湖州广播电视台荣获2012年度第五届中国公共电视新闻网优秀交流奖。

本月 由宁波广播电视集团新闻综合频率发起，联合舟山电台新闻广播、宁波广播协作联盟成员台(宁海、象山、北仑、镇海)推出大型广播新闻行动《蓝色崛起——浙江、广东、山东海洋经济发展行》。该栏目被国家广电总局评为“党的十八大广播电视宣传优秀节目”。

本月 国家广播电影电视总局正式下发文件，批复同意绍兴市广播电视台参与开办城市联合网络电视台(简称CUTV)，播出呼号为“城市联合网络电视台绍兴台”(简称CUTV绍兴台)，域名是sx.cutv.com。至此，绍兴市广播电视台获得绍兴市首张网络电视台运行牌照。

本月 衢州电视新闻综合频道对农节目《佳佳农话》的主持人童佳喜获第四届中国新农村电视艺术节“年度优秀对农电视节目主持人”称号，是6名获奖者中唯一来自地市台的主持人。

10月

10日 金华市委宣传部下发《关于同意成立金华广播电视传媒集团的通知》，同意成立金华广播电视传媒集团，要求坚持“五个不变原则”，并明确了人员和内设机构以及相关政策问题。

11日 金华市举行金华广播电视台成立十周年暨金华广播电视传媒集团成立庆祝大会。省政协副主席王永昌、省委宣传部副部长来颖杰、省广电局局长张宝贵、浙江师范大学校长吴锋民等领导出席大会。

12日 在第四季《中国梦想秀》全新揭幕之际，省广电局和省广电学会共同主办了“《中国梦想秀》、《中国好声音》专家研讨会”。

14日 由省委宣传部、浙江广电集团主办，浙江电视台教育科技频道承办的2012“十月的阳光——两富浙江·激情飞扬”浙江儿女喜迎党的十八大电视文艺直播活动在杭州钱江新城市民广场举行。省委常委、副省长、宣传部长葛慧君，省人大常委会副主任吴国华等出席活动并观看演出。

16日 省委宣传部、省广电局召开重大革命历史题材电视剧《国家命运》研讨会，该剧再度引发与会专家学者热议。省委常委、副省长、宣传部长葛慧君会见与会专家与主创演职人员。国家广电总局电视剧司副司长王卫平、省委宣传部常务副部长胡坚出席会议并讲话，省广电局局长张宝贵讲话并作会议小结。

16日 省广电局、省广电学会、浙江广电集团主办“为浙江影视歌唱”—浙产影视歌曲献礼党的十八大演唱会，省委宣传部副巡视员何启明、省广电局副局长王国富、省广电集团副总编辑顾顺坤、省广电学会常务副会长胡瑞庭等观看演出。

19日 华数传媒在深交所挂牌上市。省委书记、省人大常委会主任赵洪祝，省委副书记、省长夏宝龙，中国文联党组书记赵实发来贺信。国家广播电影电视总局副局长田进，省委常委、副省长、宣传部长葛慧君，杭州市委副书记、市长邵占维，省广电局局长张宝贵等分别在仪式上致辞。

24日至27日 中国广播电视协会、中国黄河电视台主办第14届全国电视外宣“彩桥奖”创优评析活动，绍兴市广播电视台选送的大型文献纪录片《风雷激荡光复会》荣获一等奖，《点亮一盏灯》获二等奖。

25日 省广电局局长张宝贵到浙江省时代院线和杭州市星光院线检查督查十八大期间电影安全放映工作。

26日 省政府召开第99次常务会议，审议通过《浙江省公共视听载体播放活动管理办法（草案）》，浙江省广播影视地方立法工作和视听新媒体监管制度建设获得了实质性突破。

26 日 浙江省第 21 届浙江树人出版奖揭晓，浙江电子音像出版社电视纪录片《先驱》榜上有名。《先驱》是浙江广电集团为庆祝建党 90 周年特别策划制作的文献纪录片。

28 日 全省 4725 户直播卫星设备安装任务全部完成，标志着我省直播卫星公共服务工作全面完成。

29 日 省委宣传部表彰第 11 届精神文明“五个一工程”组织先进单位和优秀作品。电影《岁岁清明》、电视连续剧《东方》、《向东是大海》、《五星红旗迎风飘扬》、音乐剧《告诉海》、广播剧《踮起脚尖》、歌曲《东方为什么红》、纪实文学《主义之花》、动画片《少年阿凡提》获特别奖，另有 77 项获入选作品奖。

30 日 海宁市人民政府与中国国际广播电台、中国国际广播电视网络台合作共建影视译制基地签约仪式在海宁市举行，中国国际广播电台、中国国际广播电视网络台影视译制基地落户海宁。

30 日至 11 月 2 日 第二十届国际传输与覆盖研讨会(ICTC2012)在杭州市举办。省广电局巡视员铁国强出席开幕式并致词。

31 日 省广电局局长张宝贵在浙江广电集团副总裁杨勇等陪同下，检查对浙江广电集团新闻中心、广播制播中心、电视播出中心十八大重要保障期安全播出工作。

31 日 宁波市各县(市)区广播电视台长座谈会在宁波广播电视集团召开，会议就广电发展与合作进行了座谈研讨，达成了加强联系、联络、联动和共同应对挑战、共同促进发展、共同树立形象的共识。

本月 在中国广电协会和中央电视台共同主办的第 2 届中国电视发展年会上，浙江卫视被授予“中国电视发展最具创新力十大上星频道”称号。这是浙江卫视继《中国梦想秀》、《中国好声音》两档栏目双双获得国家广电总局“创新创优栏目”嘉奖，并被品牌中国产业联盟授予“2012 品牌中国华谱奖”之后，再次荣获的一个重要奖项。

本月 湖州广播电视台选送的《山鸠坞的“洋家乐”》和《铁血英士》分别荣获第 14 届中国“彩桥奖”短片类和长片类一等奖。

本月 原国务院副总理、中国国际经济交流中心理事长曾培炎，省委书记赵洪祝一行在万事利集团参观考察过程中，观看了杭州电视台影视频道与万事利集团合作推出的中国首档丝绸文化节目——《字说丝绸》，对节目的内容和合作形式表示肯定。

本月 由杭州电视台综合·生活频道参与拍摄的《中国名片》之《杭州》亮相新华社纽约时报广场。这是继上海之后，杭州成为《中国名片》国家形象片系列第二个亮相新华社纽约时报广场大屏的城市。

11 月

1 日 宁波市政府发文《宁波市政府关于给予宁波广播电视集团嘉奖的决定》(甬政发〔2012〕109 号)对集团予以嘉奖，表彰集团为宁波文化事业繁荣发展作出的突出贡献，并给予奖励经费 300 万元。

4 日 浙江广电集团新闻综合频道推出一档全新的英语节目《Ningbo Focus》，这也是集团首次推出中英文双语节目。

7 日 赵洪祝、夏宝龙、李强、葛慧君、赵一德等省领导来到浙江广电集团十八大北京报道团驻地，看望慰问参加报道的采编及技术人员，向大家致以记者节问候。浙江广电集团党委书记、总裁王同元和副总编施泉明等陪同看望。

7 日 我省创作生产的电视剧《温州一家人》在北京举行首播新闻发布会。国家广电总局副局长田进，省委常委、副省长、宣传部长葛慧君，省委常委、温州市委书记陈德荣等出席发布会，省广电局局长张宝贵在发布会上致辞。

8 日 举世瞩目的中国共产党第十八次全国代表大会在京隆重开幕，省广电局局长张宝贵在省广电监测中心指挥全省广电安全播出工作。浙江卫视、浙江之声和全省有 50 个电视台，40 个电台转播了大会开幕式，全部实现十八大广播影视安全播出。

8 日 远在海上作业的浙江 10 万渔民在第一时间观看了画面声音清晰的卫星直播党的十八大开幕盛况，广大渔民激动不已，感慨万千，我省“广电进渔船”工程显出成效。

8 日至 14 日 中国共产党第十八次全国代表大会在北京隆重召开。各广播电视各专业频道和新蓝网、报刊社等发挥各自优势，认真策划、周密部署，全力做好学习贯彻党的十八大的宣传报道工作。特别是浙江卫视、浙江之声主流频道派出强大的报道团队赶赴北京，及时准确做好驻会报道。浙江卫视《浙江新闻联播》开设“学习贯彻十八大,创造两富新业绩”专栏,推出学习贯彻十八大精神动态、党代表宣讲等多个板块,着力在党代表的宣讲主题、宣讲形式以及和观众的互动上出新出彩;浙江之声以《浙广早新闻》为主平台，推出“学习贯彻十八大,创造两富新业绩”专栏,了解百姓眼中的美丽中国、浙江创造,体现十八大报告的核心精神。

10日 由浙江广电集团和中央电视台等联合出品的十八大献礼剧《温州一家人》在央视一套黄金档播出，赢得全国各地观众好评,收视率节攀升,新华社、人民日报、光明日报、中央电视台和网站等报道此剧。

10日 由省外宣办、浙江对外友协和浙江广电集团主办,海盐县委宣传部、浙江电视台国际频道等承办的“2012我与浙江——外国人看浙江”摄影比赛在海盐举行,来自美国、德国、俄罗斯等国家的30多位在浙外国友人组成摄影团，用手中的相机记录人文景观、山水风光。

12日 省委宣传部会同省广电局在杭州召开全省宣传文化广电系统推进廉政风险防控专项工作会议。省委宣传部常务副部长胡坚，省广电局局长张宝贵等领导出席会议并讲话。

12日 浙产剧《五星红旗迎风飘扬2》登陆央视八套黄金时间，作为十八大献礼剧每晚五集连续播出。至此,加上10日开始在央视一套热播的《温州一家人》,十八大期间央视所有黄金时段播出的电视剧已全部成为浙产剧的集体亮相，把浙产电视剧在央视播出推向了高潮。

12日 由省广电学会对外传播专业委员会、衢州市人民政府办公室、中共衢州市委宣传部和浙江电视台国际频道、衢州广播电视台联合主办的以“走进南孔圣地,体验休闲衢州“为主题的“浙江省第三届对外传播异地采访活动”开机仪式在开化县举行。

17日 由CCTV-7农业节目、湖州市委市政府主办，CCTV-7《聚焦三农》栏目、长兴县委县政府承办，长兴广电台协办的CCTV2012年度三农人物面对面走进湖州(长兴)活动在长兴台600平米演播厅举行。

18日 CCTV农业节目长三角区域市县台长通联座谈会在长兴广电台举行。来自长三角区域的23家电视媒体领导及相关节目负责人齐聚一堂，与CCTV农业节目栏目组探讨并分享了对农节目题材的选择和制作经验。

19日下午 省广电局党组扩大会议，传达贯彻学习党的十八大精神,研究部署各项工作。

19日 浙江广电集团召开党委、管委、编委会议和处级干部会议,认真学习十八大报告,努力在掌握基本观点上下功夫，在领会精神实质上下功夫，更好地用党的十八大精神统一思想、凝聚共识。

20日 全国覆盖权威机构北京美兰德公司发布“2012年中国电视覆盖及收视状况调查结果”，浙江卫视2012年覆盖人口9.71亿，连续4年位居省级上星频道全国覆盖第一。

22日 国家广电总局主管的《中国广播影视》杂志社在京举行TV地标(2012)——全国电视栏目综合实力大型调研成果发布会。浙江卫视《中国好声音》获得唯一“年度节目”称号,浙江卫视《中国梦想秀》入选年度上星频道电视栏目十强，浙江电视台民生休闲频道《1818黄金眼》入选年度省级地面频道电视栏目十强。

23日、27日 省广电局召开省内影视界学习贯彻十八大精神座谈会。省广电局副局长王国富参加会议。

24日 杭州地铁一号线正式通车试运营，杭州电视台综合频道和西湖之声电台创新运用4G技术将直播信号实时传回地面，这是国内广播电视直播史上首次成功运用4G技术。

28日 由浙江广电集团、中央电视台等联合出品的36集电视剧《温州一家人》播出最后一集,收视率突破3%。该剧自11月10日在央视一套黄金档播出以来,收视一路走高,赢得社会各界好评。

28日 浙江广电集团“主题报道”优秀作品大赛揭晓,评选产生15件优秀作品。本次大赛于4月中旬至11月中旬举行,16个宣传单位扎实开展调查研究和实地采访，用鲜活的实践成果阐释中央和省委的决策部署，充分宣传我省推进科学发展、建设“两富”现代化浙江的宏伟目标、重大举措和进展成效。

29日 由华谊兄弟出品、冯小刚执导，浙江广电集团作为唯一一家浙江出品方的影片《一九四二》在全国首映。

30日 由中国电影电视技术学会和浙江广电集团共同举办的《中国好声音》环绕声节目制作高端技术研讨会在杭州举行。来自全国20多个省级电视台的80余位代表参加会议。

30 日 省广电局局长张宝贵到洞头调研广电工作，洞头县委常委、宣传部部长张京，副县长吴志安作了工作汇报。

本月 国家广电总局和中视国际传媒有限公司联合推出长城平台各频道节目质量综合评估结果，浙江国际频道获得节目内容编排评估和年度收视评估两项指标双 A，并受到总局表扬。

本月 十八大期间，浙江卫视以《浙江新闻联播》、《十八大专题报道》为主阵地，多档新闻栏目共同聚焦盛会，浓墨重彩、创新传播，第一时间向全省人民传达十八大报告的主要精神和描绘的宏伟蓝图，充分反映浙江代表团与会代表的履职风采，广泛报道我省干部群众热议报告共话愿景的热烈场景，圆满完成十八大报道任务。

本月 党的十八大胜利闭幕后，我省各级广播电视媒体根据中央和省委的部署，按照省委宣传部的要求，积极投入宣传十八大精神的报道工作中。省市主要广电媒体注重发挥媒体特色和优势，纷纷开辟专栏专题，多形式、大阵势，全面报道各地党政部门和人民群众认真学习贯彻十八大精神的情况，对十八大报告内容进行深度解读，有效营造了氛围，指导了学习。

本月 全省广电系统认真贯彻落实中央和省委省政府及国家广电总局工作部署，统一思想、统筹协调、全面防范、狠抓落实，圆满完成了十八大安全播出保障任务。

本月 由杭州市文广新局等单位共同承办的“百场电影进社区、百场电影进广场(工厂)”活动落下帷幕。在各城区的 178 个社区与广场、28 家工厂与工地和 2 家院校，共放映国内外优秀影片 64 部、计 240 场次，观影人数达 5 万余人次。

12 月

7 日 绍兴网络电视台正式上线开播，标志着绍兴市广播电视台的广播电视资源进入互联网平台面向全球传播，也意味着绍兴广电对外宣传进了一个全新的全媒体时代。

10 日 省广电局在宁波开展全省广播电视少儿节目奖评选活动。各地踊跃参加评选活动，共收到广播参评作品 43 件，电视参评作品 57 件，参评数量超过历年。

10 日至 14 日 全国广播电视(发射系统)技术能手竞赛在北京举行，我省共派出三名选手分别参加了三个类别的比赛，并获得了 2012 年全国广播电视技术能手称号，其中调频广播选手盛雪祥、调幅广播选手吴顺元获得二等奖，电视广播选手杨剑云获得三等奖。

11 日 浙江平安信息视频联播网湖州频道开播仪式在湖州广播电视台举行。中共湖州市委常委、宣传部长胡菁菁，省公安厅政治部主任石小忠，省侨联副主席陈乃科等和相关部门、企业代表参加了开播仪式。

18 日 由省委组织部、省农办、省党建研究会、浙江广电集团共同主办的浙江乡村书记“双强”论坛在杭州召开，来自全省 100 多个乡(镇)、村书记以及全国党建专家、各地市的组工人员 200 余人参加论坛。

18 日 重大革命历史题材电视剧《五星红旗迎风飘扬 2》研讨会在杭州召开。国家广电总局电视剧管理司司长李京盛、省广电局副局长王国富等领导参加了会议。

19 日 由省委宣传部、省广电局主办的“大型电视剧《温州一家人》浙江研讨会”在杭州举行。省委常委、副省长、宣传部长葛慧君出席会议并讲话，高度评价《温州一家人》取得的良好社会反响，深入分析浙江影视创作生产繁荣发展的原因，具体阐述进一步打造浙江文艺精品的举措。

19 日 省人大科教文卫委员会副主任林吕建、省广电局副局长王国富一行 7 人，赴杭州市余杭区开展《浙江省广播电视管理条例》修订工作调研，余杭区人大、文化广电新闻出版局、文化市场执法机构、广播电视台、华数余杭数字电视公司等单位领导和骨干参加了座谈。

21 日 由省广电局和省农业厅联合开展的 2012 年度浙江省生态循环农业创新模式电视节目竞赛活动优秀作品评选会在杭州举行。

25 日 省委常委、副省长、宣传部长葛慧君来到浙江广电集团在建的浙江国际影视中心建设工地检查指导工作。省委宣传部常务副部长胡坚、副部长龚吟怡，浙江广电集团总裁王同元等陪同调研考察。。

25 日 镇海区广播电视台制作的《晒盐人》荣获第八届“中国纪录片国际选片会”十大纪录片奖。

26 日 宁波广电集团将宁波广播在线和宁波电视台网有效整合，组建“宁波广电网”。

27日 由绍兴市广播电视台选送的大型电视纪录片《绍兴，一座名城的2500年》在“第十八届中国电视纪录片十佳十优作品评选”活动中摘取“十优”作品称号，该片还在“人文中国·世居系列”全国电视纪录片、专题片最佳作品推选活动中荣获一等奖。

27日 全国人力资源社会保障部和国家广播电影电视总局授予海宁市广播电视台“全国广播电影电视系统先进集体”荣誉称号。省广电局副局长华宣飞为海宁市广播电视台颁发了牌匾和证书。

30日 宁波城市电影票房总收入达到2.3亿元，首次突破2亿元大关，比2011年的1.7亿元增长了28.3%，增长幅度名列全省第一。

截至12月27日 中央电视台共播出浙江新闻近3000条次，《新闻联播》共播出浙江新闻372条，其中头条30条、单条94条，浙江广电集团连续四年超额实现央视《新闻联播》“平均一天一条浙江新闻”的目标任务，有力扩大了浙江的全国影响。

本月 湖州市全面完成数字电视“模转数”工作。

6. 文件与法规

WENJIAN YU FAGUI

浙江省人民政府令

第 305 号

《浙江省公共视听载体播放活动管理办法》已经省人民政府第 99 次常务会议审议通过，现予公布，自 2013 年 2 月 1 日起施行。

省长 夏宝龙

2012 年 11 月 17 日

（此件公开发布）

浙江省公共视听载体播放活动管理办法

第一条 为了加强对公共视听载体播放活动的管理，维护公共利益，促进社会主义精神文明建设，根据《广播电视管理条例》、《浙江省广播电视管理条例》等有关法律、法规规定，结合本省实际，制定本办法。

第二条 本办法所称公共视听载体，是指固定在广场、建筑物（构筑物）内外以及公共交通工具内，向公众日常播放节目的视听显示装置，仅发布广告的户外广告设施除外。

第三条 设置公共视听载体应当符合城乡规划、城市市容和环境卫生、道路交通安全、消防安全、防雷安全、建筑施工等管理规定和技术规范。

第四条 县级以上人民政府广播电影电视行政管理部门对本行政区域内的公共视听载体播放活动实施监督管理。

县级以上人民政府工商行政管理、城乡规划、城市市容和环境卫生、公安、交通运输、环境保护、通信管理等部门依照各自职责，做好公共视听载体播放活动的有关管理工作。

第五条 公共视听载体可以播放下列节目：

（一）由广播电台、电视台等新闻单位制作并提供的新闻等时政节目；

（二）由广播电台、电视台或者经依法批准从事广播电视节目制作经营的单位制作或者提供的综艺、财经、体育、科技、文化、卫生、教育等专题节目；

（三）经权利人依法授权播放的具有公映或者发行许可的电影、电视剧、视听动画片、纪录片；

（四）由有关行政机关发布的突发事件预警等公益性信息；

（五）广告（含公益性广告，下同）；

（六）国家和省规定可以播放的其他节目。

公共视听载体不得播放前款规定以外的节目。

第六条 公共视听载体的运营单位（以下简称运营单位）应当承担和履行社会公益服务义务，按照相关规定播放公益性广告和公益性信息。

第七条 公共视听载体播放节目应当遵守著作权、国家语言文字、广告管理等方面的法律、法规和规章规定。

第八条 禁止公共视听载体制作、播放含有下列内容的节目：

（一）反对宪法确定的基本原则的；

（二）危害国家统一、主权和领土完整的；

（三）泄露国家秘密、危害国家安全或者损害国家荣誉和利益的；

（四）煽动民族仇恨、民族歧视，破坏民族团结，或者侵害民族风俗、习惯的；

（五）宣扬邪教、迷信的；

（六）扰乱社会秩序，破坏社会稳定的；

（七）诱导未成年人违法犯罪和渲染暴力、色情、赌博、恐怖活动的；

（八）侮辱或者诽谤他人，侵害公民个人隐私等他人合法权益的；

（九）危害社会公德，损害民族优秀文化传统的；

（十）法律、法规和国家规定禁止制作、播放的其他内容。

第九条 公共视听载体需要利用网络传输节目信号的，运营单位应当选择依法取得广播电视节目传送业务经营许可证或者相应电信业务经营许可证的网络运营单位提供节目信号传输服务。

网络运营单位提供节目信号传输服务时，应当保障公共视听载体运营单位的合法权益，保证传输安全。

第十条 在发生和可能发生自然灾害等突发事件以及其他特殊情形下，需要增播、转播或者停播特定节目的，运营单位应当按照当地人民政府及广播电影电视等部门的要求及时调整播放安排。

增播、转播或者停播的内容、原因、依据、期限及具体要求，由广播电影电视等部门及时告知运营单位。

第十一条 运营单位应当根据公共视听载体的体积大小、所处位置等因素，采取有效措施，合理设置公共视听载体的音量、亮度、播放时间，避免对周围环境、居民和受众造成妨害。

第十二条 运营单位应当在运营开播后15日内，向广播电影电视行政管理部门备案。公共视听载体设在公共交通工具内的，向公共交通工具运营单位登记地的广播电影电视行政管理部门备案；设在其他地方的，向公共视听载体所在地的县（市、区）广播电影电视行政管理部门备案。

备案可以采用网上受理的形式。

第十三条 运营单位办理备案时，应当向广播电影电视行政管理部门提交下列材料：

（一）营业执照或者有关设立登记证明的复印件；

（二）法定代表人或者负责人的身份证复印件；

（三）公共视听载体的数量、设置地点、节目播放平台（机房）地点和每日播放起止时间的说明材料；

（四）传输、播放等业务管理制度的说明材料；

（五）总体技术方案；

（六）安全播放承诺书；

（七）国家和省规定需要提供的其他材料。

公共视听载体经城乡规划、城市市容和环境卫生等部门依法批准设置的，运营单位办理备案时还应当提交相关的批准文件。

第十四条 本办法第十三条规定的材料所涉及的事项发生变更的，运营单位应当在变更之日起15日内向原受理备案的广播电影电视行政管理部门办理变更备案。

办理变更备案，应当向广播电影电视行政管理部门提交有关变更事项的说明材料。

第十五条 受理备案的广播电影电视行政管理部门应当对提交备案的相关信息予以审核、记录，并向运营单位送达备案通知，告知运营单位的权利义务、播放活动的有关管理规定和注意事项。

第十六条 运营单位应当建立健全节目审查制度，对播放的节目进行播前审查。

第十七条 运营单位应当加强对其工作人员的教育管理，建立健全安全播放制度，采取有效措施，防止错误播放或者非法信息侵入。发现错误播放或者非法信息侵入的，应当立即停止播放，保存有关记录，并向广播电影电视行政管理部门和公安机关报告。

第十八条 运营单位应当建立健全播放备份保存制度，对已播放的内容予以备份并保存，保存期限不得少于30日。保存的数据资料在保存期内不得修改、删除。

第十九条 运营单位应当配合广播电影电视等部门的管理，为节目监控、预警应急等公共管理系统提供必要的信号接入条件，并提供相关数据资料。

第二十条 运营单位应当公布监督电话，听取意见建议，提高服务质量，接受公众监督。

第二十一条 向运营单位提供节目内容或者传输服务的单位，应当遵守国家和省有关规定，履行与运营单位签订的协议，并协助广播电影电视行政管理部门的监督管理活动。

第二十二条 县级以上广播电影电视行政管理部门应当加强对运营单位从业人员的指导培训，并采取相关技术措施，对公共视听载体播放活动实施监督。

第二十三条 县级以上广播电影电视行政管理部门与城乡规划、城市市容和环境卫生、工商行政管理、公安、交通运输、环境保护、通信管理等部门应当建立健全信息通报和共享机制，加强日常监管和协作配合，及时查处公共视听载体运营活动中的违法行为。

第二十四条 运营单位有下列情形之一的，由广播电影电视行政管理部门按照下列规定予以处罚：

（一）未按本办法第十六条规定建立健全并实施节目审查制度的，按照《浙江省广播电视管理条例》第四十三条规定处罚；

（二）违反本办法第八条规定，制作或者播放含有禁止内容的节目的，按照《广播电视管理条例》第四十九条规定处罚；

（三）违反本办法第五条第二款规定播放节目的，按照《广播电视管理条例》第五十条规定处罚。

第二十五条 运营单位播放广告，违反《中华人民共和国广告法》、《浙江省广告管理条例》等规定的，由工商行政管理部门依法处罚。

第二十六条 运营单位不按照本办法第十二条、第十三条、第十四条规定向广播电影电视行政管理部门备案的，由广播电影电视行政管理部门责令改正，可以并处5000元以上2万元以下的罚款。

第二十七条 运营单位违反本办法第十七条、第十八条规定，不履行相关管理责任的，由广播电影电视行政管理部门责令改正；拒不改正的，处1万元以上3万元以下的罚款。

第二十八条 有关部门的管理人员违反本办法规定，玩忽职守，滥用职权的，由其所在单位或者有权机关依法依纪给予处分、处理。

第二十九条 本办法施行前设置的公共视听载体，其运营单位应当自本办法施行之日起60日内，按照本办法第十二条规定向广播电影电视行政管理部门备案。

第三十条 本办法自2013年2月1日起施行。

中共浙江省委办公厅
浙江省人民政府办公厅
关于设立浙江省
横店影视文化产业实验区
提升影视文化产业发展水平的意见

（2012年7月12日）

浙委办〔2012〕76号

为贯彻落实党的十七届六中全会和省第十三次党代会精神，加快文化强省建设，推动横店影视文化产业改革创新，打造特色文化品牌，发挥文化产业发展引领作用，推动建设物质富裕精神富有的现代化浙江，经省委、省政府同意，现提出如下意见。

一、设立浙江省横店影视文化产业实验区

“浙江省横店影视文化产业实验区”（以下简称实验区）范围与国家广电总局批复的“横店影视产业实验区”一致，面积为365平方公里，包括东阳市横店镇、湖溪镇、马宅镇全部行政区域以及南马镇、南市街道、城东街道部分村。

设立实验区是引导我省影视产业转型升级的重要举措，有利于推动横店在影视文化产业发展方面先行先试、积累经验，为全省文化产业发展提供示范。要积极谋划、鼓励创新，切实加快实验区规划建设，努力探索促进影视文化产业转型发展的新路径：使其成为我省文化产业转型发展的重要示范区和深化文化体制机制改革创新的重要试验区。

二、总体要求

实验区建设要坚持以邓小平理论和“三个代表”重要思想为指导，深入贯彻落实科学发展观，深入实施“八八战略”和“创业富民、创新强省”总战略，按照推动文化大发展大繁荣，加快建设文化强省的要求，全面贯彻“二为”方向、“双百”方针，坚持社会主义先进文化前进方向，继续发挥国家广电总局批复设立的“横店影视产业实验区”平台优势，紧扣丰富产业内涵和促进转型发展的工作目标，优化资源配置，推动改革创新，做大做强品牌，努力把实验区打造成为中国影视产业中心和全省文化产业发展的重要引擎，为建设物质富裕精神富有的现代化浙江作出积极贡献。

加快实验区建设,提升影视文化产业发展水平,要遵循以下基本原则:

(一)坚持做强主业与多元发展相结合。立足产业基础和品牌优势,坚持做强做大影视产业不动摇,切实发挥影视产业的带动力和辐射力,积极引导和鼓励多元文化产业加快发展,努力形成“一主多副、竞相发展”的文化产业整体格局。

(二)坚持提升内涵与壮大规模相结合。在壮大影视文化产业发展规模的同时,更加注重产业科技含量、管理效益、人才支撑和市场运作,推动实验区从规模扩张为主向内涵提升为主转变,不断提升影视文化产业发展水平和实验区核心竞争力。

(三)坚持政府主导与市场运作相结合。加强政府在实验区建设中的主导作用,努力营造公平竞争的市场环境;鼓励民间资本参与实验区建设发展,充分发挥市场在推动影视产业发展中的基础性作用。强化政府扶持与市场运作、产业经营与公益服务相结合,通过深化改革、完善政策、加强管理,不断增强实验区发展的生机与活力。

(四)坚持统筹规划与分步推进相结合。依托产业基础和区域特色,统筹规划实验区空间结构和产业布局,明确各功能区块发展方向:协调处理好实验区功能区块与周边城镇功能的关系。科学确定阶段性规划目标和任务,分步、分层、有序推进规划实施。

三、明确产业发展导向

(一)加快推进影视产业转型发展。顺应全球影视产业发展趋势,以创新为引领,以人才为支撑,加快转变产业发展方式,促进影视产业转型发展。大力吸引多种资本参与,整合提升外景拍摄资源,兴建世界顶尖高科技摄影棚,强化影视拍摄服务功能,打造全国领先的影视拍摄基地。引进国际先进的高科技数字化后期制作技术和设备,组建高水平后期制作团队,打造全球知名的影视后期制作中心。积极发展新兴影视业态,打造囊括影视投资、影视摄制、器材租赁、电影发行、院线管理等多环节的现代影视产业集群。促进作家、剧组、传媒机构等各类影视要素集聚互动,完善影视审查、展播、交易等公共服务,打造全国最大的影视产品交流、交易平台。到2020年,实验区影视产业规模进一步壮大,总收入力争突破150亿元,现代影视产业链基本形成。

(二)积极发展影视相关文化业态。强化影视产业与相关文化产业的联动发展,充分发挥影视产业辐射带动作用。积极发展影视文化旅游业,依托横店影视城景区,创新影视旅游产品,提升旅游服务水平,到2020年,实验区旅游业总收入达到22亿元,年接待游客量达到1800万人次以上。丰富影视节庆会展活动,定期举办有关评选活动,争取永久承办全国性、国际性的重大影视活动,积极开展国际影视作品交流交易活动。鼓励促进影视娱乐业、动漫、策划咨询等其他影视相关产业多元发展。

(三)支持其他文化产业竞相发展。立足实验区现有产业基础,推进文化创意、演艺娱乐、工艺美术等文化产业加快发展。深度挖掘东阳木雕文化内涵,做大做强横店木雕红木家具设计与生产基地。不断丰富实验区文化产业业态,切实提升实验区文化产业承载能力。

四、健全影视文化产业扶持机制

(一)积极鼓励影视文化创作交流。全面促进电影、电视剧和纪录片等的创作生产,鼓励数字电影、网络电影、手机电视等新兴影视业态发展,并逐步提高创作能力和生产能力。在数量稳定增长的同时,更加突出提高质量,实验区内影视作品获得全国或国际奖项的要给予奖励。鼓励更多的实验区影视作品进入院线片源,积极组织推荐优秀的影视片参加国内外电影节和商业性的影视推广营销活动,开展公益性横店影视作品国内巡展活动,助推横店影视产业提高市场占有率。鼓励横店院线积极开发二级市场和社区、农村电影市场,扶持扩大横店院线经营规模。

(二)推动影视文化科技创新。鼓励并支持开展影视文化领域基础性、战略性和前瞻性的新技术研发,努力构建以企业为主体、市场为导向、产学研相结合的影视技术创新体系,鼓励影视技术企业开展技术研发和基础设施设备改造。对在影视科技创新领域有突出贡献的企业、团体和个人,按规定享受所得税优惠政策,符合条件的,省财政给予扶持奖励;符合税法规定的,奖励可作为不征税收入,在计算纳税所得额时从收入总额中减除。推广数字化技术在影视制作、发行、放映、存储、监管等环节的应用。

(三)加强实验区品牌体系建设。通过产业升级、优化服务、加快建设,做强横店影视文化产业实验区品牌。省级层面加大扶持力度,鼓励影视文化精品力作创作生产,壮大一批本土影视文化领军企业,培育若干有全国影响力的影视文化活动,积极打造多元丰富的品牌体系。推进品牌指导站建设,支持和推动企业通过专利研发、广告策划、品牌收购、特许经营、资本运作等方式丰富提升品牌营运能力。鼓励符合条件的企业申报驰名商标、省著名商标和省知名商号,依法加强品牌保护力度。

五、加强要素保障

(一)切实保障用地需求。实验区管委会要根据省政府下达的土地利用总体规划各项控制指标,研究提出实验区合理的建设用地布局和规模,合理安排建设时序。建立实验区建设用地省、市、县三级联动机制,加大对实验区用地保障力度。对选址在实验区的重大影视文化产业类转型升级项目,优先安排建设用地指标,共同推进项目落地。对经评估考核符合省重大产业类项目奖励条件的,省里给予用地指标奖励。实验区内部分区块列入国家低丘缓坡综合开发试点范围,专项安排用地计划。实验区列入土地利用总体规划评估修改试点,通过合理划定"城乡扩展边界"保障实验区发展用地。对于东阳市盘活"批而未用"置换出来的建设用地和城乡建设用地增减挂钩的节余部分,优先用于实验区建设。加强实验区土地节约集约利用和批后监管工作。

(二)加大财税支持力度。省文化产业专项资金、省服务业引导资金、内外贸发展专项资金、财政科技资金、小城市培育试点等财政专项扶持资金,要加大对实验区影视文化产业项目的支持力度;实验区内的企业和项目如符合循环经济、生态环保、综合交通、城镇基础设施建设等专项资金申报条件的,省财政适当倾斜支持。金华市、东阳市要根据需要和财力可能,支持实验区建设发展。落实影视文化企业税收优惠政策。积极推动在实验区内非常驻从事影视制作、后期制作及文化创意等文化类企业申报高新技术企业资格,符合高新技术企业条件的,经认定后减按15%的税率征收企业所得税。电影制作、发行、放映的电影企业取得的销售电影拷贝收入、转让电影版权收入、电影发行收入以及在农村取得的电影放映收入免征增值税。出口图书、报纸、期刊、音像制品、电子出版物、电影和电视完成片按规定享受增值税出口退税政策。对单位和个人从事技术转让、技术开发业务和与之相关的技术咨询、技术服务业务取得的收入,免征营业税。实验区内鼓励发展的影视文化企业按规定纳税确有困难的,经地税部门批准,可酌情减免水利建设专项资金。对实验区内注册资本在200万元以下的文化企业,免除注册(变更)登记费、年检费和补(换)营业执照工本费,进一步减轻企业负担。经营性文化事业单位转制为企业,自转制注册之日起至2013年底前免征企业所得税。

(三)加大金融支持力度。积极鼓励和引导金融机构加大对实验区建设的支持力度,积极开发适合文化产业特点的信贷产品,加大有效的信贷投放。完善授信模式,加强和改进对文化产业的金融服务。推动发展文化产业保险市场,鼓励金融机构探索开展适合文化企业特点和需要的险种,建立承保理赔的便捷通道。支持各类投资人以多种出资方式在实验区内设立文化企业,非货币出资金额最高可占注册资本的70%。支持文化企业通过上市、股权出质等方式融通资金。支持开发建设主体通过发行中长期债券、项目信托计划、资产证券化等多种方式扩大资金来源。引导银行在横店设立文化产业专营机构,鼓励发展小额贷款公司等新型农村金融合作组织。大力发展股权投资基金,引入国内外知名文化产业股权投资管理机构,参与投资实验区重点影视文化产业项目和实验区建设。鼓励东阳市通过政府注资引导设立实验区文化产业投资基金或创业引导基金。支持实验区建立公平有序的市场环境,鼓励更多民间资本投资实验区发展影视产业、参与实验区建设。

(四)加快人才队伍建设。积极鼓励浙江横店影视职业学院加强与省内外高校在影视制作、文化传媒等领域的合作交流,提炼办学特色、提升办学水平,打造影视人才培养基地。支持横店建立中国影视产业研究机构。鼓励企业重视并加强继续教育和职业培训,对企业发生的职工教育经费支出,符合国家规定的,不超过工资薪金总额2.5%的部分,准予扣除;超过部分,准予在以后纳税年度结转扣除。注重引进一批既懂文化艺术又懂现代信息技术或经营管理的海内外高层次复合型人才,优化人才结构。切实加强人才管理,通过人才激励机制和人事制度创新,使实验区成为全国影视文化专业人才高地。支持横店影视行业协会、学会、演员工会等社团组织建设。

六、加快配套设施建设

(一)健全基础设施网络。加快机场、铁路、公路等交通设施规划建设,提高实验区快速可达性,完善实验区公共交通系统。根据实验区旅游业发展的实际情况,开辟周边城市至横店的影视旅游专线。大力推进"三网"融合,推进信息基础设施体系建设,加快构筑高速信息网络。完善城乡一体的市政及环境基础设施网络,注重生态保护,切实改善实验区发展环境。

(二)加快产业服务平台建设。加大对实验区影视文化产业公共服务平台项目的扶持力度，为广大企业特别是影视文化企业搭建科技创新与技术服务、影视审查、投融资、交流交易、信息发布、作品发行、创意设计等产业服务平台。努力为影视文化产业从业人员提供教育培训、就业指导、廉租住房等优质的公共服务。不断完善监管体系，切实保护与影视文化产业发展相关的知识产权和作品版权，维护市场秩序，切实提升实验区影视文化产业发展的核心竞争力。

（三）完善社会服务设施配套。加强横店旅游集散中心和旅游公共服务设施建设，促进星级酒店等高端旅游服务业发展，增强实验区接待服务能力。鼓励社会资本参与实验区文化、教育、卫生等社会服务设施建设。合理安排商贸、金融、社区等配套服务业发展，切实提升实验区综合服务功能，打造宜业、宜游、宜居、宜人的发展环境。

七、强化组织保障

（一）加强组织领导。省级层面设立省横店影视文化产业实验区工作协调小组。以原横店影视产业实验区工作协调小组为基础，由省委宣传部牵头，省级有关部门参与，调整设立省横店影视文化产业实验区工作协调小组，办公室设在省委宣传部。协调小组统筹负责实验区重大问题的综合协调，各成员单位要结合自身职能，加大对实验区建设和影视文化产业发展的指导和支持力度，优先支持实验区内企业发展和项目实施。

（二）理顺管理体制。实验区设立管委会，作为东阳市政府派出机构，按规定程序报经批准，主要负责人的级别可适当高配。同时，通过简政放权等方式，赋予东阳市在影视文化产业方面相当于设区市的有关权限，赋予实验区管委会在影视文化产业方面相当于县级政府的有关权限。积极稳妥地处理好实验区与区内乡镇（街道）及横店集团的权责关系，理顺管理体制，提高行政效能。

金华市要加大指导扶持力度，积极支持实验区建设和发展；东阳市要切实加快实验区建设，抓紧制订并组织实施实验区总体建设方案和影视文化产业发展规划，要重视研究解决影视文化产业发展过程中出现的新情况、新问题，及时总结完善，保障实验区建设稳步有序推进。

（此件发至县）

中共浙江省委办公厅 浙江省人民政府办公厅 关于加快我省影视产业发展的若干意见

（2012 年 10 月 15 日）

浙委办〔2012〕112 号

影视产业是文化建设的重要内容。加快发展影视产业，对于不断满足人民群众精神文化需求、大力推进文化强省建设、切实提升文化发展水平具有重要意义。为深入贯彻落实党的十七届六中全会和省第十三次党代会精神，加快发展我省影视产业和繁荣创作生产，经省委、省政府同意，现提出如下意见。

一、指导思想

以邓小平理论和“三个代表”重要思想为指导，深入贯彻落实科学发展观，围绕建设物质富裕精神富有现代化浙江的奋斗目标，坚持社会主义先进文化前进方向，以科学发展为主题，以加快转变发展方式为主线，以改革创新为动力，以建设社会主义核心价值体系为根本任务，以创作人民群众满意的影视精品力作为出发点，着力增强先进文化的凝聚力、内容形式的创新力、产业发展的竞争力和浙江区域文化的影响力，走出一条具有时代特征和浙江特色的影视产业发展道路。

二、总体目标

根据科学发展、转型升级的总体要求，浙江影视产业发展基本实现从以数量扩张为主向以质量提高为主的转变，浙江影视市场和资源要素配置实现由以国内发展为主向统筹国内国际发展转变，浙江影视产业增长模式实现由粗放型扩张向集约型发展转变。产量稳步增长、质量不断提高，优秀影视产品创作生产和供给能力显著提升；基地科学发展、产业聚集加快，浙江影视产业在国内外的核心竞争力显著提升；发展环境优化、市场健康有序，影视产业的管理和服务水平显著提升。到 2020 年，基本建成与浙江经济社会发展水平相适应的影视强省。

三、重点工作

1. 大力推动影视精品创作生产。坚持以人民为中心的创作导向，弘扬社会主义核心价值体系，采取影视剧内容管理、完善影视剧评价体系、推荐优秀作品播出等办法，切实加强对影视产品创作生产的引导，激发影视创作生产活力。精心谋划好影视生产规划，建立浙江影视创作题材库，重点推动重大革命和历史题材、新时期改革发展题材、新农村建设题材、青少年题材以及展现浙江历史和著名人物、凸显以创业创新为核心的浙江精神和"务实、守信、崇学、向善"为内涵的当代浙江人共同价值观的影视创作。全省年产电影数量达到 30 部以上，电视剧稳定在 1500 集左右，每年推出 10 部在全国有重大影响的影视作品，争取获奖数量继续保持全国前列。

2. 着力培育影视龙头骨干企业。鼓励各类资本有序进入影视市场，形成国有、民营等多元主体共同参与竞争发展的良好局面。继续实施"一企一策"工作措施，努力打造浙江品牌影视制作企业，推动外来入驻知名企业本土化，引导影视生产要素向优势企业集中，在资金投入、项目支持、资源配置、上市融资等方面加大对龙头骨干企业的扶持力度。以省电影有限公司为主体，以电影发行放映、电影制作、电影后产品开发为重点，组建省级电影集团，并努力打造成为国内具有较强竞争优势的电影企业集团。到 2020 年，培育 20 家以上在国内外具有重要影响力的影视制作企业，使其成为推动浙江影视产业发展的中坚力量。

3. 加快提升影视产业基地发展水平。按照"突出特色，提高水平，构建全域化、大浙江影视基地"的总体思路，合理规划、规范有序地推动全省影视产业基地建设和发展。大力加强影视基地基础环境建设和产业要素聚集，拓展和延伸产业链，努力形成"总体推进、重点突出、优势互补、错位发展"的影视基地发展新格局。浙江横店影视产业实验区要加快转型升级，努力建成中国影视产业中心和全球知名的影视产业集聚区之一。中国(浙江)影视产业国际合作实验区要以进出口贸易为导向，努力成为我国影视产品和服务走向海外的重要平台。浙江影视后期制作中心要努力建成国内一流的集影视拍摄、演播、后期制作等于一体的综合性文化园区。西溪影视创作生产基地要强化内容原创特色，努力建成全国重要的影视创意研发中心和剧本创作基地。

4. 积极实施"走出去"战略。根据国家商务部等十部委《文化产品和服务出口指导目录》和《关于加快文化产品和服务出口的若干意见》(浙政办发[2012]92 号)等，积极利用浙江发展外向型经济的先发优势，充分发挥浙江电视台国际频道在海外全面落地播出的平台推介作用，大力推动浙江影视企业积极向外拓展市场。建立影视产品和服务出口重点企业目录，重点培育一批具有较强国际影响力的影视企业和文化品牌。重点打造中国国际动漫节这一国际文化产品交易品牌，大力推动中国影视产品译制中心等交流交易平台建设。积极创造条件，组团参加国际重要影视节展活动，帮助企业加快海外销售渠道建设，扩大海外市场份额。到 2020 年，培育 10 家左右具有较强国际市场竞争力的影视制作企业，每年出口影视产品 10 部以上。

四、要素保障

1. 加大财政资金扶持力度。进一步加大对影视产业和创作生产的资金扶持力度。省文化产业发展专项资金、省服务业引导资金、商务促进专项资金、财政科技资金等财政专项扶持资金，要加大对国家级实验区内新建项目的资金支持，加大对具有示范性、导向性和具有较大潜力的影视项目的资金支持，加大对进入国际市场流通题材和项目的前期运作资金支持，加大对影视产业公共服务平台和影视高科技后期制作的资金支持。争取设立影视产业投资引导基金，进一步发挥财政资金的杠杆作用，带动社会投资，探索以政府投入为引导、鼓励吸收民间资本参与为主要方式的投入模式。各地要根据实际情况，进一步对影视产业发展提供资金支持。加大对影视产品和服务出口的资金支持力度，对影视产品出口翻译、外文配音、参赛参展等海外推广环节予以扶持，对在海外知名影视评选中获奖、在境外主流媒体上播出的产品给予奖励。

2. 加大税收优惠力度。落实影视产品进出口优惠税收政策。对已认定的文化类高新技术企业，减按 15%的税率征收企业所得税。对电影企业取得的转让电影版权收入、电影发行收入以及在农村取得的电影放映收入在规定期限内免征营业税。对影视基地和企业，如按规定纳税确有困难的，可按税收管理权限报经批准后，给予减免房产税、城镇土地使用税的照顾。

3. 加强金融扶持。鼓励和引导各类金融机构完善信贷管理制度，创新金融产品和服务方式，加强对影视文化企业的融资支持。充分利用各地相关文化产业引导基金及无形资产担保基金、文创产业信托债权基金等，为入驻的影视企业服务。建立银企对接机制，积极推动金融机构与影视企业进行项目对接。

支持重点影视企业在资本市场上市融资。简化优化外汇管理业务流程，提高外汇管理效率，满足影视企业对外贸易与合作的合理用汇需求。

4. 加强用地保障。在符合有关法律法规并依法履行相关手续的前提下，鼓励充分利用工业厂房、仓储用房、传统商业街等存量房产和土地资源兴办影视产业。对省确定的列入省重大产业项目库的重大影视文化产业类转型升级项目，由当地优先安排建设用地指标，经省评估考核符合省重大产业项目奖励条件的，省里给予一定的用地指标奖励。

5. 加强人才支撑。组织实施影视高端人才引进培养计划，加大对影视领军人才的培养力度。鼓励影视高端人才来浙创业和工作，把引进影视高新技术制作人才纳入省海外高层次人才“千人计划”，建立浙江影视人才库。依托重点影视基地建设一批影视领军人才工作室，为来浙工作的国内外影视领军人才提供户籍办理、职称评定、子女入学等方面的支持保障。对在浙取得特殊贡献的特殊人才给予奖励。鼓励支持在浙相关高等院校增设影视编剧等专业，开设数字电影放映技术等课程，加强省内高级影视创作人才培养。

五、组织保障

1. 加强组织领导。全省各级影视管理部门要以高度的文化自觉和文化自信，把加快影视产业发展摆在重要位置，加强组织领导，强化工作引导，加大政策支持，增加投入，统筹协调，形成社会各方共同推动浙江影视产业发展的强大合力。

2. 优化政务环境。大力优化我省影视发展的政务环境，进一步减少行政审批环节，简化行政审批手续，积极为影视企业提供“一站式服务”。要继续实施影视题材和剧本论证制度，避免题材重复，减少市场风险，提升剧目质量，提高运营水平。充分发挥行业协会在自教自律、行业维权、学术研讨等方面的作用，为我省影视产业发展提供更好的服务。

3. 加强宣传推介。加强影视产业的理论指导和政策研究，积极把握和引导影视作品创作导向。每年举办浙产电影看片会、浙产电视剧发行交易推介会，扩大浙产影视剧在国内外的影响力。加大对省内优秀影视企业的宣传推介，定期组织新闻媒体对影视企业进行宣传报道。在相关省级专业频道开设专栏时段，优先优惠播出浙产原创影视作品。在省内主流媒体开辟影视评论专栏，支持重点影视基地建立门户网站，加强对浙产影视作品的跟踪评论。建立一支高素质的影视评论员队伍，开展严肃、科学、建设性的影视批评。

（此件发至县）

浙江省人民政府关于下放部分省级行政审批和管理事项的通知

浙政发〔2012〕73号

各市、县(市、区)人民政府，省政府直属各单位：

为进一步优化发展环境，增强市、县(市、区)政府经济社会管理和服务能力，根据《中华人民共和国地方各级人民代表大会和地方各级人民政府组织法》、《中华人民共和国行政许可法》的有关规定，现就下放部分省级行政审批和管理事项通知如下：

一、省政府及其有关部门根据各地经济社会发展需要，以依法交办、委托等方式，向各设区市政府及其有关部门或县(市、区)政府及其有关部门下放406项省级行政审批和管理权限。

二、省级有关部门和各市、县(市、区)政府应当根据下放的省级行政审批和管理事项目录，制订具体的实施方案，做好衔接工作，落实工作责任，切实履行好行政审批和管理职能。

三、省级有关部门应当按照职能分工，加强对名市、县(市、区)行政审批工作的指导和监督，适时开展对下放行政审批和管理事项实施情况的调研评估，及时研究处理实施过程中出现的问题。

各市、县(市、区)政府及其有关部门应当按照权责利一致的原则，依法承担相应的管理责任，认真履行管理职责，切实提高审批效率，并及时向省政府及其有关部门报告实施情况，接受上级行政机关的工作考核。一旦发现管理职责不到位或滥用审批权力的情况，要依法追究相关人员的责任。

四、下放省级行政审批和管理事项工作政策性强、涉及面广，省级各有关部门和各市、县(市、区)政府要高度重视，确保在2012年12月底前完成这项工作。

附件：省级部门下放的行政审批和管理事项目录

浙江省人民政府

二○一二年九月二十四日

省广电局(24项)	1	设立企事业有线广播电视站审批	下放至全省各市、县(市、区)	委托
	2	设立乡镇广播电视站审批	下放至全省各市、县(市、区)	委托
	3	广播电视使用方言播音的批准	下放至全省各市、县(市、区)	委托
	4	设立广播电视节目制作经营单位批准	下放至全省各市、县(市、区)	委托
	5	设置境外卫星电视广播地面接收设施审批	下放至全省各市、县(市、区)	委托
	6	卫星电视广播地面接收设施安装服务许可	下放至全省各市、县(市、区)	委托
	7	区域性广播电视节目交流、交易活动批准	下放至全省各市、县(市、区)	委托
	8	开办视频点播业务审批(乙种)	下放至全省各市、县(市、区)	委托
	9	设立、变更电影发行单位批准	下放至全省各市、县(市、区)	委托
	10	改建、拆除电影院和放映设施批准	下放至全省各市、县(市、区)	委托
	11	外商投资设立电影放映单位批准及变更、终止电影放映单位备案	下放至全省各市、县(市、区)	委托
	12	区域性有线广播电视传输覆盖网的具体规划、工程建设及频道分配使用批准	下放至全省各市、县(市、区)	委托
	13	设区市行政区域内广播影视节目传送业务审批	下放至全省各市	委托
	14	引进播出境外其他广播影视节目(专题类)审批	下放至全省各市、县(市、区)	委托
	15	电影制片单位设立初审	下放至全省各市、县(市、区)	委托
	16	互联网等公共信息网络传播视听节目审查	下放至全省各市、县(市、区)	委托
	17	从事农村16毫米电影片发行、放映业务备案	下放至全省各市、县(市、区)	委托
	18	电影发行、放映单位变更名称、地址、法定代表人(主要负责人)或终止电影发行、放映经营活动备案	下放至全省各市、县(市、区)	委托
	19	对广播电视传送线路有影响的电磁辐射设施建设备案	下放至全省各市、县(市、区)	委托
	20	互联网视听节目转播类服务备案	下放至全省各市、县(市、区)	委托
	21	互联网视听节目服务单位备案	下放至全省各市、县(市、区)	委托
	22	广播电台、电视台开办群众参与的广播电视直播节目审批	下放至全省各市、县(市、区)	委托
	23	省内电影院线公司的设立与变更审批和年检	下放至全省各市、县(市、区)	委托
	24	省内跨市经营的农村数字电影院线的设立与变更审批和年检	下放至全省各市	委托

浙江省人民政府
关于林呈生等职务任免的通知

浙政干〔2012〕27 号

省政府研究决定：

林呈生任浙江省人民政府台湾事务办公室巡视员；

铁国强任浙江省广播电影电视局巡视员，免去其浙江省广播电影电视局副局长职务；

蔡元杰、吴金良任浙江省农业厅副巡视员。

浙江省人民政府

二〇一二年二月二十九日

（此件公开发布）

浙江省人民政府
关于华宣飞等职务任免的通知

浙政干〔2012〕44 号

省政府研究决定：华宣飞任浙江省广播电影电视局副局长(试用期一年)；夏时畅任浙江省疾病预防控制中心主任；陈如防任浙江省商务厅巡视员；孔尧林任浙江省人民政府参事室副巡视员；免去丛黎明的浙江省疾病预防控制中心主任职务。

浙江省人民政府

二〇一二年六月二十九日

（此件公开发布）

关于华宣飞、周咏南同志任职的通知

浙组干任〔2012〕13 号

经研究决定：

华宣飞同志任浙江省广播电影电视局党组成员；

周咏南同志任浙江日报报业集团党委委员。

中共浙江省委组织部

二〇一二年六月十八日

关于调整省广播电视节目
评议审查中心机构设置的函

浙编办函〔2012〕94 号

省广电局：

你局《关于要求单设省广播电视节目评议审查中心的请示》(浙广局〔2012〕144 号)悉。为进一步加强广播电视节目评议审查工作，经研究，同意将现与省广播电视监测中心合署的省广播电视节目评议审查中心调整为单独设置，核定主任 1 名、副主任 1 名。

调整后，省广播电视监测中心领导职数 3 名；上述两中心原机构规格、机构类别、事业编制和经费形式等均不变。

浙江省机构编制委员会办公室

二〇一二年六月十九日

关于加强广播电视新闻立台工作
的若干意见

浙广局发〔2012〕15 号

浙江广播电视集团，各市、县(市、区)文化广电新闻出版局、广播电视台：

为进一步做好新形势下广播电视新闻宣传和管理工作，促进我省广播电视播出机构坚持正确办台宗旨、规范新闻采编与节目播出行为、改进新闻报道质量、提高舆论引导水平，增强广播电视主流媒体的权威性、公信力、影响力，根据中宣部、国家广电总局、省委宣传部等上级部门有关新闻宣传管理的规定，现就加强我省广播电视新闻立台工作提出如下意见：

一、充分认识新闻立台重要意义

1. 新闻立台，是指各级广播电视播出机构必须履行党和人民的喉舌功能，坚持正确办台宗旨；必须确立新闻宣传的主体定位，遵循新闻传播规律，增加新闻信息量和新闻节目类型，提高新闻报道质量和水平；必须强化新闻媒体的社会责任，坚持以人为本、服务群众的基本方针，把握正确的发展方向。

2. 新闻立台是我国广播电视事业本质属性的内在要求，是广播电视履行喉舌功能、坚持正确导向、传播主流价值、服务社会公众的重要责任，是维护社会主义意识形态和国家文化安全的利益所在，也是广播电视科学发展、可持续发展的必由之路。

3. 各级广播电视播出机构要切实增强政治意识、大局意识和责任意识，牢固树立新闻立台理念，不断深化新闻立台实践。省、市广播电视播出机构的主频率主频道和县级广播电视台要明确以新闻宣传为主的综合频率频道定位，紧密围绕中心服务大局，承担传递新闻资讯、传播主流价值和正确引导社会舆论的主阵地、主渠道责任；省、市广播电视播出机构各专业频率频道应结合自身定位，办好专业新闻及各具特色的新闻类节目，并把握各类节目正确导向，抵制低俗之风，遵守宣传纪律；重要时期、特殊时期，广播电视各频率频道必须服从上级主管部门要求，及时调整节目编排。

4. 各级广播影视行政部门要加强对新闻立台工作的管理，指导和促进广播电视播出机构准确把握和正确处理广播电视事业与产业发展的关系，坚持正确办台宗旨，规范新闻传播秩序，提高舆论引导水平。

二、始终坚持新闻宣传基本原则

5. 把握正确舆论导向。

（1）把握政治导向。广播电视新闻宣传必须在政治上与党中央保持一致，坚决贯彻省委的决策部署，准确传递党和政府的声音，正确反映人民群众的愿望与呼声，自觉服从和服务于工作大局，确保新闻宣传工作在巩固全省人民群众团结奋斗的共同思想基础、推动经济社会又好又快发展进程中发挥积极作用。决不允许出现违背党的大政方针和重大决策部署的报道，决不能给错误思想观念和有害信息提供传播空间。

（2）把握价值导向。广播电视新闻宣传要以传播社会主义核心价值和社会主义先进文化为己任，准确把握人民群众多层次、多样化的信息和文化需求，确保新闻宣传坚持健康向上的格调品位和价值取向，发挥传播信息、凝聚力量、提振信心、陶冶情操、弘扬正气的重要作用。坚决抵制低俗、庸俗、媚俗之风。

（3）把握稳定导向。广播电视新闻宣传要有利于疏导情绪、解决问题、维护稳定，引导公众正确认识形势和大局，正确处理当前利益和长远利益的关系，正确对待困难和挫折，促进社会安定团结和谐，增强人民群众对党委、政府的信任。防止片面炒作，避免激化矛盾。

6. 坚持新闻真实性原则。

（1）新闻报道中的时间、地点、人物、事情、原因等新闻要素必须真实准确，不得编造歪曲。

（2）新闻背景介绍以及人物语言、情节描写等必须注重真实，不得渲染夸张和以虚构想象代替事实。

（3）要注意和善于从总体上、本质上以及发展趋势上去把握事物的真实性，做到表象真实与本质真实、局部真实与整体真实的统一，防止以偏概全、以点代面，防止片面性和绝对化的报道。

（4）要坚持实地采访、现场采访、直接采访，多方核实新闻事实，确保新闻报道客观公正。批评性报道至少要有两个以上不同的新闻来源，并在认真核实后保存相关证据。

（5）涉及党和国家重大方针政策、重大突发事件、重大敏感问题，必须以权威部门发布的信息为准。

7. 遵守法律法规和新闻宣传纪律。

（1）各级广播电视播出机构必须坚持依法办台。经批准设立的广播电视播出机构的频率频道，播出时必须播报许可证载明的台名、呼号，显示频道台标，符合批准的定位。不得擅自设立未经审批许可的广播电视频率频道，不得擅自改变频率频道定位。

（2）新闻类等各类节目中不得出现国家法律法规禁止的内容。

（3）制作、播出和转播新闻类节目应遵守党委宣传部门和广播影视行政部门有关新闻宣传的管理规定和纪律要求。

三、优化新闻节目布局结构

8. 增加新闻类节目播出总量。

（1）省级广播频率中，浙江之声每天播出新闻类节目时间总量不少于 4 小时，其中自办新闻类节目不少于 3.5 小时（不含重播）；经济广播、交通之声、城市之声、民生资讯广播等专业频率应根据各自定位增加专业特色的新闻类节目播出数量。

（2）省级电视频道中，浙江卫视每天 6:00 至 24:00 播出新闻类节目时间总量不少于 2 小时，其中 18:00 至 23:30 安排播出两档以上自办新闻节目（不含娱乐资讯节目），每档新闻节目时间不少于 30 分钟；钱江都市、经济生活、教育科技、民生休闲、公共·新农村等专业频道应根据各自定位增加专业特色的新闻类节目播出数量。

(3)市级广播电视播出机构中,广播主频率每天播出自办新闻类节目时间总量不少于2.5小时(不含重播)。电视主频道每天播出自办新闻类节目时间总量不少于1小时(不含重播)。其他专业频率频道应按照各自定位,增加专业特色的新闻类节目播出数量。

(4)县级广播电视播出机构每天播出自办广播新闻类节目时间总量不少于1小时(不含重播),自办电视新闻类节目时间总量不少于45分钟(不含重播)。欠发达地区县级台每天播出自办广播新闻类节目和电视新闻类节目时间总量分别不少于45分钟和30分钟(均不含重播)。

9. 改进新闻节目类型结构。

(1)各级广播电视播出机构要重点办好以时政新闻为主的综合新闻节目以及深度报道和新闻评论类节目。同时,省、市广播电视播出机构要根据各频率频道定位,办好经济类、法制类、科教类、民生类和少儿类等类别的新闻节目,丰富新闻节目内容形式。有条件的县级广播电视台也要办好经济类、法制类、民生类等新闻节目。

(2)省、市广播主频率和电视主频道在办好新闻节目的同时,要扩大经济、文化、科技、教育、少儿、纪录片、等类型节目和公益广告的播出比例,加强教育服务功能。

(3)省、市广播主频率和电视主频道每周至少开办一档时长不少于10分钟的思想道德建设类栏目,弘扬中华民族传统美德和社会主义核心价值。

(4)各级广播电视播出机构要加强对农新闻宣传和服务。浙江电视台公共·新农村频道作为以服务"三农"为宗旨的省级电视媒体,在自办节目中以面向"三农"为主的新闻和专题节目比例应达到60%以上。市、县级广播电视播出机构每周自办面向"三农"的广播专题、电视专题节目应分别达到3档以上,平均每档不少于10分钟。

(5)省、市电视频道中每周应开设一档以上手语新闻节目,为广大听力残疾人提供新闻信息服务。县级广播电视播出机构也应创造条件积极开办手语电视新闻节目。

(6)新闻节目要突出地域性。各级广播电视播出机构播出的主要新闻节目中,本地新闻内容的比例应在70%以上。

(7)新闻节目要突出时效性。各级广播电视播出机构播出的主要新闻节目中,当天(24小时内)采制的新闻内容的比例应在60%以上。要加强和改进现场报道、连线播报、现场直播等方式,提高新闻报道时效。

10. 优化新闻节目播出时段。

(1)各级广播电视播出机构自办的新闻节目应安排在黄金时间段播出。

省、市广播电台主频率和县级广播电台在早间6:00至8:30、午间11:00至13:30、晚间17:00至19:30三个时段中,应至少安排播出1档自办新闻节目(不含重播)。

省、市电视台主频道和县级电视台晚间18:00至21:00时段中,应至少安排播出1档自办新闻节目(不含重播)。

省、市广播电视播出机构各专业频率、频道的自办新闻类节目,也应安排在适合主受众群收看的黄金时间段播出。

(2)省、市广播电视播出机构电视主频道和县级电视台每天19:00~19:30应完整转播中央电视台《新闻联播》节目。

(3)省级广播电台主频率应实时转播中央人民广播电台的《新闻和报纸摘要》节目。

(4)提倡和鼓励市、县广播电台转播或重播浙江之声《浙广早新闻》和《浙江新闻联播》节目;提倡和鼓励市、县电视台转播或重播浙江卫视《浙江新闻联播》节目。

四、提高新闻报道质量水平

11. 遵循新闻传播规律。

要提高新闻时效,全面、及时、准确传递重要新闻和权威信息资讯,满足人民群众的知情权和参与权;要加强深度报道,把宣传党的主张与反映人民心声统一起来;要改进报道文风,准确把握受众心理,运用群众语言和喜闻乐见的形式,使报道更加鲜活生动。

12. 坚持正面宣传为主。

要增强围绕中心、服务大局的意识,坚持新闻报道团结稳定鼓劲、正面宣传为主。要创新和改进新闻报道的内容、形式、载体、手段和方法,增强主流舆论的吸引力和感染力。

13. 加强新闻品牌建设。

要积极推进广播电视节目创新创优,着力培育和打造一批新闻品牌节目栏目、品牌主持人和品牌活动,增强广播电视新闻传播的竞争力和影响力。

14. 注重高新技术运用。

要积极探索构建以广播电视为核心主体的多媒体新闻传播平台，推动广播电视传统媒体与互联网、手机电视、网络电视等新兴媒体融合发展，占领网络信息传播制高点。要广泛调动和运用各种媒体资源和技术手段，拓展新闻节目覆盖面，形成主流媒体舆论引导合力。

五、规范新闻采编播出行为

15. 加强新闻采访规范。

（1）新闻采访应遵守国家法律法规和新闻职业道德，通过合法途径和正当方式进行采访。

（2）从事新闻采访活动的人员须持有效新闻记者证，并主动向采访对象出示。尚未领取新闻记者证的采编人员不得单独从事新闻采访工作。

（3）采访中要尊重被采访者，不得强迫对方接受采访，不得侵犯采访对象正当权益。

（4）注意保护采访对象隐私，尊重其生活习惯和民族宗教信仰。

（5）参加重要会议、重大活动、重大事件采访报道，应服从现场管理。

（6）严禁以新闻采访工作为名搞有偿新闻，或从事广告、赞助等经营活动。

（7）严禁利用批评报道进行敲诈勒索、打击报复。

16. 加强编辑审核把关。

（1）各级广播电视播出机构要建立编辑委员会制度。编辑委员会要定期或不定期召开新闻宣传例会，传达上级有关新闻宣传报道精神，通报情况，分析问题，提出新闻宣传报道任务和要求。

（2）强化新闻编辑责任。编辑新闻稿件时，不得随意修改稿件中的新闻事实，不得添加未经核实的内容。转载其他媒体的报道，要注意核准事实，不得改变其原意或歪曲原报道事实。

（3）加强社会自由来稿把关。对新闻线索提供人、特约作者、民间组织、商业机构等提供的新闻信息和稿件，广电媒体应派记者采访核实。对党政军机关、国有企事业单位工作人员自行提供的新闻稿件、内部材料，应向其所在单位核实，经同意后方可使用。

（4）遵守互联网信息使用规范。广电媒体不得直接转载使用互联网上的信息。使用互联网文字、图片、视频、音频信息作为新闻线索，须查证信息来源，核实内容真伪，遵守著作权法律法规。严禁使用未经核实的微博信息或以未经核实的微博信息为线索进行报道。严禁使用低级庸俗的网络信息。涉及党和国家重大方针政策以及民族、宗教、军事、外交等方面内容的网上信息，必须通过权威渠道采访或经主管部门同意方可进行报道。

（5）未经批准，广电媒体不得擅自使用境外媒体（含境外网站）的新闻信息产品。

（6）严格落实三级审看四级把关制度。广播电视播出机构台长或总编辑负责对新闻宣传报道总体把关。日常播出的自办新闻节目由责任编辑（值班编辑）、部门负责人、台或频率频道负责人逐级审看签发。重点节目和重大活动、重要时期的新闻节目，以及把握不准的内容，除执行三级审看制，还须报请台长或总编辑进行终审。重播节目应当进行重审。未经审查的节目一律不得播出。

（7）强化新闻稿件终审责任。各级广播电视播出机构要完善新闻稿件终审人员岗位责任制。新闻稿件终审人员应具备较高的政治业务素质，熟悉党和国家方针政策，能够自觉把握正确舆论导向。

17. 加强播出内容管理。

（1）广播电视各类节目中禁止播出以下内容：危害国家统一、主权、领土完整的；危害国家安全、荣誉和利益的；煽动民族分裂、破坏民族团结的；泄露国家秘密的；诽谤、侮辱他人的；宣扬淫秽、迷信或者渲染暴力的；法律、行政法规规定禁止的其他内容。

（2）各级广播电视播出机构要重点加强以下新闻类别及其报道内容的管理。

突发事件报道：要按照省委《突发公共事件新闻报道应急实施办法》的要求，贯彻“及时准确、公开透明、有序开放、有效管理、正确引导”20字方针，做好自然灾害、事故灾难、公共卫生事件和社会安全事件等突发事件的舆论引导，有力配合事件处置，有效维护社会稳定。

热点问题报道：有关社会热点问题的报道，要注重加强舆论引导，妥善回应社会关切，切实维护社会稳定。要围绕政府出台涉及民生热点的重要改革措施，紧密结合群众的利益关切，充分做好权威解读。各级广电媒体要重视网络舆情，针对网民关注进行客观理性的引导，澄清事实，批驳谣言，以主流媒体的权威性、公信力有效引导社会舆论和网上舆论。

舆论监督：应坚持准确监督、科学监督、依法监督、建设性监督，维护人民群众的知情权、参与权、表达权、监督权。要注重舆论监督的社会效果，以解决问题、改进工作、扶正祛邪、维护稳定、服务大局作为基本目的,体现对党负责和对人民负责的一致性。舆论监督要确保事实准确、适时适度,防止报道失实、以偏概全和主观臆断、感情用事,防止产生负面影响。

新闻评论:原则上应以广电媒体自采新闻或其他主流媒体的新闻作为选题,把握评论所依据的新闻事实的准确性。做到全面客观公正,力求在摆事实、讲道理中阐释正确思想观点,弘扬社会公平正义,提供积极解决问题的途径和思路。不得将未经证实的消息作为评论素材,不得直接采用社会自由来稿作为本台评论。不得挑拨社会情绪、激化社会矛盾。不采用偏激言论、猎奇观点制造轰动效应。

访谈类节目:应着眼大局确定节目主题,注重节目品质和社会效果。防止话题选择边缘化,防止话题讨论简单化、片面化、绝对化。要稳妥选择节目嘉宾,注重嘉宾的典型性、权威性,引导嘉宾文明参与、理性表达。

纪实类节目:要注重正面引导,增强教育意义。纠正选题边缘、猎奇,以及负面题材偏重、报道内容和方式违法违规等问题。涉及未成年人题材的纪实类节目,必须遵守《未成年人保护法》、《关于加强和改进未成年人思想道德建设》的有关规定。

法制类节目:应坚持以普及法律知识、提高法律意识、弘扬社会正义、维护社会公德、传播法制精神为定位。不得炒作各类案件特别是个别恶性案件;不得对犯罪行为、作案手段、犯罪心理作过细描写和分析;不得渲染血腥、暴力、色情、恐怖的情节、场景和对犯罪细节进行情景再现;不得披露政法机关办案细节、侦察手段等内容;不得以犯罪细节、作案手段、案情变化和公安、检察、司法部门的侦破方法、审讯技巧等设置竞猜题目;不得以娱乐方式表现涉案题材;经济类、生活类、服务类、娱乐类等非法制类节目,一般不得出现涉及刑事犯罪案件的内容。

民生新闻节目:应增强民生报道向真向美向善向上的人文内涵和道德导向,提高节目整体品位。要重点选取对人民群众有普遍教育意义的民生题材,提升民生报道深度,要避免同质化、碎片化的报道,防止负面内容集纳式编排。

(3)各级广播电视播出机构播出理论电视专题片、文献电视专题片,必须持有国家广电总局颁发的播出许可证;摄制和播出涉及民族、宗教、军事、公安、外交及港、澳、台,国内外重要人物、重大历史事件等敏感类题材的电视专题片,须经省广播影视行政部门审定并取得其出具的准播意见。

(4)开办和播出新闻类直播节目应遵守以下规定:

省级广播电台、电视台开设群众参与的新闻类直播节目,需报省广播影视行政部门审批,并报国家广播电影电视总局备案;市、县级广播电视台开办群众参与的新闻直播节目,须经本台台长签署同意意见后,报市广播影视行政部门审批,并报省级广播影视行政部门备案。

开设群众参与的直播新闻节目,必须使用“延时装置”,一律延时播出。没有延时设备的电台、电视台,不得播出群众参与的直播节目。直播新闻节目必须设“存储电话”或“存储硬件”及电话编辑、视频编辑、节目监制,必须制定不测情况发生时的应对预案,并经台领导批准后实施。电视直播节目需延时20秒以上播出;广播媒体如与当地电视媒体同步直播同一活动,需与电视媒体同步延时20秒以上,如单独直播,需延时6秒以上。

(5)广播电视节目要做正确使用语言文字的表率,讲普通话、用规范字,并对社会上不规范使用语言文字现象进行舆论监督。新闻节目不得出现粗俗、不良或歧视性语言。

(6)广播电视新闻综合频率、频道不得开办和播出方言新闻节目。其他专业频率频道开办方言播出的新闻类等节目,应报省广播影视行政部门审核批准。

播出方言电视新闻节目时必须加配规范字幕。

(7)各级广播电视播出机构不得引进和播出境外时事性新闻节目。

(8)规范媒体微博管理。鼓励广电媒体开办微博,扩大主流媒体在微博上的舆论影响力。要按照本媒体的业务标准,建立严格的微博稿件审核签发制度。要制定和完善内部管理制度,加强对本媒体工作人员使用微博的管理。

(9)规范新闻节目中插播广告行为。新闻节目中应严格控制插播广告数量。新闻节目中插播广告,应安排在不同板块之间的自然间歇段内,不得在整点新闻的整点之后,以及新闻内容结束之后、工作人员字幕前插播广告。

(10)时政新闻类节目不得以企业或者产品名称等冠名。

(11)禁止有偿新闻。各级广电媒体必须严格区分新闻报道与广告的界限。不得使用新闻报道及其素材，或以新闻采访形式为企业或产品作商业广告。禁止在新闻报道中植入广告宣传。

（12）防止虚假新闻。各级广电媒体要加强采编播流程管理，明确各环节职责，严格审核新闻来源和报道内容，确保新闻报道真实、客观、准确。防止为片面追求轰动效应、收听收视率而故意扭曲新闻事实，防止为追求时效抢发新闻而造成报道失实。

经调查核实认定新闻报道存在虚假或失实的，广电媒体应当及时在本媒体发表更正，消除影响；致使公民、法人或其他社会组织合法权益受到损害的，应当依法承担民事责任，赔偿损失。

对播发虚假失实报道的广电媒体及相关人员要追究责任。对蓄意炮制虚假新闻造成严重后果、影响国家形象和公共利益的，要依法依规严肃处理。

（13）抵制新闻娱乐化。新闻报道要避免选题边缘化、方式娱乐化，不得宣扬报道与社会大众认同价值相悖、言行举止出位、道德扭曲失范的人物。不得渲染炒作明星绯闻、丑闻。不得编发丑陋、搞怪、恐怖等所谓奇闻趣事。不得以娱乐化的手法报道和炒作负面事件、灾害事故。新闻类节目中不得以负面、低俗内容设置竞猜题目。不得以送现金、送礼品等方式诱导受众收听收看新闻节目。

18. 加强从业人员管理。

（1）严格采编人员资格准入制度。从事采访、编辑、播音主持工作的广播电视从业人员，需取得省广播影视行政部门颁发的《广播电视编辑记者资格考试合格证》或《广播电视播音员主持人考试合格证》，具备相关执业资格。

（2）广播电视播出机构编辑记者以及播音员主持人应具备良好的职业精神、职业道德和职业技能，自觉遵守《中国广播电视编辑记者职业道德准则》以及《中国广播电视播音员主持人职业道德准则》。

（3）广播电视新闻采编人员要深入基层、深入实际、深入群众，牢固树立群众观点，倾听群众心声，反映群众意愿。

（4）广播电视新闻采编人员不得以任何形式从事商业广告和其他经营活动。新闻节目播音员主持人不得为商业广告作形象代言，不参与以个人赢利为目的的社会活动和其他商业活动。鼓励和提倡播音员主持人代言公益广告、参与公益性社会活动。

（5）广播电视新闻从业人员以职务身份开设微博以及博客等，须经所在单位批准，发布的微博信息应遵守法律法规、新闻宣传纪律和所在媒体的管理规定。未经批准不得发布本媒体未刊播的新闻报道，不得传播利用职务行为获得的各种信息，不得以职务身份参与网上热点问题的跟帖、评议，避免引发公众对广电媒体公正性的质疑。

（6）凡有违反新闻宣传纪律和编写虚假失实报道、从事有偿新闻等行为的新闻采编人员，应给予行政处分；情节严重的，吊销其新闻采编证件，并自吊销之日起5年内不得从事新闻采编工作；情节特别严重的，终身禁止其从事新闻职业。

（7）除外语频率频道、国际频道经批准外，各级广播电视播出机构不得聘请外国人及港澳台人员主持新闻类节目。

六、加强和改进新闻管理工作

19. 各级广播电视播出机构要将新闻立台列为核心战略，认真研究和制订发展规划。要把办好新闻类节目作为提升广电媒体核心竞争力、扩大影响力的关键因素来抓，在人员、资金、设备等方面，对新闻频率频道及新闻类节目予以优先配置、重点支持。要增加新闻主频率频道的运行经费及新闻类节目研发等经费。要优先培养和提拔使用新闻业务骨干。

20. 各级广播电视播出机构新闻宣传工作实行台长总编辑负责制。广播电视台负责人应自觉遵守《浙江省新闻单位负责人新闻宣传工作守则》（试行），服从宣传部门、外宣部门、广电部门的宏观指导和管理，切实担负起领导责任、把关责任。广播电视新闻宣传报道出现政治导向、价值导向和稳定导向等重大问题，首先要追究广播电视台主要负责人的把关责任。

21. 各级广播电视播出机构要建立科学全面、客观公正的节目评价标准。不能单纯以收听收视率排名和经营创收指标考核频率频道及新闻类节目。要重点加强对所属各频率频道导向监管和绩效考核。要强化与岗位职位、工作质量紧密联系、有利于导向管理的分配激励机制。

22. 各级广播影视行政部门要建立和完善综合考核评价体系。重点突出对播出机构舆论引导力、社会影响力和公共服务功能等方面的考核评价。

23. 强化政策激励机制。对新闻频率频道、新闻栏目节目以及公益性突出的频率频道，各级广播影视行政部门应在用人导向、投入导向、资源配置导向、政府奖评选导向、目标考核管理导向和各类奖励导向上，给予政策倾斜和扶持，对新闻宣传工作中取得优异成绩的播出机构及相关人员，应予以表彰奖励，为新闻立台创造良好环境。

24. 严肃新闻宣传纪律。对各类节目特别是新闻类节目出现的政治导向、价值导向、稳定导向及格调基调等方面的问题，省、市广播影视行政部门可视其性质和严重程度，分别采取批评教育、责成整改、提出警告、调整该节目播出时间以至停播该节目等措施，并依据《报刊、广播电视播出机构违纪违规扣点警示实施办法》等规定，对相关播出机构进行处理。对出现严重导向偏差等问题的新闻类节目，广播影视行政部门可取消其年度政府奖参评资格，限制或取消相关人员先进评选、职称评审等资格，并作为相关播出机构年审和综合考评的重要依据。

25. 加强收听收看工作。省、市广播影视行政部门要建立收听收看机构，配备专业人员，落实专项经费，跟踪检查新闻类节目及其报道内容，以及各类节目的过度娱乐化和低俗问题，注意研究各种新栏目、新节目的运行情况，发现倾向性问题，要及时警示，督促纠正。

26. 加强新闻队伍建设。各级广播影视行政部门和播出机构要创新推进“三项学习教育活动”，深化“走基层、转作风、改文风”活动，把导向要求融入到新闻业务中，切实增强新闻从业人员政治意识、大局意识和责任意识。要制定实施新闻从业人员培训计划，分类分层次开展教育培训，着力提高记者、编辑和播音员主持人思想道德素质、新闻业务能力和职业道德素养。

27. 各级广播影视行政部门要切实履行属地管理、分级管理的职责，加强对本地广电媒体管理。要综合运用法律、行政、经济和科技等手段，重点加强对广播电视媒体节目导向和传播秩序的监管，全面提高依法管理、科学管理、建设性管理的水平。

28. 各级广播影视行政部门和播出机构要加强社会监督机制。建立新闻媒体社会监督投诉处理机制，设立并公布举报电话和信箱，及时调查、核实、处理、反馈群众对新闻宣传报道违纪违规问题的举报投诉。各级广播影视行政部门要从不同行业、不同阶层的群众中选聘社会监督评议员，加强对广电媒体新闻报道和行风建设等方面的评议监督，促进广电媒体行业自律。各级广电媒体要加强与受众沟通，认真听取社会各界对新闻宣传工作的意见和反映。

浙江省广播电影电视局

二〇一二年二月七日

浙江省广播电影电视局关于印发《浙江省乡镇广播电视站设备设施更新改造工程验收办法(试行)》的通知

浙广局发〔2012〕43号

各市、县(市、区)文化广电新闻出版局，各乡镇广电站设备设施更新改造工程实施单位：

为推动全省乡镇广播电视站设备设施更新改造工程顺利开展，确保工程建设质量，现根据《中共浙江省委宣传部、浙江省广电局关于加强我省乡镇广播电视站建设的若干意见》(浙广局发〔2010〕286号)、《浙江省财政厅、浙江省广电局关于印发浙江省乡镇广播电视站设备设施更新改造工程专项资金管理办法的通知》(浙财教〔2011〕322号)等文件精神，现制定《浙江省乡镇广播电视站设备设施更新改造验收办法(试行)》，请认真执行。

浙江省广播电影电视局

二〇一二年三月九日

浙江省乡镇广播电视站设备设施更新改造工程验收办法(试行)

一、验收总则

1. 适用范围

本办法适用于浙江省乡镇广播电视站设备设施更新改造工程(年度完成项目)验收。

2. 政策依据

①中共浙江省委宣传部浙江省广播电影电视局关于加强我省乡镇广播电视站建设的若干意见（浙广局发〔2010〕286号）。

②浙江省广播电影电视局关于申报2011年度乡镇广播电视站设备设施更新改造工程实施计划的通知(浙广局电〔2011〕197号)。

③关于2011年全省乡镇广播电视站设备设施更新改造工程建设主要设备协议供货有关事项的通知(浙广局发(2011)235号)。

④浙江省广播电影电视局关于认真完成2011年度全省乡镇广播电视站设备设施更新改造工程计

划的通知(浙广局发〔2011〕231 号)。

⑤关于印发浙江省乡镇广播电视站设备设施更新改造工程专项资金管理办法的通知(浙财教〔2011〕322 号)。

⑥关于下达 2011 年度浙江省乡镇广播电视站设备设施更新改造专项补助经费的通知(浙财教〔2011〕342 号)。

二、验收内容

1. 工程验收

①验收对象工程完成情况是否与验收材料相符,是否完成年计划任务,达到浙广局发〔2010〕231 号文件附 4 "乡镇广播电视设备配置表"的标配要求。

②使用的主要器材、设备是否符合(浙广局发〔2011〕235 号文件的要求,其他设备器材是否按有关规定要求招标采购。

③乡镇广播电视站内的设备安装是否整洁规范、安全可靠、满足技术要求。

④专项资金及配套资金的落实使用情况。

2. 管理要求

①乡镇广播电视站是否有专(兼)职管理、维护人员。

②是否有技术维护管理制度、值班制度。

③是否有相应的安全制度和安全措施。

三、验收方法和步骤

1. 县(市、区)实施单位自查和同级文化广电新闻出版局审核

县(市、区)"乡镇广播电视站设备设施更新改造工程"实施单位在逐站自查的基础上,向同级文化广电新闻出版局提交工程实施的详细情况。同级文化广电新闻出版局在核实相关材料后,向市文化广电新闻出版局提交验收申请并填报浙江省"2011 年度乡镇广播电视站设备设施更新改造工程审核汇总表"(见附件 1)。

2. 市级全面验收

根据县(市、区)文化广电新闻出版局提交的验收申请,由各市文化广电新闻出版局牵头,组织有关部门和技术管理人员进行验收,各市可根据本办法制定当地验收实施细则。

3. 省广电局抽样验收

①根据市文化广电新闻出版局提交的验收申请,由省广电局组织相关部门和市文化广电新闻出版局进行交叉验收。

②抽检范围

每个市抽 50% 以上数量的县(市、区),被抽检的县(市、区)抽检若干个乡镇广播电视站;抽检对象临时随机确定。

验收结果将作为以后年度资金补助的重要依据。

四、验收时间

2011 年度全省乡镇广播电视站设备设施更新改造工程验收工作,各市文化广电新闻出版局应在 2012 年 3 月底前完成,并在 4 月初前将验收材料纸质版和电子版报省广电局村村通办公室;省广电局将于 2012 年 4 月底前完成抽样验收。以后年度验收时向均按 2012 年时间进度进行。

浙江省广播电影电视局关于宁波广电集团要求参与省 IPTV 集成播控平台建设的批复

浙广局发〔2012〕50 号

宁波广播电视集团:

你集团《关于参与 IPTV 与手机电视集成播控平台建设的请示》悉。根据《国务院办公厅关于印发三网融合第二阶段试点地区(城市)名单的通知》(国办函〔2011〕164 号)和《关于推进宁波市三网融合试点工作有关问题的函》(浙协办函〔2012〕3 号)精神,经研究,现批复如下:

1. 根据《国务院印发推进三网融合总体方案的通知》(国发〔2010〕5 号)和《国务院办公厅关于印发三网融合试点方案的通知》(国办发〔2010〕35 号)以及省委、省政府领导指示精神,按照我省 IPTV 集成播控平台由省广电集团控股,各市参与,共同建设的要求,原则同意你集团以依法设立的广播电视播出机构的名义共同参与全省 IPTV 集成播控平台建设。

2. 鉴于浙江广电集团与杭州文广集团已先期组建浙江广电新媒体有限公司,负责全省 IPTV 集成播控平台建设和运营的实际,你集团申请加入省公司的持股比例,应在浙江广电集团 51% 绝对控股的前提下,由浙江广电集团、杭州文广集团与你集团协商确定。

3. 在双方取得共识及结果的基础上,请你集团严格按照国办函〔2011〕164 号文件精神,积极参与

全省 IPTV 集成播控平台建设与运营，努力探索适应经济社会发展、网络信息和文化安全管理的三网融合新模式，大力促进广电、电信业务双向进入，实现共同发展。

专此批复。

浙江省广播电影电视局
二〇一二年三月二十二日

浙江省广播电影电视局关于印发《浙江省广播电视户户通建设工程实施意见》的通知

浙广局发〔2012〕125 号

各有关市、县（市、区）文化广电新闻出版局、广播电视台，浙江华数广电网络股份有限公司：

实施全省广播电视户户通工程已经省政府领导同意。现将《浙江省广播电视户户通建设工程实施意见》印发给你们，请结合当地实际，认真贯彻执行。

浙江省广播电影电视局
二〇一二年六月二十一日

浙江省广播电视户户通建设工程实施意见

加快推进我省广播电视户户通工程建设，是贯彻落实党的十七届六中全会精神和全国“十二五”广播电视村村通电视电话会议精神，推进农村思想文化建设、加强广播电视农村覆盖的重要工作。为确保我省广播电视户户通建设工程的顺利实施，现提出以下实施意见：

一、基本目标

实施全省农村广播电视户户通建设工程的基本目标是：在“十二五”期间的前三年，对 162 个行政村、16208 个（其中 20 户以上 1302 个，20 户以下 14906 个）自然村，采用有线电视联网和直播卫星覆盖相结合的方式，力争在 2013 年内基本实现我省广播电视全覆盖的目标。

二、任务要求

采用直播卫星覆盖的 4725 户安装任务力争在今年 9 月底前完成；行政村和自然村有线电视联网任务在 100 个以下、100 个以上 300 个以下、300 个以上的县（市、区）分别要求在今年底前、2013 年 6 月底前和 2013 年底前完成。对整体搬迁下山脱贫的村，不再实施。

2014 年开展全面扫尾工作。通过查漏补缺和检查验收，全面完成我省广播电视户户通工程建设。省广电局将与各地以签订责任书形式明确各自的职责和任务。

三、资金筹措

（一）工程建设和运行维护经费。原则上由当地政府负责。各市、县（市、区）应按照省委办公厅、省政府办公厅《关于在全省实施新一轮广播电视“村村通”工程的通知》（浙委办〔2006〕66 号和《关于加快广播电视有线网络数字化发展的意见》（浙委办〔2010〕44 号）等文件精神，积极争取当地党委、政府的支持，将广播电视户户通工程专项资金列入政府的年度财政预算，确保工程建设顺利进行。

（二）省财政建立专项补助资金。省财政 2012 年一次性安排 600 万元的广播电视户户通专项资金，主要对采用直播卫星方式覆盖给予每户 350 元的补助，并对 6 个重点欠发达县的自然村有线电视联网给予补助。

四、组织实施

全省广播电视户户通建设工程由省广电局牵头组织实施。各地在当地党委政府统一领导下，明确各部门的职责分工和落实任务，按照“统一规划、统一建设、统一管理”的要求和规定的程序组织实施。

（一）编制计划，制订方案。各有关市、县（市、区）要按照省里的统一要求，就建设规模、投资额、资金来源、建设年限等基本情况，认真编制广播电视户户通工程建设计划，并制定切实可行的具体实施方案。

（二）严格程序，科学施工。实施广播电视户户通工程，要严格按照国家有关建设标准和规范，并坚持“先勘察、后设计、再施工”的原则，科学组织施工，严禁“三无”工程项目上马。对采用直播卫星覆盖所需接收设备必须经过全省统一招标。

（三）完善制度，加强考核。各地要建立广播电视户户通工程建设的考核制度，加强工程建设全过程的监督、检查和管理，及时协调解决工程建设中存在的困难，确保工程顺利实施。要严格执行预决算审计、竣工验收、档案管理等各项制度。各地要通过公示等方式，向社会公布广播电视户户通工程建设年度建设项目、计划和完成情况等内容，广泛接受社会各界的监督。省广电局将会同省财政厅对各地开展广播电视户户通工程建设绩效进行评估。

（四）强化服务，健全机制。各地要结合实际，通过实施广播电视户户通工程建设，进一步加强和完善农村广播电视公共服务体系建设。根据我省实际，委托浙江华数广电网络股份有限公司作为全省直播卫星服务管理机构，并承担直播卫星设备统一采购、发放和维修服务等工作。各地广电网络服务点和乡镇广电站要密切配合、合理分工，负责当地直播卫星设备的配送、安装及维护工作，同时，要配合地方文广新局做好有关个人卫星设置使用的信息数据上报等事项。

浙江省广播电影电视局转发国家广电总局关于IPTV执法工作中法律适用问题的批复

浙广局发〔2012〕7号

各市文化广电新闻出版局：

现将《广电总局关于IPTV执法工作中法律适用问题的批复》（广局〔2012〕4号）转发给你们，请认真贯彻执行。

浙江省广播电影电视局

二〇一二年一月十七日

广电总局关于IPTV执法工作中法律适用问题的批复

广局〔2012〕4号

浙江省广播电影电视局：

你局《关于IPTV执法工作中法律适用问题的请示》（浙广局〔2011〕186号）收悉。经研究，现答复如下：

一、除《互联网视听节目服务管理规定》（广电总局　信息产业部令第56号）另有规定外，以互联网协议（IP）作为主要技术形态，以电视机为接收终端，通过移动通信网、固定通信网、微波通信网、有线电视网、卫星或其他城域网、广域网、局域网等信息网络，从事开办、播放（含点播、转播、直播）、集成、传输、下载视听节目服务等活动，应当适用《互联网等信息网络传播视听节目管理办法》（广电总局令第39号）。

二、利用局域网络及利用互联网架设虚拟专网向公众提供网络视听节目服务，须向行业主管部门提出申请，应符合《互联网等信息网络传播视听节目管理办法》（广电总局令第39号）的要求。

三、违法主体的认定应符合《中华人民共和国行政处罚法》、《中华人民共和国行政许可法》、《中华人民共和国行政强制法》、《中华人民共和国行政诉讼法》、《广播电视管理条例》、《互联网等信息网络传播视听节目管理办法》（广电总局令第39号）、《互联网视听节目服务管理规定》（广电总局　信息产业部令第56号）等法律、法规、规章相关规定。

四、IPTV业务仅限在经总局批准可以开展IPTV业务的地区开展。在查处案件过程中，应当符合国家有关文件精神。

五、今后，关于IPTV业务管理，应符合以下要求：一是全国只保留央视IPTV集成播控总平台，各地建成的均为IPTV集成播控分平台。二是各地IPTV集成播控分平台只能在当地开展IPTV业务，不得跨地区发展。三是各地IPTV集成播控分平台只能由当地广播电视播出机构开办，由其负责IPTV的建设、运营、管理。

此复

国家广播电影电视总局

二〇一二年一月六日

浙江省广播电影电视局转发国家广电总局关于进一步加强和改进境外影视剧引进和播出管理的通知

浙广局发〔2012〕26号

浙江广播电视集团，各市文化广电新闻出版局、广播电视台：

现将国家广电总局《关于进一步加强和改进境外影视剧引进和播出管理的通知》（广发〔2012〕9号）转发给你们。按照通知要求，各境外影视剧引进单位应在每年1月和7月的1日前向省广播电影电视局提交立项申请，立项通过后在规定时间内将有关资料报省广播电影电视局审批，优先引进高清版本的境外影视剧，每部长度控制在50集以内，不得引进涉案题材和含有暴力低俗内容的境外影视剧，列入立项规划后因故不能报审或报审后内容未能通过的，可在规定时间内更换同一产地、同一题材的节目一次。各级电视台申报并获得总局批准引进的境外影视剧必须在本台首播，首播之后方可再次发行在其他电视频道播出。经总局批准引进的境外影视剧在《电视剧发行许可证》过期后，引进单位须按照有关要求向省广播电影电视局申报续约。

全省各级播出机构要严格按照文件规定，认真审核待播出的境外影视剧的相关手续和批准文件，并在片头标明发行许可证编号，不得在黄金时段(19:00—22:00)播出境外影视剧，每天播出的境外影视剧不得超过该频道当天影视剧总播出时间的百分之二十五，不得以栏目短剧或介绍境外影视剧的形式变相完整播出未获得发行许可证的境外影视剧，并严格遵守有关插播及使用境外影视剧片段的播出时长规定。

自通知下发之日起，我局将加大对全省各级电视台播出境外影视剧的监管和处罚力度，对违规的播出机构将下发《整改通知书》责令限期整改；对未整改或整改完成后180日内再次出现违规行为的播出机构，将下发《违规处理决定书》，同时予以通报批评；对情节特别严重的，将上报广电总局。

附件：《广电总局关于进一步加强和改进境外影视剧引进和播出管理的通知》(广发〔2012〕9号)

二〇一二年二月十九日

广电总局关于进一步加强和改进境外影视剧引进和播出管理的通知

广发〔2012〕9号

各省、自治区、直辖市广播影视局，新疆生产建设兵团广播电视局，中央电视台，中国电影集团公司，中国国际电视总公司：

自《境外电视节目引进、播出管理规定》(广电总局令第42号)、《关于加强引进剧规划工作的通知》(广发外字〔2002〕948号)和《广电总局关于禁止以栏目形式违规播出境外影视剧的通知》(广发〔2009〕82号)发布施行以来，各级广播电视机构认真按照广电总局有关规定引进、播出境外影视剧，对丰富人民群众精神文化生活，增进对世界各民族优秀文化的了解发挥了积极作用。为进一步加强和改进境外影视剧引进和播出管理工作，现将有关要求通知如下：

一、加强对境外影视剧引进立项和审批管理

(一)总局每年分两次受理各引进单位的立项申请。受理时间为每年1月和7月的1日至10日。各引进单位在立项申请时，应认真填写《引进剧立项规划申报表》(格式见附件1)，并报省级广播影视行政部门初审后报总局审批。

(二)立项通过的境外影视剧应在规定时间内向总局报审，按规定提交引进合同(中外文)、版权证明(中外文)、供片机构资质证明等材料，认真填写《引进境外影视剧申请表》(格式见附件2)，并报省级广播影视行政部门初审后报总局审批。

(三)为提高引进节目质量，扩大高清节目源，应优先引进高清版本的境外影视剧；引进境外影视剧的长度原则上控制在50集以内。

(四)各省级广播影视行政部门应认真履行初审的管理职责，严格把握导向和格调，从立项环节开始加强对题材和内容的审查，不得引进涉案题材和含有暴力低俗内容的境外影视剧。

(五)境外影视剧列入立项规划后因故不能报审或报审后内容未能通过的，可在规定时间内更换同一产地、同一题材的节目一次。

二、加强引进剧续约后再次发行的审批管理

(一)经总局批准引进的境外影视剧在《电视剧发行许可证》过期后，由具有引进资格的单位重新与版权方签署引进合同和版权授权书，经省级广播影视行政部门报总局批准，方可再次发行。

(二)申报续约后再次引进的境外影视剧应按规定提交引进合同(中外文)、版权证明(中外文)、供片机构的资质证明等材料，认真填写《续约引进境外影视剧申请表》(格式见附件3)，报省级广播影视行政部门审批。各省级广播影视行政部门应对内容重新进行审查，并出具内容审查同意书，报总局审批。

(三)总局根据省级广播影视行政部门上报的续约引进申请和内容审查意见，于每季度最后一个月集中审批。对批准再次发行的境外影视剧，重新颁发《电视剧发行许可证》。

三、加强引进剧播出管理

(一)各级播出机构要严格按照总局规定,在播出境外影视剧时认真审核相关手续和批准文件,并在片头标明发行许可证编号。

(二)境外影视剧不得在黄金时段(19:00—22:00)播出。各电视频道每天播出的境外影视剧,不得超过该频道当天影视剧总播出时间的百分之二十五。

(三)各级电视台申报并获得总局批准引进的境外影视剧必须在本台首播,首播之后才可以再次发行在其他电视频道播出。

(四)各电视频道不得以栏目短剧或介绍境外影视剧的形式变相完整播出未经广电总局审批并获得发行许可证的境外影视剧。每期栏目中插播境外影视剧的时长不得超过3分钟,累计使用境外影视剧片段的时间不得超过10分钟。介绍境外影视剧的资讯类栏目,使用境外影视剧片段时长不得超过1分钟。

(五)进一步加强境外影视剧播出国别比例的管理,避免个别电视频道在一段时期内集中播出某一国家或地区的境外影视剧。

(六)各省级广播影视行政部门要加强对辖区内各级电视频道播出境外影视剧的监管,加大对违规频道的处罚力度。如发现违规情况,省级广播影视行政部门应对违规播出机构下发《整改通知书》,责令限期整改;对未整改或整改完成后180日内再次出现违规播出行为的机构下发《违规处理决定书》,同时予以通报批评。

情节特别严重的,由总局下发《违规处理决定书》,并予以全国通报批评。

本通知自下发之日起执行。原《关于进一步加强和改进境外影视剧引进和播出管理的通知》(广发社字〔1995〕547号)和《关于加强地方电视台重播境外电视剧管理的通知》(广发社字〔1999〕489号)同时废止。

国家广播电影电视总局

二○一二年二月九日

浙江省广播电影电视局转发国家广电总局办公厅关于加强广播电视节目传送管理的通知

浙广局发〔2012〕56号

浙江广播电视集团,各市文化广播新闻出版局、广播电视台:

现将国家广电总局办公厅《关于加强广播电视节目传送管理的通知》(广办发媒字〔2012〕53号)转发给你们,请按照总局有关要求,对辖区内广播电视节目传送机构开展一次集中检查,对发现的问题依法处理,并将检查结果于4月20日前报省广电局宣传管理处。

浙江省广播电影电视局

二○一二年四月五日

广电总局办公厅关于加强广播电视节目传送管理的通知

广办发媒字〔2012〕53号

各省、自治区、直辖市广播影视局,新疆生产建设兵团广播电视局:

近期,总局在监管工作中发现有的地方广播电视节目传送机构存在违规开办、传送电视频道,擅自插播节目或广告等情况,违反了《广播电视管理条例》(国务院令第228号)和《广播电视节目传送业务管理办法》(广电总局令第33号)的相关规定,严重干扰了广播电视播出和传送管理秩序,给广播电视的宣传和节目安全带来了隐患。总局已责成相关广播电视行政部门立即撤销以上违规频道,并对相关责任人做出严肃处理。为加强对广播电视节目传送机构的管理,规范其健康发展,现就有关问题通知如下:

一、安全播出是广播电视传送的第一要务,不能有丝毫松懈。各级广播电视行政部门和广播电视节目传送机构要牢固树立政治意识、大局意识,明确任务，落实责任，切实加强广播电视节目播出和传送管理。

二、有线广播电视网络是国家信息化服务的重要载体，广播电视节目传送机构需严格遵守《广播电视管理条例》、《广播电视节目传送业务管理办法》和《有线广播电视运营服务管理暂行规定》(广电总局令第67号)等相关法规规定，自觉维护广播电视节目传送秩序，在确保广播电视基本服务的基础上提供多样化、个性化的增值服务，不断提升广电网络公共服务水平和持续改进服务质量。

三、广播电视节目传送机构应当按照《广播电视节目传送业务经营许可证》载明的事项从事广播电视节目传送业务，必须按规定的传送范围、方式和内容完整传送频道节目。

四、广播电视节目传送机构不得以任何理由擅自开办或变相开办电视频道；不得在所传送的频道中以任何形式插播其他节目和广告；不得为非法开办的电视频道以及来源非法的广播电视节目信号提供传送服务；不得擅自传送境外卫星电视节目；不得违规与境外机构或资本合作经营广播电视节目传送业务。

五、广播电视节目传送机构应当向总局设立的监测机构提供所传送节目的完整信号，不得干扰、阻碍监管活动。

各省级广播电视行政部门接此通知后，立即转发辖区内各级广播电视行政部门和节目传送机构执行，同时按此通知要求，在2012年4月15日前对辖区内广播电视节目传送机构开展一次集中检查，对发现问题的应依法予以处理，并将检查情况在4月30日前上报总局传媒机构管理司。

国家广播电影电视总局办公厅

二〇一二年三月二十二日

浙江省广播电影电视局转发国家广电总局关于鼓励和引导民间资本投资广播电视产业的实施意见

浙广局发〔2012〕109号

浙江广播电视集团，各市、县(市、区)文化广电新闻出版局、广播电视台，影视制作机构：

现将《广电总局关于鼓励和引导民间资本投资广播影视产业的实施意见》(广发〔2012〕36号)转发给你们，请按照相关要求，进一步解放思想，改革创新，鼓励和引导民间资本积极投资影视和网络产业，发挥民间资本在推动广播影视产业发展中的重要作用，更好地促进广播影视产业繁荣发展。

浙江省广播电影电视局

二〇一二年五月二十九日

广电总局关于鼓励和引导民间资本投资广播影视产业的实施意见

广发〔2012〕36号

各省、自治区、直辖市广播影视局，新疆生产建设兵团广播电视局，总局直属各单位：

为了贯彻落实《国务院关于鼓励和引导民间投资健康发展的若干意见》(国发〔2010〕13号)和《国务院办公厅关于鼓励和引导民间投资健康发展重点工作分工的通知》(国办函〔2010〕120号)的有关精神，发挥民间资本在推动广播影视产业发展中的重要作用，促进广播影视产业健康发展，现提出如下实施意见：

一、鼓励和引导民间资本投资广播电视节目制作领域，从事广播电视节目制作经营活动

(一)具有独立法人资格，有适应业务范围需要的广播电视及相关专业人员、资金(企业注册资金不少于300万元人民币)和工作场所的民营企业，均可按照《广播电视节目制作经营管理规定》(广电总局令第34号)申请《广播电视节目制作经营许可证》。取得《广播电视节目制作经营许可证》的民营企业，即可从事广播电视节目制作经营活动(时政新闻及同类专题、专栏除外)。

(二)持有《广播电视节目制作经营许可证》的民营企业，均可按照《广播电视节目制作经营管理规定》向所在地广播影视行政部门提出申请，经省级广播影视行政部门审批核发《电视剧制作许可证(乙种)》后，从事电视剧制作。

(三)从事电视剧制作的民营企业，在连续两年内制作完成六部以上单本剧或三部以上连续剧(3集以上／部)的，均可按照《广播电视节目制作经营管理规定》向广电总局申请《电视剧制作许可证(甲种)》资格。

(四)民营广播电视节目制作企业制作的广播电视节目,在参加相应的政府奖评奖、鼓励优秀剧本创作、向海外推广销售等方面,享有与国有影视节目制作机构同等权利和扶持政策。

二、鼓励和引导民间资本投资电影制片、发行、放映领域,鼓励和引导民间资本投资建设、改造电影院

(五)鼓励民营企业摄制电影片。民营企业均可按照《电影企业经营资格准入暂行规定》(广电总局商务部令第43号),向国家广播电影电视总局或省级广播影视行政部门提出申请摄制电影片许可。

民营企业首次拍摄电影片时,应按照《电影企业经营资格准入暂行规定》相关规定,申领《摄制电影片许可证(单片)》。民营企业已经以《摄制电影片许可证(单片)》形式投资拍摄两部以上电影片,持有所拍摄电影片的《公映许可证》,并且企业注册资本不少于 100万元人民币的,可继续申请《摄制电影许可证》。

(六)取得《摄制电影许可证》的民营电影制片单位,享有与国有电影制片单位同等的权利和义务。

(七)鼓励民间资本按照《电影企业经营资格准入暂行规定》投资设立电影技术公司,改造电影制片、放映基础设施和技术设备。

(八)鼓励民间资本投资设立专营国产影片发行公司;投资、参股现有电影院线公司、农村数字电影院线公司和少年儿童发行放映院线;在全国农村以多种方式经营电影发行、放映业务,在城市社区、学校经营电影放映业务。

(九)鼓励民间资本投资建设、改造电影院,经营电影放映业务。坚持政府推动和市场运作相结合,采取信贷、税收优惠、补贴奖励等多种手段和措施,加强城镇数字影院建设。

三、允许民间资本投资参与有线电视分配网建设和有关业务

(十)为充分利用有线电视网络资源,民间资本可以利用住宅小区和机关、企事业单位办公区等社区内有线电视分配网,控股从事除广播电视节目集成、传送业务以外的其他业务的企业。

(十一)在国有广播影视单位控股51%以上的前提下,民间资本可以投资参股县级以下(不含县级)新建有线电视分配网,参与

有线电视接收端数字化改造。

(十二)民间资本投资入股有线电视分配网,应符合广播电视行业规划,并根据《广播电视节目传送业务管理办法》(广电总局令第33号)的规定履行报批手续。有线电视分配网股权性融资活动应当事前报批。

国家广播电影电视总局

二〇一二年五月二十二日

浙江省广播电影电视局转发国家广电总局关于进一步促进和规范高标清同播工作的通知

浙广局发〔2012〕134号

浙江广播电视集团,各市文化广电新闻出版局、广播电视台:

现将国家广电总局《关于进一步促进和规范高标清同播工作的通知》(广发〔2012〕41号)转发给你们,请各相关单位按照总局关于高标清同播工作的部署和要求,切实促进和规范高标清同播工作,积极有序推进高标清同播工作。

浙江省广播电影电视局

二〇一二年七月十日

广电总局关于进一步促进和规范高标清同播工作的通知

广发〔2012〕41号

各省、自治区、直辖市广播影视局,新疆生产建设兵团广播电视局,中央电视台,中国教育电视台:

2009年至今,高标清同播作为总局积极、稳妥发展高清电视的重大政策举措,实施已经两年半。按照总局关于发展高清电视若干文件明确的原则、目标和工作要求,在各级管理部门、有关播出机构和各地广播电视节目传输机构的共同努力下,经总局批准开展高标清同播的频道已全部符合同播率100%的要求,大部分同播的高清频道基本实现了全高清播出的目标,高清机顶盒入户数量也有了大幅度增长。总局“鼓励发展,统筹兼顾”的原则和“规模化、集约化、一体化”的发展要求得到了较好的落实。高清

电视的普及率不断提高，影响力日益广泛，人民群众对高清电视节目的需求越来越旺盛，而开展高标清同播、发展高清电视也已成为各地各级党委、政府和广播影视部门的共识，为进一步扩大高标清同播规模，提高我国电视频道的传播力、影响力、竞争力，奠定了良好的基础。

按照总局2012年广播影视工作要点和广发〔2011〕72号文件精神，要在继续办好现有高清频道的基础上，推进具备条件的电视频道实施高标清同播。为全面落实总局的工作部署和工作要求，切实促进和规范高标清同播工作，通知如下：

一、发展高清电视，是广播电视利用技术进步成果，转变发展方式，提高服务水平，进一步提升传播力、影响力、竞争力的战略工程和重点工作。以高标清同播逐步过渡的方式发展高清电视，是符合我国广播电视发展实际的有效路径。各级广播影视部门要按照“鼓励发展，统筹兼顾”原则和“规模化、集约化、一体化”发展要求，切实按照总局关于发展高清电视若干文件确定的各项政策措施，统筹兼顾，通力合作，积极、有序推进高标清同播工作。

二、各地要进一步加快电视台高清制播体系建设和广播电视传输网络数字化双向化改造的进程，继续加强高清人才培养，提高高清节目制作能力，切实加大高清节目宣传和高清机顶盒推广营销力度，努力夯实发展高清电视的技术、人才、网络基础，扩大高清收视群体，为发展高清电视创造良好市场环境。

三、中央电视台、北京广播电视台、上海广播电视台、天津广播电视台、黑龙江电视台、江苏电视台、浙江电视台、湖南广播电视台、广东电视台、深圳市电视台等10个播出机构，要在巩固已有成果的基础上，进一步落实好总局对于高标清同播工作的各项管理要求，不断提高同播的高清频道的节目质量和传播效果。

四、具备条件的地（市）以上播出机构在播出的电视频道，经批准可进行高标清同播。优先考虑适合高清播出的影视剧、动画、纪实、体育等类型的专业频道高标清同播。符合条件的有线数字付费电视频道经批准也可调整为高清播出。

五、进行高标清同播的播出机构，必须确保同播的高清节目信号传送至总局监管平台，纳入总局监看体系。

六、新批准高标清同播的频道，要严格按照广发〔2010〕34号、广发〔2011〕72号文件要求，确保自同播的高清频道开播之日起，同播率达到100%，高清率基本达到100%。其所播的节目，包括影视剧和广告、气象预报，必须全高清播出；要切实规范同播的高清频道的呈现样式，避免播出质量不达标或不符合幅型要求的节目，确保高清播出效果。

七、新批准高标清同播的省级卫视频道，其同播的高清频道暂在本地有线电视数字网传输。总局将对省级卫视高标清同播规范和运营情况进行考察评估，适时择优集中批准部分频道上星传输。

八、各地有线数字电视网要切实做好高清频道接入和用户服务工作，可探索将高清频道打包向用户收费等多种方式，逐步建立和完善高清电视节目可持续推广经营模式，最大限度满足高清电视制作播出、传输服务各环节的发展需求，满足用户多层次、多样化的收视需求。

转播同播高清节目信号的有线数字电视网，须确保所转播的同播高清节目信号能通过当地有线数字电视监管前端，传送至总局监管平台。

九、影视制作机构要不断提高电视剧、动画和专题片、纪录片等节目的高清制作比例。各影视制作机构完成的电视剧高清制作比例不得低于50%，从今年起，非高清制作的电视剧不得参加电视剧评奖。开播高标清同播频道的播出机构，要不断提高外购节目中高清节目和高清影视剧的比例，在引进境外影视剧时优先考虑高清版本，引进高清影视剧数量和比例须达到总局要求。

十、各级广播影视行政部门要加强对高标清同播工作的协调、指导和监管。省局要严格按照本通知要求，对新增高标清同播的申请从严把关，认真审核；要进一步理顺管理关系，将同播高清频道全面纳入频道管理范畴；要建立健全高清播出监看体系，切实落实对高标清同播政策规定执行情况的监督检查。总局对高标清同播实施严格的准入退出制度，经批准开办的同播高清频道，如不能确保同播率、高清播出率、高清频道呈现样式和播出质量达标，经督促仍不能整改到位的，将按规定取消其上星传输资质或撤销其同播资质。

国家广播电影电视总局
二〇一二年六月六日

浙江省广播电影电视局转发国家总局国家互联网信息办公室关于进一步加强网络剧、微电影等网络视听节目管理的通知

浙广局发〔2012〕136号

浙江广播电视集团，各市文化广电新闻出版局、广播电视台，各《信息网络传播视听节目许可证》持证机构：

现将国家广电总局 国家互联网信息办公室《关于进一步加强网络剧、微电影等网络视听节目管理的通知》（广发〔2012〕53号）转发给你们，请按照《通知》要求，切实加强网络剧、微电影等网络视听节目的管理，引导和规范新兴网络文化业态健康发展。《通知》用于持证机构内部工作使用，不在网上登载。

浙江省广播电影电视局

二〇一二年七月十二日

关于进一步加强网络剧、微电影等网络视听节目管理的通知

广发〔2012〕53号

各省、自治区、直辖市广播影视局，党委对外宣传办公室、互联网信息办公室：

近年来，网络剧、微电影等网络视听节目作为一种新兴网络文化业态发展迅速，在丰富人民群众精神文化生活、为人民群众参与文化建设方面提供了新的渠道。但必须看到，部分网络剧、微电影等网络视听节目出现了内容低俗、格调低下、渲染暴力色情等问题，亟须加强引导和规范。为深入贯彻落实党的十七届六中全会精神，进一步繁荣健康向上的网络文化，依据《互联网视听节目服务管理规定》（广电总局、信息产业部令第56号），现就进一步加强网络剧、微电影等网络视听节目管理，通知如下：

一、鼓励生产制作健康向上的网络剧、微电影等网络视听节目

（一）生产制作健康向上的网络剧、微电影等网络视听节目，是繁荣发展网络文化、实施网络内容建设工程的重要方面。作为面向社会大众的文化产品，必须始终坚持正确导向，把社会效益放在首位，自觉遵守法律法规和社会道德，积极传播主流价值，充分发挥引领风尚、教育人民、服务社会、推动发展的积极作用。

（二）国家鼓励广播电台、电视台、网络广播电视台、互联网视听节目服务单位、影视节目制作单位等各类机构，生产制作适合网络传播、体现时代精神、弘扬真善美、人民群众喜闻乐见的网络剧、微电影等网络视听节目。

二、强化网络剧、微电影等网络视听节目播出机构准入管理

（一）从事网络剧、微电影等网络视听节目播出的互联网视听节目服务单位，应具有满足审核需求的经国家或省级网络视听节目行业协会培训合格的审核人员，具备健全的节目内容编审管理制度，并依法取得广播影视行政部门颁发的《信息网络传播视听节目许可证》，严格按照许可业务范围开展业务。

（二）从事生产制作并在本网站播出网络剧、微电影等网络视听节目的互联网视听节目服务单位，应同时依法取得广播影视行政部门颁发的《广播电视节目制作经营许可证》和相应许可的《信息网络传播视听节目许可证》。

三、强化网络剧、微电影等网络视听节目内容审核

（一）互联网视听节目服务单位要按照“谁办网谁负责”的原则，对网络剧、微电影等网络视听节目实行先审后播管理制度。互联网视听节目服务单位在播出网络剧、微电影等网络视听节目前，应组织审核员对拟播出的网络剧、微电影等网络视听节目进行内容审核，审核通过后方可上网播出。

1. 具有网络剧播出资质的互联网视听节目服务单位播放网络剧、微电影、网络电影、影视类动画片、纪录片等视听节目，应组织3名以上审核员进行内容审核，审核一致通过后由本单位内容管理负责人复核、签发。所有审核通过的网络剧、微电影、网络电影、影视类动画片、纪录片，都应在节目片头标注审核单位编制的审核序列号。

2. 具有专业类视听节目播出资质的互联网视听节目服务单位播放文艺、娱乐、科技、财经、体育、教育等专业类视听节目，应组织2名以上审核员进行内容审核，审核一致通过后由本单位内容管理负责人复核、签发。

（二）互联网视听节目服务单位转发上传视听节目，视同为该单位自制视听节目，由该单位按照同样要求先审后播。同时，互联网视听节目服务单位应对向网站上传视听节目的个人和机构核实真实身份信息。

（三）网络剧、微电影等网络视听节目不得含有以下内容：1. 反对宪法确定的基本原则的；2. 危害国家统一、主权和领土完整的；3. 泄露国家秘密、危害国家安全或者损害国家荣誉和利益的；4. 煽动民族仇恨、民族歧视，破坏民族团结，或者侵害民族风俗、习惯的；5. 宣扬邪教、迷信的；6. 扰乱社会秩序，破坏社会稳定的；7. 诱导未成年人违法犯罪和渲染暴力、色情、赌博、恐怖活动的；8. 侮辱或者诽谤他人，侵害公民个人隐私等他人合法权益的；9. 危害社会公德，损害民族优秀文化传统的；10. 有关法律、行政法规和国家规定禁止的其他内容。

（四）网络剧、微电影等网络视听节目涉及重大革命和重大历史题材，应遵照广播影视有关管理规定执行。

（五）凡在广播影视行政部门备案公示，但未取得《电影片公映许可证》、《电视剧发行许可证》的电影和电视剧等，不得在网上播出。

四、强化网络剧、微电影等网络视听节目审核队伍建设

（一）国家和省级广播影视行政部门负责指导中国网络视听节目服务协会和省级网络视听节目行业协会，对网络剧、微电影等网络视听节目审核员开展培训和考核。具体培训内容和考核标准由中国网络视听节目服务协会在国家广播影视行政部门指导下统一制定。

（二）网络剧、微电影等网络视听节目审核员需经过节目内容审核业务培训，考核合格后方可从事节目内容审核工作。

（三）广播电视播出机构从事节目审核工作的中级职称以上人员申请成为网络剧、微电影等网络视听节目审核员，可以免予培训考核。

五、强化网络剧、微电影等网络视听节目监管

（一）各地互联网信息内容主管部门要充分发挥指导协调作用，积极配合广播影视行政部门做好网络视听节目和相关信息内容管理工作。进一步加强对属地内网站的监督管理，指导、督促其坚持正确舆论导向，大力弘扬社会主义核心价值，大力发展健康向上的网络文化，同时建立健全审核工作队伍和内容把关机制，严格依法办网，文明办网，落实行业自律和社会监督等各项措施。

（二）广播影视行政部门、互联网视听节目服务单位、网络视听节目行业协会要进一步加强对网络剧、微电影等网络视听节目的监管。

1. 各级广播影视行政部门要按照属地管理原则，全方位加强辖区内互联网视听节目内容监管。要充实监管力量，不断完善技术监管系统建设；要督促和检查互联网视听节目服务单位落实网络剧、微电影等网络视听节目内容审核的相关管理要求。

2. 互联网视听节目服务单位要切实履行开办主体职责，坚守社会责任，建立和完善本单位网络剧、微电影等网络视听节目内容审核流程，严把网络剧、微电影等网络视听节目播出关，所有网络剧、微电影等网络视听节目一律先审后播；建立网络剧、微电影等网络视听节目监播制度，加强播出监看，发现问题及时处置。

3. 网络视听节目行业协会要在广播影视行政部门指导下，积极开展行业自律活动，引导会员单位传播健康有益的视听节目，营造文明健康的网络环境。要做好网络剧、微电影等网络视听节目审核员培训和考核工作，抓紧健全完善相关工作机制。

（三）互联网视听节目服务单位应将审核通过的网络剧、微电影等网络视听节目信息报本单位所在地省级广播影视行政部门备案。

1. 互联网视听节目服务单位自审的网络剧、微电影、网络电影、影视类动画片、纪录片，应将审核通过的节目名称、内容概要、审核员和本单位内容管理负责人签字的节目审核单等信息报本单位所在地省级广播影视行政部门备案。

2. 互联网视听节目服务单位开设和自审的专业类视听节目栏目，应将审核通过的节目栏目名称、栏目内容概要等信息报本单位所在地省级广播影视行政部门备案。

（四）广播影视行政部门、互联网视听节目服务单位、网络视听节目行业协会应建立投诉受理机制，通过网络、电话等多种形式，及时受理并认真处理群众对网络剧、微电影等网络视听节目的投诉。

六、强化退出机制

（一）广播影视行政部门对违反有关法规、不能履行开办主体责任的互联网视听节目服务单位，要严格依法实行业务退出机制。

（二）互联网视听节目服务单位主要出资者和经

营者应对播出的视听节目内容负责。对违规播出网络剧、微电影等网络视听节目的互联网视听节目服务单位的主要出资者和经营者，广播影视行政部门依据《互联网视听节目服务管理规定》，视情节予以警告、罚款直至5年内不得投资和从事互联网视听节目服务的处罚。

（三）对违规播出网络剧、微电影等网络视听节目的互联网视听节目服务单位，广播影视行政部门依据《互联网视听节目服务管理规定》，予以警告、责令改正、罚款等处罚；对违规情节严重的，依据《广播电视管理条例》，可予以没收违法活动设备、没收违法所得、吊销许可证等处罚。

特此通知。

国家广播电影电视总局

国家互联网信息办公室

二〇一二年七月六日

浙江省广播电影电视局转发国家广电总局关于加强地面数字电视管理的通知

浙广局发〔2012〕147号

浙江广播电视集团，各市、县（市、区）文化广电新闻出版局、广播电视台：

现将国家广电总局《关于加强地面数字电视管理的通知》（广发〔2012〕58号）转发给你们，请各单位严格各按照通知要求，切实依法规范管理无线频率的使用。

浙江省广播电影电视局

二〇一二年七月二十七日

广电总局关于加强地面数字电视管理的通知

广发〔2012〕58号

各省、自治区、直辖市广播影视局，新疆生产建设兵团广播电视局：

近段时期，多名群众来信向总局反映个别地区擅自占用无线电视频率进行地面数字电视广播的问题，经核查：

河北省文安县广播电视台擅自使用3个电视频道，未办理订购许可违规购买发射设备，擅自加密传输45套地面数字电视节目并向用户收费；

黑龙江广播电视网络股份有限公司不具备无线广播电视节目传送业务资质，擅自使用6个电视频道，未办理订购许可违规购买发射设备，擅自加密传输43套地面数字电视节目并向用户收费；

山东省滕州市广播电视台（原滕州市广播电视局）擅自与不具备无线广播电视节目传送业务资质的山东智达立实业有限公司及滕州智达立广电网络有限公司合作开展地面数字电视业务，擅自使用5个电视频道，未办理订购许可违规购买发射设备，使用未经总局入网认定的广播电视设备器材，擅自加密传输44套地面数字电视节目并向用户收费；

河南省周口市广播电视局及所属微波站擅自与不具备无线广播电视节目传送业务资质的河南省星河辰雨通讯科技有限公司合作，成立周口广电蜂网传播有限公司开展地面数字电视业务，违规使用5个频道，未办理订购许可违规购买发射设备，使用未经总局入网认定的广播电视设备器材，擅自加密传输52套地面数字电视节目并向用户收费；

云南省丽江市有线电视有限责任公司及下属的丽江数字电视有限公司不具备无线广播电视节目传送业务资质，违规使用9个频道，未办理订购许可违规购买发射设备，使用未经总局入网认定的广播电视设备器材，擅自加密传输60余套地面数字电视节目并向用户收费。

上述行为严重违反了《广播电视管理条例》（国务院第228号令）、《国务院对确需保留的行政审批项目设定行政许可的决定》（国务院第412号令）和《广播电视无线传输覆盖网管理办法》（广电总局令第45号）、《广播电视设备器材入网认定管理办法》（广电总局令第25号）等法规规章，严重扰乱了广播电视传输覆盖网正常秩序，损害了人民群众利益，影响恶劣。为加强管理，严肃纪律，河北、黑龙江、山东、河南、云南省广播电影电视局要立即组织有关单位认真整改，限期纠正这些违规行为，停止擅自开展的地面数字电视广播，并于2012年8月1日前将整改报告报总局。

地面数字电视广播是广播电视传输覆盖网的重要组成部分，是各级政府提供广播电视公共服务的重要渠道，是广大人民群众获取新闻信息、享受精神文化生活的基本手段。同时,广播电视频率是国家资源,必须按照国家和总局的有关规定统一规划、合法使用。各级广播电视行政主管部门要牢固树立政治意识、大局意识和责任意识,充分认识违规开展地面数字电视业务的危害,切实履行职责,举一反三,全面查找本辖区内是否有上述类似违规行为,一旦发现要立即查处、坚决整改。现将有关要求强调如下:

一、要按照总局统一规划和相关技术标准有序开展地面数字电视广播,确保人民群众的基本收视权益。

二、开展地面数字电视业务必须按程序报总局审批,未经批准不得擅自占用频率、擅自发射。

三、要严格按照批准的技术参数和电视频道发射,不得擅自变更技术参数和业务范围。

四、要使用有广播电视设备器材入网证的设备,要持《无线广播电视发射设备订购证明》购买地面数字电视发射设备。

五、不得与不具备无线广播电视节目传送业务资质的单位进行合作。

各省(区、市)广播影视局要将本通知迅速转发至本省各级广电行政部门和有关单位,按照通知要求,认真贯彻落实,坚决依法打击违规行为,确保地面数字电视健康有序发展。

特此通知

国家广播电影电视总局
二〇一二年七月十二日

浙江省广播电影电视局转发国家广电总局关于颁布《国家广播电影电视总局科技创新奖励办法》的通知

浙广局发〔2012〕178 号

浙江广播电视集团,各市文化广电新闻出版局、广播电视台:

现将国家广电总局《关于颁布〈国家广播电影电视总局科技创新奖励办法〉的通知》(广发〔2012〕72号)转发给你们,请遵照执行。

浙江省广播电影电视局
二〇一二年九月六日

广电总局关于颁布《国家广播电影电视总局科技创新奖励办法》的通知

广发〔2012〕72 号

各省、自治区、直辖市、计划单列市、新疆生产建设兵团广电局,海峡之声广播电台,总局直属各单位:

现将《国家广播电影电视总局科技创新奖励办法》印发给你们,请遵照执行。

附件:国家广播电影电视总局科技创新奖申报书

国家广播电影电视总局
二〇一二年八月二十四日

国家广播电影电视总局科技创新奖励办法

第一章　总则

第一条　为奖励在广播影视科学技术工作中做出较大贡献的集体和个人,促进广播影视科学技术事业的发展,制定本办法。

第二条　本办法适用于广播影视系统内的集体和个人及受国家广播电影电视总局(以下简称“总局”)委托进行科技工作的集体和个人。

第三条　科技创新奖由总局科技司归口管理。科技创新奖励办公室负责科技创新奖的组织评奖工作,科技创新奖励办公室设在科技司科技标准与管理处。

第四条　科技创新奖每年评审一次。

第二章　奖项

第五条　科技创新奖奖励在广播影视科学技术研究与开发、成果转化与产业化、工程建设与改造、广播影视决策与安全运行管理科学化、国外先进技术引进与消化吸收以及标准与计量等方面的科学技术创新。共设高新技术研究与开发奖、科技成果应用与技术革新奖、工程技术奖、软科学奖和标准奖等五个奖项。其中:

高新技术研究与开发奖:奖励在广播影视学术

领域具有创造性的基础与前沿研究开发的成果。

科技成果应用与技术革新奖：奖励在广播影视技术研究与开发活动中完成的具有重大市场价值的产品、技术、工艺、材料、设计及其应用推广的小发明和小革新。

工程技术奖：奖励具有系统创新和高科技应用的广播影视综合性技术工程和系统技术改进工程。

软科学奖:奖励在科技战略、规划、政策、方案、情报及管理等工作中取得的科技成果。

标准奖：奖励经国家标准化委员会发布的国家标准或广电总局发布的行业标准。

第六条　科技创新奖各奖项均设一等奖、二等奖、三等奖。按科学技术水平和技术能力、经济效益和社会效益、推动科技进步的作用等三个条件进行综合评定。

(一)一等奖项目在技术上应有重大创新,技术难度大，总体技术水平和主要技术经济指标应达到或接近同类项目的国际领先水平或达到国内领先水平,推动行业科技进步的作用很大,并取得重大的社会效益或经济效益；

(二)二等奖项目在技术上应有较大创新,技术难度较大，总体技术水平和主要技术经济指标应达到或接近同类项目的国内领先水平，推动行业科技进步的作用大,并取得显著的社会效益或经济效益；

(三)三等奖项目在技术上应有所创新,有一定的技术难度，总体技术水平和主要技术经济指标应达到同类项目的国内先进水平，推动科技进步的作用较大,并取得了较显著的社会效益或经济效益；

第七条　对高新技术研究与开发奖、科技成果应用与技术革新奖、工程技术奖等的一等奖评奖结果进行综合排名,前三名可获突出贡献奖。

第三章　申报

第八条　申报项目须实际应用或实施一年以上(含一年)。

第九条　申报项目应经相关科技成果管理部门按照国家有关科学技术成果鉴定管理办法验收、鉴定,并有相关验收、鉴定意见和专家名单。

第十条　申报项目的主要完成单位必须是项目研发、应用、推广和建设等工作中的主要实施单位。各申报项目的主要完成单位数不得超过 6 个。

第十一条　申报项目的主要完成人必须是对该项目的完成做出主要贡献的人员。一等奖项目的主要完成人数不超过 12 人,二等奖项目的主要完成人数不超过 10 人,三等奖项目的主要完成人数不超过 8 人，获突出贡献奖项目的主要完成人数不超过 15 人。

第十二条　已获得省(部)级以上科技奖励的项目不得申报科技创新奖。未经解密的涉密项目不得申报科技创新奖。

第十三条　申报项目的第一完成单位原则上应为广播影视系统内单位。也可为受总局委托进行科技工作的非广播影视系统的单位和集体。

第十四条　国家广播电影电视总局直属企事业单位和受总局委托进行科技工作的非广播影视系统的单位和集体可直接向总局科技创新奖励办公室申报。广播影视系统内其他申报单位需经推荐部门推荐上报。

推荐部门为各省(自治区、直辖市)广播影视局、新疆生产建设兵团广播电视局和计划单列市广播影视局。

第十五条　各申报单位须认真填写《国家广播电影电视总局科技创新奖申报书》(见附件 1),提交申报书及相关附件纸质版两份（加盖公章）和电子版。

第十六条　推荐部门负责审查和汇总申报项目，按要求在申报书中填写推荐意见和建议奖励等级,填写《国家广播电影电视总局科技创新奖推荐汇总表》(见附件 2),并加盖公章。

第十七条　相关材料需按照当年总局科技创新评奖通知要求按时上报。

第四章　评审

第十八条　科技创新奖励办公室收到申报材料后,对申报书、附件、主要完成单位和主要完成人等是否符合本办法要求进行形式审查。

第十九条　科技创新奖的评审方式为委托评审委员会进行评审。评审委员会从广电总局科技专家库中随机抽取。专家库由总局科技委委员、全国广播影视标委会委员以及广播影视系统内外相关高校、科研院所、企事业等单位的专家组成。

第二十条　科技创新评奖评审分为初评和终评两个阶段。

初评由初评委员会根据本办法对申报项目进行评审、打分,提出拟获奖项目名单。

终评由终评委员会对初评拟获一等奖和部分二

等奖的项目进行评审，并按照终评得分从高到低确定拟获一等奖的项目名单。

终评委员会对拟获一等奖的项目投票，进行综合排名，选出拟获突出贡献奖的项目。

第五章　公示与奖励

第二十一条　科技创新奖评审结果于终评完成后，由总局科技司发文公示，并发布于广播电影电视总局网站（www.chinasarft.gov.cn），公示期为15天。公示期满后，由总局正式颁布无异议的评审结果。

第二十二条　总局可择优推荐一等奖项目申报国家科学技术进步奖。

第二十三条　总局为获奖项目的主要完成单位和主要完成人授予奖状、证书。奖金由获奖单位自行发放。

第二十四条　科技创新奖获得者的业绩记入本人档案，可作为考核晋级、职称评定的重要参考依据。

第六章　异议处理与罚则

第二十五条　在公示期内，对公示项目有异议的可向科技创新奖励办公室提出书面意见，需要保密的请注明。科技创新奖励办公室应及时将收到的意见通知相关单位和推荐部门，各相关单位和部门应在接到通知之日起15个工作日内提出书面答复意见，如在限期内未答复，视为放弃获奖资格。

第二十六条　如获奖项目存在弄虚作假，经查明属实，即撤销其奖励，并视情节轻重取消申报单位一至三年内参加评奖的资格。造成严重后果的，由其主管部门对负有责任的主管人员和其他直接责任人员依照相关法律、法规和管理条例等追究责任。

第七章　附则

第二十七条　本办法自公布之日起实施，原《国家广播电影电视总局科技创新奖励暂行办法》（广发技字正2001）765号）同时废止。

浙江省广播电影电视局转发国家广电总局关于建立广播电视节目综合评价体系的指导意见（试行）的通知

浙广局发〔2012〕179号

浙江广播电视集团，各市文化广电新闻出版局、广播电视台：

现将国家广电总局《关于建立广播电视节目综合评价体系的指导意见（试行）的通知》（广发〔2012〕76号）转发给你们，请各单位按照总局要求，结合本单位实际，采取有效措施，积极有序开展广播电视节目综合评价，并按程序做好报备工作。浙江广播电视集团要高度重视，对照要求，细化方案，认真研究部署省本级频道频率的试点工作，创造性地开展节目综合评价工作，为全省深入实施广播电视节目综合评价提供经验，并按要求及时将综合评价的有关情况向省广电局备案。

浙江省广播电影电视局

二〇一二年九月六日

广电总局印发关于建立广播电视节目综合评价体系的指导意见（试行）的通知

广发〔2012〕76号

各省、自治区、直辖市广播影视局，新疆生产建设兵团广播电视局，中央三台，电影频道节目中心，中国教育电视台：

现将《广电总局关于建立广播电视节目综合评价体系的指导意见（试行）》印发给你们，请立即转发并遵照执行。

国家广播电影电视总局

二〇一二年八月二十八日

广电总局关于建立广播电视节目综合评价体系的指导意见(试行)

为全面贯彻落实党的十七届六中全会精神，坚持广播电视的根本性质，确保广播电视节目的正确导向，促进节目品质提升，更好地满足人民群众日益增长的精神文化需求，防止和纠正一些节目为片面追求收视(听)率而产生导向偏离、价值缺失、责任失守等问题，建立和完善广播电视节目综合评价体系已经成为当前广播电视行业一项十分重要和紧迫的工作。为此，根据中央要求和国家有关法规规定，现就建立广播电视节目综合评价体系提出以下指导意见。

一、指导思想

以邓小平理论和“三个代表”重要思想为指导，深入贯彻落实科学发展观，按照高举旗帜、围绕大局、服务人民、改革创新的总要求，通过建立和完善具有中国特色的广播电视节目综合评价体系，进一步坚持广播电视正确导向，强化党和政府对广播电视媒体的领导力和舆论引导力；进一步提高广播电视节目质量和品位，促进社会主义核心价值体系的生动、有效和广泛传播，满足人民的精神文化需求；进一步发挥广播电视引领风尚、教育人民、服务社会、推动发展的作用，不断提升广播电视的公信力、吸引力和美誉度，为提高国家文化软实力，弘扬中华文化，实现文化大发展大繁荣做出新的更大贡献。

二、基本原则

1. 坚持正确导向，始终把社会效益放在首位。广播电视节目的制作和播出都应自觉体现和传播党和政府的政治主张，自觉体现和传播社会主义先进文化，自觉体现和传播社会主义核心价值体系，自觉体现和传播人们不懈追求真、善、美的精神，自觉体现和传播社会发展的文明成果，自觉体现和传播人与自然的和谐共存。政治导向和价值取向是评价一切广播电视节目的基本前提。

2. 坚持以人为本，始终把满足人民的精神文化需求作为根本目标。广播电视节目的制作和播出都要自觉贯彻和实践“二为”方向和“双百”方针，自觉贯彻和实践“三贴近”原则，强化责任意识，不断丰富内容、创新形式，努力实现思想性、艺术性、观赏性相统一，更好地满足人民日益增长的多样化、多层次精神文化需求。人民满意与否是评价一切广播电视节目的最高标准。

3. 坚持科学全面，客观公正，综合评价。广播电视节目直接影响人们的思想、道德和价值观念，影响人们的生活习惯和社会风尚。评价广播电视节目要以量化分析为基础， 以品质评价为核心，坚持思想性、创新性、专业性、满意度、竞争力和融合力并重，坚持把对单一节目的评判与对频率频道的整体评估相结合，实行全面分析、综合评价。

4. 坚持政府指导，多方参与，结果公开。广播电视节目综合评价是一项复杂的系统工程，政策性、示范性很强，必须在行政部门指导下，广泛吸纳社会各方参与，把群众评价、专家评价和市场检验统一起来，形成科学的评价规则，建立规范的运作程序。评价结果要以适当方式公开，并用于广播电视节目创作生产和播出。

5. 坚持尊重规律，坚守责任，促进发展。广播电视节目综合评价要充分尊重广播电视发展规律，充分考虑广播电视事业与产业属性兼具的特点，充分利用数字化网络化等新技术成果，强化节目品质评价，规范收听率、收视率的数据调查和使用，引导广播电视媒体坚守社会责任，不断提高节目质量，努力打造核心品牌，促进广播电视持续健康发展。

三、节目综合评价对象、内容及权重

1. 评价对象。广播电视节(栏)目是构成广播电视频率、频道的基本内容要素，广播电视频率、频道又是明确节(栏)目定位并予以播出的载体。实施广播电视节目综合评价，应以广播电视播出机构已经播出的节(栏)目作为基本评价对象，并在此基础上，对频率和频道进行整体评价。

少数民族语言、外宣节(栏)目及其频率、频道参照本意见执行。

2. 评价内容。广播电视节目必须坚持正确导向，符合国家各项法律、法规。在此前提下，对节(栏)目和频率、频道进行以品质评价为核心的综合评价。品质评价内容主要包括：

(1)思想性：体现社会主义核心价值体系建设要求，宣传正确的世界观、人生观、价值观， 弘扬社会正气，传承优秀传统文化，倡导科学思想、促进社会和谐稳定；

(2)创新性：定位鲜明准确，策划、选题、编排等内容独到、形式新颖，体现时代精神，表现手段推陈出新、具有原创性；

(3)专业性:文案策划、编辑编排、制作剪辑、播音主持、音响音乐、画面镜头等制作、播出环节的专业水准情况;

(4)满意度:受众对广播电视节目内容、形式、质量和编播的好感、信任、认可、支持和赞许情况;

(5)竞争力:节(栏)目和频率、频道的知名度、品牌价值等情况;

(6)融合力:节(栏)目和频率、频道与互联网终端、手机等新媒体的融合程度以及在新媒体上二次传播和口碑影响情况。

上述六项品质评价内容权重不低于总体的60%;收听率、收视率数据的权重不超过总体的40%。

3. 评价结果等级。根据评价权重,对节(栏)目和频率、频道分别计算得分。对新闻、少儿和三农类节(栏)目和频率、频道,在综合评价得分的基础上,再增加5%的分值。总分在 85分(含)以上的为甲级节(栏)目和甲级频率、频道,总分在75分(含)至85分之间的为乙级节(栏)目和乙级频率、频道,总分在60分(含)至75分之间的为丙级节(栏)目和丙级频率、频道,总分在60分以下的为丁级节(栏)目和丁级频率、频道。其中,甲级节(栏)目和甲级频率、频道原则上不超过总量的20%。

四、组织实施

1. 建立"评委数据库"。广播电视播出机构应邀请人大代表、政协委员、管理部门负责人、播出机构负责人、其他媒体代表、专家学者、专业机构代表、广告商代表等各方代表,建立"评委数据库"。评委数据库应定期更新,并报本级广播影视行政部门备案。

2. 评价周期和程序。广播电视节目综合评价原则上以半年为一个周期。每次评价时,广播电视播出机构应从各自的评委数据库中,按评委构成比例抽取评委代表组成评价小组(评委数量不得低于数据库人员总量的10%,且不得少于20人),对节(栏)目和频率、频道的思想性、创新性、专业性、满意度、竞争力、融合力等六个方面实施综合评价。其中,满意度、竞争力、融合力等指标也可以通过招标或委托方式,请专业调查机构进行量化调查。

3. 评价情况备案。每年7月底和次年1月底,广播电视播出机构需将综合评价的实施程序、评价小组构成、评价结果、具体应用等情况,向同一级广播影视行政部门备案。省级广播影视行政部门还需将省级广播综合频率和电视上星频道的评价情况,向国家广电总局备案。地市和县级广播影视行政部门需将辖区广播电视播出机构的评价情况, 向上一级广播影视行政部门备案。

五、节目综合评价结果的应用

1. 原则上只有两年内获得过两次以上的甲级节(栏)目和甲级频率、频道,才具备参加各类政府奖项评比的资格。

2. 广播电视播出机构应将评价结果作为节(栏)目设立与退出、节(栏)目制作经费以及相关人员晋级、职称评定和奖惩等的重要依据。

3. 广播电视播出机构在广告经营活动中,应当积极向广告商推荐应用节目综合评价结果。

4. 广播影视行政部门要将节目综合评价结果与强化日常管理相结合,与播出机构的奖励与退出机制相结合,与播出机构许可证换发、业务申请、业绩审核、评先评优等相结合。

六、加强组织领导

1. 广播电视播出机构要高度重视建立广播电视节目综合评价体系工作,按照本意见精神和要求,采取措施,健全机构,充实人员,保证经费,切实完善本机构的综合评价机制,确保广播电视节目综合评价工作顺利进行。

2. 广播影视行政部门要加强领导,认真监督辖区内播出机构贯彻落实建立节目综合评价体系的工作,对播出机构综合评价工作进行全程监管,对播出机构上报的评委数据库、评价程序、评价结果、具体应用等情况进行全面检查,确保广播电视节目综合评价结果的公平、公正。要建立责任追究机制,对在综合评价过程中弄虚作假的播出机构,应视情节严重分别给予批评、警告直至取消其参加广播影视行业评优评先资格等处理。

七、实施步骤

广播电视节目综合评价是一项专业性强、操作复杂的工作,其评价内容、评价方式、组织实施等需要在实践中不断完善。因此,需采取先行试点、分步实施的方式稳步推进。

本意见自公布之日起,先在中央和省级广播电视播出机构中试行。试行期间,鼓励其他广播电视播出机构参照本意见制定的原则、标准和要求等,创造性地开展广播电视节目综合评价工作。同时,鼓励条件成熟的省级广播影视行政部门结合本地实际,按照本意见要求,探索组织对辖区内广播电视播出机构制作播出的广播电视节目进行综合评价。待时机成熟后，国家广电总局将在播出机构自评的基础上，结合部分省级管理部门探索的经验， 由广播影视行政部门组织实施对广播电视节目的综合评价。

浙江省广播电影电视局转发国家广电总局关于加强广播电视收视（听）率调查数据使用管理工作的通知

浙广局发〔2012〕180 号

浙江广播电视集团，各市文化广电新闻出版局，各市、县（市、区）广播电视台：

现将国家广电总局《关于加强广播电视收视（听）率调查数据使用管理工作的通知》（广发〔2012〕77 号）转发给你们，请各单位认真贯彻落实总局通知要求，规范调查数据的发布、应用等行为，引导调查机构科学规范开展数据调查，促进数据科学运用。各级广电行政管理部门要加强对收视（听）率调查活动的监督，及时纠正各类违规问题，确保广播电视节目导向正确、品质提升，促进广播电视事业的健康发展。各级广电播出机构要于每年 12 月底前将下一年度拟购买收视（听）率调查数据的调查机构情况，按程序报省广电局备案。各市文广新局负责汇总本辖区情况向省广电局报备，浙江广电集团负责汇总本集团情况向省广电局报备。

浙江省广播电影电视局

二〇一二年九月六日

广电总局关于加强广播电视收视（听）率调查数据使用管理工作的通知

广发〔2012〕77 号

各省、自治区、直辖市广播影视局，新疆生产建设兵团广播电视局，中央三台，电影频道节目中心，中国教育电视台：

广播电视收视（听）率作为反映广播电视节目传播情况的客观数据，在广播电视节目制作播出和广播电视广告经营等活动中得到广泛应用，对了解受众需求、提高广播电视节目质量、提升广播电视广告竞争力、促进广播电视事业产业发展具有重要作用。但是，实践中也存在收视（听）率调查样本结构不够科学、数据发布和使用不够规范以及片面追求收视（听）率等问题，有的已经影响到广播电视节目制作和播出的价值取向。为坚持广播电视正确导向，引导科学的调查行为，规范调查数据公布，促进数据科学运用，创造公平公正的收视（听）率数据调查和使用环境，现就加强广播电视收视（听）率调查数据使用管理工作，通知如下：

一、充分认识加强收视（听）率调查数据使用管理工作的重要性。广播电视收视（听）率调查是宣传文化领域统计调查的重要组成部分，调查数据的生产、发布和使用，直接影响到广播电视节目的内容导向、价值取向、制作品位和广告经营，加强广播电视收视（听）率调查数据使用等管理，是确保广播电视节目正确导向、提高广播电视节目品质和促进广播电视事业健康发展的必然要求。各级广播影视行政部门和广播电视播出机构要充分认识此项工作的重要性和紧迫性，认真贯彻党的十七届六中全会精神，坚持社会主义先进文化前进方向，坚决纠正片面追求收视（听）率的不良倾向，坚决纠正制造假收视（听）率调查数据等违规行为，确保收视（听）率调查数据严谨、客观、公正，确保广播电视节目导向正确、基调健康、内容丰富、形式多样，为人民群众提供更好更多的精神文化产品。

二、审慎选择使用收视（听）率调查数据。广播电视播出机构在购买收视（听）率调查数据时，应当对数据提供方进行认真考察和遴选，确保所选择的广播电视收视（听）率调查机构具有合法调查资格、行业认知度高、市场信誉良好、数据客观公正。考察范围应包括：1. 持有国家统计部门核发的《涉外调查许可证》或者其它相关调查资质证明；2. 具备符合广播电视收视（听）率调查要求的调查设计、数据采集、分析处理、保密措施等能力；3. 有完备、科学的调查样本选定方法、程序、数量、结构、分布、更换方案等。

自本《通知》下发之日起，各级广播电视播出机构应当根据前款要求，于每年 12 月底前将下一年度拟购买收视（听）率调查数据的调查机构情况，按程序向省级广播影视行政部门备案。数据购买使用期间，如存在更换、新增或者减少购买数据的调查机构等情况，应当在变更前将新的调查机构情况，按程序向省级广播影视行政部门备案。省级广播影视行政部门应当在受理辖区内各级广播电视播出机构备案情况后的5个工作日内，报国家广电总局备案。国家广电总局将于每年度1月底前，将各地备案且符合前款要求的收视（听）率调查机构名单在系统内通报，并适时更新。广播电视播出机构只能购买国家广电总局通报名单中调查机构提供的收视（听）率调查数据。

三、严格管理收视（听）率调查数据发布行为。广播电视收视（听）率调查数据原则上只用于广播电视播出机构和其他相关机构内部工作参考，不得向社会进行公开宣传。广播电视播出机构因工作需要，确需向社会发布本机构频率、频道和节（栏）目收视（听）率调查数据的，应当在对外发布前，将其数据来源、原始数据材料、拟发布的数据项目，以及发布方式、目的、期限、范围等情况，报当地省级广播影视行政部门审核，经同意后方可对外发布。其中，拟发布数据涉及全国覆盖的频道、频率时，需报经国家广电总局审核同意。广播影视行业杂志、期刊发布广播电视频率、频道和广播电视节（栏）目的收视（听）率调查数据，一律报国家广电总局审核，未经同意，不得发布。

广播电视播出机构经同意发布本台频率、频道和节（栏）目收视（听）率调查数据时，不得与其他广播电视播出机构进行比较。

广播影视行业杂志、期刊不得对广播电视频率、频道和广播电视节（栏）目进行排名。

四、规范收视（听）率调查数据应用行为。省级以上广播影视行政部门要积极引导广播电视播出机构建立客观公正的节目综合评价体系和激励机制，正确对待、合理运用收视（听）率调查数据。在频率频道考核、节（栏）目考评和员工奖惩等管理工作中，合理设置收视（听）率的指标权重，不得以收视（听）率调查数据作为评价广播电视播出机构和广播电视频率、频道优劣的唯一标准，也不得以收视（听）率调查数据作为对广播电视节（栏）目实行“末位淘汰”和对员工进行奖惩的唯一依据。

五、引导调查机构提高业务水平。广播电视播出机构应当通过收视（听）率调查数据的选用，引导广播电视收视（听）率调查机构科学取样、合理布局、健全和完善调查方法，并根据广播电视频率、频道的覆盖情况和实际需求，适时增加样本总量，实现样本布局、结构和数量的科学优化，以提供科学、公正、客观的收视（听）率调查数据。同时，引导有条件的调查机构加大技术投入，丰富调查手段，提高调查水平，研究利用双向交互式有线数字电视机顶盒和有线数字网络等技术采集和回传数据，研究开展对广播电视节目在互联网等新媒体上的传播情况进行采集分析，以提高调查数据的全面性、代表性和准确性，满足多层次需求。国家广电总局支持相关机构在双向交互式有线数字电视机顶盒普及率较高的地区，开展基于有线数字网络的大量样本收视（听）率调查试点工作。

六、加强对收视（听）率调查活动监督。省级以上广播影视行政部门要积极引导广播电视播出机构坚守职业道德，避免相关机构通过非正当手段获取调查样本信息、人为干扰调查样本收视（听）行为等问题发生。同时，要建立与广播电视收视（听）率调查机构的工作联系制度，引导和督促调查机构建立、完善内部管理机制，健全调查信息安全保障的规章制度和工作流程，加强对从业人员的保密培训和样本人群的保密教育，加强对样本户收视（听）行为的日常监测，发现信息异常，及时进行核查，主动更换样本。

国家广电总局将指导成立由广播影视行政部门、广播影视行业组织、专业人士和受众代表等组成的监管委员会，对广播电视收视（听）率调查机构的调查活动、调查行业标准和数据分析模式以及数据发布后的社会影响等进行监管，对存在重大异议的收视（听）率调查数据的采集、分析、使用等情况进行调查，确保收视（听）率调查工作规范正常、平稳有序开展。

七、及时纠正各类违规问题。省级以上广播影视行政部门要根据本《通知》要求，切实加强核查工作。对违规购买、发布和使用收视（听）率调查数据的广播电视播出机构，责令其限期整改，并可对违规播出机构的负责人进行警示谈话。对制造假收视（听）率调查数据的广播电视播出机构，在系统内通报，并依法予以严肃处理。对制造假收视（听）率调查数据的广播电视收视（听）率调查机构，将通报广电系统禁止购买其提供的收视（听）率调查数据，违规情节严重的，提请相关行政主管部门依法予以处罚。

请接到本通知后，立即转发辖区内各有关机构，做好贯彻落实工作。

国家广播电影电视总局

二〇一二年八月二十八日

浙江省广播电影局转发国家广电总局网络视听节目管理司关于落实《关于进一步加强网络剧、微电影等网络视听节目管理的通知》有关问题的通知

浙广局发〔2012〕190 号

各互联网视听节目持证网站：

现将国家广电总局网络视听节目管理司《关于落实〈关于进一步加强网络剧、微电影等网络视听节目管理的通知〉有关问题的通知》（网发字〔2012〕376）号转发给你们。请按照通知要求，切实做好审核员培训工作，并将你单位现有从事节目内容审核工作的人员情况，按附表要求于 9 月 25 日前以电子邮件形式报省广电局社会管理处。

浙江省广播电影电视局

二〇一二年九月二十一日

广电总局网络视听节目管理司关于落实《关于进一步加强网络剧、微电影等网络视听节目管理的通知》有关问题的通知

网发字〔2012〕376 号

各省、自治区、直辖市广播影视局：

为贯彻落实《关于进一步加强网络剧、微电影等网络视听节目管理的通知》（广发〔2012〕53 号），现就有关问题通知如下：

一、自 2013 年 1 月 1 日起，按《通知》要求，各互联网视听节目服务单位所有新上线的网络剧、微电影、网络电影、影视类动画片、纪录片，以及文艺、娱乐、科技、财经、体育、教育等专业类视听节目，必须经过中国网络视听节目服务协会或省级网络视听节目行业协会培训合格的审核员审核。未经审核员审核通过的节目不得上线播出。未经培训合格的审核员不能从事节目内容审核工作。

二、各互联网视听节目服务单位审核通过的节目信息，须按照《通知》要求及时报本单位所在地省级广播影视行政部门备案；中央直属单位的《信息网络传播视听节目许可证》持证机构审核通过的节目信息报广电总局备案。各地广电管理部门要按照属地管理要求，从2013 年 1 月 1 日起，对各网站落实《通知》情况进行全面检查，总局组织抽查。

三、为做好互联网视听节目审核员培训工作，请各省（区、市）广播影视局将本区域内各互联网视听节目服务单位现有从事节目内容审核工作的人员数量，中央直属单位的《信息网络传播视听节目许可证》持证机构将本机构现有从事节目内容审核工作的人员数量，按附表要求于 9 月 21 日前报我司。

广电总局网络视听节目管理司

二〇一二年九月十四日

浙江省广播电影电视局转发国家广电总局关于同意浙江电视台和杭州市广播电视台增加互联网电视客户端编号的批复

浙广局发〔2012〕211 号

浙江广播电视集团，杭州文化广电集团：

现将国家广电总局《关于同意浙江电视台和杭州市广播电视台增加互联网电视客户端编号的批复》（广局网字〔2012〕103 号）转发给你们。请你们在开展互联网电视业务中，严格遵守国家广电总局各项管理要求，按照已确定的运营机构代码、批次代码、厂家代码、型号代码和数量代码，对互联网电视客户端进行编号，并将号码配置情况定期报国家广电总局备案。

浙江省广播电影电视局

二〇一二年十一月九日

广电总局关于同意浙江电视台和杭州市广播电视台增加互联网电视客户端编号的批复

广局网字〔2012〕103 号

浙江省广播电影电视局：

你局《关于杭州广播电视台申请第二批互联网电视 TV—NO 的请示》(浙广局〔2012〕14 号)和《关于杭州广播电视台申请第三批互联网电视 TV—NO 的请示》(浙广局〔2012〕145 号)收悉。根据《互联网等信息网络传播信息网络管理办法》和《互联网视听节目服务管理规定》,同意向浙江电视台和杭州市广播电视台增加发放 841.5 万个互联网电视机客户端编号，以及 89 万个互联网电视机顶盒客户端编号(详见附件:《浙江电视台和杭州市广播电视台第二批互联网电视客户端号码分配表》)。

浙江电视台和杭州市广播电视台在开展互联网电视业务的过程中,应严格遵守《广电总局关于同意浙江电视台和杭州市广播电视台联合正式开展互联网电视集成服务和节目内容服务的批复》(广局网字正〔2010〕133 号)、《广电总局办公厅关于印发〈持有互联网电视牌照机构运营管理要求〉》(广办发网字〔2011〕181 号)和《关于下发〈互联网电视认证标志使用规范〉的通知》(网发字〔2012〕164 号)的各项要求,按照总局确定的运营机构代码、批次代码、厂家代码、型号代码和数量代码,对互联网电视客户端进行编号。号码配置情况应定期报总局备案。浙江电视台和杭州市广播电视台所生产的互联网电视机顶盒产品仅限于在上海、杭州和长沙三地有计划地投放销售。

此复

附件：浙江电视台和杭州市广播电视台第二批互联网电视客户端号码分配表

国家广播电影电视总局

二〇一二年十月三十一日

附件：

浙江电视台和杭州市广播电视台第二批互联网电视客户端号码分配表

根据《互联网电视客户端编号规则》，互联网电视客户端号码由运营机构（2 位数）批次（2 位数）、电视机厂家（2 位数）、型号（3 位数）、数量（6 位数）共 15 位阿拉伯数字组成。浙江电视台和杭州市广播电视台第二批互联网电视客户端号码编制要求为：

一、运营机构代码为“03”。

二、批次代码为“02”。

三、互联网电视机厂家代码、型号代码和数量代码：

厂家	厂家代码	型号	型号代码	数量（万台）	数量代码范围
TCL 多媒体科技控股有限公司	01	L42F4200	001	3	000000–029999
		L55E5390A–3D	002	4	000000–039999
		L48E5390A–3D	003	2	000000–019999
		L43E5390A–3D	004	2	000000–019999
		L32E5390A–3D	005	2	000000–019999
		L46E7200	006	2	000000–019999
		L42V8300	007	3	000000–029999
		L42Z12	008	3	000000–029999
		L48E5060A–3D	009	1	000000–009999
		L43E5060A–3D	010	4	000000–039999
		L42E4300–3D	011	2	000000–019999
		L39E4300–3D	012	4	000000–039999
		L32E4300–3D	013	5	000000–049999
		L48F3380E	014	2	000000–019999
		L43F3380E	015	2	000000–019999
		L32F3380E	016	2	000000–019999
		L46P7200	017	2	000000–019999

厂家	厂家代码	型号	型号代码	数量(万台)	数量代码范围
四川长虹电器股份有限公司	06	3DTV42890I	001	5	000000-049999
		3DTV46890I	002	5	000000-049999
		LED43A9000i	003	3	000000-029999
		LED48A9000i	004	2	000000-019999
		LED51A9000i	005	3	000000-029999
		LED64A9000i	006	2	000000-019999
		LED42960	007	5	000000-049999
		46A9000IX	008	5	000000-049999
青岛海信电器股份有限公司	04	LED40K11	001	5	000000-049999
		LED46K11	002	5	000000-049999
		LED40K01	003	5	000000-049999
		LED46K01	004	5	000000-049999
		LED40K26	005	5	000000-049999
		LED46K26	006	5	000000-049999
		LED55K26	007	5	000000-049999
		LED40K28	008	5	000000-049999
		LED46K28	009	10	000000-099999
		LED40K510	010	20	000000-199999
		LED46K510	011	20	000000-199999
		LED46K710	012	10	000000-099999
		LED46XT68	013	10	000000-099999
		LED46XT69	014	10	000000-099999
		LED55XT69	015	10	000000-099999
		LED40K510	016	20	000000-019999
		LED42K560	017	50	000000-499999

厂家	厂家代码	型号	型号代码	数量(万台)	数量代码范围
		LED46K560	018	50	000000–499999
		LED55K560	019	20	000000–199999
		LED65K560	020	20	000000–199999
深圳创维 RGB 电子有限公司	02	42E62RN	001	15	000000–149999
		46E62RN	002	15	000000–149999
		32E62RN	003	15	000000–149999
		37E62RN	004	15	000000–149999
北京京东方多媒体科技有限公司	08	LE–Z920SD	001	0.5	000000–004999
青岛海尔电子有限公司	03	LE55H330	001	2	000000–019999
		LE46H330	002	5	000000–049999
		LE42H330	003	5	000000–049999
		LE55H300	004	2	000000–019999
		LE46H300	005	5	000000–049999
		LE42H300	006	5	000000–049999
		LE32H300	007	5	000000–049999
		LE26H300	008	5	000000–049999
		LE24H300	009	5	000000–049999
		LD47K3	010	3	000000–029999
		LE42A300M	011	5	000000–049999
		LD42K3	012	5	000000–049999
		LE32A300M	013	3	000000–029999
		LD32K3	014	5	000000–049999
		LE42H330	015	5	000000–049999
		LE42H320	016	5	000000–049999
		LE42DK3	017	5	000000–049999
		LE46H330	018	2	000000–019999
		LE46H320	019	5	000000–049999

厂家	厂家代码	型号	型号代码	数量(万台)	数量代码范围
		LE46DK3	020	2	000000-019999
		LE42A300ND	021	5	000000-049999
		LE42A300M	022	5	000000-049999
		LE42A350K	023	3	000000-029999
		LE46A300ND	024	3	000000-029999
		LE46A300M	025	2	000000-019999
		LE46A350K	026	2	000000-019999
		LE46Z300ND	027	2	000000-019999
		LE55Z300ND	028	2	000000-019999
		LE42Z550	029	2	000000-019999
厦门华侨电子股份有限公司	09	LE-42XT70	001	1	000000-009999
熊猫电子集团有限公司	13	L42D09S	001	5	000000-049999
		LE32J12S	002	5	000000-049999
		LE42J12S	003	5	000000-049999
		32F02	004	0.5	000000-004999
		42F02	005	0.5	000000-004999
		42F03	006	1	000000-009999
		46F03	007	1	000000-009999
深圳同方盘古科技有限公司	14	LE-42S32FC	001	5	000000-049999
		LE-47S32FC	002	5	000000-049999
		LE-40S32FC	003	17	000000-169999
广州视源电子科技有限公司	15	HKCL3713A	001	1	000000-009999
		HKCL4013A	002	2	000000-019999
		HKCL4613A	003	1	000000-009999
		YSP3240C	004	3	000000-029999
		YSP3740C	005	1	000000-009999
		YSP4040C	006	2	000000-019999

厂家	厂家代码	型号	型号代码	数量(万台)	数量代码范围
		37LW30	007	2	000000–019999
		42LW30	008	2	000000–019999
		46LW30	009	2	000000–019999
		TL3652–TP	010	3	000000–029999
		TL4252–TP	011	3	000000–029999
		TL4652–TP	012	3	000000–029999
明基电通股份有限公司	26	I5000	001	0.5	000000–004999
LG 电子中国有限公司	30	LM7600	001	10	000000–099999
索尼(中国)有限公司	31	HX650–42	001	10	000000–099999
		HX650–46	002	10	000000–099999
		HX850–42	003	30	000000–299999
		HX850–46	004	30	000000–299999
		HX850–55	005	10	000000–099999
		HX550–42	006	30	000000–299999
		HX550–46	007	30	000000–299999
松下电器(中国)有限公司	32	TH–P55XT30	001	5	000000–049999
		TH–P55XT31	002	6	000000–059999
		TH–P65XT30	003	6	000000–059999
		L42G4	004	5	000000–049999
冠捷投资有限公司	27	46PFL6300	001	5	000000–049999
		46PFL6300	002	0.5	000000–004999
东芝视频产品(中国)有限公司	28	46WD100C	001	7	000000–069999
		40WD100C	002	7	000000–069999
		46TD100C	003	7	000000–069999
		40TD100C	004	7	000000–069999
		55X3000C	005	7	000000–069999
		55X1000C	006	7	000000–069999

四、互联网电视机顶盒厂家代码、型号代码和数量代码：

厂家	厂家代码	型号	型号代码	数量(万台)	数量代码范围
精伦电子股份有限公司	18	CE3100	501	2.5	000000-024999
		ARM A9	502	2.5	000000-024999
上海风网网络科技有限公司	19	BH-100	501	10	000000-099999
爆米时光科技(深圳)有限公司	20	Popbox A1	501	2	000000-019999
青岛海信电器股份有限公司	04	HI3716M	501	1	000000-009999
		IP706H	502	2	000000-019999
华为技术有限公司	16	EC2108	501	1	000000-009999
		EC5108	502	1	000000-009999
中兴通讯股份有限公司	17	EC2108	501	1	000000-009999
上海大亚科技有限公司	21	DS4900	501	1	000000-099999
深圳市杰科电子有限公司	22	GK-HD210	501	2	000000-019999
		GK-HD310	502	2	000000-019999
		GK-HD410	503	1	000000-009999
		GK-HD510	504	3	000000-029999
深圳市迈乐数码科技有限公司	23	HMC-M0Li	501	4	000000-039999
		G17D	502	4	000000-039999
		T03N	503	4	000000-039999
飞利浦电子香港有限公司	29	HMP5000	501	2	000000-019999
		HMP7000	502	3	000000-029999
深圳市亿格瑞科技有限公司	24	RS200	501	10	000000-099999
深圳市好视网络科技有限公司	25	GV-EN-GINE6000	501	10	000000-099999
索尼(中国)有限公司	31	BDP-S780	501	10	000000-099999
		BDP-S485	502	10	000000-099999

浙江省广播电影电视局转发国家广电总局办公厅关于加强互联网站开展影视剧评奖活动管理的通知

浙广局发〔2012〕231 号

各市文化广电新闻出版局：

现将国家广电总局办公厅《关于加强互联网站开展影视剧评奖活动管理的通知》（广办发网字〔2012〕174 号）转发给你们。请按照通知要求，切实做好辖区内互联网站评奖活动的管理工作，督促各级电台、电视台及其工作人员不得参与未经批准开办的全国性影视剧评奖活动，不得对此类活动进行任何形式的宣传报道。

浙江省广播电影电视局

二〇一二年十二月十二日

广电总局办公厅关于加强互联网站开展影视剧评奖活动管理的通知

广办发网字〔2012〕174 号

各省、自治区、直辖市广播影视局，新疆生产建设兵团广播电视局，中央三台：

近年来，一些商业网站擅自开展全国性影视剧评奖活动，违反了中央有关全国性文艺新闻出版评奖的规定，造成了负面社会影响。根据中央办公厅下发的《全国性文艺新闻出版评奖管理办法》（厅字〔2005〕6 号），为加强互联网站开展影视剧评奖活动的管理，现就有关问题通知如下：

一、各级广播影视行政部门要加强对辖区内互联网站开展影视剧评奖活动的管理，举办全国性影视剧评奖活动，须报广电总局核准后，报中央宣传部审批。

二、除新闻媒体以外的互联网站不得举办全国性影视剧评奖活动，也不得以各类大赛、评比、排行榜等形式变相举办全国性影视剧评奖活动。

三、各级电台、电视台不得以挂名、合作等方式参与互联网站未经批准开办的全国性影视剧评奖活动，不得对此类活动进行任何形式的宣传报道。各级电台、电视台工作人员也不得以评委、嘉宾等身份参与此类活动。

国家广播电影电视总局

二〇一二年十一月二十九日

浙江省广播电影电视局转发国家广电总局关于依法规范广播电视节目信号传播秩序有关问题的通知

浙广局发〔2012〕236 号

浙江广播电视集团，各市文化广电新闻出版局、广播电视台，浙江华数广电网络股份有限公司：

现将国家广电总局《关于依法规范广播电视节目信号传播秩序有关问题的通知》（广发〔2012〕111 号）转发给你们。各级广电播出机构和传输机构要严格按照总局要求，加强广播电视节目信号传播秩序管理，各级广电行政管理部门和监测机构要认真履行职责，依法做好规范管理的监督和指导工作，确保广播电视播出和传输安全。

浙江省广播电影电视局

二〇一二年十二月二十日

广电总局关于依法规范广播电视节目信号传播秩序有关问题的通知

广发〔2012〕111 号

各省、自治区、直辖市广播影视局，新疆生产建设兵团广播电视局，各省、自治区、直辖市广播电视台，总局机关各司局、直属各单位：

国务院发布《推进三网融合的总体方案》和《三网融合试点方案》以来，各级广播影视行政部门和广播电视播出机构、传输机构认真落实中央要求，积极做好三网融合相关工作，不断满足人民群众日益增长的广播电视节目需求。但近一段时间以来，一些机构违反广播影视行政法规、规章的规定，违规播放、集成、传送、截传广播电视节目信号，影响广播电视节目信号传播秩序，给广播电视安全播出和传输带来隐患。为确保广播电视播出和传输安全，现就加强广播电视节目信号传播秩序有关问题通知如下：

一、各级广播电视播出机构应当按照批准的节目设置范围和节目套数、传输覆盖范围、方式、技术参数等制作、播放、传输节目。未经批准，擅自变更的，县级以上广播影视行政部门应当依据《广播电视管理条例》和《广播电台电视台审批管理办法》（广电总局令第37号）的规定，予以处罚。

二、各级广播电视播出机构不得通过未获得广播电视节目传送业务许可的任何机构传送其广播电视节目信号。IPTV节目信号按规定应由IPTV集成播控总平台或分平台集成发送，各级广播电视播出机构不得擅自向其他机构传送IPTV节目信号。违反上述规定的，县级以上广播影视行政部门可视情况采取以下处理措施：对违规播出机构进行通报批评，对其责任人进行警示谈话，追究其负有责任的主管人员和直接责任人员责任并建议主管部门依法给予批评教育、调离岗位、撤职等处分。

三、未经批准，任何单位和个人不得擅自利用广播电视传输覆盖网（包括有线、无线发射、卫星）播放广播电视节目；不得擅自截传、干扰、解扰广播电视信号。违反此规定的，县级以上广播影视行政部门应当依据《广播电视管理条例》的规定，责令停止违法活动，给予警告，没收违法所得和从事违法活动的专用工具、设备，可以并处罚款等处罚；情节严重的，由原批准机关吊销许可证。

四、从事广播电视节目传送业务的，必须取得《广播电视节目传送业务经营许可证》，并按照许可证载明的传送范围、技术手段、传送方式等事项从事广播电视节目传送业务。获得许可从事广播电视传送业务的机构，不得利用所拥有的网络或频率资源擅自开办广播电视节目；不得在所传送的节目中插播其他节目、资料、图像、文字及其他信息；不得为非法开办的节目以及来源非法的广播电视节目信号提供传送服务；不得擅自传送境外卫星电视节目。违反此规定的，县级以上广播影视行政部门应当依据《广播电视节目传送业务管理办法》（广电总局令第33号）和《广播电视无线传输覆盖网管理办法》（广电总局令第45号）的规定，责令停止违法活动，没收违法所得，并处罚款等处罚；情节严重的，由原发证机关吊销许可证。

五、各级广播影视行政部门应当高度重视三网融合推进过程中广播电视节目信号传播秩序的健康有序发展，确保内容安全。根据《三网融合试点方案》，三网融合试点业务应当在可管可控的前提下推行，原则上试点业务限于试点地区（城市）开展。从事互联网电视、手机电视业务以及互联网视听节目服务，应符合《互联网等信息网络传播视听节目管理办法》（广电总局令第39号）以及《互联网视听节目服务管理规定》（广电总局　信息产业部令第56号）的要求。

六、从事IPTV集成播控、内容服务、传输服务，均应当分别取得具有相应许可项目的《信息网络传播视听节目许可证》，并符合《广电总局关于IPTV集成播控平台建设有关问题的通知》（广发［2012］43号）的要求。IPTV集成播控分平台未获IPTV集成播控总平台授权，未与IPTV集成播控总平台对接，不得向IPTV传输系统发送节目信号。IPTV集成播控总平台负责全国性节目的统一集成，传输给各地IPTV集成播控分平台；IPTV集成播控分平台加入本地节目，与IPTV传输系统进行对接。从事IPTV集成播控、内容服务、传输服务的机构，应当按照《广播电视安全播出管理规定》（广电总局令第62号）和广播电视信息安全等级保护有关要求，做好技术安全保护工作，建立健全安全播出保障体系，防止出现安全漏洞。违反上述规定的，县级以上广播影视行政部门应当依据《广播电视管理条例》、《互联网等信息网络传播视听节目管理办法》（广电总局令第39号）、《互联网视听节目服务管理规定》（广电总局信息产业部令第56号）以及《广播电视安全播出管理规定》（广电总局令第62号）进行处罚。

七、各级广播电视播出机构、传输机构应当始终坚持把社会效益放在第一位，讲政治、顾大局，牢牢把握正确舆论导向，严格遵守相关法规规定。广播影视行政部门应当抓紧建立健全本地的信息网络视听节目监控系统，将IPTV业务纳入安全播出监管范围，并与广电总局监控系统对接。

各级广播影视行政部门应当认真落实属地管理职责，依法加强广播电视节目信号传播管理，守土有责、守土尽责；对违法违规行为，要严格依据广播影视行政法规、规章进行处罚；发现问题，应当及时上报广电总局。

国家广播电影电视总局

二〇一二年十二月十三日

7. 机构设置

JIGOUSHEZHI

浙江省广播电影电视局

机构设置

根据省政府下发的《浙江省广播电影电视局主要职责内设机构和人员编制规定的通知》(浙政办发〔2009〕166号)文,原浙江省广播电视局变更为浙江省广播电影电视局。省广播电影电视局是主管广播电影电视宣传和事业发展的省政府直属机构。内设8个职能处室:办公室(规划与产业管理处与其合署)、执法指导监督处、宣传管理处、电影管理处、艺术管理处、社会管理处、科技管理处(省广播电视安全播出调度指挥中心与其合署)、人事处和直属机关党委。行政编制38名,其中:局长1名,副局长3名;处级领导职数19名(含直属机关党委专职副书记1名)。后勤服务人员编制5名。

纪检、监察机构的设置、人员编制和领导职数按有关文件规定执行。

省广播电影电视局领导班子成员

局党组书记、局长张宝贵,局党组成员、副局长王国富,局党组成员、副局长华宣飞,巡视员铁国强。

人事任免

(一)2012年1月人事任免

1.免去马乐其同志的浙江省广播电影电视局党组成员、纪检组长、副局长职务;

2. 免去傅宏章同志的浙江省广播电影电视局党组成员、副巡视员职务;

3.温小平同志任浙江省广播电影电视局宣传管理处副处长;

4.张铁同志任浙江省广播电影电视局人事处副处长(分管老干部工作);

5.吕涛勇同志任浙江省广播电视监测中心副主任。

(二)2012年2月人事任免

1. 铁国强任浙江省广播电影电视局巡视员,免去其浙江省广播电影电视局党组成员、副局长职务;

2.华宣飞同志任浙江省广播电影电视局党组成员、副局长;

3.张元同志任浙江省广播电影电视局执法指导监督处副调研员;

4.俞舟峰同志任浙江省广播电影电视局社会管理处副调研员;

5.罗金强同志任浙江省广播电影电视局人事处副调研员;

6.邱克建同志浙江省广播电影电视局人事处副调研员。

(三)2012年6月人事任

1. 罗金强同志任浙江省广播电影电视局办公室调研员(机要秘书),免去其局人事处副调研员职务。

地址:杭州市莫干山路111号

电话:0571-88077050

邮编:310005

浙江广播电视集团

机构设置

一、总部管理机构

1.办公室

2.总编室

3.人事管理部

4.计划财务部

5.科技管理部

6.产业发展部(影视后期制作中心项目办)

7.广告管理中心

8.行政管理部

9.安全保卫部

10.直属党委(团委)

11.监察审计室

12.工会

二、广播电视频道

(一)广播频道

1.浙江人民广播电台新闻综合频道(浙江之声)

2.浙江人民广播电台经济频道

3.浙江人民广播电台音乐调频频道(文艺频道)

4.浙江人民广播电台交通之声频道(旅游之声频道)

5.浙江人民广播电台城市之声频道

(二)电视频道

1.浙江电视台新闻综合频道(浙江卫视)

2.浙江电视台钱江都市频道

3.浙江电视台经济生活频道

4. 浙江电视台教育科技频道(公共·新农村频道、付费频道)

5.浙江电视台影视娱乐频道

6.浙江电视台民生休闲频道

7.浙江电视台少儿频道

8.浙江电视台海外中心(国际频道)

9.浙江电视台好易购家庭购物频道(好易购家庭购物有限公司)

三、下属单位

1.浙江广播电视集团广播电视网站(新蓝网)

2.浙江广播电视集团广电新媒体有限公司

3.浙江广播电视集团广播制播中心

4.浙江广播电视集团电视制作中心

5.浙江广播电视集团电视播出中心

6.浙江广播电视传输发射中心

7.浙江广播影视资源研究开发中心

8.浙江城市广播电视报社

9.大众电视社

10.浙江音像出版社

11.交通旅游导报

12.浙江天元影视艺术中心

13.浙江省广播电视国际新闻交流中心(梅地亚宾馆)

14.浙江省广播电视服务中心

15.浙江省中波发射管理中心

16.浙江广播电视发展总公司

17.浙江广联有线电视传输中心

18.浙江天华广电演艺会展有限公司

19.浙江影视(集团)有限公司

集团领导班子成员

党委书记、总裁:王同元;党委副书记、总编辑:程蔚东;党委委员、副总裁:沈金加、杨勇、何跃新;党委委员、副总编辑:施泉明、顾顺坤、董传亮;党委委员、纪委书记:赵力平。

管委会、编委会委员

编委会委员:周羽强;管委会委员:朱建华;管委会委员、集团办公室主任:姚休;编委会委员、浙江卫视总监:夏陈安;编委会委员:庄临安;管委会委员、人事管理部主任:郦海瑾;编委会委员、电视教育科技频道总监:胡戎;编委会委员、浙江之声总监:张勤。

人事任免

(一)2012 年 6 月人事任免

1.聘任吴晓明同志为集团计划财务部副主任;

2.聘任花军辉同志为浙江广播电视发展总公司副总经理,免去其广播交通之声总监助理职务。

(二)2012 年 7 月人事任免

1.聘任陈方柱同志为集团总编室主任,免去其电视钱江都市频道总监职务;

2. 聘任李勤勇同志为电视钱江都市频道总监,免去其电视少儿频道总监职务;

3. 聘任金俊同志为电视影视娱乐频道总监,免去其广播城市之声总监职务;

4.聘任黄未同志为电视少儿频道总监;

5.聘任仇琼同志为国际频道(海外中心)总监,免去其集团总编室副主任职务;

6. 聘任蔡懿同志为好易购数字电视频道总监、好易购家庭购物有限公司总经理，免去其浙江广电新媒体有限公司总经理职务；

7.聘任范少俊同志为广播城市之声总监，免去其浙江之声营销中心主任职务；

8.聘任屠荣根同志为新蓝网（浙江网络广播电视台）总监，免去其浙江卫视党总支书记职务；

9. 免去庄临安同志兼任的集团总编室主任职务；

10. 免去田伟同志的电视影视娱乐频道总监职务；

11.免去朱进萱同志的国际频道（海外中心）总监职务；

12. 聘任许国法同志为浙江省中波发射管理中心主任，免去其好易购家庭购物频道总监职务、好易购家庭购物有限公司总经理职务；

13.免去任溯同志的新蓝网（浙江网络广播电视台）总监职务；

14.聘任陈吾升同志为集团总编室副主任，免去其浙江之声新闻中心副主任职务；

15.聘任张一莉同志为集团人才交流中心主任、浙江世纪传媒人才开发有限公司总经理，免去其集团广告管理中心主任职务；

16. 聘任陈小华同志为集团老干部服务中心主任（副处级）；

17. 聘任李瑞明同志为集团产业发展部副主任（正处级），免去其浙江省中波发射管理中心主任职务；

18.聘任李秀平同志为集团广告管理中心主任，免去其电视民生休闲频道副总监职务；

19.聘任茹竞岩同志为集团安全保卫部主任；

20.聘任钱威同志为浙江之声新闻中心副主任；

21.聘任陈瑶同志为浙江之声新闻中心副主任；

22.聘任郑红哲同志为广播制播中心主任，免去其集团科技管理部副主任职务；

23. 聘任葛朝清同志为浙江广播电视传输发射中心主任，免去其广播制播中心主任职务；

24. 免去林朝阳同志的集团人事管理部副主任职务；

25.免去周国智同志的集团人才交流中心主任、浙江世纪传媒人才开发有限公司总经理职务；

26. 免去周建洪同志的集团安全保卫部主任职务；

27.免去潘玲同志的国际频道（海外中心）副总监职务；

28. 免去华晓峰同志的好易购数字电视频道副总监职务、好易购家庭购物有限公司副总经理职务；

29. 聘任吴慧君同志为浙江广电新媒体有限公司总经理职务，免去其浙江影视（集团）有限公司副总经理职务；

30.聘任金玉泉同志为浙江卫视党总支书记（副总监级），免去其浙江卫视总编室主任职务；

31.聘任冯微微同志为浙江卫视总编室主任；

32. 聘任周冬梅同志为浙江卫视节目中心党支部书记（正处级），免去其浙江卫视节目中心副主任职务；

33. 聘任阮舟同志为浙江广电传媒中心拆迁工作领导小组办公室主任（正处级）；

34. 聘任姜岩辉同志为电视民生休闲频道副总监；

35. 聘任钱瑛同志为浙江省广电国际新闻交流中心（梅地亚宾馆）副总经理。

（三）2012 年 8 月人事任免

1. 聘任林非同志为好易购数字电视频道副总监、好易购家庭购物有限公司副总经理，免去其广播交通之声副总监职务；

2. 聘任蒋强同志为好易购数字电视频道副总监、好易购家庭购物有限公司副总经理；

3.免去周建洪同志的集团办公室副主任职务。

（四）2012 年 9 月人事任免

1.聘任赵斐同志为电视少儿频道副总监；

2.聘任邹南京同志为浙江广电传输发射中心副主任；

3.聘任虞飞江同志为浙江省中波发射管理中心副主任；

4.聘任杜闻伟同志为浙江影视（集团）有限公司副总经理；

（五）2012 年 10 月人事任免

1.聘任章晓冰同志为浙江广播电视集团工会专职副主席，免去其集团行政管理部副主任职务；

2.免去宫海平同志的浙江广播电视集团工会专职副主席职务；

3.聘任祁汉忠同志为集团研究室副主任，免去其集团办公室主任助理职务；

4.聘任周晓政同志为集团行管部副主任；

5.聘任张欣同志为广播交通之声副总监；

6.聘任黄毅同志为浙江广电新媒体有限公司副总经理；

7.聘任金少华同志为浙江广播影视资源研究开发中心主任，免去其集团节目研发中心主任职务。

地址：杭州市莫干山路111号

电话：0571-88077050

邮编：310005

浙江省电影有限公司

浙江省电影有限公司是省广播电影电视局直属国有企业，主要从事电影发行放映等经营运作。内设办公室等9个部门，有浙江时代电影大世界有限公司等下属全资单位9家，控股、参股单位12家，管理单位2家

公司董事长、总经理：钱大钧；董事、副总经理：蔡文忠、伍少康、俞孟忠，董事、财务总监：张红阳。

党总支书记：蔡文忠。

地址：杭州市文二西路683号西溪创意产业园14至17号

电话：0571-85027901

邮编：310012

浙江省电影有限公司机构设置表

单位（部门）		正职	副职
总部各管理部门	办公室	柴红兵	
	人力资源部	柴红兵	王桂英
	财务管理部	周纪文	张慧菁、陈菊婷
	发行业务部	沈琳洁	宋飞鸮
	影院管理部	刘敏健	张兆林、沈明
	营销策划部	童黎明	蒋宏伟、向利祥
	技术服务部	郑金田	孙　联
	投资开发部	袁法康	
	后勤管理部	卢金祥	金建刚
浙江时代电影大世界有限公司（全资）		钱大钧	蔡文忠、伍少康、俞孟忠、张红阳
浙江银海影视设备工程公司（全资）		袁法康	
浙江时代金球影业投资有限公司（控股）		张红阳	
浙江新农村数字电影院线有限公司（相对控股）		俞孟忠	陈　敏
杭州今古时代电影制作有限公司（参股）		黄镭光	

浙江时代电影大世界有限公司（浙江时代电影院线）机构设置
（与浙江省电影有限公司两块牌子一套班子）

单位（部门）		正职	副职
总部各管理部门	办公室	柴红兵	
	人力资源部	向利祥	王桂英
	财务管理部	周纪文	张慧菁、陈菊婷
	发行业务部	沈琳洁	宋飞鸮
	影院管理部	刘敏健	张兆林、沈明
	营销策划部	童黎明	蒋宏伟、向利祥
	技术服务部	郑金田	孙　联
	投资开发部	袁法康	
	后勤管理部	卢金祥	金建刚
浙江庆春电影大世界有限公司（全资、直营）		王舟停	
杭州恒隆电影大世界有限公司（全资、直营）		张春龙	严　静
衢州宏泰电影大世界有限公司（全资、直营）		王兆福	姜　平
浙江奥斯卡电影大世界有限公司（全资、直营）		王樟顺	林炜燕
杭州近江电影大世界有限公司（全资、直营）		林丙苏	仇丹雯
上海庆春电影院有限公司（全资、直营）		向利祥	宋　涛
慈溪时代电影大世界有限公司（全资、直营）		沈明	房良兵
浙江翠苑电影大世界有限公司（控股、直营）		蒋宏伟	宋爱国
宁波时代电影大世界有限公司（控股、直营）		叶元平	盛　静
杭州华元电影大世界有限公司（参股、直营）		费永安	
杭州众安电影大世界有限公司（参股、直营）		张兆林	
台州新时代电影大世界有限公司（参股）			
富阳时代电影大世界有限公司（参股）			
嘉兴华庭国际影城（参股）			
安吉时代电影大世界有限公司			
海宁金像电影大世界有限公司			
上海开元地中海影剧院有限公司（委托管理、直营）			
诸暨铭仕电影大世界有限公司（委托管理、直营）			

杭州市

杭州市文化广电新闻出版局

杭州市文化广电新闻出版局是主管全市文化艺术、广播影视、新闻出版和著作权工作的市政府工作部门。内设办公室、人事组织处(团工委)、政策法规处、计划财务处(基建处)、市场管理处(行政审批处)、艺术处、社会文化处(非物质文化遗产处)、科技发展处(文化产业处)、宣传管理处、广播影视处、出版管理处(版权管理处)、印刷管理处、对外文化交流处、机关党委、纪委(监察室)。

局领导班子成员:党委书记、局长钮俊,副书记、副局长钟文静(分管广电工作),副局长麻捷、何平,纪委书记陈新,副局长张朋,党委委员陶丽,巡视员王建、王茂康,副巡视员洪昌荣。

地址:文二路268号

电话:0571-88228933

邮编:310012

杭州文化广播电视集团

杭州文化广播电视集团由杭州广播电视集团和杭州文化发展投资有限公司合并组建而成,为市委、市政府直属的正局级事业单位,归口市委宣传部管理。杭州文化广播电视集团实行党委领导下的管委会负责制,集团分为三大板块:媒体板块包括杭州电视台6个频道(综合频道、西湖明珠频道、生活频道、影视频道、少儿频道、导视频道),杭州人民广播电台3个频率(新闻综合频率、西湖之声、交通经济),以及杭州广播影视周报(时尚周末);演艺板块包括8家艺术院团(杭州歌剧舞剧院、杭州越剧院、杭州杂技总团、杭州滑稽艺术剧院、杭州话剧团、杭州爱乐乐团、杭州魔术团、杭剧团),以及杭州大剧院、红星剧院、杭州市文化中心、西泠书画院等文化单位;产业板块包括杭州文广投资控股有限公司、华数数字电视传媒集团有限公司、杭州红星文化大厦有限公司等30余家控股、参股、全资公司。

地址:杭州市之江路888号

电话:0571-89833000

邮编:310008

上城区文化广电新闻出版局

上城区文化广电新闻出版局是主管文化艺术、广播影视、新闻出版和体育工作的区政府工作部门。内设办公室、文化科、体育科、监督管理科(挂行政审批科牌子);下属上城区文化市场行政执法大队、上城区文化馆(区非物质文化遗产保护中心、区龚自珍纪念馆)、上城区社会体育指导中心(上城区国民体质监测中心)等3个事业单位。

局领导班子成员:党组书记、局长丁建华,党组成员、副局长刘宏,党组成员、体育科科长项强。

地址:杭州市上城区惠民路3号

电话:0571-87833130

邮编:310002

下城区文化广电新闻出版局

下城区文化广电新闻出版局是主管下城区文化艺术、广播影视、新闻出版和体育工作的区政府工作部门。内设办公室、文化科、体育科、市场管理科;下属文化市场行政执法大队、体育中心、文化馆(非遗中心)、图书馆。

局领导班子成员:党组书记、局长何月祥,党组成员、副局长、纪检组长石哲明,党组成员、副局长、文化市场行政执法大队大队长俞文玉(分管广电工作),党组成员、副局长叶钧,调研员郭小兵。

地址:杭州市东晖路98号

电话:0571-85236155

网站:www.hzxc.gov.cn

邮编:310014

西湖区文化广电出版局

西湖区文化广电新闻出版局是主管杭州市西湖区文化艺术、广播影视、新闻出版等工作的市政府工作部门。内设办公室、文化文物科、市场科、广电科等;下属杭州市西湖区文化市场行政执法大队、杭州市西湖区文化馆、杭州市西湖区图书馆、杭州市西湖区非物质文化遗产保护中心等单位。

局领导班子成员:党委书记、局长魏小平,副局长张建忠、副局长蔡云超、副局长张杰,助理调研员包诚。

地址:杭州市西湖区古墩路413-1号

电话:0571-87963517

邮编:310012

江干区文化广电新闻出版局

江干区文化广电新闻出版局是主管全区文化、广播电视、新闻出版、著作权、文物、体育等工作的区政府工作部门。内设办公室、文化科、体育科党组市场管理科(广播、新闻出版科、行政许可)。

局领导班子成员:局长步汉英,党组书记缪坤延,党组成员、副局长凌永仁、周乐健、赵韵红,党组成员、执法队队长王风华。

地址:江干区庆春东路1号

电话:0571-86974931

邮编:3100016

拱墅区文化广电新闻出版局

拱墅区文化广电新闻出版局是主管全区文化体育、广播影视、新闻出版和体育运动工作的区政府工作部门。内设办公室(挂法制科牌子)、文化科(挂广电新闻出版科牌子)、体育科、文化市场管理办公室(挂行政审批科牌子)。

局领导班子成员:党委书记、局长黄玲,党委委员、副局长董觉华,党委委员、副局长、文化市场行政执法大队大队长杨正平,党委委员、副局长陈展,党委委员、纪检组长金凌云。

地址:拱墅区台州路1号

电话:0571-88259685

邮编:310015

萧山区文化广电新闻出版局

萧山区文化广电新闻出版局(体育局)是主管全区文化艺术、广播影视、新闻出版、著作权、文物、体育工作的区政府工作部门。内设办公室、人事科(法制科)、社会文化艺术科(非物质文化遗产科)、市场管理科(行政审批科)、文物科、广电新闻出版科(文化产业科)、体育科。

局领导班子成员:党委书记赵岳松,局长董茶仙,副书记余汉老,副局长金宝贤、任张标(分管广电工作)、马建国、周效初,纪委书记张利平。

地址:萧山区市心中路958号

电话:0571-83869025

传真:0571-83869123

邮编:311203

萧山区广播电视台

萧山区广播电视台是区委直属的正处级、差额拨款事业单位。内设办公室、人事办、总编办、新闻中心、广播中心、广告经营中心、电视节目部、电视综合部、技术部、播出部、新媒体中心、九天传媒有限公司、萧广传媒有限公司。办有3套节目。现有130人,编制人员118人。

台领导班子成员:台长来宏明,党委书记钱忠苗,副台长赵国良、毛雷、许益飞,纪检组长王肖伟。

地址:杭州市萧山区道源路188号

电话:0571-82727445(传真)

邮编:311201

余杭区文化广电新闻出版局

余杭区文化广电新闻出版局是主管全区文化艺术、广播影视、新闻出版和著作(版)权工作的区政府工作部门,与余杭区体育局合署办公。内设办公室(政策法规科)、组织人事科、文化业务科、体育业务科、文化市场科、广播影视管理科、文化产业科、文物保护科。

局领导班子成员:党委书记、局长冯玉宝,副书记、副局长、纪委书记楼建琴(分管广电工作),副局长胡德高、朱延风、王金莲、戴园丽、丁培林,调研员张建明,副调研员吴勇、孙荣水。

地址:邱山大街281号

电话:0571-86241240

邮编:311100

余杭区广播电视台

余杭区广播电视台为正处级国有事业单位。内设办公室、总编室、广播部、新闻部、电视专题部、技术部、广告节目部。办有有线广播、调频广播两套广播节目,一套电视节目。核定编制120人,实际115人,台聘77人。现有初级职称人员93人,中级职称人员33人,高级职称人员1人。

台领导班子成员:区委宣传部常务副部长、兼台长戚金海,党组书记王跃建,副书记、副台长李广华,党组成员、副台长宋菁,副台长周康明,党组成员柳振洋。

地址:杭州市余杭区南苑人民大道656号

电话:0571-86164148

网址:http//www.yhtv.con.cn/

邮编:311100

桐庐县文化广电新闻出版局

桐庐县文化广电新闻出版局是主管全县文化艺术、广播影视、新闻出版工作的县政府工作部门。内设办公室、组织人事科、文化科、广播影视科、行政许可科。

局领导班子成员:党委书记、副局长吴旗平,党委副书记、局长王樟松,党委副书记、副局长郑玲,党委委员、副局长邬小鹏(分管广电),党委委员、纪委书记吴斌生,党委委员童红坚。

地址:桐庐县桐君街道大奇山路1388号

电话:0571-64600408

传真:0571-64600408

邮编:311501

桐庐县广播电视台

桐庐县广播电视台为县委直属正科级事业单位,主要负责广播电视节目的制作、播出。内设办公室、总编室、电视新闻部、电视专题部、广播节目部、节目交流中心、技术播出部、广告中心8个科室。办有一套电视节目桐庐电视台综合频道和一套广播节目桐庐人民广播电台FM89.3春江之声。人员编制数90,现有在编职工70人。

台领导班子成员:党委书记、台长赵雄军,党委副书记、副台长董亦民,党委委员、副台长王域明,党委委员、纪委书记江月平,党委委员任琤。

地址:桐庐县县城学圣路730号

电话:0571-64280008

邮编:311501

淳安县文化广电新闻出版局

淳安县文化广电新闻出版局是主管文化艺术、文物保护、广播影视、新闻出版管理工作的县政府工作部门。内设办公室、行政审批科、社会文化科、广播影视科。在编11人。

局领导班子成员:党组书记、局长黄存菊,党组副书记、副局长程建法(分管广电)、纪检组长、行政执法大队长夏曙升,党组成员、副局长方明华。

地址:淳安县千岛湖镇环湖北路651号

电话:0571-65069182

传真:0571-65069186

邮编:311700

淳安县广播电视台

淳安县广播电视台是县委、县政府所属的正科级事业单位。内设办公室、总编室、新闻中心、社教中心、广播节目中心、广告经营中心、技术播出中心、网络电视中心8个中心(室)。事业编制75人。办有电视频道三套、广播一套、广播电视发射台一座。

台领导班子成员:党组书记、台长王建才,党组成员、副台长张志鹏(分管新闻宣传),党组成员、副台长余昌顺(分管党务、纪检)。

地址:淳安县千岛湖镇人民路2号

电话:0571-64813047

网址:http://www.qdhtv.net/

邮编:311700

建德市文化广电新闻出版局

建德市文化广电新闻出版局是主管全市文化艺术、文物、广播影视、新闻出版和著作权工作的市政府工作部门。内设办公室、文化科、行政许可科、广播影视科。局在编13人。

局领导班子成员:党委书记、局长邱剑娟,副局长李友彬、何群(分管广电工作)、许宏斌,党委委员、纪检书记林坤荣。

地址:建德市新安江街道国信路166号

电话:0571-58317960

邮编:311600

建德市广播电视台

建德市广播电视台是统一管理运行电台、电视台、发射台、转播台的市委直属相当于正局(科)级事业单位。内设办公室、总编室、新闻部、专题部、广播节目部、资产经营管理部、技术播出部、新媒体事业部、广告部。办有广播节目1套、电视节目1套。核定事业编制80人,设台长1职、副台长2职,中层领导职数14职。

台领导班子成员:党委书记、台长方永章,副台长沈友君、钟清鸿,党委委员朱言。

地址:建德市新安江街道新安东路268号

电话:0571-64792288

邮编:311600

富阳市文化广电新闻出版局

富阳市文化广电新闻出版局是主管富阳市文化艺术、广播影视、新闻出版等工作的市政府工作部门。富阳市文广新局内设办公室、社会文化科、行政许可科、文化文物广电市场管理（新闻出版印刷管理）科等“一室三科”，下属单位有富阳市文化市场行政执法大队、富阳市文化馆、富阳市文物馆、富阳市图书馆、富阳市非物质文化遗产保护中心、杭州富阳越剧艺术传习院等六个事业单位。

局领导班子成员：党委书记、局长周亦涛，党委副书记、纪委书记、监察室主任庄孝泉，党委委员、副局长张远峰、楼高峰，副局长郁峻峰，党委委员、副局长陈健民，调研员徐国明，助理调研员俞佳伦、王威海。

地址：富阳市江滨西大道 358 号，市文化中心 A 座 5—6 楼

电话：0571-63323070

邮编：311407

富阳市广播电视台

富阳市广播电视台为富阳市委直属相当于正局（科）级事业单位，归口市委宣传部管理。内设办公室、总编室、财务室、广播节目中心、电视新闻中心、电视文化中心、技术服务中心、广告中心等 8 个职能机构，现有编制 121 人。

台领导班子成员：宣传部副部长、党委书记、台长俞加兴，党委副书记、纪委书记、监察室主任陈健华，党委委员、副台长赵军、曹雨农，副台长张远峰。

地址：富阳市富春街道江滨西大道 66 号

电话：0571-23288020

邮编：311400

临安市文化广电新闻出版局

临安市文化广电新闻出版局是主管全市文化艺术、文物、广播影视、新闻出版、著作权和体育工作的市政府工作部门。内设办公室（组织人事科）、社会文化科、行政审批科、广播影视新闻出版科（市场管理科）、文物保护科、体育业务科。

局领导班子成员：党委书记、局长黄晓明、副局长胡仙、刘关成（分管广电工作）、吴晓武、周卫庆。

地址：临安市锦城镇人民广场东北侧广电路 98 号

电话：0571-63721771

传真：0571-63721771

邮编：311300

临安市广播电视台

临安市广播电视台是统一管理运行电台、电视台、发射台、转播台的市委直属相当于正局（科）级的社会公益类事业单位。内设办公室、人力资源部、总编室、新闻部、电视专题部、乐活广播、技术部、广告部。

台领导班子成员：党委书记、台长周晓，党委委员、副台长马俊、寿小恩，调研员周良，助理调研员王定良。

地址：临安市锦城街道广电路 98 号

电话：0571-23613806

网址：htpp//www.latvs.com//

邮编：311300

宁波市

宁波市文化广电新闻出版局

宁波市文化广电新闻出版局是主管全市文化艺术、广播影视、文物博物、新闻出版和著作权工作的市政府组成部门。下设办公室、组织人事处、计财处、行政审批处、文化产业（政策法规）处、科技处、文化市场管理处、文化艺术处、文物与博物馆处、广播影视处、新闻出版处。

局领导班子成员：党委书记、局长陈佳强，党委副书记、副局长孟建耀（分管广电工作），纪委书记徐本传，副局长韩小寅、舒月明、孙玉强、王水维。

地址：宁波市解放北路 148 号

电话：0574—87189109

邮编：315000

宁波广播电视集团

宁波广播电视集团，为相当于行政正局级的事业单位。集团实行党委领导下管委会、编委会负责制，内设办公室、党群工作部（监察审计室）、总编室、人力资源部、财务管理部、科技管理部、产业发展部、资产管理部、行政安保部、影视发展部、广告管理部、广播电视专题部等 12 个综合管理机构、外宣联络中心、媒资服务中心、网络新闻中心、电视制作中心、电视播出中心、广播制播中心等 6 个保障机构和新闻综合频道、社会生活频道、文化娱乐频道、影视频道、少儿频道、教育科技频道、新闻综合频率、经济娱乐频率、交通频率、老少频率、音乐频率等 11 个频道频

率,共29个机构,核定集团事业人员编制545名,实有事业编制人员449人,集团从业人员929人。下属宁波广播电视报社、宁波大剧院管理中心(宁波大剧院文化发展有限公司)、宁波广播电视发射中心、宁波市广播电视器材供应站、宁波广播电视广告有限公司、宁波广播影视艺术中心有限公司、宁波数字电视有限公司、浙江宁广传媒有限公司、宁波市民卡运营管理有限公司、宁波广电华视移动数字电视有限公司。

地址:宁波市开明街4号

电话:0574-56110222

邮编:315000

镇海区文化广电新闻出版局

镇海区文化广电新闻出版局是镇海区主管文化、文物、广电、新闻出版工作的行政机关(与中共宁波市镇海区委宣传部合署办公)。内设广电科联系广电工作。

局领导班子成员:局长余维勤、副局长余军(区委文明办副主任兼分管广电工作)、王海伟、王辉、高嵇甬、徐家明、沈思。

地址:宁波市镇海区招宝山街道中山路2号

电话:0574-86256693(传真)

邮编:315200

镇海区广播电视台(镇海区新闻中心)

镇海区广播电视台是镇海区政府直属正处级事业单位(同时挂镇海广播电视台牌子)。内设总编室、办公室、政工部、计划财务部、设备技术部、网络建设部6个部室;下设镇海广播电台、镇海电视台、《今日镇海》编委会、镇海新闻网4个非独立法人机构;5个镇、街道广电站为中心的派出机构;改制后的镇海新华书店将纳入管辖范围。共有员工约400名。

台领导班子成员:镇海区委宣传部副部长、镇海区新闻中心党委书记、主任、镇海广播电视台台长陈央;党委副书记、副主任、《今日镇海》编委会总编姚海华;党委副书记、纪委书记张彦波;党委委员、副主任、镇海广播电台台长吴华本;党委委员、副主任、镇海电视台台长景迪峰;党委委员、副主任盛宏斌;党委委员、副主任、镇海新闻网总编干剑松;总工程师鲍志刚;副调研员李静。

地址:宁波市镇海区招宝山街道南大街36号

电话:0574-86252279

邮编:315200

网址:http://www.zhtv.com.cn

北仑区文化广电新闻出版(体育)局

北仑区文化广电新闻出版(体育)局是北仑区主管文化、文物、广电、新闻出版、体育工作的行政机关。内设广电科联系广电工作。

局领导班子成员:党委书记、局长陈盛蛟,副局长乐静毅、王明良(兼任区广播电视中心主任、广播电视台台长)、凌晓军、王能良。

地址:北仑长江路1166号新行政大楼七楼南面。

电话:0574-86781963

邮编:315800

北仑区广播电视台

北仑广播电视中心与北仑广播电视台两块牌子一套班子,是北仑区政府直属事业单位。内设办公室、总编室、计划财务部、新闻采访部、专题文艺部、广播节目部、技术制作部7个部室,下辖7个基层广电站、3个直属公司。共有干部职工296人,其中正式在编职工64人。

台领导班子成员:台长、主任王明良,副主任王红波,副台长罗国川、徐维先。

地址:北仑区新碶镇恒山路596号

电话:0574-86782176

邮编:315800。

鄞州区文化广电新闻出版局

鄞州区文化广电新闻出版局是宁波市鄞州区政府主管文化、文物、广电、新闻出版工作的行政机关。内设行政许可科联系广电工作。

局领导班子成员:局长胡岳明、党委书记周海明,副局长施建华(分管广电工作)、鲍磊、忻明飞。

地址:宁波市鄞州新城区惠风东路568号

电话:0574-87525809

邮编:315000

鄞州区广播电视台

鄞州区广播电视台为鄞州区委区政府直属事业单位。内设办公室、新闻中心、节目中心、总编室、技术中心、网络中心、广告中心和基层站管理部8个机构。共有在编干部职工152名。

台领导班子成员:党组书记、台长舒放毅,党组

成员、副台长徐军，党组成员周玲智、陆佩芬、应坚

地址：宁波市鄞州新城区麦德龙路 8 号

电话：0574-28802815

传真：0574-28802810

邮编：315192

余姚市文化广电新闻出版局

余姚市文化广电新闻出版局是主管全市文化、文物、广电、新闻出版工作的政府行政机关。内设文广科联系广电工作。

局领导班子成员：党委书记、局长熊培军，副局长吕余龙、杨瑶娜（分管广电工作）、陈伟根、徐松炎。

地址：余姚市西石山南路 8 号

电话：0574-62824360

邮编：315400

余姚市广播电视台

余姚市广播电视台为余姚市政府直属事业单位。下设办公室、人教部、财务部、后勤管理部、总编室、新闻部、电台节目部、电视专题部、广电技术部、综合管理部、市场运行部、呼叫服务部、技术运维部、网络工程部等 14 个部门和广告公司、传播公司 2 个公司，另设 2 个直属站和 17 个乡镇街道广电站。共有在编干部职工 218 人。

台领导班子成员：党组书记、台长万科达，党组副书记、副台长姚文昌，党组成员、副台长何建军、丁坚强，党组成员叶逢春，正局级调研员胡伟舫、张建华。

地址：余姚市谭家岭东路 29-1

电话：0574-58129118、58129112

邮编：315400

慈溪市文化广电新闻出版局

慈溪市文化广电新闻出版局是慈溪市主管全市文化、文物、广电、新闻出版工作的政府行政机关。内设市场管理科联系广电工作。

局领导班子成员：党委书记、局长虞银飞，副局长陈伟芳、戚根龙、罗伟国、张巧平、姚煜（分管广电工作）。

地址：慈溪市新城大道北路 99 号

电话：0574-63814216

传真：0574-63803026

邮编：315300

慈溪市广播电视台

慈溪市广播电视台为慈溪市政府直属正科（局）级全民事业单位。内设办公室、总编室、事业发展部、新闻部、广播专题部、电视文化专题部、技术部、广告部、网络部、基层广电管理部、后勤保障部等 11 个职能部门；下辖 19 个镇（街道）广播电视站；下属慈溪市广播电视服务公司、慈溪市广播电视设备厂。台本级现有正式在编人员 89 人，编外人员 178 人；19 个镇（街道）广播电视站正式在编人员 114 人，编外人员 193 人；下属企业 10 人。

台领导班子成员：党委书记、台长胡建灿，党委副书记、副台长胡志明、杨智峰、陈军，党委委员、副台长冯立中、顾坚斌，党委委员胡国安，副台长林晨。

地址：慈溪市新城大道北路 288 号

电话：0574-63038711

邮编：315300

奉化市文化广电新闻出版局（体育局）

奉化市文化广电新闻出版局（体育局）是奉化市主管全市文化、文物、广电、新闻出版、体育工作的政府行政机关。内设文化市场管理科联系广电工作。

局领导班子成员：党委书记、局长毛伟芳，副局长戴美飞、陈烈光（分管广电工作）、沈科权、梁宏。

地址：奉化市中山路 138 号

电话：0574-88523228

邮编：315500

奉化市广播电视台

奉化市广播电视中心与奉化广播电视台两块牌子一套班子，是奉化市人民政府直属事业单位，实行“中心、台合一”体制。下设办公室、政工人事科、计划财务科、新闻综合频道、生活娱乐频道、广播频道、总编室、技术科、用户服务科、农村管理科、电视广告部等 11 个职能部门，下辖 9 个镇（街道）广电站，下属奉化市星网广播电视有限公司。有正式在编职工 164 人，中心本级 102 人，广电站 62 人。

台领导班子成员：党组书记、主任、台长林静俊，党组成员、总编辑鲍再优，党组成员、副主任赵善忠、周女芬，党组成员、总工程师杨永革。

地址：奉化市中山路 9 号广电大厦

电话：0574-88585023

传真:0574-88585168
邮编:315500

宁海县文化广电新闻出版局

宁海县文化广电新闻出版局是主管全县文化、文物、广电、新闻出版工作的县政府工作部门。内设广电科联系广电工作。

局领导班子成员:党委书记、局长万吉良,副局长葛珍瑜、黄胜华、娄新科(分管广电)。

地址:宁海县跃龙街道塔山路8号
电话:0574-65562598
传真:0574-65505016
邮编:315600

宁海县广播电视台

宁海县广播电视台为县政府直属差额拨款事业单位,下设办公室、政工科、后勤保障部、总编室、广播节目部、新闻采访部、电视专题部、电视文艺部、节目制作部、工程部、技术部、基层管理部、广告部、数字电视综合项目办公室等14个部室以及城区、桥头胡、力洋、长街、一市、岔路、西店、深甽等8个基层广播电视站。共有干部职工318人,其中在编正式职工194人,台聘工作人员79人。

台领导班子成员:党委书记、台长何晓进,党委副书记、副台长郑有能,党委委员、副台长蒋安娜、胡国光,党委委员、纪委书记章小荣,台长助理郭广峰。

地址:宁海县桃源中路228号
电话:0574-65259106
邮编:315600

象山县文化广电新闻出版局

象山县文化广电新闻出版局(体育局)是县政府主管全县文化、文物、广电、新闻出版、体育工作的行政机关。内设文化广电管理科联系广电工作。

局领导班子成员:党委书记、局长任先顺,副局长吴健、王增才、钱江、董云(分管广电工作)。

地址:象山县丹西街道顺达路177号
电话:0574-65712862
邮编:315700

象山县广播电视台

象山县广播电视台是象山县人民政府直属的正科(局)级事业单位,差额拨款。内设办公室、新闻中心、节目中心、广告中心、技术科、网络传输中心、乡镇广电管理总站7个职能科室。下辖象山县广电网络通信有限公司。下属13个基层广电站,实行“以条为主、条块结合”的管理模式,人事、财务、宣传、技术统一管理,财务实行报账制,党务工作由当地党委管理。

台领导班子成员:党委书记、台长陈兴达,副台长郑根土,党委委员、副台长王笑龙、周德立,党委委员、总工程师李仁德,党委委员王爱明、倪永捍。

地址:象山县象山港路536号
电话:0574-65727174
邮编:315700
网址:http://www.xstv.net

温州市

温州市文化广电新闻出版局

温州市文化广电新闻出版局是主管全市文化艺术、文化遗产、广播电视、新闻出版和著作权工作的市政府组成部门。下设办公室、政策法规处、机关党委、监察室、人事处、计划财务(文化产业)处、行政审批处、文化遗产管理处、文化艺术处、广播影视管理处、文化市场管理处、新闻出版管理处等12个职能处室。

局领导班子成员:党组书记、局长吴东,党组副书记、副局长李震,党组成员、副局长陈朴忠,党组成员、纪检组长章万真,党组成员、副局长柳升高(分管广电工作),党组成员、文投董事长陈昆明,党组成员、办公室主任梅阳。

地址:温州市行政管理中心19楼
电话:0577-88967178
传真:0577-88967210
邮编:325009
网址:www.wzwh.com

温州市广播电视台

温州市广播电视台为市委、市政府直属的正县级事业单位,归口市委宣传部管理。内设(党委)办公室、总编室、纪检监察室、人事教育中心、财务核算中心、广告监管中心、产业拓展中心、技术中心、新闻综合频率、交通频率、音乐之声频率、经济生活频率、对农频率、新闻综合频道、经济科教频道、都市生活频道、公共民生频道、瓯江先锋频道等 18 个部门，下属温州市有线广播电视网络中心、温州广播电视报社、温州市广播电视发展公司、温州市电视剧制作中心、温州广播电视传媒集团有限公司等 5 个单位。办有 5 个广播频率、5 个电视频道、1 个数字移动电视频道。编制 858 人，现有在编职工 955 人，其中，正高职称 8 人，副高职称 83 人，中级职称 227 人。

台领导班子成员：党委书记、台长杨速辉，党委副书记、副台长王晓峰，党委委员、副台长林贵提、蒋庆涵、王莉、李志坚，党委委员、纪委书记孙智勇，党委委员、总工程师宋志坚，党委委员董静海。

地址：温州市新城大道 39 号

电话：0577-88920000

邮编：325001

网址：WWW.WRTS.CN

鹿城区文化广电新闻出版局

鹿城区文化广电新闻出版局是鹿城区主管文化、文物、广播电视、新闻出版工作的区政府组成部门。内设办公室（法制科）、文化艺术科、文化市场和产业管理科（行政审批科）、广播电视（新闻出版）管理科、文化遗产管理科 5 个职能科室。下属鹿城区文化馆、鹿城区文化中心、温州市鹿城区鞋都文化广场管理中心（鹿城区图书馆）。局机关编制 7 名，其中局长 1 名，副局长 3 名；中层干部职数 5 名；后勤服务人员编制 1 名。鹿城区文化市场行政执法大队，为局直属综合执法机构，人员依照国家公务员制度管理，编制 25 名，设大队长 1 名，副大队长 3 名。

局领导班子成员：党组书记、局长季新扬，党组成员、副局长叶春鸣，党组成员、纪检组长、副局长侯捍文，党组成员、副局长陶玉燕，党组成员、温州市歌舞团团长卢桂芳。

地址：温州市广场路 188 号

电话：0577-88030203

邮编：325000

龙湾区文化广电新闻出版局

龙湾区文化广电新闻出版局是龙湾区主管文化、文物、广播电视、新闻出版工作的区政府行政机关。内设办公室、社会文化科、文物管理科、行政审批（文化市场与产业管理）科、广电新闻出版管理科 5 个职能科室。下属龙湾区文化市场行政执法大队、龙湾区文化馆、龙湾区图书馆、龙湾区文博馆、龙湾文化发展有限公司。局机关编制 10 名（含后勤服务人员编制 1 名），其中局长 1 名，副局长 2 名；中层干部职数 5 名。

局领导班子成员：2012 年 4 月份前，党组书记、局长叶自力，副局长蒋永昌、陈佐，纪检组长蔡小芳；4 月份后，党组书记、局长潘旭宏，副局长蒋永昌、陈佐、项玉燕，纪检组长黄紫薇。

地址：龙湾区行政管理中心六楼

电话：0577-86968330

邮编：325058

瓯海区文化广电新闻出版局

瓯海区文化广电新闻出版局是主管全区文化、文物、广电、新闻出版工作的政府行政机关。内设办公室、社文科、广电科、产业科。局机关编制 8 名（含后勤服务人员编制 1 名）。下属瓯海区文化市场行政执法大队，为局直属综合执法机构，人员依照国家公务员制度管理，编制 15 名，其中大队长 1 名，副大队长 2 名。

局领导班子成员：党组书记、局长周向勇，副局长胡文生、徐干春（分管广电），纪检组长林艳艳，党组成员林步春。

地址：温州市将军桥振瓯路 57 号三楼

电话：0577-88536343

传真：0577-88533878

乐清市文化广电新闻出版局

乐清市文化广电新闻出版局是主管文化、文物、广播电视、新闻出版工作的市政府工作部门。内设办公室、文化艺术科、行政审批科、广电与文化市场（产业）管理科、文化遗产管理科 5 个科室。下属文化市场行政执法大队、文化馆、图书馆、博物馆、戏曲艺术传承展演中心、剧院、电影发行放映公司 7 个单位。广电与文化市场（产业）管理科是负责全市广播电视管理的职能科室，科长刘剑。

局领导班子成员：党组书记、局长王瑞莹，党组成员、纪检组长施行银，党组成员、副局长南凝平、戴成福（分管广电）、李振南，党组成员黄剑毓。

地址：乐清市行政管理中心三楼

电话：0577-61880359，61880369

传真：0577-61880359

邮编：325600

乐清市广播电视台

乐清市广播电视台为市委、市政府直属正科级事业单位,归口市委宣传部管理。内设办公室、政工科、计财科、技术科、总编室5个科室、广播节目中心、电视节目中心、网络中心3个中心,下属13个镇(街道)广播电视中心(站)。在职职工608人,离退休人员145人。专业技术人员196人,其中副高职称6人,中级职称66人,初级职称124人。

台领导班子成员:乐清市委宣传部副部长、党组书记、台长王振光,党组副书记、纪检组组长兼行政监察室主任朱维辉,党组成员、副台长王旭良、林午、王永道,党组成员、总工程师陈宣程,党组成员、政工科科长包华英。

地址:乐清市乐成镇清远路161号

电话:0577-55771261、55771271

传真:0577-62583081、57126917

邮编:325600

瑞安市文化广电新闻出版局

瑞安市文化广电新闻出版局是主管文化、文物、广播电视、新闻出版工作的市政府工作部门。内设办公室、文化艺术科、文化遗产科、文化市场管理科(政策法规科)、广播影视与新闻出版科。广播影视与新闻出版科副科长(正股):庄瑞东。

局领导班子成员:党委书记、局长黄友金,党委委员、副局长潘永良、孙永义(分管广电工作)、陈旨君、余贤涤,纪委书记陈建康。

地址:瑞安市安阳大厦13楼

电话:0577-65839281(办公室)
0577-65839263(广电科)

传真:0577-65839280

邮编:325200

邮箱:rawenhuaju@tom.com

瑞安市广播电视台

瑞安市广播电视台是瑞安市委、市政府直属的正科级事业单位,承担新闻宣传和事业建设双重职能,归口市委宣传部管理。由台机关各科室和广播中心、电视中心、有线网络中心、数字电视运营中心及8个乡镇广播电视中心站组成。现有在职在编人员355人。

台领导班子成员:党委书记、台长王建平,党委副书记万献国,党委委员、副台长孟翼丰、俞彪,党委委员、纪委书记余平,党委委员、副科组织员王芳。

地址:瑞安市万松东路218号

电话:0577-65832023

传真:0577-65832025

邮编:325299

永嘉县文化广电新闻出版局

永嘉县文化广电新闻出版局是主管文化、文物、广播电视电影、新闻出版工作的县政府工作部门。内设办公室、社会文化科、广播电视管理科、新闻出版和版权管理科、文化市场与产业管理办公室、文化市场行政执法大队、非物质文化遗产保护中心。广播电视管理科是负责全县广播电视电影管理的职能科室,科长徐海。

局领导班子成员:党组书记、局长胡佐光,党组成员、副局长戴华章、程爱兴、陈文若(分管广电),党组成员、纪检组长陈凤娇,党组成员。

地址:永嘉县上塘镇县前路101号

电话:0577-67222364

传真:0577-67222702

邮编:325100

永嘉县广播电视台

永嘉广播电视台是永嘉县委县政府直属的正科(局)级事业单位。内设办公室、政工科、纪检监察室、计财科、总编室、广播节目中心、电视节目中心、网络技术中心、乡镇广播电视管理科、事业发展科、数字电视发展中心、广告营销中心等12个职能科室。下辖17个基层广播电视站。办有永嘉电视台新闻综合频道和永嘉人民广播电台FM102.2兆赫2套节目。核定编制数293人,在编人员241人,其中台机关在编人员115人,乡镇站在编人员126人。

台领导班子成员:党委书记、台长吕银显,党委副书记、副台长郑焕益,党委委员、副台长徐胜勇,党委委员、纪委书记徐银良,党委委员、副台长马荣邦。

地址:永嘉县上塘镇环城西路621号

电话:0577-67252467

邮编:325100

洞头县文化广电新闻出版(体育)局

洞头县文化广电新闻出版体育局为县政府工作部门,履行全县文化、文物、广播电视、新闻出版、体育等行政职能。内设办公室(审批科)、文艺科(文化市场科)、广播电视管理科(新闻出版管理科)、体育科、审批科 4 个科室。人员编制数 9 人,在编 8 人。下属市民活动中心、文化市场执法大队、少体校、文保所、文化馆、图书馆、影剧院等 7 个事业单位。

局领导班子成员:党组书记、局长甘海选,党组成员、副局长陈爱琴、叶成,党组成员、纪检组长黄途强(分管广播电视、电影工作),党组成员、市民活动中心主任张奇峰。

地址:洞头县北岙镇县前路 12 号

电话:0577-63482381

传真:0577-63485755

邮编:325700

洞头县广播电视台

洞头县广播电视台是县委、县政府直属正科级事业单位,归口县委宣传部管理。内设办公室、乡镇站管理科、节目中心、技术中心、总编室、经营管理中心,下设 5 个乡镇广播电视站。自办广播节目《洞头新闻》、电视节目《洞头新闻》、电视对农专题栏目《蓝色风》、《蓝海岸》、广播对农栏目《蓝色港湾》、广播青少类栏目《蓝精灵》。人员编制数 98 人,在编职工 87 人。

台领导班子成员:党组书记、台长郑铲非,党组成员、副台长倪颖,党组成员、纪检组长陈后品,党组成员、副台长童王平,党组成员、总编辑郑巨峰。

地址:洞头县北岙镇中心街 236 号

电话:0577-63487870

邮编:325700

文成县文化广电新闻出版局

文成县文化广电新闻出版局是文成县人民政府主管文化、文物、广播电视、新闻出版工作的县政府组成部门。内设办公室、社文科(文化遗产科)、文化市场管理科、行政审批科。局机关行政编制 12 名。直属综合执法机构文成县文化市场行政执法大队(增挂县文物监察大队),人员依照国家公务员制度管理,核定事业编制 10 名,由财政全额拨款。

局领导班子成员:党组书记、局长蒋海波,叶仕平(分管广电工作),周建旺,党组成员、副局长张璐,副局长陈清清,党组成员、纪检组长周上党,党组成员包向阳。

地址:文成县大峃镇建设路 125 号县政府大院内

电话:0577-67861167

传真:0577-67832720

邮编:325300

文成县广播电视台

文成县广播电视台由文成县人民广播电台、文成电视台组成。内设办公室、人事监察科、总编室、计财科、广播中心、电视中心、网络中心、播出中心、运营中心、广告中心、保卫科,下辖大峃、珊溪、玉壶等 11 个乡镇广播电视站。现有编制 124 人(其中:公务员 8 人、事业全额 83 人、事业差额 4 人、事业自收自支 29 人)。台聘(借用)、临时工 73 人,“非全日制临时工”28 人。

台领导班子成员:党组书记、台长陈岳平,党组成员、副台长赵青松、赵文忠、赵雪微(女)、张胜,党组成员、纪检组长吴忠斌,党组成员、总编辑周林燕(女),党组成员、总工程师林文旌,党组成员王黎明。

地址:文成县栖云路 14 号(县府后院)

电话:0577-67861700

邮编:325300

平阳县文化广电新闻出版局

平阳县文化广电新闻出版局是主管全县文化、文物、广播电视、电影、新闻出版的县政府工作部门。内设办公室、监察室、文化艺术科、文化遗产管理科、文化市场管理和行政审批科、广电与新闻出版科、创作室 7 个职能科室。下属县文化市场综合执法大队、县文保所(县博物馆)、县文化馆(县非遗中心)、县图书馆、县小百花越剧团、县木偶戏保护传承中心、平阳剧院。

局领导班子成员:党组书记、局长吕德金,党组副书记、副局长洪玉畅(分管广电工作),党组成员、副局长叶立纲,党组成员、副局长兼纪检组长周家修,副局长周笙乐,党组成员、县木偶戏保护传承中心主任林宣永。

地址:平阳县昆阳镇天来巷 8 号

电话:0577-63721848

传真:0577-63721848

邮编:325400

平阳县广播电视台

平阳县广播电视台是县政府直属正科级全民、全额拨款事业单位。内设办公室、总编室、总工室、财务科、技术科、事业管理科、广播中心、新闻中心、节目中心、工程建设中心、采购中心、广告中心等12个科室、中心，派出机构设有昆阳、鳌江、水头、萧江、麻步、腾蛟、山门、南麂8个广播电视中心站和水头、南麂2个电视转播台，另设有台纪检组、监察室、考绩办、基建办。自办电视频道1个、广播频率1个。现有正式职工337人，其中全额事业编制人员197名，自收自支事业编制人员140名。

台领导班子成员：党组书记、台长庄治中，党组成员、副台长翁锡春、项显楚、陈凤武、王挺，党组成员、纪检组长杨守葆，党组成员李毅军。

地址：平阳县昆阳镇西坑路49号

电话：0577-58121100

传真：0577-58125812

邮编：325400

邮箱：zjpytv@163.com

泰顺县文化广电新闻出版局（文物局）

泰顺县文化广电新闻出版局是泰顺县人民政府主管文化、文物、广播电视、新闻出版工作的县政府组成部门。内设办公室、文化科（文化物）、广播影视科（新闻出版）、行政审批科，局机关行政编制15名（其中县广播电视台挂靠5名）。直属综合执法机构泰顺县文化市场行政执法大队（增挂县文物监察大队），核定事业编制10名，由财政全额拨款，人员依照国家公务员制度管理。下属文化馆、博物馆、文物保护管理所、图书馆（少儿图书馆）、非物质文化遗产保护中心、县影剧院、县电影公司等7个事业单位。

局领导班子成员：党组书记、局长雷国金，副局长翁怀勤，副局长张星海，党组成员、纪检组长黄达平，党组成员吴爱芬（分管广电工作），党组成员、非物质文化遗产保护中心主任季海波。

地址：泰顺县罗阳镇洋心街130号

电话：0577-67583696

传真：0577-67599994

邮编：325500

泰顺县广播电视台

泰顺县广播电视台为正科级公益性文化事业单位。内设立办公室、计财科、事业科、技术中心、网络中心、总编室、广播节目中心、电视节目中心、广告中心、保卫科，下辖罗阳、司前（百丈）、筱村、彭溪、泗溪、雅阳、仕阳、三魁等8个广播电视中心站；事业编制220人，其中机关104人，乡镇站116人。

台领导班子成员：党组书记、台长张庆机，副台长魏仕萌、赖小宜、苏志华，纪检组长朱小和，总工程师叶晓东，党组成员吴雯花 。

地址：泰顺县罗阳镇爱民路216号

电话：0577-59299008

传真：0577-67569811、59299011

邮编：325500

苍南县文化广电新闻出版局

苍南县文化广电新闻出版局为苍南县人民政府工作部门，履行全县文化、文物、广播电视、新闻出版等行政职能。内设办公室（政策法规科）、公共文化管理科、文化广电管理科、文化遗产管理科、新闻出版管理科（文化产业科）、行政审批科6个科室，全局行政编制14名，在编14人。下属行政执法大队、文化馆、图书馆、博物馆、蒲城文保所、非物质文化遗产保护中心、电影发行放映公司7个事业单位。

局领导班子成员：党组书记、局长李晖华，党组副书记、副局长欧阳昆超，党组成员、副局长吴绍升、华建军（正科长级）、林维斌（分管广播电视、电影工作），党组成员罗伟科（副科长级），党组成员、纪检组长李道驹。

地址：苍南县灵溪镇人民大道苍南县行政中心三楼

电话：0577-68881921

传真：0577-68881923

邮编：325800

苍南县广播电视台

苍南县广播电视台是苍南县委、县政府直属的正科（局）级事业单位，归口县委宣传部管理。内设办公室、政工科、计财科、技术管理科、广播中心、电视中心、社教中心、网络中心、总编室、广告中心，下辖9个乡镇广播电视站。自办广播节目《苍广快讯》、电视节目《苍南新闻》、电视对农专题栏目《新农村天地》、广播对农栏目《农民之友》、广播交通类栏目《与你同行》。人员编制数440人，在编职工413人。

台领导班子成员：党委书记、台长吴为民，党委副书记、副台长梁卫东，党委委员、副台长杨作静，党委委员、副台长王文波，党委委员、总工程师叶怀璇。

地址：苍南县灵溪镇公园路50号

电话：0577-59925106、59925101

传真：0577-64706842

邮编:325800

湖州市

湖州市文化广电新闻出版局

湖州市文化广电新闻出版局是湖州市人民政府主管全市文化、文物、广电、新闻出版和版权工作的正处级行政部门。局机关行政编制24名,后勤服务人员编制1名。内设办公室、组宣人事处、文化艺术处、文物处、文化市场处(新闻出版处)、行政审批处(与文化市场管理处合署办公)、广播影视处(文化产业处)六个职能处室。

局领导班子成员:党委书记、局长宋捷,党委副书记、纪检组长杨颖,党委委员、副局长董玉梅,党委委员、副局长张国强,党委委员、副局长赵家义,党委委员、副局长俞栋,副局长曹燕鸣。

地址:湖州市行政中心4号楼
电话:0572—2399233(办公室)
0572—2399228(广电处)
邮编:313000

湖州市广播电视台

湖州市广播电视台为市委、市政府直属正县级事业机构,实行党委领导下的台长负责制,归口市委宣传部管理。内设办公室、总编室、广电研发中心、经营管理部、投资管理部、总工程师办公室、科技事业部、组织人事部、计划财务部、纪检监察室、行政事务管理中心等11个机构,下属新闻综合频率、都市文艺频率、交通经济频率、公共信息频率、新闻综合频道、文化娱乐频道、公共民生频道、广播电视报网中心、广播电视广告中心、大型活动部、网络传输中心等11个机构,下辖吴兴广播电视中心、南浔广播电视中心。核定事业编制台本级310名,网络传输中心110名,吴兴广播电视中心25名,南浔广播电视中心27名。

台领导班子成员:党委书记、台长吴宝宏,党委副书记、副台长何元庆,党委委员、副台长陈东、沈岸、秦敏、徐小平、朱建彬,党委委员、纪委书记汪东海。

地址:湖州市新华路628号
电话:0572-2066141(传真)
邮编:313000

德清县文化广电新闻出版局

德清县文化广播电视新闻出版局(体育局)是德清县人民政府主管文化、文物、体育、广播电视和新闻出版的正科级工作部门。内设办公室、文艺科、体育事业科、文物科、广播电视科、行政许可科、文化产业科7个职能科室,下属县文化馆、县博物馆、县图书馆、县少体校(体育中心)4个事业单位。现有人员102人,行政编制23人,参公14人,事业65人。

局领导班子成员:局长姚明星,党委书记冯骑,党委委员、副局长李茂成,党委委员、副局长沈春才,党委委员、副局长杨国新,党委委员、副局长费莉萍,党委委员、副局长屈联国,纪委书记姚益英。

地址:德清县武康镇千秋街1号行政中心B幢
电话:0572-8063417
传真:0572-8060436
邮编:313200

德清县广播电视台

德清县广播电视台是县委、县政府直属的正科级事业单位。内设办公室、财务室、总编室、总技室、新闻综合频道、生活娱乐频道、广播频率、综合管理部、技术规划部、维护施工部、数字电视营销部,下属10个乡镇广播电视站。核定事业编制103人。

台领导班子成员:台长王永新,党委书记、副台长邵晓英,党委副书记、副台长、纪委书记樊立勇(2012年5月起任职);副台长任国良,副台长任国良章石强,党委委员潘力强。

地址:德清县武康镇中兴南路241号
电话:0572-8661508
传真:0572-8065663
邮编:313200

长兴县文化广电新闻出版局(体育局)

长兴县文化广电新闻出版局(体育局)是长兴县人民政府主管文化、文物、体育、广播电视和新闻出版的正科级工作部门。内设办公室、组宣人事科、文化艺术科、文物科、广播电视管理科、竞赛训练科、群众体育科、文化设施科、文化市场管理科(新闻出版管理科、行政许可科)、文化产业科、招商办。

局领导班子:党委书记、局长陈亦祥,党委委员、副局长陈执伟,党委委员、副局长杨明珠,党委委员、副局长姜金泉,党委委员、副局长项小燕,纪委书记、党委委员高小青，党委委员、副局长姬金牛，党委委员、副局长章忠富，党委委员：朱煜峰。

地址：长兴县龙山新区广场路1号行政中心D座六楼

电话：0572－6023649（办公室）

0572－6567900（广电科）

邮箱：CXWT6023649@163.COM

邮编：313100

长兴县广播电视台

长兴县广播电视台为县委、县政府直属事业机构，正科级单位。内设办公室、行政管理部、人力资源部、纪检监察部、计划财务部、技术保障部、新闻中心、节目中心、制作出版中心、总编室、广电网络公司、广告营销中心和九个乡镇广播电视站（包括四个正股级中心站和一个正股级管理中心以及四个副股级乡镇站）。台党委书记、台长许劲峰。

地址：长兴县雉城街道植物园路1号

电话：0572-6255066

传真：0572-6255009

邮编：313100

安吉县文化广电新闻出版局

安吉县文化广电新闻出版局是安吉县人民政府主管文化、文物、体育、广播电视和新闻出版的正科级工作部门，内设办公室、广播电视科、文艺科、文物科、文化市场科（许可科）、执法大队、产业科、组宣科，文化创意办公室。

局领导班子成员：党委书记、局长彭忠心，党委副书记、纪委书记童仁斌，党委副书记、副局长黄承文，党委委员、副局长王灵君，党委委员，副局长夏靓，党委委员，王家荣。

地址：湖州市安吉县递铺镇祥和路安吉新闻宣传中心6楼

电话：0572-5223065（传真）

邮编：313300

安吉县广播电视台

安吉县广播电视台是由安吉县人民政府主办，属正科级事业单位。归口县委宣传部管理，实行党委领导下的台长负责制。播出呼号为安吉人民广播电台、安吉电视台，主要负责全县广播电视宣传和广播电视事业建设及增值业务开发。内设办公室、总编室、基建办、计划财务中心、电视新闻中心、广播新闻中心、技术播控中心、广告经营中心，下属安吉县广播电视网络有限公司、安吉广电梅地亚策划有限公司，下辖7个乡镇广电站。现有在职干部职工338人。

台领导班子成员：党委书记、台长赵怀君，党委副书记、纪工委书记陈和福，党委委员、副台长曹燕明，党委委员、副台长汪治国，党委委员、副台长施亚军，党委委员叶新、孙朝阳。

地址：安吉县递铺镇胜利西路38号

电话：0572-5027353、5024824

邮编：314300

邮箱：anjitv@163.com

嘉兴市

嘉兴市文化广电新闻出版局

嘉兴市文化广电新闻出版局是嘉兴市人民政府主管全市文化、文物、广播电视和新闻出版的正处级工作部门。局机关行政编制27名，其中局长1名，副局长5名，科级领导职数12名。内设办公室（党委办公室）、监察室、计划财务产业管理处、文化艺术处、文物管理处、文化市场处、广播电视管理处、新闻出版处、文联秘书处。下属嘉兴市文化市场行政执法支队，为依照国家公务员制度管理的科级事业单位；核定人员编制22名，其中科级领导职数3名；另核定岗位合同工编制6名，协助文化市场行政执法工作。

局领导班子成员：党委书记、局长、文联主席王鸣霞（女）（2012年6月离任），党委书记、局长、文联主席金琴龙（2012年6月接任），党委委员、副局长王蕾、胡晶（文联副主席）、陈云飞、张宪义（分管广电工作）、陈建江，党委委员、纪委书记孙金林，党委委员孙文波，副调研员孙祥玮。

地址：嘉兴市中山东路922号。

电话：0573-82159755

邮编：314000

嘉兴市广播电视台

嘉兴市广播电视台（集团）为市委管理的相似正处级准公益类事业单位，归口市委宣传部管理。内设办公室（党委办公室）、监察室、总编室、总工室、人力资源中心、财务核算中心、乡镇管理中心、技术运维中心、广告经营管理中心、艺术创作中心、广电传媒经济研究所、广电报社等 12 个机构。办有新闻综合频率、交通经济频率、城乡生活频率三套广播节目、新闻综合频道、文化影视频道、公共频道三套电视节目。领导和管理市本级 15 个镇(街道)广电站。现有在职员工 968 人,在编 326 人,合同(含聘用)642人。

台(集团)领导班子成员:党委书记、党委委员、总裁、理事长马雪腾,党委副书记、委员、总编辑、副总裁、理事沈炳忠,党委委员、副总裁、理事匡卫东,党委委员、副总裁韩福根,党委委员、纪委书记、监事会主席杨阿敏,党委委员、副总编辑胡伯良。

地址:嘉兴市东升西路 188 号

电话:0573-82217313

传真:0573-82217310

邮编:314001

网址:www.jxrtv.com

嘉善县文化广电新闻出版局(体育局)

嘉善县文化广电新闻出版局(体育局)是嘉善县人民政府主管文化、文物、体育、广播电视和新闻出版的直属正科级工作部门,与县文联合署办公。局机关行政编制 13 名,县文联行政编制 2 名。内设办公室(党委办公室),计划财务产业管理科,文化艺术科,体育科,文化市场科(新闻出版科),广播电视管理科(文物管理办公室)。下属文化市场行政执法大队为依照国家公务员制度管理的事业单位,核定编制 10 名。

局领导班子成员:党委书记、局长倪学庆,党委委员、文联主席陆勤方,党委委员、副局长章焱磊,党委委员、副局长徐明高(分管广电工作),党委委员、副局长、文联副主席谈萍莉,党委委员、文联副主席徐雪娟,党委委员、纪检组长沈锦慧,党委委员、文联副主席卓国荣,党委委员姚远,副科级巡视员王金明,副科级巡视员曹琦(2012 年 10 月退休)。

地址:浙江省嘉善县亭桥南路 248 号

电话:0573-89101236,84051931(传真)

邮编:314100

嘉善县广播电视台

嘉善县广播电视台为县委直属正科级准公益类事业单位。内设办公室(党政办公室)、总编室(广告管理科)、财务科、电视新闻中心、广播节目中心、电视节目中心、新媒体信息中心、大型活动策划中心、技术中心。下设嘉善广联信息网络有限责任公司、嘉善广电传媒有限公司。下属 9 个镇(街道)广播电视站整合的魏塘、西塘、干窑、大云、姚庄五个广播电视网络中心站。事业编制 128 名,其中台长 1 名,副台长 3 名,科级领导职数 6 名。

台领导班子成员:党委书记、台长、杨善岗,党委委员、副台长黄志斌,副台长沈宏伟,党委委员、副台长计剑平,党委委员、纪检组长许燕(女),副科级巡视员金佩玲(女),党委委员李毓新。

地址:嘉善县罗星街道人民大道 555 号

电话:0573-84211902、84211908

传真:0573-84211909

邮编:314100

平湖市文化广电新闻出版局(体育局)

平湖市文化广电新闻出版局(体育局)是平湖市人民政府主管文化、文物、体育、广播电视事业和新闻出版的正科级工作部门。内设办公室(党委办公室)、纪检监察室、计划财务产业管理科、文化事业科、体育事业科、行政许可科、文化市场管理科、广播电视管理科(广播电视监测中心)、文物科。局机关行政编制 16 名,其中局长 1 名,副局长 7 名。下属文化市场行政执法大队为依照国家公务员法管理的事业单位,核定编制 10 名。

局领导班子成员:局党委书记、局长沈力行,党委委员、副局长张育民,党委副书记、副局长孙晓云,党委委员、副局长肖成华,副局长朱立军(分管广播电视),党委委员、纪检组长金晓彤,党委委员、副局长张军,正科级协理员范补兴,副科级协理员戈仁龙、江丽华,党委委员丁乐军。

地址:平湖市当湖街道新华南路 372 号

电话:0573-85562210

传真:0573-85562211

邮编:314200

网址:wtj.pinghu.gov.cn

平湖市广播电视台

平湖市广播电视台是平湖市委管理的相似正科级准公益类事业单位。内设办公室(镇街道广电总站)、总编室、物业管理科、计划财务科、新闻中心、广播节目中心、电视节目中心、新媒体中心、广告经营中心、技术中心、网络市场拓展部、网络建设运维部、网络器材供应部。台对全市 9 个镇(街道)广电站实行“条块结合、以条为主”的管理模式。现有在编职工141人。其中台本级编制87人，台下属单位编制3人，镇(街道)广电站编制51人。

台领导班子成员：党组书记、台长计福明，党组成员、副台长周谧，党组成员、纪检组长孙昉，党组成员、副台长施志伟。

地址：平湖市当湖街道三港路1号

电话：0573-85108109

邮编：314200

网址：xigo.tv

海盐县文化广电新闻出版局(县体育局)

海盐县文化广电新闻出版局(县体育局)是主管全县文化、文物、广播电视、新闻出版和体育工作的县政府工作部门。内设办公室(党委办公室)、文化艺术科、体育科、广播电视管理、科产业管理科(行政许可科、新闻出版科)、文物管理科。编制17名，其中行政编制15名，工勤人员编制2名。下属文化市场行政执法大队，现有编制6名，依照公务员管理。

局领导班子成员：局长、党委书记郁惠祥，党委副书记宋乐明，党委副书记、副局长吴利平，副局长汤储良(分管广电)、王少波、刘支群，纪委书记王谷斌，副局级干部顾瑾、金亚建、陆福生。

地址：海盐县武原街道新桥北路199号

电话：0573-86035870

邮编：314300

海盐县广播电视台

海盐县广播电视台是隶属于海盐县委的正科级准公益类事业单位，归口县委宣传部管理，实行党组领导下的台长负责制，播出呼号为海盐人民广播电台、海盐电视台，主要负责全县广播电视宣传和广播电视事业建设及增值业务开发。内设办公室、总编室、财务科、新闻中心、综合频道、文艺频道、广播频道。2012年12月成立海盐广电网络有限公司，下设综合管理部、财务营帐部、市场客服部、工程维护部、技术运维部。台下辖9个镇(街道)广播电视站。现有在职干部职工238人。

台领导班子成员：党组副书记、台长周锷(2012年12月起任职)，党组书记董国梁(2012年12月离任台长职务)，党组成员、副台长许进虎、郁建平，党组成员、纪检组长姜海飞。

地址：海盐县武原街道枣园西路199号

电话：0573-86112908、86125767

邮编：314300

邮箱：hygdj@haiyan.gov.cn

海宁市文化广电新闻出版局(体育局)

海宁市文化广电新闻出版局(体育局)是主管海宁市文化、文物、体育、广播影视、新闻出版(版权)事业的市政府行政职能部门。内设办公室、组宣人事科、文化业务科、体育业务科、广电新闻出版管理科(市场产业科、法制科)、文物管理科、监察室、行政审批科8个职能科室。局机关人员编制17名，实有19名(含后勤服务人员1名)。其中：局长1名，党委副书记1名，副局长6名，副局级调研员1名；正科(股)级职数8名。下属文化市场行政执法大队为依照国家公务员法管理的事业单位，核定人员编制10名。

局领导班子成员：党委书记、局长虞铭华，党委副书记、纪委书记陈珠良(2012年5月21日转任副局调研员)，党委副书记、纪委书记国红(2012年5月21日任职)，党委副书记、副局长王珏(女)，党委委员、副局长杨建忠、朱红刚，副局长谈敬一(分管广播电影电视工作)，党委委员徐斌(副局级、2012年8月31日任职)。

地址：海宁市海洲西路226号(市行政中心2号楼3楼)

电话：0573-87288443

传真：0573-87288440

邮编：314400

海宁市广播电视台

海宁市广播电视台为中共海宁市委管理的相似正科级准公益类事业单位，实行党委领导下的台长负责制。内设办公室、组宣人事科(监察室)、财务基建中心、总编室(新闻媒体中心)、新闻中心、节目中心、制作中心、广告中心、技术中心、综合管理部、财务营账部、客户服务部、工程管理部、市场营销部、技术运维部。海宁市广播电视台下属10个镇(街道)广播电视站。全台现有在编职工183人，其中城区94人，乡镇89人。其中：台长1名、副书记兼纪委书记1名、副台长2名、中国(浙江)影视产业国际合作实验区海宁基地管理委员会副主任2名。

台领导班子成员：党委书记、台长朱建荣，党委副书记、纪委书记于国民，党委委员、副台长许建琴、方旭明，党委委员、中国（浙江）影视产业国际合作实验区海宁基地管理委员会副主任钱冬梅，党委委员、中国（浙江）影视产业国际合作实验区海宁基地管理委员会副主任张健琪，正局级调研员贾伟林，副局级调研员孔莉。

地址：海宁市文苑路282号
电话：0573-87222583
传真：0573-87231194
邮编：314400

桐乡市文化广电新闻出版局

桐乡市文化广电新闻出版局是桐乡市人民政府主管文化、文物、体育、广播电视、新闻出版的正科级工作部门。内设办公室（党委办公室）、人事监察科、产业财产科、文化艺术科、体育科和广电新闻出版科（市场法制科）6个职能科室。局机关编制18名，其中局领导5名，科（股）长6名。

局领导班子成员：党委书记、局长吴利民，副书记、文联主席　王士杰，副书记、纪检组长钱少华，党委委员、副局长张琳、全见方（分管广电）、沈新方，党委委员范方明。

地址：桐乡市梧桐街道广福路3号
电话：0573-88102498、88183576
邮编：314500

桐乡市广播电视台

桐乡市广播电视台是市政府直属、正科级准公益事业单位。内设办公室、人力资源科、总编室、艺创中心、财务科、广播节目中心、新闻频道、青春频道、技术中心、网络中心。现有职工369人，其中在编157人，编外聘用人员55人，企业编制15人，岗位合同工169人。有正高职称1人，副高级职称4人，中级职称43人。

台领导班子成员：党委书记、台长赵学祥，纪检书记沈甫明，副台长朱越峰，党委委员蒋建铭、徐金坤。

地址：浙江省桐乡市市区环园路578号。
电话：0573-89399308
邮编：314500

绍兴市

绍兴市文化广播电视新闻出版局

绍兴市文化广播电视新闻出版局，是主管全市文化、广播电影电视和新闻出版事业的市政府正处级行政职能部门。内设办公室、政治处、艺术处、社会文化处、广电处、新闻出版（版权）处、文市办、产业处、计财处。核定行政编制25名。

局领导班子成员：党委书记、局长杨志强，副书记、副局长杨越忠，纪委书记方丽，副局长金一波、陈卫民（分管广电）、胡华钢、龚任。

地址：绍兴市胜利东路113号
电话；0575-85132936
传真：0575-85138005
邮编：312000

绍兴市广播电视台

绍兴市广播电视台是正处级准公益性新闻事业单位。下设9个综合管理部门、8个内容生产部门、5个经营性公司、1个咨询性研究机构等23个部门。拥有三个电视频道、三个广播频率、、一张《绍兴广播电视》报和一个网络电视台，并参股中广有线信息网络有限公司，是一家集电视、广播、网络、报纸和广电网络台于一体的多媒体传媒机构。台领导班子成员：党委书记、台长黄松保，党委副书记、总编辑、副台长邓港林，党委副书记、纪委书记陈夏珍，党委委员、副台长陶甚健、王武荣、吴浩军。

地址：绍兴市延安东路508号
电话：0575-85250268
传真：0575-88654588
邮编：312000

绍兴县文化广电新闻出版局

绍兴县文化广电新闻出版局为全县文化、广播电视、新闻出版事业的县政府主管行政部门。局设办公室、人事科、计财科、广播电视新闻出版科、文化科5个科室。在编干部25人。

局领导班子成员：党工委书记、局长沈王彪，副局长许志刚、冯健、吴炎标。

地址：柯桥百花路
电话：0575-85272168
传真：0575-84126268
邮编：312030

绍兴县广播电视台

绍兴县广播电视台为财政差额拨款的正科级事

业单位，隶属县委、县政府直接领导，代管中广有线信息网络有限公司绍兴县分公司。内设办公室、总编室、人力资源部、新闻综合频道、FM106广播频率、中国轻纺城频道、技术管理部、大型活动部、广告部、广播电视研究室等10个部室（频道、频率）。办有绍兴县新闻综合频道、中国轻纺城频道、FM106广播频率三套节目。台本级编制数150人，在编员工112人，其中高级职称4人；中级职称34人。

台领导班子成员：党组书记、台长丁兵康，党组成员、副台长洪峰、李文奎、陈伟钢、陈海娃，纪检组长冯萍。

地址：绍兴县柯桥群贤路981号

电话：0575-85277108、85277123

邮编：312030

网址：www.scbtv.cn

诸暨市文化广电新闻出版局

诸暨市文化广电新闻出版局是主管全市文化、文物、广播电视和新闻出版事业的市政府主管部门。内设办公室、人事科、社文科、文物科、广电（审批）科。

局领导班子成员：党组书记、局长金海炯，副局长慎荣余（分管广电）、张维明、吴蝶、孟钧，纪检组长毛桂舟。

地址：诸暨市高湖路39号

电话：0575-87239563

传真：0575-87239560

邮编：311800

诸暨市广播电视台

诸暨市广播电视台是市人民政府直属正科级事业单位。台下设办公室、组织人事（监察）科、计划财务科、镇乡站管理科、公共资源交易分中心、广播节目中心、电视节目中心、网络中心、物业中心、诸暨微波站、广播电视服务公司、27个镇乡（街道）广播电视站。人员编制数332人。

台领导班子成员：党委副书记、台长杨雷，党委书记徐林灿，党委委员、副台长陈伟均、陈强、屠国苗，党委委员、纪委书记毛红卫。

地址：诸暨市暨阳街道江东路39号

电话：0575-87233688

传真：0575-87233905

邮编：311800

网址:guangbdst@126.com

上虞市文化广电新闻出版局

上虞市文化广电新闻出版局是上虞市文化广播电视新闻出版的行政主管部门。内设办公室、广电新闻出版科、文化科。局机关干部14人。

局领导班子成员：党委委员、副局长严美娟（主持工作），党委委员、纪委书记宋洪波，党委委员、副局长孟苗海（分管广电）。

地址：上虞市市民中心二路1号

电话：0575-82213616

传真：0575-82023282

邮编：312300。

上虞市广播电视台

上虞市广播电视台为上虞市政府直属的相似正科级差额拨款事业单位。内设办公室、总编室、财务部、技术管理部、广告部、广播节目中心、新闻综合频道、经济文化频道、新商都频道、策划制作中心。办有电视新闻综合频道、电视经济文化频道、新商都频道、调频广播89.7四套节目。人员编制100人。下设广播电视网络发展总站（中广有线上虞分公司），人员编制176名。

台领导班子成员：党委书记、台长闾建森，党委委员、党委副书记陈鑫钊，党委委员、纪委书记、副台长鲁建根，党委委员、副台长单建江、傅安琪，党委委员赵利民。

地址：上虞市百官街道青春路1号广电大厦

电话：0575-82192950

邮编：312300。

嵊州市文化广电新闻出版局

嵊州市文化广电新闻出版局是主管全市文化、广播电视和新闻出版事业的市政府组成部门，依法对全市广播电视事业实施行政管理。内设办公室、文化科、广播电视科、产业科、文化市场管理办公室等职能科室。

局领导班子成员：党委书记、局长黄皎昀，党委副书记、纪委书记童建军，党委委员、副局长李茂林（分管广电），副局长王霞燕、王哲。

地址：嵊州市北直街37号

电话：0575-83033197

传真：0575-83033197

邮编:312400

嵊州市广播电视台

嵊州市广播电视台为嵊州市委市政府的直属正科(局)级准公益性新闻事业单位,归口嵊州市委宣传部领导。内设办公室、总编室、财务部、人力资源部、广播节目中心、电视节目中心、技术部、物资采购管理部、产业发展部、网络公司10个职能部门,其中网络公司兼管17个乡镇广播电视站。目前在编职工218人,拥有专业技术职称170人,其中高级职称5名,中级职称69名,具有大专以上学历166人。

台领导班子成员:党委书记、台长周宇鸿,党委副书记邢利平,党委委员、副台长张元,党委委员周航。

地址:嵊州市保婴路30号

电话:0575-83550290

邮编:312400

新昌县文化广电新闻出版局

新昌县文化广电新闻出版局是县人民政府直属正科级行政单位,主管全县文化文物、广播电影电视、新闻出版和版权事业。内设办公室、文化科、广电科、新闻出版(版权)科4个职能科室。下属新昌县文化市场管理办公室(新昌县文化市场行政执法大队,新昌县文物监察大队)、文化馆、文管办(文物馆)、图书馆、调腔剧团、文化中心、电影公司。局机关编制10人。

局领导班子成员:党委书记、局长叶钟,党委委员、副局长刘根权(分管广电),党委委员、副局长傅槐林。

地址:新昌县江滨路280号

电话:0575-86024349

传真:0575-86621600

邮编:312500

新昌县广播电视台

新昌县广播电视台为正科(局)级事业单位。内设办公室、人事监察室、总编室、广播节目中心、电视节目中心、财务科、技术科等7个科室。办有电视新闻综合频道、有线广播调频FM88.4)两套节目。在编职工260人,其中高级职称3人,中级职称27人。

台领导班子成员:党委书记、台长张宏,党委委员、副台长丁爱峰,党委委员、副台长周灿军。

地址:新昌县江滨路280号

电话:0575-86621627

邮编:312500

网址:http://www.zjxcw.com/

金华市

金华市文化广电新闻出版局

金华市文化广电新闻出版局是主管全市文化、广播影视、新闻出版的职能部门,属行政机关。内设办公室、文化艺术处、广播影视处、新闻出版处(版权处)、文化产业与非遗处、行政审批处、监察室七个职能处室。下属浙江婺剧艺术研究院、金华市图书馆、金华市少儿图书馆(艾青纪念馆)、金华市文化行政综合执法支队、金华市文化馆、金华市艺研所、金华市非物质文化遗产中心、金华市广播电视监测中心。

局领导班子成员:局长钟世杰,副局长宋春苗(正局级,分管广播影视工作)、王晓平、朱江龙、陈子根、徐利华,纪检组长徐向明,党委成员戴智明。

地址:金华市双龙南街801号

电话:0579-82468421

邮编:321017

金华市广播电视台

金华市广播电视台为市委、市政府直属的正县级事业单位,归口市委宣传部管理。内设台办公室、总编办公室、人力资源中心、财务资产核算中心、技术中心、金华人民广播电台、金华电视台、新闻综合频道、经济生活频道、教育科技频道、文艺节目中心、广告中心、网络管理中心(金华华数数字电视公司)、金华广播电视报社、后勤保障服务中心等15个机构。领导班子成员:台党委书记、台长朱连芳,台党委委员、副台长骆利平,台党委委员、纪委书记李顺根,台党委委员、副台长周建华,台党委委员、总工程师赵琦、台长助理王辉球。

地址:金华市人民西路138号

电话:0579-82362200

传真:0579-82362918

邮编:321000

网址:www.36tv.cn

兰溪市文化广电新闻出版局

兰溪市文化广电新闻出版局(兰溪市体育局)是主管文化文物、广播电视、新闻出版等行政管理工作的市政府工作部门。内设职能科室6个,直属事业单位8个。2012年年末全系统人员194人,专业技术人员54人。其中大专以上文化程度为91人。

局领导班子成员:党组书记、局长蓝峰,党组成员、副局长孔晓明、金兴洪,党组成员、纪检组长蒋佩荣(分管广电工作),党组成员陈钟山、黄国卫。

地址:兰溪市李渔路180号

电话:0579-88893611

邮编:321100

兰溪市广播电视台

兰溪市广播电视台为市政府直属的正局级公益性事业单位,实行党委领导下的台长负责制,归口市委宣传部管理。内设办公室、财务室、总编室、总技术室、乡镇总站办公室、广播频道、新闻综合频道、生活娱乐频道、广告中心、网络中心、《兰溪之窗》网站11个部门,下设16个镇乡(街道)广播电视站。

台领导班子成员:党委书记张裕林,党委副书记、台长马兴堂(2012年4月任职),党委委员、副台长毛宝钺、刘松美,总工程师王德熙,党委委员、纪委书记、副台长彭莹(2012年9月任职),党委委员汪卫平(2012年9月任职)。

地址:兰溪市兰荫路88号兰溪广电中心

电话:0579-88905200(传真)

邮编:321100

东阳市文化广电新闻出版局

东阳市文化广电新闻出版局是主管文化、文物、广播电视、新闻出版等行政管理工作的市政府工作部门。设办公室(法制科)、文化文物管理科、市场科、广电(新闻出版)管理科4个职能科室。

局领导班子成员:党委书记、局长杨颖,党委委员、副局长马敏蔚,党委委员、副局长叶钦进(分管广电工作),党委委员、纪委书记、办公室主任李志民,党委委员、文物办主任陈荣军。

地址:东阳市江北市府大楼15楼

电话:0579-86655538

邮编:322100

东阳市广播电视台

东阳市广播电视台为市委、市政府直属的正科级自收自支事业单位。内设办公室、总编室、总技室、镇乡站管理办公室、广播中心、电视中心、网络中心、广告中心8个中心室。下辖18个镇乡(街道)广播电视站,6个分站。事业编制102人,有专业技术人员57人,其中高级职称6人,中级职称26人,初级技术人员25人。

台领导班子成员:2012年9月前,台党委书记、台长斯武民,党委委员、副台长叶跃明、张益中、施俊辉,党委委员、纪委书记、副台长马红斌,党委委员、电视中心主任李北阳。2012年9月后,台党委书记李道生,党委副书记、台长贾志光,党委委员、副台长叶跃明、张益中、施俊辉、徐国仙,党委委员、电视中心主任李北阳。

地址:东阳市学士北路6号东阳市广电中心

电话:0579-89326978(传真)

邮编:322100

网址:www.dybtv.com

义乌市文化广电新闻出版局

义乌市文化广电新闻出版局是主管文化文物、广播电视、新闻出版等行政管理工作的市政府工作部门。设办公室、文化科、广电新闻出版科、行政审批科等5个职能科室,下属6个事业单位。现有编制18人。

局领导班子成员:党委书记、局长楼小明,党委副书记、副局长吴小锋,党委副书记、纪工委书记金文革(分管广电工作),党委委员、副局长金勇华、朱伟武,党委委员应治中。

地址:义乌市南门街302号

电话:0579-85332238(传真)

邮编:322000

义乌市广播电视台

义乌市广播电视台是义乌市政府直属公益性事业单位。内设综合办公室、总编办公室、事业发展办公室、基层管理办公室、社会管理办公室、广播频率、新闻综合频道、商贸频道、节目技术中心、网络中心、数字发展中心、广告管理中心、后勤保障中心等13个机构。下辖佛堂、苏溪、上溪、大陈、义亭、赤岸、稠城、江东、稠江、北苑、后宅、廿三里、城西13个广播电视站。办有FM106.2、有线广播两套节目和电视新闻综合、商贸两个频道。全台在编人员212人,聘用临时工作人员 219 人。

台领导班子组成：党委书记、台长王培忠，党委委员、副台长方文荣、朱征力、陈文教，党委委员、纪委书记朱尚荣。

地址：义乌市江东东路广电中心

电话：0579-85365959

传真：0579-85386689

网址：www.ywgd.com

邮编：322000

永康市文化新闻出版局

永康市文化新闻出版局是主管文化、文物、新闻出版等行政管理工作的市政府工作部门。设办公室、文化艺术科、行政审批科 3 个职能科室。局领导班子成员：局长翁卫航，党组成员、副局长施瑞芳，副局长陈美红，党组成员、纪检组长胡昆，党组成员郑杰仁、陈景。

永康市文化广电新闻出版局是主管全市文化、文物、广播影视、新闻出版等行政管理工作的市政府工作部门。设办公室、行政审批科（文化艺术科）2 个职能科室。

局领导班子成员：局长翁卫航，副局长施瑞芳、周世勇，纪检组长胡昆，党组成员郑杰仁、陈景。

地址：永康市金城路 25 号行政中心 1 号楼 9 楼

电话：0579-87101589

邮编：321300

永康市广播电视台

永康广播电视台是自收自支的事业单位，内设综合办公室、总编室、网络中心及广播电视三个频道。在编员工 69 人，现有在职人员 150 多人。

台领导班子成员：台党组书记、台长吴华潭，台党组成员（正局）陈小萍，副台长、纪检组长杜培青，副台长胡祖军、潘勇智，党组成员曹向阳 。

地址：永康市场广电路 168 号

电话：0579-87332178

传真：0579-87112312

网址：www.ykntv.com

邮编：321300

浦江县文化广电新闻出版局

浦江县文化广电新闻出版局是主管文化、文物、广播电视、新闻出版等行政管理工作的市政府工作部门。设办公室、社会文化科、行政审批科、法规科 4 个职能科室。

局领导班子成员：党组书记、局长陈京浦，党组副书记郑兴江，党组成员、副局长许元仙（分管广电工作）、盛丹平、洪炜，党组成员、纪检组长王胜利，党组成员黄银火。

地址：浦江县环城东路 61 号

电话：0579-84112234

邮编：322200

浦江县广播电视台

浦江县广播电视台是浦江县委、县政府直属的正科级公益性事业单位，内设办公室、总编室、新闻中心、社教中心、广播节目中心、广告文艺中心、技术中心、总工室、网络中心、街道广播电视站 10 个部门。在编 89 人，其中副高职称 7 人，中级职称 38 人。自办电视节目、广播节目各 1 套。

台领导班子成员：党委书记、台长陈璠，党委副书记、副台长张放红，党委委员、副台长朱平、潘时础，副台长张小兰，党委委员、纪委书记黄良钢，党委委员朱受长、潘文明。

地址：浦江县城东山路 2 号

电话：0579-84108213

传真：0579-84104816

邮编：322200

武义县文化广电新闻出版局

武义县文化广电新闻出版局是主管文化、文物、广播电视、新闻出版等行政管理工作的市政府工作部门。设办公室、文化科、广电科、行政审批科 4 个职能科室，下属 4 个事业单位。编制 57 人，机关 11 人，事业 45 人；具有高级科技职务资格 2 人，副高 7 人，中级 16 人。

局领导班子成员：局党组书记、局长胡旭东，党组副书记、副局长项国巍，党组成员、副局长李笑燕，党组成员、纪检组长潘斌（分管广电工作），党组成员、办公室主任周新旺。

地址：武义县城解放北街 12 号

电话：0579-87622007（传真）

邮编：321200

武义县广播电视台

武义县广播电视台内设办公室、财务室、总编室、总工室、节目中心、技术中心、人力资源中心、营销中心 8 个职能科室，下属乡镇广电总站、武义县广通网络工程有限公司、武义网视 3 个单位。在职 230 人，台本级职工 160 人。

台领导班子成员：县委宣传部副部长、台党组书记、台长梅军，台党组成员、副台长祝德槐，台党组成员、纪检组长朱文灏，台党组成员、副台长章军，台党组成员袁刿武。

地址：武义县城北岭四路 38 号

电话：0579-87663854

邮编：321200

磐安县文化广电新闻出版局

磐安县文化广电新闻出版局是主管文化文物、广播电视、新闻出版等行政管理工作的市政府工作部门。设办公室（法制科）、广电科、市场科、文化科 4 个职能科室，下设 1 个机构，下属 4 个单位。编制 47 人，公务员 11 人，参照公务员管理 4 人，事业 32 人；具有高级技术职务资格 7 人，中级 10 人。

局领导班子成员：党组书记、局长潘玲玲，党组副书记、副局长卢卫民，党组成员、副局长卢华华（分管广电工作），党组成员、纪检组长杨国棋，党组成员、县文物办主任厉仲云，党组成员李昔为、郑榧德。

地址：磐安县安文镇海螺街 1 号

电话：0579-84661826（传真）

邮编：322300

磐安县广播电视台

磐安县广播电视台是县政府直属的正科级事业单位，内设办公室、总编室、新闻采访中心、节目制作中心、技术维护中心、网络传输中心、乡镇站管理办公室、广告(文艺)中心 8 个科室，辖 19 个乡镇广播电视站。现有职工 146 人，在编人员 74 人，高级职称 3 人，中级职称 27 人。

台领导班子成员：党组书记、台长陈珍宝，党组成员、副台长韦晓良、李一平，党组成员、纪检组长陈滨潮，党组成员黄醉千，台长助理陈六龙。

地址：磐安县安文镇海螺街 1 号

电话：0579-84502008（传真）

邮编：322300

衢州市

衢州市文化广电新闻出版局(文物局)

衢州市文化广电新闻出版局（文物局）是衢州市人民政府主管全市文化、文物、广播电视和新闻出版的正处级工作部门。内设办公室、文化艺术处、法规产业处、行政审批处(文化市场处)、广播影视管理处和新闻出版处 6 个职能处室。文物局设文物处、博物馆处 2 个职能处室。局机关行政编制 25 名，其中局长 1 名，副局长 4 名，纪委书记 1 名，副处级调研员 1 名，科级领导职数 11 名。下属衢州市文化市场行政执法支队，为依照国家公务员制度管理的科级事业单位；核定人员编制 15 名，其中科级领导职数 3 名。

局领导班子成员：党委书记、局长王建华，党委委员、纪委书记谢兵，党委委员、副局长郭少军（分管广电工作）、丁晓宁，副局长陈政，党委委员、文物局局长黄韬，党委委员、行政执法支队支队长程立颖，副调研员郑乐平。

地址：衢州市柯城区新桥街开明坊 9 号

电话：0570-8586903

邮编：324000

衢州市广播电视台

衢州市广播电视台为市政府直属的正县级事业单位，有内设机构 21 个，下属乡镇广播电视站 14 个。核定编制 278 名，现有正式事业编制职工 249 人，聘用临时工作人员近 230 人。办有新闻综合频率、交通音乐频率两套广播节目和新闻综合频道、生活娱乐频道、经济信息频道三套电视节目；广播电视报出刊 24 版，年发行量 5 万份；《衢州信息港》网站日点击率 4 万人次，是衢州市门户网站。

台领导班子成员：党委书记、台长章建平，党委委员、副台长黄唐双、邹华新、夏龙江，党委委员、纪委书记姜丽华，副调研员吴建华。

地址：浙江省衢州市西区九龙南路 28 号

电话：0570-3026067

邮编：324000

网址：qzrt.qz123.com

衢江区文化广电新闻出版局

衢江区文化广电新闻出版局为主管文化文物、广播电视、新闻出版等行政管理工作的区政府工作部门。设办公室、文化管理科、新闻出版科(广电管理科)3个职能科室。机关编制6名(含后勤服务人员编制1名)。

领导班子:党委书记、局长谢根兴,党委委员、副局长吴银土(分管广电工作)、纪检组长翁小龙。

地址:衢州市衢江区府前路6号

电话:0570-3838970

邮编:324022

衢江区广播电视台

衢江区广播电视台为区政府直属的事业单位,内设办公室、总编室、新闻中心、对外宣传科、网络传输中心、广告一部、广告二部、筹建办等8个科室。下辖7个乡镇广播电视中心站,为独立法人单位。人员编制为115人,其中台机关编制55人,乡镇广播电视站60人。

台领导班子成员:党组书记、台长郑耀富,党组成员、副台长周志贤,党组成员、总工程师杜猛,党组成员、办公室主任吴崇红。

地址:衢州市衢江区沈家仙岩路10号

电话:0570-2324789

传真:0570-2324849

邮编:324022

因特网址:www.qjrt.com

龙游县文化广电新闻出版局

龙游县文化广电新闻出版局是主管全县文化、文物、广播电视、新闻出版等行政管理工作的县政府工作部门。内设办公室、文化艺术科、文化市场管理科(文物管理科)、广电管理科(新闻出版管理科)4个职能处室。机关编制8名(含后勤服务人员1名)。其中:局长1名,副局长2名;科(股)级职数4名。下属文化行政执法大队(文物监察大队),核定事业编制8名,依照公务员制度管理。

局领导班子成员:党委书记、局长方玉林,党委委员、副局长陈岗,党委委员、纪委书记马应芳,党委委员、副局长张旗、王建虹(分管广电工作)、钟金柱

地址:龙游县文化东路62号

电话:0570-7018086

邮编:324400

龙游县广播电视台

龙游县广播电视台为县政府直属事业单位,内设办公室、技术科、基层管理科、总编室(播出中心)、新闻中心、网络中心、广告中心、网络发展部等8个机构。下辖东华、溪口、湖镇、塔石、横山5个乡镇广电服务中心、15个乡镇广电服务站。现有在职员工186人,其中台本级135人,乡镇广电站工作人员51人。

台领导班子成员:党委书记、台长张秋贤,党委副书记、纪委书记颜志林,党委委员、副台长吕跃军、郑金荣。

地址:龙游县文化东路54号

电话:0570-7368243

邮编:324400

江山市文化广电新闻出版局

江山市文化广电新闻出版局是主管全县文化、文物、广播电视、新闻出版等行政管理工作的县政府工作部门。内设办公室、社会文化科、文化市场管理科(文物管理科)、广电管理科(新闻出版管理科)4个职能处室。

局领导班子成员:党委书记、局长赵敏,党委委员、纪委书记毛建华,党委委员、副局长夏珂(分管广电工作)、祝荣(分管农村电影放映工程工作)、姜小武。

地址:江山市中山路30号

电话:0570-4032721

邮编:324100

江山市广播电视台

江山市广播电视台为市政府直属事业单位。内设办公室、总编室、财务科、技术科、广播节目中心、电视节目中心、广播电视传输网络中心、社会管理科、保卫科、稽查大队10个职能部门。下辖21个乡镇(街道)广播电视站。核定事业编制200名,现有职工176人。

台领导班子成员:党委书记、台长毛阳土,党委委员、副台长周治光、徐彬,纪委书记朱君健,党委委员、副台长汪衍信

地址:江山市江滨北路288号

电话:0570-4985187(传真)

邮编:324100

常山县文化广电新闻出版局

常山县文化广电新闻出版局是主管全县文化、文物、广播电视、新闻出版等行政管理工作的县政府工作部门。内设办公室、文化艺术科、广播影视管理科、新闻出版科(行政许可科)和文物监督管理科。

局领导班子成员:党委书记、局长毕建国,党委委员、纪检组长李金富,党委委员、副局长张昭(分管广电工作)

地址:常山县定阳北路18号

电话:0570-5013549

邮编:324200

常山县广播电视台

常山县广播电视台为县委、县政府直属的正科级事业单位,由中共常山县委宣传部归口领导,接受常山县文化广电新闻出版局的行业管理。内设办公室、总编室、事业科、财务科、新闻中心、网络中心、广告中心7个职能科室。

台领导班子成员:党组书记、台长胡乾平,党组成员、纪检组长陈斌,党组成员、副台长程斌,党组成员、办公室主任陈晟。

地址:常山县文峰东路1号

电话:0570-5021096(传真)

邮编:324200

开化县文化广电新闻出版局

开化县文化广电新闻出版局是主管全县文化、文物、广播电视、新闻出版等行政管理工作的县政府工作部门。内设办公室、社会文化艺术科、行政审批服务科、广电新闻出版管理科4个职能科室和文化市场管理工作领导小组办公室、文化市场行政执法大队、非遗保护中心3个机构。

局领导班子成员:党组书记、局长方忠明,党组成员、副局长詹永坤(分管广电工作)、丁一民、蓝萦,党组成员、纪检组长余元忠。

地址:开化县城关镇江滨路

电话:0570-6014785

邮编:324300

开化县广播电视台

开化县广播电视台为县委县政府直属正科级单位,由开化县委宣传部归口领导,接受开化县文化广电新闻出版局的行业管理。内设办公室、财务科、总编室、纪检监察稽查室、广播节目中心、电视节目中心、技术部、乡镇站管理科、市场部、广告中心等10个职能科室和开化安泰广播电视安装工程有限公司。现有职工152名。

台领导班子成员:台长方金全,副台长吴群,纪检组长朱久才。

地址:开化县城关镇江滨路

电话:0570-6014785(传真)

邮编:324300

舟山市

舟山市文化广电新闻出版局

舟山市文化广电新闻出版局是舟山市人民政府主管全市文化、文物、广播电视和新闻出版的正处级工作部门。内设办公室(计划财务处)、组织人事处、文化艺术处广播影视处、新闻出版处、文化产业处、行政审批处、文化遗产处。局机关行政编制23名,其中局长1名,副局长3名,科级领导职数13名。下属舟山市文化市场行政执法支队,为依照国家公务员制度管理的科级事业单位;核定人员编制8名,其中科级领导职数2名。

局领导班子成员:党组书记、局长邱平海,党组副书记、副局长李国芳,党组成员、副局长金涛(分管广电工作),副局长李敏霞(女),党组成员、纪检组长郭建民,党组成员、副县处级领导王国文,副调研员郑金友,党组成员俞志良。

地址:舟山市新城海天大道681号行政中心东2号楼

电话:0580-2285559

邮编:316021

舟山市广播电视台

舟山市广播电视台为市委、市政府直属正县处级事业单位,行业归口市文化广播新闻出版局,新闻宣传归口市委宣传部。内设办公室、总编室、总工室、人力资源管理中心、财务管理中心、广告监管中心、广播新闻综合频率、广播交通经济频率、广播城市生活频率、电视新闻中心、电视新闻综合频道、电视经济生活频道、电视群岛旅游频道、电视社教中心(外宣中心、远程教育中心)、广播技术中心、电视技术中心、项目策划中心17个(正科级)部门。下属舟山广播电视网络传输中心(中广有线舟山分公司)、定海乡镇广播电视总站、舟山广播电视报社。现有岗位职数341个，其中科级管理岗位49个，中层正职18人,中层副职26人,基层党支部专职书记5人。

台领导班子成员:党委书记、台长、总编辑颜兆祥,党委委员、副台长、副总编辑林海峰,党委委员、副台长、副总编辑史军,党委委员、纪委书记、工会主席营长坤,党委委员、副台长、副总编辑欧阳晓明,总工程师李善农,党委委员、办公室主任李信平。

地址:舟山市定海区昌国路135号

电话:0580-2023593

传真:0580-2028145

邮编:316000

网址:hppt//www.zsgd.com

普陀区文化广电新闻出版局(体育局)

普陀区文化广播电视新闻出版局(体育局)是普陀区人民政府主管文化、文物、体育、广播电视和新闻出版的直属正科级工作部门,与区文联合署办公。内设办公室、文化科、文化遗产科、广电新闻科、行政审批科、文化产业与市场管理科、体育科7个职能科室。下属文化市场行政执法大队、普陀广播电视台、普陀文化馆、普陀图书馆、普陀博物馆、普陀新闻传媒中心、普陀区体育中心等7个事业单位和浙江东海明珠文化传播有限公司1个国有文化企业。局机关行政编制13名,区文联行政编制1名。文化市场行政执法大队为依照国家公务员制度管理的事业单位,核定编制6名。

局领导班子成员?:党组书记、局长、区文联主席张剑飞,?党组成员、副局长邵华伟,副局长、区文联副主席吴萍儿,党组成员、副局长龚敏,党组成员、副局长乐波(分管广电工作)、副局长张鹏。

?地址:舟山市普陀区东港海印路426号

电话:0580-3805513(传真)

邮编:316100。

普陀区广播电视台

普陀区广播电视台为副科级全民事业单位,内设办公室、总编室、新闻中心、社教中心、广播中心、技术中心、广告部。台有线电视网络共传输电视节目43套,广播节目5套,自办广播和电视节目各一套。事业编制83名,现有干部职工142人,其中台长1名,副台长3名。

台领导班子成员:台长张剑飞,党支部书记、常务副台长陆仕仙,党支部委员、副台长虞争海、副台长邱勇。

地址:舟山市普陀区东港海印路426号

电话:0580-3805575(传真)

台网址:www.ptbctv.com。

邮编:316100

岱山县文化广电新闻出版局(体育局)

岱山县文化广电新闻出版局(体育局)是岱山县人民政府主管文化、文物、体育、广播电视和新闻出版的直属正科级工作部门,与县文联合署办公。内设办公室(法制科)、文化科、体育科、广播电视科、文化体育市场管理科(新闻出版科)、博物馆管理科(文物科)。局机关行政编制11名,县文联为依照国家公务员制度管理的事业单位,核定编制2名。下属文化市场行政执法大队为依照国家公务员制度管理的事业单位,核定编制6名。

局领导班子成员:党组书记、局长、文联主席孔德科、周波(孔德科2012年12月调离,周波2012年12月上任),党组副书记、纪检组长何仁岳,党组成员、副局长王一琛(分管广电工作)、孔宏波、王勇。

地址:岱山县高亭镇人民路97号

电话:0580-4472972

传真:0580-4472972

邮编:316200。

岱山县广播电视台

岱山县广播电视台为副科级全额拨款事业单位。内设办公室、总编室、广播电视节目中心、技术中心、工程网络中心、市场服务部、广电业务开发中心、广告中心。事业编制86名,现有职工78名,其中台长1名,副台长3名,台长助理1名。

台领导班子:台长由局长孔德科、周波(孔德科2012年12月调离,周波2012年12月上任)兼任,总编由副局长王一琛(女)兼任,支部书记、副台长周建丰(行政)、副台长张世忠(广电技术)、副台长夏伟君(新闻),台长助理赵红斌。

地址:岱山县高亭镇人民路97号

电话:0580-4472963

传真:0580-4477778

邮编:316200

网址:http://www.dswg.com.cn。

嵊泗县文化广电新闻出版局(体育局)

嵊泗文化广电新闻出版局(体育局),是嵊泗县人民政府主管文化、文化遗产、体育、广播电视和新闻出版的直属正科级工作部门,与县体育局、县文学艺术界联合会合署办公。内设办公室、人事教育科、文化艺术科、广播电视科、体育科、文化市场(新闻出版)管理科。局机关行政编制10名,县文联行政编制1名。下属文化市场行政执法大队为依照国家公务员制度管理的事业单位,核定编制3名。

局领导班子成员:党委书记、局长陈国军,党委副书记杨明,副局长王涌(分管广电工作),党委委员、副局长金瑛,党委委员、副局长王坚,党委委员、纪检组长沈世军、党委委员、文联主席白峰。

地址:嵊泗县菜园镇菜圃路88号

电话:0580-5081517

邮编:202450。

嵊泗县广播电视台

嵊泗县广播电视台为副科级纯公益类事业单位。内设办公室、总编室、新闻中心、技术中心4个科室,下属县乡镇广播电视技术指导站。自办一套广播节目和一套电视节目。嵊泗县人民广播电台频率FM88.6MHZ,嵊泗有线电视网络传输模拟电视35套节目,传输数字电视98套电视节目和12套广播节目。事业编制64名,其中台长1名,副台长2名,股级领导职数6名。

台领导班子成员:党委书记、台长陈国军,副台长闻湖平,副台长王培,副书记王伟。

地址:舟山市嵊泗县菜园镇菜圃路88号

电话:0580-5082435(传真)

邮编:202450。

台州市

台州市文化广电新闻出版局

台州市文化广电新闻出版局,机构性质属行政机关。内设办公室、文化艺术处、文化市场和产业处、广播电视新闻出版处、审批处。下属台州市文化市场行政执法支队、台州市群众艺术馆、台州市图书馆、台州市文物管理委员会办公室(市文物管理处)、台州市人民影剧院、台州市艺术创作研究室、台州市演出管理站、台州市歌舞团(星星艺术团)、台州市电影发行放映公司。

局领导班子成员:局长郑楚森,副局长徐景宝、曾岩(分管广电)、李玲玲,纪检组长许良云,副局长屠荣彪。

地址:台州市政府行政中心2号楼6楼

电话:0576-88698268

邮编:318000

台州市广播电视台

台州市广播电视台为市委、市政府直属相当于正处级事业单位。内设办公室、总编室、监察室、人力资源中心、科技事业中心、财务核算中心、经营管理中心、策划研发中心、台州广电网、中国网络音乐节办公室等10个部门和电视新闻综合频道、影视文化频道、电视公共频道和广播新闻综合频道、交通广播频道、音乐广播频道等6个广播电视频道,下属椒江广播电视中心、路桥广播电视中心、台州市广播电视网络传输中心和台州市广播电视报社。核定差额拨款事业编制183名,领导职数5名(台长1名,副台长3名,纪委书记1名),科级职数30名。

台领导班子成员:党委书记、台长吕新景,党委副书记、副台长林慧尧,副台长林清波、江琴宁、陈雄,党委委员褚定棉,纪委书记章永春,台长助理张青松。

地址:台州市中心大道315号

电话:0576-88315701

邮编:318000

椒江区文化广电新闻出版局

台州市椒江区文化广电新闻出版局是主管全区文化、文物、广播电视、新闻出版事业的正科级行政部门。内设监管科与行政审批科,监管科负责全区广电等方面的行政监管;审批科负责全区广电等方面的审批审核;文化市场行政执法大队负责全区广电等方面的执法。局机关编制13人,现有13人。

局领导班子成员:党组书记、局长何昌廉,党组成员、副局长张文云、徐正友、俞锡荣,纪检组长章伟力(分管广电工作)。

地址:台州市椒江区建设路16号

电话:0576-88830182

邮编:318000

黄岩区文化广电新闻出版局

黄岩区文化广电新闻出版局，内设办公室、文化艺术科、文化产业管理科、行政审批科4个科室。

局领导班子成员：党委书记、局长邱天华，副书记、副局长罗利珍、副局长黄孝武、应智广（分管广电工作）、符艺楠、范棕莲。

地址：黄岩区政府大楼15楼

电话：0576-4120781

邮编：318020

黄岩区广播电视台

黄岩区广播电视台为黄岩区人民政府直属的正科级全民事业单位。内设“三室七中心”10个机构，下辖19个乡镇街道广播电视站，编制187人，现有干部职工171人（其中乡镇站55人），招聘人员99人，离退休人员72人（其中乡镇站34人）。

台领导班子成员：党委书记、台长任民安，党委委员、副台长罗升、王新辉，党委委员、纪委书记黄革军。

地址：黄岩城关环城北路1号

电话：0576-4722003

邮编：318020

路桥区文化广电新闻出版局(体育局)

路桥区文化广电新闻出版局（体育局）是主管全区文化、文物、广播电视、新闻出版、体育工作的正科级行政单位。内设办公室、文化科、体育科、文化市场广电新闻出版科（法制科）、行政许可科。下辖路桥区文化市场行政执法大队、体育训练中心(挂路桥区文体中心牌子) 、文化馆、图书馆、博物馆、世纪广场管理处、路桥影剧院。

局领导班子成员：局长罗河笙，副局长黄仙利（分管广电工作）、尚冬生、梁小平、江涛，纪检组长袁达春。

地址：路桥区行政大楼二楼210室

电话：0576-82462469

邮编：318050

网址：http://gov.luqiao.gov.cn/moban.asp?id=whzx_01

临海市文化广电新闻出版局

临海市文化广电新闻出版局是主管临海市文化、文物、广播电视、新闻出版行政管理工作的市政府行政部门，属正科级单位。内设办公室、文化（文物）科、文化市场和产业科、广播电视科（新闻出版）、行政审批科5个职能科室。下属临海市文化市场行政执法大队、临海市文化馆（编制20名）、临海市图书馆（编制22名）、临海市博物馆（编制9名）、非物质文化遗产保护中心（编制2名）5个全额拨款事业单位、临海市郑广文纪念馆1个差额拨款事业单位（编制1名）、台州影剧院（编制15名）、临海市文化市场稽查队（编制8名）2个自收自支事业单位和临海市电影公司1个企业化管理事业单位。局机关行政编制14名，后勤服务人员编制2名。局机关现有在职人员27人。

局领导班子成员：党组书记、局长苏小锐，副局长何才多、牟喧荣、黄寅，党组成员、纪检组长程正刚（分管广电工作）。

地址：临海市古城街道崇和路299号国土大厦七楼

电话：0576-85111377

传真：0576-85111322

邮编：317000

临海市广播电视台

临海市广播电视台为临海市委、市政府直属的相当于正科级全额拨款事业单位。内设办公室、财务科、总编室、广播中心、电视中心、技术网络中心和信息技术中心等7个部门，下辖临海市广播电视服务公司和17个镇、街道办事处广播电视站。办有临海人民广播电台89.8兆赫调频广播、临海电视台两套节目。现有正式职工216人，其中本科学历53人，专科学历80人，中专学历4人；专业技术人员81人，高级职称5人，中级职称23人，初级职称42人，员级职称11人。

台领导班子成员：市委宣传部副部长、党组书记、台长丁畅宝，党组成员、副台长赵学军、胡一民（女），党组成员、纪检组长沈启峰。

地址：浙江省临海市东方大道东升大厦十五楼

电话：0576-85400490

传真：0576-85400801

邮编：317000

温岭市文化广电新闻出版局

温岭市文化广电新闻出版局是主管本辖区文化、文物、广播电视、新闻出版（版权）工作的市政府组成部门，为正科级行政单位。内设办公室(法制科)、文化艺术科、文市广新科、行政审批科。下属温岭市文化市场行政执法大队、温岭市文化馆、温岭市图书馆、温岭市文物管理委员会办公室、温岭市电影公司。

局领导班子成员：副局长叶军华(主持工作)，副局长陈灵永，纪检组长冯海萍，副局长林宝梅。

地址：温岭市太平街道星光路28号

电话：0576-86108511

邮编：317500

温岭市广播电视台

温岭市广播电视台是市委、市政府直属正科级事业单位。内设办公室、总编室、人事监察室、财务中心、技术网络中心电视节目中心、广播节目中心；下辖16个镇(街道)广播电视站。

台领导班子成员：台长黄准，副台长林应勇、莫文广、黄灵晔。

地址：温岭市万寿路66号

电话：0576-86223619

邮编：317500

玉环县文化广电新闻出版局

玉环县文化广电新闻出版局，内设办公室、文艺科、文化市场管理与产业科(文物科)、广播电视管理科、新闻出版管理科、全程办事代理室共6个职能科室，下辖玉环县文化市场行政执法大队、文化馆、图书馆、电影发行放映公司、越剧团、文化发展投资有限公司、人民剧院、艺术创作研究室、广电监测中心9个直属单位。

局领导班子成员：局长翁长锋，副局长王美青、李枝霞，纪检组长林如泰，副局长李先武。

地址：玉环县珠港镇三合潭路(科技文化艺术中心)

电话：0576-87259010

邮编：317600

玉环县广播电视台

玉环县广播电视台为玉环县委县政府直属正科级事业单位。内设办公室(总编室)、计划财务办公室、乡镇站管理办公室、广播中心、电视中心、传输中心、广告中心等7个机构，下属城关有线广播电视管理站、楚门有线广播电视管理站、坎门有线广播电视管理站、陈屿有线广播电视管理站、清港有线广播电视管理站等5个机构。办有广播、电视节目各1套。台编制数113人，实际在编人员136人，招聘临时人员114人；本科学历65人，大专学历90人；有副高职称7人，中级职称33人，初级职称63人。

台领导班子成员：党委书记、台长陈文娟，党委委员、副台长陈晓红、金家平、刘必荣，纪委书记阙海江。

地址：玉环县珠港镇城关广陵路42号

电话：0576-87208898、87208800

传真：0576-87208801

邮编：317600

网址：www.yuhuangd.com

天台县文化广电新闻出版局

天台县文化广电新闻出版局是主管全县文化、文物、广播电视、新闻出版工作的县政府组成部门。内设办公室、广电新闻出版科、文化艺术科、文化市场和产业科等4个职能科室。

局领导班子成员：党组书记、局长王太龙，副局长齐育富、杨惠芬、戴军斌、谢宗武(分管广电工作)。

地址：天台县行政中心19层西侧

电话：0576-83930880

邮编：317200。

天台县广播电视台

天台县广播电视台为县政府直属的正科级事业单位，实行“以条为主、条块结合”的管理体制。内设办公室、总编室、广播中心、电视中心、网络中心，下辖10个乡镇广播电视站。全台在编干部职工252名，退休人员45名。

台领导班子成员：党委书记、台长林国干，党委委员、副台长陈邦军、许晓平、许飞虎，党委委员 王维军。

地址：天台县环城东路41号

电话：0576-83882054

传真：0576-83899290

邮编：317200

网址：www.tgzx.net

仙居县文化广电新闻出版局

仙居县文化广电新闻出版局主管全县文化、文物、广播电视、新闻出版事业的正科级政府行政部门。内设办公室、文艺科、文化市场管理与产业科(文物科)、广播电视管理科、新闻出版管理科、全程办事代理室共6个职能科室，下属仙居县文化市场行政执法大队、文化馆、图书馆、电影发行放映公司、越剧团、文化发展投资有限公司、人民剧院、博物馆。

局领导班子成员：局长朱普，副局长吴宝乾、吴学平(分管广电)，纪检组长胡松卫，副局长王牡丹

地址：仙居县解放街2号

电话：0576-87773782

邮编：317300

仙居县广播电视台

仙居县广播电视台为仙居县委、县政府直属正科级事业单位。内设办公室、总编室、政研室、广播节目中心、电视节目中心、信息网络中心、保卫科7个职能科室，下属4个广播电视中心站和4个乡镇广播电视直属站。核定编制173人，现有在编职工160人，临时工51人。

台领导班子成员：党委书记、台长张海耀，党委委员、副台长朱伟，党委委员、纪委书记杨旭明。

地址：仙居县城关穿城中路252号

电话：0576-87773785

传真：0576-87792765

邮编：317300

三门县文化广电新闻出版局

三门县文化广电新闻出版局是主管全县文化、文物、广播电视、新闻出版工作的县政府工作部门。内设机构中，广播电视管理科负责协调同三门县广播电视台工作业务关系。

局领导班子成员：局长郭萍，副局长李丽君、梅章榜、吴卫东(分管广电)，纪检组长祁新。

地址：三门县城关上洋路261号

电话：0576-83379360

传真：0576-83379353

邮编：317100。

三门县广播电视台

三门县广播电视台为县委、县政府直属差额拨款事业单位，机构规格为正科级，新闻宣传工作归口县委宣传部，接受县文化广电新闻出版局行政管理。对外保留"三门人民广播电台"和"三门电视台"的呼号，自办有广播、电视两套节目。下设办公室、编播中心、电视中心、广播中心、技术中心、网络中心、基层服务中心、广告中心和14个乡镇广播电视站。事业编制144人，临时编制31人，现在岗人员165人，其中本科以上学历51人，专科学历58人；中级职称人员21人，初级职称人员26人。

台领导班子成员：党组书记、台长林毅，党组成员、副台长朱敏、方从飞。

地址：三门县城关健康路135-147号

电话：0576-83519988

传真：0576-83519955

邮编：317100

丽水市

丽水市文化广电新闻出版局

丽水市文化广电新闻出版局为市政府工作部门，履行全市文化、广播电视、新闻出版等行政管理职能。内设办公室、广电处、机关党委、人教处、社会文化处、新闻出版处、文物处、文化市场管理处8个职能股室，下属广播电视监测中心、电影公司、图书馆、群艺馆、博物馆、大剧院6个事业单位。机关行政编制23名。

局领导班子成员：党组书记、局长周一红，党组成员、副局长陈建光(分管广播电视工作)，党组成员、副局长叶锦伟 (分管广播电视执法工作)，党组成员、纪检组长周杰，党组成员、副局长林莉。

地址：丽水市花园路1号，

电话：0578-2091370

传真：0578-2091360

邮编 323000

丽水市广播电视台

丽水市广播电视台为丽水市委、市政府直属的相当于正县处级准公益性事业单位。内设办公室、总编室、纪检监察室、财务核算部、人力资源部、经营管理部、技术发展部、电视新闻综合频道、电视经济生活频道、电视文化休闲频道、广播新闻综合频率、广播交通音乐频率、广播电视报社、丽水在线网站等14个机构，下属丽水广播电视发展公司和丽水华数数字电视股份公司。全台在职500人，其中高级职称31人，中级职称111人，初级职称82人。

台领导班子成员：党委书记、台长赵正发，党委副书记、纪委书记李根林，党委委员、副台长蒋一江，

总工程师陈水生，党委委员、副台长徐国跃，工会主席袁斐怡，党委委员、总编室主任应为众，党委委员、人力资源部主任郭曙光，党委委员、经营管理部主任吴伟兰。

地址：丽水市花园路2号

电话：0578-2667021

传真：0578-2667000

邮编：323000

网址：www.lsol.com.cn

莲都区文化广电新闻出版局（体育局）

莲都区文化广电新闻出版局（体育局）为主管全区文化、广播电视、新闻出版、社区和农村的群众体育工作的区政府组成部门。内设办公室、广电产业科、文化艺术科、新闻出版科、群众体育科5个职能股室，下属广电网络中心、广电新闻中心、文化馆、电影公司、丽水剧院、文物保护管理所、非物质文化遗产保护中心7个事业单位。

局领导班子成员：党组副书记、局长胡菊萍，党组书记杨美仙，党组成员、纪检组长邹永红，党组成员、副局长江建东，党组成员、副局长叶青春，副局长王荷，党组成员、办公室主任孙良青（分管广电工作）。

地址：丽水市解放街288号

电话：0578-2138063

传真：0578-2132920

邮编：323000

龙泉市文化广电新闻出版局（体育局）

龙泉市文化广电新闻出版局（体育局）为市政府直属行政单位。内设办公室、广电产业科、文化管理科、行政许可科、群众体育科5个职能股室，下属电影公司、文化馆、博物馆、剧院、图书馆、文化市场执法支队6个事业单位。

局领导班子成员：党组书记、局长夏卫，党组副书记陈清龙，党组成员、副局长周玛瑾、谢建羽、周晓锋，党组成员、纪检书记张亦梅（分管广播电视工作）。

地址：龙泉市中山东路99号

电话：0578-7260229

传真：0578-7260219

邮编：323700

龙泉市广播电视台

龙泉市广播电视台为龙泉市委、市政府直属相当于正科级事业单位。内设办公室、总编室、新闻部、技术部、农村网络部和广告部6个部室。办有龙泉市广播电视台新闻综合频道。核定财政全额事业编制53名，自收自支事业编制20名。领导职数：台长1名，副台长3名（含总工程师1名），纪检组长1名。

台领导班子成员：总支书记、台长洪一浩，总支副书记、副台长周玛瑾，总支成员、副台长赵玲俐，总支成员、总工程师王芳敏，总支成员姚逸群。

地址：龙泉市中山东路99号

电话：0578-7260138

邮编：323700

青田县文化广电新闻出版局（体育局）

青田县文化广电新闻出版局（体育局）为县政府工作部门，履行全县文化、广播电视、新闻出版、体育等行政管理职能。内设办公室、非遗保护中心、社会文化科、文化市场管理科（广电新闻出版科）、体育科5个职能股室，下属电影公司、文化馆、文物办、图书馆、文化市场执法支队5个事业单位。

局领导班子成员：党组书记、局长陈炳云，党组成员、纪检组长金晓萍（分管广电工作），副局长彭大鹏，党组成员、副局长林苏雄、刘海澄。

地址：青田县鹤城镇新大街58号

电话：0578-6033139

传真：0578-6821404

邮编：323900

青田县广播电视台

青田县广播电视台为青田县委、县府的直属正科级事业单位。内设办公室、总编室、网络技术部等14个股室，下辖11个广播电视管理站。全台在职干部职工212人，其中本科学历90人，大专学历67人；专业技术人员126人，其中中级职称52人。

台领导班子成员：党委书记、台长杨广，纪委书记项伍军，党委委员、副台长陈洪武、陈雯雯。

地址：青田县江南新区

电话：0578-6509807

邮编：323900

云和县文化广电新闻出版局（体育局）

云和县文化广电新闻出版局（体育局）为县政府工作部门，履行全县文化、广播电视、新闻出版、体育等行政管理职能。内设办公室、文化科、行政许可科、体育科 4 个科室，下属文化馆、图书馆、文化市场执法支队、文场办、文管会办公室、体育中心等单位。

局领导班子成员：党组书记、局长邱伟荣，副局长韦小委，党组成员、副局长黄蔚芳、朱林宝(联系广播电视台宣传事业发展工作)，党组成员、纪检组长叶敏(联系广播电视台安全播出工作)。

地址：云和县云和镇中山路 3 号

电话：0578-5122358

传真：0578-5123985

邮编：323600

云和县广播电视台

云和县广播电视台为县委、县政府直属相当于正科级事业单位。内设办公室、总编室、新闻部、制作部、总工室、工程部、有线电视运行维护部、农管部、播出部、数字电视市场运营部、广告部等 11 个部室和《云山箬水》、《点滴》2 个栏目组。办有广播、电视各 1 套节目。核定事业编制 62 名(全额拨款 47 名，自收自支 15 名)。其中：台长 1 名，副台长 2 名，科室领导职数 9 名。

台领导班子成员：党组书记、台长刘国标，党组成员、纪检组长张菲菲，党组成员、总工程师叶建伟，党组成员、副台长阮宏波。

地址：云和县中山街 3 号

电话：0578-5121155

邮编：323600

庆元县文化广电新闻出版局(体育局)

庆元县文化广电新闻出版局(体育局)为县政府工作部门，履行全县文化、文物、广播电视、新闻出版、体育等行政管理职能。内设办公室、广电科、文化新闻出版科(行政审批服务科与其合署)、体育科 4 个职能科室。机关行政编制 10 名（含后勤服务人员 1 名)。其中：局长 1 名，副局长 2 名；股级干部职数 4 名。

局领导班子成员：党组书记、局长祁康明，党组副书记吴晓桃，党组成员、副局长阙文伟(分管广电工作)、吴宗祥。

地址：庆元县松源镇云鹤路 24 号

电话：0578-6122824、6056330

邮编：323800

庆元县广播电视台

庆元县广播电视台为县属正科级事业单位。内设办公室、总编室、新闻部、总工室、网络工程部、技术播出部、收费稽查处，下辖 6 个广电中心站。现有干部职工 104 人，聘用工 104 人、临时工 11 人，离退休 45 人。

台领导班子成员：党委书记、台长张力军；副台长蔡章元。

地址：庆元县松源镇祥云路 4 号

电话：0578-6122824

邮编：323800

缙云县文化广电新闻出版局(体育局)

缙云县文化广电新闻出版局(体育局)为县政府组成部门，承担全县文化、广播电视、新闻出版等行政管理职能。内设办公室、人事教育科（纪检监察室)、社会文化科、文物科、广播电视科、文化市场管理科、行政审批服务科(新闻出版科)、体育科 8 个职能科(室)和非物质文化遗产保护办公室等 3 个临时机构，下属文化市场行政执法大队等 8 个单位，下辖 18 个乡镇文化站。机关行政编制 15 名(含后勤服务人员)。其中：局长 1 名，副局长 4 名；股级领导职数 9 名。

局领导班子成员：党组书记、局长沈挺峰，党组成员、纪检组长朱伟平，党组成员、副局长杜金玲(分管广电工作)，党组成员、副局长徐农艺，党组成员、副局长应国龙、陈炳相，党组成员王建胜。

地址：缙云县黄龙路 48 号广电大楼十四层

电话：0578-3315423

邮编：321400

缙云县广播电视台

缙云县广播电视台为缙云县委县政府直属正科事业单位。内设新闻信息中心、广播中心、电视中心、新闻网站、工程管理部、技术播出部等 13 个部门以及 9 个广电站；在编职工 170 人，退休职工 61 人。其中台长兼党组书记 1 人，副台长 3 人，纪检组长 1 人，中层干部 49 人。

台领导班子成员：台长卢理洪，副台长丁伟明，副台长应兴无，纪检组长钭海春，副台长丁加勇。

地址：缙云县黄龙路广电大楼 9—12 层

电话：0578-3315490

传真：0578-3315493

遂昌县文化广电新闻出版局(体育局)

遂昌县文化广电新闻出版局(体育局)为县政府工作部门,履行全县文化、文物、广播电视、新闻出版、体育等行政管理职能。内设办公室、行政许可科、非遗中心、群文科4个职能股室,下属文化馆、汤显祖纪念馆、图书馆、文化市场执法支队4个事业单位。

局领导班子成员:党组书记、局长张水源,党组副书记、纪检组长王建明,党组成员、体育局局长、文广出版局副局长占跃灵,文广出版局副局长汤建雄(分管广电工作)。

地址:遂昌县妙高镇凯恩路224号

电话:0578-8123135

邮编:323300

遂昌县广播电视台

遂昌县广播电视台为正科级事业单位。内设办公室、财务室、新闻部、专题部、节目部、广告部、技术部、网络部等部门。办有两套电视节目和一套广播节目。人员编制120人,现有110人。

台领导班子成员:党组书记、台长叶良平;副台长朱呈富;总工华卫;副台长李法贵;党组成员、办公室主任胡永军。

地址:遂昌县妙高镇平昌路33号

电话:0578-8180100

邮编:323300

松阳县文化广电新闻出版局(体育局)

松阳县文化广电新闻出版局(体育局)履行全县文化、新闻出版、体育、广电等行政管理职能。内设办公室、综合科、文市办3个职能科室。行政编制12名,其中:局长1名,副局长3名,纪检组长1名;科室领导职数3名。

局领导班子成员:党组书记、局长蓝海,党组副书记、纪检组长蔡卫民,党组成员、副局长蔡卫华、徐建军(分管广电工作)、潘卫光。

地址:松阳县西屏镇新华路40号

电话:0578-8060339

邮编:323400

松阳县广播电视台

松阳县广播电视台为县委、县政府直属相当于正科级事业单位,受县文体广电新闻出版局行业管理。内设办公室、财务部、采访部、电视专题部、制作部、图文广告部、工程技术部、安全播出部、农管部9个职能科室,下辖西屏、古市、象溪、大东坝、玉岩5个区域有线电视管理站。事业编制70名(含后勤服务人员),其中财政全额拨款44名,自收自支26名;设台长1名,副台长3名;科室领导职数18名。

台领导班子成员:党组书记、台长郭心葆,党组成员、副台长吴钟锋、郑文君,副台长宋昌达,台党组成员、纪检组长郭东波。

地址:浙江省松阳县西屏镇新华路38号

电话:0578-8063987

邮编:323400

景宁县文化广电新闻出版局(体育局)

景宁县文化广电新闻出版局(体育局)为县政府直属行政单位。内设办公室、新闻出版科、非遗办、体育科4个职能股室,下属电影公司、文化馆、畲族博物馆、文物保护管理所、图书馆、文化市场执法支队、畲族民间艺术团7个事业单位。

局领导班子成员:党组书记、局长夏雪松,副局长王跃聪,副局长毛慧斌(分管广播电视工作),副局长朱益龙。

地址:景宁县鹤溪镇钟楼路15号

电话:0578-5821527

邮编:323500

景宁畲族自治县广播电视台

景宁畲族自治县广播电视台为正科级事业单位。内设办公室、财务室、新闻部、社教部、节目播出部、营运维护部、工程技术部、收费稽查部8个科室,下辖鹤溪、沙湾、英川、东坑、渤海等5个区域广电站。目前有线数字电视传送电视节目达115套。现有干部职工91人。

台领导班子成员:党组书记、台长周光平,党组成员、副台长江啸,党组成员、纪检组长梅祖凯,党组成员、总工程师柳剑锋,党组成员、副台长王松、赵伟峰、董作求。

地址:景宁县城鹤溪镇府前西路1号

电话:0578-5080545

传真:0578-5080545

邮编:323500

8. 集团建设

JITUANJIANSHE

浙江广播电视集团

重要文件

《浙江广播电视集团照片档案管理规定》

2月23日印发。该规定为进一步加强集团档案管理工作,建立健全照片档案管理制度,充分发挥照片档案在集团宣传、经营、管理中的作用。其对照片档案工作的管理体制、工作职责,照片材料的归档、接收,照片资源的利用、开放等作了具体规定。

《浙江广播电视集团播音主持人员从事社会活动管理规定》

5月7日印发。该规定为对集团所属各频道的播音员、主持人从事社会活动实行有序管理,并明确由广播电视频道负责审核或审批,集团总编室负责备案、报批和统筹调控。其对播音员、主持人从事社会活动的范围、报批手续、经费管理、行为责任等作了具体规定。

《浙江省广播电视中心灭火和应急疏散预案》

5月20日印发。该预案为及时有效处置省广电中心火灾,确保省级媒体广播电视事业发展和员工人身安全,确保广播电视节目安全播出。预案对省广电中心灭火和应急疏散的组织指挥、力量编成、人员疏散、人员救护、现场保卫、纪律要求等作了具体规定。

《浙江广播电视集团网络系统与办公网对接管理办法(试行)》

6月29日印发。该办法为进一步加强集团各网络系统的安全性,确保网络系统正常运行。办法对接入集团各网络系统的事前协商、边界要求、人员要求、应急预案及演练、检查整改、报告制度和禁止性约定,以及接入集团办公网的办理流程等作了具体规定。

《浙江省广播电视中心治安消防巡查处置实施办法》

7月9日印发。该办法为加强省广电中心治安消防巡查工作,确保及时发现和有效处置安全隐患,切实维护浙江省广播电视中心安全。办法对省广电中心的巡查区域及责任主体,火警、治安等事件处置方法,工作要求和奖惩措施等作了具体规定。原《浙江省广电中心大院消防治安巡查处置实施办法(试行)》(浙广集团发〔2007〕11号)同时废止。

《浙江影视后期制作中心项目工程联系单管理办法(试行)》

7月15日印发。该办法为进一步规范浙江影视后期制作中心工程变更联系单管理,确保工程建设顺利有效进行。办法对工程变更联系单的填报原则和程序、审批权限、签发流程、填写要求等作了具体规定。

《浙江广播电视集团电视播出管理办法》

8月23日印发。该办法为加强集团电视播出管理，规范播出工作秩序，保障电视节目安全优质播出。办法对节目播出串联单的签字报批，播出节目带的制作规范、审片审查和送达时间、登记交接，电视频道停播检修，安全播出情况统计等作了具体规定。原《浙江广播电视集团电视播出管理暂行办法》(浙广集团发〔2004〕142号)同时废止。

《浙江广播电视集团重大科技研究项目管理办法》

10月9日印发。该办法为加强对集团重大科技研究项目的科学化、规范化管理，确保集团科研工作有计划、有组织地进行。办法对集团重大科技研究项目的立项管理、实施管理、经费管理、验收管理、奖惩管理等作了具体规定。

《浙江广播电视集团节目高速传输服务平台管理暂行办法》

11月30日印发。该办法为有效确保集团节目高速传输服务平台正常、有序、安全运行，切实提高系统应用效率，更好地服务集团节目生产。办法对集团节目高速传输服务平台的应用范围、管理部门、开通流程、变更续服流程、用户注销、使用要求等作了具体规定。

重要会议

1月7日，集团召开全省广播电视新闻协作会议，全面回顾2011年度新闻协作工作，共同探讨2012年新闻协作工作重点和创新思路。集团总裁王同元到会讲话，总编辑程蔚东主持会议，副总编辑施泉明作工作总结，副总编辑董传亮宣读表彰决定。来自全省各市县区广播电视媒体和集团各宣传单位的300多位代表参加会议。王同元强调，2012年，全省广播电视要切实增强使命感和责任感，导向“管得牢”、合作“抓得实”、机制“搞得活”，合力开创我省广播电视新闻宣传工作的新局面。

2月8日，集团2011年度总结表彰大会在杭州剧院隆重举行。集团党委书记、总裁王同元讲话，党委副书记、总编辑程蔚东主持会议，党委委员和管委、编委委员在主席台就座。王同元代表集团党委在会上作题为《坚定目标，锐意进取，努力实现集团“十二五”发展的新跨越》的讲话，对集团2011年工作作了全面回顾总结，对集团发展面临的形势进行了深刻分析，对2012年工作提出了“六个新成效”的目标任务，对做好新一年工作提出了解放思想、振奋精神、凝聚合力的三大工作要求。特别是讲话明确提出“做大、做强、做久”的发展新理念，首次提出建设“品质广电、幸福集团”的宏伟蓝图，对做好集团2012年各项工作，加快集团“十二五”新一轮发展，具有重要的指导意义。会议还对集团2011年度先进集体和个人进行了表彰奖励，科(组)长以上干部、中级职称以上专业技术人员、主持人播音员和职工代表共1600人参加大会。

2月23日，集团召开党风廉政建设工作会议，学习贯彻十七届中央纪委七次全会和省纪委十二届八次全会精神，总结集团过去一年反腐倡廉工作，安排部署新一年反复倡廉任务。集团党委书记、总裁王同元在会上讲话，他强调，广大党员干部要以高度的政治责任感和使命感，旗帜鲜明、坚定不移地维护党的纯洁性，做到思想纯洁、作风纯正、情感纯朴，品行纯净，努力实现集团“十二五”发展的新跨越，以优异的成绩迎接党的十八大和省第十三次党代会的胜利召开。党委副书记、总编辑程蔚东主持会议，党委委员、纪委书记赵力平作工作报告。集团党委委员，管委、编委委员和副处以上干部、主任(总监)助理及纪律监督员共190多人参加会议。

2月29日，集团召开2012年共青团工作会议。会议认真学习王同元总裁在集团总结表彰大会上的讲话，回顾总结2011年工作，研究分析面临的形势，部署安排2012年工作。集团党委委员、纪委书记赵力平到会并讲话。集团团委委员、各团(总)支部书记、副书记60余人参加会议。

3月1日，集团编委会召开宣传例会扩大会议，学习贯彻中央和省委关于2012年宣传思想文化工作的重要精神，全面部署今年集团各项重点宣传任务。集团总编辑程蔚东作主题讲话，副总编辑施泉明主持会议。集团编委会成员，各宣传单位主要负责人，广播电视新闻、节目部门负责人，栏目制片人和宣传部门科组长以上人员参加会议。

3月1日，集团举行2012年科技工作会议，回顾总结2011年度集团科技工作，全面分析当前广播电视科技工作面临的新形势、新要求、新任务，部署落实今年工作任务。集团副总裁杨勇到会并讲话。技术系统科(组)长以上干部 70 余人参加会议。

3 月 9 日，集团召开年度党务工作会议，传达学习省委、省直机关工委关于切实加强基层党组织建设的精神要求，贯彻落实集团 2011 年度总结表彰大会有关加强党建和思想政治工作的部署安排，明确集团 2012 年党务工作的任务重点。集团党委委员、纪委书记赵力平到会并讲话。直属党委委员和各党(总)支部书记 80 余人参加会议。

4 月 28 日，集团召开深化“走转改”活动经验交流会，对为期半年的“改文风”大赛进行总结和表彰，对继续深入“走转改”活动进行交流与部署。集团总编辑程蔚东对集团进一步深化“走转改”活动进行部署并提出要求，副总编辑施泉明对下阶段集团将要进行的新闻竞赛活动进行了布置。副总编辑顾顺坤、董传亮，编委委员，各宣传单位主要负责人及新闻部门有关人员共 180 余人参加会议。

6 月 15 日，集团第二次党员代表大会在梅地亚隆重召开。党委书记、总裁王同元出席大会并讲话，代表集团党委对大会的召开表示祝贺，对集团党建工作取得的成绩表示充分肯定，强调要以深入学习贯彻省第十三次党代会精神、迎接党的十八大胜利召开为契机，坚持“围绕发展抓党建，抓好党建促发展”的理念和要求，全面加强党的建设，为加快实现集团“十二五”新一轮发展战略目标提供坚强保障。集团党委委员、纪委书记、直属党委书记赵力平同志代表第一届直属机关党委向大会作报告，对集团第一次党员代表大会以来党的建设工作进行了回顾总结。来自全集团 6 个党总支、71 个党支部，从 1673 名党员中推选产生的 157 名党员代表出席大会。

7 月 11 日至 13 日，集团党委召开专题读书会，认真学习贯彻省第十三次党代会精神，进一步明确和部署建设“品质广电、幸福集团”的基本要求和主要任务，动员全体干部员工以良好的精神作风投入到各项工作中去，奋力推进集团“十二五”新一轮发展。集团总裁王同元作了题为《坚持科学发展，做大做强做久，为建设“品质广电、幸福集团”而努力》的主题讲话，总编辑程蔚东作了题为《再谈导向》的重点发言。党委委员，管委、编委委员和各部门、各单位主要负责人 60 多人参加会议。

8 月 1 日，集团召开处级干部会议，传达学习胡锦涛总书记和习近平同志最近在省部级主要领导干部专题研讨班上的重要讲话精神，贯彻落实赵洪祝书记在省委常委扩大会议上的讲话要求，进一步深入宣传贯彻省第十三次党代会精神，回顾总结集团上半年工作，安排部署下半年任务。集团总裁王同元在会上要求全体干部职工进一步坚定信心、振奋精神，团结拼搏、克难而进，确保全年各项工作任务的圆满完成，以优异成绩迎接党的十八大胜利召开。总编辑程蔚东主持会议，党委委员，管委、编委委员和各部门、各单位处级干部等参加会议。

8 月 20 日至 21 日，由集团主办、湖州广播电视传媒集团承办的 2012 省市广播电视发展研讨会在湖州召开。集团总裁王同元，总编辑程蔚东等集团领导，全省 11 市广播电视总台(集团)负责人参加会议。

11 月 15 日和 21 日，集团先后召开专项廉政教育会议和廉政风险专项工作会议，深入学习党的十八大精神，传达全省宣传系统推进廉政风险防控专项工作会议和省宣传纪工委、省广电局有关通知精神，全面动员部署贯彻落实。集团纪委书记赵力平在会上作专题廉政讲座，杨勇副总裁主持会议。各部门单位主要负责人、纪律监督员及技术、行政、后勤等相关人员参加会议

12 月 11 日至 12 日，集团召开 2012 年度新闻工作会议，回顾总结今年集团新闻宣传工作，研究探讨新传播环境下新闻创新创优的有效途径，全面部署新一年工作的任务要求。集团总裁王同元到会并讲话，要求各宣传单位以科学发展观为指导，以建设“两富”新浙江为使命，把好导向、抓好创新、做好品牌、带好队伍，努力打造高质量、高品牌、高效益的“品质新闻”，在舆论引导新格局和媒体竞争新态势下牢牢占据主流地位。集团总编辑程蔚东主持会议，副总编辑施泉明作工作报告，副总编辑顾顺坤，编委委员，各宣传单位主要负责人及新闻部门的有关人员共 140 余人参加会议。

重要活动

1 月 6 日，2011 年度浙江新农村建设带头人“金牛奖”评选颁奖典礼在集团 800 平方米演播厅举行。省委副书记李强，省委常委、宣传部长茅临生，省人大常委会副主任程渭山，省政协副主席冯明光等省领导出席活动并颁奖。浙江之声、公共·新农村频道、新蓝网同步现场直播颁奖典礼。

1 月 10 日，由省文明办、省公安厅交管局、浙江广电集团联合主办，交通之声创意承办，电视影视娱

乐频道、新蓝网等联合承办的“改变——2011年度浙江省文明出行现状发布会” 在集团800平方米演播厅举行。省委宣传部副部长、省文明办主任龚吟怡等领导出席了发布会。

1月12日,2011年度“风云浙商”颁奖典礼在杭州举行。省委书记、省人大常委会主任赵洪祝专门为评选活动发来贺信。省委常委、宣传部长茅临生,省人大常委会副主任冯明,副省长王建满,省政协副主席徐冠巨、黄旭明等省领导出席并为获奖者颁奖。

3月1日,由浙江广电集团、省文明办、省直机关工委联合主办,浙江之声、浙江卫视、省直机关团工委联合全省80家广播电视台承办的大型社会公益活动“万朵鲜花送雷锋”送花车队发车仪式在省人民大会堂广场举行。省委常委、宣传部长茅临生出席仪式。

4月12日,由省农办和集团联合主办、浙江卫视承办的大型新闻行动“小康村里的幸福事”在桐庐县阳山畈村启动。集团副总编辑施泉明和全省11市农办主任、电视新闻频道总监以及当地500多名村民参加启动仪式。

4月21日,浙江广电主持人歌舞大赛“2012歌舞青春”在教育科技频道《美丽A计划》启幕。今年的活动锁定80后主持群,进一步提升年轻主持人集群的影响力和知名度。

4月27日,由省总工会和集团联合主办,浙江经视承办的“我们走在大路上——2012年浙江省庆祝五一国际劳动节”文艺晚会在杭州剧院隆重举行。省委常委、宣传部长茅临生致辞,省人大常委会副主任、省总工会主席厉志海,副省长陈加元等出席,与全国、省五一劳动奖状、奖章获得者,省金锤、银锤奖获得者等模范职工和先进集体代表一同庆祝劳动者的节日。

4月27日至5月1日,浙江卫视联合中央电视台连续5天推出大时段直播节目,以水下探秘直播的形式,揭示千岛湖水下古城狮城的独特风貌及遗存状况,并通过对人、事、物的追踪寻访,生动展现千岛湖库区50多年来尤其是近10年来的发展变迁。5月7日,省委常委、宣传部长茅临生在有关材料上批示,充分肯定浙江卫视《探秘千岛湖水下古城》大型直播活动是“宣传工作围绕中心和经济发展全局,满足人民群众的文化需求,整合资源精心设计联动,做好电视宣传并取得显著成效的一次活动”,值得认真总结并为全省各地提供借鉴。

4月28日至5月3日,第八届中国国际动漫节在杭州白马湖创意城举行。集团作为动漫节主办方之一,精心布展,精彩亮相,吸引了广大参观者和社会各界的关注。中共中央政治局委员、国务委员刘延东,全国人大常委会副委员长路甬祥,省委书记赵洪祝、省长夏宝龙等参观集团展区,并接受浙江少儿频道小记者的采访。

5月6日开始,由集团主办,广播交通之声、交通旅游导报承办的《穿越浙江——交通让生活更美好》大型新闻行动播出,全景式反映我省交通建设成就,全方位展现交通发展给浙江带来的巨大变化,为我省实施“两创”总战略和省第十三次党代会召开营造良好氛围。

5月15日,由广播交通之声发起、全省30多家媒体共同参与的“生态文明在浙江”大型新闻行动正式启动。行动为期半个多月,由承办媒体联合组成的采访团将走遍全省11个市,巡回访谈地方高层、专家学者,走进企业乡镇、示范景点等,行程3000多公里,对浙江生态文明的发展之路进行生动诠释。

5月25日,由省广电局和集团共同主办,电视公共·新农村频道承办的第三届浙江农民创富大赛在诸暨市启动。大赛积极响应“创业富民、创新强省”总战略的号召,鼓励和发动全省农民通过技术的进步走上致富之路,在农业生产一线出成果、出实效,推动浙江新农村建设进程。

6月27日,由集团承办的《群英盛典——2012浙江省创先争优主题晚会》在省人民大会堂精彩上演,并通过浙江卫视播出。省领导赵洪祝、夏宝龙、任泽民、黄坤明、葛慧君、蔡奇、刘力伟、王新海、赵一德、厉志海、陈加元、陈艳华、黄旭明等出席,近千名省级创先争优闪光言行之星、创先争优群英会代表以及基层党员群众代表共同观看演出。

7月中旬起,浙江卫视创新推出大型音乐励志评论节目《中国好声音》,邀请刘欢、那英、庾澄庆、杨坤四位著名歌手担任导师,现场选拔来自全国各地的普通音乐爱好者,突出公益特色,崇尚励志阳光,弘扬真善美,传递正能量,播出以后迅速赢得广大群众的喜爱和社会各界的好评,节目收视率和网络关注度稳居全国最前列,成为继《中国梦想秀》之后,又一档具有全国影响的标杆性公益节目。国家广电总局《监听监看日报》专题肯定节目“接地气,百姓歌声震撼舞台;现真情,质朴情怀打动人心;彰尊重,互动过程诚挚平等”。《人民日报》、《光明日报》等刊文称赞节目“高举主流价值观的大旗，为至情至爱歌唱，为立志励志喝彩，为大善大美呼喊，为荧屏吹来一股清新之风”。

7月20日，由省委宣传部、省文明办、浙江广电集团、省公安厅交管局主办，交通之声策划组织承办的“喜迎十八大——2012文明出行巡回宣传月”大型公益活动圆满结束。活动以鲜明的主题、丰富的形式、有效的互动，成功营造了喜迎党的十八大的良好舆论氛围，在社会上产生了热烈反响，受到了广大群众的好评，被称为最具影响力的大型公民教育实践活动。

8月31日，由集团和省广电局共同主办，电视教育科技频道承办的第三届“新农民·新点子”浙江农民创富大赛在集团800平方米演播厅举行了揭晓晚会。省委常委、副省长、宣传部部长葛慧君，省人大常委会副主任程渭山，活动主办单位相关领导出席晚会，并为获奖者颁奖。

9月11日，集团迎接党的十八大大型新闻行动《天下义乌》正式启动。该系列报道将于今年10月起在浙江卫视《浙江新闻联播》栏目中播出，两集同名专题片将于年底在浙江卫视播出。

9月13日，由省工业经济联合会、省企业联合会、省企业家协会联合主办，浙江经视承办的2012年浙江省企业领袖峰会颁奖典礼在省人民大会堂举行。

9月17日，在奥运冠军叶诗文、“最美教师”陈霞和全省1000多名少年儿童的共同见证下，电视少儿频道承办的我省首次由“小记者”为主体参与的大型电视新闻行动《信仰的种子——浙江省未成年人核心价值体系建设巡礼》在杭州拉开序幕。

9月19日，由省委宣传部、省文明办和集团联合主办，浙江卫视和钱江都市频道承办的“浙江好人德行天下——全国公民道德宣传日”主题晚会在集团举行。省委常委、副省长、宣传部长葛慧君，省人大常委会副主任吴国华，省政协副主席陈艳华等出席晚会。来自全省各地的道德模范代表、浙江大地涌现的“最美”群体以及全省各市宣传系统代表、群众代表近300人参加晚会。

9月28日，由省外宣办、省侨办、湖州市人民政府和集团联合主办，浙江卫视、国际频道共同承办的大型文艺晚会《月是故乡明——2012全球华人盛典?中秋晚会》在湖州举行。省旅外乡贤大会代表、来自世界78个国家和地区的华侨华人代表齐聚晚会现场共度中秋佳节。

9月下旬，由省委外宣办和集团联合主办，浙江之声承办，新蓝网和全省30多个市县电台协办的大型直播访谈活动《实现“两富”，再创辉煌——市县委书记多媒体访谈》圆满结束。活动过程中，来自全省各地的30多位市县区党政主要负责人畅谈学习贯彻省第十三次党代会精神，解读今后五年地方工作的目标任务，在全省干部群众中掀起了学习贯彻省党代会精神、迎接党的十八大的热潮。

10月14日，由省委宣传部、浙江广电集团主办，电视教育科技频道承办的2012“十月的阳光——两富浙江?激情飞扬”浙江儿女喜迎党的十八大电视文艺直播活动在杭州钱江新城市民广场隆重举行。省委常委、副省长、宣传部长葛慧君，省人大常委会副主任吴国华等领导出席活动并观看演出。浙江卫视、教育科技频道、新蓝网、武林巷网站等对活动进行了现场直播。

10月16日，由省广电局、浙江广电集团、省广电学会主办，钱江频道承办的“浙江影视歌曲十年盛典晚会”在集团800平方米演播厅举行。

10月28日，由中国广播剧研究会和集团等主办、交通之声策划承办的首届中国微广播剧大赛颁奖典礼在贵阳举办，来自中央台及全国各省市电台的120多位代表参加。首届中国微广播剧大赛获奖剧作将在全国多家电台和中国广播网“广播剧场”展播。

11月1日至6日，集团成功举办第七届中国（浙江）电视观众节。本届观众节秉持“回报观众，回报社会”宗旨，坚持“参与、热闹、娱乐、开放”方针，先后策划推出了“集团开放日”、“观众嘉年华”、“汽车风尚音乐会”、“同城观众日”、“激情飞扬·成就梦想”主题晚会、“广告钱塘盛会”、“观众最喜爱的电视剧和影视演员评选”和“十大剧献”等八大项目。全国各地参与网络投票和现场活动的群众达到数千万，投票数达到2亿多，活动影响范围、参与人数均创历届之最。新华网、人民网、《钱江晚报》、浙江在线等省内外主流媒体对活动进行大篇幅报道。省委常委、宣传部长葛慧君高度肯定观众节“办得很成功”，强调指出观众节“进一步提升了主流媒体的知名度和观众的亲近感。”

11月24日，由电视民生休闲频道主办的第六届“彩虹计划大型公益助学结对大会”在杭州吴山广场举行。活动现场爱心涌动，来自全省各地的最美浙江人携手筑彩虹，共结对2308名贫困学子，捐款总额达254.67万元，为历年之最。

12月1日，由省教育厅、省政府新闻办、省政府外事办、浙江广电集团联合主办，教育科技频道和宁波大学承办的“梦行浙江”——第六届浙江省外国留学生中华才艺展示系列活动在宁波拉开帷幕。来自全省20多所高校的近300名留学生以诗歌朗诵、传统舞蹈、武术、话剧等多种形式展示汉语学习的成果。

12月3日，第21个国际残疾人日，由省委宣传部、省人力社保厅、省民政厅、省广电局、省总工会、省残联等单位联合举办，电视影视娱乐频道承办的“创业自强、爱心浙江”大型直播活动在集团广播音乐厅举行。省人大、省政府、省政协有关领导出席晚会并颁奖。

12月18日，由省委外宣办、省对外友协、浙江广电集团主办，国际频道承办的“我与浙江”、“外国人拍浙江”摄影比赛颁奖仪式暨获奖作品巡回展启动仪式在浙江图书馆举行。

12月26日，由省委宣传部、浙江大学、浙江广电集团联合主办，电视民生休闲频道和浙大公共管理学院策划承办的“浙江省2012年度十佳民生工程”评选活动揭晓仪式在省广电中心举行。省委常委、副省长、宣传部长葛慧君，省人大常委会副主任、浙大党委书记金德水，副省长陈加元，省政协副主席陈艳华等领导出席活动并为获奖项目颁奖。“浙江省农村住房改造工程”、“浙江省农贸市场改造提升工程”等10个项目获得“浙江省2012年度十佳民生工程”称号。

重大举措

1月12日，中国音乐著作权协会与中国广播电视协会电视版权委员会成员单位在北京举行音乐付酬集体签约仪式。集团副总编辑顾顺坤代表集团与中国音乐著作权协会正式签署电视使用音乐作品一揽子合作协议，为集团解决了因大量使用中外音乐作品而需要逐一获得授权的难题。

1月18日，广播音乐调频FM996频率以全国首家“民生资讯广播”的全新身份播出。频率将着力于民生的视野、民生的态度、民生的情怀，体现文化内涵、人文关怀和社会意义，全力打造“电台中的凤凰资讯台”。

1月18日，集团6号高清转播车顺利抵达集团，这是继2011年3号高清转播车建成之后，集团又新添的重量级新装备。6号高清转播车拥有10个全高清摄像机讯道、多级切换台以及慢动作操作系统，并设计了多种接口，具备充分的讯道扩展功能。

4月上旬，浙江广电新媒体有限公司用时85天，完成了IPTV集成播控平台搭建，在全国同类工程中创造了“浙江速度”，并且平台的设备先进性及用户规模承载量均居全国省级平台首位。

6月28日，在北京举行的2012年世界品牌大会上，世界品牌实验室权威发布了最新的中国500最具价值品牌榜，浙江广电集团连续第二年荣登榜单，位列第135位，比去年上升11位。在入围的45个传媒品牌中，位居第九，品牌价值达105.81亿元，居浙江媒体首位。

为加强集团干部队伍素质与能力建设，切实提高年轻干部的综合素质和行政能力，从6月下旬开始，集团党委决定分期分批全面轮训科级干部。6月29日，集团总裁王同元专程看望学员，与大家交流座谈，殷切希望年轻干部加强学习、积极思考，在实际工作中有思路、有激情、有韧劲、有成效。集团纪委书记赵力平参加开班仪式和座谈交流。

7月10日，浙江国际影视中心的影视制作综合大楼全面冲出“正负零”，标志着大楼的基础工程圆满结束，影视制作综合大楼自此正式破土而出，进入地面建筑施工阶段。

7月，为表彰鼓励宣传创优，集团奖励第三季《中国梦想秀》创作团队奖金20万元，奖励2012“歌舞青春”主持人大赛全体主持人等创作团队15万元。

8月12日，浙江广电集团2012“歌舞青春”主持人大赛盛典在浙江卫视和教育科技频道播出。本次大赛由集团主办、教育科技频道承办，前后历时近四个月，是集团年度主持人品牌打造重点活动，也是一次浙江广电80后新生代主持人充满青春活力、拥有专业实力的群像展示。

9月13日，浙江国际影视中心影视文化综合服务大楼最后一根工程桩混凝土浇筑完毕，标志着影视文化综合服务大楼桩基工程提前顺利完工。

10月27日，在天津召开的第19届中国国际广告节上，电视教育科技频道作为全国省级强势特色地面频道合作组织（简称“九合组织”）的主力频道之一，联手全国11家省级强势频道，以联合推荐、联合营销、联合谈判的形式，启动了省级地面频道集群化运作的新路子。

文化建设

1月11日，集团2012年新春联欢会在梅地亚宾馆星网厅举行。集团总裁王同元在会上致辞，总编辑程蔚东主持联欢会，500多名职工代表欢聚一堂，共迎新春。

3月12日，集团发文表彰集团成立10周年征文优秀作品和优秀组织单位，16位作者和电视影视娱乐频道等3个优秀组织单位获得表彰奖励。2011年10月至2012年1月集团举办了以“我的十年”为主题的征文比赛活动，得到广大员工的积极响应，征文在集团报《浙江广电》上刊出后，引起了热烈反响，取得了良好效果。

7月20日，集团青年辩论赛决赛在制作楼800平方米演播厅举行，集团领导、各部门单位负责人和青年员工到场观看比赛。经过激烈角逐，浙江之声夺得冠军，少儿频道荣获亚军，音乐调频、发展总公司同列季军，集团总部、钱江频道、广播经济、电视播出中心等4 支队伍获优胜奖。

9月20日，由省委宣传部、省直机关工委、省教育厅、省文化厅、浙江广电集团联合举办的“永远跟党走” 全省红色经典歌曲合唱大赛在浙江实验艺术剧场隆重举行，集团合唱团凭借精彩演唱获得一等奖。

10月20日，集团第二届运动会在杭州西湖区体育场举行，集团领导、各部门单位负责人和员工运动员、拉拉队近2000人齐聚赛场，共享运动的快乐。本届运动会设9个大项、62个小项，共有29支代表队、1300多人次参赛。

10月22日，由省广电局、浙江广电集团和省摄影家协会主办，集团工会、集团摄影协会等承办的全省广播影视系统“美哉·浙江”摄影作品巡展在集团新大楼大厅展出。

10月23日，由集团主办，集团团委和电视影视娱乐频道共同承办的广电青年走基层“龙游天下”晚会精彩演绎，受到当地群众的热烈欢迎。

杭州文化广电集团建设

2012年，杭州文广集团基层党建工作得到加强。集团以深入学习贯彻十八大精神为主线，扎实开展“进村入企、服务基层”大走访活动和“解难题、促发展”基层服务年活动。杭州文广集团领导班子成员联系下属单位和员工，开展实地调研，认真倾听来自一线干部员工意见建议，解决实际问题。同时按照“五个一”的要求走村入户，发放调查问卷，帮助各村解决了一些实际困难。认真组织纪念建党91周年系列活动，以表彰大会表彰先进、专题党课凝心聚力、欣赏演出活跃氛围等形式不断提高基层党建水平。抓好组织建设，深入开展创先争优活动，营造“学先进、赶先进、争先进”的良好氛围。抓好新党员发展和各单位支部换届选举工作，健全党的基层组织。抓好群团建设，积极组织开展工青妇各项活动。

反腐倡廉工作得到加强。一是营造良好廉政文化氛围。以创建“廉政文化示范点”为抓手，通过清风角、电子屏、七一廉政书画摄影展览、廉政讲座、廉政影片观看等丰富多彩的廉政文化活动，积极营造廉政文化氛围。二是层层推进职业道德教育。推出《杭州文广集团关于加强广电系统职业道德和行风建设专项教育活动的实施意见》，规范新闻采编人员行为，抓好员工的职业道德教育和作风建设。三是加强重点领域监督管理。重点对干部选拔、资金管理、基建工程、设备采购等重点领域、重点项目的监管，规范操作流程和制度执行，提高监督有效性。四是加大维稳廉政宣传力度。对集团各媒体开设的《民情热线》、《廉政经纬》、《民情观察室》、《直播12345》等栏目加大扶持力度，积极承担反腐倡廉社会责任，做好党风廉政建设宣传工作。扎实做好信访、维稳工作，保障集团各项工作顺利开展。

队伍建设工作得到加强。一是加大干部选拔和交流力度。按照公开、公平、公正的原则，重点完成了2名集团中层正职，5名集团中层副职的竞争上岗工作，并对13名集团中层干部进行了岗位调整，进一步优化集团中层干部配备。积极做好领导班子、领导干部年度考核工作和挂职干部的选派工作。二是加大人才引进力度。引进中国传媒大学播音主持专业优秀毕业生2名，越剧作曲高级人才1名，面向社会公开招聘广电专业人员34名，选派20名青年采编骨干赴中央级媒体挂职学习2个月。三是加大人员推优力度。推荐4人申报2012年国务院和市政府特殊津贴，推荐2人入选杭州市131中青年人才培养计划第三层次人才梯队，28名业务骨干转为集团聘用。四是加大员工培训力度。组织“文广大讲堂”讲座9期，培训人员近1500人次。

资金服务工作得到加强。集团对文广控股公司增资3000万，以控股公司为实施主体，为各控股、参股公司提供资金服务。为嘉艺影视、文物公司、汉唐动漫提供短期借款和贷款担保，帮助文物公司、西湖之声传媒、都快交通久一点吧传媒、好朋友传媒等办理文化企业所得税减免，协助、指导综合·生活频道群和明珠频道组建媒体经营公司，帮助各单位选送了48个项目申报市文创产业项目资金扶持，为23个项目争取到628万元扶持资金等。

安全保障工作得到加强。一是确保广电媒体安全播出。集团层层签订安全播出责任书，各有关单位以十八大等重要保障期为重点，在日常播出管理工作中，加强应急预案修订、加强突发事件演练、加强直播环节管理、加强安全意识树立、加强安全责任落实，做到播出和传输安全有序。二是确保广电大楼安全运行。严格执行巡查制度，落实重点区域安全点位责任制，整改消防隐患80多处，加强车辆和人员进出管理，实现一卡通管理，做到大楼运行安全有序。三是确保基建工程安全施工。对在建各项工程，严格实施“预防为主、安全第一”制度，实行重点部位重点监控，特种设备设施跟踪监督，异常气候24小时巡检，制订完善各种应急预案，做到基础设施建设安全有序。

基础建设有新进展。三个项目如期竣工。杭州艺苑项目东区，已全面投入使用，西区项目及两个剧场的建设，除新增自动扶梯项目外，年底全部竣工验收并将投入使用。杭州话剧团团部装修和原址拆复建工程，在完成多项报批和协调工作后，按计划推进，全部竣工。三个项目加快建设。杭州杂技总团改造项目，积极采取各项措施，取得周边居民理解，1、3号楼改造完成，通过质监验收，整修后交付杭杂使用。千岛湖红星文化度假村项目，已全面完成工程结构施工和设备安装任务，目前正进行室内外和景观绿化装饰施工，预计2013年10月1日可开张营业。太平洋文化中心项目，完成开工前的拆迁谈判、拆除原有建筑、申领施工许可证等程序，代建、总包、监理招标已招标到位并签订各项合同，全面开工建设。三个项目全面启动。杭州广电二、三期(含爱乐乐团)项目，集团党委把该项目的自主开发建设，作为今年的一项重点工作，成立了广电中心二、三期项目建设领导小组和建设指挥部，目前已完成概念性方案的编制。莫干山路86号外立面整治项目，外立面整治方案确定，计划2013年2月底完成外立面整治施工。新华影院改造项目，电影公司已顺利解决与娃哈哈集团关于影院场地的续租问题，目前正在对影院的功能定位进行规划。

宁波广播电视集团建设

2012年度，宁波广播电视集团在集团建设方面不断拓展新思路，谋求新举措。

确定了新的发展目标。确定了“打造国内有影响力的文化传媒集团”这一发展目标，明确了传统媒体、新媒体、影视演艺和经营创收四大板块为主的产业发展格局，将集团建设成为具有舆论引导力、产业竞争力、品牌影响力、队伍凝聚力的文化传媒集团

确定了14个重点项目。为增强产业发展的内生动力，集团对今后3–5年事业和产业发展进行了梳理，确定了广电传媒大厦、广告经营、品牌建设、精品生产、房产经营、演艺经营、高清电视、新媒体、信息化平台等方面的14个重点项目，并责任到人，强力推动，初步形成了以项目推进产业发展的良好态势。

不断完善规章制度，进一步健全完善了集团领导班子与频道频率和部门、单位两个层面工作运行机制。宁波市委对集团领导班子进行了调整，集团也对领导分工进行了重新调整，修改完善了《集团党委决策重大事项议事规则》，建立了《集团党政联席会议制度》、《集团编辑委员会会议制度》等重要制度，出台了《集团各部门工作职责》、《集团劳动人事管理实施办法》等重要规章，形成了党委领导下的管委会、编委会负责制的良好运行机制。

不断加强企业文化建设。丰富了企业文化建设内容，形成了以培育员工精神力量为重点的个体文化建设，以和谐单位为目标的团队文化建设，以利益导向为特征的激励文化建设，以公正为核心的用人文化建设，以制度建设为保障的廉政文化建设。

在人才队伍工作上继续取得新的进展，《如意鸟.有声杂志》浙东地域文化创作研究组、宁波广播影视艺术创作团队获第三批省重点创新团队。殷安建同志获得国务院特殊津贴。

9. 人物

RENWU

浙江省广播电影电视局

华宣飞(1971.02～) 男,浙江省广播电影电视局党组成员、副局长。汉族,浙江宁海人,中共党员,1994年7月毕业于中国人民大学新闻系,大学本科学历,文学士学位。1994年8月参加工作,任浙江日报社记者;1995年12月任浙江省委宣传部新闻出版处干事;1998年11月任浙江省委宣传部新闻出版处主任科员;2001年8月任浙江省委宣传部新闻出版处副处长;2002年7月任浙江省委宣传部办公室副处级机要秘书;2005年9月任浙江省委宣传部新闻出版处副处长;2007年11月任浙江省委宣传部新闻出版处处长;2012年6月任现职。

温小平(1963.01～) 男,浙江省广播电影电视局宣传管理处副处长。汉族,浙江杭州人,中共党员,大学本科学历。1987年1月毕业于海军大连舰艇学院,历任海军福建基础勤务船大队B873船副航海长、杭州市江干区南星街道办事处宣传干事、杭州市江干区人民武装部政工科干事、政工科科长、临安市人民武装部副部长、杭州军分区政治部副团职干事等职。2004年转业到浙江省广播电视监测中心任干部;2006年8月任浙江省广播电影电视局宣传管理处副调研员;2012年1月任现职。

张　轶(1970.02～) 女,浙江省广播电影电视局人事处副处长。汉族,浙江东阳人,中共党员,大学本科学历。1988年12月任浙江东阳水泥厂会计;1989年3月参军,历任武警浙江总队四支队战士、武警天津医学专科学校学员、武警杭州医院见习护士、武警杭州医院护士、武警杭州医院药械科护师等职。2002年转业到省广电局任科技管理处干部;2003年10月任科技管理处主任科员;2012年1月任现职。

吕涛勇(1970.09～) 男,浙江省广播电视监测中心副主任。汉族,河南唐河人,中共党员,大学本科学历。1997年7月参加工作,任杭州西湖电子实业公司河南销售分公司业务员;2000年8月任浙江省出版印刷物资总公司物资销售员;2000年10月任杭州市广播电视网络中心杭州网通信息港职员、客户部经理;2003年5月任浙江省广播电视监测中心技术监测科副科长;2004年1月任浙江省广播电视传媒产业协会办公室专职副主任;2006年7月任浙江省广播电视传媒产业协会办公室主任;2012年1月任现职。

浙江广播电视集团

孙　崧(1975.09～) 女,浙江广播电视集团总编室主任编辑。浙江绍兴人,无党派人士,大学本科学历。1996年7月在浙江电视台教育科技频道从事新闻记者、编辑工作,2009年5月在浙江广电集团总编室从事编辑工作。参与采写的《给小惠阳找个家》获2006年度浙江省新闻奖二等奖；参与制作的《11小时抗击风雪特别节目》获2008年度浙江省广播电视新闻奖（现场直播）一等奖；《拉煤老人两年存下一万多元捐四川灾区》、《物证三十年》获2008年度浙江新闻奖二等奖。

斯淑芳（1963.05～）女，浙江广播电视集团计划财务部基建资产科副科长，高级会计师。中共党员，大学本科学历。1982年12月在杭州缝纫机厂从事质量管理工作；1996年9月在浙江教育电视台工作，历任出纳、会计、主任助理，参加筹建浙江教育电视台工作。2001年11月在浙江广播电视集团计划财务部工作，负责集团固定资产核算、管理以及集团税务会计等工作。在省级以上刊物发表了《对事业单位基建财务存在问题的探讨》、《对有效建立企业内控制度的研究》、《广播电视行业固定资产会计核算浅析》等多篇论文。多次获集团先进工作者称号。

周晓政（1966.02～）男，浙江广播电视集团行政管理部副主任。浙江江山人，中共党员，大学本科学历。1984年10月入伍，历任班长、代理排长；1995年转业到杭州市人民政府驻京办事处工作；1997年在杭州市机关事务管理局工作；2000年在浙江省政府机关事务管理局工作；2006年调入浙江广播电视集团，任接待科副科长、科长；2012年11月任现职。获优秀共产党员、先进工作者等荣誉。

谢丽君（1972.02～）女，浙江卫视总编室主任编辑。浙江天台人，无党派人士，大学本科学历，硕士学位。历任浙江卫视《人生AB剧》编导、《时尚100%》制片人、节目中心活动拓展部主任、专题片《西湖》项目制片主任等职，现在浙江卫视总编室从事节目评审工作。在省级以上刊物发表了《品牌之路?王者之道》等多篇论文，其中：《娱乐化，电视消费时尚类节目的发展方向》获浙江省广播电视论文奖三等奖。参与拍摄的《百年越剧》获中国广播影视大奖广播电视节目奖优秀电视文艺专题奖、浙江省第十八届电视“牡丹奖”电视文艺节目一等奖；《西湖》获电视星光奖、“第二届全国优秀电视文化（文艺）栏目暨大型特别节目推荐表彰活动”优秀大型纪录片奖；主创的《人生AB剧》“老王求职记”获浙江省精品工程奖；“女生小艾”获全国周末电视评选活动创新奖二等奖。

谷　坚（1957.05～）男，浙江卫视新闻中心主任记者。从1990年起在浙江卫视新闻中心工作，一直承担文化、教育、科技三条线的报道任务，对这三条线上的体制改革、事业建设有着比较深入的了解，能结合省委省政府的工作和大众民生的热点，重点关注高等教育改革和文化产业发展，做好全面的报道。参与七运会、八运会、九运会；六艺节、七艺节、八艺节各种大型报道活动；参与《新千年直播》、《钱江潮直播》、《高铁开通直播》等；曾担任历届党代会开幕式直播、人代会开幕会直播的主要工作。

叶发青（1953.02～）男，浙江电视台钱江频道综合部副主任，高级工程师。浙江杭州人，中共党员，大学专科学历。1970年9月参加工作，历任浙江电视台新闻部播出组组长、新闻中心技术部主任、钱江都市频道技术部主任、钱江频道综合部副主任等职。在省级以上刊物发表了《新闻节目的双向直播》、《浙江电视台钱江频道卫星直播车的设计》、《电视台交互式演播室系统应用》等多篇论文；获国家广电总局电视节目技术质量奖一等奖、金帆奖”录制技术奖二等奖；获华东电视技术年会录制技术质量奖一等奖、特等奖。被评为浙江电视台先进工作者、浙江广播电视集团先进工作者。

陈　灼（197062.02～）男，浙江电视台影视娱乐频道节目部主任、二级导演。浙江杭州人，中共党员，大学本科学历。1987年从北京广播学院电视系电视导演专业毕业，分配至浙江电视台电视剧部工作，历任场记、副导演、导演；2008年任现职。在省级以上刊物发表了《浅析经济学视角下的国内真人秀节目制播新策略》等多篇论文；作品多次获国家级和省级一、二等奖奖项。是浙江省影协和视协的会员。

赵　斐（1980.07～）女，浙江电视台少儿频道副总监。浙江丽水人，中共党员，大学本科学历。2002年毕业于浙江广播电视学校播音系，同年进入浙江人民广播电台，历任浙江电台城市之声主持人、记者、广告部副主任、广告部主任等职；2012年10月任现职。2008年被集团评为“先进个人”，2010—2011年，连续两年获集团“突出贡献奖”。

林　忆（1965.12～）女，浙江电视台少儿频道主任编辑。重庆人，大学本科学历。先后在浙江有线电视台、浙江影视频道、浙江少儿频道工作，历任记者、编导、制片人、广告部主任助理等职，在省级以上刊物发表了《电视新闻平民化视角的运用》、《准确把握新闻策划的度》等多篇论文；纪录片《纯真年代的故事》获2001年第16届法国FIPA影视节入围奖；大型电视系列片《名人故里·西施故里－诸暨》获2003年中国广播电视政府奖二等奖；《你猜谁会赢》栏目获2008年度中国优秀少儿电视栏目二等奖；《成长超超动力》栏目获2010年度浙江省广播电视青少节目电视栏目一等奖。

陈　瑶（1971.05～）女，浙江之声新闻中心副主任，主任记者。福建福州人，中共党员，大学本科学历。1995年进入浙江电视台新闻中心，历任《黄金时间》、《新闻现场》等栏目责任编辑、浙江卫视综合部副科长、集团编委会秘书、集团总编室综合管理部主任等职。从事新闻工作十余年，获中国新闻奖一等奖1次、三等奖2次；中国广播电视新闻奖一等奖3次、二等奖一次、三等奖1次；浙江新闻奖一等奖9次。其中：参与主创的长消息《百万群众大转移》以独特的视角反映重大的主题，获中国新闻奖一等奖；主创的广播系列报道《浙江声音》获省重大主题报道一等奖；《跨越海峡的生命传递》讲述的捐髓故事入选人教版四年级语文课本。

张　欣（1978.03～）女，浙江广播电视集团广播交通之声副总监兼广告部主任。浙江杭州人，共产党员，大学本科学历。1999年6月进入广播城市之声工作，先后主持《张欣说气象》、《天天美食》等节目；2002年6月任城市之声节目部副主任；2003年3月任城市之声广告部主任；2009年9月任交通之声广告部主任；2012年6月任交通之声总监助理兼广告部主任；2012年10月任现职。曾获全国电视气象节目主持一等奖；获"集团先进工作者"、"集团十佳员工"、"集团广告营销杰出贡献"等荣誉。

凌奕音（1976.12～）女，浙江电台城市之声综合部副主任。浙江嘉善人，中共党员。1999年毕业于浙江大学新闻与传播学院广播电视新闻专业，当年8月进入浙江电台城市之声，在新闻部从事一线采编工作。2006年年底，出版《亲历抗战——百位在浙抗日老战士口述》一书。采访编辑的主题报道系列《生活中的荣辱观》获2006年度浙江省广播电视新闻奖（重大主题类）一等奖、中国广播影视大奖"优秀广播消息"提名奖；参与编辑《城市快报》栏目获"2008年度浙江新闻奖第四届浙江新闻名专栏奖"。

吴宇超（1972.05～）男，浙江广播电视集团广播制播中心计算机科副科长，高级工程师。浙江杭州人，中共党员，大学本科学历。1998年在浙江广电集团广播制播中心参加工作，2008年任现职。在省级以上刊物发表了《广播制播网安全与实践》、《全天候、全方位、高质量的数字音频传输系统》等多篇论文；多次获国家广电总局"广播节目播出技术质量"二、三等奖；参与建设的《浙江广播电视集团5.1环绕声录音棚》获省科技成果应用于技术革新类一等奖、总局三等奖；《浙江广播电视集团音乐库建设项目》获省科技创新工程类二等奖。获国家广电总局"十七大安全播出先进个人"三等功、省广播电视技术维护先进个人、省抗震救灾宣传报道先进个人、华东地区广播电台优秀维护员等称号。

宋　禹（1973.04～）男，浙江广播电视传输发射中心高级工程师。浙江杭州人，中共党员，大学本科学历，学士学位。1994年参加工作，历任浙江广播电视微波总站微波二科技术员，工程师、科长助理、浙江广播电视传输发射中心龙井卫星地球站值班长、支部组织委员等职。在省级以上刊物发表了《浙江卫星地球站信号监录系统的设计与应用》等多篇论文，其中《卫星地球站天馈线系统的技术改造》获省广播电视优秀论文二等奖；参与的《国产2WH型2G微波电源组件》获省广播电视科技技术进步二等奖、《浙江省广播电视卫星地球站安全播出信息管理系统》获省广播电视科技成果应用与技术革新奖二等奖。获省技术维护先进个人二、三等奖；四次获中心先进工作者。

江献军（1974.06～）男，浙江省广播电视工程公司高级工程师，国家一级注册建造师。浙江衢州人，中共党员，大学本科学历。1996年7月参加工作，进入浙江省广播电视工程公司，主要从事广播电视工程和建筑智能化系统工程。为浙江省公共资源交易中心弱电智能化系统评标专家，参与全省弱电智能化系统工程评标工作。在省级以上刊物发表了

《浅谈综合布线系统的配置》、《建筑与建筑群公共广播系统》、《集团大院安全防范系统设计》等多篇论文;获中国勘察设计协会工程智能设计分会2009年度建筑智能化行业“青年创新人才”奖、浙江省建筑装饰行业协会2010年度“优秀项目经理”。

钱 瑛(1972.02~)女,浙江梅地亚新闻交流中心副总经理。浙江杭州人,中共党员,大学本科学历,文学学士学位。1998年8月进入梅地亚宾馆从事酒店管理工作,先后担任过客房、前厅、人事、办公室等部门行政职务,同时兼任《梅地亚在线》主编。作为多年从事酒店管理的负责人,积累了丰富的管理经验和较强的理论功底。2011年9月至11月,作为浙江饭店业的高端管理人员赴美培训学习酒店管理。在省级以上刊物发表了《浅谈中西方教育培训差异》等多篇论文。多次获中心和集团先进工作者。为国际金钥匙组织中国区总经理会员。

杨 英(1964.05~)女,浙江广联有线电视传输中心工会主席,高级政工师。浙江诸暨人,中共党员,大学本科学历。1984年参加工作,1997年调入浙江省广电厅从事省广播电视主干传输网的工程建设,任主办会计;1998年9月任现职,兼综合部经理、财务负责人。在省级以上刊物发表了《争做学习型工会干部》、《新时期加强思想政治工作的几点思考》、《创建干部队伍建设》等多篇论文。2002年被省直机关工会评为先进女职工,被浙江广电集团评为先进会计工作者、优秀共产党员、先进工作者。

杭州市

钮 俊(1968.08~)男,杭州市文化广电新闻出版局党委书记、局长。江苏吴江人,中共党员,大学本科学历。1997年12月任杭州市委组织部干部二处副处长;2003年6月任杭州市委组织部干部二处处长;2006年12月任临安市委常委、组织部长;2009年4月任杭州市民族宗教事务局党组副书记、副局长;2009年8月任杭州市民族宗教事务局党组书记、局长;2012年任现职。

钟文静(1962.03~)女,杭州市文化广电新闻出版局巡视员、党委副书记、副局长。浙江平阳人,中共党员,大学本科学历。1992年12月任富阳县委宣传部宣传科科长;1994年1月任富阳市委宣传部宣传科科长;1994年5月任富阳市委党校党委委员、副校长;1996年12月任富阳市委宣传部副部长;2000年7月任富阳市纪委副书记;2001年7月任富阳市委常委、组织部长;2002年12月任临安市委副书记、纪委书记;2011年11月任杭州市文化广电新闻出版局党委副书记;2011年12月任杭州市文化广电新闻出版局副局长;2012年7月任现职。

余新平(1970.01~)男,杭州文化广播电视集团有限公司董事、副董事长、总经理,杭州文化广播电视集团管理委员会副主任。浙江淳安人,汉族,中共党员,大学本科学历,教育领导学硕士。1992年8月参加工作,1999年7月任杭州市拱墅区委宣传部副部长;2000年11月任拱墅区小河街道党工委副书记、办事处主任;2002年12月任西湖区委常委、宣传部长;2006年12月任杭州市委宣传部副部长;2012年5月任杭州文化广播电视集团委员会(中共杭州文化广播电视集团有限公司委员会)委员、副书记;2012年7月任现职。

李 黎(1957.07~)女,杭州文化广播电视集团管理委员会副主任,主任编辑。山东安丘人,汉族,研究生学历,教育学学士学位。1984年7月任杭州师范学校教师、政教处副主任;1987年5月任杭州市教委宣传处干事;1989年1月任杭州市委宣传部理论处干事、副主任干事、主任干事、办公室副主任、新闻处处长、干部处处长;1998年5月任杭州市妇女联合会副主席、党组成员;1998年12月任杭州日报社社委委员、副总编辑;2001年1月任杭州日报报业集团党委委员、副总编辑,杭州日报报业集团有限公司董事。2012年7月任杭州文化广播电视集团委员会(中共杭州文化广播电视集团有限公司委员会)委员、杭州文化广播电视集团有限公司董事会董事、副总经理,2012年8月任现职。

周国桢(1957.08~)男,杭州文广集团调研员,高级记者。江苏丹徒人,大学本科学历。1976年参加工作,1992年进入杭州电视台,任助理记者、记者、行政管理中心副主任、淳安县宋村乡党委副书记(挂职)、杭州电台新闻综合频率副总监兼新闻中心主任等职;2012年12月任现职。在省级以上刊物发表了《格式化广播应对公共危机的启示》、《城市广播电台

"核心竞争力的哲学思考》等 18 篇论文，其中：《城市广播电台做好普法宣传的哲学思考》，获国家广电总局广播电视论文一等奖；有 20 多件作品获省级以上新闻奖项，其中：广播剧《突然寒冷》获国家级大奖和省"五个一工程"奖，广播剧《钱学森归国》获国家级银奖和省文艺奖一等奖。2010 年策划推出了"杭州市'社区工作者节'"，开创全国先河。

孙俊明（1969.01 ~ ）男，西湖之声电台总监、党支部书记，高级记者。汉族，中共党员，大学本科学历。1993 年进入杭州人民广播电台，历任任记者、新闻中心主任、新闻综合频率总监。2002 年 9 月任现职。2007 年创立杭州西湖之声传媒公司，打造了以西湖之声领衔，余杭电台"丽人 102.1"、德清电台"故事 106.5"、绍兴县电台"经典 106"、临安电台"乐活 964"为系列的"杭州都市经济圈广播网"，广告创收持续快速增长，名列全国城市电台前茅。2008—2010 年西湖之声连续三年蝉联中国传媒大会授予的"中国广播十强"称号。广播剧《为了零点五克的挚爱》、《踮起脚尖》分获中宣部第十一届、第十二届"五个一工程"大奖。

夏茂松（1969.03 ~ ）男，杭州电视台生活频道总监，高级记者。浙江杭州人，中共党员，大学本科学历。1987 年 8 月参加工作，历任杭州电视台西湖明珠频道记者、责任编辑、综合生活频道新闻部副主任、主任、新闻中心副主任、副总监、生活频道总监等职。参与主创的多个作品获国家级和省级大奖，其中：新闻直播《大雨杭州—直击台风罗莎特别直播》获中国新闻奖一等奖，新闻专题《在震中 54 小时》获中国广播影视大奖和中国新闻奖二等奖，新闻直播《直击中国速度飞驰沪杭间》获浙江省广播电视新闻奖一等奖。获浙江省模范新闻工作者和杭州市十大杰出青年称号。

杨　慧（1966.12 ~ ）女，杭州电视台西湖明珠频道金剑工作室主任，高级记者。汉族，浙江湖州人，心理学硕士。在法制新闻宣传的第一线，策划推出了《警界 41》、《金剑说法》、《和事佬》三档品牌法制栏目，成为政府和群众和谐沟通的桥梁和纽带。创办的栏目、活动、制作的专题和撰写的论文获全国优秀电视法制节目"十佳栏目奖"、浙江新闻奖社会活动奖、全国法制好新闻电视专题一等奖等省级以上奖项数十个；个人获全国普法 20 周年特别贡献奖、市三八红旗手、市新闻奖人物奖等荣誉。

罗　琛（1976.03 ~ ）女，杭州文广集团广电科研所副所长，高级工程师。大学本科学历。1997 年参加工作，先后在杭州电视台综合部、技术中心计算机部等一线岗位从事广播电视技术工作，2004 年 5 月到杭州文广集团科技发展部负责科技管理工作。认真做好集团广播电视安全播出，先后参加或主持过多项较大的项目建设和管理工作，并能指导和培养其他年轻的技术人员。参与的科技项目《杭州文化广播电视集团 WAP2.0CMS 内容协助系统》、《杭州广播电视十二五规划及设施保护规划调研建议报告》等获国家广电总局科技创新奖，《流媒体综合运营管理平台的搭建》等获省广电科技创新论文奖。获浙江省安全播出先进个人称号。

熊　靓（1970.07 ~ ）女，杭州文广集团财务审计部高级统计师。江西南昌人，汉族，中共党员，研究生学历，管理学硕士。2004 年 7 月毕业于华东师范大学，同年 8 月进入杭州广电集团（现杭州文广集团）产业管理部工作，2008 年 1 月进入财务审计部从事统计工作至今。2008 年起参与省文化厅和省广电局组织的《浙江文化文物统计年鉴》、《浙江省广播电影电视业发展统计指标》等省级部门年鉴的编写工作。在省级以上刊物发表了《新时期广播影视统计工作面临的问题及建议》、《对服务业统计中的若干问题及措施的分析》等多篇论文。获"2009 年度杭州市服务业统计工作先进个人"、"2010–2011 年度浙江省广播影视统计工作先进工作者"等荣誉。

严　忠（1962.09 ~ ）男，高级工程师。江苏苏州人，中共党员，大学本科学历。1979 年 11 月参军入伍，历任雷达操作员、空军雷达学院指挥排长班学员、雷达排长、训练参谋、副连长、副营职作训参谋等职；1998 年 10 月转业到杭州电视台工作，先后在技术中心发射部、杭州电视台综合频道新闻中心、技术中心节目制作部从事电视导播、视频技术、电视台大型演播室和电视转播车视频制作工作。

宋文娣（1963.12 ~ ）女，杭州文广集团技术中心综合部高级政工师。浙江杭州人，中共党员，大学本科学历。1993 年进入杭州电视台总编室从事人事、编辑工作，1999年在杭州文广集团技术中心综合部工作，历任综合部副主任、分工会委员、副主席、主席等职。在省级以上刊物发表了《大众传媒导向功能与改进思想政治教育工作的理论探讨》、《群众思想政治工作"互动型、开放式"机制探索》、《创新区域文化共建共享机制的实践与思考》等多篇论文。被评为市文卫体系统"创建学习型组织、争做知识型职工"先进个人、优秀工会积极分子。

侯闻莺(1958.04～) 女，杭州电视台高级政工师。汉族，中共党员，大学专科学历，1975年农村插队落户，1977年高考进湘湖师范学校就读，毕业后在半山中学任教，后调入杭州市妇联工作，于1993年调入杭州电视台工作。历任校团委书记、政治教导处主任、党支部宣传委员、广电集团行政中心副主任、视听研究中心综合部主任、分工会主席等职。获区级先进工作者、区"三八"红旗手、优秀团干部、党务工作积极分子、市文卫体工会积极分子等荣誉。

季海勤(1961.11～) 男，杭州人民广播电台主任记者。江苏宜兴人，中共党员，大学本科学历。在省级以上刊物发表了《谈录音报道的采制》、《广播现场直播报道对记者的要求》、《媒体变革下交通广播节目的发展》等多篇论文；作品《我眼中的中国军队》获中国广播影视奖广播消息大奖，《当强降雨袭击杭城时》、《为了忘却的纪念—杭州11.15地铁坍塌事故记者再报告》获浙江新闻奖一等奖，《守望相助，情暖寒冬杭城40万军民抗雪灾纪实》获浙江新闻奖二等奖。

张　平(1962.12～) 女，杭州电视台综合频道《我们圆桌会》制片人，主任记者。大学本科学历。谈话节目《我们圆桌会》获得2012年中国电视掌声奖；新闻专题《在震中的54小时》获第19届中国新闻奖电视专题二等奖、2008年浙江新闻一等奖；专题片《钱舟印象》获1998年浙江省电视文艺专题一等奖；新闻访谈《明天，天会更蓝吗？》获2000年浙江广播电视播音主持二等奖；论文《谈话节目中"场"的效果与营造》获2002年度浙江广播电视学术论文(应用理论)三等奖。获杭州文广集团首届名人名记者、第五届"金话筒"全国百优电视主持人称号。

柏华英(柏子)(1964.01～) 女，杭州电视台综合频道新闻部记者、国际部编导，主任编辑。研究生班结业，曾任职于共青团杭州市委、杭州广播电视局团工委副书记(主持工作)，1992年7月任现职。编剧电视连续剧《赶牲灵》、《中国式爱人》编剧、《失踪的上清寺》、《父亲的战争》等，出版诗集《天上人间看杭州》，著有长篇小说《美国，我不说爱你》等作品。30万字报告文学《护航亚丁湾沉思录》入选省委宣传部、市委宣传部文化精品工程项目；话剧《夏夜无风》获2007年度中国戏剧文学学会金奖。为中国戏剧文学学会会员、理事，浙江省、杭州市作家协会会员，浙江省、杭州市影视家协会会员、理事。

吴瑞良(1954.10～) 男，杭州电视台西湖明珠频道二级摄像师。浙江杭州人，汉族，大学专科学历。1977年9月在杭州汽轮机厂工作，1989年1月调入杭州电视台制作部，1993年10月任西湖明珠频道文艺部摄像，参加拍摄了大量专题栏目，如《观众之友》、《西子银屏》、《明珠欢乐夜》、《岁月如歌》、《开心茶馆》等；参与直播和录播的大型文艺晚会及重大活动。主创的作品《雷峰塔音乐大典》获2002年度全国电视文艺"星光奖"歌舞节目二等奖；综艺晚会《人间天堂》获2003年度全国电视文艺"星光奖"音乐歌舞三等奖；《越女争锋》获第二十届"星光奖"优秀戏曲节目奖；《十月阳光—浙江儿女"歌唱祖国"》获2009年度浙江省广播电视文艺奖(电视音乐节目)一等奖等。

陈素珍(1969.05～) 女，杭州电视台二级文学编辑。浙江温州人，汉族，研究生学历。1997年调入杭州电视台，在专题部《杭州您早》、《杭州经济信息》担任编辑、记者。在省级以上刊物发表了《浅谈电视节目编排影响及策略》、《频道专业化须探讨的几个问题》、《正确把握电视民生新闻中的报道情感》等多篇论文；主创的作品《春风行动》、《舞林门》获省电视"牡丹奖"综合电视文艺栏目一等奖；《和平颂》获省广播电视文艺奖电视歌舞一等奖；《李清照》获省电视"牡丹奖"优秀戏曲电视剧。

孙小平(1962.10～) 女，杭州电视台主任舞台技师。浙江富阳人，汉族。1978年12月参加工作，1986年毕业于北京电影学院美术系化妆专业，1997年从浙江越剧团调入杭州电视台担任化妆工作。在省级以上刊物发表了《化妆造型师在提高电视节目艺术魅力上的作为》、《论电视节目化妆造型艺术魅力》等多篇论文；参与众多影视作品的创作，其中：电影《郭明义》获国家华表奖，电视剧《修竹湖的故事》、《义责王魁》等获第十五届全国电视“金鹰奖”二等奖、《一缕麻》、《茶妹情》等获全国电视剧“飞天奖”二等奖，MTV《送别》获首届全国声乐作品展播个人“优秀化妆奖”。

李　岚(1974.10～)女，杭州电视台少儿频道副总监，主任记者。中共党员，大学本科学历。1995年进入杭州有线电视台工作，历任新闻主播、记者、责任编辑等职。在担任方言新闻栏目《我和你说》制片人时，大胆创新、勇于突破，依托栏目说方言的特色，策划了首届南腔北调方言歌曲大赛，并从中挖掘出了草根歌手“破裤子”，使其成为频道一位极富个性化的节目主持人。2011年，任集团电视广告营销中心综合部主任，为广告营销工作作出了一定成绩。采制的新闻作品多次获得省、市级新闻奖项。获2010年度杭州市新闻人物奖。

谭乐慧(1963.06～)女，杭州电视台主任编辑。浙江杭州人，汉族，中共党员，研究生学历。1988年进杭州电视台工作，任编辑、制片人、部门主任等职，2004年任少儿频道好朋友传媒公司副总经理、党支部组织委员。负责创建少儿频道，组织策划品牌栏目和大型活动晚会，创新《小伢儿》、《老缸豆说新闻》、《阳光午餐》等优秀少儿电视作品，主创音乐电视《飞翔》，策划《阳光宝宝》、《阳光少年》、《少儿春晚》、《杭州市中学生校园歌曲大赛》等一系列大型直播晚会和活动。在省级以上刊物发表了《定位决定地位—浅谈杭州电视台少儿频道自办栏目定位》、《论电视读书节目困境突围的路向》、《“搬演”与纪录片的真实性》等多篇论文；期间多部电视作品获全国及省、市级奖项。2011年获杭州文广集团优秀党务工作者称号。

钱　康(1975.12～)女，杭州电视台少儿频道策划推广部副主任，主任编辑。中共党员，大学本科学历，新闻硕士学位。1996年5月进入杭州有线电视台新闻部工作，历任记者、编辑等职。参与筹备组建杭州电视台少儿频道新闻部，创办《天天播报》、《老豇豆说新闻》、《阳光新视点》、《阳光午餐》等新闻类栏目，采制的作品多次获省级、市级新闻奖项。参与“阳光少年”系列大型晚会。2010年在杭州市委宣传部、市文明办及市纪委挂职锻炼，承担全国文明城市创建、“进村入企”大走访活动及效能亮剑的全市性新闻宣传报道工作，还承担了市纪委《清风窗》杂志改版编辑工作。

何月祥(1962.08～)男，杭州市下城区文化广电新闻出版局(体育局)党组书记、局长。浙江海宁人，中共党员，大学本科学历。1980年11月入伍，历任班长、排长、连长、助理员、股长、南京军区人民前线报社秘书、编辑等职；2003年任杭州市下城区人武部部长及区委常委；2008年转业到下城区卫生局任党委书记，纪委书记；2011年12月任现职。曾三次荣立“三等功”，多次获“优秀基层干部”、“优秀机关干部”、“优秀管理干部”、“好当家”等称号。

俞文玉(1962.03～)女，杭州市下城区文化广电新闻出版局(体育局)副局长兼文化市场行政执法大队大队长。浙江杭州人，中共党员，大学本科学历。2010年8月进入下城区文化广电新闻出版局(体育局)工作，主要从事文化市场行政执法工作，2012年任现职。

陈建荣(1962.09～)男，杭州市上城区文化馆办公室主任兼摄影干部，副研究馆员。中共党员，大学专科学历。1981年参加工作，在省级以上刊物发表了多篇论文，其中：《浅谈摄影人的道德素养》入选浙江省摄影理论研讨会，《中老年摄影有益身心健康》获全省“群众文化回归群众”主题论坛征文三等奖；《愿为山村教育献青春》、《抬花轿》、《快乐竞赛》等摄影作品获国家级奖项，其中《思绪》入选省第十一届摄影艺术展。是中国摄影家协会会员、浙江省摄影家协会会员、浙江省摄影艺术学会理事、杭州市摄影协会副秘书长、杭州市摄影艺术学会副秘书长。

边国尧(1971.12～)男，杭州市西湖区图书馆馆长，副研究馆员。大学本科学历。1990年8月在杭州市西湖区文化馆参加工作，2010年7月任现职。在省级以上刊物发表了《略谈社区图书馆的发展》、《乡镇图书馆发展之我见》、《新时期图书馆员的自身素质的提高》、《谈图书馆为老年读者服务》、《文化信息共享工程和社区图书馆》等多篇论文。

李伟苏(1965.08～)女,西湖区图书馆副馆长,副研究馆员。大学本科学历。1989年8月参加工作,2001年1月调入西湖市图书馆工作,2010年任现职,分管书刊外借、公共文化服务体系建设及读者活动等工作。在省级以上刊物发表了《社区图书馆之我见》、《公共图书馆在城市文化与经济发展中的作用》、《社会主义新农村文化建设》等多篇论文。2011年荣获杭州市第五届西湖读书节学习型先进个人。

齐志刚(1972.01～)男,西湖区文化馆业务副馆长,副研究馆员。中国舞蹈家协会会员、浙江省音乐家协会会员、杭州市舞蹈家协副秘书长。从事群文管理与群文舞蹈20年,创作的《西湖晨曲》、《龙井茶香》、《小小花篮·西溪情》、《夕阳风采》、《西冷印象》等舞蹈作品获省级金、银奖项;导演了省第八届老年文化艺术周开幕式文艺晚会、省档案系统文艺汇演、"水润浙江"浙江省节水大使揭晓晚会、浙江省第五届职工运动会开幕式晚会、省首届职工文化艺术节开幕式晚会等;参加了2010上海世博会杭州城市日的演出活动的舞蹈创作;参加了文化部"春雨工程"——全国文化志愿者边疆行。获省非物质文化遗产保护工作先进个人、"杭州市参与2010年上海世博会先进工作者"。

冯玉宝(1964.02～)男,余杭区文化广电新闻出版局党委书记、局长、体育局局长,区委宣传部部务会议成员。浙江余杭人,中共党员,大学本科学历。历任余杭县仓前镇金星小学教师、余杭县仓前镇文化站站长、余杭市余杭镇镇长助理、余杭市仓前镇党委委员、党委副书记、纪委书记、党委副书记、镇长、仓前镇党委书记、人大主席、余杭区委宣传部副部长(正处级)等职;2012年任现职。获杭州市安全播出工作先进个人,所在单我被评为浙江省广电惠民服务工作优秀单位。

楼建琴(1967.03～)女,余杭区文化广电新闻出版局党委副书记、副局长、纪委书记。浙江杭州人,中共党员,大学本科学历。历任余杭县公安局瓶窑派出所办事员、余杭县公安局临平派出所办事员、科员、余杭市公安局办公室科员、余杭市公安局看守所副所长、余杭区公安局看守所副所长、杭州市公安局余杭区分局看守所副所长、督察队副队长、曙光路派出所政治教导员、余杭区行政执法局副局长、党委委员、余杭区仁和镇党委副书记、纪委书记、余杭区经济发展局党委副书记、纪委书记、余杭区经济和信息化局党委副书记、纪委书记等职;2012年任现职。

张晔涛(张月)(1968.02～)男,杭州市萧山区广播电视台新闻中心主任、党支部书记,主任记者。中共党员,大学本科学历。多年来,该同志一直在一线从事广播电视采访、编导及主持等工作,历任局(台)专题部副主任、制片部主任、综合部主任、总编办主任等职务。在省级以上刊物发表了《互动——电视媒体的助推器》、《打造电视传媒的意见领袖》、《浅议中国梦想秀的人文关怀》、《广播电视产业化和节目主持人的商标价值》、《规整性——播音创作的基石》等多篇论文;创作的作品获各级奖项40余件。为政协第十三届杭州市萧山区委员、萧山区新闻工作者协会摄影摄像专业委员会主任。

章新建(1969.09～)男,淳安县广播电视台新闻中心主任,主任记者。中共党员,大学本科毕业。1992年8月进入淳安县广播电视局工作,历任淳安人民广播电台记者、编辑、淳安县广播电视局(台)新闻部副主任、新闻中心副主任、广播节目中心主任。2011年7月任现职。在省级以上刊物发表了《"三贴近"——县级台新闻节目的生命》、《把握舆论主动引导舆论走向——从一起火灾报道中看淳安广电媒体的应急能力》、《县级电视台提高新闻收视率的实践探索》、《功夫在编外》等多篇论文;创作的作品获省级新闻奖近10件,获市级新闻奖近100篇。获杭州市新闻奖(人物奖)、淳安县优秀宣传文化思想工作者、优秀新闻工作者、好记者等荣誉。

邱剑娟(1969.06～)女,建德市文化广电新闻出版局党委书记、局长。中共党员,在职研究生学历。2009年11月进入建德市文化广电新闻出版局工作,历任共青团建德市委副书记、书记、建德市寿昌镇党委副书记、镇长、建德市委统战部副部长、建德市委党校党委书记、常务副校长等职。

何 群(1961.07～)男,建德市文化广电新闻出版局副局长。民革党员,大学本科学历。2007年2月进入建德市文化广电新闻出版局工作,历任建德市梅城镇副镇长、建德市卫生局副局长。获2008年度杭州市广播电视安全播出先进个人、2008、2009

年浙江省新一轮广播电视村村通工程建设先进个人。

汤　蕾（1972.05～）女，建德市广播电视台总编室主任，主任编辑。中共党员，大学本科学历。1994年进入建德电视台工作，历任新闻部主任助理、新闻部副主任、总编室副主任、总编室主任。在省级以上刊物发表了《无序存在与有序排列》、《电视新闻板块化编排的启示》、《满足公众知情权利》、《题无定式、点睛有术——浅谈电视社会新闻标题的制作》、《对电视栏目剧编故事现象的思考》、《县级电视台传播地域文化的路径》等多篇论文；创作的作品获省级新闻奖 4 件、市级新闻奖 14 件、市级政府奖 9 件。多次被评为优秀员工、优秀共产党员。

陈力群（1961.01～）女，建德市广播电视台技术部副主任，高级工程师。中共党员，大学专科学历。1978 年进入建德人民广播站工作，1992 年任现职。在省级以上刊物发表了《浅析高上台电视发射塔雷电灾害及防范措施》、《解析广播语言录制与后期制作》、《如何做好广播电台安全播出》等多篇论文；创作的作品获国家级奖项 1 件，省级一等奖 1 件、二等奖 6 件、三等奖项 6 件。获浙江省广播电视技术维护工作三等奖、杭州市广播电视安全播出先进个人三等奖；被评为建德市巾帼创新业带头人、先进工作者、优秀共产党员。

王俐艳（1972.11～）女，建德市广播电视台办公室副主任，高级会计师。中共党员，大学本科学历。1991 年进入建德人民广播站工作，在省级以上刊物发表了《如何完善事业单位财务管理》、《广电事业单位固定资产管理探讨》、《县级广播电视台推行内部成本核算的探索》、《对广播电视事业单位财务分析的思考》等多篇论文。多次被评为市级会计先进个人、市统计先进工作者、台优秀员工、先进工作者、优秀共产党员。

吕会儿（1975.10～）女，富阳市图书馆副馆长，副研究馆员。大学本科学历。1996 年 9 月参加工作，1999 年 5 月调入富阳市图书馆工作，2005 年任现职，分管书刊外借、公共文化服务体系建设及读者活动等工作。在省级以上刊物发表了《浅析地方文献收集的范围、途径和方法》、《网络环境下图书馆服务新模式浅论》、《县市公共图书馆特色馆藏建设理论与实践初探》、《公共图书馆应为营造阅读社会发挥重要作用》、《〈富春龙门孙氏宗谱〉考述》等多篇论文。多次被评为先进工作者、党员积极分子。

陈银峰（1979.11～）男，杭州市富阳越剧艺术传习院营销部主任，主任舞台技师，中国舞台美术学会会员。大学专科学历。1999 年进入杭州越剧三团，从事道具设计兼舞台装置工作，并负责营销部的工作。担任过越剧《海峡情缘》、《十八双绣花鞋》、《梅花谣》、《莲花吟》、《山水黄公望》等精品剧目的道具设计，道具制作及舞台装置工作。在《浙江文化月刊》发表了《戏曲表演中“不可或缺”的道具》等多篇论文；创作的剧目参加了杭州新剧目汇演，浙江省戏剧节调演，《山水黄公望》赴台湾高雄市、南投县巡回演出，多次获得优秀演出奖，其中：《十八双绣花鞋》获首届中国越剧艺术节铜奖，《梅花谣》获第二届中国越剧艺术节铜奖。

宁波市

王必恒（1957.03～）男，宁波广播电视集团党委书记。浙江宁海人，中共党员，大学本科学历。历任宁海县委常委、宣传部部长、奉化市委常委、宣传部部长、奉化市委常委、常务副市长、宁波市江东区委副书记、宁波市总工会主席、党组书记、宁波市政协秘书长、党组成员、机关党组书记等职；2012 年 5 月任现职。

赵惠峰（1960.04～）男，宁波广播电视集团管理委员会总裁、党委副书记、编辑委员会总编辑。浙江建德人，中共党员，研究生学历。历任宁波市委宣传部办公室主任、部长助理、部务会议成员、宁波市海曙区委常委、宣传部部长、余姚市委常委、组织部部长、宁波市广播电视局副局长、党委委员、宁波电视台台长、党总支副书记、宁波广播电视集团管委会副总裁、党委委员、宁波电视台台长、党总支书记、宁波广电集团管委会副总裁、党委副书记、编委会总编辑等职；2012 年 5 月任现职。

张爱民（1961.05～）男，宁波广播电视集团党委委员、纪律检查委员会书记。浙江舟山人，中共党员，大学本科学历。历任海军东海舰队后勤部政治部干部科干事、舟山基地政治部干部处副连职干事、永嘉艇代理副政治委员、舟山基地政治部干部处正连职干事、舟山基地教导队教研室主任、东海舰队干部转业工作办公室副营职、正营职干事、东海舰队政治部干部处科技干部办公室副主任(正营职)、主任、长城188号艇代理政治委员、东海舰队政治部秘书处副处长、潜艇第二十二支队副政治委员、宁波市精神文明建设指导委员会办公室副主任等职;2012年1月任现职。

王　伟(1963.10～)男,宁波广播电视集团党委委员、编辑委员会副总编辑。浙江嵊泗人,中共党员,大学本科学历。历任宁波市委组织部党员电教中心助理调研员、党员电化教育处副处长、处长、远程教育中心主任等职,2012年4月任现职。策划制作了《大学生当村官》、宁波党建电视栏目《党的生活》、党员教育视频网等获中组部评比一等奖;《党员故事》、《砺练》等获最佳作品。参与拍摄、制作的《富村三十六计》、《兴村三十六策》、《和村三十六法》,得到了中组部和基层党员干部的认可。获全国优秀党员电化教育工作者、宁波市农村党员干部现代远程教育工作先进个人称号。

沈建华(1967.09～)男,宁波广播电视集团新闻综合频率主任记者。浙江余姚人,中共党员,大学本科学历。1984年参加工作,历任余姚市广播电视台电台编辑部记者、编辑、副主任、主任、总编室主任、新闻部主任;2012年6月任宁波广播电视集团新闻综合频率外联部主任。在省级以上刊物发表了《漫谈精品创作》、《实施绩效考核,创新激励机制》、《对构建地方性媒介形象的思考》等多篇论文,其中:《深化对农报道的思考》获全国市县广播电视优秀论文三等奖;参加编辑的广播剧《山海情》获中宣部精神文明建设"五个一工程""入选作品奖";拍摄的《陶瓷的年代》获全国电视文艺《星光奖》专题节目一等奖;策划的《王阳明》获中国电视金鹰奖文艺节目三等奖;主创的《邓小平理论在小路下村的实践》获全国对农广播优秀节目三等奖;《我市启动外来务工人员积分落户试点工作》、《宁广早新闻》获省级政府奖二等奖。

王伟波(1977.10～)女,宁波广播电视集团经济娱乐频率主任编辑。浙江宁波人,中共党员,大学本科学历。1999年至今在宁波电台工作,任经济娱乐频率综艺部主任。在省级以上刊物发表了《广播青少类综艺节目的价值体现》、《提升广播美食节目的影响力》等多篇论文;主创的十多部作品获国家、省、市级奖项,其中:《上阵父子兵》获浙江省广播电视新闻奖广播青少综艺节目一等奖、东方畅想全球华语广播创新节目擂台赛最佳人气奖;《放慢脚步去长大》获浙江省广播电视广播青少专题三等奖;《宁波吆喝》获浙江省广播电视广播文艺节目二等奖;《让爱与生命相伴》获浙江省广播节目技术质量奖语言类二等奖等。

翁常春(1970.11～)男,宁波广播电视集团新闻综合频率主任记者。浙江宁波人,中共党员,大学本科学历。1992年在宁波市海曙区任区委报道组报道员;1993年到宁波电台工作,一直在采访一线担任记者工作,并发挥采访骨干的重要作用。在省级以上刊物发表了《努力提升媒体境界,自觉抵制虚假新闻》、《还原一位援疆英雄的美好心灵》、《广播记者要做高明的提问者》等多篇论文;主创的《细品总理"想三天",逆水行舟谋发展》获中国新闻奖广播评论三等奖、浙江新闻奖一等奖;采写的现场新闻《今天的杭州湾贯通世界最长的跨海大桥》获浙江新闻奖一等奖;采写的《全国著名品牌"81890"陷入困境》获得宁波新闻奖内参二等奖。

郑　岗(1971.11～)男,1972年10月出生。宁波广播电视集团新闻综合频道要闻部主任记者。浙江象山人,中共党员,大学本科学历。从事新闻采编工作20年,从一名党政记者到制片人,参与策划创办了宁波电视台首档社会新闻栏目《今晚八点》、首档电视新闻评论节目《今晚话题》等,积累了较丰富的电视新闻采编经验。从《宁波新闻》的责任编辑到新闻综合频道策划部编导组组长,致力于重大主题报道、各类直录播活动策划实施等工作。多年来,在省级以上刊物发表了《电视时政栏目应提升媒体公信力》、《城市电视台新闻综合频道的坚守与精进》等多篇论文;主创的长消息《时刻把群众冷暖记心上》、新闻编排《宁波新闻》、长消息《掘金世界杯 收获各不同》等作品获得了浙江新闻奖一等奖。

俞　君(1965.10～)女,宁波广播电视集团新闻综合频道要闻部主任编辑。浙江宁波人,大学本科学历。在新闻第一线从事采编工作 17 年，参与主创了《风云榜颁奖盛典》、《寻访新地标》、大型系列报道《涌动东方》等大型活动。在省级以上刊物发表了《通过人物视角表现宏大主题——“走基层·蓝海新引擎” 引发的思考》、《提高重大报道的舆论引导力》、《强化“流程”理念打造精品节目》等多篇论文；主创和参与主创的作品《宁波新闻》、《倾情一生亮明灯》、《为减排 一年创利 5000 万元企业停产》分获浙江新闻奖一、二、三等奖。

郭洁黎(1963.12 ~) 女，宁波广播电视集团少儿频道主任编辑。浙江鄞州人，中共党员，大学本科学历。1995 年起从事电视新闻节目的采编工作，历任新闻部记者、责编、少儿频道主编、主任、副总监。独立和参与策划了大型慈善广场活动 --- “请让我来帮助你”、 “高考咨询会”、CBA、WCBA 等品牌活动。在省级以上刊物发表了多篇论文； 参与主创的 17 件新闻、少儿、文艺作品获省级以上奖项，其中：《中韩夏令营—2005 纪事》 获中国广播影视大奖广播电视节目(第 20 届“星光奖”)优秀少儿节目奖；《七色花》获第六届全国少儿电视节目《金童奖》优秀栏目奖。

忻　震(1978.05 ~) 男，宁波广播电视集团广播技术(制播)中心高级工程师。浙江鄞州人，中共党员，大学大学学历，硕士学位。2001 年参加工作，在宁波广播电视集团广播技术中心工作。在省级以上刊物发表了《“可编程”改变传统调音台模式》、《CobraNet 引领广播播控系统网络化》、《浅谈 CobraNet 和 MADI 多通道音频传输方式》 等多篇论文；获 2011 年度全国广播电视技术能手竞赛二等奖；《尺八》获国家广电总局广播节目技术质量奖(金鹿奖)—录制技术质量奖(语言类)二等奖和省广播节目技术质量奖一等奖；获广播节目技术质量奖(金鹿奖)——播出技术质量奖二、三等奖；《就这样被感动》、《放慢脚步去成长》获省广电局广播节目录制技术质量奖语言类一、二等奖；获浙江省广播电视技术维护先进个人三等奖。

蒋　萍(1975.05 ~) 女，宁波广播电视集团高级政工师。江苏无锡人，中共党员，省委党校在职研究生学历。1996 年参加工作，1999 年进入宁波电台，2001 年从事政工工作，负责劳动工资、人事、职称送评、各大主题学习教育活动等工作。在省级以上刊物发表了《做好广电编外专业技术人员的思想政治工作初探》、《加强思想政治工作者自身素质的若干思考》、《思想政治工作者要讲究谈话艺术》 等多篇论文。获宁波市优秀政工师、宁波广电集团优秀团干部、先进工作者等荣誉。

胡建灿(1963.03 ~) 男，慈溪市广播电视台党委书记、台长。浙江慈溪人，汉族，中共党员，大学本科学历。1982 年 8 月在共青团慈溪市委工作，历任共青团慈溪市委常委， 副书记；1990 年 5 月任慈溪市委办秘书；1992 年 7 月任慈溪市粮食局党委委员、副局长；1996 年 8 月任慈溪市劳动局党委委员、副局长；1997 年 12 月任慈溪市劳动保障局党委委员、副局长，党委副书记；2006 年 1 月任慈溪市周巷镇党委副书记， 镇长；2008 年 4 月任慈溪市崇寿镇党委书记；2012 年 2 月任现职。

何晓进(1961.04 ~) 男，宁海县广播电视台党委书记、台长。浙江宁海人，中共党员，大学本科学历。1978 年 1 月参加工作，1998 年 10 月任宁海县梅林镇党委委员；2001 年 1 月任宁海县委组织部副局级组织员；2002 年 2 月任宁海县委党校副校长；2003 年 4 月任宁海县委宣传部副部长；2006 年 6 月任宁海县委宣传部副部长、宁海县新闻中心总编辑、党组书记；2012 年 9 月任现职。

陈兴达(1966.04 ~) 男，象山县广播电视台党委书记、台长。浙江象山人，中共党员，大学本科学历。1985 年 8 月任象山县晓塘中学教师；1988 年 7 月任象山县旦门中学教师；1991 年 7 月任象山亭溪中学教师；1994 年 7 月任象山县丹城中学教师；1995 年 2 月任象山县计划委员会干部；1998 年 3 月任象山县政府接待科科长 (副局级)；2002 年 11 月任象山县政府办公室副主任、党组成员；2007 年 8 任象山县委办公室副主任(正局级)；2011 年 8 月任象山县委宣传部副部长(正局级)，县直属机关党工委委员(兼)，县委委员，2012 年 12 月任现职。

黄铭均(1972.11 ~) 男，奉化市广播电视中心技术科科长，高级工程师。浙江奉化人，中共党员，大学本科学历。1997 年参加工作，2003 年任松岙镇广播电视站站长；2007 年任江口街道广播电视站站长兼党支部书记；2010年任广电中心技术科科长，负责全市广播电视技术、有线电视网络技术和安全播出工作。在省级以上刊物发表了《数字电视EPG广告的系统表现形式及整合实施方案》、《浅谈CMTS双向网络的升级改造》、《BAT表在宾馆电视节目表中的应用和实践》、《数字电视双向设备隔离分析与测试》、《浅谈农村数字电视整体平移工作》等多篇论文；获省广播电视安全播出先进集体奖和全国广播电视技术维护先进集体三等奖；多次获省、市节目录制技术奖。

沈旭辉（1973.04～）男，奉化市广播电视中心星网公司经理，高级工程师。浙江奉化人，中共党员，大学本科学历。1996年天津大学电子系毕业后，进入奉化市广电中心工作；2005年任星网公司副经理，负责工程设计及预决算工作；2010年任星网公司经理，负责全市广播电视事业的工程建设以及器材采购、供应工作。在《科技成果管理与研究》、《中国有线电视》等刊物发表了《现阶段有线电视网络中供电方式及器材的选择》、《浅谈同轴通信电缆特性阻抗的测试》、《应用1550光传输技术 加快广电农网双改建设》、《广电工程验收工作的实践与探索》等多篇论文。获宁波市"农村党员远程教育先进个人"等称号，

叶逢春（1969.10～）男，余姚市广播电视台党组成员，高级工程师。浙江余姚人，中共党员，大学本科学历。1992年8月在余姚市广播电视局从事有线电视技术工作；历任有线电视工程部副主任、基层工作部主任、网络公司副经理兼综合部主任；2012年12月任现职。负责主持了有线网络双向化网络改造、有线数字电视整转工程建设。获2009年度省安全播出先进个人、2010年度余姚市安全播出先进个人。

叶月飞（1977.05～）女，宁海县广播电视台高级会计师。浙江宁海人，中共党员，大学本科学历。1999年参加工作，在宁海第一职业高中担任教师；2000年考入宁海县广播电视台，从事财务会计工作。在《时代经贸》、《现代经济信息》等刊物发表了多篇论文。

金旭东（1974.07～）男，象山县广播电视台总编办主任、新闻中心副主任。大学本科学历。1997年9月考入桐庐县广播电视台从事广播电视新闻采编工作；2000年1月进入象山县广播电视台，在一线进行重大主题报道策划采访编辑、新闻节目精品创作以及广播电视新闻业务管理。在《中国广播电视学刊》、《新闻记者》等刊物发表论文20多篇；主创的作品获各级奖项40多件。为浙江省广播电视专业理论研究会会员、宁波市电视艺术家协会会员、象山县"十佳新闻工作者"。

温州市

胡　猛（1966.03～）男，温州市广播电视台主任记者。浙江温州人，汉族，中共党员，大学本科学历。1986年7月在温州电视台工作，历任新闻部记者、文艺专题部编导、总编室副主任，温州广播电视报社社长，公共民生频道总监助理等职。在省级以上刊物发表了论文近10篇；作品《整合力量冲一线并机直播抗"韦帕"》、《守望非遗》获省广播电视新闻奖一、二等奖；《温州家人》获省广播电视文艺奖二等奖；《我们都是温州人》获省广播电视公益广告二等奖；主导策划的公益活动《民生社区行》获浙江省广播电视品牌活动奖。

徐建芳（1976.01～）女，温州市广播电视台主任记者。浙江衢州人，中共党员，大学本科学历。1996年8月始从事电台记者工作，2000年4月由记者转为主持人，2000年5月主持《教育新视点》、《非常新闻》等节目，2007年10月至今，主持《健康导医》、《财富人生》、《旅行天下》等节目。在省级以上刊物发表了论文3篇；主创和参与主创的作品获省级政府奖一等奖1件、二等奖3件、三等奖3件，获得中国广播电视协会创优节目专题类一等奖1件。获温州市市直机关优秀党员、集团年度先进个人。

周　曦（1979.12～）女，温州市广播电视台新闻综合频率节目部副主任，主任记者。浙江温州人，中共党员，大学本科学历。2001年浙江大学毕业后，进入温州电台从事记者工作，2002年成为温州市广播电视台新闻综合频率主持人，目前负责该频率重点栏目《空中服务台》、《行风热线》、《温广新闻调查》、《警民时时通》的制片和主持工作。主创和参与主创的作品10多件获省级政府奖一、二等奖，其中：栏目《空中服务台》获"浙江省青年文明号"、"全国

职工职业道德建设先进单位”、“浙江省新闻专栏一等奖”。作为温州市政协委员、政风行风监督员，该同志近年来获得了 “浙江省行风建设先进个人”、“温州市十佳新闻工作者”、“温州市精神文明建设先进个人”“温州市巾帼建功标兵”等称号。

金玉玲（1975.01～）女，温州市广播电视台主任编辑，中国民主促进会委员。浙江平阳人，汉族，大学本科学历，公共管理硕士学位。多年来从事编辑工作，潜心于广播戏曲节目的研究与创作，并在理论研究和节目创优方面取得了一定的成绩。在省级以上刊物发表了《广播戏曲节目创作初探》等多篇论文；广播戏曲专题《戏曲故事—琵琶记》获 2007 年度浙江省新闻奖一等奖；《古腔换新韵，一瓣振瓯声—新版＜高机与吴三春＞赏析》、《东瓯王》分获省广播电视文艺奖一、三等奖。

黄晓虹（1961.09～）女，温州市广播电视台交通频率总监，主任编辑。浙江温州人，中共党员，大学本科学历。策划并组织奥运、“7.23”动车事故等多项重大活动和重大突发事件的报道，产生了较大的社会影响。在担任温州市广播电视台广播中心主任期间，将温州市本级调频广播从 3 套发展为 5 套；并培育出《早安，温州》、《空中服务台》、《行风热线》、《点击交通》、《大铭快乐时间》等一批品牌栏目，及一批名记者、名主持，为温州广播做强做大，做出了较大贡献。主创或合作的作品获省级政府奖一等奖 11 件、二等奖 10 件。获浙江省广播影视系统先进工作者荣誉。

夏　茹（1977.01～）女，温州市广播电视台主任编辑。浙江温州人，中共党员，大学本科学历。工作十六年来，始终坚守广播新闻事业，刻苦钻研、不断探索，2007 年至今，3 件作品获浙江广播电视文艺奖一等奖或浙江省新闻奖一等奖；1 件主创作品获 2011 年度中国广播电视协会专题类节目一等奖；5 件作品获浙江广播电视新闻奖或浙江省新闻奖二、三等奖。在《视听纵横》、《新闻传播》、《新闻天地》等刊物上发表了业务论文 4 篇。获 2007 年全国八部委组织的推普志愿者选拔语言专业最佳辅导教师奖、获温州市广播电视总台首届“十佳制片人”称号、获温州市第六届“文明创建好新闻奖”评选活动“辛勤奖”。

潘国强（1974.01～）男，温州市广播电视台（党委）办公室副主任，高级政工师。浙江温州人，中共党员，大学本科学历。1994 年从浙江广播电视专科学校毕业进入龙湾区有线电视台工作，后调入温州人民广播电台，历任记者、编辑、文书等职；2006 年任温州市广播电视台广播中心办公室副主任；2011 年任温州广播电视传媒集团新闻综合频率副总监兼综合部主任。在省级以上刊物发表了 6 篇论文，编辑整理了 4 万多字的《广播中心规章制度汇编》，连续 10 多年为《温州年鉴》、《浙江广播电视年鉴》等供稿。

杨　佩（1972.02～）女，温州广播电视传媒集团技术中心电视技术部设备科科长，高级工程师。浙江温州人，中共党员，大学本科学历。长期从事电视技术工作，负责新闻演播室、综合演播室及虚拟演播室的设备管理、维护及提供全面的技术支持。省级以上刊物发表了 6 篇论文，其中：《开放式演播室的探讨和思考》获省广播影视科技创新论文二等奖；获国家广电总局“金帆奖”二等奖 3 次，省电视节目录制技术质量专题类一等奖 6 次。

许一峰（1978.05～）男，温州市广播电视台技术中心制作部音频科科长，高级工程师。浙江瑞安人，中共党员，大学本科学历。2001 年进入制作部工作，2007 年任现职。在省级以上刊物发表了《温州首届轻博会直播中音频部分的处理》、《动中通卫星车系统介绍及关键技术的探讨》等 6 篇论文；获国家政府奖二等奖 1 次、三等奖 5 次，省级政府奖一等奖 5 次、二等奖 3 次、三等奖 1 次。

林　剑（1977.11～）男，温州市广播电视台高级工程师。浙江温州人，中共党员，大学本科学历。2001 年进入温州电视台制作部，参与广电中心各演播室、各转播车的工程安装调试维护及部分集团宣传片节目包装制作。在省级以上刊物发表了《Vector Paint 运用实例》、《After Effect5.5 的 3D 图层和灯光结合应用实例》、《虚拟演播室系统在温州电视台的使用》、《几款音频后期处理软件的简介和使用》、《3dsmax 与 after effects 桥接插件 max2ae 的简介及使用方法》、《浅谈虚拟演播系统的现状和展望》、《动中通卫星车系统介绍及关键技术的探讨》等多篇论文；获国家级政府奖二等奖 2 次、三等奖 4 次，省级政府奖一等奖7次、二等奖7次、三等奖4次。

廖朝东（1968.12～）男，温州市广播电视台技术中心播出技术部副主任，高级工程师。浙江温州人，中共党员，大学本科学历。负责部门的安全播出管理工作，为防范停播、漏播、错播和台外非法信号的侵入等隐患，采取各种技术手段预防安全播出事故的发生，参与完成了温州台电视数字化播总控系统，并获省科技创新工程类一等奖。在省级以上刊物发表论文3篇，获省电视节目播出技术质量奖一等奖3次、二等奖4次，科技创新工程技术奖一等奖1次。

章青青（1975.12～）女，温州市广播电视台新闻综合频率主任编辑。浙江乐清人，中共党员，大学本科学历。1995年进入乐清广播电视台，在广播节目中心担任编辑记者工作，2007年起，借用到温州市广播电视台新闻综合频率任编辑记者。在省级以上刊物发表了《房产新政的新闻报道应客观、理性》、《提高"行风热线"节目质量的探索》等多篇论文；主创的创优作品多次获得省级、市级奖项，其中：《瑞安热炒"红证"现象调查》、《钱云会之死》、《倒奶事件倒出了什么》、《"温州名购"发展遭遇瓶颈》等15件作品获省级新闻奖一、二、三等奖；2011年始，她负责一档日播舆论监督节目的采编工作，目前，已播出300余期舆论监督话题，舆论监督效果明显。

林忠富（1974.04～）男，乐清市广播电视台网络中心综合部主任、台设备采购评标委员会办公室副主任，高级工程师。浙江乐清人，中共党员，大学本科学历。研发乐清市有线电视网络EPON+EOC方式双向改造试点，制定双向网改技术规范。在《广播与电视技术》、《中国有线电视》等刊物发表了多篇论文，其中两次获省优秀技术论文三等奖。获温州市文广新局先进工作者、乐清市先进工作者及优秀共产党员等称号；

林　蔚（1971.05～）男，苍南县广播电视台电视新闻中心副主任、主任编辑。浙江苍南人，中共党员，大学本科学历。1993年7月参加工作，在新闻采编一线工作20年。在《青年记者》、《今传媒》等刊物发表了3篇论文，其中：《浅析电视新闻审美张力与诗画意境》获温州市新闻奖论文二等奖，《新闻创新中的换位意识》获《青年记者》刊物年度优秀论文二等奖。主创的作品获省级奖项10件、市级奖项40件温州广播电视新闻奖、10项浙江新闻。为浙江省电视文艺家协会会员、温州市电影电视家协会会员、温州市民间艺术家协会会员、温州市文化评论员。

周　军（1962.04～）男，洞头县广播电视台技术中心主任、高级工程师。浙江玉环人，中共党员，大学本科学历。1979年12月参军入伍，服役于驻舟山83368部队。1983年11月退伍，分配在洞头县广播电台，担任机务工作。1985年7月进入浙江广播电视学校广播电视技术专业学习。毕业后回洞头县广播电台，历任广播电台技术部副主任、有线电视台技术部主任、副台长。2002年5月任现职。工作期间，在省级以上刊物发表了多篇论文；参与的多个广电技改项目获省局科技创新二、三等奖。获浙江省新一轮广播电视村村通工程建设先进个人、浙江省广播电视技术维护先进个人一等奖荣誉。

朱灵建（1971.03～）男，洞头县广播电视台高级工程师。浙江洞头人，大学本科学历。1993年8月参加工作，在省级以上刊物发表了多篇论文，其中《地方电视台节目高标清同播建设探讨》、《洞头广播电视台TV节目播出现状分析及今后的对策》获省广播电视技术优秀论文"三等奖"。参与的《AML电视、数据双向微波传输系统》、《数字嵌入式网络化电视硬盘自动播出系统》、《洞头有线电视用户综合管理平台》获省广电科技创新二、三等奖。获2008年浙江省广播电视技术维护先进个人二等奖、2011年浙江省广播影视系统安全播出先进个人。

王思九（1962.07～）男，永嘉县广播电视台技术委员会副主任，高级工程师。浙江永嘉人，中共党员，大学本科学历。先后在永嘉县调频电视差转台、永嘉县广播电视台电视中心工作。在省级以上刊物发表了《浅谈县级电视台播出系统的改造》等3篇论文；负责的《永嘉县广播电视台制作播出网络系统》、《永嘉县广播数字制作播出系统》分获2009年度省科技成果与技术革新三等奖。被评为2010年度浙江省广播电视安全播出先进个人。

湖州市

宋　捷（1964.06～）男，湖州市文化广电新闻出版局党委书记、局长。浙江湖州人，中共党员，大学本科学历。1983年9月湖州师专学习；1986年8月任湖州五中教师、团总支书记；1992年7月任共青团湖州市委干部；1996年3月任共青团湖州市委学少部副部长；1997年6月任共青团湖州市委常委、学少部部长；1998年9月任南浔区善琏镇党委副书记（挂职）；1999年11月任南浔区善琏镇党委委员、副镇长；2000年6月任南浔区善琏镇党委副书记；2001年2月任共青团湖州市委常委、办公室主任，借调市委宣传部任新闻文艺处副处长（首届湖州湖笔文化节筹委会办公室秘书处处长）；2001年6月任湖州市委宣传部宣传处处长；2002年2月任湖州市委宣传部副部长；2007年3月任湖州市文化广电新闻出版局（文物局）党委副书记、副局长（主持工作）；2007年6月任现职。

董玉梅（1957.08～）女，湖州市文化广电新闻出版局（文物局）党委委员、副局长。浙江湖州人，中共党员，大学本科学历。1976年5月任湖州市马腰乡、仁舍乡路教工作队队员；1979年1月任湖州市戴山乡团委书记、乡党委宣传委员；1984年6月任湖州市郊区区委宣传部干部、宣传科副科长；1988年11月任市委宣传部宣传科科员（其间：1990年8月至1993年6月参加中央党校党政管理专业函授大专学习）；1993年11月任市委宣传部宣传处副处长；1998年7月任市委宣传部干部处处长；2003年8月任市文化体育局党组成员、纪检组组长；2005年3月任市文化广电新闻出版局（文物局）党委委员、纪委书记；2005年11月任现职。

沈铭权（1970.12～）男，湖州市广播电视台（湖州广播电视传媒集团）党委书记、台长（总裁）。浙江德清人，汉族，中共党员，研究生学历。1997年8月任共青团德清县委副书记；1998年4月任共青团德清县委书记；2000年1月任德清县雷甸镇党委副书记；2001年7月任德清县干山镇党委书记；2002年1月任德清县干山镇党委书记、人大主席；2002年11月任安吉县委常委、组织部部长；2006年11月任湖州市委宣传部副部长、市精神文明建设委员会办公室主任；2012年6月任现职。

陈　平（1965.11～）男，湖州市广播电视台科技事业部副主任，教授级高级工程师。浙江长兴人，中共党员。1986年8月参加工作，长期从事广播电视技术保障工作，主持过红丰新村、大东新村等有线电视建设，主持湖州有线电视台总前端建设，主持广电系统自动化办公网建设。2008年支援四川地震灾区建设。获浙江省安全播出二等奖、电视节目技术质量三等奖、电视节目播出质量三等奖、浙江省技术维护先进个人三等奖等奖项。获浙江省有线电视系统技术能手称号、

周雪芬（1963.09～）女，湖州市广播电视台吴兴广播电视中心主任，主任记者。浙江湖州人，中共党员。1989年7月毕业于杭州大学，同年分配到湖州人民广播站工作，一直从事新闻宣传工作。策划并组织编审了《经济生活互联网》、《新闻连连看》、《新闻夜班车》、《新闻60分》、《关注》、《吴兴新闻》等各类影响力大、收视率高的电视节目和“黄丝巾”系列活动、“王金法广播”推广活动。《农民网站》、《开启“绿色经济”之门》、《“民工辞老板”说明了什么？》、《当青春遭遇阴霾》分获省广播电视新闻奖一、二等奖；《CHINA AUNT》获第十二届电视外宣“彩桥”节目评析活动短片类一等奖；《走近大学生村官》、《43年的王金法广播》分获浙江新闻奖一、二等奖；《中国大妈的幸福生活》获浙江省第十二届电视“牡丹奖”中短篇电视纪录片二等奖。

陈亚萍（1965.06～）女，湖州市广播电视台新闻综合频道主任记者。浙江绍兴人，中共党员。1986年8月参加工作，坚持以较强的新闻敏感性、记者的社会责任、老黄牛吃苦耐劳的精神指导工作、以激情促进工作、以实效衡量工作，不断创新新闻宣传理念和方式，主创的作品获省新闻奖、广播电视政府奖二等奖、省新闻奖三等奖各1件；参与制作的纪念建党90周年电视片《壮别天涯》被中国文学艺术界联合会和中国电视艺术家协会评为中国电视文艺专题节目创新作品。获市第二届六佳记者、“农民记者”、好记者称号。

周　珏（1975.10～）女，湖州广播电视报社和传媒湖州网总编辑，主任编辑。浙江湖州人，中共党员。1997年12月参加工作，一直从事采编工作。创办的《百姓热线》，两次被评为全省优秀栏目；主持过三届全国极限运动大赛的开、闭幕式；曾创作“英雄

王伟事迹”材料，并作全国巡回报告；策划、组织了“温暖的黄丝巾”系列活动，成立了黄丝巾志愿者队伍，组织了60多次活动，被评为2008年度浙江新闻奖第三届社会活动奖；参与创作的三集广播连续剧《我与嫦娥有个约会》，获省第十届“五个一”工程奖；参与创作的《从苕溪到黄浦江》，获第十二届电视外宣“彩桥”节目评析活动长片类一等奖。获市首届“十佳”新闻工作者、全国广电系统青年岗位能手和第四届“湖州优秀青年”等荣誉，在湖州广电青年队伍中树立了良好的榜样。

张银林(1968.07～) 男，湖州市广播电视台高级工程师。浙江湖州人，中共党员。1988年8月参加工作，较系统地掌握了广播电视制播的技术系统构成及前期摄录设备、数字电视转播车系统、非线性编辑网络、媒体资产管理系统、全数字播出系统设备和检测仪器的技术性能、指标和维护、调试方法。获国家广电总局技术质量奖二等奖1次、电视节目质量奖(金帆奖)二等奖1次；省广电科技创新奖二等奖2次；省电视节目技术质量奖专题类类一等奖2次、二等奖2次；中国城市电视台技术协会电视节目技术质量奖一等奖1次。

姚利平(1969.09～) 男，湖州市广播电视台科技事业部高级工程师。浙江湖州人。1989年8月参加工作，先后在广播电视的发射、制作、播出、维护、传输等技术岗位上工作，多次参与了技术改造、技术系统升级和新的广电项目规划、建设。获省电视节目播出技术质量奖评比二等奖2次、三等奖2次，省广播影视科技创新奖工程技术奖三等奖1次。

汪东海(1965.11～) 男，湖州市广播电视台党委委员、纪委书记，高级政工师。河北任丘人，中共党员。长期负责台(集团)纪检监察和思想政治工作，多次在省市纪检监察工作会议上，介绍湖州广播电视台反腐倡廉工作的经验和做法，撰发了《充分发挥广电媒体作用，推进公民思想道德建设》、《打造四位一体工作机制，抓好广电媒体》2篇论文。湖州广播电视台先后获得了2009年湖州市创新创业好班子、群众满意十佳单位和2012年“第二批湖州市学习型党组织建设工作先进单位”。

傅鸿刚(1958.09～) 男，湖州市广播电视台纪检监察室副主任、精神文明创建办公室主任，高级政工师。安徽歙县人，中共党员。1975年3月参加工作，从事湖州台的文明创建、纪检监察、维稳和党建等工作，为湖州台创建市级“文明机关”、“万名群众评议机关”十佳满意单位、“市结对共建先进单位”，作出了应有的贡献。在2010年省第五届精神文明理论研讨会上，交流了湖州台引导公民养成道德文明习惯的做法；在2012年全省广播影视党风廉政建设工作会议上，交流了湖州台党风廉政建设工作经验。《突出主题主线 助推科学发展》获中广协会征文评选活动优秀奖；《发挥电视在公民道德建设中的引领作用》获省第五届精神文明理论研讨会暨“公德与文明”论坛优秀论文奖；《提高广电人的执行力需要解决好三个关键问题》获市作风建设加强年活动领导小组优秀奖等。

房建利(1958.01～) 男，湖州市广播电视台高级政工师。山东人，中共党员。1976年12月参加工作，现在行管中心工作。长期担任台(集团)精神文明领导小组办公室成员、宣传橱窗栏责任编辑，获得了多项荣誉。曾被评为湖州广电系统优秀共产党员、台工会先进个人、优秀职工、台十大文明标兵。

嘉兴市

金琴龙(1964.09～) 男，嘉兴市文化广电新闻出版局党委书记、局长、嘉兴市文联主席。浙江嘉善人，中共党员，大学本科学历。1984年9月在浙江工学院学习；1988年8月任嘉善县体改办科员、副科长；1992年8月任嘉善县委办公室科长；1995年3月任嘉善县里泽乡党委副书记、乡长、党委书记；1999年11月任嘉善县姚庄镇党委书记；2001年3月任嘉兴市科技局党组成员、副局长；2003年8月任嘉兴市政府驻京办副主任、主任；2007年6月任嘉兴市旅游局党委书记、局长；2012年5月任现职，2012年10月兼任嘉兴市文化艺术界联合会主席。被评为“上海世博会先进个人”，受到党中央、国务院表彰。

马雪腾(1968.11～) 男，嘉兴市广播电视台(集团)党委书记、委员、总裁、理事长。浙江东阳人，中共党员，在职研究生学历。1986年8月参加工作，历任共青团嘉兴市委青年部干事、嘉兴市城区秀水乡政府乡长助理(下派)、市委组织部干部科科员、副科长、市经委干部处处长、人事培训处处长、市委企工委委员、市经委党组成员、主任助理(2001.04 兼浙江金三塔丝针织集团公司党委书记)、、市经贸委市场处(商贸行业管理办公室)处长(主任)、平湖市副市长、平湖市委常委、宣传部长、嘉兴市委宣传部副部长、市社科联主席、市党政信息和互联网宣传管理办公室主任(兼)、嘉兴日报报业传媒集团、嘉兴市广播电视台(集团)理事(兼);2012 年 5 月任现职。主编《我爱你嘉兴》、《嘉兴历史文化研究丛书》等著作。在省级以上刊物发表了《以十八大精神为指引 建设两富的现代传媒集团》、《江南传媒文化创意产业园区的建设与思考》等多篇论文。获"国家级生态示范区建设工作先进个人"、"世博安保工作先进个人"。

周党民(1970.07 ~) 男,嘉兴市广播电视台城乡生活频率副总监,主任播音员。浙江嘉善人,中共党员,大学本科学历。1988 年 12 月在嘉兴冶金机械厂工作;1993 年 3 月以来, 历任嘉兴人民广播电台主持人、嘉兴市广播电视台主持人、新闻综合频率副总监;2012 年 1 月任现职。在省级以上刊物发表了《办出生活服务节目的品味来》、《广播播音把握对象感的途径》、《广播少儿节目的平等意识》 等多篇论文;《嘉广早新闻》 等多件播音主持作品获得省级以上奖项。2004 年,被评为嘉兴市第四批新世纪专业技术带头人后备人才。

陈伟力(1961.10 ~) 男,嘉兴市广播电视台文化影视频道总监,主任记者。浙江海宁人,中共党员,大学专科学历。1972 年 4 月在嘉兴地区艺术学校、区越剧团工作;1985 年 9 月在嘉兴电视台工作 (其间:1989 年 9 月至 1990 年 9 月在浙江广播电视高等专科学校学习),历任社教部主任、社教文艺部主任、文化影视频道编辑中心(文艺社教中心)主任;2005 年 1 月任现职。在省级以上刊物发表了《从网络微博的传播特征谈传统电视媒体的生存空间》、《论突发事件新闻报道的舆论引导》、《三轮车夫之歌创作谈》等多篇论文;主创的《老腔》、《禾风》、《三轮车夫之歌》、《为了一条生命》、《成长快乐》、《爱的暖流》等作品获得国家、省级政府奖。曾获"浙江省广播电视系统先进工作者"、"浙江省首届双十佳新闻工作者"称号。

章军龙(1976.03 ~) 男,嘉兴市广播电视台新闻综合频率副总监,主任编辑。浙江建德人,大学本科学历。1998 年 7 月进嘉兴有线电视台工作,历任嘉兴有线电视台记者、责任编辑、嘉兴电视台新闻中心、嘉兴市广播电视台新闻综合频道责任编辑、新闻综合频道副总监;2011 年 12 月任现职。在《中国广播影视》 等杂志发表了 《试论电视会议新闻报道创新》、《从央视 <新春走基层> 看主题报道创新》等多篇论文; 参与主创的 9 件新闻作品获省级政府奖二等奖以上奖项,其中《新闻 60 分》获中国新闻奖二等奖,《我们的大运河》 获中国广播影视大奖优秀电视专题提名奖。

杨明松(1977.04 ~) 男,嘉兴市广播电视台新闻综合频道总监,主任记者。浙江嘉兴人,中共党员,大学本科学历。2000 年 8 月进嘉兴电视台工作,历任采访部记者、责编,嘉兴市广播电视台新闻综合频道记者、责编、制片人、新闻中心副主任、新闻综合频道总监助理、总编室副主任、新闻中心副主任;2012 年 10 月任现职。在省级以上刊物发表了《抓住亮点强化卖点、省运报道求新求变》、《突出策划主动应变谈做强做优电视新闻抵制"三俗"之风》、《剥笋法 打开连环堵航的症结》多篇论文;策划、采制了《飞跃》、《跨越杭州湾》、《浙北双城记》、《红色耀中国》、《经典嘉兴辉煌 60 年》、《我们的大运河》、《青川, 你好吗》等作品,获省、市级奖项近 30 项。被评为"嘉兴市第三届十佳新闻工作者"、 首批嘉兴市宣传文化系统"四个一批"人才。

高保珍(1973.10 ~) 男,嘉兴市广播电视台公共频道副总监,主任记者。山西武乡人,中共党员,大学本科学历。1996 年 8 月进嘉兴有线电视台工作,历任新闻部记者、嘉兴电视台新闻中心记者、嘉兴市广播电视台新闻综合频道记者、责编、制片人、公共频道总监助理;2010 年 6 月任现职。在省级以上刊物发表了 《赶作业不如著作品——对新闻从业者参与"走、转、改"的断想》、《电视"说"新闻当在"说"外下功夫》、《生存之境下的媒体责任——从 <寒窗故事> 谈媒体责任》、《电视对农节目的视野、理念与方式》等多篇论文。先后被评为"嘉兴市十佳新闻工作者"、嘉兴市宣传文化系统"四个一批"人才。

王家红(1966.09 ~) 女,嘉兴市广播电视台传媒经济研究所副所长，主任播音员。浙江平湖人，大学本科学历。1988 年 12 月参加工作，历任平湖市供销总社团委副书记、嘉兴电视台主持人、嘉兴市广播电视台人力资源中心主任助理、副主任；2010 年 7 月任现职。在省级以上刊物发表了多篇论文，其中《制度化、规范化、人性化——嘉兴广电主持人品牌建设的思考》获省级优秀论文奖；主创、指导的新闻作品、社教专题作品和播音主持作品有近 20 件获得省级奖项。

李郭保（1978.09～）男，嘉兴市广播电视台办公室（党委办）副主任，高级政工师。江西鄱阳人，中共党员，在职研究生学历。1999 年 8 月参加工作，历任秀洲区油车港镇中学教师、团总支书记、德育主任、教科室负责人、校长助理、副校长，王江泾镇中学教师、副校长、秀洲区委宣传部区文明办道德建设科科长；2012 年 9 月任现职。在《嘉兴教育学院学报》、《江南论坛》、《观察与思考》等杂志发表《用心经营好一所学校——谈学校管理的六项修炼》、《关于推进区域性道德平台建设的实践与思考》、《当前未成年人价值观冲突及引导策略》等多篇论文。先后被评为“全国加强和改进未成年人思想道德建设先进个人”、浙江省“春泥计划”实施工作先进个人。

周　锷（1967.08～）海盐县广播电视台党组副书记、台长，中学高级教师。浙江海盐人，中共党员，大学本科学历。2003 年 8 月任海盐县实验小学党支部副书记、校长；2004 年 9 月任海盐县教育局党委委员、局长助理（副局级）；2005 年 9 月任海盐县教育局党委委员、副局长；2010 年 5 月任海盐县教育局党委副书记、副局长；2012 年 11 月任现职。曾获嘉兴市妇儿工作先进个人、法制宣传教育先进个人、海盐县“2011 年度项目推进”先进个人、2012 年度“创先争优”优秀共产党员等称号。

沈国芳（1969.03～）男，海宁市广播电视台高级工程师。工程硕士学位。1991 年 7 月毕业于西安电子科技大学信息系，同年 8 月进入海宁市广播电视台工作，主持或参与的《农村有线电视网络双向化改造暨三级调频广播同频插方案实践》、《海宁市公安社会治安动态视频监控系统的实践和应用》等 7 项科技革新项目获省广播电视政府奖三等奖以上奖项；在省级以上刊物发表了《网络视频点播系统在广电宽带网上的应用》、《有线电视网络杆路编号的探索与实践》等 6 篇论文。

顾海燕（1976.10～）女，桐乡市广播电视台《今日桐乡》主持人，主任播音员，省级普通话测试员。山东日照人，中共党员，大学本科学历。在省级以上刊物发表了多篇论文，主创的作品获各级、各类奖项 50 余件，其中获省广播电视播音主持作品奖二等奖 2 个、三等奖 1 个。为嘉兴市第四批、第五批专业技术后备人才，获桐乡市“十佳青年”、首届十佳新闻工作者称号。

绍兴市

杨志强（1962.07～）男，绍兴市文化广电新闻出版局党委书记、局长。浙江杭州人，中共党员，大学本科学历。1983 年 8 月参加工作，任绍兴师专附中教师、团委书记；1985 年 8 月在绍兴市教委工作，历任职教科副科长、科长、党委委员、党委副书记、纪委书记；2002 年 12 月任新昌县委常委、组织部长；2003 年 6 月任新昌县委副书记、组织部长；2006 年 11 月任绍兴市委宣传部副部长；2012 年 5 月任现职。

陈卫民（1963.02～）男，绍兴市文化广电新闻出版局党委委员、副局长。浙江绍兴人，中共党员，大学本科学历。1980 年 9 月入伍，历任空军气象学院学员、空军汉口机场助理工程师、空军武汉指挥所气象室副主任、空军武汉基地气象中心主任、空军武汉基地司令部气象处处长、空军武汉指挥所司令部气象处处长。2005 年 9 月转业，任绍兴市文化广电新闻出版局党委委员、副局长，2012 年 5 月起分管广播电影电视工作。

汪成江（1967.02～）男，绍兴市广播电视台主任编辑。浙江绍兴人，中共党员，大学本科学历。编辑主持的广播方言节目《阿汪茶馆》、《阿汪开讲》在当地颇具影响力。在省级以上刊物发表了《广播方言节目之我见》、《从〈阿汪茶馆〉看方言节目的生存空间》、《面对新媒体，一个广播人的思考》、《说说广播文艺节目的音效与音乐运用》等论文；主创的《书法圣地 — 兰亭》、《沈园听雨》获国家广电总局广播节目二等奖；《绍兴县纺织业一支独秀探秘》、《从绍兴范本看转型升级》获省广播电视新闻奖二等奖；戏曲专题《求索何惧崎岖路 不平悲歌唱晓天》、戏曲节目《越州五女》获省广播电视文艺奖二等奖。

赵自力（1961.04～） 男，绍兴市广播电视台广电广告发展有限公司高级经济师。浙江绍兴人，中共党员，大学本科学历。多年从事广播广告经营工作，品牌广告量逐年提升。在省级以上刊物发表了《广播活动提升广播价值》、《论活动造势对城市广播媒体扩大创收的作用》、《基于新媒体的电视传媒发展战略研究》等多篇论文。

张　洪（1976.04～） 男，绍兴市广播电视台网络公司总经理助理，高级经济师。浙江嵊州人，中共党员，大学本科学历，工学学士。历任绍兴有线广播电视台技术员、项目经理、网络公司市场部副经理、工程公司副经理、总师室副主任、数字电视发展部副经理、市场部经理、网络公司总经理助理等职。在省级以上刊物发表了论文 4 篇。

袁伟民（1971.07～） 男，绍兴市广播电视台网络公司袍江广电站站长，高级工程师。浙江绍兴人，中共党员，大学本科学历。历任绍兴有线电视台技术员、工程部经理助理、副经理、网络公司工程部副经理、网管部副经理（期间兼任绍兴市信息管网有限公司总经理助理、前期部经理）等职；2005 年 12 月任现职。在省级以上刊物发表了论文 4 篇。

汪杰华（1974.10～） 男，绍兴市广播电视台网络公司运维部副经理，高级工程师。浙江绍兴人，中共党员，大学本科学历。历任绍兴电视台技术员、绍兴有线广播电视台技术员。参与绍兴数字电视平台建设、绍兴市县 SDH 环网建设、绍兴市数字电视整体转换工作、网络公司 1550 平台建设；主持设计一系列机房设备优化项目。在省级以上刊物发表了论文 3 篇。

张　弘（1966.12～） 男，新昌县广播电视台党委书记、台长。浙江新昌人，中共党员，大学本科学历。2012 年任现职。

陈　颉（1971.10～） 男，绍兴县广播电视台新闻综合频道总监、新闻中心主任、总台第一党支部书记，主任记者。汉族，中共党员，大学本科学历，学士学位。任职以来，一直从事新闻一线采编工作。获“省优秀青年岗位能手”、“县十佳新闻工作者”、县“优秀青联委员”、第六届绍兴县“十大杰出青年”、县第二批专业技术拔尖人才、学术技术带头人等称号。

金华市

王辉球（1982.08～） 男，金华市广播电视台党委委员、副台长。江西南丰人，中共党员，博士学位。1999 年 9 月在清华大学土木工程系学习，获学士学位；2003 年 9 月在清华大学交通运输规划与管理专业学习，获硕士学位；2004 年 8 月被清华大学公派到新加坡国立大学现代物流专业学习，获博士学位；2007 年 4 月在金华市广播电视台挂职任台长助理；2008 年 10 月任金华市广播电视台台长助理；2012 年 5 月兼任台团委书记；2012 年 11 月任现职。任职期间，获浙江省电视节目技术质量奖二等奖 2 个、三等奖 2 个；浙江省广播电视科技论文奖三等奖 1 个。

俞国平（1962.08～） 男，金华市广播电视台总编办主任，高级记者。浙江武义人，中共党员，大学本科学历。历任金华电视台新闻部主任、综合台副台长、金华广电台新闻中心主任、金华电视台副台长、教育科技频道总监等职。主创的消息《九江决口第三天》获全国抗洪救灾优秀报道二等奖；消息《一人砸了千人饭碗》获中国电视奖三等奖；《种草黄河口 产奶杭州湾》、《特殊的寿礼》、《东阳画水事件的警示》等 10 多件作品分获浙江新闻奖、浙江广播电视新闻奖一等奖。获金华市首届“飘萍杯”十佳新闻工作者、金华市专业技术拔尖人才、浙江省“五个一批”人才。2012 年当选金华市第 6 次党代会代表。

石海平（1965.07～） 男，金华市广播电视台主任播音员。江苏淮安人，汉族，中共党员，大学本科学历。1988 年 8 月从事广播电视播音主持工作，历任金华人民广播电台节目部副主任、经济部主任、经济电台总监、财富音乐广播总监等职。主创的《奔向新世纪》、《弱者的呼唤》、《灵魂不交给死神》、《穿透人心的诗》、《校园的枇杷熟了》、《守着 18 个鸡蛋等你》等 19 件作品获浙江省广播电视政府奖一、二、三等奖。

李　维（1978.04～）男，金华市广播电视台经济生活频道副总监，主任记者。浙江金华人，中共党员，大学本科学历。1999年从浙江大学新闻系毕业后进入金华电视台工作，先后在综合台、社教中心、新闻综合频道群、文艺节目中心工作。有40多件作品获得省级以上奖项。曾获市先进新闻工作者、“金华市青年岗位能手”称号。

仲　洁（1973.01～）女，金华市广播电视台新闻综合频道综合节目部主任，主任记者。江苏南通人，中共党员，大学本科学历。历任金华广播电视台经济生活频道《小马开讲》责任编辑、新闻综合－经济生活频道群节目部主任、新闻综合频道综合节目部主任等职。从事新闻工作18年，在省级以上刊物发表了5篇论文，并有20多部作品获奖。

施春霞（1974.10～）女，金华市广播电视台高级工程师。浙江金华人，汉族，中共党员，工程硕士。1991年7月参加工作，2009年9月加入中国共产党。1994年7月在金华电视台技术中心播出部工作，历任技术人员、副主任、播出技术保障组长。完成多项电视技术改造方案的设计与实施，在省级以上刊物发表了《电视播控管理系统的设计与开发》、《数字电视硬盘播出系统技术改造实践》等6篇论文；获浙江省电视节目播出技术质量奖二等奖4个、三等奖4个；获国家计算机软件著作权1项。

章　涛（1976.03～）金华市广播电视台高级工程师。浙江富阳人，中共党员，工程硕士。1998年毕业于北京广播学院电视工程系，先后在金华电视台基建办、后勤处、总台办、技术中心等部门工作，在工艺设计、空调暖通、智能建筑、网络技术、广电工程领域有实践经验。在省级以上刊物发表了多篇论文，参与的工程建设及广电技术项目获得省钱江杯优质工程奖、国家广电总局科技创新工程奖、国家广电总局广播电视技术质量奖等奖项。

徐元凯（1973.09～）男，金华市广播电视台高级工程师。中共党员，大学本科学历，理学学士学位。1995年7月起，历任金华广播电视台技术制作部副主任、技术中心制作部网络组组长。在省级以上刊物发表了《电视台磁盘陈列的技术维护经验》、《Vmirror磁盘镜像系统在苹果非编网中的应用》等多篇论文；合著的《基于计算平台的网络视频应用探析》，入选《第十八届上海电视节国际广播影视技术研讨会论文集》。主创的《江南第一家》、《新闻节节棒》分获浙江省电视节目录制质量奖专题类二等奖、新闻类二等奖；参与的《金华市主持人总决赛》获浙江省电视节目录制技术质量奖综合文体类二等奖；获省广播电视技术维护先进个人二等奖、市先进新闻工作者、市先进新闻工作者等荣誉。

李道生（1962.11～）男，东阳市广播电视台党委书记。浙江东阳人，中共党员，大学本科学历。1986年7月任东阳市政府办公室秘书；1988年6月在东阳市志办工作；1992年8月任东阳市委组织部副科级组织员；1995年2月任东阳市委办公室信息督查科科长；1998年5月任东阳市委办公室副主任、纪检组长、“610”办公室主任；2002年2月任东阳市科学技术局局长；2012年9月任现职。2006年至2010年，连续五年被评为全国科技工作先进个人。

贾志光（1965.11～）女，东阳市广播电视台台长。浙江东阳人，中共党员，大学本科学历。1987年8月参加工作，1993年3月任东阳日报社要闻部主任；1998年5月任东阳市妇联副主席；1998年8月任东阳市城东街道办事处副书记（挂职）；2003年1月任东阳市委老干部局副局长；2005年11月任东阳市委宣传部副部长；2008年4月任东阳市委宣传部副部长兼东阳市文联主席；2012年9月任现职。

陈小萍（1958.04～）女，永康市广播电视台主任记者。浙江永康人，中共党员，大学本科学历。1975年参加工作，1991年任永康市广电局副局长，2002年任永康市广电局局长。任职期间，永康台成为“全国广播电视先进县市”和全国“十佳电视台”；成为浙江省首个高清整转的县市。主创的10多件作品获中国广播奖、中国电视奖、“金鹰奖”、中国外宣“彩桥奖”等奖项；。获“全国广播影视系统先进工作者”、“全国广播电视报优秀发行员”、“全国乡村健康金话筒奖”、“浙江省影视系统先进工作者”、“浙江省优秀计划生育工作者”、“金华市十佳新闻工作者”、“金华市优秀共产党员”等荣誉。

梅　军（1967.11～）男，武义县委宣传部副部长，广播电视台党组书记、台长。浙江武义人，中共党员，大学本科学历、学士学位。1990 年 8 月任武义化学纤维厂值班长；1995 年 5 月任浙江万鹏集团合纤厂生产技术科副科长；1997 年 7 月任武义县计经委企业管理科副科长，综合管理科副科长（主持工作）；2000 年 12 月任武义县政府法制办法制科科长、法制办副主任；2009 年 7 月任武义县委办公室室务成员、副主任；2012 年 4 月任现职。2012 年被评为武义县机关部门、乡镇（街道）领导干部考核优秀个人。

朱文灏（1973.12 ~ ）男，武义县广播电视台党组成员、纪检组长、副台长，主任记者。浙江武义人，中共党员，研究生学历。1993 年 11 月参加工作，1998 年 12 月从事新闻采编工作，历任武义日报社副主任、主任，武义县广播电视台编委会成员、总编室主任，党组成员、编委会副主任等职。在省级以上刊物发表了《从政务新闻中寻找活鱼》、《开辟传播新途径 提升广电新形象》、《人才战略：广电发展的制高点》等 6 篇论文；主创的《唱游浙江——谁是麦霸主持人挑战赛》、《你是幸福泉——“幸福佳人” 主题晚会》等 14 件作品获市新闻奖一等奖以上奖项。被中国广播电视协会评为“辉煌六十年”全国县级广播电视系统百名优秀工作者。

李建平（1958.06 ~ ）男，武义县广播电视台广通公司董事长兼总经理，高级工程师。山东人，中共党员，大学本科学历。1975 年 8 月参加工作，历任武义县有线电视台副台长，武义县广播电视台网络中心主任、乡镇广电站管理办公室主任。在省级以上刊物发表了论文 2 篇；获浙江省广播电视技术维护先进个人一等奖；获浙江省广电系统先进工作者称号。

陈珍宝（1961.08 ~ ）男，磐安县委宣传部副部长，广播电视台党组书记、台长。浙江磐安人，中共党员，大学本科学历。1982 年 9 月参加工作，历任窈川乡副乡长、乡长、双溪乡党委委员、党委书记、县人事劳动局副局长、地质矿产局局长、县国土资源局副书记、副局长、新城区管委会主任、副书记兼深泽乡党委书记，2012 年 4 月任现职。

衢州市

夏龙江（1975.08 ~ ）男，衢州市广播电视台副台长，党委委员。中共党员，研究生学历。1993 年 8 月参加工作，先后在河南省夏邑县广电局、重庆市南川区广电台、重庆市民宗委工作。拍摄的专题片《赤子情怀》获全国党员电教片一等奖、河南省好新闻一等奖；专题片《大河春潮》被列为党的十六大献礼片；拍摄的专题片《祖孙三代荆江情》获全国电视纪录片金奖；策划的政法专栏《剑与盾》获全国法制名专栏称号。参与了重庆市金佛山首届、二届国际旅游文化节、衢州市首届“最美衢州人”颁奖盛典的策划实施；参与了重庆市组团参加第九届全国少数民族运动会工作，并被记个人三等功；参与了重庆市组团参加第四届全国少数民族文艺汇演工作，被授予先进个人。

汪向阳（1967.06 ~ ）男，衢州市广播电视台生活娱乐频道节目部主任，一级导演。中共党员。1987 年参加工作，有 30 多部作品获得省级及以上奖项，其中：专题片《修志老人》、纪录片《飞来的古镇》、纪录片《摊里摊外》分获中国广播电视学会新闻奖优秀奖、二、三等奖；专题片《渔鼓声声》获省“五个一”工程奖；专题节目《纪念孔子诞辰 2556 周年学祭典礼》获浙江新闻奖编辑一等奖和采写一等奖；专题片《洁净乡村看遂昌》获省广播电视对外宣传一等奖；纪录片《香甜的生计》获浙江文艺奖（摄像）一等奖；《非常悦读》获省委宣传部优秀栏目奖。是衢州市广播电视台首批首席记者、“浙江省模范新闻工作者”。

傅　浩（1964.09 ~ ）男，衢州市广播电视台广播电视报社副总编，主任记者。大学本科学历。策划、采写了纪念高考 30 周年大型特写《回到 1977》、新中国成立 60 周年纪念专辑《衢州解放日号外》等十余组特写报道；策划了“急诊室的故事”、“婚情周报”等报纸专栏。在省级以上刊物发表了《新闻作品语言文字差错示例》等多篇论文；主创的《明星言行失当理应道歉》、《重视教师绩效工资制度执行中存在的问题》等作品获得省级新闻奖一等奖 1 个、二等奖 1 个、三等奖 3 个。业余时间从事英美文学研究，出版有《迪兰·托马斯诗选》等译著。

杨流培（1975.11 ~ ）男，衢州市广播电视台电视生活娱乐频道新闻部主任，主任记者。中共党员，大学本科学历，文学学士学位。2001 年起在衢州广电台工作，参加、策划了走周边看发展、情系汶川、行走衢江、关注远山的孩子等新闻采访活动。在省级以上刊物发表了《突发性灾害报道中媒体资源的最大化》、《灾难事件中记者采访提问的底线——以“5.12”汶川大地震为例》、《传统媒体价值链在3G传播中的接入与延伸》、《新闻记者的发现能力》等6篇论文；主创的《为了爱——十三岁女孩三次鞠躬》、《政府请农民坐进大学课堂》、《我看见了声音——听见了未来》等20多件作品获省、市级政府奖。

叶　萍（1964.12～）女，衢州市广播电视台信息港网站新闻采编部主任，主任记者。大学本科学历。从传统媒体广播记者到新媒体网络新闻记者，积极探索新老媒体融合之路，先后策划、参与了20多次重大主题宣传报道。在省级以上刊物发表了《新时期先进典型的发掘与报道创新》、《加强论坛管理 掌握网络舆论主导权》、《“微博” 时代传统媒体提升影响力探析》 等多篇论文；有8件作品获省级以上奖项，其中：系列报道《“最美老师”感动衢城》、《衢州女孩世界气候大会上发出中国声音》获浙江新闻奖、浙江省广播电视新闻奖二等奖。

郑耀富（1965.10～）男，衢江区委宣传部副部长，衢江区广播电视台党组书记、台长。汉族，中共党员，大学本科学历。1982年8月参加工作，历任战士、班长、团政治处副营职干事、潜艇副政委、政委、政治处主任；2005年10月转业至衢江区委宣传部，2006年1月任衢江区委宣传部副部长、社科联主席，2012年4月任现职。

吴淑君（1963.03～）女，龙游县广播电视台主任记者。浙江龙游人，中共党员，大学本科学历。1982年12月参加工作，1986年9月进入龙游县广播电视局电视摄制站从事采编播工作，1987年历任龙游县广播电台专题编辑、电视专题制片人、主持人、广播节目中心主任、电视广告部主任等职。2012年评聘为主任记者。在省级以上刊物发表了《电视记者的基本素质》、《办好新农村有线广播节目的实践与思考》等多篇论文；主创的《龙游一田两租巧打农事季节差》、《女硕士远嫁种田郎》、《中印商务合作峰会召开001企业随总理觅商机》、《说到没有做到——龙游八“村官”主动辞职》等作品获浙江新闻奖、省广播电视新闻二、三等奖；对农栏目《金色土地》连续三年获浙江省对农服务工程建设对农栏目优秀奖。

毛阳土（1974.11～）江山市广播电视台党委书记、台长。浙江江山人，中共党员，省委党校在职研究生。1994年8月任江山市塘源口乡政府民政助理员；1998年12月任塘源口乡人民政府副乡长；2002年1月任江山市江郎乡党委副书记、乡长；2005年6月任江郎乡党委书记、乡长；2005年11月任大桥镇党委书记、人大主席；2006年11月任江山市人民政府办公室党组成员、副主任（保留正科）；2011年12月任市人民政府办公室任党组成员、副主任，兼任市政府法制办公室主任；2012年11月任现职。

方金全（1964.03～）男，开化县委宣传部副部长、开化县广播广播电视台党组书记、台长。浙江开化人，汉族，中共党员，大学本科学历。1982年10月参加工作，任青阳乡团委书记、文书；1988年10月任皇岸乡党委委员；1989年11月任苏庄镇富户管理区总支书记；1990年11月任坝头镇党委委员、县驻苏庄镇扶贫工作组任大组组长；1992年9月在池淮镇工作（期间在浙江省委党校本科班学习两年）；1995年10月任青阳党委副书记、乡长、党委书记；2001年2月任开化县委宣传部副部长、开化报社总编；2007年3月任开化县文化广电新闻出版局局长、党组书记；2012年任现职。

舟山市

颜兆祥（1963.08～）男，舟山市广播电视台党委书记、台长、总编辑。浙江岱山人，中共党员，大学本科学历。1982年 8 月参加工作，历任岱山县委宣传部办公室主任、副部长、舟山日报社新闻研究室副主任、舟山市委宣传部外宣科科长、副部长等职，2012年 3 月任现职。

欧阳晓明（1965.11～）男，舟山市广播电视台副台长、副总编、党委委员。福建漳州人，中共党员，大学本科学历。1986年8月参加工作，历任舟山日报社经济部副主任、专刊副刊部副主任、特刊部副主任、市委宣传部办公室副主任、办公室（干部处）主任（处长）、调研室主任、新闻出版处处长等职，2012年8月任现职。

顾良达（1969.08～）男，舟山市广播电视台电视新闻中心主任，主任记者。浙江定海人，中共党员，大学本科学历。1989年8月参加工作，历任舟山电视台记者、电视新闻中心副主任、电视新闻综合频道副总监、电视经济生活频道副总监、总编。主持策划的《大桥行》、《东西南北观潮涌》、《做怎样的新区人》等一系列主题报道获舟山市重大主题报道组织策划奖；有10余件作品获浙江新闻奖、浙江广播电视新闻奖、舟山市政府文化奖。获市十佳新闻工作者、市劳动模范、省广电系统先进工作者等荣誉，

王建伟(1967.03～）男，舟山市广播电视台项目策划中心主任，高级经济师。浙江宁波人，中共党员，大学本科学历。1986年7月参加工作，在舟山广播电视系统从事广电技术和产业经营工作，历任舟山广播事业局事业科、舟山电视台技术部工程师、广告部副主任、主任、广播技术中心副主任、定海区金塘镇新渔农村建设指导组组长、广告监管中心主任、舟山广播传媒有限公司总经理、广播电影电视产业协会副秘书长。2004年获国家电视节目技术质量一等奖、省电视节目技术质量二等奖；2008年获“舟山市优秀新渔农村建设指导员”称号。

吴幼平(1965.07～）女，舟山市广播电视台电视社教中心副主任，主任记者。浙江岱山人，中共党员，大学专科学历。1995年任舟山电视台编导，2002年任舟山电视台社教中心副主任、《海边人家》、《分享》栏目编导、制片人。2012年8月援疆阿克苏地区组织部党员远程教育中心。主创的《荡起生命的双桨》获2004年省广播电视社教节目青少年节目专题类一等奖；《他乡十年》、《女人物语》获2002年省广播电视社教节目二等奖。

魏秀玲(1973.09～）女，舟山市广播电视台电视影视娱乐频道副总监，主任播音员。吉林松原人，中共党员，大学本科学历。1996年开始从事广播主持工作，1998年任舟山广播文艺教育频率副总监、电视影视娱乐频道副总监。在省级以上刊物发表了《也说全媒体时代主持人播音员的发展》等多篇论文；主创的《小螺号》获全国优秀少儿广播栏目二等奖，主创的《蓝色呼唤》等10件作品获省广播电视新闻奖一、二等奖。2004年获省首届广播电视主持人职业联赛十大优秀主持人奖。

鲁松芬(1972.01～）女，舟山市广播电视台高级工程师。浙江定海人，中共党员，大学本科学历。1992年8月起，一直从事广播电视技术工作，多次参与电视播出系统的升级改造、机房设备应用的设计、安装、调试工作。在《中国有线电视》、《现代电视技术》等省级以上刊物发表了《基于多个VLAN子网环境下互动电视平台DHCP服务的实现》、《非线性编辑网络卡帧现象原因分析》、《音频嵌入技术在电视播出中的应用及其故障分析》等多篇论文；曾获省广播电视科技创新奖论文二等奖，多次获得省广播电视节目播出质量奖三等奖。

刘　萍(1973.01～）女，舟山市广播电视台高级工程师。四川德阳人，大学本科学历。1997年在舟山有线电视台技术部工作，2001年任电视技术中心技术员。参与了台非编网络、新闻直播演播室、60平方米虚拟演播室升级改造等多个重大技改项目的方案论证和实施。在《影视制作》、《中国有线电视》等刊物发表了多篇论文，其中《新闻直播演播室视音频系统的改造实践与思考》、《一次视音频不同步现象的探寻》获2011年度省广播电影电视科技创新奖论文三等奖，《用网络动画软件FLASH制作电视动画》获全省城市电视台技术协作会技术年会评比一等奖。曾获国家广电总局电视节目技术质量一等奖，多次获省广播电视节目录制技术质量一、二、三等奖。

林君芬(1973.08～）女，舟山广播电视网络传输中心高级工程师。浙江定海人，中共党员，大学本科学历。学校毕业后分配到舟山广播电视网络传输中心任职，2003年8月起先后任运营维护部副经理、总工程师办公室主任、网络工程部经理。先后参与或负责舟山有线广播电视数字化、双向化网络的技术规划、工程建设、运维保障、数字电视整转工作及舟山数字电视DVB平台、互动平台、城域网等项目的建设。《POWER?Builder在有线电视用户服务管理中的开发应用》获省科技创新三等奖。

周　波(1968.04～）男，岱山县委委员，县文化广电新闻出版局(体育局)局长、党组书记，县广播电视台台长。汉族，中共党员，在职研究生学历。1985年11月参加工作，任岱山县委办公室机要室(科)副科长、科长；1996年10月任县委宣传部办公室主任、部务会成员；1998年2月任县委宣传部部务会成员、县委报道组组长；2001年6月任县委宣传部副部长、县委报道组组长；2001年9月任县委宣传

部副部长；2003 年 3 月任县科学技术局局长、党组书记；2009 年 7 月任东沙镇党委书记、人大主席候选人；2010 年 3 月任东沙镇党委书记、人大主席；2011 年 12 月任县委委员，东沙镇党委书记、人大主席；2012 年 12 月任现职。

夏伟君（1962.01～）男，岱山县广播电视台副台长，主任记者。浙江岱山人，中共党员，大学本科学历。1996 年从事新闻宣传工作，1998 年担任新闻中心主任。撰写的《带着情感 沉在基层》等 6 篇论文在省、市级刊物刊登，主创的《岱山渔民呼吁提前休渔》等 10 多件作品获省新闻奖一、二、三等奖。曾获舟山市首届优秀新闻工作者、舟山市优秀宣传工作者、岱山县第二、三届优秀专业人才、第四届专业技术拔尖人才。现兼任舟山市电影电视艺术家协会理事、岱山县影视工作者协会主席。

虞争海（1973.12～）男，普陀区广播电视台副台长，高级工程师。浙江普陀人，大学本科学历。1993 年 7 月毕业于浙江广播电视学校，同年进入普陀区广播电视台工作。2002 年 1 月任工程技术部副主任；2004 年 7 月任技术中心主任；2008 年 11 月任现职。2012 年评聘为高级工程师。2007 年获国家广电总局十七大安全播出先进个人，2009 年获浙江省新一轮广播电视村村通工程建设先进个人，2011 年获浙江省广播电视安全播出先进个人等荣誉。

台州市

张广星（1965.02～）男，台州市广播电视台人力资源中心主任，高级记者。浙江黄岩人，汉族，中共党员，大学本科学历。1984 年毕业于杭州大学中文系，1984 年 7 月任黄岩县人民政府办公室秘书；1987 年 12 月进入黄岩电视台，历任新闻部记者、新闻部主任、副台长、台长、台党支部书记；1997 年 12 月任台州市黄岩区广播电视局（台）副局（台）长，党组成员；2003 年 2 月任台州电视台副台长；2005 年 10 月任台州市广播电视台电视新闻综合频道总监；2009 年 9 月任现职。2012 年被评为高级记者。台州市第一、二届市政协委员。

赵彦华（1963.03～）男，台州市广播电视台总编室主任、台州广电新传媒集团副总经理，主任记者。浙江临海人，汉族，大学专科学历。1980 年 12 月进入台州广播电视调频转播台工作；1987 年 7 月进入台州电视台，曾任台州电视台新闻部副主任、社教部副主任、文艺部主任；2005 年 10 月任台州市广播电视台总编室副主任（主持工作）；2006 年 10 月任台州市广播电视台总编室主任，2012 年 7 月任现职。2012 年被评为主任记者。

梅其通（1973.09～）男，台州市广播电视台海视移动电视公司副总经理，主任记者。浙江三门人，汉族，中共党员，大学本科学历。1997 年进入台州电视台，历任《台州新闻》、《九点报道》、《周日视点》、《深度 20'》栏目记者、编导。2007 年 4 月任台州市广播电视台电视新闻综合频道社会新闻部副主任、《台州百晓》栏目制片人、《深度 20》、《第一会客室》栏目负责人、《百姓说话》栏目执行制片人；2008 年 10 月任现职，2012 年被评为主任记者，主创的作品获省级新闻奖一、二、三等奖及市级奖项 30 多件；2006 年参加浙江青年电视摄像职业联赛获优胜奖，2004 年被省委省政府授予“抗台抢险先进个人”，为台州市第二轮“211 人才工程”培养人员。

王卫萍（1978.07～）女，台州市广播电视台电视新闻综合频道综合报道部副主任，主任记者。浙江临海人，汉族，中国农工党员，大学本科学历。1999 年 7 月毕业于浙江大学；1999 年 9 月任台州电视台新闻中心记者、编辑；2005 年 6 月任台州电视新闻综合频道时政新闻部记者；2010 年 6 月任现职，2012 年被评为主任记者。

董卫民（1970.04～）男，台州市广播电视台电视新闻综合频道《大民讨说法》栏目责任编辑，主任编辑。河南平顶山人，汉族，研究生学历。1993 年 7 月毕业于河南中医学院中医系，获医学学士学位，同年 8 月进入河南许昌卷烟厂工作；2000 年 9 月考入浙江大学人文学院中国现当代文学专业，2003 年 3 月毕业，获文学硕士学位，同年 4 月进入台州市广播电视台，从事新闻采编工作；2008 担任《大民讨说法》栏目责任编辑。2012 年被评为主任编辑。

赵宇明（1972.05～）男，台州市广播电视台广播新闻综合频道新闻部主任，主任编辑。黑龙江穆棱人，汉族，大学本科学历。1992 年 10 月参加工作，任黑龙江穆棱人民广播电台播音员、记者；1996 年 3 月任穆棱电视台播音员、记者；1999 年 6 月调入台州市人民广播电台任播音员、记者、编辑；2004 年任台州人民广播电台广播新闻综合频道新闻部主任；2005 年任现职。2012 年被评为主任编辑。

许剑影（1970.09～）黄岩区委宣传部副部长、黄岩区广播电视台台长。浙江黄岩人，中共党员，大学本科学历。历任黄岩区城关镇文教办副主任、黄岩区纪委党风室主任、北洋镇党委副书记、镇长、高桥街道党工委书记、黄岩区供销社党委书记、主任等职。

赵红燕（1966.12～）女，玉环县广播电视台广播中心副书记，主任编辑。浙江玉环人，中共党员，大学本科学历。1985 年 12 月参加工作，历任广播中心编辑部副主任、主任、广播中心党支部副书记等职。在省级以上刊物发表了《县级电台法制节目传播效果诌议》、《致力和谐社会建设，强化农民工报道》等多篇论文；主创的《生活 ---3 15 国际消费者权益日大型广播户外直播活动》、《农村大世界》、《走遍玉环—走进股份制发源地芦浦》、《妇联维权撑起一片蓝天》、《飞鱼的命运》、《台州大麦屿港至台湾基隆港客运首航》等作品获市级政府奖一等奖以上奖项 20 件，获省级政府奖二等奖以上奖项 8 件。

郑尚尧（1965.12～）男，三门县广播电视台营销服务中心主任。浙江三门人，中共党员，大学本科学历。曾任三门县广播电视台技术部主任、网络中心副主任、社会管理科科长、用户管理中心主任、基层服务中心主任等职，2011 年 8 月任现职。2012 年评聘为高级工程师。在各级刊物上发表论文 10 余篇，其中有 3 篇在国家级刊物上发表；获省广播电视社会管理先进个人、省广播电视技术维护三等奖等荣誉。

梅长强（1972.12～）男，三门县广播电视台技术中心主任。浙江三门人，中共党员，大学本科学历，2012 年评聘为高级工程师。在省级以上刊物发表了 4 篇论文；获省广播电视技术维护二等奖、省广播电视安全播出先进个人等荣誉。

丽水市

周一红（1970.04～）女，丽水市文化广电新闻出版局党组书记、局长。浙江松阳人，中共党员，大学本科学历。1990 年 7 月毕业于杭州大学，曾任松阳县古市镇党委副书记、望松乡党委副书记、乡长、丽水市文化体育广播电视局党组成员、副局长、丽水市文广出版局（体育局）党组成员、副局长、丽水市体育局副局长(主持工作)、局长等职。2012 年 5 月任现职。2010 年承办浙江省首届体育大会工作出色，荣获个人二等功一次。

张卫英（1972.07～）女，丽水市广播电视台党委委员、副台长。浙江丽水人，中共党员，研究生学历。1989 年 8 月参加工作，曾任丽水市委办公室资料编辑室副主任、主任、丽水经济开发区经发局、社发局副局长（挂职）、丽水市妇女联合会副主席、党组成员、省农办社会发展处副处长（挂职）等职，2012 年 6 月任现职。在《浙江新农村》、《浙江妇运》等刊物上发表了《五个强化推进农村妇女就业创业》、《全力发挥妇联组织在创新社会管理中的作用》、《规范农村生活垃圾的集中收集处理》等多篇论文；《浙江农民增收问题研究》被评为浙江省委党校在职研究生优秀论文。曾获全国妇联系统创先争优先进个人、丽水市“811”环境保护新三年行动先进个人等荣誉。

刘君龙（1969.04～）男，丽水市广播电视台党委委员、纪委书记，副教授。丽水莲都人，中共党员，浙江省委党校研究生学历，浙江师范大学公共管理硕士。1989 年 7 月参加工作，曾任丽水市大洋路学校教研组长、年段长、工会委员、中共丽水市委党校行政处副处长、培训处处长、函授教育处处长、省委党校函授学院丽水学区主任、校工会副主席、云和县石塘镇镇委副书记（挂职）、丽水市社科联秘书长等职。兼任丽水市人民对外友好协会理事和丽水市海峡两岸经济文化交流协会顾问。在省级核心刊物上发表了《以科学发展观指导欠发达地区工业园区建设》、《新型工业化道路与跨越式发展》、《宗教在社会主义新农村建设中的作用探析》等文章；多次被评为市优秀共产党员、先进工作者及省社科联系统先进个人。

应一飞（1963.06～）男，丽水市广播电视台党委委员、副台长，主任记者。浙江永康人，中共党员，大学本科学历。1982 年 8 月参加工作，曾任庆元电视台副台长、庆元广播电视局副局长、丽水电视台总编室主任、丽水广播电视报社总编、丽水市广播电视台电视新闻综合频道总监等职，2012 年 6 月任现职。组织策划并参与了多项重大宣传活动，在省级以上刊物发表了《论舆论监督》、《电视记者面对“意外”的即兴采访》、《地方电视台新闻地域优势的发挥》等多篇论文；有 17 件作品分获省、市广播电视新闻奖一、二、三等奖。

李延骥(1963.02～) 男，丽水市广播电视台新闻综合频道副总监，主任记者。山东禹城人，中共党员，大学本科学历。1985 年 1 月参与丽水电视台的筹建和《丽水新闻》栏目的开办；1995 年任广告部主任，1997 年任总编室主任，2002 年任丽水广播电视报社副总编，2005 年任丽水电视台经营管理部副主任，2008 年 10 月任现职。在省级以上刊物发表了《乡土文化：地方时政报道的创新源泉》、《浅谈新闻意象的把握和营造》等 4 篇论文；主创的作品获省级政府奖二、三等奖 10 余件，获市级政府奖一、二等奖多件；2011 年与中央电视台合作、介绍丽水市林权制度改革成效的新闻《浙江龙泉：山上文章怎么做?》在央视《新闻联播》头条播出。

杨晓峰(1967.03～) 男，丽水市广播电视台新闻综合频道制片人，主任记者。浙江庆元人，大学专科学历。1995 年任庆元电视台新闻部副主任；2000 年调入丽水电视台，任《纪事》栏目、《新闻追踪》栏目制片人。在省级以上刊物发表了《论新闻娱乐化的必然和适度》等 5 篇论文；主创的作品《好日子》获第十届全省对外传播“金鸽奖”一等奖；短纪录片《芒种》获第八届中国残疾人事业好新闻一等奖；有 13 件作品获省级政府奖三等奖以上奖项。2000 年被评为“全省广播电视系统先进工作者”；2006 年获丽水市“优秀记者”；2009 年获“浙江省模范新闻工作者”等荣誉。

吴峰平(1967.05～) 男，丽水市广播电视总记者、主任编辑。浙江丽水人，中共党员，大学本科学历。1989 年 3 月应征入伍，任武警江西总队上饶支队报道员、报道组组长；1992 年 3 月任庆元县广播电视台记者、编辑；1997 年 11 月任丽水人民广播电台记者、编辑；2006 年 10 月任现职。在《新闻实践》、《视听纵横》等刊物发表了 5 篇论文；主创的作品获浙江新闻奖和浙江省广播电视新闻奖一等奖 5 件、二等奖 3 件、三等奖 10 件；多次获得丽水市“十大优秀记者”、首席记者等荣誉。

蒋　旋(1962.04～) 女，丽水市广播电视台广播新闻综合频率编辑，主任编辑。浙江丽水人，大学专科学历。2004 年调入丽水市人民广播电台从事新闻采访编辑工作，担任《百姓热线》、《新闻广角》等栏目主编。在《新闻天地》等刊物发表了 4 篇论文；策划并主创的《百姓热线》走基层进乡镇大型活动获第五届浙江新闻奖社会活动奖；《一诺十年》、《青田华侨回国当村官》、《“多民族村”里新事多》等 8 件作品获浙江省广播电视新闻奖。

谢建英(1964.05～) 女，丽水市广播电视台广播广告中心副主任，主任编辑，民主建国会会员。浙江遂昌人，大学本科学历。曾在遂昌县妙高镇广播站、遂昌县广播电视局、丽水市人民广播电台工作；2006 年 10 月任现职。2012 年被评为主任编辑。在省级以上刊物发表《关于地方交通广播更好的服务听众的几点思考》、《浅议“走转改”之实践》等多篇论文；主创的作品《庆元菇农一份技术赚两份钱》、《汤显祖的世界之旅》、《红军歌曲流传浙西南》、《牡丹花开》分获省新闻奖二、三等奖及市新闻奖一等奖。

杨　广(1966.11～) 男，青田县委宣传部副部长，广播电视台党委书记、台长。中共党员，大学本科学历。1987 年 8 月参加工作，在北山中学任教；1990 年 8 月任县教育局教研室教研员；1995 年 4 月任青田县委宣传部干部；1998 年 7 月任县委报道组组长；2001 年 1 月任县委办公室副主任兼 610 办公室主任，(期间：2003 年 11 月至 2005 年 4 月任滩坑指挥部指挥兼办公室主任)；2007 年 5 月任青田县旅游局党委书记、局长；2012 年 12 月任现职。

刘国标(1961.02～) 男，云和县广播电视台党组书记、台长。浙江丽水人，中共党员，大学本科学历。1990 年 7 月任云和县人大法工委秘书；1994 年 7 月先后任紧水滩镇党委委员、纪委书记、副镇长、副书记、镇长；2001 年 2 任县政府办公室党组成员、办公室副主任；2004 年 9 月任县政府办公室党组成员、办公室副主任、县政府行政审批(招投标)中心主任。2012 年 4 月任现职。

张力军（1967.08～）庆元县县委宣传部副部长，广播电视台党委书记、台长。浙江庆元人，中共党员，大学本科学历。1987年8月参加工作，在竹口中学、庆元二中、县教师进修学校任教；1992年11月任庆元县委机关报《菇城报》社编辑、副总编辑；2000年11月任隆宫乡党委宣传委员；2001年11月先后任淤上乡党委副书记、纪检书记、乡长助理、乡长；2004年12月任县政协办公室副主任；2007年3月任县文联主席；2010年5月任县委宣传部副部长；2011年3月任县委宣传部常务副部长；2012年11月任现职。曾担任庆元县第六、七届政协委员，庆元县委第十三届候补委员。

马晓东（1969.01～）男，景宁广播电视台新闻部主任，主任编辑。河南南阳人，汉族，大学本科学历。历任广播新闻编辑、广播新闻部主任，新闻部副主任等职，2009年任现职。2012年被评为主任编辑。在省级以上刊物发表了《广播连线报道中信息场的营造》、《新闻传播中的记者社会责任探析》等多篇论文；采制的作品获省级、市级政府奖20余件。2011年被评为丽水市优秀编辑；所在的新闻部曾获省级青年文明号荣誉。

周信良（1969.11～）男，庆元县广播电视台网络工程部主任，高级工程师。浙江庆元人，汉族，中共党员，大学本科学历。1992年6月参加工作，先后在庆元县广播电视台农管股、中波台、乡镇中心站、网络工程部任职。2009年任总工支部书记。2012年评聘为高级工程师。工作期间曾多次获得荣誉，2008年获丽水市广播电视技术维护先进个人，2011年获浙江省广播电视技术维护先进个人（二等奖）。

2012全国先进

根据人力资源社会保障部、国家广播电影电视总局《关于表彰全国广播电影电视系统先进集体、先进工作者和劳动模范的决定》（人社部发〔2012〕97号）文件，我省受表彰的全国广播电影电视系统先进集体5个、全国广播电影电视系统先进工作者4名和全国广播电影电视系统劳动模范1名。全省广电系统委以受表彰的先进集体和先进个人为榜样，认真学习贯彻党的十八大精神，积极推动我省广播影视改革发展，不断增强广播影视整体实力和竞争力，为扎实推进社会主义先进文化建设、全面建成小康社会做出新的更大的贡献！

“全国广播电影电视系统先进集体、先进工作者和劳动模范”名单如下：

一、全国广播电影电视系统先进集体（5个）

浙江电视台新闻综合频道新闻中心

杭州市广播电视台交通经济广播

嘉兴市海宁市广播电视台

舟山市普陀区广播电视台

绍兴市广播电视台

二、全国广播电影电视系统先进工作者（4名）

来宏明　杭州市萧山区广播电视台台长

曹燕明　湖州市安吉县广播电视台副台长、总工程师

陈小萍　金华市永康市广播电视台

董所德　温州市永嘉县广播电视台界坑广播电视站职工

三、全国广播电影电视系统劳动模范（1名）

季　凌　绍兴文化发展集团有限公司董事长、总经理

2012年度全省广播电视系统评定中级专业技术职称名单

浙江广播电视集团

单　位	姓　名	性别	出生年月	学历	何类专业技术职务
浙江广播电视集团	秦　原	女	1983.05	大学本科	一级播音员
浙江广播电视集团	王帅帅	男	1984.11	大学专科	一级播音员
浙江广播电视集团	宋　琨	男	1985.07	大学本科	一级播音员
浙江广播电视集团	刘　超	男	1981.12	大学专科	一级播音员
浙江广播电视集团	尚　杨	女	1983.04	大学本科	一级播音员
浙江广播电视集团	周　懿	女	1982.06	大学专科	一级播音员
浙江广播电视集团	张　媛	女	1983.05	大学本科	一级播音员
浙江广播电视集团	周雯雯	女	1982.10	大学本科	一级播音员
浙江广播电视集团	郝　勇	男	1979.10	硕士	一级播音员
浙江广播电视集团	方　晨	女	1984.06	大学本科	记者
浙江广播电视集团	邵大望	男	1982.06	大学本科	记者
浙江广播电视集团	蒋盈盈	女	1980.12	大学本科	记者
浙江广播电视集团	赵安妮	女	1982.05	大学本科	记者
浙江广播电视集团	刘　慧	女	1984.03	大学本科	记者
浙江广播电视集团	柳沁园	女	1983.04	大学本科	记者
浙江广播电视集团	张园园	女	1982.10	大学本科	记者
浙江广播电视集团	余　云	女	1982.08	大学本科	记者
浙江广播电视集团	郭艳霞	女	1982.09	大学本科	记者
浙江广播电视集团	袁奇翔	男	1982.08	大学本科	记者
浙江广播电视集团	董玲巧	女	1983.03	大学专科	记者
浙江广播电视集团	汪　洋	女	1981.08	大学本科	记者
浙江广播电视集团	邹　芸	女	1978.11	大学本科	记者
浙江广播电视集团	应月衡	女	1974.11	大学本科	记者
浙江广播电视集团	邹　雯	女	1984.01	大学本科	记者

单　位	姓　名	性别	出生年月	学历	何类专业技术职务
浙江广播电视集团	计野航	男	1985.11	大学本科	编辑
浙江广播电视集团	王　琦	男	1984.11	大学本科	编辑
浙江广播电视集团	徐　捷	男	1979.08	大学本科	编辑
浙江广播电视集团	卢时鲲	男	1964.02	大学本科	编辑
浙江广播电视集团	张　寻	男	1984.03	大学本科	编辑
浙江广播电视集团	陈　毓	女	1962.11	研究生	编辑
浙江广播电视集团	蒋　强	男	1975.07	大学本科	编辑
浙江广播电视集团	龚卫宁	女	1974.04	大学专科	编辑
浙江广播电视集团	冯典仲	男	1961.12	高中	编辑
浙江广播电视集团	周伊喆	男	1985.01	大学本科	编辑
浙江广播电视集团	姚会峰	男	1974.01	大学本科	编辑
浙江广播电视集团	胡培新	女	1984.08	大学本科	编辑
浙江广播电视集团	梅志祥	男	1965.03	大学本科	编辑
浙江广播电视集团	赵一侃	女	1975.07	大学本科	编辑
浙江广播电视集团	常　州	男	1983.03	大学专科	编辑
浙江广播电视集团	卢文瑜	男	1984.01	大学专科	编辑
浙江广播电视集团	王昊宾	男	1982.11	大学本科	编辑
浙江广播电视集团	张　煜	男	1981.10	大学本科	编辑
浙江广播电视集团	楼红梅	女	1976.09	大学本科	编辑
浙江广播电视集团	郑颖颖	女	1984.11	大学本科	编辑
浙江广播电视集团	孟　娅	女	1978.12	大学本科	编辑
浙江广播电视集团	陈　婧	女	1984.04	大学本科	编辑
浙江广播电视集团	张　萍	女	1982.02	研究生	编辑
浙江广播电视集团	王晓妍	女	1981.12	研究生	编辑
浙江广播电视集团	王　曦	女	1983.05	研究生	编辑
浙江广播电视集团	应　钢	男	1984.03	研究生	编辑
浙江广播电视集团	姜晓丹	女	1984.06	研究生	编辑
浙江广播电视集团	王宇行	女	1984.01	研究生	编辑
浙江广播电视集团	孔　犇	男	1985.12	大学本科	工程师
浙江广播电视集团	张益强	男	1985.01	大学本科	工程师

单　位	姓 名	性别	出生年月	学历	何类专业技术职务
浙江广播电视集团	金桂勇	男	1955.08	高中	工程师
浙江广播电视集团	尚　劼	男	1984.12	大学本科	工程师
浙江广播电视集团	林静涛	男	1983.09	大学本科	工程师
浙江广播电视集团	陈晓钟	男	1984.10	大学本科	工程师
浙江广播电视集团	樊　弘	男	1968.08	大学专科	工程师
浙江广播电视集团	宋金龙	男	1953.02	大学本科	工程师
浙江广播电视集团	费　飚	女	1984.08	大学专科	工程师
浙江广播电视集团	刘　晟	男	1982.09	大学本科	工程师
浙江广播电视集团	邵　宇	男	1976.03	大学本科	工程师
浙江广播电视集团	傅小莉	女	1977.12	大学本科	工程师
浙江广播电视集团	郑霞红	女	1974.12	大学本科	工程师
浙江广播电视集团	项　波	男	1978.01	大学专科	工程师
浙江广播电视集团	俞莉丽	女	1982.01	大学专科	工程师
浙江广播电视集团	方　铮	男	1982.11	大学专科	工程师
浙江广播电视集团	陆　建	男	1974.06	大学本科	工程师
浙江广播电视集团	邵晓鹏	男	1960.01	大学本科	工程师
浙江广播电视集团	祝之普	男	1962.08	大学专科	工程师
浙江广播电视集团	陈武乐	男	1984.05	大学本科	工程师
浙江广播电视集团	王　强	男	1973.12	大学专科	工程师
浙江广播电视集团	叶其悦	男	1956.06	大学专科	工程师
浙江广播电视集团	程亦鑫	男	1984.01	大学本科	工程师
浙江广播电视集团	吴　边	男	1984.09	大学本科	工程师
浙江广播电视集团	蒋庆强	男	1977.09	大学本科	工程师
浙江广播电视集团	方少青	女	1984.01	大学本科	工程师
浙江广播电视集团	陈　洁	男	1979.09	大学专科	工程师
浙江广播电视集团	陈　洁	女	1980.01	大学专科	工程师
浙江广播电视集团	陈建红	女	1981.01	大学本科	工程师
浙江广播电视集团	张　利	男	1980.01	大学专科	工程师
浙江广播电视集团	郑　磊	男	1982.12	大学本科	工程师
浙江广播电视集团	安　嵘	女	1982.12	研究生	工程师

单　位	姓　名	性别	出生年月	学历	何类专业技术职务
浙江广播电视集团	安　慧	女	1983.07	研究生	工程师
浙江广播电视集团	王　欣	女	1978.01	大学专科	三级导演
浙江广播电视集团	荀继民	女	1973.06	大学本科	三级导演
浙江广播电视集团	胡振蓓	女	1983.10	大学本科	三级导演
浙江广播电视集团	孙晓珺	女	1976.11	大学本科	三级导演
浙江广播电视集团	刘　彦	女	1985.07	大学本科	三级导演
浙江广播电视集团	莫若铭	男	1983.09	大学本科	三级录音师
浙江广播电视集团	王志刚	男	1978.07	大学本科	三级录音师
浙江广播电视集团	赵　赟	男	1982.08	大学专科	三级录音师
浙江广播电视集团	韩明亮	男	1981.09	研究生	三级录音师
浙江广播电视集团	潘辰雨	女	1984.01	大学本科	三级美术师
浙江广播电视集团	鲁　俊	男	1982.05	大学本科	三级美术师
浙江广播电视集团	罗丹鹏	男	1959.06	大学专科	三级摄影师
浙江广播电视集团	周　臻	男	1984.03	大学本科	三级摄影师
浙江广播电视集团	刘　法	男	1970.09	大学本科	三级摄影师
浙江广播电视集团	金　俊	男	1981.07	大学专科	三级摄影师
浙江广播电视集团	李　铮	男	1905.05	大学专科	三级摄影师
浙江广播电视集团	王群力	男	1955.08	大学专科	三级文学编辑
浙江广播电视集团	李　楠	女	1973.12	双专科	三级文学编辑
浙江广播电视集团	王一心	女	1984.07	大学本科	三级化妆技师
浙江广播电视集团	张园园	女	1984.09	大学本科	三级舞美设计
浙江广播电视集团	陈　凌	女	1977.03	双专科	三级字幕
浙江广播电视集团	陈　佶	女	1976.02	大学本科	三级字幕
浙江广播电视集团	钱恋恋	女	1982.11	大学本科	三级字幕
浙江广播电视集团	张　亮	男	1975.09	大学专科	广告师
浙江广播电视集团	李　锐	女	1978.07	大学本科	广告师
浙江广播电视集团	张永华	男	1977.03	大学本科	经济师
浙江广播电视集团	杨丹丹	女	1980.11	大学本科	经济师
浙江广播电视集团	程　洁	女	1983.12	大学本科	审计师
浙江广播电视集团	宣一萍	女	1980.07	大学本科	政工师

杭州市

单 位	姓 名	性别	出生年月	学历	何类专业技术职务
杭州文化广播电视集团	刘志强	男	1982.03	大学本科	记者
杭州文化广播电视集团	方 玫	女	1963.04	大学本科	记者
杭州文化广播电视集团	莫黎娜	女	1977.02	大学本科	记者
杭州文化广播电视集团	唐 吟	女	1980.02	大学本科	记者
杭州文化广播电视集团	舒 萍	女	1982.09	大学本科	记者
杭州文化广播电视集团	王 蕾	女	1982.01	大学本科	记者
杭州文化广播电视集团	项 琨	男	1978.11	大学本科	记者
杭州文化广播电视集团	周 洁	女	1974.04	大学本科	编辑
杭州文化广播电视集团	金一可	男	1971.05	大学本科	编辑
杭州文化广播电视集团	楼 佳	女	1980.02	大学本科	编辑
杭州文化广播电视集团	陈耀辉	男	1982.05	大学本科	编辑
杭州文化广播电视集团	黄 琼	女	1977.10	大学本科	工程师
杭州文化广播电视集团	项利华	男	1968.12	大学专科	工程师
杭州文化广播电视集团	陈 洁	女	1971.09	大学本科	三级导演
杭州文化广播电视集团	陈 萍	男	1981.11	大学本科	三级导演
杭州文化广播电视集团	韦晓霞	女	1982.05	大学本科	三级导演
杭州文化广播电视集团	黄大年	男	1968.01	大学专科	三级导演
杭州文化广播电视集团	朱 欣	男	1955.06	大学专科	三级导演
杭州文化广播电视集团	孙炜虹	女	1970.05	研究生	三级导演
杭州文化广播电视集团	张伟利	男	1961.08	专业证书	三级摄像师
杭州文化广播电视集团	徐 潇	女	1976.08	大学本科	舞台技师
杭州文化广播电视集团	张 瑛	女	1975.06	大学本科	政工师
杭州文化广播电视集团	李樟美	女	1969.09	大学专科	经济师
杭州文化广播电视集团	黄 健	男	1969.05	大学本科	档案馆员
萧山区广播电视台	汪 乐	男	1978.06	大学本科	一级播音员

单　位	姓　名	性别	出生年月	学历	何类专业技术职务
萧山区广播电视台	孙利萍	女	1972.11	大学本科	编辑
萧山区广播电视台	胡金子	女	1968.04	大学本科	编辑
萧山区广播电视台	黄宪荣	男	1962.08	大学专科	编辑
萧山区广播电视台	钱　钕	女	1978.11	大学本科	工程师
萧山区广播电视台	沈肖立	女	1974.07	大学本科	工程师
萧山区广播电视台	韩列平	男	1961.09	大学本科	工程师
萧山区广播电视台	张玉明	女	1961.10	高中	工程师
萧山区广播电视台	何　莉	女	1968.08	大学本科	工程师
余杭区广播电视台	陈　健	女	1966.12	大学专科	一级播音员
余杭区广播电视台	白晓敏	女	1983.04	大学本科	记者
余杭区广播电视台	施建新	男	1970.01	大学本科	工程师
桐庐县广播电视台	蔡美兰	女	1969.03	大学本科	编辑
桐庐县广播电视台	余明明	男	1976.02	大学本科	工程师
桐庐县广播电视台	季国民	男	1972.05	大学本科	政工师
建德市广播电视台	于　锐	男	1969.11	大学专科	工程师
建德市广播电视台	叶敏军	男	1961.01	大学专科	工程师
建德市广播电视台	张建新	男	1958.02	大学专科	政工师
建德市广播电视台	胡晓玲	女	1966.10	大学专科	经济师
临安市广播电视台	陈　晓	女	1979.12	大学本科	记者
临安市广播电视台	杜秀三	男	1953.09	大学专科	工程师
临安市广播电视台	徐康华	男	1983.08	大学本科	工程师

宁波市

单　位	姓 名	性别	出生年月	学历	何类专业技术职务
宁波广播电视集团	胡建泽	男	1976.03	大学本科	一级播音员
宁波广播电视集团	陈沨韵	女	1969.08	大学本科	一级播音员
宁波广播电视集团	周　静	女	1982.11	大学本科	一级播音员
宁波广播电视集团	刘晶媛	女	1976.05	大学本科	一级播音员
宁波广播电视集团	施　展	男	1972.01	大学专科	一级播音员
宁波广播电视集团	冯　喆	女	1976.01	大学本科	一级播音员
宁波广播电视集团	陈　晔	女	1983.01	大学本科	三级录音师
宁波广播电视集团	邵　磊	男	1982.07	大学本科	记者
宁波广播电视集团	钟志聪	男	1971.07	大学本科	记者
宁波广播电视集团	孙　燕	女	1983.04	大学本科	编辑
宁波广播电视集团	陈殿艳	女	1969.12	大学本科	编辑
宁波广播电视集团	丁幸芬	女	1963.04	大学本科	编辑
宁波广播电视集团	朱克湘	男	1984.03	大学本科	工程师
宁波广播电视集团	徐夏丹	女	1982.08	大学本科	工程师
宁波广播电视集团	林彬彬	男	1985.12	大学本科	工程师
宁波广播电视集团	任博晟	男	1984.02	大学本科	工程师
宁波广播电视集团	陈 晔	女	1983.01	大学专科	三级录音师
镇海区广播电视台	孙大彬	男	1982.01	大学本科	一级播音员
镇海区广播电视台	何 顺	男	1983.07	大学本科	记者
北仑区广播电视台	王 越	女	1980.03	大学本科	一级播音员
北仑区广播电视台	李 娜	女	1982.06	大学本科	一级播音员
北仑区广播电视台	张国辉	男	1971.04	大学本科	记者
北仑区广播电视台	王萍萍	女	1981.07	大学本科	记者
北仑区广播电视台	李皓辉	男	1983.06	大学本科	工程师
鄞州区广播电视台	邱荣国	男	1963.08	大学专科	工程师
鄞州区广播电视台	周科伟	男	1983.06	研究生	工程师
鄞州区广播电视台	孙能军	男	1970.09	大学本科	工程师

单　位	姓　名	性别	出生年月	学历	何类专业技术职务
余姚市广播电视台	唐训军	男	1966.08	大学本科	记者
余姚市广播电视台	黄银杨	男	1980.01	大学本科	工程师
奉化市广播电视台	严世君	男	1982.05	大学本科	记者
奉化市广播电视台	汪斐卿	女	1976.03	大学本科	工程师
奉化市广播电视台	王仁伦	男	1977.03	大学本科	工程师
奉化市广播电视台	郑晓先	男	1983.02	研究生	工程师
奉化市广播电视台	傅松校	男	1973.01	大学本科	政工师
奉化市广播电视台	林济舟	女	1976.01	大学本科	经济师
奉化市广播电视台	王　颖	女	1977.07	大学本科	经济师
奉化市广播电视台	俞寒萍	女	1975.01	大学本科	馆员
宁海县广播电视台	蔡圣洁	男	1983.06	大学本科	编辑
宁海县广播电视台	王海峰	男	1974.08	大学专科	工程师
宁海县广播电视台	谢海涛	男	1983.09	大学本科	工程师
宁海县广播电视台	徐　科	男	1983.01	大学本科	工程师
宁海县广播电视台	杨其彤	男	1983.12	硕士	工程师

温州市

单　位	姓　名	性别	出生年月	学历	何类专业技术职务
温州市广播电视台	何　禾	男	1984.07	大学本科	记者
温州市广播电视台	张康乐	男	1979.11	大学本科	记者
温州市广播电视台	刘艳丽	女	1974.12	大学本科	记者
温州市广播电视台	尤洁新	女	1978.11	大学本科	记者
温州市广播电视台	蔡爱青	女	1977.09	大学本科	记者
温州市广播电视台	翁逻沿	男	1978.04	大学本科	记者
温州市广播电视台	金　谷	男	1977.06	大学本科	记者
温州市广播电视台	吴彤彤	女	1974.11	大学本科	记者
温州市广播电视台	林建亮	男	1977.09	大学本科	记者
温州市广播电视台	叶　斌	男	1983.08	大学本科	记者
温州市广播电视台	朱全全	女	1985.02	大学本科	记者

单　位	姓　名	性别	出生年月	学历	何类专业技术职务
温州市广播电视台	卢明然	女	1980.02	大学本科	记者
温州市广播电视台	叶　青	女	1983.04	大学本科	记者
温州市广播电视台	金　皓	男	1976.01	大学本科	编辑
温州市广播电视台	麻尊重	女	1979.07	大学本科	编辑
温州市广播电视台	项晨予	男	1981.11	大学本科	编辑
温州市广播电视台	金　科	男	1984.02	大学本科	工程师
温州市广播电视台	陈　逊	男	1974.08	大学本科	工程师
温州市广播电视台	方德千	男	1959.1	大学本科	工程师
温州市广播电视台	李桂炎	男	1977.09	大学本科	工程师
温州市广播电视台	余静路	男	1981.03	大学本科	工程师
温州市广播电视台	陈爱芳	女	1979.09	大学本科	工程师
温州市广播电视台	王　骏	男	1976.08	大学本科	工程师
温州市广播电视台	杨柏浩	男	1977.12	大学本科	工程师
温州市广播电视台	黄宁颋	男	1976.07	大学本科	工程师
温州市广播电视台	李春挺	男	1981.02	大学本科	工程师
温州市广播电视台	李　波	男	1974.08	大学本科	工程师
温州市广播电视台	方赛男	女	1981.1	大学本科	工程师
温州市广播电视台	刘　泱	女	1977.1	大学本科	工程师
温州市广播电视台	姜强华	男	1981.04	大学本科	工程师
温州市广播电视台	刘闻佳	女	1981.02	大学本科	三级录音师
乐清市广播电视台	卢晓华	男	1986.02	大学本科	工程师
瑞安市广播电视台	周芳芳	女	1981.04	大学本科	记者
瑞安市广播电视台	郑露芳	女	1976.06	大学本科	编辑
瑞安市广播电视台	李明磊	男	1967.11	大学专科	工程师
永嘉县广播电视台	李　晓	女	1981.11	大学本科	记者
永嘉县广播电视台	朱家豹	男	1973.05	大学本科	记者
永嘉县广播电视台	潘可静	男	1977.01	大学本科	记者
永嘉县广播电视台	廖大志	男	1979.10	大学本科	记者
永嘉县广播电视台	徐新彬	女	1972.02	大学本科	工程师
永嘉县广播电视台	陈　珍	女	1973.10	大学本科	工程师

单 位	姓 名	性别	出生年月	学历	何类专业技术职务
永嘉县广播电视台	潘晓丽	女	1969.11	大学本科	工程师
永嘉县广播电视台	叶孙建	男	1980.03	大学本科	工程师
永嘉县广播电视台	麻淑微	女	1963.09	大学专科	工程师
永嘉县广播电视台	胡淑彬	女	1962.01	大学专科	工程师
洞头县广播电视台	汤秋黎	女	1960.08	大学专科	编辑
文成县广播电视台	陈帮树	男	1982.10	大学本科	记者
文成县广播电视台	余 健	男	1979.11	硕士	记者
文成县广播电视台	李其发	女	1970.05	大学本科	馆员
平阳县广播电视台	康小龙	男	1984.09	研究生	网络工程师
苍南县广播电视台	陈 冲	女	1977.02	大学专科	一级播音员
苍南县广播电视台	蔡屏叶	女	1973.01	大学本科	记者
苍南县广播电视台	徐志隆	男	1974.01	大学专科	记者
苍南县广播电视台	许统云	男	1977.03	大学本科	记者
苍南县广播电视台	汤秋黎	女	1978.11	大学专科	记者
苍南县广播电视台	章伟芳	女	1975.05	大学本科	记者
苍南县广播电视台	夏孟胜	男	1974.12	大学专科	记者
苍南县广播电视台	陈华妹	女	1977.09	大学专科	编辑
苍南县广播电视台	薛 君	女	1976.03	大学专科	编辑
苍南县广播电视台	余 健	男	1975.12	大学本科	编辑
苍南县广播电视台	王孝杰	男	1973.09	大学本科	工程师
苍南县广播电视台	蒋鸿苗	男	1976.08	大学本科	工程师
苍南县广播电视台	黄运锡	男	1977.12	大学专科	工程师
苍南县广播电视台	项 雷	男	1976.07	大学专科	工程师
苍南县广播电视台	罗 谊	男	1975.08	大学专科	工程师
苍南县广播电视台	陈志春	男	1974.03	大学专科	工程师
苍南县广播电视台	李其发	男	1976.12	大学专科	工程师
苍南县广播电视台	陈帮树	男	1980.11	大学专科	工程师
苍南县广播电视台	陈爱珍	女	1971.08	大学专科	馆员

湖州市

单　位	姓 名	性别	出生年月	学历	何类专业技术职务
湖州市广播电视台	张云峰	男	1977.10	大学本科	一级播音员
湖州市广播电视台	朱熙挺	男	1974.12	大学本科	记者
湖州市广播电视台	沈建辉	男	1971.09	大学本科	记者
湖州市广播电视台	徐伟荣	男	1977.10	大学本科	记者
湖州市广播电视台	沈志伟	男	1979.03	大学专科	记者
德清县广播电视台	劳永明	男	1960.02	高中	工程师

嘉兴市

单　位	姓 名	性别	出生年月	学历	何类专业技术职务
嘉兴市广播电视台	周　强	男	1985.05	大学本科	一级播音员
嘉兴市广播电视台	王　巍	男	1975.05	大学本科	一级播音员
嘉兴市广播电视台	王奕磊	男	1970.04	本科	记者
嘉兴市广播电视台	代志鹏	男	1973.11	本科	记者
嘉兴市广播电视台	罗　佳	女	1984.09	本科	记者
嘉兴市广播电视台	苏传文	男	1983.05	研究生	记者
嘉兴市广播电视台	郭晓涛	男	1983.11	本科	记者
嘉兴市广播电视台	林　佳	男	1980.03	本科	记者
嘉兴市广播电视台	关顾阳	男	1985.10	本科	记者
嘉兴市广播电视台	王佾艳	女	1981.10	本科	记者
嘉兴市广播电视台	李筱悦	女	1969.08	本科	编辑
嘉兴市广播电视台	褚　敏	男	1959.05	本科	编辑
嘉兴市广播电视台	张　晓	女	1978.05	本科	编辑
嘉兴市广播电视台	杨志伟	男	1983.06	本科	工程师
嘉兴市广播电视台	吴加超	男	1983.11	本科	工程师
嘉兴市广播电视台	王颖珏	女	1983.05	本科	工程师
嘉兴市广播电视台	朱燕萍	女	1982.06	本科	工程师
嘉兴市广播电视台	应缘媛	女	1977.11	本科	工程师

单　位	姓 名	性别	出生年月	学历	何类专业技术职务
嘉兴市广播电视台	刘　伟	男	1981.05	本科	工程师
嘉兴市广播电视台	陶建国	男	1983.04	研究生	工程师
嘉兴市广播电视台	朱康明	男	1964.12	研究生	政工师
嘉兴市广播电视台	金亚瑾	女	1977.10	本科	政工师
嘉兴市广播电视台	刘葆凤	女	1963.09	本科	政工师
嘉兴市广播电视台	伍广平	男	1958.01	大专	政工师
嘉兴市广播电视台	徐小丹	女	1985.01	研究生	政工师
嘉兴市广播电视台	张　泳	女	1973.12	大专	广告师
嘉善县广播电视台	于　军	男	1972.11	大学本科	记者
嘉善县广播电视台	项学奇	女	1975.11	大学本科	记者
平湖市广播电视台	姚振宇	男	1981.11	大学本科	记者
平湖市广播电视台	林华锋	男	1975.01	大学专科	工程师
平湖市广播电视台	王霄博	男	1983.09	大学本科	工程师
海盐县广播电视台	崔文晗	男	1975.10	大学本科	记者
海盐县广播电视台	赵日春	男	1977.06	大学本科	编辑
海盐县广播电视台	李　岩	女	1983.05	研究生	编辑
海盐县广播电视台	张跃锋	男	1981.09	大学本科	工程师
海盐县广播电视台	汤丽琴	女	1976.01	大学本科	工程师
海宁市广播电视台	郭嘉新	男	1953.06	大学专科	记者
海宁市广播电视台	周向华	男	1977.04	大学本科	记者
海宁市广播电视台	严　萍	女	1978.12	大学本科	记者
海宁市广播电视台	陈卫国	男	1970.03	大学本科	记者
海宁市广播电视台	汪卫青	女	1970.10	大学本科	记者
海宁市广播电视台	陆晓松	男	1966.12	大学专科	工程师
海宁市广播电视台	范云峰	男	1978.10	大学本科	工程师
桐乡市广播电视台	施玉婷	女	1983.01	大学本科	编辑
桐乡市广播电视台	张国斌	男	1984.12	研究生	工程师

绍兴市

单　位	姓　名	性别	出生年月	学历	何类专业技术职务
绍兴市广播电视台	沈　峰	女	1968.08	大学本科	一级播音员
绍兴市广播电视台	高星耀	女	1965.09	大学本科	编辑
绍兴市广播电视台	郑　怡	女	1973.04	大学本科	编辑
绍兴市广播电视台	张　赟	女	1978.01	大学本科	编辑
绍兴市广播电视台	徐　杰	男	1982.12	硕士	工程师
绍兴市广播电视台	金亚美	女	1981.06	大学本科	工程师
绍兴市广播电视台	钱晓丰	男	1982.12	大学本科	工程师
绍兴市广播电视台	王　薇	女	1982.05	大学本科	经济师
绍兴市广播电视台	倪潇琰	女	1983.08	大学本科	档案馆员
绍兴县广播电视台	朱育民	男	1961.07	大学专科	记者
绍兴县广播电视台	冯杨青	男	1970.01	大学本科	记者
绍兴县广播电视台	陈　晴	女	1982.10	大学本科	记者
绍兴县广播电视台	金昳旻	女	1975.02	大学专科	记者
绍兴县广播电视台	王少春	男	1964.06	大学专科	工程师
绍兴县广播电视台	史哨峰	女	1974.11	大学专科	工程师
诸暨市广播电视台	阮利江	男	1976.11	大学本科	工程师
诸暨市广播电视台	翁平锋	男	1982.02	大学本科	工程师
诸暨市广播电视台	许丽珍	女	1967.10	大学专科	工程师
诸暨市广播电视台	王　侃	男	1982.01	大学专科	工程师
诸暨市广播电视台	吴地龙	男	1981.08	大学本科	工程师
诸暨市广播电视台	杨昭和	男	1965.02	大学专科	工程师
诸暨市广播电视台	郦哲云	女	1977.01	大学本科	工程师
诸暨市广播电视台	骆芬芳	女	1963.07	大学专科	工程师
诸暨市广播电视台	马士尧	男	1956.11	大学专科	工程师
诸暨市广播电视台	朱建校	男	1979.06	大学本科	工程师
诸暨市广播电视台	张镠亮	男	1982.02	大学本科	工程师
诸暨市广播电视台	马　怡	女	1979.10	大学专科	工程师

单　位	姓　名	性别	出生年月	学历	何类专业技术职务
诸暨市广播电视台	周怡林	男	1962.09	大学专科	工程师
诸暨市广播电视台	蔡　强	男	1962.02	大学专科	工程师
诸暨市广播电视台	傅蓉杭	女	1960.07	大学专科	工程师
诸暨市广播电视台	石宇凯	男	1980.10	大学本科	工程师
诸暨市电影发行放映公司	俞立扬	男	1961.10	中专	放映技师
诸暨市电影发行放映公司	赵洪芳	男	1961.01	高中	放映技师
上虞市广播电视台	张　慧	男	1978.12	大学本科	记 者
上虞市广播电视台	谢华琼	女	1978.07	大学本科	工程师
上虞市广播电视台	沈　洁	女	1978.01	大学本科	工程师
上虞市广播电视台	蒋杏珠	女	1961.08	大学专科	工程师
上虞市广播电视台	陈圆美	女	1960.07	大学专科	工程师
上虞市广播电视台	郑钢瑛	女	1979.03	大学本科	工程师
上虞市广播电视台	倪耀耀	女	1976.05	大学本科	工程师
上虞市广播电视台	罗莉丽	女	1977.01	大学专科	工程师
上虞市广播电视台	沈慧丽	女	1977.05	大学专科	工程师
上虞市广播电视台	徐银军	男	1975.02	大学本科	工程师
上虞市广播电视台	陈建明	男	1976.02	大学专科	工程师
上虞市广播电视台	陈建文	女	1969.04	大学本科	工程师
新昌县广播电视台	王珊之	女	1979.05	大学本科	一级播音员
新昌县广播电视台	张　赟	男	1975.04	大学本科	编 辑

金华市

单　位	姓　名	性别	出生年月	学历	何类专业技术职务
金华市广播电视台	曹丽华	女	1975.05	大学本科	编辑
金华市广播电视台	余震东	男	1974.07	大学本科	广告师
金华市广播电视台	吴　凡	男	1979.12	大学本科	广告师
浦江县广播电视台	李少俊	男	1980.08	大学本科	记者
浦江县广播电视台	孙明善	男	1967.12	大学本科	工程师
浦江县广播电视台	郑海林	男	1969.06	大学专科	工程师

单 位	姓 名	性别	出生年月	学历	何类专业技术职务
浦江县广播电视台	毛金枝	男	1964.01	高中	工程师
浦江县广播电视台	张小兰	女	1981.01	大学本科	政工师
武义县广播电视台	叶素贞	女	1965.11	大学专科	记者
武义县广播电视台	应旭凌	女	1976.01	大学本科	工程师
磐安县广播电视台	马美菊	女	1976.03	大学本科	记者
磐安县广播电视台	潘仁标	男	1966.09	大学专科	工程师
义乌市广播电视台	范瑞成	男	1977.05	大学本科	一级播音员

衢州市

单 位	姓 名	性别	出生年月	学历	何类专业技术职务
衢州市广播电视台	亓孝飞	男	1979.01	大学本科	记者
衢州市广播电视台	童炜来	女	1985.07	大学本科	记者
衢州市广播电视台	姜梦倩	女	1984.11	大学本科	记者
衢州市广播电视台	王 晓	女	1974.06	大学专科	编辑
衢州市广播电视台	张 谨	女	1973.05	大学本科	编辑
衢州市广播电视台	余 果	男	1981.04	大学本科	工程师
衢州市广播电视台	郭 晋	男	1983.08	大学本科	工程师
衢州市广播电视台	汪海波	男	1983.06	大学本科	工程师
衢江区广播电视台	叶 敏	男	1970.03	大学本科	一级播音员
龙游县广播电视台	汪 琼	女	1969.05	大学本科	一级播音员
江山市广播电视台	杨 军	男	1970.12	大学专科	一级播音员
开化县电影发行放映公司	梁土根	男	1967.09	大学专科	放映技师

舟山市

单 位	姓 名	性别	出生年月	学历	何类专业技术职务
舟山市广播电视台	王亚中	男	1968.01	大学专科	记者
舟山市广播电视台	叶洁怡	女	1983.01	大学本科	记者
舟山市广播电视台	夏帮琴	女	1971.02	大学专科	记者

单　位	姓　名	性别	出生年月	学历	何类专业技术职务
舟山市广播电视台	白秀玲	女	1964.08	大学本科	经济师
普陀区广播电视台	茅丽君	女	1973.01	大学本科	一级播音员
普陀区广播电视台	徐萍波	女	1978.12	大学本科	记者
普陀区广播电视台	孙碧春	女	1972.09	大学本科	记者
普陀区广播电视台	李飞荷	女	1966.03	大学本科	记者
普陀区广播电视台	张　民	男	1972.03	大学本科	记者
普陀区广播电视台	何　涛	女	1974.08	大学本科	记者
普陀区广播电视台	邱　勇	男	1975.05	大学本科	记者
普陀区广播电视台	陆仕仙	女	1964.11	大学专科	编辑
普陀区广播电视台	王耀平	男	1959.11	研究生	编辑
普陀区广播电视台	郭爱萍	女	1967.05	大学本科	编辑
普陀区广播电视台	虞和彪	男	1961.07	大学专科	编辑
普陀区广播电视台	张　皓	男	1974.01	大学本科	工程师
普陀区广播电视台	李庆贤	男	1980.11	大学本科	工程师
普陀区广播电视台	李　明	男	1978.11	硕士	工程师
普陀区广播电视台	尤红舟	男	1974.02	大学本科	工程师
普陀区广播电视台	管祺华	男	1980.11	大学本科	工程师
普陀区广播电视台	周如峰	男	1959.11	初中	工程师
普陀区广播电视台	虞飞跃	男	1960.05	大学专科	工程师
普陀区广播电视台	方路忠	男	1957.01	大学专科	经济师
普陀区广播电视台	刘晓红	女	1971.12	大学本科	经济师
岱山县广播电视台	腾　云	男	1971.03	大学本科	记者
岱山县广播电视台	张赛波	女	1970.05	大学专科	工程师
岱山县广播电视台	俞波涛	男	1970.11	大学专科	工程师
嵊泗县广播电视台	谢庆堂	男	1958.05	高中	工程师
嵊泗县广播电视台	周泽霞	女	1984.06	大学专科	档案馆员

台州市

单　位	姓 名	性别	出生年月	学历	何类专业技术职务
台州市广播电视台	陈异丹	女	1978.10	大学本科	一级播音员
台州市广播电视台	苏洪涛	男	1982.11	大学本科	记者
台州市广播电视台	王剑锋	男	1984.10	大学本科	记者
台州市广播电视台	张明辉	男	1973.11	大学本科	记者
台州市广播电视台	陈　宁	男	1980.12	大学本科	记者
台州市广播电视台	周海强	男	1982.01	大学本科	记者
台州市广播电视台	胡丽华	女	1976.03	大学本科	广告师
台州市广播电视台	林以靖	女	1984.09	大学本科	广告师
台州市广播电视台	王雪飞	女	1981.02	大学本科	广告师
台州市广播电视台	张灵慧	女	1983.04	大学本科	广告师
黄岩区广播电视台	郭晓莹	女	1983.01	大学本科	一级播音员
黄岩区广播电视台	方　红	女	1981.09	大学本科	记者
黄岩区广播电视台	邱　礼	男	1982.01	大学本科	工程师
玉环县广播电视台	王静伟	男	1973.10	大学本科	一级播音员
玉环县广播电视台	李建华	男	1962.02	大学专科	工程师
仙居县广播电视台	泮　哲	男	1980.11	大学本科	编辑
仙居县广播电视台	杨永鑫	男	1977.12	大学本科	网络工程师
三门县广播电视台	李淑燕	女	1983.07	大学本科	工程师
三门县广播电视台	方　赞	男	1973.12	大学本科	工程师

丽水市

单　位	姓 名	性别	出生年月	学历	何类专业技术职务
丽水市广播电视台	武秋颖	女	1980.10	大学本科	一级播音员
丽水市广播电视台	徐　璟	女	1980.05	大学本科	一级播音员
丽水市广播电视台	赫荣荣	女	1978.05	大学本科	一级播音员
丽水市广播电视台	章杰伟	男	1982.02	大学本科	一级播音员
丽水市广播电视台	陈海燕	女	1969.11	大学本科	记者

单　位	姓　名	性别	出生年月	学历	何类专业技术职务
丽水市广播电视台	缪秀珍	女	1980.01	大学本科	记者
丽水市广播电视台	聂春梅	女	1977.02	大学本科	记者
丽水市广播电视台	李正苗	男	1979.04	大学本科	记者
丽水市广播电视台	林　晔	女	1980.1	大学本科	编辑
丽水市广播电视台	王凌焱	女	1977.08	大学本科	编辑
丽水市广播电视台	徐建荣	男	1976.1	大学本科	编辑
丽水市广播电视台	袁　静	女	1982.1	大学本科	编辑
丽水市广播电视台	吴洲娟	女	1979.1	大学本科	编辑
丽水市广播电视台	雷东荣	男	1978.02	大学本科	编辑
丽水市广播电视台	王　充	男	1965.05	大学专科	工程师
丽水市广播电视台	李跃华	男	1960.04	大学专科	工程师
青田县广播电视台	周　华	女	1979.09	大学本科	工程师
青田县广播电视台	叶永利	男	1981.07	大学本科	工程师
青田县广播电视台	季建春	男	1969.01	大学专科	工程师
云和县广播电视台	潘陈飞	男	1983.12	大学本科	编辑
云和县广播电视台	周学全	男	1971.10	大学专科	工程师
云和县广播电视台	柳景惠	男	1956.07	中专	工程师
云和县广播电视台	钱　江	男	1968.10	大学专科	工程师
庆元县广播电视台	蔡章元	男	1968.08	大学本科	编辑
庆元县广播电视台	柳丽兰	女	1968.03	大学专科	工程师
松阳县广播电视台	杨红兵	男	1970.06	大学本科	工程师
松阳县广播电视台	阙石玄乾	男	1966.03	大学专科	工程师
松阳县广播电视台	项芳清	男	1957.03	大学专科	工程师
景宁县广播电视台	张雪萍	女	1978.06	大学专科	编辑
景宁县广播电视台	董俊杰	男	1980.09	大学本科	编辑
景宁县广播电视台	张亚珍	女	1983.03	大学本科	编辑
景宁县广播电视台	叶　勇	男	1974.12	大学本科	工程师
景宁县广播电视台	刘庆华	男	1979.12	大学本科	工程师
景宁县广播电视台	潘丽芬	女	1971.08	大学本科	统计
景宁县广播电视台	林华芬	女	1967.09	大学专科	统计

10.栏目节目

LANMUJIEMU

浙江广播电视集团

南宋	浙江卫视
千岛湖 *	钱江都市频道
艺术·北纬 30 度 *	浙江卫视
天下义乌	浙江卫视
百花烂漫的春天	教育科技频道
浙江声音	浙江之声

中国梦想秀	浙江卫视
新闻深一度	浙江卫视
新闻 007	钱江都市频道
新闻深呼吸	经济生活频道
风云浙商面对面	经济生活频道
厨星高照	影视娱乐频道
相亲才会赢	民生休闲频道
我老爸最棒	民生休闲频道
流动大舞台	公共·新农村频道
小智情报站	少儿频道
方雨大搜索	浙江之声
维维说房	浙江之声
股动天下	经济频道
乐乐说新闻	音乐调频
中国新歌榜	音乐调频
93 早高峰	交通之声
下班快乐	交通之声
城市私家车	城市之声

浙江人民广播电台节目编排表

浙江之声

FM88

FM101.6

2011 年 11 月 7 日起执行

<table>
<tr><th>时　间</th><th rowspan="25">周一至周日
6:00~22:00
逢整点《新闻110》,18:00 除外，全天动态插播；

6:00~22:00《最新气象》

周一至周日
全天逢半点《路路小贴士》,6:30、7:30 除外</th><th>周一 ~ 周五</th><th colspan="2">周六 ~ 周日</th></tr>
<tr><td>05:00~06:00</td><td colspan="3">天天服务台</td></tr>
<tr><td>06:00~06:30</td><td colspan="3">早安浙江</td></tr>
<tr><td>06:30~07:00</td><td colspan="3">转播中央电台中国之声《新闻和报纸摘要》</td></tr>
<tr><td>07:00~08:00</td><td colspan="3">浙广早新闻</td></tr>
<tr><td>08:00~09:00</td><td>方雨大搜索</td><td colspan="2" rowspan="2">周末欢乐秀</td></tr>
<tr><td>09:00~10:00</td><td>维维说房</td></tr>
<tr><td>10:00~11:00</td><td>阳光行动·独立调查</td><td colspan="2">新闻故事</td></tr>
<tr><td>11:00~12:00</td><td>新闻直播室</td><td>小乐说事</td><td>新闻周刊</td></tr>
<tr><td>12:00~13:00</td><td colspan="3">超级开心 GO</td></tr>
<tr><td>13:00~14:00</td><td colspan="3">三味书屋</td></tr>
<tr><td>14:00~15:00</td><td colspan="3">咖啡时光</td></tr>
<tr><td>15:00~16:00</td><td>财经非常道</td><td colspan="2" rowspan="2">想唱就唱</td></tr>
<tr><td>16:00~17:00</td><td>我们都是汽车人</td></tr>
<tr><td>17:00~18:00</td><td>今日大热点</td><td colspan="2">人文大讲堂</td></tr>
<tr><td>18:00~18:30</td><td colspan="3">浙江新闻联播</td></tr>
<tr><td>18:30~19:00</td><td colspan="3"></td></tr>
<tr><td>19:00~20:00</td><td colspan="3">麻辣串串烧</td></tr>
<tr><td>20:00~21:00</td><td colspan="3">三味书屋(重播)</td></tr>
<tr><td>21:00~22:00</td><td colspan="3">星空夜读</td></tr>
<tr><td>22:00~23:00</td><td>今日大热点(重播)</td><td colspan="2">人文大讲堂(重播)</td></tr>
<tr><td>23:00~24:00</td><td colspan="3">转播央视《24 小时》</td></tr>
<tr><td>00:00~01:00</td><td colspan="3" rowspan="5">钱塘不夜天
00:00~01:00 重播《麻辣串串烧》
01:00~02:00 重播《星空夜读》
02:00~03:00 重播《咖啡时光》
03:00~04:00 重播《三味书屋》
04:00~05:00 重播《阳光行动》(周日、周一)
重播《人文大讲堂》</td></tr>
<tr><td>01:00~02:00</td></tr>
<tr><td>02:00~03:00</td></tr>
<tr><td>03:00~04:00</td></tr>
<tr><td>04:00~05:00</td></tr>
</table>

浙江人民广播电台节目编排表

浙江之声

AM810　　　　2011 年 11 月 7 日起执行

<table>
<tr><td>时　间</td><td rowspan="23">周一至周日
6:00~22:00
逢整点《新闻 110》,
9:00、13:00、16:00、18:00、20:00 除外，全天动态插播。

周一至周日
全天逢半点《路路小贴士》,6:30、7:30、9:30、13:30、16:30、20:30 除外。</td><td colspan="2">周一 ~ 周五</td><td colspan="2">周六 ~ 周日</td></tr>
<tr><td>04:00~06:00</td><td colspan="4">健康快车</td></tr>
<tr><td>06:00~06:30</td><td colspan="4">早安浙江</td></tr>
<tr><td>06:30~07:00</td><td colspan="4">转播中央电台中国之声《新闻和报纸摘要》</td></tr>
<tr><td>07:00~08:00</td><td colspan="4">浙广早新闻</td></tr>
<tr><td>08:00~09:00</td><td colspan="2">方雨大搜索</td><td colspan="2">周末欢乐秀</td></tr>
<tr><td>09:00~10:00</td><td colspan="4">健康快车</td></tr>
<tr><td>10:00~11:00</td><td colspan="2">阳光行动·独立调查</td><td colspan="2">新闻故事</td></tr>
<tr><td>11:00~12:00</td><td>新闻直播室</td><td colspan="2">小乐说事</td><td>新闻周刊</td></tr>
<tr><td>12:00~13:00</td><td colspan="4">超级开心 GO</td></tr>
<tr><td>13:00~14:00</td><td colspan="4">康乐园</td></tr>
<tr><td>14:00~15:00</td><td colspan="4">海楠说农村</td></tr>
<tr><td>15:00~16:00</td><td colspan="2">财经非常道</td><td colspan="2">想唱就唱</td></tr>
<tr><td>16:00~17:00</td><td colspan="4">健康快车</td></tr>
<tr><td>17:00~18:00</td><td colspan="2">今日大热点</td><td colspan="2">人文大讲堂</td></tr>
<tr><td>18:00~18:30</td><td colspan="4" rowspan="2">浙江新闻联播</td></tr>
<tr><td>18:30~19:00</td></tr>
<tr><td>19:00~20:00</td><td colspan="4">麻辣串串烧</td></tr>
<tr><td>20:00~21:00</td><td colspan="4">康乐园</td></tr>
<tr><td>21:00~22:00</td><td colspan="4">星空夜读</td></tr>
<tr><td>22:00~23:00</td><td colspan="2">今日大热点(重播)</td><td colspan="2">人文大讲堂(重播)</td></tr>
<tr><td>23:00~24:00</td><td colspan="4">转播央视《24 小时》</td></tr>
<tr><td>00:00~01:00</td><td colspan="4" rowspan="2">钱塘不夜天
00：00~01：00 重播《麻辣串串烧》
01：00~02：00 重播《星空夜读》</td></tr>
<tr><td>01:00~02:00</td><td></td></tr>
<tr><td>02:00~04:00</td><td></td><td colspan="4">播音结束</td></tr>
</table>

注:周二 14:00~16:00 停机检修

浙江人民广播电台节目编排表

经济频道

FM95　　2012 年 1 月 1 日起执行

时　间	周一 ~ 周五	周六	周日
00:00~04:00	今夜无眠		
04:00~06:00	健康早一点		
06:00~07:00	非常惠生活财富中国		
07:00~08:00			
08:00~09:00	财经早八点		
09:00~09:30	帮忙第一线	周末 FUN 轻松	
09:30~11:35	股动天下		
11:35~13:00	快乐午间 ——开心大赢家		
13:00~15:00	股动天下		
15:00~17:00	@ 有车人	@ 有车人	
17:00~18:00	股市黄金档		
18:00~19:00	第一楼市		
19:00~21:00	财富非常道		
21:00~22:00	天翼阅读时间		
22:00~23:00	网罗天下		
23:00~24:00	转播中央电视台《24 小时》		

注:06:00~23:00:整点财经时间,半点生活指数,动态资讯随时插播。(2012 年 2 月 13 日调整)

浙江人民广播电台节目编排表

流行音乐

FM99.6　　　　2011 年 12 月 30 日起执行

<table>
<tr><th>时　间</th><td rowspan="25">气象早知道 7:55~22:55 每天 18 个点；

交通路况 7:30~18:30 全天 12 次；

《整点 v 资讯》9:00~22:00 每天 11 次；

《半点 v 资讯》9:30~17:30 每天 6 次。</td><th>周一 ~ 周五</th><th>周六 ~ 周日</th></tr>
<tr><td>05:30~06:30</td><td colspan="2">《美丽的清晨》</td></tr>
<tr><td>06:30~07:00</td><td colspan="2">《新闻与报纸摘要》</td></tr>
<tr><td>07:00~07:45</td><td>《民生第一线》</td><td rowspan="4">《壹周 996 之新闻壹周》
朝闻天下
周末浮世绘</td></tr>
<tr><td>07:45~08:00</td><td>《舒中胜视角》</td></tr>
<tr><td>08:00~09:00</td><td>《新闻早上好》</td></tr>
<tr><td>09:00~10:00</td><td rowspan="2">《车舞飞扬》</td></tr>
<tr><td>10:00~11:00</td><td rowspan="6">《壹周 996 之快乐壹周》
听说很好吃
听说很好看
听说很好听</td></tr>
<tr><td>11:00~12:00</td><td>《V 言快语》听说很好玩</td></tr>
<tr><td>12:00~13:00</td><td>《快乐正当午》</td></tr>
<tr><td>13:00~13:30</td><td>《快乐家居》</td></tr>
<tr><td>13:30~14:00</td><td>《健康最重要》</td></tr>
<tr><td>14:00~15:00</td><td>《非常投诉》</td></tr>
<tr><td>15:00~16:00</td><td rowspan="2">《大家淘音乐》</td><td rowspan="2">《壹周 996 之民生壹周》
老梁说事
可乐讲故事</td></tr>
<tr><td>16:00~16:30</td></tr>
<tr><td>16:30~17:00</td><td colspan="2">《民 生 热 线》</td></tr>
<tr><td>17:00~18:30</td><td rowspan="2">《乐乐说新闻》</td><td rowspan="2">《壹周 996 之快乐壹周》
听说很好吃</td></tr>
<tr><td>18:30~19:00</td></tr>
<tr><td>19:00~19:30</td><td colspan="2">转播《新闻联播》</td></tr>
<tr><td>19:30~20:00</td><td>《体坛深一度》</td><td rowspan="2">《壹周 996 之轻松壹周》
从心开始</td></tr>
<tr><td>20:00~21:00</td><td>《@996》</td></tr>
<tr><td>21:00~22:00</td><td>《夜叶精彩》</td><td rowspan="2">《city club》</td></tr>
<tr><td>22:00~23:00</td><td>《city club》</td></tr>
<tr><td>23:00~00:00</td><td colspan="2">《广播剧》</td></tr>
<tr><td>00:00~07:00</td><td colspan="2">《好歌伴天明》</td></tr>
</table>

浙江人民广播电台节目编排表

音乐调频

FM96.8　　　　2011年12月26日起执行

<table>
<tr><th>时　间</th><th>周一 ~ 周五</th><th>周六 ~ 周日</th></tr>
<tr><td>06:00~07:00</td><td colspan="2">《爱上音乐的早晨》</td></tr>
<tr><td>07:00~09:00</td><td colspan="2">《乐听乐动听》</td></tr>
<tr><td>09:00~10:30</td><td colspan="2">《汽车 CD》</td></tr>
<tr><td>10:30~12:00</td><td>《鲁瑾脱口秀》</td><td>《跟我去旅行》</td></tr>
<tr><td>12:00~14:00</td><td colspan="2">《我想有个家》</td></tr>
<tr><td>14:00~15:00</td><td colspan="2">《音乐唱游》</td></tr>
<tr><td>15:00~16:00</td><td colspan="2">《SOULFIRE》</td></tr>
<tr><td>16:00~17:00</td><td>《流行听觉》</td><td>《宝贝计划》</td></tr>
<tr><td>17:00~18:30</td><td colspan="2">《最佳享受》</td></tr>
<tr><td>18:30~19:00</td><td>《听财经》</td><td></td></tr>
<tr><td>19:00~20:00</td><td colspan="2">《中国新歌榜》</td></tr>
<tr><td>20:00~21:00</td><td>《魏勤私房乐》</td><td>《中国新歌榜之海外榜》</td></tr>
<tr><td>21:00~22:00</td><td colspan="2">《心醉爵士》</td></tr>
<tr><td>22:00~23:00</td><td colspan="2">《SOULFIRE》</td></tr>
<tr><td>23:00~24:00</td><td>《午夜阳光》</td><td>《动听演唱会》</td></tr>
<tr><td>00:00~01:00</td><td>《江航浓情夜》</td><td rowspan="2">《音乐不断》</td></tr>
<tr><td>01:00~06:00</td><td>《音乐不断》</td></tr>
</table>

浙江人民广播电台节目时间表

交通之声

FM93　　　　2012 年 1 月 1 日起执行

<table>
<tr><th>时　间</th><th colspan="2">线性插件</th><th>周一至周五</th><th>周六</th><th colspan="2">周日</th></tr>
<tr><td>06:00~06:30</td><td colspan="2" rowspan="17">路灵灵整点
7:00~21:30

高速 007
07:30~22:30

动态气象
直播室
07:00~21:00
半点后；

93 快报快评
9:00~21:00；
单点前快报；
双点前快评。

空港百灵
7:30、11:30、14:40、17:30、20:30

小马来了
8:30、11:30、12:30、15:30、17:30、18:30</td><td colspan="4">健康最重要（重播）</td></tr>
<tr><td>06:30~07:00</td><td>93 第一财经</td><td colspan="2" rowspan="2">有氧周末
快乐出发
6:30~8:00</td><td rowspan="11">有氧周末</td></tr>
<tr><td rowspan="2">07:00~09:00</td><td rowspan="2">93 早高峰
网罗头条
曹景行非常 6+1
93 酷评
93 焦点 / 小马来了</td></tr>
<tr><td colspan="2" rowspan="2">有氧周末
玩转地球</td></tr>
<tr><td>09:00~10:00</td><td>93 第一财经</td></tr>
<tr><td>10:00~11:00</td><td>有理走天下
对话浙江（周五）</td><td>有氧周末
93 第一财经</td><td>有氧周末
一周焦点</td></tr>
<tr><td>11:00~12:00</td><td>93 车世界</td><td colspan="2" rowspan="2">有氧周末——飞越浙江
11:00~13:00</td></tr>
<tr><td rowspan="2">12:00~14:00</td><td rowspan="2">一诺千金
微博随手拍
疯狂广播站
百万大富翁 / 小马来了</td></tr>
<tr><td colspan="2" rowspan="2">有氧周末——中国汽车音乐榜
13:00~15:00</td></tr>
<tr><td>14:00~15:00</td><td>中国汽车音乐榜</td></tr>
<tr><td>15:00~16:00</td><td>小崔热线</td><td colspan="2">有氧周末——吃遍江南</td></tr>
<tr><td>16:00~17:00</td><td>丁建刚房产时间</td><td>有氧周末——
一周房产（首）</td><td>有氧周末——
93 爱家联盟</td></tr>
<tr><td>17:00~19:00</td><td>直播晚高峰
3G 直通 / 下班微 HAPPY
小马来了 / 晚报早听
曹景行非常 6+1</td><td colspan="3">车友俱乐部</td></tr>
<tr><td>19:00~20:00</td><td colspan="4">环球音乐风</td></tr>
<tr><td>20:00~21:00</td><td>健康最重要</td><td colspan="3">健康最重要（精华版）</td></tr>
<tr><td>21:00~22:00</td><td colspan="4">听天下</td></tr>
<tr><td>22:00~23:00</td><td colspan="4">中国汽车音乐榜</td></tr>
<tr><td>23:00~00:00</td><td colspan="6">谜幻空间</td></tr>
<tr><td>00:00~01:00</td><td rowspan="5">00:00~6:00
叫醒耳朵
高速那点事
名嘴话平安
巡警上线</td><td rowspan="5">平安高速</td><td>93 焦点（重播）</td><td colspan="3">FASHION 摩天轮</td></tr>
<tr><td>01:00~02:00</td><td colspan="4">读史有学问</td></tr>
<tr><td>02:00~03:00</td><td>有理走天下（重播）</td><td>93 第一财经（重播）</td><td colspan="2">一周焦点（重播）</td></tr>
<tr><td>03:00~04:00</td><td>环球音乐风（重播）</td><td colspan="3">亮点三国</td></tr>
<tr><td>04:00~06:00</td><td>小崔热线（重播）</td><td>一周房产（重播）</td><td colspan="2">93 爱家联盟（重播）</td></tr>
</table>

浙江人民广播电台节目编排表

旅游之声

FM104.5

2012 年 1 月 1 日起执行

<table>
<tr><th>时 间</th><th>周一 ~ 周五</th><th colspan="2">周六</th><th colspan="2">周日</th><th>纵向插件</th></tr>
<tr><td>05:00~06:00</td><td>清晨广播剧场</td><td colspan="2">清晨广播剧场</td><td colspan="2">清晨广播剧场</td><td rowspan="24">主播资讯
07:00~23:00
每档直播节目开场 10 次 / 天
交警哥哥报路况
路况播报早晚高峰各六次，共 12 次 / 天

星座气象站
07:00~21:00
整点后直播
15 次 / 天

小雨来了
谐趣手法传播国学 08:00~20:00
整点后
12 次 / 天

奥囡囡
07:00~19:00
每半点后
6 单次 / 天

养生百科
08:00~20:00
每双半点后
6 次 / 天</td></tr>
<tr><td>06:00~06:30</td><td>杭州名人堂（重播）</td><td colspan="2">杭州名人堂（重播）</td><td colspan="2">杭州名人堂（重播）</td></tr>
<tr><td>06:30~07:00</td><td>声音传记（重播）</td><td colspan="2">声音传记（重播）</td><td colspan="2">声音传记（重播）</td></tr>
<tr><td>07:00~08:00</td><td rowspan="2">只飙新闻不飙车
白岩松、徐迅雷、舒中胜 /
交警哥哥报路况</td><td colspan="2">好好品歌词
精编 1</td><td colspan="2">好好品歌词
精编 2</td></tr>
<tr><td>08:00~09:00</td><td colspan="2">只飙新闻不飙车</td><td colspan="2">只飙新闻不飙车</td></tr>
<tr><td rowspan="2">09:00~11:00</td><td>1045 车生活（09:00~10:30）</td><td rowspan="14">公益星期六</td><td rowspan="2">公益看行动</td><td rowspan="14">成长星期天</td><td>留学公开课
（9:00~10:00）</td></tr>
<tr><td>玩到天边</td><td rowspan="2">宝贝国学课
（10:00~12:00）</td></tr>
<tr><td>11:00~12:00</td><td>好好品歌词
莫小米 / 华少</td><td rowspan="7">约会电视女主播</td></tr>
<tr><td rowspan="2">12:00~14:00</td><td>1045 风尚会
（12:00~13:30）
唐立淇说星座</td><td>音乐赏析课
（12:00~13:00）</td></tr>
<tr><td>杭州名人堂</td><td>宝贝健康课
（13:00~14:00）</td></tr>
<tr><td>14:00~15:00</td><td>红粉谈兵</td><td>成长心理热线</td></tr>
<tr><td>15:00~15:30</td><td>八颗牙齿晒太阳</td><td rowspan="3">音乐赏析课</td></tr>
<tr><td>15:30~16:00</td><td>1045 不动产</td></tr>
<tr><td>16:00~16:30</td><td>声音传记</td></tr>
<tr><td>16:30~18:30</td><td>下班快乐
之爱情单双号
之职场向前冲</td><td>爱情单双号
约会版</td><td>杭州名人堂
精华版</td></tr>
<tr><td>18:30~19:00</td><td>转播浙江卫视新闻</td><td>转播浙江卫视新闻</td><td>转播浙江卫视新闻</td></tr>
<tr><td>19:00~20:00</td><td>好好品歌词（重）</td><td>好好品歌词（重）</td><td>好好品歌词（重）</td></tr>
<tr><td>20:00~20:30</td><td>国际大视野</td><td>国际大视野</td><td>国际大视野</td></tr>
<tr><td>20:30~21:00</td><td>声音传记（重）</td><td>声音传记（重）</td><td>声音传记（重）</td></tr>
<tr><td>21:00~22:00</td><td>酷炫音乐会</td><td colspan="4">酷炫音乐会（重播）</td></tr>
<tr><td>22:00~23:00</td><td>相约女作家</td><td colspan="4">相约女作家周末精编版</td></tr>
<tr><td>23:00~23:30</td><td>百家讲坛</td><td colspan="4">百家讲坛（重播）</td></tr>
<tr><td>23:30~00:00</td><td>八颗牙齿晒太阳（重播）</td><td colspan="4">八颗牙齿晒太阳（重播）</td></tr>
<tr><td>00:00~06:00</td><td>故事不眠</td><td colspan="4">00: 00~02:00 读史有学问、杭州名人堂（重播）
02:00~03:00 声音传记
03:00~04:00 酷炫音乐会
04:00~05:00 八颗牙齿晒太阳 + 怀旧金曲</td></tr>
</table>

浙江人民广播电台节目编排表

城市之声

FM107　　　　2011年12月12日起执行

<table>
<tr><th>时段</th><th rowspan="18">城市大眼睛
（整半点）

高速大眼睛
（整半点）

城市卡通
（整点后）

私家车气象
（整点后）

城市快报
（半点后）

城市气象
（半点后）

私家车音乐
（全天12次）

大眼睛关注
（全天8次）

韩大嘴开炮
（全天6次）

新闻双引擎
（全天6次）</th><th>周一～周五</th><th>周六</th><th>周日</th></tr>
<tr><td>05:00~06:30</td><td colspan="3">107健康会所（非）</td></tr>
<tr><td>06:30~07:00</td><td>新闻双引擎</td><td colspan="2" rowspan="2">6:30~09:00音乐晨报
08:00~09:00阿亮的烦恼生活</td></tr>
<tr><td>07:00~10:00</td><td>私家车上班路上
王小蜢大世界
轻松抢先报、阿亮的烦恼生活</td></tr>
<tr><td>10:00~12:00</td><td>城市私家车
红车中国、行车宝典
二手车评估</td><td rowspan="5">107私家车俱乐部</td><td rowspan="5">乐天派车友会</td></tr>
<tr><td>12:00~13:00</td><td>107房产现场</td></tr>
<tr><td>13:00~14:00</td><td>107国学馆</td></tr>
<tr><td>14:00~16:00</td><td>乐天派车友会
买车找老陈
乐天派自由行、车友会发言人</td></tr>
<tr><td>16:00~19:00</td><td>私家车下班路上
刘小超脱口秀、阿亮的烦恼生活</td></tr>
<tr><td>19:00~20:00</td><td>私家车家长会</td><td colspan="2">107国学馆</td></tr>
<tr><td>20:00~20:30</td><td colspan="3">阿亮的烦恼生活（重播）</td></tr>
<tr><td>20:30~21:30</td><td colspan="3">私家车新闻夜高峰</td></tr>
<tr><td>21:30~23:00</td><td>超级火星人</td><td colspan="2">爵色周末</td></tr>
<tr><td>23:00~00:00</td><td colspan="3">107国学馆（重播）</td></tr>
<tr><td>00:00~01:00</td><td>107房产现场（重）</td><td colspan="2">重播傍晚17点</td></tr>
<tr><td>01:00~02:00</td><td>私家车新闻夜高峰（重）</td><td colspan="2">重播下午13点</td></tr>
<tr><td>02:00~04:00</td><td>乐天派车友会（重）</td><td colspan="2">重播上午14、15点</td></tr>
<tr><td>04:00~05:00</td><td>阿亮的烦恼生活（重）</td><td colspan="2">重播傍晚18点</td></tr>
</table>

浙江电视台节目编排表

新闻综合频道(浙江卫视)

2012年10月22日起执行执行

<table>
<tr><th>播出时间</th><th>星期一</th><th>星期二</th><th>星期三</th><th>星期四</th><th>星期五</th><th>星期六</th><th>星期日</th><th>节目时长</th></tr>
<tr><td>6:38:20</td><td colspan="7">《浙江新闻联播》(重播)(含广告)</td><td>0:21:40</td></tr>
<tr><td>7:00:00</td><td colspan="5" rowspan="3">新闻直通车(含广告)</td><td rowspan="2">人文深呼吸(重播)(含广告)</td><td>藏家</td><td>0:20:00</td></tr>
<tr><td>7:20:00</td><td rowspan="2">爱心浙江</td><td>0:05:00</td></tr>
<tr><td>7:25:00</td><td rowspan="4">假日剧场10集(含广告)</td><td>0:05:00</td></tr>
<tr><td>7:30:00</td><td colspan="5">经典剧场5集(含广告)</td><td rowspan="3">假日剧场 10集(含广告)</td><td>4:25:00</td></tr>
<tr><td>11:55:00</td><td colspan="5">午间新闻快报</td><td>0:05:00</td></tr>
<tr><td>12:00:00</td><td colspan="5" rowspan="2">百姓剧场6集(含广告)</td><td>4:30:00</td></tr>
<tr><td>16:30:00</td><td colspan="2" rowspan="2">自办栏目(重播)(含广告)</td><td>1:15:00</td></tr>
<tr><td>17:45:00</td><td colspan="5" rowspan="2">今日证券(含广告和气象)</td><td>0:12:00</td></tr>
<tr><td>17:57:00</td><td colspan="2">气象3'</td><td>0:03:00</td></tr>
<tr><td>18:00:00</td><td colspan="6" rowspan="2">新闻深一度(含广告)</td><td>财经新周刊(含广告)</td><td>0:20:00</td></tr>
<tr><td>18:20:00</td><td>时代先锋(含广告)</td><td>0:10:00</td></tr>
<tr><td>18:30:00</td><td colspan="7">浙江新闻联播(含广告和气象)</td><td>0:30:00</td></tr>
<tr><td>19:00:00</td><td colspan="7">转播中央电视台新闻联播</td><td>0:30:00</td></tr>
<tr><td>19:30:00</td><td colspan="7">广告4'+包装3'</td><td>0:07:00</td></tr>
<tr><td>19:37:00</td><td colspan="7">中国蓝剧场 第一集(周五周六时长为38')</td><td>0:42:00</td></tr>
<tr><td>20:19:00</td><td colspan="7">广告14'+包装4'(周五周六为20:15播出)</td><td>0:19:30</td></tr>
<tr><td>20:38:30</td><td colspan="7">中国蓝剧场 第二集(周五周六为20:34:30播出,时长38')</td><td>0:42:00</td></tr>
<tr><td>21:20:30</td><td colspan="7">广告6'+包装5'(周五周六为21:12:30播出,广告6'+包装4')</td><td>0:09:30</td></tr>
<tr><td>21:30:00</td><td colspan="2">婚姻保卫战(含广告)</td><td colspan="2">完美新生活(含广告)</td><td rowspan="3">21:21~23:17我爱记歌词(含广告)</td><td rowspan="3">21:21~23:17冲关我最棒之心跳阿根廷(含广告)</td><td>人文深呼吸(含广告)</td><td>0:25:00</td></tr>
<tr><td>21:55:00</td><td colspan="4">广告+包装</td><td>广告+包装</td><td>0:05:00</td></tr>
<tr><td>22:00:00</td><td colspan="2" rowspan="4">爱情连连看(含广告)</td><td>爽食行天下(含广告)</td><td>快乐蓝天下(含广告)</td><td>开心大买卖(含广告)</td><td>1:20:00</td></tr>
<tr><td>23:20:00</td><td colspan="2" rowspan="2">广告6'</td><td>23:17广告4'</td><td colspan="2" rowspan="2">23:17广告6'</td><td>0:04:00</td></tr>
<tr><td>23:24:00</td><td rowspan="4">23:21中国蓝(含广告)</td><td>0:02:00</td></tr>
<tr><td>23:26:00</td><td></td><td></td><td colspan="2"></td><td>0:14:00</td></tr>
<tr><td>23:40:00</td><td colspan="2">广告4'</td><td colspan="2"></td><td colspan="2"></td><td>0:04:00</td></tr>
<tr><td>23:44:00</td><td colspan="4"></td><td colspan="2"></td><td>0:07:00</td></tr>
<tr><td>23:51:00</td><td colspan="7">自办栏目(重播)(含广告)</td><td>3:09:00</td></tr>
<tr><td>3:00:00</td><td colspan="7">深夜剧场4集(含广告)</td><td>3:38:20</td></tr>
</table>

浙江电视台节目编排表

钱江都市频道

2012 年 6 月 1 日起执行

白天

播出时间	周一	周二	周三	周四	周五	周六	周日	节目长度
06:00:00	新闻 007（重播）							00:15:00
06:15:00	九点半（重播）							01:00:00
07:15:00	新闻速写（重播）							00:20:00
07:35:00	范大姐帮忙 + 气象（重播）							00:30:00
08:05:00	白金剧场第一集（含广告）							00:45:00
08:50:00	广告专题							00:10:00
09:00:00	《白金剧场》第二集（含广告）							00:45:00
09:50:00	好易购							00:10:00
10:50:00	先锋	宣传片	英语新闻	宣传片加都市这一刻（重播）			《浙江 119》	00:10:00
11:00:00	白金剧场第三集（含广告）							00:45:00
11:45:00	广告专题							00:10:00
12:00:00	天天向尚（含广告）							01:00:00
13:00:00	午后剧场第一集（含广告）							00:45:00
13:50:00	广告专题							00:10:00
14:05:00	午后剧场第二集（含广告）							00:45:00
14:50:00	广告专题							00:10:00
15:05:00	午后剧场第三集（含广告）							00:45:00
15:50:00	广告专题							00:10:00
16:05:00	午后剧场第四集（含广告）							00:45:00
16:50:00	广告专题							00:10:00

晚间

<table>
<tr><th>播出时间</th><th>周一</th><th>周二</th><th>周三</th><th>周四</th><th>周五</th><th>周六</th><th>周日</th><th>节目长度</th></tr>
<tr><td>17:00:00</td><td colspan="7">都市这一刻(重播加宣传片)</td><td>00:05:00</td></tr>
<tr><td>17:05:00</td><td colspan="5">新闻 007(重播)</td><td colspan="2">《车报道》加频道宣传片(含广告)</td><td>00:15:00</td></tr>
<tr><td>17:20:00</td><td colspan="5">宣传片</td><td rowspan="3">《我爱走四方》</td><td rowspan="3">《印象江南》</td><td>00:10:00</td></tr>
<tr><td>17:27:00</td><td colspan="5">浙江名医馆(前广告 3’)</td><td></td></tr>
<tr><td>17:30:00</td><td colspan="5">直播浙江名医馆(含广告)</td><td></td></tr>
<tr><td>17:57:00</td><td colspan="7">新闻速写(前广告 3’)</td><td>00:03:00</td></tr>
<tr><td>18:00:00</td><td colspan="7">直播新闻速写(含广告)</td><td>00:20:00</td></tr>
<tr><td>18:20:00</td><td colspan="7">直播范大姐帮忙(含广告)</td><td>00:28:00</td></tr>
<tr><td>18:48:00</td><td colspan="7">气象</td><td>00:02:00</td></tr>
<tr><td>18:50:00</td><td colspan="7">新闻 007(前广告加宣传片 5’)</td><td>00:05:00</td></tr>
<tr><td>18:55:00</td><td colspan="7">直播新闻 007(含广告)</td><td>00:15:00</td></tr>
<tr><td>19:10:00</td><td colspan="7">都市剧场第一集前广告加下集预告</td><td>00:05:00</td></tr>
<tr><td>19:15:00</td><td colspan="7">都市剧场第一集(含广告,中间插播都市这一刻 A)</td><td>00:45:00</td></tr>
<tr><td>20:00:00</td><td colspan="7">都市剧场第二集前广告加下集预告</td><td>00:05:00</td></tr>
<tr><td>20:05:00</td><td colspan="7">都市剧场第二集(含广告,中间插播都市这一刻 B)</td><td>00:40:00</td></tr>
<tr><td>20:45:00</td><td colspan="7">都市剧场第三集前广告加下集预告</td><td>00:03:00</td></tr>
<tr><td>20:48:00</td><td colspan="7">都市剧场第三集(含广告)</td><td>00:40:00</td></tr>
<tr><td>21:28:00</td><td colspan="7">九点半(前广告 2’)</td><td>00:02:00</td></tr>
<tr><td rowspan="2">21:30:00</td><td colspan="6" rowspan="2">直播九点半(含广告)</td><td>《九点半》</td><td>00:30:00</td></tr>
<tr><td>2:00《大家》</td><td>00:30:00</td></tr>
<tr><td>22:30:00</td><td colspan="7">气象前广告加宣传片 2’</td><td>00:02:00</td></tr>
<tr><td>22:32:00</td><td colspan="7">气象</td><td>00:02:00</td></tr>
<tr><td>22:34:00</td><td colspan="7">薇薇生活家(前广告 3’)</td><td>00:03:00</td></tr>
<tr><td>22:37:00</td><td colspan="6">薇薇生活家(含广告)</td><td>《给力高尔夫》</td><td>00:30:00</td></tr>
<tr><td>23:07:00</td><td colspan="7">好易购(前广告 3’)</td><td>00:03:00</td></tr>
<tr><td>23:10:00</td><td colspan="7">好易购</td><td>01:00:00</td></tr>
<tr><td>00:10:00</td><td colspan="7">电视剧重播 1</td><td>00:40:00</td></tr>
<tr><td>00:50:00</td><td colspan="7">广告专题</td><td>00:10:00</td></tr>
<tr><td>01:00:00</td><td colspan="7">电视剧重播 2</td><td>00:40:00</td></tr>
<tr><td>01:40:00</td><td colspan="7">广告专题</td><td>00:10:00</td></tr>
</table>

播出时间	周一	周二	周三	周四	周五	周六	周日	节目长度
01:50:00	电视剧重播 3							00:40:00
02:30:00	电视剧重播 4							00:40:00
03:10:00	电视剧重播 5							00:40:00
03:50:00	新闻速写(重播)							00:20:00
04:10:00	范大姐帮忙 + 气象(重播)							00:30:00
04:40:00	频道 MV 加频道宣传片							00:10:00
04:50:00	九点半(重播)							01:00:00
05:50:00	广告专题							00:10:00

浙江电视台节目编排表

经济生活频道

拟从 2012 年 9 月 1 日起执行

白天

<table>
<tr><th>播出时间</th><th>周一</th><th>周二</th><th>周三</th><th>周四</th><th>周五</th><th>周六</th><th>周日</th><th>节目长度</th></tr>
<tr><td>0:00:00</td><td colspan="7">广告专题(1)</td><td>0:10:00</td></tr>
<tr><td>0:10:00</td><td colspan="6">午夜剧场(1)续播</td><td>午夜剧场(1)续播</td><td>0:15:00</td></tr>
<tr><td>0:25:00</td><td colspan="7">广告(2')</td><td>0:02:00</td></tr>
<tr><td>0:27:00</td><td colspan="6" rowspan="2">午夜剧场(2)</td><td>午夜剧场(1)续播</td><td>0:25:00</td></tr>
<tr><td>0:52:00</td><td>午夜剧场(2)</td><td>0:08:00</td></tr>
<tr><td>1:00:00</td><td colspan="7">广告专题(2)</td><td>0:20:00</td></tr>
<tr><td>1:20:00</td><td colspan="7">午夜剧场(2)续播</td><td>0:12:00</td></tr>
<tr><td>1:32:00</td><td colspan="7">广告(2')</td><td>0:02:00</td></tr>
<tr><td>1:34:00</td><td colspan="6">午夜剧场(3)</td><td>午夜剧场(2)续播</td><td>0:26:00</td></tr>
<tr><td>2:00:00</td><td colspan="2">广告专题(3)</td><td rowspan="11">停播-机房检修</td><td colspan="4">广告专题(3)周日平播</td><td>0:10:00</td></tr>
<tr><td>2:10:00</td><td colspan="2">午夜剧场(3)续播</td><td colspan="3">午夜剧场(3)续播</td><td>外包栏目重播</td><td>0:19:00</td></tr>
<tr><td>2:29:00</td><td colspan="2" rowspan="2">凌晨剧场(1、2)</td><td colspan="4" rowspan="2">凌晨剧场(1、2)</td><td>0:45:00</td></tr>
<tr><td>3:14:00</td><td>0:45:00</td></tr>
<tr><td>3:59:00</td><td colspan="2">凌晨剧场(3)</td><td colspan="4">凌晨剧场(3)</td><td>0:45:00</td></tr>
<tr><td>4:44:00</td><td colspan="2">早晨剧场(1)</td><td colspan="4">早晨剧场(1)</td><td>0:06:00</td></tr>
<tr><td>4:50:00</td><td colspan="2">广告专题(4)</td><td colspan="4">广告专题(4)</td><td>0:20:00</td></tr>
<tr><td>5:10:00</td><td colspan="2">早晨剧场(1)续播</td><td colspan="4">早晨剧场(1)续播</td><td>0:38:00</td></tr>
<tr><td>5:48:00</td><td colspan="2">气象 A 档(重播)</td><td colspan="4">气象 A 档(重播)</td><td>0:02:00</td></tr>
<tr><td>5:50:00</td><td colspan="2">宣传片</td><td colspan="4">宣传片</td><td>0:02:00</td></tr>
<tr><td>5:52:00</td><td colspan="2" rowspan="3">早晨剧场(2)</td><td colspan="4" rowspan="3">早晨剧场(2)</td><td>0:08:00</td></tr>
<tr><td>6:00:00</td><td>气象 A 档(重播)</td><td>0:02:00</td></tr>
<tr><td>6:02:00</td><td>早晨剧场(2)</td><td>0:38:00</td></tr>
<tr><td>6:40:00</td><td colspan="7">广告专题(5)</td><td>0:20:00</td></tr>
<tr><td>7:00:00</td><td rowspan="2">经视好彩头(重播)</td><td>经视好彩头(重播)</td><td rowspan="2">经视好彩头(重播)</td><td>经视好彩头(重播)</td><td colspan="3" rowspan="2">经视好彩头(重播)</td><td>0:05:00</td></tr>
<tr><td>7:05:00</td><td>养生星期一(重播)</td><td>养生星期一(重播)</td><td>0:05:00</td></tr>
<tr><td>7:10:00</td><td colspan="7">气象 B 档(重播)</td><td>0:02:00</td></tr>
<tr><td>7:12:00</td><td colspan="7">经视新闻(重播)</td><td>0:53:00</td></tr>
<tr><td>8:05:00</td><td colspan="7">广告专题(7)</td><td>0:10:00</td></tr>
<tr><td>8:15:00</td><td colspan="7">白天剧场(1)(含广告)</td><td>0:45:00</td></tr>
</table>

<table>
<tr><th>播出时间</th><th>周一</th><th>周二</th><th>周三</th><th>周四</th><th>周五</th><th>周六</th><th>周日</th><th>节目长度</th></tr>
<tr><td>9:00:00</td><td colspan="7">广告专题(8)</td><td>0:10:00</td></tr>
<tr><td>9:10:00</td><td colspan="5">直播:证券直播室 9 点档(含广告 2’)</td><td>宝藏(重播含广告)</td><td>经视高尔夫(重播含广告)</td><td>0:20:00</td></tr>
<tr><td>9:30:00</td><td colspan="7">白天剧场(2)(含广告)</td><td>0:37:00</td></tr>
<tr><td>10:07:00</td><td colspan="7">广告专题(9)</td><td>0:10:00</td></tr>
<tr><td>10:17:00</td><td colspan="5" rowspan="5">白天剧场(3)(含广告)</td><td rowspan="2">江南好</td><td rowspan="2">江南好(重播)</td><td>0:10:00</td></tr>
<tr><td>10:27:00</td><td>0:05:00</td></tr>
<tr><td>10:32:00</td><td rowspan="3">白天剧场(3)</td><td rowspan="2">品牌周刊(重播)</td><td>0:04:00</td></tr>
<tr><td>10:36:00</td><td>0:16:00</td></tr>
<tr><td>10:52:00</td><td>宣传片</td><td>0:05:00</td></tr>
<tr><td>10:57:00</td><td colspan="7">广告专题(10)</td><td>0:10:00</td></tr>
<tr><td>11:07:00</td><td rowspan="2">资本相亲会(重播)</td><td colspan="5">白天剧场 (4) (含广告)</td><td>天天说道</td><td>0:20:00</td></tr>
<tr><td>11:27:00</td><td colspan="6">新闻深呼吸(重播)</td><td>0:30:00</td></tr>
<tr><td>11:57:00</td><td colspan="7">广告专题(11)</td><td>0:13:00</td></tr>
<tr><td>12:10:00</td><td colspan="5" rowspan="2">直播:证券直播室午间版(含广告)</td><td colspan="2">宣传片</td><td>0:03:00</td></tr>
<tr><td>12:13:00</td><td>阳光行动</td><td>新车族(重播含广告)</td><td>0:15:00</td></tr>
<tr><td>12:28:00</td><td colspan="7">海洋气象</td><td>0:02:00</td></tr>
<tr><td>12:30:00</td><td colspan="7">直播:好易购</td><td>4:20:00</td></tr>
<tr><td>16:50:00</td><td colspan="7">宣传片</td><td>0:02:00</td></tr>
<tr><td>16:52:00</td><td colspan="7">广告专题(12)</td><td>0:10:00</td></tr>
<tr><td>17:02:00</td><td colspan="6" rowspan="2">消费能见度(重播)</td><td>宣传片</td><td>0:05:00</td></tr>
<tr><td>17:07:00</td><td>质量生活</td><td>0:15:00</td></tr>
<tr><td>17:22:00</td><td colspan="7">广告、宣传片</td><td>0:08:00</td></tr>
</table>

晚间

<table>
<tr><th>播出时间</th><th>周一</th><th>周二</th><th>周三</th><th>周四</th><th>周五</th><th>周六</th><th>周日</th><th>节目长度</th></tr>
<tr><td>17:30:00</td><td colspan="5" rowspan="4">直播：证券直播室（含广告）</td><td colspan="2">栏目前广告＋宣传片</td><td>0:03:00</td></tr>
<tr><td>17:33:00</td><td rowspan="2">品牌周刊</td><td rowspan="2">健康中国</td><td>0:07:00</td></tr>
<tr><td>17:40:00</td><td>0:18:00</td></tr>
<tr><td>17:58:00</td><td colspan="2" rowspan="2">栏目前广告＋宣传片</td><td>0:02:00</td></tr>
<tr><td>18:00:00</td><td colspan="5" rowspan="3">新闻深呼吸（含广告）</td><td>0:02:00</td></tr>
<tr><td>18:02:00</td><td>新车族</td><td>宝藏</td><td>0:25:00</td></tr>
<tr><td>18:27:00</td><td colspan="2">栏目前广告＋宣传片</td><td>0:03:00</td></tr>
<tr><td>18:30:00</td><td colspan="7">气象晚间 A 档</td><td>0:02:00</td></tr>
<tr><td>18:32:00</td><td colspan="7">经视剧场（1–1）（含广告）</td><td>0:27:55</td></tr>
<tr><td>18:59:55</td><td colspan="7">七点报</td><td>0:02:00</td></tr>
<tr><td>19:01:55</td><td colspan="7">经视剧场（1–2）（含广告）</td><td>0:29:00</td></tr>
<tr><td>19:30:55</td><td colspan="7">经视剧场（2–1）（含广告）</td><td>0:29:00</td></tr>
<tr><td>19:59:55</td><td colspan="7">八点报</td><td>0:02:00</td></tr>
<tr><td>20:01:55</td><td colspan="7">经视剧场（2–2）（含广告）</td><td>0:28:05</td></tr>
<tr><td>20:30:00</td><td colspan="6" rowspan="3">直播：经视新闻（含广告）</td><td>直播：经视新闻</td><td>0:28:00</td></tr>
<tr><td>20:58:00</td><td>气象晚间 B 档</td><td>0:02:00</td></tr>
<tr><td>21:00:00</td><td rowspan="3">资本相亲会（含广告）</td><td>0:23:00</td></tr>
<tr><td>21:23:00</td><td colspan="6">气象晚间 B 档</td><td>0:02:00</td></tr>
<tr><td>21:25:00</td><td colspan="6">直播：消费能见度（含广告）</td><td>0:24:55</td></tr>
<tr><td>21:49:55</td><td>经视好彩头</td><td rowspan="2">经视好彩头</td><td>经视好彩头</td><td colspan="4" rowspan="2">经视好彩头</td><td>0:05:00</td></tr>
<tr><td>21:54:55</td><td>养生星期一</td><td>养生星期一</td><td>0:05:00</td></tr>
<tr><td>21:59:55</td><td colspan="5" rowspan="5">新闻深呼吸（含广告）</td><td rowspan="2">风云浙商面对面</td><td rowspan="2">程程访问</td><td>0:20:05</td></tr>
<tr><td>22:20:00</td><td>0:10:00</td></tr>
<tr><td>22:30:00</td><td colspan="2" rowspan="3">录播：新闻深呼吸（含广告）</td><td>0:05:00</td></tr>
<tr><td>22:35:00</td><td>0:22:00</td></tr>
<tr><td>22:57:00</td><td>0:03:00</td></tr>
<tr><td>23:00:00</td><td colspan="5" rowspan="2">经视看地产（含广告）</td><td rowspan="2">财富新密码（含广告）</td><td>经视高尔夫</td><td>0:25:00</td></tr>
<tr><td>23:25:00</td><td>广告＋宣传片</td><td>0:05:00</td></tr>
<tr><td>23:30:00</td><td colspan="5" rowspan="2">午夜剧场（1）</td><td>开心农场</td><td rowspan="2">午夜剧场（1）</td><td>0:25:00</td></tr>
<tr><td>23:55:00</td><td>午夜剧场（1）</td><td>0:05:00</td></tr>
<tr><td>00:00:00</td><td colspan="8"></td></tr>
</table>

浙江电视台节目编排表

教育科技频道

2012 年 1 月 1 日起执行

白天

<table>
<tr><th>播出时间</th><th>周一</th><th>周二</th><th>周三</th><th>周四</th><th>周五</th><th>周六</th><th>周日</th><th>节目长度</th></tr>
<tr><td>6:30:00</td><td colspan="7">纪实(重播)</td><td>0:29:00</td></tr>
<tr><td>6:59:00</td><td colspan="7">广告专题</td><td>0:10:00</td></tr>
<tr><td>7:09:00</td><td colspan="7">小强热线(重播)(含广告)</td><td>0:55:00</td></tr>
<tr><td>8:04:00</td><td colspan="7">气象</td><td>0:02:00</td></tr>
<tr><td>8:06:00</td><td colspan="4">生活 123(重播)(含广告)</td><td colspan="2" rowspan="3">8:00 老年大学(50')</td><td>生活 123(重播)</td><td>0:20:00</td></tr>
<tr><td>8:26:00</td><td colspan="4">房产装修我来说(重播)(含广告)</td><td>房产装修我来说(重播)</td><td>0:18:00</td></tr>
<tr><td>8:44:00</td><td colspan="4">深度报道(重播)(含广告)</td><td>深度报道(重播)</td><td>0:12:00</td></tr>
<tr><td>8:56:00</td><td colspan="7">广告专题</td><td>0:10:00</td></tr>
<tr><td>9:06:00</td><td colspan="7">纪实(重播)</td><td>0:34:00</td></tr>
<tr><td>9:40:00</td><td colspan="7">广告专题</td><td>0:10:00</td></tr>
<tr><td>9:50:00</td><td colspan="7">黄金剧场第一集(重播)</td><td>0:55:00</td></tr>
<tr><td>10:45:00</td><td colspan="7">广告专题</td><td>0:10:00</td></tr>
<tr><td>10:55:00</td><td colspan="7">黄金剧场第二集(重播)</td><td>0:55:00</td></tr>
<tr><td>11:50:00</td><td colspan="7">广告专题</td><td>0:10:00</td></tr>
<tr><td>12:00:00</td><td colspan="7">招考热线(含广告)</td><td>0:20:00</td></tr>
<tr><td>12:20:00</td><td colspan="5">下午剧场第一集(含广告)</td><td rowspan="9">12:20~14:10
周末影院(含广告)
14:10~14:20
广告专题
14:20~16:10
周末影院(含广告)
16:10~16:20
广告专题
16:20~17:20
美丽 A 计划(重播)
17:20~17:35
旅游快车</td><td rowspan="9">12:20~12:35
法庭聚焦
12:35~14:25 周末影院(含广告)
14:25~14:35
广告专题
14:35~16:25
周末影院(含广告)
16:25~16:35
广告专题
16:35~17:15
噶是噶非(重播)
17:15~17:30
车行天下
17:30–17:35
新屋访客</td><td>0:55:00</td></tr>
<tr><td>13:15:00</td><td colspan="5">广告专题</td><td>0:10:00</td></tr>
<tr><td>13:25:00</td><td colspan="5">下午剧场第二集(含广告)</td><td>0:55:00</td></tr>
<tr><td>14:20:00</td><td colspan="5">广告专题</td><td>0:10:00</td></tr>
<tr><td>14:30:00</td><td colspan="5">下午剧场第三集(含广告)</td><td>0:55:00</td></tr>
<tr><td>15:25:00</td><td colspan="5">广告专题</td><td>0:10:00</td></tr>
<tr><td>15:35:00</td><td colspan="5">下午剧场第四集(含广告)</td><td>0:55:00</td></tr>
<tr><td>16:30:00</td><td colspan="5">广告专题</td><td>0:10:00</td></tr>
<tr><td>16:40:00</td><td colspan="5">下午剧场第五集(含广告)</td><td>0:56:00</td></tr>
</table>

晚间

<table>
<tr><th>播出时间</th><th>周一</th><th>周二</th><th>周三</th><th>周四</th><th>周五</th><th>周六</th><th>周日</th><th>节目长度</th></tr>
<tr><td>17:36:00</td><td colspan="7">节目预告</td><td>0:01:00</td></tr>
<tr><td>17:37:00</td><td colspan="7">广告</td><td>0:01:00</td></tr>
<tr><td>17:38:00</td><td colspan="7">生活 123(含广告)</td><td>0:29:00</td></tr>
<tr><td>18:07:00</td><td colspan="7">房产装修我来说(含广告)</td><td>0:18:00</td></tr>
<tr><td>18:25:00</td><td colspan="6">深度报道(含广告)</td><td>反腐前线</td><td>0:12:00</td></tr>
<tr><td>18:37:00</td><td colspan="7">气象</td><td>0:02:00</td></tr>
<tr><td>18:39:00</td><td colspan="7">节目预告</td><td>0:01:00</td></tr>
<tr><td>18:40:00</td><td colspan="7">黄金剧场电视剧一集(含广告、19:25 插播“新闻快报”)</td><td>0:57:00</td></tr>
<tr><td>19:37:00</td><td colspan="7">黄金剧场电视剧二集(含广告、20:25 插播“新闻快报”)</td><td>0:59:00</td></tr>
<tr><td>20:36:00</td><td colspan="7">天天生活秀</td><td>0:03:00</td></tr>
<tr><td>20:39:00</td><td colspan="7">节目预告</td><td>0:01:00</td></tr>
<tr><td>20:40:00</td><td colspan="7">小强热线(含广告)</td><td>0:55:00</td></tr>
<tr><td>21:35:00</td><td colspan="7">节目预告</td><td>0:01:00</td></tr>
<tr><td>21:36:00</td><td colspan="7">广告</td><td>0:02:00</td></tr>
<tr><td>21:38:00</td><td colspan="7">纪实(含广告)</td><td>0:34:00</td></tr>
<tr><td>22:12:00</td><td colspan="7">气象</td><td>0:02:00</td></tr>
<tr><td>22:14:00</td><td colspan="7">节目预告</td><td>0:01:00</td></tr>
<tr><td>22:15:00</td><td colspan="5">“星光影剧院(第一集)(含广告)”</td><td>“美丽 A 计划(含广告)”</td><td>“星光影剧院(第一集)”</td><td>0:54:00</td></tr>
<tr><td>23:09:00</td><td colspan="5">“星光影剧院(第二集)(含广告)”</td><td>“星光影剧院(第一集)”</td><td>“星光影剧院(第二集)”</td><td>0:54:00</td></tr>
<tr><td>0:03:00</td><td colspan="7">广告专题</td><td>0:10:00</td></tr>
<tr><td>0:13:00</td><td colspan="7">纪实(重播)</td><td>0:30:00</td></tr>
<tr><td>0:43:00</td><td colspan="7">气象(重播)</td><td>0:02:00</td></tr>
<tr><td>0:45:00</td><td colspan="7">广告专题</td><td>0:10:00</td></tr>
<tr><td>0:55:00</td><td colspan="7">黄金剧场第一集(重播)</td><td>0:45:00</td></tr>
<tr><td>1:40:00</td><td colspan="7">广告专题</td><td>0:10:00</td></tr>
<tr><td>1:50:00</td><td colspan="7">黄金剧场第二集(重播)</td><td>0:45:00</td></tr>
<tr><td>2:35:00</td><td colspan="7">生活 123(重播)</td><td>0:25:00</td></tr>
<tr><td>3:00:00</td><td colspan="7">房产装修我来说(重播)</td><td>0:18:00</td></tr>
<tr><td>3:18:00</td><td colspan="7">深度报道(重播)</td><td>0:12:00</td></tr>
<tr><td>3:30:00</td><td colspan="7">纪实(重播)</td><td>0:30:00</td></tr>
<tr><td>4:00:00</td><td colspan="7">小强热线(重播)</td><td>0:55:00</td></tr>
<tr><td>4:55:00</td><td colspan="5">“星光影剧院(第一集)(重播)”</td><td>“美丽 A 计划(重播)”</td><td>“星光影剧院(第一集重播)”</td><td>0:50:00</td></tr>
<tr><td>5:45:00</td><td colspan="5">“星光影剧院(第二集)(重播)”</td><td>“星光影剧院(第一集重播)”</td><td>“星光影剧院(第二集重播)”</td><td>0:45:00</td></tr>
</table>

浙江电视台节目编排表

公共·新农村频道

2012 年 1 月 1 日起执行

白天

播出时间	周一	周二	周三	周四	周五	周六	周日	节目长度
7:00:00	新闻大直播（重播）							1:28:00
8:28:00	广告专题							0:10:00
8:38:00	农事气象（重播）							0:03:00
8:41:00	“人文影像（重播）”	理财大赢家（重播）					“人文影像（重播）”	0:20:00
9:01:00	上午剧场第一集（含广告）							0:49:00
9:50:00	广告专题							0:10:00
10:00:00	上午剧场第二集（含广告）							0:50:00
10:50:00	广告专题							0:10:00
11:00:00	上午剧场第三集（含广告）							0:50:00
11:50:00	广告专题							0:10:00
12:00:00	聚焦新农村						交通 900	0:15:00
12:15:00	汽车周报重播）	新农村纪实（重播）	新山海经（重播）	农技 110（重播）	人口	翠花牵线（重播）	法律视点	0:15:00
12:30:00	农事气象（重播）							0:03:00
12:33:00	海洋气象预报							0:02:00
12:35:00	新闻大直播（重播）							1:28:00
14:03:00	阿康说事（重播）							0:27:00
14:30:00	下午剧场第一集（含广告）							0:50:00
15:20:00	广告专题							0:10:00
15:30:00	下午剧场第二集（含广告）							0:49:00
16:19:00	广告专题							0:10:00
16:29:00	下午剧场第三集（含广告）					16:33 新农村戏曲大观园（含广告） 16:53 流动大舞台（含广告）	16:33 新农村戏曲大观园（含广告） 17:09 流动大舞台（含广告）	0:49:00
17:18:00	广告专题							0:10:00
17:28:00	创新故事							0:15:00

晚间

播出时间	周一	周二	周三	周四	周五	周六	周日	节目长度
17:43:00	收视指南						17:59 警方时空	0:01:00
17:44:00	阿康说事(含广告)							0:30:00
18:14:00	收视指南							0:01:00
18:15:00	新闻大直播(含广告)							1:28:00
19:43:00	新农村纪实(含广告)	政策面对面(含广告)	农技 110(含广告)	新山海经(含广告)	新山海经(含广告)	翠花牵线(含广告)	汽车周报(含广告)	0:12:00
19:55:00	农事气象							0:03:00
19:58:00	收视指南							0:01:00
19:59:00	广告							0:01:00
20:00:00	浙江新闻联播摘要(精剪版)							0:13:00
20:13:00	收视指南							0:01:00
20:14:00	金色剧场电视剧第一集(含广告)							0:53:00
21:07:00	金色剧场电视剧第二集(含广告)						21:10 噶是噶非(含广告)	0:53:00
22:00:00	浙江新闻联播							0:22:00
22:22:00	农事气象							0:03:00
22:25:00	理财大赢家					人文影像		0:20:00
22:45:00	房产时间							0:20:00
23:05:00	快报时间							0:30:00
23:35:00	新闻大直播(重播)(含广告)							1:28:00
1:03:00	广告专题							0:10:00
1:13:00	新农村纪实重播)	政策面对面(重播)	农技 110(重播)	新山海经(重播)	新山海经(重播)	翠花牵线(重播)	汽车周报(重播)	0:12:00
1:25:00	金色剧场电视剧第一集(重播)							0:42:00
2:07:00	金色剧场电视剧第二集(重播)						“噶是噶非(重播)”	0:43:00
2:50:00	新闻大直播(重播)							1:28:00
4:18:00	新农村纪实(重播)	政策面对面(重播)	农技 110(重播)	新山海经(重播)	新山海经(重播)	翠花牵线(重播)	汽车周报重播)	0:12:00
4:30:00	下午剧场电视剧三集(重播)							2:05:00
6:35:00	阿康说事(重播)							0:25:00

浙江电视台节目编排表

影视娱乐频道

2012 年 1 月 1 日起执行

播出时间	周一	周二	星期三	周四	周五	周六	周日	节目长度
6:00:00	频道宣传片							0:05:00
6:05:00	快乐一点通（重播）+ 广告 5'							0:35:00
6:40:00	广告专题（一）							0:20:00
7:00:00	福彩（重播）							0:05:00
7:05:00	气象（重播）+ 广告 3'							0:05:00
7:10:00	鉴宝（重播广告 10'）	身体警报（重播）+ 广告 10'		厨星高照（重播）+ 广告 10'		本塘第一剧（重播 10' 广告）	周末星派对重播 10' 广告）	0:55:00
8:05:00	广告专题（二）							0:15:00
8:20:00	第一家庭剧场早场（1）45'+ 广告 15'							1:00:00
9:20:00	第一家庭剧场早场（2）45'+ 广告 15'							1:00:00
10:20:00	第一家庭剧场早场（3）45'+ 广告 15'							1:00:00
11:20:00	“鉴宝（重播广告 10'）	身体警报（重播）+ 广告 10'		厨星高照（重播）+ 广告 10'		本塘第一剧（重播 10' 广告）	周末星派对（重播 10' 广告）	0:55:00
12:15:00	广告专题（三）							0:20:00
12:35:00	厨星高照（日常版）重播 + 广告 5'							0:20:00
12:55:00	广告专题（四）							0:10:00
13:05:00	快乐一点通（午间版）重播 + 广告 5'							0:35:00
13:40:00	下午茶剧场（1）45'+ 广告 15'							1:00:00
14:40:00	下午茶剧场（2）45'+ 广告 15'							1:00:00
15:40:00	下午茶剧场（3）45'+ 广告 15'							1:00:00
16:40:00	下午茶剧场（4）45'+ 广告 15'							1:00:00
17:40:00	厨星高照（日常版）+ 广告 5'					车世界 + 广告 5'		0:20:00
18:00:00	快乐一点通 + 广告 5'							0:35:00
18:35:00	气象（重播）+ 广告 3'							0:05:00
18:40:00	第一家庭剧场（1）47'+ 广告 5'							0:52:00
20:00:00	精彩一刻 5'（准点插播）							0:05:00
19:37:00	第一家庭剧场（2）47'+ 广告 6'							0:53:00

<table>
<tr><th>播出时间</th><th>周一</th><th>周二</th><th>星期三</th><th>周四</th><th>周五</th><th>周六</th><th>周日</th><th>节目长度</th></tr>
<tr><td>20:30:00</td><td colspan="2">身体警报+广告10'</td><td colspan="2">厨星高照(综艺版)+广告10'</td><td>本塘第一剧(暂定广告10')</td><td>周末星派对+广告10'</td><td>鉴宝+广告10'</td><td>0:55:00</td></tr>
<tr><td>21:25:00</td><td colspan="7">气象5’</td><td>0:05:00</td></tr>
<tr><td>21:30:00</td><td colspan="7">930剧场(1)35+广告5'</td><td>0:40:00</td></tr>
<tr><td>22:10:00</td><td colspan="7">福彩5’+广告5'</td><td>0:10:00</td></tr>
<tr><td>22:20:00</td><td colspan="7">930剧场(2)35’+广告5'</td><td>0:40:00</td></tr>
<tr><td>23:00:00</td><td colspan="7">频道宣传片</td><td>0:05:00</td></tr>
<tr><td>23:05:00</td><td colspan="7">930剧场(3)35’+广告5'</td><td>0:40:00</td></tr>
<tr><td>23:45:00</td><td colspan="7">快乐一点通(重播)+广告5'</td><td>0:35:00</td></tr>
<tr><td>0:20:00</td><td colspan="7">凌晨剧场(1)+广告5'</td><td>0:50:00</td></tr>
<tr><td>1:10:00</td><td colspan="7">广告专题(五)</td><td>0:10:00</td></tr>
<tr><td>1:20:00</td><td colspan="7">凌晨剧场(2)+广告5'</td><td>0:50:00</td></tr>
<tr><td>2:10:00</td><td colspan="7">广告专题(六)</td><td>0:10:00</td></tr>
<tr><td>2:20:00</td><td>鉴宝(重播)</td><td>身体警报(重播10'广告)</td><td rowspan="7">停机检修</td><td colspan="2">厨星高照(重播)+广告10'</td><td>本塘第一剧(重播广告10')</td><td>周末星派对(重播广告10')</td><td>0:55:00</td></tr>
<tr><td>3:15:00</td><td colspan="2">第一家庭剧场(1)重播</td><td colspan="4">第一家庭剧场(1)重播</td><td>0:47:00</td></tr>
<tr><td>4:02:00</td><td colspan="2">第一家庭剧场(2)重播</td><td colspan="4">第一家庭剧场(2)重播 &</td><td>0:47:00</td></tr>
<tr><td>4:49:00</td><td colspan="2">频道宣传片</td><td colspan="4">频道宣传片</td><td>0:01:00</td></tr>
<tr><td>4:50:00</td><td colspan="2">930剧场(1)重播</td><td colspan="4">930剧场(1)重播</td><td>0:35:00</td></tr>
<tr><td>5:25:00</td><td colspan="2">930剧场(2)重播</td><td colspan="4">930剧场(2)重播</td><td>0:35:00</td></tr>
<tr><td>6:00:00</td><td colspan="2">频道宣传片</td><td colspan="4">频道宣传片</td><td>0:05:00</td></tr>
</table>

浙江电视台节目编排表

民生休闲频道

2012 年 1 月 1 日起执行

白天

<table>
<tr><th>播出时间</th><th>周一</th><th>周二</th><th>周三</th><th>周四</th><th>周五</th><th>周六</th><th>周日</th><th>节目长度</th></tr>
<tr><td>1:13:00</td><td colspan="2" rowspan="2">金牌赛场(一)(赛事、体育专题)</td><td></td><td colspan="4" rowspan="2">金牌赛场(一)(赛事、体育专题)</td><td>0:50:00</td></tr>
<tr><td>2:03:00</td><td rowspan="7">停播－机房检修</td><td>0:42:00</td></tr>
<tr><td>2:45:00</td><td colspan="2">1818 黄金眼(民生版)重播</td><td colspan="4">1818 黄金眼(民生版)重播</td><td>1:12:00</td></tr>
<tr><td>3:57:00</td><td colspan="2">宣传片</td><td colspan="4">宣传片</td><td>0:03:00</td></tr>
<tr><td>4:00:00</td><td colspan="2">美的相亲会(重播)</td><td colspan="4">美的相亲会(重播)</td><td>0:28:00</td></tr>
<tr><td>4:28:00</td><td colspan="2">宣传片</td><td colspan="4">宣传片</td><td>0:02:00</td></tr>
<tr><td>4:30:00</td><td colspan="2">金牌赛场(二)(赛事、体育专题)</td><td colspan="4">金牌赛场(二)(赛事、体育专题)</td><td>1:30:00</td></tr>
<tr><td>6:00:00</td><td colspan="2" rowspan="2">午夜说亮话(重播)</td><td colspan="4" rowspan="2">午夜说亮话(重播)</td><td>0:15:00</td></tr>
<tr><td>6:15:00</td><td rowspan="2">午夜说亮话(重播)</td><td>0:20:00</td></tr>
<tr><td>6:35:00</td><td colspan="2">宣传片</td><td colspan="4">宣传片</td><td>0:01:00</td></tr>
<tr><td>6:36:00</td><td colspan="7">健康零距离</td><td>0:10:00</td></tr>
<tr><td>6:46:00</td><td colspan="7">广告专题(1)</td><td>0:10:00</td></tr>
<tr><td>6:56:00</td><td colspan="7">生活一点通(重播)</td><td>0:52:00</td></tr>
<tr><td>7:48:00</td><td colspan="7">广告专题(2)</td><td>0:10:00</td></tr>
<tr><td>7:58:00</td><td colspan="7">节目预告(1)</td><td>0:02:00</td></tr>
<tr><td>8:00:00</td><td colspan="7">1818 黄金眼(民生版)(重播含广告 15’)</td><td>1:12:00</td></tr>
<tr><td>9:12:00</td><td colspan="7">气象(重播)+ 宣传片</td><td>0:03:00</td></tr>
<tr><td>9:15:00</td><td rowspan="3">PK 大擂台(重播)</td><td colspan="4" rowspan="6">欢乐英雄 PK 大擂台(重播含广告 2’)</td><td rowspan="4">欢乐英雄 PK 大擂台(含广告 2’)</td><td rowspan="5">《我老爸最棒》(重播)</td><td>0:15:00</td></tr>
<tr><td>9:30:00</td><td>0:05:00</td></tr>
<tr><td>9:35:00</td><td>0:35:00</td></tr>
<tr><td>10:10:00</td><td rowspan="3">终极卧底(重播)</td><td>0:05:00</td></tr>
<tr><td>10:15:00</td><td>质量生活</td><td>0:15:00</td></tr>
<tr><td>10:30:00</td><td colspan="2">广告专题(3)</td><td>0:05:00</td></tr>
<tr><td>10:35:00</td><td colspan="7">广告专题(3)</td><td>0:10:00</td></tr>
<tr><td>10:45:00</td><td colspan="7">节目预告(2)</td><td>0:02:00</td></tr>
<tr><td>10:47:00</td><td colspan="7" rowspan="3">钱塘老娘舅(重播含广告 5’)</td><td>0:07:00</td></tr>
<tr><td>10:54:00</td><td>0:03:00</td></tr>
<tr><td>10:57:00</td><td>0:24:00</td></tr>
<tr><td>11:21:00</td><td colspan="7">广告(1’)</td><td>0:01:00</td></tr>
</table>

播出时间	周一	周二	周三	周四	周五	周六	周日	节目长度
11:22:00	相亲才会赢(重播含广告 5’)							0:35:00
11:57:00	广告(3’)							0:03:00
12:00:00	1818 黄金眼(公众版)(重播含广告 12’)							0:50:00
12:50:00	美的相亲会(重播)							0:23:00
13:13:00	广告专题(4)							0:10:00
13:23:00	节目预告(3)							0:02:00
13:25:00	民生圆桌会(重播)	电视剧(一)(含 2')						0:40:00
14:05:00	电视剧(二)(含 2')							0:25:00
14:30:00	广告专题(5)							0:10:00
14:40:00	电视剧(三)(含 2')							0:30:00
15:10:00	广告专题(6)							0:10:00
15:20:00	电视剧(四)(含 2')							0:20:00
15:40:00		午夜说亮话(重播)						0:35:00
16:15:00	健康零距离(广告专题)						健康零距离	0:05:00
16:20:00								0:05:00
16:25:00							浙江教育栏目专题	0:05:00
16:30:00	广告(3')							0:03:00
16:33:00	汽车版(首播)(含广告)							0:20:00
16:53:00	广告(2')							0:02:00
16:55:00	生活一点通(含广告)							1:00:00

晚间

<table>
<tr><th>播出时间</th><th colspan="2">周一</th><th>周二</th><th>周三</th><th>周四</th><th>周五</th><th>周六</th><th>周日</th><th>节目长度</th></tr>
<tr><td>17:55:00</td><td rowspan="4">直播</td><td colspan="7">广告(3')</td><td>0:03:00</td></tr>
<tr><td>18:00:00</td><td colspan="7">天天 6 频道</td><td>0:15:00</td></tr>
<tr><td>18:15:00</td><td colspan="7">广告(3')</td><td>0:03:00</td></tr>
<tr><td>18:18:00</td><td colspan="7">1818 黄金眼(民生版)(含广告)</td><td>1:12:00</td></tr>
<tr><td>19:30:00</td><td colspan="8">广告(1'15")+ 气象(1'45")+ 广告(1')</td><td>0:04:00</td></tr>
<tr><td>19:34:00</td><td rowspan="13">直播</td><td colspan="5" rowspan="3">钱塘老娘舅(含广告)</td><td>钱塘老娘舅(含广告)</td><td rowspan="3">钱塘老娘舅(含广告)</td><td>0:24:00</td></tr>
<tr><td>19:58:00</td><td>栏目前广告(2')</td><td>0:02:00</td></tr>
<tr><td>20:00:00</td><td rowspan="7">大型真人竞技类游戏栏目《我老爸最棒》(约 60')(含广告)</td><td>0:08:00</td></tr>
<tr><td>20:08:00</td><td colspan="5">栏目前广告(2')</td><td>栏目前广告(2')</td><td>0:02:00</td></tr>
<tr><td>20:10:00</td><td colspan="5">相亲才会赢(含广告)</td><td rowspan="3">终极卧底(含广告)</td><td>0:35:00</td></tr>
<tr><td>20:45:00</td><td colspan="5">栏目前广告(1')</td><td>0:01:00</td></tr>
<tr><td>20:46:00</td><td colspan="5" rowspan="5">欢乐英雄 PK 大擂台(含广告)</td><td>0:04:00</td></tr>
<tr><td>20:50:00</td><td>栏目前广告(1')</td><td>0:01:00</td></tr>
<tr><td>20:51:00</td><td rowspan="3">欢乐英雄 PK 大擂台(含广告)</td><td>0:09:00</td></tr>
<tr><td>21:00:00</td><td>栏目前广告(1')</td><td>0:01:00</td></tr>
<tr><td>21:01:00</td><td>欢乐英雄 PK 大擂台</td><td>0:34:00</td></tr>
<tr><td>21:35:00</td><td colspan="7">栏目前广告(5')</td><td>0:05:00</td></tr>
<tr><td>21:40:00</td><td colspan="7">1818 黄金眼(公众版)(含广告)</td><td>0:50:00</td></tr>
<tr><td>22:30:00</td><td colspan="7" rowspan="2">美的相亲会(含广告)</td><td>气象</td><td>0:01:45</td></tr>
<tr><td>22:31:45</td><td rowspan="4">民生圆桌会(含广告)</td><td>0:26:15</td></tr>
<tr><td>22:58:00</td><td colspan="7">气象</td><td>0:01:45</td></tr>
<tr><td>22:59:45</td><td colspan="7">栏目前广告(3')</td><td>0:03:00</td></tr>
<tr><td>23:02:45</td><td colspan="7" rowspan="3">午夜说亮话(长度 35' 含冠名 20")</td><td>0:10:00</td></tr>
<tr><td>23:12:45</td><td rowspan="4">车周刊(含广告)</td><td>0:03:15</td></tr>
<tr><td>23:16:00</td><td>0:25:00</td></tr>
<tr><td>23:41:00</td><td colspan="7">广告</td><td>0:02:00</td></tr>
<tr><td>23:43:00</td><td colspan="7" rowspan="2">生活一点通(剪辑版)</td><td>0:15:00</td></tr>
<tr><td>23:58:00</td><td rowspan="3">终极卧底(重播)</td><td>0:05:00</td></tr>
<tr><td>0:03:00</td><td colspan="7">广告专题</td><td>0:10:00</td></tr>
<tr><td>0:13:00</td><td colspan="7" rowspan="2">欢乐英雄 PK 大擂台(重播)</td><td>0:25:00</td></tr>
<tr><td>0:38:00</td><td>生活一点通(剪辑版)</td><td>0:25:00</td></tr>
<tr><td>1:03:00</td><td colspan="8">广告专题</td><td>0:10:00</td></tr>
</table>

浙江电视台节目编排表

少儿频道

2012 年 1 月 1 日起执行

白天

<table>
<tr><th>播出时间</th><th>周一</th><th>周二</th><th>周三</th><th>周四</th><th>周五</th><th>周六</th><th>周日</th><th>节目长度</th></tr>
<tr><td>1:00:00</td><td colspan="2">自办节目(重播)</td><td></td><td colspan="4">自办节目(重播)</td><td>0:40:00</td></tr>
<tr><td>1:40:00</td><td colspan="2">快乐童玩(重播)</td><td rowspan="4">“停播机房检修”</td><td colspan="4">快乐童玩(重播)</td><td>1:40:00</td></tr>
<tr><td>3:20:00</td><td colspan="2">少儿公益</td><td colspan="4">少儿公益</td><td>1:45:00</td></tr>
<tr><td>5:05:00</td><td colspan="2">快乐童玩(重播)</td><td colspan="4">快乐童玩(重播)</td><td>0:30:00</td></tr>
<tr><td>5:35:00</td><td>少儿公益</td><td></td><td colspan="4">少儿公益</td><td>0:25:00</td></tr>
<tr><td>6:00:00</td><td colspan="7">节目预告(1)</td><td>0:02:00</td></tr>
<tr><td>6:02:00</td><td colspan="7">天籁村(重播)</td><td>0:30:00</td></tr>
<tr><td>6:32:00</td><td colspan="7">宣传片</td><td>0:05:00</td></tr>
<tr><td>6:37:00</td><td colspan="7">BOBO 乐乐园</td><td>0:24:00</td></tr>
<tr><td>7:01:00</td><td colspan="7">节目预告(2)</td><td>0:02:00</td></tr>
<tr><td>7:03:00</td><td colspan="7">快乐童玩</td><td>0:22:00</td></tr>
<tr><td>7:25:00</td><td colspan="7">节目预告(3)</td><td>0:02:00</td></tr>
<tr><td>7:27:00</td><td colspan="7">家庭情景剧场</td><td>0:23:00</td></tr>
<tr><td>7:50:00</td><td colspan="7">专题广告(1)</td><td>0:20:00</td></tr>
<tr><td>8:10:00</td><td colspan="7">宣传片</td><td>0:05:00</td></tr>
<tr><td>8:15:00</td><td colspan="7">快乐童玩(含广告(1’)</td><td>0:25:00</td></tr>
<tr><td>8:40:00</td><td colspan="7">节目预告(4)</td><td>0:02:00</td></tr>
<tr><td>8:42:00</td><td colspan="7">快乐童玩(含广告(1’)</td><td>0:25:00</td></tr>
<tr><td>9:07:00</td><td colspan="7">节目预告(5)</td><td>0:02:00</td></tr>
<tr><td>9:09:00</td><td colspan="7">快乐童玩</td><td>0:16:00</td></tr>
<tr><td>9:25:00</td><td colspan="7">家庭情景剧场</td><td>0:23:00</td></tr>
<tr><td>9:48:00</td><td colspan="7">好易购(一)</td><td>0:30:00</td></tr>
<tr><td>10:18:00</td><td colspan="7">宣传片</td><td>0:04:00</td></tr>
<tr><td>10:22:00</td><td colspan="7">节目预告(6)</td><td>0:02:00</td></tr>
</table>

播出时间	周一	周二	周三	周四	周五	周六	周日	节目长度
10:24:00	青春励志剧场(一)(含广告(2')							0:42:00
11:06:00	节目预告(7)							0:02:00
11:08:00	青春励志剧场(二)(含广告(2')							0:42:00
11:50:00	专题广告(2)							0:20:00
12:10:00	快乐童玩(重播)(含广告(1')							0:25:00
12:35:00	自办节目(重播)(含广告(1')							0:30:00
13:05:00	节目预告(8)							0:03:00
13:08:00	青春励志剧场(三)(含广告(2')							0:42:00
13:50:00	专题广告(3)							0:20:00
14:10:00	宣传片							0:05:00
14:15:00	节目预告(9)							0:03:00
14:18:00	青春励志剧场(四)(含广告(2')							0:42:00
15:00:00	专题广告(4)							0:10:00
15:10:00	卡通对对碰(含广告(2')							0:35:00
15:45:00	好易购(二)							0:30:00
16:15:00	宣传片							0:05:00
16:20:00	小神龙俱乐部(含广告(3')							0:33:00
16:55:00	节目预告(10)							0:05:00

晚间

播出时间	周一	周二	周三	周四	周五	周六	周日	节目长度
17:00:00	栏目前广告 3’							0:02:00
17:02:00	动漫大世界(含广告 3’)							0:30:00
17:32:00	栏目前广告 3’							0:03:00
17:35:00	快乐剧场(一)(含广告 3’)							0:25:00
18:00:00	栏目前广告 2’							0:02:00
18:02:00	快乐剧场(二)(含广告 3’)							0:25:00
18:27:00	栏目前广告 3’							0:03:00
18:30:00	小智情报站(含广告 4’)							0:25:00
18:55:00	小智气象站							0:02:15
18:57:00	节目预告(11)3’							0:03:00
19:00:00	动漫精品剧场(一)(含广告 2’)							0:22:00
19:25:00	栏目前广告 2’							0:02:00
19:27:00	动漫精品剧场(二)(含广告 2’)							0:22:00
19:49:00	栏目前广告 2’							0:01:00
19:50:00	自办节目:高诊无忧(含广告 3’)				看吧宝贝(含广告 3')	快乐童玩(含广告 3’)	高诊无忧(含广告 3’)	0:30:00
20:20:00	自办节目:成长超动力(含广告 3’)				你猜谁会赢(含广告 3’)		成长超动力(含广告 3')	0:30:00
20:50:00	节目预告(12)3’							0:05:00
20:55:00	小智气象站(重播)							0:02:15
20:57:15	栏目前广告 3’							0:02:45
21:00:00	家庭情景剧场(含广告 2’)							0:25:00
21:25:00	栏目前广告 2’							0:02:00
21:27:00	天籁村(含广告 2’)							0:30:00
21:57:00	合家欢剧场(一)前广告 3’							0:03:00
22:00:00	合家欢剧场(一)							0:48:00
22:48:00	专题广告(5)							0:24:00
23:12:00	节目预告(12)3’							0:03:00
23:15:00	合家欢剧场(二)							0:45:00
0:00:00	好易购(三)							0:30:00
0:30:00	自办节目(重播)							0:30:00

浙江电视台节目编排表

国际频道（双剧场版）

[北京时间 2012 年 5 月 1 日起执行]

<table>
<tr><th>北京</th><th>巴黎</th><th>美东</th><th>美西</th><th>星期一</th><th>星期二</th><th>星期三</th><th>星期四</th><th>星期五</th><th>星期六</th><th>星期日</th></tr>
<tr><td>0:00</td><td>18:00</td><td>12:00</td><td>9:00</td><td colspan="7">动画片 22'</td></tr>
<tr><td>0:30</td><td>18:30</td><td>12:30</td><td>9:30</td><td colspan="5" rowspan="2">好好帮帮帮 60'</td><td>身体警报 45'</td><td>厨星高照 45'</td></tr>
<tr><td>1:15</td><td>19:15</td><td>13:15</td><td>10:15</td><td>发现浙江（英）15'</td><td>走遍杭州 17'</td></tr>
<tr><td>1:35</td><td>19:35</td><td>13:35</td><td>10:35</td><td colspan="2" rowspan="3">爱情连连看 80'</td><td rowspan="2">爽食行天下 60'</td><td rowspan="2">快乐蓝天下 60'</td><td rowspan="3">我爱记歌词 80'</td><td rowspan="3">中国梦想秀 80'</td><td>鉴宝 45'</td></tr>
<tr><td>2:20</td><td>20:20</td><td>14:20</td><td>11:20</td><td>发现浙江 20'</td></tr>
<tr><td>2:40</td><td>20:40</td><td>14:40</td><td>11:40</td><td colspan="2">婚姻保卫战 20'</td><td>人文深呼吸 20'</td></tr>
<tr><td>3:00</td><td>21:00</td><td>15:00</td><td>12:00</td><td colspan="7">黄金时间 20'</td></tr>
<tr><td>3:20</td><td>21:20</td><td>15:20</td><td>12:20</td><td colspan="7">华人天地 7'30"</td></tr>
<tr><td>3:30</td><td>21:30</td><td>15:30</td><td>12:30</td><td colspan="7">钱塘剧场（一）45'</td></tr>
<tr><td>4:20</td><td>22:20</td><td>16:20</td><td>13:20</td><td colspan="7">钱塘剧场（二）45'</td></tr>
<tr><td>5:05</td><td>23:05</td><td>17:05</td><td>14:05</td><td colspan="7">钱塘剧场（三）45'</td></tr>
<tr><td>5:55</td><td>23:55</td><td>17:55</td><td>14:55</td><td colspan="2" rowspan="2">婚姻保卫战 20'（重播）</td><td rowspan="2">发现浙江 20'（重播</td><td>海宁纪事 15'</td><td rowspan="2">旅行者 25'</td><td rowspan="2">闲事婆和事佬 28'</td><td rowspan="2">百晓讲新闻 30'</td></tr>
<tr><td>6:10</td><td>0:10</td><td>18:10</td><td>15:10</td><td>走遍衢州 10'</td></tr>
<tr><td>6:20</td><td>0:20</td><td>18:20</td><td>15:20</td><td colspan="7">华人天地 7'30"</td></tr>
<tr><td>6:30</td><td>0:30</td><td>18:30</td><td>15:30</td><td colspan="7">动画片 22'</td></tr>
<tr><td>6:55</td><td>0:55</td><td>18:55</td><td>15:55</td><td colspan="5" rowspan="2">好好帮帮帮 60'</td><td>身体警报 45'</td><td>厨星高照 45'</td></tr>
<tr><td>7:40</td><td>1:40</td><td>19:40</td><td>16:40</td><td>发现浙江（英）15'</td><td>走遍杭州 17'</td></tr>
<tr><td>8:00</td><td>2:00</td><td>20:00</td><td>17:00</td><td colspan="7">江南剧场（一）45'</td></tr>
<tr><td>8:45</td><td>2:45</td><td>20:45</td><td>17:45</td><td colspan="7">江南剧场（二）45'</td></tr>
<tr><td>9:35</td><td>3:35</td><td>21:35</td><td>18:35</td><td colspan="7">江南剧场（三）45'</td></tr>
<tr><td>10:20</td><td>4:20</td><td>22:20</td><td>19:20</td><td colspan="7">黄金时间 20'</td></tr>
</table>

<table>
<tr><th>北京</th><th>巴黎</th><th>美东</th><th>美西</th><th>星期一</th><th>星期二</th><th>星期三</th><th>星期四</th><th>星期五</th><th>星期六</th><th>星期日</th></tr>
<tr><td>10:40</td><td>4:40</td><td>22:40</td><td>19:40</td><td colspan="7">华人天地 7'30"</td></tr>
<tr><td>10:50</td><td>4:50</td><td>22:50</td><td>19:50</td><td colspan="2" rowspan="3">爱情连连看 80'</td><td rowspan="2">爽食行天下 60'</td><td rowspan="2">快乐蓝天下 60'</td><td rowspan="3">我爱记歌词 80'</td><td rowspan="3">中国梦想秀 80'</td><td>鉴宝 45'</td></tr>
<tr><td>11:35</td><td>5:35</td><td>23:35</td><td>20:35</td><td>发现浙江 20'</td></tr>
<tr><td>11:55</td><td>5:55</td><td>23:55</td><td>20:55</td><td colspan="2">婚姻保卫战 20'</td><td>人文深呼吸 20'</td></tr>
<tr><td>12:20</td><td>6:20</td><td>0:20</td><td>21:20</td><td colspan="7">黄金时间 20'</td></tr>
<tr><td>12:40</td><td>6:40</td><td>0:40</td><td>21:40</td><td colspan="7">华人天地 7'30"</td></tr>
<tr><td>12:50</td><td>6:50</td><td>0:50</td><td>21:50</td><td colspan="7">钱塘剧场(一)45'</td></tr>
<tr><td>13:40</td><td>7:40</td><td>1:40</td><td>22:40</td><td colspan="7">钱塘剧场(二)45'</td></tr>
<tr><td>14:25</td><td>8:25</td><td>2:25</td><td>23:25</td><td colspan="7">钱塘剧场(三)45'</td></tr>
<tr><td>15:15</td><td>9:15</td><td>3:15</td><td>0:15</td><td colspan="5">好好帮帮帮 60'</td><td>身体警报 45'</td><td>厨星高照 45'</td></tr>
<tr><td>16:00</td><td>10:00</td><td>4:00</td><td>1:00</td><td colspan="5"></td><td>发现浙江(英)15'</td><td>走遍杭州 17'</td></tr>
<tr><td>16:20</td><td>10:20</td><td>4:20</td><td>1:20</td><td colspan="7">江南剧场(一)45'</td></tr>
<tr><td>17:10</td><td>11:10</td><td>5:10</td><td>2:10</td><td colspan="7">江南剧场(二)45'</td></tr>
<tr><td>17:55</td><td>11:55</td><td>5:55</td><td>2:55</td><td colspan="7">江南剧场(三)45'</td></tr>
<tr><td>18:45</td><td>12:45</td><td>6:45</td><td>3:45</td><td colspan="7">动画片 22'</td></tr>
<tr><td>19:10</td><td>13:10</td><td>7:10</td><td>4:10</td><td colspan="7">黄金时间 20'</td></tr>
<tr><td>19:30</td><td>13:30</td><td>7:30</td><td>4:30</td><td colspan="7">华人天地 7'30"</td></tr>
<tr><td>19:40</td><td>13:40</td><td>7:40</td><td>4:40</td><td colspan="2" rowspan="3">爱情连连看 80'</td><td rowspan="2">爽食行天下 60'</td><td rowspan="2">快乐蓝天下 60'</td><td rowspan="3">我爱记歌词 80'</td><td rowspan="3">中国梦想秀 80'</td><td>鉴宝 45'</td></tr>
<tr><td>20:25</td><td>14:25</td><td>8:25</td><td>5:25</td><td>发现浙江 20'</td></tr>
<tr><td>20:45</td><td>14:45</td><td>8:45</td><td>5:45</td><td colspan="2">婚姻保卫战 20'</td><td>人文深呼吸 20</td></tr>
<tr><td>21:05</td><td>15:05</td><td>9:05</td><td>6:05</td><td colspan="7">钱塘剧场(一)45'</td></tr>
<tr><td>21:55</td><td>15:55</td><td>9:55</td><td>6:55</td><td colspan="7">钱塘剧场(二)45'</td></tr>
<tr><td>22:40</td><td>16:40</td><td>10:40</td><td>7:40</td><td colspan="7">钱塘剧场(三)45'</td></tr>
<tr><td>23:30</td><td>17:30</td><td>11:30</td><td>8:30</td><td colspan="2" rowspan="2">婚姻保卫战 20'（重播）</td><td rowspan="2">发现浙江 20'(重播)</td><td>海宁纪事 15'</td><td rowspan="2">旅行者 25'</td><td rowspan="2">闲事婆和事佬 28'</td><td rowspan="2">百晓讲新闻 30'</td></tr>
<tr><td>23:45</td><td>17:45</td><td>11:45</td><td>8:45</td><td>走遍衢州 10'</td></tr>
</table>

注：阴影部分为首播节目

杭州广播电视集团

《民情热线》

一言九鼎，掷地有声。全杭城唯一一档局级领导亲自上线接听投诉的热线节目；全杭城唯一一档将个部委办局参与节目情况计入满意单位考评指标的民生栏目。杭州市纠风办、考评办、效能办为您撑腰，72 个部委办局为您的品质生活保驾护航，您的每条投诉建议都会让政府官员振聋发聩。我们保证，再微弱的民声，领导也一定能够听见。《民情热线》，领导坐镇，只为您幸福生活。杭州电台新闻频率每周一至周六 7:45~8:30 播出。

《第一车市》

杭州市机动车管理局提供政策支持、浙江合创律师事务所提供法律支持、杭州利瑞汽车养护中心提供技术支持，三位一体打造的大版块汽车维权节目。狂热爱车主播钱锋为您配置最强爱车顾问团，贴身服务，犀利维权！杭州电台新闻频率周一到周五 10:30~12:00 播出。

《第一房产》

新闻 89、楼市王牌经纪人、专业分析机构、一线地产专家结盟杭城最强悍房产节目制作团队。梳理房产新闻、解析房产政策、提供房产咨询、洞察市场风向。《第一房产》，全心全意为购房者服务，您的私家房产顾问。听 89，知房事！杭州电台新闻频率周一到周五 16:30~17:30 播出。

《百团大战》

杭州西湖明珠频道一档新推出的文艺节目；播出时间为每周六晚 8:00；节目时长为 80 分钟。团队的力量是无穷的。同样，团队间的 PK 是最激烈、最刺激,也是最有趣的。《百团大战》是一档以社区、团体、高校及企事业单位之间进行各项才艺 PK 展示的大型综艺节目。无论是唱歌、跳舞，还是小品、模仿；无论是戏曲、器乐，还是魔术、杂技，各式各样的绝技绝活、奇人奇事都可以在《百团大战》的舞台上通过专业的电视包装展现得淋漓尽致，同时也将融入心理博弈的比赛元素。

《天哪！我们变小啦！》

倾力打造的全国唯一一档能把人变小的家庭竞技游戏类新节目。把普通的家庭环境被放大了 10 倍，人物就如同迷你国中的角色，想象一下——在洗衣机里游泳、在唱片机上跳舞、爬上沙发就像攀岩、像玩具汽车一样在轨道上竞速……再加上关掉电吹风、拧紧水龙头、拔掉电插头、找出面条里的大头针等挑战环节，就如同亲身参与了一部梦幻电影的拍摄，带来新鲜刺激的观看感受。节目全程在阿根廷录制，邀请到乐嘉、吴大维、朱桢、大山、陈晨五大当红名嘴联袂上阵主持。杭州西湖明珠频道每周五晚 8:30 播出。

《开心戏剧社》

杭州西湖明珠频道每周四推出的《开心戏剧社》主打戏剧娱乐演绎方向，它是《开心茶馆》栏目与此前一度热播杭城的《开心社区》的融合与升级，以老开心周志华、小开心周莹以及本土知名滑稽演员汤君儿、沈庭芳为主要班底，结合杭城众多滑稽、曲艺明星，对于经典剧目进行大胆创新，共同演绎人生悲喜变迁的经典剧目，唤醒人们沉淀的记忆和对逝去岁月的留恋。每周五推出《越唱越开心》，由穷开心徐筱安和本土笑星、黄龙越剧团越剧演员王小燕共同担纲主持，该版块力图打破传统戏曲舞台的局限，改变单一“你唱我听”的格局，充分运用现代电视手段，融入“互动”与“娱乐”元素，每期引入一位越剧名家和三名票友进行“零距离”的交流，使其成为杭城越迷心中的“电视越剧角”。

《新闻直击》

杭州影视频道晚间新闻栏目《新闻直击》，信息量更大，内容更丰富。《要闻汇》、《新城事》、《是非榜》和《透视镜》四大板块抱拳出击，“要闻汇”关注国内外民生要闻；“新城事”聚焦杭城新鲜资讯；“是非榜”说是非讲道理；“透视镜” 透过镜头看新闻背后的新闻。四大板块给《新闻直击》注入力量，而播报语态的创新，将让《新闻直击》更有嚼头，用老百姓的话，说老百姓关心的新鲜事！《新闻直击》，给你力量！每天 21:20~22:00 播出

《家居新视点》

一档综合性的家居生活服务类栏目，以“帮办家装维权，分享装修案例，展示家居理念，引导时尚生活”为核心内容，以传递家居美学，引导行业规范为己任。栏目在主打新闻牌同时注重生活服务性，以多元视角关注家居生活的方方面面，并据此设置了众多特色版块。播出时间：22:00~22:30(周一至周六)

《字说丝绸》

顾名思义，主题是围绕“丝绸”，以弘扬中国传统丝绸文化为出发点，辐射中国文化的方方面面。作为中国首档丝绸文化访谈节目，它以汉字的独特视角，用说文解字的趣味方式，品味中国源远流长的丝绸历史与丝绸文化。形式上中规中矩，走的是“传统路线”：邀请权威专家以及社会知名人士和主持人以座谈的形式一起探讨文化——棚内对话交锋加上实拍VCR的佐证与补充。但“视角”上却是与众不同的——每期的节目内容都从“丝绸”出发。杭州影视频道每周二22:40~23:00播出。

《单身白白》：

一档结合棚内相亲真人秀与户外互动派对式交友栏目的全新生活服务节目，以杭州电视台影视频道为电视播出载体，通过播视网为网络播出载体竭力为单身男女观众、网友，打造最精准高效的交友平台。网络最红的红娘、史上最牛心理专家提供最贴心的分析指导。每周日22:00~22:40播出。

《家有BABY》

杭州电视台少儿频道时尚育儿类栏目，内容分《育儿乐》、《亲子乐》、《潮儿帮》板块，以孩子成长各方面作为栏目设置的依据，辅以丰富的内容、权威的理念，真正成为一部包含母婴、育儿、亲子等全方位知识的电视百科全书，让观众能够获取找到各类实用育儿经验和时尚资讯，打造栏目的“必看性”、“可看性”与“选看性”的统一。每周日20:50~21:15播出。

杭州广播对农栏目

最美三江两岸 FN89；30分钟；2011年开办。

杭州农家 AM954；30分钟；2009年开办。

杭州电视对农栏目：

庆丰村 综合频道；15分钟；2006年开办。

杭州市广播电视台节目时间表

新闻综合频率

AM954　　　　2012 年执行

时　间	周一～周四	周五	周六	周日
04:00~05:00	开始曲 健康壹加零			
05:00~05:20	阿通伯说新闻(重播)			
05:20~06:30	健康壹加零			
06:30~07:00	转中央台新闻和报纸摘要			
07:00~07:30	杭广早新闻●气象早知道			
07:30~08:00	新闻观察			
08:00~09:00	●健康壹加零			
09:00~09:30	●听阿通说(重播)			
09:30~10:00	●健康壹加零			
10:00~10:30	●老年维权热线			
10:30~11:00	●健康壹加零			
11:00~12:00	●健康壹加零			
12:00~12:20	●阿通伯说新闻(首播)			
12:20~12:30	●午间股市快评			
12:30~13:00	●新闻纪事			戏坛金三角
13:00~14:00	●戏坛金三角			
14:00~14:30	●金秋岁月			希望的太阳
14:30~15:00	●养生下午茶			
15:00~15:30	●张公开讲(重播)			
15:30~16:00	●养生下午茶			
16:00~16:30	●寻医问药		周末大派送	
16:30~17:00	●钱生钱		人力社保时空	杭州农家
17:00~18:00	●养生下午茶			
18:00~18:30	●今日新闻之最			草根说天下

时 间	周一~周四	周五	周六	周日
18:30~19:00	张公开讲(首播)			
19:00~20:00	助你健康			
20:00~20:30	听阿通说(首播)			
20:30~21:00	助你健康			
21:00~22:00	助你健康			
22:00~22:30	老电影录音剪辑			老唱机
22:30~23:00	助你健康			
23:00~23:30	历史传奇			
23:30~24:00	长篇连播			

热线电话:0571-88060500、88060840

杭州市广播电视台节目时间表

新闻综合频道

2012 年执行

	周一	周二	周三	周四	周五	周六	周日
07:00	杭州新闻联播						
07:20	潮起萧山	美丽之洲	秀美之都建德	生态杭州	绿色临安	魅力千岛湖	富裕阳光之城
07:30	科学新七天	我们圆桌会					相约健康
08:10	走遍杭州	劳动一周	金秋	庆丰村(1)	庆丰村(2)	庆丰村(3)	安全 365（创业者）
09:00	新闻 60 分(重)						
10:00	新闻纵贯线(一)					科学新七天(重)	营销部节目
10:40	在路上					在路上	风尚(重)
11:00	新闻纵贯线(二)					新电影传奇	
11:35	法制中国	新电影传奇					
11:50	杭州党建（重）	法制中国					
12:00	新闻纵贯线(三)						
12:10	直播 12345					新电影传奇(重)	
13:40	在路上					12:40 直播 12345	12:10 钱塘论坛
14:00	新闻纵贯线(四)					13:45 钱塘论坛	12:40 新电影传奇
14:20	电视剧一					14:30 生活醉游记	13:20 火警 119
15:00	新闻纵贯线(五)					14:50 家有喜事	13:35 市民大学堂
15:20	电视剧二					15:10 中国角斗士 16:00 在路上	14:30 电视剧
16:00	新闻纵贯线(六)						
16:05	新电影传奇					16:45 车周刊	
17:00	新闻纵贯线(七)						
17:10	金秋	火警 119	安全 365	装修赢天下	装修赢天下	家居时代	17:05 车周刊

	周一	周二	周三	周四	周五	周六	周日
17:30	小夏说事					美丽东部湾	劳动一周
18:00	新闻 60 分						
18:55	杭州气象						
19:00	新闻联播(转中央电视台)						
19:30	杭州新闻联播						
19:55	美丽之洲	秀美之都建德	生态杭州	绿色临安	魅力千岛湖	富裕阳光之城	潮起萧山
20:00	我们圆桌会					廉政经纬	杭州党建
20:30	晚间电视剧(一)					20:15 勇往直前	20:10 腾飞江干
21:00	新闻纵贯线(八)						20:15 晚间电视剧一
21:30	晚间电视剧(二)						21:00 新闻纵贯线(八)
22:00	新闻纵贯线(九)						21:15 晚间电视剧二
22:30	第一气象站					22:10 第一气象站	22:00 新闻纵贯线(九)
22:35	天生我财					22:15 车周刊(晚上版)	22:30 第一气象站
23:00	一路平安						22:35 走遍杭州
23:15	装修赢天下(1)(首)		23:15 装修赢天下(2)				22:55 车周刊(晚上版)
23:30	杭州房产报道						

宁波市广电集团

《新闻全媒体》栏目

《新闻全媒体》是新闻综合频率晚间一档融合各类媒体资源、将全天新闻一网打尽的新闻资讯互动节目，信息量大，时效性、可听性强。既有深度新闻调查，又有第一时间的新闻速递，从点到面全面梳理各种新闻，在深夜时分，带给听众一餐真正的新闻消夜。主设栏目有：《每日焦点》、《宁波城事》、《新闻博览》、《特别新闻区》、《微博小精灵》等。播出频率：中波 1323 千赫，调频 92.0 兆赫；播出时间 22：00~23：00。

《乡村有约》栏目

《乡村有约》是新闻综合频率一档融导向性、服务性、知识性、实用性于一体的对农服务节目，让乡村农民在收听节目中受到教育、启迪、帮助，使城镇市民更好地了解、关注、支持“三农”。主设栏目：新政策新亮点、实用信息瞭望、创新创业之星、文化映像、新农村故事会、啄木鸟、生态文明纪事等。播出频率：中波 1323 千赫，调频 92.0 兆赫；播出时间 每周二、四、六 11：40~12：00。

——宁波广电集团经济娱乐频率

《理财早八点》栏目

《理财早八点》是一档针对普通听众的广播理财节目，在早高峰时间选取多家财经资讯，提供具有参考价值的分析点评，着力搭建金融、投资机构与大众理财生活的服务平台，为百姓提供股市、期市、汇市、保险、收藏、银行理财产品等投资指南。下设栏目：《财经早早报》、《今日重点关注》、《保险一点通》、《天天理财》等。全面梳理国内外重大财经消息，解析政策动向，对财经热点问题进行深度追踪和报道。同时邀请分析师对股市、期货市场、外汇市场进行分析、点评；邀请保险业内人士介绍保险产品、解析保险条款。还对各银行提供的理财产品投资理财门道及技巧进行点评。播出频率：调频 102.9 兆赫，中波 747 千赫；播出时间：每天早上 8：00~9：00。

《新闻我来说》栏目

《新闻我来说》是一档新闻资讯类广播节目。节目采取直播的形式，着眼于对曾经发生的、正在发生的影响广泛的新闻事件进行解读和点评，让听众在轻松的氛围中对新闻事件多一份了解和思考。节目内容主要以说新闻为主，突出时效性、专业性，可听性，设有《城市声音》、《新闻搜索》、《微热点》等栏目，致力于为甬城市民送上思想的饕餮大餐。播出频率：调频 102.9 兆赫，中波 747 千赫；播出时间：周一至周六 11:00~12:00。

《动感节拍》栏目

《动感节拍》广播节目定位于体坛动态播报、听众互动两个角度，梳理前一天体坛重要新闻，关注当天正在进行或即将开始的重要赛事，并开通电话热线，引导听众参与竞猜赛事比分、结果，从信息量、参与度方面来说，极具吸引力。成为体育迷们每天准时守候的一档贴心节目。播出频率：中波 603 千赫、调频 93.9 兆赫双频播出；播出时间：周一至周六 12：00~13：00。

《DJ 夜总汇》栏目

这是一档晚间综艺类的广播话题节目，双座主持，“综艺”体现在表现形式并不固定，内容包罗万象：有近期社会热点、知名公众人物、生活百态、里井小事等都可以成为讨论的话题，看似轻松、诙谐又不乏深刻，看似天马行空又不游离主题，其最大的特点就是话题贴近生活——真实有共鸣，形式多种多样——变化有新意。同时结合主持人微博、微信等互动手段，建立了一个稳定的收听参与群体。播出频率：中波 603 千赫、调频 93.9 兆赫双频播出；播出时间：周一至周日 19：30~21：00。

《带你去听花花世界》栏目

节目定位于欧美日韩音乐主题，集合于欧美以及日韩的音乐。有当红流行的榜单音乐，有 60,70 年代的小众音乐，也有充满地方特色的地域音乐。而节目的音乐普遍节奏感比较强烈。另外，在节目间隙偶尔也会分享到一些音乐理论方面的内容，通过音乐广播节目的平台，也可以让受众获取一些音乐的小知识。播出频率：调频 98.6 兆赫；播出时间：周一至周五 16：00~17：00。

《下班不超速》栏目

《下班不超速》节目是音乐频率一档定位于“下班晚高峰”的综艺节目，节目中设置了《微观查》、《大泽小姚》、《美味大搜索》、《车游天下》、《私车会》等小单元，针对晚高峰时段听众群体“相对分散、情绪值较低”等特点，以碎片化、板块化的方式将两个小时的节目进行有效分隔，信息、娱乐、点评等元素都涵盖其中。播出频率：调频 98.6 兆赫；播出时间：周一至周五 17：00~19：00。

《音乐氧吧》栏目

《音乐氧吧》是一档欣赏类广播节目。老少频率调频 90.4 兆赫，中波 1251 千赫，每周一至周六上午 9：00 至 10：00 播出。节目精挑细选各种音乐作品，包含大自然音乐、沙发音乐、汽车音乐、喝茶音乐等，囊括民谣、小清新、乡村、独立等音乐类型，用优美的旋律给听众营造一个完全没有压力的音乐空间。每周六特别给年轻的爸爸妈妈和宝宝们开设《越听越聪明》小单元，从孩子的欣赏角度出发，遴选音乐史上经典永恒的古典音乐小品呈献给小听众和他们的家长。节目从 2005 年开办至今一直坚持用纯美的音乐感染听众，已成为“优质音乐”的代名词。节目还经常举办大型现场活动。

《梨园风景》栏目

《梨园风景》是老少频率每天 14：00~15：00 的戏曲欣赏类节目，旨在传播戏曲知识、弘扬悠久深厚的戏曲文化，是一档兼具戏曲的欣赏、互动、服务功能的日播类广播戏曲节目。节目设置了点击明星、声声入耳、你点我播、过把瘾、趣味灯谜、梨园走马等环节，让戏迷通过节目欣赏京剧、越剧、甬剧及其他的优秀地方戏等中国传统戏曲艺术，品位戏曲、感悟人生。每期节目设置了演唱、点播、戏曲知识问答等听众互动类环节，让戏迷感受戏曲魅力的同时也体验一种戏曲参与的乐趣。节目从 2006 年开播以来，吸引和培养了一大批戏曲爱好者，节目除了受到宁波大市区的戏迷青睐之外，还得到了台州、萧山、杭州、上海等外地戏迷朋友的关注。依托梨园风景节目开展形式多样内容丰富的戏曲活动，如组织新版越剧电影《红楼梦》宁波放映现场发布会、关注毕春芳从艺 70 周年系列活动、周信芳从艺 112 周年纪念演出等等。为丰富戏迷生活、活跃戏曲舞台作了重要的工作。

英语节目《Ningbo Focus》

2012 年 11 月 4 日，新闻综合频道打造的一档全新的双语电视杂志《Ningbo Focus》，顺利开播。节目与市外事办、市外经贸局、市教委开展战略合作，与外方制作团队合作，为在甬工作生活的外国人提供所需的文化大观和生活资讯；为本地英语爱好者和普通市民提供一个语言学习和交流的平台。节目着眼于地方性文化，全方位展现宁波都市生活、风俗民情、休闲娱乐、历史文化，视觉冲击强烈，时尚气息浓厚。自 11 月初以双周刊形式开播以来，收到了良好的效果。《Ningbo Focus》标志着新闻综合频道在节目研发上取得了突破：对外宣传创新突破、时尚元素点亮荧屏、联合制作取得突破。栏目首播：周日 17：42，时长 12 分钟。

《宁波达人》

社会生活频道 2012 年全力塑造的一个新品牌，它既是电视栏目又是大型活动，融合了各种媒体表现手法，是迎合当下收视喜好的一个综艺娱乐体。作为宁波本土唯一的一档大型真人秀活动类电视综艺娱乐节目，节目坚持百姓参与、草根舞台的制作理念，旨在完成普通人的舞台梦想，挖掘有潜力的草根明星。节目推出后，在短时间内就得到广大观众的关注，自 7 月 15 日开播以来，就获得了良好的收视率，创造了宁波电视台周播节目的收视新高，每期节目的首播收视率基本都排在当天的“宁波所有自办栏目收视率排行”中的第一位，显示了节目的生命力和魅力，成了 2012 宁波电视荧屏上的一大亮点。通过“达人”这个全新品牌的热力，不仅突破了宁波本土电视媒体娱乐节目短板化的现状，同时也带动了全频道的收视，带来了频道整体风格的改变。首播：周日 20:52，时长 60 分钟。

《新闻四鲜汤》

2012 年 5 月 15 日影视剧频道推出新闻资讯类电视栏目《新闻四鲜汤》，栏目由“今日最关注”、“热点串串烧”、“资讯咚咚锵”、“柠檬帮你忙”等板块组成，主题语：资讯热气腾腾，新闻有滋有味。栏目集新闻性、社会性、趣味性、服务性于一身，是一档零距离、全方位、好看、有用的新闻资讯节目。四鲜者，鲜活，鲜明，鲜美，鲜有，即鲜活的新闻资讯、鲜明的评论观点、鲜美的栏目包装、鲜有的播报方式。《新闻四鲜汤》的主持人由知名电台节目《流言阁》的核心人物流戈担纲，同时邀请宁波宁波本地知名评论员组成高水准评论队伍，栏目将用形式和内容上的创新，着力打造一档宁波电视界新锐、开放的新闻资讯类品牌栏目。栏目每日 18:40 播出，时长 30 分钟。

《快乐 +++》

《快乐 +++》是一档以幼儿、小学生及其家长为主要收视对象的少儿电视栏目。栏目宗旨是让孩子们在快乐中体验独立、体验亲情、学习成长。栏目设置了《快乐开卖啦》、《爱家大作战》和《快乐 +++ 日常版》等子栏目。《快乐开卖啦》立足 6 周岁以下的幼儿及其家长，面向各年龄层观众。节目从考验小朋友的应变能力、交往能力、合作能力、责任心等方面出发，设计一系列生动有趣的考验环节，让孩子在游戏的心态、欢愉的气氛中，培养孩子的自信、勇敢，从小培养现代人的健康身心。在 2012 年度浙江省青少节目评选中，获得栏目类一等奖并代表浙江省冲刺全国的栏目类评选；《爱家大作战》节目参赛主体以“家”为单位，参与游戏过关，每关淘汰直至产生最后的胜出家庭。它集趣味性、参与性为一体，推出不久即引起社会强烈反响，取得了良好的社会效果。在 2012 年度浙江省青少节目评选中，获得综艺类二等奖。栏目首播：每天 18:30，每期 25 分钟。其中，周六至周三为动画包装节目，周四为《快乐开卖啦》，周五是《爱家大作战》。

《幸福来敲门》

《幸福来敲门》是电视少儿频道开办的宁波首档本土青年服务类交友栏目。节目以“真实交友、真诚服务”为宗旨，为我市单身青年提供婚恋交友服务平台，给他们创造相识和相知的机会，帮助他们找到情投意合的另一半，并且通过节目引导和传播积极的婚恋价值观和人生观。《幸福来敲门》周一至周四为自拍节目，每期推出 3 至 4 位单身男女嘉宾，让观众了解交友男女嘉宾的基本情况及择偶要求。此外还会安排男女嘉宾及亲友团见面交友，更进一步加深双方的印象。周五至周日为购买类节目，通过“丈母娘挑女婿”和“婆婆挑媳妇”的方式，展现两代人之间的交友观念。《幸福来敲门》还推出地面活动，组织单身青年男女加入到活动当中，打造出宁波本土最真实、最真诚的电视交友服务平台。栏目每晚 21:30 分播出，每期 30 分钟。

音视频网站的频道和板块情况

宁波广电网(www.nbtv.cn)是宁波广电集团创办的本地化垂直门户网站，于 2012 年 12 月 26 日正式上线。网站以整合宁波电视台和宁波电台优势资源为特色，以契合本地实际、注重内容的深度和广度，体现差异化竞争为手段，以创建“国内领先，全省一流”的目标，致力于建设一个区别于传统媒体的、符合互联网特色、拥有良好用户体验的大型地方门户网站。

宁波广电网目前由“读新闻”、“看电视”、“听广播”、“品生活”、“逛社区”和“玩微博”等六个板块组成。“读新闻”板块是当前最新的新闻资讯，以本地新闻为主，集合了宁波电视台和宁波电台的视音频新闻，给网民更立体更丰富的新闻体验。“看电视”板块融合了电视直播、点播、回看、视频集锦等视频资源，并对宁波电视台 5 个频道的资讯动态进行集中展示。“听广播”板块融合了广播直播、点播、回听、音频集锦等音频资源，并对宁波人民广播电台 5 个频率的资讯动态进行集中展示。另外，在该板块还建有宁波市首家对农宣传的音视频综合信息集成平台——“绿风网络台”。“品生活”板块包括了各类生活资讯和民生信息，为网站的商业运营提供了广阔空间。“逛社区”板块在原先“宁广论坛”的基础上，根据宁波广电网的实际对论坛进行社交化运营，原有会员用原先的账号和密码可直接登录新论坛。“玩微博”板块紧跟当前网络社交化媒体的发展趋势，将宁波广电集团所有栏目和主持人微博进行集中展示，形成网民、观众和集团各栏目主持人的快捷互动交流。

宁波广电集团新闻综合频率节目时间表

总监：叶秀少　节目热线:87001323　中波:1323千赫　调频:92.0兆赫

2012年01月01日实行

<table>
<tr><th>时　间</th><th>周　一　至　周　四</th><th>周　五</th><th>周　六</th><th>周　日</th></tr>
<tr><td>04:55</td><td colspan="4">开始曲·每周一歌</td></tr>
<tr><td>05:00</td><td colspan="4">戏曲早场</td></tr>
<tr><td>06:00</td><td colspan="4">晨间早报</td></tr>
<tr><td>06:30</td><td colspan="4">转播中央人民广播电台“新闻和报纸摘要”</td></tr>
<tr><td>07:00</td><td colspan="4">宁广早新闻</td></tr>
<tr><td>08:00</td><td colspan="3">天天说事</td><td>阳光热线(假日版)</td></tr>
<tr><td>09:00</td><td colspan="2">天天汇</td><td colspan="2">920休闲场</td></tr>
<tr><td>10:00</td><td colspan="2">环球时讯</td><td>飞越城市</td><td>东方女性</td></tr>
<tr><td>11:00</td><td colspan="4">体坛博览</td></tr>
<tr><td>11:40</td><td colspan="2">财经十分／午餐音乐</td><td colspan="2">周末乡村有约</td></tr>
<tr><td>12:00</td><td>点评天下</td><td rowspan="2">阳光热线</td><td colspan="2">点评天下</td></tr>
<tr><td>12:30</td><td>百姓时间</td><td>阳光热线重播</td><td>国防之声／关注残疾人</td></tr>
<tr><td>13:00</td><td colspan="4">点评天下(重播12:00)</td></tr>
<tr><td>14:00</td><td colspan="4">往日金曲</td></tr>
<tr><td>15:00</td><td colspan="3">视听沙龙</td><td>戏曲双通道</td></tr>
<tr><td>16:00</td><td colspan="4">往日金曲(重播14:00)</td></tr>
<tr><td>16:30</td><td colspan="2" rowspan="2">财富时间</td><td colspan="2">920休闲场</td></tr>
<tr><td>17:00</td><td rowspan="2">财富时间</td><td rowspan="2">科技与生活／精品赏析</td></tr>
<tr><td>17:30</td><td colspan="2">920房产工作室</td></tr>
<tr><td>18:00</td><td colspan="4">晚间新闻搜索</td></tr>
<tr><td>18:30</td><td colspan="4">转播中央人民广播电台“全国新闻联播”</td></tr>
<tr><td>19:00</td><td colspan="4">小说连播</td></tr>
<tr><td>20:00</td><td colspan="4">体育零距离</td></tr>
<tr><td>21:00</td><td colspan="4">娱乐先锋</td></tr>
<tr><td>22:00</td><td colspan="4">宁广晚间新闻点播</td></tr>
<tr><td>23:00</td><td colspan="4">经典听吧</td></tr>
<tr><td>00:00</td><td colspan="4">英语新闻</td></tr>
<tr><td>00:10</td><td colspan="4">全天播音结束</td></tr>
</table>

注:每周二14:00—16:00为停机检修时间

宁波电视台新闻综合频道节目框架表（20120515 修订）

2012 年 5 月 21 日起执行

星期 时间	一	二	三	四	五	六	七
05:17	频道形象片 + 收视指南 1　1'						
05:18	●《快乐生活一点通》　30'						
05:48	广告专题　60'						
06:48	广告 1　2'						
06:50	▲早间气象 + 频道总形象片　1'30"+ 1'						
06:52	●《宁波新闻》+广告 2+《看看看》B+【周一《人大之声》+《政协视点》或《人物》】　17'+2'+52'						
08:03	广告 3　5'						
08:08	●早间气象　1'30"						
08:10	●《警界纵横》15'	●《三江 119》10'	●《一路同行》10'	▲《江南话语》20'	▲《警界纵横》20'	▲《三江 119》10'	▲《一路同行》10'
08:25	收视指南 2+ 广告 4　2'						
08:27	电视剧 A1　45'						
09:12	广告 5　2'						
09:14	电视剧 A2　45'						
09:59	广告 6　2'						
10:01	电视剧 A3　45'						
10:46	广告 7　2'						
10:48	●《周日有高见》16'	●《理财当家》　15'					
11:03	收视指南 3+ 广告 8　3'						
11:06	●《看看看》A+【周一《人大之声》+《政协视点》或《人物》】+广告 9　52'+2'						
12:00	●《宁波新闻》　17'						
12:17	▲午间气象　1'30"						
12:19	广告 10　6'						
12:25	●《家博汇》　15'						
12:40	●《周日有高见》16'	●《理财当家》　15'					
12:55	●午间气象　1'30"						
12:57	广告 11　3'						
13:00	广告专题　10'				★▲直播：阳光热线	广告专题　10'	
13:10	收视指南 4+ 广告 12　5'						

<table>
<tr><th>星期
时间</th><th>一</th><th>二</th><th>三</th><th>四</th><th>五</th><th>六</th><th>七</th></tr>
<tr><td>13:15</td><td colspan="2">电视剧 B1 45'</td><td rowspan="9">隔周设备检修</td><td>电视剧 B1</td><td>14:00 广告专题 10'</td><td colspan="2">电视剧 B1 45'</td></tr>
<tr><td>14:00</td><td colspan="2">广告 13 10'</td><td colspan="4"></td></tr>
<tr><td>14:10</td><td colspan="2">电视剧 B2+ 45'</td><td colspan="4">电视剧 B2 45'</td></tr>
<tr><td>14:55</td><td colspan="2">广告 14 + 广告专题 20'</td><td colspan="4"></td></tr>
<tr><td>15:15</td><td colspan="2">●《家博汇》 15'</td><td colspan="4">●《家博汇》 15'</td></tr>
<tr><td>15:30</td><td colspan="2">收视指南 5+ 广告 15 10'</td><td colspan="4"></td></tr>
<tr><td>15:40</td><td colspan="2">电视剧 C1 45'</td><td colspan="4">电视剧 C1 48'</td></tr>
<tr><td>16:25</td><td colspan="2">广告 16 2'</td><td colspan="4"></td></tr>
<tr><td>16:27</td><td colspan="2">电视剧 C2 + 广告专题 45'+10'</td><td colspan="4">电视剧 C2 48'</td></tr>
<tr><td rowspan="2">17:22</td><td colspan="6">收视指南 6+ 广告 1 2'</td><td>收视指南 6+ 广告 1 3'</td></tr>
<tr><td colspan="5"></td><td>17:25▲《宁波党建》15'</td><td></td></tr>
<tr><td>17:24</td><td colspan="5">▲《快乐生活一点通》 30'</td><td>17:45▲《新闻周刊》15'</td><td>▲《快乐生活一点通》 30'</td></tr>
<tr><td>17:54</td><td colspan="7">广告 2+ 收视指南 7 2'+15"</td></tr>
<tr><td>17:57</td><td colspan="7">看看看特约 3'</td></tr>
<tr><td>18:00</td><td colspan="6" rowspan="2">★▲《看看看》A 52'(含广告 7'30")</td><td>★▲《看看看》 A 42'</td></tr>
<tr><td>18:42</td><td>★▲《人大之声》或《政协视点》或《人物》 10’</td></tr>
<tr><td>18:52</td><td colspan="7">广告 3 2'30"</td></tr>
<tr><td>18:54</td><td colspan="7">天气预报 3'30"</td></tr>
<tr><td>18:58</td><td colspan="7">广告 4 2'</td></tr>
</table>

星期 时间	一	二	三	四	五	六	七
19:00	★转播中央台新闻联播　30'						
19:30	广告 5　2'						
19:32	★▲《宁波新闻》　15'+2'						
19:49	广告 6(特约)　6'						
19:55	电视剧 C1　45'						
20:40	广告 7(特约)　9'						
20:49	电视剧 C2　45'						
21:34	收视指南 8+ 广告 8　5'						
21:40	▲《家博汇》　15'						
21:55	广告 9　5’						
22:00	▲《理财当家》　15'						▲《周日有高见》15'
22:15	广告 10　3'						
22:18	旅游气象　2'						
22:20	收视指南 9+ 广告 11　5'						
22:25	电视剧 B1　45'						
23:10	广告 12　3'						
23:13	电视剧 B2　45'						
23:58	广告 13　2'						
0:00	●《看看看》B [周日 +《人大之声》(《政协视点》、《人物》)]　52'						
0:52	收视指南 10+ 频道形象片 结束						

备注:1. ★为准点　▲为首播　●为重播 《》为自办栏

余姚市广播电视台

【七彩乐园】

以初中以下少年儿童为对象的每天直播类节目。节目注重形态创新,开通热线邀请小嘉宾和小朋友互动。2012 年为更好地达到节目的有效收听,台和教育局联合发文,开展广播进校园,节目天天听活动,节目在全市小学进行转播。节目内容更注重反映学生的校园文化生活和校园活动,不仅有很强的可听性,而且寓教于乐深受小朋友欢迎。

【四明热线】

由余姚电视台与市纠风办共同推出的一档民生服务类直播栏目,以"倾听群众呼声,接受群众监督,促进政风行风建设,构建和谐余姚"为宗旨,多角度关注百姓冷暖,全方位服务百姓生活,架起了政府和群众沟通联系的桥梁和纽带。

【快乐碰碰车】

余姚电视台对原《七彩风铃》节目进行改版的一档集少儿专题、少儿综艺等多种形式于一体的综合性电视少儿栏目,该栏目创办至今已有十多年的时间,在青少年及各所学校中拥有一定知名度。在省、宁波的年度创优评比中多次获得奖项,并在 2011 年度荣获"全国优秀栏目鼓励奖"称号。由本节目发起的"少儿春晚"、"青葱达人秀""校园百星大赛"等大型活动更是在青少年、家长及学校中引起强烈反响。为了让节目时刻保有新鲜的色彩,同时吸引更多的小朋友关注,节目在不断地改版和创新,关注的视角更加侧重于少年儿童们的课外生活,更多地将目光聚焦到学习以外,将孩子们多彩的童年生活展现在大家眼前。同时,在节目的表现形式上采用更多的记录手法和表现方式,为了达到创新的效果,使观众在观看时有耳目一新的感觉,节目将原有的子栏目重新整合,推出游戏单元、话题单元、校园活动和课外生活等单元,使呈现的内容主题更鲜明。除了形式上的革新外,在拍摄内容上也做到了创新,将视野扩大到幼儿园的小朋友与乡镇山区的小学生,了解他们的生活,走进他们的内心世界。目前,《快乐碰碰车》已成为余姚当地最受欢迎的名牌栏目之一。

【四明关注】

讲究时效,以新闻专题的形式反映余姚新农村建设动态。栏目组织开展了"设施农业"巡礼等对农主题宣传活动,并积极向上级部门提供通用性对农节目。时长 15 分钟,每周一档。

慈溪市广播电视台

《彩虹城堡》

慈溪市广播电视台与慈溪团市委,慈溪市教育局,慈溪市少工委联合开办的一档少儿栏目。栏目定位:为 3-14 周岁的少儿及其家庭、学校,为家长和孩子、学校之间搭起沟通的平台。突出公德意识,培养创新思想,以提升青少年精神生活品质,倡导和谐社会从小做起,从我做起为主旨,力求将活动及节目的视角延伸至社区、家庭、学校及与青少年成长环境有关的各个层面,使之更能贴近、满足现代少年儿童的成长需求。新闻综合频道每周五晚上 18:00 首播,节目时长 20 分钟。

《阳光政务零距离》

慈溪市广播电视台与慈溪市纪委、市委宣传部、市政府纠风办联合开办的一档电台直播热线栏目。栏目秉承"解决百姓难题、架起沟通桥梁"的宗旨,本着"群众利益无小事"的原则,在每周五的上午 10:00—11:00 分别邀请全市各职能部门的负责人做客直播室,宣传办事程序,接受群众热线投诉,现场回答群众咨询,认真处理和落实好群众反映的每一个热点难点问题。

奉化市广播电视台

《乡间小路》

2012 年 4 月 9 日,奉化电视台改版相关对农栏目,推出全新的电视对农栏目《乡间小路》。《乡间小路》结合了奉化的地理特点、农业特点,同时认真总结了过去农业节目的经验,在栏目定位上大胆尝试、大胆创新,通过"城乡互动桥"、"乡间超市"、"乡间加油站"等全新的板块形式,走出一条与众不同、与以往不同的对农栏目。理念定位上不再单纯地只是农业发展什么就说什么,农村有什么就报道什么,农民需要什么就送什么,更多的是根据农村丰富的资源、特色的农产品、个性的农村文化,结合城市的广阔市场,通过我们的对农栏目启发农民去创造什么。这种创造,是新时期农业发展、农村繁荣、农民富裕的需求,也是我们改版升级对农栏目想要体现的价值所在。栏目每期播出三个版块,"乡间播报站"和"乡间服务站"这2个版块周一至周五都播出,还有1个版块周一至周五都不同,分别是"小孙跑农事"、"乡间新视点"、"城乡互动桥"、"乡间致富经"、"乡间加油站"。2012年8月在全省对农栏目评比中获浙江省广播电视新闻奖(电视对农栏目)一等奖;由该栏目组组织实施的《桃王擂台赛》获2012年度浙江省广播电视新闻奖(电视对农活动)二等奖。播出时间:周一至周五19:37—19:57,时长20分钟。

《我爱生活》

一档生活服务类电视栏目,栏目宗旨是"关注生活,服务生活"。该栏目关注生活中的热点消费、体验当下的生活时尚、倡导健康向上的生活方式,既时尚又实用,表现形式轻松活泼,节目创作不乏故事性和娱乐性。该栏目在具很强实用性的同时,也具有很强的可看性。栏目开播来深受广大观众欢迎,尤其成为女性观众的良师益友。播出时间:周四19:15——19:35,时长20分钟。

《阳光热线》

由奉化市纪委和奉化市广电中心联合创办、各单位一把手直接参与的现场直播类民生节目,其宗旨是充分发挥舆论监督和群众监督的作用。本节目开通热线和短信,采用广播和电视同步直播的形式,是宁波市首档电视直播行风热线的栏目,探索了一条广播节目服务地方党委政府工作中心的新路子。播出时间为每周三晚上19:35——20:20,时长45分钟。

《阳光行动》

为《阳光热线》配套栏目,也是一档民生咨询投诉类节目。内容涉及百姓生活困难、民工讨薪、食品安全、社保、农保、医保、看病难看病贵、经济适用房等问题。节目通过群众的咨询、投诉电话,与相关职能部门进行直播连线,更加有效地与群众进行沟通交流。播出时间为每周一至周五上午10:30——11:00,时长30分钟。

宁海县广播电视台

《989早高峰》、《989晚高峰》

宁海人民广播电台推出的新闻杂志节目,时长分别为30分钟,每周周一至周六早间接8:00至8:30,下午4:30到5:00播出。节目内容包括每日天气、即时路况、989最关心、身边那些事、新闻头条以及新闻快口报等板块。能够快速准确地为宁海百姓传递最新最热的新闻资讯、生活百科、生活趣闻,反馈最及时的路况信息,帮助市民并让其在路段上畅行无阻。

《宁海人讲宁海》

宁海电视台继县域文史风光艺术系列片《人意山光》之后,推出的一档全新文化电视栏目。栏目定位为"打造宁海人文讲坛,说说宁海人自己的事儿"。栏目围绕宁海历史人文、地方民俗、历代名人、传统文化等内容,以通俗的讲述方式提炼宁海本土特色文化精髓,力图为更广文化层次的观众提供一档朴实、新颖的宁海民生版《百家讲坛》。栏目每周六晚7:45首播,次日同一时间重播,长度20分钟。

象山县广播电视台

《我来帮你忙》

周一——周五11:30-12:00播出。大型互动直播民生服务类节目。是一档树立广播服务民生、为民办事理念,打造一档传递民情、反馈民意、直达民心、便民为民的互动直播民生服务类节目。节目与县网络民情会办中心合作,收集的问题交由该中心督办解决,大大提升了舆论的监督力度和专业水平。问题反馈及时,群众满意度高,开播以来热线不断,为本台收听率和参与度最高的节目。节目设置主持人2人,刘虹担任主播,沈绚担任副播,除2名导播外,还由值班主持人兼任导播,同步接进热线并及时搜集答案,或向有关单位咨询,在节目直播期间随时解答,收到很好效果,赢得听众赞赏。每期节目三路热线此起彼伏,导播、主持人应接不暇。开播以来超出预期效果。

《走遍宁波》

播出时间每周六 19:30—19:50。是一档旅游类节目，节目时长 20 分钟，围绕象山的旅游文化，关注象山的美景、美食，节目形式以主持人的行脚为主线，带领观众体验、观赏，参与性强，节目形式活泼，深受观众喜欢。

鄞州区广播电视台

《明州书香》

该节目为小说连播，选择鄞州本地作家出版的小说，与鄞州区作家协会合作，由其提供小说，小说的演播将采取集体创作，即由多人来演绎，区分男女性别，老少人物，对话等。时段设置 21:00–22:00。

《早安 105》

在新闻资讯内容基础上，增加路况、天气、生活指数等服务内容，路况 + 资讯的模式，强化“三听”的概念，在编排上锐意创新，将资讯划分为“三听”——听宁波(市内新闻)，听浙江(省内新闻)，听中国(国内新闻)。早安 105 播出时间 7:30–9:30。

《非常杂志》

原是一档广播新闻评论节目，由我台于 2004 年创办，曾获评宁波市“名栏目”称号。节目内容以社会上新近发生的与老百姓密切相关的一些新闻为由头，主持人阿龙用理性的思辨、犀利的语言、个性的风格，对社会上的不正之风加以针砭，对一些发人深省的话题加以探讨，让人听后有所思，有所知。电视版《非常杂志》将在原栏目的基础上进行拓展和延伸。作为一档新开办的电视新闻评论节目，将以记者的视角抓准社会重点、难点、热点问题，以鲜明观点，采用述评、点评形式对问题进行深刻剖析。

《桥头老三》

作为一档已经开办五年的老牌节目，2012 年精心设计了几个充满创意而又截然不同的几个板块来支撑起这个民生招牌。它的第一个大板块由《老三跑码头》和《小毛发大兴》两个子板块组成。《老三跑码头》中，将对新近发生的、有代表性的事件进行简短的报道。《小毛发大兴》是对民生话题的深度分析与剖解。《俞家婆婆唱气象》和《俞家婆婆淘老古》是《桥头老三》第二大板块的主体内容。由民间表演艺术家俞志华老师来担任这第二大板块的主持人。《俞家婆婆唱气象》将用地方唱腔进行气象预告；《俞家婆婆淘老古》将采用古代说书人的方式，在一张木桌，一个老茶壶，一把折扇间和我们说老宁波的故事。首播时间每天 18:!5。

北仑区广播电视台

《我要上电视》

一档全新的休闲娱乐类节目，该节目的宗旨是让那些怀揣梦想，渴望展示自己的大众，实现上电视的愿望，并打造一批北仑本地的“草根明星”。??2012 年?7 月 9 日正式开播，每周播出两期，每期展现一个人物，时长 10 分钟，并通过投票形式开展季度赛，年度赛。栏目组邀请了一些业内知名人士坐镇点评，最终在 2012 年底选出优秀的达人加盟北仑电视台春节联欢晚会。 每周一、三、五 19:00 首播，二、四、六重播，周日 19:00 播出精编版。

《阿拉北仑》

在形式上以北仑方言为播出载体，一男一女两位主持人以聊天的形式为观众讲述新闻事件新闻人物。5 月对节目再次微调改版，增加了社会热点新闻的评论，每档节目由原来的一个主题增加到三个。每周播出两期，分别为周一和周五的 18 点 40 分首播，节目长度为 15 分钟。

《快乐上班路》

让忙碌的上班族在上班路上获得及时的资讯，以轻松搞笑的方式让上班路变得轻松愉快。新闻资讯、即时路况、热点话题、热门新歌，提供新鲜的出行资讯。周一至周五 7:30—9:30。

镇海广播电视台

《他乡人热线》

宁波市首档专门针对外来务工人员的广播类专题节目。节目从关注“新镇海人”的角度，注重“三贴近”，表达身处他乡的“新镇海人”的心声，着力反映

"新镇海人"关注的焦点问题和"新镇海人"受众的生活状态,着力打造"新镇海人"的精神家园。内设《梦圆他乡》、《特别关注》、《咨询服务台》、《心海导航》等栏目,不仅有打工故事、融入城市的生存技巧、两地风俗,还有最新、最实用的用工信息,"新镇海人"素质提升辅导、"新镇海人"心理咨询等。节目获2010年"宁波市县级广播'十佳栏目'"称号。播出时间:每周三、周日18:20-18:45时,次日7:20-7:45时重播,时长25分钟。

《我们帮你忙》

镇海电台一档闲置商品调剂,居家生活咨询的生活服务类节目。开办十几年来,一直以听众热线、短信平台参与,主持人直播的形式,帮助听众调剂二手货。由于节目设置符合了听众的诉求,每天短信数量达上百条,热线天天爆满,故收听率和参与率一直在本台众多节目中名列前茅。播出时间:周一至六上午8:30—9:00时,时长30分钟。为更具可听性和操作性,电台网站www.zhradio.cn上还设置《我们帮你忙》版块,以方便查询和浏览。

《新农村前线》

栏目以关注三农,服务三农为基点,用鲜活生动的身边事例,为农民朋友传播科技信息,带来致富经验,展现农村、农业、农民新风采,引领农民和谐新生活。周三20时首播,时长10分钟。

《民声快递》

节目为民生访谈类节目。听民声,解民意,讲政策,释疑难。栏目就百姓关注的问题,约请有关职能部门通过面对面访谈的形式,架起沟通的桥梁,达到宣传政策、解难释疑的目的。周五19:50时首播,时长30分钟。

附：县级台对农节目一览表

1、广播对农栏目开办情况汇总表

台名	栏目名称	时长	每每周档数	播出时间	重播次数	开办时间
镇海区广播电台	绿色田野★	15 分	7	6:00	1	1997 年
	乡情乡韵	30 分	7	11:30	1	2011 年
	他乡人热线	60 分	1	周六 10:00	1	2007 年
北仑区广播电视台	《北仑新农村》★	15 分	3	7:30	1	2000.8
鄞州区广播电视台	《阿平阿慧说农村》★	20 分	5	周一—周五 12:00	1	1994
	《生育、生命、生活》	25 分	1	周五 11:00		1997
慈溪市广播电视台	《希望的田野》★	15 分	3	一、三、五 12:05—12:20	各 1 次	1995.4
余姚市广播电视台	《新农村》★	15 分	3	一、三、五 11:00—11:15	5	1988.1
	《乡村大舞台》	75 分	7	平时 16:45—18:00 六、日 17:00—18:00		2010
	《气象与农事》	10 分	14	9:20—9:30 16:20—16:30	7	2010
奉化市广播电视台	《田野风》★	20 分	5	7:20	1	2005.1
	《讲事体》	20 分	7	7:40	1	2007.1
	《田野风周末故事版》	20 分	2	7:40	1	2012.1
宁海县广播电视台	《农家天地》	15 分	3	一、三、五 16:00	3	1995
象山县广播电视台	《和美新农村》★	10	3	10:00	2	2010
				16:00		
	《小康之声》	10	2	6:15	1	1995
	《农事瞭望》	10	1	6:15	1	2011

2、电视对农栏目开办情况汇总表

台名	栏目名称	时长	每周档数	播出时间	重播次数	开办时间
镇海区广播电视台	《新农村前线》★	20 分	1	每周三 20:00	4	2009.4
	《致富经》	10 分	1	周二 20:00	1	2008.7
	《农村大舞台》	10 分	1	周一 20:00	2	2010.1
北仑区广播电视台	《走进恬园》★	15 分	3	一、三、日 18:45	3	2000.8
鄞州区广播电视台	《农村新天地》★	10 分钟	2	周一、周四 18:35	4	2000 年
	《健康直通车》★	10 分钟	1	周三 18:35	4	2002 年
	《绿色家园》★	10 分钟	1	周五 18:35	4	2012 年
	《人 口》	20 分钟	1	周日 18:25		2000 年
慈溪市广播电视台	《三北田野》★	15 分	1	周一 18:00	1	1999.4
	《三北田野》技术版	15 分	1	周四 18:00	1	2010.1
	《金黄道地》	25 分	1	周二 22:30	1	2009.9
余姚市广播电视台	《姚江田野》★	15 分	1	周四 20:30	3	1998.4
	《生活周刊》	12 分	1	周六 20:30	3	2010.1
	《农科纵横》	12 分	1	周六 12:30	1	2010.5
	《四明关注》	12 分	1	周日 19:40	3	2010.1
奉化市广播电视台	《乡村大看台》	12 分	1	18:20	4	1999
	《农村百事》	12 分	1	18:15	4	2008
	《乡间小路》★	20 分	5	19:37	4	2012
宁海县广播电视台	《新农家·综合版》	10—15 分	1	周六 19:30	2	2006.4.
	《新农家·创业版》	10—15 分	1	周四 20:00	2	2010.7
	《新农家·科普版》	10—15 分	1	周日 20:00		2010.7
象山县广播电视台	《半岛新农村》★	10 分	1	周日 19:35	1	1998
	《美丽村庄》	10 分	1	周六	1	2010
	《科技与创新》	10 分	1	周二 19:45	1	2003

温州市广播电视台

广播节目栏目

《温广新闻调查》每周一至周五 08:00–09:00。栏目创办于 2010 年 12 月 28 日，是新闻广播在早高峰黄金时间强势推出的新闻评论性节目。定位民生热点和舆论监督，以新闻背景和独家评论为特色，挖掘深度，观点鲜明，点评独到，直击事件核心，与品牌栏目“空中服务台”珠联璧合，在听众中具有相当影响力。栏目收听率名列温州地区前列。

《温州新闻联播》每周一至周日 18:00–19:00。《温州新闻联播》是温州广播界一档有着悠久历史的新闻节目，广受听众喜爱，市场收听率一直名列前茅。改版后的《温州新闻联播》时间延长为一个小时，内容更丰富，信息量更大。在播讲方式上也做了一定的调整，从“播新闻”，转变为“说新闻”。力求更亲和，更平实。内容上，除了时政新闻之外，扩充了民生新闻的篇幅。增加了“每日聚焦”、“草根微评”等板块，关注本地新闻，反应市民声音。“网评天下”、“网罗世界”小版块则关注当天国内外最热评论和最新资讯。此外，节目一改以往新闻播报的刻板方式，融入了音乐的元素，节目整体感觉更时尚、流畅。

《天天交通》《马路新闻》每日 08:00—09:00。《天天交通》和《马路新闻》作为温州交通广播的主打早间资讯节目，从开播以来一直都致力于服务早高峰交通和出行听众，并以丰富、全面、及时的交通资讯、实用信息、时政要闻、社会新闻为听众所喜爱。本栏目在早间出行的移动人群当中有着很高的收听率。节目风格轻松活泼、青春阳光、节奏快、效率高、上班路上的开心陪驾。其中《天天交通》栏目为全国广播民生 60 强栏目。

《点击交通》每日 09:00–10:00。《点击交通》是全国交通广播十佳栏目，浙江省广播电视优秀栏目。节目以处理交通投诉为主，全方位关注广大交通参与者相关的咨询内容，深入挖掘新闻事件和投诉背后的真相，帮助交通参与者解决遇到的各种烦心事。您的倾诉，我们认真倾听；您的声音，就是我们的力量！

《金融改革之声》每周五 09:30—10:00。为更好地宣传温州金融综合改革试验区，为温州金融改革提供舆论支持，《金融改革之声》于 2012 年 5 月 4 日起正式开播。栏目通过采访政府、银行、企业等相关人士，逐步解读温州金融改革的目标及难点。通过话筒，记者带着听众深入温州民间借贷登记服务中心、温州金融改革广场等机构，让听众逐步了解金融改革的系列动作。通过走访金融行业、企业等，了解在金融改革的大背景下，各行各业如何谋求自我发展。

《城市大嘴巴》每日 09:00—10:00。《城市大嘴巴》是一档以注重节目的服务性和贴近社会生活性为主打，根据当前社会经济发展水平和百姓都市生活品位与时尚要求而推出的资讯化节目。从眼下热议的各类话题，到生活点点滴滴，从休闲生活快乐行，到时尚生活大管家，从家庭理财到时尚信息，囊括了百姓生活的方方面面。让大家在广播小世界里，愉快行车，知晓天下。此外还根据不同时期的报道侧重点，分别推出了各类专题，如经济新视点》版块、《经济最关注》专题报道、大嘴巴《评球论足》特别板块、《扶工兴贸 百日攻坚 喜迎十八大》专栏等。

《善良的陈阿土》每日 07:30—23:30 逢半点播出。是音乐之声频率 2011 年度全新推出的一档栏目，以热点社会事件、奇闻逸事等为素材，以人文关怀为原则，以调侃、解构、讽刺等手法，以陈阿土和林阿妹的人物形象进行再次演绎，整体风格幽默诙谐、一针见血。开辟出国内广播界具有创新意义的新闻演绎手法，成为听众喜闻乐见的栏目。

《音乐车元素》每日 17:00—18:30 播出。是音乐之声频率 2011 年新推出的一档专业汽车服务类节目，开办以来一直秉承着打造本土最专业的汽车节目为宗旨，主持人和专业嘉宾牢牢抓住私家车音乐广播的频率定位，为私家车购车和用车人群开展服务。该节目设置了购车咨询单元——“名车购”、维权咨询单元——“汽车维权”、维修咨询单元——“维修养护时间”、评价测试单元——“原创测试”等服务板块。

《乡土文化之旅》是绿色之声自办的一档以介绍温州的乡土文化、民俗风情，讲述非遗传承故事等内容的特色栏目，对传播优秀乡土文化起到了积极作用。该栏目每周六、周日 9 点 30 分 –10 点首播，每周日、周一 6 点 30 分 –7 点重播。

《温州新农村联播》是绿色之声一档日播的对农专题栏目，以关注三农、服务三农为宗旨，下设《乡土快报》、《魅力新农村》、《农经新观察》、《特别关注》、《三农服务台》《农业生产小贴士》、《田园采风》等小栏目。该栏目曾多次在省政府奖对农栏目评选中获省二等奖。每周一到周五 9 点 30 分 -10 点首播，每周二到周六 6 点 30 分 -7 点重播。

电视节目栏目

《温州新闻联播》每日 19:30 首播。是温州地区开办时间最长的一个电视栏目，目前也是温州市广播电视总台几个电视频道中唯一的一档以时政新闻为主的综合性新闻栏目。近几年，栏目的节目质量、收视份额和社会美誉度等等都在进一步地提升。目前节目收视率基本稳定在 5 个点左右，在温州市广播电视总台所有自办栏目中名列前茅。栏目被评为“浙江广播电视品牌建设奖优秀栏目”、“温州市名专栏”、温州市广播电视总台首届“十佳栏目”，栏目组还荣获温州市广播电视总台“十佳团队”荣誉称号。

《闲事婆·和事佬》每日 18:20 首播。是温视新闻综合频道于 2006 年 1 月 1 日倾力推出的一档以“社区帮助”为主题的温州方言新闻节目。该栏目以温州社区百姓身边发生的大事小事为素材，选取具有典型性和代表性的事例进行报道，旨在解决社区百姓在生活中遇到的实际困难、家庭与邻里纠纷、社区中一些具有共性的难题等，帮助社区中的弱势群体，为社区百姓排忧解难；弘扬社区百姓的文明新风，报道市民在生活中遇到的开心事、爽心事，以促进社区的文明建设，督促有关部门改进办事方法，提高办事效率，在政府与百姓之间架起一座沟通的桥梁，为创建文明社区、和谐社区创造良好的舆论环境。

《百晓讲新闻》每日 18:00、21:00 两档首播。《百晓讲新闻》栏目作为温视第一档用温州方言主持播报的本地新闻栏目，以百姓的视角关注百姓关心的热点，着眼于采制百姓喜闻乐见的民生新闻。主持人用温州人生动活泼的方言讲述百姓身边的大小事情，一直深受观众好评。栏目依托节目内容的贴近性、语言的亲和力以及栏目形式的不断创新，已成为温州广大电视观众最喜爱的栏目之一，收视率多年来一直高居前列，社会影响已经深入到方方面面。

《天下温州人》每周日 20:30 首播。《天下温州人》栏目由中共温州市委统战部、温州广播电视传媒集团联合主办。以在世界各地的温州人为宣传对象，旨在运用电视的手段较为全面地反映海内外温州人的创业事迹，宣传海内外温州人艰苦奋斗的人生历程，弘扬在外温州人的拼搏精神，展示温州人丰富多彩的人文、乡情和成功之道。栏目共设《天下传奇》、《温商天下》、《智行天下》、《对话温州》、《天下资讯》等板块。

《都市红绿灯》每周一至周五 19:40 首播。该栏目于 2012 年 6 月 26 日正式开播，旨在全力配合我市“破难攻坚”七大行动，严管城区交通秩序，深入推进“两个有序”交通大整治，大力普及交通安全法规，倡导市民安全有序出行，提升市民的文明交通意识。节目以交警主持人上路纠正不文明交通行为和处罚违法行为的形式，制作现场新闻报道节目，通过实例“说道”，突出引导性、教育性和警示作用。

《文化温州》每周日 19:35 首播。栏目以宣传温州文化大发展大繁荣工作为主要内容，以电视专题节目的形式，全景式展示温州文化的历史、现状和发展趋势。宣传温州文化强市建设，推动温州文化品牌打造，挖掘温州历史文化魅力，展示温州民俗文化风采。彰显温州城市文化特色和瓯越文化的博大精深。

《政情民意中间站》每周日 21:00 首播。是一档由温州市政协和温州广电传媒集团公共民生频道共同打造，以“直接参政议政、促进民主监督、架起沟通桥梁、传递百姓心声”为宗旨，将政协民主监督与媒体舆论监督相结合的时政类大型开放式谈话类电视节目。自 2002 年 6 月 28 日开播以来，已经走过了十个年头。先后推出 500 余期节目，在温州市民中有着广泛影响力，在全国政协系统都有一定的知名度，已经成为展示温州地方民主建设的一个窗口。

《养生有道》周一至周五 20:00 首播。2012 年全新策划推出的一档日播生活服务类节目。节目通过演播室权威专家访谈形式，提供贴心的健康知识，传递科学的健康理念。节目设计的内容紧扣温州地区的人文风俗地理特点开展，畅谈实用的健康知识，策划了系列的健康养生话题。与此同时，栏目还采取了网络以及微博互动等方式，加强了互动性，扩大了美誉度。

《先锋播报》周一至周五 18:30 首播。栏目由先锋新闻、读报时间、党报头条等版块构成，紧紧围绕“大民生”，重点报道市委中心工作、党建最新动态、政策精神解读、百姓资讯服务等内容。新闻报道突出新闻现场、突出新闻人物、突出新闻细节，是一档资讯主流、内容权威、有责任感多新闻栏目。

《平安温州》周二 21:15 首播。是由温州市委政法委、温州市广播电视总台主办的一档融知识性、权威性、贴近性、可视性于一体，风格鲜明的法制节目，也是温州第一档综合全部法治内容的专题栏目。栏目有效整合政法系统新闻资源，进一步加强平安和政法宣传工作，营造有利于社会稳定和法制建设的良好舆论氛围，提高群众对“平安温州”建设的知晓率和参与率，提高公民的法制意识。

温州台新闻综合频道2012年节目播出表

时间	周一	周二	周三	周四	周五	周六	周日
07:02	温州新闻联播（重播）						
07:34	反腐纵横（重播）	有话直说（重播）					无
07:42	男孩女孩（重播）						
08:20	理财888（重播）					8:45 新闻周报手语版	
09:00	闲事婆和事佬（重播）						
10:00	白天电视剧场1						
	白天电视剧场2						
11:30	“喜力”体育时刻（重播）						
12:00	闲事婆和事佬（重播）						
12:40	人民问政（重播）	温州房产报道（重播）					
13:00	温州新闻联播（重播）						
13:30	新闻周报手语版（重播）	招牌菜人家烧（重播）					
14:00	白天电视剧场3						
	白天电视剧场4						
	白天电视剧场5						
16:48	招牌菜人家烧						新闻周报手语版
17:08	男孩女孩						
17:45	理财888						
18:10	“喜力”体育时刻						
18:20	闲事婆和事佬						
19:00	转央视新闻联播						
19:30	温州新闻联播						
20:03	有话直说						20:03 人民问政
							20:25 反腐纵横

时间	周一	周二	周三	周四	周五	周六	周日
20:20	奔腾剧场 1						20:40 奔腾剧场 1
	奔腾剧场 2						奔腾剧场 2
22:07	温州房产报道						
22:30	星光剧场 1						
	星光剧场 2						
00:20	“喜力”体育时刻(重播)						
00:30	温州房产报道(重播)						闲事婆和事佬(重播)
00:50	温州新闻联播(重播)						
01:20	理财 888(重播)						
01:50	结束						

温州台新闻综合频率(94.9 温州之声)2012 年节目播出表

时 段	节目名称
06:30	新闻和报纸摘要
07:00	早安温州
08:00	温广新闻调查
09:00	财经早报
10:00	新闻有颜色
11:00	空中服务台
12:00	扫街别动队
13:00	散讲委员会
14:00	949 养生堂
15:00	投资理财有一套
16:00	音乐车生活
17:00	新闻哇哇哇
18:00	温州新闻联播
19:00	团购快乐 GO
20:00	教育面对面
21:00	DJ 大当家
22:00	新闻深呼吸
23:00	散讲委员会
00:00	温州新闻联播
01:00	魅力温州
02:00	音乐车生活
03:00	音乐 + 公益联播
05:00	949 养生堂
06:00	新闻深呼吸

苍南县广播电视台

《苍南新闻》

《苍南新闻》是一档综合类新闻节目，是苍南县主流电视新闻节目的代表，也是一档最具权威信息发布的广播电视新闻节目。该栏目着力展示苍南县在打造“浙南闽东北最具活力的工贸生态滨海城市”进程中的新实践、新经验；更全面、更有效地报道苍南的生动变化；更有力、更科学地反映苍南的经济建设，是面向苍南130万人民及其他相关产业、具有权威性和专业性特质的宣传平台。栏目始终坚持走精品路线，努力把最精彩、有品位、负责任的新闻节目奉献给观众，其新闻节目收视率稳健，且每年荣获多项浙江新闻奖以及市新闻政府奖。现在的《苍南新闻》在题材选择上更重新闻价值，视野更开阔，有效信息量大大增加。时政报道更加生动更有深度，民生新闻更具良好社会反响，重大主题报道做精做深，舆论监督水平不断提升，在观众中产生了较好的栏目品牌效应。栏目时长15分钟，首播：周一至周日19:35；重播22:30次日12:00

《新农村天地》

《新农村天地》是专题类版块式栏目，每周三档，每期15分钟，由三个版块组成。下设“小芳跑三农、苍南海洋、农信速递、民生水利、农房改造、科学时刻”等子栏目。按照现代农业发展要求，宣传苍南现代农业、新农村建设的新政策、新成就、新举措、新生活，为苍南新农村建设营造良好的舆论环境。“小芳跑三农”子栏目(每周两档5分钟以内)：以主持人现场报道形式，报道在“三农”方面实行的方针、政策、法规及对这些方针、政策、法规的诠释和解读，农业部门的工作举措、事件动态，大力报道种养殖新技术、创业故事、新的经营模式、致富经、农家乐、农村公共服务、新农村建设带头人、农村文化生活、科普故事及其他农村感人故事等。

平阳县广播电视台

《走进新农村》

《走进新农村》是平阳人民广播电台1995年开设的一档广播对农节目，十几年来，该节目深化服务三农的探索与实践，并提出“发挥优势、开阔视野、以民为本、强化服务”的节目理念，关注“三农”、宣传“三农”，为农民提供政策咨询、农业知识、致富技能，以“记叙农民生活，关注农业发展，推广实用技术，闲话乡村奇观”为栏目定位。用农民身边的人，说他们身边的事，做到既通俗易懂，又使人倍感亲切。深受农民朋友喜爱。该节目连续六年在全省对农节目抽评中获得优秀。每天首播时间7:00，重播时间：19:45，节目时长15分钟。

《音乐深呼吸》

《音乐深呼吸》聆听动人旋律，感受美好生活。平阳广播电视台广播节目《音乐深呼吸》开办十年来，为广大听众提供了一个享受音乐的空间，让大家在聆听音乐的同时，感受生活的真谛。每天首播时间11:00，重播时间20:00，节目时长60分钟。

《民生关注》

《民生关注》是平阳县广播电视台2007年由原《新闻晚报》改版而来的一档新闻节目。该节目面向全县城乡民众、突出“三贴近”的定位，使之成为党和政府密切联系群众的纽带，成为城乡之间理解和信息交流的平台，其关注民生的人文立场，通俗易懂的语言表达和全方位服务的宣传态势，大受百姓欢迎。周一至周六首播，周日停播。每天首播时间21:30，重播时间23:30和次日9:00，节目时长10分钟。

《十里八乡》

《十里八乡》是以“传递信息、真心交流、真诚服务”为宗旨，以面向三农、沟通城乡，为农民提供政策咨询 、农业知识、致富技能为服务立足点，力图做到“记述农民生活，关注农业发展，趣谈实用技术，闲话乡村奇观”。做农民身边的人，说他们身边的事，通俗易懂，实用贴切。每周三档，节目时长10分钟，首播时间周一、三、五20:00，重播时间周二、四、日10:00。

附：县级台对农节目一览表

①《走进新农村》——每天一档，首播时间7:00，重播时间：19:45，节目时长15分钟。

②《十里八乡》——每周三档，首播时间周一、

三、五 20:00,重播时间周二、四、日 10:00,节目时长10分钟。

③《乡土平阳》——每周一档,首播时间周二20:00,重播时间周六 20:00,节目时长 10 分钟。

洞头县广播电视台

《洞头新闻》

洞头县广播电视台的主打节目,是一档最具权威信息发布的广播电视新闻节目,主要宣传报道洞头大事要闻,传播大众舆情资讯,是县委、县政府中心工作的宣传阵地,是沟通民情民意的情感桥梁,内容涵盖我县重要的时政、法制、社会、经济、教育、科技、文化、生活等。内容分为三大板块,"时政经济综合"板块,主要报道重大会议,县委、县政府主要领导的活动以及我县经济运行情况,各部门、乡镇的典型人物、事迹,工作中的好经验、好做法,政令追踪情况,动态新闻等;"民生新闻"板块主要报道海岛人民群众的生产、生活状态,发生的变化,自然景观、奇闻轶事,突发事件,群众关心的热点、难点问题,资讯以及报摘等;"媒体资讯" 板块,主要播发全国各地资讯。栏目长度:12 分钟,首播:周一至周日 20:00,重播:周一至周日 22:00 次日 06:30 12:00。

《蓝色风》

对农生活服务类节目,栏目内容关注渔农民的生产、生活,把说渔农村新人新事、讲渔农民致富故事、聊民情民事"作为栏目总定位,并融合百姓关心热点的时事和社会民生问题。栏目长度:15 分钟,首播:周一 20:15,重播:周二 12:15 20:15 周六 12:15。

《蓝海岸》

对农科教类节目,栏目传播渔农政策,解惑生产疑难,传授先进技术,借鉴致富经验。体现服务性、实用性、知识性。栏目长度: 15 分钟首播:周三 20:15,重播:周四 12:15 20:15 周日 12:15

《蓝色港湾》

栏目是一档向渔农民群众宣传党的方针、政策,讲述渔农民身边故事,新渔村的点滴变化等的广播对农节目。节目分成两大块,内容包括科学种植养殖技术、致富经验、法律维权、医疗常识、文化娱乐等。周一是周四以引导渔农民生产服务为重点;周五至周日以引导渔农民生活服务为主。周一至周三主要版块为《渔村百事》、《家长里短》、《渔农科技》、《一路同行》、《热点关注》、《法制时空》,周四至周五主要版块为《读报时间》、《健康有约》、《畅游天下》、《娱乐大转盘》。栏目长度: 30 分钟,首播:周一至周五 18:40,重播:周一至周五 7:10 、11:10、16:10。

《蓝精灵》

这是一档青少类节目。打造孩子心灵的世界,述说家长们的心声。播出时间:首播:周六 18:40 重播:周日、周一 7:10 、11:10、16:10。

附:洞头县广播电视台对农节目一览表

栏目名称	所含版块
电视专题《蓝色风》	《记者说事》、《走村串户》、《渔农资讯》、《致富山海经》、《渔农资讯》
电视对农节目《蓝海岸》	《渔农信息》、《渔民科技》、《致富金》、《走渔乡》
广播对农类栏目《蓝色港湾》	《渔村百事》、《家长里短》、《渔农科技》、《热点关注》、《法制时空》
广播对农类栏目《蓝色港湾》周末版	《读报时间》、《健康有约》、《畅游天下》、《娱乐大转盘》、《一路同行》

永嘉县广播电视台

《左邻右舍》

以倾听民声、服务群众为宗旨,突出轻松、实用、有趣、服务,宣传党和政府出台的惠民政策,关注百姓生活的点滴变化,争做观众的“媒体邻居”。《左邻右舍》下设《市民监督台》、《拍客联盟》、《左邻右舍实验室》、《生活小贴士》等板块,联合广大观众参与监督,分享第一新闻现场,呈现热点真相。首播:周一至周五 19:55。

《楠溪风》

千年古县传风雅,百里楠溪留墨痕。永嘉人文地理,尽在《楠溪风》。《楠溪风》是永嘉电视台一档具有鲜明地域和文化特色的文化专题类电视栏目。栏目展现永嘉的稀有民间艺术、楠溪古村落和非物质文化遗产,使更多的人了解楠溪江、认识永嘉。2012年,《楠溪风》共播出26期节目,题材涉及民俗、戏曲、古村等,其中《幽幽古戏台》获2012年度温州市广播电视政府奖“电视文艺”三等奖。节目时长15分钟,半月一期,首播时间为周二 18:30。

《东方音乐风》

永嘉人民广播电台一档面向年轻听众的音乐节目。分别有《新歌推荐》、《专辑推荐》、《音乐心情》、《新歌排行》、《音乐专题》、《经典回顾》等专栏。节目在推荐新音乐的同时,加强与听众互动,相互交流音乐感受,成为一个以乐为友,因乐为友的互动平台。节目时长一小时,播出时间:每天 15:00。

对农节目:

《乡土乡情》时长15分钟 首播:每周六 19:55

《农民课堂》时长15分钟 首播:每周四 18:30

《聚焦三农》时长5分钟 首播:每周一 19:45

泰顺县广播电视台

《泰顺党建》

《泰顺党建》2012年6月全新改版,中共泰顺县委组织部、泰顺纪委和泰顺县广播电视台联办,栏目结构由党建短波、先锋展示、组工聚焦、政策解析、廉政之窗5个板块组成。每月第四星期的星期四晚18:35分首播,首播的第二天,下月第二个星期的星期四重播,每月播出1期,每期15分钟。

乐清市广播电视台

《爱车总动员》

乐清人民广播电台一档专业汽车服务栏目,2012年5月,《爱车总动员》正式起航,该栏目秉承听众第一、服务第一、就车论车、客观公允的宗旨,为乐清市近15万辆汽车保有者提供专业新车资讯、开车窍门、爱车技巧、修车常识等汽车服务。目前,每天听众服务(热线及公众微信平台)接待量接近饱和,听众互动近5000人次。栏目以“主持风格张弛有度、嘉宾讲解精彩给力”的特色,由最初的重点为听众群体的培养,爱车顾问团队的建设,版块内容设置和本地需求对接契合度的摸索;发展到重点位整合各汽车资源,其中包括4s店,汽车贸易公司,维修厂等,充分发挥汽车栏目广告创收的天然吸附力,通过策划落地活动,靠前贴近服务来赢得市场和口碑。目前,该栏目资源群体建设完整,覆盖面广,已成为乐清听众心目中的爱车首选。

《陈佳讲新闻》

乐清市广播电视台的一档方言类电视新闻杂志栏目,于2007年12月31日开播,每天播出时长25分钟。主持人用通俗风趣、倍感亲切的乐清话,来讲述老百姓关心的大小事情。节目内容以受众关心的新闻、资讯、服务为主,当中穿插一些趣事,幽默故事和意味深长的乐清谚语和俗语、典故。设有若干用乐清话命名的小板块,如:《逛逛街》、《讲事干》、《当月初》、《咯咯笑》等。该栏目以语言贴近、内容贴近、形式贴近的特色为乐清百姓所喜闻乐见,新闻热线火爆,知名度迅速提高,栏目主持人既是乐清家喻户晓的电视新闻节目主持人,又是企业的形象代言人。

《说说百姓事》

乐清人民广播电台为贯彻落实“价值观大讨论”活动要求,特别推出的讲述普通百姓生活故事的节目。节目以人物为主线,用讲述的方式道出普通百姓的生活故事,既有努力创业、无私奉献的故事,又有人物的真情流露、人生感悟,节目时时透出普通百姓那种积极向上，乐观进取的精神面貌，以及普通百姓的人生价值观。该节目每周播出4–5档，长度为5分钟左右，每日滚动播出4–5次，全年共播出200多档，播出后深受听众喜爱，经常有听众打电话了解被采访人物的更多情况。特别推出的几十年如一日工作在基层一线的乡间邮递员严美满、照顾脑瘫儿十二年的包秀宣夫妇、长期照顾病父的年轻人包玲风等系列报道，通过“讲述”先进人的先进事迹，，既贴近百姓收听习惯、又弘扬了核心价值观。

《乐清好人》

乐清市广播电视台《陈佳讲新闻》栏目推出的电视新闻系列报道节目。该节目从2012年3月份推出以来，已经累计播发新闻近百篇，内容包括热心公益老人虞一杰，出资5000多万元建设余霞乐园、东塔公园管理员朱玉勇救落水女子、柳市居士林成员十年坚持慈善路；企业员工献爱心捐助患病工友、安利志愿服务队成员义务捐献骨髓；E心E义爱心志愿社爱心助学助老、特教学校的智障学生做好事服务乐清老人院等等报道，在社会上引起了良好反响，为时下我们的“价值观大讨论”，提炼核心价值理念起到很好的宣传助推作用。《乐清好人》多篇报道被浙江卫视“最美浙江人”录用，提升了“最美乐清人”的对外知名度和美誉度。

乐清市广播电视台2012年对农节目一览表

	栏目名称	时长	播出时间	每周档数	重播时间和次数	栏目定位和宗旨	投入情况	合作单位
广播对农栏目（节目）	《农村新天地》	10分	7:10	每周三档每周二、四、六播出	1次当日：19:15重播	该栏目是一档服务于农民、农村、农业的对农广播节目，以农民群众为主要收听对象，全方位关注社会主义新农村建设和农业现代化的进程，促进农民富裕、农业发展和农村进步。	投入人员3人，包括专职记者、编辑2人，播音主持1人。每期投入经费1000元。	
电视对农栏目（节目）	《走近新农村》	15分	18:20	每周三档每周二、四、六播出	1次当晚21:40重播	栏目定位为以“服务三农、建设新农村”题材为主导，具有鲜明地域特色的杂志型电视节目。栏目标语为“活力农业、实力农民、魅力农村”。	人员8人，分别是制片1人、主编1人、主持人1人、编导3人、摄像2人。每期投入经费9000元。	乐清市委农村工作办公室

瑞安县广播电视台

《快乐方向盘》

快乐方向盘关注司机生活，享受轻松驾驶。《快乐方向盘》是瑞安电台和瑞安市交通警察大队、瑞安运管稽征所联合推出的一档集汽车资讯、交通信息、监督投诉、服务咨询为一身的交通服务类节目。节目以普及交通法规知识，及时化解矛盾，突出服务特色为宗旨。节目播出时间：每周一、三、四、五下午 14:00—15:00。

《910 服务台》

温州地区县级台唯一新闻名专栏，栏目坚持“公平公正、及时快捷”的宗旨，充分利用直播节目即时、多方交流的特点，在节目现场受理听众各类投诉和咨询，并连线被咨询、投诉的单位，尽量在节目运行过程中给予解答或解决。近年来，每年受理个案均达上千件，涉及全市 30 多个职能部门、商家，充分发挥舆论监督作用，在听众中树立起良好的媒体品牌形象。播出时间：每周一至五 10:00-11:00。

《百姓直通车》

作为瑞安电视台一档民生新闻栏目，《百姓直通车》自 2009 年 6 月开播以来，一直以百姓视角解读新闻事件、以记者良知关注社会现象、以公益行动帮助弱势群体，力求用平民视角报道百姓事，拥有较高的收视率和美誉度。每周一至周五播出的《百姓直通车》，长度为 25 分左右。2012 年，《百姓直通车》加大舆论监督的力度，先后播发《免费妇科检查 为何又有收费？》、《鲍田前池沥河死猪漂浮 触目惊心》、《桐溪水库水源保护区成了冬泳协会的游泳池》、《上千立方建筑渣土肆意倾倒 威胁输水管线安全》等多篇报道，在观众中和网上引起强烈反响。2012 年，继续启动“爱心漂流瓶”大型公益新闻行动，为北麂海岛学生送去 420 箱爱心牛奶，为大南、枫岭等贫困地区学生解决营养餐经费。多年来，《百姓直通车》尽心为民服务，强化舆论监督，引导社会热点，多篇报道在上级媒体播出并受到专家好评。其中《托管变“脱管”——瑞安二医陷瘫痪》、《让流动花朵不再流浪》、《诚信作账单》、《桐溪水库成了私家泳池》、《千里寻亲》等节目分别获全国、省级、温州市不同等次的奖项。《百姓直通车》荣获 2010 年度温州名专栏奖。

《讲理说法》

由瑞安市人大常委会和瑞安市广播电视台联办的一档法制类专题节目。栏目以讲道理、说法律的形式，关注民生、反映民意，重点关注社会热点难点等问题，以典型案件或事件普法说法，结合人大代表建议、议案，深度剖析社会现象，找寻问题真相，依法助推政府相关部门解决实际问题，体现人大依法履职依法监督的作用。栏目自 2010 年 3 月开始至今已播出 9 期，内容涉及饮用水安全、食品安全、交通酒醉驾驶、非法矿山治理、温瑞塘河治理，公墓管理等话题，题材重点突出，代表关注度高，解决措施有力，有效推动了政府相关工作的开展和落实，促进了法治瑞安建设。

湖州市广播电视台

《新闻 60 分》

《新闻 60 分》是湖州电视台最核心的时政新闻日播节目，它秉承“权威、全面、及时、客观”的宗旨，翔实地宣传贯彻党和政府的各项方针政策，丰富地报道湖州经济社会各个领域的重大事件及事件动态，生动地展现湖州人民政治、经济、文化、科技等方面建设的精神风貌。它由自办 30 分钟与转播中央台《新闻联播》两部分内容构成，形成了“家事、国事、天下事，汇集一天重要新闻”的独特风格。每晚 18:30-19:30 在新闻综合频道播出。

《开心一家人》

本塘第一剧《开心一家人》是由文化娱乐频道打造的一档本土方言室内情景轻喜剧节目，节目时长 30 分钟，它以市井百态、家长里短为主要内容，用轻喜剧的形式演绎社区、普通老百姓家庭生活的点点滴滴，人物风趣幽默，语言生动，充满现代化大都市生活气息，融知识性、趣味性、娱乐性为一体，受到湖州观众的普遍欢迎。2012 年，《开心一家人》更突出地域文化特点，与地方新闻结合起来，更注重情景剧的本土化，力求突破传统情景剧的模式，将新闻、纪录片、真人秀和戏剧杂糅在一起，打造新型节目形态，开拓新型的社会化管理平台，与吴兴区公安分局合作开办“警务广场”，承办湖州市国防教育委员会

2012年电视演讲比赛，并把比赛融入到节目中，让观众既能参与到对热点事件的关注中去，又能享受到平常看“一家人”的愉悦。

《阿奇讲事体》

《阿奇讲事体》是湖州电视台2006年起开办的一档以湖州方言播报的民生新闻节目。2012年节目播出时间为每天21:00，时长为30分钟。主持人“阿奇”是关心、关注百姓生活的热心人，节目以主持人品牌为特色，延伸公益活动，关注民生、传递民意、帮忙服务，做百姓的贴心人。该栏目为湖州电视台公共民生频道核心栏目，在湖州当地拥有很高的收视率。

《开心宝贝》

作为全市唯一一档少儿电视栏目，《开心宝贝》以各个年龄阶段的少年儿童身心发展特点为依据，贴近少年儿童生活、关注少年儿童成长，努力为广大青少年儿童打造集娱乐、科普、益智、趣味于一体的少儿文化大餐，积极引导广大少年儿童在学校、生活、社会的实践中去体验，努力为全市青少年健康成长成才营造良好氛围。2012年，节目通过“快乐手牵手，温暖在行动”、“‘小记者在行动’系列采风活动”、“点燃希望之灯，关注‘‘星星之子’”、“宝贝向前冲，亲子共运动”、“环保欢乐行，建低碳生活”、“成长计划，爱心6+1”、“超级童星秀”等活动的举办，提升了节目的鲜活度和可看性。

《和谐家园》

社教专栏《和谐家园》2012年的播出时间为周一至周日20:48。节目按照“整合社会资源 构建和谐家园”的宗旨，围绕党的建设、民生保障、乐游湖州、平安湖州、乐业湖州、食品安全、服务三农、新农村建设等各大主题，下设《奉献》、《交通零距离》、《人口视点》、《餐饮用药安全行》、《乐游湖州》、《警务广场》、《城市之窗》、《人社在线》、《服务三农》、《农事新说》等版块。周日为《美丽乡村》栏目，该栏目立足“美丽乡村”建设的湖州模式发现乡村之美、挖掘乡村达人、宣传党和政府对农政策、推广典型经验。

《行风热线》

《行风热线》是湖州市纪委、市监察局、市纠风办、湖州人民广播电台于2006年10月10日起联合开办的一档舆论监督类新闻热线直播节目。该节目每周二上午10:00——11:00，在FM105新闻频率播出，自2008年起，加入传媒湖州网视频直播。《行风热线》始终坚持“替百姓说话，为政府分忧”的宗旨。2012年，先后有近50家部门和单位、500多人次参加《行风热线》节目，市直机关上线部门和单位的主要负责人轮流走进直播室，阐述政策法规，回答听众提问，为群众解答释疑、排忧解难，解答处理群众反映问题1300多件，取得了良好的社会效果，赢得了人民群众信赖，受到了社会各界的广泛关注，已成为全市唯一一家新闻舆论监督和社会舆论监督相结合的广播热线类节目。

《成长快乐》

《成长快乐》是一档未成年人心理健康访谈节目，通过FM105新闻台每周日15:00–16:00播出。自2010年6月6日开播以来，截至2012年已经连续播出115期。节目致力于引导未成年人正确处理学习与生活中碰到的各类问题，正确疏导心理困惑，指导老师、家长与孩子相处，为未成年人、学校、家长搭建了一个倾诉与交流的空中平台。2012年节目的主题性更强，内容划分更细致，包括情绪系列、思维方式系列、考生心理系列、家长教育心态系列等。经过节目组的努力，2012年2月，《成长快乐》节目组被中央文明委评为全国未成年人思想道德建设先进集体。

《大话新闻》

《大话新闻》是FM103.5交通广播主打的一档日播类特色新闻评论类栏目。每一期节目都围绕时事新闻、热点话题展开评述，节目风格轻松幽默，主持人语言生动风趣，个性塑造鲜明，现已成为湖城出行早高峰时段家喻户晓的王牌栏目。自2011年起，《大话新闻》在数次收听率调查中排名稳居前三，2012年该节目收听份额稳定并呈上升态势。

《王金法广播》

《王金法广播》是吴兴广电中心一档服务类对农广播节目。节目设立“老王讲时势”“老王说农事”“热线传递”、“专家务农”等四个小板块，定位“强化服务当参谋，致富路上好帮手”，注重农村农事密切相连的、农民急需了解的政策、科技、信息等内容，做好惠农政策、科学知识、农技服务、法律咨询等宣传服务。并通过《王金法广播》品牌培育，各乡镇、村、学校等相继建起了王金法广播室，全区目前有近160个“王金法广播室”，播出音箱2500多只，广播宣讲员176人，促进了吴兴文化“大发展、大繁荣”。在湖州市直机关工委开展的“机关党建工作创新成果评选活动”中，中心上送的“百姓天天想听的《王金法广播》”获得了2011—2012年度全市“机关党建工作十佳创新成果奖”。

《专家说农事》

《专家说农事》节目在全市首创专家联系制度，建立专家资料库。节目集权威性、实用性、贴近性于一体，根据不同季节和农事变化，邀请农事专家走进广播室，向农民朋友传递农业科技信息，推广传授生产技术，辅导农业生产，并通过与听众的互动，以栏目为平台，组织专家到农村开展面对面服务咨询活动。

湖州市广播电视台新闻综合频道节目编排表

播出时间	本卷时间	内容
07:00		新闻 60 分(湖州新闻板块)
07:50		南太湖剧场(1)(2)(3)
11:30		重播《大方小方夜班车》
12:00		重播《关注》(周一)今晚拾点(周二至日)
12:50		明星加油站
13:40		南太湖剧场(4)(5)(6)
17:52		台标、晚间节目导视
17:54		今日新闻
18:30		新闻 60 分
19:38		首播电视剧场(1)
20:36		首播电视剧场(2)
21:30	30*	大方小方夜班车
22:00	20*	今晚拾点(周一至周六) 关注(周日)
22:25		晚间剧场(1)
23:26		晚间剧场(2)
00:20		传奇
00:48		节目循环

湖州市广播电视台新闻综合频率(FM105、AM873)节目单

版块	节目时间	节目名称	
		周一至周五	周六、周日
	05:30—06:30	戏曲天地	
	06:30—07:00	新闻与报纸摘要(中国之声)	
	07:00—08:00	朝闻天下(CCTV-1)	
	08:00—09:00	第一时间 (周六 08:30-09:00 喜看新农村 周日 08:30-09:00 美丽乡村)	
	09:00—10:00	信息直通车	
	10:00—11:00	左右时尚(周二 行风热线)	
	11:00—12:00	百姓热线	
	12:00—12:30	午间新闻	
	12:30—13:00	评书	
	13:00—14:30	阳光下午茶	
	14:30—15:00	中国笑星	
	15:00—16:00	乐活百事通 (周六重播、周日首播 15:00—16:00 成长快乐)	
	16:00—16:45	自由自在听歌时漫听时光	
	16:40—17:00	信息直通车下午版	
	17:00—18:00	优生活杂志	
	18:00—18:30	深度 105	
	18:30—19:30	新闻 60 分	
	19:35—20:30	馨动时刻	
	20:30—21:00	《百姓热线》重播	
	21:00—21:30	中国笑星	
	21:30—22:30	自由自在听歌时	
	22:30—24:00	中国 TOP 排行榜	

105 新闻快报:9:00、9:30、10:00、10:15、10:30、10:45、11:00、13:00、13:30、14:00、14:30、15:00、15:30、16:00、16:30、17:00、18:00、20:00、21:00、22:00

德清县广播电视台

《英溪论坛》

德清县广播电视台开办的全省县级台第一个电视理论专栏节目，自2004年创办以来，已连续播出9年，累计采制播出节目近400期，多次荣获浙江省广播电视优秀栏目奖，2006年荣获浙江省电视名专栏奖。2009年开设特别节目《英溪论坛?对话一把手》，通过为“三代表一委员”与党政机关领导搭设现场对话的平台，密切党群、干群关系，增进了群众对政府工作的了解和监督。2010年引入专职评论员形式，提升节目的新闻评论属性，开展即时评论和观点引导。2012年，《英溪论坛》全年采制节目50期，其中“关注德清新崛起”——《考察归来话崛起》、“创先争优”——《新班子新举措新形象》，“走基层、进社区”——《缤纷小区话物管》等4期特别节目引起广泛关注和好评。《英溪论坛》在坚持理论宣传的同时，不断实现媒体的舆论引导和监督职能；通过不断创新，努力巩固宣传阵地，极力赢得更多的观众和关注。

《新农村互联网》

德清县广播电视台的一档对农节目，自2003年开办以来，重点宣传农村政策、推广农业科技、提供政策信息、反映农家生活为宗旨，充分报道党和政府推动新农村建设的各项政策措施，全方位介绍全县各地推进“和美家园”建设的经验和做法，成为农民朋友了解掌握农业致富新技术、新信息的有效平台。2012年，《新农村互联网》栏目组结合“新闻记者基层行”活动，下基层、走田头，深入农村一线采制鲜活的对农节目素材，摄制播出了“乌鸡绿壳”、“超微茶粉”“我县微农业将进驻市民家中”等一批反映农业新技术、新特色的节目。

《老娘舅》

德清县广播电视台的一档时长15分钟，周播的调解类电视节目，栏目主旨在于化解民间纠纷与矛盾，展现人民调解员的风采，宣传普及法律知识。栏目内容目前涉及工伤事故纠纷、彩礼婚姻纠纷、打架民事纠纷、老人赡养、婚恋问题、邻里冲突等，全程记录司法调解员“老娘舅”以相应的法律法规、社会公德为依据，本着当事人双方自愿、平等、协商的原则最终达成具有法律效应的调解协议的全过程。节目组还会邀请律师到演播室进行点评，普及相关法律知识。

长兴县广播电视台

《长视新闻》

长兴广播电视台主打新闻栏目，以服务长兴经济社会发展为己任，第一时间准确传递党和政府的声音，第一时间展示最新的长兴形象。《长视新闻》把“贴紧、精致、大气、特色”作为新闻宣传的努力方向，积极探索时政新闻民生化、评论化、资讯化；围绕县委、县政府中心工作，精心策划主题报道，多视角展现县委县政府重大战略决策与部署。尤其是强化主题报道策划，配强力量、严格把关，并通过形式创新主动发声引导舆论，《长视新闻》全年播出主题系列报道达到40多个，发挥了主流媒体作用，充分运用电视特点抢占舆论制高点，为县委县政府中心工作呐喊助威。

《小彤热线》

长兴广播电视台一档“关心群众利益，服务百姓生活”的民生新闻栏目。《小彤热线》前身是《民生新干线》创办于2004年10月8日，2007年5月30日，经过全新改版后，以“三贴近”为要求，策划推出一档以社会新闻为主要内容的新闻节目，是长兴广播电视台以“新闻立台”为宗旨而进行新闻改革的一次有益尝试。改版后栏目重新更名为《小彤热线》，以主持人小彤为栏目主要形象符号，展现具有浓厚亲和力的邻家小妹形象。栏目紧紧围绕“表述民生、畅达民意、抒发民情”的定位，以现场记者出镜寻求开放式，播报空间和现场互动交流为节目特色，以“百姓无小事，民生大热线”节目宗旨，全面融入并服务于广大百姓的日常生活。现在主要包括“文明小分队”、“娘舅来了”、“温暖”、“特别报道”“法庭直击”等主打版块。《小彤热线》始终坚持为百姓说话，关注民生百态，在群众中产生了强烈的反响，已经成为百姓信任、为百姓说话的代名词。

《走乡村》

长兴广播电视台宣传报道农村新人新事新风尚

新举措的一档对农服务节目。2012年《走乡村》节目为每周三档节目的形式内容更加活泼，涵盖量更加广阔。《走乡村》节目设置为三个版块:《走乡村》综合版、《走乡村》人物版、《走乡村》体验版。综合版:《全扫描》以全县范围内的动态消息播发为主;《致富星》重点突出农民创业创富的人和事;《红黑榜》以舆论监督,颂扬真善美,鞭挞假恶丑的对比评论板块;《拨就灵》是一档服务农民,帮助农民排忧解难的服务板块;《大讲堂》以整合全省通用教材,传达外域生产技能、推广新方法的栏目。人物版:是一档带有纪实性的人物故事栏目,包含着情感故事、创业心得等。体验版:是一档以农村体验,生产体验,经验体验交流的互动节目,节目加强了城乡互动,乡村互动,以交流的方式促进农村和谐。

安吉广播电视台

《生态家园》

安吉广播电视台的一档对农服务栏目，立足三农,服务三农,以聚焦现代农业、关注农村发展、倾听农民心声、传递农业信息为宗旨。通过栏目,让农民了解城市、让市民认识农村。通过栏目《竹乡农民》、《竹乡趣闻》、《当前农事》、《竹乡特产》等版块,以生动、活泼的电视语言,组合成具有政策性、科学性和趣味性的节目形式,让观众在观看的同时,更能及时掌握和了解关于农业农村的重大政策。栏目内容实用,形式灵活多变,是省内有一定知名度的品牌三农栏目之一。

嘉兴市广播电视台

《嘉广早新闻》

嘉兴市广播电视台新闻综合频率的一档新闻主打节目。节目开播于1984年,是与嘉兴电台同时诞生的一个老牌节目,为该频率收听率最高、社会影响最大的节目。整档节目包括“嘉兴新闻”、“国内外新闻”、“新闻观察站”、“阿德对你讲”等板块,“嘉兴新闻”围绕市委、市政府的中心工作,突出本市新闻的及时性、权威性;“新闻观察站”是一档针对社会热点迅速作出深刻点评的评论类节目，拥有一支十多人的专家型特约评论员队伍;“阿德对你讲”是一档以主持人名字命名的民生新闻栏目，注重新闻的趣味性、贴近性、可听性,深受市民喜爱;其中“阿德民情热线”和嘉兴市市长电话联办,倾听民众呼声,直击社会时弊,曾获得“浙江省广播优秀栏目”称号。整组《早新闻》穿插富有广播特色的录音报道和记者现场口述报道,可听性和权威性兼具。《嘉广早新闻》开播以来,屡创佳作,作品曾获得中国广播奖和浙江省广播奖、浙江省好新闻奖等大奖。节目长度60分钟,每天7:00播出。

《小崔说法》

嘉兴市广播电视台新闻综合频率一档法治类品牌节目,2010年由原《法治在线》栏目改版而来。节目坚持公正、权威的报道立场,即时报道嘉兴市法治条线上的最新动态突出时效性，深度解读法律法规显示权威性,并结合典型案例,引导听友学法懂法。节目凸显服务性,利用短信平台、开通热线电话接受听众法律求助咨询,普及法律知识,提供法律帮忙服务,为嘉兴民主法制建设营造良好的舆论氛围。节目时长60分钟,每天11:00播出。

《动感地带新播客》

嘉兴市广播电视台新闻综合频率一档青春动感时尚的娱乐节目。节目开播于2009年,设有“娱乐二人转”、“冰风双响炮”、“非乐勿扰”等板块。“娱乐二人转”是主持人通过幽默搞笑的播报和对当下娱乐事件发表麻辣点评，让听众开心之余把握时尚脉搏掌握流行趋势;“冰风双响炮”是两位主持人相互配合、模仿讲笑话的板块,通过短信平台、微博和听众实时沟通交流。“非乐勿扰”是每周六特别板块,每期推荐一名当下流行歌手的歌曲。节目为追求动感、追逐时尚的年轻人所准备,伴随主持人活力四射、激情澎湃、妙语连珠的语言,带给听众娱乐生活新体验。节目每天19:00—20:30播出。

《行风热线》

嘉兴市政府纠风办、嘉兴市广播电视台主办,交通经济频率承办的一档行风监督类节目。《行风热线》节目倾听百姓呼声,为民排忧解难。与人民群众生产、生活密切相关的部门(单位)、重点行业的主管部门和窗口单位为上线单位,参与节目直播,主要宣传介绍部门工作职能、政策法规,公开服务承诺和办事规程,接受群众的咨询与投诉,积极为群众排忧解难。节目直播热线:82077111;记者热线:82933111,15605737111;每天7:30—8:00通过调频92.2、中波657两套频率同步直播,每天19:00—19:30重播。

《交通零距离》

嘉兴市广播电视台交通经济频率的一档交通资讯、交通维权类节目。节目立足交通,面向社会,以热线接听投诉咨询、记者追踪、现场连线、嘉宾访谈和媒体互动为主要形式,为听众与交管部门搭建沟通平台,充分体现交通广播的专业性、权威性和及时性。借助频率资源优势,《交通零距离》打造的一支特色记者团队——“五朵金花”,五位年轻女记者针对交通问题,深入追踪,及时报道,打造品牌形象,为交通参与者服务。节目直播热线电话:82077111,记者热线:82918922?,播出频率:FM92.2、AM657。每天15:00——16:30播出。

《异乡新嘉园》

嘉兴市广播电视台城乡生活频率一档以新嘉兴人为主要听众的对象性节目。创办于2005年11月。节目为新居民答疑解惑,为新居民解决法律、生活、工作、情感各方面的问题,一周7档。节目设有“新家园资讯站”、“小鹿热线”、“我是调解员”、“小鹿有约”、“律师在线”、“缘分天空”、“心灵驿站”等多个板块,每天侧重不同的重点为嘉兴新居民打造属于新居民自己的空中家园。节目播出时间为每天19:00—20:00直播。

《嘉兴新闻》

嘉兴市广播电视台新闻频道原《新闻60分》的基础上改版而来的直播时政类新闻栏目。节目开播于2010年1月1日。设有“新闻向前追”、“本台短评”等小板块。2012年,进一步强化整档节目的信息量、节奏感、时代感,节目定位更加清晰,追求时事新闻权威发布,重大新闻快速反应,热点新闻深度分析,服务生活关注民生,努力将节目打造成市委市政府中心工作的权威发布和解读的平台,重大新闻事件的第一发布平台,热点新闻的理性分析者和引导者,服务民生、全方位关注嘉兴人民生活的新闻服务窗口。节目时长30分钟,播出时间为每天18:30首播,22:50重播。

《小新说事》

嘉兴市广播电视台新闻频道的一档民生新闻类节目。节目开播于2004年7月1日,以栏目主持人名字和风格命名,“说事”含义是“说老百姓的话,为老百姓说话”。节目定位“关注民生,反映民情,多视角观察社会现象”,发挥舆论监督力量,强化人文关怀和社会服务意识,加强舆论正面引导力。该节目注重对新闻事件、社会现象的点评,批评违反法律、背离道德的人物、事件和现象时,切中要害;帮扶困难群众、弱势群体时,点评充满着人文主义的关怀。节目报道形式丰富多彩,生动活泼,追求新闻事实真实基础上的故事性。《小新说事》节目播出以来,坚持群众路线,敢于讲真话,得到观众的充分认可,在嘉兴当地有着广泛的影响力。近年来,节目不断加强题材的策划,节目质量和栏目品味不断提升。央视索福瑞收视率调查表明,在嘉兴所有可以收到的电视栏目当中,《小新说事》的年均收视率一直领先,为嘉兴本地收视率最高的电视栏目。节目时长40分钟,播出时间为每天21:30首播,次日11:50重播。

《冷暖人生》

嘉兴市广播电视台新闻综合频道一档以纪实和访谈相结合的方式摄制的人物专题节目。看世间万象,品人生冷暖。节目以记录和访谈相结合的形式展现新闻事件和新闻人物。因为每个人身上都有一种力量,每个人心中都有一份希望,当这种力量被激发,就能产生温暖,当这份希望被点燃,就能驱走黑暗。节目把视角对准社会各个阶层,关注普通人的命运,纪录老百姓的生活,透过平凡的感动,折射人性的光辉。节目时长20分钟,播出时间为每周日22:30首播;次周日15:00重播。

《新闻1线》

嘉兴市广播电视台公共频道的一档主打新闻类节目。由嘉兴市广播电视台和嘉兴市南湖区、秀洲区、经济开发区联办,设有《南湖新闻》、《秀洲新闻》、《经开新闻》,分别为每周三档、隔天播出,主要目标群体为嘉兴市本级的群众,报道嘉兴市南湖区、秀洲区、经济开发区时政、经济、社会发展的区域综合新闻栏目。节目时长20分钟,播出时间为周一至周六每天21:00,次日00:00、7:05、12:00重播。

《阿秀嫂帮你忙》

嘉兴市广播电视台公共频道的一档以形象主持人"阿秀嫂"和一群帮忙记者为识别符号的生活服务类主打节目。节目立足"小民生"和"大服务"视角,取材面涉及百姓经济、社会生活各个方面。节目把新闻性、事件性、帮忙性有机结合,以事件和现象为载体,以释疑解惑、实案帮忙为重点,让记者成为事件的报道者、解释解决问题的参与者、推动者,让观众从节目获得信息以及得到直接帮助。2012 年改版后的《阿秀嫂帮你忙》在周一至周六分别设置《安全生产365》、《治安天气预报》、《老娘舅》、《学讲嘉兴话》、《帮忙一道来》等新的固定板块;另外每周一、三、六开设的《阿秀嫂团购》节目经过一年多的运营,以其强大的服务性和互动性成为嘉兴团购业中的一匹黑马;节目延伸性的特色品牌活动——《服务零距离阿秀嫂进社区公益活动》根据各个时令季节和主题宣传,联手各单位部门、96345 社区服务等开展法律咨询、家电维修、义务体检等活动,以文艺演出、知识问答、互动游戏、现场咨询服务帮忙等形式和观众面对面交流,从 2006 年开办以来已走进 40 多个社区和乡镇,举办 60 多站活动。节目时长 10 分钟,每天 21:25 首播,23:58、次日 7:45、12:30 重播。

《阿秀嫂说三农》

嘉兴市广播电视台公共频道的一档以形象主持人"阿秀嫂"和一群帮忙记者为识别符号的对农服务类节目。2012 年节目在改版后新设固定板块,即:周二《致富故事》、周四《乡约》、周六"三农"综合版,讲述新农新事,全面服务"三农"。《阿秀嫂说三农》节目获 2012 年度浙江省广播电视新闻奖电视对农栏目一等奖,并连续获得 2011、2012 年度广播电视对农节目服务工程建设考核电视对农栏目优秀奖。节目制作的专题片《十姐妹办画展》获得第三届中国农村艺术节优秀专题片。节目时长 12 分钟,每周二、四、六的 21:13 首播,23:46、次日 7:35、12:23 重播。

嘉兴市广播电视台新闻综合频率 2012 年节目时间表

播出时间	栏目名称	备注
5:30—6:30	早安嘉兴	
6:30—7:00	新闻和报纸摘要(转)	
7:00—8:00	嘉广早新闻	
8:00—9:00	新闻资讯榜	周日转播央视 4 套《中国新闻》
9:00—11:00	乐活百事通	周日《在清华听演讲》
11:00—12:00	小崔说法	
12:00—13:00	新闻今日谈	周日《七彩童年》
13:00—14:00	哈哈可乐派	
14:00—15:00	故事里的歌	周日《红歌榜》
15:00—16:00	点石财经	
16:00—16:30	小说剧场	
16:30—18:00	Hello! 牧洋人	周日《天下故事会 1》
18:00—18:30	新闻晚报	
18:30—19:00	全国新闻联播(转)	
19:00—20:30	动感地带新播客	
20:30—21:00	海峡两岸(转)	
21:00—22:30	湖畔有约	周日《天下故事会 2》
22:30—23:00	天下体育	
注:《新闻今日谈》为年度新开栏目。		

嘉兴市广播电视台新闻综合频道2012年节目时间表

播出时间	栏目名称	备注
*6:55	早间节目预告	
*7:00	外购节目	
*7:30	嘉兴你早(周一——周六)	桑榆情(周日)
7:45	嘉兴新闻(重播)	
8:15	晨间剧场	3集连播
11:35	楼市直通.车——房产版	
*11:50	小新说事(重播)	
*12:30	午间在线(周一——周六)	重播桑榆情(周日)
12:45	新闻评道(周二——周日、重播)	科普大篷车(周一)
13:00	经典剧场(周一、周三——周日)(重播)	两集连播 绿岛环保前线(周二)
15:30	动漫剧场二集或其他外购片(周一——周五)	少艺节目(周六、周日重播)
*16:40	晚间节目开始	
16:45	第一剧场(重播)	2集连播
18:25	嘉兴新闻	
*19:00	转播中央台新闻联播	
19:35	第一剧场	2集连播
*21:30	小新说事	
22:13	楼市直通.车——房产版	
*22:30	新闻评道(周一——周六)	冷暖人生(周日)
22:50	嘉兴新闻(重播)	
23:20	经典剧场	2集连播
01:20	关机	

注:1. 填写时间从早上开机到关机的全时段;
2. 周六、周日的节目如有变化,在备注中加以说明;
3. 加“*”为准点播出。

嘉兴人网网站情况

2012 年，嘉兴人网（www.jxrtv.com）网站页面已涵盖嘉兴时政、社会等各类新闻，强化正面宣传和舆论引导，开设有原创视频、本地频道频率网络直播、网络点播等频道与板块，扩大传统媒体的受众面以及影响力，为受众提供最全面的资讯信息。

一、原创视频。嘉兴人网重视原创视频的挖掘制作，开设自采新闻、专题访谈等原创栏目，主要围绕嘉兴地区突发事件、全国性的热点话题、嘉兴人文风采等大家关心、关切的话题展开；在满足广大市民对一些与生活息息相关的问题了解的基础上，做好嘉兴形象、人文底蕴以及深度话题的发掘宣传工作。目前，嘉兴人网自制栏目主要有《嘉兴制造》、《我们的嘉兴生活》等。《嘉兴制造》围绕嘉兴突发事件、热点话题等展开，以新闻消息为主要报道方式，第一时间进入现场，快速准确报道相关话题，以让受众能在第一时间内了解到事件的相关信息。《我们的嘉兴生活》是一档结合网络特性，完全从网络着手的视听节目。该档节目以每一个生活在嘉兴的普通人作为采访对象，采访内容主要倾向于采访对象日常生活中平凡但与众不同的一面。节目利用视频、照片以及文字介绍相结合的形式，全面展现一个普通人在嘉兴的生活中那些感人至深的故事。通过与受众最接近的个体——甚至是受众本身最平凡却又最超凡脱俗的展现，勾起受众的心灵感应，达到节目的效果。

二、本地频道、频率网络直播。嘉兴人网通过开通嘉兴本地频道、频率的网上直播，实现了传统媒体的网络传播，扩大了传统媒体的受众面以及影响力。目前，嘉兴本土新闻综合频道、文化影视频道、公共频道、嘉兴资讯·网络服务频道等四个频道，嘉兴新闻广播、交通经济频率、城乡生活频率等三个电台的直播节目都可在嘉兴人网上实时收看、收听。

大型时政、经贸、文化等活动的直播、录播。嘉兴人网每年都会与政府、大型企业等进行合作，就一些大型的时政、经贸、文化、体育、教育、科技等活动进行网络直播、后期录像播出，结合现有微博、论坛、QQ 群等力量让最多的网友能第一时间感知现场，同时又可以通过后期回看不落下每一个精彩的环节。比如，2009 年第六届德艺双馨晚会、2011 年世界地球日－嘉兴中港城欢乐中国大型文艺晚会，还有每年的余新镇“渔里之谣”文化节等。

三、网络点播。嘉兴人网将嘉兴市广播电视台固有节目上载网络，实现视音频节目内容的网络呈现，更方便网民浏览感兴趣的栏目，为受众提供最全面的资讯信息。其中，电视栏目有新闻综合频道《嘉兴新闻》、《小心说事》、《第 1 民生》，文化影视频道《今朝多看点》、《老嘉兴茶馆》，公共频道《新闻一线》、《秀秀在一线》、《中信财富》，艺创中心《新伙伴》杂志版、《新伙伴》综艺版，广告经营中心《HELLO 嘉兴》、《第一楼市》、《第一车市》。除这 13 档栏目的在线整档点播收看外，还挑选其中资讯性、话题性相对较强的栏目进行拆条分解，将观众感兴趣的新闻单独拆出来以方便大家点击搜索，包括《小新说事》、《嘉兴新闻》、《第 1 民生》、《新闻 1 线》等。除电视节目的在线点播，嘉兴人网还将 3 个广播频率的所有节目按日期时间进行分类规整，可根据每天每个时间段的节目进行在线回放，实现“空中电台”的“落地”，目前可点播时限为最近一周。

2012 年嘉兴人网
视听节目板块安排

一、直播板块

直播嘉兴：新闻综合频道、文化影视频道、公共频道、资讯频道、嘉兴新闻广播、嘉兴交通之声、嘉兴生活广播。

二、视频点播板块

（一）整档栏目点播：《嘉兴新闻》、《小心说事》、《第 1 民生》、《今朝多看点》、《老嘉兴茶馆》、《新闻一线》、《秀秀在一线》、《中信财富》、艺创中心（含：《新伙伴》杂志版、《新伙伴》综艺版）、《HELLO 嘉兴》、《第一楼市》、《第一车市》。

（二）拆条点播：嘉事播报（《嘉兴新闻》、《新闻一线》拆条内容）、《小新说事》拆条、《第 1 民生》拆条。

（三）自制栏目点播：《嘉兴制造》、《我们的嘉兴生活》

三、广播点播板块

点播间：FM104.1 嘉兴新闻广播、FM92.2 嘉兴交通之声、FM88.2 嘉兴生活广播。

嘉善县广播电视台

《水乡田野》

嘉善人民广播电台的对农栏目，创办于2000年,栏目下设“乡村大喇叭”、“记者走乡村”“能人致富经”、“农家顾问”“农家生活提醒”等子栏目。“乡村大喇叭”主要是资讯集成,“记者走乡村”是节目的主体,介绍新闻人物或者典型事例,“农家顾问”主要介绍种养殖方面的知识,《水乡田野》根植于农村,及时反映和报道新农村建设，为嘉善三农工作鼓与呼。《水乡田野》时长15分钟,每周二、四、六首播。2009年、2010年和2012年分别在全省广播对农节目考核评比中获得优秀奖。

《生活》

嘉善广播电视台一档服务类专题节目,由原《生活周刊》改版而来,2011年1月正式开播。《生活》栏目下设《生活观察站》、《生活一点通》、《生活好滋味》、《生活风向标》、《生活新感觉》、《生活新潮流》、《生活风景线》、《生活新视界》等子栏目。栏目每周播出3期，每期节目播出4次，首播时间分别为每周二、四、六20:20,重播时间分别为周三、五、日7:00、18:20以及周四、六、次周一的12:20。

平湖市广播电视台

《行风视线》

由平湖电视台《民生直通车》栏目下设的一档监督类新闻专栏。该专栏于2008年5月正式开播,并于2009年3月进行改版，时长为5分钟左右,2012年共制作播出20期。该专栏以“聚焦政风行风、维护民生民利”为主题,以“热点追踪、行风监督、民生回音”为基本形式。节目自开播以来,紧紧围绕人民群众最关心、最直接、最现实的利益问题,及时反映群众合理诉求，用镜头聚焦民生的大事小情，利用电视、网络等全媒体平台和“市长电话”民生问题交办系统,全方位倾听民声民意,关注热点难点,畅通群众利益诉求渠道,拓展舆论监督方式,努力成为密切干群关系的“连心桥”和缓解社会矛盾的“减压阀”。

《生活1+1》

平湖电视台民生休闲频道一档生活服务类电视节目,时长15分钟,每周一、三、五、日19:00首播,当天21:30、次日12点重播。节目自2005年开办以来已播出1200多期。除了传统的《淘我喜欢》《边走边看》《食全食美》等栏目外,2011年起《生活1+1》栏目新增设了《长红养生小课堂》、《我的私房菜》《石头记》等新板块,丰富了节目的表现形式。在春节、元宵节、情人节、“三八”妇女节、母亲节、“五一”劳动节、端午节、中秋节等特殊的日子,《生活1+1》都推出特别节目。节目风格轻松自然,服务性强,并注重与观众的互动。2012年度,《生活1+1》栏目组荣获度平湖市“巾帼文明岗”称号,节目获嘉兴市政府奖电视服务类一等奖，浙江广播影视政府奖服务类节目三等奖。

《红帆船》

平湖电台与平湖市教育局联办的一档少儿栏目。栏目于1993年开播,每周7档,每天17:30分首播,次日中午11:00重播,每档30分钟。2001年,栏目被引入各学校的校园广播,平湖市35所中小学校均转播《红帆船》节目。每天中午,学生可以边吃饭边同步收听节目。栏目组现有1名编辑、3名主持人和64名学生主持人、记者。节目内容涉及学生学习、生活、心理、维权、社会活动等方方面面,以学生广泛参与,自已采编、主持、制作节目为原则,让学生通过自己的视角熟悉世界、认知自身,通过各种活动寓教于乐,丰富节目内容。《红帆船》已连续八年获“嘉兴市优秀青少年维权岗”荣誉称号。近年来连续多年获浙江省政府奖和国家级奖项。2005度获浙江省政府奖一等奖,2007年和2008年分别获得国家广电总局少儿精品评比广播原创节目二等奖和三等奖，连续三年(2009—2011年)获中国广播电视协会青少节目评比一等奖。

《音乐下午茶》

平湖人民广播电台一档音乐类直播节目，该节目直播时间为每天下午1点到3点。节目定位以城镇时尚人群为主要受众，节目内容包括流行音乐推介、点歌交友、音乐心情分享、话题互动等,致力于打造本地区最时尚前沿的音乐节目。自2003年开播以来,受到了广大听友尤其是新居民听众的一致欢迎。

听众可以通过发送手机短信、微博、QQ 群等多种方式，点播自己喜欢的音乐歌曲、送上真挚的祝福信息、根据个人喜好结交新朋友，参与每天的话题互动等，用音乐的方式享受生活，触碰音乐背后的每一个故事。

海盐县广播电视台

《海盐零距离》

海盐电视台一档电视新闻类节目。节目创办于 2010 年 1 月 1 日，以关注民生为节目定位，时长 10 分钟，每天晚上 6 点 50 分首播，21 点 10 分和第二天中午 12 点重播。2012 年对节目进行调整，增加与民生直接相关新闻的播出，加大舆论监督和追踪反馈力度，全年播出新闻 1200 多条，荣获嘉兴市新闻战线“走基层、转作风、改文风”活动先进集体称号，摄制播出的电视专题《看不懂黄灯还是读不懂法律》，作品获浙江省新闻奖二等奖。

《文化生活资讯》

海盐电视台一档电视文化类节目。于 2012 年 5 月 14 日开办。栏目定位：讲述海盐历史文化、展示文化明星风采、提供文化信息服务。栏目时长为 10 分钟，每月播出两期，首播：周一周二 18:25；重播：周一周二 20:15 和次日 13:00。整期节目分为两个板块。第一板块以纪录片形式，播出 7 分钟左右小专题，关注内容为海盐历史文化、文化明星风采、文化大事件等。第二个板块以主持人现场介绍为主，辅以图像及字幕，播出 3 分钟左右信息，主要内容为全县文化动态信息。2012 年播出《走近老城墙》、《方糕——方寸之间的美味》、《沈明祥：写百姓喜爱的东西》、《乡间古老的歌谣》等电视专题 22 个。

《健康面对面》

海盐电视台与海盐县“五大联创办”联合主办的广播专题节目。于 2012 年 5 月 21 日开办。栏目时长 10 分钟，每月播出两期。首播：周一周二 18:25；重播：周一周二 20:15 和次日 13:00。栏目以普及公众健康知识为主要定位，每期选择两个主题，以主持人与嘉宾访谈的形式，同时穿插一些具体的事例，介绍一些常见病、多发病的预防与治疗、日常保健等知识。

海宁市广播电视台

《紫薇花》

海宁市广播电视台于 2005 年 3 月创办的面对未成年人的少儿广播栏目。每周一档，周三播出，时间 15 分钟。2012 年，《紫薇花》栏目注入了全新的力量，结合前一年举办的小主持人大赛，聘请了“十佳小主持人”参与主持节目。通过广播讲故事、秀才艺、播报校园新闻、交流写作经验、分享旅游见闻、回复听众来信等，利用广播平台与广大中小学生成为朋友，拉近节目与听众的距离。在各种有意义的节日来临之际，节目还围绕主题进行专题报道。如连续举办的两期《学习雷锋好榜样》和《书海泛舟，经典引路——献给世界读书日》、《珍爱生命，拒绝毒品——世界禁毒日》、《爱惜粮食，从我做起——世界粮食日》等专题。暑假期间，开展了“大眼看世界”写作活动，发动同学们将自己在假期旅游中的所见所闻，通过优美生动的文字记录下来，与听众一起分享。栏目选送的作品《耳朵的故事》获 2012 年度浙江省广播电视少儿节目奖二等奖。

《潮乡民声·行风热线》

海宁市广播电视台于 2008 年创办的广播直播节目。由中共海宁市纪委、海宁市政府纠风办和海宁市广播电视台联办。节目以广播电台直播方式向听众介绍政府部门或行业特点，以及当前社会关注的热点、难点问题，听取群众提出意见、建议，对群众咨询、投诉问题进行解答和解决，接受社会各界监督。节目开办五年来已播出 157 期。2012 年从开办初的每月一档改为每周一档，每周五播出，时间为上午 10：00～10：45。2012 年，播出的 52 期节目中共接听热线电话 147 个，听众反映问题 157 个，现场解答问题 137 个，占 87.3%；线下处理解决 20 个，占 12.7%。反映问题办结率为 100%。

《今日新农村》

海宁市广播电视台于 2007 年创办的电视对农栏目。2009 年扩版为一周三档，每档 15 分钟。首播 18:15，重播：22:30，次日重播：7:50。2012 年，《今日新农村》栏目按照新闻立台、内容立台、特色立台的要求进行了改版。对节目片头、片尾、片花、节目字体、颜色、特技字幕等进行了全新包装。2012年,《今日新农村》栏目积极报送浙江省通用性电视对农节目58个,被录用20个。2008年到2012年《今日新农村》栏目已连续五年获得浙江省电视对农节目抽查评比"十佳"奖和广播电视对农节目服务工程建设考核优秀单位电视优秀奖。2010年度、2011年度获省广播电视政府奖电视对农栏目二等奖、2012年度《今日新农村》纪实版被中国广播电视协会评为电视对农节目三等创优栏目。

《海宁纪事》

2004年创办的电视纪实类栏目。每周一档,周五首播,片长15分钟。栏目以"穿越岁月风雨,追寻历史真迹,记录社会变迁,阐扬人文精神"为宗旨,主要反映海宁的历史文化、风光典故、人物故事等。该栏目是对内宣传和对外宣传相兼顾的以播出新闻纪录片为主的栏目。内宣分别在海宁电视台两个频道播出,其中新闻综合频道首播每周五18:15,当晚22:30和次日8:00重播;生活服务频道首播每周日19:00,当晚22:15和次日11:30重播。外宣在浙江电视台国际频道《中国游》栏目播出,每周一档。同时通过中国黄河电视台在美国斯科拉电视网和长城平台科教频道《神州瞭望》栏目播出。其中,电视纪录片《新疆姑娘在海宁》获2010年度浙江省对外宣传节目"金鸽奖"三等奖;2011年度中国广播电视协会"彩桥"活动栏目类二等创优作品。电视纪录片《燕处超然 鸥盟仍在——辛亥老人许行彬事略》获2011年度浙江省政府文艺奖长纪录片三等奖。另有多部作品获中国海外宣传"彩桥奖"二、三等奖。2012年度海宁市广播电视台有52件电视外宣作品通过浙江台国际频道播出。有66件电视外宣作品通过美国斯科拉电视网和ECHOSTAR(文化教育频道)播出。

桐乡市广播电视台

《美丽新农村》

桐乡广播电视台的一档广播对农栏目。栏目始终秉承服务农业、农村和农民的宗旨,紧紧围绕"三农"、贴近"三农"、服务"三农",尤其是在增强服务性上狠下功夫。栏目下设"三农快讯"、"聚焦三农"、"三农热线"、"乡村故事"等子栏目,及时为农民朋友提供实在的涉农政策、农技信息、农村新风、农产品买卖等服务。2012年《美丽新农村》特别加强涉农主题报道:策划播出了"两会"对农"听反馈、走基层"特别报道、"乡村行" 专栏、"党旗在我心中"、"三农热线"等。2011、2012年栏目分别荣获全省对农服务工程考核优秀和入围奖。

《桐广新闻》

桐乡广播电台的主打新闻节目,2012年2月1日进行了扩容改版。改版后,主体新闻从10分钟增加到30分钟。共设本市新闻、国内外要闻、草根视点、网络新闻排行榜四大板块。主体新闻以板块化、杂志型为架构,丰富报道内容,扩展报道内涵。内容涵盖国际、国内和本地新闻,成为广播倾力打造的大容量、特色化的新闻主打栏目,更好地满足了广大听众对新闻的多层次需求。在2012年7月份嘉兴市文广局组织的全市县级台新闻节目抽评中,《桐广新闻》获得二等奖。

《民生直通车》

桐乡广播电视台于2005年11月开播的一档电视民生新闻栏目。作为一档民生新闻栏目,关注民生、反映民生,着眼百姓生活,报道民生信息是其基本宗旨和定位,打造栏目在观众,即普通老百姓心目中的亲民形象就显得尤为重要。2012年新版开播,栏目的亮点之一就是以5位女记者为主力,组成了"民生五姐妹"。五位女记者常常奔波在新闻现场,穿梭于群众当中,频繁的现场出镜报道使她们逐渐成为桐城百姓熟悉的脸孔,也成了《民生直通车》贴近百姓、融入百姓、服务百姓的栏目形象。

《文化风景线》

桐乡广播电视台2012年创办的一档人文节目。它以追踪文化现象、关注文化活动,传承优秀文化、助推文化产业,弘扬人文理念、提高文明素养为栏目定位,为桐乡创建"人文名城"创造良好的舆论氛围。节目时长15分钟,每周两期,周二、周四晚首播,周三、周五重播。

绍兴市广播电视台

绍兴市广播电视台新闻综合频率 2012 年节目时间表

<table>
<tr><th>时间</th><th></th><th>周一至周五</th><th>周六、周日</th></tr>
<tr><td>05:00–05:30</td><td rowspan="21">新闻现在时
9:00
10:00
11:00
13:00
14:00
15:00
16:00
17:00
18:00</td><td colspan="2">早安绍兴</td></tr>
<tr><td>05:30–06:30</td><td colspan="2">健康直通车</td></tr>
<tr><td>06:30–07:00</td><td colspan="2">新闻和报纸摘要</td></tr>
<tr><td>07:00–07:30</td><td colspan="2">738 早新闻</td></tr>
<tr><td>07:30–08:00</td><td colspan="2">行风热线</td></tr>
<tr><td>08:00–08：30</td><td colspan="2">岁月如歌</td></tr>
<tr><td>08:30–09:30</td><td colspan="2">搜天下</td></tr>
<tr><td>09:30–10:00</td><td colspan="2">文化大讲堂</td></tr>
<tr><td>10:00–12:00</td><td colspan="2">与幸福同行</td></tr>
<tr><td rowspan="2">12:00–12:15</td><td rowspan="2">738 午新闻</td><td>周六《田野风》</td></tr>
<tr><td>周日《美丽乡村》</td></tr>
<tr><td>12:15–13:00</td><td colspan="2">房产生活</td></tr>
<tr><td>13:00–14:00</td><td colspan="2">舌尖去旅行</td></tr>
<tr><td>14:00—16:00</td><td colspan="2">老百姓戏台</td></tr>
<tr><td>16:00–17:00</td><td colspan="2">健康直通车</td></tr>
<tr><td>17:00–18:30</td><td>一路上有你</td><td>双休日 18:00–18:30《小星星乐园》</td></tr>
<tr><td>18:30–19:00</td><td>阿忠来讲讲</td><td>周日《希望的田野》</td></tr>
<tr><td>19:00–21:00</td><td colspan="2">城市夜动听</td></tr>
<tr><td>21:00–22:00</td><td colspan="2">飞扬 936</td></tr>
<tr><td>22:00–23:00</td><td colspan="2">音乐风情之旅</td></tr>
<tr><td>23:00–24:00</td><td colspan="2">广播夜剧场</td></tr>
</table>

新闻综合频道 2012 年节目编排表

播出时间	周一至周六	周日	节目时长
17:00:00	晚间节目预告		0:01:00
17:04:00	第一剧场		0:53:00
17:57:00	气 象		0:03:00
18:00:00	越城之窗	新片推介	0:03:30
18:05:30	拍案故事	三农一线	0:21:00
18:26:30	导 视		0:00:30
18:30:00	《绍兴新闻联播》		0:20:00
18:50:00	气 象		0:03:00
18:55:30	导 视		0:02:00
19:00:00	转《中央新闻联播》		0:30:00
19:30:00	导 视		0:02:00
19:34:30	黄金剧场 A1		0:54:00
20:28:30	导 视		0:01:30
20:32:30	黄金剧场 A2		0:54:00
21:26:30	导 视		0:01:00
21:30:00	《第一热线》		0:30:00
22:00:00	气 象		0:03:00
22:03:00	导 视		0:00:30
22:06:30	拍案故事	政法在线 + 记录绍兴	0:22:30
22:29:00	导 视		0:00:30
22:31:30	精英剧场 B1		0:52:00
23:26:30	精英剧场 B2		0:52:00
0:18:30	《传 奇》		0:27:00
0:45:30	全天节目结束		

绍兴县广播电视台

《下班万岁》

以“下班生活”为核心的广播栏目,追求可听性和服务性,强化新闻及交通资讯含量,整合餐饮、娱乐资源至“晚间汽车教研室”。每天下午 4:30 播出。

《亚红热线》

一档以“倾听群众呼声,反映社情民意,传递政府信息,服务社会稳定”为宗旨的民生类的广播互动节目。2003 年开播后,深受广大听众好评。经过几年的不断探索,目前,该节目已成为一档名牌栏目,不仅群众参与度高,而且引起了各级政府的重视,特别是绍兴县委县政府领导的重视和好评。栏目曾获绍兴市优秀栏目荣誉称号,2009 年 10 月,《民情热线》成功改版为《亚红热线》。崭新亮相的《亚红热线》节目形式更加丰富,每月开展“亚红热线”户外版,主持人走进镇街、社区,增进与老百姓的现场互动沟通,进一步提升了主持人及节目影响力。每天 7:30 播出。

《绍兴县新闻》

一档围绕县委县政府工作中心和重点工作,报道全县经济、文化、社会发展的时政类电视新闻栏目。开设了《突出转型升级 致力科学发展》、《进村入企 助推发展》、《加快文化强县建设》、《创先争优 喜迎十八大》、《学习贯彻十八大精神 率先基本实现现代化》等 20 多个主题宣传栏目,采制播发相关主题报道 1000 多篇。每天新增延伸国内外时政的《媒体链接》板块,同时,抽调精兵强将,全新推出每周一档的访谈类节目——《话题》。每天 18:20 首播,21:50 重播。

《民生 360°》

电视民生栏目。全天候关注民情,全方位服务民生。《民生 360°》设置《今日现场》、《你拍我播》和《服务在线》等板块,每周播出五档。《今日现场》反映百姓关注的热点、难点、焦点问题,为百姓畅通民情诉求渠道,架起了政府与百姓沟通的桥梁,促进社会和谐。《你拍我播》播出市民拍摄的反映当下社会热点的照片,让市民零距离参与节目。栏目做足了实时、互动和贴近的文章,深受广大老百姓的欢迎。周一至周五 19:35 首播,22:10 重播。

诸暨市广播电视台

《交通之声》

现有直播时间最长(全天三小时)的一档广播栏目。以服务城市有车一族为主体,突出城市电台特色,主打新闻资讯、路况信息、听友互动,整体节目强调反应快捷、风格时尚、节奏明快、活力向上。作为城市私家车一族获取信息最佳时间,早间版《一路同行》(播出时间 7:30—9:00,)定位为晨间资讯、服务、综合性直播节目,由“听暨阳”、“新闻鲜晨多”、“健康派”等板块串联组成,打造新闻资讯强档节目。傍晚说新闻的脱口秀,《道听途说》(播出时间 16:30—18:00)在下班回家路上为听众搜罗一天的民生新闻、热点新闻,以脱口秀的方式说新闻,用幽默、轻松的语言缓解下班之后的疲惫。“主播有礼”、“平安宝贝文明出行小贴士”等互动小版通过短信平台、微博等互动方式为听友派送奖品,获得听众欢迎好评。周末版,时尚、读书、电影、健康、音乐、广播剧,陪伴听众度过愉快的周末时光。

《对农广播 600 秒》

诸暨人民广播电台的一档传统广播对农栏目。创办于 1982 年,在公共和业界享有盛誉。一直以来,栏目秉承贴近农村、关注农业、服务农民宗旨,注重政策宣传、信息传递、农技介绍等,在农民与市场、农民与部门之间架起了桥梁。同时,在新闻性、政策性、知识性、娱乐性上发掘了新空间,使之可信、可听、可用、易学,得到了广大农民朋友的好评。2012 年,《对农广播 600 秒》新设《镇乡传真》、《传经送宝》、《舌尖上的诸暨》等子栏目,展示镇乡三农建设成就,服务现代农业提升产业发展,挖掘乡土乡情农家美味等。在此基础上,《空中农校》、《周末剧场》等专栏继续定向明确,贴心服务,为农民听众传递最受用最欢迎的信息和文化。2012 年,《退而不休的田郎中》、《充电灯鼻祖的转身》、《金湾里的聚宝盆》等三组节目获浙江省广播电视对农节目政府奖一等奖。

《诸暨新闻》

创办于1992年，是以时政新闻为主干的综合性电视新闻节目，也是诸暨电视台创办时间最长，最为权威的一档电视新闻节目。2012年，《诸暨新闻》相继推出了《聚焦执行力》、《聚焦发展、率先突破》、《记者一线行》、《与德同行》、《加快房屋征收 建设城东新城》、《美丽乡村新故事》等重点主题报道，为“推进科学发展，建设幸福诸暨”营造了浓厚的舆论氛围。党的“十八大”于11月8日隆重召开，诸暨电视台策划报道方案，全力做好会前、会中、会后各项宣传。2012年下半年城东新城房屋征收工作正式启动，诸暨电视台抽调精干力量，成立近10人的报道小组，每周策划一个报道方案，为城东新城房屋征收工作营造了良好的舆论氛围。同时策划了大型新闻行动《美丽乡村新故事》，走进美丽乡村去感受百姓故事。《诸暨新闻》节目时长15分钟，首播时间为晚上6:30分。

《百姓热线》

诸暨电视台一档反映百姓心声，关注市民生活，帮助解决群众困难，收集民间奇闻趣事为主要内容的民生类电视新闻节目。2012年，《百姓热线》栏目围绕帮忙寻亲先后开展了“回家”和“千里寻亲”系列大型公益活动，与山东等外省电视台合作，牵线搭桥，帮助十位儿女找到了失散30多年的诸暨亲人。并开展了主播送礼活动，春节期间还成立“送温暖行动小组”看望弱势群体；帮助因病或突发事件致贫的家庭走出困境；此外，《百姓热线》进一步加大了对不文明行为的曝光力度，开设“与德同行·学习雷锋好榜样”专栏，弘扬社会正气。节目积极创新载体、关注民生、感受冷暖、服务百姓，彰显出民生新闻的社会力量，使栏目的影响力和品牌知名度大大提高，2012年被评为全国电视民生类年度城市品牌节目。栏目时长15分钟，每天晚上7:40分准时播出。

《乡村道地》

前身为诸暨电视台创办于1995年的一档对农节目《为农服务》，是诸暨电视台一档集知识性、实用性、趣味性为一体的电视对农杂志。以“评说地方农事、提供致富信息、展示特色农业、关注农民生活”为主要内容。栏目体现信息化、故事化、娱乐化，和农民一起求知、求富、求乐，力求好看、有趣、实用。《乡村道地》的主打板块为《阿阳说农事》、《致富最前沿》、《乡村绝活秀》、《乡村道地》。

上虞市广播电视台

《民情热线》

由上虞市人民政府纠正行业不正之风办公室与上虞人民广播电台联合开办的广播栏目。以展示部门行风新气象，听民声、解民忧为宗旨，周一至周六播出，每期40分钟，每周二有一至两个部门或乡镇负责人走进电台直播室，接受群众投诉和咨询。

《897即时播报》

广播新闻直播节目，全天八个整点滚动播出，三路路况记者出击第一现场，为听众朋友带来虞城最新交通路况、生活资讯、民生话题。

《上虞新闻》

开办于1985年，上虞广播电视台电视主干新闻栏目，以时政新闻为主，及时宣传贯彻上虞市委、市政府的各项方针政策，全面客观地报道上虞社会经济各个领域的重大事件和事件动态。

《虞视说说看》

开办于2009年1月，民生类电视新闻栏目，每周一档，节目时长25分钟。节目以“说说百姓话题，看看身边故事”为宗旨，由讨论型的“虞视话题”、故事型的“虞人虞事”、现场型的“虞视直录”、趣味型的“小虞搜搜看”四个板块组成。

嵊州市广播电视台

《赵大宝和小九妹》

广播对农节目《剡溪两岸》新开的方言版子栏目。栏目设置“赵大宝”和“小九妹”两个虚拟化的人物，“赵大宝”采用嵊州方言，“小九妹”采用普通话，节目采用录播形式，男女对播，角色化主持。“赵大宝”定位为有多年基层生活经验的“生活百科全书类”农技干部，能讲地道嵊州方言，了解农村，为人热心、富有亲和力。“小九妹”定位为初涉农村的大学生村官，对农村各方面一知半解，单纯、热情、富有好奇心。节目以平民化的视角，故事化的内容，通过主持人对农村亲眼所见、亲耳所闻、亲身感受，讲述农民朋友的精彩故事、致富经验。

《民生直通车》

是新办的一档民生类广播专题节目。该节目以为民解忧、帮民解困为宗旨，每周一至周五播出，时长7分钟。设3大板块：每日民生关注、每日热线反馈、每日民生资讯。每日民生关注：报道百姓生活中的急事、难事、烦心事。每天一条民生关注报道，用录音报道的形式播发，时间为2至3分钟。每日热线反馈：从每天的12345市长专线反馈中选择4至5条有时效、有价值的信息，时间2分钟左右。每日民生资讯：搜集当天最新的能为老百姓提供实实在在帮助的各类资讯，内容简练、信息量大，时间在2分钟左右。

《新闻手语节目》

2012年5月20日开播，为全市1000多名听力、言语障碍者提供每周一次的本地新闻播报服务。节目每周日晚上6：30分播出，时长5分钟，次日重播，节目采取普通话和手语同步播出的方式，内容为本周以来政策性强、可看度高、内容鲜活的要闻回顾。

《九斤走乡村》

2011年6月推出，以对农栏目《大地春色》的子栏目“九斤游乡村”为基础，启用由越剧演员担当的“九斤姑娘”这一角色化现场主持人，重在做好对农宣传文章，充分体现地方特色，增强节目的可看性、互动性。该栏目开了嵊州电视栏目角色化主持人的先河。该栏目每周1期，每期15分钟。

新昌县广播电视台

《热线800》

广播民生服务类直播节目《热线800》是在对原广播民生类直播节目《局长在线》进行改版升级的基础上，由新昌县纪委与新昌县广播电视台于2012年11月28日联合推出，该节目以“倾听社情民意，服务百姓民生”为宗旨，每周三上午8:00现场直播，每期时长30分钟，接听群众热线，接受群众咨询，帮助解决群众难题，把新闻舆论监督和社会公众监督有效结合，为群众开启畅通的诉求渠道，进一步加强政府与群众之间的联系。

《晓萍跑农村》

广播对农栏目，节目每周一至五播出，每档节目时长为15分钟，周一至周五分别为《沃洲田野广播版》、《科技大讲堂》、《信息小灵通》、《创业故事会》、《农村周末版》，该栏目已经成为新昌广播电视总台广播对农品牌栏目，栏目连续多年获得浙江省对农优秀栏目评比优秀、鼓励奖。

《新昌新闻》

电视品牌栏目，电视台成立之初设立，每周7档，每档节目时长为15分钟，含时政新闻和民生新闻两个版块。《新昌新闻》内容涵盖时政新闻和社会新闻，通过丰富新闻报道内容和形式，担当好新昌县委、县政府的喉舌职能，及时报道党委、政府工作动态，准确解读党的方针政策，努力打造新昌区域主流媒体平台；通过关注百姓民生，反映社会热点，努力构建新昌广大人民群众的话语平台。

《沃洲田野》

一档深受新昌农民喜爱的电视对农栏目。该栏目立足“三农”，每期节目均走进农村，走近农民采制，因而充满乡土气息，《田塍超市》、《孟蕾跑田野》、《农家故事》等特色小栏目穿插出现，整档节目既强调时效性，又强调信息量。《沃洲田野》从2005年起在省市各级新闻和栏目评比中都获得好评，曾获得省优秀对农栏目奖，优秀栏目提名奖，绍兴市对农节目评比一等奖等荣誉。

金华市广播电视台

《行风热线》

金华电台新闻广播一档热线交流互动栏目。由市纠风办，市公开办和金华广播电视总台主办，金华新闻广播承办的。自2003年7月1日开播以来，两度荣获省级优秀新闻栏目。直播时间，2012年调整为每天8:00—8:30。《行风热线》的宗旨是“领导坐镇直播间，百姓难题现场办”。每期节目由一个职能部门或单位与听众直接交流对话，每期节目热线不断，听众或关注自己身边的事、或参与公众事物的讨论、或对一些部门和单位的工作作风、办事效率进行有效的群众监督、舆论监督。为保证栏目健康安全播出，制定了一整套的制度和考核机制。开播十周年来，栏目高效安全运行，体现了“事事有落实、件件有回音”。

《风尚圈》

一档新闻杂志类栏目。在金华电台新闻广播（MF104.4 AM675）每天 10:00–12:00 播出。该栏目突破了简单的播报模式，运用“演新闻”模式和主题编辑，平视百姓生活、聚焦社会热点，把无声新闻转化成立体动听的有声新闻，并在第一时间传递给听众。该栏目分为两个板块，第一个板块是对新闻的传播：将新闻内容通过角色扮演的表现形式给听众身临其境感。第二个板块是对新闻话题的评论：主持人以幽默、知性的主持风格和独到的见解与嘉宾一起对当期的新闻进行深入探讨、剖析。

《不吐不快》

金华经济广播电台自办的一档与多家部门联动，替百姓解难、为政府分忧、反映百姓生活、评论社会焦点的投诉维权帮办节目。自 2010 年 1 月 18 日开播以来，突出新闻性、权威性、贴近性和服务性。主持人箫客针砭时弊、犀利点评，节目注重权威性和服务性，逐渐形成了“一人咨询、万人了然；一人投诉，万人监督”的良好舆论监督氛围。节目主持人箫客是金华重大典型宣传先进个人、金华十大明星主持人，是一位主持风格犀利的个性化主持人，他本人和所主持的《不吐不快》节目受到了听众的强烈关注和喜爱，也让经济广播频率声名鹊起。播出时间：周一到周五 10:00—11:00

《IT 总动员》

金华经济广播电台自办的一档为听众服务的手机数码互动类节目。主持人精通手机数码技术，属于专家型主持人，每天在节目中通过自身体验为听众介绍最新的手机以及数码产品。同时以微信、微博、QQ 群等形式和听众互动。节目开播至今已有 4 年，已建立节目 QQ 群 4 个，每个群容纳 500 人，微信平台以及微博上万粉丝。荣获 2012 年度金华市 服务类节目一等奖。播出时间：周一到周五 13:00—14:00

《波长波短》

《波长波短》是金华经济广播电台自办的一档夜间情感咨询类节目，围绕爱情、婚姻、家庭教育、心理咨询等相关问题，主持人刘波以国家级二级心理咨询师的身份，从专业的角度为很多受到各种情感困扰、心理困扰的听众打开心结，节目采取热线、微博、微信等多种互动方式，拓展了广播热线节目的受众面和参与方式，使听众在与主持人的交流过程中身心得到放松，心理问题得到调理。播出时间周一至周五 20:00—21:00

《打开天窗说亮话》

播出时间：周一至周五 10:00——11:00。交通服务类广播节目：搭建交通参与者与交通主管部门沟通、交流的桥梁，通过热线互动的方式，帮助听众解答、解决相关咨询、投诉问题；实时关注交通热点问题，有针对性的邀请相关部门负责人，走进直播间予以剖析、解读。

《下班进行时》

播出时间：周一至周五 16:00——18:00。交通综合服务类广播节目：通过记者、交警现场连线，大密度播报路况信息，达到协助交管部门疏导交通、服务听众的目的。同时，全面关注交通、民生热点话题，选择合适的切入点，邀请听众通过热线电话、短信平台参与话题讨论，在轻松的气氛中陪伴听众朋友一路回家，做到“堵车不堵心”。

《快乐不堵车》

播出时间：周一至周五 18:00—20:00。小亚——活力四射的快乐女孩，感性与理性的结合。四年来以独特的主持风格，给人实实在在的“身未动，心已远”的听觉享受，在交通广播的傍晚时段，独创一人饰演两个角色甚至多角色的节目形式，在有车一族中制造了超级影响。节目经典语句层出不穷，嘟嘟形象可爱又神秘，惹来众多听众人群的好奇和追捧，成功打造了独立品牌节目《快乐不堵车》。

《市民问政》

2012年12月2日金华电视台新闻综合频道《市民问政》栏目正式开播。这是一档以“发现身边问题，解决身边问题”为宗旨，以“百姓参与、百姓评说、百姓监督”为理念，以“兑现承诺，优化环境”为主题的政务监督类电视栏目。在把握正确舆论导向的前提下，《市民问政》栏目既要充分展示政府惠民利民的实绩，又要真诚面对客观存在的问题，通过百姓问政，让政府官员了解百姓心声，切实转变思想、工作作风，努力推动问题的解决，进一步提高执政效能和密切群众关系。与此同时，广大群众也通过这一问政渠道，加强对各项和自身利益密切相关的政务工作的熟悉了解，在无障碍沟通中增进理解和支持。《市民问政》栏目每周日晚19:30播出，时长30分钟，收视率突破10个点，创下金华电视台时政栏目收视率新高，已成为市民参政问政、排解民忧的“直通车”，政府倾听百姓呼声、自觉接受监督的“传声筒”，架起了政府与百姓之间的“连心桥”。

《金华新闻联播》

《金华新闻联播》日播节目，每晚6:30在金华广播电视总台电视新闻综合频道首播，节目时长25分钟，当晚及次日8:00、12:00各重播一次。节目定位：融汇全市新闻精华，实行优势整合传播，为广大观众及时提供、解读和分析市委、市政府的最新决策。栏目现有采编播人员24名，每天为观众播报有价值的政情资讯，2012年平均收视率达到4.0。

《法治金华》

《法治金华》栏目的前身是1999年设立的《法庭广角》和2001年设立的《金华警视》，2005年1月，在两个栏目的基础上设立《法治金华》栏目。每周一期，每期20分钟，下设《金华警视》、《法庭广角》版块。2008年后又增加《司法聚焦》、《检察时空》、《老赖曝光台》等版块。该栏目曾获“2001—2005年度全国影视系统法制宣传教育先进集体”荣誉称号，至今共获浙江广播电视奖、浙江新闻奖二等奖以上奖9个，其中《下派干部请走好》(2000年)、《这个女人不寻常》(2001年)、《孙炎明：绝症警察 警察保尔》(2010年)三个节目获一等奖。

《天天三句半》

自2012年元旦始，金华电视台新闻综合频道《天天三句半》栏目设立了天播小栏目《娘舅来了》。《娘舅来了》定位为“调解民间纠纷和调节心理隐患，借个案说理，普及法律知识和公德意识”。在婺城区司法局的鼎力协助下，栏目聘请了多名律师、心理咨询师、基层调解工作者作为“电视娘舅”。与此同时，栏目在电视台市民援助中心设立了娘舅工作室，每天上午面对面接待市民来访。一年来，娘舅工作室接待和调处各类民间纠纷和心理隐患来访者八百多例，播出新闻三百八十多条。百分之七十的民间纠纷在娘舅的调处中得到解决，为金华的社会和谐和家庭和睦作出了贡献。娘舅郑金贵还被金华司法系统推荐为全国民间调解示范人。

《百姓零距离》

金华电视台主打民生新闻栏目，开播七年来，栏目组获得了“浙江省宣传系统先进集体”、“省级青年文明号”、“浙江省十大优秀民生新闻栏目”等荣誉称号。栏目设置“民生观察榜”、“小周今日谈”两个版块，特色鲜明。2012年度主要推出“喜迎十八大 喜看新变化”、“党代会”、“两会”等主题报道，“最美交警”吴连表、“爱心老人”楼小英、“磐安孝子”陈斌强等人物事迹报道，开展以“新闻助农”为主题的系列惠民活动，举办“沙畈竹笋节”、“祥里葡萄节”等活动。经过记者的努力，助推停工六年之久的琴南公路重新开工建设，造福了沿线一带的村民。根据频道定位和特色，推出“关注两考”、“爱心圆梦”等系列公益活动，及时联合省考试院等有关专家，举办“高考志愿填报辅导”等公益讲座，资助贫困学子完成学业，在社会上受到广泛欢迎。

《百姓直播间》

一档晚间新闻直播节目，每晚18:00直播，时长40分钟。栏目设有“我在现场”、“热点追击”、“各地直击”、“真情姐妹帮”、“吕奇说交通”等版块，以主持人对播方式说新闻。“我在现场”快速、鲜活，每天网罗昨夜与当天最新资讯、突发事件、最新故事，增强节目的鲜度；“热点追击”直面热点事件和话题，引导舆论，突出节目的力度；“各地直击”全面网罗各地热点，提供资讯服务，增加节目的广度；“真情姐妹帮”，推出“寻亲”和“圆梦”行动，帮助观众寻找失散亲人、社区

弱势群众解决困难，提升节目的温度；“吕奇说交通”版块，专业权威，提供出行指导，倡导文明交通，

《先锋广角》

由金华市委党建工作领导小组主办，金华市委组织部、金华广播电视总台承办。创办于1996年6月，十六年来始终坚持“围绕中心、服务大局、面向基层、贴近党员”的宗旨，以“纵览党建精华、展示党员风采、加强基层组织、提高党员素质”为己任，是集党建宣传、党员干部教育和工作指导为一体的综合性栏目，也是金华市廉政建设正面教育的一块重要阵地。每周日晚上20:30播出，时长20分钟。

《新闻节节棒》

一档娱乐化包装、相声式主持风格的民生新闻栏目。两位主持人以说相声的形式，将当日的新闻内容连接在一起，笑料连连，妙语连珠，在轻松诙谐中展现新闻事件，让观众既觉得亲切又感到轻松。栏目创办六年以来，两个诙谐幽默的胖主持人和一群美女出镜记者形成了栏目的特色，收视率屡创新高，已经成为金华地区的一档名牌栏目。其中子栏目《叮当帮忙》在观众中间都有了很高的影响力，拥有一大批固定的支持者，2012年“叮当姐妹帮”团队被评为金华市巾帼文明岗。

《二十分可乐》

“说本地方言，讲本地故事”，每周日晚6点30分与观众见面，栏目的收视率屡创新高，最高达23个点，稳居金华本地各类型电视节目的第一；而近三百集节目里，已有一千多名普通百姓参与了剧中的客串，《二十分可乐》也因此成为金华人自己的自制电视栏目剧。2012年，《二十分可乐》第二季《茶花朵朵开》精彩亮相，故事题材从城市延伸到乡村，为观众们讲述新农村里的那些事。该剧融合了反应新农村建设成果和农村轻喜剧两大特点，画面更加唯美，镜头元素更为丰富，打破了原先农村剧的常规模式，展现了全新的农村风貌。

《小马开讲》

一档民生新闻栏目。以全民办新闻为理念，利用微博开启电视加@的开放式传播形态，以更贴近、更亲和、更有趣、更有用的方式与观众交流，打造多媒体共融的公共话语平台；对百姓生活热诚关注，对公众热点个性解读，对社会生态真实刻画。主持人小马也以他犀利、幽默的话语风格，成为金华家喻户晓的“电视名嘴”。2012年荣获浙江新闻名专栏称号。

2012 新闻广播节目单

时间	线性插件	节目（周一至日）	主持人	精彩导听
05:30–06:00		开始曲 健康早班车（录）	值机	晨练随身听 健康好帮手
06:00–06:30		《金广早新闻》（首播）	值机	直击八婺新闻 呈展新闻力量
06:30–07:00		转中国之声《新闻和报纸摘要》		
07:00–07:30		《金广早新闻》（重播）	许欢欢	
07:30–08:00		《金广财经新闻》	季 琳	传递最新的财经资讯
08:00–08:30		《行风热线》 热线聚焦（五、六） 热线反馈（日）		领导坐镇直播间 百姓难题现场办
08:30–10:00	整点新闻快报 半点 股市＋气象	《特别关注》	张蕾 郑强 陈睿 俞晨	关注热点焦点 分析新闻背景 传递鲜明观点
10:00–12:00	整点新闻快报 半点 股市＋气象	《风尚圈》	望望	时尚广播杂志
12:00–12:30		转中央电视台 –1《新闻 30 分》	朱恒 小卢 叶子	
12:30–14:00	半点股市＋气象	《爱听体育》 《娱乐百分百》		体育资讯及体育故事 智力大冲浪
14:00–15:30	整点新闻快报 半点 股市＋气象	《浙中快乐购》		传递消费新主张
15:30–16:00	半点股市＋气象	《理财时间》		把握理财新脉络
16:00–17:00	整点新闻快报 半点 气象	《专家开讲》 《铃儿响叮当》（六）	梅蓉	专家名医坐镇疑难病症释惑 青少年的精神家园
17:00–19:00	整点新闻快报 半点 气象	《新闻议事厅》 《新闻晚高峰》	越华 陈睿俞晨 张蕾郑强	新闻事件评议新闻观点陈述 全景展示浙中本土新闻 快速报道浙中新闻
19:00–19:30	半点气象	转中央电视台 –1《新闻联播》	佳妮	架起空中鹊桥创造美好未来 在动感的音乐和及时的资讯 中传递都市的气息
19:30–22:00	整点新闻快报 半点气象	《我们相亲吧》 《音乐原动力》		
22:00–24:00	半点气象	《月光倾城》	杨晨	午夜心灵的慰藉 温情人生的驿站
说明：10 个整点新闻快报时间：9:00 10:00 11:00 13:00 14:00 15:00 16:00 17:00 18:00 20:00 6 个股市即时报时间： 9:30 10:30 11:30 13:30 14:30 15:30 每个半点逢 27 分听天气 直播热线：82362218 新闻热线：82362229 24 小时有奖新闻热线（可自动录音）：18905791010				

2012年新闻综合频道节目编排单

06:00	养生堂(周二至周五)	40分钟
	养生堂＋今天我结婚(周六至周一)	25+15分钟
07:00	重播天天三句半	26分钟
07:30	重播金华新闻联播	25分钟
08:00	重播新电影传奇	30分钟
08:50	人生(2集)	80分钟
10:50	重播前沿讲座	30分钟
11:30	重播金华新闻联播	25分钟
12:20	重播天天三句半	26分钟
12:50	重播财运天天旺	8分钟
13:00	重播养生堂	
14:00	大戏台	40分钟
15:00	重播新电影传奇	30分钟
15:30	重播幸福一号·中行剧场(两集电视剧)	90分钟
16:40	美好十分(周六周日)	15分钟
17:40	养生堂(周一至周四)	40分钟
	养生堂＋今天我结婚(周五至周日	25+15分钟
18:30	金华新闻联播	
	(周日:联播5分＋法治金华20分钟)	25分钟
19:00	中央新闻联播	30分钟
19:30	天天三句半(周日 精编20分钟	26分钟
20:00	幸福一号·中行剧场(两集电视剧)	90分钟
21:45	财运天天旺	8分钟
21:55	新电影传奇	30分钟
22:30	重播金华新闻联播	25分钟
23:00	重播天天三句半	26分钟
23:30	重播今天我结婚	
23:45	前沿讲座	30分钟
结束		

金华广众网概况

金华广众网络技术有限公司开办于2009年5月，注册资金1000万元，由金华广播电视总台全额投资，旗下的广众网(www.36tv.cn)原名金华广电在线，始建于2006年，2008年8月1日经全面改版，更名为广众网。该网站是由中共金华市委宣传部、中共金华市委外宣办、金华市人民政府新闻办主管，金华广播电视总台主办的新闻互动宽频综合门户网站，是金华市对外新闻发布的权威平台，现为长三角新媒体联盟成员单位、浙江省广电新媒体联盟成员单位。

在组建运营过程中，广众网得到了省市宣传、文化广电出版部门的大力支持。中共金华市委常委、宣传部长陶诚华出席网站上线仪式，省广播电影电视局局长张宝贵曾到广众网考察，金华市人民政府市长徐加爱也曾到广众网调研，肯定了广众网的工作和成绩，要求广众网继续发挥自身优势，为金华的宣传发展作出应有的贡献。

广众网集依托金华广播电视总台的资源优势，采取“自采+编辑+节目库”联动模式，经过几年的积淀，已逐步发展成为浙中地区发布新闻资讯最迅速、内容最丰富、信息最全面、最具规模和影响力的视听新媒体。

网站通过几次技术升级改造，用户体验大为提高，资讯内容页可以生成静态页，能减轻数据库压力和有利于SEO的优化。新建频道只需要在后台添加分站，设置好2级域名即可，无需要其他程序修改。并在内容上可以在各个频道自由调用。视频系统更加完善，能直接在CMS后台上传添加和管理，视频广告能自由添加，可根据不同分类栏目设置不同的显示广告。当视频被其他网站引用时也能正常显示广告，并且有标清和高清之分，播放器更加美观，全新直播系统更稳定，更清楚。新CMS是采用各个模块各自独立的程序框架制作的，对于二次开发更加容易、修改更方便，漏洞少、安全性高。

开办有新闻、民声、微博、摄影、搜街、美食、房产、亲子、宽频影院等10余个专业频道和1个大型社区论坛36洞天、1个大型SNS交友社区36圈以及各档自办品牌栏目。网友群覆盖浙中地区，受众广泛。

网站现持有国家广电总局颁发的《信息网络传播视听节目许可证》和浙江省文化厅颁发的《网络文化经营许可证》，并取得了浙江省通信管理局颁发的增值电信业务经营许可证。

东阳市广播电视台

《行风热线》

2008年6月30日，由市纪委、市委宣传部、市政府纠风办、市广播电视台主办，市纪委纠风室、广播电台承办的《行风热线》栏目正式开播，每周播出5期，每期25分钟。栏目开办四年来，共播出909期，受理群众来电、来信、来访9709件，其中现场答复6231件，转办1482件，其他咨询电话1950件，转办反馈率达到95%以上，群众信访率每年减少18%以上，受到了社会各界的一致好评，为改善东阳市经济社会发展环境发挥了积极作用。2012年，《行风热线》栏目进一步拓展播出形式，《走进东岘、白云社区、马宅镇开展活动，现场受理群众咨询建议56件，栏目公信力得到进一步提升。

《东阳警方》

《东阳警方》于2009年7月30日全新改版后重新开播以来，栏目每周播出一期，每期15分钟，社会反响良好，是东阳电视台收视率较高的名牌栏目。《东阳警方》是东阳电视台与市公安局联办的一档公安综合性宣传栏目，兼具新闻时效性、法治思想性和法律服务性，围绕公安部门中心工作，宣传警方打击刑事犯罪，维护社会稳定的决心和举措，关注治安热点，剖析典型案件，弘扬正气，威慑犯罪，为创建“平安东阳”提供强有力的舆论支撑。《东阳警方》在拍摄过程中尽量利用公安的快速反应机制，记者与办案民警一起第一时间赶赴现场拍摄。《东阳警方》不片面追求节目的刺激、好看，而是注重绿色收视率，让观众在观看节目后有所思、有所悟、有所得，以达到预防犯罪，增强法治意识、防范意识的效果。

《新闻东东腔》

2009年9月21日开播以来，每周播出5期，每期15分钟。《新闻东东腔》是一档东阳方言电视新闻节目，由电视新闻《民生660》栏目改版而来。聚焦民生内容，以平民视角，关注与百姓息息相关的最现实、最直接、最关心的大事、小事、新鲜事，再用熟悉的东阳乡音将新闻娓娓道来。节目最大的特色就是一改传统新闻“播”的风格，而是用平实、亲切的东阳话来“说”新闻，用本地观众熟悉的方言来通俗地诠释节目内容。

《农村大视野》

一档主要以农民为对象的综合性栏目，旨在及时解读涉农政策法规，与广大农民、农村干部、农业科技人员一起宣传东阳“三农”工作的新成就，展示广大农民群众扎实推进美丽乡村建设和全面奔小康的精神风貌，展示现代科技农业、绿色农业和特色农业的新成果，介绍农业致富项目、致富经验，共同探索农民致富的新门路。该栏目每周播出二期，每期12分钟。栏目采用现场主持的形式，有百事通、聚宝盆、农科园、新风尚、服务风等小版块。每期播出后，均受到广大观众的热烈欢迎，形成了与观众互动的良好局面。

义乌市广播电视台

《天天有谈头》

曲艺电视新闻节目，已开播3个月，集评论性、知识性、艺术性、地域性于一体，辅以义乌民间曲艺“小锣书”和“道情”做润色的曲艺杂谈型节目《天天有谈头》开播，以本地老百姓情有独钟的曲艺方式说唱各种“新、奇、特”事件。评论犀利、麻辣、动情，特色分明。

永康市广播电视台

《乡土乡约》

一档面向永康“三农”的电视节目，也是连续三年全省“优秀对农节目”之一。目前每周三档，每档15分钟，分别在周二、周四和周日晚上8时首播，并在当晚10时和次日12时重播。永康市政府每年为该栏目财政扶持20万元。《乡土乡约》节目分乡村快报、对农专题板块、乡歌牵线、服务板块等四个板块。

《直播永康》

一档民生新闻品牌电视栏目，从2005年7月份开播至今将近六周年时间。六年来，该栏目一直以关爱百姓、关注民生的平民视角，报道了大量发生街头巷尾的新闻、百姓身边的故事，同时也报道了大量在永康、以及全省、全国的热点事件，通过本栏目的报道，一批批老百姓关心、政府关注的民生实事得到妥善解决，被永康老百姓亲切称为永康版的《小强热线》，永康版的《1818黄金眼》，在永康当地有着较高的收视率和影响力。栏目下设《小王说新闻》、《连心桥》、《华联留言板》等子栏目，栏目时间为25分钟，周一到周五播出，一周五期。首播时间为每晚六点三十分，重播时间为每晚九点和次日上午十一点半。

《早安永康》

一档立体的，全方位的新闻、民生、资讯、服务类广播栏目，每天8:00——8:30播出。周一、周三、周五是《行风热线》栏目。周二是《道德看点》，周四是《幸福星期四》，周六是《一周财经》，周日《一周盘点》。该栏目有一周以来的新闻事件和新闻资讯进行回顾和盘点，有一周股市，本地一周财经新闻和国内国外财经新闻，还有记者叙述发生在我们身边的道德小故事，更有各职能部门领导上线对群众投诉问题的回复。

磐安县广播电视台

《小王说事》

磐安县委宣传部、广电台联合开办的一档思想道德类电视节目，2012年4月25日开播。节目以“说百姓故事，议人生之理，评社会现象，论价值取向”为宗旨，以访谈评论为基本形式，选取群众关心关注的社会现象，采用VCR呈现、嘉宾访谈、话题讨论、电话连线等方式，展现先进道德人物事迹，解读新闻人物、事件及现象背后的价值取向，传播社会主义核心价值观，引导公民自觉履行家庭美德、职业道德和社会公德。

《警方时空》

磐安人民广播电台与公安局联办的广播节目。2012年7月24日开播，每周二首播，周四、周六重播。栏目以“立足公安、服务群众、举案释法、促进和谐”为宗旨，设立“警务时讯”、“警界风采”、“案件聚焦”、“预警110”等子栏目，宣传公安系统工作动态和先进典型，开展案例警示教育、社会热点事件引导和警方预警信息发布。

《残疾人之友》

磐安人民广播电台与县残联合办的广播栏目，2011 年 11 月试播，2012 年 7 月 8 日正式播出。以“宣传残疾人事业、关注残疾人生活”为宗旨，设立“残联动态”、“强者之音”、“爱心时空”、“政策传真”、“听众来稿”等子栏目，报道残疾人工作政策和事业发展成效，宣传身残志坚和扶残助残的先进典型，反映残疾人生活状态和需求，引导全社会关心关爱残疾人事业，更好地为残疾人服务，推进扶残助残爱心城市创建。

衢州市广播电视台

《衢广新闻》

衢州市广播电视台广播新闻综合频率的主打新闻节目，关注时政，反映民生，全面报道衢州市经济、政治、文化等新闻动态。坚持正确导向，正面宣传，围绕各阶段党委政府的中心工作，适时制定宣传重点，凸显主题，营造浓厚的舆论氛围。2012 年两会、市委全会、十八大期间，集中采访力量，推出主题报道、系列报道、会议精神解读、会后贯彻落实等稿件，体现采编队伍较强的新闻敏感性和执行力。同时，贯穿全年的主题报道基本不断档，“走转改大型主题报道——大干下半年 迎接十八大”、“最美衢州人”等系列报道，结合市委、市政府中心工作，提振信心、营造氛围、促进发展，传递正能量。播出时间：每天 18:00 至 18:30 首播，21:00 至 21:30、次日 7:00 至 7:30 重播。

《行风效能热线》

由衢州市纪委、监察室、衢州市政府纠风办与衢州广播新闻综合频率联办，以“替百姓说话，为政府分忧”为宗旨，立足于“听民声、知民情、解民忧、连民心”，为政府部门与群众沟通搭建交流平台，并结合上线部门工作实际，深入解读党和政府关注、百姓关心的民生热点话题，同时，帮忙记者开通帮忙热线，关注群众关心的难点问题，及时和相关部门联系沟通，切实为群众排忧解难，深受广大听众欢迎。为加强节目的全方位宣传力度和提高节目影响力，节目组在网络视频直播的基础上，将节目预告和节目主要内容记录在衢州信息港网站论坛上，得到了网友的广泛关注。播出时间：每周一至周四 9:00 至 9:50 首播，19:00 至 19:50 重播。

《城乡新时空》

衢州广播新闻综合频率的对农栏目。2012 年对该栏目进行转型升级，充分发挥广播媒体的连接城乡、服务城乡的功能，重点关注涉农民生，以推进新农村建设为目的，坚持贴近农民、农村、农业的节目理念，宣传党的方针政策，为农民致富奔小康提供信息和技术等全方位的服务，为促进城乡沟通和交融、共同繁荣与发展做出了积极的努力。栏目设有《信息快递》、《聚焦三农》、《农技 110 在线》、《政策风向标》、《就业快车道》等子栏目。全年共播出 246 期。播出时间：每周一至周五上午 10:00 至 11:00。

《直播衢州》

衢州广播新闻综合频率开辟的一档大型广播直播节目。旨在传承衢州文化、挖掘衢州特色，聚焦衢州当下流行的热点及焦点问题，不仅为衢城百姓送上第一手的新闻资讯，更为市民们挖掘衢城各种特色，使更多的衢州人以及新衢州人进一步了解衢州，走进衢州，爱上衢州。栏目设有《新闻我来说》、《印象衢州》、《焦点热议》、《人物访谈》、《带着耳朵去旅行》等子栏目。全年共播出 194 期。播出时间：每周一、三、四、五 15:00 至 16:00。衢州广播新闻综合频率 FM105.3 和衢州交通音乐频率 FM97.5 并机直播。

《心随车动》

衢州广播新闻综合频率一档专业的电波汽车节目。节目力求创造轻松的驾车环境，打造快乐的汽车生活，力求以亲切、明快的主持风格介绍衢州汽车市场、引导理性汽车消费、安全驾驶、文明行车方面为主体内容，依托衢州电台新闻台强大的覆盖范围和影响力，从独特的视角，采用丰富的表现方式为汽车厂商及爱车人士提供更周到的服务。栏目设有《车坛快讯》、《靓车推荐》、《汽车最新报价》、《淘宝二手车》、《新车速递》、《用车指南》、《一周汽车上牌排行榜》、《汽车 CD》等子栏目。播出时间：每天 11:00 至 11:55 首播，20:00 至 20:55 重播。

《975 新闻》

衢州广播交通音乐频率的主打新闻节目。除了配合好总台主频道做好主旋律宣传以外，立足频道的专业特点，以提供最大信息量为目标，围绕以人为本的服务思想，抓好车子、道路两个基本着力点，在新闻宣传上力求安全、作出特色。关注民生交通，注重与交通相关的评论，以引起市民更多地关注相关热点问题。播出时间：每天 18:00 至 18:30 首播，次日 8:00 至 8:30 重播。

《小路说交通》

衢州广播交通音乐频率《小路说交通》是衢州地区唯一一档专业交通服务性节目，以"服务交通人"为宗旨，融资讯、知识、服务为一体，《是衢城百姓出行的权威性交通品牌节目。及时报道交通动态，细致解读政策法规，真实记录突发事件，热情解决交通难题，充分展现了鲜明的交通专业特色。栏目热线 8880975；QQ 群：160082607；新浪微博：小路来了 -；网络：www.qz123.com 衢州信息港《小路说交通》论坛。播出时间：周一至周五 9:00 至 10:00 首播，20:00 至 21:00 重播。

《讲述》

广播节目，讲述普通百姓身边的故事，讲述大家爱听和好听的故事。力争以精彩的故事，丰富的音响，引人入胜的情节，吸引住听众的耳朵。致力让听觉艺术地展现生活，声音立体化、形象化。故事类型为法制故事、小小说、情感故事、恐怖故事、智慧故事等等，节目采用直播形式。除了由主持人演播外，还需要在节目里适当地加一些生动的音效，以及适合故事情节的音乐烘托。为了使故事节目更加生动逼真，使听众尽快进入故事情节中，在处理人物对话方面，采用一人分担多种角色的演播，使广播故事电影化。主持人平实、生动的语言，很强的语言驾驭能力，对叙述故事及塑造人物有很强的表现力。针对不同类型的故事，采用不同的讲述风格。播出时间：周一至周日 12:00 至 13:00。

《车行天下》

广播节目，以关注汽车为主，周一新车展台，周二爱车养护，周三汽车门诊，周四车市在线，和全市各大 4S 店连线了解近期的活动。周五一周汽车排行、汽车 CD。节目也多次举行新车上市活动，如：一汽大众迈腾上市、尼桑马驰上市等。其中爱车有问必答环节受到广大听众的喜爱。播出时间：周一至周五 16:00 至 16:30 首播。

《我是麦霸》

衢州广播交通音乐频率互动娱乐节目，以热线参与为主，节目口号是"爱广播、爱 K 歌，城市麦霸就是我"。栏目以热爱歌曲的听众为主要的收听对象，让听友边听音乐，边 K 歌放松心情，减轻工作、学习和生活的压力，打造一个轻松快乐的互动交流平台。周一周二周三猜歌 K 歌赛，周四周五影视歌曲欣赏 K 歌会。播出时间：周一到周五 17:00 至 18:00。

《衢州新闻》

电视新闻栏目。栏目全面报道衢州重大新闻，权威解读政府政策资讯，关注区域经济社会发展和人的生存状态，关注重大突发事件，突出舆论引导，追求新闻价值和信息量。栏目注重新闻首发率，新闻的信息量、影响力在全市媒体中走在前列。该栏目是衢州市民了解衢州大事要事、感受民生热点资讯的最有力窗口。栏目长度 25 分钟，首播 18:30；重播 22:00；次日重播 8:00，12:00。

《小齐说事》

浙西地区电视媒体首选新闻时评、民生类第一品牌栏目。栏目宗旨："谈论热点话题，倾听百姓心声，述说身边故事"。节目为日播栏目融新闻、专题、服务、活动、互动为一体，追求新闻性与服务性的和谐、专业性与社会化的和谐、普遍性与本土化的和谐。栏目开播以来得到领导、专家、市民的一致好评："节目内容厚实、贴近生活、贴近百姓、表现手段丰富，品种多姿多彩、策划好看、耐看"。自开播以来收视率和收视份额在电视新闻节目中位居榜首。首播时间：每天 19:35 分，次日重播：7:15 12:35

《佳佳农话》

一档"杂志型"对农品牌电视栏目。栏目宗旨：贴近大三农、服务大三农。栏目定位：以全新视野解读政策资讯，以广阔视角扫描农村巨变，以深度剖析传递致富信息，以权威专业传播时事农技，以真诚贴心帮扶农民增收。每周三期节目，每期时长 10 分钟。设置有《美丽乡村行》、《农技 110 特快》、《身边的科学》、《农技速递》、《三农资讯》、《气象农情》、《佳佳帮忙》等版块。首播周二、四、六晚 18:15，重播周三、五、日中午 12:25。

《浙西先锋》

集党建动态、人物专访，党建专题为一体，是浙西地区唯一的党建电视专栏。栏目至今已播出 700 多期，并荣获中共中央组织部授予的“红星奖”。栏目坚持为党委、政府的中心工作服务，具有鲜明的党性和政治敏锐性，其宗旨是“宣传党建，教育党员，围绕中心，服务中心”。栏目以严肃的态度，积极的姿态及时宣传和报道我市党建、组织工作的成功经验和各条战线党员、干部的感人事迹，大力弘扬主旋律。“宣传党建，教育党员，围绕中心，服务中心”，广泛宣传衢州市各条战线领导干部和广大共产党员无私奉献拼搏进取的先进事迹，介绍各县、(市、区)、各部门加强党的建设和组织工作的成功经验，追踪广大党员关注的热点、难点问题，弘扬时代主旋律。栏目时长十分钟，首播每星期日 18:15，重播星期一 12:00 。

《法治衢州》

一档开办才一年多的电视栏目。弘扬法制精神、普及法律知识、传播政法动态、宣传政法典型、推动社会管理创新是本栏目的宗旨。栏目立足反映政法各部门先进典型、优秀人物、普通干警以及广大基层信访、综治、维稳干部的事迹，展示政法综治维稳战线上的“名人”、“名家”、“名工作室”等行家能手的风采，树立政法综治维稳系统的良好形象。使栏目成立一档让老百姓知法、懂法、守法的电视栏目。栏目时长十分钟。首播每星期三、五 18:15，重播星期四、六 12:00 。

《非常悦读》

创办于 2009 年 5 月，是以好书为支撑，以交流为重点，突破地域局限，拓展收视空间。2012 年电视栏目改变以往传统纯读书节目呆板无趣、曲高和寡的窄众套路，加大了对本土作家的宣传，一大批本土作家带着自己的心力之作与创作经历，跟观众谈人生、谈生活，交流创作经验，探讨读书体会。从不同的视角，向观众描绘了一幅幅璀璨的家乡画面。栏目坚持贴近原著、贴近时代、贴近受众的原则，突出本土特色，着眼于“大文化”内涵，围绕老百姓关注的畅销书籍，采用美文、美画、美声相结合的方式，以范本展示、情景再现、作家访谈、读者互动、主持串讲等多种形式，旗帜鲜明地讴歌主旋律，借助电视的直观表现，神形兼备地感染人，激励人，鼓舞人。栏目下设“好书大家读”、“非常书资讯”、“非常新书榜”、“书界小贴士”等子栏目。至今已播出 130 多期。2010 年 12 月，《非常悦读》被中共浙江省委宣传部评为“全省宣传文化系统优秀理论(评论)栏目”。每周日 21:25 分播出，时长 15 分。

《百姓连线》

一档民生新闻电视栏目。该栏目注重服务百姓，服务生活，贴近百姓，贴近生活，注重政策法规、经济服务信息的及时播报和解读，及时给百姓生产生活以指导，及时报道发生在百姓身边的新鲜事，满足观众的知晓欲。为了更及时准确地为百姓服务，《百姓连线》下设姐妹花帮忙团队，在市区大润发广场设“百姓留言板”，在老百姓心中基本形成了有难事找百姓留言板帮忙的习惯。首播时间：周一至周六 21:30——22:00，时长：30 分钟。

《小孩那么大》

以关爱农村未成年人思想道德建设为主旨的电视栏目，栏目组先后走进江山、常山、柯城等一些最偏远的乡村小学，体验深山留守儿童的生活，与他们深度交流，感受他们的内心。节目制作播出之后，引起了社会爱心人士的关注，他们通过我们的栏目加入爱心队伍，给留守儿童送去一份温暖一份绵薄的力量。首播每周五 18:15 分，重播每周一 18:15 分，时长 15 分钟。

《新闻直白讲》

一档衢州方言新闻电视栏目，播报方式追求语言、风格贴近衢州本土文化，内容以调查、话题、舆论监督和网络信息为主，对本土新闻、社会热点进行深度调查点评，同时展开发散性思维与网络相结合，集合各方观点，具有一定的深度和广度。首播时间：周一至周五 18:45—19:00 时长：15 分钟。

《工业全方位》

自衢州市委提出"工业立市、借力发展、特色竞争"三大战略以来,工业已成为第一战略、第一目标和第一任务。《工业全方位》电视栏目通过权威、快速、及时的报道,传递市委市政府提出"工业立市、借力发展、特色竞争"三大战略的最新要求、最新部署和我市的最新政策,充分发挥媒体的"喉舌"作用,引导舆论,发布政策,传递信息,答疑解惑。通过宣传园区亮点工作,报道园区特色企业,展示园区的新举措、新技术、新形象、新跨越,助推我市工业经济发展。栏目首播时间:周日 19:00—19:15,时长:15 分钟。

《快乐向前冲》

一档户外水上闯关节目，是为了满足衢州观众需求，丰富衢州荧屏生活而开办的节目，频道从 2012 年 2 月份推出了《快乐向前冲》节目,开播半年,吸引了近千名市民前来参与,最小的 18 周岁,最大近 60 周岁,大家在娱乐中感受惊喜,在拼搏中赢得奖励,在闯关中迎来喝彩。通过这个节目衢州市民们在自家门口，体验到了惊险刺激的水上竞技类闯关游戏带来的快乐。

衢州电视台 2012 年节目编排表

电视新闻综合频道

2012 年 1 月 1 日起

2012 年衢州广播电视总台电视新闻综合频道播出单

时 间	播 出 内 容	时 长
6:30	新闻综合频道 LOGO 演义	10"
6:30:10	健康第一线	25'
6:55:10	广告	32'50"
7:28	重播小齐说事	28'
7:56	广告	4'
8:00(准点)	重播衢州新闻	22'30"
8:22:30	广告	19'30"
8:42	重播现场说法(栏目情景剧)	20'
	中插广告	5'
9:07	广告	15'
9:22	重播第一剧场一	43'
10:05	广告	12'
10:17	重播第一剧场二	43'
11:00	广告	20'
11:20	重播第一楼市(周三四五六) 走进衢州(周日) 第一财经(周一二)	10'
11:30	广告	30'
12:00(准点)	重播衢州新闻	22'30"
12:22:30	重播联办栏目	10'
	周一 浙西先锋或廉政时空 周二 衢州新视野 周三五日 佳佳农话 周四 法治衢州 周六 法治衢州	
12:32:30	广告	5'30"
12:38	重播小齐说事	28'
13:06	广告	30'
13:36	重播晚间剧场一	43'
14:19	广告	17'

时 间	播 出 内 容	时 长
14:36	重播晚间剧场二	43'
15:19	广告	17'
15:36	重播晚间剧场三	43'
16:19	广告	15'
16:34	重播晚间剧场四	43'
17:17	广告	5'
17:22	少儿节目	25'
17:47	广告	3'
17:50	现场说法(栏目情景剧)	20'
	中插广告	2'
18:12	广告	3'
18:15	联办栏目	10'
	（周一衢州新视野 周二四六 佳佳农话 周三五法治衢州 周日 浙西先锋或廉政时空）	
18:25	广告	4'
18:29:00	新闻 90 分片头	15"
18:29:15	广告	45"
18:30(准点)	衢州新闻(中插一档广告)	22'30"
18:52:30	广告	3'
18:55:30	衢州气象	1'
18:56:30	广告	3'30"
19:00	转播中央新闻联播	30'
19:30	广告	3'
19:33	小齐说事内容提要	1'
19:34	广告	2'
19:36:00	小齐说事(中插两档广告)	25'
20:01:00	广告	3'
21:04:00	上集回顾	30"
20:04:30	广告	3'
20:07:30	第一剧场一	43'
20:50:30	广告	3'

时 间	播 出 内 容	时 长
20:53:30	下集预告	30"
20:54:00	广告	3'
20:57:00	上集回顾	30"
20:57:30	广告	3'
21:00:30	第一剧场二	43'
21:43:30	广告	2'
21:45:30	下集预告	30"
21:46:00	广告	1'
21:47:00	衢州气象	1'
21:48:00	广告	1'
21:49:00	重播第一楼市(周二三四五) 教育视窗(周六) 第一财经(周日一)	10'
21:59:00	广告	1'
22:00(准点)	重播衢州新闻	22'30"
22:22:30	广告	5'
22:27:30	晚间剧场一	43'
23:10:30	广告	5'
23:15:30	晚间剧场二	43'
23:58:30	广告	6'30"
0:05:00	午夜剧场	

衢州人民广播电台 2012 年节目编排表

广播新闻综合频率

FM105.3 AM711

2012 年 5 月 7 日起

	周一 — 周五	周六、日
05:55	开始曲、预告节目	
06:00	健身音乐	
06:30	转播中央电台《新闻和报纸摘要》	
07:00	衢广新闻（重播）	
07:30	天天听	
08:00	新闻评说节目——无话不说	给你哈音乐（摇滚、劲歌）
08:30	音乐随身听	
09:00	1053 整点快报 市民热线（一、三）（首播） 行风热线（二、四）（首播） 法律讲堂（五）（首播）	
10:00	1053 整点快报 城乡新时空（含“就业快车道”）	戏曲天地
11:00	1053 整点快报 心随车动（首播）	音乐随身听
12:00	1053 整点快报 新闻评说节目——无话不说	
12:30	开心一刻	残疾人之友
13:00	政法之声	
14:00	1053 整点快报 1053 剧场	1053 剧场
15:00	1053 整点快报 直播衢州	
16:00	1053 整点快报 财富 1053	音乐随身听
17:00	1053 整点快报 校园风	空中论语课堂 音乐随身听
18:00	衢广新闻（首播）	
18:30	柯城新闻 开心一刻	开心一刻

	周一 — 周五	周六、日
19:00	1053 整点快报　市民热线(一、三)(重播) 行风热线(二、四)(重播) 法律讲堂(五)(重播)	给你哈音乐 (摇滚、劲歌)
20:00	1053 整点快报　心随车动(重播)	
21:00	衢广新闻(重播)	
21:30	法律讲堂	
22:00	转播中央电视台《晚间新闻》	
22:30	转播浙江经视《新闻深呼吸》之"舒口水"	
23:00	音乐随身听	
24:00:00	全天播音结束	

备注:

1. 周一至五全天 10 个整点（9:00、10:00、11:00、12:00、14:00、15:00、16:00、17:00、19:00、20:00）"1053 整点快报"。

2. 周二下午 13:00—15:55 停机检修。

衢江区广播电视台

《农民之友》

以服务农村群众为宗旨，及时传递党和政府的各项富民政策，报道各地致富典型、致富经验等，及时报道衢江区社会主义新农村建设的各项成就，反映各地建设和谐社会的好做法、好经验，同全区群众一起共同把我区经济和社会的各项事业推向前进。《农民之友》广播栏目分设《政策传真》、《致富典型》、《创业故事》、《听众信箱》等子栏目。节目为每周一、三、五首播，每周二、四、六重播。

对农节目一览表

内容	时间
电视《农民致富报道》	每周一、二播
电视《健康之友》	每周三、四播出
电视《星火科技》	每周五、六播出
电视《发现档案》	每周日播出
广播《星火科技》	栏目每周一、三播出
广播《农民之友》	栏目每周二、四、六播出

龙游县广播电视台

《龙游新闻》

以报道时政新闻为主，兼顾报道重大经济新闻、社会新闻，每日播报，每档15分钟，每天播出六次。作为新闻主干栏目，信息量大、权威性强，成为群众心目中最重要、最受欢迎的节目。电视专题《龙游先锋》由县委组织部和龙游广电联合主办的《党建园地》全新改版而来，2012年3月12日正式开播，每周一档。子栏目"党建播报"、"党员风采"、"创先争优群英谱"、"八面来风"突出党建主题，弘扬时代旋律，传递党的声音。播出"深情藏沃土，丹心系桑梓"、"村支书的创新路"、"茶农致富领头雁"、" 一生为民办事的好干部"等节目，充分展示党员创业创新的精神风貌和心系百姓的民生情怀。

《田野风》电视栏目、《金色的土地》广播栏目

全年各播出162期。秉承服务三农的宗旨，走农村、贴实际、接地气，注重节目的知识性和实用性，播出"科技送下乡，大户用上种子发芽器，抢了时间又省力"、"草鱼也打防疫针"、"竹产业水平提升的关键技术集成与应用"、"低温阴雨天气影响农业生产及应对措施"、"石佛乡西金源村地质灾害成功避险"等节目，科技惠农、信息助农、服务利农。播出"贺田村互学互看"、"畲族山歌飘万里，山哈真情传四方"、"春日田野风光"等节目，展示美丽乡村建设成果，传播大自然和田野的美丽风景。在全省广播电视对农栏目考核中，电视对农栏目获省优秀奖，广播对农栏目获鼓励奖。

江山市广播电视台

《校园麦克风》

创办于1999年12月，是江山电台一档广播青少专题节目。节目时长为20分钟，播出时间为每周二至周日的7:25、11:40和19:30，其中周二、周四、周六为首播，周三、周五、周日重播。节目以优秀学生习作、学生才艺表演、教师和家长访谈、校园动态为主要内容，分《热点透视》、《校园传真》、《成长日记》、《校园歌声》、《心语亭》、《小荷尖尖》等共11个板块。每期节目由多个板块组合而成。经过多年的努力，《校园麦克风》已成为一档学生、教师、家长喜闻乐见的栏目。因为有学生、教师、家长的直接参与节目之中，因此受关注度较高。许多学校的校园广播直接转播本栏目或进行录播；同时把学生、教师参与节目情况作为全年考核的一个内容。

《江山综艺》

江山电台的综合性文艺节目，2007年由《演讲与才艺》节目改版而成，每档15分钟。《江山综艺》极具江山本土文化特色，宣传江山，歌颂江山，反映江山人积极向上的精神风貌，是集文艺知识、娱乐鉴赏于一身，老少皆宜、喜闻乐听的节目。《江山综艺》以播出本地文艺节目为主，展示本地作者创作演出的原创文艺作品。2007年以来，先后展播了《江山撤县设市20周年大型文艺节目》、《天半江郎》、《千年清漾的故事》、《绿色中国行——走进江山大型公益晚会》等地方特色浓郁的节目，深受江山人民喜爱。原创歌曲《爱的力量》、《妈妈的那碗大陈面》和《散落的乐珠—江山坐唱班》等节目还在浙江省和衢州市广播文艺节目评比中获奖。

《西南热线》

江山电视台的一档自办民生新闻类栏目，于2006年8月30日在整合原有《街头巷尾》和《走村访户》两个栏目的基础上创办。《西南热线》栏目的开办，结束了不固定的且以城镇和乡村划分报道民生新闻的历史，开创了江山电视台新闻节目发展新的篇章。《西南热线》栏目以"讲述百姓故事，报道社会热点，反映多彩生活"为宗旨。每周六档，每档节目播出二至三条，每次4至5分钟，首播时间安排在19:40分。《西南热线》栏目开播五年多来，节目质量、受众占有率和满意度不断提高，已成为当地家喻户晓的电视品牌栏目，荣获2008年度衢州市广播电视政府奖品牌建设类电视优秀栏目奖。

《江山大舞台》

江山电视台于2008年1月推出的首档自办电视综艺栏目，着重汇集富有浓郁地方气息的文艺节目，策划、举办各类大奖赛、趣味活动竞技以及评选活动等主题文艺活动，挖掘江山本土文化，展示江郎

儿女新风貌。栏目以“唱江山好风景，日新月异；颂江郎新气象，欢声笑语”为宗旨，每周一档，每档时长为30分钟。《江山大舞台》内设一子栏目《欢乐家庭》。《欢乐家庭》以“一家乐，乐千家！左邻右舍，欢乐家庭”为宣传语，以主持人走进普通家庭，全家人合力完成挑战任务的方式，让观众感受普通家庭的快乐。节目时长10分钟左右，播出时间：首播 周五 20:00 重播 周六 12:24；周日 20:00；周二 18:05；周三 12:24。

江山市广播电视总台对农节目一览表

广播	《走进新农村》、《信息广场》、《信息传递》、《城乡信息联播》、《人口卫生环境》
电视	《三农前沿》、《农事窗口》、《气象与信息》

常山县广播电视台

《我们的田野》

广播对农节目，每周三档，每期节目时间15分钟，新闻综合广播频率每周一、三、五 11:30 首播，16:30，19:30 和周二、四、六、日 11:30 重播；新农村教育广播频率每周一、三、五 10:30 首播，17:00 和周二、四、六、日 10:30 重播。

《柚都新农事》

电视对农节目，每周自办三档，每档时长15分钟，新闻综合频道每周二、四、六 20:55 首播，每周一、三、五、日 11:45、20:55 重播；新农村频道 20:45 首播，每周一、三、五、日 11:45、20:45 重播。

常山人民广播电台新农村广播节目表

播出时间:2012、12、3 起

<table>
<tr><th>播出时间</th><th>节目内容(周一至周六)</th><th>(周　日)</th></tr>
<tr><td>06:25</td><td colspan="2">早间节目预告、气象</td></tr>
<tr><td>★06:30</td><td colspan="2">转中国之声《新闻和报纸摘要》</td></tr>
<tr><td>07:00</td><td colspan="2">常山新闻、气象、早间广告</td></tr>
<tr><td>★07:25</td><td colspan="2">转中国之声《新闻纵横》</td></tr>
<tr><td>07:55</td><td colspan="2">早间节目结束曲(乡镇自办广播节目)</td></tr>
<tr><td>10:00</td><td colspan="2">午间节目预告</td></tr>
<tr><td>10:05</td><td colspan="2">常山新闻、气象、午间广告</td></tr>
<tr><td>10:30</td><td>我们的田野</td><td rowspan="2">★10:30 转中国之声《央广新闻 》</td></tr>
<tr><td>10:45</td><td>午间广告</td></tr>
<tr><td>★10:55</td><td colspan="2">转中国之声《央广新闻》</td></tr>
<tr><td>12:00</td><td colspan="2">午间节目结束曲(乡镇自办广播节目)</td></tr>
<tr><td>16:55</td><td>晚间节目预告</td><td></td></tr>
<tr><td>17:00</td><td>我们的田野</td><td rowspan="2">★17:00 转中国之声《央广新闻(下午版)》</td></tr>
<tr><td>17:15</td><td>广告</td></tr>
<tr><td>★17:25</td><td colspan="2">转中国之声《央广新闻(下午版)》</td></tr>
<tr><td>▲18:00</td><td colspan="2">转浙江之声《浙江新闻联播》</td></tr>
<tr><td>19:00</td><td colspan="2">常山新闻、气象、晚间广告</td></tr>
<tr><td>19:25</td><td colspan="2">晚间节目结束曲</td></tr>
</table>

注:1. ★ 中央人民广播电台中国之声　▲ 浙江电台浙江之声
2. 乡镇站开关机时间:早间 6:25-8:00
午间 9:55-12:05
晚间 16:55-19:30

常山人民广播电台综合频道节目表

2012 年 12 月 3 日 播出

播出时间	节 目 内 容（周一至周六）	（周 日）
06:25	开始曲、全天节目预告、气象	
★6:30	转中国之声《新闻和报纸摘要》	
▲7:00	转浙江之声《浙广早新闻》	
8:00	常山新闻、气象、广告、专题	
★8:30	转中国之声《新闻纵横》	
★9:00	转中国之声《新闻和报纸摘要（更新版）》	
★9:30	转中国之声《央广新闻》	
11:00	常山新闻、气象、广告、专题	
11:30	我们的田野	★11:30 转中国之声《央广新闻》
11:45	广告	
★12:00	转中国之声《全球华语广播网》	
●13:00	转城市之声《107 国学馆》	
★14:00	转中国之声《央广新闻（午后版）》	
16:30	我们的田野	★16:30 转中国之声《央广新闻（下午版）》
16:45	广告	
▲17:00	转浙江之声《今日大热点》	
▲18:00	转浙江之声《浙江新闻联播》	
19:00	常山新闻、气象、广告、专题	
19:30	我们的田野	★19:30 转中国之声《央广新闻（晚间版）》
19:45	气象、广告	
▲20:00	转浙江之声《三味书屋》	
21:00	结束曲、全天节目结束	

注：★中央人民广播电台中国之声　▲浙江电台浙江之声
●浙江电台城市之声　※ 衢州台

开化县广播电视台

《开化新闻》

以宣传党的路线、方针、政策，传播信息，引导舆论，以为开化经济建设和人民生活服务为己任，是一档有钱江源地方特色、内容丰富、形式多样的电视新闻。《开化新闻》节目从2013年春节期间全新亮相。改版后的《开化新闻》在重点报道时政新闻的基础上，强化"三贴近"原则，以公共话题、百姓生活、生活资讯为主要报道内容。周一至周五每晚19:35首播、每晚22:00、次日中午12:00重播。

《三农直通车》

2010年，开化电视台《三农直通车》栏目和开化广播电台的《走乡村串农家》栏目进行改版升级，以"贴近农村，贴近农民，贴近生活"为指导思想，以服务"农民、农村、农业"为宗旨，栏目增加了新的内容和新的版块，从原先的每周两档增加到三档。《三农直通车》电视栏目在每周六增设《三农要闻》版块，对近期所播的重要涉农信息、政策、农技要点以及三农典型报导进行回顾。每周二、四、六晚19:50首播

《新农村有线广播》

为深入推进广电惠民服务工程、更好地满足农村群众精神文化需求，从2010年10月1日起，在开化人民广播电台(104Mhz)无线调频广播节目基础上，开播"新农村有线广播"，播出频率为102Mhz。"新农村有线广播"以"贴近农村，贴近农民，贴近生活"为指导思想，以服务"农民、农村、农业"为宗旨，以统筹城乡发展，加快推进新农村建设为基本目标，辅之以社会动员、公共应急等功能,不断增强广播电台的宣传和舆论引导能力。

《走读钱江源》

"走读钱江源"是2013年新开设的电视文化旅游类专题栏目，以学者的作风考证历史，以文学的手法展示文化，以高雅的品位丰富"钱江源旅游度假区"的内涵。节目受到了众多文学文化界人士的高度认可，对于挖掘开化历史，提高钱江源文化品位起到了积极作用。周三《开化新闻》后首播。

开化人民广播电台新农村有线广播节目表

（★转中央一套、◇转中央音乐之声、◆转浙江之声、▲转衢州新闻综合）
调频有线 102Mhz、无线 104Mhz 自 2013 年 5 月 3 日起执行

5:55 开始曲、节目预告 2′ →广告(1)3′
6:00 龙顶茶馆 20′ →广告(2)5′
【6:25 新农村有线第一次播音开始】
加有线开始曲一
6:25 气象预报 2′ →广告(3)3′
加转播提示 1
6:30《新闻和报纸摘要》30′ ★
7:00《浙广早新闻》◆
7:30 开化新闻 15′
7:45 气象预报 2′ →广告(4)8′
7:55《消防之声》5′
8:00《健康生活新概念》25′ →广告(5)4′
8:29 有线第一次播音新结束曲一
【8:30 新农村有线第一次播音结束】
8:30《美文听吧》25′ →广告(6)5′
9:00 纪实 55′
【9:55 新农村有线第二次播音开始】
9:55 有线开始曲 2、节目预告 2′ →广告(7)3′
10:00《历史上的今天》5′ →广告(8)5′
10:10 芹江书苑 25′ →广告(9)5′
10:40《笑话江湖》15′ →广告(10)5′
11:00【专题类】走乡村串农家(三、五、日)、联办专题(一、二、四、六)15′ →广告(11)5′
11:20《名段欣赏》25′ →广告(12)5′
11:50《畅通开化》5′
11:55《消防之声》5′
12:00《法制故事会》15′ →广告(13)5′
12:20《低碳生活》5′ →广告(14)4′
12:29 有线第二次播音新结束曲二
【12:30 新农村有线第二次播音结束】
12:30 转播中央人民广播电台音乐之声节目◇150′
【15:00 新农村有线第三次播音开始】
15:00 有线开始曲三、节目预告 2′ →广告(15)3′
15:05《美文听吧》25′ →广告(16)5′
15:35《笑话江湖》15′ →广告(17)5′
15:55《小故事大道理》5′
16:00 有线第三次播音新结束曲三

【16:00 新农村有线第三次播音结束】

16:00《消防之声》5′ →广告(18)5′

16:05 转播中央人民广播电台音乐之声节目◇60′

【17:00 新农村有线第四次播音开始】

17:00 有线开始曲四、预告节目 2′ 、今晚电视节目介绍 3′

17:05【专题类】走乡村串农家(二、四、六)、联办专题(一、三、五、日)15′ →广告(19)5′

17:25《畅通开化》5′

17:30 开化新闻 15′

17:45 气象预报 2′ →广告(20)3′

17:50《低碳生活》5′ →广告(21)5′

加转播提示 3

18:00《浙江新闻联播》30′ ◆

18:30《全国新闻联播》30′ ★

19:00 芹江书苑 25′ →广告(22)5′

19:30 开化新闻 15′

19:45 气象预报 2′ →广告 + 文艺(23)13′

20:00《财富故事汇》25′ →广告(24)5′

20:30 有线第四次播音新结束曲四

【20:30 新农村有线第四次播音结束、调频 104Mhz 播至 23:00】

20:30《畅通开化》5′→广告(25)5′

20:40《健康生活新概念》25′

21:05《名段欣赏》25′

21:30 转播中央人民广播电台音乐之声节目◇90′

23:00 全天播音结束、结束曲

舟山市广播电视台

《天天说事》

广播新闻综合频率1月新推出的新闻述评类节目，分“新闻快报”、“天天听论坛”、“新闻夜排档”三个版块。“新闻快报”介绍当天重要新闻资讯；“天天听论坛”述评当天新闻事件；“新闻夜排档”介绍舟山本地新近发生的热点新闻，节目主要围绕舟山本地新闻事件展开，穿插对当事人的采访录音，反映百姓生活、大众心声。播出时间：周一至周五 17:10—17:55。

《998 交通路况实时播报》

广播新闻综合频率交通服务类节目，由频率和市交通警察支队联办，8月1日正式开始，由记者在市交警支队交通监控室现场连线播报：“昨夜今晨交通情况”——介绍前一天晚上和当天凌晨舟山交通总体情况；“交警提醒”——由记者采访交警，了解近期交通事故发生情况，告知驾驶员、行人安全事项；“路况即时播报”——记者根据监控室大屏幕内容，实时介绍全市早晚间高峰时段道路交通、各主要路口拥堵、事故发生情况等。播出时间：周一至周五 7:50–8:00，晚间按时令确定。

《阳光投诉》

广播交通经济频率舆论监督节目，与市效能办联办。以听众热线投诉为依托，通过记者追踪报道，以舆论监督方式弘扬社会正气。投诉人、被投诉对象、主持人、点评员四方即时互动、公开对话、专家点评。节目组邀请市人大代表、市政协委员、律师、专家学者，组成点评员队伍。5月4日起，节目改为一周两档，首播时间：每周二、四 8:00—9:00。

《阿斌说新闻》

广播交通经济频率新闻杂志类节目。主持人阿斌以舟山本土人的眼光梳理、整合全天本地及国内社会资讯，分析新闻热点，夹叙夹议，注重新闻诠释方式的立体化和表达方式的个性化。首播时间：周一至周五 18:30—19:00。

《音乐早班车》

广播城市生活频率音乐资讯类节目，为早间出行的听众朋友提供资讯，并配合节奏明快的音乐，让大家在出行路上找到轻松愉悦的感觉。播出时间：周一至周五 7:00—8:30。

《音乐新鲜爱》

广播城市生活频率晚间音乐节目，采用新歌推荐 + 老歌重温模式。主持风格甜美知性、音乐风格清新时尚而不随波逐流，给予听众品味和思考空间。播出时间：周一至周五 19:00—20:30。

《今天有话说》

电视影视娱乐频道新设的新闻杂志栏目，与观众一起关注要闻、趣闻，评说国事、家事、天下事。首播时间：周一至周五 18:00—18:20。

舟山人民广播电台节目时间表

新闻综合频率

2012年1月1日起实行

播出时间	播出内容	备注
05:25	《开始曲》	
05:30	《健康早班车》	
06:20	《气象》	
06:30	转播央广《新闻和报纸摘要》	
07:00	《舟广新闻》(早间版)	
07:30	《生活资讯》	周一至周五
	《对渔农村广播》	周六、日
08:00	《行风热线》	周一至周五
	《金色夕阳》	周六、日
08:30	《老歌经典》	周一至周五
	《戏曲百花园》	周六、日
09:00	《简明气象、舟广新闻(整点版)》	
09:10	《服务信息》	
09:30	《长篇连播》	
10:00	《简明气象、舟广新闻(整点版)》	
10:10	《服务信息》	
11:00	《简明气象、定海之声》	
11:15	《中国音乐金榜》	
11:45	《气象》	
12:00	《舟广新闻》(午间版)	
12:30	《生活百事》	
13:00	《简明气象、舟广新闻(整点版)》	
13:05	《广播书场》	
13:30	《午后时光》	
14:00	《简明气象、舟广新闻(整点版)》	
14:10	《午后时光》	
15:00	《简明气象、舟广新闻(整点版)》	
15:10	《午后时光》	

播出时间	播出内容	备注
15:30	《行风热线》(重播)	周一至周五
	《国防天地》	周六、日
16:00	《简明气象、舟广新闻(整点版)》	
16:10	《开心淘宝城》	周一至周五
	《金色夕阳》	周六
	《乐光宝盒》	周日
17:00	《简明气象、定海之声》	
17:15	《天天说事》	周一至周五
	《千岛时空》	周六、日
18:00	《舟广新闻》(晚间版)	
18:20	《气象、海浪预报》	
18:30	转播央广《全国新闻联播》	
19:00	《998 工作室》	周一至周五
	《对渔农村广播》	周六、日
19:35	《养生茶馆》	
20:00	《今晚八点》	
20:30	《笑话江湖》	
21:00	转播央视《中国新闻》	
21:30	《健康夜话》(上)	
22:30	《小说剧》	
23:00	《健康夜话》(下)	
24:00:00	全天播音结束	

舟山电视台节目时间表

新闻综合频率

2012 年 1 月 1 日起实行

时间	节目	周一	周二 ~ 周六	周日
07:05	《舟山新闻》重播			
07:35	《汪大姐来了》重播	《平安舟山》重播	《汪大姐来了》重播	《渔农天地》重播
11:35	《生活我做主》重播	《海边人家》	《生活我做主》重播	
12:00	《舟山新闻》重播			
12:30	《汪大姐来了》重播	《平安舟山》重播	《汪大姐来了》重播	《渔农天地》重播
12:50	《健康起义》重播			
13:30	《第一剧场》(一)			
14:15	《第一剧场》(二)			
15:05	《第一剧场》(三)			
16:40	《第一剧场》(五)			
17:40	《生活我做主》重播			17:50《海边人家》
18:05	《汪大姐来了》首播		18:10 《渔农天地》	《平安舟山》
18:30	《舟山新闻》首播			
19:00	《新闻联播》			
19:35	《健康起义》首播			
19:55	《舟视剧场》(一)			
20:45	《舟视剧场》(二)			
21:35	《生活我做主》首播			
22:05	《汪大姐来了》重播		双休日 《渔农天地》	《平安舟山》
22:30	《舟山新闻》重播			
23:00	《生活我做主》重播			《海边人家》
23:22	《午夜剧场》(一)			
00:09	《午夜剧场》(二)			
00:56	《午夜剧场》(三)			

普陀区广播电视台

《新闻早八点》

普陀广播电台开办的一档新闻杂志类节目，每周一到周五早上 8:00—9:00，节目纵览国内外时事新闻，解读热点事件，同时每天设置一热点话题，采用与听众网友互动的形式展开深度讨论，，并邀请相关专家进行事件和现象剖析。

《新渔农村》

普陀电视台创办的一档对农电视节目。每周一档，每档 15 分钟。为渔农民提供最直接、最及时的方针政策、农时农事，农技资讯和动态速递。栏目还报道海岛渔农村淳朴的风土人情以及生活在这片海域上的渔农民兄弟所特有的创业方式和产业。

对农节目一览表

节目类型	节目名称	播出时间	节目时长
电视	新渔农村	每周三晚上 8:00	15 分钟
电视	平安渔都	每周三晚上 8:00	15 分钟
电视	阿法讲大道	每周六晚上 8:00	15 分钟
广播	渔农时空	周一、三、五晚上 19:30——20:00	30 分钟

岱山县广播电视台

《今日视点》

2009 年 3 月在《岱山新闻》中固定推出的一档子栏目。栏目以“围绕中心、服务大局”为宗旨，以“深度报道、厚实展现”为追求，坚持“三贴近”、注重新闻性和细节化。《今日视点》栏目重点关注岱山经济发展进程最有成就感、最有创新力、最有代表性的亮点和热点，选题往往侧重岱山经济发展的某一方面、某个节点事件、某一个热点所带来的海洋经济的发展、社会民生的改变、和谐文明的进步等等内容，由此构筑起政府与群众之间的桥梁。《今日视点》每周五期，时长 5 分钟，首播每周一至周五 19 点 40 分。

《生活驿站》

2011 年 3 月推出《生活驿站》栏目，栏目每周三档，每档 12 分钟。从 2012 年 3 月 5 日起，《生活驿站》栏目由每周三档节目提升至每周五档。该栏目的基本形态是：感受生活、分享生活、再现生活。栏目的定位是：以民情、民意、民生为主要内容，从老百姓的视角选取题材，以老百姓的审美趣味观察生活，用老百姓通俗易懂的表现方式关注生活，讲述公共领域中的公共事务。栏目由“生活快报”、“生活现场”、“生活提示”、“生活热线”、“生活故事”等版块构成。广大电视观众还可通过短信、热线等方式参与节目，发表自己的看法。栏目运作一年来，一线记者深入基层，挖掘民生，在老百姓当中引起了较大的反响和好评，得到了较高的认可，一年多来一直保持了较高的收视率。

对农节目一览表

性质	栏目名称	时长	播出时间	每周档数	重播时间和次数	栏目定位和宗旨
对农栏目（节目）	《生活驿站》（电视）	14 分	18:45 周一至周五	每周五档	22:30 周一至周五	重点突出通俗化、生活化、平民化，让普通百姓成为主角，展示普通百姓生产生活等精神风貌。
	蓬莱乡村（广播）	15 分	10:00（周一、三)	每周二档	———	突出渔农村新型社区建设和和谐社会构建
涉农栏目（节目）	《闲话岱山》（电视）	8 分	19:45	每周 5 档	21:45	闲言碎语说岱山说尽百姓身边事

嵊泗县广播电视台

《列岛视线》

节目创办于 1998 年 1 月，是一档侧重于记录嵊泗社会经济发展的电视纪实性节目，设有《蓝色家园》、《嵊泗党建》等子栏目，现有采编人员 3 人，节目首播时间为每周六，周日重播。到目前为止，节目已持续开办 12 年，共播出节目 650 期。近年来，台里本着创建品牌节目的宗旨，把节目列入品牌节目培养对象，不断充实力量，把最好的设备、装备向节目倾斜，为节目的发展创造了良好的基础。节目力争内容贴近群众、贴近群众、贴近实际，节目形式力求创新，画面追求完美。

《金沙潮》

前生是嵊泗人民广播站的对农节目《金沙潮》，节目以提供渔业服务信息、渔业政策、近期渔业生产情况动向、先进典型等为主要内容。从 1998 年“四台”合并起，节目由原来的每周一期增加到每周二期，每期节目也由原先的 10 分钟延长至 30 分钟，播出时间为每周二、五，节目时间的延长和播出次数的增加提升了节目为广大渔村群众服务的功能，受到了群众的好评，2009 年起，节目播出增加到每周三期，进一步提高了节目的服务功能，对嵊泗县这样一个岛屿分散，交通不便的海岛县而言起到了积极的推进作用。

对农节目一览表

名 称	播出时间	节目时长	主要内容
金沙潮	每周一、三、五	30 分钟	渔业服务信息、政策、先进典型等
蓝色家园	每周二、四、六	10 分钟	渔业服务信息、渔业政策、渔家事 致富经验

台州市广播电视台

《台州新闻》

《台州新闻》是台州电视新闻综合频道一档以时政新闻为主的电视新闻栏目，也是台州电视史上历史最久的新闻栏目。播出时间为每天19:30—20:00,节目时长30分钟。《台州新闻》节目内容主要包括时政新闻、政策法规发布、公共信息等,还有部分社会新闻,中间插播两段广告,纯节目量为25分钟左右，自采量占到60—70%左右。节目以消息类为主,时政新闻注重时效性,凸显主流媒体的权威性;信息发布以服务民众为第一要旨，社会新闻则关注重大事件、热点社会现象。2008年以来,《台州新闻》加大力度推进新闻改革,在原有基础上进行调改,把《台州新闻》打造成为台州境内最大最权威的主流资讯平台,囊括区域时政新闻、本土民生新闻、国内外前沿资讯的城市台综合新闻栏目。《台州新闻》先后获得了2008年度浙江新闻奖三等奖;台州广播电视新闻奖电视品牌建设优秀栏目一等奖。

《大民讨说法》

《大民讨说法》是台州广播电视台电视新闻综合频道2008年7月开办的一档维权类新闻栏目,目前,每周7期,每天20:00首播,时长23分钟。该栏目是台州知名度高、影响力大,收视效果好的一档独具特色的品牌电视栏目。《大民讨说法》在全国首创了带着律师采访的模式,提出了“随行律师”的概念,具有自己鲜明的栏目特色。栏目先后获得2009年台州市思想文化宣传创新奖,2010年城市台标杆品牌电视栏目，台州市广播电视台首届名栏目、2010年度浙江省广播电视新闻奖新闻专栏一等奖，第六届浙江新闻名专栏。2011年又获得第七届制片人论坛暨电视名优栏目总评榜活动“2011年十大创新电视栏目”。

《第一时间》

台州电视新闻综合频道在2011年重磅推出的一档直播类民生新闻栏目。栏目开办于2011年9月19日,日播,每天播出时间为晚间6:10—6:40。《第一时间》定位于一档以重大事件类报道为主的直播民生新闻栏目,以其及时、鲜活、快捷的特点,迅速打响品牌。为体现栏目特色和定位,栏目中每条新闻,都以现场报道、现场实况为主,极大地体现现场感;每天播发一条“夜猫记者”带回的晚间新闻,体现栏目“24小时新闻报道”的概念;“3G直播连线”,直接连线现场,最大限度地体现直播元素,第一时间发回现场画面;“随手时时拍”环节,采用台州市民自己拍摄的身边新闻画面,同样体现“第一时间”的概念,也突出和观众的互动感。此外,主持人站立播报,娓娓道来,清新亲和的报道风格,在众多新闻栏目当中别具一格、深入人心。开播第一周和第二周的收视率达到6%和7%,位居台州台各民生栏目之首。

《600全民新闻》

《600全民新闻》为日播直播节目,每晚21点00分开播,总时长为60分钟。栏目设有多个版块:《直播12345》是与台州市政府直线电话受理中心12345合作开办的一个版块，目的通过舆论监督更好地维护群众的合法权益。《600全民新闻》以时效强、信息量大、有影响力的策划报道多为特色。栏目始终坚持民本取向、民生视角、责任情怀,成为台州电视界收视率、影响力和社会公信力最高的栏目。2012年,《600全民新闻》在内容上更加强调新闻的时效性,遇到突发事件及时出动、及时出稿、及时在直播中进行播报，同时根据不同的新闻时段受众群不同的特点,重点打造直播12345版块,加强舆论监督题材报道的分量和力度,另外,加大了新闻的信息量,提供给观众有用的信息，在报道中更加注重新闻故事的挖掘和温情化的传递。力求做到整档新闻版块清晰、内容丰富、形式多样,既好看又不乏深度。

《阿福讲白搭》

《阿福讲白搭》作为台州影视文化频道主要节目之一,创建于2006年,是一档独具台州地域文化,用台州方言讲新闻的晚间新闻播报、评论、互动节目,节目时长为30分钟。2012年《阿福讲白搭》节目架构分三部分。第一部分,600全民新闻的精华重头稿件;第二部分,自采稿(以帮忙为主);第三部分,外地新闻为主。主要增加了《拾宝客》小版块。《阿福讲白搭》以方言播报新闻为重要依托,主要针对广大农村电视受众和中老年收视群体,形式活泼,内容通俗。作为频道主要栏目,《阿福讲白搭》与《600全民新闻》等其他节目共同为影视文化频道获得诸多殊荣,创造了地方台的收视奇迹，七年以来，收视率一直在全省自办节目中遥遥领先。

《直通现场》

台州最具特色的新闻评论栏目。关注民生、经济、时政等多个层面，特别是社会关注的热点、百姓反应的焦点是栏目关注的重点。评论员风格鲜明，言论犀利、新锐。以评论为特色，做有观点的新闻。在运行机制上，加强编辑的力量，通过编辑的整合，改变以往仅对单一事件的点评，多角度深入形成规模。加强多媒体合作，培育评论员队伍，增强评论厚度。连线、图片、微博等多种元素运用，丰富评论的表现形式。栏目长度：30 分钟。播出时间：每周一至周日 21：30，次日早上 7 点和中午 12 点。

《阳光热线》

《阳光热线》是由台州市纪委、市委宣传部、市政府纠风办、台州广播电视台联合主办、台州广播新闻综合频道承办的一档关注民生和行风建设的互动性热线访谈栏目，每周一到周五早上 8 点到 9 点首播，次日早晨 6 点重播。主要内容是提供政策咨询，在线接受群众关于乱收费、乱罚款等不正之风的投诉，听取群众对党风政风行风建设以及业务方面提出的意见、建议和批评。 《阳光热线》栏目的前身是《行风热线》，于 2004 年 11 月开播，至今已经有 44 家市级机关和职能部门、行业单位加入。《阳光热线》已成为台州广播节目中收听率最高的节目之一，最高市场份额达 45.2%。2008 年《阳光热线》荣获台州市广播电视新闻奖广播品牌建设优秀栏目一等奖。2010 年《阳光热线》被评为台州广播电视台名栏目。

《台州晨报》

《台州晨报》是广播新闻综合频道一档以贴近实际、贴近生活、贴近群众的直播类新闻节目。播出时间为每天上午 7:00—7:30。它追求迅速、准确地报道发生在台州政治、经济、科教、文化、社会等各个领域重要新闻事件。时政新闻强调权威观点与群众视角相结合，经济新闻强调宏观举措与群众利益相结合，科教新闻强调最新成果与群众生活相结合，文化新闻强调高雅品位与群众普及相结合，社会新闻强调客观报道与引领群众相结合。栏目宗旨：权威新闻发布、快捷新闻资讯、深度新闻解读、专业新闻制作。栏目常年设“市内新闻”和“媒体看台州”两部分。

《路家兄妹》

2006 年 1 月 1 日，台州交通广播大改版，对记者全天的纵向信息播报的形式做了一个大胆的创新，一个具有家庭式组合、角色化演绎、个性化播报的节目《路家兄妹》出现在电波中。这个家中由路小东、路小南、路小西、路小北四个兄妹组成，他们的口号就是“我们在路上、我们在您的身边”节目运行五年来成为了社会影响力巨大的品牌节目。节目内容定位是重在向坐在车上的受众传递在身边发生的交通民生信息，帮助受众解决遇到的难题。节目构成元素是以现场连线话语因素为主、时长为 2 分钟到 5 分钟。由“1”、“1+1”或者“1+N”的方式构成。即一位记者或者加一个新闻当事人，事件关联人。“路家兄妹”节目具有很鲜明的特色。可操作性强。节目具有非常快捷的时效。形式新颖。“路家兄妹”每天整点播出，四人轮流进行。兄妹组合式出现形式新颖，有较高的接受度。

台州电视新闻综合频道 2012 年白天节目编排表

2012 年 2 月 11 开始实施

时间	节目名称	长度	
06:00	频道形象片　白天节目预告	3’	
06:03	重播有点名堂	20’	
06:23	白天广告 1	7’	
06:30	台州您早	15’	
06:45	重播小丫讲天气	10’	
06:55	白天广告 2	5’	
07:00	重播台州新闻	27’	
07:27	白天广告 3	3’	
07:30	重播第一时间	30’	
08:00	白天广告 4	5’	
08:05	淘最台州	15’	
08:20	白天广告 5	10’	
08:30	养 生 堂	25’	
08:55	白天广告 6	10’	
09:05	电视剧精彩看点	1’	
09:06	白天广告 7	3’	
09:09	重播昨晚电视剧 1	43’	
09:52	白天广告 8	9’	
10:01	电视剧精彩看点	1’	
10:02	白天广告 9	3’	
10:05	重播昨晚电视剧 2	43’	
10:48	白天广告 10	9’	
10:57	时 尚 汇	30’	
11:27	白天广告 11(即时尚汇中间插)	3’	
11:30	白天广告 12	5’	

时间	节目名称	长度	
11:35	频道形象片 中午节目预告	2'	
11:37	重播有点名堂	20'	
11:57	白天广告 13	3'	
12:00	重播台州新闻 午间气象	30’	
12:30	白天广告 14	5’	
12:35	重播大民讨说法	20’	
12:55	白天广告 15	5’	
13:00	在 路 上	18’	
13:18	白天广告 16	5’	
13:23	下午电视剧 1	44’	
14:07	白天广告 17	5’	
14:12	下午电视剧 2	44’	
14:56	白天广告 18	5’	
15:01	下午电视剧 3	44’	
15:45	白天广告 19	5’	
15:50	下午电视剧 4	44’	
16:34	白天广告 20	5’	
16:39	淘最台州	15’	
16:54	白天广告 21	4’	
16:58	晚上节目开始		

台州电视新闻综合频道 2012 年晚间节目编排表

2012 年 2 月 10 日开始实施

时间	节目名称	长度	
16:58	频道形象片　晚上节目预告	3’	
17:01	晚上广告 1	3’	
17:04	少儿节目	25’	
17:29	晚上广告 2	3’	
17:32	养生堂	25’	
17:57	晚上广告 3	3’	
18:00	小丫讲天气	10’	
18:10	第一时间	30’	
18:40	有点名堂	20’	
19:00	转播新闻联播	30’	
19:30	台州新闻	30’	19:30:00 台州新闻导视 1’ + 晚上广告 4 2’35” 19:33:35 台州新闻节目 22’25” 台州新闻中间插 2 次，每插 2’
20:00	大民讨说法	23’	20:00:00 大民讨说法导视 1’ + 晚上广告 2’ 20:03:00 大民讨说法特约广告 35” 20:03:35 大民讨说法节目 16’55” 大民讨说法中间广告插 1 次，时长 2’30”
20:23	晚上广告 5	2’	
20:25	气象	3’	
20:28	晚上广告 6	2’	
20:30	828 剧场	101’	20:30:00 电视剧精彩看点（一）1’ 20:31:00 晚上广告 7 1’、 20:32:00 828 剧场片头电视剧片头 1’ 20:33:00 电视剧 1 45’ 21:18:00 晚上广告 8 2’ 21:20:00 电视剧精彩看点（二）1’ 21:21:00 晚上广告 9 1’ 21:22:00 828 剧场片头或频道宣传片 25” 21:22:25 晚上广告 10 1’ 21:23:25 电视剧 2 45’ 22:08:25 晚上广告 11 2’ 22:10:25 明天电视剧精彩看点 35”

时间	节目名称	长度	
22:11	晚上广告 12	2’	
22:13	小丫讲天气 （无广告版）	5’	
22:18	晚上广告 13	2’	
22:20	晚安台州	15’	
22:35	晚上广告 14	3’	
22:38	淘最台州	15’	
22:53	十点档插播	2’	
22:55	易财经	20’	
23:15	重播第一时间	30’	
23:45	晚上广告 15	3’	
23:48	重播台州新闻	30’	
00:18	重播大民讨说法	23’	
00:41	电视剧	88’	
02:09	结 束		

台州在线网站概况

台州在线是台州广播电视台官方网站，也是台州最全权威的音视频网站。台州在线首页共分为四个大版块：每日新闻、电视栏目推荐、车生活、社区互动。

“每日新闻”处下分 8 个小版块：

时政要闻：及时准确的报道台州党和政府高层人物动态,各大部委和机关新闻活动,以及各项政策的实施新闻报道。

书记、市长报道集：台州书记、市长新闻活动报道合集。

今日热点：推荐台州本地当日最新、最热的新闻事件,以及论坛、博客最热帖。

民生：以“民生、民情、民意”为主要关注点,以台州百姓“身边事、麻烦事、稀奇事、关心事”为推荐题材,推荐台州当日最新的社会民生新闻。

财经：每日推荐最新的财经新闻,聚焦台州,放眼全球财经热点,覆盖股票、债券、基金、期货、信托、理财、管理等多方面的财经新闻。

专题：热门新闻专题。

国际新闻：汇聚全国热门的时事新闻,最新的娱乐新闻。

电视栏目推荐分 2 个小版块，精彩栏目推荐台州电视各频道精彩的品牌节目；电视剧栏目展示台州电视三个频道正在热播和即将播出的电视剧。

社区互动和台州茶文化官网、7 号码头论坛、东海博客打通,推荐社区热门文章。

台州在线频道：

新闻综合频道、影视文化频道、公共财富频道、城市生活频道、台州新闻广播、台州交通广播、台州音乐广播、睛彩台州频道、数字服务频道：台州在线给各个电视广播频道均开设了频道专属页面，频道页面内为在该频道播出的节目视频。

台州网络电视台：主要发布台州在线自采新闻。

电视剧：新闻综合频道、影视文化频道、公共财富频道播过的电视剧简介、分集剧情、剧照等。

电影：台州本土电影以及映山红微电影大赛参赛作品展示。

比赛：收录了台州各频道历年来举办的比赛节目视频。

晚会：收录了台州各频道历年来举办的晚会节目视频。

专题：收录了台州各频道的新闻专题视频。

黄岩区广播电视台

《一方水土》

一档社教类电视节目，宗旨是通过展示地方传统文化,民俗民艺和乡土人物等,以弘扬黄岩传统文化,凝聚黄岩精神。节目内容包含《乡土文艺》、《名人名家》、《文化遗存》、《民俗民艺》、《名吃名点》等五个方面。节目播出每周一期,长度 12 分钟;首播时间是每周四晚上 20 点，重播时间是每周五早上 7 点 15 分。

《七色光》

以展现童真、童趣和童星为主的电视少儿节目，主要给孩子们提供一个展示自我的舞台，让孩子们在节目中找到快乐，在快乐中成长。节目主要包含《全家总动员》、《童声飞扬》、《快乐体验》、《童星剧场》四个方面,每周一档,周五播出。

对农节目一览表

广 播	电 视
农村天地	绿色风(每周两档播出)
三农服务	一方水土
午间说农事	

临海市广播电视台

《临海新闻》

一档以时政新闻为主干，集权威信息及政策发布，热点、难点引导的电视新闻栏目，全方位展示临海政治、经济及社会生活，具有权威性、时效性、贴近性和可看性，宗旨是做让政府满意，群众爱看的新闻。内容深挖重要新闻主题和重大新闻事件，通过多角度、多侧面的观察、剖析，形成报道气势，引起受众的高度关注，从而扩大宣传的效果；加强阶段性方针政策解读，并配以评论、综述的报道；加强难点、热点的报道，加强舆情引导，以调查及专题的形式充分报道百姓关注的难点及热点；增加市外媒体关注临海的新闻，拓展新闻视角。2010年增加了周日版《临海新闻》，加强周末的改版力度，增强深度及调查类的报道及市外媒体对临海相关报道信息。坚持“关注社会，服务百姓”的节目宗旨，打造具有主流媒体的公信力与影响力。

《种田垟》

2007年1月8日推出的对农方言电视栏目。栏目宗旨是“聚焦三农，服务新农村建设”，栏目风格为朴实亲切轻松。栏目运用版块式结构，采取杂志型编排，现设有《乡村新闻》、《生财有道》、《小徐跑农村》、《农技110》、《乡村“民”星》(、《村头黑板报》等六大版块，节目开播以来，受到了社会各界人士尤其是广大农民群众的普遍关注和强烈欢迎，同时也得到了市委市政府的充分肯定。2007年，栏目获得临海市宣传思想工作创新奖，台州市对农节目二等奖；2008年，栏目获得台州市对农节目一等奖，全省电视优秀对农栏目奖；2009年，栏目又获得台州市对农节目一等奖，全省电视优秀对农栏目奖。2010年也是连续第三年获全省电视优秀对农栏目奖。同时栏目于2012年再次荣获全省电视优秀对农栏目奖。

《我们在路上》

现在随着有车一族的不断增加，越来越多的人是在车里度过的，2011年临海电台就针对这一群体对节目进行了改版，在每天下午下班的高峰时期，推出了《我们在路上》节目，以诙谐、幽默的方式让忙碌了一天的听众得到放松和开心一笑，这档节目开播一年来很受听众的喜爱，进一步提高电台的知名度。

《80、90向前冲》

《80、90向前冲》是临海人民广播电台于2010年4月改版的一档晚间聊天类栏目，目标受众定位在校大学生和刚参加工作的年轻人。栏目由两位80后男女主持人搭档主持，他们以轻松、亲切的风格，结合自身特点来聊80、90的生活、情感、人生态度和对社会的看法等。努力传达健康、时尚、快乐、进取的年轻理念。栏目共分8090时尚SHOW、微博知天下和8090逗小嘴三个小板块。

温岭市广播电视台

《田园四季风》

温岭电视台《田园四季风》栏目包括乡村气象、乡村信息、乡村发现、乡村调查、乡村达人、乡村故事、乡村服务、乡村活动、乡村超市等九大版块，通过传递国内外三农信息，解读对农政策；精选全市特色乡村，讲述每个村的历史、人文、美景、美食、风俗等；对“三农”现象及某个“三农”事件进行深度报道；介绍乡村人物故事，宣传种养殖业致富能手及基层农村先进人物等，倾心为三农服务，努力为农产品销售搭建平台，帮助农民解决农产品卖难问题。播出时间：温岭二套周三、周五、周日首播，周四、周六、周一重播；温岭一套周三、周五、周日重播。

《温岭警视》

由温岭市公安局和温岭电视台联合推出。栏目以追踪案件真相，目击突发现场，聚焦警视热点，展示警营风采为己任；以服务全面建设小康社会，创建大局稳定、治安良好、执法公正和群众满意的"平安温岭"为目标；以服务公安中心工作，提供权威警务资讯，密切警民关系，展示公安形象为核心，为创造和谐稳定的社会环境和公正高效的法治环境而努力。播出时间：两周播出一期。每周二晚上8点在温岭一套首播，次日11::30重播，

《温岭早高峰》

《温岭早高峰》以新闻为主，以严谨的播报为本，让你在上班开车路上了解第一手的资讯。《温岭早高

峰》贴合私家车人群的生活节奏，时段所需，让私家车主在欣赏节目的同时，更加了解温岭本地发生了什么，让你在轻松的同时了解新闻资讯。节目中穿插的《小浩说新闻》让新闻资讯更加集中在早高峰时段，更加的贴地，了解温岭本地的权威新闻。播出时间：每天 7:30—9:00。

《温岭晚高峰》

秉承打造快乐陪驾的原则，继续以最具娱乐精神的广播节目为本，以节目主创人员、强大的社会资源、多媒体参与为基础，制作出主流听众群在下午档时段值得锁定收听的资讯、娱乐、互动类节目！节目中穿插半小时小栏目《十万个为什么》，针对 0–7 岁儿童，通过互动问答，歌曲翻唱等互动方式，让车上小朋友参与到节目中来。让童声传递给更多的私家车主听到。播出时间：每天 15:30—18:30。

温岭广播电视台对农节目一览表

广 播	电 视
《农家天地》每周一 7:30 分首播 11:00 重播 时长 25 分钟	《田园四季风》
《咱老百姓》每周一 19:00 首播 周二 11:30 重播 时长 30 分钟	每周三档。每周一、周三、周五 19:20 分播出。时长 15 分钟。
《金色夕阳》每日 6:00 播出 时长 25 分钟	

玉环县广播电视台

《乡土》

2012 年 1 月 12 日正式开播，电视人文栏目，该栏目以深入基层、贴近群众为立足点，内容丰富、形式多样，既关注自然风光、历史文化和民俗风情，也着重记录社会发展、人们的生活状态和精神风貌。栏目宗旨：寻访乡土古韵，领略人文风情，记录生活点摘，反映今昔变化。时长 15 分钟，首播每周四晚 20:45，次日 10:00，15:55，20:45 重播。

《913 快报》

2012 年 5 月 16 日开播，广播资讯节目，时长 5 分钟。每日 08:00–17:00 整点播报，内容包括新闻、路况、天气等资讯。设有子栏目《微博时间》，融合自媒体的广泛参与性，评述新闻热点。

对农栏目一览表

节目类型	节目名称	播出时间	节目时长
广播	山水玉环	每周 7 档，每日 06:10 首播	20 分钟
	我在玉环	每周 3 档，20:05 首播	20 分钟
	玉环新闻·新农村的故事	18:10 首播	3 分钟
	玉环新闻·效益农业	18:10 首播	2 分钟
电视	玉环新闻·走近特色农业	每周一期，19:35 首播	2–3 分钟
	金色港湾	每周一 20:35 首播	12 分钟
	乡土	每周四 20:35 首播	15 分钟

天台县广播电视台

《始丰民生广场》

一档以民生新闻为主的综合性新闻服务类栏目,2008年11月8日正式开播,节目时长20分钟,每周一至周五晚20点首播。栏目的宗旨是"关注百姓生活,讲述百姓故事",由"888新闻眼"、"帮忙二人行"、"生活小贴士"三个板块构成。该栏目自2007年12月试播以来,经过近一年的运行磨合,通过持续不断地对对节目内涵进行改造和深化, 精心策划选题,以独特的视角、新颖的制作不断吸引城乡群众关注和喜爱,在当地拥有较高的收视率,享有较高的声誉。

《天台人讲散》

一档方言版的民生新闻栏目,2008年11月9日开播。该栏目由新闻和天台人讲古二个板块构成,以老百姓最关心的话题,县内先进人物事迹、人文、历史,百姓身边故事等为内容,立足于丰厚的天台山文化土壤和优美的山水风光资源,挖掘、整理、展示、弘扬当地原生态文化,力求做精做细,力求"好看",该栏目时长20分钟,每周六、周日晚20点首播。

《魅力乡村行》

一档与天台县农业局合办的对农节目,2009年5月28日开播。《魅力乡村行》以"评说地方农事、提供致富信息、展示特色农业、关注农民生活"为节目定位,主打版块有四个:"乡村快报"为农民提供最直接、最及时的方针政策、农时农事、农技资讯和动态速递;"乡村来风"涵盖动态新闻、生产生活、农民信箱和特色文化, 原汁原味地反馈农村面貌;"致富有道"主要介绍种养殖新技术、新品种等致富信息,以及宣传身边的致富典型、经验推广、致富金点子和市场行情;"乡村故事"评述人物采风、文明新风、乡村新貌及趣闻轶事。该节目时长20分钟,每周一、三晚上8 : 30首播

对农节目:广播3档:《今日农村》、《农技大篷车》、《农村大舞台》

电视3档:《魅力乡村行》(省通用性电视对农节目版)《希望的田野》《魅力乡村行》

仙居县广播电视台

《仙居新闻》

电视栏目,着重宣传县委、县政府重点工作,同时通过"走基层"活动,把新闻触角向基层一线延伸。《民生999》包含了王牌节目《999热线》以及《今日关注》,《百姓故事》、《小季帮忙》等子栏目,内容更具贴近性和服务性。两档新闻节目视野进一步拓宽,推出了国际、国内要闻和趣闻报道,专门从新华社购置新闻节目,在《仙居新闻》中开设《看天下》板块,在《民生999》开设《今日大搜索》板块。改版后,播出时间作了调整,《仙居新闻》首播时间18:40,重播为22:00、24:00,次日的7:00、12:00;《民生999》首播时间为19:40, 22:20,24:20,次日的7:30,12:20。

《走进新区》

由县新区开发管委会与仙居电视台联合举办,是一档以展示仙居城市建设发展的电视栏目, 栏目旨在宣传新区建设的重要意义, 建设理念和开发动态,增强新区开发的信心。仙居新区是实施县城"拓东——改中——扩西"战略目标的拓东部分,是仙居打造生态家居城市的主平台, 是仙居城市建设历史上投资最大、综合性最强的工程。每两周一期,首播时间周日19:40、22:00、24:00次日7:05 、12:00,重播的节目播出时间为:18:20 、21:43 、7:25

《阳光访谈》

《阳光访谈》是仙居首档广播舆论监督类栏目,由县纪委、监察局、纠风办和仙居人民广播电台联办,是仙居县正在实施的"阳光工程"的重要组成部分。栏目旨在以公开促公正,以透明促廉洁。相关职能部门主要负责人将做客节目,解读阳光工程,接受群众咨询,切实服务百姓。节目首播时间为7至9月份的每周六上午10:30, 重播时间为周日上午10:30。

仙居广播电视台 2012 年对农节目一览表

节目分类	节目名称	首播时间	重播时间	节目时长
广播对农节目	《经济瞭望》	周一 17:35	次日 6:00	15 分钟
《今日新农村》	《农家顾问》	周二 17:35	次日 6:00	15 分钟
	《学习园地》	周三 17:35	次日 6:00	15 分钟
	《仙乡风采》	周四 17:35	次日 6:00	15 分钟
	《卫生与健康》	周五 17:35	次日 6:00	15 分钟
电视对农节目	《聚焦三农》	周二 18:20	21:43、次日 7:05	10–15 分钟
	《聚焦三农》	周四 18:20	21:43、次日 7:05	10–15 分钟
	《聚焦三农》	周日 18:40	22:00、次日 12:00	10–15 分钟

三门县广播电视台

《小王说防范》

一档大型电视新闻专题系列节目。节目以向广大群众推广防范知识为主，由三门县公安局海游派出所民警王红霞担任节目主持人。通过案例介绍，向老百姓介绍“防盗、防骗、防抢夺”攻略等知识，进一步达到宣传安全防范工作的目的。该专栏每月播出两期，播出时间是周五晚上《民生直通车》，节目时长 3–5 分钟。

《蟹乡金土地》

一档电视对农服务类电视专题栏目，由原来的“民生超视（三农版）”改版而来，节目时长为 18 分钟，每周六晚 19:52 首播，次日重播。该栏目分“信息快报”、“今日农村”和“农技顾问”三个版块，重点把视角对准农业、农村和农民，将有利于农村经济发展的信息及时传递给普通百姓，把新农村建设、种养殖业新模式、农业合作社经营典型用音画效果全面展示，达到带动农民致富的节目初衷。

《身边》

三门广播电视台一档广播生活类栏目，每周一期，首播每周日晚 19:30，次日重播，每期 15 分钟。栏目自开办以来，始终本着以平民化的视角，贴近性的内容，且通过写实的手法，来反映社会底层百姓对真、善、美的追求。栏目同期声丰富，报道形式为百姓喜闻乐见。

《田野四季风》

一档对农服务类广播专题栏目。开办于 2004 年 5 月 1 日，每周日晚 19:00 首播，次日重播。节目时长为 15 分钟，这是个面向农村、面向农业、服务农民的对象性节目，以为农村发展、农民增收献计出力为宗旨，内容贴近农业、贴近农民、贴近农村实际。设有四个子栏目，即“三农信息快报”，“农技顾问”，“村头巷议”“今日乡村”四大版块，节目开播以来，通过及时介绍有关三农政策法规、科学技术、病虫害防治措施、农技知识，以及评述当前农村热点话题，反应百姓心声，并通过讲述农民身边的人和事，新事物，好典型，来引导农民致富奔小康，促进农村三个文明建设。

对农栏目一览表

栏目类别	栏目名称	时长	播出时间
电视	《蟹乡金土地》	18 分钟	每周六 21:52
	《民生超视》科普版	16 分钟	每周日 21:45
	生活广角	16 分钟	每周日 19:33
广播	田野四季风	15 分钟	每周日 19:00
	身边	15 分钟	每周日 19:30
	科技全接触	20 分钟	每周六 19:30

丽水市广播电视台

《丽水新闻》

新闻资讯类电视栏目。《丽水新闻》是丽水市广播电视台电视新闻综合频道“权威时政信息第一时间发布,热点民生事件第一现场报道”的一档综合类新闻节目，连续5届被丽水市委宣传部评为品牌栏目，多次被评为市优秀电视栏目，每天19:35分播出,每期时长为27分钟。

《新闻追踪》

新闻专题类电视栏目。《新闻追踪》创办于2001年,每周一档,每周二晚上20:10分播出,时长13分钟。是一档客观的、冷静的,又是科学的、公正的、深度的新闻专题报道。栏目的定位:追踪重大事件、评说社会热点、分析经济现象、关注百姓生活。栏目曾获得丽水市“百姓喜爱的栏目”、“名牌栏目”、“优秀栏目”等称号,获省政府奖二等奖作品4件,三等奖8件。

《瓯江警视》

法制专题类电视栏目。《瓯江警视》1995年5月18日开办,栏目由丽水市广电台和丽水市公安局联合主办。每周四20:10播出，节目时长为13分钟。《瓯江警视》融法律、法规、政策为一体;集思想、新闻、艺术于一身;及时报道治安热点、难点、焦点;迅速追踪社会大案、重案、要案。以人为鉴明是非,以法为界知方圆,通过正义与邪恶的较量,情理法的激烈碰撞,展现案件真现,探索人生法则。

《瓯江报道》

新闻资讯类电视栏目。自2009年改版以来,成为丽水第一档电视新闻直播节目，开创了丽水电视直播新时代。在继续保持优势的同时,2012年4月16日,《瓯江报道》和《社区直通车》这两个品牌栏目再次走到了一起。栏目调整后时间延长到了35分钟,播放时段为每日18:45到19:20。是丽水电视媒体中日播新闻最长的1档新闻杂志类节目。改版后的《瓯江报道》由当天重点新闻、民生报道、新闻评论3大板块构成。

《养生谈》

生活服务类电视栏目。创办于2012年4月16日,每周首播1档,重播6档,每晚21:15分播出,时长30分钟。节目以“就地取材,身边故事,科学理念,专家讲解”为宗旨,邀请丽水本地专家学者、观众,围绕食养、药养、水养、体养、文养5个方面,深度剖析秀山丽水赋予我们的得天独厚的地理环境，以及在此基础上的养生之道。

《老白谈天》

新闻资讯类电视栏目。创办于2009年4月27日,每周六档,周一到周六21:30—21:59播出,时长29分钟。是一档方言民生新闻栏目,节目以"平民主播、百姓话题"为特色,在形式上,着力打造"老白"的平民主播形象,用方言拉家常、聊天的方式来说百姓身边的新闻,让观众在看"老白"播报新闻的时候,体会到和亲朋好友、左邻右舍"谈天"时的乐趣;在内容上,强调生活性、趣味性、贴近性,强调过程纪实以及亲切的交流和服务,以平民化的视角贴近老百姓的生活。开播四年来,该栏目受到丽水广大观众的好评和喜欢,周平均收视份额最高达46%,创下了丽水广电业的收视奇迹。该栏目还被丽水市委宣传部评为"品牌栏目"。

《绿谷采风》

旅游文化类电视栏目。创办于2004年1月,每周一档,每周日晚21:30—21:45播出,时长15分钟。自开办以来,栏目工作人员深入挖掘了一系列的历史名人、民风民俗、文化名村等历史文化,拍摄了大量的丽水山水和优美的自然风光。先后推出《穿越瓯江》、《探访桃花源》、《处州十大历史名人》等众多系列片。节目追求画面精美、文字优美,形式活泼、多样,不拘一格。根据题材的不同分别采用散文式、游记式、讲故事式、观众参与的竞技式等等,尽量把主题体现做得更突出、节目做得雅俗共赏,吸引更多的电视观众。多次被评为市品牌栏目和优秀栏目。

《百姓热线》

舆论监督类广播栏目。《百姓热线》2012年继续组织好日常部门单位上线直播,在直播中强调各部门单位行风建设、政务行务公开,突出与百姓息息相关具体问题的联结点的追问。《民生版》加重"部门反馈"对群众问题回复内容分量,加大各类民生新闻的曝光和报道力度。荣获丽水市品牌栏目奖。

《丽广新闻》

新闻资讯类广播栏目。"第一时间,第一报道,第一选择,《丽广新闻》及时体现市委市政府的决策,真诚反映人民群众的心声,全面、快速报道全市各地发生的最新新闻。贴近生活,贴近听众,《丽广新闻》——丽水人的空中新闻!"《丽广新闻》自1993年开播以来,就一直响彻在丽水上空。围绕"提高质量,扩大影响"这个宗旨,栏目组精心策划广播新闻采编工作,努力把《丽广新闻》打造成精品节目,力求形式多样,内容丰富,时效性强,可听性高。

《城市在线》

新闻资讯类广播栏目。《城市在线》是丽水市广播电视总台广播新闻综合频率着力打造的一档新闻资讯类直播节目,关注热点新闻,讲述新闻故事,连线现场记者报道突发新闻事件,实时关注事态发展。突出广播宣传的快捷优势,全力打造本土最快,最权威的直播广播新闻,让听众通过电波了解身边世界。直播时间:周一至周五上午10点30分到11点。

《财经时间》

生活服务类广播栏目。《财经时间》是丽水市本土唯一一档广播财经节目。该栏目立足于民生财经的多元化报道,节目风格力求紧贴主旋律、传递正能量、兼具专业性,得到听众的广泛认可和好评。创造了连续四个季度在所有本土广播节目中收听率排名第一的佳绩,在2012年中国广播电视协会组织的第二次"全国广电媒体民生影响力调查评价"活动中,荣获中国广播电视协会颁发"全国广播栏目民生影响力10强"荣誉称号。

《全城抢听1069》

生活服务类广播栏目。交警在线,解惑释疑,一条热线,传递万千情谊;《全城抢听1069》是丽水交通音乐频率2012年节目改版后全新推出的以交通为主的一档节目,目的是加强交通参与者和管理者之间的沟通,为城市道路交通管理构建一个和谐的平台。交警走进直播间,介绍交通法律法规,讲解交通事故现场,分析道路交通问题,听取交通参与者对于交通管理意见、建议,解答交通参与者的交通问题。节目还采用电话留言、网络留言、微博、短信等方式加强与听众的互动。

《1069直播丽水》

新闻资讯类广播栏目。《1069直播丽水》由动态消息、深度报道和路况组成,满足听众不同信息需求。《1069今日播报》直击本地新闻，以简短资讯为主，追求信息量；《1069今日关注》关注社会热点、探究新闻背后的新闻，是以深度报道为主的子栏目。

《胡杨说车》

生活服务类广播栏目。《胡杨说车》是丽水交通音乐频率节目改版后推出的一档以主持人命名的汽车服务类节目，也是频率联合丽水市工商局、丽水在线网站倾力推出的汽车维权节目，周一至周五14点至15点30分播出，内设《车市快报》、《汽车推荐》、《胡杨评车》、《车友聊天室》、《前车之鉴》等子栏目。主持人胡杨报告最新车市信息、为车主解惑释疑，帮助车主解决遇到的维修保养各种问题，维护消费者权益。节目推出后，节目收听率列同时段节目首位。

《希望的田野》

对农资讯类。是广播新农村频率2012年新开办的一档对农直播栏目，也是原对农栏目《绿色淘金》的扩版和升级，时间更长、内容更丰富。栏目以"关注百姓，服务三农"为宗旨，宣传党的农村政策、传播现代农业科技知识、介绍致富典型、报道农村发展变化、解答农民生产过程中遇到的各种问题，为农民致富奔小康提供全方位服务。栏目设政策一点通、走进新农村、致富经、科技园地、他山之石、小窍门等板块，栏目获2012年度全省对农节目服务工程建设考核市级台鼓励奖。每周一到周五8:00—9:00播出。

《农村大市场》

对农资讯类。是广播新农村频率2012年新开办的一档全新的对农直播栏目。栏目充分发挥广播传播的优势，重点介绍新产品信息、农产品加工及销售信息、供求趋势、价格走向，成为向农民听众发布市场信息，了解市场动态的一个窗口。"收听就有收获"成为栏目响亮的口号。栏目设市场导航、名优特产、快乐农家、供求平台等板块。每周一到周五11:00—12:00播出。

《百姓大舞台》

对农服务类。是广播新农村频率一档立足本土文化娱乐为主打的互动型广播直播节目。节目口号：百姓大舞台，精彩从这里开始。节目重新诠释"舞台"的概念，引申为艺术的舞台和生活的舞台两种概念，因此节目分为"文艺版"和"生活版"。文艺版以系列为专题，打造广播节目与现场表演结合的节目模式；生活版以访谈为主要形式，结合本土文化资讯、幕后故事等，从而更直接、更深入地了解丽水的本土文化。每周一到周五16:00~17:00播出。

丽水市广播电视总台广播新闻综合频率节目单

2012 年 1 月 1 日起执行

时间	周一至周五	周六	周日
05:55-06:00	开始曲、节目预告		
06:00-06:30	丽广早新闻		
06:30-07:00	转中央台 新闻和报纸摘要		
07:00-08:00	转浙江之声 浙广早新闻		
08:00-08:30	百姓热线(周一至周五领导上线直播版)	百姓热线(反馈版)	百姓热线(反馈重播)
08:30-09:00	文馨读报文馨读报(新闻纪事)		
09:00-09:10	整点快报(1)		
09:10-10:00	生活进行曲生活导航 在线服务		
10:00-10:30	整点快报(2) 中国笑星		
10:30-11:00	城市在线	晓峰连线 城市资讯	一周回顾 新闻广角
11:00-11:30	希望的田野(精编版)		
11:30-12:00	丽广午新闻		
12:00-12:30	拇指拇指乐翻天		
12:30-13:00	大赢家拇指大赢家		
13:00-13:10	整点快报(3)		
13:10-13:30	都市女性社区		
13:30-14:00	丽人时尚资讯		
14:00-14:30	生活热线		
14:30-15:00	音乐欣赏		
15:00-15:10	整点快报(4)		
15:10-16:00	娱乐 60 分	娱乐 60 分(音乐有约)	
16:00-16:30	广播剧场		
16:30-17:30	章嘴就来		

时间	周一至周五	周六	周日
17:30–18:00	丽广新闻		
18:00–18:30	转浙江之声 浙江新闻联播		
18:30–19:00	转播中央台全国新闻联播		
19:00–19:30	百姓热线（重播）		
19:30–20:00	转播电视新闻综合频道《丽水新闻》		
20:00–21:00	财经时间	财经资讯	财富人生　一周财经
		快乐理财	理财故事
21:00–21:30	希望的田野（精编版）		
21:30–22:00	广播剧场		
22:00–22:10	整点快报（5）		
22:10–23:00	缘分的天空	缘分的天空（相约今宵）	
23:00–23:30	丽广新闻（重播）		
23:30–24:00	心语星愿		
24:00:00	播音结束		

丽水市广播电视总台电视新闻综合频道节目单

07:18	白天节目预告
07:25	重播:经济类栏目 + 法制中国
07:43	重播:眼界 + 环保前线
08:10	重播:新闻追踪 + 乡里乡亲 + 瓯江警视
08:30	重播:新闻夜视
08:52	缤纷剧场
11:44	重播:经济类栏目 + 法制中国
12:00	眼界 + 环保前线
12:30	重播:丽水新闻
12:59	气象
13:05	重播:新闻追踪 + 乡里乡亲 + 瓯江警视
13:20	重播:手语新闻 + 娱乐双响炮
13:40	缤纷剧场
16:39	晚间节目预告
16:50	经典剧场
18:45	经济类栏目 + 法制中国
19:00	转中央台新闻联播
19:35	丽水新闻
20:04	气象
20:10	新闻追踪 + 乡里乡亲 + 瓯江警视
20:27	第一剧场
22:15	新闻夜视
22:34	重播:气象
22:39	重播:经济类栏目 + 法制中国
22:54	星光剧场
00:50	手语新闻 + 娱乐双响炮
01:02	重播:丽水新闻
01:31	重播:新闻追踪 + 乡里乡亲 + 瓯江警视

丽水在线网站概况

丽水在线(www.lsol.com.cn)是丽水市广播电视总台于2009年创办的集新闻、论坛、生活服务为一体的“本地新闻综合门户网站”。下设新闻中心、丽水论坛、丽水房产网、丽水汽车网、缘来网(交友频道)、丽水家装网、理财频道、健康频道、教育频道、生态频道、农家乐等频道。网站新闻中心收录了开办以来丽水市广播电视总台三个电视频道、三个广播频率播出的所有自办视音频节目,目前已有库存节目13万多条供网友点播,是为丽水人量身打造的全新网络家园。

网站开通以来,坚持“以活动吸引网民,用服务留住网民”的宗旨,引进电视民生代言人的做法,在论坛版块打造了“我是小秋”品牌形象,帮助网友解决问题、曝光社会不良现象、策划组织活动。如:发起活动为患尿毒症的女研究生捐款;跟踪曝光敬老院老人遭殴打事件,最终打人者被迫辞职;帮助失明老奶奶卖橘子;曝光市区烧烤摊扰民、人行道乱停车问题等。组织了小秋进社区、小秋走县市、相亲大会、“丽水?丽人”评选大赛、“挂历宝宝”大赛、农家乐休闲游等一系列活动。通过三年多的努力,“我是小秋”基本树立了生活助手与媒体舆论监督的形象定位,由于服务及时热心,得到了网友的信任与好评,一些网民开始形成有事向小秋求助的习惯,有效提升了网站的知名度与影响力。目前网站有注册会员24万多。

丽水在线作为广电下属网站,充分借助母体资源,与电台广播新闻综合频率联合打造了一档服务百姓的节目“百姓热线”,在广播和网站的“在线直播室”同步直播,不定期开展“百姓热线”走基层、进乡镇活动;与总台下属广播电视报联合开辟论坛专版,汇集论坛每周的热点话题,实现报网互动,扩大论坛阅读延伸。

莲都区广电新闻中心

现有四档有线对农广播节目,两档《农业顾问》、一档《绿谷乡情》、一档《卫生与健康》,每档均为10分钟。《农业顾问》主要以指导农事、食用菌生产为主。根据季节气候的变化,向农民讲述农业生产方面的知识,以及食用菌栽培技术,介绍农药、化肥的使用知识,侧重实用性;《绿谷乡情》讲述发生在莲都农村的新鲜事、有趣事,国家对农政策以及莲都的风土人情,侧重趣味性,可听性;《卫生与健康》着重向农民介绍养生、妇幼保健、卫生等知识,侧重知识性。

对农节目一览表

栏目名称	时长	播出时间	每周档数	次数	栏目定位和宗旨
《农业顾问》	10	周二、周六	每周二档	2	主要以指导农事、食用菌生产为主。根据季节气候的变化,向农民讲述农业生产方面的知识,以及食用菌栽培技术,介绍农药、化肥的使用知识,侧重实用性;
《绿谷乡情》	10	周一	每周一档	2	讲述发生在莲都农村的新鲜事、有趣事,国家对农政策以及莲都的风土人情,侧重趣味性,可听性
《卫生与健康》	10	周三	每周一档	2	着重向农民介绍养生、妇幼保健、卫生等知识,侧重知识性。

云和县广播电视台

《云和新闻》周一至周五日播,周六至周日播出《新闻周报》,节目时间10至15分钟,周六、周日播出《手语新闻》,方便聋哑人收看。

对农节目一览表

栏目名称	时长	播出时间	每周档数	重播时间和次数	栏目定位和宗旨
《农民之友》	12	周一、周三、周五 19:50 首播	每周三档	次日 11:15	栏目采用固定平台、固定时段，为农民提供政策、科技知识、经济信息服务，重在介绍农业新技术、致富新经验等内容。分为农业动态、生活提示、科技三农、供求信息四大版块。节目围绕新农村建设等问题，以提高农民科技水平和服务“三农”为主要任务，贴近实际，贴近农民。
《农广天地》	12	周三 19:40	每周一档	次日 11:15	《农广天地》向农民朋友传递全国各地的农业信息和一些值得农民借鉴的新技术，开阔农民视眼，更好地为农民朋友服务。
《健康杂志》（广播）	10	周二、周四、周六晚 19:50 首		次日 11:15	《健康杂志》重在介绍农村卫生、防病、治病知识类专题节目，围绕农村环境、百姓健康等问题，有针对性采制播出。
《云山箬水》（电视）	15	周一 19:55	每周一档	每周二 12:55 19:55 每周三 12:55（重播三次）	《云山箬水》，围绕农民朋友农事的重点，以板块化的形式为农民朋友提供种养技术、致富信息、市场行情、法律咨询、对农政策解读等全方位的服务，同时根据每年的农业发展特点及四季农事特点，抓住特色，唱好“四季歌”。力求做到节目通俗化、生活化、故事化，让农民朋友喜闻乐。
《点滴》（电视）	15	每周三 19:55	每周一档	12:55 19:55	《点滴》是侧重文化服务类对农专题的栏目，它关注生活、关注百姓、服务于百姓，是融文化、娱乐、服务于一体的对农专题栏目。本栏目围绕新农村建设的“生产发展、生活宽裕、乡风文明、村容整洁、管理民主”20字要求，在选题上主要选择新农村建设中涌现的典型的人物、事迹以及创业致富故事、民俗风情文化等。而推动新农村建设的顺利开展。
《星火科技》（电视）	30	19:55	每周一档	12:55	《星火科技30分》是由国家科学技术部主办，中国农村技术开发中心承办的为农业、农村、农民服务的公益性电视栏目。栏目以介绍与农村生产生活密切相关的农作物种植、畜禽水产养殖、农业新品种新产品应用、农业工程与灌溉、农村环境保护与能源生态建设等先进实用技术为主要内容。

景宁县广播电视台

《移动新闻直通车》栏目

《移动新闻直通车》栏目是《畲乡新闻》的子栏目，以崭新的报道方式和报道视角记录老百姓身边发生的新闻，栏目始终以"关注百姓急事、难事，报道社会趣事、新事，揭露不文明现象，弘扬社会正气"为宗旨，报道方式、语言、特色和主持风格都体现"三贴近"，并充分利用热线平台，为政府与百姓搭建沟通桥梁。

《欢乐畲乡 快乐歌》栏目

《欢乐畲乡 快乐歌》栏目面向少年儿童，是一档集知识、信息、趣味、益智、互动为一体的电视少儿综合节目。与畲乡少年儿童相伴成长，把欢乐播种在每一个孩子的心田，搭建起展示自我的最佳舞台。该栏目于2012年2月18日开播，得到了畲乡孩子家长的广泛关注。

对农节目一览表

栏目名称	时长	播出时间	每周档数	次数	栏目定位和宗旨
《今日农村》广播	10–15分钟	周三、周五	每周二档	2	主要是宣传农村政策；推广农业科技；提供政策信息；反映农家生活；为农民排忧解难，突出本土特色。
《畲乡新农村》广播	10–15分钟	周一	每周一档	2	主要是通过深度报道、典型报道等多种形式，向听众朋友介绍景宁新农村建设中出现的新人新事新面貌。
《畲乡风》广播	10–15分钟	周日	每周一档	2	主要根据季节气候的变化，向农民讲述农业生产方面的知识，以及食用菌栽培技术，介绍农药、化肥的使用知识，侧重实用性。
《畲乡风》电视	13–15	周一	每周一档	4	乡土文化和知识信息
《畲乡农民大堂》电视	13–15	周三	每周一档	4	对农项目推进、政策解读及法规制度解析
《畲乡新农村》电视	13–15	周五	每周一档	4	科普与产业建设
《欢乐畲乡快乐歌》电视	15–17	周六	每周一档	4	综合类互动性娱乐栏目

青田县广播电视台

《金色田野》

节目开办于2003年，集服务性、知识性、实用性、可看性于一体，让观众全方面体验侨乡新农村建设成就，青田新农村真实风貌，是丽水市县级台首档电视对农版块节目，浙江省首届县级台"十佳"电视对农节目，丽水市"品牌栏目"。曾获2010年度全省广播电视对农节目优秀奖。

《侨乡大舞台》

节目于 2010 年 7 月开播，充分利用用台 400m2 演播大厅这个平台，接轨国内电视娱乐的潮流，结合切实可行的本土化视角，同时创造性地开展了该节目的市场运作，全力探索县级台综艺节目长效运作之路，为青田台今后开播影视综艺频道奠定基础。开播两年多来，已先后推出了 100 多档雅俗共赏的综艺节目，如《"格瑞斯之夜"文艺晚会》、《"教师也疯狂"文化互动》、《方言主持人大赛》、《"我是大明星"寻星特辑》、《"故乡情，侨乡月"中秋特别节目》、《"家在青田"春节晚会》、《六一儿童公益晚会》、《全县慈善晚会》、《"红歌大家唱"决赛》、《全民健身日主题晚会》等重大活动，均取得圆满成功，受到了县领导的肯定和广大观众的好评。

《青田人闯天下》

栏目创办于 2007 年，具有浓郁地方特色，旨在大力弘扬"青田精神"，服务"三大青田"建设。该栏目将视角对准旅欧青田华侨，尤其是新生代华侨在传统产业、新兴产业以及社团建设、文化传承等方面的所作所为。《青田人闯天下》栏目荣获丽水市"品牌栏目"称号，同时还入选省委宣传部"基层宣传工作创新百例"一书。在 2011 年度丽水市"优秀记者、优秀编辑、优秀主持人、品牌栏目、品牌活动"评选中喜获品牌栏目称号，是县级台唯一一个获得此殊荣的栏目。

对农节目一览表

栏目名称	时长	播出时间	每周档数	次数	栏目定位和宗旨
广播《农村天地》	30	周一至周日	7	4	节目主旨：以服务农业、农村、农民为宗旨，关注农民的生产、生活和农业的发展，力求成为农民好帮手、好参谋。栏目有《乡镇新闻》、《农事气象》、《农业信息窗》、《乡村人乡村事》、《科技之窗》、《农技 110》、《致富路》等。
电视《金色田野》	12 分钟	周一至周四	4	18	分综合版、文化版、科技版、下设"乡村秀"、"农技之窗"、"能人开讲"、"农民信箱"等。

遂昌县广播电视台

《遂昌新闻》

栏目全面客观报道遂昌县各领域的发展情况，让遂昌走向全国，让全国了解遂昌，了解遂昌所拥有的悠久历史和丰富的自然人文景观，了解遂昌当今社会经济、生活、文化不断变化的方方面面。《遂昌新闻》每周开播 5 档新闻节目，每档节目时长 15 分钟；《平昌视野》每周两档，每档时长 20 分钟；《农村新天地》每周三档，每档时长 10 分钟。

对农节目一览表

栏目名称	时长	播出时间	每周档数	次数	栏目定位和宗旨
《农村新天地》(电视)	12	周六 19:40 首播	每周一档	周六 22:00 24:00 次日 12:30 周四 19:55 22:20 周五 12:50	《农村新天地》致力关注"三农"发展,重点报道各地、各部门发展"三农"的创新举措及经验,尤其是实践"经营山水、统筹城乡、全面建设小康社会"发展战略、谋求差异化发展(发展生态经济,以休闲旅游为主)的典型及经验。
《和谐新农村》(广播)	12	周日 17:30	每周一档	次日 7:30 12:00	《和谐新农村》始终关注三农、服务三农。对农村各地的新人新事进行全面展示,以凸显社会主义新农村建设的成就,展现现代农村的精神文明以及社会主义新农村建设和城乡统筹发展的成果,营造和谐向上的氛围。
《科技进农家》(广播)	12	周六 12:15 首播	每周一档	周二、周四、周六 7:45 周二、周四、12:15	科技进农家》始终坚持以"实实在在为农民服务"为宗旨,围绕"农"字办,办给农民看。栏目以普通农民为目标受众,是一档传播农业科技知识、提供农业信息,集趣味性、指导性和服务性为一体的农村科教服务性栏目。
《科普万象》(广播)	10	周四 7:45	每周一档	周五 7:45 17:45	《科普万象》,围绕农事的重点,向农民朋友推广介绍一些新的科普知识以及农业生产资料等,以促进农业丰富、农民致富。
《平昌视野》(电视)	15	每周日 19:40	每周一档	周日 22:00 24:00 周三 19:55 22:20 周四 12:50	《平昌视野》,原创深度报道新闻专题栏目,内容涵盖时政、经济、社会、民生多个领域,传达政令,传递信息,服务百姓。
《农业十万个为什么》(电视)	15	每天 8:00	每天一档		农业十万个为什么》在农业"大科普"的前提之下,挖掘、展现、解析农业实用技术背后有趣的科学知识,努力"炒热"农业"冷知识",引起公众对"三农"的关注,普及农业科学知识,推动科普事业发展。
《致富经》(电视)	20	每天 17:00	每天一档		《致富经》以百姓视角解读他们身边的致富明星,报道涉农经济发展过程中涌现出的致富经验和创新做法,给观众以启迪智慧、更新观念的具有时代感的真实案例。
《农村俱乐部》(广播)	12	每周三 7:45	每周一档	周三 12:15 17:45	本栏目以服务"三农""唱响新农村"为宗旨,宣传一些乡村故事,普及科学技术,为农村群众提供一个学习、交流的平台。
《森林消防》(广播)	12	每周四 12:30	每周一档	周四 17:45 周五 12:45	森林火灾是森林的大敌,突发性强、蔓延速度快、破坏性大,全世界每年森林消耗中的 80%源自森林火灾。做好森林消防工作,保护森林资源是每个公民应尽的义务。《森林消防》以播放有关森林防火知识为主,宣传森林消防的重要性和如何做好森林消防工作的措施。

松阳县广播电视台

《松阳新闻》

周一至周五日播，周六、周日播出一周要闻，节目时间10至15分钟。自办电视节目《农业在线》每周一档，由“信息快递”、“茶乡新事”、“专家课堂”、“农技之窗”、“农民信箱”、“气象与农事”等板块组成，节目时长10钟左右。

对农节目一览表

栏目名称	时长	播出时间	每周档数	次数	栏目定位和宗旨
《农业在线》	10–15	周二、周四、周六	每周一档	3	集新闻性、知识性和服务性于一体的综合对农电视节目，主要是结合松阳新农村建设和农业主导产业，宣传党的方针政策；纵览全县农村新人、新事、趣事，展示我县新农村建设成果；推广普及农村实用科学技术，介绍农村致富之路和各类信息，全方位服务三农。
《每周农经》	10–15	一周	每周一档	7	侧重于农业技术类的内容。
《气象与病虫害》	10–15	一周	每周一档	7	侧重于天气与病虫害防治，介绍防治技术的内容。
《金色田园》	10–15	一周	每周一档	7	侧重于围绕大农业做好“三农”文章的宣传。
《田园松阳村村行》	10–15	周一、周四	每周二档	4	全方位展示农村在美丽乡村建设、经济社会发展、地方文化和民风民俗方面的内容。
《致富经》	20	一周	每周一档	7	通用类对农节目，介绍致富信息等内容。

龙泉市广播电视台

《剑川热土》

电视栏目，以“做农民知心朋友，为‘三农’工作服务”为宗旨，以“传递农业信息，记录农村变化，服务农民需求”为定位。节目内容本土化，节目形式板块化，融思想性、实用性和可看性为一体。

《美丽新农村》

广播栏目，报道农业时事消息，农业政策法规，介绍农业生产的新技术、新品种，报道老百姓身边的“致富明星”创业经历等等，点评农村热点难点，解答农民困惑疑虑，全心全意服务“三农”，深受农民朋友欢迎。

对农节目一览表

栏目名称	时长	播出时间	每周档数	次数	栏目定位和宗旨
《剑川热土》电视	15	周三、周六、周日	每周三档	11	设置《乡村纪事》、《农技课堂》、《情系三农》三个主板块，还有《信息看台》、《农民信箱》等辅助板块。节目着力反映新农村建设中各种新变化，并突出服务的功能，深受广大农民朋友的欢迎。
《美丽新农村》广播	15	周一、周三、周五	每周三档	9	以“三农”为主的综合性对农节目，节目共有 8 个小栏目，每档设两个以上栏目。节目报道农业时事消息，农业政策法规，介绍农业生产的新技术、新品种，报道老百姓身边的“致富明星”创业经历，点评农村热点难点，解答农民困惑疑虑，全心全意服务“三农”，深受农民朋友欢迎。

缙云县广播电视台

《石城农事》

一档“反映农民心声、传递致富信息、播送农业科技、记录农村发展”的电视对农节目。栏目设有《农民信箱》、《情系乡村》、《科技课堂》和《供求信息》四个板块。

《金色田园》

缙云人民广播电台服务“三农”的主打品牌节目。栏目主打版块包括：《农情气象》、《连线村官》《农业资讯》、《科技苑》、《农事大家帮》、《致富金路》、《农民信箱》、《小小心愿总动员》，每天内容基本不同，旨在为农民朋友提供更多更好的信息。

《平安缙云》

栏目定位为“说法、说理、说情”，内容上锁定与平安有关的事件和信息。栏目共分为四个流动版块，一是平安在线，主要是关于平安方面的成就和动态等；二是热点评析，主要针对时下热点话题进行评述；三是政法时空，主要针对公安、法院、检察机关的各类案件进行报道追踪；四是平安在身边，主要是关于平安方面的提醒。整个栏目重视人文关怀，突出文化品位。

对农节目一览表

栏目名称	时长	播出时间	每周档数	次数	栏目定位和宗旨
《石城农事》	15	周三、周五	每周两档	2	《石城农事》是一档“反映农民心声、传递致富信息、播送农业科技、记录农村发展”的电视对农节目。栏目设有《农民信箱》、《情系乡村》、《科技课堂》和《供求信息》四个板块。
《金色田园》	15	周一至周五	每周五档	2	栏目主打版块包括:《农情气象》、《连线村官》《农业资讯》、《科技苑》、《农事大家帮》、《致富金路》、《农民信箱》、《小小心愿总动员》,每天内容基本不同,旨在为农民朋友提供更多更好的信息。
《平安缙云》	15	周三	每周一档	2	栏目共分为四个流动版块，一是平安在线，主要是关于平安方面的成就和动态等;二是热点评析,主要针对时下热点话题进行评述;三是政法时空,主要针对公安、法院、检察机关的各类案件进行报道追踪;四是平安在身边,主要是关于平安方面的提醒。整个栏目重视人文关怀,突出文化品位。

庆元县广播电视台

对农节目一览表

栏目名称	时长	播出时间	每周档数	次数	栏目定位和宗旨
《菇乡绿野》	12	周一、三、五周	每周三档	3	以“菇乡绿野，全心全意为民服务”为宗旨，内容编排上主要选择服务新农村建设“生产发展、生活宽裕、乡风文明、村容整洁、管理民主”二十字方针的方方面面，以及推进城乡一体化发展过程中的有关现代农业发展、普及科技知识、文化卫生医疗等题材。
《农村天地》	10	周一	每周一档	2	栏目关注农业、农民、农村发展、普及农业科技实用技术知识，解疑释惑，帮助农民增产增收，以及本县有特色、带有浓厚乡土气息的人文等内容，为建设社会主义新农村营造良好的舆论氛围。
《社会广角》	10	周三	每周一档	2	更多地关注农民精神生活、文化生活、卫生医疗等。
《菇乡漫步》	10	周五	每周一档	2	为广大农民朋友宣传党的方针政策，传达党委、政府的声音，让农民也和城里人一样，可以在同一时间了解国家大事，收听优秀的文学、音乐等丰富多彩的节目。

11.重大宣传活动

ZHONGDAXUANCHUANHUODONG

浙江广电集团

一、全力投入浙江和全国“两会”的报道

（一）浓墨重彩做好省“两会”报道。

2012 年省“两会”是本届人大、政协履职的最后一年，也是在党的十八大和省第十三次党代会召开之前举行的一次重要会议。各新闻栏目按照省委宣传部和集团编委会的统一部署，精心谋划、创新思路、抓住重点、有序推进，采制播出了一大批有分量、有看点的“两会”报道，合力营造强大舆论声势。

一是围绕中心、紧扣大局，着力创新“两会”主题宣传。浙江卫视、浙江之声早策划、早落实，及时推出迎接省“两会”的主题宣传。《浙江新闻联播》围绕“回眸‘十二五’开局之年”、“展望浙江发展新蓝图”两大主题，开辟“喜迎省‘两会’”专栏，围绕省委省政府中心工作，梳理浙江经济社会发展新成就，聚焦科学发展、转型升级新亮点，采制播出了《浙江：金融服务助发展，全年新增企业超 12 万家》、《浙江：14 个产业集聚区完成产业项目投资超 1150 亿元》、《浙江：科技成果登记数全国第一，企业成为技术开发主体》等一批有分量的报道。采取“动态事件 + 背景链接”的报道方式，着力强化新闻性、注重动态性、凸现事件性，把迎“两会”主题宣传做得更新、更实、更活，先后采制播出《大平台新年引进首个大项目，上海大众落户杭州湾新区》、《联姻央企，大唐江山天然气热电联产工程开工》等一批鲜活新闻。结合本届省人大、省政协工作，推出“系列新闻综述”，全面反映代表委员参政议政热情和水平；结合县乡两级人大换届选举，推出“亲历基层人大选举”等系列报道，展示基层人大换届选举的新做法、新经验。报道做得有声有色。《浙广早新闻》采制播出年度经济观察《十个“如何看待”》，全面解读百姓关注的经济增幅、物价调控、居民收入等十大热点问题，辨证分析我省经济社会发展面临的新挑战、新机遇，为加快转变经济发展方式鼓劲加油。省“两会”开幕前，采制播出一组“两会特稿”：《加强立法，为经济发展保驾护航》、《人大监督，透露民生热度》、《省政协步履铿锵又一年》等报道，系统反映过去一年里省人大在立法监督、法制建设，省政协在民主监督、参政议政等方面取得的成就。同时，推出系列报道《2012 浙江优势》，展示我省实施“三大国家战略”、产业集聚区建设、金融体制改革、打造服务型政府等举措带来的发展新优势。较有深度和力度。

二是全力以赴、严谨规范，认真做好“两会”程序报道。

各新闻栏目把省“两会”报道作为新闻宣传的重中之重，派出精兵强将、安排重要时段，严格按照上级报道要求，全面反映今年省“两会”的精彩内容。

浙江卫视在《浙江新闻联播》、《新闻深一度》、《新闻直通车》、《午间新闻快报》等新闻栏目中，开辟“直通省两会”特别报道，采用现场直播、系列报道、专题评论等形式，全方位、多角度报道省“两会”盛况。据统计，仅《浙江新闻联播》和《新闻深一度》两档栏目就播发省“两会”报道48篇，时长超过200分钟。同时，对重点报道实行“项目负责制”，精心制定报道方案、严格遵守报道流程，讲求细节、落实责任，确保“两会”报道及时准确、规范有序，得到省委省政府和省委宣传部领导的充分肯定。

浙江之声派出由14名记者组成的报道团队，在《浙广早新闻》中推出“两会现场”、“委员风采”等特别报道。在全面做好“两会”程序报道的同时，抓住省委省政府领导和代表委员发言的生动片段，做出感染力强、可听性好的“两会”报道。如《赵洪祝在参加杭州代表团审议时强调，壮大实体经济，夯实发展基础》、《浙商的家乡为什么留不住浙商？夏宝龙表示，要向服务差的政府部门开刀，向“慵、懒、散”亮剑》等报道，契合重点、声情并茂、生动鲜活。

钱江都市频道在《新闻速写》栏目中推出系列报道《小都跑“两会”》，围绕老百姓关注的食品安全、物价房价、校车制度、收入增长等热点，从代表委员的提案议案中找结合点，报道“两会”精彩看点，有很强的贴近性。《经视新闻》紧扣“经济发展”和“民生改善”两大主题，报道过去一年我省经济社会发展崭新成就，聚焦代表委员参政议政的热点，同时设置观众互动参与环节，强化报道关联度。数量大、视角新，可看性强。《1818黄金眼》每天把省“两会”报道安排在头条播出，关注省“两会”进程、挖掘“两会”热点，内容紧凑、时效性强。教育科技频道在《新闻大直播》中推出系列报道《直通省“两会”》，从代表委员提案议案和讨论发言中找亮点，既突出重点，又贴近可看。

民生资讯广播采用信息、专题、互动参与等多种形式，全面报道省“两会”，共播出新闻20多条。广播经济频道围绕中小企业融资、浙商资本回归、房地产市场走势等经济话题，共采制播出报道30多篇。城市之声的各档新闻栏目滚动播报“两会”消息，重点关注议案提案中的“关键词”。新蓝网推出“乐看两会”、“浙商在两会”两大系列报道，以独特视角展示“两会”方方面面。

三是注重创意、好中求精，悉心打造“两会”专栏专题。

各频道在严谨规范做好“两会”程序性报道同时，充分挖掘广播电视的传播特色，创意推出“两会”专栏专题，有效提升了“两会”报道水平和影响。

浙江卫视在《浙江新闻联播》中重点推出“两会观察”、“见证履职”两大专栏。其中“两会观察”紧扣政府工作报告的关键词，观察“两会”、解读“两会”，做到会内与会外结合、代表委员与普通百姓互动。“见证履职”把镜头对准基层代表委员，抓取审议和讨论中的精彩发言，充分体现代表委员履行职责和参政议政的热情和水平。《新闻深一度》策划播出5期《聚焦省“两会”》专题节目，邀请代表委员走进演播室，与公众评论员互动交流，增强了“两会”报道的感染力和关注度。1月29日起，《浙江新闻联播》播出系列报道《稳中求进，转中求好》，深入报道各地落实“两会”精神、保稳定促转型的新视角、新举措。

浙江之声采制播出专题访谈《扬帆2012》，围绕《政府工作报告》中的关键词，专访全省11个市的市委书记、市长，全面反映各地经济社会建设新成就、加快转型升级新思路。浙江之声已连续多年推出专题访谈节目，“高端访谈”已经成为频道“两会”报道的特色产品。

交通之声联合网络和平面媒体，开辟“省‘两会’市民议政厅”特别专题，邀请代表委员走进直播室，围绕“文化强省建设”、“海洋经济”、“中小企业发展与民间借贷”等热点问题，共话浙江大事、发表各自高见。该专题节目一年一度，也已经成为频道省“两会”报道的品牌节目。少儿频道推出特别策划“小小议事厅”，采用3G技术连线演播室，针对“校车安全”、“儿童看病难”等话题，邀请代表委员与孩子家长对话交流，产生很好效果。

（二）全力以赴做好全国“两会”的报道。

2012年全国“两会”是换届之年，内涵丰富，信息量大，集团共派出40多位采编播和技术人员赴京采访报道。两个主频道紧紧围绕“稳中求进、转中求好”的总基调，按照“更深入、更具体、更鲜活”的报道要求，全方位、多角度、深层次反映“两会”盛况。前方将士竭尽全力，后方团队紧密配合，做出了精彩、做出了影响。两会期间，浙江卫视共播发新闻近80条，浙江之声播发新闻80多条。

一是聚焦两会热点。浙江卫视开出“连线北京·直通两会”专栏，《浙江新闻联播》、《新闻直通车》、《午间新闻快报》、《新闻深一度》四档新闻栏目，既滚动播报，又各有侧重。在全面报道“两会”重要议程、中央领导参加浙江代表团讨论和省领导有关活动等消息的同时，紧扣刑法修正案、收入分配、教育公平、深化医疗体制改革、保障性住房建设和管理、发展新能源和清洁能源等今年“两会”热议的话题，采访我省代表委员，准确生动解读，展示真知灼见。报道分量重、角度新，有深度、有见地。浙江之声在《浙广早新闻》、《全省新闻联播》、《新闻直播室》等栏目中推出“直通北京、聚焦两会”专栏，围绕代表委员热议的发展实体经济、教育经费、医疗体制改革、食品安全、环境问题等话题，专访我省代表委员，见证履行职责和参政议政；邀请经济和社科专家、有关领导做客直播室，解读《政府工作报告》、诠释两会热点、回答群众关切。内容丰富、形式多样。

二是凸显浙江特色。从全国“两会”中反映浙江实际、体现浙江特色，以浙江视角播报“两会”新闻，是今年全国“两会”报道一大亮点。浙江卫视会前派出“踩点组”，主动与我省代表委员沟通交流，了解提案议案主题、收集相关资料、谋划报道选题，力求在全国“两会”热点中，挖掘浙江元素、放大浙江亮点。如，《关注社会热点、谋求解决良策》，采访浙江代表委员，解读两会《报告》热点话题；《浙江 GDP 含金量全国第四，代表委员关注幸福感》，深刻揭示浙江经济社会发展中注重百姓收入增长和生活质量提高的事例；《让民间资本“浮”出水面》，紧扣政府工作报告中的关键词，真实反映浙江实际。真正做到了“两会报道”与“浙江实际”的紧密结合。浙江之声围绕中小企业融资、公立医院改革、教育均等化、浙商回归创业、三大国家战略、老龄化问题等热点，有针对性地采访浙江代表委员，展示建言献策亮点。如，郑继伟代表“谈今年浙江县级公立医院改革”，刘希平代表“谈教育公平和校车安全”，丁耀民代表呼吁“加快金融体制改革，解决中小企业融资难”，李兰娟委员建议“推广浙江经验，在全国开展全民免费体检”等报道，都包含浙江元素、体现浙江特色。

三是聚焦基层声音。在全国“两会”报道中，两个主频道把镜头和话筒对准来自基层一线的代表委员，汇聚基层声音、抒发真情实感。浙江卫视开设的“见证履职”、“在现场”、“热话题”等小专栏，关注基层代表委员、抓取鲜活内容。如，《李书福：车内空气质量应上升为强制标准》，报道全国政协委员李书福的建议，反映我省基层代表委员积极建言献策的情况。《农业科技创新需要体制改革保障》、《GDP4%投向教育，钱该怎么花》、《新生代农民工融入城市，再教育十分迫切》等报道，通过捕捉浙江代表委员提案议案、讨论发言、现场调研等生动细节，充分展示基层代表委员共商国是情况，真实反映基层代表委员心声。浙江之声抓住教育部领导对“异地高考”作出回音的契机，及时采访我省农民工代表杨晓霞，结合她上送的建议，反映基层代表对民生问题的关切。记者还通过专访俞学文、王梅珍等农民工代表，反映他们对留守儿童教育、农民工子女异地就学等问题的建议，既表达基层声音，又展示代表委员履职风采。

四是创新传播形式。两个主频道采编人员使出“十八般武艺”，着力创新“两会”新闻的传播形式，力求报道效果的最大化。浙江卫视在《新闻深一度》中推出系列专题节目《聚焦两会》，通过北京演播室、杭州演播室、代表团驻地三地卫星连线和网络技术，实现代表委员、公众评论员、记者主持人的实时互动讨论。如，《实行 PM2.5 检测：给你一片纯净的天空》专题节目，邀请浙江省环保厅检测与信息处负责人走进杭州演播室，卫星连线在京全国两会代表委员，网络连接公众评论员，共同就空气环境质量问题，作全面分析、权威解读、解答疑惑，得到广大观众好评。《浙江新闻联播》中开辟的“首席观察”专栏，深度剖析热点话题；“@ 全国两会”专栏，集纳代表委员审议讨论时的精彩片段；“在现场”专栏，跟踪采访代表委员会外调查研究。这些报道都别出心裁，有创意有深度。浙江之声大量采用同期声、记者口述、人物专访、现场特写等形式，捕捉精彩瞬间，做出广播特色。如，《人物专访：政务微博名人蔡奇》、《方青代表：让爱的种子植入孩子们心灵》、《周晓光代表：十年履职路》等，不仅在本频道播出，而且被中央台采用。频道还借助正在开展的“万朵鲜花送雷锋”活动，把鲜花送到北京，邀请代表委员参与，扩大报道影响。

五是强化新闻上送。两会前方报道正酣之际，两个主频道也主动与中央台沟通，及时掌握中央台报道重点和选题要求，精准选择题材，积极开展合作，新闻上送工作取得骄人业绩。浙江卫视提前一个月着手准备、落实专人，与央视对接。会中，精送反映浙江经济发展新亮点和民生工程新进展的报道上送给中央台，力求彰显浙江特色；及时将中央领导参加浙江代表团审议的消息，上送给央视《新闻联播》“代表委员议国是”专栏播出；积极上送记录浙江代表委员精彩发言报道，提高录用率。据统计，从 3 月 3 日到 3 月 14 日，中央电视台《新闻联播》共播发浙江报道 18 条，其中会内报道 13 条，超过一天 1 条。浙江之声会前对我省代表委员履职情况和提案议案要点进行摸底了解，同时加强与中央台沟通交流，准确掌握中央台报道安排，有的放矢上送新闻，积极推荐浙江代表委员“作客中央台”，新闻上送创造新业绩。3 月 5

日至 14 日，浙江之声上送新闻在中国之声《新闻和报纸摘要》、《全国新闻联播》两个栏目中，共播出 12 条，实现了每天 1 条的最高记录。《蔡奇的微博议政录》、《周晓光的十年履职路》、《"汽车狂人"李书福聚焦车内 PM2.5》等报道，不仅赢得代表委员和广大听众好评，而且受到中央台肯定。

六是营造良好氛围。2012 全国两会期间，两个主频道在做好会内报道的同时，精心选择会外报道内容，做到会内会外报道统筹兼顾、步调一致。其他频道按照省委宣传部和集团编委会提出的要求，积极配合，严格把关，共同营造与全国"两会"高度协调的舆论氛围。《范大姐帮忙》、《经视新闻》、《新闻大直播》、《1818 黄金眼》、《93 早高峰》、《城市快报》等栏目，以及新蓝网，精选精编中央媒体和兄弟频道的"两会"新闻，并安排在重要时段播出，做到每天有报道。《财富中国》的"直通两会"，《新闻早上好》的"两会直通车"专栏，集纳中央和省内媒体的"两会"新闻，播出量大。诸暨救火英雄田思嘉壮烈牺牲、浙江科技学院学生徐建龙勇救落水女子新闻事件发生后，各新闻栏目第一时间发布消息，并结合"践行雷锋精神，弘扬核心价值"的"两会"热点议题，进行跟进报道。浙江卫视不仅在《浙江新闻联播》、《新闻直通车》、《午间新闻快报》中连续报道英雄事迹，在京采访"两会"的记者也及时走进浙江代表团驻地，采制播出《人大代表热议"榜样"力量，建议对好人好事更多褒奖》等报道，反映代表委员关于社会主义核心价值观的思考。浙江之声也围绕代表委员热议的"弘扬雷锋精神"的主题，专访代表委员，把英雄先进事迹报道与代表委员的建议有机结合起来，增强"两会"报道的感染力和贴近性。《范大姐帮忙》、《经视新闻》、《新闻大直播》、《1818 黄金眼》、《财富中国》、《新闻早上好》、《93 早高峰》、《城市快报》等栏目，都纷纷派出记者，对诸暨消防官兵的先进事迹进行全方位的跟踪报道。

二、节庆报道出新出彩

（一）春节期间的报道情况

春节期间，各新闻栏目强化策划、早做准备，及时报道各地群众文化娱乐活动、民俗风情、社会新风、节日实用资讯，积极营造喜庆祥和、团结奋进的节日氛围。

《浙江新闻联播》的"欢天喜地过大年"专栏，报道全省各地节日文化活动；"春节资讯"专栏，及时发布各地气象、交通、旅游等信息；"欢腾浙江龙"专栏，介绍我省具有鲜明地方特色的舞龙表演。丰富多彩、贴近群众。

《浙广早新闻》联合全省各市县广播电台，大容量报道全省各地群众过年情景，及时提供各类资讯服务。

《范大姐帮忙》的"春节民俗日历"专栏，介绍各地群众过大年的民间习俗。《新闻 007》的 7 期春节特别节目《七龙珠》，围绕"一家团圆"、"谈婚论嫁"、"居有其屋"、"病有所医"、"行走天下"等 7 个心愿，讲述普通百姓的新年期盼。策划精致、贴近实际、可看性强。

《经视新闻》的"经视聚焦"汇聚各种节日资讯；"记者体验"讲述百姓过大年故事；"大家说吧"围绕春节话题，邀请观众参与讨论。特色明显，关注度高。

《1818 黄金眼》的"过年好味道"，介绍各地春节特色餐饮，"春节遇难题、记者帮跑退"帮助观众排忧解难，"岁岁平安最重要"宣传节日安全注意事项。报道紧扣栏目定位，体现浓郁的春节气氛。

《新闻大直播》的"龙年寻龙迹"介绍各地与"龙"字有关的美食、美景，"新春万花筒"讲述各地新春习俗，"生活我最行"传播各种生活小窍门。实用性强，可看性好。

《快乐一点通》的系列报道《文化"浙"一年》，回顾展示过去一年浙江文化事业改革、文化产业发展成就；"浓浓年味大浙江"专栏，报道各地过大年的特色民俗表演；"温暖在年末"公益行动，邀请 350 位新杭州人同吃年夜饭。

民生资讯广播除夕推出长达 6 个小时的《鱼跃民生过大年》特别节目，播出记者发自各地的春节报道。交通之声的特别节目《一年又一年》，由不同年代的听众讲述过年的亲身经历和难忘故事；特别节目《龙年就是"浙"年味》，邀请全省各地旅游局领导和著名景区资深导游，介绍过年民俗活动和旅游资讯。广播经济频道聚焦节日市场、做好资讯服务。城市之声做足文化、旅游、购物等报道，烘托节日气氛。新蓝网录制播出丽水市月山村的《月山春晚》，开辟"影像春节"专栏，展示全国各地新年习俗。

（二）国庆报道情况

一是全面报道城乡群众欢度国庆喜悦情景。《浙江新闻联播》在 10 月 1 日国庆当天报道全省各地群众庆祝共和国生日的丰富多彩活动、节日新人新事。聚焦基层，生动鲜活，感染力强。

《浙广早新闻》国庆期间推出了由浙江、北京、上海、江苏等全国十八家省市广播电台联合“献礼十八大，幸福大穿越”大型新闻行动，全面报道全省各地庆祝国庆活动和各界群众以各种方式表达热爱祖国、喜迎十八大的情况。报道量大，内容丰富。

二是发挥特色做好中秋国庆假日资讯服务。《浙江新闻联播》开辟“假日交通”和“假日新风尚”两个专栏，重点报道长假期间省内高速交通信息和各地今年新兴起的自助游、文化体验游、农家休闲游、体育健身游等旅游娱乐项目，为游客提供准确、及时、权威的资讯。浙江之声推出长假特别节目“一路好声音”，每天 8 点到 22 点开通特别帮忙热线，听众随时热线咨询国庆长假的旅游、住宿、出行、美食等方面的问题，提供最新信息。《新闻速写》推出了连续报道高速免费进行时，从 9 月 29 日到 10 月 7 日派出多路记者蹲守采访高速首次免费通行的事情，采访事例生动鲜活。《经视新闻》国庆后推出特别报道“长假非常游”，将报道重点放到高速公路通行和全省各著名景区，提供各地交通、景区、餐饮、住宿等各方面的服务信息。《新闻大直播》除了重点关注高速公路通行情况外，也及时汇总各地假日旅游的报道，全方位介绍国庆全省最具特色的旅游线路和交通指南，还特别提供公共自行车、公交车等交通信息，倡导人们低碳旅游。《1818 黄金眼》推出系列报道“寻找浙江最悠闲的海岛”，记者深入温州、台州、宁波、舟山在浙江众多岛屿中挑选了 7 个不同特色的海岛记者实地探访给大家提供出游参考；连续报道《“新”警察故事》，记者通过蹲点派出所，了解最新动态，为广大观众做好假日预警。《小智情报站》国庆期间推出了系列报道《许你一个微笑》，联合省妇联等单位组织浙江医疗队赴新疆阿克苏，为当地的唇腭裂儿童提供免费手术救助，生动记录了当地患儿的生活状态以及浙江志愿者在新疆阿克苏的工作情况。民生 996 推出的特别节目《那里的月光》通过连线浙江援藏干部，讲述援藏工作中感人的故事；特别节目《大假光临》，针对交通、旅行、休闲的情况，回答听众的各种问题，以解决他们交通出行和景点选择的困惑。长假 8 天节目通过热线、短信、微博等方式，处理了三千多个咨询和求助，突出了咨询服务和假日陪伴的作用。交通之声打破常规编排，连续八天推出特别节目“一路有你，温暖同行”，针对小车免费通行，记者随警上路，在收费站、服务区、堵点深入采访，并开放全天 24 小时节目，随时插报路况，并发动现场车友提供信息 8 天内共接到热线电话 4348 个、收到微信 23000 多条，有效发挥了服务作用，获得了省政府领导的高度评价。城市之声推出专题报道《国庆出行面面观》重点播出假日交通、旅游、休闲的相关咨询服务，帮助私家车车主指路、答疑、介绍景区情况，充分体现了“服务”主题。交通旅游导报在国庆长假期间，兵分数路赶赴重点路段、服务区、收费站现场采访报道，图文并茂、信息量大、有效发挥了专业报的专业作用。

三是开展直播报道提高新闻时效。浙江卫视从 9 月 30 日起推出大型直播活动《直击钱江潮》，特别在 10 月 3 日中午进行了连续三个小时的特别节目，以全境的视角和恢宏的气势对此次钱江大潮进行了直播，为长假的电视银屏增添了一抹亮色。钱江都市频道从 10 月 1 号到 10 月 3 号也推出了钱江潮系列直播活动，重点对钱塘江冲浪进行了直播。此次直播，钱江频道第一次使用了大型六旋翼航模直升机进行了空中视角的航拍，镜头震撼力强；第一次直接在江上冲浪选手身上挂载摄像设备，在直播中加入了大量冲浪者的主观镜头，具有很强的感染力，给广大观众带来了不一样的视觉感受。《经视新闻》针对今年长假免受高速通行费的情况，推出了 4 场直播，在各个重要的时间节点上对我省高速通行的情况进行了实时播报。《新闻大直播》突出“直播”特色，每天运用 SNG 和 3G 现场连线报道及时路况，通过对车主、交警、路政的深入采访，为广大观众提供了第一手信息和直观感受，及时准确、生动鲜活。《1818 黄金眼》在 9 月 29 号、30 号以及 10 月 7 号共推出 6 场直播，提供交通路况，引导大家错峰出行，优化道路选择。

四是做好节假日劳动者的报道。《浙江新闻联播》推出“假日的坚守”和“长假大忙人”两个板块，介绍在长假中各行各业坚守在工作岗位上的劳动者，让广大观众了解那些为了让更多人更好地享受长假而默默奉献的劳动者。《范大姐帮忙》推出系列报道“长假警务室之党员民警日记”，通过记录民警的工作日记，表现了在举国上下欢度佳节之际，广大民警奋战在工作一线，为保障群众生命财产安全和旅游出行便利所付出了艰辛和努力。

教育科技频道推出系列报道《假日里的忙碌》，对景区保安、环卫工人等奋战在节假日工作一线的劳动者表示了崇高的敬意。

城市之声的记者深入景区一线，采访报道坚守在工作岗位上各行各业的人们：景区环卫工人、派出所民警、路上的交警协警等,通过体验采访生动地报道了他们的工作状态，让更多人理解和体谅他们的辛劳付出。

三、快速反应,集团作战,圆满完成台风报道

2012年8月6日,今年第11号台风“海葵”正面向我省袭来,根据省委、省政府的统一部署,浙江广电集团高度重视,紧急行动,全面部署,把做好抗击台风宣传报道工作作为压倒一切的头等大事,连夜召开抗台报道部署会，立即启动防台抗台应急预案,并创新思维、打破常规,首次尝试“集团军作战”的报道模式,统一派遣260多名采编播、技术人员深入台风前线，统一调度六辆卫星直播车奔赴重点地区,第一时间开设抗台特别节目,第一现场播报各类动态消息，首次成功实现了六家省级电视频道8小时“大容量”并机直播,为我省夺取抗击强台风“海葵”全面胜利营造了良好的舆论氛围。

在这次抗台报道中,集团广泛采用卫星连线、无线网络、光缆传输、电信全球眼、华数眼监控平台等现代技术手段进行现场报道，全面报道我省各地以人为本、科学抗台的实际行动,生动展现广大干部群众众志成城防台抗台的良好精神面貌，受到各级领导的充分肯定和社会各界的广泛好评。省委书记赵洪祝书记表扬浙江广电集团等新闻单位“及早谋划,精心组织,深入一线采访,浓墨重彩报道,为抗台工作营造了浓厚氛围,发挥了传递信息,普及知识,宣传典型,鼓舞士气的重要作用。”台风期间,集团新闻上送工作成效显著。截至目前,浙江卫视向中央电视台报送新闻素材总时长超过10个小时,传送报道超过两百条次。8月7日在央视《新闻联播》节目播出提要新闻《今年第11号强台风“海葵”步步逼近》,8月8日播出头条新闻《“海葵”强势来袭 浙沪全力应对》,有力展现了我省“科学抗台”的成功举措。浙江之声在中国之声《联播》、《报摘》两档主要新闻栏目中共播出新闻6条,其中《浙江沿海各地马不停蹄再防台风“海葵”》、《“海葵”正面侵袭浙江沿海地区 各地启动预案全力应对》等报道引起社会广泛关注。

一是提前策划、靠前指挥,坚决贯彻省委省政府的决策部署。“海葵”台风正面登陆浙江并横扫浙江全境,形势十分严峻。第一时间传达省委、省政府的决策指令,第一时间播报台风行进线路的动态消息,第一时间普及抗灾自救的方法和知识，以更好地指导各地抗台工作,是本次抗台报道的首要任务。台风警报发布后,浙江卫视、浙江之声等频道迅速派出骨干力量蹲点省防指和省气象台等核心部门，及时报道抗台主流声音和权威指令。8月6日、7日、8日，集团编委会连续三次召开抗台专题会议传达省委书记赵洪祝、省长夏宝龙等省委主要领导对防御台风工作的最新指示,策划部署集团的抗台报道方案,台风临近,王同元总裁几次对抗台报道做出重要指示,程蔚东总编辑还分别到浙江卫视、浙江之声、交通之声等频道检查落实抗台报道工作。登陆前夕,《浙江新闻联播》、《浙广早新闻》先后播出了《夏宝龙对防御“海葵”做出部署(8月6日)》、《“海葵”加强为强台风 浙江启动防台风一级应急响应（8月7日)》、《全面打响防台风决战 赵洪祝夏宝龙李强等赴省防指指挥(8月7日)》等报道,第一时间把省委省政府的重要指示传达给全省人民。台风登陆后,各频道都以省委领导提出的“以‘不死人、少伤人、少损失’为目标,以确保人员安全为首要任务,坚决做到‘三撤四保五防’”的指示精神为指导,把联系群众、依靠群众、宣传群众、发动群众作为抗台报道的核心内容,重点宣传报道省委、省政府和各地各部门以人为本,积极做好渔船进港避风、转移危险地带群众和游客、水利设施保全、地质灾害隐患巡查、城市防风防洪等防御台风“海葵”的工作成效;重点宣传各级干部群众坚守一线、团结协作、顽强拼搏的先进人物和事迹;重点宣传驻地军警迎难而上、勇挑重担、抢险救灾的精神风貌。在台风过境后,各频道又把省委省政府对下一阶段防台抗灾工作的部署，各地有关部门全力以赴深入开展抗灾自救工作等放到主要版面和黄金时段集中播出,收到了良好效果,体现出权威严谨、作风扎实的大台风范和服务大局、讲求责任的编辑思想。

二是发挥优势,凝聚合力,大胆尝试“集团军作战”报道新模式。台风来袭,大敌当前。集团党委、编委经过充分考虑,反复研究,决定尝试“集团军作战”的报道模式,集合广播、电视、网络等多种播出平台的采编力量和直播设备，形成广电台风报道的强劲合力。8月7日晚,集团编委会连夜召开会议,由集团总编室牵头，以浙江卫视为核心，成立抗击台风“海葵”报道总指挥部。8月8日凌晨4点至中午12点,浙江卫视、钱江都市、浙江经视、教育科技、民生休闲、公共·新农村等六家省级电视频道首次推出8小时大时段并机直播《众志成城 抗击“海葵”》特别节目。新蓝网也同步进行了网络直播。分布在全省各地的260多名记者，六辆卫星直播车由集团总编室和总指挥部统一指挥，集中调度，成功实现了浙江广电集团抗台历史上最大规模的一次资源整合。期间，广播媒体也充分发挥灵动、快捷的优势，不仅在自身节目中高密度及时插播台风信息和气象部门的权威指令，还积极配合电视直播，为其提供了大量丰富的新闻线索和素材。新蓝网全面集纳多方报道资源，使广大网民全方位、立体化地了解各地干部群众奋力抗台的过程。远在伦敦参加奥运会的浙江体育代表团和记者团，也通过新蓝网视频直播窗口了解到浙江的受灾情况。浙江省体育局局长李云林表示，“在这么遥远的地方能流畅地看到家乡的网上电视直播，同步了解家乡遭遇的灾情，真是意想不到”。此次跨频道、大兵团、立体化的并机直播是浙江广电集团在科学应对突发事件、有效创新直播手段方面一次成功尝试，体现出两大特点：1、发挥了强大的传播优势。在迎战台风“海葵”的过程中，集团统一对各频道派出的抗台报道人员进行合理配置，节省了人力、物力、技术资源，一方面有效避免了兄弟频道之间的资源抢夺和同质化竞争，另一方面通过“大平台播出”的手段，树立了浙江广电的整体形象，形成了报道声势，提升了报道影响力。2、体现了优质的服务功能。《众志成城 抗击“海葵”》特别节目将台风眼画面、卫星云图、台风路径、专家解读等内容直接引入演播室背景，让观众在封闭的演播室空间里获得综合、立体、直观的台风资讯；节目还开通了帮忙服务平台以及官方微博服务平台，有效整合交通运输、公共服务、地质灾害等各类实用信息，以小窗口的形式及时发布，充分发挥了主流媒体的服务功能。长达 8 小时的《众志成城 抗击“海葵”》特别节目播出后，很多观众纷纷在浙江卫视的官方微博上留言，“台风特别节目及时、准确、直观，让观众第一时间了解到灾区的真实情况”，“浙江广电不仅有好声音，更有好镜头、好报道”，“向奋战在抗台一线的浙江广电记者们表示由衷的敬意”。

三是深入一线，挖掘典型，生动呈现灾害面前浙江人的精神风貌。台风就是动员令，台风就是集结号，集团下属各频道各部门的广大采编播和技术人员以忘我的职业精神，深入各地抗台一线，及时发布气象预警信息和各地灾情，大力宣传省委省政府防台抗台的决策部署和最新指示，生动报道广大基层干部群众抗台救灾的实际情况和感人事迹，发挥了主流媒体服务大局、权威发布、稳定人心的重要作用。在抗击台风“海葵”的报道中，各宣传单位一方面强化现场报道，把抗台最前沿的有关情况及时传回，无论是象山县鹤浦镇台风登陆的场景，还是全省各地抗洪抢险的现场，都通过极具张力的图像和声音真实展现在观众、听众面前，使广播电视的表现力和感染力得以凸现；另一方面则充分挖掘典型事迹，260 多名广电记者与抗台一线的干部群众同呼吸、共命运、心连心，浙江卫视的《蛇蟠岛故事》、《风雨交加夜 砖厂老板把员工带回家》、《宁波北仑：避灾点也是温暖的家》，钱江都市频道的《临海：台风夜，街头的坚守》，浙江经视的《三门 洪水中三小时紧急营救》、教育科技的《温岭松门稻农开展灾后自救》，民生休闲频道《乐清：沿海堤坝上的巡查员》等报道，都在疾风骤雨中生动记录下基层干部及时妥善地转移安置群众、电力部门及时抢修受损电力设备、武警消防官兵不顾安危解救被困灾民、各地积极开展生产自救等内容。浙江之声通过连续的组合式报道，将安吉、临安等地山洪暴发，6000 多名游客和村民被困，当地政府动员各方力量展开救援，并最终成功解救被困群众的过程完整记录下来，生动写实，扣人心弦，感染力强、关注度高。两天来，各频道通过大量的现场报道和连线报道，既营造了全省上下众志成城，严防死守，全力抗台的浓厚舆论氛围，又展现了互助互爱，坚韧不拔，自强不息的浙江精神。特别值得一提的是，在此次的抗台报道中，广大采编播和技术人员发扬了特别能吃苦，特别能战斗的传统，他们中有的人主动请缨，要求到最危险、最艰苦的地方做现场报道，有的放弃休假，赶回抗台一线加入报道团队，有的带病坚持工作，轻伤不下火线，展现了浙江广电人优良的工作作风和过硬的专业素质。

四、认真做好春运、暑期等重点报道

（一）“春运”报道注重效果

2012 年春运期间，各新闻栏目迅速行动、发挥优势，讲求特色，及时开辟专栏专题，全面报道春运相关信息，积极开展多种形式的帮助服务，产生良好报道效果。

《浙江新闻联播》开出“关注春运”、“温暖回家路”等专栏，针对今年春运的新情况、新特点，及时报道各地各部门的准备工作和应对举措，第一时间发布票务、客流、气象等实用信息，把党委政府重视、社会各界关注，充分体现在新闻报道之中。从 1 月 18 日起，播出“春运体验”特别报道，记者跟随在浙江务工的苗家三姐妹，乘坐 L199 次列车赴贵州凯里，全程纪录外来民工的艰苦路途和回家喜悦。

《浙广早新闻》在全面报道春运情况的同时，创意推出“返乡直通车，温暖回家路”大型公益行动。发动社会各界为外来民工及时、安全回家过年伸出援手，发挥新闻媒体的桥梁纽带作用，搭建春运购票平台，帮助外来民工解决买票难题。赢得各界广泛响应，产生良好宣传效果。

《范大姐帮忙》的“春运信息每天报”专栏，第一时间发布春运实用信息；《新闻007》的“春运特别报道”，讲述奋战在春运第一线的乘警、志愿者故事；《新闻速写》的“春运微观察”专栏，挖掘今年春运新特点、新动向。

《经视新闻》每天以较大时段及时报道铁路、公路、民航的票务、客流等信息，讲述各地志愿者服务旅客、爱心人士帮助民工买票等生动故事，同时采用本台评论、听众互动等形式，增强春运报道深度和力度。

《1818黄金眼》推出大型系列报道《春运“凌”距离》，张凌寒等记者自1月7日起连续半个多月在杭州城站火车站蹲点采访，及时报道杭州铁路春运信息，生动讲述铁路司乘人员、售票员、安检员、上水工、巡道工、公安民警、志愿者等辛勤劳动、奋战春运的故事。报道以小见大，全面纪录铁路春运情境，生动感人、可看性强。

《新闻大直播》每天以大量的篇幅，报道春运信息、服务广大观众。同时开展新闻行动，为外来农民工送去回家过年的车票、送上新年祝福。

交通之声推出“一路有你，温暖回家”公益行动，开辟《春运第一资讯》专栏，滚动发布最新春运实用资讯、免费发放高速公路地图、及时播出安全知识。

民生资讯广播策划播出持续42天的《温暖民生、与您同行》春运特别节目，采用现场直播、记者连线、动态播报等多种形式，发布春运权威资讯。

广播经济频道派出多路记者进驻杭州各大汽车站、火车站、机场、气象台等，动态播报各种春运信息，已播出春运报道100多条。

城市之声创意策划春运《过年·回家》特别节目，在全天16个时段中播出春运资讯；开展“让红领巾们快乐回家”公益行动，免费运送外来民工子女回家过年。

新蓝网在首页开辟“春运专题”，集纳各媒体春运报道，截至1月30日，已发布春运信息500多条。

(二)关注高温下的民生民情

一是突出暑期服务特色。《范大姐帮忙》7月推出《避高温，想对策》专栏，重点关注了建筑工人宿舍空调是否安装到位、避暑防空洞何时使用等民众关切的问题，立足帮忙特色，务求实效，实实在在地解决了一批高温天气下大家遇到的困难。《经视新闻》推出《高温下的事故》，介绍高温天气下易发的车辆自燃、爆胎，游泳溺水等事故，通过新闻事件报道敲响警钟，同时向观众传授自检、自救等方面的知识。《经视新闻》还推出《清凉夜杭州》特别报道，对宋城泼水节、运河夜游、杭州中山南路美食街、西湖音乐喷泉等杭城的夏夜特色进行直播报道，提高了新闻的时效性和可看性，为广大观众带去一丝清凉。城市之声《大眼睛别动队》及时关注高温下的城市突发事件，为遇困的群众提供帮助。城市之声还在《新闻夜高峰》栏目中开辟“关注高考”版块，滚动播报高考录取信息，连线省教育考试院专家解答听众提问，迅速及时，信息量大。《范大姐帮忙》、《小强热线》、《新闻大直播》、《1818黄金眼》等栏目也都对高考的录取工作进行了动态报道。

二是关注露天作业的劳动者。《浙江新闻联播》推出“高温下的坚守”，通过记录一个个普通劳动者在烈日下辛苦劳作的甜酸苦辣，凸显了劳动者的平凡和伟大，表达主流媒体对他们的敬意。《新闻速写》近期开设专栏《高温天里的众生相》，记录坚持在高温一线的劳动者，讲述他们的劳动和生活故事，彰显“劳动光荣”的主题。《新闻007》从7月9日开始连续一周推出走基层系列报道《在烈日下》，派出三路记者，深入高温第一线，记录炎炎烈日下草席制作、电力救援队出勤、河道保洁员清扫河道的真实故事，感染力强。《1818黄金眼》的系列报道《夏日记忆·在电力抢修二班当编外队员》、《小智情报站》的系列报道《高温下最可爱的人》，《新闻早上好》推出的专题报道《高温下的民生》，《新闻夜高峰》的《战高温特别报道》等也都重点关注了奋战在高温酷暑里的劳动者，让普通百姓了解这些劳动者为社会做出的巨大贡献。

三是关爱“候鸟儿童”，关注暑期安全。《经视新闻》推出特别报道“‘小候鸟’快乐飞”，与杭州市慈善总会的留守儿童夏令营合作，一方面报道夏令营的部分精彩的课程和活动；另一方面，重点发掘典型的“小候鸟”和义工间的感人故事，体现社会对留守儿童的关爱。《新闻大直播》推出深度报道《小候鸟”的乐与忧》结构巧妙，通过引入城里的孩子如何过暑假，与“小候鸟”形成鲜明对比，发人深省。《小智情报站》推出特别报道《“小候鸟”的迁徙生活》，真实记录“小候鸟”们的暑假生活，报道由点带面，立体呈现“小候鸟”群体在城里的生活现状，报道播出后，收到了较大的社会影响和良好的收视效果。《听天下》和《93 早高峰》策划推出“小候鸟的暑期生活”系列报道，关注他们的暑期生活、学习环境，帮助他们实现小小心愿，让他们感受城市的温暖，并通过报道号召和动员更多的群体参与到关爱“小候鸟”行动中来，体现主流媒体的社会担当。近期，孩子们的暑期安全再次成为人们关注的焦点，《小智情报站》推出《暑期安全隐患征集令》和《关注暑期安全》两组报道，呼吁广大观众通过栏目微博和热线提供身边的安全隐患并及时把这些隐患反馈给有关部门，及早排除。《范大姐帮忙》、《经视新闻》、《新闻大直播》、《1818 黄金眼》、《93 早高峰》、《新闻早上好》、《上班路上》等栏目也都积极关注暑期安全，为孩子们度过一个平安快乐的暑假保驾护航。

杭州文广集团

争创新业绩，喜迎十八大。杭州市委市政府召开“打造东方品质之城、建设幸福和谐杭州”宣传实践活动推进会后，文广集团立即进行专题部署，紧紧围绕“争创新业绩、喜迎十八大”主题，组织广电媒体集中时段、开辟专栏、突出重点、搞好结合，发挥广播电视生动形象的宣传引导作用，营造良好的社会氛围和稳定的发展环境，着力把宣传实践活动引向深入。

突出重点，集中报道我市改善发展环境和便民、利民、惠民的措施。改善发展环境，是推进宣传实践活动的重要着力点；便民、利民、惠民，是“打造东方品质之城、建设幸福和谐杭州”的首要工作目标。各频道（率）推出了《三城三区一线行》等系列报道，宣传报道全市广大党员和干部群众以完善发展环境为着力点，以推进重大项目、优化企业服务、保障改善民生、创新社会管理、加强作风建设等为重点，努力在转变作风、优化服务、深化改革、破解难题上见成效。FM89 杭州新闻广播《民情热线》栏目推出了《聚民情，惠民生，话宏图——区长谈民生》系列专题节目。中波 954 与市老龄委联合推出“孝亲敬老之星”评选活动，宣传孝敬长辈和为老服务的基层典型，倡导尊老敬老的传统美德。影视频道在《新闻搜搜看》栏目开设《品质之城 幸福杭州》报道专栏，积极营造“脚踏实地抓落实、真抓实干谋发展”的舆论氛围。少儿频道制播“爱心教育体验基地”公益宣传片，开设“同样的蓝天同样的爱”专栏，重点宣传全市在关爱未成年人、残疾人等弱势群体中所取得的工作业绩。

精选典型，全面反映各地奋发有为推进宣传实践活动。广电媒体集中报道各地各单位精心组织、广泛发动，积极把宣传实践活动融入政治、经济、社会、文化、生态和党的建设，真抓实干、力求实效。综合频道《杭州新闻联播》推出系列报道《稳中求进促发展》，记者深入企业一线，掌握一手素材，撷取了大量成功转型的案例，特别关注我市十大战略性新兴产业的推进情况。各频道（率）在报道中力求以小案例说明大主题，生动展现各级各部门贯彻落实党代会精神的生动实践。如，《道德大讲堂 齐唱美邻曲》，记者走进江干区明珠社区，感受“我们的价值观”教育带来的和谐之风；《富阳杨清庙村建起托老所 养老服务“一站式”》，记者深入富阳市杨清庙村，感受一站式农村养老服务；《造环境 引名家 外桐坞艺术村落的“蜕变”》，报道了发生在小茶村的大变化；《大学生村官创业记》，把镜头对准带领当地农民共同致富的大学生村官。西湖之声策划推出了系列报道《加油，幸福杭州！》，还根据“打造东方品质之城、建设幸福和谐杭州”的大背景中发生的人和事，创作播出了富有生活气息的系列情景剧《卜卜一家亲》。

搞好结合，继续深化“走基层、转作风、改文风”活动。注重将宣传实践活动与“我们的价值观”主题实践、“进村入企”大走访、第八届中国国际动漫节、创模迎复检等重大活动和主题报道有机结合。各新闻单位在已经建立 70 余个“进村入企”基层联系点的基础上，进一步在全市的各中心镇、中心村、美丽乡村和企业，扩大媒体记者基层联系点的广度，并健全完善联系点工作制度以及“短期蹲点”与“长期跟踪”相结合的工作机制，让采编人员深入群众“接地气”、走进基层“抓活鱼”。明珠频道的《明珠新闻》和《阿六头说新闻》结合“走转改”，推出“走基层”抓典型系列报道，宣传解决基层群众和企业实际困难的典型。结合“创模迎复检，全市在行动”主题宣传，FM89 杭州新闻广播报道了我市“最美乡村之路”的 15 条精品线路。西湖之声举行第五届“汽车运动会”，推出了“闪闪的红星”爱护环境公益行动，积极倡导广大车主在行车途中注重文明礼仪。交通 91.8 利用早晚高峰的黄金时段节目《一路领先》、《交通快活人》,设立"我眼中的幸福杭州"、"和谐杭州从我做起"等话题,并吸引广大听众积极参与互动,倡导文明出行,共建幸福和谐杭州。

十八大北京直播报道。2012年11月4日,杭州文广集团"十八大北京直播报道"宣告正式启动。由18人组成的文广集团直播团队抵达北京,他们通过卫星直播的方式,以《杭州新闻联播》为播出平台,为杭州观众"第一时间第一现场"传递有关十八大的信息,全方位呈现党代会盛况,解读杭州科学发展新契机。十八大北京特别直播报道围绕"十八大会议重要议程的报道"、"浙江(杭州)代表团的议程报道"、"浙江(杭州)代表参与讨论的专题性报道"、"北京十八大喜庆氛围和各界对杭州亮点反应"、"杭州各界群众关注十八大的报道"和"杭州各行各业边学习、边贯彻、边生产建设的报道"六条主线展开。十八大北京特别直播报道组在北京演播室开辟了《袁也看北京》、《代表风采录》、《倾听会场》等几大亮点板块,挖掘特色典型。如"我们的价值观"、"学习节"、"道德高地"、"统筹城乡"、"文创产业"等内容,在北京做互动采访报道;《代表风采录》板块,记者与浙江、杭州的代表面对面,一起触摸科学发展观的律动和脉搏;《倾听会场》板块,记者编辑群捕捉构建和谐社会的热点场景与话题,关注长三角、浙江、杭州本土话题,权威媒体声音精彩放送。北京演播室建成后,通过卫星直播传输系统和切换系统,可以实现北京演播室与杭州演播室的实时互动。该组报道共10篇。

励志类栏目《勇往直前》开播。杭州每年都有数以万计的大学毕业生走上社会。为倡导正确的就业、创业观念,创造更多的就业、创业机会,从2012年开始,杭州电视台联合共青团杭州市委、杭州大学生创业联盟推出了大型励志就业创业栏目《勇往直前》。节目形式新颖,可看性强。《勇往直前》安排在综合频道每周六晚8:15时播出,节目时长为90分钟。通过安排12家企业对求职者进行层层面试,最终选手根据自己的表现可以获得一个带薪3个月的试用机会。整个节目紧凑合理、饶有趣味,不但使面试者收益,也让电视机前的观众获教非浅。,勇往直前》突破了现有一些求职类节目的制作框架,设计了名为"通关密室"的情景面试环节,通过求职者与密室中的道具及演员互动的方式,直观体现在职场中可能遇到的问题,考验求职者的反应与应对能力,并让面试官可以进行针对性点评,同时也使节目更具趣味性、可看性和学习性。截至4月中旬,杭州台综合频道已经播出了12期节目,20余家企业、近50名大学生参与了节目录制,共有35名大学生与企业现场"牵手",成功率高达73%。

西湖十景全国主持人选拔赛。2012年1月13日晚,由杭州文广集团和杭州西湖风景名胜区管委会联合主办的"一鸣惊人——西湖十景全国主持人选拔赛"在总决赛精彩的巅峰对决中落下帷幕,选手李姗姗、宣薇、王冠男最终脱颖而出,分获冠、亚、季军,给这场为时四个多月的大型品牌活动画上了圆满的句号。这次活动作为集团跨年度的重要品牌活动,全面展示、宣传、打造、包装杭州文广集团主持群体;在全国范围内发掘寻觅优秀主持新人;为世界文化遗产西湖选拔西湖十景代言人。本次活动无论是在区域规模、资源运作、内容设计和表现形式上,都有新的尝试和突破。

作为一个面向主持人这一专业化定位的比赛,"一鸣惊人——西湖十景全国主持人选拔赛"从一开始就突破了城市台的地域局限,从2011年10月下旬启动,经过近一个月的层层海选,从上千名有梦想、有激情、有才华的主持人才中精心筛选出全国32强,并在2011年11月28日会师杭州,进入激烈残酷的电视比赛。

这些选手主要来自国内多所以播音主持专业闻名的大学,不仅有在校学生,还有很多已经毕业并有丰富从业经验的在职选手,其中也包括杭州文广集团各频道频率的在职主持人,报名者年龄最小的17岁,最大的60多岁,他们的参与为这次大赛的选手质量提供了保证,也决定了最后电视比赛的激烈和精彩程度。

大赛邀请了鞠萍、马斌、阿丘、刘建宏、路一鸣、张腾岳等多位央视、凤凰卫视的重量级主持人作为评委,大大提高了活动水平和质量。同时,活动在国内三家知名的培训机构中进行招标,最终确定知客网络作为全程职场培训伙伴,展开深度合作,围绕主持业务和职场内容精心设置了六周高效新颖的培训课程,对每一位参赛主持人的业务水平和心理素质进行了提升。活动还通过与合作单位杭州西湖风景名胜区管委会的深度合作,结合走转改,设置了西湖文化普及、西湖船娘及志愿者体验等线下活动,让选手们更深入地了解西湖,爱上西湖。最终,32强选手中的安琪、钟佳维、张贺、赵依雯、郑菁长、宣薇、张小学、陈立、宋元、李姗姗还获得了代言世界文化遗产西湖十景的殊荣。

杭州市第八届“美德少年”评选。勤奋好学、勇于探索、乐于助人、热心公益、团结友爱……在“2012年杭州市第八届‘美德少年’评选活动暨‘我们靓·杭州靓’杭州市第二届中小学生童谣创作大赛”颁奖典礼上，一首首朗朗上口的新编童谣，唱出了十佳“美德少年”们的综合素质和个人特长。而荣膺十佳的“美德少年”们则现场诠释了对“美德”的理解并展示了各自的才艺。“美德少年”们还将最美好的祝福集结成册，在颁奖晚会上赠送给了“最美司机”吴斌的女儿吴悦，祝愿她永远阳光、幸福。

杭州市“美德少年”评选活动始于2005年，由市文明办、市教育局、团市委、市文广集团、杭报集团共同主办，杭州电视台少儿频道、杭州网共同承办。今年，杭州市第八届“美德少年”评选活动以深入贯彻党的十七届六中全会、全国未成年人思想道德建设工作视讯会议精神为指导，紧紧围绕打造“东方品质之城、建设幸福和谐杭州”的目标，以深化“做一个有道德的人”主题实践活动为重点，以“在家做个好孩子、在学校做个好学生、在社会做个好公民”为评选标准，突出“学习雷锋精神，争做美德少年”的要求，广泛发动广大中小学校参与、推荐、评选出一批可亲、可敬、可信、可学的未成年人道德先进典型。让全市未成年人学有榜样、行有楷模、赶有目标，在全社会形成知荣辱、树正气、作奉献、促和谐的良好道德风尚。

《千岛湖水下古城探秘》直播。2012年5月，中央电视台、浙江卫视、杭州电视台以及淳安电视台“四级”电视媒体联动，精心策划实施了《千岛湖水下古城探秘》直播。杭州电视台为本次大型联合直播派出了近20人的骨干团队，圆满完成了联合直播的相关任务，与此同时，还在此基础上组织了自己的电视直播报道，为扩大千岛湖以及杭州市的知名度、美誉度作出贡献。这次直播杭州电视台主要承担“公共信号传输保障”和“短片采访”两部分重点任务。在传输保障方面，克服了动漫节直播任务重等各种困难，全力调配技术力量，先后共派出了2辆卫星车、1辆大功率微波车和flyaway等先进设备。技术人员从准备到正式直播，连续10天日出而作、日落而归，确保直播公共信号在央视新闻频道、央视国际频道、浙江卫视和杭州电视台的顺利播出。其中仅央视新闻频道的每天相关节目播出量就达1小时以上，央视《新闻联播》也播出了相关报道。5月1日，频道推出了长达1小时20分的《千岛湖水下寻根》特别直播，还组织了4路记者，在半个月里奔波在淳安一线，采制了《狮城大宅门的兴衰》等9条短片在正式直播中运用。

“我为七一献热血”活动影响广泛。2012年年7月1日上午8时，由市委组织部、市委宣传部、市文明办、市直机关党工委、文广集团、市卫生局、共青团杭州市委联合主办，西湖之声全案策划并承办的纪念建党91周年暨第十二届大型无偿献血活动“我为七一献热血”，在省人民大会堂广场隆重举行。

在活动的启动仪式上，13家企事业单位和献血先进个人代表以及杭州市献血形象大使刘忠虎，共同向广大市民发出倡议：以无偿献血的形式，来传递“奉献、互助、责任”的价值意识；以朴素坚定的“信仰”，来引领时代精神；以自己的实际行动，来展现城市文明素养和道德理想。省委常委、市委书记黄坤明为本次活动亲笔题词“热血 挚爱”，鼓励无偿献血者的崇高行为。

2001年7月1日，西湖之声在吴山广场首次推出“我为七一献热血”活动，向全市非公有制企业共产党员和党员积极分子发出献热血的倡议，当年那一幕幕至今还感人肺腑，活动主持人雨桐更是含泪主持完全程。多年来，西湖之声以与时俱进的精神，不断推动这项爱心公益事业健康发展。新香园酒店、花中城餐饮等众多企事业单位已将“无偿热血”作为一种特殊的企业文化教育，年年参与。据统计，“我为七一献热血”活动开展12年来，共有3.5万余名共产党员和积极分子参加了无偿献血，累计献血量达到10.5吨。这项经久不衰的活动更成为杭州市无偿献血工作的经典品牌。12年来，“我为七一献热血”活动不仅在杭州主城区大力展开，更是深入到了杭州五县(市)。通过该活动的推动，杭州市已连续7年实现临床用血100%来自志愿者的无偿献血。

抗击台风“海葵”电视直播。2012年8月5日17时台风“海葵”进入我国东海东部海面，并转为强热带风暴，杭州电视台综合频道新闻中心随即推出抗台报道。8月7日晚21点，综合频道在同城媒体中率先打开直播窗口，推出了《众志成城 抗击“海葵”》特别直播报道，直播持续到深夜12点。8月8日早上5点，综合频道直播窗口再次打开，并从7点半开始，推出了连续十一个小时的特别直播。8月8日下午，集团首次整合旗下综合、明珠、生活、影视四大频道采编力量，派出多路记者，运用光缆、微博、3G、卫星等技术，并机直播8小时，及时关注台风最新动态，生动再现广大干部群众科学抗台防台的成效。截至8月8日晚8点，综合频道抗台直播总时长达15小时，创下杭州电视台连续直播时长的新纪录。此外，综合频道积极做好向央视、卫视的送稿工作。整个抗台期间，央视《新闻联播》播发的四条“海葵”相关综合报道，都有杭州台的参与。此外，杭州台还有数条报道在央视新闻频道和浙江卫视播出，直播受到社会各界的好评。8月9日，省委宣传部副部长鲍洪俊在杭州电视台慰问抗台记者时，充分肯定了杭州电视台在本次抗台防台工作中的成绩。他说，杭州电视台的直播报道十分得力有效，同时也在全省媒体中起到了表率作用。

《幸福城市 走进杭州》直播。2012年9月26日，杭州新闻广播（FM89）联合中央人民广播电台中国之声推出以“和谐社会 幸福城市”为主题的喜迎十八大大型直播节目。省委常委、市委书记黄坤明走进直播室，在一个小时的直播中，畅谈“打造东方品质之城、建设幸福和谐杭州”的政策举措和成功经验，向全国听众介绍杭州“三城三区”建设。《幸福城市 走进杭州》直播得到市委市政府各部门、文广集团领导的大力支持。当晚21点，省委常委、市委书记黄坤明走进直播间，与全国听众在电波中畅谈杭州建设“三城三区”美好愿景，解读幸福和谐杭州。黄坤明还向全国广大听众朋友发出诚挚邀请：欢迎大家到杭州来玩，来亲身体验幸福和谐杭州。直播中杭州新闻广播运用了微信、微博、短信等多种形式的互动方式。在一小时的节目直播中，共收到微信46条、短信153条。中国广播网同时段对节目进行文字、音频直播。直播结束后，访谈内容精编后及时上网，并在央广手机报、央广手机电视上予以呈现。

首部微电影《迫在眉睫》全国发布。2012年11月20日，由交通经济广播电台（91.8）策划出品的微电影《迫在眉睫》在杭州举行全国发布会，国内几十家媒体在看片会后进行了报道转载，该片被媒体记者们誉为“年度最扣人心弦的微电影”。五天时间内，影片在优酷网上的点击率超过3万次。网友评论，这是一部充满“爱”的电影，展现杭州这座城市的人间大爱精神让人感动，有力弘扬了社会主义核心价值观。微电影《迫在眉睫》改编自一个发生在2009年的真实故事。当时一个外地婴儿肺破裂生命垂危，急需转送杭州救治，危急时刻，家长紧急联系上了交通91.8求助。在交通91.8的积极协调，交管等部门通力协作下，一路上听到广播消息的其他行驶汽车纷纷避让，留出绿色通道，婴儿被及时送到浙江大学附属儿童医院，经过早已做好准备的医生们的紧急抢救，婴儿终于转危为安。文广集团两大名嘴、新老“虎哥”于虎和刘忠虎倾情加盟的本色出演，使影片充满杭州元素。

直播杭州地铁一号线开通。2012年11月24日，杭州地铁一号线正式通车试运营。杭州电视台联合市地铁集团，从上午9点开始，对开通仪式进行了独家现场直播，并跟随首发车进行了两小时全程直播报道。此次直播，文广集团派出八路记者，分布在七个直播点，运用光缆、卫星、4G等先进直播技术，圆满完成直播报道，这也是杭州电视台第一次实现将地下直播信号实时传回地面。值得一提的是，在这次直播中，文广集团创新运用4G技术进行直播，这是国内电视直播史上4G技术首次被成功运用。央视浙江记者站借用文广集团的4G直播设备，在央视《新闻直播间》节目，进行了杭州地铁开通直播报道，完成了央视的首次4G直播。

《字说丝绸》发行至海外。2012年11月26日，杭州电视台影视频道首档丝绸文化专题节目《字说丝绸》成功发行至覆盖泰国全境的两个卫星频道，覆盖人口6000万。《字说丝绸》是文化访谈节目，立足于丝绸与汉字这两样中国的标志性符号，趣味解读、品味与推广丝绸文化。《字说丝绸》也是一档媒体与企业深度合作，精心制作的文化节目。在合作过程中，频道发挥传播平台与节目制作的优势，而企业则发挥其身处业内的专业优势，双方合作默契。栏目开播以来，除在影视频道播出外，还在华数互动电视点播系统、葫芦网、新浪网等媒体播出，在全国取得影响力。

2012第二季“越·聚·风”完美收官。由杭州电台中波954举办的，2012年第二季“越·聚·风”收官之作——“越上层楼——越剧好声音”汇报演出，12月29—30日晚在红星剧院上演。30位学员、4位导师联袂登台，通过16个剧目，19折经典，为本次活动画上完美句点。对杭城的许多中老年人来讲，越剧是他们的最爱。作为杭州最早的广播，中波954一直以弘扬地域文化特色为己任，早在19年前就推出了戏曲栏目《戏坛金三角》。多年来，节目在票友和戏迷中有很强的影响力，在专业演员和专家中有不错的口碑。通过传统媒体广播和现代媒体网络的互动传播，节目还吸引了全国各地一大批网络戏曲爱好者，成为一个由媒体、戏曲爱好者、戏曲专业人士共同组成的大家庭。2011年，经过精心策划，中波954推出了“越·聚·风”大型系列公益活动。活动历时近四个月，在全国越剧票友、戏迷当中引起强烈反响。今年推出第二季“越·聚·风”——“越剧好声音”时，依然以越剧戏迷票友为活动主体，并在群众性的基础上力求有专业性的提高。第二季“越·聚·风”四个阶段的活动——寻找好声音、导师收徒、培训、师生汇报演出——层层推进，环环相扣。虽然活动不设奖项，没有奖金，却吸引到了众多来自福建、四川、安徽、陕西、江西、江苏、上海等省市戏迷的参与。在越剧界开创了有计划、有组织、大规模的专业演员与戏迷票友同台搭档联袂演出的先河，为越剧的繁荣发展作出了具体而实在的贡献。演出结束后，慕名前来观摩的省内外戏迷团队的朋友，和杭州城的资深戏迷纷纷赞叹“演出十分精彩，完全超出预计水平”。

宁波广电集团

第六届宁波广播月活动隆重举行。“宁波广播月活动”是浙江省广播电视品牌活动。整个十月，宁波广电集团新闻广播、经济广播、交通广播、老少广播、音乐广播等五套广播联手宁波广播协作联盟，共同打造以“深化走转改、喜迎十八大”为主题的2012年第六届宁波广播月活动，十二项大型主题活动激情洋溢、活力四射、精彩纷呈。活动之一：市记协联合宁波广播协作联盟、新闻广播举行的“走转改”大型广播新闻行动《宁波革命老区行》研讨会；之二：新闻广播在宁波飞越大剧院举行的“宁波好声音，娱乐星擂台”年度总冠军赛；之三：经济广播携手保利置业举办的《月满万家“保利之夜”——FM102.9主播大型歌会》；之四：经济广播第三届《社区红娘》万人相亲会；之五：经济广播“2012食尚宁波——空中美食节第二季”；之六：交通、音乐广播联合举办的“2012汽车生活户外嘉年华”；之七：交通、音乐广播联合举办的“深化走转改——警媒联动宣传业务交流会”；之八：交通广播举办的宁波司机文化节“宁波市区首届文明守线驾驶人评比”活动；之九：由宁波市广电学会、宁波广播协作联盟主办，学会播音主持委员会、老少广播具体承办的“宁波广播优秀青少（主持人）节目评选活动”；之十：老少广播在宁波天一讲堂主办的“明月却多情——中秋视听音乐会”；十一：老少广播举办的宁波广播戏曲节目“走转改”特别行动：“最爱梨园金秋行——越剧寻根之旅”；十二：音乐广播举办的“986钢琴演奏会——‘音为爱’绽放”。金秋十月的宁波广播月活动，再次为甬城听众展现了广播经久不衰的无限魅力和宁波广播人激情奋发的时代风采，为喜迎党的十八大召开营造了热烈喜庆的良好氛围。

新闻综合频率“沙漠孩子寻海梦”公益活动宣传报道。由宁波赴新疆90后支教老师胡惊雨发起并实施的“沙漠孩子寻海梦”公益活动于2012年7月上中旬进行。面对这一在国内具有很大影响的新闻事件，新闻综合频率全程跟踪，快速反应，通过多种报道方式扩大新闻传播面和影响力，进一步弘扬了社会主义核心价值观，提升了宁波“爱心城市”、“文明城市”的城市形象。在7月4日至7月11日短短8天时间内，新闻综合频率共采制播发20余篇新闻报道，其中在中央电台中国之声播发了近10篇。频率40多名职工还慷慨解囊，捐款1.1万多元，帮助解决沙漠孩子回家机票的部分资金缺口。这一公益活动宣传报道受到了时任省委常委、宁波市委书记王辉忠的批示肯定。

新闻综合频率成功直播第八届中国海洋论坛和第十五届中国开渔节。第十五届中国开渔节这两大主体活动——第八届中国海洋论坛和第十五届中国开渔节开船仪式分别于2012年9月16日上午在象山石浦举行。新闻综合频率克服时间紧、转场快、任务重等困难，立即组成精干直播队伍，深入渔区一线，感受渔民生活，赶写直播文稿，赶装直播设备，精彩展示海洋文化，成功直播这两大活动。

经济娱乐频率展开新一轮争创文明城市宣传报道。经济娱乐频率在新一轮争创文明城市宣传报道中，主要推出“文明宁波大家谈”、“经广记者走基层—社区文明行”、“时代楷模 身边榜样”等专栏，其中“文明宁波大家谈”专栏，主要围绕文明城市创建这一主题，开展话题讨论，引导市民关注参与文明城市建设，强化文明意识和道德观念；“时代楷模 身边榜样”栏目围绕刘佳芬、胡惊雨、最美四姑娘、独臂校长等身边的典型人物，推出系列报道，充分展现这些典型人物的动人事迹以及默默奉献的精神风貌。

经济娱乐频率“三思三创”报道。经济广播主要围绕几大主题展开三思三创报道：一是阳光征收和打通断头路系列报道，二是象山港大桥、铁路南站和轨道交通等重点工程相关报道，三是企业转型升级系列报道，四是“六个加快”在基层系列报道。先后播出各类报道200余篇。

交通广播、音乐广播承办“四明颂歌——宁波广电系统红色经典朗诵大赛颁奖典礼”。1月11日由宁波交通广播、音乐广播承办的“四明颂歌——宁波广电系统红色经典朗诵大赛颁奖典礼”在宁波电视台1号演播大厅隆重举行。来自宁波广电集团及9个县市区广播电视台的播音员主持人在舞台上用优美而富有表现力的声音展现了红色历史、家乡巨变和身边的典型人物。

交通广播、音乐广播等联合召开“宁波微雷锋”微博品牌发布会。3月1日，宁波交通广播、音乐广播、宁波市公安局交警支队、宁波机场、宁波日报等16家交通窗口单位和新闻媒体召开了“宁波微雷锋”微博品牌发布会。各共建单位将以微博为平台，以“宁波微雷锋”为统一栏目，每日传递宁波“爱心故事”，时刻弘扬“雷锋精神”。3月4日下午由宁波市文明办、宁波广电集团联合主办、宁波交通广播承办的宁波市首届司机文化节“十佳司机”颁奖暨“学雷锋，爱传递”活动启动仪式在中山广场举行。

五套频率联合推出《抗击台风海葵》大型直播特别节目。8月7日下午14点至16点，宁波5套频率（新闻综合频率、经济娱乐频率、交通频率、音乐频率、老年与少儿频率）调整原定停机检修时间，联合宁波广播协作联盟9家兄弟电台（象山、宁海、奉化、慈溪、余姚、镇海、北仑、鄞州），共同推出长达2小时120分钟的《抗击台风海葵》大型直播特别节目。共同为广大听众带来最权威的官方发布的最及时的现场报道。

交通广播联合承办“122全国交通安全日”主题宣传活动。12月2日，宁波交通广播联合江北区文明办与江北交警大队承办“122全国交通安全日”主题宣传活动在北岸琴森社区举行。“文明守线驾驶员”评选颁奖仪式同期举行。与此同时，全国百家交通广播联合进行了一个小时的现场直播，宁波交通管理的先进事例通过全国百家交通广播得到生动的展示。

“最美宁波人”宣传报道。2012年度“最美宁波人”的评选活动由市委宣传部统一部署，宁波广电集团社会生活频道承办。本次活动征集范围广泛，征集途径多样。社会生活频道认真谋划、精心组织、勇于创新、甘于奉献，努力将“最美宁波人”的评选活动打造成我市精神文明建设的一个新品牌。

2月5日，组委会组织25位评委以投票的方式从78名正式候选人中评选出了30名提名人物，并向社会作了公布。

历时两个月的评选活动以真实、平视的视角起到了党委政府和人民群众心灵上同频共振的良好效果，活动社会化的运作模式也为举办此类大型活动提供了参考与样本。

“最美四姑娘”报道荣登央视平台。11月2日，央视《新闻联播》在提要和重要位置，以《宁波：老人遇车祸四女子救人》为题报道了“宁波最美四姑娘”的事迹。宁波广电集团新闻综合频道在报道这起感人的新闻事件过程中，充分发挥主流媒体的舆论引导作用，及时挖掘这一事件背后的新闻和社会价值，全程跟进、持续报道，将这一爱心事件推向全国，彰显了新时代主流价值观和社会正能量，再次扩大了宁波这座爱心城市在全国的影响力，实现了宁波对外宣传的新突破。

新闻综合频道全力配合央视完成象山渔山“小白礁”Ⅰ号沉船水下考古直播工作。新闻综合频道克服天气影响、央视直播时间调整等种种困年，连续四天四场直播，制作完成了400多分钟，共7个小时的直播节目，受到央视直播团队的一致好评。

宁波市举办第五届中国（宁波）农民电影节活动。9月14日起，宁波市举办以“电影的盛会，农民的节日”为主题的第五届中国（宁波）农民电影节系列活动。本届电影节活动以“贴近实际、贴近农村、贴近农民”为主线，真正体现了农民是农村的主人，也是农民节日真正的主角。包括中央媒体下基层走转改活动、《忠诚与背叛》影片首映式、剧组见面会、参评影片展映、“最喜欢的影片和最喜欢的男/女演员”评选、全国农村电影创作座谈会、全国农村电影发行放映工作会议、中国广播影视报刊协会电影报刊分会年度工作会议、金曲文艺晚会等十项活动，内容更丰富，活动更贴近务实，参与互动性更强，向着更高层次及规模化方向发展。

充分运用新闻媒体特点和作用，及时跟踪报道活动亮点和热点，使第五届中国（宁波）农民电影节产生了较大的社会影响。本届农民电影节紧紧围绕“电影的盛会，农民的节日”这一主题，整个活动从中央到地方媒体均给予较大的关注和较高规格的报道。本届电影节在以往历届电影节媒体宣传报道的基础上，引入了浙江电视台钱江都市频道，对“向党的十八大献礼电影金曲主题闭幕晚会”进行了全程录播，把本次电影节作为一个品牌活动进行了专题报道。从消息报道，到专题访谈、综合评论，节前有预报，节中做专题，节后有总结，整个电影节报道有层次，有深度，报道力度充分展示了电影节的影响力。

2012年象山港大桥开通宣传报道。一是提前谋划，做细新闻宣传方案。开设《众志成城建大桥》专栏，多次召开专题策划会，制订整体宣传报道方案，按月细化宣传报道计划，认真做好工程建设各项节点和社会各界关心、支持、参与大桥建设的相关宣传。二是创新方式，做透对内新闻宣传。县广播电视台在集中宣传阶段每天确保至少一条的大桥宣传报道。12月19日，推出了大桥通车倒计时。《象山新闻》及《夜到讲白搭》栏目将动态报道、典型人物访谈和电视评论相结合，对象山港进行了全面报道，共播出报道136篇，涵盖大桥通车、领导视察、政策处理、大桥施工、航标设置、劳动竞赛、迎接旅游团队等多个层面。三是多媒聚焦，做好对外新闻宣传。象山港大桥建成通车引起了境内外知名媒体的广泛关注，12月28日通车当天，在央视、浙江卫视、宁波电视台以及香港大公报、香港文汇报、香港商报等近40家境内外媒体70余名记者云集象山进行长达两天的集中采访，《宁波象山港跨海大桥将试运营通车》、《象山港大桥本月29日通车试运行?时速100公里/小时》等新闻报道在各大媒体刊播。中央电台、东方卫视、浙江卫视等电台、电视台进行了连线直播和报道。仅大桥通车桥前后各平面和广播电视媒体累计报道近900篇（条），图片报道200余篇，连线累计时长近2小时。

第八届中国海洋论坛暨第十五届中国开渔节宣传报道。第八届中国海洋论坛暨第十五届中国开渔节于2012年9月8日至9月16日在浙江省象山县隆重举行。广电新闻报道充分发挥声画结合的优势，注重现场报道，注重点面结合，既有回顾报道，又有动态播报。《象山新闻》共播出开渔节新闻37篇，《夜到讲白搭》共播出开渔节新闻15篇。电台《象山新闻》播出开渔节新闻33篇，对农专题24篇。制作了开渔节的专题宣传片，在电视台、各单位电子显示屏以及相关网站上播放。此外，我台还全力做好外宣配合工作，为中央电视台、中央人民广播电台、凤凰电视台等媒体提供素材，给予配合，外媒广播电视共计发布报道90余条，其中中央电视台播出7条，中央人民广播电台6条，省电视台播出6条，市电视台播出18条，宁波人民广播电台共计发稿50余篇。县委书记李关定还接受了中央电视台、中央人民广播电台专访。

温州市广播电视台

《温州一家人》央视热播。由温州广播电视总台参与投资制作，温州市电视剧制作中心、温州市侨办协助拍摄的36集电视连续剧《温州一家人》，被中共中央宣传部、国家广播电影电视总局指定为迎接党的十八大十部献礼剧目之一，于2012年11月10日至11月28日在中央电视台第一套节目晚间20点黄金强档隆重播出。全剧平均收视率2.25%，收视份额6.32%，其中28日（大结局）收视率3.06%，份额7.71%，收视率进入央视一套黄金时段电视剧前四名。

《温州一家人》讲述了我国改革开放的一个侧面，通过温州普通农民周万顺一家二十余年不平凡的经历，反映出中国农民在改革开放的实践中不甘屈服的顽强意志，表达了他们的心声，更代表了广大农民走改革开放之路的一种精神历程。该剧一经播出，温州台就开展了一系列的配合报道，为该剧的播出营造声势。在采访中敏锐地抓住温州企业家对该剧的反响这一主题，主动联系采访多位在全国有一定影响力的温州企业家，制作成专题新闻并将作品上报至中央台。11月25日中央台《新闻联播》播出新闻"《温州一家人》带来创业信心"，报道说，《温州一家人》在央视综合频道热播后，引起了广泛关注，这让很多温州人回忆起自己当年的奋斗历程。在当前欧洲金融危机持续，一些外贸企业受影响的情况下，《温州一家人》给了大家战胜困难的信心。

由于普通话版本的《温州一家人》更照顾全国观众的喜好，更多地使用北方方言。有许多温州俗语、俚语在剧中用普通话表达后失掉了一部分温州味道。自该剧在央视开播以来，就有不少温州观众在网络上评论，说剧中温州方言俚语颇多，如果用温州方言配音，会更具原汁原味的效果。为此，温州台顺势推出《温州一家人》方言版，全部对白采用温州话配音，于11月30日晚在温视新闻综合频道黄金档正式开播，每晚播出两集。方言版开播后，好评如潮，收视率一路飙升，截至12月上旬，始终保持在8%-10%的高收视率。

湖州市广播电视台

精心策划"十八大"宣传，首获创新大奖。2012年，在党的十八大召开之年，湖州市广播电视台按时序进度推进宣传报道，以"全媒体"、"融媒体"为特色，突出主题，强化整体性，形成规模态势。"声、屏、报、网"各宣传平台共播（刊）发相关新闻188篇，专题35期，公益广告15000余次。尤其是以"十年的跨越，十年的回眸"为切入点推出的《见证·十年》、《辉煌·十年》、《变化·十年》、《美丽湖州人》四大系列报道，全景式地报道了湖州的变化与成就，取得了良好的宣传效果。湖州市广播电视台还通过跨区域联合采访行动、拍摄制作MTV《节日欢歌》等，进一步营造良好的宣传氛围，向党的十八大献礼。

2012年底，湖州市广播电视台上送的作品《喜迎十八大·富民强市进行时》荣获省记协颁发的"全省重大主题报道策划创新奖"。此奖在全省范围内属首次评选，得到了省委宣传部、省记协的高度重视。

主题宣传浓墨重彩，高潮迭起，为湖州市加快科学发展，建设"四区一市"鼓与呼。2012年，湖州市广播电视台以湖州市委、市政府"加快科学发展，建设'四区一市'"的中心工作为宣传主题，先后推出了《实施八大行动 凝心聚力发展》、《激情追梦 创业英雄》、《风雨同行 迎战"海葵"》、《喜迎两节一赛特别报道》、《走基层 百企行》、《走基层 工业强镇行》、《走基层·感受农业科技的春天》等主题系列报道70余个，主题新闻播出篇数4000余篇，内容涉及湖州市社会、经济、政治等各层面，为加快科学发展，建设"四区一市"创造了良好的舆论氛围。

围绕湖州市"两会"宣传，先后开设了《两会见闻》、《"两案" 梳理》、《追踪你的心愿》、《直通两会》、《我在"两会"现场》、《代表委员心声》、《"两会"热点评议》、《小记者看"两会"》等新闻、专题栏目节目，还首次在湖州大剧院开辟了现场演播室，通过在演播室内的直播，不仅及时传递了"两会"最新情况，而且该演播室也成为访谈代表、委员以及嘉宾的主要录制现场，大大提高了新闻传播时效。

2012年上半年，湖州市广播电视台"融媒体下的信息处理发布方式创新——全媒体中央厨房"项目通过了浙江省有关部门的考核，从全省83个申报项目中脱颖而出，湖州市广播电视台新闻中心被确定为"浙江省第二批创新团队"（文化创新类），这是湖州市新闻系统首个入选"浙江省重点创新团队"的项目。

在8月抗击台风"海葵"报道中，湖州市广播电视台首次启用五大平台同步直播和首次采用两小时一次滚动式直播报道方式，积极引导防台抗台工作，为凝聚各方力量、减轻台风带来的损失发挥了作用。得到了上级部门的充分肯定。这次报道行动也是"全媒体中央厨房"的一次成功实践。

媒体大型公益活动传递正能量，彰显社会责任。2012年，湖州市广播电视台共举办较有影响的大型媒体活动（包括网络专页公益活动）共计80多项，参与群众达20多万人次，进一步扩大品牌活动的影响力，彰显媒体的社会责任。

湖州市广播电视台黄丝巾公益活动之"我来帮你上大学"已连续开展三年，活动为考上大学却面临经济困难的大学新生募集学费，2012 年“我来帮你上大学”公益助学共为我市 18 名贫困学子筹得学费 15 万元。黄丝巾公益活动之“好人有好报——黄丝巾‘云梦行动’”于 2012 年 9 月启动，活动时间跨度为一年，开展助学季、助困季、助残季、关爱季、帮扶季五个阶段的公益项目，进一步扩大了湖州市广播电视台黄丝巾公益品牌活动的影响力和号召力。

以喜迎十八大、文化大发展为契机，湖州市广播电视台在 2012 年开展了《天声歌王》大型歌唱比赛，历时半年，吸引了 5000 余名选手的参与，达到了导向性、艺术性和观赏性的统一，在活动中还帮助困难群众募捐善款，弘扬大爱。

另外，“阿奇慈善援助基金”爱心行动、“湖州首届排舞大赛”、“诗意的青春”诗歌朗诵会、“我们身边的雷锋”讲故事大赛、“‘我’帮农产品找婆家”等各项公益活动的成功举办，均取得了很好的社会反响。

德清县广播电视台

大型公益活动《来自第二故乡德清的问候》。 2012 年中秋节，德清广播电视台策划推出《来自第二故乡德清的问候》大型公益活动，并在 9 月 21 日至 10 月 12 日《百姓连线》节目中推出系列报道，目的是让更多的人关注、关爱在德清生活的十几万新德清人，感谢他们为德清经济社会发展做出的贡献。这次公益活动的口号是：情暖中秋，传递亲情（一封家书，一个电话，一盒月饼，一张团圆照，一本画册，一份家乡礼……送给新德清人远方的家。）活动选取了来自贵州、云南、江西、四川、安徽、广西、湖南、湖北、河南、江苏、陕西、重庆、黑龙江、辽宁、吉林等 15 个省市的德清新居民作为拍摄对象，通过镜头来反映外来务工人员在第二故乡德清的生活、工作情况，同时通过电话让他们与远方家人倾诉亲情，汇报第二故乡的生活工作情况，还为他们远方的亲人寄去一盒月饼、一张团圆照、一本画册、一份家乡礼。作为一项爱心公益活动，《来自第二故乡德清的问候》，将新德清人的积极向上、快乐生活的精神面貌呈现在全县观众的面前，活动在社会上获得了良好的反响，《浙江日报》对活动予以报道。

长兴县广播电视台

“爱在传媒——守护小康康”爱心宣传活动。 2008 年 12 月 21 日，《温暖 2009》大型新闻行动举行启动仪式，仪式现场公布了其中 60 个心愿，现场 40 个心愿被认领，六位需要受助的弱势群体和六位爱心市民也被邀请到现场。仪式结束后，长兴传媒集团主持人小彤和长视金花分别对跟随到达活动现场的六个心愿结对双方进行采访，记录下整个完成心愿的过程，有关节目播出后，引起了广大观众的强烈反响。温暖行动一直在延续，2012 年 12 月 28 日早上，长兴传媒集团一楼大厅，凛冽的寒冬阻挡不了爱心温暖的涌动。长兴传媒集团团委携手《小彤热线》栏目组，发起一场“爱在传媒——守护小康康”爱心募捐活动。现场，《小彤热线》栏目组播出了三岁孩子小康康悲惨的遭遇，大家纷纷之动容。滴水汇成河，碎石堆成岛，为了让这个苦难的家庭减轻点负担，大家伸出援手，传递爱心。短短半小时内，迅速筹得善款 11070 元。在活动结束后，由《小彤热线》记者在第一时间送到正在杭州给康康治病的康康母亲手中。我们相信，汇集起来的点滴爱心将会成为小康康母子冬日里最温暖的一道阳光。

创先争优主题宣传活动。 2010 年 6 月以来，长兴县按照中央和省市委的部署要求，紧紧围绕建设服务型基层党组织这一主题，深入开展“党旗高扬、党徽闪亮”创先争优活动，不断推动科学发展、促进社会和谐，努力实现组织创先进、党员争优秀、群众得实惠。活动中呈现出许多亮点、涌现出不少典型，得到了上级部门的高度肯定，2012 年 6 月 28 日，长兴更获得全国创先争优活动先进县党委的荣誉称号。为全面展示长兴创先争优活动，长兴传媒集团推出新闻特稿《创先争优两年间》，报道围绕长兴荣获全国创先争优活动先进县党委称号这一主题，深入挖掘长兴在创先争优活动开展两年来的生动事迹和典型经验，并特邀共产党员杂志社总编辑吴建平、浙江省社会科学院副院长陈柳裕进行专业点评，充分展现了长兴创先争优实践中的良好机制和有效方法。作品采取点与面相结合的方式，选取党员闪光言行考评、党群创业互助会、学习型党组织建设等特色活动，配以全县整体情况，做到细节生动、数据简明、内容翔实。报道共有5篇，包括：《最高综合荣誉花落长兴、创先争优喜结硕果》、《修好内功 创先争优竞一流》、《夯实基础 凝心聚力助推发展》、《加快城乡融合促进社会和谐》、《永葆先进、创先争优求长效》。

安吉县广播电视台

《暖冬》行动。2012年初，推出“暖冬”大型公益行动。活动首先在民生栏目推出为期一个月的系列节目，展示外来务工人员在安吉的工作生活情况。同时通过前期报名的方式，组织外来务工人员参加送年货礼品、吃团圆宴活动；1月21日，在县城生态广场举行年货发放活动，近200名外来务工朋友到现场领取了精美礼品。对于部分因工作原因无法上门领取的报名者，记者还把礼物送到他们的手中。2月4日，100位留守安吉的外来务工人员共同参加了团圆宴，活动现场还组织了表演、抽奖等活动，活动气氛喜庆热烈。

《生态道德课——走通西苕溪》。2012年3月，安吉广电台发起并组织实施的大型全媒体新闻行动《生态道德课——走通西苕溪》以十年生态建设历程为背景，以志愿者队伍走通母亲河为形态，记录现场，讲述发展，彰显人文，呈现生活，感受生态的道德力量。3月20日，志愿者加记者一行十余人整装出发，沿着西苕溪徒步逆流而上。一路跋山涉水，风餐露宿，看水情，察水文，走村落，访农家。3月27日，大型全媒体新闻行动《生态道德课——走通西苕溪》历经八天七夜落下帷幕。活动关注了商业性采砂在西苕溪全线被禁后水质、水情、水文的变化，沿途群众生活和生态理念的变化，两岸的人文历史和风土人情。成就了一次“走基层、转作风、改文风”的难忘征程。

嘉兴市广播电视台

宣传传统文化内涵 播撒社会和谐理念

——嘉兴市广播电视台“我们的节日——端午”主题报道

2012年是嘉兴市连续第三年承办国家级端午节庆活动。嘉兴市广播电视台（以下简称嘉兴台）在前两次成功报道“端午民俗文化节”活动的基础上，早策划、早准备，精心策划“我们的节日——端午”主题报道方案，力求通过充分挖掘端午节的深厚文化内涵，将端午民俗与爱国主义精神有机结合起来，积极营造“过端午、到嘉兴”的浓厚舆论氛围，进一步提升城市美誉度和知名度。

一、提前策划，预热节庆报道。5月初，嘉兴台就开始组织策划，安排人员，根据各频率、频道自身的特点，制定了详细的报道计划。台下属的“声、屏、报、网”除了宣传介绍端午节相关民俗知识及嘉兴市即将举办的端午民俗文化节各项活动外，还专门制作了端午宣传片，在三个频道循环播出，营造端午氛围。此外，由台总编室编辑《中华长歌行——我们的节日端午》特别节目，在新闻综合频道播出，该节目主要以诗歌朗诵的形式，弘扬爱国主义精神，抒发爱国主义情怀。公共频道、城乡生活频率以“端午民俗”为主题，开展进社区进农村活动，宣传端午文化。

二、逐步升温，营造节日氛围。从5月初开始，嘉兴台广播、电视就开始播出端午的相关报道，之后，报道力度随着临近端午逐渐加大。主频率、主频道均在主新闻中推出“我们的节日——端午”系列报道，其他频率、频道也根据自身特点推出相关报道，公共频道重点围绕民俗向观众传播嘉兴独特的吴越文化和民间习俗，记者到社区、农村采访普通居民，听他们讲述传承的端午习俗，让广大市民了解到嘉兴的“百家宴”是怎么样的，普通家庭在端午节是怎么自制黄酒的。到端午前几天，每天都播出4、5篇相关稿件。端午节期间，端午民俗文化节开幕式、祭“神龙”活动、龙舟邀请赛等大型群众性活动，在广播、电视、网络、广电报的各种表现手段下，得到充分报道，渲染了节日的欢腾气氛，展现了民众的喜悦心情。嘉兴台文化影视频道录制播出2012中国·嘉兴端午民俗文化节开幕式，将一台集观赏性、艺术性和民俗性为一体的精彩节目直观立体地带给观众，形成宣传高潮。

三、百姓参与，共度欢乐端午。作为主流媒体，广播电视一方面通过新闻报道，渲染节日的欢乐气氛；另一方面，通过媒体组织，吸引广大市民参与各种媒体活动，与群众互动，一起欢度端午，积极营造“我们的节日”氛围。端午节庆活动期间，嘉兴台艺创中心、广电报社一共组织、参与六场端午巡演活动，从晚会策划，到节目编排，再到节目上演，整个过程历时两个多月。在节目形式上，既有常规的歌舞、相声、小品、朗诵、戏曲，形式多样、内容丰富，为全市广大群众带来不一般的视听盛宴。活动还穿插知识问答，融文明宣传于各类节目，感悟传统文化内涵，播撒社会和谐理念。

四、强化外宣，扩大嘉兴端午影响。为进一步营造“过端午 到嘉兴”的氛围和影响力，嘉兴台积极组织外宣，取得较好成绩。端午期间，电视新闻中心上送央视《新闻联播》一条稿件《粽情端午：端午节的特别收获》。从22日到24日，连续三天，每天有一个单条在《浙江新闻联播》中播出。广播新闻综合频率《全国端午民俗歌舞展演在嘉兴大剧院隆重举行》一稿分别在中央人民广播电台“中国之声”6月23日的《新闻纵横》和《全国新闻联播》及6月24日的《新闻和报纸摘要》节目中播出，另外，《嘉兴端午民俗文化节祭龙仪式在南湖边举行》、《嘉兴市民与海内外伍氏后人一起，在大雨中祭拜先人伍子胥》、《中国国家话剧院确立落户嘉兴项目，建设覆盖长三角29个城市的演出院线》等稿件在省台浙江之声《全省新闻联播》和《浙广早新闻》节目中播出，扩大嘉兴端午文化影响力。

嘉兴台通过精心组织策划2012“我们的节日——端午”报道，将嘉兴市开展的融经贸、旅游、民俗、文化于一体的一系列活动立体地呈现在嘉兴观众面前，充分展示“我们的节日——端午”丰富内容和文化内涵，让“我们的节日——端午”成为市民的狂欢节，满足人民群众多层次文化需求，为打造具有“嘉兴特色、中国味道、国际影响”的地方节庆品牌作出应有努力。

平湖市广播电视台公民思想道德建设宣传报道工作。为进一步加强公民思想道德建设宣传，平湖台新闻综合频道从2012年3月初起推出了《爱于心，践于行》专栏。栏目的定位是：以类似于公益广告的电视宣传片，通过电视艺术再现，展现现实生活中普通百姓身上的可贵品质。栏目从身边普通人入手，用主人公自述的方式展现其身上闪光点，在平凡之中见伟大。在表现手法上摒弃了以往典型报道很容易出现的“高大全”形象，注重通过细节丰满人物，以让人信服的“真实”打动人心。栏目开播后，以每周一至二期的密度播出，2012年共播出90多期，宣传身边“平民英雄”90多人，不仅为市民树起了学习的榜样，也折射出我们这个时代应有的大义。专栏组被嘉兴市委宣传部、嘉兴市新闻工作者协会评为2012年度嘉兴市新闻战线“走基层、转作风、改文风”活动先进集体。

海宁市广播电视台“记者走基层”宣传活动。2012年，海宁市广播电视台积极贯彻落实“走基层、转作风、改文风”活动主题，围绕新闻队伍素质提升，持续深入开展“走基层、转作风、改文风”活动。从2011年9月开始，海宁市广播电视台在《海宁新闻》中推出“记者走基层”专栏，加大对活动的宣传。广播电视记者主动出击，前往农村、企业、社区，深入田间地头，深入百姓家中，用百姓的视角观察问题，用群众易懂的方式阐述观点，用群众生动的语言来改进文风，为广播电视新闻报道添“魅力”、增“活力”。全年海宁市广播电视台“记者走基层”专栏共播发报道200多篇。

海宁市“热点面对面·海宁广电市民监督团”宣传活动。2012年6月26日，“爱我海宁我带头—海宁市民监督团”成立。海宁市委副书记、市长戴锋为市民监督团授旗。海宁市广播电视台热点面对面·广电市民监督团下属十个小分队，有义工、教师、企业家、律师、社区居民等113名市民组成。通过日常监督和大型新闻行动报道相结合的联动举措，建立起舆论监督运作的长效机制，努力提升媒体的舆论监督能力。市民监督团成立后每周1~2次开展监督活动，每一次监督活动都在《海宁新闻》、《海视广角》和广播各档新闻节目中播出，并在每周的电视谈话评论节目《热点面对面》中播出广电市民监督团的监督活动成为海宁新闻的热点，播出的监督报道成为海宁新闻的亮点。

海宁市全方位展开海宁潮国际博览会系列宣传。海宁“一节两会”宣传(即观潮节、皮革博览会、家纺博览会）是海宁的传统节庆活动，2012年统称为海宁潮国际博览会系列宣传。2012中国·海宁潮国际博览会期间正值中秋和国庆佳节，再加上今年央视再次把镜头对准钱塘江，聚焦海宁潮。海宁市广播电视台广播电视记者全员上岗，从9月16日电视直播2012中国·海宁潮国际博览会开幕式开始，到“潮博会”系列报道，再到配合央视做好“钱江潮直播”节目，全方位报道了“潮博会”期间的各项活动。针对近年来,海宁潮旅游不断升温的特点,海宁广播电视台在采用组合集约报道的形式推出大量新闻消息、直播节目的同时,海宁广播每天9:00~15:00连续六小时直播,为广大观潮游客提供交通疏导服务,介绍海宁经济文化和风土人情。2012年中秋和国庆长假又逢首次高速免费,仅八月十八一天的游客总人数达66.5万人,汽车6.72万辆,比往年成倍增长,交通压力巨大,广播电台的直播节目在交通疏导中发挥了积极作用,受到各方好评。

绍兴市广播电视台

做大做强主题宣传 不断壮大主流舆论影响力。 2012年,大事要事多,节会活动多。浙江省两会、全国两会、绍兴市两会,绍兴市党代会、省党代会相继召开;公祭大禹陵、兰亭书法节、第三届越商大会、第21届金鸡百花电影节先后举行。绍兴市广播电视台(以下简称:绍兴台)紧紧围绕这些重大活动,结合成就报道和典型宣传,推出了《创业创新这五年》、《科学发展 成就辉煌》、《加快转变经济发展方式》、《大力发展战略性新兴产业》、《"新三年建设计划" 进行时》、《科学发展 绍兴十年》、《家事国事,讲述绍兴新故事》等一大批专题专栏,以动态报道、现场评论、综合述评等形式,围绕经济转型升级主题,开展声势浩大的主题宣传。充分挖掘今年以来绍兴市委市政府大力推进省委省政府提出来的"大平台、大产业、大项目、大企业"战略的进展情况,大力发展实体经济、千方百计吸引越商回归的经验和做法,想方设法帮扶小微企业的生动事例,大力宣传党的十七大以来绍兴市经济社会发展所取得的巨大成就。充分发挥了主流媒体在营造科学发展氛围,鼓舞人心、凝聚发展力量上的重要作用,受到了上级宣传主管部门的充分肯定,绍兴市四套班子领导也先后18次批示表扬。

聚焦文化建设 服务中心工作。 开设文化专栏 党的十七届六中全会召开后,绍兴台各主要新闻栏目《绍兴新闻联播》《738早新闻》第一时间推出了专栏"学习贯彻全会精神 推进文化建设"专栏,共播发《文化惠民 春风化雨润民生》、《我市壮大基层文化阵地 保障文化权益共享》、《嵊州民营剧团产业化成果全国推广》等文化报道近80篇。

聚焦文化热点。2012年,绍兴台以动态报道、专题报道、专访报道等形式,全面报道绍兴市文化领域的热点、亮点、焦点。如:9月26日至29日,第21届中国金鸡百花电影节在绍兴隆重举行,作为东道主主流媒体,绍兴台围绕电影节"时代特色、电影特色、绍兴特色"主题,以广播、电视、广电报、网络台全媒体联动的形式,全程报道绍兴市各级各部门满腔热情筹办电影节的历程,累计播发动态消息650多条,专题报道6组120多条,突出表现绍兴市民关注电影节、参与电影节、享受电影节,为电影节营造了隆重、热烈、和谐的舆论氛围。又如:近年来,随着新农村建设持续推进,绍兴各地农村面貌日新月异,但同时,一些农耕时代遗留、富有传统文化特征的古村落也遭到不同程度的挤压,古村落所在地传统文化的失落,人文情怀的缺失,导致新农村"文化荒漠"日益显现。为此,绍兴台记者经过精心策划和深入采访,于9月13日至17日,在《738早新闻》节目中推出了系列报道《重拾古村落的文明与荣光》,比较全面地反映了我市古村落生存状况、生态环境和现实困境,对如何实现古村落保护利用与新农村建设科学"衔接"作了有益探索,旨在为绍兴城乡统筹发展注入更多的传统文化精髓,为活力绍兴发展增添优秀的文化动力。这组报道推出后收到极大反响,绍兴市副市长冯建荣专门批示表示肯定。

开展文化惠民。近年来,绍兴台充分利用自身的媒体平台和资源,开展多种形式的文化惠民活动。2012年初,绍兴台联合绍兴市文广局、上海广播电视台,在绍兴剧院举行了一年一度的公益性文化惠民活动——老百姓戏台新年戏曲演唱会。这已是绍兴台连续第四年举办这样的戏曲演唱会,每年在辞旧迎新之际,为古城人民送上丰盛的艺术大餐。此外,绍兴台还独立或与各地兄弟台合作,相继推出"红戏会"、"赏荷听莲"、"越乡莲歌"、"经典绍剧折子戏演出专场"等各类文化惠民活动,贯穿全年,极大地丰富了群众的业余文化生活,促进了文化的发展与繁荣。

结合"价值观" 多层面推进公民道德建设宣传。 绍兴台以新闻宣传、典型引领、论坛提炼为载体,多层面宣传"务实、守信、崇学、向善"为内涵的当代浙江人共同价值观,广泛宣传绍兴市形式多样的群众性道德建设实践活动,营造了公民道德建设的良好舆论氛围。

新闻宣传。绍兴台以文明创建活动为着眼点,分阶段设计好载体、制定好报道计划,在绍兴市推行的“垃圾不落地”、“文明交通”、“文明餐桌”等具体创建活动中挖掘公民道德建设新鲜素材，将城市管理的有效性与持久性与市民公民道德规范的促成与养成紧密结合起来，同时，各主要新闻栏目还常年开设《让城市更具魅力 让生活更加美好》专栏,报道各级各部门加强管控、健全机制、不断提升创建水平的举措和成效;派记者扫描街头文明,激浊扬清,剖析点评其背后的公民道德建设盲点,通过广泛深入讨论,向绍兴市相关管理部门以及市民群众提出建设性的意见建议。

绍兴市委 2 月 23 号召开“我们的价值观”大讨论活动动员会后，绍兴台主要新闻栏目都及时开设《我们的价值观》专栏,已累计播出报道 485 篇。其中,《绍兴新闻联播》《738 早新闻》深入报道各地各部门扎实开展“我们的价值观”大讨论活动的动态,使“务实、守信、崇学、向善”为为内涵的当代浙江人共同价值观深入人心。《第 1 热线》《直播绍兴》则结合具体案例,播发了《拒绝拜金心理》、《拒绝互害心理》、《用温情驱除冷漠》深度报道,抨击社会陋习,弘扬时代新风。

典型引路。即紧密结合典型事件和典型人物展开宣传,用身边的先进典型引导人。如《绍兴新闻联播》开设专栏《新“雷锋”的故事》、《第 1 热线》开设《“寻找“雷锋”》、《直播绍兴》开设《身边的“雷锋”》,介绍我们自己身边“做好人”与“做好事”结合起来的活“雷锋”,通过宣传温州小伙阿兴风雨无阻为老人免费理发、市志愿者援助中心 35 名老年志愿者发挥余热服务困难群众等凡人善举，阐述雷锋精神可学可行,人人都可当“雷锋”的观点,形成践行雷锋精神、争当先进模范的生动局面。3 月 3 日晚《浙江新闻联播》以“践行雷锋精神,弘扬主流价值观”为题,报道了我市采取多种形式学习践行雷锋精神，让干部群众在参与中得到感悟、提升素质的做法。

3 月 10 号,消防战士田思嘉为抢救国家和人民财产英勇牺牲。绍兴台抓住这一社会热点事件,启动突发事件应急报道预案,把消防英雄的报道和“我们的价值观”报道紧密结合,唱响英雄赞歌,引领主流价值观。3 月 7 号,天下大雨,市区胜利路边,一位老人突然去世，在等待老人亲属赶来的一个多小时时间里,民警和许多市民轮流为去世老人撑伞挡雨,用这种温馨之举维护了老人最后的尊严，这一温馨的事件感动了整个绍兴城。绍兴台同样抓住这一社会热点事件做深做足价值观大讨论,《直播绍兴》还制作了特别节目《这把伞 撑开的不仅是风雨》。5 月 19 日,《第一热线》记者在采访中了解到市民金宇隆连续 14 年义务献血,但儿子金子阳身患白血病无力医治后,在节目中作了连续报道,感动了无数绍兴人,大家纷纷伸出援手自发捐款几十万元，金子阳被送到省新华医院接受治疗,在社会上形成了“好人有好报”“好人帮社会 社会帮好人”的爱心接力。绍兴台又以广播、电视、网络、纸媒全媒体联动形式,持续开展“献血英雄金宇隆”主题报道活动,反映社会主义核心价值观在绍兴的生动演绎,弘扬和谐社会“崇德向善”的时代新风。结合这样的典型事件典型人物,大张旗鼓地开展价值观大讨论,将“价值观大讨论”引向纵深，收到了观众关注度和宣传效果双赢的目的。

论坛提炼。即通过举办主题论坛提炼弘扬主流价值观。3 月份,绍兴台与绍兴市文明办、共青团绍兴市委共同推出了《我们的价值观》系列主题论坛。已经制作播出了两期,分别是《我们要做个怎么样的人》和《80 后:责任 担当 向前走》,邀请老团干、理论界人士、劳模、大学生等一起走进演播室,探讨在社会加速转型期人的价值取向的话题。两期节目紧扣思想潮流,环节设计到位,参与对象广泛,每期长度 50 分钟左右,都安排在绍兴台新闻综合频道晚间黄金时间播出,获得了社会各界的好评,更重要的是,理不辩不明,通过主题论坛这种形式,我们对共同认同的价值取向进行了梳理、提炼、弘扬,从而取得了良好的宣传效果。

开展公益爱心活动 凝聚社会“向善”力量。2012 年,绍兴台组织开展的公益爱心活动高潮迭起,大批采编播人员走向社会、服务群众,利用媒体的公信力和影响力,凝聚社会向善力量,切切实实为弱势群体送去关爱。

成功举办第七次“冬日暖阳”爱心帮扶活动。1 月 10 日,由绍兴台和绍兴市民政局、绍兴市慈善工作办公室共同主办的“冬日暖阳·爱的绍兴——慈善情暖万家春节慰问仪式”隆重举行。绍兴市委书记张金如作重要讲话，并为近三百名受助代表送上慰问金和慰问品。“冬日暖阳·爱的绍兴”大型爱心帮扶活动,是绍兴台倾力打造的公益性品牌活动,至今已是第七次成功举办，累计帮助弱势群体近2000人次。

开展“春暖我心——与外来务工人员子女手拉手”活动。3月份，绍兴台联合市民政局、市慈善工作办公室，推出了“春暖我心?与外来建设者子女手拉手”爱心助学活动，活动以少儿节目《小星星乐园》为平台，开通热线电话，爱心征集生活困难、急需帮助的外来建设者子女作为援助对象，得到了社会各界的积极关注和踊跃报名，4月14号，“春暖我心?与外来建设者子女手拉手”爱心助学活动在市区城市广场举行，300名外来建设者子女收到了每人500元助学金和助学礼品。

参与开展“夏日亲情”六一关爱系列活动。5月26号，绍兴市慈善总会联合绍兴台等发起的“夏日亲情”六一关爱系列活动在市区城市广场启动，作为活动主办方之一，绍兴台除了将全程报道活动的进展情况、扩大活动的参与面和影响力外，还承担了其中一项重要内容——百名困境儿童假期读书行动。活动中，共有100名低保、低保边缘户、因病致贫户等困难家庭儿童领到了“慈善培训券”，凭着这张券，孩子们可以到绍兴市青少年活动中心选择一门课程进行假期读书、培训，过上一个有意义的暑假。

推出大型公益报道《天天向善》。《第1热线》联手民间慈善组织上虞市“点亮一盏灯”和绍兴县越星爱心扶助中心，通过报道这两家民间慈善组织的典型救助案例，展现民间慈善组织的爱心情怀和救助效果，同时寻访需要救助的对象和民间慈善组织对接，致力于以点带面引领社会形成爱心潮流，呼唤互爱互助的社会伦理。栏目围绕为贫困学子“六一”圆梦已播出10期，取得了良好的社会反响。

参与文明出行全省巡回宣传月活动。7月份，绍兴台交通频率与省文明办等部门联合，参与开展了文明出行全省巡回宣传月活动。交通频率主持人和各地交通广播名嘴一起，通过全省交通广播联动播出的方式，身体力行倡导全社会文明出行。活动中还开展了“你不是塞子”文明示范街守护行动，绍兴台交通广播记者和文明交通志愿者走上街头，向私家车主和驾驶员发送活动CD及文明出行宣传单页，对出行者的不文明交通行为进行劝导，同时，记者、志愿者随机拍摄违章变道加塞插队的车辆视频、图片上传至活动微博和官方网站，对违法交通行为进行曝光。此外，我们还在市区城市广场、嵊州等地开展了《马路四重奏》小品情景剧广场巡演，以通俗易懂、喜闻乐见的方式向广大市民普及交通安全知识，倡导文明出行。

开展《走基层，寻找最有孝心的人》新闻行动。经过精心策划，9月5日，绍兴台《直播绍兴》栏目推出大型新闻行动《走基层，寻找最有孝心的人》，开通扬孝热线和短信平台寻找线索，并派出记者，采用纪实的手法开展采访报道。在播出报道的同时，与网络互动，开展“今天我们怎样孝”讨论活动，挖掘孝道故事、弘扬孝义精神，活动开展一个多月以来，已经推出了15篇报道，通过报道和反馈，栏目组和观众真情互动、取得了共鸣，扬孝热线和短信平台每天都能接到大批观众的报料线索和对节目表示肯定或提出建议的信息。这项活动持续到年底，并与绍兴市老龄办合作，策划一场“孝在绍兴”主题晚会，推动“扬孝、崇孝”的社会风尚，打造我市文明建设的新亮点。

纵观整个2012年，绍兴台的爱心公益活动基本形成了“春夏秋冬”四季品牌。通过各种形式的爱心慈善活动，为基层群众、弱势群体送去爱和温暖，更重要的是，通过主流媒体的影响力，我们致力于在全社会营造“我为人人、人人为我”的良好风气，引导越来越多的企业、个人加入到公益队伍中，参与慈善，奉献爱心。

诸暨市广播电视台

诸暨电视台开播20周年台庆系列活动。2012年7月1日是诸暨电视台开播20周年，20个春秋岁月，在社会各界的支持下，经过一代电视人的辛勤耕耘，诸暨的电视事业取得了辉煌成就，各行业绩在全国县市级台中名列前茅。为庆祝这一华诞，诸暨电视台开展了系列庆祝活动：摄制了一部反映诸暨电视台20年发展历程的专题片；制作了一本全面展示诸暨电视台风貌的画册及展厅布置；开展“20年的记忆——我与诸暨电视”征文活动并结集出版；出版电视获奖作品《精彩磁迹3》；策划启动了《美丽乡村新故事》大型新闻行动；主办了首届电视观众嘉年华；举行了观众开放日活动；举办了《岁月如歌》庆典活动；承办了第三届浙江农民创富大赛启动仪式和全国县级广播电视系统双十佳播音员主持人评选活动；举办电视台开播20周年庆典活动。

“美丽乡村新故事”新闻行动。为深入开展“走基层、转作风、改文风”活动，切实将群众观点、群众路线体现在新闻宣传实践中，诸暨广播电视台开展了“美丽乡村新故事”大型走基层活动，走进寻常百姓家进行真实体验。6月5日，“美丽乡村新故事”大型新闻行动启动仪式在马剑镇寺坞坪村举行，市委常委、宣传部长杨元清宣布新闻行动开始，并为新闻行动授旗。近年来，我市致力于“打造富裕农村，建设美丽乡村”，加大政策和资金扶持力度，不断提高农民素质，涌现出一个个宜居宜业宜游的新农村，农民幸福指数节节攀升。大型新闻行动“美丽乡村新故事”结合记者走基层活动，通过记录百姓身上生动鲜活的故事，展示出我市统筹城乡发展的巨大成就和百姓生活的变迁。每到一处，采访组都会蹲点2–3天，与当地百姓同吃同住、互动交流，在充分感受新农村风土人情的同时，围绕寻找“一个典型人物、一段美丽故事、一份特色产业”的要求，对当地的历史渊源、文化现状、经济特色、社会发展等进行深入采访。活动以服务新农村为落脚点，在走访过程中，对部分地理位置偏僻、信息交通闭塞、产业发展困难的村庄和生活有实际困难的村民，采访组充分发挥自身优势，积极提供政策解读、信息咨询、扶贫帮困等服务，为基层群众排忧解难，帮实忙、办实事。如在应店街镇灵山坞村蹲点时，得知当地银杏挂满枝头却无人问津时，采访组经过深入调研后，提出通过宣传旅游资源带动销路的新思路，报道刊发后，引起了市主要领导的高度关注，随即组织人员进行蹲点调研，并将利用当地生态资源搞旅游开发工作提上了议事日程。该活动持续到年底，共播出相关稿件近50条。

金华市广播电视台

2012年金华广播电视总台先后组织策划了“赶超路上”大型系列报道和“走转改”等大型主题采访活动。

“赶超路上”大型系列报道，积极配合市委提出的“赶超发展，浙中崛起”的战略部署，电视三个频道通力协作，通过记者见闻、百姓感受，以走基层形式，从不同角度充分展示各地在推进金义都市区建设、机制体制创新、经济转型升级和调整产业结构等方面的亮点和举措。报道共播出80余篇，及时传达了百姓的民间期待，有力地宣传了市委市府的中心工作。

“走转改”大型主题采访活动与迎十八大宣传报道紧密结合，组织全台采编人员，分期分批深入基层一线“走转改”，全面反映金华科学发展跨越发展的巨大成就，生动展现广大干部群众迎接党的十八大的实际行动和热切期盼。各频道、频率在主要新闻栏目和重要时段分别开设《科学发展的金华实践——“走转改”大型主题采访》、《喜迎十八大 喜看新变化》、《记者蹲点·技改一线看转型》等专栏，集中推出一批有深度、有影响的报道，为党的十八大召开营造浓厚的舆论氛围。

兰溪市广播电视台

2012年，围绕贯彻落实科学发展观、“追赶跨越重振雄风”、党的十八大重大题材，推出了《追赶跨越兰江潮》、《身边的雷锋》、《乡镇部门一把手访谈》、《创建省级示范文明城市》、《喜迎十八大 再创新辉煌》《千名干部下基层——三清三化三送》主题报道，全年播出主题报道187条；参与、策划驻企指导员、企业家座谈会、村官论坛、高峰人才论坛、电视辩论赛系列论坛；完成千亿投资系列工程兰溪产业项目开工仪式、首届浙江龙舟邀请赛、创建省级示范文明城市、北京中秋团拜会重大活动的新闻报道和专题制作。2012年2月，对龙年元宵节民艺展演及踩街活动进行了现场直播。2012年9月，摄制完成首部高清城市宣传片——《兰溪》。2012年10月，开办《兰溪好人》道德模范专栏，陶仲国好人事迹报道，受到省委常委、宣传部长葛慧君和市委书记吴国成的关注。广播《兰溪新农村》和电视《金色田野》专题，双双获得2012年度全省对农节目服务工程建设考核优秀奖。

对外宣传。电视新闻在中央台用稿32条，其中，《新闻联播》用稿6条，创历史最高纪录。浙江卫视用稿量199条，总分2537分，在全省73个县级台综合排名第12位，在金华台用稿量总分排名第二名；广播频道在中国之声用稿12条，在全省排名第21名，金华台第三名。广播、电视新闻双双获得浙江省广播电视新闻协作二等奖。

义乌市广播电视台

电视新闻专题片“义乌市场三十年”。2012年是义乌市场建设30周年。10月~12月,义乌市广播电视台推出“百集大型电视新闻专题《义乌市场30年》”。整个系列报道分《义乌市场建设30年重要事件》、《寻找义商足迹》、《30年——我与市场同行》、《义乌市场30年——高端访谈》4部分,从高层领导、学者,经营户,走出义乌、发展义乌的天南海北义乌人等角度,解读义乌市场发展、义乌城市发展的奇迹。

互动新闻活动。7月~8月,《百姓关注》栏目在515名报名的学生中,选取城区学校内10名高年级小学生,到山村贫困家庭中进行为期一周的农村生活体验。孩子们走进农耕生活,体验稼穑之辛劳,了解创业之艰辛。孩子们通过农家生活的体验,收获了友谊,增强了动手能力,学会了感恩,懂得了珍惜。市电视台跟踪报道。

“同年哥走基层”大型新闻活动。5~8月,《同年哥讲新闻》推出“同年哥走基层”新闻活动。活动第一站安排在廿三里,电视商贸频道全体主持人与观众见面,上台表演节目,和观众亲切交流,倾听观众对电视节目的意见和建议。同时,在活动现场举办便民服务活动,律师现场为观众解答法律问题,频道也派出热线电话接线员和记者到现场,接受观众咨询和投诉。“同年哥走基层”活动分别在廿三里、后宅、上溪、城西、北苑、义亭、佛堂等镇街举行,播出新闻稿件60篇。

磐安县广播电视台

4月初,中央台《远方的家》“北纬30°·中国行”栏目组来磐拍摄专题片,《磐安:传统文化的“活化石”》(6月11日)、《磐安:生活在大山里》(6月12日)两集节目在中央一套和四套播出。

10月23日,央视新闻公益行动“我的父亲母亲——关爱痴呆老人”义务体检活动在磐安县举行,现场开展了医疗知识讲座、发放黄手环、义务体检筛选等活动,央视频道进行全程拍摄并连线直播。央视主持人慕林杉对陈斌强母子进行现场报道。

衢州市广播电视台

“最美衢州人”首届十大年度人物评选活动。衢州备受儒风润泽,民风淳朴,社会和谐。特别是2011年,先后涌现了“最美爷爷”、“最美教师”、“最美护士”、“最美警察”、“最美干部”等一系列最美人物、事件,一件件最美事迹的宣传、感召和推动,崇德向善在衢州氛围渐浓。

衢州是最先开展最美人物宣传启动的地方,通过市委宣传部、广播电视台等部门几上几下的酝酿、交流、探讨,最终决定开展首届“最美衢州人”十大年度人物评选活动,从评选初案到正式行文下发,数易其稿。5个多月的时间里,深入基层、扑下身子、眼睛向下,积极发现平凡中的不平凡,挖掘群众中的“闪光点”,褒奖身边看得见、摸得着、学得到的“平民英雄”,推崇在基层中的“凡人善举”,越来越多信、可敬、可学的“最美衢州人”不断涌现出来,“诚信、责任、仁爱、奉献”的“衢州人的价值观”得到不断展示、凝聚、升华,擎起了当代衢州人共有的精神家园。

8月22日,“最美衢州人”首届十大年度人物评选活动正式启动,经过宣传动员、材料申报、初评三个阶段,最终选出20位提名候选人,从11月10起进入候选人公示以及公众投票阶段。对照“诚信、责任、仁爱、奉献”的衢州人价值观,共征集到126名(个)候选人(群体)。整个活动受到社会各界的高度关注,发放选票5000张,回收有效选票4625张;获得短信投票46611条,网络投票18730条。最后徐萌仙、张盛鑫等10位最美人物入选“最美衢州人”首届十大年度人物;柯城区荷花街道义工联合会、占祖亿、姜永古等14个团体和个人获“最美衢州人”首届十大年度人物特别荣誉奖;毛水标、江升元等10位个人获“最美衢州人”首届十大年度人物提名奖。

有你,更精彩——2012电视观众节。2012年观众节主题为“有你更精彩”,进一步强调“你——观众”是电视观众节的主体,所有的活动都围绕观众这个主角设计，更生动形象地展现衢州广电“以观众为中心”的活动特色，更好地诠释“回报观众、回报社会”的宗旨。

本次观众节安排了十多项活动，分别是：开幕式暨观众嘉年华、市民摄影节、社区达人秀暨公益普法走进社区活动、万千实惠欢乐送、山里孩子游衢城、“寻找好声音”衢州广播主持人选拔赛、听众歌友会、评选您最喜爱的车型、“快乐向前冲” 年度终极 PK、精彩剧献有奖收视、我最喜爱的广播电视栏目评选、客户答谢会、“相约南湖”大型婚恋交友会、少儿歌唱舞蹈大赛总决赛暨观众节闭幕晚会等项目，其中市民摄影节、社区达人秀、万千实惠欢乐送、山里孩子游衢城、寻找好声音等为今年全新创意的内容。

中国移动·社区达人秀暨公益普法走进社区活动。《社区达人秀》是由中共衢州市委宣传部、衢州市广播电视台为进一步丰富广大市民的精神文化生活，充分反映市民乐观开朗、积极向上的精神风貌，联合主办的真人秀活动。“走进社区”大型系列活动是电视新闻综合频道精心打造的品牌活动，迄今已举办了 8 年，在 8 年的实践中，在各县市区委宣传部以及街道社区干部的鼎力支持下，多次荣获市品牌活动建设奖，为拉近衢州电视与观众之间的距离做出了巨大的贡献。

“关注远山的孩子”公益行动。由衢州电视生活娱乐频道策划实施“关注远山的孩子”大型新闻公益行动，并发起公益捐书活动。连续报道常山新桥乡前山《1+11 12 个人的学校》外，我们还到开化苏庄，连续播发了特别节目《茗富教学点 伫立衢州最西半世纪》，孩子们简单的幸福，沾满尘土的欢笑，老师们几十年的坚守，深深地感染着电视机前的观众。这些远山的教学点，无论条件好的，还是条件非常差的，它们都有一个共同的特点，绝大部分孩子是留守儿童。节目播出后，在爱心企业家、市民，特别是学校师生和家长中引起强烈反响，纷纷加入到为孩子们捐书的行列中来，目前社会各界及个人捐助的书籍已达 5000 册。

“尼山杯”第九届衢州市中小学生《论语》学习系列大赛。从 2004 年启动以来，每年都在 9 月祭孔前夕举办。大赛由衢州市教育局、团市委、市广电台、孔管会联合主办，柯城区教育体育局、文化局、尼山小学协办。

作为衢州市历年祭孔系列活动之一，活动由小学组学《论语》讲故事、初中组根据《论语》演讲、高中组《论语》学习辩论会三部分组成。活动于 2012 年 5 月份启动，报名参加小学组讲故事和初中组演讲的选手有近千人，高中组辩论有 6 所学校参加，最后小学组和初中组各有 6 人进入决赛，高中组进入总决赛的是衢州一中和衢州二中代表队。荣获各组一等奖的选手和指导老师作为师生代表参加了 9 月 28 日的祭孔大典。

“周福生杯 最美婆媳”评选活动。“最美婆媳”评选是衢州市为进一步践行“诚信、责任、仁爱、奉献”的衢州人价值观，争做最美衢州人，弘扬尊老敬老的优良传统美德，扎实推进和谐家庭建设而开展的活动。活动由衢州市文明办、市妇联、市广电台联合主办。活动于 2012 年 9 月启动，以县（市、区）为单位，开展个人自荐和组织推荐，最终通过评委评定和市民投票评选出 10 对“最美婆媳”、10 对“最美婆媳”提名奖和 98 对“最美婆媳”入围奖。

舟山市广播电视台

《舟山民营企业巡礼》主题报道。3 月 1 日，广播新闻综合频率《舟广新闻》推出《舟山民营企业巡礼》主题报道，派出记者深入舟山恒尊集团有限公司、德勤集团股份有限公司、扬帆集团股份有限公司等我市优秀民营企业，系统了解各企业创新转型情况，展现舟山民营企业敢于直面现实，砍成本、强管理、拓市场、调结构、上水平、变战略、敢转型的成功经验、发展态势，以点带面，提振全市民营企业家的信心。先后播发《创业不止的企业样本》、《破茧成蝶创奇迹》、《“伍玖”——正在崛起的城市新地标》、《创新突破，德勤集团在发展中壮大》、《扬帆：在“极寒”中破冰前行》等 9 篇报道，营造全市合力扶持民营企业的良好氛围。

抗击台风“海葵”报道。11 号台风“海葵”来袭，8 月 7 日 12 点，广播新闻综合频率推出抗击第 11 号强台风“海葵”特别报道《抗击海葵，我们在一线》。特别报道打破常规，调整原有节目安排，除加强《舟广新闻》、《整点播报》和《定海新闻》等原有的新闻节目直播外，拉通各档节目，连续36个小时全程直播。在第一时间播出周国辉市长发表的抗台讲话，及时传递市委市政府的抗台部署。并联合浙江之声特派舟山的记者，10多人组成8个特别报道组，深入抗台第一线发回最新报道。报道各级领导坚守一线、靠前指挥；各地转移受困群众，确保群众生命财产安全，各安置点妥然安排群众生活；公安武警消防官兵抢险救灾；城市水电煤部门保障供应与抢险；重点企业、船舶的安全工作；海陆空交通实况、旅客疏散安置等各个方面。8月7日中午12点至8日深夜24点，《抗击海葵，我们在一线》特别报道共播出新闻300多条，50%以上是记者现场连线直播。直播中开通24小时新闻热线。还及时发布台风动向，介绍抗台知识和注意事项，公布水、电、煤气、园林等部门的抢险服务电话。

广播交通经济频率24小时不停播，主持人、记者全员出击，随时联系船站码头、甬舟高速、公交公司、汽运公司等交通部门，第一时间播报停航、限速、大桥关闭等交通资讯。在台风影响最严重的一天一夜里，共播发水上、陆上交通信息和高速、市区道路事故信息500余条，其中记者现场连线30多次，利用新浪微博“舟山交通97”发布200多条交通信息。同期制作《众志成城抗击‘海葵’》、《众志成城抗击‘海葵’温暖回顾》两档特别节目，直击全市上下防台抗灾及灾后自救工作。

电视新闻综合频道《舟山新闻》，及时更新节目内容，18档特别报道提供400多分钟新闻资讯。8月7日起滚动播出最新的抗台动态，整点播报最新气象信息。8日上午10点起，全部改为防台抗台内容，滚动播出全市电力抢修、道路交通、地质灾害及各避灾点等信息。同时与电视技术中心通力协作，首次启用微波直播车，在沈家门渔港、舟山跨海大桥、舟山体育馆避灾点以及电力抢修现场播出实时画面，增强时效性和现场感

沈家坑水库垮坝事件报道。8月10日凌晨5时左右，岱山县长涂镇非地方管理的沈家坑水库发生垮坝事故，长涂镇长西社区后厂、九间头一带受灾严重，民房冲塌，11人死亡、27人受伤。广播新闻综合频率2名记者迅速赶往事发现场，于10时发回连线报道。同时与浙江之声、中国之声多次连线，介绍灾情，客观反映事件过程、伤亡人数、造成损失。展示市领导亲临一线指挥，公安和武警、边防、消防、卫生等各部门通力协作、全力救援的场景。至8月11日中午，记者连线报道12次，回应广大听众关切的问题。交通经济广播频率记者通过连线直播、现场报道、录音采访、新闻述评、制作特别报道等多种形式，报道政府部门处理突发事件采取的有力措施，同时反映人与人之间团结互助的感人情景。

电视新闻综合频道派出两组记者紧急赶赴长涂，实地了解灾情以及抢险救灾进展情况。为尽快澄清传言，中午开始以游字形式在电视屏幕上播出从岱山县委县政府新闻办获得的垮坝事故死伤人员的数字及相关信息。在现场，记者抓拍了一组组消防、武警、公安以及当地政府组织的救援人员，不分昼夜搜寻失踪人员的场面。报道了来自安徽的外来务工人员杨金华在事故发生时，不顾安危奋勇救出了3位同伴，自己全身多处受伤动人事例。

经济生活频道派出记者赶赴救治伤员的岱山第一人民医院采访，着重了解各方医护力量全力以赴救治伤员的情况。除舟山医院20多人组成的专家医疗队和岱山本地的医护力量外，省卫生厅派出由重症监护、呼吸科及骨科医生组成的专家组抵达岱山，参与救治、确保重症监护伤员一人一个治疗方案，每个伤员都有一个专家组，充分反映政府对伤员救治的重视。记者还深入受灾群众安置点，报道受灾群众的生活情况。事故发生期间，《舟山新闻》共播发事故相关新闻16条，随后播发了全市各地加强水库安全巡查的新闻，提醒各地吸取沈家坑水库垮坝事故教训，把事故隐患消灭在萌芽状态。

“行风热线”举行普陀区创建群众满意科室大型户外直播活动。11月24日，由市政府纠风办、市政务公开办、舟山广电总台、普陀区人民政府联合主办的，“重执行、强服务、优环境”——普陀区创建群众满意科室（基层站所）“行风热线”大型户外直播活动在沈家门第一小学的田径场内举行。活动中，来自普陀区公安分局、交通局、卫生局、住建局、沈家门街道等22家单位的相关负责人和工作人员在现场接受群众咨询、投诉、监督，也有通过和听众直接连线的形式，解答群众反映的问题和诉求。活动吸引了不少群众参与，大家分别就申请经济适用房具体有哪些条件、家庭怎么办理分户、开一家油漆运输公司要怎么办手续等问题进行了咨询。同时，有来自船舶修造企业的人员要求有关部门加强对企业的技术性指导

和服务。也有群众提出，目前因病致贫的人越来越多，希望民政部门进一步加大对困难群众的医疗救助力度，减轻他们的负担。各有关部门的工作人员对大家的问题给予了详细的政策解答，并根据具体情况现场提出了处理办法，咨询群众都表示满意。总台广播新闻综合频率对节目进行全程直播，整个直播活动持续了一个半小时。

“舟山群岛新区十大创业女性”评选活动。是年，舟山广播电视总台与市妇联联合开展“舟山群岛新区十大创业女性”评选活动。活动旨在发掘全市各年龄层次、各行业领域中充满现代女性特质的典范，尤其注重在舟山群岛新区建设背景下妇女创业创新典型的选拔，通过宣扬她们的先进事迹，倡导广大女性树立积极向上的人生态度，创造新业绩，展示新风貌，争做新女性，为推进舟山群岛新区建设更好地发展“半边天”作用。活动于3月启动，经过各县(区)妇联、管委会和相关部门推荐及个人自荐，并经初步考察，确定20位候选人。第三季度，电视经济生活频道派出记者分赴各县区拍摄候选人事迹专题片，从10月下旬开始在《新闻361°》栏目及舟山广电网、舟山妇女网中逐一展播。12月，通过网络公众评选和专家评选相结合的方式，评选出舟山群岛新区十大创业女性。这十大创业女性分别获特别奖、热心公益奖、人民公仆奖、激情创业奖、技艺创新奖、自强不息奖、积极进取奖、敬业奉献奖、文明风采奖、新舟山人奖，其余10位为舟山群岛新区十大创业女性提名奖。

“阿德与你话文明”系列活动。由电视经济生活频道与定海区委宣传部、定海区文明办联合创办的“阿德与你话文明”社会公益系列活动旨在传播道德文明，为创建文明城市营造良好的舆论氛围。是年，“阿德与你话文明”举办三场，先后在定海区昌国街道、册子乡、环南街道举行。每一场活动主题都力求切合各地实际，如全民学雷锋、岗位奉献、网格服务等，通过VTR展示、主持人嘉宾观众互动交流以及文艺节目的穿插，以“话”为主线，形成热烈的现场气氛。三场活动现场观众达1万人次，通过电视实况转播，影响力辐射到全市各地。这项活动搭建了一个集风采展示、文明教育、内外宣传于一体的平台，形成了电视新闻媒体谋划、党委政府联动、乡镇(部门)主动参与的文明宣传、道德教育新模式。

爱心总动员公益行动——“六一的礼物”。是年5月，《汪大姐来了》栏目和广播交通97开展爱心总动员公益行动，为外来民工子弟学校学生捐书，得到社会各界和爱心人士的积极响应。定海小学、舟山小学、舟嵊小学和定海二中等学校在学生中广泛发动，分别开展了“让图书漂流　让爱心慈航”、“图书为媒让爱心传递”、“送出一本好书　传递一份爱心”等活动，有6000多名学生参与这一活动。另外中石油、舟山E车族车友会、定海区“五老”关爱团等单位、团体及爱心人士也以各种形式为民工子弟学校的学生献爱心，共为育才、蓝天、明珠三所民工子弟学校捐书7000多册，还以《汪大姐来了》栏目和交通97的名义，为育才学校建起爱心图书室。栏目对活动全过程跟踪报道。

台州市广播电视台

集中力量、科学筹划，全面系统地做好党的十八大的宣传。党的十八大是2012年全国人民政治生活中的头等大事，报道按照会前、会中、会后三个阶段精心部署。会前推出了《科学发展 成就辉煌》和《创造“两富”新业绩 迎接党的十八大》专栏，在《科学发展 成就辉煌》专栏中先后推出了《科学发展 成就辉煌之基层见证》、《科学发展 成就辉煌之城事变迁》、《科学发展 成就辉煌之台州十年》三大系列，宣扬成就、做好铺垫、营造氛围；会中推出了《喜庆十八大 学习十八大》专栏，报道动态、解读精神、掀起热潮；会后推出了《十八大精神在台州》专栏，深化学习、宣传典型、力促落实。《科学发展 成就辉煌之基层见证》，6月至9月播出约30篇，记者分赴台州各地农村，结合“走转改”基层蹲点活动，充分反映过去十年，科学发展给农村群众生产生活带来的巨大变化，通过记者的亲历报道，感受农村扶贫开发、发展特色农业、改善民生所呈现的新变化、新气象。《科学发展 成就辉煌之城事变迁》，9月至10月播出约15篇，对城镇居民的身边事，如城市化、保障性住房、就业、医改、食品安全等事关民生保障等社会问题，近十来年发生的变迁，以百姓讲述身边事的形式进行报道。《科学发展 成就辉煌之台州十年》，11月上中旬播出12篇，按照台州的经济建设、政治建设、文化建设、社会建设、生态文明建设和党的建设六个板块推出系列报道，梳理总结过去十年间各方面工作成绩，系统展示发展成就，真实反映中国特色社会主义事业在台州的发展。《创造"两富"新业绩 迎接党的十八大》，10 月至 11 月上旬播出约 20 篇，按照党组织建设、工业经济、农业经济、交通建设、教育、文化事业、社会管理、卫生医疗等七个方面，分块对各领域的动态（现在进行时）成就进行报道，每篇有亮点，有实例，充分展现台州社会经济各方面取得的辉煌成就。《喜庆十八大 学习十八大》，11 月 8 日党的十八大召开后，《台州新闻》当天起推出专栏《喜庆十八大 学习十八大》，通过动态消息、连线专访、专家解读、新闻特写、成就报道等各种形式高密度的宣传，共播发稿件五十余篇。期间，报道了党的十八大代表、市委书记陈铁雄在大会上的发言，并对党的十八大代表翁丽芬进行连线专访；先后以"全市各界干部群众收听收看党的十八大开幕盛况"、"最美人物热议十八大召开"、"民营企业家热议报告"、"十八大胜利闭幕我们的明天会更好"为主题四次综合组稿；此外，结合十八大报告内容，联系台州实践，对"发展生态经济 建设美丽台州"、"党代表工作室"、"民主恳谈"、"打造公共服务体系"等主题进行实例解读。很好地营造了喜庆十八大、学习十八大的热烈氛围。《十八大精神在台州》，11 月 15 日起推出，每天播出两到三篇，主要报道全市各地各部门认真学习贯彻党的十八大精神，唱响主旋律、突出主基调。报道中，特别注重将十八大精神与台州实践相结合，推出了一批典型，如椒江区结合党代会常任制，着力在试点的深化上有新的探索，温岭市民主恳谈和民主协商创新发展，仙居县继续打造学习型党组织建设等等。在接下来的报道中，专栏将以贯彻落实十八大精神为主纲，结合决战四季度、工业强市建设、重大建设项目、民生实事四方面的重点工作，参照 2012 年该项工作（项目、企业）年度工作目标，谈 2013 年具体工作目标和计划。播出 30 余篇报道，侧重该项工作（项目、企业）在社会经济、公共事业、民生保障等方面的重要性，或对于整个行业的推动作用。

弘扬社会主义核心价值观宣传报道。围绕弘扬社会主义核心价值观的宣传，推出了《身边的最美》、《平凡良心》、《学习雷锋好榜样 培树核心价值观》、《劳动者风采》、《青年风采》、《爱的力量——"台州市第二届十大杰出母亲"人物展播》、《第五届感动台州人物（群体）提名人物事迹展播》等专栏和系列。《身边的最美》作为《台州新闻》常设栏目，贯穿全年，推出了一系列"最美"典型，用平凡中的美传递道德的力量。今年 8 月，临海青年罗杰见义勇为勇救村民的消息传开后，《台州新闻》和《第一时间》两个栏目联合采访，持续追踪，从罗杰生平、英勇事迹、社会反响、救助救援、社会意义等多个层面进行全方位报道，播发稿件数十篇，并制作专题片《一个人感动一座城》。

创新转型 科学发展主题报道。针对经济发展面临的严峻形势，3 月份推出了《做强实体 转中求好》专栏，4 月份配合市委市政府"大干二季度"的中心工作部署，推出《改善发展环境 促进有效投资》专栏，重点报道各县市区和各部门优化发展环境的具体举措，包括重点项目现场督察点评推进系列、一把手公开承诺系列等，总计播出 40 余篇。5 月份，针对市委市政府推进"重点项目"建设的安排，《台州新闻》于 5 月 15 日开始推出《大干二季度 全力保增长》专栏，主要对二季度将集中突破、开工建设的重点项目进行及时、全面的报道，陆续播出 30 多篇。7 月份，为配合市委市政府"突破三季度"的工作部署，于 7 月 17 日策划启动了"聚焦'突破三季度' 深化走转改"大型新闻行动"火热的一线"。这次新闻行动，从 7 月至 9 月，持续三个月，播发稿件 50 余篇。一线记者通过摄像机、话筒和笔，以"现场、人物、感言"构成组合式报道，真实记录建设发展一线的生动场景和阶段性成就，挖掘一线工作中激情干事、豪迈创业的先进典型，传递攻坚克难、跨越发展的台州信心，具有极强的感染力。

"走转改"活动专题报道。继续深入开展"走转改"活动，持续推出《我在基层 我看见》专栏，播出了一系列来自基层，反应普通群众真实生活和社会真、善、美的鲜活新闻，并先后推出了"基层见证"、"火热的一线"、"一线见闻" 等多个子系列，2012 年以来，这一专栏共播发稿件 150 余条。这些新闻来自车间、来自田园，含着淳朴、带着泥土，具有非凡的感染力，报道的形式也丰富多样，有动态消息、记者调查、系列报道、连续报道、新闻评论等。内容涉及基层政治、经济、文化、民生等各个领域，既反映了基层社会发展取得的成就，各地保障和改善民生的显著成果，也传递了草根群体的诉求和心声，这个专栏因此获得台州市"走转改"活动优秀栏目奖。在"走转改"活动中，尤为值得一提的是，社会新闻栏目《第一时间》，借“走转改”的东风，从九月份开始尝试向大民生转型，策划推出系列报道《田间小巷》，组织记者深入基层、深入生活，发现和记录平凡中的美丽、平淡中的感动。配合春节送温暖活动，精心策划，推出“冬暖系列”，各栏目相互协调，《台州新闻》推出“冬暖系列”之《温暖 2011》，《第一时间》推出“冬暖系列”之《温暖回家》，《大民讨说法》推出“冬暖系列”之《和合行动》。今年以来，配合市委、市政府中心工作和各个时期的宣传重点，还推出了《铁腕治水大会战》、《清洁家园 和谐村居》、《文明巡礼》、《创先争优 争做先锋》、《安全生产台州行》、《食品整治百日攻坚行动》、《创建卫生城市 建设美好家园》等专栏和系列报道。

丽水市广播电视台

第五届小主持人大赛。7 月 28 日晚，由丽水市广播电视总台、丽水市教育局主办，丽水电视经济生活频道承办的丽水市第 5 届小主持人大赛的颁奖晚会，在 630 演播室隆重举办。本届大赛共吸引了 500 多位少年儿童参与角逐，最终评出 10 佳主持、10 佳电视宝贝。

送福进万家活动。由丽水市委宣传部主办、丽水市广播电视总台电视经济生活频道承办的大型主题活动“社区直通车 送福进万家”结合“走、转、改”举办第七届活动。从 2012 年 12 月的 1 个月间里，共举办了 10 场走进社区、农村的现场会，共送出 5 万张“福”字，给 100 户贫困户送上了慰问金和慰问品，给广大的市民和观众送上了新年的祝福。

系列连线报道《援疆记者在新和》。丽水交通音乐频率策划推出的系列连线报道《援疆记者在新和》采用电话连线的方式，通过丽水市广播电视总台记者在新和的所见所闻，报道两年多来我市援疆工作所取得的成效及我市援疆干部真情援疆、真心援疆背后的感人故事。记者和援疆干部的真情讲述，让家乡人民了解新和，支持新和，加强与新和人民的沟通，增进两地人民的友谊和情感。报道持续了三个多月，播出的《庭院经济助农增收》、《丽水滴灌技术惠及新和林农》、《天山脚下丽水情、文化援疆惠新和》、《丽水教育援疆见成效》等系列报道产生了较大的反响，真切地反映了新和风、丽水情。

开展“秀山丽水，养生福地”宣传。电视新闻综合频道在《丽水新闻》中开设了“养生福地新征程”和“秀山丽水，养生福地”专栏，对“秀山丽水，养生福地”进行全方位、多角度、立体式地报道，全年播出消息 230 多篇。同时在《新闻追踪》等专题性新闻栏目中播出专题报道 5 集，采取新闻与栏目联动，动态报道与深度报道互补等措施，营造更大的宣传效果。电视经济生活频道《瓯江报道》围绕五大养生话题，派出记者 30 多组次奔赴丽水各地，播发“秀山丽水，养生福地”报道 100 多篇。电视经济生活频道还利用电视媒体的传播优势，整合资源，重磅推出的大型电视访谈类节目——《养生谈》，邀请丽水本地专家学者、观众，围绕食养、药养、水养、体养、文养五个方面，深度剖析秀山丽水赋予我们的得天独厚的地理环境，以及在此基础上的养生之道。至 12 月底为止，《养生谈》已制作播出三十八期节目，现在已在筹备出版《养生谈》书籍。电视文化休闲频道在《老白谈天》节目中推出了“寻找百岁老人”和“探索养生奥秘”的策划报道。通过丽水普通市民的亲身讲述，体现丽水在养生方面的优势和大家自豪感。共已播出了 43 篇这样的报道。广播新闻综合频率开设了《秀山丽水、养生福地》专栏，每周安排播出至少 3 篇以上，解读丽水长寿老人、长寿村的秘诀，宣传丽水丰富的特色食品、自然美景和养生理念。总共已播出有关《秀山丽水、养生福地》的报道 300 多篇。

2012 年 12 月 20 日，一部时长 19 分钟，名为“秀山丽水，养生福地”的丽水申报长寿之乡专题汇报片由市广电总台外宣专题部拍摄制作完成。由于准备充分，专题片不仅在计划时间内完成，还因为其保持了相当的艺术水准受到了市委市政府主要领导的首肯，有力地配合了“长寿之乡”的申报工作。

2012 年 3 月 10 日，市广播电视总台与央视中文国际频道在北京签订了战略合作协议。借助央视中文国际频道这个平台的丽水区域外宣工作迅速展开。央视中文国际频道的“城市 1 对 1”、“远方的家”、“天涯共此时”等栏目先后到丽水拍摄节目。并共同策划了由央视中文国际频道牵头组织全国 15 家省级电视台，以“生态丽水”为主题的电视联合采访活动。2012 年，央视中文国际频道播出丽水题材的片子时长达 1300 多分钟。

景宁畲族自治县广播电视台

积极做好三月三系列活动报道工作。重点做好开幕式暨海峡两岸民族大联欢大型文艺晚会、全国畲民网上共庆三月三活动、畲乡乌饭节、畲乡盘歌会、第六届畲乡传统体育节暨民族体育一条街活动、“神奇畲乡”摄影比赛、中国畲族博物馆开馆仪式、“民族团结林、两岸同心树”植树活动、“畲乡探歌”采风行活动、海峡两岸民族乡镇发展座谈会、“云中大□、传奇非遗”主题活动等活动的报道。

据统计，在2012中国畲乡三月三活动期间，播出“三月三”相关的广播电视新闻稿件50余条，专题节目3期。在市级媒体(电视广播)播出2012中国畲乡三月三相关的广播电视新闻稿件40余条。

龙泉市广播电视台

周密策划“第七届中国龙泉青瓷·龙泉宝剑文化旅游节暨绿色中国行——走进龙泉”活动，做到早谋划细安排，开设专栏，并做到当天活动当天播出，周六周日加档龙泉新闻，共发稿51条。同时全力做好现场直播工作，及时与丽水台联系，对直播有关事宜作了详细沟通，并架设直播专用电视传输光缆，积极配合丽水台安装、调试直播设备。圆满完成“绿色中国行——走进龙泉暨第七届中国龙泉青瓷·龙泉宝剑文化旅游节开幕式晚会”和“8+1:对话剑瓷龙泉绿色崛起”直播任务。《剑川视点》《剑川热土》两个栏目组制作播出专题6档。

青田县广播电视台

做好“第四届中国·青田石雕文化节暨第八届中国名石雕刻艺术展”宣传报道。青田石雕历史悠久、底蕴深厚。第四届中国·青田石雕文化节暨第八届中国名石雕刻艺术展活动期间，青田台在广播、电视《青田新闻》节目中开设“聚焦石雕节”专栏，全面报道第四届中国·青田石雕文化节暨第八届中国名石雕刻艺术展的筹备、进行、后续影响等各个方面情况。广播、电视专题节目齐头并进立体展现“石雕节”盛况。采制“石雕节”专题节目，展现“石雕节”盛况。在广播专题《资讯大盘点》节目中开设“连线论坛”，对节会各职能组相关负责人访谈，并连线与会专家、媒体记者对本次节会的评价。推出《聚焦石雕节》特别节目，寻访一批青田的石雕大师，探寻石雕中的精品。

松阳县广播电视台

组织开展第五届中国茶商大会·松阳银猴茶叶节和松阳恢复县制30周年的庆典活动宣传。积极联系上级广电媒体到松阳采访报道，茶叶节期间，共有中央电视台、上海东方卫视、浙江卫视、浙江经视、丽水广播电视台等13家电视媒体到我县采访报道，共播出40多条新闻及专题，其中，中央台《新闻联播》、《新闻直播间》节目已连续四年播出松阳有关茶叶节的新闻。为做好第五届松阳茶叶节和恢复县制30周年宣传，我们还在新闻节目中推出了《辉煌30年》系列报道，播出了20多条相关新闻。制作了专题节目《浙南茶乡，田园松阳》和《崛起浙西南——松阳恢复县制30周年》两个宣传片，为全面宣传推广我县起到了积极作用。

12. 广播影视剧

GUANGBOYINGSHIJU

2012 年电视剧

剧名:《五星红旗迎风飘扬 2》

长度: 45 集 × 42 分钟 × 30 秒

制作单位:长城影视股份有限公司

编剧:王　彪　赵锐勇

导演:刘　光　王响伟

主要演员:唐国强　孙维民　卢　奇　黄　薇

剧情梗概:《五星红旗迎风飘扬 2》承接“两弹一星”的故事,从 1970 年 4 月我国第一颗人造卫星上天开端，以宽阔的视野,史诗的气度,展示中华民族不畏艰难曲折，打破超级大国的封锁，恢复联合国合法席位，并以高超的智慧和谋略,改善中美关系,改变世界冷战格局,一直到粉碎“四人帮”,走上改革开放之路。着力塑造毛泽东、周恩来、邓小平等老一辈革命家运筹帷幄,在复杂多变和严峻的国际环境中,审时度势,从容应对,始终立于主动地位。为了维护祖国的主权、领土完整和民族尊严,他们进行的坚定而有理有力的斗争,在严重困难面前,他们带领全国人民,迎难而上,以不屈的姿态和昂扬的精神面貌去战胜和克服困难，终于走出了一条中国特色的社会主义道路。

剧名:《如意》

长度:42 集 × 45 分钟

制作单位:浙江梦幻星生园影视文化有限公司

编剧:吴牧耘

导演:张自强(中国台湾)

主要演员:杨　幂　刘恺威

剧情梗概:民国初年一个充满茶香的小镇,有谭、佟两大家族。谭铭凯在谭老爷弥留之际匆匆赶回继承家业。谭铭凯的回归带给小镇上年轻人除了进步思想之外,还有追求平等和爱情的勇气。佟家大小姐丝若一直盼着成为谭铭凯的新娘，却盼来他不可救药地爱上了如意。于是,佟丝若对如意的友谊变成了仇恨,与本该是谭家二少爷的高秋朗联手摧毁谭家。高秋朗一步步算计谭家，而如意和谭铭凯的爱情也被他当作了筹码，如意遭受着谭夫人的折磨和高秋朗计谋的伤害。高秋朗如愿得到谭家后,计划让谭夫人葬身火海,却将自己的生母逼入绝境。如意与铭凯也因这场大火遭遇生离死别。众人经历劫难，纷纷放下旧怨,开始新生活。

剧名:《仙女湖》

长度:43 集 × 45 分钟

制作单位:浙江横店影视制作有限公司

编剧:九年

导演:林 峰 郑少锋

主要演员:陈 龙 贡 米

剧情梗概：江西新余有个仙女湖,传说，在上古有一个美丽的少女，为了等她的情郎，流干了眼泪,化成了仙女湖。后来,经常会有仙女下凡到仙女湖来洗澡。墨者非乐在躲避朝廷的追杀中逃至仙女湖，与失去了羽衣没能上天的七仙女中的小七相遇,他们之间产生了一段“人神之恋”。王母娘娘罚小七重新投胎成为凡人，小七与非乐的情感也出现波折。小七在姐妹们的帮助下完成修炼,重新成仙,但她已经离不开非乐了。玉帝发现仙女湖就是他当年的恋人,仙女湖说服玉帝让小七留在人间,与非乐成就百年之好。

剧名:《马永贞》

长度:39 集 × 47 分钟

制作单位:杭州银江传媒有限公司

编剧:依 辉

导演:鞠觉亮(中国香港)

主要演员:陈国坤(中国香港) 周牧茵(中国香港) 王紫瑄 钱 志 徐熙颜 徐少强(中国香港)。

剧情梗概:民国初年,军阀割据,十里洋场,租界林立。而此时的上海滩更是官商勾结,鱼龙混杂,帮会之间争名逐利,相互仇杀。就在这个被称作是冒险家的乐园里，出身于武术世家的马永贞，凭借着自己一身的武艺和一颗炽热的爱国之心,只身来到上海。初来乍到,马永贞尽管经历了种种磨难,但最终还是在豪强林立的上海滩打出了一片属于自己的天地。而各种邪恶势力又怎能容下马永贞这股清流,以此,上海滩上演了一幕幕动人心魄的正邪之战。面对黑帮、军阀,马永贞无所畏惧;面对日本人的阴谋,马永贞更是怒发冲冠,只身涉险,最终成为了一代爱国大侠。

剧名:《媳妇是怎样炼成的》

长度:28 集 × 47 分钟

制作单位:东阳凤仪影视有限公司

编剧:刘国权

导演:卢伦常(中国香港)

主要演员：萨日娜 姚芊羽 刘芳毓 代乐乐 方子哥

剧情梗概:剧情围绕彭俏俏和范亮两家人之间展开,彭俏俏和范亮是一对准备步入结婚殿堂的情侣,无奈未来婆婆战红缨泼辣挑剔,让彭俏俏望而却步。两人虽然克服了双方家庭的障碍结为夫妇,但小两口的计划总是被婆婆过时观念和做法给越俎代庖。彭俏俏的大姑子范婉和她水族馆的员工图丁的恋情则一直不被婆婆认可，让彭俏俏夹在这母女二人中间里外难做人；公公范建国则一直对老伴的做法颇有微词，老两口之间矛盾让彭俏俏左右为难。婚后,在小两口是否搬出去单住、是否要孩子等等鸡毛蒜皮的决定上，一直与婆婆的理念产生着冲突,却不乏温馨收场,体现了一个普通老百姓家庭的生活常态。

剧名:《战争不相信眼泪》

长度:33 集 × 45 分钟

制作单位:东阳福添影视有限公司

编剧:苏 舟 张林楠

导演:苏 舟

主要演员:张 博 齐 芳 徐百卉

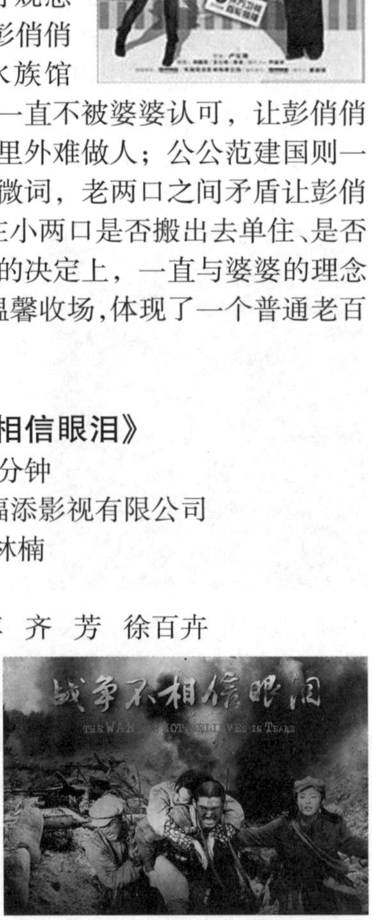

剧情梗概:1935 年春,一批红军女兵在强渡嘉陵江后与主力失散,妇女团尖刀班的朱赤红临危受命率队追寻红军主力。在西进长征途

中，女兵们烧粮仓炸军火、偷电台杀山匪、翻雪山过草地，以战养战与敌军生死周旋，完成了一项项几乎不可能完成的任务！一群年轻的女兵在险恶环境、艰难战斗中同甘共苦、生死与共、不离不弃。作为战士，她们谱写了一曲宏伟壮烈的英雄赞歌；作为女兵，她们吟唱了一首美丽凄婉的战地情歌。

剧名：《太平公主秘史》

长度：45 集 × 45 分钟

制作单位：东阳长城影视有限公司

编剧：周粟

导演：李翰韬

主要演员：贾静雯（中国台湾） 郑 爽 李 湘 张 翰

剧情梗概：大唐王朝一个前无古人后无来者的女妆时代，一群女子如飞蛾扑般前仆后继，追逐着大唐王朝的最高权力。太平公主一生就参与五次宫廷政变，两个皇帝被逼退位，一个皇帝死得不明不白。正是这群风起云涌投身皇权的红妆奇女子，留下了一段千古流传的秘史佳话。

剧名：《一钱太守》

长度：3 集 × 45 分钟

制作单位：浙江华娱影视有限公司

编剧：徐 沙 顾颂恩

导演：杨小青 李 伟

主要演员：张 琳 吴素英 于伟萍

剧情梗概：本剧取材于东汉时期绍兴清官刘宠的故事。新任会稽太守刘宠上任后，发现当地官员有谎报政绩、欺压百姓和贪污等行为，都尉孙超也涉案。刘宠为查清此案，与孙超斗智斗勇。在与孙超当面摊牌时，他发现孙超是自己失散多年的亲弟弟。在情与理、义与法的考验面前，刘宠还是将孙超绳之以法。刘宠三年后被调往京城任职。临行前，许多老百姓自发赶来，每人以百钱相赠。刘宠再三推辞后，象征性地收了一文钱，行至绍兴西小江时，将这一文钱投进了清澈的江水之中，以表明“一钱不敢拿”的志向。

剧名：《向东是大海》

长度：36 集 × 45 分钟

制作单位：宁波广播影视艺术中心

编剧：马军骧

导演：安 建

主要演员：王志飞 刘威葳 姜 武 萨日娜 冯 雷

剧情梗概：清朝末年，中国爆发了近代史上第一次严重的经济危机。由于大商人胡雪岩欲与洋商争夺利权，所以开办缫丝厂，囤积生丝。致洋人勾结中国官僚，压迫其破产。影响所及，导致数十家钱庄倒闭，大量人失去生计财产，而宁波世家董家也被这场风波所波及。束手无策的关键时刻，周汉良用自己的智慧保住了董家的家业，就此周汉良的从商之路崛起。创业中，周汉良采用了智巧的方式来应对商战，打破了洋人和军阀的合围，并成为了水泥产量最大的中国人。这也让他从传统的行业，踏入了“中国制造”的领域。

剧名：《天涯明月刀》

长度：41 集 × 45 分钟

制作单位：浙江华策影视股份有限公司

编剧：刘书桦 张英俊

导演：赖水清（中国香港） 高先明 黄伟杰

主要演员：钟汉良 张 檬 陈楚河 张定涵

剧情梗概：24 年前，武林盟主杨常风神秘被杀，成为武林一大悬案。24 年后，号称杨常风唯一遗孤的傅红雪突然崛起江湖展开复仇。杨常风庶出之子、从小与傅红雪换了身份的叶开，使计让周婷去赢得傅红雪的感情，却不料周婷真的爱上了傅红雪。为助心上人燕南飞夺取武林盟主大位，明月心设法除去傅红雪却也对他渐生感情。傅红雪在复仇之路上遭遇种种危机和磨难，经受了善与恶、爱与恨、忠诚与背叛的重重考验，在叶开、周婷和明月心等人的帮助下，揭露并粉碎了燕南飞、向应天、公子羽、杨夫人等人的重重阴谋，揭开了杨常风被害和自己的身世之谜，唤醒了潜藏在心中的爱，刀光剑影的武林复归平静。

剧名:《AA 制生活》

长度:38 集 × 45 分钟

制作单位:浙江东阳冠亚文化传媒有限公司

编剧:赵晨阳

导演:刘一志

主要演员:李小璐 马 苏 任 重 曹炳琨

剧情梗概：韩心和何琪大学毕业不久就结婚了，婚后，何琪提出实行 AA 制，两人共同负担家中的一切费用，所有费用全部 AA 制。韩心不认同这种“有理无情”的 AA 制生活，何琪坚持甜蜜生活也要“亲密有间”的理念，有自己的财产与生活，于是两人矛盾分歧愈发加重。他们的同学张林和蔡娟同样爱得轰轰烈烈，面对家人的阻挠婚，蔡娟不得已也实行了 AA 制。该剧既有传统的夫妻之间、邻里之间的矛盾冲突，婆媳之间的猜忌和误会，也有独特的 AA 制生活产生的摩擦与纠缠。

剧名:《离婚前规则》

长度:34 集 × 45 分钟

制作单位:浙江影视(集团)有限公司

编剧:马广源

导演:刘家诚

主要演员：贾乃亮 白百何 高 露 郑 恺 李小萌 高 洋 梁丹妮 沈丹萍

剧情梗概:王明轩和蒋新瑶大学毕业后结婚，发现婚姻生活并不是光有浪漫就可以，还要有柴米油盐酱醋茶，小两口的争执越来越多;文浩和赵亚彤一时冲动闪婚，却一直不能得到赵亚彤母亲的认可，赵

亚彤期望自己的爱能改变文浩，谁料一次次的希望换来一次次的失望；黎昕游戏人生，结婚后依旧我行我素拈花惹草，终于令妻子张小凡忍无可忍，婚姻也亮起红灯。三对年轻人开始了一场婚姻保卫战，努力挽救自己面临破碎的婚姻。王明轩和蒋新瑶最终相互理解，言归于好；文浩和赵亚彤和平分手，但彼此还是朋友;黎昕得到应有的教训，开始反思;小凡也找回了自我，得到了解脱。三对 80 后的年轻人经历了婚姻波折之后，都有所成长，生活变得更美好。

剧名:《薛平贵与王宝钏》

长度:48 集 × 45 分钟

制作单位:浙江华策影视股份有限公司

编剧:简远信(中国台湾)

导演:林添一

主要演员:陈浩明(中国香港) 馨 子 宣 萱(中国香港) 张 亮 涂黎曼

剧情梗概：唐肃宗年间，因宫廷争斗，太子流落民间并改姓薛，名平贵。薛平贵长大后进长安，遇相国王允三千金宝钏。王允蒙皇上赐下凤冠霞帔为宝钏搭彩楼招亲，宝钏钟情平贵，不顾王允反对，与父“三击掌”断绝关系，薛王二人结为夫妻。平贵揭榜并因缘际会降服“红鬃烈马”，被责为先锋抵抗外敌。两军交战时，代战公主惊见平贵为长安相遇之人，不敌，平贵却放过代战，代战心存感激。代战嫁给平贵，平贵继承王位，却将兵权交给凌霄，平贵于是开放两国通商促进繁荣，此事被宝钏得知，误会平贵，两人发生矛盾。平贵告知前尘往事并好言相劝，宝钏深明大义接纳代战，终得一家团圆。

剧名:《唐宫燕》

长度:46 集 × 47 分钟

制作单位东阳拉风影视文化有限公司

编剧:陈十三

导演:阿　歪

主要演员:刘庭羽　李承铉(韩国)　刘凡平(中国台湾)　寇振海　杨　恭(中国香港)　谢祖武(中国台湾)　惠英红(中国香港)

剧情梗概:武则天晚年密谋除掉太子失败后被迫传位李显。宫女孟凡与孟容身陷其中,身历后宫一幕幕血雨腥风的权争。幸得太监小马子帮助,孟凡得以在步步为营的宫中存活。韦后心怀帝梦,干涉朝政,武三思得宠,朝中一片混乱。孟凡结识上官婉儿,深感宫中生存艰难。安乐公主帝心萌动,利用孟容,联合韦后除掉太子李重俊。太平公主派孟凡接触李隆基,两人暗生情愫。为助李隆基成就事业,孟凡答应做中宗的妃子,并揭露韦后和安乐的野心。韦后与安乐合谋向中宗进鸩,中宗明知却一饮而尽。太子李重茂即位,韦后尊皇太后,临朝摄政.孟凡以不杀孟容和安乐为条件,打通六局,助阵李隆基政变。政变成功,孟容和安乐被害,上官婉儿被诛。深夜,李隆基无奈看着孟凡带着孟容和安乐的牌位离开。

剧名:《代号十三钗》

长度:36集×45分钟

制作单位:浙江绿城文化传媒有限公司

编剧:海　飞

导演:苏舟

主要演员:韩　雪　张光北　徐百卉　李　超　金　晶

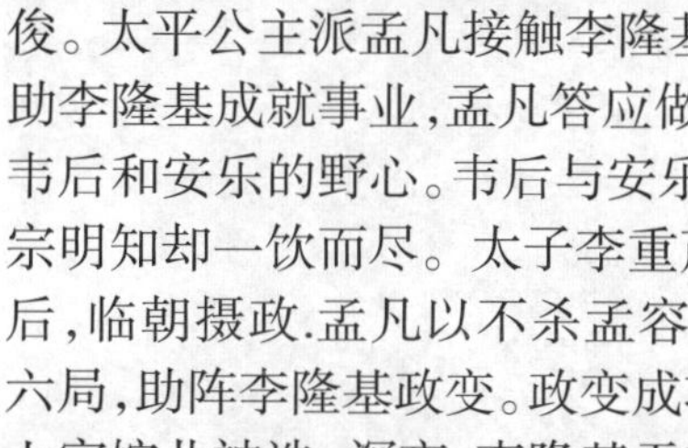

剧情梗概:抗战初期,共产党员郭春光受党组织指派在上海以牙医身份做掩护,收集日伪情报。同时,国民党军统指派顾雪峰为新任军统上海站站长,组建代号为"十三钗"的女子别动队。地下党员郭春光从一开始就发现"十三钗"行动队是一支可以引导的抗日有生力量,于是以掩护身份混入队伍,从侧面策划和指导全盘行动。在"十三钗"行动队成功锄杀数个汉奸之后,日伪势力掀起疯狂反扑。顾雪峰被捕后叛变投敌,反过来疯狂追杀"十三钗"成员。关键时刻,地下党员郭春光挺身而出力挽狂澜,带领"十三钗"队员成功突围并谋划反击。在历尽艰险磨难之后,郭春光和别动队的姑娘们锄杀了目标汉奸和叛徒顾雪峰,获取了日军最新密码并破坏了日伪军精心策划的天长节后成功转移中共后方根据地,踏上新生之路。

剧名:《赏金猎人》

长度:30集×45分钟

制作单位:东阳新丽狂欢者影视文化有限公司

编剧:于　正

导演:成麟

主要演员:钱泳辰　李易峰　江铠同　颖　儿　薛佳凝　刘雪华(中国香港)　邵美琪(中国香港)

剧情梗概:清朝末年,江南小镇的富商白老爷被人杀死,酿成地方大案。赏金猎人聘远受命前往白沙镇侦破疑案,他慢慢发现白老爷是因为一个秘密而死。白家的四位夫人、日本人、土匪纷纷浮出水面,都为了此事秘密费尽心机。随着案情逐渐水落石出,聘远发现原来自己父亲和白老爷之死,都是因为一张金矿地图。十三年前,日本青龙会出钱请父亲勘探地质,不料发现了大型金矿;聘远父亲不愿把金矿图纸交出而惨遇毒手;白老爷亦是被日本青龙会的势力所害。聘远凭借着聪慧勇敢,拨开重重迷雾,终于查出幕后的凶手,得到了金矿地图。面对日本人的威胁,聘远将金矿地图扔到火里,他坚信,只要这座金矿还在中国的大地上,迟早有一天我们的后代会找到它,它永远属于中国。

剧名:《老爸的心愿》

长度:35集×45分钟

制作单位:浙江润禾影视有限公司

编剧:刘　誉

导演：曾晓欣

主要演员：高　明　杜雨露　岳　红　丁柳元　李崇霄　郑晓宁　李梦男

剧情梗概：退休钳工梁德全和退休的副局长付国祥住进同一病房，由于两人生活习惯和性格的不同，发生了很多争执。但随着接触的深入，他们成了无话不说的老哥们儿。老梁的病打破了三个子女原本安宁的生活，为了住院费，三个家庭开始猜忌争吵。老梁有几个愿望，一是找到初恋情人菊英；一个是去新疆看看大儿子。在老付的帮助下，老梁逐一实现了心愿，其间有矛盾，有悲喜，有子女的不理解。在老梁弥留之际，老付读出了他对子女生活点滴的记录和感想，老梁的子女们声泪俱下，才明白原来他们一直生活在父爱的注视中，他们的平安幸福就是老爸最后的心愿。

剧名：《江湖儿女》

长度：34 集 × 45 分钟

制作单位：千乘影视股份有限公司

编剧：薛永春

导演：黄祖权（中国台湾）

主要演员：胡　兵　陈紫函　林江国　郭珍霓　毕畅

剧情梗概：九·一八事变后，日本开始强化实施向满洲移民的政策。这一天是掌柜方振宇与吴萃花结婚的日子，宾客中有乔装而来的“梅姑寨子”的寨主吕金梅，还有日本在东北的组织“黑龙会”林口分会的会长松本太郎，松本太郎巴结方振宇提出与他结交，方振宇洞悉“黑龙会”的企图，婉言拒绝。松本太郎借吕金梅杀害两个日本人的事件请求关东军援手，一队荷枪实弹的关东军扑向方家大院，方振宇和兄弟们寡不敌众，松本太郎威逼方振宇投靠“黑龙会”，方振宇痛斥日本人的强盗行径，松本太郎无奈举刀捅向方振宇。为给方振宇报仇，吴萃花投奔抗联积极参加抗日，之后重遇已经成为黑龙山首领的方振宇，吴萃花为了完成组织交代的任务，毅然跟随方振宇上黑龙山，成为黑龙山上智勇双全的“女响马”。

剧名：《新施公案》

长度：39 集 × 45 分钟

制作单位：浙江华策影视股份有限公司

编剧：李晓苹（中国台湾）

导演：余　丁　杨小波

主要演员：范明　赵锦焘　郭珍霓　姚　笛　甘婷婷　韩　栋　汤镇业（中国香港）

剧情梗概：施仕伦，晋江人，清初名将施琅之次子，康熙二十三年任江苏泰州知府，政绩斐然，被康熙赞为“江南第一清官”，被百姓尊称为“施公”。施公 5 年后转任扬州知府，在师爷白杨、发妻表妹柳青衣、捕头杜康和捕快丁忠、丁孝等忠勇、机智之士的协助下，寻获离奇失踪的十三皇子胤祥，揭露并挫败了鳌拜之后德南等人的阴谋，并与胤祥结下不解之缘。随后，施公又连破郡王尔齐身世引发的连环血案以及理郡王府王府强夺“风水宝地”致死人命案。施公因面对奇案，破案手法巧妙，面对皇亲国戚强权不畏惧，为百姓谋福祉，被后人尊为与唐朝狄仁杰、宋朝包拯齐名的中国古代破案“三公”之一。

剧名：《未婚妻》

长度：36 集 × 45 分钟

制作单位：杭州南广影视制作有限公司

编剧：蓝小汐

导演：陈慧翎（中国台湾）

主要演员：丹尼斯·吴（美国） 马思纯 袁成杰 陈彦妃 席曼宁（中国台湾） 艾丽娅

剧情梗概：蓝小依为爱放弃了在南京的稳定工作，来上海与热恋男友田飞团聚，却不料田飞的同事上海姑娘小露为了追求田飞想尽一切办法制造小依与田飞间的矛盾，并通过父亲的关系不断的帮田飞。功利的田飞最终选择了小露，小露谎称自己怀孕与田飞结婚。而真正怀孕的痴情小依，悄悄生下了孩子。婚后，在小露爸的关系推动下，二人过着富足生活，却因小露的蛮不讲理和婆媳关系的紧张使田飞深陷痛苦。两年后，小依再入职场努力打拼，终于在上海站稳了脚跟。正当小依的生活步入正轨时，田飞却发现自己旧情未了。当他发现小依有自己的女儿后，想要回女儿。一直喜欢小依的猴子一直在身边保护小依母女。小露与田飞的婚姻陷入危机，小依劝他们好好生活。小依靠自己的奋斗终于赢得了幸福，并与猴子走到了一起。

剧名：《囧人的幸福生活》

长度：30 集×45 分钟×30 秒

制作单位：浙江东阳贺盈影视文化有限公司

编剧：邵思涵

导演：文 杰

主要演员：张 博 关 悦

剧情梗概：马小东为结婚将老家房子抵押银行，贷款买房，不想遭女友瞒骗，失去一切。马家爸妈来投奔儿子，却无房立足，马母心急患病。面对巨大打击，马家人并未放弃。白领梁美丽凭借自己的努力买了一套公寓，但因背负百万元房贷而让全家人过着表面光鲜背后却辛酸的囧日子。梁母炒股失败，美丽又失业，只能将房子卖掉还债。梁母本想给女儿找个金龟婿，却误打误撞地将美丽和穷小子金斗撮合一起。甘苦与共，马小东与小房东易晓曦萌生爱情，美丽的弟弟诚实也和网友辰辰一见钟情。几对年轻人因工作、年龄、性格等差异，波折重重。几家父母也为儿女的婚事、房子等现实问题，奔波操劳。有爱人亲人守护的地方就是家！这些努力生活、忙碌不已的善良而平凡的囧人们，彼此温暖，相互鼓励，最终走出逆境，拥有幸福美丽的家。

剧名：《奶奶再爱我一次》

长度：37 集×45 分钟

制作单位：东阳新安传媒有限公司

编剧：陈朱煌（中国台湾）

导演：陈朱煌（中国台湾） 沈杭婷

主要演员：李 琳 萧蔷（中国台湾） 黄子腾 江宏恩（中国台湾）

剧情梗概：穷苦的满足欲葬父，却得到了雪梅父亲的帮助，满足进入雪梅家当丫环。为求报恩，雪梅发生变故之后，满足偷偷地和阿义一同抚养起她的女儿美华。当美华嫁给阿财之后，满足以为能过上幸福生活，却因为海难失去了丈夫和女婿。祸不单行的是，美华也因为难产，死在医院里。坚强的满足依旧不放弃生的希望，带着美华的几个孩子艰难的活着。国钦虽然时常惹是生非，所幸，丽娟贴心懂事。满足带着丽娟在广州开拓服装业务，虽然受到排挤，却在满足和孙女的努力下站住一片天。最后，病倒的满足得到了周围所有人的帮助，两个家庭也都得到团圆。

剧名：《新女婿时代》

长度：35 集×45 分钟

制作单位：东阳紫风影视制作有限公司

编剧：王静茹 沈 超 谭 昙

导演：王小康

主要演员：林永健 牛 莉 何赛飞 李菁菁

剧情梗概：当下，京城蔡家有三朵花，大姐蔡茉，二姐蔡莉，小妹蔡花，各有各的性格。老大典型的女强人，找了个老实男，还哀怨生活。老二是典型的大家闺秀，嫁了个有钱男，还不开心。老三典型的80后，谈了个经济适用男，闪婚后又闪离。蔡家老太为了三个女儿的幸福生活，老将出马，在这场关系微妙的丈母娘与女婿大战中，收益的不仅仅是三个女儿。最终大女婿在蔡老太的鼓励下找回了自信，二女婿收敛了顽劣的脾性，曾经的三女婿已经把这里当成自己的家。蔡老太甚至更加慷慨地将传男不传女的家传秘方交给了三个女婿，因为在她心里女婿就是儿子，儿子们为了答谢母亲，要为蔡老太找个情投意合的老伴。

剧名：《血色黎明》

长度：45集×43分钟×30秒

制作单位：长城影视股份有限公司

编剧：张　勇

导演：王　军

主要演员：方中信（中国香港）　蒋林静

剧情梗概：20世纪20年代上海滩，谭四枪杀棉纱大王沈万林失手，被酒吧歌女静秋所救，结识静秋弟弟静江；被追杀得旧友李志豪舍命相助。巡捕房探员宋世杰疾恶如仇，可满腔热血和时代格格不入。世杰追捕谭四，两人从针锋相对到惺惺相惜，志雄、谭四、静江和世杰四人结拜号称“四大金刚”，共同为名为巡捕房华人总探长实为黑帮头目的陈浩明做事。不料随事态发展，兄弟间出现分歧：志雄个性古板，脑中只有江湖道义；谭四狂放不羁，在江湖道义和国恨家仇间摇摆不定；静江满腹心机，逐渐沦为帝国主义和国民党反动派爪牙；世杰一心救国救民，加入共产党。1927年静江协助戴笠发动“四一二反革命政变”排除异己，屠杀共产党，志雄和世杰皆受所害。谭四明白所有真相后只身闯入静江官邸，手刃静江，自己身中数枪。死前他慨然长叹，“只有四弟世杰选择的道路是对的”。

剧名：《孤军英雄》

长度：34集×45分钟

制作单位：东阳新丽狂欢者影视文化有限公司

编剧：方天民

导演：孟　凡

主要演员：胡　军　李雪健　柯　蓝　孙　敏　赵小锐　逯长恩　焦俊艳

剧情梗概：故事发生于1942年的江浙一带，共产党领导的新四军与日军、伪军进行着残酷的战斗，而国民党军队伺机而动阴谋重重，国民党军队中老谋深算的将领郝俊杰制定“金阳计划”，即设法指使汪伪部队的独立团投诚新四军，再利用潜伏的卧底挑起内战，并最终利用日本人的力量一举消灭新四军。车道宽为了获取金阳计划的内幕，挖出奸细，孤军一人在日军、伪、国中间周旋。他出奇制胜、不惧牺牲，与战友们一起彻底粉碎了敌人的阴谋。

剧名：《石光荣和他的儿女们》

长度：40集×45分钟

制作单位：浙江华谊兄弟影业投资有限公司

编剧：石钟山

导演：张汉杰

主要演员：孙海英　吕丽萍

剧情梗概：上世纪八十年代中期，离休军人石光荣一家发生变化。大儿子石林在大裁军中转业，小儿子石海因得了抑郁症，提前复员，本来安分的女儿石晶，也从法院调到了公安局。孩子们的变化、婚恋，给晚年的石光荣和褚琴带来了烦恼。石光荣的老家乡

亲们，在改革的浪潮中前赴后继地来到城里，开起了饭庄。这给本来并不平静的石光荣一家，带来了新的麻烦和转机。一家人的命运在社会大变化中，起起伏伏。老伴褚琴的突然离世给石光荣巨大的打击，一蹶不振。老战友带他回忆当年战争岁月和往事，让他找回精神寄托。晚年的石光荣致力于经营饭庄，饭庄成为了他联系家乡的精神纽带。看到石林在精神上终成自己的继任者，石晶、石海在经历了几番坎坷后，也在事业上和爱情上有了美好的归宿，石光荣欣慰地笑了。

剧名:《胜女的代价》

长度:30 集 × 45 分钟

制作单位:欢瑞世纪影视传媒股份有限公司

编剧:李 爱

导演:李 爱

主要演员:高以翔（中国台湾） 蒋怡（中国香港） 陈乔恩（中国台湾） 张翰

剧情梗概：林晓洁，北海市海悦百货的打杂小妹，无意中得到上司高子齐在记者会上的高调告白！然而，在婚礼前夕，

女明星白季晴却突然出现，晓洁这才明白，自己并不是子齐的真爱，伤心之下离开前往上海遇到了汤骏。汤骏，晓洁在网络上的知心朋友——汤姆，是上海皇海盛世商城公子。晓洁却并不知汤骏就是汤姆。此时，汤家企业受到威胁，晓洁决意帮助他们。凭借过人的工作能力，晓洁不仅让汤家走出困境，也成就了自己的事业。在工作中，晓洁意外得知汤骏就是汤姆，且一直喜欢自己，晓洁误会汤骏是利用自己而一时无法接受。汤骏始终默默关心支持晓洁，终于在晓洁生病的时候获得了晓洁的认可，两人走到了一起。晓洁终于了实现心中的梦想，不仅成为百战不倒的职场女王，同时也收获了甜蜜的爱情。

剧名:《凤凰牡丹》

长度:46 集 × 47 分钟

制作单位:拉风传媒股份有限公司

编剧:马广源

导演:罗福

主要演员:蒋 毅 李泰兰（韩国） 谭耀文（中国香港） 伊一 严惠玲（中国香港） 林湘萍

剧情梗概:武王王后产下武王长子伯建，不久，吴贤妃产下世子仲豪。连得二子，武王大喜，举国同庆。后武王薨，伯建登基，仲豪封侯。韩瀛珠到京城状告洪顺，为父报仇，得伯建相助，将洪顺伏法。伯建、仲豪都钟情于瀛珠，瀛珠照誓约下嫁伯建。仲豪失落，对王权产生渴望。伯建违背互市约定，白狄与伯建交战。伯建亲征，战败被俘。世子仲豪登基。仲豪断然拒绝白狄以互市互换伯建的条件。瀛珠绝望，思念伯建，无视仲豪的热情。伯建虎落平阳，唯有太傅钱贤不离不弃。白狄郡主苏亚对伯建有意，无奈伯建心有所属。伯建得苏亚相助归国，被囚禁南宫，与瀛珠相依为命。五年后，钱贤笼络守益等朝臣政变，重新拥立伯建。仲豪被废，大笑中毙薨。同一天，瀛珠离世。伯建的王位不断稳固，却走不出对瀛珠的思念，孤老终生。

剧名:《一门三司令》

长度:38 集 × 45 分钟 × 30 秒

制作单位:东阳九天影视传播有限公司

编剧:孙 波

导演:孙 波 赵箭

主要演员:于晓光 章 贺 杨 烁 吴晓敏 彭婧

剧情梗概:抗日战争时期，江东地区杨家三兄弟老大杨天东是八路军蟒山纵队司令，老二杨天伯是江东地区的国军司令，老三是江东地区国军特遣队队长。老二率部队驻守江东城，守军司令突遭暗杀，

其侍卫长杨天鸿受到牵连，紧接着重庆来的特派员琳娜遭日本特遣队绑架，一系列奇怪的事件把江东搅得乌烟瘴气。在这种危局的情况下杨家三兄弟在江中地区的对日作战中经历了寻找毒气弹、袭击敌占区、救出盟军顾问、实施盾牌行动等事件。杨母始终爱护着杨家的三兄弟，为他们能为国抗击敌寇而感到骄傲，同时她也对老二的投敌感到耻辱。最后大哥牺牲，二哥投敌后被击毙，老三参加了八路军接替了大哥当上了真正的司令。

剧名:《最爱·你》

长度:28 集 × 45 分钟

制作单位:浙江绿城文化传媒有限公司

编剧:陈建忠　高　山

导演:刘　新

主要演员:王同辉　曹　颖　齐　欢

剧情梗概：文革中期，中学毕业的安大伟、罗兰、庄丽等北京知青，来到了偏远山区成为插队青年。在这片贫瘠的土地上，他们经历着各种各样的人生考验，有人经历了一世无法割舍、深入骨髓的爱情，有人结下了一生难能可贵的友情，同时也有人埋下了后半生的愧疚和自我救赎的种子。返城高潮来临，这群青春热血的年轻人渐次回到了故乡北京，安大伟与罗兰因种种原因就此断了音信。当安大伟终于要与苦等了四年的庄丽登记结婚之日，罗兰重新出现了。与此同时，好友刘洁和于建国的婚姻生活也出现了波折，胖子则还在苦心经营着属于他自己的“返城工程”，每个人都在飞速发展的世界面前，重新经受着生活更严峻的挑战。情感的变异、事业的跌宕、价值观、道德观、爱情观都在拷问着每一个人的灵魂。

剧名:《活佛济公Ⅲ》

长度:75 集 × 45 分钟

制作单位:千乘影视股份有限公司

编剧:简远信(中国台湾)

导演:王伟廷

主要演员:陈浩民(中国香港)　林子聪（中国香港）叶祖新　陈紫函　杨　雪　馨　子

剧情梗概：灵隐寺僧人道济济世救人、化解人间疾苦，处处弘扬佛法，惩恶扬善、尽管人间不平事，深得老百姓爱戴，被世人誉为济公活佛。《活佛济公》第三部的主要故事仍然围绕着济公带领广亮、赵斌等人为老百姓排忧解难、点化世人展开，穿插降龙尊者降魔除妖的神话故事，以及济公活佛与地痞恶霸斗智斗勇的故事。全剧共分“天蚕变”、“朱罗记”“天鹅梦”、“红花告御状”、“木偶奇谭”“恶狼传说”“人狐恋”、“胭脂情”等 8 个单元故事展开。

剧名:《第九个寡妇》

长度:34 集 × 45 分钟

制作单位:浙江东阳博海影视有限公司

编剧:经　纬　凤　凰　徐成峰　邹　越

导演:黄建勋(中国香港)

主要演员:叶　璇　刘佩琦　李东学

剧情梗概：民国，太平镇偏安一方，逃难的孤女王葡萄被镇长孙怀清救下养大成人。葡萄虽与其学医的长子少勇倾心相爱，但为报答养育之恩，甘愿嫁幼子铁脑为妻。抗日战争时期，日军进镇，铁脑被杀，其母被日军轰炸致死，葡萄相助少勇踏上抗日救国之路，对孙怀清奉若至亲，二人更带领乡亲和鬼子进行了艰苦卓绝的斗争。抗战胜利，孙怀清被世仇孙克贤诬陷为汉奸处境危急，少勇不明就里指证父亲。孙怀清被枪决却气息尚存，葡萄偷偷把他救回藏于地窖，从此与少勇断绝关系，更忍痛把亲子送人抚养，以保全其性命。孙怀清失明，葡萄找来少勇为其医治，并助父子冰释前嫌。数年中父女二人历尽艰难，葡萄为孙怀清翻案四处奔走历险，不惜牺牲自己，以全孝道恩义。直到解放战争胜利，共产党为孙怀清洗清冤情重见天日。

剧名：《蓝蝶之谜》

长度：32 集 × 45 分钟

制作单位：浙江影视（集团）有限公司

编剧：黄斯丝　赵　溦　姚　远　陈慧君

导演：梁凯程

主要演员：马德钟（中国香港）　唐一菲　陈浩民

剧情梗概：该剧讲述的是二十世纪三十年代的上海，三名集美貌、智慧、胆略于一身的年轻女子组建成了女子侦探所，与罪恶展开殊死搏斗，由唐一菲主演的蓝依婷在探长丁凯文的协助下，破获了一件又一件匪夷所思的案件。而随着剧情的发展，他们又将揭开惊天大案的神秘内幕，三个充满了智慧、勇气和激情的女子侦探和看似玩世不恭的丁凯文探长，在动荡的上海，一次次书写着他们的破案传奇。

剧名：《无懈可击之蓝色梦想》

长度：30 集 × 45 分钟

制作单位：浙江广播电视集团

编剧：彭美凤　陆文轩

导演：蓝志伟（中国香港）

主要演员：韩彩英（韩国）　朱梓骁　吴映洁　程皓枫　孙　坚　左　岩。

剧情梗概：毕业后不断换各种工作，没有梦想的徐浩廷误打误撞加入了恒雅广告公司，为救母病而辍学的高材生林薇薇也进入该公司，欢喜冤家不期而遇。浩廷面临各种挑战，在薇薇帮助下化险为夷，浩廷成为广告界新宠，得到总裁千金沈晓琪示爱，而沈的追求者宋忠诚因此视浩廷为情敌。竞争对手公司的朱丽叶胁迫薇薇偷取资料，害浩廷被逐出公司。浩廷消沉后振作，重回恒雅，但误认为薇薇出卖自己，两人关系崩裂。薇薇暗中助浩廷击败朱丽叶，二人误会消除。浩廷梦想觉醒，筹划自己的音乐酒吧，而薇薇坚持求学梦想。

剧名：《大法王寺之聪明小空空》

长度：49 集 × 45 分钟

制作单位：浙江东阳星座魔山影视传媒有限公司

编剧：刘　麒　任　莎　黎　明

导演：都　晓

主要演员：鲍国安　李丹阳　郑　特　宁则添　郑创译　释小松

剧情梗概：北宋年间，大法王寺三个善良正义的和尚：空空，没完和没了，在师父的带领下，与贪婪的地主，恶霸，不孝子，败家子等形形色色的势力展开斗争，历经千辛万苦，为民间百姓解除疾苦，惩罚坏人。在与坏人斗争的过程中，由于三个小和尚性格的差异和处事方式的不同，也引发出一系列有趣的故事。该剧由十二个民间故事组成，歌颂了人民群众的智慧和小和尚空空师父的聪明，批判了贪婪、野心、不仁不孝的社会现象。

剧名：《隋唐英雄》

长度：60 集 × 45 分钟

制作单位：长城影视股份有限公司

编剧:徐海滨　吴国恩　周　粟　杜文和

导演:张东东　刘　光　郑延渝　王响伟

主要演员:刘晓庆　赵文瑄(中国台湾)　余少群　张瑞希

剧情梗概:《隋唐英雄》以历代民间传说及历史故事综合改编。全剧以秦叔宝、罗成、程咬金、单雄信、尉迟恭隋唐五虎为主线,还展现了隋炀帝杨广兴建京杭大运河、唐王李世民等率兵扫平了十八路反王,以及萧后、红拂女、长孙皇后等众多女性人物，讲述了从南北朝时期北周杨林举兵歼灭北齐班师后,侄儿杨坚又灭周建隋,自称隋文帝始，到瓦岗寨起义直至玄武门之变助李世民平定天下的历史传奇故事。

剧名:《踮起脚尖吻到爱》

长度: 30 集 × 45 分钟

制作单位:浙江华谊兄弟天意影视有限公司

编剧:朴恩儿(韩国)

导演:麦大杰(中国香港)

主要演员:金桢勋(韩国)　姚　笛

剧情梗概：曾经红遍亚洲的超模新星文青遥因为感情受挫，突然离开 T 台销声匿迹，一年之后,浪子青遥回来,发誓不再涉足模特业,这让青遥的经纪公司老板,也是青遥母亲的时尚界女魔头马锐无法接受，决定不择手段让儿子回心转意。来自偏远乡村的边庭花立志进入自己热爱的时尚圈,有朝一日接近心中偶像文青遥,偶然机会,她发现住在隔壁、落拓不羁的神秘男子,居然就是青遥!两人误打误撞成为了一对情侣。在经历了一系列笑中有泪的波折动荡后,青遥重返 T 台,最终与庭花牵手。

剧名:《对不起,我还活着》

长度:31 集 × 47 分钟

制作单位:杭州中赢影视传媒有限公司

编剧:王祖敏(黑妹)

导演:陈　兵

主要演员:吕　中　刘炆昊　李立群

剧情梗概:在上海的一栋百年小洋楼里,一位年过八旬的“贵族”老太曾漪汶和一个“草根阶层”的外地打工仔丁大胜因为各自的利益需求同住一个屋檐下。在经历了猜疑、矛盾后,逐渐适应,并彼此信任。丁大胜以他的善良一心一意地照顾着曾老太和患有老年痴呆的梅娘，其女朋友周梦洋因爱慕虚荣离开了做男保姆的丁大胜，成为了房产公司老总的情人。曾老太的养子方怀远和房产公司老总勾结企图卖掉小洋楼，曾老太像守护六十年的爱情一样守卫着小洋楼。最后，在丁大胜和米馨儿的帮助下,曾老太找到了与之相爱的麦克,圆了自己的梦。

剧名:《箭在弦上》

长度:42 集 × 45 分钟

制作单位:浙江横店影视制作有限公司

编剧:九年

导演:国建勇　余明生

主要演员:陈　龙　靳　东　蒋　欣　潘之琳

剧情梗概:九·一八事变后,日寇部署了全面进攻热河的计划。徐一航大婚这一天，徐家被灭门,只有徐一航和妹妹徐二航依靠祖传的神箭突出了重围。大哥徐锦川急忙回国。兄妹三人从为家族复仇，走上了为民族而战之路。在一次行动中，徐氏兄妹遭伏击,徐锦川和徐一航被捕，幸而被共

产党员卧底所救，兄妹三人参加了抗日同盟军，以神箭对抗日军，完成了一次次别人无法完成的任务。国民政府消极抗日，派中央军前来围剿抗日同盟军，抗日同盟军被迫宣告解散。兄妹三人短暂失去了斗争的方向，但是不久之后，他们又杀回了承德，继续以他们的方式，不屈不挠地和日寇周旋，绎出了一系列爱恨情仇，国仇家恨交织的故事。

剧名：《枪林弹雨》

长度：32 集 × 47 分钟

制作单位：浙江新艺联影视制作发展有限公司

编剧：纪　风

导演：金鳌勋（中国台湾）　陈启峻（中国台湾）

主要演员：印小天　杨童舒　边潇潇　王伟光

剧情梗概：辅仁大学的吴海有一颗报国之心，却因为公子哥的秉性而被“青年抗日救国团”排斥。被拒绝的他，只身回到了家乡吴镇，仍想实现抗日救国的抱负。机缘巧合下，他救下了青梅竹马的李草儿，并想通过李草儿加入李铁汉的游击队。岂料，他因为父亲和李铁汉之间的深仇，不被信任而被赶出了游击队。同时，吴海的亲姐姐吴媚，一方面坚信汪精卫的“和平运动”能救中国，一方面也因为弑父之仇对新四军极端仇恨。她不择手段地利用日军的龟井联队，还允诺给康麻子部队一定的好处。康麻子部队为了区区的利益背叛了新四军，还对游击队进行了疯狂的扫荡。而吴媚的所作所为也让最亲的弟弟所不齿。吴海的毅然让姐弟两人的亲情破裂，他投身新四军历经艰险艰难成长，最终以巨大的牺牲保住了吴镇。吴海在战争中逐渐成熟，将目光投向更长远的未来。

剧名：《妈妈的花样年华》

长度：32 集 × 45 分钟

制作单位：浙江凤仪影业有限公司

编剧：黄　健

导演：余　淳

主要演员：宋丹丹　林永健

剧情梗概：67 岁的小学老师文英退休之后的生活不如想象的悠闲。四个儿女都有各自的生活烦恼，而文英在一次医院检查后被告知只剩下了最后半年的生命。她列出了自己的遗愿清单，决定瞒着所有儿女，开始按照自己的清单去体验自己以前从未体验过的新鲜事物。在这个过程中，她逐渐发现儿女们还有着许多让她割舍不下的担忧，她不得不将属于自己的遗愿逐个划去，换上儿女的问题。儿女们得知母亲的病情，想办法帮助母亲完成属于自己的心愿。当双方都不得不面对临别的现实时，母亲和儿女都对彼此有了重新的认识，这种认识也带动了身边的其他人，进一步领悟了亲情的重要及生命的可贵。文英的一生从而没有遗憾，在幸福中实现了爱的传承。

剧名：《唐山大地震》

长度：38 集 × 45 分钟

制作单位：浙江华谊兄弟影业投资有限公司

编剧：霍　昕

导演：姚晓峰

主要演员：陈小艺　佟丽娅　张国立　张涵予　袁文康　吴　越　许亚军

剧情梗概：唐山大地震改变了小灯的一生，因为母亲在生死关头，选择保全弟弟而牺牲她，致使小灯的心灵遭受重创。侥幸生还的小灯无法原谅母亲，发誓不再回家，小灯的一生都在地震的“余波”中纠结和煎熬着。与此同时，母亲也因无法化解心中的愧疚，对幸福不敢企及。多少年来她坚持不懈地寻找小灯，造成了小灯避之不及的困扰。婚姻的挫败、心理的障碍、与女儿不和，致使自杀未遂的小灯，终于鼓起勇气从大洋彼岸回到了她阔别已久的家。当看到母亲以其自我惩罚的方式,穷其一生地在偿还着对她的欠债,小灯百感交集,决定不再逃避,她要向所有的亲人们张开双臂。

剧名:《保镖之翡翠娃娃》

长度:32 集 × 45 分钟

制作单位:浙江新艺联影视制作发展有限公司

编剧:刘 玫

导演:吕嘉华 范秀明(中国香港)

主要演员:成 勋(韩国) 白 静 陈国坤(中国香港) 嘉 婍 池一株(韩国) 郭碧婷(中国台湾)

剧情梗概:长风镖局少主郭旭为报云家大恩,受云三临终所托,将其费尽心机得来的关乎云家老五性命的十二尊翡翠娃娃送回云家庄。无奈这绝世宝物,引来黑白两道群狼窥视,而几十年的郭家镖局家业其实早已面临崩殂,长风镖局只余一个空架子,郭旭为了不负所托,不得不召集人手,重振声威。这十二尊翡翠娃娃,引得黑白两道,几路人马,一路厮杀。郭旭等一行镖师在付出惨重的代价后终于完成了走镖的任务,但这场劫难之后,翡翠娃娃又消失在江湖中。

剧名:《血色玫瑰—女子特遣队》

长度:38 集 × 45 分钟

制作单位:东阳诸侯影业有限公司

编剧:赵 博

导演:张 磊

主要演员:刘小锋 沈晓海 李 舜 于 震

剧情梗概:抗日战争时期,上海租界由于其特殊的历史因素成为了在日军包围下的孤岛。代号“血色玫瑰之女子特遣队”的五名年轻女孩身怀绝技,她们本是国民党军统培训的特工,来到上海后,被上峰误会而蒙受冤屈。为了民族大义,她们开始与鬼子汉奸展开了一系列的行动,并多次得到中共地下党的保护和帮助。在与日寇和汉奸的斗争中,她们被共产党优秀地下工作者坚定的革命信仰和舍生忘死的革命精神所感染,逐渐认识到只有中国共产党才能救中国,五个女孩毅然加入了共产党领导的新四军队伍,成为谍报战线上的一支奇兵。

剧名:《那样芬芳》

长度:34 集 × 48 分钟

制作单位:浙江影视(集团)有限公司

编剧:顾伟丽

导演:安 建

主要演员:宋 佳 耿 乐 郭京飞 黄梅莹 吕凉

剧情梗概:幼年境遇悲惨的荣芬芳跟着知青妈妈从贵州山区逃回上海老家,过起了寄人篱下的生活,不久,一次意外又使她不幸成为一直帮助着她的邻居林老师一家的“扫把星”。若干年后,已经长大成人的芬芳偶然与林家兄弟重逢,三人的生活轨迹重新交织在了一起。在往事的羁绊与命运的牵引中,哥哥林超成为芬芳生命中的第一个爱人,却做起了富家女高朵的新郎、从此跃上枝头;弟弟林越浑浑噩噩当北漂,和芬芳千里相隔却互相扶持,两人在大风大浪中终于找到真爱,却被女儿童童身世的真相阻挡在幸福的彼岸。三十年的社会变迁中,泛黄的老上海滩变成了光鲜的国际大都市;在人性的回归中,两个破碎的家庭冲破爱恨、走向完整。

剧名:《温州一家人》

长度:36 集 × 45 分钟

制作单位:浙江影视(集团)有限公司

编剧:高满堂

导演:李 雪 孔 笙

主要演员:李立群(中国台湾) 殷 桃 张 译 迟 蓬

剧情梗概:该剧讲述了上世纪 80 年代初,浙江温州一户普通农民家庭背井离乡,在中国各地和欧

洲艰苦创业的故事。描写了温州农民周老顺、老婆赵银花、儿子麦狗和女儿阿雨，借钱闯荡，女儿被送往意大利，周老顺和老婆从捡破烂、做销售员，儿子麦狗卖眼镜开始，一步一步走到挖油井，做纽扣，经历了无数次的失败和各种坎坷，最终转型成为现代企业的过程。女儿阿雨，也从一个13岁的小姑娘读书和打工开始，最终成为跨国企业老板，成为在意大利的中国海外商人的代表，这是一代中国商人的奋斗史，也是中国改革开放三十年成果的展现。

剧名:《石光荣的战火青春》

长度:31集×45分钟

制作单位:浙江美浓影视有限公司

编剧:石钟山

导演:张汉杰

主要演员:邵 兵 杨若兮 王新军 江 水 林好

剧情梗概:1942年，得知父母和童养媳桔梗被投奔日军的汉奸刘老炮抓走，身为独立团连长的石光荣俘虏了刘老炮。国民党24团的沈团长曾被刘老炮救过，他以国共合作为由出面调解，让刘老炮放了桔梗等人，也将刘老炮偷偷放跑，这让石光荣不再相信沈团长。桔梗参军当护士陪在石光荣身边，但石光荣只把桔梗当妹妹，他喜欢上卫生队护士王百灵。刘老炮将石光荣的父母烧死，愤怒的石光荣和桔梗发誓要抓住刘老炮。日本宣布投降，刘老炮投奔到国军沈团长部下。内战爆发，石光荣升为师长，和沈师长为接收东北展开激战。沈师长率残部逃上山和刘老炮当了土匪。淮海战役打响后，团长石光荣奉命回东北剿匪，终于剿灭了沈师长和刘老炮的残部，而王百灵为了救石光荣，牺牲在石光荣怀里。石光荣在进城的秧歌队伍中，发现了极像王百灵的褚琴，石光荣骑着马奔褚琴家而去。

剧名:《嫁入豪门》

长度:40集×47分钟

制作单位:拉风传媒股份有限公司

编剧:杨曼丽

导演:徐惠康

主要演员:佘诗曼(中国香港) 钱泳辰 江祖平(中国台湾) 陆昱霖 汤镇业(中国香港) 张兴蕙(中国台湾)

剧情梗概:1925年，军阀割据，全国局势动荡不安。江南许家酱园遭军阀曹震方设计，家道中落。为践行婚约，沈家养女沈盈秀替姐沈盈娣下嫁许家独子许家骏。盈秀的身份暴露后许父气绝身亡，家骏离家出走。盈娣费尽心机，嫁进豪门曹家，谁知丈夫曹锐风流成性，盈娣有苦难言。家骏拜萧九为师，率萧军打击曹军，曹震方震怒，抓来许母和盈秀做人质。家骏不为所动，盈秀为保护许母，受尽屈辱，婆媳感情加深。盈娣借机曹锐心仪盈秀维护自己在曹家的地位，姐妹关系破裂。曹、萧两军大战，曹震方被擒。家骏是曹震方亲子，曹锐并非曹震方亲生的事实曝光。曹锐被赶出家门，沦落街头，最终落魄身亡。盈娣依然一身，回首往事，悔不当初。抗战中，曹震方勾结日本人肇事，最终自食恶果。战争结束，家俊还乡，与盈秀一起经营许家酱园，生意蒸蒸日上。

剧名:《金玉满堂》

长度: 44集×47分钟

制作单位:拉风传媒股份有限公司

编剧:方美人

导演:苏源峰

主要演员:胡杏儿(中国香港) 蒋 毅 穆婷婷 黄铭良(中国台湾) 何耀深(中国香港) 苑丽琼(中国香港)

剧情梗概："刘记酒铺"历经风雨，迎来百年店庆。刘家孙女刘采凡主持拍摄店庆宣传片，意外与走失多年的刘家亲女儿张涵雁相遇。为保住自己在刘家的地位，采凡想尽办法阻止涵雁认祖归宗。当年，涵雁走失被田英收留，恰巧田英是采凡的生母。原来，田英生下采凡后，怕整日酗酒的丈夫张武带走采凡抵债，便把她送人。涵雁半工半读与田英相依为命，生活艰难却积极乐观。涵雁的身份揭晓回到刘家后，备受宠爱，与张易南的感情更加稳定。而采凡却因自己的过错被赶出刘家，她一时妒火攻心，选择与涵雁同归于尽，却自食恶果，身受重残。涵雁摒弃前嫌，悉心照料采凡，所有人为涵雁的举止感动，刘劲成和汤慧敏夫妇更是欣赏女儿的情怀，重新接纳采凡。家和万事兴，"刘家酒铺"迎来更加兴隆的百年。

剧名：《隋唐英雄 2》

长度：42 集 × 45 分钟

制作单位：长城影视股份有限公司

编剧：吴国恩　周　粟　徐海滨　海　飞　杜文和

导演：张东东　王响伟　刘光　李翰韬（中国香港）郑延渝

主要演员：余少群　张卫健（中国香港）刘晓庆　杜志国　赵文瑄（中国台湾）惠英红（中国香港）蒋林静　孙耀琦　张瑞希（韩国）蒲巴甲 张睿　刘梓娇

剧情梗概：《隋唐英雄》是历代民间传说及历史故事综合改编的古装传奇、情感、战争大剧，描绘出了一幅波澜壮阔的隋唐时代变迁、社会更迭的历史画卷。全剧从隋朝建立开始，一直到隋的衰亡，李世民登上帝位，开创贞观之治为终。通过隋唐宫廷戏，李渊、李世民为首的贵族英雄和瓦岗寨、李密、王世充等为代表的草莽英雄的战争戏、爱情戏三线交叉展开叙述。

剧名：《隋唐演义》

长度：62 集 × 45 分钟

制作单位：浙江永乐影视制作有限公司

编剧：王兰华　杨晓慧　袁帅

导演：国建勇　钟少雄（中国香港）

主要演员：严　宽　白　冰　王力可　斯琴高娃　姜　武　张　翰　王宝强　富大龙　胡　东　杜淳　杜奕衡　汤镇业（中国香港）徐少强（中国香港）陈昊

剧情梗概：秦琼自小与程咬金一起长大，凭借一身武功被官府提拔为下级小官，某日秦琼在临潼山遇到李渊被金蛇卫截杀，单枪匹马救出了李渊全家。而后来到潞州不得不当锏卖马来维持生计，幸被单雄信得知加以接济。程咬金在长叶林劫夺了杨林四十六万两白银皇纲，秦母大寿当天程咬金被抓，为搭救程咬金，贾柳店结拜的众兄弟策划造反劫狱，机缘巧合程咬金做了瓦岗寨的首领混世魔王。隋炀帝去扬州看琼花，瓦岗寨联合其他起义军汇聚在四明山意图杀死隋炀帝，推翻大隋朝。隋炀帝为灭反王摆下铜旗阵。李世民因隋炀帝下旨调兵十万前去守阵，被逼起兵造反。李密逃到瓦岗被众人拥戴为主并称魏王。隋炀帝被杀后。魏王用玉玺换来萧美娘，朝政日渐腐败，瓦岗山上众将作鸟兽散。秦琼遂率程咬金、罗成投于李世民麾下，屡立战功，最终助李唐王朝平定天下。

剧名：《利箭行动》

长度：18 集 × 45 分钟

制作单位：浙江永乐影视制作有限公司

编剧：姚东川

导演：程力栋　国建勇

主要演员：于　震　刘萌萌　杨　烁　刘　流　王小利　杜　源　杜奕衡　陈　昊　吴晓敏　林　静　庹中华（中国台湾）

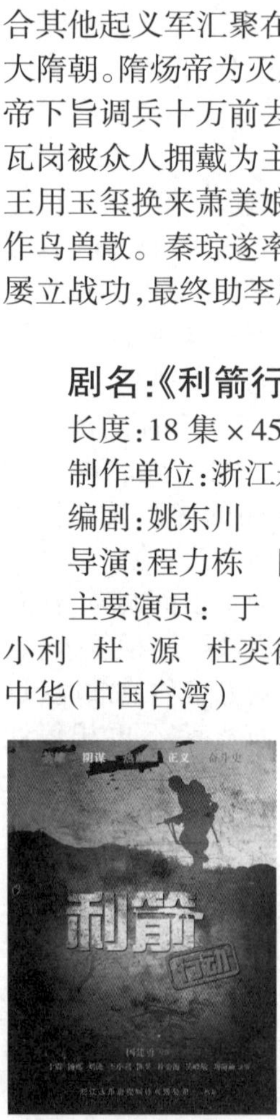

剧情梗概：1941 年夏，日军调集兵力向"中条山"抗日根据地展开扫荡，八路军侦察连长李剑作战经验丰富，谋略过人，其部下由六人组成一支骁勇善战的抗日小分队。李剑临危受命，冒充南京临时政府特派员章云飞混入皇协军 45 旅，展开以营救刘政委为首要

任务的一系列斗争。李剑带领着小分队成员，以“利箭”为代号，实施三项重大任务：救人、破坏日军在凤城的物资和铁路运输线，以及策反以左光宗为首的皇协军45旅。抗战中的凤城县城各方力量积聚，李剑等人谨慎地周旋在日军、汉奸、伪军、军统、中统、顽匪等各方势力中，在林悠雨的帮助下，他们成功完成任务。

剧名：《最美的时光》

长度：40集×45分钟

制作单位：浙江梦幻星生园影视文化有限公司

编剧：于小千

导演：曾丽珍（中国香港）

主要演员：贾乃亮　张钧甯（中国台湾）

剧情梗概：大龄剩女苏蔓偶遇暗恋多年的才子宋翊，为接近宋翊，苏蔓不惜放弃小有所成的高薪职位，来到宋翊所在公司做基层员工。寡言深沉的陆励成是苏蔓的顶头上司，也是唯一知道她底细的人，更是宋翊的工作竞争对手。苏蔓把他成看成眼中钉，可陆励成却在两人的交往中对苏蔓渐生情愫。苏蔓按计划接近和追求宋翊，宋翊也开始注意到苏蔓，并对苏蔓照顾有加。原来苏蔓长得像宋翊曾经的恋人苏蕊，而苏蕊是苏蔓同父异母的姐姐，宋翊一直以为苏蕊当年因车祸丧生，实际上她遭毁容在国外长期治疗。苏蔓渐渐发现对宋翊的感情不是自己以为的那样，陆励成才是真正让她牵挂的人；苏蕊也从国外回来，两对年轻人各自找寻属于自己的幸福。

剧名：《画皮之真爱无悔》

长度：42集×45分钟

制作单位：欢瑞世纪影视传媒股份有限公司

编剧：邵思涵

导演：梁欣全　林　峰

主要演员：刘恺威（中国香港）　白　冰　颖　儿　乔振宇

剧情梗概：狐妖小唯披美女画皮采食人心，爱上了英俊的王生，然而人妖不能相恋，小唯需要一颗人心转变成人才能和他长相厮守。小唯得知白城靖公主之心具有此功效，便假借姐妹情谊留在她身边伺机取心。靖公主被野熊袭击容貌尽毁，与她青梅竹马的臣将霍心因为内疚去往边疆，公主却一直牵挂。八年后，霍心回城述职，公主向他表白却遭拒绝。公主误以为是自己容貌的缘故，又被企图夺心救子的天狼国女王逼婚，伤心之下接受小唯建议，用自己的心交换美丽的画皮换取霍心青睐。小唯与公主互换了外表，小唯替她和亲，公主却不知要保住美貌需要吃心，一旦吃心就会成妖。法师庞郎将此事告知霍心，霍心赶去天狼国救下被囚的小唯，公主得知小唯换心的真相表示愿意成全她，小唯大为感动，不仅将心交还公主还帮她回复了容貌，霍心也向公主表明了心意，有情人终成眷属。

剧名：《雅典娜女神》

长度：36集×45分钟

制作单位：浙江东阳博海影视有限公司

编剧：经　纬　凤　凰

导演：谭　俏

主要演员：叶　璇　刘恩佑　莫小棋

剧情梗概：1932年，从东北流亡到上海的爱国青年纳兰东，召集了余夏、曲枫、程诺、爱迪生等人组成了民间抗日特战队，在残酷的环境下与日军深谷大佐等人展开了周旋，力图截获日军军部制定的《武装租界日侨计划》。在此个过程中，有一个代号为“雅典娜女神”的复仇者若隐若现的出现在特战队的行动中。特战队与琉璃子在一次次获取计划的行动中结下了深厚的友谊，并共同与日本侵略者展开了殊死较量。上海的地下党董重阳和方洁暗中注意到了特战队与琉璃子的行为，积极引导他们成为党的外围组织。董重阳牺牲之后，纳兰东坚定地提出入党申请。此后，纳兰东在最艰苦的环境下深入敌后，瓦解了深谷大佐的多次行动计划，成长为一名坚定的共产党员。

剧名:《女人泪》

长度: 35集×47分钟

制作单位:拉风传媒股份有限公司

编剧:方美人

导演:邓鉴泉(中国香港)

主要演员:穆婷婷 陈恩耀(中国香港) 何赛飞 寇振海

剧情梗概:经历丧父、失子的人生变故后，吴丽芳心灰意冷，后在儿子的日记中寻到温暖，决定开设饼铺纪念爱儿。苦口婆心求得饼铺师傅伍开云担任饼店师傅，在好友赵倩的资金资助下，思玮饼店顺利开张。因自身经历，丽芳招聘了感情遭遇挫折的品媛、被男友牵连受过牢狱之灾的张佳贞、走不出幼时阴影的许沁到店内工作。在丽芳的帮助下，品媛保住了儿子的抚养权与父母和好如初，佳贞寻回失散多年的弟弟，许沁走出阴霾寻得真爱。开云对丽芳日久生情，拒绝赵倩的爱意。赵倩恼怒撤走饼店的资金投资，饼店一度陷入危机。丽芳几经努力，换回赵倩心意，两人和好如初。思玮饼铺里头的每个女人，都有属于自己的故事，或许过去悲伤，但是她们用真情洗涤过去的伤痛，在波澜起伏的人生中写下属于她们的美丽篇章。

剧名:《盛夏晚晴天》

长度:46集×45分钟

制作单位:欢瑞世纪影视传媒股份有限公司

编剧:宝 华

导演:贯 之

主要演员:刘恺威(中国香港) 杨 幂 樊少皇(中国香港) 吴建飞

剧情梗概: 夏晚晴嫁给了一个不爱自己的男人莫凌天。莫凌天只是看中了夏晚晴高干子弟的身份，并且爱上了她的闺蜜莱雪。晚晴毅然选择离婚，却遇到莱雪同父异母的哥哥乔津帆，并嫁给了他。莱雪处心积虑要把晚晴赶出乔家，不仅利用津帆前女友来

打击晚晴，更是把晚晴的身世之谜公之于众。晚晴在乔津帆的保护下用自己的聪明和坚强化解了一场一场的危机，也赢得了莫凌天的尊重。乔津帆的妹妹乔明娇爱上了军官聂轻鸿并甘愿为他放弃自己在娱乐圈的一切，终于得到了聂轻鸿的肯定。夏晚晴在乔津帆的呵护与支持下彻底爱上他，并怀上了他的孩子，两人幸福地生活在一起。

剧名:《父母爱情》

长度:45集×45分钟

制作单位:东阳新丽狂欢者影视文化有限公司

编剧:刘 静

导演:孙墨龙 孔 笙

主要演员:郭 涛 梅 婷 任 帅 刘 琳 刘天池

剧情梗概:海军炮校肖校长和妻子扬涛为军官举办婚介舞会，两人一心想为大龄军官们解决个人婚配问题。海军军官江德福深受肖校长器重，在肖校长夫妇的引荐下，江德福在舞会上认识了年轻漂亮的安杰，并对她心生爱慕。而面对大老粗似的江德福，安杰却一点感觉都没有。由于安杰家庭成分不好，全家人屡次受到江德福的帮助，她逐渐接受了江德福的情感，两人结为夫妻。江德福和安杰夫妻共同克服了出身的差异、文化程度的悬殊、生活环境的恶劣以及特殊时期的生存困境，抚养着五个孩子，共同走过了风风雨雨的几十年。孩子们长大成人，步入老年的江德福和安杰回首往事，觉得能携手度此一生是无比幸福的事情。

剧名:《五台山抗日传奇女兵排》

长度:46集×45分钟

制作单位:长城影视股份有限公司

编剧:徐海滨 海 飞 张勇 任峻

导演:周　敏　李翰韬(中国香港)

主要演员:张卫健(中国香港)　蒋林静

剧情梗概:五台山以著名的佛教圣地扬名海内外,终日晨钟暮鼓,梵音缭绕,由于日寇的疯狂侵略,使这原本清净的佛教圣地不再清净。在五台山清平庵中,以修慧为代表的一批尼姑,在民族存亡的关键时刻,组建了一支女尼排,凭借各自特长,做出了“出家不忘爱国,入世灭日寇,惩恶即扬善”的正义抉择。

剧名:《假如生活欺骗了你》

长度:40集×45分钟

制作单位:东阳新丽狂欢者影视文化有限公司

编剧:王宛平

导演:姚晓峰

主要演员:陆　毅　秦海璐　吴　越　耿　乐　郭京飞　马　境

剧情梗概:故事发生在上世纪80年代,老黎家是一个普通的平民家庭。黎家有三个孩子,老大黎妮是歌舞厅舞蹈演员。老二黎阳,从小成绩优秀,是全家希望、胡同之光。老三黎山现为工厂工人,性格朴实倔强。黎阳为了找到合适工作,和高干子弟程真真谈起了恋爱。黎妮与帅气机长匡东海恋爱。黎山则和来城打工的农村妹子柳凤相好。姐弟三人都在1985年这一年结婚,而婚后的生活却并不是他们所想的那样。黎妮因为匡东海隐瞒了婚史,与丈夫一度陷入冷战。黎阳和干部子弟老婆程真真感情不和。黎山和柳凤生活艰难,但日子过得有滋有味。90年代后期,三姐弟分别进入了婚姻疲惫期,但始终维持各自的家庭。2010年底,结婚25年的三姐弟共同举办银婚庆典,他们各自领悟了幸福婚姻的真谛。

剧名:《我的失忆女友》

长度:31集×45分钟

制作单位:温州正栩影视制作有限公司

编剧:邓晓川

导演:王小康

主要演员:贾乃亮　南奎丽(韩国)　张佑赫(韩国)　苏妙妙

剧情梗概:安康是个有梦想的年轻人,因几年前哥嫂遭遇意外,他肩负起了抚养两个侄子的责任。为求生活,他当上快递员,但风里雨里的奔波丝毫不影响他的热情。薛嘉宝,是个亿万继承人,她不仅拥有美貌、财富,而且还有头脑,但同时,她也拥有天之娇女最容易有的毛病:娇纵、刻薄、自我中心。两段互不交集的人生在机缘巧合之下碰撞在一起,安康几次遭遇薛嘉宝,不论是误会还是意外,他都被搞得焦头烂额。一场意外让嘉宝失忆了,无巧不成书的戏剧性当中,安康带失忆的嘉宝回家让她做保姆,嘉宝经历种种生活考验,反而更加理解了生活的真谛,当她恢复记忆后,对生命有了全新的认识。最终,他们的人生有了各自的收获。

剧名:《幸福的面条》

长度:40集×45分钟

制作单位:浙江华策影视股份有限公司

编剧:朱　卫　陈　理　童　艺　王　浅

导演:周家文

主要演员:尹施允(韩国)　张峻宁　李菲儿

剧情梗概:韩国料理师恩颖与中国击剑选手张林相爱,用银牌做信物约定两年后再续前缘,张因车祸而失约,颖生下儿子湖水。好友润美因秀泰意外身亡,丢下儿子,恩颖靠着小面馆为生,养育了湖真湖水两个孩子。恩颖不幸患上了胰腺癌,临终前托付润美带湖水去中国寻找张林,而润美为了个人利益陷害同居十年的王金宝后,用湖真掉包湖水前往中国,与张林结婚。被留在韩国保育院的湖水改名为秀灿,长大后秉承母亲做面的手艺来到中国寻找父亲。他来到举世闻名的杭州面堂,在这遇上了很多中日做面高手以及曾经的兄弟张建。尽管受到已改名为张建的湖真与润美的重重算计,秀灿凭着一颗执著、善良、勤奋的心,终于克服种种困难迎来了久违的亲情与甜蜜的爱情,成功开发出了“幸福的面条”。

剧名:《棋逢对手》

长度:38 集 × 45 分钟

制作单位:浙江华策影视股份有限公司

编剧:王倦

导演:刘心刚

主要演员:王子文　黄　轩　黄　觉　邓萃雯(中国香港)　黄　勐　殷叶子　孔　维

剧情梗概:群星超市的实习店员夏朵朵背得出所有物品单价,却不懂上级的脸色,眼看转正无望。神秘的空降实习店长郑墨寒以救世主身份出现,眼高手低的他给朵朵添了无数麻烦,与店长王首先更是针锋相对。因业绩不佳,集团计划关闭这家超市。三人相互拆台又相互帮助,使得超市充满了欢乐和喜剧的味道。朵朵的闺蜜丝丝一心想嫁给有钱人,误以为王首先是钻石王老五,两人交往过程令人捧腹。随着职位的升迁,两个发小被卷入两位高管的明争暗斗中,朵朵开始怀念最初的简单生活,丝丝却愈战愈勇。隐瞒太子爷身份的郑墨寒经过职场的洗礼,变得务实和成熟,追求朵朵却一波三折。华东区区长耿子航似乎也喜欢上朵朵,一股针对郑墨寒的势力来势汹汹,职场和情场的战争一触即发。最终他们都各自找到了自己的归宿。

剧名:《精忠岳飞》

长度: 72 集 × 45 分钟

制作单位:东阳盟将威影视文化有限公司

编剧:丁善玺

导演:鞠觉亮(中国香港)

主要演员:于荣光　吴秀波　张馨予　刘诗诗　张嘉倪　周斌　阎彦龙　黄晓明　林心如(中国台湾)　罗嘉良(中国香港)　刘承俊(美国)　邵兵　丁子俊(中国香港)　刘兰芳

剧情梗概:该剧着重描写岳飞从普通士兵成长为抗金军事统帅的传奇一生。岳飞少时因缘际会,屡经军事训练,受到刘韐、韩肖胄、赵九龄、宗泽、李纲、张所等人的熏陶教导,历经二十年奋勇抗金、百场征战、精忠报国,但终遭奸臣迫害。

剧名:《一克拉梦想》

长度:55 集 × 45 分钟

制作单位:浙江华策影视股份有限公司

编剧:汪　远　朱永昆

导演:黄祖权(中国台湾)

主要演员:蒋梦婕　姚元浩(中国台湾)　迟帅

剧情梗概:刘美丽为了实现成为国际知名设计师的梦想,走上了中国梦想秀的舞台。尽管梦想舞台没能为她转动,却也给她完成另一心愿的机会——呼吁热心人帮她找寻失散的妹妹。然而美丽从未放弃自己的设计梦想,努力投考服装业巨头云想公司,却在云想撞上命中冤家周旋,与其产生了一段剪不断理还乱的关系。当云想与天衣两大服装业龙头的商业大战如火如荼地展开,美丽身不由己地卷入其中。随即其身世谜团被逐步发现,无奈置身其中的美丽却始终坚持着她的梦想,用她有如天使一般的心灵影响着周遭的人们,当所有浮华褪尽,是如钻石般璀璨的梦想照亮前路。

剧名:《我们的生活比蜜甜》

长度: 44 集 × 45 分钟

制作单位:华谊兄弟传媒股份有限公司

编剧:王　鹏

导演:王　鹏

主要演员:冯恩鹤　杨立新　王学兵　王　姬

剧情梗概:本剧描写了一个普通人家三十年风风雨雨的故事,讲述了一个父亲带着三个儿子,从 1978 年到 2008 年,经历了几番命运的磨难和情感的波折;剧情囊括了平反昭雪、知青返城、恢复高考、下海经商、艰苦创业和下岗再就业等等中国人曾经的生活记忆。本剧描写了城市平民的种种酸甜苦辣,更描写了他们不屈服的生存精神。他们在奋斗中超越了苦难。生活的甜蜜是人类经历磨难之后绽放出的灿烂微笑。

剧名:《因为爱你》

长度: 32 集 × 45 分钟

制作单位:浙江永乐影视制作有限公司

编剧:张　洁　洪　泠　稻草人创作工作室

导演:吴家立

主要演员: 黄维德 (中国台湾) 张馨予　陈翔　顾又铭　沈芳熙　石天硕

剧情梗概: 讲述了三对大学情侣在毕业两年后重聚的故事。吕风因前女友袁媛介入,而袁媛能够带给他美好的前程, 经受不住诱惑的吕风与女友苏明明感情出现危机; 曾经的班花童娇娇因男友不思上进而选择多金的老板,甘做小三;王小西和刘珂为名利和梦想而分道扬镳。三对情侣各自沉浸在爱情的折磨之中。事业、金钱的诱惑让人一度迷失,但真爱依旧存在。故事最后,吕风一无所有却重遇苏明明,童娇娇明白了如何把握真情,王小西也从"明星梦"中苏醒。他们各自找回了属于他们的位置和守护着他们的另一半。即使你无房、无车、无名、无利,因为爱着"你",人生就是幸福的。

剧名:《爱情花园》

长度: 18 集 × 45 分钟

制作单位:温州南越良都影视文化传媒有限公司

编剧:张延斌

导演:张延斌

主要演员: 阮伟旌　叶新晨　宗峰岩　陈一诺　罗天佑　程　妮

剧情梗概:宋昌南是恋爱专家,创立了"爱情花园", 继续他的梦想。何飞云是位分手专家, 专门为想分手的情侣服务。两位专家各有所长, 在各自的领域中服务着各自的客户,但两位专家偶尔也要对方的帮助。富翁李上塘委托何飞云举办一场选女婿的活动, 何飞云又找到了宋昌南的"爱情花园"帮忙。张老师和唐夏得知消息后也前来参加,张老师在海选的时候便被刷下,而一直不被看好的唐夏却过关斩将最终赢得了和李上塘女儿见面的机会。没想到李上塘的女儿居然是李泽雅,唐夏面对这一次突发的重逢,惊喜万分,缘分最终让两人走到了一起。而宋昌南和何飞云这对欢喜冤家,则继续着他们无休止的"战争"。

剧名:《百万新娘之爱无悔》

长度:72 集 × 45 分钟

制作单位:浙江金溪影视有限公司

编剧:简远信(中国台湾)

导演:王伟霆

主要演员:李宗翰　张迪佑

剧情梗概:知名服装公司董事长王光耀一家正沉浸在乔迁之喜中, 不料,黄崇明带着母亲黄玉梅前来认亲,顿时王家大乱。众人纷纷怀疑王家长媳敏君与崇明藕断丝连。面对误解,敏君忍辱负重。敏君的好友宝莲对崇明一见钟情,敏君极力促成婚事。崇明新婚夜酒后失言,向宝莲说出自己爱的是敏君,引起宝莲对敏君的误会。光耀的二儿子绍康以为妻子陈玉去世,终日酗酒导致失明。陈万利意欲整垮王氏企业,与宝莲里应外合,王氏企业濒临破产。王家内忧外患时,敏君挑起大梁,令王氏企业起死回生。另一面,敏君以德报怨,不但化解了宝莲的误会,还帮助绍康与并未去世的陈玉破镜重圆,使得有情人终成眷属。

剧名:《警界英豪》

长度:21 集 × 46 分钟

制作单位:浙江省东阳市富汇全影视有限公司
编剧:周　丁　杨　祎
导演:白　韬　霍志楷(中国香港)
主要演员:张　博　罗忆楠　张　海　焦俊翔

剧情梗概:刑警队队长高翔每天为工作奔忙,女朋友姚雪菲身经常出外考古研究,两人聚少离多,感情稳定,但姚雪菲的父母反对二人交往。市里发生命案,被害女性被杀死在自己家中,且左手被砍下不知去向,姚雪菲在考古队的老师许学文正是死者的丈夫。省厅派来了女刑警陈朵朵与高翔联合办案,通过调查发现这起案件疑似与十多年的一起盗墓事件有关。渐渐的姚雪菲感觉到了陈朵朵的存在,误会频生,感情面临考验。高翔和陈朵朵负责的案子一波三折,看似一切都要真相大白,实际却是更大的陷阱。排除了众多嫌疑人后,案件陷入僵局,姚雪菲发现老师许学文在考古上作假,所谓的千年古尸竟是十几年前盗墓案被害者的尸骨。在许学文为掩人耳目欲至姚雪菲于死地之时,高翔和陈朵朵发现女性被杀案竟与许学文脱不了干系。最终姚雪菲获救,案件终于得以侦破,然而三个年轻人之间的感情归属又将何去何从。

2012 年电影

片名:《魅妆》

出品单位:杭州一线文化传媒有限公司
编剧:邱苏滨
导演:陈　健
主演:应采儿　张　铎

剧情梗概:当红悬疑小说作家李豌豆男友丁朝阳的前妻失踪五年,住在楼上的漂亮女人阮锦姬坚持认为是丁朝阳杀死了前妻许芝兰,她请求李豌豆配合她调查丁朝阳。随后的日子里,丁朝阳常常发现家里总是有些莫名其妙的事。小区保安古福利突然坠楼身亡。前一天与古福利约好见面的阮锦姬成了警察的调查对象。原来阮锦姬当年叫朱槿,跟丁朝阳相爱过,为陷害许芝兰和报复同父异母的哥哥宣凌霄,她设计将他们两人弄到了一张床上,并导致许芝兰怀孕。这之后不久,许芝兰就失踪了。古福利无意中得知了那件事的真相,乘机要挟她,两人争执中意外坠楼。最终阮锦姬醒悟,因悔恨自己的罪孽而自杀。李豌豆在密封的房间循迹搜寻,找到了被丁朝阳砌进浴室夹层的许芝兰尸体,但丁朝阳销毁了罪证,并嫁祸于自杀的阮锦姬,被轻判服刑。去探监的李豌豆巧妙地从丁朝阳口中套出真相,并录下了他的话。

片名:《影子爱人》

出品单位:印纪影视娱乐传媒有限公司
编剧:秦雯　潘源良
导演:潘源良
主演:权相佑　张柏芝

剧情梗概:著名企业KNC千金Paris失踪。公司的CEO权正薰无意中发现卖花姑娘秦芯与Paris长得一模一样。为此权正薰用天价买下了秦芯生命里的一小段时间,她必须以Paris的身份继承公司的股权,防止大权旁落。本应是一场荒诞却划算的交易,本应是一个来去匆匆的过客,秦芯和权正薰都没有想到自己会在这盘逢场作戏的赌局中禁不住相恋相爱。而秦芯也不得不承认某些时候,她确实在公主的环境情节中迷失自己,从而陷入“我是谁”的纠结中。富贵是Paris的,朋友是Paris的,爱人也是Paris的,在一次秦芯本来闪耀出场的舞会中,失踪的Paris突然强势复出,并且没有任何商量余地的命令秦芯归还属于她的一切,包括权正薰。秦芯落荒而逃,来到她的一直以来的精神导师——日本老人美惠子的病床边,她在烽火岁月中有着一段和秦芯同样的、注定无法在一起的异国恋。她为此留在中国,用一辈子的时间怀念且守护着这段感情。权正薰被迫在两个外表相同,性格迥异的女孩中做出选择。最终,当他用一种浪漫但笨拙的方式找到秦芯的时候,他也在自己的生命中迈出了海阔天空的一步——放弃庸人自扰的功名利禄，在一片无边花海中开始新的事业与生活。

片名:《我的幸福辣妈》

出品单位:东阳腾远影视传媒有限公司

编剧:闫　易

导演:闫易

主演:石凉　钟晓丹

剧情梗概：江燕是法制周刊记者，有着独立思想的职业女性，整体忙碌于事业，却是家庭生活的失败者。丈夫刘可，是个小有成就的商人。儿子刘小梦11，聪明、能干，有着一种与年龄不相配的成熟，甚至继承了父亲机灵的商业头脑。小梦很烦恼，父母缺乏良好的沟通，经常吵架已让他不厌其烦。尤其是父亲的出轨导致了家庭战争的升级。父母离婚后，小梦与母亲搬出了环境优雅的别墅。聪明能干的刘小梦促使母亲江燕从生活的低能转变成强者，江燕努力给孩子多一些温暖，做一个尽职的妈妈。刘小梦却在酝酿一个新的计划，那就是给妈妈重新找一个丈夫，给自己找个“爸”。因为，妈妈的幸福也是孩子的幸福。当刘小梦为妈妈张罗着一个又一个相亲与约会时，幡然悔悟的父亲又突然出现在他们面前。刘可争夺小梦的抚养权，疯狂地阻挠江燕相亲。刘小梦经过种种努力最终实现了他的“幸福计划”，给父母分别找到真爱。大家开始了一段新的感情与生活。

片名:《醉后一夜》

出品单位:浙江横店影视制作有限公司

编剧:曹国祥、尹志文、古峪、张优优

导演:曹国祥、尹志文

主演:余文乐　张静初

剧情梗概:清晨，阳光透过窗帘洒在雪白的床单上，沈伟与桐欣慢慢睁开眼睛，对方是谁？昨晚喝醉的两人根本不记得到底发生了什么，分道扬镳之后却阴差阳错再次走到一起。两人必须共同面对接踵而来的奇人怪事，重新找回爱的感觉。

片名:《非常营救》

出品单位:浙江天翔影视文化有限公司

编剧:袁　军

导演:毛　坚　许　博

主演:赵文暄　任　帅

剧情梗概:1932年1月28日夜,日本军队在上海闸北发动武装进攻,制造了淞沪“一·二八”事变。日方拟定于4月29日庆祝“天长节”(即日皇生日)之际,在上海虹口公园举行“淞沪战争胜利祝捷大会”。中国军民对此无不愤慨。此时流亡在上海的大韩民国临时政府领袖金九与韩国爱国志士尹奉吉等，决定以实际行动声援中国军民抗战,他们秘密策划了震惊中外的“4·29”虹口公园爆炸事件，炸死炸伤日军高级将领和日方高级官员多人。侵沪日军为报复抗日军民,在上海展开了大屠杀、大搜捕,悬赏重金捉拿金九。在金九先生处于危难之际,上海法学院院长,浙江嘉兴名士褚辅成先生伸出了援助之手,将其秘密送往嘉兴避难。从1932年5月至1936年2月，褚辅成和家人及嘉兴民众积极掩护金九先生,在嘉兴地区的湖、海、山、河间与日寇的暗杀密探展开了不懈斗争。

片名:《搞定岳父大人》

出品单位:浙江横店影视制作有限公司

编剧:黄彦威

导演:李海蜀

主演:徐　峥　许绍雄

剧情梗概:范坚强年届三十,却还未立业。周末他就要去拜见未来岳父岳母。没想到苏父是自己心理咨询室的病人。苏父不能容忍知道自己难以启齿隐私的人成为家人,不择手段地要把范坚强赶走。范坚强使出一切手段试图打动苏父。经历了一番啼笑皆非的喜剧故事后,苏父渐渐相信范坚强,两个人的矛盾也得到缓解。但是来杭州之前,范坚强为了充门面,向朋友借了一辆"豪车"谎称是自己的财产。唯一的一个谎话被揭穿了,好不容易在苏父心里建立起来的信任感荡然无存。苏茜的苦苦哀求没有让父亲回心转意,她决定和被驱逐的范坚强一起离开。就在此时,借来的"豪车"给一家人带来了危险!三个小贼以为开"豪车"的范坚强是有钱人,悄悄尾随到了苏家,蒙面闯入洗劫。范坚强和岳父在关键时刻摒弃前嫌,一家人携手与小贼们斗智斗勇,最终协助警察抓住了三个小贼。范坚强的机智勇敢,以及为了苏茜舍命相拼的举动,重新赢得了苏父的认可。他终于确定:范坚强是一个有智慧、有前途的年轻人,一个敢担当、能够带给女儿美好未来的好丈夫。

片名:《戚继光英雄传》

出品单位:浙江河姆渡动漫文化发展有限公司

编剧:符利群

导演:姚林　杨清峰　吴鲁光

剧情梗概:戚继光出生在明朝嘉靖七年(1528)的山东济宁州。降生之时,正值雨过天晴,为此父亲戚景通为儿子取名继光。戚继光自小表现出极高的军事才能。戚景通教育戚继光,长大后要为国建功立业。戚继光十七岁那年,进京继承世袭职位。不料回来时,父亲已经长眠多时,戚继光在父亲坟前发誓要光耀戚家,忠心报国。戚继光认为登州卫佥事职位是世袭的,要凭真才实学获得名至实归的荣耀,于是只身赴京参加武举考试。正在旅馆里写武举考试必用的"策论"《备俺答策》时,北方的东蒙古鞑靼族俺答打到了北京外围通州。戚继光的《备俺答策》成了来京参加武举的青年们手一份的"兵法"。因此戚继光被任命为京城九门总旗牌官。嘉靖三十五年(1556),戚继光升任宁绍参将(驻扎定海卫)。30岁的戚继光驻扎临山卫,招募了一批年轻力壮的乡民,号称"戚家军"。乡民们眼见戚继光领兵纪律严明,队伍威武雄壮,纷纷踊跃投军,以争当"戚家军"为荣。嘉靖三十六年,戚继光在浙东抗倭屡战屡胜,威名远扬。严嵩对其恨之入骨,百般挑唆,想栽赃戚继光,见众怒难犯,只好下令把戚继光调到福建前线抗倭。临山卫人民为了纪念戚继光,特聚资建一座纪念生祠,在临山卫城内的凤山南麓建成。城内军民每年春秋二季到祠内拜谒画像并开展祭祀活动。将军英名千古流芳临山卫。

片名:《跑出一片天》

出品单位:欢瑞世纪影视传媒股份有限公司

编剧:李　远　邓紫珊

导演:李　远　麦咏麟

主演:苗雅宁　田　亮　胡　静

剧情梗概:因残退役的体育健将大眼仔偶遇一个怀揣梦想却不被理解的小男孩李小天,大眼仔由自己的坎坷经历而对这个小男孩产生了同病相怜之情。于是,他决定尽自己的全力去帮助这个小男孩实现梦想。在小男孩追梦的过程中,陆续有各种人物加入到了帮他完成梦想的队伍中来,同时周围的人也渐渐了解到,原来李小天除了自己那个鲜为人知的梦想,他还有另外一个不敢说出口的愿望,那就是拥有一个妈妈。

片名:《以后的以后》

出品单位:杭州玄武影视有限公司

编剧:王莉莉

导演:巢　琳

主演:徐　涛　康晓熙

剧情梗概:17岁的小西在舅舅开的小旅馆里帮忙,认识了来小镇旅游的客人许凡。许凡比她大几岁,她第一次有一种面对异性的晕眩感。有一天,大家都回来旅馆了,可是许凡还没有回,手机也没人接听,大家分头出去寻

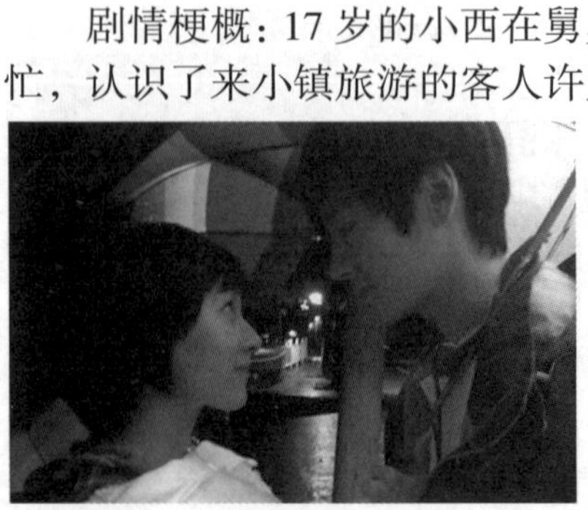

找。小西在码头找到了许凡。那天，他们两人并肩往回走，小西真希望这路没有尽头，她的世界里只有他们两人。可是第二天，她醒来时，许凡已经搭早班车走了。她去打扫他的房间，发现他的手机链躺在地毯上，她小心翼翼地收好放进了自己的口袋。3 年后，小西考上了城里的大学，并在一家餐馆里送餐打工，再次遇到了叫餐服务的许凡。眼前的这个男孩不再像 3 年前那样勾起她内心的万般涟漪，许凡也没有认出送餐的女孩就是当年那个小镇姑娘。几次机缘巧合的相遇后，许凡对小西渐渐萌发了感情，但小西总是抵触着许凡的亲近。直到最后许凡离开，远赴海外留学，小西才发现自己原来早已爱上了许凡。若干年后，小西和许凡同乘一个航班，近在咫尺却没有相遇。天气恶劣，航班取消，航空公司安排乘客们在旅店住宿一晚等候天气转晴。从机场大巴下车时，使用相同旅行箱的小西和许凡错拿了对方的行李，最后机缘巧合，终于相逢。

片名:《搜索》

出品单位:新丽传媒股份有限公司
编剧:陈凯歌、唐大年
导演:陈凯歌
主演:赵又廷　高圆圆

剧情梗概：年轻姑娘叶蓝秋被医生告知得了不治之症，失魂落魄的她坐上眼前的一辆公交车。一位老大爷站在她的身旁，售票员一遍遍催促大家让位，车厢里的人都看着她，可她丝毫未觉。这一情景恰被电视台记者陈若兮看到并摄下，当晚在电视台播出后引起轰动，陈若兮一夜之间成为名记。网站推波助澜，新闻报道升级为网络热点，叶蓝秋被网络人肉搜索出全面的真实资料，成为网络“红人”。叶蓝秋供职的公司经理沈流舒之妻莫小渝不喜欢叶蓝秋，借此事在网络上编造事实诋毁叶蓝秋是破坏他人家庭幸福的第三者，使事件升级。陈若兮男友杨守诚因一次意外与叶蓝秋邂逅，出于感激和同情，杨守诚守候在因癌症而绝望的叶蓝秋身边，亦引起陈若兮的不满。叶蓝秋远离尘嚣来到乡下，安静地过着属于自己的每一天，但却意外坠崖身亡。叶蓝秋之死引起沈流舒强烈的疚责，沈流舒动用了全部的力量要为叶蓝秋讨回社会公道。陈若兮的助手杨佳琪暗做手脚，制造假广告合同，在网络上掀起对陈若兮的声讨。陈若兮失去了电视台的职位，成为网络上的又一个“叶蓝秋”。网络暴力给所有人都带来了伤害，今天是他，明天可能就是你。影片呼唤网络成为一片洁净、有序、法制的净土，期待每个人在享受网络便利的同时，也负起相应的责任。

片名:《葡峰山下小村官》

出品单位:宁波广播影视艺术中心
编剧:谭文峰
导演:刘庆梅
主演:曲栅栅　王朋利　董　峰

剧情梗概：马家坡山多地少，交通不便，经济发展滞后。刚毕业的大学生吴潇满怀豪情壮志来到马家坡村就任村官，村委会主任马贵义面对这个黄毛丫头，更多的是不信任。吴潇要求安排具体工作并大谈新农村远景，他认为这些都是纸上谈兵。在他看来，随着国家出台一系列惠民政策，村民们过上了温饱日子，只要不瞎折腾，让村民安安稳稳过日子就是最幸福的生活。怕吴潇潇添乱，就让她主抓产业结构调整，发展壮大产业经济的“大事”。马家坡的葡萄远近闻名，吴潇认为这是改变现状的突破口，她把家人、同学、专家集合在一起研究葡萄改良等问题，还千方百计接近村里的土专家刘老奎，一位一生与葡萄为伴的古怪老人。抓产业结构调整的过程困难重重，但她最终凭借自己的执著和真诚激活了全村的热情，打动了四平八稳的村委会主任。3 年后，吴潇牵头的创业园取得初步成功，为马家坡和邻近几个村找到了一条发展经济的新路子，同时她的努力和成果也获得了马家坡“首富”马贵仁的认同，他同意关闭污染严重的焦化厂，投资吴潇的葡萄产业。刘老奎贡献出了酿制葡萄酒的秘方，吴潇潇决定开建葡萄酒厂，延伸产业链。她还决定扎根农村，把创业园的经验推广出去，联合周边乡村，以葡萄为核心发展旅游业，带领大家共同富裕。

片名：《我要幸福》

出品单位：杭州玄武影视有限公司

编剧：佟轶男

导演：曹　伟

主演：张振华　宋海梅

剧情梗概：两年前的一起车祸让杜子春的妻子瘫痪在床，他一个人辛苦地带着4岁的儿子，在CBD的一家大厦物业做白班保安。保安队长是杜子春的房东，因为儿子着急结婚要收回房子，杜子春的生活一下子被打乱了。去幼儿园接儿子的路上，杜子春捡到一只钱包，失主是杜子春当值大厦某银行的员工林海鸥。他去银行还钱包，结果误打误撞被当作银行综合柜员求职的人。在林海鸥的争取下，银行决定给保安杜子春参加综合柜员考试的机会。考试的前一天，胸有成竹的杜子春为了感谢林海鸥一直以来对自己的照顾，请林海鸥在自己的新居吃饭，酒过三巡，回忆起自己坎坷生平。相濡以沫的妻子两年前遭遇车祸后，因为肇事司机无力赔偿，一直得不到有效的后续治疗，杜子春从此活得好辛苦。林海鸥的真情相告，引出林海鸥不能不说的“秘密”。原来林海鸥正是当年肇事司机的女友。因为两人闹分手，男友借酒浇愁，才引起车祸。当林海鸥认出杜子春后，怀着一腔愧疚，尽力帮助杜子春父子。杜子春一时无法接受真相，与林海鸥不欢而散。杜子春背着儿子在外面走了一夜，领悟到只有放下恩怨，才能让每个人更好地活下去。醒悟后的杜子春终于在银行开考前的最后一分钟赶到考场。考试结束后，林海鸥开车送父子俩到医院的门口，让一家人好好庆祝好消息的来临。杜子春郑重地给了林海鸥一个代表谢意的拥抱，并告诉她，能让一个男人烂醉如泥的，只有他最爱的女人。林海鸥会意，驾车离开。

片名：《化妆师》

出品单位：绍兴新锐传媒影视文化发展有限公司

编剧：冯宏源

导演：王　丰

主演：冯宏源　冯淬帆　巩新亮

剧情梗概：媚是一名入殓化妆师，和好友雯雯去酒吧散心，遇见了婚庆公司老板杨乐、房东之女车莉、富二代高俊，不知不觉卷入到一场阴谋之中。媚在太平间忙碌到深夜，车莉和一位头戴面具的鬼魅接连到来，车莉莫名死在了太平间。太平间连续死了两个人，死亡方式都很类似，停尸仓内的尸体被翻出，只有车莉的尸体安安稳稳地在停尸仓内，死者被压在尸体下，面目狰狞，死因是惊吓过度。一连几天，雯雯晚上打开衣柜，都会发现红色的连衣裙吊在衣柜中，诸如此类离奇的事情不断发生。这一切让高俊等人惊恐。杨乐打算去找车莉的失明母亲了解情况，在车莉母亲家巧遇媚，与媚假扮车莉和她的男友，从中得知高俊即车莉男友，便开始了对高俊的调查。得知高俊并非富二代，其父是一个修车老头，越发觉得高俊非善类，媚心中开始酝酿一个计划。高俊决定去停尸房一探究竟，当他打开车莉的停尸仓，车莉突然喘了口气，而后车莉身穿红衣飘逸在太平间中，高俊受到惊吓，便脱口而出自己盗墓、私运国宝的真相。这时，太平间的灯亮了，高俊狗急跳墙，欲杀害知情的媚。危急关头，高俊父亲出现，高俊在最后一刻缴械了。世上真的有鬼吗？这次特殊的经历让媚媚想明白了，世上本没有鬼，心中的鬼多了，便有了“鬼”。

片名：《别惹乔尼》

出品单位：杭州璞亮影视传媒有限公司

编剧：王志刚　戴　英

导演：戴　英

主演：腾　飞　曾　山　杨　洋

剧情梗概：在区社会治安综合治理先进村表彰大会上，高区长要求宝珠村村党支部书记老陈配合警察调查村里的盗窃案件。这时，村民韩亮发廊的店里打起来了，陆老三家具厂的经理大波受了伤。陆老三正在城里和王总商谈交货事宜,听说大波受伤,就派司机去了解情况。司机在发廊遇上大波派来闹事的人,意外受伤。老陈为了“模范村”的荣誉,在双方之间协调,但是一波未平一波又起,回村出货的陆老三在李二白的饭馆里和韩亮吃饭时,也被前来报复的大波等人误伤。陆老三不想把事情闹大,要求陈支书不要报案。客户王总得知详情后,决定自己来村里提货,陆老三松了口气。韩亮因为饭局的钱和李二白吵了起来,这对远房表兄弟不欢而散。晚上李二白找韩亮诉苦,被韩亮的老婆丽丽挖苦了一顿。站在门口生闷气的韩亮发现有人偷自己的电瓶车,奋起直追。此时,老陈和在村里布控的警察早已跟踪在小偷的后面,准备顺藤摸瓜摧毁贼窝。韩亮追着小偷跑进陆老三的工厂,撞见陆老三和王总一伙在交易伪钞。正当陆老三等要杀韩亮灭口时,老陈和警察赶到,将小偷和在场的犯罪分子一并抓获。村里轰动了,村民这时候才知道,陆老三是个印制假钞的团伙老大,家具厂只是伪装而已。这突如其来的战果让老陈兴奋不已,韩亮也因此深受教育。

片名:《爸爸妈妈我爱你》

出品单位:浙江海纳影视制作有限公司

编剧:张　伟　崔守杰

导演:崔守杰

主演:徐僧　白庆琳

剧情梗概:一个原本健康幸福的家庭,因一场无情的火灾发生了巨变。父亲的一条腿残疾了,母亲把光明留给了孩子,自己却成了双目失明的盲人。孩子大学毕业后,到了立业成家的时候。他们为了不拖累孩子,为了让孩子拥有一个更幸福的婚姻,他们以死相逼将孩子逐出家门,忍痛与孩子断绝亲情关系,所以儿子毕胜利在结婚的时候,没能让亲生父母参加,花钱请了一对假的父母。但是当他结婚后每次想起这段往事都会闷闷不乐,心事重重。当妻子来迎喜觉察到了丈夫的反常,以陌生人的身份利用网络和丈夫聊天,最终让丈夫说出了自己的故事。毕胜利记挂父母,回老家欲接父母进城,却见眼前房屋倒塌,父母都埋在了废墟里,必毕胜利奋力抢救,父亲救出后已经死亡,母亲奄奄一息责怪儿子又回来了,这时儿媳来迎喜也赶来接公婆进城。母亲含笑而去,夫妻俩能把父母的尸体接进城。毕胜利深深体会到了“子欲养而亲不待”的痛心。为了让更多的人从他身上吸取教训,毕胜利经常去学校演讲,每场演讲结束时都带着学生喊出“爸爸妈妈我爱你”。

片名:《茶花村的幸福生活》

出品单位:金华广播电视台、杭州明朗影视制作有限公司

编剧:秦　添

导演:陈建平　许祥云

主演:孙婕婷　梁仲书　曾国安

剧情梗概:上海商人王先生带儿子重游年轻时插队的茶花村,得知老村将很快被拆掉,提出要出资保护修缮老村,利用它的历史价值统一进行旅游开发,并让儿子王凯伦留下,在村里筹备开发项目。茶花村的杨杨大学毕业后回村成了一名分管文化与妇女工作的村干部。杨杨信心满满地鼓动村民参加区里的排舞大赛,却没有人响应。大赛在即,杨杨在凯伦的帮助下,把村里的文艺积极分子都动员起来了,茶花村的文化活动开展得有声有色,村民们的生活习惯也悄悄发生改变。喜讯传来,茶花村排舞队在区比赛里捧回了一座一等奖的奖杯,化着妆的排舞队员上了报纸和电视,还得到市里奖励的一套铜管乐器。与杨杨青梅竹马的有富决定出资为村里70岁以上的老人筹办一场祝寿会。村村民自编自导自演,杨杨带着排舞队,有奶、有刚唱着婺剧,三姑婆领着她的十六老太舞蹈队,纷纷登台亮相。祝寿会上,茶花村被授予了市级特色文化示范村、省级文化示范村称号,举行了“农村文化引导团”的挂牌仪式和市级文明单位的结对仪式。村民主任还宣布,为了建设美丽新农村和丰富村民文化生活,村里将建一个多功能的“农村文化大舞台”。凯伦把茶花村的这些新鲜事都发到了微博上,吸引了成批的上海游客和全国各地的艺术家前来旅游和采风。茶花村沉浸在幸福和喜悦中,而茶花村里杨杨和有福的爱情故事,也终于有了一个圆满的结局。

片名:《夏天的拉花》

出品单位:杭州中嬴影视传媒有限公司

编剧:陈建忠 刘 新
导演:刘 新
主演:倪 萍 李宗翰 牛俊峰

剧情梗概:大学生马长力毕业后来到偏远的乡村支教，原想把学生从初一带到高三，可是学生不断流失,不是被人带出去打工了,就是被父母叫回家干活了。理想受挫的马长力失望之余辞职离开了乡村。马长力在城里找工作的时候遇到了某学校的勤杂工张艳梅。张艳梅儿子周向阳是个脑瘫患者,没有学校愿意接收这样的学生，于是张艳梅劝服了马长力给儿子当家教,一心想让周向阳上大学。周向阳解题速度很慢，总是无法在规定的考试时间内完成试题,马长力不愿再教下去,但张艳梅母子的质朴和真诚打动了马长力,马长力用各种方法训练周向阳,周向阳成绩提高得很快。周向阳因为心仪的女孩子没有赴约来看电影,深受打击,丧失了学习信心。张艳梅为了给儿子买进口补品不惜身体去卖血，得知母亲和自己是被父亲抛弃的事实后，周向阳理解了母亲的良苦用心，并下决心一定要考上大学完成母亲的心愿。在马长力的奔波下，教委同意周向阳报考,但要张艳梅回原籍办理准考手续。张艳梅在返回途中,遭遇车祸不幸去世。得知母亲张艳梅去世,周向阳一蹶不振,马长力一个耳光把他打醒,周向阳重新振作起来,为考试冲刺,最终考上了大学。马长力终于明白了“老师”两个字的含义,他回到了原来的乡村学校,继续做一名乡村教师。

片名:《情缘廊桥》

出品单位:杭州明朗影视制作有限公司
编剧:亚 妮
导演:亚 妮
主演:郭 鹏 王 薇

剧情梗概：十年前的一个傍晚，三代单传的农民扁担抱着个包裹匆匆赶到杭州古玩市场,但是大门已关,扁担大急。为了给老婆买点补品催奶,扁担把一个玉凤桥抵押给了卖肉的老板。十年后,杭州古玩市场一个卖古钱币的地摊上，已经四十来岁的扁担手上拎着一串古钱币,跟一个酷男砍价,最后酷男让步,刚要掏钱,听到一个女人在他身后说那钱币是假的。扁担很火,跟女人吵了三两句就卷了地摊,一把抓过女人的手,让她走。饭馆,文孜和胖子喝着啤酒聊,两人正掷古钱币决定去不去相亲的时候,扁担他们进来了,并点了一桌子好菜。女人是扁担的妹妹如意,男孩是扁担的儿子阿水。如意是村里的文保员,来省里开文物普查协调会,顺便“押”她哥回村,因为过几天就是三月三。三月三有两件大事,祭祖和走桥。这两件大事当家的男人一定要到。吃了饭,扁担他们才发现忘了带钱,最后就抵押了一个假的玉桥给文孜,文孜替他们把钱付了。如意让扁担别打卖玉桥的主意,说前几天看到电视鉴宝节目里有一个，很像当年抵钱的来凤桥。几天后,文孜和大圣来到了廊桥村,并一起参加了祭祖和走桥。在经历了许多的事情后,文孜和如意走到了一起，而十年前的那个玉凤桥也重新回到了廊桥村。走桥的人群里,村长牵着一个女人的手走过文孜身边，说:“你以为还了那个玉凤桥就没事了?”顺手递给他一叠纸,上面写着“廊桥旅游投资项目”预算,村主任告诉他,每个娶廊桥村女人的男人都得造一座真桥。

片名:《爱谁谁》

出品单位:浙江新影年代文化传播有限公司
编剧:森 岛
导演:森 岛
主演:石 琳 无 擎 房祖名

剧情梗概:高仁杰、梅晓阳、李世民是一家宠物医院的同事兼好友。已婚男人梅晓阳、高仁杰与单身汉李世民一样地不安分。因为一只病危的杜宾犬小宝，三人结识了小宝的主人冬花和她的两个闺蜜白白、雅雯。李世民和白白谈起了恋爱，而高仁杰和雅雯、冬花和梅晓阳则各自陷入了一段不应该有的恋情。梅晓阳因为疏忽,遭遇妻子的怀疑,虽然在李世民的奇招之下一次次地圆了谎，但也促使他开始反思自己的行为，内心对家庭充满悔意，不敢再去招惹冬花。高仁杰在谎言的掩盖下一边享受着妻女带来的家庭温暖，一边与雅雯打得火热。雅雯希望能和高仁杰结百年之好。高仁杰的妻子吉吉最终知道了雅雯的存在，对两个女人都心怀愧疚的高仁杰决定离婚。吉吉平静地接受了高仁杰的选择，答应等女儿 25 天后返回学校再去办理离婚手续。但她又另外提出一个条件，当年结婚，是高仁杰把吉吉从娘家抱进新房的，现在婚姻发生了变故，她只要求高仁杰把她抱出家门。高仁杰答应了这个要求。在接下来的 25 天里，高仁杰每天把吉吉抱出家，这期间，勾起了高仁杰很多已经远去的回忆，渐渐体会到妻子真情。在民政局办理离婚手续的最后一刻，高仁杰顿悟了人生，在妻子和情人之间选择了妻子，他恳求吉吉的原谅，希望可以开始新的生活。

片名:《太极 1:从零开始》

出品单位:华谊兄弟传媒股份有限公司

编剧:程孝泽　张家鲁

导演:冯德伦

主演:袁晓超　杨　颖　梁家辉

剧情梗概:清朝中叶以来，内忧外患不断。各路英雄豪杰，崛地而起，太极拳一代宗师杨露禅，便于此时现世。杨露禅天性憨直驽钝，但是身负异秉“三花聚顶”。他自幼丧母，跟随天理教教主走四方、打天下，但是由于用劲过度，“三花聚顶”已经威胁到了他的性命，除非河南清风岭陈家沟的陈家拳才能救他。为了保住性命，也为了完成母亲的遗愿，杨露禅来到陈家沟学拳。因为“陈家拳不外传”的铁律他吃足了苦头，后来虽得到陈家拳掌门陈长兴青睐，却意外卷入直隶铁道总监造方子敬和掌门之女陈玉娘的感情纠纷里。在陈长兴指点下，杨露禅和玉娘联手毁掉方子敬用来铺路毁村的机械怪兽“特洛伊”，解除了陈家沟的灭顶之机。但是立下大功的他却被村民怀疑“偷拳”，要废去他的武功。在最后关头，陈玉娘挺身而出决定下嫁杨露禅，救了他的性命。杨露禅与太极拳的故事由此开始。

片名:《太极 2:英雄崛起》

出品单位:华谊兄弟传媒股份有限公司

编剧:张家鲁　程孝泽

导演:冯德伦

主演:袁晓超　杨　颖　梁家辉

剧情梗概:延续上集剧情，陈家沟内忧外患仍一触即发。失踪多年的陈家长子栽秧(冯绍峰饰)，突然带着媳妇允儿(谢欣颖饰)现身，不但以莫测高深的武功震慑众人，强占掌门人之位，并以陈家拳外传必遭灭村的古老传说，鼓动家族长老驱逐杨露禅。方子敬在东印度公司的银弹支援下，掌握了杨露禅曾是天理教乱徒的把柄，带领朝廷官兵以西洋巨炮猛烈轰击陈家沟。为挽救灭村危机，陈长兴委派露禅和玉娘北上朝廷请愿，寻求醇亲王身旁首席护卫李乾坤相助晋见王爷，为陈家村洗刷冤屈。然而李乾坤对这位自称陈家拳传人的毛头小子杨露禅充满不信任，要求露禅需以陈家拳胜过京城最顶尖的数位高手，才答应引荐。一连串中国武术的顶尖对决于是展开。攻守之间，杨露禅以太极最核心的阴阳原理，以静制动，将对手的凌厉攻势消解于无形。杨露禅的武功与风范赢得在旁观武的醇亲王尊重，并当场赐名陈家拳为太极拳，自此成为最广为流传的中国武术。拯救陈家村远离危难的少年已经蜕变成一位成熟的英雄人物，并赢得陈玉娘的爱情。

片名:《当流星划过天际》

出品单位:浙江海缘影视有限公司

编剧:刘奕含

导演:宋　奇

主演:许　诺　孙锂华

剧情梗概:韦岚在一个雨天偶遇尹俊恩，俊恩的温柔眼神让处于人生低谷的韦岚重拾信心，但是她不知道这个男孩叫什么名字，她一直希望有机会再遇见他，当面谢谢他。为了生存，韦岚应聘国际知名酒店 Vegar 的清洁工。又一次机缘巧合，在酒店里，韦岚再一次遇到了俊恩。何斐然隐约发现了两人之间的情愫，不知道该如何进退。某天晚上，他独坐后

花园借酒消愁,接到俊恩女友田翎的电话,醉意朦胧中,无意说出了俊恩的现状。田翎为了留住俊恩的心,昧着良心地以俊恩的爷爷作为谎言,俊恩心情大受打击,以致忘记了和韦岚的约会,一个人茫然地走在大街上,不幸遭遇车祸。醒来后,俊恩失去了部分记忆,和韦岚相遇的那些日子都不复存在了。两年后,在何斐然的扶持和帮助下,韦岚慢慢走出生活的阴影,已经成为了家喻户晓的歌手,但是韦岚的心里面从不曾忘记俊恩。俊恩回国筹备他和田翎的订婚仪式,与韦岚再次相遇。虽然失忆的俊恩神情淡漠,但韦岚内心仍存着一丝一缕的希望,她默默地期待着尹俊恩记忆苏醒的那一天。尹俊恩在开车去挑选订婚教堂的路上,见义勇为,被劫匪棍棒击中头部。在医院中醒来的俊恩恢复了记忆,首先跳入脑海的就是韦岚。心心相印的爱人终于团聚。

片名:《男人如衣服》

出品单位:杭州天马影视文化有限公司

编剧:谷德昭

导演:谷德昭

主演:郑中基　毛舜筠

剧情梗概:Autumn 和 CEPA 都在跨国时装品牌

的设计及生产部门身居要职,Autumn 是一个很有上进心的职业女性,她的生活中没有伴侣、没有余暇,只有工作。CEPA 是来自内地、刚退下来的名模,热情、有冲劲,给自己起个英文名叫 CEPA,就是想发挥香港与内地的桥梁作用,寄望将来能大有作为。她对人对事很有目的性,人前努力与众人打成一片,人后不动声色地磨炼自己。公司的老板姚高决定邀请国际知名设计师缪丝担任总设计师。缪丝住在杭州山上的漂亮别墅,在姚高的一再邀请下,缪丝终于同意出山,但有一个条件,她要 Autumn 与 CEPA 分别自行开发名为“男人如衣服”的女装系列。Autumn 与 CEPA 渐渐明白,“男人如衣服” 不只是一项服装系列的设计意念,而是一种生活态度。Autumn 在过程中认识了阿费,还跟 CEPA 展开了对男名模奥云的争夺战,两人也因此对爱情多了一层更新、更深的体会。“男人如衣服”系列的制成品让缪丝审阅,CEPA 主张用一次性物料,免洗免熨,永远新鲜,穿一次就换,次次新款。Autumn 则认为如果把自己的男人比作衣服,一定要重视它,珍惜它,让自己穿得最舒服。结果,Autumn 胜出了,而一向没有伴侣的 Autumn 亦找到了与她并肩作战的男人。

片名:《荒唐协议》

出品单位:宁波默默影视文化传播有限公司

编剧:崔　波　石磊龙

导演:沈　悦　姚一奇

主演:王　勇　安　泽

剧情梗概:美丽大方

的美国女孩琼斯是宁波某大学的在读研究生,为完成毕业论文《进城务工青年创业精神研究》,在宁波街头寻访外来务工人员。由于语言沟通不畅,受访的人又都很忙,大家都婉言谢绝了琼斯的访问。王大富是个以收购废品为生的年轻人,那天骑着满载废品的三轮车,不小心撞倒了正在路边拍照的琼斯,撞伤了她的腿,摔坏了她的相机。在医院,王大富为赔偿不出医药费发愁,琼斯趁机表示,只要他配合她的跟踪调查研究,她就可以放弃对医药费的索赔。王大富答应了琼斯的提议,并与她就此签订了一份书面协议。在琼斯的跟随调研过程中,由于文化背景不同,语言不同,俩人之间闹出了很多笑话。琼斯渐渐发现,王大富虽然社会地位平凡,但是个有爱心、有尊严的青年。王大富立志帮助村里翻建小学,在一次废品收购中,不法商人刘凯偷税漏税的相关证据落入王大富手中。刘凯开价 10 万元试图赎回王大富手中的材料,王大富则想着拿这个钱给村里翻建学校,不料被奸诈的刘凯算计。琼斯佩服大富的公益心和勇气,为他聘请律师,寻求法律支持,还出资翻建村小学,以此帮助大富完成他对村长许下的诺言。

片名:《父子战争》

出品单位:海宁海博影视有限公司

编剧：田　勇

导演：何　伟

主演：宋佳伦　苏　瑾

剧情梗概：为了给家人提供良好的物质生活，程威把工作看得高于一切，无意中忽略了对家人的关心，妻子林叶负气出走。处在青春期的儿子程思远在学校问题不断，打架斗殴，刁难老师同学，经常迟到早退。父亲粗暴的训斥，让思远时刻觉得自己不如人。只有女同学佳佳理解他。佳佳是个爱做梦的文弱女孩，对生活充满了诗意的想象。她的父亲方中山出身底层，心气高傲，盼望女儿将来出人头地。当女儿无法达到他要求的高度时，就会施以拳头教育。佳佳脆弱的心灵备受伤害，最终选择了自杀。佳佳的离世、母亲的出走、跟父亲的隔膜，让思远逐渐从消沉走向自闭。程威放下工作，一边寻找妻子，一边带儿子去看病。他带着思远来到自己曾经当兵的克什克腾旗。美丽的草原，成群的牛羊，奔放的赛马，慢慢地感化着思远。父子间渐渐打开心扉，亲情的火苗重新燃起。这个过程中，程威学到了很多，体会到了什么是该放下的，什么是该珍惜的。但就在此时，他发现自己的身体出现了大问题，他留在世上的时间已经不多了。内蒙古一年一度的“塔克勒根”节。程威和思远参加赛马比赛，当赛马冲出终点时，现场欢呼起来，此时，林叶出现在加油的人群中。夕阳下美丽的草原上，一家人终于释尽前嫌团聚，但是程威却倒下了。

片名：《兰花香》

出品单位：浙江青木影视有限公司

编剧：姜文扬

导演：姜文扬

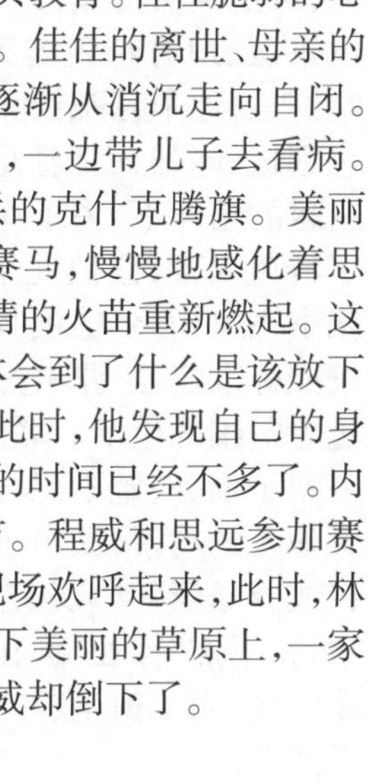

主演：江琳琳　孙　药　贺　彬

剧情梗概：林峰和朋友胖子合开了家茶店，生意清淡。林父去世，林峰从父亲的遗物中发现了一包精心保存的茶叶，他发现，这种叫兰花香的茶叶是用一种特殊工艺制成的，他决定找回这种非常有价值的制茶工艺。林峰来到石碧湖村寻找“兰花香”，救起了采茶女香云的父亲、摔伤腿的王老头，并留在香云家做了一名采茶工。和香云从小长大的二柱是村里的茶叶贩销大户，对香云爱慕已久。林峰到二柱家作客，二柱母亲拿出王老头送给他家的茶叶招待林峰，林峰喝后大惊，这茶跟父亲留下的茶叶一个味道，他误以为二柱就是拥有兰花香的手艺人，与是答应了二柱的提议，从香云家搬出来，帮他卖茶。林峰发现整个石碧湖村的茶叶销售模式还停留在传统的观念上，于是跟二柱提出要改变目前的现状，二柱因为林峰和香云感情日益深厚心生嫉妒，拒绝了林峰。在香云的帮助下林峰的销售思路得以实施，因为需要大量的茶叶，香云只能帮林峰从二柱手里买茶，可二柱给林峰的是加了色素和防腐剂的旧茶，事发后林峰的生意彻底失败。香云和林峰决定结婚留在山上一起照顾香云父亲王老头，王老头把兰花香的手艺交给了林峰，就在这时香云对林峰的动机产生怀疑，两人发生争执。二柱去香云家闹事，林峰上前阻拦被二柱打伤。香云细心地照顾林峰，俩人的误会化解，林峰给兰花香注入了全新的销售模式，使得兰花香在市场上畅销。

片名：《沈园情》

出品单位：绍兴麟浩文化传播有限公司

编剧：熊颖俐

导演：陈　磊

主演：张明惠　鲍　晨

剧情梗概：南宋绍兴诗人陆游与表妹唐琬青梅竹马。陆游十二岁就写得一首好诗，唐婉则琴棋书画样样拿手。这对人们眼中的金童玉女成年后结为伉俪。新婚燕尔，琴瑟和谐。陆游痛恨奸臣当道，反对议和，立志恢复中原。为统一中原筹集善款，唐婉把陆家传世之物金钗送去典了当。陆母十分期待儿子能够为官光宗耀祖，生怕筹款之事被朝廷怪罪，引火烧身。她由此怪罪唐婉，认为唐琬没有尽到做妻子因尽的责任。加上唐琬婚后一直没有生儿育女，陆母逼迫儿子休妻。相爱的夫妻不甘心被活活拆散，陆游金屋藏娇，期待母亲回心转意。陆母斩断陆游和唐婉联系,不顾儿子的反对,把王氏娶进了陆家。唐琬伤心欲绝,投西湖自尽,陆游的朋友、杭城名士赵士程救了她,并向唐父提出要迎娶唐琬,唐婉嫁给了赵士程。但是她心中始终牵挂着陆游。8年后,唐琬与赵士程在沈园游玩,再次遇到陆游。在这个曾经见证他们美好爱情的私家别园,俩人深埋在心底的相思之情,相思之苦喷涌而出,陆游写下了《钗头凤》,痛惜岁月"错错错",唐婉含泪相和,哀泣"瞒瞒瞒"的相思之苦。沈园一别,唐琬一病不起,悄然离世。沈园墙上的《钗头凤》成为流芳百世的千古绝唱。

片名《:一九四二》

出品单位:华谊兄弟传媒股份有限公司

编剧:刘震云

导演:冯小刚

主演:张国立 徐 帆 陈道明 李雪健 张 默

剧情梗概:1942年的中国,深秋,河南省遭遇大旱灾和蝗虫灾。在乡村,饥饿的灾民聚众吃"大户",延津县王楼乡老庄村地主范殿元家被烧,其子被饥饿的灾民打死。与此同时,日军正在从不远处的山后经过,为即将展开的河南战役集结部队。范殿元从乡下逃到县城,得知日本人即将打到,于是携老妻、怀孕的儿媳和正上中学的女儿星星出逃,躲避战火。长工栓柱也跟着一起逃荒。在乡下,佃户瞎鹿和妻子花枝带着年迈的母亲和一双儿女准备逃难。逃荒的人群在河滩上汇集,向西逃往陕西。逆着逃荒的大队人流,国民党军队正开赴豫北前线,敌我双方处于相持阶段。面对灾情,国民党政府不仅不救老百姓,反而指派李培基担任河南省政府主席征收军粮。河南战役失利,蒋介石决定放弃河南,将灾民这个包袱甩给日本。撤退的国民党军队一路上肆意抢劫灾民,日军飞机紧跟着轰炸。瞎鹿娘被炸死,范殿元的粮食和财物也被抢光,儿媳妇在生下遗腹子后饥饿而死。满怀希望的灾民们逃到了洛阳,却被宪兵禁止入城。走投无路之际,有人卖儿卖女换粮食,范殿元也在无奈中卖了女儿。花枝自卖,换粮食给孩子和栓柱。日军发动大规模进攻,河南全境沦陷。300多万河南人在灾荒中饿死。6年后,蒋介石失去大陆,退踞台湾。

片名:《母亲的放弃》

出品单位:浙江仪和岚文化创意有限公司

编剧:李克龙 申 瑜

导演:李克龙

主演:何艺君 李 峥 邓紫飞

剧情梗概:赵慧勤远在大城市读大学的儿子张翔因车祸失去了生命,母子从此天各一方。赵慧勤转了好几趟车,赶了2000多公里路,来到了儿子的学校处理后事。在城里打工的同村人刘凯全、儿子的班主任尚老师陪同她看望了遗体,他们建议赵慧勤找一个好律师,争取尽可能多的赔偿金。赵慧勤来到了儿子的宿舍,整理了儿子的遗物。她从同学那里了解到,张翔平时一直坚持勤工俭学,在校表现非常出色,可他生活得非常节俭,平日里对母亲信中提到的风景区、地方特色名菜,其实根本没有去玩过、没有吃到过,他辛苦赚钱除了养活自己就是替母亲还债。想到这,赵慧勤背着儿子的骨灰盒,在张翔好朋友林尉迟的陪伴下,去了这个大城市所有好玩的景点,点了特色名菜,祭奠儿子亡灵。赵慧勤到了肇事司机张书杰家,看到他极其窘困的生活状态。如果她坚持按照标准赔偿,张书杰只能出售唯一的住房,从此将过着贫困的生活。联想到自己因丈夫出车祸而背负一辈子债务,她不想再毁掉一个家庭。赵慧勤最终不顾他人的劝说,做出了放弃赔偿的决定。看着赵慧勤在放弃赔偿的协议书上一笔一画地签上了自己的名字,张书杰"扑通"跪在她的面前。公路上开来一辆长途汽车,靠车窗坐着赵慧勤,她的膝盖上放着儿子的骨灰盒。

片名:《夹缬之恋》

出品单位:杭州海空影视广告制作有限公司

编剧:陆建光 姜春雷

导演:陆建光

主演:张 辉 鞠凯丽

剧情梗概:大学毕业生薛志康是某房产中介职员,想和大学同学刘雨干一番大事业。他们发现华氏集团要招聘大学毕业生,优秀者将提供巨额创业基金,就去应聘。但老总华光武有先决条件:女儿华小蕾在渔寮小学教书,他不喜欢,希望应聘者能鼓动女儿辞职,回到自己身边。志康父亲是夹缬传人,近几年夹缬不景气,他就放弃此手艺。薛志康认识华小蕾以后,两人由冲突而到互相暗恋,但后来产生误会。渔寮沙滩举行音乐节,华小蕾没有看见薛志康,心情郁闷。但此时,薛志康却驾驶滑翔伞,长条夹缬布上书写着求爱信息,翩然而至。

片名:《李三娘》

出品单位:浙江越剧团

编剧:钱林森

导演:沈　雷

主演:舒锦霞　华渭强　王滨梅

剧情梗概:五代十国,战乱岁月。刘知远流落江湖,被沛县李家村李员外收养府中,并被招为上门女婿。李员外过世后,李家儿子李洪信夫妇为将家产全部据为己有,恶意将刘知远的逃犯身份密告官府。阴谋被李家老仆窦公获悉,当即赶到磨房向李三娘报信。李三娘怀着六甲身孕与丈夫离别,许下永远等待的诺言。三娘在磨房产下一子,用牙咬断脐带,取名咬脐郎。而心狠手辣的兄嫂竟然想对刚刚出生的婴儿下毒手。三娘跪求窦公带着咬脐郎连夜逃走。窦公将咬脐郎交给刘知远后溘然去世。刘知远欲赶往李村救妻之际,元帅之女岳氏飞马赶来,急报了朱温反叛、元帅被困的火急军情。刘知远只得派一心腹前往李村迎接妻子,自己回马前往解救元帅。岳氏则主动承担了照料咬脐郎的责任。李三娘为守诺言,坚拒改嫁,真诚打动了前来迎娶她的富商。谁知这一等就是整整16年!日复一日,年复一年,李氏三娘日担水、夜推磨,坚守着那个承诺而忍受着苦役的煎熬。刘知远为平叛而南北转战,无法投书故里,夫妇始终未得团聚。16年过去,李氏三娘一头青丝熬成了白发。刘知远出生入死,从将军擢升为元帅,由皇帝做媒与元帅之女岳氏成婚。在岳氏的精心抚育之下,咬脐郎长到16岁。一个大雪纷飞的日子,李三娘和咬脐郎母子井台相会。在那间低矮阴暗却锁了三娘整整16年的小磨房里,夫妻终于相聚。

片名:《第101次未婚》

出品单位:新丽传媒股份有限公司

编剧:张　巍

导演:陈正道

主演:黄　渤　林志玲

剧情梗概:黄达是一个相貌平平的小包工头,热心满满,一事无成。多年来一直渴望娶妻生子,但相亲99次仍未成功。叶熏是乐团的大提琴手,自三年前婚礼当天未婚夫的意外离开,便一直沉浸在悲痛之中。虽然身边桃花不断,但她长久以来都不愿提及感情。桃子是叶熏的闺密,在为桃子安排的一场相亲饭局上,叶熏遇人不淑,恰在尴尬之际,黄达阴差阳错成了叶熏的救命稻草。为感激黄达,叶熏帮他要回了被拖欠的工程款。而黄达却在与叶熏的相处过程中,被其善良和美貌打动,对叶熏产生了好感。一日,在听完叶熏的爱情教育课后,黄达不顾两人差距,对叶熏展开猛烈地追求。叶熏一方面很抗拒,另一方面又不忍心伤害黄达的自尊心,所以对黄达若即若离,以礼相待。但她却没有意识到,黄达的憨厚执著对她产生了影响,她的心也开始动摇。就在叶熏动摇的时候,她失踪三年的未婚夫许卓突然现身。陷入困惑的叶熏到底该顺从于当下的感觉,还是忠诚于当初的誓言?一封大提琴演奏会前的情书,一次梦想秀舞台上的特殊告白,叶熏心里有了答案。

片名:《秘密花园》

出品单位:浙江天鹏传媒有限公司

编剧:孙　鹏

导演:唐　丹

主演:钟汉良　安七炫　谭维维

剧情梗概:电影《秘密花园》根据韩国人气电视剧《秘密花园》改编。金洙元是一个挑剔的企业家,而

女主角吉罗琳一直梦想成为动作片导演，他们逢见必吵。一次，两人在一个秘密花园中意外交换灵魂，开始用对方的身体体验不一样的人生。在无法摆脱对方的同时两人渐渐萌生爱情，引发了一个浪漫的爱情故事。

2012 年动画片

片名:《小精灵，变变变》

长度:26 集 × 25 分钟

制作单位:浙江华人卡通有限公司

编剧:刘　阔

导演:吴　限

剧情梗概：故事发生在一对对时装情有独钟的双胞胎姐妹身上。姐姐宋艾艾立志成为世界名模，妹妹宋丽丽梦想成为顶级服装设计师。偶然的机会，艾艾跟丽丽学会了魔法，通过魔法，两姐妹开始为了实现梦想而奋斗，不断地创作出美丽的服饰，因此获得了时尚大师的肯定。通过发生在艾艾跟丽丽以及身边朋友们一连串的小故事，两姐妹的感情更加深厚，与朋友们也建立了宝贵的有意，同时也收获了爱情。

片名:《百叶岛》

长度:26 集 × 8 分钟

制作单位:湖州云晨文化传播有限公司

编剧:杜　宁

导演:刘　军

剧情梗概：在神奇的百叶岛上，住着一群可爱的人们。他们有着强烈的环保意识，并时刻督促自己做一个低碳生活的践行者。聪明的晨晨联合小发明家豆豆，制造出利民的环保机器。善良的穆大叔是他们的坚强后盾，可爱的楚楚，美丽的娇娇是环保概念的忠实维护者和宣传者。连后进的钱宝和他的岛主爸爸，也被感化为合格的环保维护者。

片名:《嘻笑一家亲》

长度:26 集 × 11 分钟

制作单位:浙江河姆渡动漫文化发展有限公司

编剧:沈丹治

导演:贝乐盛　杨清峰

剧情梗概:全剧主要围绕家庭生活展开，刚上初中的麦圈喜欢耍小聪明，成绩却不怎么理想；卖先生是个工作狂，一直期待着晋升；麦太太是个热心肠，平时很好学；贪吃又好睡的肉丸是家里的“开心果”；忽然来寄住的完美表妹可可则是麦圈打小的宿敌；5个性格迥异的家庭成员互相碰撞、摩擦，引发了一个又一个爆笑而温馨的故事，通过故事体现青少年成长的点点滴滴和和谐家庭的重要。

片名:《爵士兔之梦幻之旅》

长度:52 集 × 10 分钟

制作单位:浙江缔顺科技有限公司

编剧:张　瑀

剧情梗概:本片讲述了一只没有乐趣的爵士兔误入奇幻的噪音世界，在噪音世界中结识一群小伙伴并一起找寻回家出路的故事，最终通过他们的努力挥刀现实，同时爵士兔用他特有的方式演奏出了属于他的音乐故事，以此为载体，发掘出他们自身的理想、友情等闪光点，是一部励志性 3D 音乐动漫连续片。

片名:《乐比悠悠 3D 版》

长度:104 集 × 7 分钟

制作单位:浙江中南卡通股份有限公司

编剧:陈　相

导演:虞燕萍

剧情梗概:乐比是个活泼好动的 4 岁女孩，生活在快乐的四口之家中。她有一个会陪她一起玩，给她解决各种问题的大发明家爸爸；有一个注重运动与健康，爱心十足的妈妈；有一个比她小一岁，喜欢跳动的弟弟悠悠；还有一个调皮捣蛋爱恶作剧的宠物小鱼缸 BOBO。虽然有时吵吵闹闹，但一家人生活的非常幸福。而那些个性鲜明善良可爱的小伙伴，让我们的主人公无比快乐地生活着。他们围绕着乐比，给乐比鼓励、支持和惊喜，与乐比一起冒险。而通过和朋友们在一起遇到的各种各样的事情，乐比学会了关心、合作、团结和独立思考。并在大家的帮助与爱护下健康快乐地成长着，在成长的过程中，使小观众们产生了共鸣，获得快乐的同时明白道理。本片以通话的形式展现，故事新奇有趣。

片名：《中华传统文化故事·节庆篇》

长度：80 集 × 10 分钟

制作单位：宁波莱彼特文化传媒有限公司

编剧：安琪颖

导演：孙 丹 王兆炳

剧情梗概：本系列动画片以生动有趣的故事形式向青少年们讲述中华民族博大精深的传统文化。将中华传统文化中的各种节庆的由来通过故事的形式一一展现，本部动画由 100 个生动有趣的小故事组成。故事盒关上了，然而故事还有很多很多。中国传统文化博大精深，并不止于此。望以此为开端，吸引少年儿童对中国传统文化的更多兴趣和热爱，使中华传统文化代代相传。

片名：《智慧子弹车》

长度：52 集 × 22 分钟

制作单位：浙江中南卡通股份有限公司

编剧：于洪洋 资小玉

导演：吴建荣 吴 佳 劲 松

剧情梗概：转学生云风刚来到新校园，就被一辆从天而降的玩具车砸中。因为这次“意外”，风云认识了邻居炎辉，也认识了智慧战车。智慧战车是痴迷轨道车的教授发明的，城中富商金老板一直想窃为己有获取利益。在马叔叔的帮助下，云风展示了超强的学习能力，与新朋友天翔和炎辉一起赢得了比赛胜利，没有让金老板的计谋得逞。

片名：《狩猎季节》

长度：52 集 × 13.5 分钟

制作单位：杭州时空影视文化传播有限公司

编剧：虞嘉尧 刘晓波

导演：沈 玲 张国超

剧情梗概：狩猎季节来临，猎人带着猎兔进入森林狩猎。班弟家族得知猎兔犬要来，非常惊恐！决定举家离开森林。迁移当天，主角班弟因为贪睡，错过了这次大迁移。当它一觉醒来时，森林里仅剩下它了！你追我赶，你攻我防，小班弟凭借它的机智勇敢与猎犬兔兄弟展开了一系列滑稽搞笑的故事！

片名：《少年师爷之智慧快乐侠》

长度：26 集 × 14 分钟

制作单位：绍兴特立宙电脑动画有限公司

编剧：钱 刚 徐 萍

导演：张学文 颜家伟

剧情梗概：小师爷怀着成为一名顶天立地、为国为民的大师爷的梦想，好小伙伴们一起，借助智慧和勇气，帮助弱者，替人排忧解难，博得邻里乡亲们的交口称赞。

片名：《梦话镇 3D 版》

长度：208 集 × 12 分钟

制作单位：浙江中南卡通股份有限公司

编剧：赵永波

导演：方 磊 丁文弘 沈 杰

剧情梗概：在美丽的梦幻镇里有蔚蓝的大海、茂密的森林、宁静的池塘。小镇上住着美丽可爱的咪咪鼠，她有一幢石榴房子。旁边住着她的好友豆豆鼠。小镇边上有一个池塘，这里分别住着优雅的青蛙先生和富有的蛤蟆小姐，在森林的尽头还住着可爱的小恐龙饭饭。执著着迷魔法的鼠阿大则住在梦幻镇外的悬崖上。

在梦幻镇里，每天都会发生美丽动人的梦幻故事。主人公鼠阿大热衷魔法学习，他和梦幻镇的咪咪鼠、豆豆鼠、饭饭都是好朋友,但他们也会常常发生一些小矛盾,或者,他们会为达到一个理想化的目的而共同去做一件事,故事因此而展开。其他的人物如青蛙先生和蛤蟆小姐和英雄虎哥,以及特殊人物大嘴鸦都为故事的表现增添了活跃而温情、幽默的气氛,使故事充满有没想象和抒情风格。

片名:《鞠萍姐姐讲故事》

长度:8 集 × 10 分钟

制作单位:杭州时空影视文化传播有限公司

编剧:鞠　萍　江　云

导演:王　剑　沈志明

剧情梗概:动画系列片《鞠萍姐姐讲故事》是挑选鞠萍多年讲述精彩故事精心改编重新创作而成的,分动物篇、人物篇和常识篇三个部分。该片保留了原先故事精彩内容,又从动画改编角度出发,融入更多的原创动漫元素,注重细节的夸张和情节的表现,让青少年朋友在轻松幽默的观赏氛围中达到寓教于乐和启迪智慧的效果。

片名:《蓝巨星和绿豆鲨 3D 版》

长度:28 集 × 12 分钟

制作单位:浙江蓝巨星国际传媒有限公司

编剧:俞敬浩

导演:陈　岭

剧情梗概:我们的故事发生在奇妙的海洋世界,和平美丽的珊瑚村里,住着一群幸福乐观的鱼类居民。这是《蓝巨星和绿豆鲨》系列的第三季,在新的一季中,蓝巨星、八古老师、龟博士齐聚珊瑚村,带领村民抵抗绿豆鲨的捕鱼公司的进攻。面对绿豆鲨一波波的进攻,主角蓝巨星肩负起更为艰巨的使命,在这一季中他的聪明和勇敢得到了更大的提升,他和小伙伴们团结一心,挫败敌人一次次的进攻,保护美丽的家园。

本剧诙谐幽默的台词,既曲折跌宕又妙趣横生的情节,集情节性、思想性于一体,让小朋友们在哈哈大笑的同时树立正确的人生观、价值观,邪不胜正,好人永远会战胜坏人。

片名:《秦时明月第四部万里长城》

长度:18 集 × 22 分钟

制作单位:杭州玄机科技信息技术有限公司

编剧:沈乐平

导演:沈乐平

剧情梗概:自从机关城崩毁,墨家抵抗势力几乎全部被清除。秦帝国又回到了太平盛世的迷梦中。

咸阳宫中的嬴政一边动用无数劳工营造万里长城,一边进行着一些更为机密的计划。现在,这个计划已经接近完成,由阴阳家协助完成的巨艇“蜃楼”已经建造完毕。它壮丽精绝的身姿浮现海平线彼端,宛如人人梦想中的海上仙山。为了解开巨艇“蜃楼”的疑团,各家各派势力慢慢汇集到这座平静的海边小城。此时,故事主角天明和少羽为了避开秦兵的追捕,正在儒家庄园生活和学习。而接下来各种奇异事件次第发生,小城的平静也被完全打破。

片名:《美术馆之夜(近代中国美术篇)》

长度:169 集 × 5 分钟

制作单位:宁波水木动画设计有限公司

编剧:曾　涛

导演:王书宇

剧情梗概:落户在美术馆中的豆豆一家,参观了近代中国画家创作的众多美术作品。齐白石、徐悲鸿、张大千、傅抱石、潘天寿等名家笔下的作品,让豆豆兄弟领略了中国画独特的美妙之处,同时也让他们对中国的文化、风俗有了更深的理解。

片名:《美术馆之夜(近代国外美术篇)》

长度:92 集 × 5 分钟

制作单位：宁波水木动画设计有限公司

编剧：曾　涛

导演：于　淼

剧情梗概：落户在美术馆中的豆豆一家参观了近代国外画家创作的众多美术作品，达利、戈雅、马蒂斯、尚塞、毕加索、梵高等等艺术家额作品，有写实主义，也有浪漫主义，有抽象派等等，让豆豆兄弟俩大开眼界。在爸爸和蜘蛛小安的讲解下，他们也渐渐了解表现主义、现代主义、超现实主义、立体主义等绘画领域的新鲜名词。

片名：《动物行星大探险》

长度：52 集 × 11 分钟

制作单位：浙江河姆渡动漫文化发展有限公司

编导：傅余波　杨梦紫

导演：贝乐盛　杨清峰

故事梗概：肉丸接到了一个呼救电话，它来自另一个星球。那个星球是个动物行星。曾经，肉丸的祖父的兄弟的儿子利用它们祖祖代代相传的超能力在那里击败过一支邪恶力量并拯救过那个星球上的人们。这次的求救电话，是弥赛亚公主代表星球上的动物们希望肉丸能帮助它们再次封印邪恶力量。于是，肉丸踏上了一段奇妙的探险之旅。

片名：《中国梦幻曲》

长度：5 集 × 5–8 分钟

制作单位：杭州辉煌时代动画制作有限公司

编导：常　虹

导演：常　虹　张振兴　于　瑾　方建国　钱博弘　郑方晓　沈一帆

剧情梗概：《中国梦幻曲》的内容部分主要由中国著名民乐"春江花月夜"、"二泉映月"、"梅花三弄"、"月牙五更"、"小鱼灯"共五部所组成。在动画的创作形式上以剪纸、水墨、工笔等中国传统的艺术表现手法为手段。使观众在对这部动画影片欣赏的同时，可以感受一系列动人故事，同时也将接受一次具有几千年历史的中国传统文化的艺术熏陶。

片名：《棒棒兔与火尾狐》

长度：52 集 × 11 分钟

制作单位：宁波莱比特文化传媒有限公司

编导：吴雷振　黄开琴

导演：王兆炳

剧情梗概：棒棒兔因为所驾飞船导航出了故障，所以临时到了一个陌生星球。这片长满了美丽的绿色植被，因而被大家称之为绿野森林。在这里有肥胖可爱的胖胖兔，个小，胆小爱哭的小鸡啦啦等一些小动物，还有一只火尾狐，经常来欺负其他小动物，以破坏别人的幸福为乐。

片名：《木木村的淘气虫虫》

长度：52 集 × 5 分钟

制作单位：杭州定格文化创意有限公司

编剧：金秋子　崔苗苗　屠美玲

导演：应　勋　吴玉强　赵　亮

剧情梗概：《木木村的淘气虫虫》讲述的是在森林深处一个隐秘的角落，有一个古老神秘的昆虫精灵村落，村落的村长是一位学识渊博无所不知的老螳螂，他带领着一群淘气的昆虫精灵宝宝们，在森林里快乐又充实地生活着。

片名：《今童王世界》

长度：26 集 × 15 分钟

制作单位：湖州红摩动画设计有限公司

编剧：周莉娜　王丹卿

导演：刘　思

剧情梗概：童桦是个时尚、礼貌、懂事、充满爱心的大男孩，喜欢各类新潮的电子产品，并加以自己的发明创造。在他的世界里还有一个小伙伴——芝麻，一直喜欢帮主人解决各种困难的机器恐龙。

濮今熙，一个活泼大大咧咧的可爱女孩，有着很强的自我意识，不轻易服输却又深谙人情世故。由于爸妈出国出差，暂住童桦家中。今熙与宠物萌萌间也有着非凡的默契。童桦和今熙的关系由最初的互相厌恶到和平共处。而这时，"田田'的出现让这个家再次热闹了起来。原来田田和今熙是小学同学，从小两人就暗自较劲。伴随着童桦从中的不断调解，两人是否能重归于好？

片名:《校园奇异事件簿》
长度:52 集 × 11 分钟
制作单位:宁波卡酷动画制作有限公司
编剧:沈丹冶
导演:贝乐盛　杨清峰

剧情梗概：在安静祥和的向日葵中学里有着这么一个众所周知的班级，调皮爱耍聪明而考试总是倒数第三的麦圈、成绩优秀美丽可爱的麦圈表妹可可；性格憨厚，热心助人的胖子和科学家出生、好强的班长饼干以及它个性迥异的同学老师们。有一天，一阵神奇的音波，外星人豆豆星人来袭！麦圈、可可、肉丸和小伙伴们为了维护校园生活的和平不得不和爱好恶作剧的豆豆行人斗智斗勇，爆笑百出。

片名:《杰米熊之甜心集结号》
长度:52 集 × 14 分钟
制作单位:杭州东方国龙影视动画有限公司
编剧:许妍红
导演:张潇源

剧情梗概：被甜心山谷居民合力打败的霸王狮族群流落在外，却得到了神秘人的支持，以飞艇为大本营，开始了新一轮的邪恶计划——占领环境优美的甜心山谷。在神秘人的援助下，霸王狮们不断研制出各种有强大杀伤力的武器，屡次发动对甜心山谷的进攻。热爱家乡的杰米熊以及伙伴们，为了守护家园，齐心协力地狱霸王狮展开了一次次斗智斗勇的较量。在艰苦的斗争中，杰米熊苦练卡卡熊师傅传给的魔术秘籍，小小熊按照武器秘籍刻苦研究高科技武器，欧吉熊等正义联盟的成员纷纷献计献策，维护正义和保卫家园的信念支撑着甜心山谷，杰米熊他们一次又一次地大白了霸王狮，最终吹响集结号，召唤出所有的正义联盟成员，一同摧毁了霸王狮的邪恶力量，重新恢复了甜心山谷的安宁祥和。

片名:《梦想之旅》
长度:100 集 × 5 分钟
制作单位:宁波卡酷动画制作有限公司
编剧:沈丹冶
导演:贝乐盛　杨清峰
剧情梗概：梦想学院忙碌的第一学期在期末考试的铃声中结束了，凌震无疑发现羊皮纸上的秘密地方成了神奇甲班同学们旅行的目的地。在旅行中国，丫丫触碰了暮隐镇的标志石碑——逐日，大家被一股脑的吸引进了与现实世界平行的另一个空间。随着时间的推移，循着地图标记寻找着传说中的先行者的凌震等人先后找到了失散的豆子、雷光、马智老师等人，并帮助行经路线的村庄小镇解决了各种的难题获得了五件神秘礼物，最终历经千辛万苦的凌震循着标志来到了神秘人的小茅屋，神秘人了解众人的来由后，让凌震打开了五件神秘礼物，原来这五件神秘礼物正是代表了勇气、智慧、团结、友爱、自信五件宝石。集齐了 5 颗宝石的众人在神秘人的帮助下回到了现实中，同时他们也更加的团结友爱，珍惜彼此的友谊了。

片名:《兔宝宝与狐星星》
长度:50 集 × 13 分钟
制作单位:杭州宏梦卡通发展有限公司
编剧:贺梦凡
导演:贺梦凡
剧情梗概：开心岛上有一个“陨石怪盗”狐星星，他偷了开心岛太空总署的太空陨石，计划为自己的礼帽升级然后拥有超能力，从而实现他的统治开心岛的大业。然而还没等他升级礼帽就被擒获并被关押在古堡里面，狐星星匆忙间将陨石分藏在开心岛上，企图有一天能出去拿到陨石。

持有神奇宝贝的三只兔宝宝住进了古堡，担负起了看守陨石怪盗和查出太空陨石落下的重任。可是，狡猾的狐星星是不会轻易让兔宝宝们完成任务的。于是，一幕幕追捕与反追捕的爆笑游戏便开始了……

片名:《坦坦小动员》

长度:104 集 × 12 分钟

制作单位:浙江缔顺科技有限公司

编剧:朱　俊　张　瑀

导演:俞　藕　韩　志

剧情梗概：本片讲述在某个遥远的星球上，有一幢漂亮的房子。房子里有许多奇奇怪怪的玩具。玩具中的坦克宝贝们，在小主人不在家的时候，就会一起快乐地玩闹。他们有的善良，有的邪恶，有的聪明，有的幽默。而正义阵营的坦克们与恶作剧阵营的坦克们总会因为各种各样的理由追完打闹，不亦乐乎，从而上演了一系列令人捧腹大笑，耐人寻味，生动有趣的故事。

片名:《奇妙之旅》

长度:53 集 × 12 分钟

制作单位:宁波水木动画设计有限公司

编剧:陈雨钢

导演:于　淼

剧情梗概:《奇妙之旅》通过小狗琦琦和小兔妙妙冒险的故事，生动的描绘出大自然中的峡谷、沼泽、大草原、大戈壁等各种不同地理环境以及在这些环境中生存的动植物，展示了大自然的神奇和鬼斧神工般的创造力。本片在传播大自然科学知识的同时，也体现了琦琦和妙妙团结互爱，用真诚获取友谊，用信念和坚持克服困难的优良品质。

片名:《水木幼教学堂系列之千文字》

长度:63 集 × 5 分钟

制作单位:宁波水木动画设计有限公司

编剧:孟　沁

导演:于　淼

剧情梗概:《水木幼教学堂系列之千文字》以中国重要的儿童启蒙读物《千字文》为蓝本，通过有趣的小故事，向小观众讲述《千字文》中的天文、自然、修身、养性、地理、历史、农耕、园艺、饮食起居等各个方面内容。本剧以主人公哈哈熊、咪咪猫的视角循序渐进地认识、学习《千字文》，剧中出现神秘莫测的神话人物、威严高大的古代帝王、真实鲜活的普通人、有趣鲜活的动物等角色，将知识与道理用最生动鲜明的形式传达给小观众。

片名:《水木幼教学堂系列之三字经》

长度:116 集 × 5 分钟

制作单位:宁波水木动画设计有限公司

编剧:孟　沁

导演:于　淼

剧情梗概:《水木幼教学堂系列之三字经》以中国重要启蒙课本《三字经》为蓝本，讲述主人公咪咪猫、哈哈熊学习《三字经》的经历，将《三字经》的内容以多个简短有趣的小故事的形式表现出来，并借由欢欢、乐乐的学习感悟点透主题，引导观众与主人公一起由浅入深地学习。

片名:《少年阿凡提》

长度:52 集 × 12 分钟

制作单位:宁波民和影视动画股份有限公司

编剧:朱　军　张　涛

导演:郭崴娇

剧情梗概：少年阿凡提——又叫那萨尔丁阿凡提。村里的毛拉是以为德高望重的智者，带着阿凡提等五个学生学习。阿凡提通过同学接触到他们的家人和邻居，用自己的聪明才智帮助他们解决了很多难题，让他们重新找到了生活的快乐。毛拉也很喜欢阿凡提，有一次带阿凡提去皇宫，为国王和王后解决了难题，赢得王后的厚爱。皇宫的卫士长阿巴斯成为阿凡提的好朋友，从此，阿凡提接触到的人和事就更多更广了，但是从来没有一件事难倒过他。阿凡提解决了一个又一个疑案，帮助了一个又一个穷人，教育了一个又一个巴依。渐渐地，阿凡提增长了阅历和智慧。

少年阿凡提以他少年时代的学习，生活为背景，展示少年阿凡提顽皮淘气、单纯天真、幽默风趣、开朗活泼、善良正义的成长历程。讲述少年阿凡提用自己的智慧、勇气和正义感去帮助别人、解决难题，助人为乐的快乐生活。

片名:《乐比悠悠教育系列之快乐成长》
长度:52 集×12 分钟
制作单位:浙江中南卡通股份有限公司
编剧:虞燕萍　陈　相
导演:虞燕萍

剧情梗概：故事的主人公小女孩乐比和悠悠生活在一个幸福的四口之家。爸爸是发明家,妈妈是家庭主妇,父母教导乐比、悠悠。乐比和悠悠还有一群小伙伴,她们一起学习、玩耍,在克服困难的同时,也学会了许多的知识。

片名:《快乐的艾罗卡》
长度:60 集×10 分钟
制作单位:杭州宏梦卡通发展有限公司
编剧:贺梦凡
导演:贺梦凡
剧情梗概：艾罗卡和他的小伙伴们生活在一个终年积雪结冰的地方,天气的寒冷、生活的单调让他们没精打采。艾罗卡想让大家开心起来，提出玩游戏，但游戏却总是千篇一律，十分无趣……终于，一场突如其来的暴风雪给他们带来了一个八音盒,这让从未见过八音盒的小伙伴们十分好奇,争抢玩弄的过程中,无疑将八音盒打开,发现里面站着一个了对,并传出动听的音乐……大家顿时着了迷。然而最后八音盒不小心毁灭了,美妙的声音没有了,可小伙伴们对音乐却产生了极大的兴趣，于是他们决定去搜寻生活中各种各样美妙动听的声音，而对音乐的喜爱及音乐的乐趣让他们的这个寒冷乏味的冬天变得快乐有趣起来……

片名:《虹猫蓝兔奥悠国历险记》
长度:52 集×17 分钟
制作单位:杭州宏梦卡通发展有限公司
编剧:贺梦凡
导演:贺梦凡

剧情梗概:虹猫和蓝兔在参加梦之国同意周年庆典时,接到邻近奥悠国发来的求救信。两人来到奥悠国,发现居民们都失去了梦想。于是,虹猫和蓝兔开始了造梦行动,在奥悠国小男孩布丁丁的帮助下,虹猫一行踏上了寻找梦之子的征途。

片名:《聪明的布布》
长度:26 集×15 分钟
制作单位:绍兴银石文化创意科技有限公司
编剧:蒋书弢
导演:贺梦凡
剧情梗概:通过布布、八吉、大嘴等森林中一群小动物之间发生的一系列有趣的故事,宣扬了友谊、和谐、环保的重要性。每集的小故事包含劳动光荣,友谊万岁,说谎的危害,环保的重要性,机智逃生等等与小朋友日常生活戚戚相关的主题内容,让小观众潜移默化中辨明是非,养成良好品德,共创和谐社会。

片名:《水木幼教学堂系列之百家姓》
长度:160 集×5 分钟
制作单位:宁波水木动画设计有限公司
编剧:张瑞娟
导演:于　淼
剧情梗概:《水木幼教学堂系列之百家姓》以介绍中国姓氏为主，选择其中最具文化内涵的姓氏来编写故事。主角是在私塾上学的咪咪猫和哈哈熊,小朋友可以跟着主角两人一起向犀牛先生学习关于姓氏的知识。在讲解姓氏的起源中,小朋友们还可以学到相关历史,了解到一些重要任务,比如李利贞、诸葛亮、文天祥、孙中山等。最终让小朋友从形形色色的姓氏中感受到我们中国式一个多文化，多民族的大国家。

片名:《水木幼教学堂系列之生活小白科》

长度:230 集 × 5 分钟

制作单位:宁波水木动画设计有限公司

编剧:张瑞娟

导演:于　淼

剧情梗概:《水木幼教学堂系列之生活小百科》以生活中各个方面的小常识、小知识点和小窍门为基础,讲述主人公咪咪猫、哈哈熊学习《生活小百科》的经历,将人们在日常生活中经常遇到的各种问题以多个简短有趣的小故事的形式表现出来,并借由咪咪猫、哈哈熊的经历抑或是他们提出的问题以及他们的学习感悟点透主题,引导小公主们与主人公一起由浅入深地学习,在欣赏动画片的同时即可增添只是,又可培养兴趣,还能让孩子们懂得如何更好地生活。

片名:《中国熊猫》

长度:52 集 × 22 分钟

制作单位:浙江中南卡通股份有限公司

编剧:卢　敏　杨　健

导演:吴建荣　叶　敏

剧情梗概:美丽的森林深处有一处安静祥和的卧龙谷。卧龙谷里,有一处神奇的泉眼——许愿泉。泉水具有神奇魔力,能帮助卧龙谷里善良的小动物们实现愿望。小动物们在"护泉使者"熊猫团团和他调皮可爱的儿子欢欢的保护下,幸福地生活在卧龙谷这片祥和美丽的山水之间。

离卧龙谷不远处的山上有一个叫做豹园的山庄,里面住着一只名叫过大年的美女豹和一只叫做威猛虎的四肢发达头脑简单的老虎,他俩每日窥伺着卧龙谷中的一举一动,妄图大白团团、欢欢父子,强霸卧龙谷,以满足自己的贪婪愿望。熊猫团团、欢欢坚守正义的理念,利用许愿泉的神奇魔力,一次又一次地阻止了吉吉豹和壮壮虎的野心。

片名:《神犬勇闯机械城》

长度:40 集 × 11 分钟

制作单位:浙江河姆渡动漫文化发展有限公司

编剧:沈丹治

导演:贝乐盛　杨清峰

剧情梗概:原本美丽的世界因为过度开发使城市和村落都逐渐沙漠化、机械化,后来更是爆发了一种让人也都渐渐机械化的怪病。勇者村是一座与世隔绝的古老而神秘村落,他们选出村里的年轻人肉丸作为拯救世界的勇者出发了。为了找到救命草药,为了打败邪恶的机械王,也为了找回作为上代勇者出发一去不回的父亲,勇者肉丸和志同道合的伙伴麦圈、可可、饼干一起踏上了去往机械城的遍布荆棘的旅途,在伙伴们的帮助和信念的支持下,勇者肉丸在闯过了无数艰难险阻之后,终于打败了机械王,拯救了人们逐渐荒芜的内心。营造一个勇气和欢笑的世界。

片名:《水木幼教学堂系列之教你做手工》

长度:300 集 × 5 分钟

制作单位:宁波水木动画设计有限公司

编剧:张瑞娟

导演:于　淼

剧情梗概:《水木幼教学堂系列之教你做手工》以市面上较为流通的图文解说书籍为蓝本,通过折纸、橡皮泥、简笔画的详细制作过程,以主人公哈哈熊、咪咪猫的视角,从基本形状、主要特征来展开认识包括动物、植物、人物、风景、交通工具、日常用品、服饰、古今兵器、童话人物等形象在内各种事物,在让孩子们欣赏动画片学习知识的同时锻炼他们的动手能力。

片名:《快乐熊、猫》

长度:200 集 × 5 分钟

制作单位:宁波水木动画设计有限公司

编剧:庞春林

导演:于　淼

剧情梗概:《快乐熊、猫》以咪咪猫、哈哈熊为主人公,通过幽默诙谐的方式表现笑话的各种类型,例如:冷笑话,幽默笑话,动物笑话、儿童笑话等,突出其笑点。用动画语言编写某些笑点,给观众带来一种全新的视觉和精神享受。

13. 产业经营

CHANYEJINGYING

浙江广播电视集团产业经营

2012年，各经营单位紧紧围绕集团党委提出的“立足主业、多元拓展、加强管理、注重效益”的产业方针，面对国内复杂严峻的经济环境，及时调整经营策略，采取有力措施，克服重重困难，全面超额完成了各项任务，继续呈现出稳中有进、全面提升的良好势头，很多经营单位的营收和利润创造了历史新高。

一、创业谋变，拓展空间强实力。

2012年集团经营创收总量继续保持快速增长，达到61.8亿元。其中，经营单位经营收入21.6亿元，同比增长13.1%。据统计，好易购、发展总公司、交通旅游导报、梅地亚宾馆、新蓝网、蓝巨星公司等多家单位的经营收入保持了连续多年增长，并再创历史新高。各单位在市场竞争日趋激烈的环境下，坚持做大主业，加快拓宽销售渠道，不断增强抗风险能力。特别是好易购一举扭转亏损局面，销售额突破10亿大关，同比增长12.26%，净利润达到1034万元，同比增长103.52%，呈现出良好的发展态势。发展总公司以取得华为产品在浙江广电行业一级代理为契机，在市场占有和创新发展方面取得了新突破，公司全年经营收入同比增长了24.38%，达到3.43亿元。

二、创新领跑，转型发展提层次。

创新是企业持续发展的源泉与动力。2012年，集团所属各经营单位以结构转型为核心、创新创优为指向，通过紧抓产品质量、客户服务和市场营销三个环节，大力推进品牌战略，在各自行业领域中的市场份额稳步增长。如好易购2012年，以打造最具公信力的电视购物平台为宗旨，以品质为要求，以毛利为前提，采取了一系列创新手段，强化供应商队伍，优化商品结构，提升商品质量，为企业赢利开拓了更大空间。目前，好易购已经与近50家品牌企业结成战略合作关系。这些合作企业除为好易购提供优质商品，还依据对好易购媒体资源的利用程度支付一定的广告宣传推广费。这种“品牌推广+产品销售”的营销模式在国内尚属首创。

影视集团着力加强正能量、高品质影视精品的制作，推进产业发展和品牌扩张，2012年共制作完成电视剧五部、投拍电视剧一部、参与制作电影一部。其中电视剧《温州一家人》作为“十八大”献礼剧于11月在央视一黄强势播出，得到省委主要领导和社会各界的一致好评。同时，公司献礼剧《中国1921》获第26届中国电视金鹰奖唯一的最高奖——“电视剧最佳作品奖”、获浙江省第十一届精神文明建设“五个一工程”奖。

音像出版社坚持“跳出出版搞出版”的理念，多元经营，互利合作，创新盈利模式。政府合作项目继续取得实质性进展，与省纪委合作推出《权力的禁区》等反腐倡廉系列节目，与省旅游局推出多语种版宣传片《诗画江南·山水浙江》，都已进入市场。文化精品工程“动漫梨园”项目也已完成第一部分《画说京剧》前40分钟动画制作。

蓝巨星公司依靠浙江卫视平台，不断进行市场试水，努力将浙江卫视平台资源效益释放到最大化。2012年，蓝巨星公司在动画片发行、节目版权、活动承办和晚会承接等方面都有新的拓展。自制动画片《蓝巨星和绿豆鲨》被国内近200家市/县级电视台选购。公司还申请了中国好声音等商标49个大类500多个小类的注册，并尝试进行"好声音"的文化衍生品开发。

三、提升服务，完善管理增效能。

2012年，集团进一步强化作风建设，完善制度建设，大力提升管理效能，在主动服务经营单位上取得新成效。集团职能部门积极与省委宣传部、省财政厅、省国税局和省地税局等主管部门进行沟通，针对政策变化主动提出解决思路，为广电新媒体公司等4家单位争取到了企业所得税减免优惠政策；还根据经营单位的实际情况精心准备上报材料，完成新蓝网"网络电视台内容服务及集成播控平台"项目、广电新媒体公司"IPTV和手机电视集成播控平台"项目和交通旅游导报社"浙江快客报"项目2012年度中央和省文化产业发展专项资金的申报工作，为经营单位争取到了资金补助。

2012年，集团各经营单位在企业制度建设和规范管理上也上了新的台阶。交通旅游传媒公司对所有营销管理制度进行梳理和优化，规范业务员创收超达标考核办法。广电新媒体公司出台制定了《机房管理制度》、《机房消防安全管理规定》、《浙江IPTV集成播控平台节目生产流程》等制度，保障平台传输安全、内容安全。新蓝网络公司根据互联网新闻宣传的发展，对《采编工作'三不准，四注意'》、《论坛管理员责任制度》、《网络直播规范条例》、《内容安全突发事件预案》等宣传管理制度作了健全完善，并补充制定了《合作频道宣传管理制度》等管理规章，杜绝管理盲区，消除各项隐患。

四、营造氛围，弘扬文化添活力。

现代企业竞争，是综合实力的全面较量。企业文化作为企业软实力的重要组成部分，也是企业经营中不可或缺的关键支柱。随着集团这几年综合实力的增强和整体形象的不断提高，广大干部员工的荣誉感和自豪感也在与日俱增。各经营单位以员工利益为着眼点，全面实施"五必谈"、"三必访"，进一步深化干部员工作思想政治工作，有力保障了"品质广电，幸福集团"建设的良好局面。

发展总公司制定《总公司企业文化建设实施计划》，完成了公司主体形象设计，制作和播出了公司电视宣传片和业务宣传册。梅地亚宾馆充分发挥党工团的作用，组织党、团员积极参与各类公益活动在"公民爱心日"活动期间，组织开展为富阳灵桥民工子弟学校学生捐书活动，为困难学生送上关怀。广电新媒体先后组织了"金点子征集"、"新媒体影院"、"IPTV口号征集"、"每月员工生日会"、"圣诞派对"等一系列充满人文气息的员工活动。

五、广告经营情况

2012年，受宏观经济形势影响，媒体广告经营困难较多。集团党委于3月份召开了全体广告从业人员参加的集团广告工作大会，隆重表彰奖励了一批先进集体和个人，极大提振了广告从业人员的信心。各广播电视频道不畏艰难，积极应对，努力做好广告营销各项工作，出色完成了广告创收目标任务。

1.广告经营创收逆势增长。2012年，集团实现广播电视广告创收总额40.2亿元，较上年同比增长10.1%，增速超过全国平均水平。浙江卫视表现突出，广告创收总量达到24.8亿元，较上年同比增长27.8%，对集团广告创收的稳定增长起到了决定性作用。民生休闲频道、浙江之声、交通之声也以较大超额完成创收任务，为集团广告创收逆势增长作出了突出贡献。以上四个频道的总监和广告部主任，在集团总结表彰大会上被授予"经营创收突出贡献奖"。

2.标杆节目营销重大突破。《中国好声音》、《中国梦想秀》节目创新创优实现历史性突破，特别是《中国好声音》节目，收视从最初的1.48升至巅峰时刻的6.10，网络视频点击超过24亿次，百度搜索、微博搜索长期位居第一。浙江卫视在节目营销上主要有三大突破：一是营销部门与节目部门密切合作、深度互动；二是抓住时机上调广告价格，果断召开"巅峰之夜广告资源招标会"，价格屡创新高；三是带来了很好的后续效益，为第二季《中国好声音》作了强力铺垫，浙江卫视整个平台的广告价值中枢快速上移，大大提升了市场影响力和美誉度，为各频道节目创新、营销创新作出了示范。

3.市场应变能力显著提升。2012年市场波动加剧，行业转换频繁，各频道不畏挑战，沉着应对，体现了较强的市场适应力和应变力。浙江卫视提前预判手机、小家电、药品等行业广告将会缩量，转攻新兴化妆品行业及二线酒类品牌取得成效；教育科技频道全力开拓直客；浙江之声、城市之声大力开发全省市场和4A市场；经济广播发挥定位优势，把银行、证券、保险等板块作为拓展重点，取得积极成效。

4.营销创新意识不断增强。各频道因地制宜采取了节目营销、事件营销、植入营销、活动营销、体验营销等多种创新营销手段，有力提升了广告市场的开拓效率。钱江都市频道创办新潮栏目《风尚日》，为打开广告高端客户市场提供了平台；经济生活频道抢抓奥运商机获得成功；影视娱乐频道努力为客户定制活动；民生休闲频道重视品牌在节目中的生态植入，“致中和酒”与《钱塘老娘舅》实现品牌与节目的无缝对接；少儿频道与中国动漫产业龙头奥飞集团创新开展“大电影活动推广”项目合作；浙江之声策划成立维维房产工作室，有效推动房产广告开发；音乐调频围绕《中国新车榜》“四个季”活动主题，开展全过程跨界营销；交通之声推出体验式营销活动，成功开发了多个新客户。

5.广告管理工作深入推进。2012 年，集团进一步加强了广告管理工作，管理提品质、管理促效益、管理强队伍的意识不断增强。一是价格管理深入推进。集团加强了对频道广告价格执行的动态监测，将特殊资源广告纳入价格及折扣考核。另外，对广播跨年合同进行了规范，要求频道对因跨年导致的低折扣广告进行重新申报和审批。电视频道晚间广告折扣和含金量均有小幅上升；广播广告总体呈现“量减价升”态势，含金量上升近 20%。二是收款管理深入推进。集团积极开展广告应收款清欠专项活动，广告管理中心不仅在每次广告例会上通报主要欠款客户情况，督促频道抓紧催款，还直接介入催回多笔问题欠款。三是内容管理深入推进。各频道贯彻落实广告审查员制度，内容审查把关能力有了新的提升。同时，集团进一步加强公益广告创作和播出，成功举办第六届公益广告创作比赛，各频道公益广告整体创作水平有了新的提高。少儿频道创作的《节约用纸－打印篇》作品，获得省广播电视作品一等奖、CCTV 全球公益广告征集季度入围奖第一名等多个大奖。四是队伍建设深入推进。8 月，集团举办广告营销人员培训会议，特别邀请了业界知名的营销专家，以及集团内部的营销精英讲课，实现了实战性、时效性和实用性的较好结合。各频道也通过开展“每周之星”评比、业绩末位淘汰考核等多种措施强化队伍建设，有力提升了营销队伍的能力、活力和战斗力。

杭州文广集团产业经营

2012 年文广集团坚持“立足主业、多元拓展”的经营方针，一方面扶优解困，做大做强一批优势企业和媒体，另一方面开放合作，通过整合内外资源，拓展经营领域着力打造“龙头板块”，信息网络、影视动漫、股权投资、艺术品经营等产业发展迅速。

广告经营完成既定目标任务，广播创收逆势上扬。今年面对激烈的媒体竞争和低迷的宏观经济形势，集团广告经营通过转变思路、调整策略、调整经营体制、完善激励机制等举措，全年广告经营收入 6.5 亿元，与去年同期总体持平。四个广播频率广告经营均实现逆势上扬，实现同比增长 10%。三季度末，中波 954 和交通 91.8 率先完成全年第二目标任务，受到集团特别嘉奖。交通 91.8 全年广告净收入突破 1.1 亿元，在全国城市台中处于前列。电视广告营销中心，大力拓展银行、汽车等新兴业务，效益初显。优势子媒发挥灵活经营优势，都快交通久一点吧传媒、西湖之声、明珠频道等媒体公司经营创收突出，有效补充广告缺口。集团广告信用指数全省排名第二，形成经济效益和社会效益同步发展的良好局面。

华数成功上市接轨资本市场，国有资产实现增值。华数传媒控股有限公司在深交所成功挂牌上市，成为浙江省内第一个市值超过百亿元的大型国有文化产业集团。华数投融资能力进一步增强，有力推动全省“一省一网”整合及文创产业实现跨越式发展。全面拓展对有线网、互联网、通信网、移动网以及电脑、电视、手机智能终端的“全网多屏”覆盖辐射，成为国内领先的新媒体综合应用服务提供商。

“一省一网”整合基本完成，创新打造浙江模式。全面推进全省广电网络“一省一网”整合发展，全省共计 27 个地市、县（市、区）出台了改制文件，“一省一网”整合工作基本完成，形成“管理、品牌、业务、市场、技术平台”五统一的一体化发展格局。创新利用资本手段，完成对中广有线最大股东四通集团股份的收购，实现对中广有线的绝对控股，从而顺利解决温州等五地加入“一省一网”，并使华数有线网络产业拓展至全国。华数“跨代网、云服务”战略取得突破，已全面启动大型绿色数据中心建设工程、全省超高速骨干网建设工程、全省五大云平台建设工程，以

“一省一网”整合为契机,将全省有线网络打造成全国领先的三网融合新网络,推动“智慧浙江”建设。

产业转型升级找准突破重点,创投理财回报丰厚。集团发起成立第三支文创基金杭州文诚创业投资有限公司,基金规模一亿元,完成3个创投项目投资;文创投资基金成功投资北京大唐辉煌影业、杭州金海岸公司,力争上半年预审过会;参与睿银、盛银、泰信、富华和城投五支基金,已投资25个项目,11个项目已进入上市排队,陆续进入收获期;领取小额贷款公司牌照,计划2013年年初开张运营;涉足产业投资领域,开拓理财市场,已向三家企业开展委贷项目。

以文创产业为抓手互惠共赢,制订创意文化战略。与市文创办达成战略合作协议,推进文化创意产业园区建设、文化产业战略投资等领域工作;与俏佳人传媒股份有限公司、美国ICN电视联播网洽谈合作,借用境外媒体海外播出的平台优势,实施集团产业国际化战略;与新锐互联网企业杭州广桥网络技术有限公司商谈增资入股;与杭师大就人才培养、教育培训、影视节目制作等领域展开全面合作。

发挥文广影视内容产业优势,自制合拍多管齐下。抓住影视剧产业大发展的机遇,继续大力开拓影视剧制作和投资。集团与宁夏电影集团、麒麟影业联合投资拍摄的《画皮2》,票房收入破7亿;与横店影视联合投资的电影《遍地狼烟》收回投资款和收益;集团旗下嘉艺影视公司制作的年度大戏电视剧《决战前》完成10家地面台发行;与广西王马影视联合投资制作的电视剧《说好不流泪》定于春节黄金档播出;嘉艺影视投资拍摄的电视剧《我的老婆是八零后》计划一季度开机,总投资4000万;与安徽时代出版集团达成协议共同投资拍摄小说《大时代》改编的电视剧,下半年开机;《我为宝贝狂》、《马背上的勇士们》、《楼外楼》等剧目也在积极筹备推进中。集团所属星光院线旗下的IMAX屏幕数达到5块,跻身全国院线前三甲。

多元产业经营拓展发展空间,优势企业发展壮大。杭州广电公交移动公司进一步提升新动传播品牌影响力,移动电视终端总数突破5300辆(艘),终端规模、安装率继续名列全国前列,建成公交运营直播系统,为城市应急信息发布提供有效平台;与华数、地铁集团合作成立地铁电视公司,拓展了节目广告运营空间;开通了杭州3D高清试验频道,建设了四讯道3D EFP系统及高清转播车;汉唐影视加快转型升级,着手准备中国首部3D立体影视情景系列剧拍摄;力合新媒体加快跨区域拓展,打造全国联播网;楼市传媒与宋都集团合作,顺利完成增资扩股;文物公司在艺术品市场行情低迷的情况下,制定“快进快出”营销策略,盈利能力继续提升;广电服务公司完成ISO9001质量管理体系相关认证,有望获得国际、国内两项认证资质。

宁波广播电视集团产业经营

2012年,宁波广电集团上下齐心协力克难攻坚,全年完成营业收入和利润收入分别比上年增长9.31%和18.98%,取得了超出预期的成绩。

坚持一手抓宣传工作,一手抓经营创收。在把握正确舆论导向、做好主题宣传的前提下,集团着力抓好精品创优,不断提高品牌建设水平。长篇电视连续剧《向东是大海》全国两会期间在央视一套黄金时间播出,得到社会各界的广泛好评和省市领导的批示肯定,并荣获第12届全国精神文明建设“五个一工程”奖,这也是集团连续四届获此殊荣。各频道频率积极开发新的节目、栏目,努力提升核心竞争力。社会生活频道精心打造的《宁波达人》节目,推出后获得了良好的广告承载,创造了宁波电视台周播节目收视率的新高,并全程承办了“宁波市第三届广告创作大赛”。宁波大剧院携手上海戏剧学院制作大型原创话剧《我在丹山赤水》,在宁波区域及江浙沪地区巡演39场。广告主业经营受到电视剧“限插令”、电视收视率下降等不利因素影响,经营形势十分严峻。困难面前,集团多次进行专题研究,积极调整市场策略,努力建立与客户的直接联系,加强与产品经销商的沟通,多渠道培养合作伙伴,保证了广告经营收入的稳定。

坚持抓重点难点,不断拓展经营创收新的增长点。宁波数字电视有限公司经过多年努力,完成了宁波数字电视基本收视费价格调整工作,同时,夯实网络平台建设,完成了互动点播平台的扩容和高清播出系统的建设,大力拓展网络增值业务,业务收入同比增长18.6%,被评为宁波市第三批文化产业示范基地。列入宁波文化产业“1235工程”的广电传媒大厦建设用地得到落实,前期工作已着手进行。在突破重点难点工作的同时,集团继续加大新经济增长点的开发投入力度。出资5000万元,与浙报新干线传媒投资有限公司等共同发起设立了浙江亿品创业投资基金，基金规模为3.75亿元，开展文化产业、网络信息产业和海洋经济、节能环保、绿色循环经济等投资；适应"三网融合"发展需要，积极参与省级IPTV集成播控平台建设；积极推进宁波网络广播电视台建设，组建宁波纽米地传媒科技有限公司，开通运营宁波广电网；加快6944影视创作基地开发建设，成立了宁波市6944酒店管理有限公司。移动电视进地铁项目也取得了实质性进展。

温州广播电视台产业经营

2012年度，温州广电总台广告创收3.62亿元，创历史新高。广播各频率广告创收达8436万元，同比增长25.69%，增幅位列全省第一，创收额度位列全省第二。其中交通频率人均创收超百万元，位列温州市级媒体第一；新闻综合频道单个频道广告投放量超过一个亿；公共民生频道连续多年实现高增长，广电报实现自身跨越式发展，同比增幅达31.46%。

全年进一步完善各项广告经营管理机制，出台《集团广告合同、订单管理的规定》，进一步规范广告、业务合同签订和审批流程，提高集团广告经营管理质量；制定了《电视医疗公益广告播出的规定》，进一步明确电视各频道医疗公益广告的播出政策，规范播出行为；总台信用分数继续保持排名优秀，12年信用分数排在全省第五位，完成了年初集团领导制定的排名全省中上游的要求。同时进一步明确信用分数的奖励惩罚机制，根据原有规定，特别通报表彰了交通频率与新闻综合频道两家单位。

2012年温州广电总台产业拓展工作按照"创意主导、传媒特色、多元开发"经营思路逐步完成市场经营体系构建。其中文化创意产业园区板块这一最大的投资项目，于年底成功开工建设。园区以文化创意产业和科研为主，按规定配套商业设施，兼顾商业，在开工后的5年内将完成约20万平方米的文化创意产业用房和9万平方米的配套设施用房；视听媒体产业板块以数字移动电视公司为龙头经营主体，充分发挥无线数字信号发射、地面接收的"点对面"信息传播模式，秉承"新闻资讯为主，关注民生为本"的理念，着重在提高整体形象和节目质量上下功夫，进一步丰富了节目形式，增加了节目信息量。全年经营指标稳步增长，全年总创收800万元，实现利税245万元；文化演艺产业板块以温视文化传媒有限公司为龙头经营主体，兼容电视剧制作中心和华瓯广告公司，经营会展业、演艺活动、广告、影视剧制作等文化产业。与市委宣传部和省广电集团等单位联合出品摄制的电视连续剧《温州一家人》，被中宣部和国家广电总局发文确定为向党的十八大献礼剧，于党的十八大期间在央视一套黄金时间播出，取得央视全年电视剧收视率的第一名，其政治影响和社会影响都非常之大。之后我们还用温州话进行了配音和播出，温州市委、市政府主办了该剧的温州首播新闻发布会。中央电视台、省委宣传部先后三次组织召开《温州一家人》专题研讨会，总结推广成功的经验。《温州一家人》的成功创作和播出是我台去年工作的最大亮点，它为正面宣传温州、温州人和温州精神起到了重要作用，为温州发展提供了正能量；幼少培训教育板块以温州广播电视艺术培训中心为龙头经营主体，兼容幼儿园、艺术团、广播电视少儿栏目、少儿电视剧制作等资源，打造广电艺术教育产业。培训中心于2012年8月正式对外招生，开设语言表演、少儿舞蹈和少儿声乐三大专业。本着高起点、创品牌、出佳绩的办学理念，培训中心除充分利用自身的平台优势和主持人、播音员亲自参与语言类专业授课的基础上，还与温州少艺校强强联手，联合办学，其中少儿舞蹈和少儿声乐两个专业的授课老师均由温州少艺校的教师担任，办学优势凸显；幼儿园2011年顺利通过省二级的评估验收和"温州市绿色幼儿园"称号；网络产业板块实现广电网和广播网的合并，使用统一呼号：东海网，统一使用wztv.cn这一域名。依托电视和广播节目优势资源，东海网将结合有影响力的推广活动，形成有效的网台互动，实现温州台全媒体发展的战略部署。同时，在这一过程中集中力量建设具有网络特征的特色栏目和品牌活动，使东海网最终成为依托总台优势资源、具有一定影响力的区域新闻视频门户网站。

温州台参股的的中广有线温州分公司2012年积极拓展高清互动、付费频道、有线通宽带、数据专线等数字电视增值业务。全年共发展高清互动6305户，现在网高清用户16182户，新增有线通宽带2975户，现在网有线通宽带25103户。总计创收2.39亿元。

2012年，市区数字电视整体平移全力推进，截至11月底，市区数字电视平移覆盖面已达100%。把服务年的宗旨作为今年工作的重中之重，大力着手对各方面服务质量的进行跟踪，及时了解对客户在营业厅办理业务，维修人员上门的处理故障，在用户上门投诉等方面做了细致的需求，绝不因为事小而小视，绝不因为影响范围小而忽视，绝不因为理由充足而无视，尽量把各种突发情况消灭在萌芽状态。为确保平移工作的顺利进行，在平移过程中，做好组织、宣传、器材、运营等方面的保障，加强运营和服务管理，按计划分步骤实施，整合社会资源，为快速推进奠定人员基础。

为提高接听电话能力，解决56785678电话难打的问题，对呼叫系统进行了升级改造，新系统的使用将进一步提升服务能力，方便老百姓电话咨询、报修和投诉；为及时了解用户对服务质量的反映，创立服务了评价体系，通过评价器、电话、短信等方式让老百姓直接对营业人员、安装维修人员的服务进行评价、监督，从而进一步提高服务质量；同时修订完善了客户服务流程，对营业厅、安装维修人员的服务作出规范。

在广泛征求各方意见的基础上，充分考虑用户需求，切实结合工作实际,2012年度推出了十大利民惠民措施：一是增加数字电视基本频道，提高信息服务内容；二是推出家庭全套餐业务，可囊括数字、宽带等全方位家庭视听及网络服务需求，数字宽带一网到家，实现服务多元化；三是开展上门办理数字电视业务服务，将民众需求视为第一要务；四是开展数字电视服务进小区活动，将群众呼声作为服务导向；五是增加收费缴费渠道，方便老百姓缴纳数字电视收视费；六是为70岁老人开通亲情通道，方便老年人办理，弘扬尊老爱老传统美德；七是机顶盒降价让利于民，让更多的用户分享到数字电视的精彩、高清电视的清晰、互动电视的自主；八是对低保户、特困户、伤残军人等特殊群体，有线数字电视基本收视维护费实行相应减免，并加大减免力度；九是建设新的呼叫中心系统，提高客服接听能力，提升服务能力，创立服务评价体系，进一步提升服务质量；十是保留七套模拟电视频道，并提供免费维修服务。

温州市各县产业经营

苍南县

2012年，苍南县广播电视台坚持以灵溪、龙港等中心镇为重点，按照先城镇后农村、先易后难的原则，投入了大量人力、物力分阶段稳步推进有线电视双向网改造和数字电视整转工作，截至2012年12月31日，网络数字化改造累计完成固定资产投资13626.18万元，完成总任务(2.15亿)的63.4%，其中本年度1-12月份累计投资6531.08万元，完成年度计划(6000万)的108.8%。2012年完成数字电视整转8.5万户，完成年度任务(7万户)的121.4%。全县双向网改造已累计完成12万多户，完成总任务的61.2%。

平阳县

平阳县广播电视台有线电视网络双向化改造和数字化整体转换工程投入资金4650万元，网改58300户，整转88700户。截至2012年12月，该县网改及整转已投入资金9890万元，完成有线电视网络双向化改造12.8万户，数字化整体转换13.5万户，发展互动电视用户2544户。数字电视播出平台传送数字电视节目102套，高清节目7套，数字广播节目11套和近3万小时的互动电视节目。

洞头县

2012年度，数字网改整转工程列入洞头县重点建设项目计划，全年的工作重点是继续推进有线电视网络双向化改造和数字电视整转工作。根据进度安排完成了项目工程图纸设计及器材招投标各项准备工作，完成了项目施工队招投标前期准备工作。4月份，根据省市的要求，启动了广播电视“一省一网”整合工作。成立了台广播电视有线网络整合发展领导小组；完成了人员性质调查、人员意向调查、资产清查、岗位初步设置、框架协议签订、资产审计和资产评估等工作，县委常委会通过了实施方案。截止2012年底，覆盖有线电视用户1.1万户，网络经营收入631万元。

永嘉县

2012年网络总收入5700万元，同比增加1470万元。其中全年收视费收入3386万元，同比增长41.02%。全面清理不良广告，停播非法医疗、药品广告，全年广告创收348万元。

2012年完成固定资产投资6692万元，完成网改7.6万户，实现整转61239万户。投入资金200余万元，完成8个机房的改造和装修。拟定“一省一网”整合方案和人员安置方案(讨论稿)，申报公司组建。

至2012年底全县低保总数11238户，其中2012年新增低保805户，取消200户。整转地区的低保户100%继续免费收看数字电视。

湖州市广播电视台产业经营

一、以广告为主的产业经营情况

2012年，湖州市广播电视台在面对诸多不利因素的环境中，紧紧围绕经营创收转型升级这一主题，及时调整完善集团经营管理机制，确保了良好的产业经营秩序和健康发展，各产业经营市场运营良好。

1.广告经营

2012年，湖州台广告中心的广告创收指标为9200万。湖州台广告经营通过阶段性的目标任务分解、优化资源配置，规划全年工作任务，真抓实干，成效明显。2012年广告实际到款8851.4万元，同比增长4.1%；播量9046万元，同比增长1.1%；签约量1.0853亿元，同比增长3.47%，实现了到款、播量及签约量的同步增长。

2012年广告经营主要呈现以下亮点：

（1）电视广告承载分布结构日趋合理

2012年，新闻综合频道广告承载量占整个电视份额的42%，文化娱乐频道占整个电视份额的20%，公共民生频道占整个电视份额的24%。三个电视主频道广告承载分布结构得到进一步优化，新闻综合频道广告承载得到进一步强化，龙头引领愈加明显，呈现绝对优势，充分彰显湖州电视台以新闻综合频道为中心，以文化娱乐频道和公共民生频道为基本点，以UTV导视、新起点、阿通频道为辅助点的电视广告承载特点。

（2）品牌优质广告对外拓展有力。市外广告经营稳健，得益于有稳定的大客户和战略合作伙伴。2012年市外部在服务好老客户的同时，积极拓展新客户。通过多次的洽谈、沟通，先后拿到水井坊、必胜客、湾仔码头、通威等11个品牌优质新客户的订单。

（3）试水活动拓展创收方式，活动举办渐显成效。2012年在策划部、汽车部的协助下，市外部举办了“幸福多一点”大型电视真人秀活动及“乌镇自驾游 桐乡逛世贸”的线下活动，既实现了广告创收的增量，又通过为客户策划线下活动，直接拉动现场效益，争取到新客户。2012年，房产部结合客户需求，分析市场变化，在活动中不断探索和融合新的元素，如跨业务部门的合作、线下活动的开展、广告资源置换的尝试、不同广告媒体同时发布活动信息等多种活动营销新方式，取得了良好的效果。

（4）创新内部机制，进一步挖掘市内广告。尤其是由营销策划部策划的献礼两会特别专题，是总台媒体转型升级，整合全媒体，打造融媒体的有益尝试，带来良好的社会效益。2012年，贺年广告招商达到306万。新客户的拓展颇具成效，通过为客户量身定做特色广告宣传品等增值服务，2012年，在新客户的开发上，取得了300多万元的广告量。如南浔银行、喜悦星珠宝等。

（5）乡镇广告开发战役有所突破。借助节目优势开拓乡镇广告创收是2012年市内二部的工作重点之一。市内二部结合乡镇特色，拿出各项方案，于德清洛舍、妙西、埭溪三个乡镇进行了合作，2012年取得初步成功。

（6）营销方式创新初见成效。活动营销是创收的重要法宝，市内二部结合时政，让文化产品融入企业产品，尝试走出一条社会效益和经济效益双赢的新路子，在“2012天声歌王”的活动中，采取两大媒体强强合作的形式，招商非常成功，在活动推广、市场运作方面积累了一定的宝贵经验。

（7）白金酒礼行创新营销，实现业绩增长。酒类的营销工作是一项全新的工作。2012年，在市场需求发生巨变、茅台总部营销政策调整、营销人员严重缺乏的情况下，通过特定的品鉴活动、个性化的定制、跨区域盘活资源等营销新法，圆满完成总台下达的营销目标。

二、产业经营

2012年，湖州广播电视台充分整合媒体资源，创新体制机制，通过拓展发展空间、创新发展方式、加大改革力度等做法切实推动广电产业转型升级，已初步形成了包含广播电视、广告经营、报刊网络、影视演艺、网络工程等在内的综合传媒企业，实现了文化产业的互动良性循环。全年实现系统总创收2.87亿元。

一是积极拓展相关产业，延伸广电的文化产业链。

在做强广电媒体主业同时，充分挖掘广电报、传媒网、影视制作和信息发布等媒体资源和平台，传媒文化产业空间得到新拓展。一是明晰产业发展主体，组建广电发展有限公司。2009年，成立了独资的湖州广播电视发展有限公司，下设梅地亚文化艺术中心、移动多媒体公司、天开影视等产业主体，尝试开展婚庆礼仪、CMMB网络电视、影视剧拍摄制作等业务，又取得了湖州地区"平安浙江"视频联播网项目的经营权，目前已经在商业、金融、医院、交通等人流密集区落实终端，该网通过华数网络，具有实时联播、及时直播、随时监播以及点对点播出的技术优势，项目预计年收入400万以上，为拓展户外宣传平台走出了第一步。二是整合相关媒体资源，组建报网中心。依托"三网融合"进程，于2009年将湖州广播电视报与传媒湖州网进行合署，组建了报网中心，对外为湖州广电报社有限公司，进一步加快传统媒体与新媒体的融合，尝试推出适合电视、网络、手机三屏播出和收看的ITV资讯频道，积极开拓报纸网站与线下贸易的互动，呈现了良好的发展势头。三是市场化运作文艺团体，打造演艺品牌。组建已10年的湖州广播电视艺术团是专业的文艺演出团队，一方面积极配合主题开展公益活动，每年完成文化大篷车文艺下乡30场，同时还面向市场自主经营，产生了较好的社会效益和经济效益。2009年，集团投资1300万元入股湖州银行，尝试资本运作。本着宣传事业和文化产业协调发展的理念，在取得初步经验的基础上，整合两区有线电视网络资产，通过与杭州华数的股权置换，筹集1.54亿元，作为广电文化产业发展的资金。2011年，与茅台集团建立战略合作关系，开办白金酒礼行，代理销售高端白酒。2012年总台相关产业项目收入1846万元。另外，总台投资拍摄的数字电影《盖世武生》获省"五个一工程奖"，纪录片《壮别天涯》获省牡丹奖，由总台下属的湖州天开影视文化传播有限公司投拍的26集电视剧《理想男友塑成记》正在送审过程，25集《梦想女友改造记》也完成初剪工作。

二是扎实推进重点项目，夯实广电产业发展基础。

湖州广电梅地亚文化中心项目是湖州市文化产业重点建设项目，该项目于2011年12月启动项目建设，预计2013年底可交付使用。项目建筑面积42000平方米，总投资1.54亿元，是一个体现广电特色的，集节目生产、新技术应用、文化产业经营为一体的文化产业基地，目前已确定四个招商项目，分别为电影院线项目、婚庆酒店项目、文化艺术培训项目及广电云服务平台项目等，并专门成立了产业招商、技术规划、综合保障等工作小组，积极稳妥推进招商工作，为下一轮广电产业发展奠定基础。

2013年，将以梅地亚文化中心平台为依托，着力培育一批文化产业项目。以开展"两看两比、聚力发展"为契机，以深入开展"产业发展攻坚年"等"五个年"活动为抓手，努力打造湖州广电文化竞争力，提升文化传播魅力，开创科学发展的新局面。

三是大型活动部（艺术团）

2012年，湖州台大型活动部（艺术团）经营创收保持平稳态势，2012年大型活动质量稳中有升，积极投身到市场并努力开拓市场，寻找新的客源，并不断转变经营方式，通过多种渠道，加大了市场的开发力度，取得了一定的成效，先后完成了珠海乐通化工股份有限公司、通威股份有限公司等上市企业的合作，同时加大了与新光农机等本地企业的联合，取得了很好的收益。先后策划和承办了感动湖州、金牌导游大赛、文明五星颁奖、湖州市慈善晚会等多项大型活动，签订各类经营合同近300万元。在做好大型活动创收的基础上，充分发挥专业艺术团队的优势，努力挖掘演出市场的潜力，与总工会达成合作意向，承揽了文化下乡的演出任务，社会效益和经济效益取得共赢，同时加大对外演出市场的开拓，首次与扬州广电总台合作，承接了中国扬州美女大赛的演出，演出收入达到近60万元，完成演出近80场。同时努力打造文艺精品力作，10月与杭州新青年歌舞团合作完成了舞剧《寻找雷锋》的排练和公演，开创了广电艺术团建团10年来的辉煌成绩。该剧被杭州市文化局确定为"五个一"工程重点剧目，同时开创了民营艺术院团联合共赢的新模式。

四是报网中心（传媒湖州网、湖州广电报）广告经营情况

2012年报网中心紧紧围绕"以网站为中心、以经营为主线、以活动为平台、以创收为保障"的工作思路，全年创收530万元，其中广告创收完成436.9万元（网站完成创收63万元，比上一年增长四倍），比去年增长6.43%。主要有以下亮点：

1.依托活动，加强创收。依托活动，加强创收。为提高报网的经营创收能力，全体人员想方设法拓宽创收渠道，以活动为载体，提升报网影响力，成功举办了"2012首届南浔汽车博览会"、"纳凉晚会"等多项活动，从而加强广告创收力度。

2.提升发行，促进创收。发行量影响报纸传播力，传播力决定影响力。以提高发行量来带动经营创收。报网中心积极利用全台资源优势，从电视、电台及传媒湖州网等各渠道，做好征订宣传，打开市场，

赢取读者。一是与湖州华数合作,在数字电视、互动电视宣传推广中以赠阅广电报的形式进行读者数据库开发,达到资源共享,双方互赢,还争取到公司订阅全年湖州广电报1万份,作为对互动用户的回馈,提升了广电报的发行量和高端客户群。二是继续维护和建立大单客户,积极主动进行集体征订;与居委会、社区合作,进行个体客户群征订。三是利用大型活动,进行自我宣传,在活动现场进行报纸征订,稳固老客户,挖掘潜在新客户。四是结合重要宣传节点和全市重大活动,我们在推专刊时,在中心城区人口密集公共场所,例如湖州大厦、浙北大酒店、国际大酒店、丽池会所、医院、太湖沿岸各酒店等地进行报纸派送,扩大宣传力度和见报率。

湖州市广播电视台有线广播电视网络与数字电视公司经营情况

1.总体经营情况。2012年公司经营收入16725万元,各项经营支出15986万元,较上年增长47.90%,其中,成本类支出8788万元,占比55%,营业费用支出3277万元,占比20%,管理费用支出3277万元,占比21%,财务费用支出385万元,占比2%,税费支出363万元,占比2%。2012年累计投资5403.01万元,其中网络改造投入3565.03万元,机房建设与改造180万元,机器设备与平台建设141.42万元,其他固定资产243.81万元。

2.加快城乡一体的数字电视建设。公司平稳完成第三期停模工作,进一步加快推进城乡一体化广电网络双向化、光纤化改造,累计改造双向网用户220503?户,累计完成双向化改造小区378个,双向网改造行政村?564个。在"全省广电惠民服务工作考核"中连续2年被评为示范单位。

3.加强现代化企业管理。搭建了适应市场和内部发展需要的全新组织架构,以提升业绩为导向,以开发和保障业务为主线,同时按照属地管理原则把基础性工作重心下移到分公司,实现条块结合管理。同时,进一步推行年度KPI目标管理和年度绩效管理,并与薪酬体系紧密挂钩,完善年度分配、考核和激励机制,确保各项指标圆满完成。

4.加强财务管理。做好资金和物资管理,一方面,合理调配资金,新增信贷渠道以缓解资金压力,另一方面,合理控制器材及机顶盒的库存量,器材库存金额从年初的1100多万降到400多万。同时,抓好旧网的拆除及废旧物资的回收再利用,节约成本近30万元。

5.上线运营网上营业厅。湖州华数一改以往以人工收费为主,银行代扣为辅的传统缴费方式,正式上线运营网上营业厅。用户通过登录网上营业厅可以24小时自助办理缴费、节目订购、设备购买等业务。截止2013年3月底网上营业厅成交额累计达到7,2161元。为满足消费者的消费习惯和消费需求,公司还在淘宝商城开设旗舰店,为广大用户开辟便民服务通道。

6.全力拓展新业务。面对全省广电网络融合发展和下一代广播电视网建设,2012年公司经营的业务全力拓展为互动电视、宽带接入、融合通信、行业应用,云宽带业务、广播电视信息化服务平台、视频会议等特色业务受到社会各界的持续关注。

一是云宽带业务全员推进。根据省公司统一战略要求,云宽带业务成为公司下半年重点工作,公司广泛动员全体员工认清形势、把握方向、共同推进。宽带用户本年净增6865户,累计发展到14067户,其中华数云宽带3567户。

二是浙江华数云宽带TV2.0全业务落地湖州。在全省有线网络基本形成统一发展格局的形势下,浙江华数云宽带TV2.0业务以湖州为试点全面推广,助推三网融合和下一代广播电视网建设。

三是广播电视信息化服务平台建设有序推进。广播电视信息化服务平台项目在政府宣传和社会化管理方面发挥了重要作用。各乡镇站与当地村委紧密联系,把建设农村信息化工作与推进互动村结合起来,作为拓展农村市场的一个突破口。同时,积极探索行业信息化应用,逐步完善整体的广播电视信息化服务平台。

四是数字电视远程教育平台启用。湖州"数字电视远程教育平台"是市委组织部远程办与湖州华数共同建设的项目,公司已为石淙镇及下设的7个村设计了8套农村广播电视信息化平台,在平台中突出以党员群体为受众主体,逐步实现现代远程教育和党员干部学习的有益结合和良性互动。

五是高清视频会议系统建设顺利完成。高清视频会议系统是湖州华数新开发的利用城域网及机顶盒点播技术进行实时高清视频会议的系统。目前已平稳召开两次吴兴区全区视频会议,顺利实现区政府600人会议室主席台实时观看各乡镇视频会议现场。

六是新业务试点运行。公司与湖州市公安局科技信息处合作试点数字电视“精灵泡泡”项目，提供个性化的信息推送服务，在台风“海葵”来袭期间，对市区内近30万数字电视用户的机顶盒推送台风消息，有效提升全市公共信息应急发布能力。与湖州市公路运输管理处就信息化平台、应急系统、视频监控等多个领域开展长期合作达成共识，成为积极寻求业务拓展新模式的一个重要实践成果。

德清县广播电视台产业经营

2012年，德清县广播电视台在网络业务经营上推行“网格化管理，区域化营销”的服务运营新模式，全年新增数字电视终端23340个，数字电视终端总数已达210244个，发展宽带15000户，并加大数据业务拓展，建成德清农村信息化服务平台，在监控、智能化工程、宽带数据业务等方面实现了较大突破。2012年产业拓展也取得新成效，新组建了德清广腾广告公司和德清广电物业管理公司。所属广田汽车销售公司汽车销量稳步上升，经济效益进一步显现。

长兴县广播电视台产业经营

2012年，全面完成环网工程建设，网络传输的安全性得到有效保障；顺利实现数字电视网络升级，进一步丰富和满足了群众文化需求；成功试点运行村级便民服务综合信息平台建设，确保2013年实现全覆盖；“一省一网” 整合发展工作按上级要求有序推进。积极创新增值业务发展模式，提出“保基数、降成本、促增长”的总体思路，引入相对利润ARPU值(每用户平均数)概念，将部分网络器材成本核算纳入增值业务考核，加快市场化运作步伐。进一步加强乡镇广电基础设施建设，目前已有9个站达到了省级乡镇广播电视站建设标准。成功开通数字电视费用“银行代扣”一户通业务，方便了用户。

安吉县广播电视台产业经营

2012年，安吉县广播电视台依托广播电视数字网络，完成了“美丽乡村信息服务中心”县级播控平台和50个村的村级平台建设，将便民服务触角延伸至农户家中，实现群众从“办事不出村”到“办事不出门”的转变。该项工作得到省、市、县各级领导的高度肯定，时任省委书记赵洪祝做批示。自行研发的“广电综合管理软件”和“视听评议软件”，获得国家专利，并在周边省市县各级广电系统逐步推广使用；引进GIS资源管理系统进行工程测量数据管理，极大地提高了工作效率和数据精确度。同时，拓展网络增值业务，落地并销售高清节目，开通数字电视时移、高清点播等功能，发展宽带、数据业务，全县新增电视用户4700户，发展宽带用户17000户，网络收益实现稳步提升。

嘉兴广播电视台产业经营

(一)以广告经营为主的产业经营情况

2012年，嘉兴广播电视台的广告经营工作经历了极不平凡的一年。面对严峻的经营形势，上下齐心协力，攻坚克难，到年底顺利完成年初确定的目标任务。主要做法：一方面，加强广告经营与管理。不断提升广告经营理念，拓宽广告经营渠道；继续加强广告监管工作，提高广告播出质量，提升频道频率形象。全年共审核广告合同及广告订单近千份，抽查频道广告近五万条次。由于严格把关，提高了广告的信用指数。据省工商局广告监测表明，2012年嘉兴市广播电视台广告信用指数综合排名列全省广电媒体第四名，城乡生活频率广告信用指数为全省广播频率第一名。公益广告播出超过规定比例。另一方面，创新广告经营管理机制。对广告运行体制作调整，成立广告大中心，并通过竞标上岗的方式产生广告中心主任。年底，初步实现了广告新老体制的平稳过渡，建立广告大中心新的运行机制，提出“重策划、提品质、促双赢”的广告经营理念，整合原有收费栏目资源，重点策划推出“第一楼市”、“第一车市”和《HELLO!嘉兴》等几档以创收为目的的自办栏目，为增加广告创收提供一个良好平台。

(二)有线广播电视网络与数字电视公司经营情况

1. 有线广播电视网络建设情况

嘉兴华数目前运营的网络有HFC网络和数据网络(其中数据网络又分为基于IP城域网、IP城乡专网、10G MSTP环网)。有线电视前端分为模拟平台和数字平台，建有市内有线电视光传输环网和至五县(市)有线电视光传输环网。小区IP宽带网络市内覆盖率超过99%，采用光纤收发器+LAN、光纤收发器+BIOC、EPON+LAN、EPON+BIOC、EPON+EOC等多种接入方式实现终端用户接入。2012年,完成规模小区建设近30个,完成新增POP机房建设5个,POP机房扩容9处;采用EPON接入技术完成70多个宾馆类集团用户IPTV接入网络建设和改造工作,实现面向终端的管理控制。

2.数字电视经营情况

2012年,嘉兴华数大力推广高清互动电视,推出高清TV2.0产品等高清互动业务套餐。截止12月底,发展互动电视用户近8000户(其中高清互动电视用户6000户),宾馆酒店等多终端客户新增3015个终端。同时,嘉兴华数积极拓展增值业务发展,年内启动行业应用项目,主要包括党员教育、村务信息和企业之窗,加快集团团购业务和互动村的拓展。

3.社会影视产业及其他广电传媒产业经营情况

嘉兴市广播电视台继续探索集团化发展路子,着力完善公司治理结构,进一步理顺领导体制和管理模式。重组嘉兴广播电视集团有限公司,调整集团公司董事会、监事会及经营班子,实行领导班子成员双向兼职,克服"两张皮",减少集团与集团公司运行的矛盾,建立了科学决策、高效执行、有效监督的运行机制,保证集团内部统一高效的决策要求。

(一)继续抓好广电工程、器材等传统业务。工程建设方面,严格落实工作管理流程和单个施工流程,对施工项目实行专人项目负责制,大大提高工程进度和工程质量;同时,积极承担了嘉兴华数公司的开、停机及补装工作,以及尝试着承接安防、弱电一些小工程的电缆铺设和施工安装。器材经营方面,落实"抓传统、重服务、求拓展"发展战略,严把器材出入库质量关,及时做好器材售后服务;在确保做好嘉兴华数和各乡镇站器材购销等传统业务外,积极开展器材配对等业务,年内共配对五万余台机顶盒。注重开源节流,有效地控制各项费用,减少成本开支。

(二)调整经营战线,增强企业效益和活力。"整合"嘉兴广电传媒有限公司,停止12355青少年服务台、彩虹社工、慈善帮困100、《新禾商》杂志等经济效益不佳的业务,引进《南湖文化》、异地商会杂志等创收兼具利用政府、协会资源的业务;整合《嘉兴楼市》、婚博会、《月河尚》、江南鸳鸯湖相亲会等优质业务,实现所有业务的良性运作。二是调整经营战略,由以往房、车、消费单一的创收结构跨界向广告经营多元化发展,搭建政府与企业、企业与企业、企业与院校、科研部门的展示和互通平台,打造新的经济增长点;在发行运作中,实行全年滚动发行,稳定市本级市场份额,开拓县市发行市场,以广电报改版为依托,推广和加大零售。三是继续做好活动营销,如与浙江电视台6频道合作举办"2012《相亲才会赢》走进嘉兴特别活动"、"梅芳美食节"活动等,通过专项活动挖掘广告业务空间。现有报纸、频道、网站、杂志平台相互开放,互动宣传、相互支撑、相互塑造,充分发挥平台优势。年内,嘉兴广播电视报在"第五届中国品牌媒体高峰论坛"中获2011-2012中国最具品牌价值广播电视报/城市生活周报10强奖项。

(三)积极推进江南传媒文化产业园区建设。整合文化创意产业园区建设发展工作,新园区发展公司完成注册登记。坚持建设、招商、服务、推介多措并举,江南传媒文化产业园区建设各项工作稳步推进。年内,完成土建2.538万平方米,9个企业总部的江南庭院式办公大楼已结顶,完成了一期规划的17.5%。成功举办第三届长三角国际动漫嘉年华活动,吸引全国各地参展商120余家,接待观众近两万人次。广泛接触各方文化客商,与中国作家出版集团签订了"百城映像"影视项目落户协议;与国家话剧院、PPTV等在业界有影响力的文化企业达成合作意向,年内,新增入驻企业8家,新增注册资本650余万元。

嘉善县广播电视台产业经营

2012年,嘉善台数字电视新增机顶盒189143只,数字电视终端数已达19.67万只,整体转换率达到85%。因特网个人用户数为12000户。继续发挥政务网基础优势,开拓各种虚拟专网应用,2012年虚拟专网新增81个点。承接了姚庄"水利圩区远程控制系统"联网项目,完成了分布在丁栅区域10个河道口的水闸监控点专线联网工作;改造提升了城区25个主要路口的交警监控线路。承接了卫生局、邮政银行、房产中心等7个单位的嘉善至嘉兴光纤专线。此外,服务器托管和空间租用业务稳步增长,集团个数累计净值59个。

平湖市广播电视台产业经营

2012年,平湖市广播电视台加快数字电视整体平移工作,全市96个村全部完成数字电视整体平移。至年底,全市数字电视总数为157885户(261090端),整转率98.8%(有线电视实际使用总数159812户),其中广播式239265端,互动21825端,,宽带总数为16756户,约占全市宽带总数20%。2012年在全面停播药品、保健品、医疗三大类广告,每年减少广告收入约400万元的情况下,全台经营性收入继2011年之后,连续第二年突破亿元,达10543万元,其中广告收入2067万元。

海盐县广播电视台产业经营

2012年,海盐广播电视台推进广电网络改造和数字电视增值业务发展。县城城区有线电视双向化网络覆盖用户3.14万户,双向化改造率覆盖为98%;农村有线电视双向化网络覆盖用户2.69万户,双向化改造覆盖率为34%。新增数字电视用户8006户,全县累计数字电视用户123000户,数字化率达到96.19%;新增宽带1721户,累计宽带5221户,占数字电视用户的4.2%;新增高清互动1129户,累计双向互动3657户,占数字电视用户的2.9%。

海宁市广播电视台产业经营

2012年,海宁市数字电视终端数已达37万多台,其中交互式1.4万台(含高清0.5万台)。同时广电增值业务不断发展,完成了交警专网、公安信息网、医保网、政务外网等项目,新增数据业务点217个,搬迁业务点25个。全市网络建设工程立项共142只,其中已验收128只,完成了鹃湖水库区块东环网、长安学院西侧等15条561千米的主干线路迁移,完成12.5千米地埋管理线建设。加快推进HFC网络860M升级工程,基本完成农村网络升级,确保高清频道和新增频道的收看效果。

桐乡市广播电视台产业经营

2012年,桐乡市实现了56个行政村网络改造,全市实现了数字电视全覆盖,当年度新增数字电视电视用户52142户,新增广播数字电视终端80075个,发展互动电视5千多户,互动终端7101个,高清终端1207个。在继续实施广播电视"清屏工程"的同时,全年完成广告收入2500多万元。广电网络实现主营业务收入11512万元,完成年度指标的124%。

中国(浙江)影视产业国际合作实验区落户海宁

5月8日,国家广电总局批复同意在海宁市毗邻杭州区块设立中国(浙江)影视产业国际合作实验区,这是全国首家定位于影视产业国际合作的国家级影视基地,也是浙江省继横店影视产业实验区、杭州滨江影视动画基地后的第三个国家级影视产业基地。中国(浙江)影视产业国际合作实验区以影视国家化合作为特色定位,由杭州市、海宁市、浙江华策影视公司三方整合优势资源,共同合作建设,总部设在杭州,基地建在海宁,实施政府主导、企业主体和全球市场配置的全新发展模式,与横店影视产业实验区实行优势互补、错位发展。5月29日,中国(浙江)影视产业国际合作实验区授牌仪式在海宁举行。授牌仪式上,省委书记、省人大常委会主任赵洪祝致信祝贺,省委常委、宣传部长茅临生向海宁授牌。嘉兴市委书记、市人大常委会主任李卫宁等出席授牌仪式及影视文化产业国际合作实验区建设交流座谈会。实验区位于盐官观潮景区附近,项目规划用地面积133.3公顷(近2000亩),总投资10亿元以上。2012年,实验区完成规划编制、征地拆迁等前期工作,入区影视企业90家,制作影视剧近300部集,其中《老爸的心愿》和《妈妈的花样年华》列入十八大重点献礼剧,《一克拉梦想》、《幸福的面条》出口韩国等东南亚国家和地区,基地实现年营业收入超5亿元。

绍兴市广播电视台产业经营

2012年,绍兴台艰苦开拓,加强策划、积极营销、拓展市场空间,在逆境中实现新的增长。全台全年完成经营收入2.6亿余元,其中广告营收1.2亿元,网络公司营收1.47亿元。

1.广告经营优化结构,规避风险力保增长

2012年,困难面前,绍兴台广告管理和经营部门同舟共济、密切协作。广告管理部积极做好数据统计、编排制作、广告监管、沟通协调等工作,并加强经营调研和数据服务。广告公司以变应变,在外地大客户减量42%的情况下,增加植入式广告和联办栏目的份额，创办节会、组织创意营销活动，全力挖掘金融、房地产及食品消费类市场的增长空间。从而使绍兴台广播电视本地广告总量首度突破50%大关，达到51%。规避了外地广告波动带来的市场风险，全年完成广告营收1.2075亿元，增长3.21%。

为净化广告内容，绍兴台主动削减不良医疗广告，医疗医药专题总量同比锐减42.6%。从7月份开始，广播广告开始模拟分频经营，各频率频率参与经营的积极性得到充分调动，全年广播广告播量突破1700万元，超额完成全年下达的指标。

2.数字电视优化升级，高清互动同步推进

扩大产品和渠道规模，提高产品价值和吸引力是绍兴台网络公司2012年经营工作的一大亮点。

年初以来，网络公司将3D电视试验频道加入数字电视平台中播出，新增CCTV-高清和CCTV-1（高清）两套高清频道的回看功能，引进上海文广新视觉四套高清直播频道，电提升视观看效果。同时，打造数字电视双向互动平台，拓展文化信息服务能力。一是聚焦文化主题活动。网络公司在绍兴市第21届金鸡百花电影节、公祭大禹陵、兰亭书法节等大型文化活动中，开辟数字电视文化传播专区，提供视频点播服务，社会效果良好。二是提升服务内涵。将《绍兴理论》数字电视平台升级为《绍兴学习》频道，成为绍兴市90个部门和单位的重要学习和互动平台；公司还为该频道提供了视频版、电视网站版和互动电视版三种播出平台（模式），《光明日报》对此进行了专题报道；新建的《电视网站》将衣食住行等生活服务信息搬上电视，每月更新500余条；《阳光政务》频道成为50种民生商品价格风向的新窗口，全年发布相关价格信息20000余条次。三是推出个性化服务。建成并实施绍兴市首个村镇个性化互动平台、企业个性化互动平台，开通“电视图书馆”项目，使市民通过数字电视便可实现书目查询、图书预约、图书续借等功能。

目前，绍兴台网络公司已基本实现主城区有线电视宽带网络100%覆盖，并在年底实现镇一级有线电视网络全覆盖。截至2012年12月底，网络公司净增有线电视用户6717户，较去年同期增长54%；净增互动电视用户9908户，较去年同期增长78%；净增付费节目用户7479户，较去年同期增长2倍。公司全年完成营收1.47亿元，同比增6%。

绍兴台其他下属公司和经营部门也不断完善市场化运作机制，积极寻找新的经济增长点。

大型活动与培训部以精品意识做创收活动，成功承办“绍兴市七届一次人代会开幕式”、“第三届越商大会”、“2012年公祭大禹陵典礼”、“绍兴市首届民间巧手才艺大赛”、“大众电影百花奖绍兴大众评委选拔”等大型直（录）播活动20多场，并策划开展“小车模大赛”、“英语达人比赛”、“故事大王比赛”等，全年实现营业额240多万元。

电视剧制作（投资）公司通过广告代理、巩固行政企事业单位专题片制作市场等一些短平快项目，积极寻求利润点，全年完成专题片50余部，营业额超500万元，同比增长350%。同时，还在浙江影视娱乐频道开设《财富榜样》栏目，打破区域限制、拓展播出平台，进一步扩大了公司的市场影响力。

广电报不断提升对社会生活服务资源的整合能力，围绕老百姓衣食住行娱购游等需求扩大创收渠道。同时，及时调整经营策略，对汽车、房产两大块广告实行公开招标风险承包，全年广告创收实绩与去年基本持平。

商务电视积极调整节目形态，制造新的盈利点。通过强化与金融保险行业的深度合作、参与房地产营销全流程，开办旅游服务栏目和打造特色品牌活动等举措，减缓市场冲击，全年发布额达612.6万元。

兰溪市广播电视台产业经营

【有线数字电视】2012年，完成393个村的双向网络改造，架设光缆网络1600公里，开通光节点4060个，覆盖有线用户数62000户。实施数字电视整体转换工作，全年新增数字电视整转用户61895户，累计完成整转用户168368户，全市整转率达95.99%。到2012年底，全市有线电视收费用户数达157810户，数字电视增值用户在线数完成37614户，宽带在线用户数完成10567户。

【广电惠民工程】开展以广播“村村响”、电视“户户通”和“广电低保”为主要内容的“广电惠民工程”。2012年，为6664户低保户免费安装和免费收看有线电视，完善“广电低保”数据化动态管理平台。对诸葛、永昌、梅江、横溪4个乡镇站进行了机房设备更新改造；马涧广播电视站完成装修并投入运行，改善了上华、永昌、女埠三个站的营业厅办公条件。

【广告经营】2012年，推出了乡镇风光风情片、举办兰溪市首届房博会、第二届相亲大会，与金华公司共同策划“兰溪购物节”，拓展外地广告源，全年实现广告创收1100万元。

【广电文艺】2012年，先后举办“我要当演员”、“缤纷六一欢乐行”、“首届戏迷演唱会”、“邮储银行?首届挑战主持人大赛”赛事活动。与浙江电艺影视有限公司合作拍摄兰溪首部自制22集电视连续剧《纺织人家》。

东阳市广播电视台产业经营

广电产业持续发展：扎实有序推进广电网络数字化改造，全市共新建管道41.8公里，完成了282个村共计2194个光缆到工作点改造，实施了新南路、双岘路等10个小区和画水、东江等265个行政村731公里的网络数字化改造。坚持把发展双向数字电视和宽带业务作为加快广播电视转型升级，推进广电事业科学发展的重要抓手和立足点。进一步解放思想,不断创新思路和营销模式，加大绩效考核力度。全年共发展双向数字电视用户6127户，截止2012年底，全市双向数字电视在册用户达到19572户，省广电局张宝贵局长两次来电视贺。结合停模工作，全年发展新数字电视22033户，发放机顶盒34846台，数字电视整转率达147.2%。2012年，坚持以解放思想为先导，进一步创新增值业务营销思路和方式，加大增值业务发展绩效考核力度，全市数字电视达到25万户。通过创办精品节目栏目、加大数字电视宣传和营销力度、安装广告管理软件、创新广告经营方式等措施，培育新的经济增长点，全年广告和视听维护费收缴7000多万元。

浦江县广播电视台产业经营

互动，让电视新闻更好看：把互动引入电视，让单向传播的电视转化为双向交流的互动平台，一直以来都是电视媒体人追求的新目标。2012年3月份开始，浦江广播电视台改变了一贯的“我播你看”的传统模式，开办了一档“新闻短信互动版块”节目。

新闻短信互动版块是一档将电视手段、短信播出有机结合的新闻专题节目。节目时长10分钟左右，播出时间为每周六。节目内容关注当下热点新闻事件以及引起广泛关注、值得讨论的社会现象。新闻事件播出后，观众可通过发送手机短信的方式直接参与到热点新闻事件的讨论中，发表观点，提出意见和建议。而本节目每周会选择精彩短信播出，并从当天发送的精彩短信评论和观点中评选出获奖内容，赠送礼品。

节目开办至今已经播出了49期，共计收到观众短信2289条。通过这种方式，节目不仅提升了电视媒体与观众之间的互动聘度，也解决电视媒体只能单向观众推送信息，而不能即时地了解到观众需求的问题。

衢州市广播电视台产业经营

一是广告经营克难而上。截止2012年到12月31日，电视广告发布量4462万元，与去年同期相比，增长10.5%，增幅居全省11地市前列。全台广告发布量5751万元，与去年同期相比，增长4.5%。全台经营创收总收入达1.04亿元，增长14%。

二是创新开展社会活动。努力克服经济下行、企业效益下降等不利因素影响，以社会活动弥补广告总量不足。策划组织了第二届电视观众节一系列社会活动，实现了社会效益与经济效益的双赢。

三是稳步拓展文化产业。成立了由台长挂帅的产业发展领导小组和工作班子，谋划文化产业项目。利用频道资源优势，通过资本联合投资控股山水庄园大型文化游艺项目《快乐向前冲》，创新了节目形态，衢州市广播电视制作传输中心二期工程，即“衢州数字影视传媒产业基地”项目即将正式启动工程立项报批程序。

衢江区广播电视台产业经营

有线广播电视网络经营情况：

截止2013年4月底，衢江区有线电视光缆达到4000公里，电缆网络5200多公里，光点近1000个，放大器3000多只，有线电视用户9.6万多户，其中有线数字电视用户9.3万户，数字电视整转率达96%以上。设计完成了全区21个乡镇217个行政村的数字电视双向化网络改造方案，大部分行政村利用光点全覆盖，一个光点带50户有线数字用户，目前双向网改比率达到50%。全区行政村有线广播基本通响，广播农村覆盖率超过85%。完成了504个

10户以下自然村的“村村通工程”,“广电低保”工程步入正轨,6063户低保户享受到“广电低保”政策,基本解决了收听收看问题。

龙游县广播电视台产业经营

完成25个行政村网络双向化升级改造，立杆570根,架设光缆229.8千米,新增光节点472个,全县共完成161个行政村网络双向化改造。对城区部分网络较差区域及城乡结合部进行网络优化改造,架设光缆46.5千米，增设光节点239个，涉及用户8000余户。部分酒店网改,增设光节点15个,城区新建管道4.8千米。实现城区数字电视全覆盖,城区停止有线电视模拟信号输出,2012发展数字电视1.05万户,全县数字电视用户达34540户,其中城区28225户,农村6315户。完成“数字新农村”建设方案设计和论证，农村数字电视平移和综合信息平台建设有序推进。农村广播实现村村通、村村响。积极发展宽带业务,累计宽带用户3288户。

江山市广播电视台

有线广播电视网络经营情况

2012年,城区新发展数字电视5678户,互动电视用户1101户。全市乡镇数字电视和数据网用户飞速发展,共发展有线电视3125户,发展数字电视11568户,发展互动电视1764户,发展数据网用户5221户,其中农村新发展数字电视用户是上年同期的3.2倍,新发展农村互动电视用户是上年同期的11.2倍,新发展农村数据网用户比上年同期增长46%。事业总收入5752.24万元,比上年实际收入增加426.23万元,增长7.4%。

常山县广播电视台产业经营

有线广播电视网络经营情况

(一)经营收支情况

1.收入：2012年度实现总收入2480.62万元(有线站收入1223.97万元+网络公司1092.92万元)：其中收入视听费、宽带业务费实现收入2238.78万元(有1145.86万元+网1092.92万元),占总收入的90.25%,宽带业务的收入为63.73万元,仅占总收入的2.56%,

2.成本:本年度公司发生成本费用共计2439.81万元,其中：

(1)主营业务成本2228.24万元：占总成本的91.33%。

营业成本主要分成:工资807.10万元,占营业总成本的36.22%,维护费为606.51万元,占营业总成本的27.22%，电费96.4万元，占营业总成本的4.32%，折旧费509.1万元，占营业总成本的22.85%,其他209.13万元,占营业总成本的9.39%;主营成本。

(2)主营税金及附加:79.4万元,占营业总成本的22.85%,本年度已上缴税金66.75万元(包含上年度1.26万元),未缴税金13.91万元。

(3)三项费用:206.33万元,占总成本的8.46%;其中营业费用25.64万元,管理费用163.29万元,财务费用17.4万元。

(4)营业外支出5.24万元,占总成本的0.2%;

3.利润：实现利润-119.66万元。

(二)工程投资情况

在建工程：完成网络工程总投资459.38万元。获国家专项资金补助372.6005万元。

开化县广播电视台产业经营

有线广播电视网络经营情况

到2012年年底,开化县共发展有线电视用户93542户,包括农村76000户,城区17542户,其中城乡数字电视用户已发展47900余户,宽带用户发展2100余户。2011年网络营业收入约2310万元,占全台营业收入的75%,其中包括视听维护费1042万元,宽带75万元,数字电视收视费667万元等。

舟山市广播电视台产业经营

1.广告收入及其他产业经营创收情况

2012年，舟山广播电视总台开拓广告新市场，在逆境中求突破,下半年起广告创收止跌回升,全年广告收入约4700万元，比2011年增长100万元左右。

转变营销模式。经营人员转变观念,变被动营销为主动营销,开发本地广告,重点拓展房产、汽车、金融类广告,加大品牌广告的引进和播出量。并加强对违法广告的监测、整改，使广告整体结构趋于合理化，促进广告经营可持续发展。为逐步减少高风险广告的投入比例，使广告结构呈现均衡化、合理化，停播新闻综合频道所有违法医疗广告，稳定广告信用指数。清理整顿电视经济生活频道、电视影视娱乐频道部分涉嫌违法广告，确保广告信用指数的回升。全省39家电台媒介中，广播新闻综合频率，广播城市之声频率广告信用指数进入前10名。

以活动促效益。各频率、频道相互合作，资源共享，多次举办各种公益或商业活动，提升社会影响力。"观音文化节"、"明星足球赛"、"戏曲票友大赛"、"年度车展"等活动都取得良好的社会效益与经济效益。

拓展延伸产业。开拓广电延伸产业，培育广告新亮点。把开发户外广告，会展经济作为新的经营思路，实现产业结构多元化发展。

2. 中广有线舟山分公司广播电视网络经营情况

舟山广播电视网络2012年实现总收入6059万元，同比增长14%；实现净利润725万元，同比增长5%。年末，在线有线数字电视用户15.5万户，比上年新增数字电视用户3.4万户。及时跟进房地产项目，全年签订临城新新家园、邦泰中央花城、定海区级乡村示范小区等配套工程合同51个，合同配套建设面积170万平方米，完成有线电视配套工程建设面积120万平方米，涉及有线电视工程用户1.4万户。

依托有线数字电视整转，培育新的经济增长点。推出"套餐预付费 赠送机顶盒"优惠活动，满足用户配置二终端以上副终端机顶盒的需要，拉动付费频道用户的增长。完成天华高清付费节目和高清点播节目以及3D试验高清上线，满足个性化用户的需求。与中国联通舟山分公司合作，9月正式推出舟山"有线通"宽带捆绑业务，实现宽带业务零的突破。加强市场拓展，在卫视落地、集团有线用户、数据专线等方面争取落地保留和费用增加，实现收入同比增加25%。完成数字电视多媒体视讯平台建设，不断提升数字电视服务功能，全面组织实施机顶盒大网升级工作，为开发EPG广告业务提供技术保障。

普陀区广播电视台产业经营

有线广播电视网络与数字电视公司经营情况：

截至2012年12月31日，我区共有有线电视用户138984户，其中数字电视主终端用户103087户，副终端用户43195户，模拟用户35897户，全年视听费收入1777.2万元。完成城区双向网改造16000户，为推进业务发展，提升宽带业务与互动用户市场占有率奠定基础，2012年度发展互动电视用户34户。自2013年2月起以数字电视整转为契机，将致力于全面推动云宽带融合互动业务策略，力争拉动双向业务快速增长。

岱山广播电视台产业经营

按照"一省一网"工作要求，岱山广电做好清产核资、资产评估等工作，同浙江华数签订合作框架协议。继续推进数字电视整体转换，全县数字电视用户突破5万户，乡镇数字电视整转率达71%。顺利完成嘉和园、竹屿新区等居民小区的有线电视停模工作。继续加强网络基础设施建设，完成10个村（居委）的网改工程和应急备份电力光缆联网工程。继续推进"广电进渔船"、"广电低保"、"广电对农节目"等广电惠民工程建设，完成560余艘渔船卫星电视接收设施安装任务，为低保户免费安装数字电视350余只，完成悬水小岛渔山村的有线电视信号光缆联网工程，解决了渔山600余户居民收看电视难问题，岱山县行政村光缆覆盖率达到100%。

嵊泗县广播电视台产业经营

网络经营情况：2012年投资100万元完成了嵊泗县黄龙乡峙岙村700用户光缆到户网络建设。完成铺设管道8542.9米，安装窨井216只，立水泥杆47根，做地锚46只，架设改道线路1160米，在全县日常维护中，全年上门维修共计5263用户次，新安装开通有线电视用户348户，夜间和节假日及台风中共抢修线路56次。全年呼叫中心受理热线电话9400只次。全年收视费收入500万元。

台州广播电视台产业经营

面对2012年复杂多变的广告经营局面，台州台强化管理，创新经营，一手抓创收 一手抓到款，努力将年度广告创收降幅减到最低。全年台州台完成广告创收额约1.34亿元，比去年同期减少约10%。继续开展2013年广告项目预售活动，同样采用网上挂牌和现场招标两种形式。共推出网上挂牌 130 项,金额 5300 多万元;现场竞标成交标的 30 个,总成交额 1114.1 万元,完成了预售任务。同时,按照社会效益最大化、经济效益最优化的要求,积极探索市场化运作、企业化管理、产业化发展的新模式,加快推进广电体制机制的调整,改革逐步深入,市场主体逐步建立,全年产业创收 1.31 亿元。

一、加强监督 规范管理 促进有序经营

(一)完善规章制度,规范经营管理。根据经济现状及市场运作,完善了各项经营制度。3 月,台经营管理中心制定"2012 年度经营创收目标承诺奖,旨在进一步激发各频道的创收积极性。8 月,拟定"广播电视新业务广告考核办法",明确新业务标准及奖励措施,激励经营人员努力拓展经营渠道。

(二)利用广告软件,提高管理效率。广告管理软件在多年的使用过程中被一步步完善,已成为我部门日常使用工作软件。借助这个系统,及时对广播电视等单位的广告合同进行审核,同时完成了 2011 年度的广告考核结算工作,准确统计了各频道各单位的月度广告创收量和到款量,督促各频道早结账,早清账,减少拖欠款。同时,还准确结算、审核各频道每月的创收业务费。

(三)加强广告整治,开展绿色创收。严格执行国家 66 号令之规定,对各单位广告内容进行审定和监测,抓好广告整治工作,强化公益广告宣传,坚决杜绝虚假广告和不良广告的播出,提升台州台品牌形象,保证经营创收稳定健康发展。5 至 8 月,对上半年广播电视播出广告进行了抽查。由于每年都开展不定期的广告抽查工作,对各频道广告播出行为的规范性起到了有效的制约作用。2012 年台州台广告信用指数位居全省第一。

二、协调沟通 服务频道 营造良好氛围

(一)内外沟通,有序竞争。致力于内外的沟通协调。对内,通过例会沟通、日常协调等措施,逐步营造有序竞争的良好氛围。面对今年严峻的营销形势,各频道间不但不互相压价,不互相拆台,反而多次形成联合营销模式,促成了频道间的合作共赢。对外,台经营管理中心主动联系沟通,积极配合,争取工商、药监等职能部门的支持,及时传达相关政策,减少了经营创收工作中不必要的损失。

(二)强化联盟,携手共进。积极组织各频道各单位经营线负责人参加省协作体会议,保持并加强与兄弟台的沟通与合作,强化城市台联盟。在分享总结了各城市台今年的广告经营经验后,台州台各频道各单位纷纷寻求对策,分别在加强活动创收、增加经营性栏目创收以及开发植入性广告等形式上下功夫,从而拓展创收渠道,弥补损失。

(三)精心策划,加强品牌推广。为避免经济形势低迷,企业广告投放缩减、转移等因素对本届招标会超成不良影响,在 2012 年 10 月底及 11 月初,分别在路桥、杭州举行了三场 2013 年度黄金资源广告项目预售沟通会。对几个大的行业如汽车、金融、通信、房产家装等分别进行推介。增进了我台与企业间的交流,为各频道广告经营的自我宣传,自我推介搭建平台,也为黄金资源拍卖会作了铺垫,为各频道各单位 2013 年的广告合作奠定了基础。

三、考察调研 建设队伍 扩展部门职能

(一)组织分析研讨,开拓潜在客户。先后 6 次组织广播、电视、广电报及海讯公司等单位相关经营负责人,召开经营研讨会,就当前经济形势全国广告市场动态及本单位经营现状进行研讨分析,并根据调研情况撰写了《创新经营策略 破解创收难题》、《上半年经营情况分析及下半年经营对策》等 3 份分析报告,为各单位经营活动提供思路和方法。召开品牌开发研讨会,汇总出 30 多个未在台州台未投放的外来品牌,并对它们进行了摸底调研,同时撰写了品牌开发方案,为各单位变守为攻,开拓市场明确了方向。

(二)开展学习考察,拓展经营思路。组织各频道各单位先后走访了北京、台湾、杭州、武汉、广州、义乌、温州等地的广告公司及电视媒体。对我国整体广告市场现状及市级广播电视媒体广告经营态势进行调查,并撰写了《关于市级广播电视媒体广告市场的调查报告》。总结吸收了各地的先进经营理念和管理经验,为各频道各单位广告经营拓展思路。

(三)加强交流学习,建设经营队伍。针对今年的经营现状,加大经营队伍的建设是确保走出经营低谷的有效手段之一。经营管理中心一方面继续借助台全员培训的平台,采用"请进来"和"走出去"相结合的方式,加大经营线员工的学习培训力度,切实提高他们的业务水平和综合素质。另一方面,鼓励内部优秀营销人员以老带新,在实际工作中传授经验及技巧。引导营销人员变守为攻,主动向潜在客户要增量,向竞争对手要份额,向本地市场要空间。

(四)推荐作品评选,提升品牌形象。都鼓励各频道各单位制作播出优质广告,并积极承担经营活动中取得的优秀广告作品、优秀经营论文、经营创新成果等业绩的评奖推荐工作。在5月份揭晓的浙江省2011年度广播影视奖广告类作品评选中，台州台有三件广告作品获奖。分别是电视新闻综合频道《点亮幸福人生》获电视商业类三等奖。公共财富频道《山海秀丽》系列获电视公益类三等奖，交通广播《1027开心农场》获广播商业类三等奖。

（五）开展收视分析，提供决策依据。利用广告监测数据，对电视三个频道每个季度的广告收视进行分析，以便各电视频道更好地了解自身情况，及时调整经营思路，开展经营工作。分析报告主要针对电视三个频道的收视人群结构、收视成本、广告段位饱和度及买点广告编排等进行探讨与研究。根据这份报告的合理性建议，各频道都根据自身收视人群结构进行了更为科学合理的广告编排。

台州有线广播电视网络与数字电视公司经营情况

2012年是台州广电网络有限公司企业化运作的第一年，也是公司内部管理逐步走向规范化和制度化的一年，围绕“安全播出、网络建设、品质服务、经营创收、企业文化”五项工作重点，全年完成经营创收1.2亿元。

（一）推进网络预地埋建设

2012年，承接和开发了配套费工程24个，新农村建设、工业园区、线路迁移、单体预埋等工程23个；完成工程建设项目30个，新建地埋管道28KM，预埋电视主终端8500个。

（二）优化双向网络改造

经基本完成了各乡镇（集镇）范围的双向网络改造工程。为提升网络素质，逐步实现光缆到楼，并建设部分光缆到户试点区域。2012年，城区光缆到楼栋工程可以覆盖10000多户。

（三）注重数据业务发展

近年来，数据传输市场竞争日益激烈，电信老牌企业根基深厚，移动公司低价抢占。广电在这个市场没有任何政策保护，因此形势非常严峻。针对此现象，通过各方面不懈地努力拓展业务。台州广电网络公司全年共计新增党政专网电路7条，金融业等电路专线8条。

（四）强化客户服务、提升公司形象

专门组建客服部，并整合椒江、路桥两区的客服队伍。继而制订出台了《呼叫中心接听电话规范用语》等话务员、客户关系专员和用户档案管理员等岗位的管理制度，积极开展客户回访工作。7月份开始每月汇编《客服信息月报》，汇总各项数据分析。

（五）增强客户宣销，提高公司创收

在继续抓好有线电视基本收视维护费催缴的同时，积极抓增值业务的开发与销售。组建了一支新的数字电视营销队伍，积极开展“数字电视高清进小区”等各种宣销活动，增加公司创收。

黄岩广播电视台产业经营

2012年，黄岩广播电视台继续坚持“绿色广告”的原则。提高广告自律水平和守法经营意识，对广告进行严格审查。要求所有播出广告，必须符合《中华人民共和国广告法》等相关的广告法律法规条例，严格遵守国家有关广告播出的法规、条例，广告合格率实现全市最高。网络方面启动了光信号改造工作，把城区大部分的光节点信号从1310转换至1550，并将替换下来的1310光发射机用到西部乡镇电力网改造村。

临海市广播电视台产业经营

临海市有线电视网络覆盖全市995个行政村中的957个，人口覆盖率约99.8%。2012年，全市有线数字电视用户25万户。数字电视节目154套（其中高清节目18套）、调频广播节目10套。全市光缆主干线长度约1550公里，光缆到村，每个光节点覆盖用户数都控制在300户以内。2012年全年有线电视网络总收入达8680万元。

温岭市广播电视台产业经营

温岭现有数字电视用户30万户，城区双向网覆盖率达到100%，农村双向覆盖率2012年已达90%。与此同时，大力发展付费、互动、高清、3D电视、宽带接入等增值业务，2012年增加了三套标清、二套高清，高清用户已有5100户，宽带用户累计达27137户。 2012年还全面完成了860个行政村的数字电视村务公开平台建设，成为全国首个村务电视全公开县级市。

玉环县广播电视台产业经营

2012年，玉环县广播电视台网络经营收入3645.91万元，其中有线电视收视费收入3620.91万元，其他网络收入25万元。一年来，全县新建光缆155.41公里，新增光节点529个，为30个行政村改造了有线电视网络。全年新增数字电视主终端5831只，副终端13924只。

天台县广播电视台产业经营

2012年，新增有线数字电视主终端用户3373户，累计有效用户107883户，新增副终端机顶盒7403台，累计41251台，新增宽带用户306户，累计宽带有效用户2047户，数字电视收费率保持在90%左右。一年来，实施“村村通”后续工程已通光缆主线行政村和自然村的分配网建设，共为6个行政村18个自然村862户农村家庭安装了数字电视；为35个村12个片区共13500多用户进行了网络升级改造，累计建成可覆盖30000多个用户的双向化网络，基本完成城区双向化网络升级改造；完成12个乡镇应急广播室和597个行政村广播室建设；累计为具备安装条件的3744户低保家庭免费安装数字电视。全年出动光缆熔接抢修101次，为宽带用户上门维修1206户次，为有线数字电视用户上门维修10271户次，服务质量和用户满意率有了较大提高。2012年全年创收4024余万元，其中广告收入429.95万元，视听维护费等收入2944.91万元，工程初装收入601多万元，其他收入48.79万元。

仙居县广播电视台产业经营

2012年发展数字电视主终端2743只，副终端4334只，在册用户7.2万户。稳步推进埠头、官路、田市、城郊、朱溪等集镇区有线网络双向化改造工程，改造用户10916户。分别与中国移动仙居分公司、中国联通仙居分公司合作，发展宽带业务，全年发展宽带用户1066户，全年宽带总在线数6280户。全年完成4972户“广电低保工程”建设任务，按规定减免入网费和收视费。连续13年实现无安全播出事故。

三门县广播电视台产业经营

2012年，三门广播电视台网络经营收入3025.63万元，其中有线电视收视维护费收入2408.67万元，其他网络收入616.96万元。一年来，全台共新架设干线网络24.39公里，干线网络总长2616.59公里；有线数字电视用户总数89666户。广告业务采取经营权承包的方式，在单位内部实行公开招投标，内容涉及广播电视广告、经济信息、特约点播、寻人寻物启事及气象栏目的特约广告等，全年广告经营收入456万元整。

丽水市广播电视台产业经营

受经济增速放缓的影响，广告创收遭遇了前所未有的困难。各经营部门积极应对危机挑战，加强内部管理，深入开拓本地市场，挖掘经营潜力，经营水平进一步提高。广播、电视报、丽水在线网站、电视发展公司等均在逆势中实现了增长，但电视广告面临较大困难。全年经营总收入合计5690万元，与上年基本持平。

电视广告同比减少5%。全年完成创收4050万元。开展了“丽水生态精品农业大型公益宣传推广活动”，同时有选择地引进白天专题广告，广告信用指数有所提高；《风采》、《理财新视点》等经营栏目也已成为广告创收的重要平台。

广播广告活动显成效。春节团拜、百姓热线、安全生产、绿谷之春、认购广播等活动取得了较好的经济效益和社会效益，广告结构也逐步趋于合理，金融保险、旅游、汽车、商业等行业增幅较大。

丽水广播电视报广告再创新高。金融保险、教育、通信等行业的广告成为稳定的客户群。成功举办“丽水市私房菜大赛”、“丽水市首届畲族服饰模特大赛”、“丽水市首届诚信网商和十大知名品牌评选”等活动创收成为新亮点，创收40余万。

丽水在线网站经营势头良好。“小秋走社区”和第三届“相亲大会”等活动也取得了不错的效益。电视发展公司影视制作和文化活动业务稳步发展，走出多元化经营的路子。

丽水华数公司运营良好

公司实施分区块停止模拟信号传输促进整体数字化转换，全年新整体转换5700户，累计已整体转换用户数为67676户。完善激励考核机制，推动互动业务发展，互动总用户数超7645户。完成有线电视新装用户4720户，有效收费用户净增4488户。加快网络改造与建设，完成夏河新村、枫树湾村等4373户的双向网络改造工程。加强技术建设，新开通3D频道。完成新的播控机房建设并投入使用。顺利完成各县(市、区)台自办节目时移回放平台建设、省委宣传部视频会议系统、省纪委信息综合平台等建设、省华数主干传输网设备安装调试等工作，进一步完善数字电视系统应用和管理功能。同时加强服务规范化建设，数字电视服务质量全面提升。

莲都区广播电视台产业经营

2012年有线广播电视网络收入1495万元。

缙云县广播电视台产业经营

2012年广播、电视、报纸、网站四块媒体广告收入467万元，有线广播电视网络收入达到1200万元。

龙泉市广播电视台产业经营

2012年广告收入突破200万元大关。

松阳县广播电视台产业经营

2012至2013年两年广告经营承包收入320.6万元,有线广播电视网络收入1858万元。

云和县广播电视台产业经营

2012年广告经营收入139万元,有线广播电视网络经营收入500万元。

庆元县广播电视台产业经营

2012年广告经营收入101万元。

坚持科学发展　做大做强做久
为建设“品质广电、幸福集团”而努力

王同元

这次读书会，是在集团认真学习贯彻省第十三次党代会精神，奋力推进“十二五”新一轮发展的关键时期召开的一次重要会议。开好这次会议，对于我们进一步解放思想、激发斗志，攻坚克难、真抓实干，全面完成今年各项工作任务，为建设“品质广电、幸福集团”凝聚智慧和力量，努力谱写集团科学发展的新篇章，具有十分重要的意义。

两天来，大家围绕会议主题，结合部门单位实际，突出“做大、做强、做久”的发展新理念，深入交流探讨了应对当前复杂多变形势、努力建设“品质广电、幸福集团”的有效途径和措施。大家的发言既有理论思考，又有实践总结；既有经验体会，又有研究探讨，不少见解和建议很有价值，听了以后，很受启发和鼓舞。通过学习研讨，大家进一步深化了对省第十三次党代会精神的认识和理解，明确了建设“品质广电、幸福集团”的目标和任务，增强了加快集团“十二五”新一轮发展的信心和决心。应该说，这次读书会取得了良好的效果，达到了预期的目的。

下面，我结合自己的学习思考，着重谈三点认识，与大家交流探讨。

一、深刻领会省第十三次党代会精神，切实增强建设“品质广电、幸福集团”的使命感和责任感

省第十三次党代会是在我省全面建设惠及全省人民的小康社会取得决定性胜利、迈向基本实现社会主义现代化新征程的关键时期召开的一次十分重要的会议。会议根据中央“三步走”战略部署和东部地区率先发展的要求，明确提出了“建设物质富裕精神富有的现代化浙江”的宏伟奋斗目标。这是新一届省委在历届省委工作基础上，团结带领全省干部群众深入推进科学发展观在浙江具体实践的庄严承诺，是“八八战略”和“创业富民、创新强省”总战略的深化和发展，是浙江在新的历史起点上加快社会主义现代化建设的前进方向，它必将有力地推动我省改革开放和现代化建设开创新局面、谱写新篇章。省党代会的精神集中体现在赵洪祝书记代表省委所作的工作报告中，我在上月的集团三委专题会议和处级干部会议上已做了传达学习解读，这里就不再展开了。学习宣传贯彻省党代会精神，是当前和今后一个时期集团的一项首要政治任务，集团干部职工特别是在座的各部门、单位的“一把手”，一定要带头学习、自觉学习、深入学习，真正理解、消化和吸收其中蕴含的丰富内涵和精神实质，用以武装我们的头脑，指导工作实践。

学习贯彻省党代会精神，贵在结合实际，重在狠抓落实。集团党委认为，从集团“十二五”新一轮发展实际看，学习贯彻省党代会精神，关键在于全面建设“品质广电、幸福集团”，努力争创省级广播电视科学发展的新优势、新业绩和新局面。这是因为,“品质广电、幸福集团”的目标任务,完全契合省第十三次党代会关于“两富”新浙江的核心精神,适应当今广播电视变革发展的时代要求,也顺应了集团干部职工对于物质文化需求的新期盼。抓住了这一关键点,也就抓住了学习贯彻省党代会精神的结合点,抓住了开启集团事业科学发展新征程的切入点,抓住了赢得省级广电媒体竞争和未来走向的制高点。我们必须从全局和战略的高度,切实增强建设“品质广电、幸福集团”的紧迫感和使命感,以更高的认识、更宽的视野和更实的举措,奋力推进建设“品质广电、幸福集团”的新实践,实现省级广播电视科学发展的新跨越。

建设“品质广电、幸福集团”,首先必须深刻认识这一目标任务的重要意义,进一步统一思想、提高认识。今年年初,在集团总结表彰大会上,我们提出了建设“品质广电、幸福集团”的奋斗目标。这是集团党委继 2005 年 5 月提出“构建六大体系”的新一轮发展目标之后,适应新情况新发展,审时度势作出的又一项重大战略决策。这一目标的确立,极大地鼓舞了广大干部职工的精神斗志,为集团事业科学发展树立了新坐标,提供了新动力。建设“品质广电、幸福集团”具有多方面的重要意义,需要我们全面认识,深刻领会,重点把握。首先,“品质广电、幸福集团”与省党代会的核心精神相契合。“建设物质富裕精神富有的现代化浙江”是省第十三次党代会提出的宏伟奋斗目标,也是这次省党代会报告的核心思想和基本要义。这个“核心思想”包含三个基本内涵:一是“两富”是社会主义现代化的本质特征。这是由“我国长期处于社会主义初级阶段”的基本国情和“满足人民日益增长的物质文化需要”的主要矛盾决定的。建设现代化浙江的核心要义是实现全省人民的物质富裕精神富有。二是“共富”是社会主义现代化的本质属性。实现全民物质上的共同富裕和精神上的共同富有,强调共建共享,使现代化建设成果惠及全省人民,是建设现代化浙江的长期奋斗目标。三是“人的现代化”是社会主义现代化的本质标志。人作为生产力中最活跃的因素,既是推进现代化的主体,也是衡量现代化水平的标志,实现人的全面发展是建设现代化浙江的关键所在。由此看,我们提出的“品质广电、幸福集团”目标,完全符合省党代会关于建设“两富”新浙江的核心精神。因为这“八字目标”既有物质富裕的指标任务、又有精神富有的内涵要求,既需要物质财力的支撑保障、又需要精神家园的培育守望;它强调集团发展成果惠及全体员工,注重人文关怀,办好民生实事,以切实增强广大员工的成就感、归属感和幸福感。因此,“品质广电、幸福集团”是建设“两富”现代化浙江在集团的具体实践和深化,也是我们贯彻落实省党代会精神,打造现代化传媒集团的重要举措和途径。其次,“品质广电、幸福集团”与广电媒体发展趋势相符合。当前,整个广播电视业态和格局发生了深刻变革,省级广电媒体在激烈角逐和多轮洗牌中加速分层重组,媒体竞争的焦点由“外”到“内”、由“低”到“高”、由“单一”到“综合”,越来越注重节目质量,注重内容品牌,注重媒体品质。应该说,我们已进入了品牌为上、品质制胜的媒体发展新阶段。尽管总局“三限令”的出台,重势挤压了广电媒体的生存空间,给我们带来了空前的严峻挑战,但也在很大程度上促进了广播电视自身的结构调整和品质提升,为广电媒体的转型升级和新一轮发展提供了难得的机遇和动力。谁能抓住机遇,顺势而为,在品质打造上领先一步,谁就能抢占先机,赢得主动,在激烈的媒体竞争中胜出。因此,集团提出建设“品质广电、幸福集团”的目标,不仅顺应了现阶段媒体发展规律,符合广播电视工作实际,而且为我们抢占竞争制高点,赢得未来主动权,实现“做大做强做久”的可持续发展确立了路径坐标。再次,“品质广电、幸福集团”与员工期待诉求相吻合。随着经济社会发展和生活品质的提高,集团员工的需求越来越呈现出个性化、多元化、品质化的新特征。他们对于物质精神生活的期待和诉求不断提升和拓展,发生了积极深刻的变化,突出表现在对品质、幸福生活的新期待和对创业创新、成长成才的新需求。在这种情况下,我们不失时机地提出“品质广电、幸福集团”目标,强调以人为本,注重员工的全面发展,打造共同的精神家园和事业平台,这就很好地回应了集团干部职工的热切期盼和心理诉求,因而得到了广大员工的广泛认可和支持,在实践中产生了积极的反响。总之,建设“品质广电、幸福集团”,充分体现了省委要求与广电实际的有机统一、物质基础与精神追求的有机统一、事业建设与个人成长的有机统一、集团发展与员工幸福的有机统一,它对于我们做好集团各项工作、推动广播电视科学发展具有方向性、战略性和全局性的指导意义。

建设“品质广电、幸福集团”,还必须充分认识这一目标任务的坚实基础,进一步坚定信心、增强决心。新一轮发展以来，集团围绕“构建六大体系”的奋斗目标，强调以人为本，实施品牌战略，注重民生实事，推进文化建设，探索走出了一条具有浙江广电特色的科学发展路子，实现了集团各项事业的蓬勃兴旺，为建设“品质广电、幸福集团”打下了坚实的物质精神基础。主要表现在：一是具备了较为优质的节目品牌基础。我们坚持“导向金不换、收视（听）硬道理”、“以精英的实力创造大众文化”的理念，突出抓好五大品牌建设，形成了19档品牌栏目、20档培育栏目等优秀栏目集群和100多位优秀主持人队伍，培育了“中国观众节”、“中国蓝”、“中国梦想秀”等一批全国知名广电品牌，摄制了《中国1921》、《十万人家》、《超强台风》等一批优秀浙派影视剧，有力地提升了浙江广电品牌的社会影响力和美誉度。二是拥有了较为雄厚的产业实力基础。我们坚持“突出重点、缩短战线、加强管理、提高效益”的方略，坚持走主业型、实力型、效益型的产业经营路子，特别是加快推进广告经营方式的“三个转变”，积极培育新兴媒体产业，着力实施直属经营单位重组，有效优化集团资金总量、资产质量和资本结构，大大提升了集团综合发展实力。2011年，集团经营创收总量已经突破50亿元，实现利润突破15亿元，一举成为全国省级广电经济效益最好的单位。三是构建了较为先进的事业平台基础。我们坚持“高、新、精、实”和“高起点规划、高标准建设、高效益发展”的原则，全力推进科技、事业和网络三大平台建设。先后投入20多亿元用于科技装备和数字化平台建设，计划投资50亿元建设浙江国际影视中心和浙江传媒大厦等省级两大重点项目。目前，集团拥有国内一流的高清电视转播车等各类转播车、直播车11辆，演播厅21个，并建成4个非编制作网，新购置近3000台办公台式液晶电脑，技术装备实力走在全国省级广电的前列。四是打造了较为高强的人才队伍基础。我们坚持“人才是第一资源”的战略思想，大力加强领导班子、干部队伍和员工队伍建设，先后交流提任处级干部290人次，科级干部500人次。创新构建省内、国内、海外和基层“四大培训体系”，轮训各类专业人员3000余人次，派遣99名骨干人才赴美国进修，有力提升了干部人才队伍的规模总量和综合素质。五是形成了较为和谐的发展环境基础。我们坚持“发展依靠员工、发展成果惠及员工”的理念，大力弘扬“团结和谐、创新发展”的集团精神，丰富和拓展“励志、勤奋、尽职、感恩”的集团核心文化，完善构建思想政治工作体系，建立困难员工帮扶基金，兴办实施系列民生工程，努力营造上下内外的和谐发展环境，大大优化和提升了干部员工的工作条件和幸福指数。这些年，正是由于我们自觉践行科学发展观，重视人文关怀，注重员工关切，努力提高他们的物质精神生活品质，形成团结拼搏的创业创新氛围，使得集团各项工作取得了不凡业绩，综合发展实力走在了全国前列，连续两年荣获“中国500最具价值品牌”。这一切为我们建设“品质广电、幸福集团”创造了良好的基础条件。但同时也要清醒地看到，建设“品质广电、幸福集团”是一项宏大长远的系统工程，我们在发展中还存在许多薄弱环节，面临的困难和挑战也很多，诸如全国标杆品牌不多、产业总量规模不大、事业平台基础不强，高端复合人才和领军人才不多等种种问题还严重制约着集团的发展步伐。总之，我们既要看到存在的差距不足，始终保持清醒头脑和忧患意识，更要看到已有的实力基础，进一步增强建设“品质广电、幸福集团”的信心和决心，变挑战为机遇，化压力为动力，转不利为有利，努力在建设“品质广电、幸福集团”的新征程中迈出坚实的步伐，争创优异的业绩。

二、紧密联系集团新一轮发展实际，全面把握建设“品质广电、幸福集团”的科学内涵和任务要求

建设“品质广电、幸福集团”，是加快集团“十二五”新一轮发展的奋斗目标，也是推动省级广播电视科学发展的重要命题。我们必须从全局的高度，用战略的眼光，充分认识建设“品质广电、幸福集团”的科学内涵及其任务要求，使之成为引领我们工作的行动指南，成为推动集团发展的方向坐标。

1. 准确把握“品质广电、幸福集团”的科学内涵。“品质广电、幸福集团”是一个内涵丰富的有机整体，既有物质技术“硬实力”方面的内容，又有精神文化“软实力”方面的要求。“品质广电、幸福集团”是一个宏大复杂的系统工程，它涵盖了集团宣传改革发展的各个领域，贯穿于内容生产、经营管理、技术保障、事业建设、党建工作的各个环节，体现在集团干部员工工作生活的各个方面。“品质广电、幸福集团”又是一个知行结合的战略目标体系，它统一于集团“十二五”新一轮发展实践，体现了集团发展、受众满意与员工幸福“三位一体”的不懈追求，构成了一个集思想理念、指导原则、制度规程、决策举措于一体的实际工作部署。

就当前和今后一个时期而言，我们所说的“品质广电”，就是坚持以宣传为中心，注重内容生产的内涵和层次，注重事业产业的品质和效益，注重人才队伍的结构和素质，努力构建以“品质节目、品质品牌、品质工程、品质装备、品质队伍”为主要标志的广播电视品质体系，使品质广电成为集团新一轮发展的鲜明特征和核心竞争力，确保集团综合发展实力始终走在全国广电的前列。我们所说的“幸福集团”，就是坚持以人为本理念，注重人文关怀，注重人格完善，注重人际协调，大力弘扬集团精神，不断增强文化凝聚，认真落实普惠措施，积极办好民生实事，着力营造团结和谐的发展环境，让干部员工“事业有平台、工作有快乐、收入有增长、社会有地位”，进一步提升广电职业的成就感、归属感和幸福感，把浙江广电集团真正打造成为广大员工成长成才的创业热土、聚智聚力的发展高地、共享共赢的梦想舞台、和睦和谐的精神家园。

2. *准确把握建设“品质广电、幸福集团”的基本要求*。建设“品质广电、幸福集团”既是一个理论命题，也是一项实践行动。树立正确的发展观、品质观和幸福观，是我们在实际工作中增强建设“品质广电、幸福集团”的自觉性和坚定性的基本要求。

一要树立正确的发展观。发展是第一要务，是解决一切问题的基础。建设“品质广电、幸福集团”，首要任务在于发展；只有发展，真正做大做强做久，才能为品质的广电、幸福的集团打下坚实的基础。我们必须牢固树立“做大做强做久”的发展理念，始终坚持以加快新一轮发展为主题，扎实推进集团各项事业健康快速持续发展。具体说，就是要重点处理好三大关系：宣传与经营相协调。既要始终坚持正确的舆论导向，把新闻宣传作为中心任务，把社会效益作为内容生产的首要标准，切实维护主流媒体的权威性和公信力；又要遵循市场经济规律和媒体发展规律，努力提高收视收听率，提高经济效益，壮大广播影视产业，有效提升主流媒体的综合发展实力。速度与效益相结合。既要抢抓机遇，以只争朝夕的精神，加快集团各项事业的发展，通过加快发展来增强集团实力，早日实现“百亿集团”的目标，通过加快发展来最终解决各种深层次的矛盾和问题；又要力求好字优先，在保持较快增长速度的基础上，不断提高发展的质量和效益，做到速度与效益统一，努力实现“又好又快”的科学发展。当前与长远相一致。既要立足当前，解决现实存在的突出问题，抓紧做好各项工作和工程项目建设，把集团年度工作目标任务细化分解落实；又要着眼长远，从全局出发进行战略思考，认真研究谋划事关集团未来发展的重大问题，从而一步步地向着“品质广电、幸福集团”的目标前进。

二要树立正确的品质观。关于“品质”的解释，包含两层词义：一是指人的思想、行为所表现出来的本质；二是指物品所内在的质量。简言之，品质就是事物的内在品性和素质。它的外在标志就是形成品牌、气质和风格。具体到一个企业或集团，品质就是品牌实力的象征，是综合素质的体现。树立正确的品质观，要求我们必须注重提高发展的品质和内涵，扎实推进品牌战略和素质提升工程，走内涵型、集约型、品牌型发展之路，以品质求发展，以品牌求效益，真正打造具有浙江广电特色风格的品质广电集团。要坚持质量为先。当今媒体之间的竞争，主要是品牌竞争，核心点是质量竞争。质量是品牌品质品位的内在支撑。打造“品质广电”，必须强化质量意识，走以质取胜的道路，在宣传经营管理工作的各个环节，严格把好质量关。具体说，就是要以高质量的营销推广，去实现经营创收的逆势增长；以高质量的工程建设，去确保重点项目的安全运行；以高质量的内部管理，去激发集团运行的生机活力，从而把我们的产业优势、平台优势和机制优势，转化为品质优势、管理优势和发展优势，在激烈的竞争中去赢得更大的发展。要坚持品牌为要。品牌形象是媒体品质的重要标志和集中体现。广播电视作为主流媒体，我们的品牌形象就集中体现在服务大局、服务基层、服务群众的态度、能力和水平上。因此，必须进一步强化“导向金不换、收视（听）硬道理”和“以精英的实力创造大众文化”等理念，坚持正确的舆论导向和价值取向，确立“内容为王、受众为本”的品质观，反对自娱自乐、高高在上、孤芳自赏等错误观念，自觉抵制低俗之风，同时深入实施“五大品牌战略”，进一步提升浙江广电品牌的知名度和美誉度，不断满足和引领人民群众日益增长的精神文化需求。要坚持素质为本。打造“品质广电”，最大的资源是人力资源，最强的实力是人才实力，最重要的品质是人才队伍的素质。现在我们并不缺资金、技术，也不缺设备、项目，缺的就是适应事业发展需要的各类优秀人才尤其是领军人才。为此，我们要大力推进高素质干部员工队伍建设，加快培养各类优秀年轻人才，加强职业培训和文化建设，用先进的文化引领人生理想，用创新的举措提升队伍素质，为建设“品质广电、幸福集团”提供强大的人才支撑。

三要树立正确的幸福观。所谓“幸福”，有多种解释，一般是指使人心情舒畅的境遇和生活，表现为“一种心理上的满足感、满意感或愉悦感”。它包括物质上和精神上两个层面，是一种综合性的、高层次的人生追求。我们要建设“幸福集团”，不仅要增强发展实力、打牢幸福的物质基础，更要全面把握幸福的内涵，努力做到“物质幸福与精神幸福相统一”、“享受幸福与创造幸福相统一”、“个人幸福与集体幸福相统一”，从而最大限度地满足广大员工对幸福的期待和诉求。坚持物质幸福与精神幸福相统一，它要求我们在经济财力许可的前提下，尽可能地提高薪酬水平和福利待遇，满足干部员工的物质需求，同时还要关心干部员工的精神文化需求和心理诉求，以丰富的文体活动愉悦身心，以细致的思想工作疏解情绪，以务实的帮扶措施排忧解困，通过物质关照和人文关怀的双向推进，切实增强集团员工的心灵归属感和幸福感。坚持享受幸福与创造幸福相统一，它要求我们不仅要满足广大员工不断增长的物质精神需求，共享集团事业发展成果，而且要引导他们树立正确的人生目标，创造积极而有价值的幸福生活。按照马斯洛的人格需求理论，“自我价值的需求” 是人的最高层次需求。现在越来越多的年轻人加入到集团大家庭，“80”后正在成为员工队伍中的新生力量。各部门单位都要关心年轻员工的成长成才，为他们搭建实现梦想、创造幸福的事业平台，并教育引导他们在平凡工作中创造不平凡的业绩，用智慧汗水体味奉献的快乐，在实践锻炼中享受成长的愉悦，在事业发展中成就人生的价值。坚持个人幸福与集体幸福相统一，它要求我们不仅要“共享幸福”，更要“共建幸福”，把体现个人价值、追求个人幸福与增进集体幸福、打造幸福集团有机结合起来。多想想“自己为集团干了些什么”，多看看“集团为大家做了些什么”，促使干部员工各尽其能、各得其所又和谐相处，在集团的创业创新实践中共同创造幸福、一起享受幸福。当前我们特别要强调“利益共同体”的观念，努力做到思想上同心、目标上同向、行动上同行，凝聚起“团结和谐干事、和衷共济建业”的发展合力，为战胜复杂严峻的困难挑战提供精神动力，为建设“品质广电、幸福集团”营造良好氛围。

*3. 准确把握建设“品质广电、幸福集团”的主要任务。*从集团实际看，我们建设“品质广电、幸福集团”的主要任务，可以概括为以下“六个一”：一是打造一批更加优质的内容节目品牌。这是建设“品质广电、幸福集团”的首要任务。必须牢牢把握健康向上的主流价值导向，深入推进“五大品牌战略”，坚持“合力打造卫视”不动摇，全力打造《中国梦想秀》、《中国好声音》等标杆节目，确保“中国蓝”品牌品质始终位居全国前列；继续打造培育具有全国影响的主持人品牌集群，认真办好电视观众节和“浙江骄傲”、“风云浙商”、“新农村建设带头人”、“十大民生工程”等重点年度活动，推动浙江广电品牌品质的整体提升。同时，要抓紧建立实施“123 金字塔形”内容评估体系，完善集团品牌栏目节目的“进退”考核机制，为集团品牌品质的持续提升提供机制保障。二是培育一批更具实力的经营创收主体。这是建设“品质广电、幸福集团”的物质基础。要坚持“立足主业、多元拓展”的经营方略，把广告创收摆在更加突出的位置，加强市场拓展，加强结构调整，加强应收款管理，巩固完善以卫视为龙头、广播电视频道齐头并进的广告经营格局。继续打造“三大产业板块”，加快培育影视集团、发展总公司、广电新媒体公司等骨干企业，特别是要深化实施“合力打造好易购”的战略决策，拓展全国覆盖，打开经营局面，打响“品质电视购物”品牌。同时，加强广告统一管理，提升广告品质，维护主流媒体的良好形象。三是构建一个更加先进的技术装备平台。这是建设“品质广电、幸福集团”的基础支撑。要坚持“高、新、精、实”理念，加快推进全台网和媒资管理系统建设，加快推进“浙江 IPTV 集成播控分平台”建设，加快推进原教育楼改造等基础设施项目建设，进一步提高集团技术装备水平。特别是要全力抓好两大省重点工程，积极稳妥地开展广电传媒大厦项目拆迁，加快浙江国际影视中心项目主楼结构施工，努力打造成为“平安工程”、“廉政工程”和“精品工程”，成为“品质广电、幸福集团”的标志性工程。四是建设一支更高素质的干部人才队伍。这是建设“品质广电、幸福集团”的根本保障。必须牢固树立“人才为本、队伍至上”的理念，深入推进高素质干部员工队伍建设，配齐配强各级领导班子，加大年轻干部和女干部选拔培养力度，继续做好干部员工培训、海外进修和基层挂职工作，努力培养一批复合型人才和领军人才，为加快集团发展提供人才保证。深入开展中国特色社会主义理论体系、马克思主义新闻观、职业道德和廉政教育，提高职业素养，激发精神斗志，动员干部职工为建设“品质广电、幸福集团”贡献智慧和力量。五是完善一套更加高效的内部管理机制。这是建设“品质广电、幸福集团”的动力源泉。要按照“统分结合、统分适度”的总体要求，继

续完善集团化管理体制和频道制运行机制，提高运行效率和经营效益，增强集团竞争实力和发展活力。重点推进以“三能”为核心的人事制度改革，全面推广“首席制”、“拜师结对”、“星级员工”等制度，建立健全以绩效考核为核心的薪酬分配体系，率先在频道探索实行末位淘汰制度，充分调动干部员工的积极性和创造性。六是实施一批更加务实的民生实事工程。这是建设“品质广电、幸福集团”的重要举措。必须更加自觉地坚持以人为本，加大思想政治工作力度，及时掌握员工思想动态，积极疏导心理情绪，促进干部职工身心和谐。大力弘扬集团精神，深入推进集团文化建设，进一步加强老干部、工会和共青团工作，认真办好集团运动会、团员青年辩论赛等文体活动，健全帮扶长效机制，更多关怀困难职工、大龄职工和单身职工，切实解决停车难、食堂后勤服务等民生问题，营造共同精神家园，进一步提升广大干部职工的满意指标和幸福指数。

三、发扬攻坚克难的精神作风，努力形成建设“品质广电、幸福集团”的整体合力和坚强保障

建设“品质广电、幸福集团”是一项长期的战略任务，也是一项宏大的系统工程。我们必须树立“攻坚战”的决心，做好“持久战”的准备，加强组织领导，形成工作合力，抓好措施落实，努力把“品质广电、幸福集团”的宏伟蓝图一步步变成美好现实。

第一，形势判断要更加到位。如何判断形势，历来都是科学决策的重要前提。只有正确把握和判断形势，并据此确立正确的战略思路，实施有效的工作举措，才能驾驭复杂局面，掌握发展主动权。在当今复杂多变的形势面前，能否科学研判、顺势应变；能否总揽全局、统筹决断，是对我们领导干部尤其是“一把手”的现实考验，也是衡量各级干部领导能力水平的重要标志。必须看到，今年以来，世界经济复苏的曲折性、艰难性进一步凸现，经济走势的不稳定、不确定因素增多，市场活跃度和景气度明显趋弱；媒体竞争尤其是省级卫视的竞争，正在全面升级提速，并且进入新一轮的分化重组；总局“限娱令”、“限剧令”、“限广令”的出台实施，进一步压缩了广电媒体的经营创收的空间，给我们事业产业发展带来了更为严峻的挑战。但同时，我们必须看到，任何事物都是辩证统一的，挑战和机遇从来都是矛盾共存、相互转换的，关键是如何正确把握形势，积极顺势而为。现在是国内外经济发展最为困难的时候，但往往也是最有希望的时候，换句话说，越是“危机”就越有“转机”。因为中央“稳中求进”的总方针和转变发展方式所形成的增长动力，广电总局行业管理新政所形成的倒逼机制，以及浙江加快建设文化强省所形成的良好环境，都从大势上有利于集团新一轮发展，从根本上有助于我们建设“品质广电、幸福集团”。对此，我们必须保持清醒的头脑，既要坚定信心，振奋精神，奋发进取，又要增强全局意识、竞争意识和忧患意识，力求把形势研判得更准确一些，把困难估计得更充分一些，把工作做得更扎实一些，努力提高应对挑战的前瞻性、针对性和实效性。只有这样，才能顺势而为，乘势而上，才能化危为机、转危为安，为建设“品质广电、幸福集团”提供良好的思想行动保障。

第二，解放思想要更加到位。解放思想是永恒的主题，必须常抓不懈、常抓常新。集团新一轮发展的实践充分证明，只有思想解放到位，发展才能进位；只有思想解放领先，发展才能率先。在新形势下，我们要实现“品质广电、幸福集团”的宏伟目标，仍然要牢牢把握解放思想这把“金钥匙”，开启解放思想这个“总阀门”。尤其是建设“品质广电、幸福集团”的要求更高，内涵更丰富，任务更艰巨，更加需要我们进一步解放思想，创新思路，开阔眼界，以思想的新解放来带动事业的新发展。面对“品质广电、幸福集团”这一新课题，每一位干部员工都要开动脑筋，深入思考，找准自己的位置，明确自己的担当，作出自己的贡献。当前，我们要按照“做大做强做久”的新要求，努力做到“五找五问”：一找标杆，问有没有争先创优的气派格局；二找定位，问有没有务实创新的思路目标；三找难题，问有没有直面矛盾的胆识勇气；四找路径，问有没有突破重围的对策办法；五找动力，问有没有拼搏进取的激情斗志。通过这“五找五问”，着力解决格局不够大、思路不够清、业绩不够优、办法不够多、干劲不够足等问题。总之，我们一定要高举解放思想的大旗，从集团实际出发，与时俱进地推动思想观念创新，坚决革除制约事业发展的陈旧观念和落后做法，积极探索加快事业发展的新思路和新办法，为建设“品质广电、幸福集团”提供强大的精神动力源泉。

第三，精神状态要更加到位。良好的精神状态是建功立业的必要条件。没有一股子“精气神”，什么事也干不成。建设“品质广电、幸福集团”，同样需要我们保持昂扬的斗志和旺盛的激情，充满强烈的事业心和责任感。今年年初，集团党委作出建设“品质广电、幸福集团”的决策后，集团上下反响热烈，广大干部员工迅速行动起来，以饱满的热情投入到各项事业建设中去，涌现出“梦想秀百人团”、“IPTV 速度”、“决战萧山工地”、“传媒大厦攻坚战” 等一批感人事例和先进典型，极大地鼓舞了大家的精神斗志。但同时要指出的是，目前仍有一些同志的精神状态不到位，突出表现为畏难、怕苦的情绪时有反复；自满、守成的思想时有回潮；漂浮、懈怠的作风时有出现。不破除这些思想作风顽疾，不解决干部队伍的精神状态问题，我们就不可能应对当前复杂严峻的困难挑战，就不可能攻坚克难、奋勇向前，建设“品质广电、幸福集团”也就成了一句空话。因此，必须大力弘扬“实干”作风。把心思用到工作上去，把精力放到做事上去，深入基层一线，走进员工中间，切实帮助解决实际问题。发扬求真务实的作风，扎实推进各项工作，认真办好民生实事，为广大干部职工送温暖、解难题、鼓干劲、优环境。必须大力弘扬“亮剑”精神。把危机转化为前进的动力，振奋精神，迎难而上，以一往无前、永不言败的锐气和“咬定青山不放松”、“不达目的不罢休”的韧劲，攻坚克难，化危解困，抓住工作难点和薄弱点，奋力实现新的突破。必须大力弘扬“争先”意识。把争先进、拒平庸、求极致、当标兵作为衡量准绳和工作标杆，注重细节、提升品质、追求卓越，以精益求精的态度和一丝不苟的要求，全力打造国内领先的内容生产和技术装备体系，努力争创宣传经营管理的一流业绩，始终走在全国省级广电媒体的前列。

第四，组织领导要更加到位。加强组织领导是建设“品质广电、幸福集团”的根本保证。班子团结、领导有力，单位工作就有合力，事业发展就能给力。各级领导干部是集团党委决策的执行者和贯彻者，也是部门单位事业发展的决策者和推动者。现在，集团干部队伍正处于新老交替、承前启后的关键时期，加强班子建设，强化组织领导，显得尤为重要。各级班子和领导干部一定要讲大局、守纪律、重执行，形成领导合力，为集团发展提供坚强保障。在当前形势下，领导干部讲大局，就是要自觉服从集团工作大局，正确对待职务变化。干部的进退留转，既是自然规律，也是工作需要，更是对领导干部党性党纪党风的重大考验。各级领导干部一定要树立正确的权力观、地位观和事业观，做到“进”者奋发有为，“退”者心情愉快，“留”者意志不衰，“转”者迎接挑战，始终保持积极向上的精神状态。领导干部守纪律，就是要严格遵守组织纪律，保持班子团结民主。团结出凝聚力，团结出战斗力。领导干部懂团结，是真聪明；会团结，是真本领。班子成员之间要齐心谋事、协作干事、合力成事，坚决防止背后搞小动作、打“小九九”，做到相互尊重、相互体谅、相互支持，真正成为部门单位坚强有力的领导核心。领导干部重执行，就是要坚决执行党委决策，确保集团政令畅通。执行态度，反映干部的政治素质；执行效果，体现干部的能力本领。是否自觉执行党委决策部署，关键看态度、看行动、看结果。我们要进一步加强执行力建设，用制度保障执行，用督查推动执行，用业绩检验执行，确保建设“品质广电、幸福集团”的各项任务落到实处、取得实效。

同志们，建设“品质广电、幸福集团”，使命光荣，任务艰巨。让我们在省委和省委宣传部的领导下，深入贯彻落实科学发展观和省委“两创”总战略，认真学习宣传贯彻省第十三次党代会精神，振奋精神、求真务实，锐意进取、创先争优，以良好的精神作风，投入到今年各项工作中去，把集团事业做大做强做久，为建设“两富”新浙江作出更大贡献，以优异成绩迎接党的十八大胜利召开！

（作者为浙江广电集团党委书记、总裁。该文为作者 2012 年 7 月 13 日在集团专题读书会上的讲话）

浙江广电集团报《浙江广电》的实践与思考

姚　休

《浙江广电》是浙江广播电视集团的内部报，创刊于 2006 年 8 月。它每月 4 期，每期 4 版，是一张面向集团员工的周报。近 6 年来，《浙江广电》充分发挥了集团报的作用，不仅信息内容丰富多彩，版面设计美观大方，而且通联队伍不断壮大，报纸影响日益扩大，受到了广大干部职工的欢迎和好评。

这些年，我们在办好《浙江广电》的工作中，主要进行了以下四方面的努力：

一是明确《浙江广电》报的编辑方针、原则。报纸的定位是灵魂、基调和坐标，决定着报纸的方向和功能作用的发挥。集团报创办之初，我们通过调研，研究制订了“办报方案”，确定《浙江广电》报的定位是“集团党委和管委编委指导工作的助手”、“集团宣传业务信息交流的平台”和“集团事业发展成果展示的窗口”。方案经批准后，我们遵此制定了《浙江广电》报的编辑方针和目标要求，明确提出集团报的“三必须”原则，即必须坚持正确导向，紧紧围绕省委“两创”总战略和集团党委决策部署，认真贯彻执行省委宣传部和集团编委会的宣传方针要求，在政治思想上不出偏差；必须坚持广电特色，注重发挥广播电视宣传功能和优势，全面报道反映省级广电媒体宣传贯彻省委省政府重大战略决策的新闻实践活动，充分挖掘总结集团广播电视工作亮点和特点；必须坚持业务提高，注重引导交流广播电视新闻宣传和节目创新的经验体会，探讨广播电视和新媒体发展的前沿问题，努力使集团报成为集团党委指导宣传工作的“助手”和广电业务研究的“延伸”，成为集团员工进行业务交流研讨的“平台”。基此，又提出了“四及时”的要求，即及时报道省级广播电视新闻宣传活动，及时传达集团党委决策部署，及时反映集团工作动态和员工诉求，及时总结集团宣传改革发展成果；并提出“一版重要新闻、二版信息动态、三版业务交流、四版员工风采”的版面布局。根据这些原则要求，经过 6 年来的努力，《浙江广电》报较好地发挥了指导工作、交流经验、传递信息、存史备档的作用，成为集团党委指导工作的有效工具、集团员工进行业务信息交流的重要渠道，也成为每年度报送集团信息和编制集团大事记的基本来源。

二是拓展《浙江广电》报的业务交流平台。为了贯彻办报宗旨要求，提高报纸编辑业务水平，我们把集团报的宣传报道自觉纳入集团新闻宣传的整体格局部署中，以确保《浙江广电》的正确导向和工作指导性。同时，积极围绕集团改革发展中的突出问题，有针对性地开展业务研讨，为广大员工搭建一个开启思路、交流信息、研究问题的平台，以提升《浙江广电》报的思想内涵和宣传质量。为此，集团报编辑部定期研究宣传报道计划，确定每季度编辑采访重点，围绕中心工作适时推出专题专栏，组织编辑记者和通讯员采编稿件。这些年来，集团报先后开辟了“实践与思考”、“业务论坛”、“专题研讨”、“絮语杂谈”等栏目，刊登几十篇有见解的文章，推动广播电视业务研讨。

三是构建《浙江广电》报的通联队伍组织。《浙江广电》报现有 3 名编辑，人手相对不足。对此，我们从实际出发，采用“小编辑部，大通讯队伍，后期印务外包”的操作模式，着力夯实集团报的信息采编基础。从办报初期，我们就把加强通联工作、建立一支覆盖全集团的通讯员队伍摆在突出位置，并研究实施具体保障措施：一是组织召开集团报通联工作会议，各部门各单位的主要负责人参加，集团党委主要领导和编委分管领导到会讲话，对通联工作提出明确要求；二是起草制定了“关于加强集团报通联工作的意见”，明确要求各频道、部门和单位确定一名负责集团报通联工作的负责人和通讯员，不断建立完善通联工作网络系统；三是每年定期召开集团报通讯员会议，并组织举办采编业务培训班，开展业务评比和表彰奖励优秀通讯员。同时，依托第四版“副刊”，为广大员工提供展示文艺才华和精神风采的园地。这些年来，集团报的“副刊”办得有声有色，散文、随笔、诗歌、评论和摄影、绘画、书法作品丰富多彩，深受员工欢迎。通过加强通联工作，不仅有效解决了集团报的稿源问题，为编辑出版《浙江广电》提供了信息保障，而且培养了一支优秀的通讯员队伍，不少人现已成为集团部门单位的文字骨干，有些作品在集团报发表后被公开刊物转载。

四是刊发《浙江广电》报的重要言评文章。言评代表了报纸的思想高度和新闻敏感度，在编发文章中占有重要的分量。这些年，《浙江广电》报积极配合党委中心工作，围绕集团年度工作目标任务，即时配发“本报评论员”文章，及时准确地解读宣传集团战略发展规划，传达贯彻集团领导决策，用以指导面上工作。这些评论文章主要分四大类：一是宣传评述集团年度工作要求。二是宣传评述集团党委的重要决策部署。三是宣传评述党的中心工作和重大主题活动。四是宣传评述一些重要思想观点。所有这些言评，在广大干部职工中间产生了很大的反响，在指导工作实践中发挥了积极的作用。

这些年，我在担任《浙江广电》报主编的工作实践中，深刻体会到：集团报虽然是行业内部的报纸，但我们办报的理念、水准不能降低；办报的方向、准则不能偏离；办报的制度、规范不能缺失。特别是广电行业具有意识形态属性，媒体社会政治敏感度高，因此同样必须增强政治家办报的意识，自觉坚持思想政治价值正确导向；同样必须增强大局和责任意识，自觉遵行集团宣传工作整体部署要求；同样必须增强专业素养和职业精神，自觉提升编辑工作的业务视界和能力水平。具体来说，主要有以下几点实践认识和体会：

1. 贴近中心工作是办好集团报的重要职责。《浙江广电》报始终紧紧围绕集团党委的中心工作开展宣传报道，一版要闻全面及时反映集团重要决策、重要活动和重要事件，较好地发挥了传达贯彻集团领导决策、宣传解读集团发展战略的作用。每当集团制定出台重大政策举措时，集团报就迅速作出反应，及时配发本报评论员文章进行宣传引导。每年的新年之初，集团报都刊发“元旦献词”，对上一年的工作进行总结，对新一年的发展予以展望。特别是每年度的集团总结表彰大会后，集团报按照党委部署要求，积极配发系列言评文章进行宣传贯彻，引导干部职工统一思想认识，激发精神斗志。这些年来，集团党委和管委、编委对《浙江广电》报给予了高度重视和大力支持。集团党委主要领导对集团报的定位和指导原则提出了明确的要求，平时经常审阅并提出具体指导性意见；编委主要领导经常过问集团报的编辑工作，并亲自撰文供集团报发表；分管领导和其他集团领导也都十分关心支持集团报的发展，帮助解决实际问题，这不能不说是办好集团报的一个很重要的原因。

2. 加强通联队伍是办好集团报的重要基础。《浙江广电》报作为周报，出报周期短，用稿量大，建立宽实的通联队伍是重要支撑。这些年集团报之所以能得到稳步持续发展，是与我们重视抓好通讯员队伍建设分不开的。集团报在各频道和各部门单位都设有通讯员，并建立目标责任制，对每个通讯员的职责及其写稿任务提出了明确要求，以确保集团和部门单位的重要新闻不遗漏、动态信息不间断、亮点经验及时报。对于浙江卫视、浙江之声等主频道的新闻稿件更是作为重点来抓，确保每期头版上都有相关的宣传报道。集团报编辑部与各通讯员之间不仅建立了便捷通畅的信息传递与反馈机制，而且经常召开座谈会征求意见，及时研究解决信息报送及稿件写作中遇到的问题。集团办公室作为《浙江广电》报的主办单位，经常在集团办公室（综合部）主任例会上，对每位主任提出通联工作方面的具体要求，并且有针对性地帮助解决一些实际问题。我们还通过开展业务培训、组织征文比赛和好稿评选等多种方式，注重提高广大通讯员的写作水平。正是由于我们致力于建设一支覆盖面广、战斗力强、反应性快的通讯员队伍，从而为集团报的正常高效运行奠定了坚实的基础。

3. 开展信息交流是办好集团报的重要条件。《浙江广电》报之所以办得比较成功，除了得益于集团上下的重视支持外，还在于它紧紧依靠全体员工，努力为他们搭建一个信息交流互动的平台。因为只有把集团报办成广大员工自己的园地，才能得到集团干部职工的关注、认同和支持。这些年，我们一方面围绕集团中心工作和新一轮发展大局，全面及时地宣传报道反映省级广电事业和集团改革发展的重要新闻活动；另一方面我们根据不同时期宣传中心主题，针对干部职工共同关心的话题，积极组织开展新闻宣传和节目内容方面的业务交流研讨，先后开辟业务研讨、实践思考、经验体会及思想短评等专题专栏，为广大员工提供了思想碰撞、观点互动、信息交流、经验总结的宽阔平台。我们还采用微博、QQ 等形式，编发一些短小精悍的网络文章，开展有益的热点讨论，以启发大家的思想观点。在迄今 273 期的集团报上，先后发表了上百篇的业务研讨文章，这些文章篇幅虽不长，但信息容量大，又契合大家的关注点，因而引起了思想共鸣和反响，受到广大干部职工的普遍欢迎。

4. 提高副刊质量是办好集团报的重要内容。《浙江广电》报十分重视文艺副刊的打造，自创刊起就把办好副刊作为一项重要工作来抓，始终不渝地积极发挥报纸副刊在出作品、出人才方面的作用，为广大员工开辟展示才艺、陶冶情趣、丰富业余生活的一方天地。我们不仅在每期的第四版副刊上发表员工创作的诗歌、散文、随笔、短评等文章，而且不定期地经常刊发员工的摄影、书法、绘画、篆刻等作品。这些文章作品来自基层一线，贴近媒体实践，关切员工的所思所悟，抒发他们的真情实感，因而受到了大家的喜爱和欢迎。每期《浙江广电》报下发后，集团下属的频道、部门和经营单位等广大员工都争相阅看，他们反映除了关心一版的集团新闻外，四版上发表的一些有文采的短文则是最爱看的内容。许多员工受到鼓舞后踊跃投稿；有的员工在副刊上发文后还得奖；一些副刊上发表的颇有见地的青年员工文章得到了集团领导的表扬肯定。这些年，集团报编辑部一直致力于提高副刊质量，挖掘写作新人，同时努力创新副刊形式，优化版面设计，力求内容丰富多彩，版式美观大方，体现广电媒体特色。总之，集团报副刊的影响正在不断扩大，日益成为广大员工关心支持的共同精神家园。

（作者为浙江广电集团管委会委员、办公室主任。原载《视听纵横》2012 年第 3 期）

浙江卫视“顶层设计”电视传播理念的探索和实践

夏陈安

在省委省政府和省委宣传部的领导支持下，在浙江广电集团“合力打造卫视”的战略推动下，浙江卫视坚持导向立台、新闻立台，将“顶层设计”引入电视传播领域，强化大局意识，塑造大台格局，提出大片战略，倡导电视内容艺术性、思想性、可看性的有机统一，努力实现引导力、传播力、品牌力的统筹发展。通过近两年的实践，尤其今年《中国梦想秀》《中国好声音》的成功打造，获得了社会各界的充分肯定和广泛好评，浙江卫视对“顶层设计”的传播理念有了更多的体会和思考。

一、卫视发展追求“三大”结合

浙江卫视是省委省政府新闻宣传的主阵地、主窗口、主平台，肩负弘扬主流价值，引领社会文化，宣传浙江科学发展成就的特殊使命和重大职责。2011年，我们将“顶层设计”引入媒体传播领域，以此规划未来发展，提出了“三大”结合，即强化大局意识，塑造大台格局，实施大片战略，努力实现“做大做强做久”的发展目标，更好发挥引领风尚、服务社会、推动发展的重要作用。

牢固树立大局意识，需要我们切实提高舆论引导能力，充分发挥振奋精神、凝聚力量的巨大作用。近两年来，我们努力探索新闻报道的传播规律，以有效提高舆论宣传的传播效果。一是全新布局新闻栏目，以《浙江新闻联播》为龙头，形成了多档新闻栏目早、中、晚滚动播出的全新新闻格局，每天新闻播量超过200分钟，在全国省级卫视中一直处于领先地位。二是在重大主题宣传战役中，积极探索“立体化联动、全频道呼应、活动化造势”的工作思路，实现同频共振。在2011年庆祝建党90周年和2012年省第十三次党代会等重大宣传战役中，无论是宣传体量、还是报道质量，都领先于其他省级卫视，受到广电总局连续多次肯定和表扬。当前，“十八大”宣传是频道舆论宣传的重中之重，浙江卫视在上级部门的指导部署下，以高度的政治意识、大局意识和责任意识，全力以赴、全情投入“十八大”宣传，不断营造高潮迭起的舆论宣传氛围。三是在日常主题报道中，深入践行“走转改”，组织策划了“推进科学发展 建设两富浙江”、“创新创业在基层”、“富民强省开新局”、“走向蓝海”等一系列大型主题宣传。四是在重大突发性事件报道上，严把导向，严守纪律，倡导“打断式直播”，充分发挥主流媒体的舆论引导力。五是抢抓机遇积极上送。浙江新闻上送央视是扩大浙江全国影响力的重要宣传任务和政治任务。今年以来，浙江卫视克服各种不利因素，紧紧围绕省委中心工作，注重沟通，把握时机，深化合作，上半年共上送浙江新闻171条，其中头条9条、单条38条，创下了上送新闻数量、质量和分量的历史最好成绩，全面展示了浙江经济平稳增长、社会和谐稳定的良好局面。

实施大片战略是在“以精英的实力创造大众文化”的理念引领下，以思想性、艺术性和可看性“三性”统一为要求，不断创新生产出给予观众视觉震撼，同时又直抵心灵深处的电视大片。随着社会转型和时代变迁，民众渴望真实、真挚、真情的电视节目。因此，需要我们把握受众心理，实践大片战略，将局部节目创新提升为整体创新，并把大片战略推行到卫视工作的各个领域，在精心打造《中国梦想秀》《中国好声音》的同时，将创制播出新闻大片《天下义乌》、人文大片《南宋》《艺术：北纬三十度》、财经大片《与卓越同行》、影视大片《楚汉传奇》等。

大台格局是支撑大片战略得以实施的根本保障。在集团的合力打造下，浙江卫视以大台格局创造对外风云际会的局面，形成对内百舸争流的景象。对外风云际会，即是联合具有共同价值观的外部团队，将浙江卫视打造成为高度整合资源的开放性平台。品牌是一种资源整合平台，“一个好的平台可以整合各种品牌资源，没有好的平台只能被他人整合”。《中国梦想秀》和《中国好声音》的标杆崛起，不仅是创新合作模式的突破，更是浙江卫视“中国蓝”品牌的成功。浙江卫视对内要形成百舸争流的景象，通过“三令五申七星十有”管理体系，提升整体团队的效率和效能；采用敢拼、敢抢、敢闯的“三敢”创业模式，激活机制，大胆改革。

二、节目创制追求“三性”统一

今年，我们不仅在新闻团队中大力践行“走转改”，而且在综艺团队中也倡导“走转改”，在第三、四季《中国梦想秀》节目的制作过程中，派出大批编导、推广人员深入全国各地，深入百姓生活，寻找追梦人物，挖掘感人故事。该节目糅合了新闻、综艺、公益、人文等元素，倡导平民梦想，传递真善美；推出的大型音乐评论节目《中国好声音》励志阳光、制作精湛，节目真诚、嘉宾真实、导师真挚打动了屏幕前的亿万观众。这两档节目呈现了电视精品的创作理念，实现了思想性、艺术性和思想性的有机统一。一是获得了上级主管部门的肯定。《中国梦想秀》和《中国好声音》被国家广电总局评为“2012 年广播电视创新创优栏目”，总局肯定节目“坚定正确导向，注重社会效益，体现以人为本，追求改进创新，受到广大群众的热烈欢迎，产生了良好的社会反响”。二是取得了较好的传播效果。两档节目总共播出了 24 周，均获得了同时段的收视冠军。其中，《中国好声音》在 9 月 30 日的最后一期取得 6.109%的高收视率，创造了省级卫视全国网近七年来的最高收视纪录。这两档节目的播出大幅提升了浙江卫视的平台，浙江卫视在九月份的央视索福瑞全国网 71 城市和 42 城市均位列省级卫视第一，这在浙江卫视历史上是第一次。在节目播出期间，网络视频点击量总计 13 亿人次，微博话题的评论和转发量高达 12 亿。三是受到了中央媒体的高度评价。据统计，在《中国梦想秀》和《中国好声音》播出期间，全国媒体刊登的相关稿件数量超过 200 万篇。其中，6 月 19 日的《光明日报》发表题为《< 中国梦想秀 > 节目：哭着，笑着，感动着》的专题文章，评论“《中国梦想秀》追求社会效益和经济效益的有机统一，实现主流价值和传播效果的完美结合，是新闻媒体“走转改”在综艺节目中的具体实践，对全国省级卫视综艺节目的创新创造和品质提升，具有极好的典型意义和示范价值。”9 月 7 日新华社以《聚焦平民小视角 传播放大正能量——浙江卫视 < 中国好声音 > 等节目红火对广电节目创新的启示》为题，充分肯定浙江卫视的品牌创新建设。

通过《中国梦想秀》和《中国好声音》的实践，我们充分认识到只有“叫好又叫座”的电视作品，才能激浊扬清引领节目创制的潮流，实现广大观众快乐生活的精神诉求。在《中国梦想秀》中，节目嘉宾“想爱组合”的满玲玲实现梦想后的感言是：“有些人可能宁愿坐在宝马车里哭，但我多年来一直都是坐在自行车上笑，幸福不是有房有车，而是有爱有梦想。”这就是我们节目所要追求的价值引领。

三、综合评估追求“三力”统筹

两年来，我们一直在思考如何努力实现一档节目的“三性”统一推向一个频道的“三性”统一，走出符合主流价值和电视传播规律的媒体“新天地”。2011 年 8 月，浙江卫视在全国率先提出并着手建立“顶层设计”的体系指标，以引导力、传播力、品牌力为核心指标，引导卫视工作全面、综合、均衡发展，促进社会主义核心价值观的生动体现和广泛传播。作为电视人，我们应该有时代使命感和责任感，尤其面向大众传播的媒体平台，亟须扭转唯收视率的倾向，不能简单迎合大众口味，沉迷追逐商业价值，而要弘扬富有现代中国气魄的时代精神和奋进力量。因此，构建科学的省级卫视综合评价体系是“顶层设计”的核心要义，统筹协调发展媒体平台的引导力、传播力、品牌力，引导频道各项目标综合全面、均衡持续发展。

“引导力”评估媒体舆论引导功能的体现及发挥程度，主要评估是否充分体现出导向立台、新闻立台的新闻综合频道定位。“传播力”评估在全国传播的规模和效能，不仅仅是收视率，还包括落地覆盖、观众规模、网络指数以及其他媒体转发量和评论量等。“品牌力”评估频道的品牌价值和品牌成长性，当前媒体竞争已从收视竞争时代进入品牌制胜的时代，具备高品牌价值的媒体在未来更能占据竞争的制高点，《中国好声音》吸引了众多社会精英人士回归电视，这就是品牌力的体现。

引导力、传播力、品牌力“三力”的协调发展，目的是为了促进社会效益和经济效益有机统一、弘扬主旋律与提倡多样化协调并存、推动文化繁荣与回应时代精神双向融合。《中国梦想秀》和《中国好声音》初步达到了我们想要的目标，传递了真性情，弘扬了真善美，输出了正能量，这也是浙江卫视“三力”统筹协调发展的着力体现。

在上级主管部门的有力指导和支持下，经过两年的实践探索，浙江卫视基本确立了“顶层设计”的传播理念。“顶层设计”是践行“以精英的实力创造大众文化”科学理念的具体体现，是实现“做大做强做久”发展目标的具体策略。在新的发展阶段，我们将继续肩负电视人的使命感和责任感，追求电视节目思想性、艺术性和可看性的“三性”统一，通过大片战略的实施，打造资源高度整合的开放性频道，力争成为引导力、传播力和品牌力三大综合实力排名领先的传媒领军品牌。

（作者为浙江广电集团编委、浙江卫视总监。原载《视听纵横》2012 年第 6 期）

创新型领导力研究班学习所得和初步实践

陈立波

此次参加省委组织部委托清华大学和麻省理工学院承办的创新型领导力行动学习研究班，赴美学习历时近一个月，加上国内预培训，共游历清华大学、哥伦比亚大学、麻省理工学院、哈佛大学、斯坦福大学等世界名校，主要学习地在麻省理工学院史隆管理学院(据说专业排名为世界前三强)，主题是创新型领导力，由提出学习型组织理论的彼得·圣吉教授和U型理论的奥特·夏莫教授担任主讲教授，还走访了硅谷等处的金融和技术创新公司，有一些收获和感受：

一、创新是世界名校和行业领先企业共同的坚定不移的追求。这些名校和企业因其所处地位，洞悉世界最前端的信息，具有天生的全球眼光，考虑问题的出发点和目标都是全局性和面向未来的，如全球粮食安全、劳工制度、世界气候变暖的挑战、可持续发展等问题，给我们从全球眼光出发来看待和思考问题的强烈信号，同时，又特别强调用创新思路来分析和解决问题的理念，给我们留下深刻印象。

二、在创新的手段和方法上，我个人体会最深的可归纳为“跨界”和“用户体验”两项。跨界就是杂交，如同粮食作物一样，老的品种再施肥浇水，在质和量上都已无大的提升空间，只有着眼于不同品类和地域的种子的嫁接杂交，才有可能产生出全新的具有广阔发展空间的产品。举例来说，苹果手机就是美术和电脑两大门类之间进行拼接开发的结果，其效果是带来了全新的使用感受。再如SUV车，跨越轿车和越野车的界线，各取所长，成为近年大受追捧的汽车品类。车厘子是樱桃和李子的跨界，吸取了樱桃的甜和李子的厚实，口感更好，价格卖得更高。作为电视从业人员，我会习惯性地结合自己的行业来作些思考，电视节目的开发创新，也可以用跨界思路来考虑，事实上，服务与娱乐、新闻与娱乐、竞技与娱乐，近年来走红的一些新栏目，都带有明显的跨界痕迹。当然，跨界只是一种思考方向，难的是如何嫁接好，形成新的优势品种。《中国梦想秀》作为秀才艺与讲故事的嫁接，今年特别成功的是把讲故事完全融在才艺秀之中而不另起炉灶，于是节奏加快，故事信息通过对话和交流在舞台上直接呈现，一气呵成，观众在收看时感觉水乳交融，想要什么，节目恰好就端上来什么，这是很高的设计水准，这就引出又一个创新的手段，就是“用户体验”。

三、“用户体验”属于服务性质，举宾客入住酒店的例子，进入大堂能否明显看到总台位置，办理手续是否快捷准确，坐电梯方便吗，开门的卡片是否好用，进门后空调是否已打到舒适温度，细节还包括水龙头是否维护如新，电吹风风力大小是否适中等等。在宾馆中，因不同部门各管一段，很容易出现衔接上的缺憾。电视节目生产中，也较多出现只管做不管尝的现象，很多时候会有音量忽高忽低，字幕大小不合理，用词过于书面或专业导致听不明白等细节问题。另如华数电视的开机服务就很不人性化，观众需多次选择按钮才能看上所选频道。有网页专家研究认为，操作每多一次，需求就会减少20%，华数为了一点有限的封面静止广告，潜在损失很大。以上举例还都属于显性的服务细节，用户体验最有价值的部分在于挖掘用户的潜在需求，用自己独特的方式满足之，如在非洲习惯赤脚的民族中推广鞋子，倘获响应，市场巨大，推广不开，则会赔得很惨。

四、在节目创新研发阶段，麻省理工学院特别强调的学习型组织的工作方式有借鉴意义。其中心内容是一群不同专业和经历背景的员工，从原先行政组织中抽离出来，置于平等层面上展开头脑风暴，胡思乱想，提议，争论，否定，肯定，对有一定价值的原始创意，做出模型，反复证明，使之逐渐成形，有价值的节目原型往往是这样产生的。这里，特别给我启发的是学习型组织的意义。原先，我把学习型组织粗浅地理解为一个看书讨论的组织，实际上，所谓学习型组织，最本质的定义是指区别于行政型组织的平等、放松、无责难、天性充分张扬地研究和讨论问题。在行政型组织中，强调执行，命令和规则是基本工作方式，但在学习型组织中，大家都没有上下等级，实行大民主，不怕露怯出丑，反过来，对别人的思路想法，不能鄙夷蔑视，让思想充分涌流，奔放发挥。在此基础上，要勇于动手，建造模型，做可行性试验，找感觉，把灵光一现的东西固定下来，开发出来。

五、回来以后，正值自己所在的频道要研发推出明年的新节目，我借鉴学习型组织的思路在频道内部建立了两个节目创新小组，打破部门、栏目界限，按兴趣爱好自由组合，利用业余时间，观摩样片，展开头脑风暴。在组织里，不分干部员工、资历深浅，大家都是平等的一员，想法无论成熟还是稚拙，都会得到珍视。经过两个月时间的活动，收集到了一批有价值的创意思路，目前正在制作原型，不断改进。当然，频道作为一个生产单位，平常的工作性质还是行政型组织，员工有任务指标，收入分配都按工作量考核，参加学习型组织，只能在业余时间与兴趣爱好相结合，因此，一些有职业敏感的年轻人积极性较高，从业较久的员工往往表现不是那么主动。另外，在欧美国家，人们的功利心似乎比我们淡薄一些，对确实有兴趣的课题，他们会不计得失地投入，在我们这里，这样的状态相对会少一些。因此，如何把源自西方的学习型组织的理念引进并植根于我们的文化之中，需要我们作出更多的努力来进行探索。

六、在旧金山走访的国际著名社交网站 Facebook（脸谱网）的园区环境，很有创意产业的特点。Facebook 是一个网络平台，3000 多名员工大部分从事网页设计和维护，实际是研究如何使网民获得更好的使用感受。园区不大，但处处体现创意产业的匠心独具之处，如一块地面专留给员工用粉笔涂鸦；一处会议室的一面墙类似汽车的后车盖，天气好时可以掀起来透风透光；楼与楼之间搭有铁桥相连；设有咖啡发呆室供员工调剂精神。还有许多其他设计，虽然都是些细节，但对年轻员工为主的文化创意企业而言，有助于营造一种开放的富有人情味和创新思路的氛围。浙江广电集团正在萧山建设国际影视中心，如能在园区设计中吸收一二，应该会受到员工喜爱，形成独特的企业文化品位。

以上学习体会在美国学习归来后，曾写成专文向集团党委汇报，受到重视。集团王同元总裁在七月份召开的集团半年读书会上专门就上述学习体会向与会者作了推荐，并在集团报《浙江广电》上刊出，建议大家借鉴参考，也算是这次学习对实际工作的一点促进。

（作者为浙江广电集团民生休闲频道总监）

广播品牌营销技术流程实例解析

张　立

在信息过剩而注意力稀缺的今天，日趋激烈的现代传媒竞争已经把媒体推到市场前沿。广播，也不可避免地被卷入扑面而来的媒介产业化浪潮。从产业的角度审视媒体发展，媒体尤其是广播媒体，作为特殊产品的生产者、经营者，其存亡之本必须依赖两个市场，一个是受众市场，一个是广告市场，要赢得这两个市场就必须要拥有良好的媒体产品和良好的经营策略，而决定这一切成败的关键则是品牌。①

在这一背景下，许多广播媒体开始引入品牌化运作的战略思维，把发展的核心从具体、单一的内容创新升级到更为系统、复杂的品牌塑造、维护、增值、扩张、创新上。如何从整体性、全局性的角度出发，树立精准的品牌营销目标，制订行之有效的品牌营销策略，对于一家广播媒体的可持续发展而言至关重要。在这里，仅以浙江的三家电台 FM93 浙江交通之声、FM104.5 女主播电台、FM107 私家车电台为例，简单剖析广播品牌营销的技术流程。

一、广播品牌形象的框架构建

广播品牌营销的第一步，是要对广播品牌形象进行框架构建。品牌推出之前，务必进行细致的市场研判、策划设计和组织准备，在品牌运营之初即建立科学的品牌定位与识别。清晰的定位与识别，将告诉传媒机构做什么，不做什么，以及向何处去。这是确立品牌战略目标、明确品牌核心价值的关键性环节，对此后的一系列品牌营销活动具有指向性意义。

1. 寻找精准定位

鲜明准确的定位是广播节目塑造品牌形象的第一步，也是关键的一步，它的成功与否直接关联广播节目的市场占有。随着媒介的日益多元化，受众呈现出加速分化的趋势，广播受众的信息需求也愈加多样化，没有任何一种品牌可以满足所有人的需要，因而必须通过调查分析和策划活动提炼出广播媒体在市场和消费者心目中的最佳位置。也就是说，需要寻找精准的定位——“我是谁”、“我能做什么”、“我想要吸引什么样的听众”、“我能在听众心目中占有什么位置”？

美国品牌研究专家大卫? 艾克和乔瑟米赛勒认为：“品牌定位能突出品牌识别的焦点。它确定了传播目标，即什么样的信息最能体现差异化，最吸引目标市场。”媒介品牌定位能为某个特定的媒介品牌在受众心目中确定一个适当的位置。②对于广播品牌营销而言，这一活动将决定其品牌特性和品牌发展动力。

以 FM107 私家车电台为例，这一频率原先的品牌概念就是“城市之声”，有一定的受众知晓度，但却始终缺乏较为强劲的市场爆发力。为了突破这一不温不火的发展状况,FM107 对品牌形象进行了重新设计与包装,首先就是提出了更为精准的定位。作为一家城市电台,"城市之声"的概念对传播品牌而言,是缺乏个性特色的,既不能指导媒介机构本身对自己的内容、受众、风格、功能有一个清晰的认识,又不能让受众对电台形成差异化的深刻记忆和印象。在品牌重塑的过程中,FM107 首先对现有广播受众市场进行了研判和调研,发现随着中国私家车进入快速普及期,广播的主流听众逐渐向私家车群体转移。当时的广播界对这一现象虽大多已有所感知,但尚未有人围绕此进行针对性的深度开发。FM107 敏锐抓住这一目标清晰、大有可为的潜力市场,于 2008 年华丽转型为全国首个私家车电台——"私家车 107",提出以轻松幽默的风格、时尚有效的内容为私家车主提供全方位贴心服务作为频道理念,锁定以中青年城市私家车主为核心的主流听众群,在这一定位的指导下,所有节目内容围绕私家车做文章。此后,私家车 107 的品牌辨识度迅速上升,目前,根据央视索福瑞数据,私家车 107 在杭城所有电台收听率、市场占有率已位居前列。

2. 建立品牌识别

品牌识别,是品牌战略者们希望通过创造和保持的能引起人们对品牌美好印象的联想物。在精准定位的基础上,如何让品牌定位的核心诉求外化为看得见听得到的广播品牌识别?第一步是进行品牌的战略分析,包括顾客分析 、竞争者分析以及自我分析。一家广播媒体,能否在塑造或传播品牌形象的第一时间就抓住受众的注意力,很大程度上有赖于是否建立了丰满、贴切、鲜明的品牌识别。在艾克的品牌识别理论中,品牌识别有三个方面的内容,包括品牌精髓(Soul of brand)、品牌核心识别(Core identity of brand)和品牌延伸识别(Extended identity of brand)三个方面的内容。具体而言,在如何创建品牌识别上,广播媒体可作以下三个方面的考虑。

第一,概念强势。广播的品牌识别一经推出,若要达到对受众一击即中的最佳效果,需要在市场站位上呈现出一种强势的姿态。比如,FM93 浙江交通之声打出的品牌宣传语是"交通第一广播",在品牌推广上率先占据交通广播的第一位置,先声夺人。FM104.5 女主播电台前身为浙江电台旅游之声,于 2009 年 12 月 1 日更名为 FM104.5 全国唯一女主播电台,2011 年,再度深化内涵,将呼号丰富为"全国唯一女主播电台 FM104.5 品质生活广播",在品牌营销的过程中尤其强调了其女主播电台的独一无二性,这一概念强烈地刺激了受众的新鲜感。FM107 私家车电台推广的品牌概念为"全国首家私家车电台",占据私家车广播市场先机的优势地位呼之欲出。实际上,在确立品牌概念时,反复斟酌,不齿于寻找、强调这样的第一性、唯一性,是媒体凸显品牌识别的常规技巧。强势的概念,才能为广播品牌的进一步推广营造强势的传播语境。

第二,形象鲜明。广播的品牌形象不能面目模糊,需要有个性化的表达,形成广播的独立形象,让听众从一开始就有清晰的记忆点。比如,FM107 私家车电台着力包装"全国首家私家车电台"、"快乐私家车 107"的华丽身姿,无论是面对受众还是面对广告主,着力强化"私家车"的概念,这既能让其目标受众群私家车主对电台的形象产生亲切感和归属感,又能让那些以私家车人群为目标客户的广告主在这里迅速找到精准营销的需求契合点。FM104.5 女主播电台创新地塑造了"十二星座女主播"的形象,以"美丽让你听见"为主打口号,在此基础上进一步提出"因为公益,所以美丽",通过星座、女主播、公益三个概念的联结树立了女主播电台正面、有趣的独立形象。

第三,竞争防御。广播媒体在构建品牌形象初期就需要有防御意识。一个好的品牌概念推向市场后,通常会迅速引发竞争对手的反应,也不乏对手同质跟风,在品牌形象尚未巩固的情况下,这会严重冲击品牌的独特性及后续发展力。FM93 浙江交通之声在确立品牌概念的时候,杭州的广播市场环境是大家都在抢汽车人群,如果当时提出的概念是"浙江交通第一广播",容易留给竞争对手"杭州交通第一广播"的对应概念来进行回击。所以,反复考虑后,最终呈现在听众面前的是"交通第一广播"的概念,这有利于品牌在推广初期占据一定的制高点,让自己有足够的传播空间和时间来培育自身的品牌形象。

二、广播品牌形象的细节丰满

大卫·奥格威(David Ogilvy)在 20 世纪 60 年代中期提出了品牌形象论(Brand Image)。他认为,随着同类产品的差异性减小,品牌之间的同质性增大,消费者选择品牌时所运用的理性就越少,因此描绘品牌的形象要比强调产品的具体功能特性重要得多。在明确品牌定位、建立品牌识别之后,广播品牌形象的核心内涵已经基本形成。此后,必须以内容设置、团队构建等一系列的细节打磨来彰显、丰满品牌的核心内涵。在广播的品牌构成中，节目整体形象的包装、主持团队形象的打造能够最直观地呈现品牌特质，是受众了解、感知广播品牌形象的具象内容。

1. 节目整体形象包装

广播节目整体形象包装，也就是广播节目系统的策划设计，通常包括节目名称设置与节目内容设置两大部分。

节目名称是广播节目品牌的外包装，每天在节目中反复出现，是听众认知节目的感性标志，而广告商在对一家广播媒体进行广告投放的时候，首先接触研究的往往也是该电台的节目表。对听众和广告商而言，节目名称就好像是一个人与生俱来的外形，构成了广播节目固定的形象轮廓。这个形象轮廓，在一定程度上将广播节目的性格、气质、情绪可视化了，设计得体、抢眼与否，直接影响到听众对一档节目乃至一家电台的记忆度与好感度。比如FM104.5女主播电台周一至周五14:00–15:00播出的《红粉谈兵》，是联手央视军事频道打造的浙江广播界唯一一档军事节目。节目名称新奇有趣，一方面贴切地传达了以女性特有的激情评点军事的节目内容，展现了融知识性、趣味性于一体的节目特质，同时，《红粉谈兵》也以不爱红妆爱武装的反差，颇为另类地强化了女主播电台的品牌个性。周一至周五07:00--09:00播出的早新闻节目《只飙新闻不飙车》，在名称上饱含公益提醒的寓意，凸显女主播电台“因为公益，所以美丽”的概念。

节目内容则是支撑广播节目品牌的骨肉。广播节目具体说什么、怎么说，能否吸引听众稳定收听，才是广播品牌能否持续坚挺的最根本因素。品牌营销是一项系统工程，节目内容的设置也需要紧扣广播品牌的内容定位、风格定位展开。FM93浙江交通之声周一至周五7:00–9:00播出的《93早高峰》是在早间强档推出的新闻杂志类节目，内容涉及新闻调查、舆论监督、新闻时评、突发事件直播与热点新闻现场报道等，17:00–19:00播出的《直播晚高峰》是浙江首档跨媒体联动、3G音频视频同步直播的晚高峰大型互动陪伴节目，集新闻、资讯、服务、互动和娱乐元素于一身。这两档节目的内容设置都非常契合FM93“交通特色新闻资讯台”的内容定位。

2. 主持团队形象打造

对广播而言，主持人是把握节目的关键，是广播媒体的代表，也是电台的核心标志。广播品牌要更好地获得听众的认同，离不开主持人与听众之间的情感联结与互动。通过塑造主持群体形象、或者培育包装名主播等方式，广播品牌形象就有了具体的代言人和落脚点。

培育、推出名主播是广播电台普遍采用的手段。FM93浙江交通之声培养了阿宝、阿巍、小崔、许诺、家琪、孙婧等名主播；FM107私家车电台打造乐天派主持群，由阿亮、蜢子、刘超为代表的个性广播脱口秀、角色化演绎，陈遥、余静雯等为代表的知性声音，袁逸、高雯、苏菲、田雪为代表的80后新声代女乐天派三大类型名主持构成；FM104.5女主播电台也着重培育晚高峰娱乐类主持人射手座女主播、小狮子座女主播，国学节目主持人摩羯座女主播，儿童知识类节目主持人巨蟹座女主播，同时，还从天津引进新闻主播水瓶座女主播，从本省兄弟电台引进汽车节目主持人狮子座女主播，从音乐界引进全杭城最顶尖的MC小白羊座女主播。

FM104.5女主播电台还采用打造主持集群品牌的思路，推出“十二星座女主播”的集群品牌，将十二星座女主播打造成一个“个性、时尚、品质、青春、美丽、健康、活力、公益、爱心”的主持人群体，并通过节目、活动、户外媒体等多种手段将这一形象不断强化、固化。目前十二星座女主播已经获得多项荣誉，包括被共青团浙江省委授予“浙江省志愿者形象大使”和“低碳生活代言”称号，被浙江省血液中心聘为“浙江无偿献血宣传大使”，被杭州市公安消防局授予“杭州消防宣传大使”，并被一些商业企业聘请为形象代言人。

三、广播品牌形象的扩散延伸

对节目和主持团队进行包装，相当于是做好广播品牌的造型，使其能够进入市场与大众接触，这是广播品牌营销最常规最基本的一个环节。至于如何让广播品牌出街后迅速引来较高的关注度、回头率，则尚需更多的营销技巧，比如，通过活动推广、借势合作等方式，让广播品牌形象不断地扩散延伸、深入人心。

1. 活动造势

广播的品牌形象不应只是透过单一的声音元素来传递，而是需要立体呈现的。除了日常声音的传播外，还可以通过推出形式各异的活动加强与受众的接触，加深受众视觉、触觉等全方位的直观感受。

FM93浙江交通之声于2010年策划实施了规模在千人以上的大型活动“告别酒驾平安回家”、“援助西南大行动”、“你不是塞子”、“文明出行全省巡回宣传月”、“温暖回家路，平安高速行”、“93感恩服务月”等。2011年组织实施了充分体现频道定位的汽车运动会、节油大赛、93听友节、温暖回家路、高考应急服务车等各类吸引听众广泛参与的互动活动，仅2011年全年完成各类活动200多场，自驾车活动则更加频繁，仅2011年全年组织自驾活动50场，境外活动8场。2012上半年，以“文明出行”和“爱心浙江”两大公益特色活动为主导，策划推出了“学习雷锋好榜样”、组织了“告别反光黑板”、“爱在后备箱”、“千名司机大体检”等爱心活动。完成了“改变——2011浙江省文明出行现状发布会”、“高考全攻略”，策划组织“2012文明出行巡回宣传活动”。这些活动不仅进一步提升了交通之声的品牌形象，也为频道营销提供了重要支撑。

FM104.5女主播电台自成立起，即高度重视活动推广，截至目前共推出大小外场推广活动近600场。比如，频道最重要、影响力最大的年度品牌活动“你是女主播”，面向大专院校和社会海选女主播，目前已经连续举办三届，分别吸引超过三千名、五千名、六千名选手参与，每年全省海选，每年选出的十二强选手中均有选手进入电台工作，圆了自己的女主播之梦。2010年，十二星座女主播身穿防化服、头戴防毒面具，走上街头宣传控烟，成为轰动一时的公益活动，引起全国媒体的关注，经典照片在每年各大报刊、网站、电视台报道控烟时均会被反复采用，2011年身穿印有吸烟巨大危害图片T恤的十二星座女主播，再度引爆眼球，2012年，十二星座女主播联合2012你是女主播选秀活动中的24强选手共同组成一个史上最大的禁烟标志宣传控烟，效果十分显著，这也是频道最具传播力的活动。

FM107私家车电台每年至少开展200场外场活动，较有影响力的如汽车音乐会、微笑私家车、快乐童声、私家车运动会等。

2. 多元借势

广播品牌营销也要善于向其他媒体单位、专业人员、社会机构等借势，通过与一些外埠优质资源和力量的跨界合作，来进一步推动品牌的传播。

多种媒介借势。FM93浙江交通之声2009年开始与青年时报合作省两会报道市民议政厅，首开多媒体两会报道先河，2010年开始与新蓝网、钱江晚报、影视文化频道合作，在原有的文明出行系列活动基础上，创意推出《改变——年度文明出行现状发布会》活动，2011年始与全省地市交通广播合作《文明出行》公益活动联动宣传，2012年与新蓝网、浙江在线、新华网浙江频道及全省各地市交通广播和晚报合作，共同推出《生态文明在浙江》多媒体联动大型新闻访谈等跨界合作。FM104.5女主播电台的各类品牌推广活动，也与本地强势纸质媒体《都市快报》、本地第一强势电视频道浙江卫视进行合作，还与本地强势网络媒体新浪浙江、腾讯联合开展微博活动互动。

名人、明星借势。FM93浙江交通之声引入曹景行等知名评论员，提升评论节目影响力，增强权威性；借助丁建刚在浙江房产界的知名度，推出《丁建刚房产时间》节目。FM104.5女主播电台也十分注重借助名人、明星来丰富电台的品牌形象、提升电台的品牌影响力。比如，与本地省级电视频道浙江经视合作开设《舒中胜有话说》新闻评论版块，由浙江经视著名评论员、电视意见领袖舒中胜每天早晨8点半走进直播室和女主播一起评论新闻。除了就近借势本土电视名人外，FM104.5女主播电台还邀请国学大师钱文忠、王蒙、傅佩文、于丹等录制ID，力推国学节目主持人——摩羯座女主播小雨；邀请周杰伦、谭咏麟、章子怡、方芳、赖声川、敬一丹、白岩松、张泉灵、朱军、杨澜、吴晓莉等大批演艺界名人、明星、著名主持人走进直播室或录制公益ID，助推十二星座女主播的公益形象和主张。

四、结语

过去，广播作为媒体，一直是企业进行品牌推广的平台与利器，如今中国广播已渐渐步入自己的品牌时代。在竞争激烈、复杂多变的传媒环境中，广播媒体无论是新生品牌、成长品牌还是成熟品牌，又或是衰落品牌，都应该针对自身所处品牌生命周期的阶段特征，深刻考虑相应的品牌营销策略，这对广播的持续发展至关重要。

注释：

① 华宾，媒介产业发展研究面临新课题[J]，电视研究，2004.4

② 陈兵，论媒介品牌定位的五个步骤，北方经济，2011.8

参考文献：

① 罗子明，品牌形象的构成及其测量，北京工商大学学报(社会科学版)，2001.7

② 大卫·奥格威(David Ogilvy)，林桦译，《一个广告人的自白》，中国物价出版社，2003，4

（作者为浙江交通之声总监。原载《视听纵横》2012年第5期）

拓展广播电视在新媒体领域的传播力
——兼谈《新蓝网》的内容建设思路

钱黎明

以信息化、数字化、网络化为特征的现代传播技术的迅速发展和广泛应用，不仅极大地改变了媒体的传播手段和传播形态，而且由这种传播技术创新而催生出来的新媒体，正在推动传媒格局的重大变革。浙江广播电视集团领导正是因为充分认识到这场变革带来的冲击、挑战和机遇，遂于2009年11月快速组建队伍，立即搭建技术平台，于当年12月28日推出了自己的新媒体——新蓝网；2011年上半年，在新蓝网基础上又先后创办了浙江手机电视台和浙江目前唯一拥有播出牌照的网络广播电视台，完成了既与传统媒体相辅相成、又有新媒体自身特色的“一网两台、立体传媒”的战略布局。新蓝网上线后，按照集团总裁王同元提出的“高起点，大手笔，全互动，新业态”的总体要求，充分突显“视频领先、组合传播”的优势，不断强化网络与广播电视媒体的联动传播，努力满足广大网民互动参与的需求，在较短的时间内迅速提升了自己的社会影响力。新蓝网创办第一年就荣获了“浙江省文化传播创新十佳网站”的称号，在2011年获得了国务院新闻办公室颁发的互联网新闻信息服务许可证。目前，新蓝网作为浙江省第一视音频新闻网站，已在全国18个中心城市以及欧洲、北美、澳洲、非洲、东南亚、港澳台部署了CDN发布节点，以此进一步扩大传播力。

这次来台北参加两岸六方3+3媒体论坛，围绕数字化融合下的媒体发展主题，结合新蓝网在内容建设上的思路和实践，我从以下三个方面来诠释我的题目：

一、新蓝网通过创意性整合，实现了传统的广播电视节目内容在新媒体的二次开发、二度利用和延伸传播。

作为浙江广播电视集团旗下的新媒体，新蓝网上线后在内容建设上首先需要破题的是：如何用好本集团18个广播电视频道丰富的视音频节目资源？如何创新内容呈现形态？如果采用简单的传播通道的“嫁接”和内容的机械“搬运”，那么依然是传统媒体的运作套路，很难吸引网民。作为新媒体，必须凸显个性化、碎片化、多元化、立体化和交互式传播等网络思维和手段，尤其要把方便用户的体验、尊重用户的收看习惯作为第一追求，并努力做到最大化、最有效地利用好现成的广播电视节目资源，真正实现内容呈现和传播形态上的创新。为此，我们在对广播电视节目资源的二度开发利用上，一是精心做好内容的取舍，将具有网络传播生命力、网民会反复点看的优质广播电视节目遴选出来予以重点推送；二是对于电视和网络上直播过的整档新闻节目，采用技术手段迅速拆成单条新闻予以呈现，让网民不必耗时费力就能立即找到自己最想看的新闻。目前浙江电视台所有频道的新闻节目已在播出后的一小时内全部实现了网上碎片化呈现；三是在信息集纳上强化“视频领先、图文为辅，组合传播”的特色。比如，浙江当天某地发生了人们普遍关注的新闻事件，网民可以通过新蓝网首页“专题”窗口看到以视音频为主、图文为辅，集纳了各广播电视频道及平面媒体多角度、递进式报道的全部内容。

如何让广播在网上既能出声又有形象、既可收听又可浏览？这是新蓝网创新传播形态的又一个目标。为此，网站采编和技术人员通过研发，为本集团每一个广播频率在新蓝网首页开设了一个全功能页面，内容包括广播的直播、收听推荐、节目分享、名播微博、网友评论以及频道的网页、节目单等等。网民如要收听广播只需轻击鼠标，便能获得新媒体带给他的全新的多功能的愉悦的收听体验。

在媒介快速走向融合的今天，突发性新闻事件和重要新闻活动为网络媒体整合广播电视等新闻资源提供了创新的空间。在2011年夏季浙江沿海遭遇强台风袭击时，新蓝网首先抓住广播“快”的特点，将广播最先发出的有关台风的最新信息迅即转为网络文字报道，接着整合广播各频率官方微博信息实现网上滚动、递进式报道。随后，图文新闻、网络直播以及快速聚合的大容量的专题页面相继跟进，使新媒体灵活便捷的传播手段与广播电视现有的资源优势有机结合，形成了单一的传统媒体难以实现的立体化多媒体多视角的传播声势，充分满足了网民对这一信息的即时需求。

两年来，通过新蓝网平台，浙江广播电视的节目资源不仅得到了充分有效的二度开发、二次利用和延伸传播，而且使绝大部分节目从原来的省内有限覆盖变成了全球无限传播，放大了原有节目的品牌影响力和舆论传播力。当然,新蓝网通过独家拥有并创意性整合本集团广播电视的优质节目资源,也提升了自身与其他网络媒体开展差异化竞争的优势和能力。

二、网络与广播电视通过“台网联动、节目互动”,较好地实现了“收视率带动点击率、点击率助推收视率”的共赢局面。

新媒体与传统媒体的一大区别是,它在内容呈现上无边无际,时空无限。同时,新媒体在运作上最大的特点又体现在互动上,它彻底打破了传统媒体“单向传输、你做我看”的定律,互动使得内容传播的空间更为广阔。而对于传统媒体来说,互动也是推进传统媒体与新媒体融合、传统媒体向新媒体发展的基础。基于这样的认识,从网络媒体的本质(即草根性)和特点(即互动性)出发,新蓝网充分做好以台网互动为主的四个互动,即:网络与广电节目的互动、网络与网民的互动、网民通过网络与广电节目的互动、网络通过广电节目与广播电视受众的互动。

这方面首先试水并取得成效的案例有:新蓝网与电视频道联手打造的网络互动专区《意见领袖·舒中胜》。每天,主持人舒中胜都会在上午把当晚节目中所要评论的话题以帖子的形式发到新蓝网的社区论坛上,让网民跟帖热议。傍晚时,主持人又会登录新蓝网查看并选取网友一些观点精彩的帖子,作为当晚节目话题的“主料”或“佐料”。日复一日,网民通过新蓝网的“纽带”与电视主持人和相关节目开展了密切的互动,由此既对扩大电视主持人的知名度、增加电视节目内容的丰富性以及提升收视率起到了积极的作用,又提高了网络的人气指数,光是这一互动区块每天的网上帖子就有 500 多个。台网互动初试成功后,新蓝网在论坛上又陆续开设了 40 多个极具广电资源特色的互动板块,其中广播《股动天下》板块,网友单日最高发帖量达到了 1.7 万多条。这些活跃在新蓝网论坛上的网友,同时也成为相关广播电视节目的忠实粉丝,对提高节目收视收听率起到了明显的作用。网民在网上观看电视直播节目的过程中,还可以随时将自己的观感以及对节目内容的点评发布到网络及至电视荧屏上。网民的这种互动参与,其实已介入到广播电视节目或活动的制作、传播过程中,为广播电视提供了源源不断的内容资源。

同样,互动给新蓝网带来的人气也是显而易见的。新蓝网的社区论坛成为了浙江广电集团众多广播电视品牌栏目粉丝的聚集地。每天节目播出后,粉丝都会在网络论坛中津津乐道。比如,有一档电视节目《相亲才会赢》,其中的新闻人物朱炜炜在节目播出当晚,在网上受到了网民对他的围观、点评,甚至有许多女孩主动提出要和这位帅哥约会……可以说,互动给广播电视和网络都带来了鲜活的元素。如今,在新蓝网,无论新闻、综艺还是活动、论坛节目,也不论是直播还是点播节目,互动已成为内容采制和传播中的一种常态。

三、以开放的视野推进新媒体的合作联盟,谋求在更大的范围、更高的层次拓展广播电视媒体的传播力和影响力。

媒体的发展已进入到全媒体融媒体时代,任何一种媒体都必须摒弃过去那种单打独斗、排斥异己的思路。而作为新媒体更应该以开放的视野和海纳的胸怀拓展自己的发展之路。对此,新蓝网早在构建“一网二台”,实现电脑屏、电视屏、手机屏“三屏合一”战略布局的同时,就开始谋划:对外与江苏、上海、安徽、北京等广电新媒体,对内与浙江省 11 个市的广播电视新媒体,分别建立平台打通、内容共享或技术借力、传播联动的合作,谋求在更大的范围和更高的层次,通过新媒体之间的联盟,进一步扩大广播电视媒体的传播力和影响力。2010 年上海世博会期间,新蓝网就与中国网络电视台、上海文广百事通等 28 家新媒体结成了“新媒体世博报道联盟”,共同组建了包括世博新闻、场馆介绍、演出活动、世博历史等各种世博视频资料在内的“新媒体世博素材库”,既为全球新媒体用户提供丰富的“上海世博视讯”资源,也借机扩大了新蓝网的知名度。

在与广电媒体结盟开展内容、活动、技术、营销等多方面的合作之外,新蓝网还与新浪、搜狐、腾讯等各大网站进行合作。例如,2011 年新蓝网联手阿里巴巴推出了《天下网商》节目,通过借力和借助资源,在打造“浙商”媒体方面有所作为。新蓝网还充分借鉴或利用成熟网站的技术运营经验,努力提升自己的网络传播效果。在浙江广播电视集团主办的 2011 年中国电视观众节期间,新蓝网除了承担热门电视剧和明星两大排行榜的网络评选、全程报道排行榜评选期间的盛况,还利用新浪腾讯成熟的微博平台,对明星进行“视频 + 微博”的网络互动直播。例如,在对海青、吴秀波两位演员半小时的网络访谈直播中,我们将新蓝网视频直播窗与新浪微博页面上下衔接,使网友一边看视频一边就能在微博页发表评论,并随时推荐、分享。短短半小时,看直播视频的人数迅速飙升,网友光是微博提问和微博转发视频回放地址就达到了500多条,在演员、电视主持人和广大观众、网民之间形成了一个个互动交流的磁场……

传统的广电媒体与新媒体的融合发展才刚刚拉开序幕,新蓝网也只是迈出了很小的一步。面向未来,我们将会执著前行,不断创新,为媒介更快更好的融合发展,走出一条有自己特色的成功之路。

(本文系作者2011年11月29日参加在台北举行的两岸六方媒体高峰会议——第五届3+3传媒论坛的演讲文字稿,原载《视听纵横》2012年第1期。作者为新蓝网总编辑)

走转改与城市广播电视突围之路

徐明明

当前我国广播电视领域有许多热点问题,其中"走基层、转作风、改文风"活动和城市广播电视(下称城市台)如何迎接挑战转型发展,是业界学界和管理部门普遍关心研究的问题。在现有的讨论中,通常把这两者作为不同问题加以研究和论述。但如果仔细分析走转改的实质和造成城市台困境的根源,就会发现这两者其实有着深刻的内在联系。走转改不仅是对新闻报道的要求,而是根据当前传媒领域的深刻变化对整个新闻事业的要求,其实质是要使新闻媒体和新闻工作者扎根社会深入群众贴近生活,找到媒体的根基所在、价值所在,而这正是城市台走出困境转型发展的突围之路。

目前我国城市台面临的问题很多,核心的有三个,一曰收视之困。随着媒体竞争的日趋激烈,特别是各个城市落地的数字电视频道大幅增加,央视和一些强势省级卫视在节目创新上持续发力,一批综艺类节目吸引了大批观众,加上新媒体的迅猛发展,分流了大量青年观众,城市台的收视份额持续走低。据央视索福瑞数据,2007年全国城市台收视份额最高的20个城市平均份额可达42%,到2010年已下降到39%。2007年全国城市台收视份额最低的20个城市,平均收视份额是4.4%,而2010年这个数据已下降到2.6%,2011年市(县)级频道收视率又比2010年下跌6.1%,多重挤压使绝大多数城市台面临收视份额下降的压力。二曰广告创收碰到"天花板"。我国大多数城市台目前的运营创收模式仍然是通过节目凝聚受众,然后打包卖给广告商的单一模式。这种营运模式的核心竞争力是媒体的影响力和受众的覆盖率。相对于中央和省级卫星媒体,无论是品牌效应还是收视点成本城市台都不具优势,今年以来绝大多数城市台广告刊播量和到款数呈负增长,作为广告收入占总收入70--80%左右的大多数城市台,这直接影响其发展乃至生存。三曰媒体影响力引导力减弱。我国广播电视的首要功能是宣传教育、舆论引导。随着互联网和移动通讯技术的发展,以互联网媒体为代表的新媒体呈爆发式发展,截止2011年12月底,我国网民总数已达到5.13亿,超过电视用户数,加上传统广播电视新闻宣传创新成效不明显,原先由广播电视等传统媒体主导新闻舆论的格局发生了根本性变化,2010年舆情热度靠前的50起重大舆情案例中,微博首发的就有11起。在一些突发、敏感事件的报道中,新媒体已成为事实上的主流和主导媒体。

面对这些困境,城市台突围之路何在?笔者认为,必须在更高更广更深的层面深化对"走转改"的本质认识,深切把握城市台的立台之本、兴台之基、发展之策,解决好城市台"我是谁、为了谁、依靠谁"的问题,夯实城市台的根基,体现城市台的价值。通过走转改,真正走进城市受众,走出核心竞争力;走进新媒体,融合多终端吸引新用户;走进城市经济,分享城市经济发展成果,做大做强文化产业,实现城市台的转型发展。

通过走转改,走进城市受众,走出核心竞争力。相对中央和省级广电媒体,城市台最大的优势和最核心的竞争力是"接近性"。包括地缘的接近性、文化的接近性、情感的接近性。城市台最了解区域受众的收视习惯、生活方式和文化需求,内容生产的定位更易精确,更能引起当地观众的情感共鸣和归属感;最了解当地经济发展、市场消费信息,更容易掌握目标客户市场需求,更容易为其提供贴心服务。

城市台虽然具备上述优势,但要把这种潜在的理论上的优势转变为现实的收视份额、媒体影响力和广告经营上的优势,必须按照"走转改"的本质要求,切实深入全面走入所在城市。城市台是有根的,但只有接地气才能有底气、长灵气。坚持区域化传播、"新闻立台"、"特色为先"的策略,全面掌握深入分析精准回应区域受众的收视需求和目标客户的市场需求,全面掌握深入分析精准应对落地频道频率节目广告情况,打造难以替代的区域传媒品牌,这是衡量城市台“走基层”的深浅、“转作风”的真假、“改文风”的好坏的根本标准，也是城市台的突围之路。收视行为调查也说明这一点，城市台最能拉动收视率的是适合本地观众口味、具有鲜明地域特色的本土新闻民生类节目，是城市台应对收视之困抗衡央视和省级广电的利器，也是城市台资源利用率最高、收视份额贡献最大的节目。近几年各城市台都开办了这类节目，但节目质量和收视情况大相径庭。要办好这些节目，把城市台新闻内容的地域性和贴近性的优势发挥至极，必须深化走转改。“走转改”不是简单跟着普通民众、基层劳动者“走”一遍，而要一“沉”到底，观察、发现和思考基层中的新现象、新动向，让报道充满新意和活力。要拉近媒体与受众的距离，用百姓的眼光、语言选新闻看新闻说新闻，使城市台的新闻理念、题材、形态、手法真正契合所在城市的脉搏，准确把握区域受众的收视习惯、审美趋向，实现新闻节目的本土化、个性化、品牌化。从这几年城市台打造本土新闻特别是民生类方言类节目的实践分析，虽然对提振收视人气作出了很大贡献，但也暴露出节目同质化、过于粗俗化、市井化，题材狭窄琐碎，越位审判，过于强调娱乐功能，一味追求负面报道等问题，不仅有损城市台的公信力，也影响节目的收视和可持续发展。民生新闻的转型升级有赖于走转改层次和深度的提升，避免“阴暗化”、“碎片化”倾向。“走基层”不仅是访贫问苦、遍看世间不公，也不等于就是走底层。走转改不是简单地把自己所见、所闻、所听，原汁原味简单呈现出来。作为主流媒体不仅需要鲜活的一线的镜头，更需要镜头后的那根红线、思想和灵魂。转作风不是简单等于同吃同住同劳动。对广播电视新闻工作者来说，更必须有科学、求实、符合广电专业要求的工作作风。改文风也不等于就是说俚语用土话，而要体现地域特色又符合频道频率受众定位。通过走转改，坚持“价值观立台”，更加注重提升我们的“新闻发现力”。在接地气、访民情、问民意的过程中，挖掘别人没达到的深度、找到别人没想到的角度，让新闻表达成为思想表达、价值表达。通过走转改，加强对公共事件的关注，从家长里短的琐碎小事中跳出来，从是非判断上升到理性思考，从居民投诉向公共话题发展，对普通民众和弱势群体的利益诉求进行凝练和提取，着力推进民主政治、社会公正、制度完善。只有这样才有可能使城市台获得独特的比较优势，为区域受众提供贴身贴心的服务引导，凭借它固有的真实性、权威性的优势，构建区域传播高地，把其他媒体的冲击影响降到最低。

通过走转改，走进新媒体，打造全媒体。面对新媒体的发展和挑战，城市广播电视媒体既不能视而不见更不能惧怕退缩，而应通过走转改实施全媒体传播。走转改的实质是使新闻媒体和新闻工作者进一步深入实际深入群众深入生活，目的是进一步提升主流媒体的舆论引导能力、社会影响能力和群众服务能力。新媒体的快速发展，传播格局的深刻变化，是当前我国新闻传播领域最显著的实际。快速增加的数以亿计的新媒体用户是我们必须服务的最大规模的群众。全媒体的传播模式，各种媒介的融合发展，是当下我们必须面对的传媒生活现状。因此，在当前传媒格局下，城市台作为主流媒体，走转改的重要课题是走进新媒体，了解新媒体，融合新媒体，转变传统新闻理念，改变新闻业态，进军新媒体，吸引新用户，打造区域性最有影响、融合传统媒体和各种新媒体的全媒体。这既是走转改的重大课题，也是城市台应对新媒体挑战扩大影响力提高引导力的重要策略。

全媒体传播是针对受众的个性化信息需求，综合运用多种媒介和终端，选择合适的媒体形式和渠道，以文字、图片、声音、影像等元素全天候、全方位、立体化地互动展示传播内容，实现媒体对受众的全面覆盖和细分，达到最佳的传播效果。城市台走进新媒体，必须转变传播理念模式。刘长乐说，“全媒体不仅是一种新闻报道形态，它还是媒体在业务运作整体模式和策略上的思想变革。”比如从“受众观”向“用户观”转变，更强调个性化、互动性、体验式服务。从单向单源单终端向互动多源多终端转变，更强调内容生产前端链条的融合，后端传播链条的分化，用户使用的个性化。必须实现广播电视节目与新媒体的融合发展。在全媒体传播时代，要把报纸、播客、博客、微博、晒客、拍客、闪客、网络视频、网络杂志、手机等新媒体自媒体融入到广电节目中。同时把广电节目在新媒体新渠道新载体推送。顺应新媒体信息获取碎片化、个性化的趋势，将大众化的新闻播报和个性化的资源服务有机结合起来，根据不同受众对节目内容和形式的收视偏好制作不同类型的产品，更好地满足包括新媒体用户在内的受众的需求。改造传统新闻制作方式和传播手段、编排形式，适应新媒体视听的随意性和受众的多样性，并根据播出时段的受众构成来调整节目的内容和形态。充分发挥新媒体无疆界特点，着力于节目形式创新，策划与受众的互动环节,吸引更多更持久的观众参与。在融合中张扬各媒体优势,进行各具特点的内容研发,不断提高融合媒体的综合能力,延伸扩大广电信息传播平台。必须流程再造,构建全媒体信息采集、集成、分发平台。改革传统组织架构、新闻流程,建立适应全媒体的组织运营体系、跨媒体的策划编播体系、多平台、多业务、多码流融合的技术体系,形成选题立体策划、内容并行生产、多渠道同步发布、多元互动体验的全媒体传播机制。一些城市台的实践证明,城市台走进新媒体,打造全媒体的方式,不仅使城市台主办的新媒体内容更丰富、优势更明显,传统广电的节目内容也得到提升,有效增强城市台的影响力引导力。

通过走转改,走进城市经济,转变运营发展模式。城市台走转改不仅要解决新闻工作者与人民群众的感情问题,作为地方媒体还必须思考媒体发展与城市经济繁荣发展的关系。不仅采编播人员要走转改,广告经营人员也要走进城市经济、生活消费,转变经营理念,改换发展模式,融入城市发展进程,共享繁荣发展成果,做强做大传媒产业。这也是新形势下走转改的新涵义新要求。

自上世纪九十年代以来全国城市台运营发展的基本模式是“节目生产 + 广告经营”,广告经营主要是品牌广告和电视购物,实质上是在销售收视率和公信力。相对于央视和省级广电,这两者恰恰是城市台的弱势。这一模式的另一问题是与当地城市的经济发展联系不紧,不能直接分享城市发展和经济繁荣的成果。因为品牌广告和电视购物商品绝大部分不是所在城市生产的。城市台是有根的,做新闻传宣传离不开这个根,发展运营也不能离开这个根,城市现代化建设和经济社会发展是城市台经营的“源头活水”与“富饶土壤”。通过走转改,创新广告经营模式,立足城市消费市场,打造贴近终端的销售型媒体。城市台的最大优势是接近性,在广告经营上表现为最贴近终端市场。如果说央视和上星频道主要是品牌型平台,企业做广告主要是打品牌,那么地方台则是销售型平台,企业投广告和产品的终端销售紧密挂钩,可以直接拉动产品销售。要从只销售广告时间转变为销售当地消费市场,把贴近终端市场的优势发挥出来,做好企业的营销伙伴,将自身的经营收入同企业在当地市场的商品销售额直接挂钩,与城市的经济发展市场繁荣紧密相连。城市台要积极介入当地消费市场销售渠道建设,与企业开展合作营销,这样广告不只与收视率有关,还和当地购买力、消费市场发展直接相关,可以共享城市经济发展成果。城市台不仅要做城市生活消费的反映者再现者,而且要强化城市生活建构意识,积极主动走进城市生活,运用媒体影响力吸引广大受众广泛参与互动,成为城市消费生活的倡导者引领者。具体商业模式包括销售分账、TV 团购、品牌代理、自营终端等。从一些台的实际运行看,收益可观。同时社会经济发达地区城市台还可实施多元经营战略,以城市为依托、以民生为根本、以媒体影响力公信力为优势、以资本为手段,建立一系列市场化运作平台,融入城市现代化建设和文化产业发展规划,发展除广告经营以外的文化产业,打造综合性文化传媒产业集团。

从新闻事业“二为”方针到“三贴近”原则,从“三项学习教育”到“走转改”,提法和形式有所不同,但本质都是为了解决新闻媒体新闻工作者与人民群众与社会的关系问题。目前城市台碰到的问题和解决办法,关键也是要处理好与服务对象与所在城市的关系。因此,走转改是城市台的突围之路,而只有紧紧扣住城市台转型发展,走转改才能不断深化取得实效。

(作者为宁波广电集团副总裁。本文获全国“‘兰州广电杯’走转改”征文一等奖)

以十八大精神为指引
建设两富有的现代传媒集团

马雪腾

党的十八大报告从战略和全局的高度,对新形势下建设社会主义文化强国进行了新的阐述,作出了新的部署,并提出了加强社会主义核心价值体系建设、全面提高公民道德素质、丰富人民精神文化生活、增强文化整体实力和竞争力的主要任务,这对我们推进“两富”现代化传媒集团建设,为社会主义文化大发展大繁荣作出积极贡献具有重大而深远的指导意义。

一、以十八大精神为指引,坚持正确的文化发展方向

建设“两富”现代化传媒集团,必须坚持正确的文化发展方向。这个方向,就是党的十八大精神,就是要走中国特色社会主义文化发展道路,坚持为人民服务、为社会主义服务的方向，坚持百花齐放、百家争鸣的方针，坚持贴近实际、贴近生活、贴近群众的原则，推动社会主义精神文明和物质文明全面发展，建设面向现代化、面向世界、面向未来的，民族的科学的大众的社会主义文化；就是要深化文化体制改革，开创文化创造活力持续迸发、社会文化生活更加丰富多彩、人民基本文化权益得到更好保障、人民思想道德素质和科学文化素质全面提高，文化影响力不断增强的新局面；就是要着力加强社会主义核心价值体系建设、全面提高公民道德素质、丰富人民精神文化生活、增强文化整体实力和竞争力，发挥文化引领风尚、教育人民、服务社会、推动发展的作用。

二、以科学发展观为指导，明确“两富”现代化发展目标

党的十八大报告指出，科学发展观是中国特色社会主义理论体系的最新成果，是党必须长期坚持的指导思想。坚持以科学发展为指导，就是要坚持以人为本的核心立场，加大物质和人文关怀，不断促进广电人的全面发展和现代化；就是要坚持全面协调可持续的基本要求，推进新闻宣传、精品创优、技术保障、广电惠民、党建人才、广告经营、园区建设各项工作全面发展，实现事业产业比翼齐飞；就是要坚持统筹兼顾的根本方法，统筹事业与产业、广播与电视、城市与乡镇、综合部门与频率频道等各方面利益关系，调动各方面积极性，努力实现集团活力不断增强、创造力不断迸发、积极性空前提高，人人努力工作、勇于奉献的良好局面。换言之，以科学发展观为指导，既要着眼于精神富有，着力提高职工素质和节目质量，发展广电传媒文化，增强广播电视的公信力和引导力，又要着眼于物质富裕，着力增加经营创收，发展文化产业，壮大广电集团的经济实力，更要在三网融合背景下，着眼于现代化，不断推进理念创新和技术革新，在深化改革和推进创新的实践中，建设物质上共同富裕、精神上共同富有、技术与理念上现代化的传媒集团，努力实现“让党委政府满意、让人民群众满意、让广告客户满意、让员工自身满意”的广电核心价值追求。

三、以“六个力”提升为抓手，推动广播电视创新发展

1. 坚持节目立台，进一步提升舆论引导力。十八大报告提出，要深入开展社会主义核心价值体系学习教育，用社会主义核心价值体系引领社会思潮、凝聚社会共识。作为信息发布、文化传播的主渠道和社会主义核心价值体系学习教育的主阵地，广播电视媒体要以发展先进文化为己任，弘扬社会正气、通达社情民意、引导社会热点、疏导公众情绪，牢牢把握正确导向，掌握话语主动权，加强社会主义核心价值体系教育宣传。要围绕市委、市政府的中心工作，以自身节目为基础，充分发挥“声屏报网”多媒体优势，创新报道方式，大容量、全方位、多角度做好时政报道、民生新闻，统一思想认识，凝聚各方力量，为全市经济社会发展提供有力支撑，为“三城一市”建设营造舆论氛围；要不断健全应急报道和舆论引导机制，加大对突发重大事件的报道力度，争取第一时间、第一现场，准确报道事件真相，回应公众关切，及时有效地引导舆论，增强新闻宣传的亲和力、吸引力、感染力，努力使新闻宣传工作体现时代性、把握规律性、富于创造性。

2. 坚持产业活台，进一步增强经济增长力。十八大报告指出，要坚持把社会效益放在首位、社会效益和经济效益相统一，推动文化事业全面繁荣、文化产业快速发展。目前，广电媒体已经进入“内容为王”、“经营决胜”的关键时期，广电集团必须加快资源整合，牢固树立产业活台意识，创新经营理念和机制，坚持“两翼齐飞”发展方向，在巩固广告创收和有线电视网络产业传统优势的同时，大力推进文化产业建设，拓宽产业发展渠道；要深化广告经营体制改革，进一步明确新闻业务和广告经营的权与责，倡导让“专业的人做专业的事”，提升广告经营的核心竞争力；要努力打造文化产业集聚高地，坚持以招商引资为核心，以项目建设为重点，积极引进“国字号”、有影响力的核心文创企业，加快推进江南传媒文化产业园区建设，提升园区知名度和吸引力，增强文化产业的整体实力和竞争力。

3. 坚持科技撑台，进一步提升技术保障力。构建和发展现代传播体系，提高传播能力，是十八大提出的新要求。提高传播能力，创新宣传方式，实现安全播出，都需要强大的科技支撑。近年来，随着信息技术和互联网快速发展，传统主流媒体面临各种新媒体的严峻挑战，舆论引导能力也有新削弱。因此，广电集团必须加快新闻宣传与现代科技的融合，广泛运用3G、微博等新型传播手段，充分发挥广播电视短、平、快的报道优势，提高新闻节目采集和传播的时效性和现场感。要加大投入力度，在技术上不断转型升级，建立健全完善畅通、快速、高效的联络协调和安全播出机制，对安全播出的薄弱环节、关键问题进行研究,提升安全播出的技术保障力,确保各项重大活动、重要节目、重点时段的安全优质播出,实现广播电视零停播、零插播。

4. 坚持品牌树台,进一步提升惠民服务力。让人民享有健康丰富的精神文化生活，是全面建成小康社会的重要内容。广播电视深入千家万户,承担着丰富人民精神文化生活的重要职责，需要不断完善公共文化服务体系,提高节目质量和服务效能。要不断巩固提升广播电视“村村通”工程、“低保工程”,深入推进“两新”工程配套建设,使广播电视公共服务均等化水平走在全省前列。要培养一批观众、听众喜欢和信任的名记者、名主持队伍，并针对不同受众群体,创新形式载体,探索方法手段,发展形式多样、内容丰富、高雅健康的文化形态,创作群众喜闻乐见的节目内容,做强一批影响大、收视率高,社会效益和经济效益俱佳的名牌节目栏目。要推进“走基层、转作风、改文风”活动向纵深发展,组织新闻工作者深入基层一线，把体现党的主张和反映人民心声统一起来,把坚持正确导向和通达社情民意统一起来,积极树立为民、亲民的媒体形象,不断提升宣传和服务水平,使嘉兴广电发展成为党委政府放心、人民群众满意的媒体集团。

5. 坚持创新强台,进一步提升集团凝聚力。凝聚力是一个国家生存发展、兴旺发达的重要基础,也是一个单位内增活力、外树形象的重要保障。只有坚持改革创新,创新管理思路,深化管理体制改革,才能不断提高管理效率,进一步提升广电团队的凝聚力。要深化文化体制改革,解放和发展文化生产力,发扬学术民主、艺术民主,为干部员工提供广阔舞台,让一切文化创造源泉充分涌流。要通过学习型、创新型、服务型党组织建设和“五型”机关创建,加强领导班子自身建设,提高领导班子的科学决策水平。要通过完善岗位管理、绩效管理、薪酬管理机制和绩效考核指标体系,合理设置待遇级差,促进中层干部和全体职工的创业创新。要推进广电传媒文化建设,以企业文化共识来凝聚力量,推进创新,努力形成全台干部员工活力不断增强、创造力不断迸发、积极性空前提高,人人努力工作、勇于奉献的良好局面。

6. 坚持人才兴台,进一步提升核心竞争力。人才是最宝贵的财富，是社会主义现代化建设的第一资源,也是广播电视事业和文化产业发展的基础保证。要进一步做好新闻宣传工作,必须落实十八大精神,统筹推进各类人才队伍建设,实施重大人才工程,加大创新人才培养支持力度,重视实用人才培养,营造人人皆可成才、人人尽展其才的政策环境,建设一支政治强、业务精、作风正、纪律严的人才队伍。一要完善人才培养、管理、使用及奖惩激励机制,加大专业技术人才和复合型综合人才的培养力度。开展新一轮专业技术带头人培育和选拔工作。进一步加强中层、专业技术骨干、党员三支队伍建设。加大对既懂得专业技术，又善于经营管理的复合型综合人才的培养和使用力度，为集团事业产业的融合发展提供人才支撑和智力保障。二要建立差异化激励机制,激励内部人才到一线创业创新,考核激励逐步向主持、播音等有影响力的岗位倾斜,向记者、编辑等关键岗位倾斜,向管理、技术等重要岗位倾斜,真正做到感情留人、待遇留人、事业留人。三要深化廉政防控体系建设。进一步加强全体党员和职工的政治理论、职业道德及党风廉政教育,营造风清气正的良好环境,确保党员干部想干事、会干事、干成事、不出事。

(作者为嘉兴市广播电视台党委书记、总裁)

欠发达地区广播电视台破解“人才荒”难题的探索与实践

赵正发

当下，欠发达地区广播电视台人才匮乏的现象日益严重,成为事业发展的瓶颈。

浙江省丽水广播电视台是一家拥有 3 个电视频道、3 个广播频率、1 张报纸和 1 个网站的市级台,在 176 名采编播人员中,本科以上学历的只有 35 人,专科学历的 71 人,中专以下学历的 70 人。其中专业对口的不到 40 人,每年还有不少比较成熟的采编人员跳槽到机关、到省级台,这使得“人才荒”愈演愈烈。

近年来，丽水广播电视台积极探索破解“人才荒”难题的方法,在实践中取得了良好的效果。

一、实施“师傅带徒弟”的素质提升工程

“师傅带徒弟,三年能出师”。我们把“师傅带徒弟”作为破解“人才荒”的一个重要举措来抓。一是实行 1+X 的帮带模式。在全台范围内筛选出业务骨干,确定“师傅名单”,名单中有台长、副台长和频道频率总监、副高级以上职称的采编人员共 15 人。每个“师傅”带 3~5 名“徒弟”,“师傅”要根据自身的特长,结合岗位的实际需要,对“徒弟”进行有针对性的帮带。二是实行“双向选择”。“师傅”可以选“徒弟”，“徒弟”也可以选“师傅”。这样，对“师傅”也是一个促进，要给“徒弟”一桶水，自己必须要有十桶水。因此，“师傅”自己必须加强学习，从而形成因材施教、教学相长的良性互动局面。三是定期开展活动。每月至少开展一次活动，每次活动确定一个主题，既有理论探讨、选题策划、节目制作、画面表现等，“徒弟”畅所欲言发表意见，“师傅”参与讨论，解答“徒弟”提出的问题和疑问，力求把每次活动都搞成“头脑风暴”。四是成果全台共享。每次活动的成果在内部业务刊物上刊登，既可以实现成果共享，又能对活动进行监督，提高质量。

二、探索“节目申领办”的激励成长机制

市级台由于人才资源有限，频道频率栏目、节目不宜办得太多，战线不宜拉得过长。经过深入的调研，台里取消或整合了原先一些收视率较低、社会影响不大的栏目、节目。确定了新闻节目由频道频率总监负责承办，特色节目实行申领办的制度。

一是申办节目。频道频率总监、副总监甚至是制片人，都可以自己做出策划，向台里提交节目申办报告。台里组织专家评审，研究其可行性，最后综合评定，实行优胜劣汰。被选定的申办节目，台里给予人员、经费扶持。2012 年年初，为配合市委、市政府提出的打造“秀山丽水，养生福地”区域品牌的宣传，经济生活频道提出了开办一档养生节目的构想。全国很多电视台都在办养生节目，如何办出特色呢?经济生活频道经过认真研究发现，现有的养生类节目大多是以治病和病后保养为主的。于是，就把节目定位为防病健身、普及养生知识上。秉承“就地取材，身边故事，科学理念，专家讲解”的宗旨，分食养、药养、水养、体养和文养五个篇章，每周一档，这个方案获得通过。3 月 16 日，经济生活频道申办的《养生谈》节目在开播，受到广泛好评。此外，文化休闲频道申办的《老白谈天》节目也受到观众的喜爱。这两档节目，目前在丽水电视台收视率最高。

二是领办节目。台里根据需要，选择一些节目，由频道频率的总监领办。如，为配合市里的效能建设，台里以市纪委提出的“为百姓说话，为百姓办事，为百姓撑腰”的理念为定位，推出一档《百姓热线》节目供频道频率领办，结果广播综合频道领办了该档节目。他们精心策划，不仅对全市效能建设过程中存在的问题进行曝光，还约请市直部门的主要领导到《百姓热线》做嘉宾，在线解答听众提出的问题，同时经常开展《百姓热线》下基层、进社区活动，使这档节目拥有很高的收听率和影响力，被誉为“丽水的《焦点访谈》”，受到了中宣部内部通报的表扬。

三是优胜劣汰。实行节目申领办制以后，加强了对节目质量的考核。包括收视率考核，广告吸附能力考核，抽样调查观众、听众的满意度及组织专家评审。综合上述四个方面的考核，决定节目的去留。

四是强化激励。完善业务导向机制，加大分配向一线倾斜。采编播人员的收入除基本工资以外，其余的按作品数量与质量考核结果进行分配，上不封顶，下不保底。同时，对收视率高、社会影响大的节目另外给予重奖。

五是加强指导。台长、分管副台长和有正高级职称的骨干，分别对口指导一个频道和一个频率申领办的节目，做到日常关注，每月讲评，及时总结工作亮点，剖析存在的问题，提出整改措施，推动申领办节目质量的有效提高。

实施节目申领办制，引进了竞争机制，增强了节目制作人员的责任心，调动了积极性。同时，也进一步深化了“师傅带徒弟”的素质提升工程，每档节目都有一个小团队，这个小团队在节目申办人和领办人的带领下，在实践中增才干、提高素质。

三、建设“拜师学技艺”的在岗培训平台

在岗培训是提高采编播人员素质的一种重要方式。“拜师学技艺”又是在岗培训的一种现实且受益面广的做法。它可以根据自身需求，按照缺什么补什么、请什么老师讲什么课，开展适销对路的业务培训。

一是开设业务讲堂。定期邀请专家授课，每年不少于 4 次。既请传媒院校的教授，也请省级以上媒体的专家开展业务辅导。讲课内容根据需要事先进行沟通确定，以增强授课的针对性和实用性。二是借用平台培训。每年都选派采编人员参加市政府新闻办举办的新闻发言人培训班。聆听全国知名的传媒界专家学者授课，有效地拓宽了采编人员的视野，增强了判断形势把握规律的能力。三是“走出去”学习锻炼。每年选派一定数量的采编播人员到省广电局和国家广电总局举办的各类培训班学习。同时争取中央电视台和省级电视台的支持，选送采编播人员出去跟班学习锻炼。四是建立学分制考核。把采编播人员参加的各类培训分别计分，纳入年度考核，奖勤罚懒。

四、尝试“用人不养人”的柔性引才做法

对欠发达地区广播电视台来说，柔性引才、花钱买服务、用人不养人不失为一种现实可行的办法。

一是从党政机关柔性引才。党政机关聚集了各种各样的人才，他们周末和晚上的时间大多可以自由支配，这给我们"柔性引才"留下了广阔的空间。2012年我们对这种做法作了尝试，新推出的《养生谈》节目，主持人就是机关干部，受到了观众的普遍认可。

二是从省级以上电视台柔性引才。积极争取省台到丽水建立"走基层、转作风、改文风"联系点，每次省级电视台的领导、专家和采编人员下基层蹲点，我们都派出相应的采编人员跟班，学习他们的蹲点调研和采访技巧，与他们开展近距离的交流，及时请教工作中碰到各种问题。

三是从传媒院校柔性引才。加强与传媒院校的沟通联系，建立合作关系，开辟实习基地，批量吸收传媒院校的学生前来实习锻炼。这些学生会带来很多新理念，新思维，还能承担一定量的采编播任务。

四是从离退人员中柔性引才。聘请省内外传媒界一些离退休的专家担任业务指导，成立业务指导团，开展有计划的业务咨询培训工作。

柔性引才产生的效应是十分积极的，它在有效解决人才短缺的同时，注入了新鲜血液，使在编人员产生危机感，从而激发了他们的干劲。同时，兼职人员也利用广播电视媒体这个平台施展才华、提升素质，实现了互惠互利、合作共赢。下一步，我们还将扩大尝试的范围，柔性引进一批节目策划、文字编辑、专题类节目主持人。

通过以上办法，我们感到队伍的精神状态有了明显提升，策划能力有了明显增强，节目质量有了明显的改进，人员整体素质有了明显的提高。我们相信，再通过几年的努力，"人才荒"的问题一定能够得到有效缓解。

（作者为丽水市广播电视总台台长，原载《电视研究》2012年第9期）

城市台发展模式探讨

吕新景

近年来，城市台的生存和发展一直是广电的热门话题之一。从"狼来了"的惊呼到现在的"三网融合"、"四面楚歌"，每一步走来，都显得那么无奈和被动。从广电内部来说，城市台受到上下挤压，要与央视、众多省级卫视以及县级广电媒体抢夺收视份额；从媒体外部环境来说，城市台受到四面夹击。何去何从，城市台面临艰难抉择。从去年上半年开始到现在，我们集中思考一个问题：城市广电的发展到了一个十分关键的时候，必须放弃原来的发展思路和方式，彻底转变发展模式，以打破目前的困局。

首先要说明一个概念：什么是城市台？城市台，已不再是单纯的电台或者电视台。体制改革之后，城市台的概念内涵发生了很大变化。它不仅包括了广播和电视，而且还包括了平面媒体和新媒体——广电报和网站、网络电视台、移动媒体；甚至还拥有有线网络和节目集成平台，拥有若干个节目生产、广告经营、影视动漫等文化产业公司。城市台不再是一个单纯的宣传平台，它还是一个文化产品、资讯产品，即内容生产平台和公共服务平台、产业平台。城市台依托城市，可以拥有相对丰富的资源，能否良好发展、可持续发展，关键在于发展模式。所以研究发展模式，是为了更好更快的发展。

一、转变发展模式的首要问题是转变发展理念

长期以来，城市台受观念和体制的双重束缚，在功能上安于完成宣传任务，在发展上安于"温饱"，遇到困难，就向政府伸手。现在面临外部环境的变化和市场的挑战，确实显得力不从心。可以说，每个台都想发展得好一点，发展得快一点。每个事物都有它的规律。在市场经济活动中，每个经济组织都存在两种发展可能，或者说发展规律：即常规发展规律和超常规发展规律。也存在两种发展可能：即一般速度发展和快速发展。问题是我们能否找到或把握快速发展的规律。如果找到了快速发展的规律，城市台也能实现快速发展。

要找到这样的规律，首先要打破思想的禁区，转变发展的理念。广电长期在事业的体制束缚下，它的发展思维往往停留在广电内部的框架中，即依靠广电自身资源、能量的发展，这是一种闭锁式的发展模式。发展思路是封闭式的，发展范围和规模是有限的，发展的水平是低质量的，发展能力是经不起风浪的，发展速度是缓慢的。一遇到不利情况，城市台就可能停滞或者倒退，总是在危机中挣扎。

考察互联网企业的发展轨迹，不难发现它们快速崛起的秘密。它们的发展理念和发展模式完全不同于城市台。比如腾讯、阿里巴巴、百度等等，它们的发展速度之快，让所有企业望尘莫及。它们得益于什么？我想它们首先得益于理念。它们具有开放、融合、效益、创新的理念。尤其是开放的理念,它既是一种理念,又是互联网企业的发展模式:开放平台、融合发展、共同发展。不是你一个人在这个平台上做,而是无数人、无数组织参与进来一起发展,这才是互联网企业快速崛起的根本原因。

开放和融合对广电的发展至关重要。广电也应该树立开放平台的理念,广电有自己的平台,但没有开放。广电往往强调自己的特殊性,把篱笆扎得很紧。因此,外部的资源很难进入广电。广电应该在开放中共同发展,在融合中共同做大。

二、转变发展模式的核心问题改革体制机制

城市台发展到现在,体制和机制成了继续发展最大的瓶颈。瓶颈之一是内部机制缺乏竞争,没有活力,不讲效益,没有成本和利润的概念。瓶颈之二是薪酬分配很难真正体现绩效挂钩,考核机制不健全,老人新人不平等,重要岗位次要岗位难区分。瓶颈之三是市场主体缺失,资本、人才紧缺,小打小闹,缩手缩脚,难以参与真正的市场竞争。从台州台目前的情况来看,从 2005 年开始实行频道制改革至今,已经有了较大发展。在总台的统属下,既有传统的媒体:广播、电视、广电报;也有新的媒体:网络电视台、移动电视等;还有实体公司:数字电视公司、广告公司、增值服务公司等 8 家文化企业。在这些实体中三种性质并存:有事业单位,有带公益性质的公司,也有纯市场化运作的公司。三种性质的实体统在一个体制里,已经越来越成为发展的障碍,必须进一步区分。要顺利实现发展模式的转变,就必须先实行管理模式的转变,改革这种体制机制。去年开始,台州台启动了第二轮改革,即推进事业和产业分开经营,组建广播电影电视集团,建立真正的市场主体。改革将集团分成两部分:事业部分和产业部分。事业部分主要是深化内容生产、干部人事、薪酬制度、考核体系方面的改革;产业部分主要是按照市场规律和企业运营规范,参与竞争,优质服务,实现效益最大化。

转变发展模式的基本要求是按照市场规律办事。媒体不能靠政府养,只有参与市场竞争,才能真正壮大,也才能体现主流媒体的地位,才能提高舆论引导能力。城市台转变发展模式,实际上就是要求与市场经济接轨,区分广电媒体的宣传功能、信息服务功能、产业功能,重新界定广电的组织结构和管理体系,哪些是党委说了算,哪些是股东会、董事会说了算,哪些是市场说了算。重新界定管理模式,采用行政的、经济的、法律的不同手段来进行管理。体制机制创新就是制度创新,没有这个基础工作,就难以转变发展模式。

三、转变发展模式的关键问题是要从理论转化为实际措施

模式其实就是解决问题的方法论,是不断实践的理论总结,是在一种理念指导下经过反复实践总结出来的规律。具体来说,模式就是在理论指导下找到了解决问题的办法。所以模式也可以说是指导方略。目前许多城市台正向频道制转变。我也常听到这样一种说法:中心制没有竞争,频道制恶性竞争。我认为问题不是这么简单。体制要和环境相适应,要服从发展的要求。它不能制约发展模式,也要和发展模式相适应。我们实行频道制六年了,并且是比较彻底的频道制。在频道制条件下,如何转变发展模式,找到最佳的方法和路径呢,确实是新的课题。今年,我们提出了一些改革措施。

一是建立开放共享的内容平台。内容生产是广电的核心工作。频道制后,各频道生产的积极性高,生产能力得到较大释放。但也不容否认,由于体制原因造成的分散性成了主要问题,频道从自身利益出发,在内容生产过程中资源的有效利用,资源的共享受到了制约。这个问题如果解决不好,就关系到广电发展的速度和效益。我们的想法是从两方面着手解决,第一,从技术层面,重新建立开放的采编播平台,将各频道新闻的采集和编播集中在一起,建一个内容共享平台,允许台内所有媒体共享。第二,从制度层面,制定一套鼓励共享、制约独享的制度。但是,这些方法不能影响频道制。而是在频道制的前提下解决发展中的问题,是对发展模式的修正。

二是建立一种整合、融合发展的实体平台。资源整合和共享不仅在内容生产范畴内需要,而且要拓展到全台所有资源,包括人力资源、品牌资源。但这种整合绝对不能回到原来的体制上去,而是要探索别的实现方法。我们要求频道和公司都要成为一个开放的平台、合作的平台、共享的平台。由强势频道和公司及其他类型媒体结成发展联合体,给予共同的目标任务。联合体有松散型和紧密型,合作方式可以灵活多样,符合互利和共同发展原则。今年一试行,就得到内部各频道和企业的认同。

三是建立市场化程度高的产业平台。广电要真正对社会开放,就要建立能与市场接轨的产业平台,打破原先比较单纯的相对封闭的利益格局,打开广电的大门,开放广电,让社会上的各种资源能涌入广电的平台,促进广电的发展。如果社会上的资本、人才、项目无法进入广电,广电仅靠自身的力量发展,那么发展是有限的。广电要抓住国家鼓励文化产业发展的有利时机,组建产业集团和产业公司,搭建好产业发展平台。只有在这个平台上,才能获得更多的资源,更多的发展空间。城市台的频道要走出本地城市,还是不太容易的,但是产业是可以走出城门,走出广电之门的。所以,只要发展模式正确,城市台科学发展,快速发展可以期待。

(作者为台州广播电视台台长。本文发表于《中国广播电视学刊》2012 年 05 期,获 2012 年度浙江新闻奖新闻论文二等奖)

城市广电在文化产业发展中的作为

邓港林

广播电视产业是我国文化产业的重要组成部分,大力发展广电文化产业既是党委政府对广电的要求,也是广播电视自身发展的需要。作为城市广播电视媒体,要以大力发展文化产业为契机,推动新一轮改革、创新与发展,以不断增强自身的核心竞争力。

一、发展文化产业是广电新一轮改革创新的重要动力

从目前各城市广播电视媒体运行的总体情况来看. 在体制机制上仍存在着若干不足和问题. 有的已成为制约广电宣传质量的提升和产业发展的瓶颈。当务之急,应该以发展文化产业为契机,在多个领域进行顺应文化产业要求的创新。一是组织机构创新;二是生产模式创新;三是营销模式创新;四是竞争模式创新。绍兴市广播电视台通过 7 年来的改革与创新,事业与产业都得到了长足发展,固定资产已达 3.61 亿元(台本级),涉及广播、电视、报纸、网络等产业,2011 年,经营总收入为 2.62 亿元,其中广告收入达到 1.478 亿元。这些成绩都得益于改革创新。

二、充分认识城市广电在产业化过程中的特殊性

广播电视既是党和人民的喉舌,又属于第三产业,本身具有政治、经济二重属性和喉舌、产业双重功能。由于与其他行业在角色和地位上有很大区别,因此也可以把广播电视业称为特殊产业。一是产业涵盖内容不同;二是所追求的目标不同;三是产品价值标准不同;四是行业准入标准不同。从产业化的角度来讲,广播电视节目也是商品,因为它能满足广大受众和广告商的需求;从事业的角度来讲,广播电视产业则是一个具有新闻性很强的信息产业,广播电视产业的经营者必须把新闻宣传放在首位,这既是广播电视信息产业所要求的,也是广播电视产业存在和发展的前提。

三、城市广电在产业化过程中要发挥好区域文化优势

在文化产业化过程中,城市广电要重点发挥好区域文化优势,以此来突破发展瓶颈。城市广电在与中央台和众多省级广电媒体的竞争中处于明显弱势,要想赢得收听(视)率,不断扩大市场份额,就必须贴近本地受众,办出自己的特色和个性。可以说,发挥好区域文化优势是城市广电发展的重点方向,提升区域影响力、增强核心竞争力的关键所在。首先是从地缘性上抓住区域文化认同;其次是从集中性上把握区域文化传播;再次是在历史性上挖掘区域文化价值;第四是从个性化上体现区域文化特色;第五是从包装方面突显区域文化精髓。

四、城市广电在产业化过程中要抓好业务拓展

城市广电有许多行业资源优势,这些资源即频谱资源、内容资源、人才资源、技术优势、制作和播出能力、公信力和控制力。城市广电在充分利用好这些资源的基础上,要一业为主,多业并举,实行多元化经营和融合发展,以拓展自身的业务空间。多元化经营即多样化经营,能够充分发挥企业优势,有效分散或者降低经营风险,有利于快速扩张,实现规模经济。一是涉足新媒体;二是创办制作公司;三是实行多种经营;四是开展资本运作。

(作者为绍兴市广播电视台总编辑)

新闻工作者核心价值观之管见

胡水申

核心价值观是某一社会群体判断社会事务时依据的是非标准,遵循的行为准则。党的十七届六中全会《中共中央关于深化文化体制改革 推动社会主义文化大发展大繁荣若干重大问题的决定》中指出,舆论导向正确是党和人民之福,舆论导向错误是党和人民之祸。可见,新闻工作者使命之荣光、责任之重大。

一、担当责任——新闻工作者核心价值观之所在

什么是责任?责任是分内应做的事情。也就是承担应当承担的任务,完成应当完成的使命,做好应当做好的工作。本人认为,作为新闻工作者,要担当以下责任,才能体现其核心价值观。

(一)担当把握导向、强化引导责任,彰显新闻工作者的使命感。当前,网络科技不断发展,传统的传播方式已经彻底改变,可以说如今的社会,人人是新闻发言人,人人都是一个微型电视台、电台,各种消息错综复杂,真伪难辨,如果没有正确的舆论引导,就会搅乱人心、搞乱社会,甚至给国家和人民带来灾难。胡锦涛总书记在考察人民日报时指出,要全面提高舆论引导能力。这是党中央在新形势下对新闻工作者提出的更高要求,也是新闻工作者的责任和义务,更是党中央赋予新闻工作者的神圣使命。作为新闻工作者,要牢固树立政治意识、大局意识和责任意识,在大是大非面前,做到坚定、清醒、有作为,自觉做到不为困难风险所惧,不为杂音噪音所扰,不为传闻谣言所惑,把思想认识统一到中央的决策部署上,努力做经济社会发展的推动者和社会安定的维护者。

(二)担当发现事实、报道事实责任,彰显新闻工作者的职业感。李大钊曾经说过,现在的新闻,就是将来的历史。真实,是新闻的生命,是新闻工作之"魂"。新闻工作者不仅是现实的记录者,更是历史的书写者,所以,要把新闻的真实性看作自己的生命,去追求,去呵护,去践行。有责任的新闻工作者,一定具有高度的敬业精神的。正如"走转改"活动要求的那样,深入一线,深入基层,深入现场,抓"活鱼",接地气,善于在同群众唠家常中捕捉闪光点,在杂乱无章的现场中找出新闻的价值。不当8小时记者,而是当全天候记者,发扬"白加黑"的工作作风,要做有责任心的新闻工作者,敢于发现事实、报道事实真相。凡有重大新闻事件发生,第一时间赶到现场采访,进行及时、准确、真实的报道。要注重搜集各类新闻素材,像蜜蜂一样到处采花酿蜜。要有严谨的写作态度,尤其是对数据的报道,来源要可信,数据要准确,不能想当然。新闻工作者要讲真话,用事实说话,自觉坚守新闻的真实性,要守得住底线,耐得住清贫,经得住各种名利的诱惑。

(三)担当监督为民、维护公平责任,彰显新闻工作者的正义感。"铁肩担道义,辣手著文章"。舆论监督是新闻工作者的重要社会责任。舆论监督是依法行政、从严执政的重要保障,是人民群众通过舆论对各级党政机关及其工作人员的工作,以及社会事务实行的监督。新闻舆论的监督,实质上是人民的监督,是人民群众通过新闻工具对党和政府的工作及其工作人员进行的监督;是党和人民通过新闻工具对社会进行的监督。金华电视台《小马开讲》《百姓零距离》等民生监督类栏目,在反映问题、揭露真相、主张正义等方面发挥重大作用,收视率一直居高不下。舆论监督一方面需要有敢于碰硬的胆识,为民主持正义的勇气,也需要一个有利于监督的、公正公平公开的清新环境。

新闻工作者的责任还体现在爱民情怀、推动公平上。坚持把为民办事、为民解忧、为民行善作为人生追求,在扬善行善中体现自身价值,在传播爱心中增强自我幸福感。现阶段,我国对弱势群体帮扶的法律、制度还不尽完善,部分弱势群体学习生产生活中还存在一些困难,一方面需要党和政府的关心和帮助,另一方面,需要富有爱心的社会人士的善举。作为新闻工作者,要为扬善行善搭建平台,弘扬善举,做一名爱心大使。金华电视台的民生热线栏目《叮当姐妹帮》,"叮当姐妹"整天东奔西跑,就是为了帮助市民协调沟通,解决困难,化解彼此矛盾,还组织了捐电脑、赠轮椅、送棉衣等活动,在群众中树立了良好的口碑。

(四)担当勇于改革、创新发展的责任,彰显新闻工作者的时代感。新媒体的发展日新月异,对传统媒体而言,我们只有审时度势,因势而动,主动应对"狼"到来,练就与狼共舞的本领,以顺应文明之潮流,体现时代之脉搏。一要研究新问题。深入研究新形势下受众心理特点和接受习惯,把握规律,勇于创新,依托积累经验与高科技的传播手段,进一步打造好全媒体传播体系,提高传播能力。二要运用新思维。我们可以换一种视角来思维,新媒体出台为传统媒体搭建了更宽阔的发展舞台,就像任何一次生产工具的革新,可以带来生产力的提高一样,新媒体是传播史上正常的技术更新,同样能为传统媒体带来更大的传播力。三是学习新知识。要制定学习规划,建立学习机制,搭建学习平台,形成崇尚学习、追求学习、人人学习的良好氛围,不断提升学习力。四是创出新作品。创新是时代的主旋律,也是战胜各种风险挑战的制胜之道。创新热情和创造潜力是新闻工作的特质。要有那么一种勇立潮头的浩气,有那么一种超越前人的勇气,有那么一种与时俱进的朝气,把创新潜能充分发挥出来，要鼓励工作创新，支持工作创新，引导工作创新和推广工作创新，增强新闻工作的魅力和吸引力，展现新闻工作的时代特色和创新精神。

二、对塑造新闻工作者核心价值观的思考

时代在变，对新闻工作者的要求和社会价值观也在不断变化。笔者以为，在新形势下要塑造新闻工作者核心价值观，可以从以下三方面入手：

（一）不断加强新闻工作者职业道德建设。随着社会经济的迅猛发展，新闻工作者面临的职业诱惑和职业陷阱越来越多，怎样才能让他们用手中的笔和镜头记录整个社会的进程，更好地传达社情民意，服务社会大众，值得我们深入思考。要加强职工的教育，陶冶职业道德情感，树立职业道德信念，养成职业道德习惯，做到谦虚谨慎、戒骄戒躁，始终为国家和人民的利益负责，自觉遵守国家的法律法规，遵守党的新闻工作纪律，以良好的品行和扎实的工作赢得社会各界的尊重。要注重人格的塑造，提高新闻工作者的自我保护能力。加强制度建设，建立杜绝有偿新闻、虚假新闻、低价广告的制约和惩处机制。重视新闻工作企业文化建设，以巩固职业道德建设成果。要自觉接受社会监督，通过行业协会、群众民主评议、聘请行风监督员、认真处理群众来信来访，发现队伍建设中存在的问题，加大监督工作力度，引导公众对新闻行业进行有效监督，对于违反新闻职业道德和不顾新闻行业社会责任的现象及时反馈、追责、惩戒，确保新闻事业的健康发展。

（二）不断培育新闻工作者的职业品质和职业精神。近年来，全国的媒体数量大量增加，同质竞争、同城竞争加剧。首先是商业化倾向侵蚀媒体，为片面追求娱乐性、轰动性，不惜牺牲新闻的真实性原则，将一桩小事炒作成热点，将并未发生过的事描述得活灵活现。另一方面，现在每年许多组织都会举办各种各样的评奖活动，一些新闻记者为了能够获奖，提高个人地位和声誉，就想方设法修改自己的作品，新闻造假事件频发。同时，当下的新闻工作者已经完全没有了优越感和“特殊待遇”，拒绝采访、被辱骂甚至被殴打的现象时有发生，可以说新闻工作者已成为风险系数较高的辛苦职业，已从“无冕之王”到“新闻民工”了。在这样的形势下，新闻工作者要始终保持良好的精神状态，始终保持对新闻工作的忠诚感和自豪感，以亢奋的激情投入到新闻创作中去，才能出精品力作。如果记者失去了新闻的忠诚感，那么媒体就会失去生命力。要自觉践行新闻公正并维护社会公正，弘扬正义感，防止权力寻租现象，维护新闻工作者的良好形象。

（三）不断提高新闻工作者的业务能力和水平。一是加强学习。要按照“干什么学什么，缺什么补什么”的原则，尽快加强新闻工作业务的学习，以适应工作岗位。二是当好“行者”。新闻在路上，记者是行者。作为一名出色的新闻工作者，只有根深植于人民群众这块坚实的土壤中，才会采写出更多更好的新闻作品。要深入开展“走基层、转作风、改文风”活动，在“进村入企”中感受到越基层越精彩，越深入越生动，在行走中增长才干，在行走中提升能力。三是强化精品意识。把每则新闻作品当作精品来制作，精益求精，精耕细作。建立和完善有利于多出精品的机制。四是善于创新。伴随着时代步伐，人民群众的需要，与时俱进，创新思维和方式，增强新闻的吸引力和生命力。

（作者为金华广播电视总台党委委员、纪委书记。原载《视听纵横》2012 年第 5 期）

守正创新　持续成长

董敏君

杭州交通经济广播，作为一家地方城市电台，从 2004 年步入快速成长期，一直高速发展，成为业界翘楚，广受关注。移动广播收听率稳居第一，而创收产值也从原来的 300 多万一路攀升，2011 年达 1.63 亿，跃居全国广播第三。42 个人的团队，更以人均创收 400 多万成为全国广播标杆。

在高速发展的道路上，杭州交通 91.8 始终坚持责任媒体应有的社会责任，将“围绕中心，服务大局”作为发展的基石，并为此不懈努力。

骄人的业绩成果，源于优秀的团队，要把团队培养锻造成有社会责任感、使命感又懂广播、爱广播、能创造，有激情的广播“梦之队”，靠的是企业文化和共有的价值观。杭州交通 91.8 将“橙色点亮生活，幸福久一点吧”作为核心价值观，要求每一位员工把“关爱、帮助、温暖他人”的人文理念体现在每一档节目每一篇报道中，并以“真诚、活力、超越”理念导向，体现共有的行动力和精神内核。

“关爱”，是一个城市应有的人文品格，交通 91.8

力求用这样的一种精神使这个城市更具幸福感，使我们的社会更和谐，也使更多的人被“关爱他人”这一橙色文化理念所感染，被点燃。

这样的价值观贯穿在交通 91.8 对每一条新闻的选择和角度视点的选取，体现在所有的节目立意上，无论是与公安合作的贯穿 24 小时的“空中 110”栏目，还是服务性节目“我的汽车有话说”、“一路领先”、“交通快活人”等节目，抑或是每年推出的系列“爱心活动”，比方说“爱心助考”，每年帮助困难考生上千人；比方说“文明行车赢奥迪、赢奔驰”，以另类方式唤起驾车人的文明意识，规范文明行车，就连“团圆饺子幸福年” 这样一个看似简单而普通的活动，小年夜 7000–8000 留守杭城的外地司机在四大服务区吃到交通 91.8 主持人和市长一起亲手包的饺子时，看到许多司机情不自禁冲上来握手拥抱，有的吃着饺子说着说着不禁哽咽流泪，我们知道，“关爱”让人温暖和幸福。

因为有这样的价值观，社会责任意识和节目的不断创新，交通 91.8 的节目受到受众和社会的普遍好评，连续 8 年无论是央视索福瑞还是 AC 尼尔森的调查，交通 91.8 的收听率、到达率、占有率、覆盖率、忠诚度、满意度等 7 项指标均名列第一，且遥遥领先。

一个媒体，一个团队能够持续成长和持续高速发展，其根本原因，除了“守正”，就是“创新”。而交通 91.8 所理解的创新就是在围绕 “服务大局、服务受众”的前提下，根据社会需求不断修正自我，不断超越自我，而这归根到底是要打造一个学习型团队。

那么，如何让一个团队保持整体的持续的创新态势，这是一个挑战，因为团队中 1–2 个人能创新，1–2 个节目有新意都不难，难的是建立一个创新型的团队，人人都在创新，时时事事都在创新，让创新的思维成为团队每一个人的一种习惯性的思维方式，让每个人都流动着创新的血脉。

在交通 91.8，每个员工都知道，创新就是根据需求无休止地寻找偏差和不足，寻求改进方法，不断超越自我，最终去创造能够比其他人更好地为社会服务，满足社会需要的作品。

打造创新型团队，需要管理者在各方面创新和探索，其核心是建立学习型团队，发挥文化的作用。

交通 91.8 不缺制度，早在 7 年前就创新了全国首家城市电台的 ISO9000 认证，作为制度规范，它是的有效工具；交通 91.8 也不缺机制，如“零工资考核”、“全员 360 评估考核”、“首席制”等等，也是在全国城市电台中率先推出，奖和罚都能起到一定激发作用，但是仅有奖罚则会造成交换和隔膜；交通 91.8 也有理念，愿景和使命，但如果仅仅把它挂在墙上，停留在口头上，那只会造成形式感和空洞，只有把制度、机制、文化三者有机融合，综合利用，从而形成一个管理体系。同时更重要的是：打造一个学习型的团队，在学习中发展和成长，这才是最最核心的。比方说去年是频道的“执行力年”，除了总监关于提升执行力九个方面的主题演讲外，首席主持人、中层、星级员工都进行了相关的配合性主题演讲，以此将一种文化渗透、传导再放大，形成一种核裂变的传播效果。同时在频道年度超越人物的评选中，在评出系列的执行力人物奖，将文化与机制在进行有机配合。

总之，学习是心灵的正向转换，创新的团队离不开创新的企业文化，更离不开学习型的团队，只有学习才能不断自我超越。

（作者为杭州交通经济广播总监。原载《视听纵横》2012 年第 4 期）

为建设文明幸福新萧山提供不竭的精神动力

来宏明　陈劲林

建设文明幸福新萧山，是萧山适应新形势、新任务需要作出的战略抉择，是萧山人民追求更高层次生活的新启程、新实践。萧山广播电视台作为萧山主流媒体和文化领域的主力军，为宣传和推进文明幸福新萧山建设起好步、开好局、造好势、带好头，是职责和义务之所在。按照党的十七届六中全会提出的“深化文化体制改革，推动社会主义文化大发展、大繁荣”和萧山区第十四次党代会提出的奋斗目标，萧山广播电视台紧紧围绕萧山区委、区政府中心工作，牢牢把握正确舆论导向，充分发挥广播、电视、湘湖网和《湘湖视听》杂志四大平台优势，整合资源、强化策划、精心编排，积极唱响主旋律，打好主动仗，努力为建设文明幸福新萧山提供坚强的舆论保障和思想文化保证。

一、制造收视热点，搭建宣传文明幸福新萧山平台

萧山广播电视台坚持新闻立台，强化新闻宣传，推出《新闻连连看》。在萧山电视台新闻综合频道每晚18点30分到19点50分的黄金收视时段，以民生新闻为主的《新闻连连看?热线188》,以国内外要闻、趣闻和科技、健康、娱乐资讯为主的《新闻连连看?媒体搜索》,世界上观众最多的中央电视台《新闻联播》,以时政新闻为主的《新闻连连看?萧山新闻》等四个各具特色的新闻节目接连播出，组合成时间跨度长达80分钟的新闻大综合版块。一方面,萧山台通过加入新华社、上海电视台的新闻协作网,借梯攀高，使萧山台拥有了与国内权威媒体同一来源的丰富新闻资源,构建起集本地、外埠新闻于一体的信息传播大平台，并通过这两大新闻协作网向外宣传了萧山,实现了多赢。另一方面,顺应观众的收视习惯,让观众锁定萧山电视就能了解身边事、天下事，在热点时段形成强大的收视热点，进一步增强萧山广电主流媒体的影响力。推出了以“快乐生活、温馨你我”为宗旨,定位于打造有萧山地方文化特色,集经济、生活、文化、娱乐于一体,生活气息浓郁的生活服务类电视栏目版块。整合播出的《生活360?》、《时尚生活》、《百科探密》、《心灵花园》、各类创意活动以及生活、情感类电视剧等,不断满足人民群众日益增长的精神文化生活需求，也让老百姓的居家生活更加便捷、充实。

二、强化舆论引导,引领建设文明幸福新萧山热潮

萧山广电台强化《萧山新闻》的舆论导向作用，先后策划推出“春风行动”、“幸福民生十件事”、“文明幸福过大年”、“基层文化行”、“实施十件实事提高幸福指数”等多个主题报道,推动掀起建设文明幸福新萧山的高潮。《萧山新闻》播出了市区领导亲切慰问困难户的镜头,春风行动将惠及更多的困难群众、城乡居民养老保险待遇将提高、七成多财政收入用于民生等好消息,市民高高兴兴购物血拼、欢天喜地过春节闹元宵、残疾人企业家帮困难残疾人建房送家具、临浦养老中心老人自创十米长春联感谢党和政府的感人场面，这些内容不仅积极配合了区委区政府建设文明幸福新萧山的主题宣传，而且营造了喜庆的节日氛围,提高了市民的幸福感。同时,发挥《新闻连连看?热线188》舆论监督的作用,大力弘扬真善美,服务于推进社会主义核心价值体系建设,做到两手抓,两手硬。在向新华社、中央电视台推出环卫工人龚德权的报道之后，又相继报道了党山镇一家五金软管厂老总三人在高速公路上救援车祸伤员、进化镇大汤坞新村汤宏儿细心照顾患有自闭症的舅公、众人合力救助落水宝马车内的母女俩、党山镇群众帮助反扒队员抓小偷、南郊监狱两名职工参与交通事故救援行动等,引起了全社会的共鸣。学雷锋日前夕,萧山台启动大型新闻行动“寻找身边的雷锋”,掀起了学习雷锋、传承雷锋精神的热潮。

三、激发干群干劲,吹响向文明幸福进发进军号

萧山台通过广播、电视、网络现场直播,《湘湖视听》杂志刊载专访、专版,第一时间传达区委、区政府的重大战略决策，为建设文明幸福新萧山起到了凝聚人心、鼓舞干劲的作用。《新闻连连看》板块通过专题、消息、特写、评论、新闻链接等多种新闻体裁,让干部群众进一步领会区委精神,引导、鼓舞干部群众在建设文明幸福新萧山新征途上,解放思想、只争朝夕、奋发有为、共创新业。如在“强实业 促转型”系列报道中,娃哈哈打造饮料王国的雄心壮志,万向集团实施国际化战略带来的新飞跃，传化科技加服务的发展模式，恒逸集团抢抓机遇、拓展主业的成功典范，荣盛集团纵横十字形的发展战略，都给人以启迪、信心与激情。紧密契合中央、省市精神,在中央、省市媒体报道播出传化大地打造世界级农业硅谷、萧山区引导资源要素向大平台集中等，收到了良好效果。

四、突出公益宣传,营造共建文明幸福浓厚氛围

围绕建设文明幸福新萧山的宣传主题，萧山台着手策划《共建共享文明幸福新萧山》系列公益广告宣传片。在区委宣传部的大力支持下，组织精兵强将,进行周密策划和精心制作。在制作过程中,数易其稿,反复斟酌,从内容的把握到技术细节的处理,从形式上的推敲到音乐的合成等,每一个环节,力求精益求精,把最好的感动留给观众,制作了多个版本的宣传片,并安排在黄金时段滚动播出。这些宣传片通过展现身边百姓事、倡导争做文明人、共享幸福美好生活的一幅幅生动的画面，讲述了现代萧山人自强不息、只争朝夕的奋斗精神,体现出文明幸福生活的美好追求,唱响了建设文明幸福新萧山的主旋律。

五、加强文艺创作,倡导与民共享文明幸福新生活

年初,萧山台以2012年萧山区春节联欢晚会为载体,首次用文艺的手段宣传建设文明幸福新萧山。晚会确定了“向文明幸福进发”这一主题,并专门创作了主题曲《向文明幸福进发》,整台晚会节目内容丰富,形式多样,紧密贴切现实生活,兼具思想性、艺术性,取得了较好的社会反响。萧山台摄制的《向文明幸福进发》、《萧山组歌》系列以及《独木长歌》、《渔浦之歌》等音乐电视作品在广播电视中滚动播出,收到了良好的宣传效果。萧山台参与主办的首届镇街排舞大赛圆满落幕，200 多支队伍，近 5000 余人登上草根舞台，充分展示了萧山老百姓富裕和谐生活的风采。

文明幸福是人类追求的永恒价值，一个文明幸福的新萧山，是萧山区委、区政府和全区人民的美好期待。建设文明幸福新萧山，需要解放思想、真抓实干、同心协力、锐意进取，通过不断的实践和探索，真正把“文化幸福”这个抽象的概念具体化、指标化、措施化，把文明幸福建设成为实实在在的民心工程，让人民群众更多更好地分享发展成果，生活得更加幸福。广播电视在建设文明幸福新萧山的目标中肩负着重要任务，要着重做好深化和服务的工作：

一是创新报道形式，进一步扩大报道影响。加强对文明幸福这一主题的组织和策划，不断增加新闻报道的感染力、吸引力和舆论影响力。电视将推出首个访谈专栏“一把手话蓝图”，邀请各镇街、各部门一把手走进电视新闻演播室，畅谈工作新思路、新举措。广播电视《萧山新闻》节目将陆续推出“真抓实干谋幸福”、“文明幸福新萧山”等专栏。前者介绍萧山区坚持两个率先、建设文明幸福新萧山的具体举措，重点围绕“坚持科学发展、创新驱动，坚持民生优先、社会和谐，坚持文化引领、开放开明，坚持区域融合、城乡统筹，坚持生态优化、环境提升”等方面展开；后者通过从经济实力、城市建设、文化建设、生态文明、人才科技、民生优先、社会管理、改革开放和党的建设等九个方面进行深入的采访，全景式地展示全区上下贯彻落实区第党代会精神所取得的成果。

二是创新宣传内容，进一步丰富群众文化生活。通过深入挖掘当地历史文化、地域文化、群众文化资源，开展形式多样、内容丰富的活动，让更多的萧山老百姓在萧山广播电视台搭建的草根舞台上，展现新萧山、新时代的萧山人和萧山精神，感受文明幸福的精彩生活。电视娱乐品牌节目“闪亮我舞台”将推出“我的幸福家”家庭幸福秀活动，以家庭为单位来“秀”家庭的小幸福，以一个个小家庭的和谐美满来展现萧山这个大家庭的文明幸福，启动或筹备“我的麦克风”、“唱游中国——伴着课本游山水”、“舞动萧然”第二届镇街舞蹈大赛等活动。广播将以日播节目《走进法律》为依托，举行“文明法制新萧山——公民法律知识擂台赛”，普及法律知识，推进法制萧山建设。此外，还将举行“可爱的家乡”少儿主题演讲大赛，提升少年儿童对家乡的认同感和建设家乡的责任感；推出萧山区首届“魅力声音”大赛，借助声屏，发掘萧山最美的声音，歌颂美好时代和老百姓的幸福生活。

三是创新节目编排，进一步增强荧屏吸引力。电视集中推出“幸福播出季”，精选轻松、励志的家庭伦理情感电视剧，在每晚黄金时间陆续播出。这些电视剧倡导了家庭和睦、社会和谐，将为文明幸福新萧山建设带来了一股浓厚的人文气息。

（来宏明为萧山广播电视台台长。原载《视听纵横》2012 年第 4 期）

在“村村走、行行访”中践行“走转改”

陈国千

为了把“走基层、转作风、改文风”活动落到实处，天台县广播电视台从基层媒体实际出发，组织开展了“村村走、行行访”活动。自 2011 年 9 月 19 日正式启动，至今年 10 月，已基本完成对全县各行政村的采编播工作，并形成了全国首个全县性行政村音像资料库，向第 13 个记者节和十八大献礼。

一、因地制宜，设计载体

天台广电台一方面深刻领会上级精神、领悟中宣部组织“走转改”活动的深远意义，做到“吃透上情”；一方面贴近实际、探求实效，做到“摸清下情”。该台负责人在思考，县级媒体本身处于基层，“上级媒体走基层，基层媒体怎么办？”县级媒体与基层群众联系最密切，联系最方便，联系时间最多，联系面也最广。因此，在“走基层”活动中应有更高的要求，更应发挥自身优势，不仅要走进基层，而且要融入基层；不仅要转变、改变原来不正之风，而且要弘扬、优化良好作风、文风。为此，根据“走转改”活动关键在“走基层”的要求，以及县级媒体身处基层的特点，为使活动载体名称体现朴实的文风和易于实践操作的作风，台州台反复推敲、优化提炼、不断完善，最终确定了“村村走、行行访”这个载体。目标是通过一年半左右时间，走遍各乡各村，访遍各行各业。

二、各尽职责，真走实访

一是组织了五个系列活动。为了使“村村走”活动扎实有效开展，台州台又组织了五个系列活动，即：台领导蹲点调研活动；联系重点特色村活动；新闻记者"天台边界行"活动;"走平凡乡村,访寻常百姓"活动;"访各行各业,促天台发展"活动。

二是明确了五字要求。根据"走遍各乡各村,访遍各行各业"的目标,台州台提出了五"字"要求:"走",走下去,走到位;"访",访出社情民意;"记",记好采访笔记,记下真情实感;"报",要努力让各村各行都在天台电视台上得到报道;"促",促进良好舆论氛围的营造,促进当地经济社会发展,促进广电自身影响力的提升。

三是落实了五项措施。①制定方案明责任。一是将所有行政村、行业进行分类,所有记者进行分工,明确走访对象和任务,组成人才配置合理、队员配合默契的采访队伍。二是科学制订工作方案,排出采、编、播工作进程,确保走访责任明晰、走访开展有序。②营造氛围增热情。一是抓好活动预热。先期通过宣传上级精神,组织研讨载体方案等进行预热,营造了良好氛围,触动了全台记者的兴奋点。二是抓好启动仪式。台主要领导作了动员讲话,明确了活动目的意义和要求,激发了全体记者参与热情,还举行了授旗、发放采访笔记本等一系列朴实简洁而不失庄严隆重的活动,把记者的热情和积极性调动到最佳状态。③不断探索求完善。逢每周一新闻例会,都要对上阶段活动进行总结研讨,不断完善提高。并邀请县"两办"、宣传部等有关人士及媒体同行和业务骨干,组织了多次座谈会,集思广益,总结提高。④双向反馈增效果。一方面抓好采访对象的信息反馈。事先联系采访对象,设计采访提纲,采访完毕要求盖上村两委印章证明,并写上村干部的感言及点评等。另一方面记者把播出时间通知被报道对象,便于组织收看。双向互动,增加报道实效。⑤多方协调成合力。内部各线密切配合、通力协作,如后勤线做好保障记者用车及定制采访服装、乡镇站做好帮助联系有关村工作等。对外既与宣传部、各乡镇(街道)宣传委员沟通联系,又与村两委、村民联系协调,了解情况,挖掘特色,尽量提前策划,以便有针对性地进行采访报道。

三、用心用情,成果可喜。

经过近 13 个月的努力,天台广电台全体记者认真按照"走、访、记、报、促"五字要求,用心用情,走遍各乡各村,因而取得了可喜的成效。

1. 促进本县各项事业发展。

一是促进了良好社会风气的形成。"村村走"活动报道的都是各村健康向上的特色、亮点,其中报道了许多敬老爱幼、新农村建设的事例。如报道平桥镇屯桥村为村里的空巢老人建立居家食堂,使老人们得到了悉心照顾。雷峰乡王浪村致富乡贤不忘家乡,在村口捐资建立"好好亭",希望家乡早日实现"好山好水好村庄,好父好母好儿郎"等,弘扬了社会正气,促进社会和谐。

二是促进当地经济社会发展。台班子主要负责人在蹲点雷峰乡茶丰村时,发现由于修路等因素制约,该村村民们为柿子的销售发愁,怕几十万斤的柿子烂在枝头卖不出去,于是竭力帮助该村举办了一个节俭的极富特色的平民节庆"天台山·雷峰柿文化节",茶丰村的红朱柿一时名声大噪,半个月后柿子基本卖完了。记者在采访平桥镇塘下竹村时,发现该村电压比较小,群众用电不理想,于是采写了一篇报道,播出后,供电部门一周后就解决了这个问题。

三是促进天台文化事业的发展。"村村走"活动挖掘了天台县各村的民俗文化。如记者在平桥镇石壁村,发现该村的石壁文化源远流长,对此报道后,得到了许多观众和网民的关注,很多人赶往石壁村,参观当地的五凤楼,感受石壁文化。在走访白鹤镇繁荣村时,报道了该村村民的文化生活相当"繁荣"。800 多名村民随便拉一人出来都能唱莲子行,现在,这个村也成了莲子行这项民间表演艺术的代名词。雷峰乡桥棚村的始建于清乾隆时期的桥棚廊桥,平桥镇峇姚村的清代老祠堂等,都在"村村走"报道中得到了展现。"村村走"活动也创造了新的天台文化亮点。通过全体广电人的努力,全方位反映天台乡村、行业的音像历史资料的全国首个县级行政村音像资料库也已建立。我台将全县各行政村的视频资料,按照 15 个乡镇街道进行归类,上传资料库。只要进入"天广在线"网站,点击"全国首个县级行政村音像资料库",就可以查看天台各行政村的视频影像。这也为我县创造了一个新的文化产品。

四是促进事业的发展。通过"村村走、行行访"活动,我台的影响力和收视率得到了很大的提高。各采访对象积极组织收看收听节目,社会各界也更加关注天台台的节目。有群众反映,原来身为天台人,竟然不知道天台县还有这么多没听过名字的村庄,因为这档节目,该台更加了解天台。去年下半年以来,《天台新闻》、《始丰民生广场》栏目收视率大幅提升,"村村走、行行访"栏目成为当地基层群众关注的热点。

2. 锻炼了广电自身队伍。

"走转改"主要针对的是记者队伍,在活动中收获最多,得到最大锻炼的也是记者队伍。在“村村走、行行访”活动中,记者充分体现了优良的工作作风,增强了广电队伍的素质。

一是强化了服务群众的意识。以群众为主角,注重群众的情感诉求,注重民生报道,转换报道视角,调整报道侧重点,把镜头对准更多来自基层一线,来自群众实践的鲜活新闻。为了报道扎根山区50多年的赤脚医生梁福诠的事迹，电视中心新闻综合频道和广播中心的记者，住到三州乡道士岩村的村民家中,跟随着梁福诠走街串巷、翻山越岭去为山区群众看病,报道播出后,梁福诠的事迹感动了很多人。活动中,记者们结合我县农业县、山区县的实际,把目光瞄准扎根基层、默默奉献的护林员、文化员、水利员、乡村宣传员等群体,与他们同吃同住,亲身体验真正融入到采访角色的生活中,既拉近了距离,更融洽了感情。

二是增添了迎难而上的勇气。“村村走、行行访”活动历时一年多时间，期间记者们遇见了各种各样的困难,但是大家迎难而上,冲锋在前。天台县许多行政村位于山区,山路十八弯,许多道路就连有几十年驾龄的老驾驶员开起来都心有余悸，有些边远村至今没有通上可供车辆行驶的道路，为了走遍这些乡村,记者们在困难面前没有退缩,有开车100多里绕道仙居完成采访的,有骑着电动车在山中颠簸10多里采访的,也有记者直接靠着双脚走到采访村的。正是大家这种迎难而上的精神，天台与临县接壤的38个边界村才能逐一完成采访。

三是弘扬了乐于奉献的精神。我台共配置了两台采访用车,但是参与“村村走”的记者有十组,在“村村走”过程中,大部分的记者都是“私车公用”。这期间,多名记者购置了私家车,有记者坦言:我买车就是为了村村走的。20多名记者,面对597个行政村的采访量,大家积极发扬自我奉献精神,一年多的时间里,编辑记者们主动放弃节假日的休息时间,奔走在基层一线,记录群众的喜怒哀乐。

四是形成了真抓实干的作风。那么多村,那么多路，是记者们一步一个脚印走出来的；那么多篇报道,是记者们一个镜头一个镜头拍摄下来、一词一句编写出来的;那么多村那么多群众走上荧屏,是《天台新闻》、《始丰民生广场》、《天台人讲散》、《魅力乡村行》、《新农村广播》、《希望的田野》等各档栏目逐一播放出来的。全县性乡村音像资料库,就是记者真走实访、真抓实干、一点点辛勤的汗水凝聚而成的。

五是提升了开拓创新的能力。“村村走、行行访”活动充分体现了创新精神。首先是载体创新,从县级媒体“怎么走基层”的问题出发,提出“走遍全县各乡各村、访遍全县各行各业”的“村村走、行行访”载体。其次是策划创新,“村村走、行行访”活动策划了五个系列的子活动,同时策划了启动仪式,举行了授旗、发放采访笔记等一系列活动，充分调动了记者队伍的积极性。尤其是打破常规,策划举办“天台山·雷峰柿文化节”,产生了良好的社会效益和经济效益。再次是文风创新,通过“村村走、行行访”活动,广大记者的新闻稿写作更有创造性。记者们在报道大量的平凡乡村时,更善于挖掘亮点,角度更有创意,作风更务实,文风更加朴实,选好题材,出好题目,用好词语,创作出了一批有真情实感、有特色创意、且言简意赅的“短、新、实”的新闻作品。

3. 得到了社会各界好评。

一是领导肯定。得到省委宣传部、省广电局及市县领导的肯定鼓励。原省委常委、宣传部长茅临生同志两度作出批示对该台的做法予以肯定，认为解决了县级媒体怎么“走基层”的问题,并希望“抓出成效,抓出经验”。省广电局局长张宝贵、台州市委常委、宣传部长张燕等领导给予了肯定,省广电局马乐其副局长三次带队到天台调研“走转改”经验。

二是媒体推介。因载体务实新颖、独树一帜,得到了人民网、新华网、搜狐、网易、新民网、浙江在线、台州日报、浙江广电影视报、浙江广电学会会刊、浙江城市广播电视报等多家媒体的关注和报道，舆论氛围浓厚。

三是群众欢迎。这次活动前,全县大部分乡村未上过荧屏。这次活动后,各乡村都上了荧屏。而且播出时,该台都告知各村播出时间,各村也纷纷组织收看。许多村民看到本村熟悉的场景也上了电视,都非常高兴。活动中,全体记者用最真实有力的笔触记录反映基层人民分享改革发展成果的美好生活，展示了基层群众良好的精神风貌,一篇篇贴近群众、贴近生活的新闻既说出了百姓心声，又宣传了党委政府的新政策新举措，特别是通过走访对当地乡村经济社会发展所起的促进作用更令群众欢迎。如通过报道,令街头镇后岸村农家乐锦上添花,旺了人气,活了旅游,富了农家,该村负责人盛赞:“你们记者来采访,就是来送钞票!”。

(作者为天台广播电视台台长。原载《视听纵横》2012年第6期)

论视听新媒体传播特征及内容生产规律

郑 宇

数字化、网络化技术推动各类新媒体新业态蓬勃发展,其中以网络广播影视、IP 电视、手机电视等为代表的视听新媒体已成为相对独立的媒体形态。按照国家广电总局发展研究中心界定,目前视听新媒体形态主要有两大类:一类基于互联网及移动通信网,侧重发展互动功能,包括网络广播影视、IP 电视、手机电视等,另一类仍为单向传播方式,但加速了传播渠道分化和传播空间延伸,包括指移动多媒体广播电视和各种公共视听载体。①与传统广电媒体相比,视听新媒体在传播理念、业务形态、服务方式、传输渠道和接收终端上发生了深刻变革,已成为当前广播影视最具成长性和竞争力的新业务。加快视听新媒体发展,是推动传统广播影视转变发展方式、实现科学发展的重要突破口。

内容生产是文化产业核心竞争力,加快视听新媒体发展同样离不开内容的强有力支撑,这是视听新媒体可持续发展的基础,也是决定其产业发展壮大的关键。与传统广电媒体相比,视听新媒体内容生产在制作理念、题材种类、形态方式、手段技巧、运作机制等方面呈现出很大差别。而当前视听新媒体内容主要来源于传统广电媒体和网友上传,按照视听新媒体传播特征和内容生产规律量身制作的节目还不多。随着"三网融合"进程加快,各种传播形态、各种传播渠道、各类接收终端以及各类消费人群对内容需求日益强烈,视听新媒体内容生产面临新的机遇和挑战。只有深入认识视听新媒体传播特征,准确把握其内容生产规律,才能制作生产出适销对路的节目,不断增强核心竞争力,占据产业发展制高点。笔者尝试在对视听新媒体传播本质特征归纳的基础上,初步提出视听新媒体内容生产基本规律,抛砖引玉,以求正于方家。

一、视听新媒体传播本质特征

传播技术的变革总是集中体现于传播特征的演变,而传播特征的演变又折射出媒介传播方式的进步,进而引发媒介内容生产形式的创新。正如传媒学者艾伦·格里菲斯所言:"任何一种形式的传播总是随着技术变革而演变,而传播领域的技术变革又总是会引发一系列深刻的社会变化。"当前,视听新媒体传播特征是网络化、数字化技术在广播影视发展中的直接体现,并注定将对其内容生产发生重大而深远的影响。只有深刻认识视听新媒体传播区别于传统媒体的本质特征,才可能对其内容生产规律有进一步了解。

1. 双向互动性。双向互动性是视听新媒体区别于传统媒体的先天优势和最显著特征。与传播者处于主导地位,信息流动单向线性的传统传播模式相比,视听新媒体利用互联网和无线网络技术,彻底突破传播时空局限,大大提高播速度,实现了从线性"单向传播"到非线性去中心化"交互传播"的跨越,其传播方式发生了根本性和颠覆性的变革,形成了以交互性与移动性为主要特点的传播形态。视听新媒体特别是网络视听媒体,使每个人都能够利用网络通讯技术,自由地发布信息,个性地表达观点,每个人都成为信息的生产者、传播者与分享者,在传播者之间、受传者之间、传受两者之间,都能够进行各种形式多样、实时互动的交流反馈,受众的主动性、积极性和自主意识得到极大提高,为内容生产提供了更为广阔的创作空间和舞台。简而言之,视听新媒体双向互动的传播特征,开启了广播电视个性互动的传播时代,具有传统媒体无法比拟的传播优势。

2. 复合多元性。复合多元性是视听新媒体的又一鲜明特征。与传统媒体相比,视听新媒体传播主体更加多元化,传统媒体、民营企业、外资企业甚至个人都可以成为视听新媒体的传播主体,其信息来源也呈现出多元化构成的趋势。视听新媒体融合直播、轮播、点播、回看时移等多种传播形式为一体,呈现出网络广播影视、IP 电视、手机电视、移动多媒体广播电视和公共视听载体等多种业务形态。视听新媒体还表现出内容丰富性和价值多元化的特征,各类创新理念、全新题材、制作方式层出不穷,各类社会阶层表达、多种利益诉求得以全面呈现,对各类问题讨论的深度、广度以及形式多样性前所未有。视听新媒体传播渠道和接收终端多元化拓展延伸,出现了广电机构开设的网络电视台、网络电台,社会民营网站开办的音视频网站等多类传输渠道,更有电视机、计算机、手机、平板电脑、户外显示屏等多种接收终端。②在"三网融合"推动下,视听新媒体还将实现娱乐、信息、电子商务等增值服务,在业务经营上和盈利模式上也呈现出复合多元化发展的趋势。

3. 时空无限性。随时随地随心获得视听服务，充分体现了视听新媒体的前所未有的自由度和灵活性。传统电视只能在室内固定观看，而且只能按照节目线性编排方式有序收看，而视听新媒体集交互性和移动性为一体，使随时随地随心享受视听服务的梦想成为了现实。今天，用手机上网看热播剧，在公交车、出租车上通过电视了解信息资讯已成为越来越成为普遍的现象，人们可以在任何时间、任何地点、通过任何终端，按照自己的意愿获取视听节目，视听新媒体服务无处不在，无时不在，已经成为人们精神文化生活中不可或缺的重要组成部分。随着3G、4G 技术发展普及，视听新媒体交互性和移动性的特点将体现得更加淋漓尽致，发挥更加重要的作用，正如华纳高级副总裁安奈特·布索认为："媒介内容提供商要为今日的消费者提供'时移'内容和'位移'内容，即随时随地都可以欣赏的节目，使信息传播更加迅速、快捷和方便。"视听新媒体将节目内容集成在互动开放的移动传播平台上，为受众提供根据兴趣和需要随时点播观看的可能，这是对大众传播时间性媒体和空间性媒体的超越和扬弃。

4. 分众异质性。虽然广播电视频道、频率专业化品牌建设早已是学界业界共识，但由于对受众需求准确区别的局限和全盘通吃的利益驱动，实质上传统广电媒体一直行走在"同质化传播"的路径上，在点对面的大众化传播中，受众个性被消磨，参与意识淡薄，自主选择余地很小。而视听新媒体特别是基于互联网技术的视听新媒体，打破了传统点对面，受众区分度不强的传播模式，开创了点对点、面对点和面对面等多种全新的互动传播模式，针对不同受众提供细分化、个性化的视听产品服务，为分众异质化传播提供了可能，体现了视听新媒体传播的专业性和精准度。如果说传统媒体是"主导受众型"，那么视听新媒体则是"受众主导型"，受众有更大的选择权，更高的自由度，更加注重个性化体验。视听新媒体将传统"大众"解构为"小众"乃至"个人"，针对不同受众群体采取适合传播形式、编排个性化传播内容，推动受众市场进一步细分化和碎片化。

5. 融合开放性。融合与开放是视听新媒体领域两个重要的发展趋势，正如阳光文化集团首席执行官吴征所言："相对于旧媒体，新媒体的第一个特点是它的消解力量——消解传统媒体(电视、广播、报纸、通信)之间的边界，消解国家与国家之间、社群之间、产业之间边界，消解信息发送者与接收者之间的边界。"实质上，新媒体在消解边界的同时促进了更为广泛的融合，传统媒体与新兴媒体融合发展，实现了资源共享、优势互补与共赢发展。特别是视听新媒体，以"三网融合"为基础，打破地域、时间和行业界限，体现了融合开放性传播的时代特征。在技术层面，视听新媒体融合了传统广播电视技术、通信技术和互联网技术，在网络上实现互动交流、互联互通和可管可控。在业务层面，视听新媒体融合广播电视业务、信息服务、通信业务和各种电信增值业务，大大拓展了传统广播电视的功能，革新了内容生产、存储、传播和消费方式，满足了人们日趋多样化和个性化的需求。在接收终端方面，电视终端网络化、电脑终端电视化、电脑终端便携化、手持终端综合化、公共终端交互化，也体现出视听新媒体发展融合化趋势。[③]

二、视听新媒体内容生产基本规律

从以上分析可见，视听新媒体融合了数字化、网络化和信息化技术，呈现出与传统广电媒体迥然不同的传播特征，正如麦克卢汉在媒介即信息的著名论断中所言："任何媒介(即人的任何延伸)对个人和社会的任何影响，都是由于新的尺度产生的；我们的任何一种延伸(或曰任何一种新的技术)，都要在我们的事务中引进一种新的尺度。"这深刻地阐明，内容和载体密不可分，新媒体对新技术的运用将在传播实践中产生新的标准，并对内容制作产生深远影响。视听新媒体基于高新技术的全新传播特征，在为我们带来前所未有视听体验的同时，也为探寻新媒体内容生产规律展示出较为清晰的路径。

1. 大众文化消费规律。当代社会正处于大众文化与消费文化交织的时代。大众文化作为现代工业社会和市场经济的产物，本质是一种商业文化和市民文化，具有无深度、模式化、平面化、易复制的特征。而消费文化作为一定范围内的人群围绕消费行为所创造的物质和精神财富的集合，以及随之而形成的习惯、传统和观念，是商品经济条件下一种独特的大众文化现象。[④]随着市场经济的日益渗透，以及人们闲暇时间不断增加，消费在一定程度上已成为社会生活的主导，而大众文化已成为当前社会生活的主要消费内容。"大众文化为消费社会的生成提供了实质内容，而消费社会又为大众文化的张扬提供了广阔舞台。"[⑤]今天，传媒的消费主义倾向更加明显，人们对文化的消费甚至超过了物质消费，大众文化与生俱来的商业性、世俗性、娱乐性等特征在传媒消费中体现得淋漓尽致，媒介产品中充满了感官享受、情感娱乐和梦想意象，表现出以娱乐为中心，追逐欲望满足和感官享乐的消费主义倾向。

视听新媒体本质上是一种大众文化，其移动通讯技术的应用、传播主体的多元化、信息与资讯的共享、传播形式的多样化，对传统和权威的解构在一定程度上契合了大众文化、消费主义和后现代主义的特征，追求感官体验和视觉盛宴，渴望娱乐休闲成为视听新媒体内容生产的一种明显倾向，搞笑戏说、娱乐至死成为新媒体文化的一道独特景观。作为大众文化消费的视听新媒体内容生产，比传统媒体更加关注受众不断变化的喜好和口味，更加具有流行时尚文化的斑斓色彩。视听新媒体的自由度、互动性及参与的广泛性,使其内容生产趋于娱乐化、流行化、趣味性和时尚性。当然，极端的泛娱乐化倾向也常常会导致低俗媚俗庸俗现象，带来伦理道德的沦丧和社会责任感的缺失。因此，视听新媒体内容生产在遵循大众文化消费规律的同时，也要时刻警惕大众文化和消费文化自身弊端所带来的负面影响，防止视听新媒体因为意义的无深度而沦为文化快餐和文化垃圾，防止在以感性轻松人们心灵与生活的同时消解了崇高美感和理性追求。

2. 文化创意生产规律。创意产业的概念源自上世纪 90 年代英国拯救经济困境，推动转型发展的实践，是指源自个人创意、技巧及才华，通过知识产权的开发和运用，具有创造就业财富和就业潜力的行业。文化创意产业是一种在全球化消费社会背景中发展起来的，推崇创新、个人创造力、强调文化艺术对经济支持与推动的新兴理念和经济实践，而内容创意生产是产业链和价值链的发端和源头，通过对创意内容的深入挖掘、不断延伸，加快不同行业、不同领域重组与合作，开拓新型的产业营销模式和盈利模式，推动社会经济改革创新和转型升级。创意产业本质上是精神文化内容的生产，是符号的创造和意义的消费，其核心是创意，最大的特征是创意为王，创造性是创意产业的生命线。在新媒体时代，一个独特的创意往往会成为风靡全国乃至全球的文化景观，甚至带动整个产业链拓展延伸，创造出惊人的财富资本，充分体现文化创意产业价值创造的巨大魅力。

视听新媒体内容生产是典型的文化创意生产，是精神文化产品的创造，本质上是符号的创造和意义的消费。在数字化、网络化技术及产业融合发展的背景下，视听新媒体已经推动传统广播影视实现了向数字创意内容产业的历史性转变，正打破传统的行业分工，跨越通讯、网络、传媒等各个行业，将图像、文字、影像、语音等内容，运用数字化高新技术手段和信息技术进行整合、融合与重铸，在不同的载体和空间内流动和开发利用。因此，视听新媒体内容生产实质上就是创意的比拼，是创造力的展示。在视听新媒体内容生产实践中，要深入把握当代人审美需求特征，满足受众深层次心理结构需求，充分发挥视听符号激发消费欲望，增强传播效果的作用，体现新媒体时代视觉化、娱乐化的特征。要研究市场特别是年轻受众需求习惯，打破传统思维束缚，展开想象力翅膀，探索趣味表达方式，创作开发和制作更多短小快捷，充满时代气息、现代意识和流行时尚的视听节目。要提高情感逻辑和自由表达水平，充分发挥文化创意梦想产业优势⑥，积极探索视听新媒体内容产品在题材、品种、风格和载体上差异化、个性化和品牌化发展路径，以精品争夺产业链高端，以上游带动全局，在竞争与发展中立于不败之地。如最近由中影集团与搜狐公司联手推出的新媒体项目“7 电影计划”，将邀请 7 位知名男明星跨界执导 7 部电影短片，从青春、爱情、科幻、悬疑、都市、黑色幽默等各种角度打造新媒体短剧。而“搜狐出品”门户剧《疯狂办公室》点击数已轻松突破 7000 万，《钱多多嫁人记》已登陆 27 个省市数字电视频道。

3. 高新科技融合规律。人类科技发展推动媒介传播形式一次又一次变革：从语言口头传播，到印刷文字传播，再到电子信息传播，都加快了传播手段创新和人类文明进程，而今天，与传媒业结合最为紧密的无疑是数字化、网络化和信息化技术。传统媒体借助高新技术的力量，突破了传播时空局限，拓展了传播对象范围，创新了传播形态模式。特别是基于网络数字技术 Web.2.0 所诞生的各类新兴媒体，更是彻底颠覆了传统媒体传播理念，改变了节目生产制作流程，重构了全新媒体传播格局，生动地体现了传播技术的新、传播介质的新、传播方式的新和传播规律的新。媒介与高新技术的融合发展，推动了媒介制作理念、生产方式、传播方式模式的巨大变化，同时也深刻地改变了人们信息接受方式，人类生存发展状态和社会经济文化结构。而云计算、云存储等下一代计算技术，以及物联网与数字智慧家庭、城市的结合等，也必将对视听新媒体内容产业产生深远影响。

如果说传统广播影视是电子技术进步的产物，

那么,作为广播影视发展最前沿的视听新媒体,就是广播电视与最新网络技术、数字技术融合发展的产物,是广播影视与当代最新科技手段结合最为密切,对人们日常生活渗透最为深入,最具发展活力和潜力的前沿部分。视听新媒体在节目制作、存储、发布、传送、接收和显示等各个环节都深深地烙下了现代高新科技的印记。通过对数字网络高科技手段的运用,视听新媒体具备了传统广播电视无法想象的新功能和新特征,通过有效整合运用图像、文字、影像、语音等各种资源,推动视听图像质量更加高清化、传受交流更加互动化、节目编辑更加合理化,内容处理更加软件化、内容存储更加高效化等,[7]推动视听新媒体节目制作质量水平进一步提高。特别是在视听新媒体内容生产中,以数字创意性和网络开放性思维指导节目制作,将各种文化创意与最新数字技术手段有机结合,大大增强了视听新媒体节目的观赏性和有效性。

4. 草根个性创作规律。与传统媒体更多体现少数人的精英型文化相比,新媒体打破了传受双方界限,颠覆了单向线性传播方式,提供了一个互动开放平台,每个人都能够成为内容生产的参与者和分享者,体现了较强的便利性和自由度,其中强烈的反叛性和戏谑性,更具备消解权威和中心的草根文化特征。[8]受众能够以传播者的角色参与内容生产,通过DV、DC、PC等新技术拍摄制作,并在开放的媒介平台自由发布信息和作品,实现了从传统广播影视专业机构制作到受众个性化制作上传的拓展,使新媒体既具有传统媒体的专业性,又具备草根时代的原创性和个性化,从一定程度上打破了精英文化与传统文化对传播语境的垄断,使受众从被动接收信息向主动创造信息转变,最大限度地体现了现代传播包容性、平等性和参与性的特征。在新媒体时代,普通大众或草根借助高科技传播手段的力量,第一次获得平等的信息权和话语权,全方位呈现来自民间的声音和智慧,在与精英文化的博弈、冲突和交融中完成了数字时代全新文化格局的构建。

视听新媒体特别是网络视听网站,有大量内容直接来自网友制作拍摄上传的音视频作品,其中一些影视短片还成为网络流行文化,产生了较大的社会影响。如筷子兄弟的新媒体短片《老男孩》,引发了70后的青春集体回忆,掀起了一股怀旧热潮;西单女孩低吟《天使的翅膀》、旭日阳刚高歌《春天里》等音乐视频,展现社会底层奋发向上精神,引发了人们心灵的感动与共鸣;而《春运帝国》对春节一票难求现象的描述与讽刺,《楼市春晚》道尽楼价居高下房奴的辛酸与艰难,则体现普通民众民主参与意识明显增强。这些网民上传音视频作品充满生机活力,蕴含着来自民间的智慧和创造力,展示出强有力的草根力量。视听新媒体的平民性和通俗性,已使其内容生产成为人们闲暇生活和自我愉悦的重要组成部分,在互动、个性、平等和包容的新媒体文化环境中,每个人都能够自由地展示才华,表达观点,并与他人、与社会分享自己的所思所想所感。但是我们也要清醒地认识到,草根个性创作并非"恶搞",不能完全以颠覆的、滑稽的、莫名其妙的无厘头表达来解构所谓"正常",要警惕草根个性创作中的历史虚无主义、文化虚无主义思潮,不能为了追求所谓个性自由而突破道德法律底线,制作一些纯粹以搞笑为目的,扭曲、丑化、侵权原作品的视听短片。视听新媒体平台应加强审核把关,坚决将这些低俗庸俗媚俗的文化垃圾堵在传播渠道之外,为视听新媒体健康可持续发展营造良好的生态环境。

5. 微内容碎片化规律。学者Cmswiki对微内容的定义是:"最小的独立的内容数据,如一个简单的链接,一篇网志,一张图片,音频,视频,一个关于作者、标题的元数据,E—mail的主题,RSS的内容列表等等。"相对于传统媒体结构完整、宏大叙事的"巨内容"而言,"微内容"最显著的特点就是微小和细碎。数字技术、网络技术的普遍应用,使受众作为传播个体处理信息的能力大大增强,通过搜索引擎、标签等的聚合,个人微小的信息都可能被看到并引起关注,凝聚成强大的力量。随着社会阶层的多元裂变,各种利益诉求的充分表达,受众个性化的信息需求更加强烈,媒介传播环境呈现出细分化、碎片化的发展倾向。现代社会人们工作与生活节奏加快,时间被割裂成破碎的片段,放松性的视听享受取代了深层阅读,感官性、跳跃性的思维取代了缜密性、逻辑性的思考。新技术使受众信息获取方式产生了根本性改变,新媒体充分迎合了人们休闲娱乐时间碎片化的需求,媒介碎片化、受众碎片化、消费者碎片化乃至品牌碎片化的现象更为普遍。[9]

正是基于对"微内容"创作特点和"碎片化"媒介消费习惯的考虑,视听新媒体内容生产重点正转向碎片化的"微视频"内容制作,优酷网总裁古永锵给出的定义是:"短则几秒,长则数分钟,内容广泛,形态多样,涵盖小电影、纪录短片、DV短片、视频剪辑、广告片段等可通过PC、手机、摄像头、DV、DC、MP4等多种视频终端摄录或播放的视频短片。?”微视频生产的关键在于:按照消费时间碎片化的要求,如打破夜晚与白天、工作与休闲的时间界限,按照空间碎片化的要求,如在上下班途中、在工作闲暇,甚至在排队等候时,大胆地将节目碎片化、颗粒化,将追寻连续深度意义的表达转变为片段的、非逻辑、追求表层信息量的方式。比如在公交移动电视中,将连贯的节目形态按照受众消费时空碎片化要求,拆分成小段落和小单元,时长不超过3、5分钟。甚至在不同时段,节目编排风格也不尽相同,如早间节目节奏、音乐更加清新明快。随着技术发展,视听新媒体形态层出不穷,每一种媒体不断细分化,内容更加碎片化,针对不同收视特点的区域和人群,通过不同载体播送不同节目,与传统媒体形成互补共赢的格局。

6. 社会效益最大化规律。与传统媒体相比,视听新媒体具有双向互动、复合多元、个性异质等传播特征,在内容生产中呈现出大众文化消费、草根个性创作、娱乐化倾向等规律,有人便据此认为,视听新媒体发展重在市场化、产业化运营,以追求经济效益最大化为目标。正是因为对视听新媒体的本质属性认识产生偏差,又游离在依法行政管理之外,一些社会民营视听新媒体为了追求点击率,获取广告收益,往往在节目内容上打擦边球,不时以色情、暴力等感官刺激内容来吸引眼球,危害未成年人身心健康,有时甚至因为把关不严,出现政治导向偏差,带来严重的社会负面影响和安全播出隐患。这些问题的关键在于:没有清醒地认识到新媒体作为传统广播影视的延伸拓展,是党和政府又一重要的宣传舆论阵地,同样要把握双重属性、坚持双重效益、遵循双重规律、完成双重任务,同样要坚持正确舆论导向和先进文化方向,肩负引导社会、教育人民、推动发展的重要功能,视听新媒体社会效益最大化的本质并未随着传播特征的变化而改变。

因此,在视听新媒体内容制作生产中,仍然要将加强社会引导,坚持正确导向,建设社会责任放在首位,努力将弘扬以爱国主义为核心的民族精神、以改革创新为核心的时代精神、以社会主义荣辱观为核心的伦理道德精神有机融入各类视听新媒体节目的生产和传播中。⑩围绕党委、政府中心工作,充分发挥视听新媒体高新技术优势和节目创新优势,服务大局,服务群众,服务于社会经济文化建设。深入贯彻“三贴近”原则,准确把握社会热焦点,针对不同受众不同需求,主动设置议题,精心策划内容,通过原创性采制、逻辑式链接、多媒体集成、全方位展现、全社会参与,满足群众多样化、多层次、多方面、个性化精神文化需求。大力培育一大批具有中国特色、中国风格、中国气派的网络视听节目品牌,以大量思想性、知识性、艺术性、观赏性相统一的作品,让广大受众获得文化熏陶和精神滋养。⑪同时自觉抵制低俗之风,抑制腐朽文化,确保视听新媒体内容健康,可持续发展。

三、加强视听新媒体内容生产的建议

在对视听新媒体传播本质特征及内容生产基本规律初步分析的基础上,就加强我省视听新媒体内容生产提出几点具体建议:

1. 加强投入扶持。从壮大核心竞争力,抢占发展制高点的高度,不仅充分认识到加快视听新媒体发展是推动传统媒体转变发展方式的重要突破口,更要清醒地认识到加强内容生产是推进视听新媒体发展壮大的关键所在。增强发展意识、具备前瞻思维、制定长远规划,在未来激烈媒体竞争中亮出背水一战的勇气,舍得在视听新媒体发展特别是内容生产上加大资金、人才、技术和设备等投入和倾斜力度,同时积极探索将视听新媒体节目纳入广播影视政府奖评选序列,鼓励并引导其提高质量,坚持正确发展方向。

2. 主攻原创精品。将打造原创作品作为视听新媒体内容生产的主攻方向,按照视听新媒体传播特征,遵循视听新媒体内容生产规律,深入挖掘本土文化资源,充分开发文化创意功能,鼓励发挥民间草根智慧,积极探索不同风格和竞争差别的栏目、节目和网络影视剧制作,以原创精品吸引受众,引领新媒体文化潮流。如随着《赵赶驴电梯奇遇记》、《苏菲日记》、《Mr.雷》等网络短剧的走红,具有成本低、周期短、开放互动、轻松娱乐等特点的原创网络剧正成为视听新媒体内容生产新动向,展示出强劲发展潜力和前景。湘湖网依托萧山广电台资源优势,正大力打造全国网络剧生产基地,新媒体内容生产品牌效应日益显现。

3. 完善协作交流。视听新媒体是新生事物,未知远远大过已知,没有现成的经验可供借鉴,必须在实践探索中不断发展壮大,加强视听新媒体单位加强交流协作,推进共同提高迫在眉睫。建议由各级广电行政管理部门牵头,建立视听新媒体交流培训、信息沟通和业务研讨机制,特别是推广内容制作生产成功做法和经验。同时加大资源整合力度，为视听新媒体和广播电视台、民营影视制作机构、横店影视试验区、滨江动画产业基地等牵线搭桥，充分发挥我省民营影视制作生产优势，促进各方合作双赢发展。

4. 加强人才培养。创意性人才和高科技人才是视听新媒体内容生产的最根本力量。建立视听新媒体内容生产人才培养机制，推动传统媒介人才加快转型升级，不断拓展知识面、优化知识结构，依托浙江大学、浙江传媒学院等高校优势师资，培养视听新媒体内容制作专业人才。为人才脱颖而出营造良好的工作和生活环境，探索建立视听新媒体高层次人才、高技术人才、创意性人才分配激励机制，充分体现知识、创意、技术、机能等生产要素按贡献参与分配。

注释：

①国家广电总局发展研究中心，《中国视听新媒体发展报告（2011）》，社会科学文献出版社，2011，第2页。

②、③国家广电总局发展研究中心，《中国视听新媒体发展报告（2011）》，社会科学文献出版社，2011，第22页。

④梁婷婷、欧阳宏生，《电视文化：一种大众的消费文化》西南民族大学学报(人文社科版)，2007第3期。

⑤《消费社会与大众文化》，文化发展论坛，http://www.ccmedu.com/bbs10_2034.html。

⑥李思屈，《审美经济与文化创意产业的本质特征》，《西南民族大学学报（人文社科版）》，2007年第8期。

⑦国家广电总局发展研究中心，《中国视听新媒体发展报告（2011）》，社会科学文献出版社，2011，第36页。

⑧宫承波，《新媒体文化精神论析》，《山东社会科学》，2010年第5期。

⑨程士安，《技术进步与新媒体的诞生及传统媒体的创新》，《亚洲户外》，2007年第2期。

⑩、⑪田进，《促进与完善网络视听产业发展的几点看法》，《中国广播电视学刊》，2011年第3期。

（原载《视听纵横》2011年第五期。此文获2011年度浙江省广播电视学术论文奖一等奖）

媒介融合背景下
提升主持传播力的策略

李 飒

与传统媒体独占传播领域的时代不同，当前以网络媒体为主的新媒体正在逐渐成为社会信息传播的主流，它融合了原有的各种传播形态和传播渠道，使信息充分流动和自由表达。电视作为拥有受众最多的大众传媒，在将其规模化、公开性的传播特征发挥至极的同时，在当下的传播环境下，与其他大众媒体一样其固有的传播内容整齐划一与受众不同个性需求的矛盾日益显现，加上技术和制度等方面原因，电视媒体的传播力和传播效果成为当前业界和学界讨论热点。从传播学分析，在大众传播中引入人际传播模式，进一步发挥人际优势将是大众传播的趋势。美国传播学家赛弗林等指出："有效的节目传播往往是大众传播与人际传播的结合"。[①]特别是当前随着博客、微博、播客、论坛、即时通讯等自媒体的出现，为大众传播与人际传播的融合提供了平台和手段，主持传播正是这种趋势的重要表现。

作为电视媒体的重要特征，主持人对节目以及所在媒体的影响力和传播力有着十分重要的作用。电视主持人的本质作用是为传播而主持。正是节目主持人的出现，将大众传播与人际传播这两种传播方式巧妙地结合在一起，产生了巨大的传播效果。因此，"主持传播实际上乃是大众传播人际化，或者人际传播的大众化过程中的产物。"[②]主持传播将人际传播的信息量大、手段多样、地位平等优势嫁接到了大众传播之上，在这种传播方式里，大众传播者在提供信息满足受众信息的要求同时，给予受众一种人情味和亲近感，造成一个人与人相交往、相交流的虚幻的传播环境，并以此弥补了大众传媒规模化传播所造成的与受众的情感断流，使大众传播重又找回了某些因技术发展和制度原因而使人类在传播革命中失去的人际性，从而使大众传播更加充满了生机与活力。同时主持传播是在大众媒体平台上进行，与大众传播的覆盖面广、受众量大等优势紧密结合，实现了人际传播的大众化效应，有效提升了媒体的传播效果。

媒介融合背景下电视媒体提升主持，从主持人主体而言，需要实现一系列角色转型。比如，从信息发布者到信息解读者的转型，从媒介代言人到观点平衡者的转型，从信息传递者到信息集成者的转型。在定位角色转型实践中，主持人需要不断创新，运用有声语言和无声语言艺术、思维能力和人格魅力等策略去建构强化主持传播力。

有声语言叙事中提升信息量，评论中彰显独到见解。传播技术革命带给人们更丰富资讯，同时也带给人们信息超载的焦灼。在现代人生活节奏日益加快的今天，电视主播要杜绝使自己变成那种“很流利地说一大堆“水话”、“废话”的人，要求在有限时间内，在保持清晰度的基础上传递尽可能多的信息。评论是叙事的升华。但从传播规律分析，电视长于记录而不长于说理，长于娱乐而不长于思辨，电视的动态画面和声音是具象的传播符号，不适合进行抽象的概括、分析，不适合表达抽象观点，因此，在以理服人方面，电视传媒往往捉襟见肘。但是，如果以理服人的工作由主持人来完成，则会收到事半功倍的效果。人们记忆犹新的 2010 广州亚运会开幕式，白岩松的主持解说摒弃了大型直播活动“春晚”式固有腔调，回归作为“人”的个性化言说。这不仅是语态上实现人际对话的平等和平实，更是加入“评论”元素，在业内引起广泛共鸣，也得到了受众较高赞誉，被称为是“最有人味儿的开幕式解说”。正是因为主持人的人际化、人格化传播，使电视直播变得不再肤浅和表面，显得更有品质和深度。而当一个电视媒体有这样一群有评论能力的主持人，总能够在第一时间对新闻事件与现象的背景、意义与价值做出恰当而令人信服的解释，或者分析和判断重事实讲逻辑，人们就无形中形成一种推论，这个传媒具有这样的能力和素质，能够在适当的时间以恰当的方式做出恰当的判断，这样的传媒就拥有了权威感、公信力和影响力。

无声语言展现个性风格，人际传播蕴涵职业规范。电视主持传播力不仅蕴藏在主持人的有声语言里，而且也体现在眼神、神态以及各种身体语言中。虽然主持人服务于大众媒介平台，但因为主持人的个性特质，主持传播同时又具备人际传播的优势。主持人能够更自由、更灵动地调动声音、画面、文字等综合表现元素，以人格化传播的形式向受众传播信息和传达节目内容，可以修正大众传播“重趋同性、少亲和力”的不足。在传媒领域“同质化”严重时，个性化是媒体制胜的法宝。中央电视台主持人董卿在谈到通过主持晚会传播主流价值观时说：“通过信、达、雅的语言艺术，加上一些细微的‘此处无声胜有声’的无声语言、体态语言（拥抱、微笑等）进行有效传播时，就会让‘爱国、自尊、正义和博爱’等抽象的理念深入人心。”③

虽然主持传播的最大优势是人际性，但主持传播实施的是点对面的社会化传播，是在大众传媒的平台上进行的规模化公开性的传播，作为传播主体的主持人既要保持亲和的个性，更要体现职业规范。在 9 级地震的大灾面前，我们看到日本主持人带着安全帽直播，最初时声音略有颤抖，但失态的呼号或过度的流泪则从未呈现。他们认为在普通人恐惧时，媒体的主持人需要克服恐惧心理，以大众媒体应有的镇定，给观众以情绪的安抚，在国家重大危机时刻，日本公共媒体成为了超越一切的公共平台，不仅是信息交汇中心，而且是整个民族的一个精神高地与国民情绪的理性向导。

平民化视角体现亲和贴近，包容和坚守彰显人格魅力。主持传播具有人际传播的特征。从人际交往和心理学角度看，人与人之间的吸引有两种原因：相同和互补。人们总是倾向于喜欢在态度、兴趣、价值观、背景和人格上与自己相似的人，或者在这些方面和自己不同，但是表现出的品质是自己愿意接受并能够对自己的性格心理、知识结构等进行补充的人。著名播音主持理论家教育家张颂认为，主持传播在效果上可分为三个层次：信息共享、认知共识和愉悦共鸣。所谓“愉悦共鸣”是指传播方“在真善的基础上，营造出引人入胜的范围与境界”，接受方“在生存状态、道德情操的追求中，发出赏心悦目的性情与向往”，传受双方的愉悦达到了和谐，获得了共振。④广大普通群众是电视的最大受众，因此，只有坚持平民视角才能与观众产生共鸣，达到最佳传播效果。江苏台主持人孟飞当初在竞聘新闻直播节目主持人时，他用自己多年经验分析自己的优劣：《南京零距离》节目宗旨是为平民百姓服务，平民节目当然要求主持人有平民特色，而他曾经历过高考落榜，外出打过 5 年工，在流水线上作业时双手差点被机器卷走，在电视台从临杂工做起做到记者，而这些底层生活阅历是难得的宝贵财富，是模仿不来的，这样的人生经历使他对主持平民节目有了淳朴、率真、本色的基本定位。这样的主持节目定位推出后，用民生视角报道和点评新闻的方式让他和节目迅速火爆，达到了很好的传播效果，不少观众亲切地把孟飞称为城市平民的代言人。

作为主持传播的主体，主持人自身要以高尚作为标尺，要实现从媒介代言人到意见平衡者的角色转型，主持人要有对持不同意见者、拥有不同价值观的人的包容和尊重，以开放、平等的姿态吸引多元意见，在交锋中引导舆论，把核心价值观引导和传播效果的呈现有机地结合起来。对于公众热议的焦点问题，不同的人接受、理解、传播信息方面都存在差异，任何人的判断都难以达到百分之百的正确。如果要求人们只能传播正确的单方面的（正确与否的判断本身，相当程度上是主观的）言论，实际上便是剥夺人们言论的活跃与自由。媒介的影响力决定着传播效果，当电视媒体让持有不同意见的人感到不可接近，那媒介的影响力和传播力就无从谈起。新媒体的兴起和媒介融合技术的发展，为主持人平民视角和角色转型提供了条件。凤凰卫视的《天下被网罗》是一档专为观众网罗最新网络新闻和话题的栏目。它利用网络海量的信息资源，通过主持人和幕后人员的专业知识和敏锐眼光，对鱼龙混杂的资讯信息进行有效筛选，在有限的时间内向观众传递观众更深入、更多元的信息，让新闻变得立体化。通过对网友在博客、播客和微博上发布的信息及其后续跟帖的讨论和深度挖掘，在重新整合之下形成了电视版的网络深度报道，最终还结合主持人对事件的评论，以掌握话语权。

当然包容并非无原则地认同一切，应有坚守的底线。首先，法律不可逾越。《世界新闻报》关闭案例告知世人，媒体人漠视道德与法律底线将使受众对媒体公信力产生质疑，影响面甚至殃及到整个传媒行业。其次，必须清醒看到主持传播既有人际传播的人际性特征，但它又是一种一对多在开放的大众传媒平台上的传播活动，具有公开性的特征。现在一些主持传播中的泛人际化、同质化、低俗化倾向的出现，实际上是将属于人际传播的个人隐私经过大众传播而放大，在吸引受众的同时也带来了许多社会伦理问题。

在传播技术日益进步，媒体类型日趋多样，媒介竞争更加激烈的今天，“传播什么” 已经很难成为竞争的获胜因素。因此，在继续重视传播内容的基础上，建立在明确的传播目的之下的“如何传播”、“怎么说”和“谁在说”就显得尤为重要。构建强化主持传播力，正是媒介融合背景下电视媒体提升传播力的重要策略。

注释：

①[美]赛弗林、坦卡特:《传播学的起源、研究与应用》，第 142 页，福建人民出版社 1985 年版。

②高贵武:《主持传播学概论》，第 14 页，中国传媒大学出版社 2007 年版。

③董卿:《主流价值观的创新传播》，《电视研究》2010 年第 6 期

④张颂:《播音语言通论》，第 43 页，北京广播学院出版社 1994 年版。

（原载《中国广播电视学刊》2011 年第 10 期。作者为宁波广播电视集团新闻综合频道播音主持。本文获第十二届全国广播电视学术论文二等奖）

15. 文章辑要

WENZHANGJIYAO

论文摘要

电视频道的特色化打造

孙剑忠

构造频道特色，选准切入口十分关键。

在模仿成风的媒体环境中，真正可以成为频道标志色的，无一不是占领了类型节目制高点的自制节目：它们或者原创或引进模式最早，或者收视鹤立鸡群，或者影响力领先群雄。“快乐”、“约会”、“达人”、“年代秀”等概念，正是以节目的形态烙印在了频道本体上，成为节目与频道一体的鲜明特色。由此观之，频道特色建设的切入口，非“制高点”类型节目莫属。只有节目这个“点”非常突出，频道之“特”才得以突显。

打造节目这个“点”，绝非易事，却并非无迹可寻。纵观已经在特色频道之路上卓有成效的成功案例，内容细分即是一招。大综艺可以细分为唱歌、跳舞、达人、约会；对抗性游戏可以细分为男女对抗、年代对抗；民生新闻可以细分为调解类、故事类、维权类、帮忙类如此种种。做不了“综合类”的全能冠军，就需要创造出某一个尚未开发的单项并力争做成单项冠军。2012 年，浙江经视便在节目的内容细分上作出了探索：在维权类节目中独辟消费类维权节目《消费能见度》，在题材的专有性和独特性上十分亮眼，又与频道气质保持一致，推出一个月即获如潮的好评。

打造特色节目的另一招，则是手段变异。在民生新闻遍地开花的背景下，方言类民生新闻（如《阿六头说新闻》）迅速圈定本地市民，至今威力不减；曲艺类民生新闻（如《拉呱》）把新闻“说”的功能放到了极致；故事类节目（如《传奇故事》）把情节的戏剧性和情感的煽动性放在做节目的第一位。

可以说，没有“制高点”意义的特色节目，特色频道的建设便是一句空话。但打造特色频道，并非仅止于打造特色节目。

特色频道的特色要件，除了核心的特色产品之外，还有特色主持人、频道标志的特色、活动的特色、整合资源的编排特色等与之配套呼应。相当多的频道在这些层面着力不小，但我以为，核心的努力应该仍然围绕特色节目这个“点”进行，做好频道节目的“加减法”因此非常关键。

在特色节目成型之后，首当其冲的便是扩大再生产，在节目规模上做“加法”。当然，任何节目的规模“加法”都有一个极限，这与节目制作力量、观众审美疲劳、节目资源量等相关。以牺牲节目品质为代价的扩容，非但起不到“加法”的正作用，反而得不偿失。这是需要电视人警醒的。

另一种节目的“加法”则是做人的文章。江苏卫视的尝试便是这一类型。在《非诚勿扰》红遍全国后，江苏卫视试图将节目中的两位光头——主持人孟非、嘉宾乐嘉的热效应延伸到其他节目中，他们为孟非量身打造《非常了得》，为乐嘉制作《老公看你的》、《不见不散》，都很好地利用了他们在《非诚勿扰》形成的个人特色印记鲜明的公众形象，再透过新的节目扩散到整个频道的节目链上。

再进一步，梳理王牌特色节目前后时段，使之与频道气质、内容、特色相吻合，进而形成前后呼应、上下贯通的特色节目流，也是打造特色频道必须做的“加减法”。经过连续三年的节目改版，浙江经视以《新闻深呼吸》为主打的频道特色，日益突显。晚间节目流既做了减法——砍掉了生存多年但与频道整体气质不合的法制类节目，又做了加法——在《新闻深呼吸》左右新培育了《消费能见度》、《经视看地产》等方向一致的节目群，整个晚间节目流形成了形态各异、主打突出、特色鲜明、步调一致的格局。此外，与《新闻深呼吸》的密集评论相呼应，《证券直播室》设立了专属的证券评论员，《经视新闻》有“经视评论”，《消费能见度》有“大声说”，《经视看地产》有专家学者坐镇……评论，已经渗透进浙江经视晚间节目流的骨髓。“异口同声”的效应，便是浙江经视频道的特色彰显。

在创建频道特色的过程中，切忌推倒重来式的颠覆性改版。应该遵循一个频道经年累月积累下的节目遗产，寻找符合频道气质的突破路径，放大频道已有的节目、人员优势，在资源优势中做“特色”的文章。只有因地制宜，因人制宜，频道特色才有可能培育、彰显。在浙江经视构建频道特色的过程中，频道经年培育的“公共新闻”理念便是极佳的土壤——《新闻深呼吸》即是实践公共新闻理念的实例；和诸多频道培养“俊男靓女”主持不同的是，浙江经视根据自身的人员特点，反其道而行之，主推了以舒中胜、程程、茅莹为主打的资深主持群，频道“理性”、“知性”的形象因此不同寻常、深入人心。

频道特色化并不等同于内容专业化。虽然地面频道在频道呼号上内容似乎已经细分，但在中国目前的电视媒体生存环境下，过于专业化、小众化的电视路径常常面临生存困境。在内容细分的发展空间还有待时日的当口，特色频道的建立必须仰赖于对大众化内容的深入挖掘和个性化表达。

最后，需要提醒的是，频道特色在当今中国并非一成不变。在克隆、跟风日盛的媒体环境下，今天的特色也许明天就成了所有人的特色而不再“特色”。何况，特色的内容也终有审美疲劳的一天，约会不能永远约下去，卡拉 OK 也不会永远 OK。

（原载《视听纵横》2012 年第 2 期）

“走转改”活动的传播学解读

邢良军

全国新闻战线开展的“走转改”活动，顺民心、合民意，受到了人民群众的欢迎。“走转改”活动之所以取得成功，是因为它契合了新闻传播规律。无数的新闻实践证明，只有符合新闻传播规律的新闻报道，才能够产生良好的传播效果。

一、走基层、接地气、抓活鱼，采写具有重要新闻价值的新鲜事实

传播学研究的重要内容之一是传播内容的研究，传播学理论告诉我们：要想达到良好的传播效果，传播内容要符合受众的情感要求、满足受众获知的需求，亦即满足受众的知情权。那么，作为传播学重要内容之一的大众传播，应该给受众提供什么样的新鲜事实呢？

这就是新闻界常说的“抓活鱼”。“抓活鱼”是用来比喻新闻稿件的时效性、生动性和实践性。鱼是在水里游动的，要想抓活鱼，并非一件简单的事情，你必须要下到水里，要有耐心，要有抓鱼的“真功夫”。就记者来讲，只有你真正地走进基层老百姓的生活中去，沉得住、吃得苦，才能够了解人民群众的需求，才能够体会人民群众的疾苦，才能够抓到新闻的“活鱼”。

新闻价值不但包括了事实的新鲜性，还包括事实的重要性。如果是仅有新鲜性，事件也具有一定的新闻价值，但决定新闻价值大小的更重要的因素还是事实的重要性。

二、转作风、聚人气、树形象，充当新闻传播中的“意见领袖”

意见领袖是指在人际传播网络中经常为他人提供信息，同时对他人施加影响的“活跃分子”，他们在大众传播效果的形成过程中起着重要的中介或过滤的作用，由他们将信息扩散给受众，形成信息传递的两级传播。记者在大众传播中也充当着“意见领袖”的角色，著名记者和主持人之所以在新闻传播中受到受众的信任和支持，就是因为他们在长期的新闻报道实践中在受众中形成了自己的人格魅力。

其实，在新闻舆论的引导中，具有人格魅力的记者和主持人往往具有非常重要的作用。遗憾的是，由于部分新闻记者工作作风不扎实，所谓的采访只是走马观花式的走过场，再加上个别记者在新闻工作中丧失了新闻工作者的职业道德，存在“吃拿卡要”等不正之风，为广大人民群众所不齿。这样，不但自身形象树立不起来，更影响了整个社会主义新闻事业的形象，报道出来的新闻受众根本不愿看、不愿听，舆论引导的效果就可想而知了。

“走转改”活动中的“转作风”，就是要求编辑记者转过思想弯子、变换工作路子、放下记者架子、躬下自己身子，只有这样，才能够重塑新闻工作者的形象，让人民群众把自己当作他们的朋友，也才能起到新闻宣传的作用，达到良好的舆论引导效果。转过思想弯子，是要求记者转变思想，切实认识到“走转改”活动的重要性。思想是行动的先导，只有转过思想的弯子，才能变换工作路子，即以群众满不满意、群众喜不喜欢、群众欢不欢迎作为评判新闻工作的标准，以新的思维方式和新的工作方式投入新的工作，进而开创新闻工作的新局面。记者还要放下架子，躬下身子，把采访对象当朋友，与他们心贴心，才能真正赢得他们的信任，才能树立起自己的形象，真正地充当起“意见领袖”的角色，遇到问题才会看看电视上怎么讲、报纸上怎么说。

三、改文风、出精品、显魅力，做老百姓喜闻乐见的新闻

传播方式的优化，是改进传播效果的重要手段。“走转改”中的“改文风”，最基本的意义就是改变使用语言文字的风格。但是，实践中的“改文风”，绝非仅仅是改变语言文字的风格这么简单。长期以来，我国新闻传播的语言风格、表现形式、方式方法都形成了固定的模式，近几年来，随着“三贴近”、“马克思主义新闻观教育”等活动的开展，尽管各个方面都有所改进，但是总体看来，仍然存在着新闻报道“严肃有余、活泼不足”的问题。空话、套话依然充斥着电视荧屏和报纸版面。毛泽东早就批评过的“八股体”被许多记者一次又一次地重复使用，早已为人民群众所深恶痛绝。

“走转改”活动提倡“改文风”，从根本上来说，就是提倡从冗长空洞、言之无物、刻板生硬的风格中走出来，学会使用人民群众清新朴实、生动鲜活、言简意赅、具有生活气息的语言，用群众话说群众事，这是改文风的题中之意。正如刘云山同志所说，“要在学习运用群众语言、提升吸引力感染力上下功夫见成效，倡导清新朴实、生动鲜活、言简意赅的文风，让人们爱读爱听爱看，实现最佳宣传效果。”

四、从媒体的议程设置功能看“走转改”

“走转改”活动开展以来，各级各类媒体所取得的成效是卓著的，媒体纷纷开设专栏，反映民生，传递民意，受到了人民群众的广泛欢迎，在舆论引导方面做出了明显成绩。议程设置理论认为，大众传播可能无法影响人们怎么想，却可以影响人们去想什么。从这个理论可以看出，“走转改”活动所关注的民情民意，以及党和政府在民生问题上的政策和措施，势必引导人们把目光落在党和政府的中心工作上来，增强社会凝聚力，“聚精会神搞建设，一心一意谋发展”，为社会主义和谐社会的建设贡献力量。

（原载《视听纵横》2012 年第 4 期）

基于波特五力分析模型的城市电视台竞争策略探析

严宏伟

一、波特五力分析模型理论

“五力分析模型”是哈佛大学商学院教授迈克尔·波特提出的，该模型推导出五种竞争力量——现有竞争对手的竞争、供应商的议价能力、购买者的议价能力、新进入者的威胁、替代品的威胁——的组合变化、综合强度决定着行业竞争的激烈程度、资本流向，影响着企业的最终盈利潜力。

二、城市台竞争结构分析

（一）现有竞争对手的竞争。电视收视市场是一个充分竞争的市场，模转数后频道数增加，竞争对手更多；城市台覆盖有限、市场狭小、资源不足，其经济实力、技术手段、人员素质、采编能力与上级台相比明显处于劣势。

（二）供应商的议价能力。城市台规模小、影响力不足，在与市场化公司打交道时议价能力不强，而从人力资源供需关系的角度分析，作为特殊“供应商”的节目生产、经营人才的议价能力却在不断提高。

（三）购买者的议价能力。全媒体时代媒介产品极大丰富，信息渠道不再稀缺，再加上电视节目同质化严重，观众的选择和转换能力越来越强，媒体的地位日渐由过去的主导受众变为受制于受众。

（四）新进入者的威胁。电视曾是人们收看视频的唯一终端，现在，网络、手机同样可以消费视频节目，电视媒体的新进入者以其领先的技术、便捷的接收方式不断吸纳受众。

（五）替代品的威胁。无论是从信息服务，还是从文化消费、休闲娱乐的角度分析，电视都有大量的替代品，有些替代品是在市场竞争环境下配置资源的，具有电视媒体无法比拟的体制、机制方面的优势。

三、城市台竞争策略构建

（一）总成本领先策略。实施总成本领先策略的核心是人力资源的成本核算，城市台要以公开、公平、公正为原则完善聘用、解聘、考核制度，建立能者上庸者下的动态竞争体制。在专业技术人才的管理上要消除官本位思想，动力源的设计上要以满意的报酬、受到尊重、事业有上升空间等手段来提升他们的积极性。在组织结构的设置上，要以便于管理、利于执行、成本节省为目标，明确部门局部与单位整体之间的责权关系，将一线部门的事权与财权统一起来。在节目设置上必须充分考虑投入与产出（包括社会效益、经济效益）的性价比，根据现有资源、目标受众及竞争环境量力而行，量入而出。

（二）差别化策略。各地自然条件、经济状况、人文环境、民风民俗的差异为城市台差别化策略提供了条件。城市台与其受众有着天然的地域、心理上的接近性，心理上的接近性使城市台更了解本地受众的喜好、秉性及收视习惯，可以依靠节目的本土化、贴近性优势来吸引受众。城市台要加强信息服务功能的建设，特别是要通过延伸节目的线下服务来提升这种优势。要从与当地居民生产、生活的密切度入手，有针对性地开设一些服务性专栏。要组织、策划各种类型的媒体活动吸引受众的关注与参与，活动因为参与者的不同往往具有不可复制的特点。

（三）专一化策略。不向不确定的受众进行目标不明的无效传播，而只为目标受众提供有用信息和服务，这既要求避免全面出击平均用力，也要求对节目和市场进行深度开发。城市台要想在各方面都具有竞争优势是不可能的，更有必要专注于某一细分受众进行专一化经营，由于针对的是较小的目标收视市场，便于制定更有针对性的营销策略，同时，在细分市场上信息容易反馈，一旦受众的需要发生变化就可及时调整。媒介市场的逻辑是区隔越明显，越有指向性，其价值才越大。信息技术的发展为受众根据自身的喜好，在更大的空间和更自由的时间段中任意选看节目提供了技术保障，城市台实施专一化策略既顺应了新的媒介环境，也是适应信息消费个人化的需要。

（原载《视听纵横》2012 年第 5 期）

三网融合下省级地面电视频道的全国传播力

林　涌

我国广电业，一直以行政区划面积决定信息传播广度。卫星传播政策的放松，推动省级电视一套率先脱离行政区域制约，两年前试点的三网融合，正在推动省级地面频道突破省级区划的界限。

一、省级地面频道初现全国化传播特征

观察近些年的地面电视，可以发现部分强势省级地面频道，已初步表现出全国化传播的特征，包括：

1. 覆盖全国化：目前不少省级地面频道已通过互联网的同步转播和点播实现全国覆盖，部分优秀栏目通过 IPTV 点播系统覆盖国内试点城市。已获准在互联网直播的地面频道，未来同样内容在 IPTV 或广电全国网直播也可期待。

2. 内容全国化：通过互联网、地面频道协作体、合办活动、节目购买等途经，获取来自省外的素材，使播出的节目内容全国化。

3. 二次传播全国化：通过视频网站、微博等，将播出内容碎片化处理后，实现全国范围的二次传播。

4. 受众全国化：据第六次全国人口普查结果，全国流动人口超过 2.6 亿，像流动人口较多的广东、浙江等省，部分地区流动人口数已超过本地人口。这意味着很多省级地面频道的观众群中，来自全国各地的观众占有相当比例。

5. 营销全国化：经济较为发达的省份，往往也是全国各地品牌都想进入的消费市场，在很多强势省级地面频道，全国各地广告客户已超越本省客户。也就是说，省级地面频道已开始在全国销售产品。

强势省级地面频道人才储备、设备配置、资金实力均处强势，经常通过电视协作体等多形式进行跨省合作，全国化传播特征比其他各级地面频道更为明显。近年来，有线网、互联网、电信网各自的发展，都不同程度地强化了省级地面频道的全国化传播特征，而三网融合所形成的叠加整合效应，激发出的强大内容需求，正在把这些特征更加快速地转化为现实的全国传播力。

二、三网融合下省级地面频道需要全国传播力

随着社会主义市场经济发展，各级电视台开始主动适应市场。省级地面电视期望最大化地利用自身内容资源，新时期的受众期望获得更多种类、更大范围的内容，网络新技术及三网融合新政策让双方愿望能以更为经济、便利的方式实现，可以说，省级地面频道提升全国传播力已是时代所需。

全国传播力不仅仅简单地把内容从省域扩散到全国，它也把地面频道的影响力扩展到全国。目前的省级地面频道在省内市场已处于全国化竞争态势中，从全国到地方的各种媒体每天都在争夺省内受众。在巩固根据地的同时，主动走出去，适度提升全国传播力，有利于形成差异化的品牌效应，进而推动其全国品牌影响力。因此，省级地面频道提升全国传播力也是品牌所需。

全国传播力在提升省级地面频道的全国认知度、美誉度的同时，也会推动其全国营销力。在商品大流通、大市场的时代，很多商家为实现其产品的全国销售，需要在各省市场投入资金，打造品牌，在全国有一定认知度或美誉度的省级地面频道，往往会成为他们的首选。这也是目前一些强势省级地面频道，外省广告品牌多，广告创收明显高出其他频道的原因之一。因此，省级地面频道提升全国传播力也是营销所需。

三、三网融合下省级地面频道如何提升全国传播力

提升省级地面频道的全国传播力，需要我们以媒体融合的方式采集加工信息，改造生产流程。我们在新闻内容生产时，可借鉴美国等发达国家媒体融合的经验，将原创内容制作成为电视版、网站版、手机版等多种版本，适应不同属性的终端。针对二次传播全国化，对发生在省内的事件报道，可强化“去地域化”加工，即深度挖掘事件背后引发省外受众内心共鸣和普遍关注的亮点。也可利用电视行业内容加工优势，对互联网海量内容进行选择整合，放到电视平台播出，再回传互联网络二次传播。

提升省级地面频道的全国传播力，需要我们培养适应于全国化传播的人才体系。历经多年储备的视频制作人才队伍和一整套人才培养体系，是广电业区别于电信业、互联网业的核心竞争力，面对三网融合新形势，现有人才体系也需进一步优化。传统省级地面频道的省内传播，强调本土化，需要善于深度挖掘、创意利用本省内容资源的节目制作人才。开展全国化传播，则需要善于发现、搜索全国内容资源，并进行整合创新的节目传播人才。从讲地方话到讲普通话，强势省级地面频道应及时对现有人才队伍进行三网融合新技术、新知识、新理念的学习培训，以人才选拔晋升机制为引导，着重培养、引进既能把握导向，又精通内容生产、三网融合、品牌营销等多方面知识技能的复合式人才。

提升省级地面频道的全国传播力，需要我们建立有利于全国化传播的管理体系。内部管理制度上，应有效协调人、财、物等各种资源向有利于全国化传播方向倾斜，建立数字化采编播、存储应用体系，不断拓宽频道与三大网络尤其互联网的信息传播渠道。节目的评价与考核机制需要从传统省内收视率，拓展到全国不同媒体受众的综合到达率。

三网融合正在把省级地面频道带进一个全国化传播时代。抓住机遇，主动融入，全力提升全国传播力，助推频道品牌全国化，将为强势省级地面频道的发展，打开全新空间。

（原载《视听纵横》2012 年第 4 期）

电视民生新闻记者的情绪智慧

刘险峰

当前中国处于社会矛盾凸显期。我国新闻采访报道方面的法律法规尚不健全，民生新闻记者每天“裸奔”在“枪林弹雨”中，意外伤害时有发生。记者被打，话筒被抢，摄像机被砸，甚至采访车被撞等等时有发生。极端暴力事件大都爆发在采访现场。本文将探讨记者如何利用情绪控制采访现场，避免暴力伤害，顺利完成采访。

一、认识情绪，学习智慧。

情绪(Emotion)：对外界刺激所产生的心理反应，以及附带的生理反应。

记者要特别学习掌握的是社会情绪能力。既能准确表述自身情绪，也能根据非言语线索，如表情、目光、动作姿势等，识别采访对象的感受。学会分析刺激源，清楚采访现场哪些东西会造成压力，哪些东西能激发出最佳表现。

二、识别第一情绪，正确应对。

第一印象产生第一情绪。识别第一情绪非常重要。第一情绪决定了记者的应对策略。比如对方说:“不关你们的事,不用来,不要来。”有害怕曝光产生的逃避情绪,也有厌恶采访的排斥情绪。记者只有及时识别,才能启动情绪防御机制。

只要第一情绪是负面的,都应该引起警惕。负面情绪有明显的身体表现形式。

三、甄别对抗情绪,加强预判。

情绪无好坏之分,但是有性质之别。一般来说,分积极情绪、消极情绪、中性情绪、对抗情绪和零情绪。

记者要特别注意甄别负面情绪中的对抗情绪。并非所有的负面情绪都会产生对抗。最容易直接产生对抗情绪的有以下几种:愤怒(包括狂怒、盛怒、震怒、恼怒、愤慨、激怒等)、恨(包括憎恨、怨恨、敌意、恶意等)、厌恶(嫌恶、反感、不悦等)等等。

其中攻击性最强的是愤怒情绪,需要记者时刻警惕。愤怒是所有情绪中,需要能量最大的一个,超过了大哭和大笑。引发愤怒情绪的最主要原因是威胁。出现愤怒情绪,说明采访对象感受到了记者带来的威胁。一旦甄别出对抗性情绪,记者就应该加强预判,采访和拍摄会不会激怒对方?一旦激怒如何应对?

需要注意的是,对一些强烈情绪处理不当,也会间接产生对抗情绪。所以,只要对方处于极端情绪之中,都要谨慎处理。

值得注意的是,零情绪也是一种情绪。面无表情、一声不吭通常表示不满。处置不当也可能转化为对抗性情绪。

四、调节刺激度,保持峰值。

采访现场,记者需要控制好刺激强度,必要时可将对方的情绪带入激情状态,但应避免进入应激状态。

激情是刺激引起的当场发作,情绪表现猛烈,但持续的时间不长。激情状态下,采访对象更容易进入角色,产生的对抗性情绪和动作能增强电视新闻的可看性。注意两点:1、持续增加刺激压力,注意点到即止,过犹不及。2、反复运用同一个刺激源,注意刺激强度呈递进式增加。病情一反一复会加重。刺激反复无常,情绪容易爆发。

五、撤销刺激源,阻断情绪。

情绪因刺激而发生。刺激强弱失调,情绪容易失控。采访团队的人和物,只要出现在现场都是刺激源,形成不同的刺激因素。但是有时候记者难以区分刺激度的强弱。在情绪爆发的临界点,还有一个釜底抽薪的办法:撤销刺激源,从根源上阻断情绪。

采访团队在现场给采访对象造成的刺激基本上都是一过性的,持续时间较短并且会消失。所以撤销刺激必然能阻滞情绪,延缓或消除攻击。在撤销过程中,一般来说,遵循先强后弱的原则。紧急关头必须全部撤销,迅速离场。

六、善于同理心,化解敌意。

“同理心(Empathy):又叫做换位思考,是站在对方立场设身处地思考的一种方式。

记者运用同理心沟通的要点是:说到听者想听、听到说者想说。关键是说什么?怎么说?

同理心不仅是为了理解别人,也是让别人理解自己。从关心他人利益的角度去询问,充分释放善意,让对方感觉记者没有恶意,而是来帮助他寻找一个解决问题的方案,或许最后的结果会截然不同。

中医讲“上医治未病”,西医说“防胜于治”,民生新闻记者只能“君子防未然”。在采访现场遭遇暴力伤害,仅靠记者独力应对远远不够。采访团队有没有建立互助应激预案?采访车有没有配备急救包?单位有没有提前购买保险?民生新闻记者群需要多一点关心,多一点帮助,多一分理解,多一分保障。

(原载《视听纵横》2012 年第 5 期)

综艺服务类电视节目的服务性、娱乐性、教育性及其统一

计野航

一、杂交而成的节目形态

电视节目的分类研究永远滞后于电视节目本身的发展。按照国内外使用较多的“四分法”,电视节目通常在第一个层级上被分为新闻、娱乐、教育、服务四类。而在实践中,除了新闻因其固有的“事实第一性”特征决定其相对独立之外,其他三类节目则常常出现融合、杂交、变异的现象,形成新的节目形态。近年来方兴未艾的带有娱乐化特点的服务类节目就是其中之一。

二、服务性是综艺服务类电视节目的核心价值所在

综艺服务类电视节目特定的杂交优势,使它获得了受众的普遍喜爱,然而其核心价值依然在于服

务性、实用性。这是它区别于纯综艺娱乐节目的根本要素。正是在这一点上,它才有独立存在的意义。是否很好地实现服务性,是决定此类节目成败的关键所在。反过来如果一味追求娱乐性,则会舍本逐末,迷失了此类节目的主旨。

三、适度综艺化的重要性

综艺服务类电视节目作为一种媒介产物,想要更好地实现有效传播,首先应该为受众所喜爱,所以它应该是人们喜闻乐见的、有趣味的。传统的服务类节目往往枯燥呆板,而综艺服务类节目通过或轻松、或欢乐、或感人的综艺化节目过程,调动了受众的情绪,满足了受众对于娱乐性、观赏性和趣味性的多元化审美的需要。通过综艺化产生娱乐性是综艺服务类节目的一大要点,而对于娱乐性程度的拿捏更是重中之重。

四、宣传教育的必要性和必然性

电视媒体作为党的喉舌,应当弘扬正确的价值取向和高尚的社会道德,这是媒体的立场和责任。这一点决定了综艺服务类电视节目体现宣传教育作用的必要性。同时,电视节目具有教育性是一种客观的必然。所谓"《诗》言志",电视节目作为一种视听作品,由电视编导策划创作,势必融入了编导的价值观,体现了编导的思想意识,这是一种客观存在。因此我们务必提高编导的思想觉悟水平和道德修养水平,正确把握综艺服务类电视节目的宣传教育导向。

对于综艺服务类节目来说,其宣传教育性应该是渗透进节目中的一种意识,不见痕迹又无处不在地体现在节目的审美趣味、价值取向、道德主张等等之中,而不是生硬地添加进去。

五、服务性、娱乐性、教育性的统一

对于综艺服务类电视节目来说,服务性、娱乐性、教育性中的任意一个被忽视或者三者的平衡发生偏差,都会直接导致节目的导向、定位或者节目效果发生问题。综艺服务类节目应以服务性、娱乐性、教育性的辩证统一为追求目标。

可以看到,目前此类节目在实际操作过程中,对于三者的辩证统一也还在不断地摸索。其中容易出现的问题主要有以下几方面——

1. 过度娱乐化

2. 有服务之名无服务之实

3. 宣传、教育性的轻忽

要解决综艺服务类节目实际操作过程中容易出现的上述问题,关键是要处理好服务性、娱乐性、教育性三者的关系,使三者有机地结合在一起,达到辩证的统一。这就要求节目编导秉持真诚、善意的心态以及强烈的社会责任感和人文关怀精神去策划节目、制作节目。

综上所述,综艺服务类电视节目这种近年来新产生并且持续发展的节目形式有着它特有的杂交优势,但是我们要把握好它的发展方向,避免容易发生的问题和偏失。综艺服务类节目的强大生命力,建立在以服务性为核心价值,服务性、娱乐性、教育性辩证统一的基础之上。作为电视工作者,我们要对该类型节目有一个正确的认识,这样才能创作出导向积极正确、观众喜闻乐见,有益于社会的综艺服务类电视节目。

(原载《视听纵横》2012 年第 2 期)

同城媒体同题报道的视角创新

郑士炎

搞好同一题材的报道,一个重要的途径是要在报道视角上进行创新。2011 年 5、6 月份,宁波各大媒体围绕马素明这一典型题材进行了多角度、多层面地报道。宁波人民广播电台新闻广播高度重视同题报道的视角创新,先后推出了大型专题直播节目《浙江援疆 广播在行动——宁波篇》和直播人物访谈节目《那片芳华依然绽放天山脚下——追忆因公殉职的宁波援疆建设者马素明》,在同城媒体竞争中产生了独特的传播效果。

一、新闻创新首选视角创新

新闻视角贯穿着对新闻事件或事实不断寻找、透视、表现、挖掘和思考的全过程。

1. 创新新闻视角凸显着媒体的风格定位。宁波电台在报道马素明这一典型题材时,除推出人物通讯、新闻追踪等形态外,还特别运用了专题直播、直播人物访谈等广播特有的方式,进行深入挖掘,有效实现了差异化传播。

2. 创新新闻视角体现了媒体的价值诉求。宁波电台在策划直播人物访谈节目时,邀请马素明妻子孙安丽等分贝走进宁波电台和阿克苏电台直播室,以节目互动的形式共同追忆马素明那赤诚如火、爱洒天山的 33 年的人生轨迹。

3. 创新新闻视角也是对媒体从业者能力的全面考量。这种能力体现在新闻敏感、采访能力、深度挖掘、整合和编排新闻资源及全面驾驭事件等综合素质上。对于广播直播来说，还应具备策划创意、台际沟通、主题确定、临场发挥、技术保障等方面能力。

二、视角创新方法有效运用

同题报道在同城媒体竞争中要做出自身特色，就要选择个性化的报道角度，推出创新性的策划活动，运用差异化的表达方式，以视角创新不断增加媒体的影响力和竞争力。

1. 音响视角，找准亮点。同题报道，新闻资源共用，选题也相似，媒体要想创新，扩大自己的影响，关键是要有更独特的角度、更丰富的信息、更实用的素材，更灵活的切入点。音响是广播的最大特色。

2. 故事视角，挖掘听点。节目素材选定后，需要寻找与主题吻合的角度吸引观众，注重挖掘具有承载意义的可听性事件和富有矛盾冲突的事件，以及易于开掘并能形成表达过程的事件。

3. 互动视角，展示多点。通过互动直播，可以对新闻主题进行跨时空、立体、多维的阐释，对相关信息进行有机的融合，不断增强报道的辐射力。

4. 专家视角，阐述观点。我们在策划追忆马素明这一直播人物访谈节目时安排了新媒体观察员，摘报网络论坛和节目短信平台上的一些精彩评语，通过专家通俗易懂的语言、生动活泼的形式评说，进一步增强了节目的思想深度、提升了节目的播出质量。

三、视角创新需要不断实践

创新新闻视角是一门技巧，需要我们不断实践，总结提高。

1. 创新新闻视角是落实“三贴近”的体现。要真正落实“三贴近”，我们只有深入到现实生活中去，才能正确认识新形势下新闻宣传工作的规律，准确把握公众的思维活动特点及信息接受规律，以创新新闻视角，使新闻更具针对性、时效性和感染力。

2. 创新新闻视角是提升新闻价值的有效途径。新闻视角的创新不仅仅是新闻技巧，更是体现着媒体对新闻源的不断选择、思考的深度和挖掘的力度，从而通过创新新闻视角，有效提升新闻自身蕴含的价值。

3. 创新新闻视角是增强媒体竞争力的需要。要实现新闻从内容到形式的全面创新，作为一种手段和方法，新闻视角为新闻报道提供了创新支持。同时创新视角也是对新闻的一种精心策划。

（原载《中国广播电视学刊》2012 年第 2 期）

从 Google TV 看三网融合背景下电视新闻的创新

顾　波

2010 年 5 月，互联网巨头 Google 公司发布的最新的产品——Google TV 就是要将网络和电视结合在一起，成为一套新的全家娱乐系统。Google TV 内置了 Chrome 浏览器，可以浏览所有你喜欢的网站，但是它远不止如此，Google TV 还是一台照片浏览器，一台游戏机、一台音乐播放器…

除了 Google TV，国内的 TCL、创维等企业也开始类似的尝试，如创维的“酷开”TV，其卖点就是互联网电视。用户可以实现上网，下载，视频点播等功能，当然由于国内带宽情况、内容版权等方面的限制，在功能和内容丰富度上还不够完美。但是，随着三网融合的推进，类似 Google TV 这样的集电视、互联网、电话为一体的新一代智能终端终将走进千家万户，给观众带来前所未有的用户体验。在这个趋势下，作为电视新闻内容的提供者，我们也有必要在节目制作的方式，内容的延伸上做出相应的调整。

一、采编播全面非编化、网络化。非线性编辑、播出系统目前在国内各个城市台已经全面普及，对于采编人员带来帮助毋庸多说。但很多记者，对于非线的理解，还仅仅停留在“提升效率”上。其实，非编网络延伸到播出环节，带来的是电视收看方式的革命性变化。在类似 Google TV 的终端上，点播成了主导的方式，观众无需按照电视制作单位的编排顺序，逐条收看。而是可以根据提供的提要，挑选感兴趣的新闻。甚至在收看新闻的过程中，点击下方滚动的文字、画面提示，跳转到另外一条新闻。还可以调出输入程序，直接对新闻发表自己的看法，和媒体进行互动。传统操作方式中，责编按照重要性原则进行的节目编排，部分地被观众自身的选择所代替。对于采编人员来说，在节目制作中，要更加注重新闻标题、导语的质量，更加注重开头十几秒画面的吸引力。

二、记者的“全媒体”化。文字记者靠笔杆，电视记者靠镜头是我们一贯的印象，但在三网融合的时代，单一技能的记者恐怕无法满足观众日益多样的需求。以往，由于电视新闻时间限制，单条新闻往往都在 3 分钟以内，无法容纳更多的内容。而在三网融合时代，由于点播，预录回放功能的实现，观众对于新闻内容进一步了解成为了可能。在不远的将来，电视新闻将呈现一种新型的“倒金字塔”结构。最重要的，最具吸引力的画面放开开头，一旦观众选择观看，记者将提供内容的深度解读，若观众还有兴趣继续了解，还可以通过“超链接”跳转到相关网页，获取更加丰富的文本资料、照片、视频资料。如果是商业类的新闻，还要提供给观众购买产品、服务或者参与活动的入口。这样一种获取信息的方式，要求记者在专业的基础上更加多能。不仅要会拍，会写，还要善于整合各种介质的素材，围绕一个主题，把一份条理清晰，内容丰富的菜单端到观众面前，让观众加以挑选。换一个角度说，在三网融合的背景下，采编的前后端之分也进一步模糊，记者和编辑角色的转换将变得日益频繁。

三、全方位的互动方式。传统的电视新闻一般只能单向传播，“我说你听”、“我播你看”。而三网融合则让实时互动成为可能。实现“从我台（频道）直播”到“我们一起直播”的节目形态。除了已经非常成熟的直播现场接听热线这种互动方式，有了宽带网络的帮助，文字流，音频流、视频流能够同时汇集到新闻演播室，将正在播出的新闻和收看新闻观众的反馈予以呈现。比如，讨论某个话题是，观众对于某个话题的看法，实时的投票情况，就能直接影响节目的走向，点评的嘉宾也不仅限于演播室内。某个重大突发事件，观众的意见，以及对信息的补充，纠正本身也成为了新闻的一部分。新闻采编人员，要比以往更加“眼观六路，耳听八方”，根据事件的发展变化，及时调整报道内容。而 3G、4G 配合手机，DV 的摄像录音功能，让更多的普通人变成了电视台的“编外记者”。观众不再是简单的接收是信息，而是成了信息的生产者和发布者，而一旦旦众多受众加入电视新闻的传播行列，壮大的不仅仅是队伍，当然也包括市场。

（原载《视听纵横》2012 年第 1 期）

从各频道改版审思现今电视审美的环境特征

孙青青

2011 年，劲涌电视改版热潮，各电视台出于扩大收视率、增强竞争力等目的纷纷打出改版牌，真可以说是“八仙过海，各显神通”。作为电视从业者已经认识到因循守旧必然造成理念上的落后和发展上的滞后。面对求新、求变、求精、求锐的观众，电视需要做出一些必需的改变。因为，审美环境在时代的变迁中发生着巨大的改变。电视文化的潮流与发展，往往是环境使然。不同的时代背景和不同的审美环境，必将影响着电视的发展与流变。那么，在现今的社会发展中，电视又呈现出怎样的审美环境特征呢？首先，电视节目的大量生产，使人们突破了等待观看的限制，开始个性化的选择观看。其次，从电视节目所传达的文化内涵来看，人们不再一味地盲目接受，而是更青睐于本地域的文化传达。此外，在全球化发展的大背景下，必然导致观众求知欲望的膨胀，电视节目生产也必将走向一条国际化的发展道路。

一、从期待到选择：不满足于影像“灌输”，个性化趋向明显

个性化的趋向是在社会生活方式由一种模式向多元模式转变过程中的一个重要趋向。从电视的发展来看，电视频道稀缺，一群人围着电视机，等电视看的现象已经不可能再重复了。随着电视技术和艺术的发展，频道不断涌现，节目内容也不断丰富。从期待到选择，观众不再满足于影像的“灌输”，个性化趋向明显。

二、地域文化意识的回归：不屈服于文化“侵略”，群落化表征呈现

不同地域，不同文化，不同的生活环境会影响一个人的价值判断和意识趋向。不可否认影像是一种文化，需要文化所及范围的人的解读。在电视的传播中，我们也同样看到了由于文化不同，人们对于同一节目形态的不同反应。每年的春晚，被看做是中国的“新民俗”，但是其辉煌似乎总也过不了长江。一方面是北方文化的繁荣，一方面是南方文化的失语，一场以长江为界的文化鸿沟已经明显地出现在央视春晚的舞台上。在面对不同文化的“侵略”时，人们会不自觉地表现出一种强烈的自我保护意识，群落化的表征张显。

近年，方言新闻和方言电视栏目剧的火爆也正说明了这一点。在电视媒体的竞争中，省级卫视无疑面临着诸多的挑战，如省级卫视专业化之路越来越窄，节目间同质化克隆严重，如何才能找到其特色的发展之路呢？地域文化资源无疑是其突破口。地域文化包括具有区域性特色的视觉、听觉、刺激、技术、情感、故事、时间、空间、经济、政治、文化等元素。多样性是中国文化发展的源泉。纵观各卫视的栏目发现，卫视都意识到地域文化的重要性。

三、求索新知欲望的扩张：不局限于本土“观望”，国际化意识强烈

国际化的道路是各电视台所必须具有的发展谋略。在电视改版中，如何有效地编排引进电视剧的播出时间，如何有效地改造引进的节目形态，如何使自己的频道能在国际上发出声音，如何满足观众求索新知的欲望是我们所要考虑的。

电视，作为时代精神的引领者，也必然要不断地创新，推出新的兴趣点和刺激点来满足观众。但频繁而不明确的跟风式的改版，必然会对自身发展造成影响。因此，在改版时，各电视台应该慎重，在深思之后慎行。电视改版是一项长期的连续的系统工程，要根据科学的调查和研讨，切勿频繁改版，盲目跟风，重包装而轻内容。

（原载《视听纵横》2012 年第 1 期）

行风政风热线节目的创新与发展

石海平　王加勇

行风政风热线节目是各地广播电台，在纪委、纠风办等有关部门的倡导下开办的一档舆论监督性质的节目。这类节目在密切联系群众、解决社会矛盾、加强政风行风建设等方面发挥了积极的作用，彰显了广播在创新社会管理中的独特作用。但随着时间的推移，相应的问题也逐渐显现，参与节目各方或多或少的开始出现了疲态，尤其是作为节目主角的政府职能部门，积极性已大不如从前，直播时讲成绩多，谈问题少……

有业内专家指出：“今天凡是创办这类节目的电台都到了一个转点的时期，都要静下心来重新梳理、盘点一下自己如何再发展。”

一、强化舆论监督功能，提升节目影响力

行风政风热线节目定位于舆论监督，但是，舆论监督的作用并未得到充分的发挥，究其原因在于，媒介在与政府有关部门的合作中对政府有关部门过度依赖，有些地方的行风政风热线节目甚至完全成了有关部门的一个宣传窗口。

舆论监督，实质上是指媒介代表公众利益，根据公众意见对党和政府的工作以及公共事务进行的监督。当初在设计行风政风热线节目时，舆论监督就被摆在了十分重要的位置。与其他电视或广播栏目相比，纪委和纠风办的参与，使得政风行风热线节目具有来自党、政两方面的“背景”，具有很强的权威性和公信力。丰富的行政资源为舆论监督的有效实施提供了可能。

但是，如此优质的资源，在行风政风热线节目中并未得到合理的开发和利用，其原因在于媒体独立性和能动性的缺失。

开办行风政风热线节目的配套栏目是突围解困的选择之一。

利用行风政风热线节目聚合的资源，策划推出一档甚至几档新栏目，对现行的行风政风热线节目进行完善、补充和延伸。独立的舆论监督类节目，不邀请上线单位的嘉宾走进直播室，节目向听众反馈上线单位对听众投诉问题的处理情况，跟踪采访报道民生热点问题，开展“上线单位工作质量满意度调查”，接受听众和社会的公开评议等。

二、向“广播问政”出发，彰显媒体价值

经过多年的运作，行风政风热线节目聚集了大量的行政资源和受众资源，加之现今党中央大力倡导和鼓励公众参与社会管理，广播问政恰逢其时。

广播问政，其优势在于直接和直白，是其他媒介所不能替代的。

直接，有关职能部门通过直播热线直面市民，直视他们提出的问题，沟通更流畅，聆听更直接，表达及理解也更准确。

直白，是一种考核式的尖锐的问政，是对是否兑现承诺的一次公开的考核，也是一种社会监督和验收。

实际上，通过行风政风热线节目引导受众参政议政也是治庸问责的延伸和拓展，并且是在解决一个个具体问题上的问责，是在操作层面上的拷问，他使得政府官员，说了就得做。通过行风政风热线节目引导受众参政议政也让市民拥有了对政府官员政绩考核的知情权、话语权、参与权和监督权，在众目睽睽之下，算细账，结硬账，促使政府官员通过这场“问政”，用这面镜子照出自己的差距。

可以说，广播问政拓展和延伸了行风政风热线节目的功能，也给节目带来了新的活力。

如何实现广播行风政风热线节目的问政，笔者以为，要充分发挥市民代表、专家学者、人大代表、政协委员等社会中坚力量的作用，让他们在节目中担当嘉宾或评论员，让他们通过节目引导听众参政、议政,汇集民智的目的不仅仅是为了找出问题,更是为了找出解决问题的办法。

三、多媒体联动,打造覆盖全社会每一个角落的"民心之网"

近年来,省内外媒体正在探索实践的"四位一体"联动模式值得我们学习。

所谓"四位一体"联动模式,就是广播、电视、报刊、网络全面参与、互通互联互动的工作模式,具体做法就是由纪委、纠风办牵头成立跨媒体工作室,以行风政风热线节目为主,构建媒体联动平台,整合报纸、网络、电视、广播等多媒体资源,充分发挥电台直播、电视跟踪、报刊点评、网络互动的传播优势,着力打造一档全新的监督政风行风的全媒体节目。

"四位一体"的媒体联动使得以领导上线为标准,以投诉平台搜集民情民意信息素材为基础,以电台直播、电视跟踪、报刊点评、网络沟通等多种表达手段为特色,优势互补、立体互动的政风行风热线节目,真正成为了一张覆盖到全社会每一个角落的"民心之网"。

(原载《视听纵横》2012 年第 2 期)

广播连线报道中信息场的营造

马晓东

广播连线报道的信息传播,是以"场"的形态呈现出来的,也就是说,广播连线报道通过声音这一主要表达手段,结构出一个包括事件现场、背景、关系、思考、形象、环境、氛围、心态等元素综合而成的可供受众全方位体会和感知的全息时空,需要连线记者和直播室主持人有很高的结构整合各类信息元素的能力和有效营造信息场的意识。

一、基本原则:广播连线报道信息场的营造必须牢牢把握新闻事实,严守宣传纪律。

在广播连线报道过程中,在新闻事实把握方面,特别要注意避免出现两个方面的错误:一是故意扭曲事实、张冠李戴,为了追求轰动效应,刻意改变新闻事实的细节、时间、地点等要素,出现错误的信息场表达,甚至误导舆论,严重伤害媒体的公信力;二是无意导致的事实错误,一些年轻记者在突发事件的现场只看表面的现象,而缺乏相应的理性分析和客观判断,为了追求时效,对一些事件定性问题未等权威调查结果,就过早下结论,导致相关事件处理陷于被动境地。因此作为连线报道的记者,就必须要树立牢固的马克思主义新闻观,以"三贴近"原则指导工作,加强政治业务理论学习,有意识提升对各类现象的分析判断能力,既保证广播连线报道的事实准确,更体现出新时期新闻工作者的深刻思想和广阔视野。

二、流程再造:广播连线报道信息场的营造必须立足广播特点,广泛融入各类传播手段,特别是要以全媒体的理念构建传播信息场。

广播连线报道一方面要抢占时间上的制高点,另一方面还要抢占舆论引导的主动权。这点非常重要。广播记者必须时刻牢记的就是连线意识,当记者到达一个新闻现场时,在对事件进行采访、了解事件的来龙去脉后,就应该立即理清思路、组织语言,在最短的时间内与后方编辑联系,第一时间发回连线报道。这是抢占时间制高点的第一步,与此同时,后方的编辑团队就必须立即掌握新闻事件可能发生的趋势和产生的社会影响,调动所有媒体资源以全媒体平台为传播主干道,牢牢把握好舆论导向。

三、前景展望:全媒体理念构建营造广播连线传播的信息场,以速度、力度、温度、广度和深度提升报道内涵。

广播连线报道,特别是以全媒体理念营造广播连线报道的信息场,对不少地方传统媒体来说还是刚刚起步,从前景展望来看,这一媒体传播发展方向,将使广播新闻焕发出全新的生命和传播内涵。除了在流程和机制上进行再造和更新外,更重要的是,广播媒体从业人员,要充分意识到全媒体在广播连线报道中的前景意义,从而能够在把握速度、力度、温度、广度和深度上,充分体现出广播连线报道的全新内涵。

速度,就是充分体现广播连线报道信息场构建的第一时效落点,使广播媒体在传播竞争中站稳时效优势。力度就是要灵活掌握广播传播特点,高密度地随时连线现场,同步报道事件最新进展。温度就是媒体在保持冷静锐利的理性目光的同时,更要关注新闻事件中的人,以人为本,使客观的新闻连线报道也充满人文的温暖,也就是做有温度的连线报道。深度就是要牢牢把握时代的大背景和社会发展的大趋向,以深邃的思考,独到的角度和个性的表达,使广播连线报道的信息场营造随时都有着睿智的思想、高度的前瞻和理性的关照。

(原载《视听纵横》2012 年第 2 期)

电视播音的美学特征

张　彬

电视播音并不是简单地念字出声，而是有声语言的再创造，因此也属于艺术的范畴。和其他语言艺术相比，电视播音以其新闻性与艺术性的融合而有其特有的美学特征。

一、规范之美

规范，即约定俗成或明文规定的标准。语言规范是指语言有一个共同遵循的标准，语言自产生以来就有标准，有了这个统一的标准，语言所负载的信息才会成为人们所共同认知的交流信息。

电视传播是大众传播，具有公众性，电视播音作为语言传播也就有标准，电视播音作为有声语言是规范性的语言。

电视播音有声语言的规范性首先表现在语音、词汇、语法等符合普通话的规范，现代汉语普通话是“以北京语音为标准音，以北方话为基础方言，以典范的现代白话文著作为语法规范”。发音标准、吐字清晰；选词恰当、简明清晰；表达准确、符合现代汉语语法规则。

规范的语言具有审美性，普通话的审美价值具有广泛的社会认同和典型的民族性。电视播音有声语言的规范性还表现在“悦耳动听”。纯正的普通话语音、圆润动听的嗓音、字正腔圆的发音，声音与语音富于美感。

规范是美的基础，规范产生美。中央电视台《新闻联播》是具有权威性的新闻栏目，栏目主播规范的播报，让观众在闻知天下事的同时，也感受到一种字正腔圆、流畅悦耳的语言之美。可以想象，没有规范的语言表达，如何准确地传递信息，又怎能给人美的感受。

二、意境之美

“意境”属于艺术的范畴，是通过形象描写表现出来的一种境界。声音也能塑造形象，电视播音是二度创作，既有新闻性又有艺术性，新闻性就是对事实的客观反映，艺术性就是对新闻作品的准确表达。优秀的播音是两者的有机结合，什么样的节目内容和节目形式，就要有切合这种内容和形式的表达方式，这就需要播音员把思想、感情、语言融合为一个有机整体，去创造一个与内容相符的意境来。

有人说播音员就是“传声筒”，殊不知同样一句话以不同的表达方式就会产生不同的传播效果。播音艺术家齐越就说：“是的，我就是传声筒。我传的是中国人民战胜艰难险阻、走向胜利的声音；我传的是人民和党政治上和谐一致的声音；我传的是中国共产党堂堂正正的真理之声。做这样的传声筒，我感到无比幸福和自豪！”这种“胜利、和谐、真理之声”需要播音员的再度创作、准确表达，这样的表达或庄重、或欣喜、或质朴、或华丽，具有丰富的艺术内涵。

这种艺术内涵还应该体现在用有声语言表达出稿件作者、节目编排者所意料之外的弦外之音，使节目增色、锦上添花，使观众获得一般稿件所达不到的审美愉悦和感受，正所谓“三分写七分读”。

《新闻联播》的新闻性毋庸置疑，但主播的播报也具有艺术性，这种艺术性是对不同类型稿件的把握和表达。《动物世界》赵忠祥独具特色的配音更具艺术效果，声音与画面相得益彰所营造的美的意境，给人美的享受。

当然，播音的艺术性是建立在新闻性这一基础之上的。

三、形神之美

电视传播声画结合，在带给受众听觉刺激的同时，也带给其视觉刺激，得到丰富的感官满足。因此，当电视播音员出现在屏幕上时，带给观众的应该是形和神的统一之美。形美，就是外形之美，非有声语言；神美即气质之美，秀外慧中之美。

爱美之心人皆有之，美有共性之美，也有个性之美，电视播音员在屏幕上呈献给观众的应该是共性与个性的结合之美。共性就是得体大方的外在美，即形美；个性就是由内而外的气质美，即神美。两者应该相辅相成，过分强调某个方面都是不足取的。

新闻节目需要端庄稳重的形象，体现客观公正，《新闻联播》的几位主播在观众中所树立起的就是这样一种不变的形象，但他们也有自己的个性，李瑞英的大气、李修平的质朴、海霞的亲和、康辉的严谨等等，深得观众的喜爱。而评论性节目体现的是深度，白岩松的深邃、水均益的睿智等等，也是有目共睹的。

总之，电视播音是新闻与艺术的完美结合体，它通过形神兼备、真情实感、变化多样的语言表达所产生的丰富的美感，让观众在获得信息和认知的同时，得到愉悦如美的享受。

（原载《视听纵横》2012 年第 6 期）

经验介绍

深入开展创先争优活动 推动我省广播影视工作全面进步

江正新

创建先进基层党组织，争做优秀共产党员，提高党的基层组织战斗力和党员先进性，不断增强广播影视工作科学发展、服务群众的本领，这是开展创先争优活动的基本内容和目标要求。浙江省广播电影电视局按照这一要求，将开展创先争优活动与推动广播影视改革发展紧密结合，通过抓学习，促调研，提措施，重长效，把开展活动的重心放在为基层办实事、解难题、促发展上，取得了很大实际成效。

一、抓学习、重教育，建设强有力的领导班子和奋发有为的党员干部队伍

思想觉悟影响工作局面，精神面貌决定工作成效。我局以创先争优作为做好广播影视工作的思想引领，加强学习型党组织、学习型机关建设，充分激发党员干部积极性创造性，鼓励各项工作创先争优，着力打造一支昂扬向上、奋发有为的党员干部队伍。在创先争优活动中，我局的做法三条：一是局党组做好表率引导作用，加强领导班子建设。局党组是局机关、直属单位的领导和引领者，在创先争优活动中局党组要起到先锋模范作为。两年多来，局党组始终把创先争优列入局的主要工作议程。一把手亲自抓这项工作，多次召开党组会学习有关文件讲话，成立活动领导小组，分管领导认真抓活动的各项工作，制订活动各阶段实施计划，组织省党代会报告等各项学习安排。活动开始的头半年局党组两次专题研究部署全局的创先争优工作，努力做到活动开展有项目、有举措、有保障、有督查，确保把创先争优各项工作落到实处。

二是抓好创先争优活动中的学习，提高党员干部的思想认识。局党组对机关“荐、读、研、考、评”五个环节的学习阶段，抓得认真细致，让党员干部在学习中接受教育，在学习中提高认识。我局通过邀请专家作辅导讲座、局领导讲党课等教育方式，推进党员干部进一步强化立党为公、执政为民的观念，增强对群众感情。活动初期，开展围绕“干事还是混事”主题开展大讨论、大交流，组织“立足岗位比作为、创先争优当先锋”征文比赛活动，引导党员干部确立干事的高境界、高标准、高效率意识，树立为基层、为群众服务的奉献精神。深入开展机关“学(学榜样)、争(争先进)、创(创一流)、树(树标兵)”党员先锋行动。组织开展基层广电从业人员思想和业务培训，两年半来已举办培训班12期，来自基层广电的2500多名业务骨干得到培训，特别是800多乡镇广电站干部第一次进省城参加培训，使他们印象深刻，全员培训有力地提高了全系统党员干部服务群众的能力水平。去年下半年中央和省委提出推进文化体制改革、建设文化强国强省，今年6月省党代会提出建设“两富”现代化浙江，我局都立即组织学习，局党组提出全局机关干部要为宏伟目标做出新贡献，提高党员素质本领，永葆先进本色。今年省委开展“我们的价值观”大讨论，我局积极发动，组织机关干部学习，讨论省党代会提出的“务实、守信、崇学、向善”当代浙江人共同价值观，组织年轻干部撰写文章积极报送给省精神文明研讨会暨“我们的价值观”论坛，并被研讨会入选两篇论文，其中一篇被评为论坛优秀论文。上半年还连续开展学雷锋、学吴斌等活动，引导机关干部职工学习先进、争当践行社会主义核心价值观的模范。

三是采取多种手段，培养年轻干部成长。局里专门制订了关于年轻干部培养锻炼的文件，并在创先争优活动中开展争当人民满意公务员活动等文件中给予细化和落实。其中措施有未下过基层的分期分批到基层广电单位挂职锻炼，先后下去过10人；学习活动中组织年轻人开展学习竞赛，对有关体会文章进行评比奖励；分批由新提任处级干部带队直接到乡镇村调研“三农”对广播影视的需求，人人写出调研报告或体会文章等。我们按照中宣部和省委宣传部部署要求，在全省广电系统深入开展“走基层、转作风、改文风”教育活动，发动年轻记者走基层，接地气，大批来自基层、清新朴实、生动鲜活的报道涌现出来，提高了广电新闻宣传的针对性、实效性和亲和力、感染力，赢得了社会广泛好评。同时组织局机关干部下基层“走、转、改”，先后派出6个组分三批到我省不同类型的地区去，亲身感受基层实情，了解农民真实诉求。

通过这一系列学习教育活动，我局党员干部进一步统一思想，提高认识，真正树立起争创一流、服务群众的理念宗旨，保持和发扬了激情焕发干事业，奋发有为促发展的精神风貌，局机关形成了团结向上、比优争先、乐于奉献的浓厚氛围。

二、下基层、接地气，深入调研基层问题和群众需求

中央和省委要求各地在创先争优活动中转作风、提效率、夯基础、惠民生。我局深刻认识到，要想抓准广播影视发展中的矛盾问题，了解基层和群众的实际困难，切实加强机关作风建设，提高服务群众能力水平，必须按照中央要求做好调查研究活动，以从实践中求得真知的态度，真真切切地沉到基层沉到群众中去，了解事实缘由，问计求策于民。具体做法：一是局党组建立完善了每年的“调研周”工作制度。坚持每季度排出“调研周”，分批由局领导带队，各处室支部党员干部参与，围绕广播影视重点难点工作，时间不少于5天，深入一线，深入群众，结合各自工作职责，带着课题下基层，面对面听心声，手拉手问计策。

二是积极参加省里组织的各项调研活动。去年11月份，按照省委开展蹲点调研深化创先争优的要求，我局5位党组成员又集中带领相关处室负责人，深入到20多个县(市、区)，进村入户走访问察，沉下身心蹲点调研，了解困难问题，听取意见建议，谋划今后工作。今年上半年省委开展“进村入企”大走访、基层组织建设年活动，我局领导亲自带队，组织多次调研组到新昌、嘉湖绍温等地，了解民意、体察民情，帮助基层解决问题。我局组织初步统计，近两年半来，我局已开展专题调研活动30多次，召开各类现场会、座谈会共计90多次，撰写调研报告40来篇，机关上下形成了加强调研、求真务实的浓厚工作氛围。

三是善于从调研中梳理问题。通过深入调研，我们深刻认识当前广电发展和广电惠民中的突出问题，梳理提出在“创先争优”活动中更好推进科学发展的重点任务和主要措施。如为促进广电产业发展，强化政策扶持；针对欠发达地区基层广电基础设施陈旧、人员力量薄弱等问题，提出加大扶持政策倾斜力度，统筹协调全省广电资源推进欠发达地区基层广电加快发展；针对影视动画企业规模小，精品少、产业发展水平不高等问题，提出推动浙产电影、电视剧、动画片从数量增加向质量提升转型升级发展；针对县城、中心镇以及城乡结合地区群众看不到电影的问题，提出推进县级数字多厅影院建设，满足群众观看电影需求；针对推进“三网融合”中广电缺乏市场竞争主体、数字化水平较低等问题，提出加快广电有线网络“一省一网”整合发展、加快数字电视整体转换和双向化改造；针对远洋作业渔船上渔民看国内电视难的问题，提出实施“广电进渔船”工程建设等八方面问题及为之解决的八方面工作措施政策。

三、提措施、抓落实，大力做好广电惠民服务各项工作

以往机关工作比较注重为本系统本行业服务，在创先争优活动中，局党组深刻认识到发挥党组织战斗堡垒作用和党员先锋带头作用，要把基层群众最期盼、最需要、最困难的事办好，把事关群众切身利益的问题解决好，让文化发展广电发展的成果成为全民共享，这是创先争优的目标所在。我局以加强党的群众路线主题教育实践为载体，将广电惠民作为广播影视工作的永恒主题和根本任务，将群众满意与否作为广电工作的出发点和落脚点，努力将广电惠民服务各项工作落到实处。针对基层和群众反映的困难问题，认真思考研究，提出解决方案，深入开展“服务群众、服务基层”活动，将创先争优落实在为基层为群众解决实际困难，做好事、办实事，推动事业发展上；在创先争优先锋活动中，以发动全省广播影视系统开展“一访”(访问基层)、“三送”(送电影、送节目、送网络)、“四进”(广电进低保、进渔船、进林区、进海岛)活动为抓手，进一步完善广播影视惠民服务机制，深化广播影视惠民工作，构建农村广播影视公共服务体系，切实保障人民群众基本文化权益。

近几年来，广电惠民打响了品牌，成为广播影视服务人民、联系群众的基本内容、重要渠道和紧密纽带。我省广电惠民工作引起全国注目，省领导在全国电视电话会上作了全面介绍：1.“彩虹行动”为全省15.2万户困难群众送去彩色电视机，并减免收视维护费，极大地改善了农村困难群众的精神文化生活。2.对农节目服务工程增加档数、提高质量，目前全省各级广播电视频率频道共有对农节目560档，涌现出一批本土品牌节目，让农民朋友听得满意、看得高兴。3.广播电视“村村通”、“村村响”让全省所有乡镇和99.3%以上的行政村实现了有线电视联网，农村有线电视用户达到807.3万余户，实际入户率达到90%左右，有线广播农村人口有效覆盖达超过

80%，将广播电视节目传送到千家万户。4."广电进渔船"工程已让5500艘渔船上的渔民们收听收看到丰富健康的广电节目，远洋作业生活不再单调乏味。在省财政的支持下，再用一年半时间把我省出海渔船全部装上卫星电视接收器。5."广电低保"让41.6万城乡低保户家庭免费看上电视享受实惠，并将在数字电视整体转换中争取让"低保户"同步免费看上数字电视。6.农村电影放映工程每年送27万场电影下乡，实现一个中心村一月放一场电影，下一步要让更多农民像城里人一样在室内看到精彩电影而努力。7.为发达地区县级广电台与泰顺、景宁等欠发达县广电台牵线结对，帮助发展，近年来协调诸暨、桐乡、义乌等5个县广电台帮扶景宁5个乡镇广电站设施建设资金100多万元。8.组织化妆、灯光、主持人等专家小分队到温州、丽水、衢州等欠发达县市广电台开展技术服务培训，深受基层广电欢迎。9.根据乡镇广电站发展迟缓、基础薄弱的情况，调研出台加强全省乡镇广电站建设指导意见，争取到省财政每年2000万元连续5年的资金补助，将全面改造和提升乡镇广电站基础设施。10.根据台风、洪水等应急突发情况需要，加快推进农村应急广播体系建设。全省3万多行政村已安装各类应急喇叭近200万只，发挥了广播在农村宣传和公共应急工作中重要作用。

四、敢担当、冲难关，勇于解决影响广电科学发展突出问题

当前，舆论引导格局深刻变革，市场化竞争日益激烈，高新科技迅猛发展，人们文化消费需求日益多元化，广播影视工作更加复杂多变。我局党组正视困难，直面问题，不回避，不退缩，以敬业担当的精神，克难攻坚的毅力，勇于碰硬，带领全体党员干部努力破解当前影响广电科学发展的突出问题。我局对以下问题进行艰苦攻关：

第一，规范新闻立台。面对广电媒体新闻立台弱化、泛娱乐化倾向，虚假违法广告不时泛滥，低俗之风不止等问题，我局制定下发了《关于加强广播电视新闻立台工作的若干意见》等文件，并在现有体制下积极作为，不怕得罪人，对存在的问题严肃指出，督促整改到位，做到按期评议，定期检查，切实维护全省广播影视正常播出秩序，近年来低俗现象和广告违规播出得到有效遏制。

第二，完善影视动画政策。面对我省影视动画产业"小、散、弱"的状况，我局用足用活用好国家扶持政策，降低准入门槛，制定了"支持国有、扶优民营"和"一企一策"政策措施，大力培育市场主体，影视制作机构从5年前的111家增加到目前的638家，民营影视企业占总数的95%以上。在建成横店影视产业实验区、杭州国际动画产业基地、杭州数字娱乐产业示范基地等3个国家级影视基地后，今年上半年积极申报筹备成立定位于国际合作的影视实验区，5月国家广电总局正式批复同意在杭州、海宁毗邻区块设立中国（浙江）影视产业国际合作实验区，这是全国首家国际合作型的国家级影视基地。同时我局重规划、强引导、抓原创、出精品。我省影视动画作品在全国产生重大影响，形成了主旋律影视剧的"浙江现象"。

第三，出台建设数字影院方法。面对县城乡镇群众想看到看好电影大片的渴盼，大力推进城乡数字影院布局建设。在建设中遇到资金问题、合作方式问题，我局从大局出发，根据条件不同，允许社会资本参与、加入院线、多院线发展等方式建影院，尽快解决群众看电影难的问题。年初召开座谈会，全面推进县级数字影院建设工作。在党的十八大前全部完成县级数字影院建设任务，城乡群众观影条件大为改善。

第四，强力整合"一省一网"。面对我省广电有线网络"三国四方"的割裂局面，十多年前就想解决而未解决的问题，局党组敢担当敢碰硬，按照中央和省委、省政府的决策部署和"三网融合"发展要求，一把手亲自负责带领机关党员干部，跑遍各市县与当地党委政府汇报沟通，协调各方，凝聚合力，坚持不懈，全力以赴推动"一省一网"整合发展，坚持从浙江实际出发，允许各地自愿采用多种合作方式推进，走出一条浙江网络整合发展的新路子。按照省委、省政府决策部署和时间节点要求，已在6月底基本完成全省市县整体签约加入浙江华数公司，目前正在进行业务整合争取早日实质性运营。

第五，扶持广电新媒体。面对新媒体兴起带来的挑战和机遇，我局开展视听新媒体调研，推动省级新媒体和移动电视公司的成立运营，前瞻性地推动广电传统媒体与新兴媒体融合发展。目前全省移动多媒体广播电视用户超过98万户，居全国第三，在11个市有效覆盖率达到90%。

五、树规范、建长效，将创先争优活动转化为制度机制

经过两年半的活动开展，积累了不少好的做法和经验。局党组结合学习贯彻党的十七届六中全会和省党代会等精神，按照科学发展观和省委“创业富民、创新强省”、建设物质富裕精神富有现代化浙江的总战略，提出要抓好广电系统的学习贯彻落实，认真对创先争优活动进行了总结和提炼，努力争取把活动中好的做法转化为制度优势。为此要求局创先争优办公室和各有关处室认真总结有关改进机关作风、服务民生等方面的制度措施，不断深化为民服务的方法措施，形成长效机制，确保更长期有效地服务群众。长效机制建立在以下几方面：

1. 认真贯彻落实党员领导干部廉洁从政若干准则，从制度上制定工作规则，保障和强化服务基层工作的效能和廉洁。各处室和直属单位深入开展廉政风险查找，提出防控措施722条，精心编制了局机关《廉政风险防控机制建设工作实施细则》及《省广电局工作职权目录和工作程序表汇编》。针对部分市县台今年连续出现在工程招投标、设备采购等领域集中发生的违法刑事案件，我局专门开展调查，并召开局台长座谈会，认真分析犯罪类型，从管理体制、思想意识、监督制约上剖析原因，探索有效防范监督措施及相关制度的健全和完善，提出建立健全监督管理长效机制6条措施。

2. 根据领导干部“创先争优示范行动”有关工作分工，继续负责抓落实，发展和巩固以往成效。在相关调研告一段落后，按照分工负责及新近增加局领导成员的情况，对党组成员负责的工作项目进行局部调整并落实责任，抓好后继工作，盯紧盯牢直至圆满完成任务。同时通过针对当前重点问题抓工作，努力建立和完善规范性工作制度。如针对办台过分娱乐化、追求收视率等情况，经过半年多的调研、形成相关措施、征求意见过程，制定下发了《关于加强广播电视新闻立台工作的若干意见》，努力推进各级广电媒体坚持正确办台宗旨，改进新闻报道质量、提高舆论引导水平。这一实践探索得到国家广电总局充分肯定并向全国推介，省委宣传部也向全省宣传系统批转了这一文件。

3. 按照加强基层组织建设年、争做人民满意公务员的要求，制定和抓好落实我局的有关实施意见。着重从三个方面抓好落实：一是坚持不懈地开展保持党的纯洁性教育，召开全省广播影视党风廉政建设工作座谈会，探讨和形成针对广电行业反腐败的有效举措和方式方法；二是按照提升支部建设水平、开展“百日集中行动”要求，抓好“五个一”：建设一个好的支部班子，制定一个好的支部工作计划，建立一个好的工作保障制度，抓住一个好的工作载体，提出一个好的为民服务措施。并在8月中旬进行检查督促。三是组织机关年轻干部基层蹲点调研。鉴于领导干部蹲点调研的经验和成效，持续组织机关干部下到乡镇村蹲点调研，推动局机关“走基层、转作风、改文风”活动的深入开展，着重就当前“三农”对广播影视的诉求进行调研，真实反映农民呼声，改进我们的工作。现已组织6个组，已下去4组蹲点调研。今后将作为长期一项制度，作为机关年轻同志接触基层、感受民情的重要方法。通过在基层调研、为民服务中有力促进机关工作作风转变，提高机关服务基层、服务群众的能力水平。

4. 把这些年在推进广电惠民服务上群众欢迎的举措，转化为长效措施。在全省广电系统继续深入开展“一访（基层）、三送（节目、专题、电影）、四进（渔船、林场、零散户、低保户）”、“群众满意基层站所（办事窗口）创建”、“加强乡镇广电站建设”等活动，制定和完善年度广电惠民工程建设标准，建立服务基层的长效机制，健全完善广播电视公共服务体系，让广电在为民服务中满足基层需求，在落实惠民中和谐关系，营造良好社会环境和广电发展环境。

我局还将对这两年广播影视工作任务、惠民服务措施进行一次检查梳理，肯定成绩，查找问题，重点研究难点工作的解决方案，采取相应有力措施，努力形成长效机制，确保广播影视重点任务的圆满完成。

（原载《视听纵横》2012年第6期）

从深入采访入手求解“民工荒”

——谈广播述评《善待民工才能够缓解民工荒》的采写

袁奇翔

第二十一届中国新闻奖一等奖作品《善待民工才能够缓解民工荒》，是我们浙江之声专门抽调记者，组成特别报道小组，经过将近一个月的多次深入基层采访，对采访素材反复思辨、研讨，形成初稿后又多次修改完善，最终定稿播出的广播述评。

一、从深入调查研究入手，确立广播述评的立意。

2010年春节过后，记者在常规报道节后劳动力市场招工状况时，发现了往年没有遇到过的情况，本来应该熙熙攘攘的劳动力市场，却门庭冷落，人头稀少。随着采访的深入，记者发现这一现象在全省乃至周边省份普遍存在，问题也越来越严重，不少企业因为招不到工人，或压缩生产线，或干脆停工停产。

作为新闻记者，我们觉得应该去挖掘"民工荒"现象背后的深层次原因，并试图找出一些可以缓解"民工荒"现状的有效对策，采写有一定深度的广播评论，以此来体现正确的舆论引导，彰显一家省级主流媒体的社会担当。

评论是广播新闻媒体的灵魂，是媒体的"声音"。"声音"好不好听，有没有说服力，就取决于发出"声音"的立场和角度。可以这样说，广播述评能否确定一个好的角度，决定着作品的成败。因此，确定述评的最佳角度，理应成为我们重点思考、反复琢磨的问题。

我们在调查中发现，尽管遭遇了"民工荒"的困境，但不少企业主仍然没有意识到如何才能留得住人、如何才能走出"民工荒"的困境，而是一味地从"如何抢到人"出发，显然治标不治本。为此，本篇述评提出"以人为本、善待民工"的观点，具有强烈的现实意义和普遍意义。这样的论点，也是非常新鲜独到的，在当时也还没有出现雷同的媒体评论，显然对于听众而言，是很有吸引力的。

事实证明，我们的广播述评从"农民工"的生存现状出发，阐述和分析"民工荒"现象的源头和成因，这种"以人为本"的立意，尤其体现了媒体本身所具有的"人文关怀"精神，使这一广播述评在社会各界引起了强烈反响。

二、深入基层调查研究，在采访中注重跟被采访对象进行思想上的交流和探讨，不断深化主题。

从确定采写广播述评的主题立意后，我们决定围绕确定的这一立意，重新进行深入细致的采访。在半个多月里，我们三名记者或分头、或一起采访，奔走于诸暨、温州、杭州等地的多个企业和劳动力市场，跟众多农民工、企业老板面对面了解情况、敞开谈心、讨论问题等。有时候为了采访一位农民工，我们要等他收工，一等就是好几个小时；光是在杭州劳动力市场，记者就蹲守了整整两天，采访了几十位农民工。我们和农民工交朋友，陪着他们去一家家企业应聘，真实记录了他们对于工作、生活上的要求。在和他们的相处中，我们可以几个小时蹲在角落里交谈，一次谈心，可能就要抽掉一包烟，目的就是希望能听到农民工的真心话；为了能真实了解到农民工的生存状况，我们还明察暗访，深入到企业车间感受他们的工作状况，到廉租房感受农民工的生活环境。

因为采访深入、扎实，我们获取了大量的访谈录音，为述评中事实部分的选择，奠定了良好基础。作品中选取的安徽民工余飞、四川民工蔡熙、河南民工祝令坤和山东民工陈文强等，对低廉工资、恶劣工作环境、城乡身份差别和缺乏社会保障的抱怨和不满等同期声，就是从上百个小时的录音素材中选取的，非常具有代表性和典型性，能让听众产生强烈的认同感，也为作品客观事实的展现和主题的确立，起到决定性作用。

三、以"反差"和"对比"，提升"善待民工"立论的鲜明性。

唯物辩证法告诉我们：一切存在的事物都由既相互对立、又相互统一的矛盾双方组合而成。随着采访的深入，我们越来越觉得，对于当时的"民工荒"，既要探究造成这一现象的负面成因，也要看到有一批企业，因为善待农民工，企业主和劳动者形成良好的雇佣关系，员工队伍稳定，企业生产平稳，没有受到"民工荒"影响的正面事实。我们认为，这才是唯物辩证地观察和反映事实真相的正确方法，同样，这样的全面展现，也具有很强的说服力。

为此，我们又对萧山、诸暨、义乌的一些正常生产的企业进行采访，发现他们的做法很有特色：这些企业有的实行工资协商制度，保证职工收入逐年增加；有的企业专门为回族员工开设餐厅，为老员工发放中层干部奖金；还有企业为员工建造公寓楼，帮民工子女入学入园……在这些企业主眼中，农民工和本地员工并没有本质上的差别，反而在工作和生活中，得到了比本地员工更多的关心和照顾。他们的这些做法，恰恰和陷入"民工荒"困境的企业，形成了鲜明对照。

恰当运用"正反对比"的说理方式，围绕论点，展开阐述，就可以起到化解抽象、加深印象的双重效果。正是因为我们在采访和写作时，坚持用唯物辩证法思考问题，从正反两方面来观察和选取事实、陈述事实，使述评在两种事实的比较和推理中，获得较强的逻辑力量，也增加了作品的思辨性和论点的力度。

四、借助"外脑"，加深对"民工荒"现象的认识。

广播述评的采写有着自身的特殊规律，它要求记者在阐述事实的基础上，就事说理，以事论理，这就对我们提出了比较高的要求，它需要我们对事实有一定的理论思考和善于运用逻辑关系进行表达。为此，我们在学习和加深有关党和政府对"农民工"的一系列政策理解的同时，注重向对"农民工问题"有较深入研究的专家、学者和有关政府部门主管领导请教，借助"外脑"提升我们对事实的理论思考。当时，浙江省社科院社会学所副所长杨建华、时任浙江省就业局副局长的曹建国、温州中小型企业发展促进会会长周德文、浙江省劳动和社会保障研究院院长陈诗达等，都成为记者约访的"智囊"。

毫无疑问，选定的这些专家学者和政府官员，因为比较全面、准确地掌握和了解"农民工就业问题"现状，加上他们对这些问题有着各自的深入研究和理论思考，帮助我们就"民工荒"问题加深从经济、体制、制度等方面的理解，起了重要作用。在跟他们的一次次情况交流和思想碰撞中，我们对当下"民工荒"现象有了更理性的认识。几位专家学者和政府官员，也让我们强化了这样的理念：要让农民工真正融入城市，要让他们有认同感和归属感，关键在于以人为本，善待民工。

广播评论跟平面媒体的评论不同，它需要发挥广播特色，我们在述评中选择专家学者和政府官员用声音"亮相"参与评论，并且力求所有同期声通俗易懂，点题到位。这样的表现手法，体现了评论的客观性、权威性，增强了述评的公信力，也更符合广播本身的特色。此外，也正是他们的点评，明显增加本篇述评的思想深度和逻辑力量，使述评的观点更有穿透力和说服力。

五、探寻解决之道，凸显主流媒体的功能。

具体从本篇广播述评来说，我们既要客观反映当时"民工荒"的具体表现，并透过其表象探究内中成因，更要针对这些原因指出解决问题的途径和方法。如果述评只是单纯表述"多数农民工不太理想的生存状态"，或者只停留在农民工不良情绪的宣泄上，不但不利于舆论的走向和问题的解决，甚至会起到跟我们写作原意相违背的负面作用。

为此，在本篇广播述评中，我们在叙述事实、对比分析、寻找成因之后的最后篇幅，集中笔力，试图从改善农民工生存状态角度，从宏观角度和一定高度提出缓解"民工荒"的途径，这也是作品的关键所在。这其中有浙江省社科院社会学所副所长杨建华教授提出的："在大力推进新型城市化中，应该降低门槛，提供制度安排，让农民工真正跨进城市"的建议；记者自己提出的"在善待民工的同时，需要社会注重对他们可持续发展的培养，让他们真正融入城市"的呼吁；浙江省劳动和社会保障研究院院长陈诗达有关"共同推动农民工职业技能开发，使他们在文化、技能、观念等方面有大的提高，奠定真正融入城市的基础"的提议等。

广播评论是以说理为主，但说理不是从理论到理论，而是要求做到深入浅出。广播评论重要的是就事论理、就实论虚，但却不能让人有空洞说教的感觉。在这一点上，我们力求说理的部分，用权威采访对象作通俗易懂的表述，专家学者的语言面貌，可以具有个性化色彩，但不能是理论说教。作品中专家从掌握的相关情况作了深入分析，提出的针对性建议，既很好地反映了问题所在，又给人以解决之道，让人听来浅显易懂，有理有据。

面对社会纷繁复杂的现象，媒体的责任不光是表述事实、提出问题，更应该在反映事实、解读成因的基础上，寻找和提出解决问题的途径和方法。为缓解民工荒"出谋划策"，提出有针对性的合理建议，不仅凸显了媒体本身所具有的"人文关怀"，更加体现出媒体"以正确的舆论引导人"这一肩负的重要职责和历史使命。

（原载《视听纵横》2012 年第 3 期）

"零距离"对接"深一度"观察

王米娜

全国"两会"期间，浙江卫视在保证程序性报道规范有序的同时，在《浙江新闻联播》中推出《首席观察——问策 2012》（以下简称"观察"）专栏，以独家视角、敏锐观察报道会内外热点，运用先进技术"零距离"倾听民声、对接主题，立足民生视角求解代表委员。整组报道有分量、有深度、有新意，获得社会各界的广泛好评。

一、围绕热点焦点，以敏锐观察体现报道高度

"观察"紧紧围绕"两会"的重要报告，结合浙江实际和当下热点，将一系列事关国计民生的发展目标和战略举措，以及"两会"的热点提案议案，通过首席记者的独到视角和敏锐观察，进行生动而深刻的解读。如《赵洪祝："转中求好" 凸显发展理念新转变》、《夏宝龙：抓好落实 最关键是解放思想优化发展环境》两条报道，以卫星连线方式，结合今年“稳中求进、转中求好”工作总基调，围绕提升经济发展质量、狠抓各项工作落实等话题，对书记、省长进行了专访，通过对“稳中求进，转中求好”工作总基调的解读，凸显了省委、省政府面对新形势、新问题，发展理念的及时转变。报道紧扣政府中心工作、围绕“两会”主题，不仅意义重大，而且形式创新、鲜活好看。“观察”注重在稍纵即逝的“两会”动态中挖掘内涵、深度剖析，充分体现信息的广度、思想的深度。在中共中央政治局委员、国务院副总理张德江参加浙江代表团审议的会议中，记者敏锐地发现，去年和今年，同样的会场，谈论的是同样的话题：实体经济。于是将这一主题放大和深挖，采制了《张德江再谈“把根留住”》。同时运用会议提供的新闻线索进一步延伸和开掘新闻资源，采访了张德江在会上点到的几位民营企业家代表，就“如何为实体经济创造良好的环境”建言献策。报道主题突出、内容扎实，具有历史纵深感。

二、创新报道形式，以生动镜头强化报道主题

任何深刻的主题，缺乏灵活的形式，报道的表现力和传播到达率将会大打折扣。“观察”力求在形式上突破束缚，

“观察”创新报道形态，首次在浙江代表团驻地——北京西直门宾馆设立连线点，通过北京演播室、杭州演播室、代表团驻地三地卫星连线直播，“零距离”倾听代表委员的心声，增强了主题报道的现场感。同时摒弃了以往“两会”报道场景单一、画面枯燥的缺点，着力捕捉代表委员会外与百姓互动的场景，原生态再现代表委员“现场履职，为民代言”的真实过程，拉近了代表委员与百姓的距离。如《学雷锋要从孩子抓起》，在学雷锋纪念日到来之际，以人大代表方青参加北京奥林匹克公园举行的学雷锋志愿者服务活动为由头，聚焦思想道德问题。与北京志愿者面对面地沟通，引发了方青、王鸣、任美琴等代表对当代雷锋精神的深入解读，代表们呼吁：学雷锋要从孩子抓起，让孩子从小浸润在“真善美”的教育中。报道有场景、有思考、贴近观众。报道形式的创新还体现在报道文风的改进上，每条报道的末尾均采用图板、微博体的形式，对主题进行140字以内的“微评”，发挥了电视特色，强化了报道主题。

三、传递基层声音，立足百姓视角凸显民生情怀

“观察”立足百姓视角，选取记者在“走基层”中开掘的民生热点问题，采访代表委员，探讨解决之道，凸显了全国“两会”心系基层、心系群众的民生情怀。《让更多的好医生扎根基层》中，由代表委员们观看浙江卫视《浙江新闻联播》中一条讲述嵊州基层医院人才匮乏的报道，而引发的热烈讨论切入，原汁原味地呈现出他们对于基层卫生服务体系改革这一热点问题的真知灼见：“基层医疗的人才队伍建设问题是不是可以借鉴乡村教师的做法”、“希望国家对加强全科医生这一块加强探索”、“建议提高村卫生所工作人员的绩效工资”……《让民间资本“浮”出水面》结合记者深入基层采访调研过程中，汇集的民情民愿：温州期待“金融综合改革实验区”早日批复，进行深入解读。“两会”内外，采访代表委员，鲜活呈现来自基层的声音，本身就是一场生动丰富的“走转改”实践。

（原载《视听纵横》2012年第3期）

新时期先进典型的发现与报道创新

叶　萍

2011年下半年以来，衢州连续涌现“最美”身影，65岁的占祖亿老人勇救溺水儿童，英勇牺牲，被誉为“最美爷爷”；从发现学生未按时上学，到几经辗转，最后挽救因煤气中毒的一家三口，三位尽心尽责的老师被誉为“最美教师”；面对熊熊烈火，不顾自身安危，三进火海救出受困村民的两位基层民警，被群众盛赞为“最美民警”……

为什么2011年以来衢州涌现出了这么多的“最美”？为什么最美衢州人能在社会上引起如此大的反响？笔者认为这与媒体重视发现典型人物、善于创新报道形式是分不开的。

一、着力发现典型

典型报道一直是我国主流媒体引导舆论、宣传先进、弘扬正气的一项法宝。随着改革开放，在社会经济生活和群众精神生活日趋多样化，人们的价值取向也趋向多元化的新形势下，新闻宣传是否仍继续需要典型报道，对此，党的十七届六中全会审议通过的《关于深化文化体制改革、推动社会主义文化大发展大繁荣若干重大问题的决定》，深刻阐述了新形势下推进文化改革发展的重大意义，强调要树立和践行社会主义荣辱观，加强和改进正面宣传，加强社会主义核心价值体系宣传，这为新形势下做好典型报道工作指明了方向，同时也对做好典型报道提出

了更高的要求。

首先，做好典型报道，要树立"典型"意识。曾有人认为典型报道说教味较浓，无可读性、无可看性，但这并不是典型报道本身的问题，而是如何做好典型报道的问题，我们应该创新思维，切实提高典型报道水平，提升典型报道的吸引力、感染力、影响力。

2011年7月31日傍晚，常山县一名12岁儿童在游泳时突发溺水，危急之时，正在现场的65岁老人占祖亿纵身跃入水中，儿童得救了，而占祖亿老人却献出了生命。次日，有的媒体编辑却将这条新闻作为一条普通的社会新闻作了简单处理，甚为可惜。舍己救人的事经常在我们身边发生，许多类似的报道往往与我们擦肩而过，这与一些记者编辑"典型"意识淡薄有关，因此也就不能抓住新闻的亮点，无法把先进典型所蕴含的潜在价值挖掘出来。与之相反，对待这一见义勇为行为，有的媒体却敏锐地捕捉到了其内在的亮点，从中挖掘占祖亿老人见义勇为、舍身救人的精神内涵，提升了典型报道的思想高度。

同样，"最美教师" 典型报道的采编过程也曾一波三折。事件发生当天下午曾有三位采编人员得知线索，但均未予以重视，作出准确的价值判断。当这一线索转到第四位记者之手时，该记者没有轻率放过，正在基层采访的他当即调整采访计划，迅速赶往医院采访当事人，又连夜采访两位老师，弄清每一个细节，并连夜赶稿。

作为党的新闻工作者，树立"典型"意识，坚守社会责任是主流媒体的职业精神，坚持用社会主义核心价值体系引领多元社会思想，全方位、多角度、立体式地宣传推广身边的人和事，做好典型报道是记者的职责所在。

其次，做好典型报道，要善于发现具有时代特点的典型。时代造就典型，典型更需要具有时代特点。法国学者福科曾说过，"每一个时代的视野都是独特的，与其他时代不同，这使得一个时代的人不可能用另一个时代的人的方式去思考"。事实也是这样，不同的时代具有不同的时代特点，把握时代脉搏与时代同频共振，典型才能为时代所接受，才能具有鲜活的生命力和强大的带动力，才能引起受众的共鸣。

衢江四小两位班主任老师仅仅因为例行晨检分别发现同为姐弟的两位学生没来，接下来进行寻找，最终救下煤气中毒的学生和家长。针对这一突发事件，参与采访的记者和编辑强烈意识到这是一条具有很高新闻价值和宣传价值的新闻，认定这是一条弘扬社会正气、彰显普通人爱心，体现社会主义核心价值观的好稿。从事发第二天开始衢州各媒体及时、连续进行了大力报道。这件事的报道，契合了时代的呼唤，定位准确，不仅成为典型报道的一大亮点，更成了当地一大社会热点，取得了很好的传播效果。最终这三位教师集体获得浙江骄傲——2011年度最具影响力人物的殊荣。

人类学家玛格丽特·米德曾说过："一小群有思想并且有着献身精神的公民可以改变世界，不要怀疑这种说法，事实上，世界正是这样被改变的。"这里的"一小群"可以理解为那些就在我们身边做着微的好事的人们。作为媒体我们有责任挖掘他们的盈尺之微，增加社会共识，告诉大家那些感动你我的身边好人，这些身边人更让你感动，也更让你容易接受。那么如何真实地再现事实真相，如何从平凡的事件中挖掘不平凡的"那一点"呢？这需要记者转换思维定式，在人们普遍认为世风日下的今天，从一个个典型报道中透出一个信息：身边还是好人多。你我伸出一只手，世界会变得更美好。

二、着力显现典型

典型报道是对社会生活中具有代表性的、普遍意义的人或事所作的新闻报道。典型人物是人，不是"神"，典型人物做的大多是平凡小事，其实受众最想知道、最容易接受的首先不是典型人物，而是他所做的事。要让典型深入人心，典型报道必须用事实说话，以百姓视角贴近大众生活，用真实的细节打动人，拉近典型与受众的距离，有效增强典型的可亲性、可信性和可学性。

"最美教师"后续报道《爱的使命》一文采用事件回放形式"一个多小时发生了什么？"讲述三位老师从寻找到救助学生的经过：从早上7:40两位老师分别发现翁明冲和翁进城姐弟异常迟到，拨打家长电话发现停机；到调课立刻家访，体育老师江忠红当司机，沿上学路寻找，到学生家，敲门无人应答，老师们留下纸条贴在门上，但还是不放心；又赶到家长上班的地方，发现家长和孩子同时失踪，觉得事情更严重了；赶紧为家长手机充话费，猜测"可能是煤气中毒"；到8:45门被打开了，学生一家三口被送往医院救治。这里虽没有华丽的词语，情节也非常简单，但细节的描写却能让人深切感受到三位老师那份决不放弃的爱心和责任心，真实、可信。

在当地网络论坛里，有位网友这样留言："在整个事件中，有很多足以让人放弃的环节，但令人感动的是，这每一个细节她们都没有放弃……老师，责任和爱心都齐了。”

另外，对细节的捕捉还可体现在典型人物的个性化语言中。《光明日报》刊发的报道《我们不可以没有大爱——3位最美教师救人背后的思索》中，衢江四小马建红校长在开学典礼上说的一句话也让人为之动容，“我们学校可以没有大楼，我们也不是大师，但我们应该有大爱”，个性化的语言有效深化了典型人物精神内涵。

三、着力凸现典型

衢州“最美”系列的涌现，与新闻媒体创新传播模式、推行强有力的宣传报道有很大的关联，这些“最美”人物都是衢州当地媒体首先发现，省级媒体大力跟进，最后得到中央媒体积极支持。

全国媒体针对衢州所涌现出的这些“最美”典型的聚焦，也引起了从省到中央高层领导的高度关注，中央政治局常委李长春、浙江省委书记赵洪祝、中央宣传部副部长蔡名照等领导都对此作了批示。

另外值得一提的是，衢州系列“最美”典型报道还十分注重运用传统媒体与新媒体的联动效应，典型事迹在当地传统媒体刊登播出后，很快就被转载到了网络媒体，当地的衢州信息港、衢州新闻网等网络媒体也相继推出专题，开设“网友留言板”，让网友参与讨论，并通过官方微博迅速转发，以达到传播的最大化。短短一个月时间，通过“百度”检索“衢州最美女教师”，搜索结果有164万条；通过“谷歌”检索“衢州最美女教师”，搜索结果达到548万条。占祖亿老人救人献身后，衢州新闻网专门开设了网上纪念馆，悼念这位舍己救人的老人，老人遇难后第七天，5000多名百姓及网友自发来到他的墓前，追思这位可敬的“最美爷爷”。

全媒体时代，创新传播模式，促进传统媒体与新媒体的联动传播，优势叠加，不仅巩固和扩大了典型宣传舆论阵地，更拉近了典型人物与受众间的距离。

从衢州“最美”系列典型宣传报道中我们体会到，社会舆论对道德进步和道德感受可产生直接影响。从一定程度上说，良好社会风气是弘扬出来的。大力弘扬民族精神和时代精神，传播先进思想文化，热情歌颂真善美，引导大众树立正气和奋发向上，应成为主流媒体的价值共识和时刻肩负的责任。

（原载《视听纵横》2012年第3期）

用真心、真话、真情，深化“走转改”工作

厉永斌

全国新闻战线“走基层、转作风、改文风”活动自2011年8月开展以来，台州广播电视台积极响应号召，始终把握正确舆论导向，在深化“三贴近”上下功夫，以深入群众“接地气”、走进基层“抓活鱼”为理念，以专栏为抓手、以活动为平台，促进走基层栏目常态化、活动制度化，转变了作风，改进了文风，用扎实深入的采访和朴实鲜活的报道践行“走转改”，取得良好的效果。

设立基层联系点，用真心拉近与群众的距离

按照中宣部和省委、市委宣传部的部署，台州广播电视台高度重视，立即贯彻落实。分别在党委会、台务会议上部署动员“走转改”活动，成立了台党的群众路线主题教育实践活动领导小组，制定了《台州广播电视总台党的群众路线主题教育实践活动实施意见》，印发了《关于做好“走转改”活动的实施意见》、《关于开展“进村入企”大走访活动的方案》等多个文件，要求全员参与，用扎实、深入的采访和朴实、鲜活的报道践行“走转改”的要求。党委班子成员率先示范，每位台领导都多次带领记者到基层联系镇村蹲点调研，深入最偏远的乡村，最艰苦的岗位，最繁忙的工地，现场走访、体验、调查，加深了同人民群众的感情。市里开展进村入企大走访活动后，台党委班子成员走访联系村和企业，寻找亮点和特色，帮助他们解决实际困难。同时，台领导还结合“小微企业发展”、“在外台商”、“援疆建设”等主题，带领采编人员赴西安、阿拉尔、西宁、拉萨等地开展异地采访，采制了数十篇鲜活、生动的报道。在台领导的示范带动下，各单位都成立了“走转改”活动领导小组，发动全体新闻工作者以高度的责任感和使命感，积极主动地开展活动，做到“走”得活、“转”得快、“改”得好、“练”得精。

为使“走转改”活动更加深入和常态化，台州广播电视台制定了蹲点采访制度，先后在九县（市、区）确定了近百个基层联系点。由各频道总监、副总监和部门主任带队率先蹲点，栏目记者轮流蹲点采访一

周，写蹲点日记，发现和挖掘基层群众身上的新闻特质，撰写鲜活报道。随着“走转改”活动的深入推进，联系点数量逐步增加。

通过蹲点采访，进一步丰富了新闻报道内容，及时宣传了经济社会发展中的亮点、成果，充分反映社会主义新农村建设中的新情况、新变化，生动再现广大群众中助人为乐、见义勇为的典型人物、先进事迹，准确报道基层百姓遇到的急事、难事。据不完全统计，“走转改”活动开展一年多来，全台共有近千人次参与活动，采制电视稿件2000多篇，广播稿件1000多篇。深入基层的记者们普遍反映，通过下基层、与基层群众同吃同住同劳动，才真正体会了基层生活的苦与乐，才真正了解了基层百姓的所思所想、所急所盼。“走转改”活动拉近了新闻记者与基层群众的距离，加深了感情，密切了关系，基层火热的生活为记者们提供了鲜活的素材，使记者们对群众更加真心、对稿件更加用心，文风变得更加朴实、作风更加扎实，大量反映基层生产生活的新闻稿件深受广大群众的欢迎。全台采编人员在艰苦的基层，用真心与群众沟通，拉近了与群众的距离，使自身得到了意志的磨炼、作风的历练和业务的锻炼。

开设走基层专栏，用真话讲述基层的变化

在推进“走转改”过程中，台州广播电视台始终坚持把“一月一主题一策划”作为主抓手，以深化活动为契机，结合“创业创新、转型升级”、“万名干部进万企”、“大干二季度、突破三季度”、“稳中求进、转中求好”、“加快市区发展”、“工业立市”等主题实践，各广播电视频道充分运用各自优势，精心策划，确定选题，开出了《火热一线》、《科学发展 成就辉煌》、《解放思想创业创新基层行》、《我在基层 我看见》、《社区记者 民情日记》等20多个“走转改”专栏，推出一系列来自基层一线的报道。

如电视新闻综合频道在主打新闻栏目《台州新闻》中推出的《我在基层 我看见》专栏，采用了记者调查、系列连续报道、新闻评论等报道方式，把镜头对准最基层劳动者、对准城市特殊岗位的劳动者、对准为社会进步默默奉献的普通人。影视文化频道在《600全民新闻》节目中开设了《基层蹲点报道》和《社区记者 民情日记》专栏，记者走进基层村居，采用现场跟拍、调查记录的形式反映基层百姓的生活和难题，用心灵倾听百姓心声、用双脚展开田野调查、用镜头捕捉时代变迁，为观众采制了一批接着基层“地气”的好新闻。新闻广播推出了《987记者走企业》专栏，开展了寻找成长之星大型新闻行动，把话筒对准普通工人、企业主，倾听小微企业主的声音。

在这些报道中，记者把镜头对准百姓，把话筒交给群众，善于抓细节，敢于讲真话，增强了报道的感染力和影响力。采用群众语言报道新闻，话语生动，现场感强，增强新闻的可看性、可听性和亲和力。“走转改”走出了一大批生动、鲜活、百姓爱看爱听的新闻，得到了各界的认可和赞誉，收视率和收听率都创了新高。

开展新闻行动，用真情服务基层群众

广播电视作为党和政府的喉舌，其责任就是宣传群众、教育群众、引导群众、服务群众。一直以来，台州广播电视台非常关注贫困地区的发展和弱势群体的生活，开展了多项新闻扶贫行动和送温暖活动，更好地服务了基层群众。大型新闻行动“老区共建行动”及“红色寻访”系列报道，通过重走红色革命路，缅怀先烈，弘扬革命精神，体现了媒体的社会责任，搭建了社会各界参与共建老区的平台，并呼吁全社会都来关注老区、反哺老区，让老区人民早日过上小康生活，实现共同富裕目标。为帮助黄岩橘农解决卖橘难，多个频道联手制作了系列报道《老杨卖橘记》，将□橘滞销的消息第一时间发布出去，引起社会关注，销售得到解决。影视文化频道联合市慈善总会义工分会，开展了“螺丝钉在行动”，帮助社区空巢老人维修家电和家具，得到了大家的欢迎和好评。还有公共财富频道以关爱外来民工子弟为核心的“候鸟守护行动”、新闻广播987爱心基金和“走基层 海岛行”记者体验新闻行动、音乐广播的“新闻扶贫 帮困结对”活动等都紧密结合基层实际，符合群众需求，得到了大家的普遍认可。我们还通过公益活动、新闻帮扶、信息咨询、与相关部门联系沟通等途径，为群众提供力所能及的帮助。

“走转改”活动贵在走，难在转，重在改。要开展好新闻行动，真正服务基层群众，就要让采编人员在下基层过程中动真情，就要着力提高新闻队伍的素养。台州广播电视台在“走转改”活动开展后，结合三项学习教育和台内开展的全员培训工作，定期开展专题学习和研讨，开展鲜活新闻竞赛和评比，在每季度优秀作品评选中加大了基层一线稿件的参评数量，通过各类评比，提高了为群众服务的能力，涌现出了一批优质稿件。如电视公共财富频道历时20天采制的八篇系列报道《台州造船业 迷雾巡航》，通过走访临海、三门、椒江、温岭、宁波象山等地的台州造船企业和造船人，较为全面地反映了造船业的现状、分析了制约发展的原因、探讨了造船业的出路、报道了部分企业创新思维寻找突破成功应对的经验举措，采访扎实、画面丰富、结构严谨。整组系列报道逻辑清晰，可看性也非常强。这组系列报道在2011年全省市级台"走转改"新闻评比中荣获一等奖，还获得了2011年度浙江新闻奖一等奖。通过"走转改"实践，广大编辑记者勇于扎根基层，敢于深入群众，作风、文风得到显著改变，扎根基层的主动性和积极性大大增强。

通过设立基层联系点、开设走基层专栏、开展新闻行动等方式，让采编人员在"走转改"过程中养成了用真心、讲真话、动真情的良好习惯，从而转变了作风、改进了文风，提高了新闻的影响力和感召力，驱动了节目创新。"走转改"已经初现成效，维有建立长效机制，确保"走转改"活动常态化、制度化、规范化，真正取得实效。今后我们将边实践边提高，继续做好"走转改"大型主题采访活动，努力使"走转改"常态化，全面提升新闻队伍的综合素质，增强舆论引导力。

（原载《视听纵横》2012年第6期）

好剧更需勤吆喝

阿　宝

今年3月，我台与宁波北仑区广播电视台联合制作了以新农村建设为题材的三集广播剧《琴潭溪》。此后，我们迅即展开了一系列的推广活动。

首先，在播出手法上采用组合式播出，即电波和互联网相结合，全剧播出和网址片花播出相结合。该剧除了省级广播各频率和地市级广播共计17次播出外，还尝试在网络上进行播放。先是通过音频文件格式转换，上传到北仑广播电视台的官方网站供网友们点击收听，然后，再将收听的网址通过主创人员的个人微博进行转发。不到半个月，网络点击收听和微博转发收听的人次已经突破一万。浙江电台交通之声和北仑电台还分别利用移动直播车在杭州和北仑两地的繁华街道进行片花和网址宣传带的滚动播放，极大地提高了该剧的知晓度和网上点击率，开创了我省广播剧电台与网络及微博联动播出的新模式。

其次，在推广手法上采用送剧下乡的互动模式。北仑区广播电视台将该剧光盘发至各个乡镇广播站，通过覆盖农村的有线广播进行播放，并结合新闻工作走转改，在故事发生地的乡村举行座谈会，邀请村民村干部边听边议。剧中人物言行举止，激起了与会村民的热烈讨论和思想碰撞，起到了艺术作品启迪教化的积极作用。

座谈会全程在网络上进行文字和图片同步直播，引起了中国广播剧研究会和全国广播剧同行的高度关注，村民们对广播剧播出新形式的渴望极大地鼓舞了全国广播剧界，当天下午，通过网络关注座谈会进程的全国电台达60多家。中国广播剧研究会秘书长高坦女士在观看了网络直播后评价道："好现象，就是应该让更多的人听到我们的好戏，广播剧不能束之高阁。"

再次，在报道手法上采用分阶段梯度报道的形式。

我们曾经在本台2011年制作的26集广播连续剧《诱惑之城》报道过程中，尝试过用微博分阶段报道的方式，先是开设《诱惑之城》官方微博，图文并茂地公布主演名单，共吸引了十万粉丝的围观，再是面向社会公开招聘群众演员，应聘的演员有来自山东、江苏、江西及浙江各地，然后是报道录制过程，最后在微博上播放片头和剧中部分段落，收到了未播先热的效果。

《琴潭溪》在录制过程中，我们充分利用影视明星参与演播的有利条件，通过制作方主创人员微博对主演等进行动态宣传，积极放大明星效应，引发全国及海外粉丝们的高度关注和多层转发。

该剧制作完成后，马上在中国广播报和浙江广播电视报的重要版面上刊登了文章，介绍创作过程，预告播出时间。

在北仑举行首播式后，又在浙江日报、宁波日报、现代金报、东南商报、新华网等媒体上刊登介绍文章。播出一周后，又在中国广播报开辟专版介绍该剧播出后的社会反响及送剧下乡座谈会的相关情况。

实践证明，这种分阶段多层次递进的报道手法，效果是非常明显的。不仅在全国广播剧界得到了较高的赞誉，更是在听众中引起了较大的反响。

（原载《视听纵横》2012年第3期）

活动创品牌 打造频率影响力

秦 薇 王平元

通过打造有区域影响力、有公众美誉度的品牌活动来提高媒体竞争力已经成为当下所有媒体共识。尤其对于广播媒体而言,受众认知度高的品牌活动,已经成为其充分利用传统优势,摆脱弱势地位的有效途径。绍兴电台新闻综合频率几年来,通过精心策划,全力打造、培育了三大品牌活动,通过突出公益性、确保持续性、强调互动性,使三大品牌活动日益发挥出更大作用,成为绍兴新闻广播最主要的核心竞争力之一。

绍兴新闻综合频率三大品牌活动分别为:新闻类的"行风热线·对话民生"活动、社会类的"冬日暖阳"慈善活动和曲艺类的"老百姓戏台·新年戏曲演唱会"。"行风热线·对话民生"活动自1999年"行风热线"栏目创办之始便每年定期举办,或在直播室,或入社区、下乡镇、进厂矿,各市级行风参评单位负责人听取百姓意见建议,解答群众投诉咨询,做到"事事有答复、件件有着落",十余年来开展活动300余场,接待群众过万人次。"冬日暖阳"慈善活动自从2006年开展以来,倾力襄助困难弱势群体,已经成为媒体体察民生、沟通民意、关爱民心的一个重要平台,成为大爱绍兴的缩影,成为每个寒冬最令人期许的温暖。而被誉为"绍兴本土新年音乐会"的"老百姓戏台·新年戏曲演唱会"则以戏曲节目《老百姓戏台》为依托,从2008年起,每年12月31日祭出戏迷盛宴,台上票友唱得投入,台下戏迷听得动容,影响力之大,连省内外名家名角都欣然应约而来,盛装演出以慰戏迷,这项群众文化活动如今已成为许多市民和戏迷新年临近时翘首企盼的文化盛事。

三大品牌活动虽然涉及了三个不同的领域,除了在受众心中留下了深刻印象,成为每年市民必不可少的活动外,还有一些共性。也正是因为这些共性,让这三大品牌活动成为绍兴新闻广播市场份额逐年上升,美誉度和影响力持续扩大。

公益,树立媒体公信力

对于媒体来说,树立起公信力就是树立起权威性、树立起信誉度、树立起影响力,在竞争中立于无可替代的不败之地。而媒体公信力的构成要素包括思想高度要素、舆论主调要素、新闻真实要素、情感亲和要素等,也就是说,除了客观公正、及时快速的新闻报道以外,公益意识、服务意识也是是否能赢得受众信赖的关键。绍兴广播电台新闻综合频率所打造品牌活动均为公益活动,"行风热线·对话民生"不设门槛为民解忧。"老百姓戏台·新年戏曲演唱会"举办四届,每年成本支出数万元,但所有门票仍然坚持免费赠送。"冬日暖阳"更是借助媒体平台集合社会力量为慈善事业锦上添花,自2005年底创办该活动,从当初的媒体自办到后来的慈善组织参与、民政部门合办、市委市政府主要领导出席,活动规格越来越高,支持力度越来越大,从最初的60名到后来的100名、200名,直至2011年的10000名,受助名额大大增加,善款物品越来越多;从当年的孤寡老人到孤儿、特贫家庭、返乡民工、恶性肿瘤患儿、见义勇为人士,受助人群逐年扩面;一曲曲爱的赞歌在古越大地回响,一股股爱的暖流在电波中传递。

持续,提高品牌识别度

对于线性传播的广播而言,恐怕不断地重复渗透是最简单有效的提高品牌识别度的方法。因此,绍兴广播电台新闻综合频率并不急于盲进,而是数年如一日,精心打造、维护现有的品牌活动,"冬日暖阳"创办七年,"老百姓戏台·新年戏曲演唱会"坚持四届,"行风热线·对话民生"更是延续越十载,许多市级部门已主动将参加此项活动列入年初工作计划,相关处室定期做好资料准备收集工作,届时便可妥善受理听众咨询投诉,让行风接受检阅,让效能得到体现,为维护群众利益、化解社会矛盾、改进机关作风,构建和谐社会起到了积极的推动作用。如今,这些品牌活动已然成为FM93.6的名片,为频率培养巩固了一大批忠实听众。

互动,激发听众参与欲

受众收听广播本身就是一种积极主动的认知活动,而且,随着时代的进步,人们崇尚自主、渴望参与的主体意识日趋增强,这就更加激发了受众的参与欲。而从另一方面来讲,受众的参与欲越强,对节目的忠诚度也就越高,对频率的关注度也会越高。因此,无论是"冬日暖阳"、"行风热线·对话民生",都是以固有名牌节目为平台,鼓励听众通过热线电话直接参与到活动中来,与主持人、嘉宾双向交流,形成传播环流。"老百姓戏台·新年戏曲演唱会"也是在近千名草根戏迷通过一脉电波展示朴素戏曲情怀的基础上，在现实中发展演变而成音韵袅袅的戏曲盛宴，名家、票友、戏迷零距离接触，真实互动，夙愿成真，也因于此，不仅绍兴各地，连萧山、慈溪、余姚等相邻地区的戏迷也会迢迢赶来。

活动创品牌，打造更具亲和力和影响力的FM93.6绍兴新闻广播。龙年伊始，绍兴广播电台新闻综合频率将更致力于创新，赋予经典品牌活动以崭新的活力，助推频率在2011年平均收听率3.51、平均市场份额38.13%的基础上稳步前行。

（原载《视听纵横》2012年第1期）

《600全民新闻》的升级实践

吴　方

《600全民新闻》是台州电视台影视文化频道一档大型民生新闻栏目，每晚18:30到19:30一个小时直播。这档新闻已经创办六年，平均收视率一直保持8%以上，居普通话栏目之首。《600全民新闻》也曾经面临严峻的局面。首先是民生新闻的内容仍然局限于家长里短、鸡毛蒜皮，观众开始厌倦。尤其一个小时的栏目，如果新闻题材的单一，更让观众难以看完。二是本地同类新闻栏目越来越多，新闻的同质化现象日趋严重。独家新闻、独特视角几乎不可能实现。有些频道出于竞争需要，还疯抢时效，栏目开播时间越来越早，有些新闻甚至都提前到晚上六点之前开播。为了应对新的挑战，《600全民新闻》在2011年进行了改版升级。

一、直播新闻进入平台

随着3G单兵直播设备的成熟，真正随时随地地新闻直播逐渐成为可能。城市电视台有着新闻事件的贴近性，交通条件的便利性，所以低门槛的新闻事件直播，必将成为城市电视台的又一亮点和优势。在新闻直播设备和技术问题解决之后，直播进入平台反倒成为瓶颈。城市电视台基本没有全天候滚动播出的新闻频道，新闻还是以固定栏目化的方式播报，并且限于实力，新闻栏目的时长大多设定在30分钟左右。要在这短短的30分钟节目遇见可以直播的新闻，一年没有几次，这样导致许多电视台花几十万买了3G直播设备以后，很少使用，真正的新闻直播因为进入平台没有搭建而难以实现。

《600全民新闻》试图改变这种状况。

首先在节目设置上，时长从原来45分钟扩展到1个小时直播，这为新闻直播的进入提供较宽的平台。尽管如此，这一个小时能够等候的直播新闻毕竟还是非常有限，所以策划类题材的直播就显得很有必要。《600全民新闻》就曾经策划过主持人进观众家门、排舞大赛、市区交通状况、天气等的策划直播。

其次，配备3G直播单兵系统，要求报道重要新闻事件的记者都带上设备。另外还和中国联通合作，为采访突发新闻的记者每人配备一套Iphone4，利用其中的facetime功能，随时可以进行简单的电视新闻直播。虽然Iphone4直播的图像质量和声音还不尽如人意，但由于记者能随身携带，一遇到新闻事件就可以随时随地地进行新闻直播，这一优势是其他任何专业设备无法实现的。《600全民新闻》的记者路遇车祸，就曾经利用Iphone4进行过新闻直播。《600全民新闻》专门开设了《“沃”在现场》的子栏目，就是利用这些设备使新闻事件的直播常态化。

再者，发挥电话直播的作用。虽然电话只有声音没有图像，但在直播领域仍然能够发挥重要作用。《600全民新闻》有个子栏目叫《直播12345》，是和市政府直线电话受理中心联办，主打舆论监督类新闻。《直播12345》就经常在直播过程中打电话采访与新闻事件有关的职能部门，由于直播的特点，不管对方电话接与不接，电话里如何解释和推脱，都在直播状态下展露无遗。因此电话直播连线成为观众非常感兴趣的部分，也成为观众评论的热点。《直播12345》因此也成为《600全民新闻》最受欢迎的板块。

二、互动评论平台

在当前社会渐趋多元化的情势下，很多事件发生以后，人们会从各自的角度进行解释和阐述，这是开放社会的特点，也是人们体现自我价值的需要。所以，新闻发生以后，对事件解释、观点交流成为人们接触媒体的重要原因。所以现代传播不仅传播的是事实，更重要的观点和思想。从身边的琐碎的民生新闻中提炼新闻价值，交流看法，使之言之有理，引以警示和借鉴，是民生新闻升级值得尝试的做法。

基于这种思考，《600全民新闻》从2010年下半年开始在直播中加入了评论员慕毅飞，主播和评论员一起出镜。一些重要新闻播完以后，评论员从政策、道德等方面进行解读和评论，使新闻既有事实，又有观点。评论员既是作家，又当过政府官员，评论入情入理，深入浅出，很快被观众接受并且肯定。2011年年初开始，《600全民新闻》对评论进行了升级，成立600QQ群和官方微博，加入的粉丝5000多人。这些人成为了600的观众评论员。每天节目播出前，编辑部会把即将播出的几条重要新闻先发到微博和QQ群里面，网友看过以后发表评论。评论员在每天新闻直播时摘取5—6条网友的评论播出。一年来，600的粉丝群越滚越大，网友的积极性也越来越高。一些网友还专门给评论员送来锦旗，褒扬他仗义执言，说出观众的心声。台州的观众已经形成习惯，看600，不仅了解最新新闻，还要看看老慕（评论员）怎么说，观众怎么说。

《600全民新闻》只播报本地新闻，所以它和现在流行的许多新闻评论性节目不同，它既保留本地新闻的贴近性，又针对本地新闻评论，所以它的评论也具有贴近性和即时性。

（原载《视听纵横》2012年第1期）

探索广播移动收听新的编排模式

李　萌

节目编排的策略一直是广播电台节目构架的重要环节，而节目设计的第一要务是明确自己的目标听众是谁，精确到年龄范围，收听习惯，教育程度，收入高低等等。如果一家电台向受众或广告客户介绍自己的节目“老少皆宜”，在目前的国内广播竞争形势下已经显得非常不明智。因此确定目标听众，围绕他们的收听喜好设置节目，根据他们的收听习惯进行合理化的构建编排是一件值得广播人仔细琢磨的事情。

如何打造时时精彩，处处贴合需求的符合移动人群随机收听状态的节目？除了加大路况信息播报频率，以及设置汽车服务，汽车投诉等驾车人群直接需求的节目外，2012年西湖之声广播电台全天时间跨度7小时的广播节目《1054在路上》的节目编排模式，便依托于以上思考而进行全新尝试，力图兼顾以下特点：

1. 抛弃传统节目时间表，随时随地皆听所需

《1054，在路上》基于这样的思考将节目设置成全天，上午，下午，晚间7小时，每小时以每20分钟为一个单元滚动播出。让车上移动人群任一时间打开西湖之声都能够获得新鲜的资讯、动听的好歌以及精致的点式节目。

传统电台是依托逐个的节目而划分的综合型广播频率，一切都是以节目时间表为准，和看电视剧一样，受众必须在指定的时段才能看到某个电视剧，听到某档节目。这样逐个节目划分的编排方式，有一个问题，就是每个节目都有特定的听众定位，比如，喜欢听评论的听众，到评论节目就锁定了，但是不喜欢的就转台了。

《1054，在路上》通过整体的包装和严格播出时段规划打造的是频率的整体形象，听众可以抛弃传统的节目时间表，随时打开收音机在任何时段听到自己感兴趣的内容。

为什么要以20分钟为一个单元？测算一下，普通私家车主，动一下车，基本上路上的花费时间至少20分钟。在这个过程中，不大可能，你刚好上车某个节目开始了，到达目的地，节目结束。所以上下车时间是很机动的，那么20分钟时间里，听《1054，在路上》这样的节目，一定能够获得你需要的收听内容，它不存在，一个投诉你没有听到前因后果，一个访谈，你没听到头，搞不清访谈的是什么人物这样的问题。这个差异化编排的结果是降低了听众选择的难度，培养了听众对节目的粘合度。

2. 节目节奏“短、平、快”，节目内容更精致，符合伴随收听的状态需求

“移动听众”中，受众人群不可能全神贯注于收听节目，而是处于“半听”的状态，在这样的情况下，内容短小简洁、语言简洁流畅、信息全新快速，可以更好满足移动听众的特定收听需求。

《1054，在路上》每20分钟提供一次路况播报和短时天气预报，对路况播报员的要求为条理清晰，突出重点，简洁明了，正常状况下无需与直播室主持人相互问候。天气预报注重即时温度和天气趋势，不做过多水话串接。

每20分钟刷新8条新鲜资讯，文字编辑要求短小精悍，除重要资讯外一般3小时内不重复，满足了移动听众轻松、快速浏览资讯的收听需求。

每20分钟提供一则精致小品，内容涵盖交警新规解读的《行车小贴士》；90秒讲述一段不做作□不矫情□给人温情□令人动容的故事或片段的《心灵能量》；妙趣横生解读都会生活中一些冷门、容易被人们忽略小细节的《点睛90秒》以及带来时尚新锐元素的《1分钟学英语》《摩登TALK》等品质，营养，有趣的方方面面。这所有的录制小品，时间限制都在90秒，即一分半以内。因为是录播精编精剪，呈现的是精致的收听状态。

每20分钟除以上内容外,所有的歌曲都要求主持人提前编辑好,掌握每首歌曲的前奏,设计好歌曲与其他内容的衔接模式。主持人的串接语言要求简洁到位,避免自恋冗长的水话,刻板生硬的说教,力图打造纯净的收听空间。

以上内容,每个版块时间都有严格限定。这样的编排不仅使广播信息传递快捷、收听方便的优势得到张扬,同时对移动听众的选择性也给予了很大程度上的尊重。

3. 运用播出系统的规范操作,提高节目精致度,使节目管理更便利

要达到单元滚动播出的精致化、准确度依靠的是电脑数据库、网络共享、数字音频处理等数字广播技术的精准设计和构架。

在《1054在路上》这样的节目模块设计之初,需要的是频率节目主管人员的全方位设计和介入。通过第一线管理者亲手搭建的播出模块与程序员设计出的模块相比,更具人性化和可操作性。频率编办人还可按照自己的编排哲学,检查控制快慢歌曲比例、歌曲播放频次、主打歌单、不同风格穿插等细节,甚至实现控制歌曲自动淡入淡出,高潮先起及广告衔接的精准完美。一旦运行成熟,将可以实现人力成本的几何级节约,便于对节目整体管理,提高节目精致度。

4. 广告编排科学散布,避免移动收听群不耐受,提高广告到达率

在广告编排方面有一个说法叫做"区别编排",《1054在路上》节目、广告呈现科学规律的散在式编辑。在7小时的节目中,以20分钟为一个单元,5分钟广告严格限定时间,散在直播版块;天气+歌曲;以及点式节目和台宣前后,不会出现最令听众反感,最容易流失听众的广告集中播出,严重时整点前后连续出现10分钟广告,被听众戏称广告里面插节目的现象,听众的流失率和调台率会大大减小。

同时,区别于按传统节目编排模式所固定的半点报时方式,实现20分,40分报时,有差异化竞争。

这样的编排策略在实践中常常会出现别的电台在整半点,15分,45分前后密集播出广告时,《1054在路上》在播出节目的现象,当听众处于选择收听的时候,很轻易就会锁定西湖之声。

而从广告投放来说最直接的优势在于:节目与广告的融合度更高了,广告的到达率得以提高。

当然,西湖之声的《1054在路上》节目运行才满半年,这一编排模式尚处于尝试和磨合阶段。它在收听率和听众口碑都体现出优势的同时,也有不少问题有待思考和完善。

在行进化的直播中,会出现许多意想不到的情况给节目编排增加了不确定性,如何灵活机动地处理节目编排要求和突发状况的主次,需要主持人有一定的编排优化意识和应急反应能力。

该编排模式要求主持人语言精练、营造干净的收听状态,如何维护主持人个性,不让节目失去"温度"?。这要求主持人对频率确定的整体风格定位要有深度的理解和把握,他们在节目中话不多,但得字字在点、句句到位;他们在节目中个性不能太张扬,但却要契合移动听众的情绪和感受。

从某种意义上说,既要兼顾资讯编辑播报又要实现音乐节目的生动把握,直播室内外的调控,这一编排模式的节目对主持人的要求更高。

在电话,短信,微博,微信,等与听众互动的途径越来越多元化的今天,如何有效运用这些元素,将"ING"的节目形态和"动众"收听的内容需求更有机结合令节目编排依然流畅?这即需要主持人加强播出前备稿,又需要频率节目主管人员根据播出收听反馈对编排逻辑的调整拿捏。

(原载《视听纵横》2012年第5期)

招考中增加采编技能测试的实践与思考

李东千

今年一月,鄞州广播电视台在向社会公开招录两名事业编制电视记者中,除传统的笔试、面试外,首次增加采访、拍摄、编辑实践环节,由于整个过程周密部署、精心设置,坚持公平、公正、公开的原则,达到了人事部门满意、用人单位满意、考生受教育并心服口服的多方共赢的良好结局。

一、背景

2005年,人事部出台了《事业单位公开招聘暂行规定》,对事业单位进人问题做出专门规定,要求事业单位在人员"进口"上从严把关,要采取考试、考核的方式,实行公开招聘,这比起以前没有一定的标准,凭关系、后门就可以进事业单位应该是一种进步。但缺陷也显而易见,因为考试存在着一定的偶然

性，高分低能的现象不可避免，单位想要的人才被拒之门外，而无实际操作能力的确被录用。

能不能在招考中增加设置实践环节，给我台工作多年、各方面非常优秀的聘用人员更多的机会，确保能招到好用、能用的事业编制人员，这一直是历任台领导的一个心结。2007 年，人事部 6 号令颁布《事业单位公开招聘暂行规定》，该规定第四章考试与考核中，第十六条规定考试内容应为招聘岗位所必需的专业知识、业务能力和工作技能，为事业单位在招录中进行技能测试提供了政策依据。然而，由于担心在技能测试中可能存在的“走偏”、“暗箱操作”，再加上近年来，屡有媒体报道如福建屏南、江苏句容等地多次出现类似的“因人招聘”、“定向招聘”、“舞弊招聘”等事业单位违规招聘和违规进人事件，严重损害了公开招聘的公信力，因此，有关部门的担忧不是没有道理。在我台坚持不懈的努力下，并承诺可以全程监督，人力资源和社会保障局（以下简称人社局）最终同意，虽然没有完全如愿，但毕竟是一大进步。

二、过程

2011 年 11 月 16 日，招考信息在市、区主要媒体及相关网站上发布，为了招到有实践经验的，并对刚毕业的学生考试能力强进行一定的消减，我台设置了有两年媒体工作经历的条件。笔试、技能测试、面试三项考试分值的占比分别为 40%，30%，30%。为了让更多的人能进入技能测试，我台设置了以一比十的比例进入技能测试。

最后，报名结果共有 17 人通过资格审核，其中本台 12 人，外台 5 人。笔试环节全部由人社局组织进行。按规定这 17 人均可进入技能测试。按原来我们的设想，技能测试地点的选择将从鄞州区内几个地方选定其一，在与人社局领导对接时他们否定了这一方案，理由是我台参考的人多，而这些人对区内的地方比较熟悉，这样对区外考生来说不公平，必须从大市范围选点。最后，台领导决定拍摄地点在奉化，编辑地点还是放在我台。因为我们了解到我台的编辑系统外台的考生也熟悉，没有使用上的问题，由于存在一些难以克服的现实问题，人社局最后也同意了我台的方案。

考试的这一天早上，考生使用的摄像机全部编号抽签，回来后使用的编辑机也抽签，采用两位播音员中的一位播稿也由抽签决定。最后全部由外台组成的评委评片评稿环节，在考生不知情的情况下，重新再由人事局工作人员编号，整个过程环环相扣，井然有序，人社局的领导和工作人员均十分满意。

三、思考

增加技能测试是确保能招到合适人才的重要一环。作为媒体，固然每年要吸收一定的应届大学生，积极储备人才，但媒体毕竟是一个特殊的行业，仅仅是学习好、成绩好的大学生并不一定适合媒体。目前，许多媒体单位也已摒弃直接从应届大学生中招录事业人员，因为这会给用人单位造成一定的隐患，如果招到不合适的人员，将是人力资源的浪费。因此，先聘用，合适的留下，拔尖者有机会入编，这被实践证明是一个很好地选拔人才途径。技能测试不仅为高分低能、动手能力不强者设置了障碍，看来也给女考生带来了麻烦。在本次招考中，共有四名女性考生报考，其中两人在参加完笔试后未能参加技能测试。在规定的一个半小时的拍摄测试中，这两位女考生是最后气喘吁吁赶到的。不能说女性不能从事电视记者工作，只能说电视记者工作更适合男性。

要在实践中积累经验，更加优化测试各环节。首先，技能测试入围者过多，这给我们的组织工作增加了难度。因为我台的非编系统也不能同时一次性容纳 17 个考生同时编，不得不分成两组，使得整个过程时间延长，看来，笔试后以一比六进入技能测试较为合适。其次，技能测试在整个考试分值中比重偏低，今后，将进一步与人社局沟通，争取适当加重分值。再次，拍摄后的写稿环节须改进。在此次测试中，我们为了避免考生上网查阅相关材料，除了向他们提供一份背景材料外，文稿要求他们在一小时内写在方格稿纸上，考生暗暗叫苦，称多年没这样写过了。大吃苦头更不适应的还是两位女播，当 15 篇或端或草、风格各异的手写稿——其中一些甚至文理不通，且全未经编辑修改过完全堪称是原生态的稿件放在她们面前时，她们还真有点震撼，播得是大汗冒出，比预定时间晚了足足一个小时。工作人员开玩笑，早知这样，该起用两位退休的播音员，因为他们更熟悉手写体。现在看来，让考生用电脑也无彷，因为拍摄在先，即使你在网上偶尔搜到了什么，也很难严丝合缝地配得上，更何况短短的一小时时间也不允许你在网上从容查找。最后，评委们提出，作为电视记者，出镜口述、采访人物是一个很重要的能力，而这次技能测试都未能体现。可能是因为考生一人一机，无法完成，今后如再搞这样的技能测试，可安排有需求的考生让工作人员帮助拍摄，这方面能力强的考生应加分。评委们还提出，在评分环节，还是太粗，应更加细化，更便于操作。

（原载《视听纵横》2012 年第 2 期）

德清广播电台绩效管理的实践与探索

宋克清

2010 年 10 月，德清广播电视台决定从 2011 年开始实行绩效管理，实行全员绩效考核和目标管理。经过一年多的运行，德清电台的绩效考核经历了从重数量到重质量，进而考察效率和满意度的阶段，对于促进电台服务质量和服务效率的提高起到了非常好的促进作用。

一、德清电台绩效考核系统的立项

2010 年 10 月我台决定实行绩效工资后，我们考察了省内外一些广电同行的相关做法。我们把他们的一些好的做法结合我台自身实际，再把在企业里已经实施多年的有效的绩效管理理念、方法移植到我们电台的绩效管理中来，建立起适合自己的一套绩效管理系统。根本目的是为了提高员工的职业能力和改进工作绩效，提高员工在工作执行中的主动性和有效性，目标是建立客观、公正、公开、科学的绩效评价制度，建立完善的广播电台内在工作激励机制与约束机制。

二、建立德清电台绩效考核、绩效管理系统

绩效考核的目的是要真实地反映员工的现实工作情况及其各项技能情况，有的放矢，使其能够更好地为电台服务，形成一支高效的员工队伍。为了建立起科学有效的绩效考核体系，我们采取以下几项措施：

1. 目标的分解与管理：

我们根据台里对广播电台新闻宣传、品牌建设、内部管理和经营创收四个年度考核目标任务进行分解，然后再将这些分任务分解到每个部门和人员身上。

2. 认真做好员工分类和职务分析

由于电台员工是在不同的岗位工作的，所以我们对被考核的员工按所在岗位不同性质进行分类。分为管理人员、采访编辑人员、播音主持人员、广告经营创收人员及技术等辅助人员五类进行考核。

职位分析是绩效的出发点。我们对所有员工在分类的基础上都分别进行了工作分析，就是拟定好岗位说明书，明确岗位职责、工作标准、工作程序、考核办法和任职资格条件，为员工上岗提供规范、统一、相对合理的基础标准，也为制定绩效考核标准确定指标的基础。

3. 制定客观科学的量化考核标准及关键绩效指标的制订

电台有不同的部门，承担不同的任务，不同类型的人员分开考核。对管理人员的考核侧重指令性，工作完成的情况、工作质量和及时性、参谋决策能力、组织协调能力、解决实际问题的能力、开拓创新能力等指标。对技术导播等辅助人员的考核注重考核其操作技能、安全操作、完成工作任务的数量和质量与劳动态度等指标。

4. 分解量化项目及占比

广播电台主要是办好节目，为听众服务。只有分类分项，才能体现不同岗位的工作责任和工作特点。以节目播出部为例，根据电台播出部 7 位节目播音主持人承担的责任和工作任务，我们设置了 6 个项目的分项考核指标：自办节目、广告制播、值机、共同任务、固定和不固定加分项目、年终一次性考核项目。

在这六个分项中，根据电台的工作特点，采用了定量与定性相结合的方式，定量指标跟实际工作量相结合计算，在指标设计方面，对于可量化的指标，尽量完全量化，对于非量化的指标，则用评估方式来确定。然后根据每个人工作的性质、工作量的大小、工作的难易程度、工作的成效、工作的规范性和积极性等将日常考核项目量化后的占比分别确定为：“自办节目”项占比 30%，“值机”项占比 25%、“广告制播”项占比 20%、“共同任务”项占比 20%、“固定加分”项占比 5%。

5. 制定了广播电台绩效量化考核实施办法和分项量化考核标准及办法

在制定了《广播电台绩效量化考核办法》的基础上，我们又制定了 6 个分项的量化标准及实施办法，还包括相应的五个配套表格，分别是自办节目抽评评分表、自办节目月度评分统计表、值机量化个人月度统计表、绩效考核月度综合统计表、固定加分项目量化统计表。

一个总体实施办法加上 6 个分项量化考核标准及实施办法，还有相应的量化考核统计表及其相关的制度构成了德清电台的绩效考核体系；

三、岗位薪酬与岗位绩效挂钩

以考核目标为导向的薪酬体系要求团队收益与部门收益挂钩、个人收益与团队收益挂钩，建立一个利益共同体，形成一个个绩效合作伙伴关系，促进大家围绕电台总体目标努力工作，既关注个人绩效，也关注团队绩效。这就要求岗位薪酬与岗位绩效挂钩。采取的做法是，我们根据台财务核算给本部门每月的绩效考核奖金总额，根据台里确定给广播电台每个月的绩效薪酬发放总额，电台再根据个人月度绩效考核结果确定当月个人岗位浮动薪酬系数。此外，个人在岗位上的绩效表现也是确定个人年度奖金和长期激励的重要参考因素。

四、德清电台开展绩效管理以后取得的实效

该办法执行一年多来，德清电台实现了绩效管理程序的公平化、标准化，考核工作得到了全体干部、员工的认可，有效地推动了工作质量和效率的改善，取得较好效果。

1. 解决了工作积极性、主动性不够，创新意识不强的问题。从工作上来说，大家在平时的工作中也是踏实认真的，但是由于激励机制缺乏，造成工作主动性、创新性不强。以前是怕多干，现在是生怕少干，工作态度和工作责任心有了完全的改变。

2. 建立了一个客观、公正、公开、科学的绩效评价制度。以前干好干坏一个样，多劳不多得，少劳不少得，最后往往出现平均主义大锅饭的问题。现在评价制度建立起来后，谁多干谁少干一目了然，真实反映了每个人的工作业绩及工作水平，完全体现了多劳多得、绩优多得的原则。

3. 建立了广播电台内在的工作激励机制与约束机制。现在每个人的每项工作职责、工作要求都明明确确，哪个人在工作中有新进展、有创新、有好建议都会及时得到表扬和在奖金上得到体现。以前只有主管一个人在关心台里或部门里的事情，现在每个人都开始关心部门里的每件事情，每件事情都会想办法去主动做好，不用主管每件事都要去督促了。

4. 解决了一些几十年的老大难问题。比如电台早晚班、节假日值机、值班问题。以前因为平均主义，谁都不愿意上早晚班和节假日值班。现在我们对早晚班和节假日班分别给予不同的权重，早班定位正常班的 1.5 倍，中晚班定位正常班的 1.3 倍、节假日定位正常班的 2 倍后，再也没有人觉得心里不平衡了，不管早晚班或是节假日班都没有了怨言。

5. 节目质量有了明显提高。由于自办节目的奖金占比最重，加上我们采用了每月抽评一到两档节目进行百分制考评，要是平常不精心做好每档节目，就有被抽中的可能，所以每个节目主持人都全力以赴做好每期的节目，较好地保证了节目质量内在提升机制。

五、实施绩效考核过程中的一些体会

1. 观念转变：让员工接受新理念

要想成功的实施绩效管理的第一步就是要让大家认识绩效管理，观念转变，让员工接受新理念。确切地告诉员工绩效管理是什么、我们为什么要开展绩效管理，开展绩效管理对我们有什么好处，对员工自身有什么影响？要告诉员工我们实施绩效考核的最根本目的是为了改善绩效，通过改善员工的绩效，进而改善部门和单位的绩效。

2. 让员工主动参与到考核体系的制定工作和管理过程中来

在实施初期过程中，也发生了一些问题。一些员工认为绩效管理是为约束员工而给他们带的“紧箍咒”，对该考核系统不理解或理解得不深，抵触情绪比较大。最初在自办节目抽评打分过程中出现恶意打分和多人联合打压另外的人的现象；有些人在绩效考核反馈过程当中不理解为什么自己很努力，考核绩效分仍然低于自己的预想分数；解决这些问题的最好办法就是从一开始就让员工参与到每个项目的量化标准、考核办法的制定与实施当中去，这样员工也就能够更深地理解考核的价值和意义；要让员工明白自己是绩效的主人，必须发挥员工的积极性和主动性，让员工主动参与到绩效管理中来，在实际工作中不断地提出好的意见和建议不断地完善考核办法。

3. 主管要同员工及时有效沟通和有效赞赏

主管与员工之间的及时沟通是非常重要和必要的。缺乏沟通，很多经营理念、管理思想都难以贯彻下去。我们的沟通经常是通过部门会议来进行，每月至少举行 2 次部门内部交流会，通过会议明确提出每一个阶段大的工作重点和目标要求，听取员工的意见和建议；每个月的考核结果都在电台内部公开。在每个月的第二个星期二的节目听评会上，我们都把上个月的绩效考核情况反馈给大家，对每个人取得的进步、存在的问题都详细说明，对一些员工存在的问题单独进行面谈；特别是员工取得新成绩或有改变时及时有效地赞赏也是非常重要的。一个人的工作成绩决定于其个人能力和激励水平两个因素的合成量。它通过满足员工的自尊、自我发展和自我实现的需要，在较高层次上调动员工的工作积极性，激励深度大，效果维持时间长。一个绩效管理的过程，就是一个绩效沟通的过程。

4. 发挥主管在绩效考核中的主要角色和职责

总监及部门主管在绩效考核管理过程当中首先是政策的宣传者和解释者，总有一些员工抱着观望或者其他心里来对待绩效考核，所以总监就要不断地耐心宣讲和对执行过程中出现的问题进行解释；其次是绩效标准的制定者和辅导者。总监作为部门推动此项工作的执行人，既要科学公正制定绩效标准，也要及时发现员工绩效缺口或者差距的时候及时去帮助和辅导员工。

5. 定量与定性相结合，操作容易，能够长期持续

广电做为社会公益性质和企业双重性质的单位，承担的职责和职能比较多，这些职责和职能有些容易量化，有些难以量化。无法像生产企业那样容易量化，所以在制定具体的考核办法时要定性与定量相结合起来；考核体系还要制定的科学严密，形成体系，但是也要容易操作，不能让人觉得过于繁琐，工作量很大，而应该流程化、表格化，容易操作，能保证长期坚持下去。

6. 考核模式和重点的转移

目前在广电系统中通行的考核模式，主要是从每个人的德、能、勤、绩四个方面进行考核，管理关注的重点是人，但是市场经济模式深化后，如何调动个人的主动性和积极性以增加单位团队的收益，提高单位团队的效益，应该成为今后关注的重点。

（原载《视听纵横》2012 年第 3 期）

运用现代软件技术
提升县级台管理水平

金光华　郭　梅

如何探索现代科学型县级广播电视台的发展路径，进一步提升办台水平？安吉县广播电视台充分运用现代软件技术，不断完善现代科学管理制度，走出了一条符合县级广播电视台的发展壮大之路。在新闻宣传、广告经营、网络服务、全媒体运作等方面取得了较大成效。

一、运用现代软件技术，提升宣传管理的精准性

1. 研发专门程序软件，建立在线视听评议平台。2010 年 3 月，安吉县广播电视台专门出资与某网络科技公司合作开发了一个程序软件。这个在线视听评议系统采用微软最新的 NET Framework 4.0 平台开发，数据存储采用 SQL Server，微软一体化解决方案保证了系统的可靠性。系统提供了根据不同用户具有帖子和新闻管理不同权限的功能。帖子管理具有发表帖子、回跟帖子、顶帖、置顶、撤销置顶、删除等功能，对超过 48 和 24 小时未回复的帖子有分开展示的功能，并能够根据综合条件查询帖子等多种功能。设有专门账号的每个用户，无论身处何地，只要在电脑上登录 bbs.ajbtv.com，输入个人账号和密码，就可以直接发送视听评议内容。本着互相监听看和自身监听看的原则，安吉县广电台领导班子全体成员、新闻线、经营线中层正副职、部正副主任、正式员工、台聘人员以及新闻线的所有临时工等 150 多人，每人每月必须完成 3 条视听评议任务。还从社会各界人士和大专院校中聘请了 20 位作为视听监督员，有人大代表、政协委员、退休公务员、法律工作者、新闻界同仁和新闻院校的教授、讲师等，在线视听评议平台都给他们一一注册了相应的个人账号，让他们随时随地收看收听后发帖评议，使日常宣传更有“分寸”。安吉县广电台在线视听评议的管理平台设在台总编室。同一视听评议内容保留最先发送者；相近、相类似的内容，则采用跟帖的方式参与讨论；对内容重要的，管理员还采用置顶方式予以置顶；对与视听无关的评议，管理员有权删除，并说明删除理由。

每月初，安吉广电台编委会全体成员根据视听评议质量，评选上月优秀视听评议 5 至 10 条，每条奖励 100 元；每月还评出最差视听评议和视听评议最差回复各 1 至 2 条，张榜通报公布。台主要领导和分管领导经常就在线视听评议平台上提出的相关问题直接进行批阅，责成有关科室、有关人员拿出具体措施并加以整改落实。一旦在线视听评议平台上指出的读错、写错的字词等，台总编室核实后，即与相关当事人的每月实绩考核挂钩。对于视听评议工作中较大差错第一个发现者，实施台长即时嘉奖。这一整套的措施出台，进一步促进了广播电视节目的规范管理，自办节目的质量得到了有效提升。这种全员参与的工作方式和奖优罚劣制度，进一步激发了全体从业人员的工作积极性和创造力。

2. 建立科学合理的节目质量评估考核体系。

2010年底，安吉县广播电视台与尼尔森网联签订了为期5年的收视率调查协议。台总编室专门设立考核部，每周出刊收视分析报告，每月对所有自办栏目（节目）和晚间电视剧按节目导向、节目创新、收视率、收视份额等指标进行节目质量评估考核。

3. 采用网站运行统计分析工具了解受众需求。安吉县广播电视台把所有的自办节目上载到安吉视窗网站，让广大受众点击收听收看，同时采用网站运行统计分析工具，全面了解网站流量情况，全程跟踪访客的行为路径。网站工作人员查看一段时间内用户网站的流量变化趋势，及时了解一段时间内网民对网站上各档节目的关注情况及各种推广活动的效果。台里根据相关数据有针对性地调整各档新闻、专题、广告等内容发布、投放。同时，台里也有效地评估、提升了网络营销投资回报率，进一步优化网站的运营决策。

二、运用现代软件技术，提升经营管理的规范性

为使广电经营管理由事后控制转变为事先预测、事中控制，安吉县广播电视台除会计电算化使用金蝶k3财务软件外，2010年初又自主研发了比特乾龙广电经营性业务综合管理软件。该系统以业务为中心，财务为核心，对广告、工程、物资、用户进行一体化管理。系统的设计紧紧围绕辅助高层决策、减少管理漏洞、降低操作人员工作量这个中心，设置了六个子系统（广告管理子系统、工程管理子系统、仓库和采购管理子系统、数字电视用户管理子系统、财务管理子系统、管理层决策子系统）。如广告管理子系统，安吉县广播电视台过去采用的也是以合同文本为主要依据的传统手工方式，为业务统计和资金监控的管理带来一定困难。现在全面应用此软件后，通过广告合同及承接单等业务数据的录入，随时掌握业务总额，发票专管员通过广告合同及承接单编号再来开具发票，并及时录入到账金额，随时掌握到账情况与应收款总额，同时对应收款的期限设定后采取了预警系统，加快了资金回笼速度。播出系统根据广告合同的内容以及播出时间播放，随时查阅播出时限。该系统全面启用后完成了终端数据的采集，增加了原始数据积累，为广告经营中心、台领导的决策提供统计需要的信息，同时利用该系统改进了广告部门业务开展的规范性和有序性。安吉县广播电视台采用广告管理子系统后，在四个方面加强了管理：一是合同的电子化管理，任何一笔业务都能迅速查询，随时掌握合同播放时段，时间长短，播放期限，避免产生漏播、延长期限播放等弊端。所有修改、作废的合同均保留历史记录，消除了前后期信息屏障。二是在财务管理上，系统中生成的数据可以让财务部门一目了然掌握业务总额，到账额及应收额，对考核业务员到款率、催款提供了依据。三是系统中一体化流程，使广告监管部门随时监督每一条广告从业务承接到合同签订、款项到达及播出的全过程。四是广告管理人员可以直接统计出经营的各项准确数据，可以依照数据随时分析广告市场变化，及时制定广告销售政策。由于加强了广告的内部监控，也彻底杜绝了违规广告，安吉县广播电视台成了浙江省内广告最干净的县级台之一。提升广告品位后，广告总量逐年上升，2010、2011年分别达到1860万元、2400万元，2012年广告将突破3000万元，这对于一个只有46万人口、财政30亿元的山区县来说，县级台的广告总量已占到了当地财政的百分之一，实属不易。

三、运用现代软件技术，提升网络运行管理的高效性

安吉县广播电视台采用手机工单派发系统、GIS地理信息系统、BOSS系统后，网络服务不断提档升级，用户满意，效益逐年递增

1. 运用BOSS系统，提高数字电视经营管理效率。目前安吉县所有的营业厅都使用BOSS系统，有近13万个客户、18万个用户数进入这个系统管理。现在所有用户资料管理、计费、出帐、结算等，根据不同套餐资费标准计算用户的消费金额，准实时及定期计算用户账单，实时或定期结算用户费用，全部采用BOSS系统管理。随着用户的不断发展，BOSS系统也逐渐完善并增强功能，如资源管理系统、客户服务系统以及与信用社等外界的接口，不断提高了网络服务质量。

2. 采用报修呼叫处理和手机工单派发系统，提高服务效率。安吉县广播电视台启用手机工单派发系统后，对所有客户来电、坐席呼出进行全程录音。同时对每条业务录音进行监听。通过设置来电号码、受理业务的坐席、日期进行查询。对每条录音点击进行监听。通过这个系统，把维修单发送到维护员的手机上。维护员做到半小时响应，12小时修复。此系统应用后减少了中间环节，即时派单、回单，可做即时统计，实时发布信息。手机工单派发从盲区到有信号区域都能及时接收到，避免了接收不到误事的情况，既为网络维护减少了成本支出，更重要的是为广大

用户提供了更为快速周到的服务。

3. 建立GIS地理信息系统，提高传输网络建设维护管理效率。该系统主要有基本功能、工程管理、系统维护、基础地图维护、管线数据维护、网络数据维护等六个方面，具有为网络公司决策服务、为网络设计与建设服务、为网络运营维护服务、为资源调度服务等四大优势。安吉县广播电视台采用GIS地理信息系统后，既给网络维护带来了极大便利，又为网络改造提供科学、高效的设计手段，同时在网络改造后形成标准的有线电视网络数据平台，以此为基础再进行更深层次的数据挖掘。为各职能部门提供科学的工作手段，实现公司内部网络资源共享的目的。同时还能为各级领导层提供决策数据，有效形成网络运营支撑系统的整体解决方案。

目前安吉台网络公司使用的交互平台节目内容每周更新，新闻等时效性节目每天更新，除了丰富的影视剧，平台开通的游戏和点点学习乐园深受百姓和众多孩子、家长的喜爱。电视基本频道多达60套，并增加专业付费频道125套，广播频道13套，居民收看到的电视节目图像更清晰、内容更丰富、形式更多样，更具个性化服务。2010年3月，网络公司营业厅搬迁时提出了“数字超市”的概念，即把频道以打包或拆包的形式出售，用户可自由选择单个频道或组合频道，用户也可以根据优惠组合套餐选购电视节目。这一全新概念推出后，赢得了广大电视用户响应，仅2011年就创收增值费用2763万元，户均增值212元，总收入达到7142万元。由于秉持用户至上的服务原则，树立了广电服务的标杆形象，老百姓由原先的抵触情绪转变为现在的乐于接受、主动申请，安吉广电获得了良好口碑。据统计，2011年新增高清和3D用户3500多户，全县现有互动平台使用用户共有11000户，新增宽带14000户。安吉还开通了时移电视，彻底颠覆了原来收看电视的方式，给观众带来全新的收视体验，也使得数字电视成为真正的“我的电视”，顺应了现代人越来越快的生活节奏。因为时移电视业务具有投入小、见效快、受众广、运营简单、长期有效提高用户ARPU值的特点，是广电运营商改变业务模式，提高收入，并借以切入其他交互电视业务的首选。目前，安吉县已开通时移电视频道23套，让12000个用户更好地体验到时移回放等数字电视新增功能。同时不断举办“数字电视体验”活动，扩大3D电视、高清点播、时移等新业务的影响力。

（原载《视听纵横》2012年第4期）

16. 报刊出版

BAOKANCHUBAN

《交通旅游导报》概况

交通旅游导报始终坚持正确的舆论导向，认真履行“新闻立报”的办报宗旨，立足行业、围绕中心、紧贴基层，牢固树立浙江交通新闻宣传的阵地地位，在新闻宣传和品牌打造上取得了显著成绩。在2011年省级各类好新闻评选中，导报光是政府的好新闻一等奖拿到了三个，创下了导报历史的最高纪录。年初的全省交通学习贯彻夏宝龙省长重要讲话精神宣传，“交通助推民营经济大发展”、“穿越浙江”、“交通让生活更美好”等主题系列报道，党的十八大会前、会中、会后系列报道，“交通英模”吴斌的宣传，杭宁高速的批评报道等宣传无不紧贴交通中心工作，受到省交通运输厅及其领导的高度评价、多次表扬，提升了报社的美誉度和核心竞争力。为深入贯彻实施“走基层、转作风、改文风”活动，报社主要领导亲自带队深入到舟山、台州、嘉善等地进行新闻服务，社长刘小杰撰写的《导报记者走基层? 社长手记——“走转改”带出新闻报道新天地、带着沉甸甸的责任走基层、田埂风光无限美》还荣获了浙江广播电视政府奖一等奖。报社还成功举办了“浙江交通首届文学艺术创作梅花奖”评奖活动、“龙腾杯”摄影大赛，出版《大地豪迈·路桥守望者(第1季)——浙江交通建设优秀项目经理风采录》和《潮起钱塘 物流浙商》两本书，以社会活动推动文化发展，创新文化产品。

经营创收上，为力争跟上集团跨越式发展的步伐，报社决定2月份起广告提价75%，同时自加压力，2012年的经营目标任务比上年提高了25%。导报大胆创新，确定了“咬定目标不放松，鼓足勇气往前冲”的思路，坚持立足交通，发挥行业报优势，采取了积极有效的措施化解经营困难。在距离年末还有百天之际，报社又全员动员，开展了“百日超双千立功竞赛”活动，要求百日内创收超过一千万元，收款超过一千二百万元。在报社全体人员的共同努力下，2012年经营创收额、收款额、净利润都超额完成目标任务，其中主营业务同比上年超30%，创导报的历史新高。2013年度的发行量在2012年的基础上也有12%的增长。

内部管理上以机制创新促队伍建设，提升管理效能。导报先后出台了《关于强化广告(专版)编务流程管理的通知》、《关于采编人员失实、失误报道的责任追究及记者署名的规定》和《关于规范采编人员工分补加的说明》，强化制度建设，进一步提升报社核心竞争力。报社继续进行内部机构调整，加强干部队伍建设。将原要闻中心与影像画刊中心两部门合并，筹备设立交通文化传媒中心，两部门合并后创收任务增加近30%。加强党建和工会工作，做好创先争优的“五个一”活动，认真按照集团“三必访”“五必谈”的要求开展谈心谈话活动，安排党员活动，开展职工工会休闲活动，增强团队凝聚力。加强党风廉政建设，在2011年风险防控机制建设的基础上，根据业务变化继续排查增加、调整风险防控岗位和风险等级。报社安全工作常抓不懈，2011年度，导报连续第

5年被杭州市上城区社会治安综合治理委员会评为平安单位。

浙江音像出版社概况

2012年，受宏观经济影响，浙江音像出版社总体形势也比较严峻，但全体干部职工团结一致、不畏艰难、立足当前、着眼长远，充分挖掘现有资源，扎实推进未竟项目，积极探索发展思路，各方面工作有序推进，在困难面前稳住了阵脚。

1. 立足音像出版主业，以精品节目树立“浙江音像”品牌。2012年，该社进一步贯彻实施“精品”战略，策划出版了一大批具有文化传承价值或者时代导向价值的优秀节目。依托广电资源策划出版了《江南传奇》《先驱》《亚妮专访之传奇中国》等大型电视文献片；与省纪委合作，推出《权力的禁区》《阳光政务惠民生》等反腐倡廉节目；与民营工作室合作，策划大型跨界文化活动“丹青紫砂宜于兴”，并推出电视纪录片《一片冰心在玉壶》；与中南卡通联合出版《中国熊猫》《极速之星》《梦想竞速》3部国产动画片。为彰显老牌名社的舆论引导力和社会责任感，该社还围绕“三农”题材申报“健康下乡”等系列选题，该类选题与往年相比，质量有明显提升，数量也超越了去年，“三农”题材的出版物已在全省出版社中名列前茅。

2. 扶持原创动漫作品，扎实有效地推进音像出版精品工程。“动漫梨园”是该社“十二五”期间重点打造的出版精品工程，也是受省委宣传部资助的文创重点项目。项目将传统戏曲与时下深受青少年群体喜爱的动漫载体嫁接，全新演绎京剧、昆曲、越剧经典名段。4月底至5月初，该社主要负责人亲自带队，到第八届全国动漫节现场寻找合作团队，通过精心比对、细致考察、好中选优，选定了专攻戏曲动漫的“戏蜂子”和综合实力雄厚的“东方国龙”两家动漫公司作为竞标企业，并在后期考察中确定以“戏蜂子”为制作班底。下半年，该社投入200万元启动资金正式实施“动漫梨园”项目。至年末，该项目第一部分《画说京剧》已完成动画形象设计、脚本撰稿、场景设置、样片渲染和分镜头脚本确认，并基本完成首部动画片《戏匣子》的制作。

3. 坚持多种经营模式，一如既往地做好主营外项目的开发。按照“跳出音像做出版”、“跳出出版做出版”的发展思路，该社拓展了编辑排版、电视宣传片摄制、教育教辅产品开发、演出和会务会展承办等业务，积累了一些长期稳定、互利共赢的合作单位。完成全省旅游宣传片《诗画江南·山水浙江》的拍摄、制作及多语种翻译等工作，并与省旅游局签订下一年度的旅游宣传片合同。完成杭州市地方志办公室《杭州年鉴》(2012)的排版、制版、印刷等一揽子业务。与杭州市委党史办新建合作关系，承接了党史文献专题片《省委书记》的出版业务。继续与北京爱迪科森公司开展数字化出版和网络出版合作。此外，与省教育厅及教育技术中心合作的中小学生教材教辅、“农远工程”等项目也基本完成收尾工作。

4. 参加伦敦国际书展，不遗余力地实施出版“走出去”战略。4月16至18日，该社派员参加了伦敦国际书展，主动“走出去”，积极寻求现有资源与国际市场的接轨点及合作契机，为音像制品和版权打入国际市场作有益尝试。展会上，该社携带的《西湖》、《牡丹亭》、《风雅钱塘》等具有代表性的出版精品获得国外友人的一致嘉许。展会结束后，利用所获信息，进一步加强与海外市场的互动，为音像电子出版物和版权“走出去”做充分的准备。近年来，该社花大力气策划“走出去”选题，聘请浙江省翻译家协会的资深专家担任翻译，聘请长期在中国工作生活、具有深厚中文功底的外籍专家担任校对，将《风雅钱塘》、《记忆家园》等一系列本土题材精品节目译制成中英文双语版，以推向全球市场。2012年，该社被省商务厅等4厅局联合认定为2011—2012年度浙江省文化出口重点企业，《西湖》《千岛湖》两个节目被认定为文化出口重点项目。

5. 致力弘扬传统文化，策划新版《玉簪记》出版及拓展活动。作为一家有着深厚历史文化底蕴的出版单位，该社对文化传承功能的重视一以贯之，尤其是对中华优秀文化的传承，更是竭尽全力。鉴于青春版《牡丹亭》出版拓展活动的成功实践，该社从年初开始就酝酿策划新版《玉簪记》出版及拓展活动，并于5月基本形成了“穿越古典与时尚的美”——白先勇新版《玉簪记》“梦回故乡”琴曲书画系列活动的方案。方案成稿后，全社员工开动脑筋、集思广益，多方努力寻求赞助，并最终获得了浙江国际大酒店和绿城集团的支持。该活动因各方面原因暂缓实施。

《视听纵横》概况

2012年《视听纵横》杂志紧密结合浙江省广播影视改革和发展的实践开展理论业务研究，全年共出版刊物6期，刊发文章326篇。全年刊物编辑部着重抓了以下几项工作：

1. 抓住广播影视实际工作中的热点难点问题组织文章进行集中论述。坚持办好刊物的重点栏目《热点聚焦》，做到每期都有一个重点，先后就加强广播影视媒体的舆论引导能力、主动融入新媒体、对广电管理新政的认识、电视综艺节目的公益性传播、加强行风和职业道德建设、电视综艺节目的转型升级等问题，组织实际工作者和有关专家，从不同的角度进行集中论述。这些问题都是业界关心的问题，也是大家正在实践和思考的问题，问题抓得准，文章也都各有独到之处。这些文章的刊登，提高了刊物在业界的影响力。如在刊物第四期发刊前正值浙江卫视"中国梦想秀"节目声誉鹊起之时，我们及时从综艺节目的公益性传播这一角度组织文章，对这一节目的成功之道进行深入的剖析。第六期则配合学会召开的"中国好声音"节目研讨会，请专家、领导对自己会上的发言进行修改完善以后进行刊发。浙江卫视这两档在国内外具有广泛影响的节目，在《视听纵横》都及时得到了理论回应。第五期则针对近年来我省广播电视系统接连发生的一些人员经济问题，结合省广播电影电视局召开的相关会议，组织有关人士对加强员工职业道德建设进行了论述，这些文章有较强的现实指导意义，对实际工作的开展发挥了较好的理论引领作用。

2. 重视刊载各级领导一些事关事业发展全局，对实际工作具有现实指导意义的文章，提高刊物的权威性。各级领导由于所处位置的关系，经常要对一些事关广播影视改革和发展全局性的问题进行思考，对他们的思考成果，刊物注意及时刊发。中国广播电视协会副会长张振华、浙江广电局局长张宝贵、浙江广电集团总裁王同元、总编辑程蔚东、副总编辑顾顺坤、丽水广播电视台台长赵正发、湖州广播电视台原副台长吴宝宏12年都在刊物发表了文章。这些文章观念新颖、思考深入，对实际工作有较强的指导意义。如中广协会副会长张振华的文章《政协牵手媒体 创造社会管理新方法》，虽是对温州电视台《政情民意中间站》这一档具体节目的分析，但他能从分析当今社会矛盾入手，站在加强社会管理，建设和谐社会的高度分析具体节目，对改进广播影视舆论引导工作很有启发。

3. 召集小型研讨会，集思广益，对热点问题进行探讨。2011年下半年以来，国家广电总局相继发布了《关于进一步加强电视上星综合频道节目管理的意见》《关于进一步加强广播电视广告播出管理的通知》和《〈广播电视广告播出管理办法〉的补充规定》以及《省级卫视电视剧播出管理意见》《关于进一步加强和改进境外影视剧引进和播出管理的通知》(人们俗称"限娱令""限广令""限剧令")。这些管理规定的颁发，促使各级电视台进行新一轮的节目调改和经营创收的转型升级。为了正确认识总局上述规定的精神实质、总结推广在这方面好的好做法、好经验，探讨新挑战、新问题，交流新思路、新举措，本刊于2012年4月26日召开了总局管理新举措实施后电视节目调改与经营发展新方略研讨会。会议围绕如何正确认识总局管理新举措的精神实质与对电视发展的影响、如何确立新的电视节目方向与结构、如何进行经营创收的转型升级、如何妥善处理节目转型发展与经营创收的关系等问题，邀请业界专家和一线从业人员畅所欲言，进行了充分的研讨。同时，刊物邀请中国传媒大学徐帆博士代为组织了黄典林、常江两位专家的论文，从更宽的视野来看待问题。对浙江省广播电影电视局和浙江省广播电影电视学会主办的"《中国梦想秀》《中国好声音》专家研讨会"本刊也积极参与。并对组织专家对发言发言进行修改完善，在刊物第六期上选择刊发。

4. 推出"栏目撷彩"栏目，一批精彩的广播电视栏目得到了推介。原来《视听纵横》办有"频道亮色"，介绍各频道有亮点的工作，运行一段时间以后，感到栏目的定位过于庞杂，从2012年第3期开始，我们将原来的"频道亮色"栏目改为"栏目撷彩"，一批精彩的广播电视栏目得到了及时的推介，如杭州文广集团的《老年维权热线》、电视职场类节目《勇往直前》，温州广播电视台电视实时互动新闻评论栏目《有话直说》、方言新闻节目《百晓讲新闻》，舟山广播电视台的纪录片栏目《海边人家》、电视民生新闻节目《汪大姐来了》，衢州广播电视台的电视民生新闻节目《百姓连线》，这些栏目都是当地的品牌栏目，在当地具有很大的社会影响力。上述文章力求抓住这些栏目的出彩之处进行深入的开掘，对提高我省广播电视宣传创新创优能力，提供了很好的借鉴。

5. 根据上一次编委会会议的意见，刊物在封面设计上也进行了改进。由原来登载新闻照片，改为根据每一期的重点，请专人进行设计，由图案进行表达。如第三期重点谈广电管理新政，用一只手掐住秒表来表达“三限”；第四期重点分析《中国梦想秀》节目，用双手捧着一只水晶球，球中是用“中国梦想秀”五个字围绕的钻石；第五期论述职业道德问题，用一个人和职业道德四个字放在一个巨大的天平秤的两端来表达；第六期封面的主题是十八代报道，整体色调为红色，党旗和人民大会堂上方的满天星和谐地置于其中；今年第一期的主题为加强主流媒体建设，封面是用大海中的舵手来体现，寓意为主流媒体是大海中的领航者。这样的设计，视觉冲击力强，在学术刊物中别具新意。

《浙江城市广播电视报》概况

2012 年本报在集团党委的正确领导下，经过全体职工的共同努力，在宣传、管理、经营等方面平稳发展。

一、坚持导向，宣传平台打造更突出广电、集团特色

一年来，本报坚持正确的舆论导向，严格遵守各项宣传纪律，严格执行相关宣传口径，积极、主动宣传报道集团及所属各频道的重大活动，及时预报各频道的精彩节目，提升了集团及所属频道的知名度、美誉度、影响力。本报也成为读者收听收看集团广播电视频道节目、参与集团广播电视频道活动的重要平台。

2012 年度，本报将“走转改”的重点放在了杭州市区以及周边临近地区的基层社区和单位，内容以反映弱势群体的生活为主，力争通过深化“走转改”活动，强作风、健队伍、出精品。在“提升家庭品位，提高生活品质”的办报理念指导下，本报努力为读者做好服务工作，重点打造“焦点”、“教育”、“证券”、“法制”、“健康”等专版。

二、开动脑筋，寻求经营上新突破。

今年以来，国内外经济形势仍然不乐观，全国报刊广告大幅下降。受此影响，本报经营工作同样遇到了困难，但报社重点打造杭州地区，开办了“社区”专版，期望能产生新亮点，拓展广告面。报社全体员工仍然保持着良好的奋斗精神，努力拓展新业务，积极采取有效措施化解困难，在一定程度上弥补了广告下滑造成的损失。11 月，本报在集团工会的支持下继续策划组织了“名老中医进广电”活动，同样受到了大家的好评，反响热烈。既扩大了报社的知名度，也得到了一定的收益。

三、开好会议，动员 2013 年发行工作。

在省广播电影电视局、省广播电视集团领导的支持下，报社迅速召开了 2013 年工作研讨会。会议表彰了 2012 年发行工作中成绩优秀的 15 个先进发行站。来自全省各县、市(区)广播电视台的近百名代表出席了会议。从 9 月中旬开始，发行部干部员工走遍了包括全省广电在内的近 45 个发行站点。

四、完善机制，优化管理效能。

1. 始终把导向管理作为宣传管理的头等大事，严格执行“新闻采统人员从业管理规定”等宣传纪律及省委宣传部、集团及时下发的宣传口径，切实做到全方位、全过程把关，特别加强微博、博客、论坛管理，确保“三位一体”地实现正确导向。

2. 坚持报社作为宣传经营主体不变，增强报社内部行政、人事、财务管理能力，控制和降低报社运营成本。

3. 牢固树立“安全第一”的发展理念，扎实做好安全出版、安全保卫、安全生产工作。

4. 廉政建设统一思想，落实责任。日常工作中把廉政建设提上议事日程。落实廉政建设责任制，把报社廉政建设的要求和内容与日常工作一起部署、一起检查、一起落实、一起考核。严格责任分工，以社长为“第一责任人”，对报社廉政建设负总责，同时按分级负责的要求，逐级抓好责任落实。

《浙江城市广播电视报
杭州广播电视》概况

2012 年，杭州广播影视周报社继续深化文化体制改革，锐意进取、大胆创新、勇于实践，《时尚周末》的影响力和传播力进一步加大加深。《时尚周末》的形态和内容走在了全省乃至全国同行的前列。杭州广播影视周报社在 8 月 20 日的全省广电报联合体会议上被推荐为理事长单位，被中国品牌媒体高峰论坛授予“2011-2012 中国品牌媒体百强——最具品牌价值城市生活周报”和中国传媒大会授予“金长城传媒奖·2012 中国十大影响力城市生活周报”称号。

2012 年，周报社（公司）积极组织贯彻落实十八大、创建杭州文明城市和生活品质之城的宣传报道，这些宣传导向正确、主题鲜明、体现中心、突出重点，营造了良好的舆论氛围。报社精心策划组织“走转改”报道，积极策划具有杭州本土特色的报道，组织了《最美风情小镇》专题报道，制作了一批有代表性的文化艺术领域领军人物专访。

是年，报社（公司）根据经营现状，将《时尚周末》A、B 两叠调整为一叠，缩减版面数，内容以杭州本土的衣食住行为主，兼顾情感、娱乐信息和人物访谈等，专注于杭州本地资讯，为读者提供身边的喜闻乐见的信息和报道，内容以服务杭州市民生活为基础，选题上力求更有思想和深度，版式上风格保持时尚画报的特色，满足读图时代的阅读需求。总之，改版后的时尚周末，版面更紧凑，更具针对性，也更接地气，能更好地为广告经营服务。

是年，平面媒体的发行量都不同程度出现下滑，报社（公司）为应对这种下滑态势，筹划数字出版，以期在发行手段上与新技术融合。充分利用 APP、手机报、网站、短信、二维码营销等的拓展，一是增加发行量，实际印量不一定扩大，但通过电子手段，走数字出版的路子，来增加有效的发行和阅读量。通过 APP 运用，与相关媒体发布平台合作，依托其手机平台，实现刊物的手机阅读。全面使用二维码，通过二维码实现无实物阅读，下一步可以对报上的商品直接购买。报社的微博每天有数万名粉丝在关注、在互动。

面对宏观经济形势严峻对平面媒体带来的验证影响，报社（公司）研判准确、措施得力、张弛有度，较好地完成了各项经营目标和任务。一年里圆满完成 52 期《时尚周末》的编辑出版发行任务。年总发行量 56 万份，年广告创收 450 万元。

《浙江城市广播电视报 宁波广播电视》概况

《宁波广播电视报》是宁波广播电视集团所属唯一纸质媒体，创刊于 1988 年 9 月，现任总编辑李枰，副总编辑刘奋、叶亦波。目前为 4 开 32 版全彩报，期发行量 10 万份，覆盖宁波 11 个县（市）区，近年来发行量一直稳居浙江省广电报业的前列。

本报今年仍是立足本地，关注民生。同时，加大力度，派出几路记者深入基层采访，反映社会热点、社会难点。一篇篇与老百姓生活息息相关的报道不断亮相，如《溪口景区太霸道，数年一直售联票》、《宁波何时才能全家通刷一张医保卡》、《甬城中学校园人车混行隐患多》；《教辅书乱推销，教育局急澄清》、《东钱湖能否免费游》、《取消择校费牵动家长心》、《公交车何时才能真正便民》、《酒店厨房里神秘的瓶瓶罐罐》等报道，都在读者中引起了巨大反响。报道中市民关注的现象或问题先后引起了相关部门的重视，并采取了相应的措施。广电报的新闻媒体舆论监督功能大大增强。

今年报社成立了专刊活动部，利用报纸自身的公信力，推出了一系列有创意、有吸引力的策划活动。一是利用微博微信，展开新媒体互动，策划了“柬埔寨吴哥窟”明信片漂流、“宁波银行”年终派发报卡等活动。二是举办民俗活动，报社在宁波南塘老街策划了立夏风俗、七夕“重逢”、重阳的祝福、中秋祭月大典等一系列宁波民俗活动。三是开展公益活动，成功举办了“老爸老妈相亲会”、“国学堂”系列公关活动、江北万达“单身派对”等公益活动，为报社取得了较好的社会口碑。

今年发行扭转了长期下滑趋势，从去年开始止跌回升，并且逆势提价，报价提了 20%左右，发行量不跌反升。为了扩大发行渠道，报社开辟了新的发行源。在原有宁波日报发行公司、县市广电局的基础上，又与邮局签订了发行合同，取得了广电报创刊 22 年来第一个邮发刊号。同时，报社注意长期客户的培养，拥有了一批期期刊登广告的稳定大客户。发行和广告创收都取得了可喜成绩。

《浙江城市广播电视报 温州广播电视》概况

2012 年，温州广电报社在台党委的正确领导和全体职工的协同努力下，再度迎来事业新高峰——经营创收在连续四年增长的基础上继续保持高幅增长的良好态 势，全年收入达到 727 万元，刷新了报社近 12 年来经营创收的最高纪录；两篇作品在省级好稿评选中分获一等奖和三等奖，再次位列全省广电报获奖奖次之冠；报社党支部荣获“温州市直机关创先争优先进基层党组织”这一光荣称号。

一、宣传工作成绩斐然

2012年，报社以“走转改”活动为主要抓手，坚持“突出主题宣传，扩大舆论监督，贴近民生话题，引导时尚潮流”的宣传工作方针，努力彰显自身宣传特色。在舆论监督工作上，一方面全力配合市委市政府提出的“破难攻坚”“拆违见绿”专项整治工作和“三生融合，幸福温州”行动纲领，做好主题宣传，刊登了系列拆违舆论监督报道，推出《草根的幸福生活》等栏目；另一方面，努力将触角延伸得更深更广，直击社会热点，刊登了一批社会反响大，效果好的深度民生新闻报道，引起广大读者和民众的热议与一致赞誉，真正做到听民意，读民情，解民忧，践行媒体责任。大型公益类活动是报纸增进与读者沟通互动的有效载体，一年来，广电报在这方面做了许多有益的尝试。通过小学生现场作文比赛、环保嘉年华、全民健步走等大型公益活动，营造“绿色环保从我做起”的全民环保理念和全民健身的良好环境。

二、广告经营势如破竹

2012年温州的金融危机，给广电报这份主要依靠本地客户的报媒，在广告经营上带来不可估量的困难。本着“逆水行舟，不进则退”的理念，报社对客户进行细分，明确主攻目标，除维护好大客户外，扩大对除含金量高行业外的其他行业挖掘力度，采取西瓜、芝麻一起捡的工作方针，力求逐个突破，有效地保证了年度经营创收目标的逐月落实。一年来，广告创收如破竹之势，逆流而上。全年经营总收入达到525万元，提前一个月超额完成集团下达的全年经营目标，也刷新了报社近12年来经营创收的最高纪录。

三、党建工作彰显特色

近年来，报社一直把党建工作融入到日常工作和经营管理当中，不仅有效推动了支部的党建工作，同时也有力地推动了报社各项业务工作的开展，促进报社和谐发展。2012年，支部荣获“温州市直机关创先争优先进基层党组织”这一光荣称号。这是报社党支部继连续三年获集团先进支部后，首次获市级先进支部殊荣，也是该年度温州台唯一获此荣誉的支部。

《浙江城市广播电视报嘉兴广播电视》概况

2012年，《浙江城市广播电视报嘉兴广播电视》坚持正确的舆论导向，创新经营理念，在宣传和经营创收方面取得较好成绩。年内，嘉兴广播电视报荣获“中国最具品牌价值广播电视报 / 城市生活周报10强”奖项，同时，嘉兴广播电视报社当选中国广播电视报刊协会常务理事单位和城市报专业委员会副会长单位。

一、立足民生，服务百姓，从百姓最关心的问题入手，强化宣传。嘉兴广电报作为嘉兴广播电视台“声、屏、报、网”的有机部分，始终坚持依托广电，服务广电的宗旨，在宣传方面，一是围绕嘉兴市广播电视台工作部署，结合自身特点，参与了一些重大主题、重大事件的报道。如市党代会、市“两会”的宣传报道，广电报做到早策划、早安排，开设专栏，推出《时代的楷模 社会的脊梁》、《聚焦“两会”贴近民生——嘉广集团电视新闻中心、新闻频率等全力做好“两会报道”》等文章。在做好主题宣传的同时，广电报更加强对突发事件的报道。年内，第11号台风“海葵”袭击嘉兴时，广电报采编中心立即行动，派出骨干记者进行采访，采写了反映广电人抗台风采的报道——《迎战“海葵” 广电人在行动》，圆满完成了报道任务，得到台领导的充分肯定。二是大力宣传嘉兴台所属各频道、频率的日常节目及重要活动。如大篇幅报道嘉兴台举办的“2012嘉广集团首届观众（听众）节”系列活动和“寻找新地标”大型航拍活动。

实施改版工作，丰富版面内容，提升品牌形象。年内，嘉兴广电报由原来的生活、时尚两册合并为一册，版面也由原来的40个，增至52个报纸，新增《消费维权》、《风物人情》、《嘉广独家》、《乡镇广电》等版面。整份报刊分设时尚周刊、生活周刊、楼市周刊、汽车周刊等内容组成，努力打造以记者、编辑、业内专家为代表的人格化品牌和相应的品牌版面，使内容更丰富，编排上更清晰。

二、树立经营意识，创新经营形式。实施“走出去，带回来”的经营思路，如与浙江电视台6频道合作举办“2012《相亲才会赢》走进嘉兴特别活动”；端午期间，嘉兴广电报围绕“我们的节日——端午”的主题，举办进社区义演活动等，以活动的形式增加经营收入，不断扩大报纸的社会影响力，以活动带人气，以活动促创收。2012 年，嘉兴广播电视报社努力克服经济形势不景气等困难，全面完成嘉兴台年初下达的创收任务。

《浙江城市广播电视报 绍兴广播电视》概况

《绍兴广播电视报》创刊于 1992 年 12 月，2006 年 1 月更名为《绍兴广播电视·娱乐生活》周报。开版为 4 开 32 版。

2012 年，报社顶住印刷成本上升、人员紧张、发行压力大等困难，坚持广告优先，版面效益、发行联动，努力在"开源"、"节流"上下功夫，实现社会效益、经济效益同步提升。

服务广播电视是《绍兴广播电视·娱乐生活》周报的采编主线。2012 年，报纸大容量、大篇幅加强对绍兴台内容生产部门的宣传、推介服务。如推出大型报道《涓涓爱流汇成海，"冬日暖阳"七年行》，报道了绍兴台持之以恒、连续七年真心关爱外来建设者的故事；打破常规，在头版刊播绍兴网络电视台整版广告；加大对台播出电视剧的宣传力度，《我的经济适用男》、《菩提树》等一些新剧安排在头版整版推荐；积极寻求与台品牌栏目的合作，《行风热线》、941 交通广播微博互动等栏目在报纸上开设了专栏。这种合作，既扩大了频道频率的受众面，也提高了《绍兴广播电视·娱乐生活》周报的知名度，实现广电资源互补、整合提升。报社还在绍兴网络电视台的"乌篷船论坛"开设了网页，每周把内容发到网上，实现与网友的互动。

在"我们的价值观"大讨论主题实践活动中，报社积极践行媒介责任，全方位做好相关报道。如通讯《绍兴义工日志》，以日记体的方式报道绍兴 E 网 E 工团、绍兴公益网和广播绍兴慈善义工联合会三个绍兴义工组织服务社会的故事；在绍兴台发现并全媒体聚焦献血英雄金宇隆的报道中，广电报社第一时间派记者采访首家报道此事的新闻综合频道记者裘绍泉、潘涛，并在当期推出了 3 个版的专题《我只想用镜头告诉观众，奉献爱的人一定能得到爱的回报》，从记者之眼，感悟当代社会"爱心传递，我为人人、人人为我"的主流价值观。

第 21 届金鸡百花电影节是 2012 年绍兴的一件大事，报社发挥"娱乐生活周报"的优势，对金鸡百花电影节开展浓墨重彩报道。从 8 月 17 日开始，每期在头版刊登电影节的公益广告，并策划报道了《绍兴影迷过关斩将，争当金鸡百花奖评委》、《绍兴与电影结缘百年》、《乘着电影节惠民风 老百姓欢畅看电影——一支快乐的流动放映队》、《接待、协助国内外各类影视摄制组是我一生中最有意义的事——周向阳半世纪的电影情缘》、《罗冶林：我为四部影片当过配角》、《电影节开幕：你，听到各种尖叫、你看到那些星光、你感受到那些真诚的笑脸了吗？》等有质量、有影响力的稿件，共计 13 个整版。

关注绍兴城市生活，为读者提供娱乐文化生活的精准信息，提升社会生活服务资源的整合能力，是《绍兴广播电视·娱乐生活》周报的立身之本。2012 年，在美食、旅游、理财、搜街、养生等生活版面的基础上，新推亲子版《亲亲宝贝》，寻求对婴幼儿市场的覆盖。报社还力求在生活服务版面上形成系列，围绕老百姓衣食住行娱购游等需求，抓住生活热点、深入采访、创新服务。全年各版面都采写了一定数量文风活泼、信息丰富、读者满意、客户认可的稿件。

为增强生存和发展能力，广电报社在 2012 年广告经营中尝试对汽车、房产等分类广告实行风险承包，同时加大创收考核力度，依托市场，强化以活动推动广告创新，经济效益明显提升。

《浙江城市广播电视报 台州广播电视》概况

2012 年，台州广播电视报遇到严峻挑战，但始终坚持正确导向，坚持改革创新，开拓新的增长点，努力开创报社事业发展的新局面。

一是解放思想，多元经营创收。在路桥世界广场举办了 2012 五一汽车文化节，住博会也同期举办，文化节中推出儿童汽车绘画、少儿汽车模特等系列活动，以活动带动创收。五月、十月为台州儿童精心准备的大礼—《雪孩子》、《波噜噜与故事大盗》、《巴啦啦小魔仙》儿童剧在椒江剧院精彩上演，吸引了近万名小朋友和家长观看，同时也为报社带来盈利，为报业公司的产业发展开拓道路。再次承办 2012 高校招生浙江巡回咨询会(台州站)。来自省内外的百余所本、专科院校招生办主任及相关专业老师莅临现场，为高考二、三批线考生提供填报志愿义务咨询；30余所信誉可靠的留学、高复、成教机构为高考落榜考生，对接合适的升学项目。现场吸引了近2万多名学生及家长来咨询。本次活动不仅以服务考生为宗旨，整合各方优质资源，联合打造区域专业化的升学求学服务平台，而且也提升了报社的美誉度，获得双赢。成立出版中心，承接印刷业务，转变经营理念，拓宽经营范围。增强发行力量，扩大发行范围，加强公共场所和重点客户、大客户的报纸维护工作，确保报纸到达率。

二是创新版面，引领城市生活。按照市委宣传部和台州台的要求，认真做好各方面的重点主题报道及相关活动。做好学雷锋活动、两会、五四青年节、十大孝星的报道；推出第二届"台州市十大杰出母亲"系列专访，共采访了十位"台州市十大杰出母亲"以及颁奖典礼；结合公益活动，报道了彝族孩子"梦想秀台州"；推出专版，宣传报道了食品安全整治百日行动的相关内容；连续6期推出《喜迎十八大 身边看变化》系列报道，内容包括十年食事：感受"舌尖"的力量；十年数字生活：感受科技的力量；小故事、大楼市；十年节庆经济：感受"假日"的力量；十年文化生活：日益丰富的城市文化名片；便捷交通让生活更美好；根据台州台要求，做好第六届中国网络音乐节、台州好声音的宣传报道。采编经营相辅相成，推出2012台州住博会五一汽车文化节特刊；配合儿童剧活动、2012高校招生浙江巡回咨询会台州站活动，推出系列宣传报道；更好地为经营做好后盾支持。3月完成改版工作，改变过去偏向软新闻的特点，强调策划，关注社会热点，不断推出重点报道和独家报道。全新推出改版后的《台州儿童周刊》；推出"一周扫描"新版面，扫描一周亮点、热点、人物事件。

在2011年度台州市广播电视政府奖广播电视报刊新闻与专稿评比中荣获一等奖的稿件有1篇，二等奖的稿件有2篇，三等奖稿件有2篇。在2011年度的台州新闻奖的评比中荣获二等奖的有1篇。在2011年度浙江广播影视报刊与新闻专稿奖的评比中荣获二等奖的有1篇。

三是转企改制，报业公司运营。报社根据国家关于文化体制改革的有关要求，根据台州台相关精神，结合报社发展的实际情况，于2012年5月组建了台州广播电视报业有限公司，建立了人事、财务等相关规章制度。公司在11月成立了出版中心，尝试多元化经营。12月份全面完成薪酬制度改革，2013年1月正式运营。

《浙江广播电视报 舟山广播电视》概况

2012年，舟山广播电视报设置为城叠和娱叠两大类，城叠设有主题、看点、故事、评说、博闻、乐活、旅游、健康、楼市（家居）、就业等版面。娱叠设有头条、广电、星闻、文体、影视、搜视、数字电视等版面。

10月26日，广电报推出全新的改版试刊，并启用新报名《舟山广播电视新周报》。此次改版突破旧思维，对报纸重新定位——"面向现代都市中年轻人，融新闻性和服务性于一体的生活休闲娱乐类周报"。突出服务性和休闲功能，对报纸内容和版式重新设计。本着"好看、有用"的宗旨，将原来的四个周刊改为"城"、"娱"AB两大板块，更清晰、更精炼，避免与一般新闻报的雷同。版式则强调疏朗大气简洁，呈现都市周报的特质。

新闻宣传注重实效性和舆论引导的服务性，在策划力度、专题报道深度都有明显提升。全年共刊发自采稿338篇，内容涉及经济、文化、生活等方面。

做好市"三会"报道。2月10日至24日，连续三期以专刊的形式，刊发特别报道：《五年精神之变》《我们要建设什么样的舟山》《议案提案，改变生活》《建言献策，共推新区发展》等。推出《新区起航》重大主题报道。4月13日开始，开设专栏"发现新区之美"，推出专版6个。与电视经济生活频道联合，刊发"做怎样的新区人"系列报道。

开展新区批复一周年特别报道。6月29日，用4个版面，以专稿、图片等形式，宣传新区一周年的变化。

喜迎十八大特别报道。9月21日至11月9日，连续推出了《喜迎十八大 创造新业绩》特别报道，刊发《当文化形成产业时 还怕腰包不鼓吗》《舟山图书馆业，一棵成长迅猛的文化大树》《岛城电影 繁荣归来》等报道，通过报道市文化产业园、文化节庆活动、图书馆、博物馆、广场舞、乡镇"种"文化、电影等文化事业大发展大繁荣，见证新区发展。

报道国务院批准设立舟山港综合保税区。10月11日，国务院批准设立舟山港综合保税区新闻发布会在杭州举行，在新闻周刊头版用一整版篇幅报道这一喜讯，并详细介绍舟山港综合保税区的优势及规划。

此外，春节期间以合期的形式，介绍春节期间吃、玩、游、乐方面情况和相关知识，“三八”节出版《女性特刊》，中、高考期间推出《升学直通车》专刊，介绍中、高考情况，升学指南，服务广大考生。

2012 年，发行报纸 300 余万份，期发行量 6 万份。全年广告收入 700 万元。

2012 年度广电系统出版的书籍选介

《创新，从听众体验开始》

本书为浙江省哲学社会科学重点研究基地成果，浙江广播电视研究院研发丛书，程蔚东作序，主编金少华，副主编张芹，浙江大学出版社 2012 年 12 月出版。从 2011 年开始，浙江广播电视集团编委会决定成立以节目研发中心牵头、各个广播频道派专人加入、浙江传媒学院加盟的广播创新调研团队，调研国内外广播改革发展的最新进展，本书收入了这次调研的成果，有近 30 个分项目的调研报告，约 20 万字。

《中国地市电视台市场化之路》

郑西帆、罗钟炉、郑征予著，浙江大学出版社 2012 年 5 月出版，浙江省广播电影电视学会资助出版。本书以调研中所获取的大量数据以及相应媒体领导人访谈、事实为主要依据，旁及其他地市电视（广电）台在市场化改革、发展实践中的许多成功做法与经验教训，采用定量分析与定性分析相结合的方法、叙述与论证相结合的言说方式，描述地市电视（广电）台的市场化改革目标、改革路径，分析、评介市场化 改革带来的成败得失，及其改革、发展的趋势。

《艰难崛起：浙江广电十七年》

浙江省广播电视厅原厅长方文著，人民日报出版社 2012 年 12 月出版。浙江省原省长柴松岳作序。本书作者查阅了本人近百本笔记和大量相关的文字资料，记叙了作者 1983 年至 1999 年担任浙江省广播电视厅副厅长、厅长 17 年间浙江广电艰难崛起的历程。柴松岳原省长评价此书“真情实录，起伏跌宕，写人写事，是非曲直，入情入理。”“作为浙江广电人读一读此书，不仅能了解浙江广电艰难崛起的历程，而且会激励每一个人奋发进取、拼搏有为，为浙江广电创造新的辉煌再立新功。”

《舒口水Ⅱ》
——批判的正能量

浙江经视著名主持人、副总监舒中胜著，浙江文艺出版社 2012 年 11 月出版。本书是浙江经视《新闻深呼吸·舒口水》栏目的一个评论集合。全书包括《2011 十大盘点》《城市是我们的也是你们的》《法治关 注》《理性公民推动社会进步》等九个章节，内容涵盖法治、民生、经济、政策等方面。针对 2011～2012 年中发生的重大事件和热点新闻，作者用独到的眼光和独特的视角进行客观理性的分析评判，并提出“舒式”建设性提议。既通俗易懂，又颇有深度，更重要的是能说实在话，心里话。评论追求从法律、伦理、人性上进行形而上的引导，可谓是“意见领袖”。

《闻新之道》

浙江卫视副总监王水明著，光明日报出版社 2012 年 1 月出版。本书为“当代浙江记者丛书·第四辑”中的一本。全书分为四章。第一章：人物素描，收录了一篇介绍本书作者的人物通讯《拓荒牛，永远在路上——记第十届长江韬奋奖获得者王水明》；第二章：胜在执著，收录了作者任浙江卫视新闻中心主任 4 年中在新闻中心例会、频道大会和集团研讨会上的发言；第三章：赢在坚守，收录了作者进入浙江电视台 20 多年来的获奖作品；第四章：闻新路上，收录了作者近年来发表在新闻业务刊物上的业务论文。

《幸福的瞭望者》

浙江经视总监许东良著，光明日报出版社 2012 年 1 月出版。本书为“当代浙江记者丛书·第四辑”中的一本。本书的书名是作者刚读高一的女儿帮助取的，既折射出了女儿对父亲工作状态的评介，也反映了作者对电视新闻工作的热爱。全书分上篇和下篇。上篇“新闻理论”收录了作者撰写的 11 篇理论、业务研究文章，下篇“新闻实践”收录了作者主创的 14 篇具有代表性的获奖新闻作品。

《苛刻到底》

杭州文化广播电视集团高级编辑张建民著，光明日报出版社 2012 年 1 月出版。本书为“当代浙江记者丛书·第四辑”中的一本。全书分为五章:新闻采编之策、播音主持之道、创新创优之探、节目把控之忧、广电竞争之思。全书近60篇文章不含新闻作品,都是从作者已发表的文章中选辑而成的理论性业务文章。大致分为广电论文、学术随笔和媒体热评三大类。

《你是我的记忆》

温州广播电台经济生活频率总监钟翠凤著,光明日报出版社2012年1月出版。本书为“当代浙江记者丛书·第四辑”中的一本。该书取名《你是我的记忆》寓意有二:一是稿件反映的大多是温州城乡的方方面面,大事、小事、快事、烦事皆有。许多报道内容虽已成往事,但一定程度上展现了温州和温州人在改革开放年代一场场难忘的经历,一个个难忘的故事。二是作品的体裁消息、通讯、特写、连续报道、评论、内参、论文兼备,就像一盏盏路灯,沿着它能让作者记起走在这条路上时曾经的酸甜苦辣。

《广播因缘》

宁波人民广播电台原台长、高级编辑徐明鸣著,光明日报出版社2012年1月出版。本书为“当代浙江记者丛书·第四辑”中的一本。全书共分为四章,第一章为专题报道,共选集了13篇文章;第二章主题策划,17篇文章;第三章理论思考,16篇文章;第四章散文随笔,5篇文章。本书主要收录了作者30年来在广播新闻报和广播新闻业务研究年方面的代表性作品。

《声影履痕》

宁波人民广播电台原台长、高级编辑徐明鸣著,中国广播电视出版社2012年9月版。本书对作者来说,不仅是一本书稿,还是一些日子与回忆,是对广播的情谊与回望。书中所记录的是历年来宁波人民广播电台文艺节目创作的一个侧面。全书分四辑:剧说人间,收录的是作者1995年以来从事广播剧编剧的部分剧目,及担任策划、导演撰写的有关文字;聆听电影,收录了作者80年代创作的16篇广播电影录音剪辑解说稿和1篇电音录音剪辑创作谈;观影微评,收录了作者80年代中后期至90年代初期撰写的65篇电影评论;广播文谭,收录了8篇作者参加广播文艺评析的8篇文章和1篇文学评论。

《无心栽瓜》

浙江省作家协会会员、衢州市作家协会副主席、江山政协副主席、江山市广播电视台原台长胡韶良著,浙江文艺出版社2012年8月出版。该书收录了作者从上世纪90年代初以来所写的79篇散文作品,全书分为《话说江山人》、《桃花源的枪声》、《无心栽 瓜》、《窖酒的理想》、《幕后故事》五个专辑。作品立足江山小城,以作者亲闻亲历为主线,以小城人小城事为题材,独视自然、社会、人生的大境界、大舞台,叙写不同时期的真人真事,抒发具有时代气息的真情实感。散文集真实记录小城生活,讲述小城故事,文字平实真挚,娓娓道来中饱含作者的真情味真感悟,读来出 浅入深,反璞归真,以小博大,以真感人,独具特色,自成风格。

浙江省文化厅文化产业与科技处处长、省作家协会理事何蔚萍为散文集作序,衢州市政协副主席、文联主席欧阳建华为散文集封面题字。何蔚萍认为,胡韶良的散 文作品散发着作者对人对事对情对理较真较劲的秉性,无论篇幅的长短,无论写人叙事、写景抒情,都强烈追求一个“真”字。《无心栽瓜》集纳了作者曾经作为新 闻记者的理性和思考,同时又有作家的激情和细腻,读来非常有嚼头。

《我是一条流浪狗》

鄞州区电视台主任编辑崔海波著,宁波出版社2012年12月出版。本书系《浙东作家文丛(第10辑)》中的一册,讲述了一条刚出生就被主人丢弃在垃圾箱里的流浪狗,因为一个偶然的机会走进了小女孩方圆圆的家,成了她的朋友。流浪狗凭借自己的聪明才智夜斗歹徒救主人,当“医生狗”帮助星星的孩子,捉拿耗子为民除害,深得大家的喜爱。方圆圆去参加夏令营期间,流浪狗担心主人把自己送人,悄悄地离家出去,重新开始了流浪生活。书中塑造了一个“感恩、勇敢、奉献、智慧、可爱、快乐”的流浪狗的形象。

《羊君笔谈》

安吉县广播电视台主任编辑汪群著,湖州师院沈泽宜作序,中国言实出版社2012年8月出版。全书分沿途情致、心海怡然、和风细雨和悟性三分四个篇章,50余篇,20多万字。书中记载了作者眼中的青山秀水,宜人风物,描述了安吉淳朴的风土人情,也注意到了繁荣景象后的不足,在重视安吉物质生产可持续发展的同时，还留了一只眼关注安吉的文化发展。该书可以看作是安吉民众改革开放以来求变创新、建设家园的生动记录和理性思考。

《当梦想照亮现实》

丽水广播电视报社报记者陶雪亮著，中国文史出版社出版2012年2月出版。著名评论家、浙江省杂文学会副会长、浙江大学新闻与传播学院客座教授徐迅雷先生为该书作序。

该书精选了作者2011年在《丽水广播电视新壹周》“传奇”版面发表的34篇传奇人物报道。全书共分6辑，第一辑为：当上帝关闭了门；第二辑为：彩虹总在风雨后；第三辑为：戏里戏外皆人生；第四辑为：艺海无涯苦作舟；第五辑为：活在珍贵的人间；第六辑为：“传奇”催开爱心花。

书中的主人公均来自丽水九县市区，是作者深入基层一线，亲历故事主人公的生活现场采访写成。他们用梦想照亮现实，用毅力谱写传奇，他们的经历，他们的故事，唱响了这个时代的主旋律和活生生的励志典范。正如徐迅雷先生在该书的序言中所说，“这是一部让人读了心旌摇荡的励志读本和人生读本。”

浙江音像出版社 2012 年音像制品目录

序号	节目名称	类别	ISBN	载体	社编	ISRC	选题批号
1	新版昆曲《玉簪记》	戏曲	978-7-88427-579-3	DVD*2	ZTD436	E13-12-0001	浙新音出选复(2012)04号
2	亚妮专访之《传奇中国·人物篇》	电影电视艺术	978-7-88427-580-9	DVD*2	ZTD437		浙新音出选复(2012)18号
3	亚妮专访之《传奇中国·事件篇》	电影电视艺术	978-7-88427-581-6	DVD*2	ZTD438		浙新音出选复(2012)18号
4	反腐前线案例选辑(九)《权利的禁区》	政治	978-7-88427-582-3	DVD*1	ZTD439		浙新音出选复(2012)18号
5	《阳光政务惠民生》	政治	978-7-88427-583-0	DVD*2	ZTD440		浙新音出选复(2012)18号
6	《春季养生》	医药卫生	978-7-88427-584-7	DVD*1	ZTD441		浙新音出选复(2012)41号
7	《夏季养生》	医药卫生	978-7-88427-585-4	DVD*1	ZTD442		浙新音出选复(2012)41号
8	《秋季养生》	医药卫生	978-7-88427-586-1	DVD*1	ZTD443		浙新音出选复(2012)41号
9	《冬季养生》	医药卫生	978-7-88427-587-8	DVD*1	ZTD444		浙新音出选复(2012)41号
10	《草根创意站》	农业科学	978-7-88427-588-5	DVD*1	ZTD445		浙新音出选复(2012)41号
11	《台湾农业见闻》	农业科学	978-7-88427-609-7	DVD*1	ZTD446		浙新音出选复(2012)41号
12	《致富先锋榜》	农业科学	978-7-88427-590-8	DVD*1	ZTD447		浙新音出选复(2012)41号
13	《生活急救常识》	医药卫生	978-7-88427-591-5	DVD*1	ZTD448		浙新音出选复(2012)41号
14	《小穴位大作用》	医药卫生	978-7-88427-592-2	DVD*1	ZTD449		浙新音出选复(2012)41号
15	《省委书记》	电影电视艺术	978-7-88427-608-0	DVD*1	ZTD450		浙新音出选复(2012)41号
16	《珍珠塔》	戏剧艺术	978-7-88427-593-9	DVD*3	ZJV1500	CN-E13-12-0005	浙新音出选复(2012)41号
17	《九斤姑娘》	戏剧艺术	978-7-88427-594-6	DVD*3	ZJV1499	CN-E13-12-0006	浙新音出选复(2012)41号
18	《一缕麻》	戏剧艺术	978-7-88427-595-3	DVD*3	ZJV1496	CN-E13-12-0007	浙新音出选复(2012)41号
19	《唐伯虎》	戏剧艺术	978-7-88427-596-0	DVD*2	ZJV1498	CN-E13-12-0004	浙新音出选复(2012)41号
20	《五女拜寿》	戏剧艺术	978-7-88427-597-7	DVD*2	ZJV1497	CN-E13-12-0004	浙新音出选复(2012)41号
21	《碧玉簪》	戏剧艺术	978-7-88427-598-4	DVD*3	ZJV1501	CN-E13-12-0003	浙新音出选复(2012)41号
22	《一片冰心在玉壶》	电影电视艺术	978-7-88427-598-5	DVD*1	ZJD451		浙新出发(2010)112号
23	《中国熊猫》	动漫	ISBN 978-7-900497-22-2	2DVD-ROM			浙新音出选复(2012)47号
24	《极速之星》	动漫	ISBN 978-7-900497-23-9	1DVD-ROM			浙新音出选复(2012)47号
25	《梦想竞速》	动漫	ISBN 978-7-900497-24-6	1DVD-ROM			浙新音出选复(2012)47号
26	《先驱》	电影电视艺术		DVD			浙音像非卖品(2012)3号
27	《走向蓝海》	电影电视艺术		DVD			浙音像非卖品(2012)4号
28	《新亮剑》	电视剧		DVD			浙音像非卖品(2012)5号
29	《江南传奇》	电影电视艺术		DVD			浙音像非卖品(2012)6号
30	《2012 杭州动漫春晚》	文艺		DVD-9			浙音像非卖品(2012)10号
31	《秀山丽水 养生福地》	电影电视艺术		DVD			浙音像非卖品(2012)35号

17. 科学技术

KEXUEJISHU

浙江广播电视集团

2012年是实施“十二五”发展规划的关键之年，也是党的十八大和省第十三次党代会胜利召开，集团事业攻坚克难、创造精彩业绩，科技工作迎接新挑战、取得新突破的不寻常的一年。这一年，在集团党委的领导下，科技战线坚守“安全第一”和“高、新、精、实”的发展理念，抓应急防范促安全播出，抓项目建设促事业发展，抓创新引领促内容生产，抓队伍建设促品质服务，全年科技工作创造了不平凡的成绩，呈现了良好的发展态势。

一、十八大保障坚决有力，安全播出全面升级

紧紧围绕十八大安全播出重心，全面落实总局第62号令，执行零报告制度，落实安全播出报备，出台《电视播出管理办法》，全面开展自查、互查、督查与专项检查，首次协调多个上下游单位成功实施“龙井卫星地球站信号源中断”大型应急演练，并顺利取得总局卫星广播电视节目抗干扰应急沟通协调演练考核的满分好成绩，有效应对了全国安全播出大检查，圆满完成了十八大、省第十三次党代会等共计59天重要保障期的安全播出任务，确保全年集团广播电视节目的安全播出。

其中2012年度集团播出电视节目总计101468小时，大型电视直播(延时播)38场；播出广播节目总计69350小时，广播外出直播170余场，均实现零停播。

龙井卫星地球站全年安全运行8784小时，站内外停播率均为0秒/百小时。勾庄发射台AM810、AM603、AM1530三个频率共计发射23078小时，台内外停播率均为0秒/百小时。北高峰发射台全年播出电视节目27360小时，广播节目81494小时，除央视综合频道因遭雷击造成停播15秒，停播率为0.05秒/百小时外，其他频率(频道)台内外停播率均为0秒/百小时。望江门发射台全年共完成10个广播频率共计44370小时的播出任务，台内外停播率均为0秒/百小时。数字微波传送13套电视、9套广播节目，全年安全播出8784小时，停播率为0秒/百小时。

集团各频道在省网上的播出节目总计92815.9小时；通过中国有线国干网传送节目50102.9小时，向中央电视台回传新闻305条次，计1248分钟；其他传送30条次，计990分钟。通过省光缆骨干网，各市地向浙江电视台传送节目总计为36条次，计463分钟；通过省网进行新闻与节目下传，总计为17条次，计58分钟。完成23次光缆线路抢修和15次设备抢修、39次光缆改道和整治并完成了验收，提高了光缆线路质量。

二、平台建设步伐加速，科技实力显著增强

贯彻“安全、质量、进度、管理”的总体要求，扎实推进科技平台建设。影视后期制作中心建设以2014年7月启用演播厅为目标，全面落实“工艺先行”理念，抽调专业骨干成立工艺办，建立周报制度，有效推进了工艺设计。

启动集团全网建设，实施第一期电视剧缩编网、节目生产管理系统两个子项目，并完成招投标工作，初步建立了节目生产管理系统简单模型并部署测试。明确以广播楼三楼作为全网建设第一期配套用房，启动全网机房基建装修改造方案设计。

以技术先行推动集团高清化战略发展，推进卫视高标清同播率，实现了卫视高清频道自制节目高清播出率100%、高标清同播率100%的目标。制定集团高清蓝光介质制作规范，推广高清蓝光介质使用，完成音乐厅高清演播系统改造，6号高清电视转播车建造成功，全方位提升高清节目制作能力，积极探索高清节目5.1环绕声制播工艺流程，带动了集团高清化节目生产的快速有序发展，提升了集团的行业影响力与竞争力。

完成民生频道150/80㎡演播室改造、经视180㎡演播室项目非编制作网系统建设，推进影视娱乐频道120㎡演播系统改造，地面频道制播一体化生产能力显著提高。启动建设高清综合制作网，推进面向卫视为主、地面频道为辅的无带化、网络化制播流程；做好集团音乐库持续建设工作，完成首期12000首歌曲、音乐和音效的入库工作，推动音乐库内容的有充补充和更新，提高音乐库的利用率和有效性。

广播覆盖工作取得了突破性进展，制定了广播调频覆盖规划方案，进一步统筹和挖掘频率资源，优化集团5个广播频道在全省80个覆盖点的覆盖效果，有力助推了广播频道的市场竞争力和媒体影响力。完成音乐调频新增96.8在北高峰播出的审批工作，解决了多年来音乐调频在杭州只有50W播出执照的难题；新增交通之声调频同步广播新增8个发射点；基本完成总局提出的调频频率整改工作。启动实施调频覆盖一期工程，基本完成设备招标采购工作。启动了城市之声107MHz移址北高峰发射项目，完成浙江之声温岭和青田两个频率的建设。开展浙江之声舟山宁波区域同步广播试验调研，完成交通之声青田、舟山覆盖点的改造工程，完成湖州金盖山覆盖点改造工程，开展了浙江之声12个规划频率发射点的前期勘察工作。起草了全省模拟微波数字化改造规划，完成诸暨至金华数字微波改造，启动了金华至丽水数字微波建设。10月19日，浙江卫视高清地面数字电视在北高峰试验播出，集团实现了有线网络、卫星传输、地面数字电视全方位的浙江卫视高清5.1环绕声的播出覆盖。

全省29家转播台（包括省四台）顺利完成2011年追加的慢录系统专项工程。新昌台基本完成整体迁建，丽水台完成地网招标工作，乐清台完成迁建方案，各转播台改造迁建工作顺利进行。

三、科技创新持续迈进，服务内容特色鲜明

在集团强势打造综艺标杆时，技术战线选择“亮剑”与“试翼”、“担当”与“奉献”，有力地支持了“中国梦想秀”、“中国好声音” 等爆发性节目的成功变革。量身定制团队，提供嵌入式技术服务，助推集团综艺节目创历史收视新高奏响了最强音。探索电视综艺节目环绕声制播高端技术，从（9月27日）“中国好声音”环绕声制作播出到“我爱记歌词”环绕声常态化制播，开创了中国电视综艺节目环绕声制播的先河，确立了集团综艺节目5.1播出居全国第一的影响。

2012年6月，电视播出新系统的六楼播控大厅正式启用，经历了整整两年的阵痛期后华丽登场，成功实现了“功能实用”与“美观大方”的协调统一，新系统紧密结合节目制播特点，充分运用AV、IT技术，创新性地实现了播出安全的智能应急控制，成为国内播控业务的一大创新，也成为业内同行青睐的形象工程。

引进先进技术手段，利用渔竿、飞猫、水下摄像机等高新精特种设备探秘千岛湖水下古城，宣传报道省第十三次党代会开幕式，为引领节目创新创优传递正能量。

实施《集团重大科技研究项目管理办法》，促进产学研用持续升温。承担的广电总局、省重大科技专项、省重点创新团队多个科研项目研究进展顺利，“广播电视多节目多程式海量监控系统”等多项研发获省广播电视科技创新一等奖；金帆奖参评节目再次荣获综合总分省级台之首，集团科技自主创新能力、研发能力取得较大进步，科研项目也逐渐成为了科技队伍跨入全国先进行列的一个有力抓手与助推器，科技创新引领内容生产创新创优创收的优势发挥显著增强。（详见附件）

发挥产学研结合优势，加强新技术创新应用，充分利用技术研究所平台，开展广播电视设备资产及运维信息的管理可视化、移动式调频同步广播调试系统、多通道录制技术、新介质高清摄像机画质、基于全网的统一认证和记账系统、广电移动智能终端应用开发、广播电台全网监测监控技术、浙江卫视综合媒体资产管理云平台、全省中波广播覆盖等研究。

2012年12月，由浙江省科技厅牵头组织、杭州中广信息网络有限公司、浙江大学、浙江广电集团、杭州汉唐影视动漫有限公司、浙江红点影视制作有限公司等单位合作开展的“支持电影拍摄全过程的网络化实时虚拟交互协同制作技术集成与示范应用”项目获国家科技支撑计划项目立项。

2012 年 12 月，集团牵头联合浙江大学申报的“泛在无线网络的终端侧绿色协同控制平台研发及其面向实时宽带视音频传输的应用示范”获浙江省重大科技专项重大工业项目立项。该项目将基于泛在无线网络(涵盖 TD-LTE、3G、WiFi 等网络)开展绿色协同控制平台研究，研发以电视新闻节目实时传输为目标、具有自主知识产权的新型传输设备，并在广播电视行业形成应用示范，满足社会对电视新闻直播日益提高的要求。

四、队伍建设多措并举，助力生产添翼插翅

坚持“人才为本，队伍至上”的理念，推行项目带人才、节目推人才、管理促人才，实施跨界学习、自主研发、科技攻关，专业技术团队服务品质与科技支撑能力显著增强。组织开展“头脑风暴”，研究讨论新技术发展；加强立项攻关，强化技术引领先进性；创造条件，提供多渠道学习及多通道晋升机会，广泛激励员工工作热情，多措并举提高科技队伍综合实力。随着影视后期制作中心工艺设计和全网建设第一期工程的深入，一批年轻员工在实践的磨砺中迅速成长，也使“一身数职、一职多岗”的队伍培养方式得到了有效验证。

各部门单位设置“主任嘉奖令”、“季度星级职工”、“我来做讲师”、“我在岗，我示范”等项目，开展各类技术交流讲座、技术比武竞赛、应急演练实战，设立项目主管、岗位主管，引入优胜劣汰的竞争激励机制，有效激发了员工学习热情、工作干劲与创业激情。传输发射中心盛雪祥和庆元转播台吴顺元获总局广播电视技术能手竞赛(发射系统)二等奖，科技战线创建学习型团队、培养领军人才的作用发挥更加凸显。组织开展“部门沙龙”、“头脑风暴”、“青年演讲”、“文体大餐”、“悦读角”等活动，丰富员工生活，创造和谐环境，为“幸福集团”增强了新的诠释。

杭州市文化广电新闻出版局

1. 积极推进三网融合工作。一是多次参加市数字城市领导小组组织的三网融合协调工作会议，制定杭州市三网融合监管平台建设方案，并与相关单位协调建立 IPTV 监测平台事宜。二是做好各类调研工作。参与国务院三网融合协调小组对我市三网融合进展情况的调研。组织市发改委、信息办、文广集团、华数集团、移动、联通、电信等单位座谈交流“三网融合”工作经验。

2. 积极扶持华数集团上市。多次参加市委办公厅、市政府办公厅、市数字办等部门召开的关于华数集团上市工作的协调会议，为该项工作出谋划策；积极沟通华数集团和杭州文广集团，从行业管理上为上市提供服务和支持。经报浙江省广播电影电视局批准，批复杭州文化广播电视集团关于华数集团借壳上市工作。

3. 组织广播电视科技类各项评比。推荐 8 项科技创新项目、6 篇优秀论文参评省广电科技创新和优秀论文评审会。推荐 3 个集体和 7 名个人参评 2011 年度浙江省广播电视技术维护奖。组织开展 2011 年度杭州市广播电视节目技术质量奖评比，选送 4 家单位、4 大类 10 个节目参加省级评比。完成广电系统工程技术人员职称评审工作，29 名通过中高级技术职称评审。

4. 做好市广播电视监测中心白马湖项目建设。该项目于 2012 年正式立项，根据市委决定在华数白马湖数字电视产业园区中拿出一幢楼作为监测中心用房，由华数代建。2012 年底已经启动，2013 年被列入杭州市重点建设项目之一，且我市“三网融合”监管系统建设在监测中心白马湖项目立项时被纳入广播电视监测中心白马湖项目建设的重要内容之一，估算建设费用为 4400 万元，包含 IPTV 和手机电视监管系统和监管平台的建设。

杭州文化广电集团

2012 年，科技工作以服务宣传为中心，以提高安全播出水平和技术保障能力为核心，以推进科技项目建设为抓手，圆满完成各项工作。杭州广播电视台技术系统的停播率达到了广电总局的甲级指标，电视播出部共完成杭州电视台 6 个频道电视节目共 50459 小时电节目的安全播出，发射部完成了 57670 小时的电台和无线电视节目发射任务，制作部共完成演播厅现场直录播节目 250 场，其中直播 33 场、录音棚 593 小时、后期制作 2992 小时、虚拟演播室 144 小时、转播车 73 场。2012 年华数数字电视传媒集团有限公司以大规模实施“跨代网、云服务”发展战略为主线，以新网络加快促进全省广电网络“一省一网”的整合，全面创新地推进三网融合的全业务发展；以云服务模式全面提升新媒体服务形态，实现向云城市、云家庭、云电视、云通信的产业升级，进一步提升华数新媒体产业的竞争优势；并通过全力推动旗下华数传媒借壳上市，实现资本与产业双轮驱动。

在完成3D立体电视频道规划、调研、建设与试验的基础上，经过充分调研后最终形成了《关于杭州发展立体高清电视的建议方案》。该“方案”通过集团党委审议并获650万元的技术设备专项经费。在技术系统方面，完成四讯道立体电视EFP制作系统、四台双摄像头松下3D摄像机及相关适配器、3D录制系统的采购与搭建工作，目前已可投入使用；在节目拍摄方面，成功尝试拍摄杭州国际动漫节开幕式盛况的立体电视节目，网络传输方面，华数对立体电视在网络中的传输做了基本的技术研究并确定了传输方案，提出在数字有线网络内采用高清与立体双流模式来兼容高清、立体的播出，。视听研究中心紧密跟踪当前全国立体电视的发展趋势，做了深入的调研，形成《3D电视近期发展趋势研究》，为下一步发展提供了很好的参考。

完成全省广电“一省一网”整合发展工作。2012年浙江华数按照省委省政府（浙委办[2011]100号）文件精神，以县级网络为重点，加快推进全省有线网络整合发展工作。经过不懈努力，2012年6月底，除中广系网络和宁波、台州地区进行“一市一网”整合外，其余县级网络和宁波、台州市网络都已和浙江华数签订了框架合作协议，并于2012年底完成了中广有线大股东的收购，从根本上解决了中广有线公司所属温州等五市县网络整合的难点问题。完成了省委、省政府下达的全省广电网络“一省一网”整合发展任务，对我省其他地区加入“一省一网”的进程产生积极的推进作用。

骨干网提供超高速基础支撑。随着双向互动业务的开展及用户规模的迅猛增长，IP流量及业务带宽颗粒将进一步增大，对传输网的带宽、质量、安全以及成本等问题也提出了更高的要求。经过多方调研，精心论证，华数启动了浙江省超高速骨干网建设，并采用了业内最先进的100G波分技术来建设骨干传输网络，同时在骨干光传输网络的基础上，建设IP骨干网络设备和MSTP骨干传输网络设备，形成一张OTN光传输基础网络、两张业务承载网络的省级骨干网络方案，该方案通过了省广电局组织的专家论证。省级骨干光传输网络建成后，每个地市都具备了接入100G的能力，全网总传输容量将达到1100G。为了快速建成省级骨干网，公司组建专项工作组，充分调动各地资源，实现了快速建成的目标。从2月份启动开始到6月底，短短5个月就完成了设备招标采购、机房协调改造、设备安装调试等大量的工作，并经过1月的试运行，截至2012年7月中旬，已经可以满足业务的上线需求。

融合终端支撑全业务运营。华数和摩托罗拉联合开发了第一款基于Android系统的家庭宽带终端—HMC3260云电脑，并于2012年9月12日在北京发布。HMC3260云电脑配有18.5英寸的LED触屏，不仅向用户提供宽带连接，更重要的是，使用户能够获得华数云宽带提供的更多服务内容，包括高清直播点播、云游戏、应用资源库以及云盘等，并且创建了一个家庭娱乐中心，让用户在炫酷、简易的界面上管理家庭娱乐。

推出云宽带服务在业务服务上，开展了三屏融合为特征的融合服务，实现新媒体和传统媒体的融合联通和良性互动，充分发挥自身内容优势，实现电视、网络、手机三种传播媒介的价值整合和泛在服务。目前，华数已完成可视门禁、可视电话、家庭保健、融合式视频会议、即拍即传等业务的研制工作。2012年9月19日，华数召开云宽带新品发布会，向公众正式推出云宽带服务。

助推杭州智慧城市发展，华数无线宽带网免费向公众开放。2012年10月30日杭州市政府和经济和信息化委员会举办发布会，宣布免费向市民开放室外WiFi网络。覆盖杭州220平方公里共2000个站点。这是杭州在建设全国第一个“无线城市”基础上的二次跨越，对于拉动地方经济发展、刺激内需、服务民生，促进信息服务业发展和传统产业的改造升级，培育新的经济增长点，具有十分重要的战略意义。

打造“智慧行·出行服务平台”。杭州市作为浙江省会和长三角南翼次中心城市，随着城市化、机动化的联动快速发展，交通问题已越来越成为制约城市发展的瓶颈之一。为积极破解交通“两难”，在杭州市重大科技创新项目——“基于无线数字电视的智能交通导航系统”的研究成果基础上，杭州文广集团与杭州妙影微电子有限公司拓展云计算技术和3G应用，研制开发了“智慧行·出行服务平台”。该平台基于“云计算 + 智能终端”系统架构，可以通过移动通信、无线数字电视、互联网等通讯手段，将实时交通信息服务以数字化、可视化的方式推送给用户，其友好、便捷的交互与反馈机制，可以有效提升实时交通信息服务水平，改善及优化路网通行状况。

宁波市文化广电新闻出版局

1. *切实加强安全播出工作，受到总局好评*。一是加强管理，实行“零”报告制度。今年来，全市广播电视系统全力做好元旦、春节、全国、省两会、五一、七一、十一等重大节目、重要活动和防“海葵”台风等重大事件重要保障期的广播电视安全播出工作，强化“零”报告制度，确保了安全。二是认真自查和整改，做好迎检工作。根据国家广电总局关于开展 2012 年全国安全播出自查工作的通知，全市各级广电视播出机构高度重视，周密部署，落实责任，对照自查内容，逐项开展认真细致的自查，并针对自查中发现的各类隐患和薄弱环节抓紧整改，做好迎检准备。6 月 7 日，国家广电总局安全播出检查组莅临宁波检查指导，充分肯定我市的安全播出工作管理扎实有效。三是认真组织练演，提高应急处置能力。市安全播出领导小组在镇海区境内组织开展了一次由多部门、多层次参加的防范非法有线和无线广播电视信号插播的综合演练。市广电集团、镇海区、江北区、鄞州区等广播电视播出机构参加了演练，并组织了技能比赛。通过演练，锤炼了队伍，进一步提高了广播电视应对处置突发事件能力。

2. *全市有线电视网络整合工作取得实质性成果*。根据《宁波市广播电视有线网络“一市一网”整合发展实施方案》的通知（甬党办发[2011]118 号），宁波市有线电视“同城一网”工作按照“先内容整合后资本整合，先‘全市一网’后以‘全市一网’加入‘全省一网’的‘两步走’工作思路”进行。在去年做好广泛发动、统一思想、制订总体方案的基础上，今年来，市广电网络整合领导小组进一步加强领导，扎实推进整合工作。先后组织召开了 5 次整合工作推进会议，多次与县（市）区有关领导直接沟通协调，逐步统一思想，明确时间节点，解决工作难点。市、县各级广电播出机构都态度鲜明、积极推进，相关工作配合到位，分阶段签署了《发起人协议书》、《补充协议》和《宁波广电网络股份有限公司章程》等法律文件。以宁波广电集团出资 1.5 亿元（现金出资 2000 万元、股权出资 1.3 亿元），余姚、慈溪、奉化、宁海、象山、镇海、北仑、鄞州八个县（市）区广播电视台（中心）各现金出资 600 万元、江北区广电中心现金出资 300 万元的共同组建的宁波广电网络股份有限公司（注册资本 2.01 亿元）完成工商登记。至此，全市有线电视“同城一网”工作取得了阶段性成果。

3. *宁波广电监测中心正式投入使用*。广电监测中心工程建设列入宁波局年度“三思三创”重点推进、破解难题工作之一，在局党委高度重视和指导下，中心领导和同志全力投入，想方设法，克服困难，加快工程建设。房屋装修、各类设施设备安装调试顺利展开，于 10 月 26 日举行正式启用仪式，切实履行广播电视监测职能。监测中心以覆盖全市的 SDH 传输网为基础，将宁波市本级、9 个县（市）区和 4 个企业台监测前端连接在一起，实现各种数据信息的交换。目前，对市本市级 150 套数字电视、8 套模拟电视、5 套调频广播、8 个广告监测点，以及县（市）区台、企业台共 208 套数字电视、72 套模拟电视、18 套调频广播、72 个广告监测点进行监测。同时，与省监测中心进行联网，构成互联互通、资源共享的综合业务监管平台，实现广播电视播出安全、节目内容和技术质量三大监测功能，为广播电视安全播出依法行政提供科学依据。

4. *圆满完成第二届智博会任务*。第二届中国（宁波）智博会于 9 月 7 日—9 日举行。宁波局认真按照组委会职责分工要求，积极做好全国广电系统嘉宾参会工作，精心筹划展览展示活动，较好地完成了工作任务。国家广电总局网络视听节目管理司罗建辉司长出席并在智慧城市建设高峰论坛致辞，省广电局组团参会，来自全国各地广电系统 220 多名嘉宾参加了智博会活动，其中各省、市、自治区、计划单列市嘉宾 52 名，省内各市、县（市、区）嘉宾 170 余名，组织了 310 余名全市广电行业人员参观了展览。指导、协调市广电集团完成了 170 平方米主题形象馆的展览展示，组织浙江华数集团搭建了 54 平方米特装厅，展出广电最新科技成果。

宁波广电集团

2012 年，积极推进广播电视的技术改造，在确保广播电视安全优质播出的基础上，通过不断的技术改革与创新来提高节目的制作、播出、传输质量。

1.完成《宁波广电集团专业设备添置与科技项目管理办法》、《宁波广电集团广播电视技术指标测试管理暂行办法》、《宁波广播电视集团广播电视节目技术质量审查与评测的暂行规定》的制订工作。

2.认真做好国家广电总局《广播电视安全播出管理规定》的贯彻落实工作，按集团扁平化管理的要求重新修订集团以及各单位、各部门的应急预案。

3.大型高清电视转播车的建成并投入使用。总投入3000万人民币的宁波广电集团高清电视转播车工程圆满完成，是目前国内最大的内套单侧拉转播车，在转播技术、系统配置、车体的空间区域规模、空调配电保证、低温措施、整车维护等方面均采用国际最先进的技术。整体功能居于全国高清转播车先进行列。同时，无论在各工位的视角舒适性、工位之间的协作便利性、工作流的流畅性，直至环境照明、色调搭配，均采用人机工程理念，可以说是目前国内最强调和谐工作环境的转播车，总体性能达到现阶段国内一流水平。通过对转播车各岗位技术人员进行长期充分的技术培训，与节目部门默契配合，圆满完成《唱响中国》、《鄞州银行杯国际网球邀请赛》、CBA赛事直播等大型直录播活动。宁波广电集团高清电视转播车的应用，标志着宁波电视台大型活动现场转播进入高清时代，同时，也为宁波电视台各类高清节目制作提供了重要平台，从而为宁波高清频道播出打下基础。

4.高清电视演播室改造工程项目完成并投入使用。总面积250平方米，工程投入981万元，配置5个高清摄像机讯道。年初完成演播室设备招标和技术方案细化，通过项目设计、实施、安装调试，于11月25日进入试用阶段，并顺利完成CBA 12—13赛季直录播场次。

5.宁波电视教育科技频道(即第六频道)播出系统于2012年2月完成技术方案、设备详细清单和设备招标书，并在原播出系统不停机的情况下完成了整体扩容。原有播出系统的各项冗余度在这次频道扩容时得到充分利用，新设备都被合理的安装在原有机柜里，同时还对播出二级存储进行了扩容。6月通过系统调试，8月完成全部技术准备工作，现已进入试运行阶段。

6.建成抢救性媒资管理系统。该系统是一个集电视节目采、编、播、存、管理功能于一体的数字化、数据化、网络化、智能化、自动化的综合业务处理系统，具备存储功能、编目功能、检索功能、迁移功能、管理功能，能够实现对媒资系统的安全、性能、媒体文件等各个方面进行管理。

7.打造看得见的广播。2012年在广播楼裙楼建成了一个交通路况视频直播室，增强广播的影响力。在市交警指挥中心、高速交警指挥中心各建成了一个直播室，信号通过光缆传回台内直播室，做到交通路况信息能在第一时间通过广播发布。

8.广播媒资系统的建成。它基于互联网、综合业务网、音频制播网等台网互联互通的媒资内容支撑平台，对广播电台媒资系统在泛网络支撑和应用上具有较强的示范作用。系统设计理念先进、运行可靠，在基于媒资编目的智能化广播编播应用、异构数据库字段级制编播实时调用和泛网络一体化应用领域有所创新，达到了国内领先水平。该系统由业务支撑、存储、采集编目管理、应用接口及调用、安全和盘带等六大子系统组成，具有媒体资料采集、编目、转码、上传、迁移、下载、交换、存贮、管理等功能，达到了安全稳定、可生产、可扩展、易管理的面向泛网络应用的新型广播媒资系统的设计目标。符合广播电台数字化、网络化建设白皮书(2006)、(2007)的目标要求，满足宁波广播电台及各县市区广播电台的应用需求，社会和经济效益明显。

9.广播播控区完成集中式UPS供电项目，采用两台80KVAUPS电源，使广播五套节目的安全播出得到更有力的保障。

10. 宁波数字电视公司基本完成了高清交互点播系统的建设，并完成与省网各系统的对接。丰富了数字电视的产品，通过高清点播业务的推广应用，极大地提升了宁波数字电视的市场竞争力。

11.从发展战略考虑，宁波数字电视公司从2012年开始进行宽带业务的建设运行，宽带用户数达到15000户，用户使用体验情况较好。

12.宁波数字电视实现了与省干100G IP网络的对接，使宁波数字电视至省网的网络带宽得到大幅度的提升，并且随着后期业务的发展，可按需扩充网络带宽，为各项业务的开展提供了保障。

13. 为保障政企客户数据专网类业务的开展，2012年，宁波数字电视在原有SDH传输系统的基础上，又新建了覆盖全大市的10G MSTP系统平台，业务带宽极大提升，接入端口更加灵活，能较好地满足各类政企客户数据专网组建的需求。

14.2012年宁波数字电视公司播控平台在以下

几个方面（1)H.264 高清转码系统;(2) 广视易通 EPG 广告系统;(3)宁波六套节目平台建设及节目传送、接收、转播;(4)英立视交互平台;(5)索贝非编系统;(6)时移转码系统;(7)全省宣传部门视频会议系统;(8) 市组织部远程教育直播系统进行了重大建设,使数字电视的播出平台不断完善,并逐渐向高清化方向发展。

15.完成了由广电总局无线局、宁波广电集团、北仑广电中心联合建设的宁波茅洋山发射台改造工程。

温州市文化广电新闻出版局

1.安全播出保障工作

2012 年适逢党的十八大召开、省十三次党代会召开等,重要保障期数量多、时间长,安全保障任务更为艰巨。而且在十八大前,市台的有线电视网络发生了 9.12 事故,受到省局的通报批评,这也给全市乃至全省的安全播出工作敲响了警钟。今年 5 月,市局及时核对更新市、县各安全播出领导小组成员名单,并完善了安全播出短信平台建设,下发《温州市广播电视安全播出事件和事故快速报告》的通知,进一步规范了突发事件处置、上报流程和时限。各级广电部门本着守土有责的原则,强化领导,认真部署,协同配合,明确职责,确保了全年重要保障期的安全播出。

2.“一省一网”整合工作

为应对“三网融合”的大趋势,我市认真贯彻落实省委省政府两办发 100 号文件精神,于 4 月 11 日出台《广播电视有线网络“一省一网”整合发展工作实施方案》。为此,市委市政府组织召开部门协调会 2 次、召开工作推进会 2 次,书记、市长、常委部长亲自审阅《方案》文稿,足见对该项工作的重视。市文广新局按照“一省一网”整合工作“省抓市、市抓县”的要求,组织各县(市)赴省华数公司和杭州、嘉兴、金华等地考察学习，研究借鉴全省 6 个地市的经验做法;邀请省华数公司负责人来温与各县(市)台面谈,探究合作意向,促成共识;建立了督查机制,每月通报进展情况,并多次开展实地督查行动。6 月 1 日,8 个县(市)与省华数公司签订了合作框架协议;2012 年底,瑞安、泰顺、洞头率先完成整合基础性工作,今年年初正式加入省公司。

3.广电惠民服务工程

各县（市）台将广电惠民工作摆在重要议事日程，想方设法将广电事业发展和人民群众基本文化权益紧密结合,加快基础设施建设,提供优质的公共服务内容。全年在完成城区有线电视数字化的同时,全面铺开农村地区的整转工作，累计整转农村用户 64.3 万户,占农村用户总量的 74.5%,乐清、泰顺已经基本完成任务。广电低保工作继续深化,在确保低保户 100%免费收看有线电视的基础上,低保数字化比例超过 85%。各县(市)调整完善了基层广电站布局,除完成省局部署的改造计划外,广电站标准化建设工程全面铺开。广电全覆盖工程按期完成，安装“户户通”2319 户，基本实现对 20 户以下通电盲村广播电视节目的全覆盖。

温州市广播电视台

2012 年,温州广播电视台完成广播转播车、“动中通”高清转播车及全台网项目的设计、论证、立项和招投标工作,并进入实施阶段;同时完成具有 3D 功能的全高清转播车项目的技术设计方案论证,即将立项投标。广播绿色之声频率新办公区及直播室工程建设完成,并于 10 月投入使用。莲花山电力线路改造工程已完成勘察设计工作。直播及总控系统改造工程、非编网建设已开始进行项目规划和论证,预计年内完成技术投入额度 3000 万元。集团技术中心和网络中心针对中央、省、市两会召开以及党代会等安全播出重点保障，认真落实各项规章制度和应急预案,切实做好技术保障工作,确保了重点保障期广播电视的安全播出和安全传输。此外,2012 年还完成了全市“互学互比”活动的广播电视直播,实现三地多向同步直播市“双百亿”项目集体开工暨奠基仪式,受到市领导的高度评价。

湖州市文化广电新闻出版局

1. 深入推进乡镇广播电视站标准化建设工程。11 月,联合市委宣传部召开全市乡镇广电站建设推进会,表彰先进,部署任务。在 2011 年度全省广播影视惠民服务工作考核中，全省承担广播影视惠民工作任务的 170 家局、台中,有 17 家工作成绩最好的局、台被评为示范单位,其中湖州市就占据了 5 家,示范单位数量位列全省之首。

2.进一步完善村级广播室功能，积极发挥广播在农村、企业的宣传作用。2012年11号热带风暴“海葵”登陆期间，湖州市充分发挥农村调频广播传播速度快的优势，积极迎战台风“海葵”来袭，全市近6万只广播及时准确传达各类信息，指导广大干部群众做好防台抗台工作，广播“村村响”派上大用场。

3.组织全市广电人员积极参加全省各项技能比武。在省局开展的全省广播电视（发射系统）技术能手竞赛活动中，湖州市文化广电新闻出版局在认真组织市、县各播出机构人员初赛后，选拔4名选手参加全省比武，取得了2个一等奖，1个三等奖的好成绩，湖州市文化广电新闻出版局也同时被授予组织奖。

4.完成广电有线网络整合发展阶段任务。根据省里的工作要求，拟定全市“一省一网”整合方案，多次组织召开整合工作现场会、推进会，于2012年6月促成全市整合发展协议签订，市县4家广播电视台、上亿元资产、上千名人员得到有效整合，改变了当前各地广电有线网络各自为政、资源分散、业务形态简单等不利局面，为做大做强广电产业事业、参与“三网融合”竞争提供坚实保障。

湖州市广播电视台

2012年湖州市广播电视台全面贯彻党的“十八”大精神，按照中央、省、市关于深化文化体制改革和文化大繁荣大发展的总体部署，加快构建现代传播体系，强化安全播出，加快推进数字化进程，进一步扩大广播电视覆盖，切实提高广电全媒体节目制播水平。

一、技术进步

1. 湖州台2012年开始从点到面探索高清技术系统的建设和高清制作的实践。逐步配置高清摄录像设备，用高清进行一些专题片的拍摄创作，从这些分散的高清设备入手，台里部分技术人员已经逐步接触和熟悉高清，此外，新建技术项目已经全部按照高清标准进行规划，在正在建设的广电梅地亚中心项目里，演播室、制作网络等都将按高清标准进行建设。

2.完成400平方米演播室的技术改造，采用了多通道数字音频传输格式和播出调音台，选用先进的电脑布光控制系统和调光系统，配备了35平方米P5 LED大屏及全彩P16彩幕，为各类访谈类、综艺类、晚会等节目的制作提供了新的技术手段。

3. 完成金盖山广播电视发射台发射铁塔的重建和发射台3.2米卫星地面站、电力增容工程的建设，加强了广播电视无线覆盖节目安全播出的技术保障。

4. 完成非编制作网络的扩容和部分摄录设备的更新添置。进一步提升台内技术设备的科技水平，提高了节目的制作能力。

5. 在2012两会宣传报道中，首次成功运用现场演播室技术，并与新闻直播双视窗画面相结合，丰富了宣传报道的表现形式。

二、技术管理

1. 湖州台在2012年组织了覆盖全台范围的安全播出大检查，贯彻落实总局制定的《广播电视安全播出管理规定》，对照相应的实施细则，评估和排查系统配置中的安全隐患，通过改进技术构架提升安全播出的可靠性。深化制播安全管理，加强应急演练、应急处置预案和突发事件报告制度的执行，进一步落实安全责任；重点完善支撑性基础设施的技术防范和应急保障措施；深化IT、网络安全治理，加强媒体内容数字化保存、流转的安全防范，提高广播电视安全播出水平和应急保障能力。

2. 结合台内的实际情况建立健全包括安全制度、机房管理制度、值班及交接班制度、供配电管理制度、播前测试制度、事故报告制度、维护检修制度、技术档案管理制度等技术管理制度，确保了全年度无重大人身安全事故、无人为责任事故、无重大设备、器材损坏事故，技术设备的完好率、利用率都保持在理想水平。此外，在工程建设中严格执行设备采购招投标制度和项目预决算制度，并且建立了一整套包括项目征询、论证、报批、招标、安装、调试、验收及应用在内的执行规范。

3. 严格遵循《广播电视安全播出管理规定》实施细则中运维与技术管理相关规定，做好台内各技术系统的日常保障和维护改造工作，以抓好技术与业务的切合点、提高技术保障成效为重点，通过优化技术构架、业务流程和管理模式，提升节目制播水平和效率。

4. 通过参与业务研讨、技术项目建设和台内外各类直播的技术保障等实践工作，锻炼队伍，提高员工专业技术水平，打造专业化的技术制播团队，其中

《浅谈故障应急处理在电视安全播出中的重要性》、《湖州电台总控数字化改造简介》《单频网集约发展初探》三篇业务论文分别在省级以上刊物《电视技术》《视听纵横(技术版)》和《数字技术与应用》上发表;年中共组织播控中心应急演练40余次,广播电视相关业务理论研讨15次以上,内容涵盖安全播出、制播网络数据流转、无线发射技术、广播同频覆盖、演播室节目录制、灯光改造等,通过对基层管理人员管理理念新技术理念的培养、基层一线员工执行力的培养,做好发展中人才的跟进和人才的储备。另外,配合人事部门组织全台的节目制作规范、摄录设备操作等业务培训,规范技术设备的使用。

嘉兴市文化广电新闻出版局

嘉善广电政务云计算数据中心业务

嘉善县政府综合门户网站和政务外网一直由嘉善县广播电视台下属嘉善县广联信息网络有限责任公司建设并运行。为有效实现政务(党务)信息无损、无缝迁移保存,2011年下半年至2012年,嘉善广电台总投资约300万元建立了数据中心,运用云计算技术、升级核心交换机、应用网络流控设备,网络核心设备承载、网络服务能力得到进一步提高。

系统包含服务器虚拟化和数据备份二大部分,主要有Vmware vSphere企业版虚拟化软件、个人云储存系统(建设中)、管理中心、HDS AMS 2300存储体和异地备份、容灾系统组成,存储容量50T。机房按虚拟化系统机房和服务器(设备)托管租用机房分别设置,配备主备光纤交换机、UPS不间断电源和空调系统,总面积约250m2。中心接入电信、联通、移动、铁通四条千兆宽带出口,通过万兆路由均衡器智能选择最优业务线路。

虚拟系统已运行业务:

已运行22套虚拟系统,涉及40个多单位的50多个业务应用,并对40多个业务提供了数据备份服务。具体可分为五大类:

1.县委、县政府门户网站4个:《中国嘉善》门户网站、《嘉善党务公开网》、《嘉善新闻网》、《嘉善县党员干部现代远程教育网》。

2.镇(街道)和部、委、办、局门户网站25个:如《中国陶庄》、《中国干窑》、《中国姚庄》、县旅游局、卫生健康档案系统、县纪委惩防体系、县妇联、县财政支付(核算)中心、县党校、县民族宗教事务局、法治网、地名网、统计信息网、一院临检中心、建设之窗等网站。

3.镇(街道)和部、委、办、局内部办公网16个:如宣传部、卫生局、司法局、罗星街道、西塘镇等。

4.流媒体视频网站3个:广电宽频流媒体视频网站、党员远程教育视频系统、嘉善新闻网网视频道。

5.广电业务应用4个:网络行为审计、OA、邮件和FTP系统。

嘉兴市广播电视台

安全播出是广播电视新闻宣传的生命线,确保广播电视播出无事故是技术保障工作的重中之重。嘉兴广播电视台坚持不懈强化技术管理,推进技术创新,依靠科技进步与创新,保证广播电视安全优质播出。

一、以加强管理履行好技术保障任务,切实抓好广播电视安全播出运行有效管理

2012年是党的十八大召开之年。为确保重要保障期的安全播出,嘉兴市广播电视台按照总局、省局的统一部署,始终把安全播出作为技术工作的重中之重,加强技术管理,切实做好安全播出的各项准备和保障工作,积极开展安全演练活动,及时启动安全播出应急预案,全面提升安全播出的保障能力,圆满完成了广播电视安全播出任务。

一是加强广播电视播出系统安全运行的管理。做好对硬盘播出系统、发射机房设备和广播中心机房等的运行管理,完善播出流程中各个环节的细化和可操作性,对广播电视播出系统的安全运行提出了如何做到科学性和有效性的方案,以“人防”和“技防”相结合,强化检测手段,努力把事故消灭在萌芽状态。年内,国家广电总局派出检查组对浙江省广播电视播出机构进行的一次非常全面的检查工作,在相关的组织架构、人员配置、安保消防、设备等级、系统方案及应急预案等各个方面都有严格和详细的评定标准,对深入贯彻落实《广播电视安全播出管理规定》及其各专业实施细则有非常重要的促进作用。嘉兴市广播电视台认真做好迎接国家广电总局对广播电视安全播出检查的工作,按照相关的文件精神开展各项工作,顺利通过检查并得到了总局检查团的高度评价。

二是健全完善切实有效的安全播出保障机制。广泛开展技术一线人员岗位业务练兵和应急能力的提升。9月28日,嘉兴市广播电视台开展广播电视直播节目"反插播"演习,侧重广播电视节目直播过程中可能遇到的突发性事件的处置,内容为广播热线直播节目反插播演习和电视现场直播节目反插播演习,具有很强的针对性和实战性;在演习中,嘉兴市公安局、市文广局、市广播电视台、市电力局和市无管局等演习单位各司其职、协调有力,演习各节点部位处置到位,操作快速。演练活动检验了嘉兴市广播电视安全播出的应急处置能力,提高了相关职能部门快速反应和应急处置突发事件的能力和广大员工安全播出意识。年内,在各个重要播出保障期间实现广播电视的零停播、零插播、零事故。特别是在"十八大"期间,全力以赴、全神贯注,确保"十八大"期间广播电视节目的安全优质播出。

二、以技术创新提升节目制作质量,为实施"新闻立台"战略提供技术支持

继续加大资金投入,推进技术创新和数字化改造工作。积极实施年初制定的技术设备更新改造计划。年内,完成广播采访机的数字化改造,实现广播从采、编、播的全流程的数字化;电视新增SONY蓝光摄像机5台;完成新闻制播网扩容项目和广播音频媒资项目的实施,新闻演播室硬盘播出系统投入运行后,为新闻节目的制作播出一体化提供较好的平台,提高新闻编辑效率。随着3G直播设备使用频率的提高,锻炼技术队伍对现场直播的临场处置能力。启用广播无线监测系统,对广播三个频率的调频无线覆盖进行实时监测,并就如何提高调频的有效覆盖进行研究和方案论证,就如何实施调频的同步广播进行前期测试并制定具体的实施方案。年底,在节目调改中,制定相关技术配套方案,做好添置摄录编设备的安装、调试和使用培训工作;建立新闻短信互动平台,引入新闻直播在线包装系统,组织各演播室灯光、音响、摄像机位的调整,为新改版节目提供技术支持。

三、技术创优取得较好成绩

加强对技术作品创优的引导和管理,形成较好的创优氛围。在2012年度在浙江省广电局节目技术质量奖评比中,嘉兴台共获浙江省广播电视节目录制技术质量一等奖3个,二等奖5个,三等奖2个。综艺节目《德艺双馨颁奖晚会》获得国家广电总局电视节目录制技术质量奖(金帆奖)二等奖;《基于全台网的广播数字播控系统》获2012年度浙江省广播电视科技创新奖工程技术类二等奖。

绍兴市文化广电新闻出版局

1. 确保广播电视常年安全播出。加强安全播出监管工作,全年无重大安全播出事故、认真监看监听和检查、加强值班,特别是在党的十八大期间,及时传达上级指示精神,按时上报有关信息。主要体现在:健全组织、加强协调。全年下发安全播出文件、召开专题会议、并多次组织开展实地演练,开展安全播出执法大检查8次。全市广播电视传输播出安全无事故,针对绍兴市没有真正意义上的广播电视监测中心,只能靠最简单的监看监听作为监管手段的实际。绍兴市文化市场执法支队对市本级的广播电视节目,随时注意日常监看监听,并切实加强广播电视安全播出特别保障期期间互联网及公共视听载体传播视听节目的检查监管。在安全播出特别保障期,要求全市广电部门领导带头值班靠前指挥。各地有线电视播出机构都实施单位领导带班双人双岗值班,各地文化市场执法支(大)队加强值班和巡检,特别关注绍兴辖区内互联网及公共视听载体传播视听节目的动态,加强了IPTV的管理。各县市每天均按时向市安全播出协调领导小组办公室报告当地安全播出情况,市安全播出协调领导小组办公室则以书面的形式每天按时向省局监测中心"零报告"。

2. 认真做好广电惠民工作。继续实施"广电低保"工程,确保低保群众免费收看有线电视;完善农村应急广播体系,将"应急"提升为第一功能,积极在全市推广,使有线广播真正成为应对突发事件的重要工具;广播电视对农节目服务工程扎实开展,并取得显著成绩。在9月25日至29日,还在绍兴成功举办了第21届金鸡百花电影节。

3. 深入推进有线电视数字化转换工作。积极推进有线电视数字化转换工作。积极推动有线电视数字化,到年底,全市约95%以上的有线电视用户已经转换成数字电视。各地城区有线电视数字化转换工作已经完成。

绍兴市广播电视台

2012 年，绍兴市广播电视台在技术规划、设备配置、技术改造、设备维护、节目制作、节目播出等工作中始终把安全播出放在技术工作的第一位，队伍建设、制度完善、设备保障、系统改造、技能培训、应急演练等方面工作都围绕安全播出来展开，具体内容有：

1. 队伍和制度建设

切实完善内部管理，明确岗位职责，层层把关，将安全播出的责任分解落实到每个人，使人人都有担子、有压力、有责任，从而形成人人重视和关心安全播出的氛围。

进行经常性的防范演练，熟悉应急程序。内部各区块多次进行有针对性的技能培训和技术比武，形成爱学、能学的氛围。先后进行了电视直播室、电视硬盘播出系统等系统和广播直播室转换、中控室信号切换、延时器快速设置的应急操作演练；对数字电视新闻卫星直播车、电视数字转播车、180、260 演播室、广播直播室等各广播电视系统，由有专长人员结合系统实际进行原理讲解和使用操作培训；送年轻技术人员参加松下公司摄录设备维护维修的技术培训。

常年持续的演练使技术人员对播出和转播工作心中有数、遇事不乱，提高了技术人员紧急情况下的处置能力。

不断细化、完善广播电视播出制度、操作规程和应急预案，在原有制度基础上，修订了《绍兴市广播电视台防范自然灾害应急预案》。

2. 设备和系统改造

为改善广播音频编播系统网络服务器的工作环境，提高系统的可靠性，技术管理部重新敷设了直播室、录制室、中控室的所有网线，对音频编播系统服务器、阵列柜、交换机等主要设备实施了整体搬迁。

为确保 738KHZ 频率信号的有效传输，在网络公司的支持下，从广电中心到中波转播台安装了一套光纤收发系统，实现了新闻频率、交通频率与中央台信号，以光纤为主与微波为辅的新模式。

3. 重大节日和重要活动技术保障

对重大节日和活动，技术管理部都召开专门会议，进行思想动员和工作部署，对各系统进行全面的技术维护，加强技术维护和播出值班岗位值班力度，在节假日和重要保障期，科长以上每天轮流带班，确保了各套广播电视节目的安全优质播出。

2012 年安全播出保障工作的重中之重是确保党的十八大期间安全播出，围绕这一中心任务，绍兴台多次召开各层级人员会议，使安全播出理念入耳入脑入心。在国庆节后就着重安排了广播、电视播出系统的全面检查和维护工作。在党的十八大期间，在关键岗位关键时间段，增加技术值班力量，尽全力确保安全播出工作。

第 21 届金鸡百花电影节是绍兴市 2012 年一项重要大型活动，绍兴台按照市电影节组委会统一安排，精心组织、周密安排，对转播方案、设备、人员进行全面彻底的梳理、检查，保证了开、闭幕式的顺利直播，保证了为中央台传送闭幕式信号的顺利完成，保证了红地毯走秀节目的安全顺利的直播和录制。

4. 技术创新成果喜人

2012 年，绍兴台重视科技创新、自主创新，鼓励员工围绕安全播出、节能降耗和提升作业效率等关键问题，探索、研发新技术，改进、优化流程，在工作中取得了实实在在的成效。如绍兴台网络公司四项创新成果 2012 年获得了国家实用新型专利授权。这四项得到国家知识产权局专利审批的创新成果分别是卫星天线主备一键切换装置、光站自动风冷降温装置、精密空调室外冷凝器喷雾散热装置和 HFC 双向网络测试仪。这批技术的推广应用，为有线电视的正常传输和播出提供了强有力的技术保障，为运行维护人员快速查找故障提供了新型武器。如使用卫星天线主备一键切换装置，一旦出现卫星天线接收故障，机房值班人只需操作面板按钮，就可实现一键切换，信号中断时间小于 25 毫秒，避免接错、短路等引起的故障扩大化。

金华市文化广电新闻出版局

金华市广播电视台

一、广播电视系统的建设

2012 年金华广播电视总台以安全播出工作为重心，对广播电视系统进行了更新改造和新设备添置。先后完成了广播音频系统改造、采访设备升级、演播室系统更新改造等工程项目。其中广播音频系统项目更新了播出服务器和工作站、主备服务器采用热备机制、改造了存储网络架构、配置了隔离网闸。通过更新改造使广播节目的安全播出有了更高的保障，同时节目的制作效率和质量有了明显的提高；先后完成卫星接收系统、光纤传输系统、微波系统等节目播出信号源的更新改造，使节目播出有了可靠的信号源；为发射部添置了一套大功率柴油发电机组，增加了抵抗各种风险的能力；采购了一批高清摄录设备，使电视节目摄制方面基本实现高清化，加快了我台向整体高清化目标的演进步伐。

二、安全播出

2012年金华广电总台技术中心认真执行国家广电总局、省局对维护管理的各项规定和要求，不断增强政治意识、大局意识、责任意识和安全意识，始终把安全生产、安全播出工作放在首要位置。严格按照总局方针做好广播电视技术维护工作，抓好安全播出的每一个环节。先后完成十八大、全国、省、市两会等重要安全播出保障期的广播电视安全播出工作。全年没有出现一起因人为责任而造成的停播事故。

三、科技奖项

2012年度获得总局电视节目技术质量奖（金帆奖）二等奖1个、三等奖1个，分别是片头类《爱·生活》获得二等奖，专题类《古婺窑火》获得三等奖；省广播电视技术质量奖一等奖3个、二等奖7个、三等奖2个。其中广播技术质量一等奖1个，二等奖2个，三等奖1个。电视制作技术质量一等奖2个，二等奖4个，三等奖1个，电视节目播出技术质量奖二等奖1个；

在2012年度科技创新奖评比中，《基于全媒体框架的高清业务平台系统》项目获得浙江省科技创新工程类二等奖；

在2012年度浙江省技术能手比赛中获得二等奖；

在2012年度浙江省广播电视科技论文一等奖、二等奖、三等奖各一个。

丽水市文化广电新闻出版局

1. 数字化发展情况

青田、景宁农村有线电视实际入户率分别达到91.9%和96%，均为优秀，其他县、市都达到80%以上。农村有线电视用户数字化整体转换都在85%以上，均符合优秀标准，景宁、龙泉、庆元分别达到126%、110%和122%，这三个县、市数字电视整体转换率超过100%，主要在于数字电视用户数在增加。农村数字化双向改覆盖率也都在30%以上，缙云、青田、景宁数字化双向化覆盖率分别达到了89%、87.5%和90%。

2. 应急广播建设情况

9县（市、区）100%乡镇现已建立广播站，均达到省优秀标准。行政村（社区）广播室也均在95%以上，缙云、青田、景宁、云和达到100%。9县（市、区）目前都开办了一套有线对农广播节目。

3. 乡镇广电站标准化建设情况

丽水各乡镇都设立了广播电视站，按照有关规定，安排了工作人员，配置了相应的广播电视转播、传播和维修维护设备，制定了安全播出、技术维护、收费服务、内部管理等制度和工作标准。各地乡镇都具备了一定的工作用房，40%乡镇站设备配置达到了浙广局发〔2010〕286号文件有关要求。

4. 有线数字电视发展技术论文评比

为更好地总结全市有线数字电视发展工作经验，并上升到理论高度，推进广播电视事业向纵深发展。2012年7月，丽水市局组织开展了有线数字电视发展优秀论文评比活动。此次活动共收到技术研讨类、运行维护类、管理经验类参评论文23篇，最后评出优秀论文15篇。

丽水市广播电视台

1. 第二代调频广播远程监测系统开发应用

以陈水生总工程师为核心的课题小组研发的第一代“调频广播覆盖监测系统”2012年投入应用，实时监测本台在丽水九个县（市）区的调频播出覆盖情况，取得了较好的效果，该项目被丽水市科技局列入年度公益性技术应用项目。同时在此基础上进行系统的第二代研发，采用单片机技术提高电路集成度，优化信号检测和报警机制，实现单台监测机监测四个广播频率，并进行了网络监测平台的深层开发，使系统智能化进一步提高。目前，第二代样机已研制定型，并进行小规模组网测试。在第二代“调频广播覆盖监测系统”研发中，申请了二项发明专利。

2. 丽水“新农村广播”县（市）覆盖工作

丽水“新农村广播”2012年元旦开始试播，为在正式播出前完成丽水全市九县（市）城区全覆盖，技术人员在时间短任务紧的情况下，克服高温，发射点分布分散且山高路远等困难，按时完成方案制定、方案论证、设备招标采购和安装调试各环节工作。9月份实现了丽水“新农村广播”全市九县(市)城区全覆盖。

3. 确保广播电视节目安全制播

为迎接党的十八大胜利召开，切实做好广播电视节目安全播出大检查工作，技术发展部牵头相关部门,从设备系统、员工技能、流程规范等方面进行了安全制播隐患的梳理排查，并针对性完成了以下一些技术改进和预防措施：对运行不稳定的新闻稿件系统进行换平台开发升级，对新闻演播室冷光源市电直供进行UPS供电改造,对百姓热线栏目网络视频直播的老旧设备系统进行更新换代，对新闻直播系统进行了由演播组、播控组、技术保障组及局台领导参加的直播系统出现各种异常情况时紧急处理的演练，以及播出机房外电停电应急预案演练和播出系统出现异常情况应急处置演练等。

4. 交通指挥中心广播电视连线直播系统投入使用

面对新的交通形势，老百姓对交通信息知情需求越来越迫切,2012年丽水市广播电视总台在丽水市交通指挥中心建设了广播电视连线直播系统,通过光缆把交通路况画面及指挥中心现场视音频信号传输到台内电视总控和广播总控，供连线直播的日常调用。

衢州市文化广电新闻出版局

1. 广播电视实现安全播出。及时调整充实市广播电视安全播出协调领导小组成员，强化落实安全措施,严格执行安全检查制度、值班制度、“零报告”制度、应急防范制度,确保了党的十八大、全国“两会”、省市党代会和法定节假日等重要保障期广播电视的安全播出。精心组织市、县广播电视安全播出自查工作，市、县广播电视台重点强化了节目内容审查、源带交接登记、信号源备份、重要部位出入查验等规范管理，市广播电视传输网络公司和各县广电网络部门全面加强传输覆盖网的巡查力度，切实做好线路的巡检和维护，并对重点线路和重要局部区域落实定时巡检和专人看护。市、县两级文广局和广播电视台全部制订应急预案机制，开展了全市范围的安全演练，各地也开展了多形式多层次有针对性的应急演练,增强了相关职能部门的联动协同能力。完成市广电监测中心二期项目即数字监测系统建设,11月完成项目终验。

2. 广播电视有线网络“一省一网”整合和广播电视全覆盖工程扎实推进。我市的广播电视有线网络“一省一网”整合工作在市委宣传部的直接领导下稳步推进,市、县两级广电部门作为主要的责任单位,积极筹备，扎实推进,3月与省公司签署框架协议。扎实做好广播电视全覆盖工程,完成开化县16个具备条件的护林站点的覆盖任务。全市新增数字电视用户136815户。完成电影反邪宣传教育4020场。

衢州市广播电视台

[确保广播电视播出安全]

衢州广播电视台认真落实各项安全播出预案,完善规章制度,保障技术投入;全年围绕十八大安全播出工作,安排部署了全国两会、党的“十八大”等8个安全播出重要保障期(61天)的安全播出工作,严格按照台安全播出预案要求,落实岗位责任制度,抓好日常技术管理和安全检查和安全演练，全年实现安全播出无事故。全年保障包括“最美衢州人颁奖晚会”在内的广播电视直录播活动30多场次,均未出现安全事故。

[深化数字电视整体转换工作]

2012年数字电视整体转换工作继续稳步推进。大力提高数字电视用户服务能力。推出高清、3D电视节目;在城区实施光纤到楼幢的改造方案;柯城农村数字电视整体转换完成比例85%，网络双向化改造稳步推进;开展有线电视营业厅标准化、规范化建设,研发和开通银行网点付费系统;广电台自身的一省一网整合清产核资工作基本结束，资产评估和股权分割等相关工作稳步推进，协助浙江华数与各县(市、区)签订“一省一网”框架协议。

[广播电视进村入户惠民工程进展顺利]

2012年衢州台积极落实惠农政策,全力建设柯城区的广播电视农村公共服务体系。

1. 村村通数字化提升工程

2012年底,广电台共投入约1000万元,在农村数字电视转换和双向改造方面进展较快。安装机顶盒约5万户,整转率达85%,已停模184个村,停模用户达3.7万。农村实际入户率超过80%。

2. 广电低保数字化提升工程

严格落实低保户免费收视政策，全年柯城区内的3805户低保和570户特困户都看上了数字电视，做到应装尽装。

3.“村村响”应急广播提升工程

对村村响应急广播系统进行了升级改造，采用了RDS传输方式，可对远程终端的频率、音量、编码及开关机进行控制，做到可控可管，提高可靠性。已有6个乡镇广播站完成了改造。

4. 乡镇广播电视站标准化建设工程

根据省局要求，广电台网络中心积极与省局招标入围单位进行对接，专款专用，投入了80多万元，对花园、航埠、石梁、石室、黄家、双港6个广播电视站进行了改造，提高了播出质量和应急抢险能力。

5. 农村广播电视全覆盖工程

柯城农村有线电视联网行政村310个，有线电视联网达到100%，20户以上自然村有线电视联网达到100%，加上无线广播电视的覆盖，基本实现了广播电视的“户户通”要求。

6. 无线覆盖工程

2012年主要是负责央视一套、七套和中央广播一套转播、日常的运行维护管理工作，全年以“满功率、满调制度、满时间”播出，台内停播率为零，2012年全年外电停电14次造成的广播电视总停播率为6.8秒/百小时。

[技术创新成效明显]

积极推进地面数字电视和CMMB手机电视覆盖工作。2012年地面数字电视试播一套高清、二套标清节目，节目信号覆盖良好。CMMB手机电视信号实现全市城区和部分乡镇覆盖，确保信号覆盖的预期效果。

进一步加快数字电视应用平台、阳光政务平台、增值业务开发和移动电视等新媒体建设。

成功举办全省广播技术质量奖评比年会，在本次广播技术质量奖评比中，我台获奖数全省第一，其中获一等奖4个。

[积极提升技术队伍水平]

各部门都按年初制定学习培训计划严格对照实施，对技术人员定期集中技术培训和交流，采取请进来走出去的方式，有效地提升了技术人员的整体技术水平。

十八大前，完成了涉及4个部门9个岗位共89人的技术练兵比武。各部门均按年初计划全面完成学习任务。

全年共获省级以上技术奖项18个

台州市文化广电新闻出版局

台州市广播电视台

一、认真做好安全播出工作，确保广播电视安全播出

安全播出是广播电视的生命，是广电科技工作者的第一职责，更是一项长期的、艰巨的任务，确保广播电视安全播出是我们工作的重中之重。台州台科技部门定期组织召开安全播出工作例会，按照安全播出实施细则要求，仔细检查，逐一评估，发现问题，及时整改，把安全播出各项措施落到实处。在全国两会、省市两会、省党代会、重大节日及其他安全播出保障期，都提前安排，周密部署，认真落实安全播出责任制。保障期内，做到思想重视、责任明确、防范有效，每个环节、每个岗位、每个人员各司其职，关键岗位实行双人双岗，做到眼不离屏幕，手不离开关，确保广播电视安全优质地播出。尤其在党的十八大召开及十八届一中全会期间，安全播出关键部门重要时段实行双重技术保障。全年共完成7个安全播出重要保障期、共计57天的安全播出任务，实现全年安全播出重要保障期广播电视播出零停播、零插播。

上半年，在全省广播电视安全播出对口检查之际，根据广电总局有关广播电视安全播出的规定与新的要求，进一步完善了各项规章制度。新制订了《广播电视机房设备检修制度》、《技术档案管理制度》、《安全制度》；完善了《广播电视机房管理制度》、《广播电视机房值班制度》等制度，对部门内各系统技术维护和安全播出管理工作提出具体要求，实现机房设备设施管理规范化。然后，根据内设的广播技术部、电视技术部和广播电视发射部的安全播出实际情况，新制订了部门各自相应的信息安全预案和应急处置办法，明确操作规程和应急流程，提高技术值班人员应急处置能力。同时，组织相关人员认真学习安全播出应急预案，并积极开展预案的演练，切实提高应对突发事件、重大事故和灾害事故的应变处置能力。在党的十八大召开之前，参加了由市委宣传部组织，联合市610办公室、公安局、文广新局、无线电管理局等部门，协同进行“反插播（网络插播）、防干扰(广播)"演练,这是台州市本级举行的规模最大的安全播出演练。通过这次演练,进一步锻炼与提高了技术队伍应对突发事件的处置能力,增强了安全播出的防范意识。

二、加强技术维护,做好技术保障工作

坚持开展常规性的技术维护工作,每周二下午对广播电视设备进行例行检修、维护,消除设备故障隐患,做到关口前移,确保设备正常运行。

广播技术部除了对大楼内广播节目制作、播控、传输设备的技术维护与技术保障外,还对括苍山、枫山以及有关县市(广播小功率补点)无线发射站点的设备进行正常巡检和应急抢修,确保广播电视节目优质播出。全年不仅做好日常技术维护与技术保障工作,还完成了市两会开幕式、浙江省现代服务业现场交流会、北三县工程督查现场会、台州市第十届房交会和住博会、黄家强台州歌迷见面会等30多场次户外广播直播的技术保障工作;完成调频广播发射频率(温岭新闻广播FM101.3MHZ,玉环音乐广播FM105.9MHZ、新闻广播FM107.8MHZ,临海巾山音乐广播FM91.6MHZ)无线电执照报批工作;完成3KW调频发射机控制单元软件升级;完成广播综合制作系统专业测评机构二级安全等级测评;配合交通广播频道在不停播前提下进行了直播室背景改造。

电视技术部认真做好《台州新闻》、《600全民新闻》、《生活零距离》、《第一时间》、《台州您早》、《晚安台州》等栏目演播室直录播的技术保障工作;全力做好四个电视频道电视播出、后期制作非编网以及各县市区新闻回传等设备的日常技术维护与技术保障工作。同时,还顺利完成了台州市两会、市党代会、第二届十大杰出母亲、首届十大孝星、台州春晚、台州少儿春晚、台风"海葵"等全程连线滚动直播、台州市首届汽车节、台州市企业文化节、台州春季购物节等五十多场次重大活动直录播的技术保障工作。另外,对新闻频道的改版、高清专题片的拍摄提供技术支持;今年为进一步做好技术保障工作,试行了频道技术专人负责制,为频道提供全方位的技术服务。

三、努力做好技术设施的规划与建设,提高技术保障能力

科技事业中心根据网络化、高清化的要求,合理规划,稳步实施。从2011年电视转播车高清化改造开始,标志着台州台就已进入了新一轮技术基础设施建设时期。2012年启动的项目有:

1. 全媒体新闻中心制播系统建设:该系统是台州台一次性资金投入规模最大的技术设施建设项目。全媒体新闻中心制播系统为高标清兼容系统,建有50个初编工作站和25个精编工作站、演播室直播系统、媒资管理系统等。本台所有的电视新闻类节目都将在这个系统中制作完成。为使规划设计的技术方案具有科学性与实用性,科技事业中心与供应商、技术同行、各频道(部门)反复沟通交流,对方案进行多次修改与完善,并组织省市技术专家对技术方案进行研讨、论证,确保建成的制播系统先进、安全、高效。该系统的建成将使我们的技术装备水平跨入广播电视台的先进行列,极大增强总台新闻宣传技术保障能力。

2. 广播制播网及录制室设备更新改造:针对现有的广播制播网和录制室(除新农村广播)部分设备老化,技术功能滞后等状况,对广播制播网中的主备服务器、磁盘阵列、一播四工控机、慢录站、电话录音系统、部分录制及播出电脑等进行更新改造,同时更换部分录制室中的调音台,升级录制站软件等。年底前完工并正式投入运行。

3. 括苍山电视发射设备及电力配电系统等更新改造:主要有(1)台州电视综合频道(22CH)主发射机更新,增添浙江卫视发射备机。(2)电力配电系统更新改造:需搬迁电力变压器机房、更换容量大的变压器以满足负荷的要求。发射设备更新项目顺利完成。

4. 演播室120KVA UPS电源机组改造:目前使用的100KVA UPS电源是2005年采购的瑞士Newave模块UPS高频电源。由于使用年限已久、安全性能降低,不能满足负载设备安全播出要求,因此决定采购新的120KVA UPS工频电源机组,代替旧的100KVA UPS高频电源。该项目标书已递交台州市招投标中心。

结合全台整体发展思路,紧密围绕电视"网络化、高清化"要求统筹考虑,先后完成了高清化、网络化环境下的全台采、编、播系统技术规划编制、全高清开放演播室的初步设计、高清卫星直播车的初步方案。

四、推进机制改革,初步完成科技中心作为实体运行的各项准备。

科技中心作为台州台的一个部门转向按经济实体管理已经酝酿了一年多,为稳步推进机制改革进程,实施实体化运作,2012年对原先方案进行了反复研究、讨论、修改，重新登记现有在用设备并核算成本，努力做到方案完整清晰、设备登记准确、成本核算精细，初步完成科技中心作为实体运行的各项准备。

舟山市文化广电新闻出版局

1. 注重实效，努力推动广电有线网络发展

一是努力推进数字电视整转和双向化改造。至2012年底，全市数字电视整转率达85%，其中城区数字电视整转工作已基本完成，农村达66%，双向化改造率达到44%。舟山市本级数字电视整转工作已基本完成，市本级城区双向化改造率达100%，农村达30%；各县（区）数字电视整转和双向化改造工作也稳步推进。

二是督促加快推进全市“一省一网”工作。目前，普陀、岱山广电台相关资产清产核资、资产评估工作已基本完成，正办理资产划转手续。嵊泗广电台也已与浙江华数达成合作框架协议，正在按计划推进。

2. 加大投入，建设完成并运行广播电视监测中心

舟山市广播电视监测中心于2009年获批成立并开始筹备建设，目前共投入约460万元，于去年11月开始进入试运行阶段，12月正式挂牌运行。今年2月，互联网视听节目综合监测系统也正式开始运行。目前，监测中心整体运行情况良好，使日常监测中发现的一些问题得到及时妥善的处理。该监测中心总体规划是建立以市局监测中心机房为主体，分布全市四个县、区的技术监测网络，采用固定和流动、人工和自动相结合的广播电视监测体系，实现对舟山地区广播电视的空中、无线、有线节目和互联网视音频节目全方位的监测监控监管。在技术构架上为完成内容监测、技术监测、安全播出监测打下基础。舟山广播电视监测网规划做到固定监测和流动监测相结合，充分利用广播电视网络资源，在全市范围内建立起一个完整的广播电视播出质量监测反馈体系，保证广播电视节目和互联网视听节目的安全优质播出，并为实施行业管理提供依据和手段。

今年年初以来，为加强中心内部管理，提升监测能力和业务水平，制定了中心工作职责、安全管理制度、机房维护制度、值班制度、设备仪器管理制度、应急预案等一系列制度。十八大召开前夕，组织对市本级及各县（区）自办节目播出的广告进行了为期一周的专项监测，同时进一步加强对中心设备仪器检测和维护，还配合省广播电视监测中心对全市播出机构机房、监测前端进行为期2天的设备巡检。11月1日开始，启动安全播出重要保障期保障制度，严格落实24小时值班制度，通讯联络保持24小时畅通，并认真执行“零报告”制度。同时，中心还对IP归属地为舟山的视听网站进行了24小时无间断的实时监测，进一步加强对互联网视听节目安全播出的监管。

舟山市广播电视台

2012年，舟山广播电视总台投入近500万元，改造技术设施设备。

投资300万元新建媒体资产管理系统，这个系统采用目前先进的计算机视、音频技术，实现资源共享的网络传输/存储技术所建立的一个数字化、网络化、高效率、稳定、安全的媒体资产管理平台，可解决全台历史资料数据化和归档存储问题，同时为制作、播出等生产业务系统提供资料归档、资格检索/调用、电视剧节目入库、节目备播等综合性服务，并且为将来网络电视、手机电视、移动电视等新媒体业务的开展提供节目储备和资料调用接口，可满足全台现在和未来业务发展的需要，最终实现一个集采、编、播、存、管理功能于一体的数字化、数据化、网络化、高度智能化全台网的目标。

投入100多万元，新购置一批松下P2格式的摄录及附属设备，改善摄录条件；更新改造电视播出系统的电视，。原电视墙所用CRT监视器全部更换为SDI（VIDEO）转DVI+液晶显示器方式，新增一套大洋高清版有卡上下载，精编/审片工作站，提升电视节目的编辑制作能力；购置一台数字直播调音台，至此，广播三套节目全部使用数字直播调音台播出。

作为一项重大的事业建设项目，蚂蝗山发射台整体改造工程于2010年启动，投入近1千万元，重建蚂蝗山基础设施，包括发射机房、生活用房、发电机房、高/低压配电房、避雷接地系统改造及其他附属设施。通过近3年建设，于12月8日启用，改变原发射台配套设施落后局面。同时，更新蚂蝗山发射台三套调频的三工器。新的三工器采用星型桥式结构和三腔带通滤波技术，改变原三工器使用时间长、发热量大、安全隐患多的状况，提高了广播节目的安全

播出性能。

总台从实际出发，及时调整广播电视安全播出指挥部人员，同时举办广播电视安全播出培训班，邀请省广电局的相关领导和专家，详细解读广电总局62号令的相关精神，结合广播电视安全播出的现状，分析存在的薄弱环节，提出了广电安全播出的目标和要求。技术部门以总台开展的职工技能大比武为契机，开展业务学习活动，通过理论测试，促使技术人员认真学习专业理论知识。同时以部门为单位，制订应急预案，开展岗位演练，通过实际操作测试，为广播电视安全播出奠定扎实基础。是年被省广播电影电视局评为安全播出平安单位。

18. 评 奖
PINGJIANG

全国性评奖

第二十二届中国新闻奖获奖作品目录(浙江省广电系统)

一等奖

电视直播：7·23 动车追尾事故现场直播

作者(主创人员):吴 晓 薛林森 丁丽萍 王振辉 李 野 胡未央

刊播单位:温州广播电视台

二等奖

电视评论:温州:让民间资本回归实体经济

作者(主创人员):王米娜 孙宇 黄利伟 朱贤勇

刊播单位:浙江电视台

国际传播：星星的约定

作者（主创人员）：杨彦翀 周冠宁 周洋文 李帆

刊播单位:宁波电视台

三等奖

1.广播系列报道：苍南县 368 套限价房遭遇“瓜分”

作者（主创人员）：李晓华 王乐乐 张 勤 钱葳

刊播单位:浙江电台

2.电视系列 题目:“最美妈妈”吴菊萍

作者(主创人员):柳沁园 黄 毅 华文月 童晓霞 黄苗苗 高佳琳 常 州

刊播单位:浙江广电集团

2011—2012 年度中国广播影视大奖获奖作品目录(浙江省)

广播消息

“最美妈妈”吴菊萍(杭州人民广播电台 熊 丽 郑 媛 徐烜政 金 波 李 艳)

现场直播

7.23 甬温线特大铁路交通事故特别直播(浙江广电集团 集体创作)

对外广播新闻节目

义乌传奇再出发（浙江广电集团 张 星 吴一清 潘 玲 高 枫)

原创歌曲

谁是最美的人(浙江广电集团 集体创作)

广播剧

热血丹枫(镇海广播电视台 陈 央 高 静 胡

培奋　于祥国　李　静　刘　晨）

电视消息

“最美司机”吴斌（杭州电视台　袁也　蒋学栋　袁帅　车　诚　李　文　夏茂松）

小蚯蚓解决环保大问题（浙江诸暨广播电视台　集体创作）

电视评论

温州：让民间资本回归实体经济（浙江广电集团　王米娜　孙宇　朱贤勇　黄利伟）

电视专题

“最美妈妈”吴菊萍：一个真实的平民英雄（浙江广电集团　晓　黎　方　玮　王一冬　黄小裕）

电视现场直播

“7·23”动车追尾事故大救援现场直播（温州广播电视台　集体创作）

众志成城抗击“海葵”8 小时特别直播（浙江广电集团　集体创作）

电视对外电视节目

艾伦的舞台（浙江广电集团　程　泠　王肃方　杨忠贵）

2011—2012 年度中国广播影视大奖提名奖目录（浙江省）

广播消息

市民排队献血 温州彰显大爱（浙江广电集团　戴家琪　陈裕杰　张　立）

首批出国镀金的浙江“金蓝领”今天学成回国（杭州人民广播电台　伊　蓝　唐琼斐　沈　麟）

国内首个民间借贷平台——温州民间借贷登记服务中心今天正式挂牌（浙江广电集团　李晓华　王乐乐　吕瑞峰　张　勤）

磐安孝子 感动中国（金华广播电视台　顾如荣　吴　宁　王智玲　陆　晖）

广播评论

“温州温暖”，中国力量（温州广播电视台 雷子明　吕呈力　许　琦　陈伟文）

广播专题

他是屹立的铁塔——追忆我们的江小金（宁波人民广播电台　周冠宁　项亚萍　潘亚舟　雪　莉）

心手相牵 血脉相连——记“7·23”动车事故自发献血群体（温州广播电视台　夏　茹　徐建芳　林素珍　钟翠凤）

“最美老师”救回学生一家三口（浙江广电集团　雷蕾　毛晓琼　叶永华　徐高徽）

生命中的 1 分 16 秒（浙江广电集团　雷蕾　张苑　李方存　金少华）

缺斤短两，中医抓药“潜规则”？（杭州人民广播电台 徐烜政　陈 雷 熊丽 胡晨凌）

广播现场直播

轿车高速刹车失灵，上演真实版生死定速（浙江广电集团　魏　娜　余　洋　高音鸣）

广播栏目

博闻天下（杭州人民广播电台　金　波　庞　勃　于海涛　熊　丽　徐烜政　李　艳）

音乐节目

告诉海（宁波广电集团　亚　舟　雪　莉　周　月　飞女）

广播剧

辫子坟（宁波广电集团　雪　莉　仰　芳　徐明鸣　潘亚舟　赵葳美　晓　音）

合璧（浙江广电集团　集体创作）

电视消息

生命奇迹，妞妞今天醒过来了！（浙江广电集团　集体创作）

西湖申遗 一槌定音（杭州电视台　王　蕾　陈晓岱　王　健）

963.65 公斤！浙江超级稻百亩方亩产刷新全国纪录（浙江广电集团　李　霞　张云洁　黄利伟）

电视专题

背着妈妈去上班（浙江广电集团　焦征远　金俊　童晓霞　陈　颖）

2012 年度浙江省在全国及国际电影各类评奖中获奖目录

1. 2012 年举办的第 21 届中国金鸡百花电影节上，由华谊兄弟传媒股份有限公司领衔出品的《唐山大地震》获最佳影片。

2. 第 12 届精神文明建设“五个一工程”奖电影评选中，杭州诗情画意文化传媒有限公司出品的《岁岁清明》入选。

3. 新丽传媒股份有限公司出品的《搜索》代表中国内地参加第 85 届奥斯卡最佳外语片角逐。

4.《一九四二》获第七届罗马国际电影节青年评审团最佳影片金蝴蝶奖及意大利摄影家协会最佳摄影奖。

5. 华谊兄弟传媒股份有限公司领衔出品的《LOVE》入围第 62 届柏林电影节“世界大观”单元。

6. 浙江横店影视制作有限公司出品的《遍地狼烟》获第 36 届加拿大蒙特利尔国际电影节“传奇动作优秀奖”。

7. 浙江天鹏传媒出品爱情故事片《女人如花》获第七届摩纳哥电影节最佳影片奖，这是自摩纳哥国际电影节举办以来中国电影第一次获此荣誉。

2011 年度电视节目技术质量奖（金帆奖）获奖结果（浙江省）

新闻类

二等奖

1.浙江新闻联播（浙江广播电视集团　孔犇　王晓东　祝　斌　唐　柠）

2.宁波新闻（宁波广播电视集团　翁晴霄　贺晓连　刘佳意　蔡务兵）

三等奖

1.温州零距离（温州市广播电视台　张　毅　王甜温　邵来莉　何可人）

专题类

一等奖

1.遗落的汪洋之舟（浙江广播电视集团　蔡国炎　张　莹　谢　颖　张立庆）

2. 记录绍兴（绍兴广播电视总台　陈大可　吕春草　黄光明　张　骞）

二等奖

1.潮起千年（宁波广播电视集团　朱克湘　王征新　谢　彪　蔡务兵）

2. 春天里的温州（温州市广播电视台　宋志坚　杨　佩　滕小宁　郑　凯）

标清录制技术质量奖最佳声音奖

专题类

一等奖

1. 2011 年跨年晚会 风尚盛典（浙江广播电视集团 视频　洪　超　王志刚　刘　晟　徐　陈佶　章幼宁　音频　凌佳豪　灯光　郭　亮）

二等奖

1.畅想河姆渡（宁波广播电视集团　蒋　波　陈春玉　应可进　林雯瑾 蔡务兵 乐袁 谢联斌 李奇阜）

2. “情系中华 握手世界”春节联欢晚会（温州市广播电视台　金科　秦利永　姜　悦　郑碧挺　陈逊儒　许一峰　林　鹏　徐晓勇）

2011 年度广电总局广播节目技术质量奖（金鹿奖）获奖结果（浙江省）

音乐类

一等奖

1. 无伴奏合唱《赛维利亚理发师》（浙江广播电视集团　莫若铭　郑　侃　陈威嘉）

二等奖

1. 莫扎特《第 5 号 A 大调小提琴协奏曲》（浙江广播电视集团　莫若铭　陈威嘉　郑　斌）

三等奖

1. 南湖红船南湖水（嘉兴市广播电视集团　姚伟）

2. 歌曲《船王》（杭州文化广播电视集团　杨柳）

戏曲类

二等奖

1. 越剧选段《才忆新婚重逢》(浙江广播电视集团　张医杭　汪丽芳)

2.《5.1MVP》(浙江广播电视集团　莫若铭　汪丽芳)

三等奖

1. 越剧选段《你是帆 我是湾》(浙江广播电视集团　胡一民　朱　捷)

语言类

二等奖

1. 草原知音（浙江广播电视集团　王　强　莫若铭)

2. 富春山居图（浙江广播电视集团　葛朝清　张医杭)

3. 尺八（宁波广播电视集团　廖晓东　忻　震　丁小敏)

片花广告类

一等奖

1.我是一条船(浙江广播电视集团　胡一民　郑侃)

三等奖

1.景宁畲乡欢迎您(丽水市广播电视台　陈水生　叶　瑛　王　充)

广播剧类

一等奖

1. 烈火英魂（浙江广播电视集团　胡一民　郑侃)

二等奖

1.突破生命线(浙江广播电视集团　莫若铭　朱捷　郑　斌)

2011 年度全国广播电视技术维护先进台站(集体)先进个人名单(浙江省)

先进台站(集体)

中心类

一等奖

浙江广播电视集团广播制播中心

三等奖

奉化市广播电视中心技术科

温州广播电视台制作部

杭州市余杭区广播电视台技术部

先进个人

中心类

三等奖

陈全军(海盐县广播电视台技术中心)

吕玉江(嵊州市广播电视总台技术部)

钟仪权(松阳县广播电视台)

传输类

三等奖

黄　洪(义乌市广播电视台网络中心)

陆　建(浙江广联有线电视传输中心)

综合管理类

三等奖

曹赟辉(杭州市广播电视监测中心技术监控室)

浙江省评奖

浙江广播电视新闻奖获奖作品目录

一、广播部分

(一)消息

一等奖

1. 诚信危机引发阿里巴巴高管集体辞职(浙江之声)

2. 大学生章彬斌科学种田种出好收成（浙江之声)

3. 富春山居图今天在台北故宫博物院合璧展出(浙江之声)

4.中国海岛第一拍落槌(宁波电台)

5.“7.23”动车事故现场 两岁女孩奇迹获救(温州

市广播电视台)

6. 德清6000多名学生今天开始享受优先便利通行特权了(德清县广播电视台)

二等奖

1. 嘉兴公共文化开启"个人预约"服务(嘉兴市广播电视台)

2. 庆元菇农一项技术赚两份钱(丽水市广播电视台)

3. 沉浮60载 杭州大华书场重新开业 新掌门如何续写书场传奇(杭州电台(AM954)

4.江北区在全国率先试行"房票"质押贷款(宁波电台)

5. 温州通用锁具的底气和"牛"气(温州市广播电视台)

6. 民企垫资 政府回购 湖州创新保障房建设模式(湖州市广播电视台)

7.掌声送给最后冲刺者(绍兴市广播电视台)

8.两百人安危五小时营救(诸暨市广播电视台)

9.每天锻炼1小时的"东阳模式"被正式纳入我国中小学课程表(东阳市广播电视台)

10. "飞跃"向"三门核电"供管,核电用管首次国产化(台州市广播电视台)

11. 岱山潮流能发电项目试用发电 (舟山市广播电视台)

12. 国家第四个新区、首个海洋经济新区正式亮相(舟山市广播电视台)

13.社区晒场晒出群众想法(云和县广播电视台)

14.我县农村文明户有了"含金量"(庆元县广播电视台)

15. 人大代表喊停钱江生化二分厂 (海宁市广播电视台)

三等奖

1. 血铅事件后路桥关停2800家高污染企业 (浙江之声)

2. 加速城乡商品流通的新模式(浙江电台音乐调频)

3. 杭州市民餐桌上的每一颗青菜、每一块猪肉都有了身份证(杭州电台(FM89))

4. 我县"五票制"决定村级事务(淳安县广播电视台)

5.老奶奶雪中送粥温暖民工返乡路 (北仑区广播电视台)

6. 扫墓急匆匆 烈士擦肩过(象山县广播电视台)

7. "以通治痛"——镇海区创建社会矛盾调解新模式(镇海区广播电视台)

8.瑞安民企把活字印刷术融入儿童玩具,用中国传统文化赚取美元(瑞安市广播电视台)

9. 苍南15名小学生诵诗歌录视频激励灾后日本儿童(苍南县广播电视台)

10.嘉善县委权力"亮"出来(嘉兴市、嘉善县广播电视台)

11.安吉有了村级数字电影院,农民文化生活再添新色彩(安吉县广播电视台)

12. 越城区首批一线外来环卫工人拎包入住新家(绍兴市广播电视台)

13.明洋,海西人民来看你啦!(绍兴市广播电视台)

14."拨浪鼓"摇响最强音"卖货郎"书写新传奇(金华市广播电视台)

15. 三百官兵血汗筑高50公分兰江大堤(兰溪市广播电视台)

16. 路桥区关停2800多家污染企业和场点(台州市广播电视台)

17. 我市3万多名外来民工子女免费入学公办学校(温岭市广播电视台)

18.及时报警 两村民获政府重奖(常山县广播电视台)

19.村歌唱香了大陈面(江山市广播电视台)

20."中国海员技能大比武基地"落户舟山 蓝色海洋唱响"海员之歌"(舟山市广播电视台)

21. 丽水农民家门口幸福刷卡 (丽水市广播电视台)

22.我县农民护林员有了养老保险(遂昌县广播电视台)

23.市民勇救两名落水儿童(景宁县广播电视台)

(二)系列连续和组合报道

一等奖

1.苍南县368套限价房遭遇"瓜分"(浙江之声)

2.温州动车追尾 各方展开紧急救援(浙江电台交通之声)

3."最美妈妈"吴菊萍(杭州电台(FM89))

二等奖

1. 温州民间借贷风波追踪(浙江之声)
2. 新馆文物背后的故事(嘉兴市广播电视台)
3.从绍兴范本看转型升级(绍兴市广播电视台)
4. "最美老师"感动衢城(衢州市广播电视台)
5. 官店村民的幸福生活(丽水市广播电视台)

三等奖
1. 温州产业空心化的隐忧(浙江电台经济频道)
2. 身边的感动(萧山区广播电视台)
3. "海田阿姨"打响镇海家政服务品牌(镇海区广播电视台)
4. 蹲点日记:梅屿那些天那些事(温州市广播电视台)
5. 三分一斤的包心菜(海盐县广播电视台)
6. 共享一方热土,让农民工幸福在长兴(长兴县广播电视台)
7. 当危机再次袭来时(绍兴县广播电视台)
8. 入世十年:义乌从小商品城到国际贸易城(义乌市广播电视台)
9. 文化惠民一线行(龙游县广播电视台)

(三)新闻访谈节目

一等奖
1. 器官捐献让爱延续,还需迈过几道关——由孙永海捐献器官引发(宁波电台)
2.本是同根生 携手才会赢(绍兴市广播电视台)

二等奖
1. 我的汽车有话说——出租车运价调整要考虑哪些因素(杭州电台交通经济)
2. 红船旁的坚守(嘉兴市广播电视台)

三等奖
1.天下西湖——西湖申遗成功特别节目(杭州电台(FM89))
2.周德文解读温州民间借贷风波(温州市广播电视台)
3.一名海岛医生的坚守(台州市广播电视台)

(四)新闻节目编排

一等奖
1. 7月24日《浙广早新闻》(浙江之声)

二等奖
1.11月12日《新闻早班车》(宁波电台)

三等奖
1.《杭广早新闻》(杭州电台(AM954))

(五)新闻专题

一等奖
1. 衢州"最美老师"救回学生一家三口(浙江之声)
2. 他是屹立的铁塔——追忆我们的江小金(宁波电台)
3.为民爱民记者俞佳友(丽水市广播电视台)

二等奖
1. 名不符实的污水处理站建设(浙江之声)
2.民工子弟学校校车众生相(浙江电台交通之声)
3. 红船情 南湖魂(嘉兴市广播电视台)
4.中国校车的德清模式(湖州市广播电视台)
5. "红石"旁热血青年再聚首(绍兴市广播电视台)
6. 文化做庄稼,小山村种出大希望——好书记余金红的乡村新实践(舟山市广播电视台)

三等奖
1. 拯救小伊伊(浙江之声)
2. "四季星座"——"8090"的创业传奇(浙江电台城市之声)
3. 医保卡变成"购物卡"(萧山区广播电视台)
4.我们爱上大舞台(北仑区广播电视台)
5. 同"肝"共福(长兴县广播电视台)
6.折翼天使屠燕芬(安吉县广播电视台)
7. 农民赛诗会 泥香沁风雅(浦江县广播电视台)
8. 台州小微企业 "温暖过冬"(台州市广播电视台)
9.《我是你的眼》——眼角膜捐献的爱心接力(衢州市广播电视台)
10. 海之殇,谁来为漏油事件买单?(舟山市广播电视台)

(六)社教专题

一等奖
1.7.23事故中的孩子们(浙江电台音乐调频)

2. 冠军寻亲(杭州电台(FM89))

二等奖

1. 一诺十年——一位女大学生对救火勇士的承诺(丽水市广播电视台)

2.守望天堂大门的美丽天使(余杭区广播电视台)

3.一叶丹枫还故乡(镇海区广播电视台)

4.崔成志:收藏的最高境界(衢州市广播电视台)

三等奖

1. 在康复中心当义工的日子(浙江电台交通之声)

2. 风雨相伴八十载,相亲相爱"橡树婚"(温州市广播电视台)

3. 回家(平阳县广播电视台)

4. 一位老乐迷和孩子们的音乐梦(海宁市广播电视台)

5. 轮椅上爱的传递(德清县广播电视台)

6. 化蝶(诸暨市广播电视台)

7. 从金华三宝的兴衰看传统产业的转型升级(金华市广播电视台)

8. 情在人间——一个肾撑起一个家(常山县广播电视台)

9. 布袋木偶戏的春天(舟山市广播电视台)

10. "汤显祖文化"的世界之旅(丽水市广播电视台)

(七)评论

一等奖

1.以群众满意为标准,城市创建方能为民惠民(浙江之声)

2."温州温暖"中国力量(温州市广播电视台)

二等奖

1. 最美妈妈吴菊萍为何感动国人(浙江之声)

2. 德清"特权校车"模式的启示(德清县广播电视台)

3. "美丽乡村"的绿色示范(安吉县广播电视台)

4. "又快"不能甩了"又好"(诸暨市广播电视台)

三等奖

1. 20 万元奖金 吴菊萍该不该留(富阳市广播电视台)

2. 让扶危成为风尚(桐庐区广播电视台)

3. 文化惠民"大餐"请让百姓来"点菜"(北仑区广播电视台)

4. 救"温州"就是救中小企业(温州市广播电视台)

5. 从郭美美事件看"点亮一盏灯"的民意(绍兴市广播电视台)

6.一位可敬母亲的不应承受之痛(永康市广播电视台)

(八)新闻现场直播

一等奖

1. 7. 23 甬温线特大铁路交通事故特别直播(浙江之声)

二等奖

1. "7.23"甬温线特别重大铁路交通事故现场直播(温州市广播电视台)

2. 新舟山,新希望—"国务院批复设立浙江舟山群岛新区"特别节目(舟山市广播电视台)

三等奖

1.直击新安江泄洪(杭州电台西湖之声)

2.直击诸暨水灾(绍兴市广播电视台)

(九)新闻专栏

一等奖

1. 连线快评(杭州电台(FM89))

2. 空中服务台(温州市广播电视台)

二、电视部分

(一)消息

一等奖

1. 生命奇迹,妞妞今天醒过来了(浙江卫视)

2. 分离 360 余年《富春山居图》今天在台北"合璧"展出(浙江卫视)

3. 西湖申遗 一槌定音(杭州电视台西湖明珠频道)

4. 节能减排 让宁波港继续领跑世界(宁波电视台)

5. 动车追尾四节车厢翻下高架 记者亲历现场目击生死营救(温州市广播电视台)

6.专车专营 德清校车实现城乡全覆盖(湖州市广

播电视台）

二等奖

1. 直击钱塘江流域特大洪水（浙江卫视）

2. 24 小时交易 43.8 亿 “网购”超越“商业航母”（浙江电视台经济频道）

3. 现场发现幸存者 期待生命奇迹（浙江电视台民生休闲频道）

4. 全国首个公开拍卖的无居民岛岛主产生（宁波电视台）

5. “眼镜大王”重拾信心 信泰集团今日复工（温州市广播电视台）

6. 市民涌向中心血站 爱心爆棚感天动地（温州市广播电视台）

7. 钱塘江回头潮掀起 20 米巨浪 冲毁护栏（海宁市广播电视台）

8. 嵊州山活跃着一支“摩托医疗队”（嵊州市广播电视台）

9.林南珍生命中的最后一次刹车（东阳市广播电视台）

10.义乌国际贸易综合改革试点方案获批（义乌市广播电视台）

11. 我要抱着你，我要让你飞起来（台州市、椒江区广播电视台）

12. 为爱 13 岁女孩三次鞠躬（衢州市广播电视台）

13. 中国首个以海洋经济为主题的国家级新区今天诞生（舟山市广播电视台）

14. 住龙：“生态饭” 越吃越香（龙泉县广播电视台）

三等奖

1. 温州全城总动员展开生命大营救（浙江卫视）

2. 我让盲人“看到”残运会开幕式（杭州电视台西湖明珠频道）

3. “十万美国学生在中国”首个合作项目在萧山启动（萧山区广播电视台）

4. 定期班轮两岸直航开创国内液化品运输先河（镇海区广播电视台）

5. 阿拉的粥只送不卖（北仑区广播电视台）

6. 余姚全面取消山区乡镇工业指标考核（余姚市广播电视台）

7. 张网捕鸟者自投罗网（平阳县广播电视台）

8. 全省首例环保公益诉讼案昨在平湖开庭（嘉兴市、平湖市广播电视台）

9. 浙江裕华木业完胜美国对华“双反”调查（嘉兴市、嘉善县广播电视台）

10. 山洪爆发.04 省道彭安线青山段交通中断（安吉县广播电视台）

11. 德清打造“中国钢琴音乐谷”，洛舍钢琴亮相杭州广场秀（德清县广播电视台）

12. 浙江露笑集团坚持做主业走高端（绍兴市广播电视台）

13. 小蚯蚓解决环保大问题（诸暨市广播电视台）

14. 要命的“救命药”（金华市广播电视台）

15.老农误卖呋喃丹 部门连夜急寻毒芝麻（浦江县广播电视台）

16. 三门：草根大舞台 舞出精彩来（台州市广播电视台）

17. 临海设立全国首家村级 “孝心基金”（临海市广播电视台）

18. 大火中的生死营救（黄岩区广播电视台）

19. 村民过江被困 45 分钟生死大营救（龙游县广播电视台）

20. 明明没有超限 公管罚款 700（舟山市广播电视台）

21. 普陀打造全国首个免费 WiFi 上网旅游城市（普陀区广播电视台）

22. “丽水最美姑娘”：17 岁女孩叶霄雯火海中勇救两人（丽水市广播电视台）

23. 小山村里办起油画展（松阳县广播电视台）

24. 青田华侨念起农业经 田间地头显身手（青田县广播电视台）

（二）系列连续和组合报道

一等奖

1. 温州中小企业融资难调查（浙江卫视）

2.最美妈妈吴菊萍（浙江电视台教育科技频道）

3.百年辛亥 回望杭州（杭州电视台综合频道）

4.台州造船业 迷雾寻航（台州市广播电视台）

二等奖

1. 来自蹲点一线的报道：壁下岛的坚守（浙江卫视）

2. 入党那一天（浙江电视台民生休闲频道）

3. 孙永海捐器官 一人救五人（宁波电视台）

4. 记者调查:追击注水牛肉(温州市广播电视台)

5. 追击臭气源(嘉兴市、平湖市广播电视台)

6.走基层·援疆一年间(湖州市广播电视台)

7. 走基层:高山番茄的苦与甜(金华市广播电视台)

三等奖

1. 富民强省开新局——"走向蓝海"(浙江卫视)

2. 走基层——来自蹲点一线的报道:《坚守实业的"新昌启示"》(浙江卫视)

3. 苯酚槽罐车泄漏 部分苯酚流入新安江(建德市广 播电视台)

4. 社会管理创新的奉化样本(奉化市广播电视台)

5. 天山脚下民族情(宁波电视台)

6. 红色耀中国(嘉兴市广播电视台)

7. 坚强妈妈杨夏苏(绍兴市广播电视台)

8. 刚柔并济的坚挺脊梁(台州市广播电视台)

9. 最美爷爷 感动衢州(衢州市、常山县广播电视台)

10. 残疾乞丐喊话救人传递温暖(舟山市广播电视台)

11. 记者新春基层行:地勘先锋七大队(丽水市广播电视台)

12. 8.12 龙丽高速遂昌段客车追尾事故(遂昌县广播电视台)

(三)新闻访谈节目

一等奖

1.浙江慈善大使小强对话中国首善陈光标(浙江电视台教育科技频道)

2. 谏言温总理——专访温州中小企业"代言人"周德文(温州市广播电视台)

二等奖

1. 团圆(浙江卫视)

2.撤离利比亚(嘉兴市广播电视台)

3.对话俞觉敏:于无声处听惊雷(绍兴市广播电视台)

三等奖

1. 安全校车,如何运行?(浙江卫视)

2. 刘佳芬:特别的爱给特别的孩子(宁波电视台)

3. 一位温州实业家的坚守——对话江南控股集团董事长黄作兴(温州市广播电视台)

4. 走基层:我们有文化(湖州市广播电视台)

5. 说到做到——村干部"晒承诺"(金华市广播电视台)

(四)新闻节目编排

一等奖

1. 3 月 17 日《经视新闻》(浙江电视台经济频道)

二等奖

1.新闻 60 分(杭州电视台综合频道)

三等奖

1. 看看看(宁波电视台)

2. 台州新闻(2011 年 9 月 19 日)(台州市广播电视台)

(五)新闻专题

一等奖

1. 最美妈妈吴菊萍:一个真实的平民英雄(浙江卫视)

2. 大爱倾城——记"7.23"事故大救援(温州市广播电视台)

3.英姿飒爽亚丁湾(舟山市广播电视台)

二等奖

1. 48 小时灾难下的影像记录(浙江卫视)

2. 西湖龙井为何成了"烫手山芋"?(杭州电视台影视频道)

3. 暖冬·贵州日记(安吉县广播电视台)

4. 密战(金华市广播电视台)

5. 峰江之痛(台州市广播电视台 路桥广播电视中心)

6.孕妇寻恩记(丽水市广播电视台)

三等奖

1. 光明的腾飞(浙江电视台钱江都市频道)

2. 淳安"空心村"的求变之路(杭州电视台综合频道)

3. 烈火炼真金 共谱英雄曲(淳安县广播电视台)

4. 七旬老人的"互助经"(宁波电视台)

5. "渔民"实业家——陈善平(瑞安市广播电视台)

6.悲愤断河后环保觉醒(嘉兴市广播电视台)
7. 小山村里的"红"书记(舟山市广播电视台)
8. 找矿人(丽水市广播电视台)

(六)社教专题

一等奖

1. 温暖——"彩虹计划"这五年(浙江电视台民生休闲频道)
2 .克里特大撤离——浙商参加利比亚撤侨记(浙江电视台经济频道)

二等奖

1. 向爱致敬 双城生活(浙江电视台影视娱乐频道)
2. 拥抱(杭州电视台综合频道)
3. 辛亥革命中的陈英士(湖州市广播电视台)
4. 孝子马福建(德清县广播电视台)
5. 点亮一盏灯(绍兴市广播电视台)
6. 把身边的美丽呈现给世界(丽水市广播电视台)

三等奖

1. 60 年回家路(浙江电视台钱江都市频道)
2. 牵手 就要白头到老(杭州电视台西湖明珠频道)
3. 狮古山 1936(淳安县广播电视台)
4. 诚信老爹(温州、苍南县广播电视台)
5. 嘉善田歌(嘉善县广播电视台)
6. 剡西农民书社(嵊州市广播电视台)
7. 破冰——温岭参与式预算改革纪实(温岭市广播电视台)

(七)评论

一等奖

1. 温州:让民间资本回归实体经济(浙江卫视)
2. 要产能,更要求蓄能——光伏产业遭遇寒冬的启示(湖州市广播电视台)

二等奖

1.经济强区为何对文物保护如此吝啬?(杭州电视台西湖明珠频道)
2. 道德呼唤法律护航(海宁市广播电视台)
3. 拷问"豪华葬礼"(台州市广播电视台)

三等奖

1. 中看不中用的危旧房改造(浙江电视台教育科技频道)
2. 灰霾遮天 不能让老百姓成了"吸尘器"(桐乡市广播电视台)
3. 德清校车——学生生命的黄色保障线(德清县广播电视台)
4. 三部门难撼一断树 三苗农十分钟搞定(金华市广播电视台)
5. 谁来为永康网商"诚信救赎"(永康市广播电视台)
6. 让爱变现 唯有尽责(衢州市广播电视台)

(八)新闻现场直播

一等奖

1. "7.23"动车事故现场直播(温州市广播电视台)

二等奖

1. 新安江水库泄洪特别直播(杭州电视台综合频道)

三等奖

1. 暖春行动——电视招工大会(浙江卫视)
2.千帆竞发开捕时(舟山市广播电视台)

(九)新闻专栏

一等奖

1. 新闻深一度(浙江卫视)

二等奖

1. 经视新闻(浙江电视台经济频道)
2. 实事面对面(温州市广播电视台)

三等奖

1.直播 12345(杭州电视台综合频道)
2. 民生站点(平湖市广播电视台)
3. 600 全民新闻(台州市广播电视台)

三、纪录片部分

(一)短纪录片

一等奖

1. 摩登老太八十四(浙江电视台钱江都市频道)
2.百年卢绪章(宁波电视台)

二等奖

1. 海岛母亲(浙江电视台钱江都市频道)

2. 五元公益餐厅(温州市广播电视台)

三等奖

1. 锦鳞寻踪(淳安县广播电视台)

2. 阿郎的自然农法(安吉县广播电视台)

3. 30 年我们记录幸福(海盐县广播电视台)

4. 村里的“袁隆平”(诸暨市广播电视台)

5. 浮出水面(舟山市广播电视台)

(二)长纪录片

一等奖

1. 省委书记(1927–1929)(杭州电视台综合频道)

2. 晒盐人　　镇海区广播电视台

二等奖

1. 智者大师(天台县广播电视台)

2. 龙泉问瓷(龙泉市广播电视台)

3. 和事佬(杭州电视台西湖明珠频道)

三等奖

1. 六十年的梦(浙江电视台教育科技频道)

2. “伊”生牵挂(温州市广播电视台)

3. 燕处超然 鸥盟仍在——辛亥革命老人许行彬事略(海宁市广播电视台)

(三)系列片

一等奖

1. 先驱(浙江卫视)

2. 风雷激荡光复会(绍兴市广播电视台)

3. 揭秘细菌战(义乌市广播电视台)

二等奖

1. 浙商世界地图(欧洲篇)(浙江经视)

2. 刘基(温州市广播电视台)

三等奖

1. 辛亥革命 浙江三杰(浙江电视台教育科技频道)

2.革命老村行(云和县广播电视台)

四、对外传播部分

(一)广播对外节目

一等奖

1. 法律顾问来到农民身边(浙江广播电视集团)

2.回家——记参与利比亚大撤离的温州人(温州市广播电视台)

二等奖

1.电动出租车(浙江广播电视集团)

2. 山水合璧 人同此情(浙江广播电视集团)

3. 大爱温州 平民感动——7.23 甬温线特别重大铁路交通事故温州市民救援纪实(温州市广播电视台)

三等奖

1.废墟上的作文课(浙江广播电视集团)

2. 56 年回乡路(宁波电台)

3. 互助保险走近中国农村(宁波电台)

4. 诸辅成:不做大官,做大事(嘉兴市广播电视台)

5. 金中一的微博人生(海宁市广播电视台)

6. 架起中俄贸易桥梁的义乌商人——孙金献(金华人民广播电台)

7. 横店“群头”的一天(东阳市广播电视台)

8. “汤公”牵手“莎翁”《牡丹亭》走入英国(丽水市广播电视台)

(二)电视对外节目

特别奖

1. “七·一”特别节目——我的中国心(浙江电视台国际频道)

一等奖

1. 华人天地(系列专题片)(浙江电视台国际频道)

2. 星星的约定(宁波电视台)

二等奖

1. 山鸠坞的“洋家乐”(湖州市广播电视台)

2. 吴昌硕(安吉县广播电视台)

3. 海宁是我家(嘉兴市广播电视台)

4. 探寻黄腹角雉(丽水市广播电视台)

三等奖

1. 小猪和她的漫画世界(浙江电视台国际频道)
2. 系列报道:海归创业在浙江(浙江电视台国际频道)
3. 中日韩三国合拍《东亚三地旅行》(杭州电视台)
4. 2010’世界温州人年度人物颁奖典礼(温州市广播电视台)
5. 朱自尊的漫画世界(嘉善县广播电视台)
6. 把根留住(永康市广播电视台)
7. 心愿(舟山市广播电视台)
8. 舟山老字号(舟山市广播电视台)
9. 尼可拉眼中的青田鱼灯(丽水市广播电视台)
10.古韵泽雅——寻访古法造纸千年古村落(嘉兴市广播电视台)

五、内参部分

(一)文字内参

一等奖

1. 平湖李秋毫事件引起多家媒体关注(浙江之声)
2. 高速公路路网管理浙江不应落后(浙江电台交通之声)

二等奖

1. “广电进渔船”工程推进过程中存在的问题及对策(省广播电影电视局)
2. 温岭市发生一起因企业污染导致群殴事件(浙江之声)
3. 银行变“本”加“利” 企业望钱兴叹(嘉兴市广播电视台)

三等奖

1. 导游的“宣传导向”也应当引起重视(浙江电视台影视娱乐)
2. 富阳最具历史文化价值街区面临被拆困境(富阳市广播电视台)
3.治污设施成摆设(慈溪市广播电视台)
4. 我市农房改造集聚亟待重视的问题和建议(温州市广播电视台)
5. “一房两证”问题亟待解决(衢州市广播电视台)

(二)影像内参

一等奖

1. 北仑惊现“杀人”广告(北仑区广播电视台)
2. “育才”不再“育财”(温州市广播电视台)

二等奖

1. 强降雨引发严重内涝 排涝站管理刻不容缓(桐庐县广播电视台)
2. 姚城真的需要这么多城市综合体吗?(余姚市广播电视台)
3. 村民集体堵路 城区垃圾堆积(衢州市广播电视台)

三等奖

1. 企业闲置土地调查(宁海县广播电视台)
2. 嘉善:垃圾“围城”(嘉善县广播电视台)
3. 烟票贿选成风 监管需下重拳(金华市广播电视台)

六、少儿节目部分

(一)广播部分

专题

一等奖

1. 一堂奇妙的数学课(宁波电台)

二等奖

1. 三味书屋·宝宝课堂(浙江之声)
2. 让孩子快乐地唱新儿歌(浙江电台音乐调频)
3. 我要歌唱(杭州电台)
4. 在山的那边(温州市广播电视台)
5. 校园盛开婺剧花(金华市广播电视台)

三等奖

1. 我是小孩,我爱唱大戏(萧山区广播电视台)
2. 我是小小兵(桐庐县广播电视台)
3. FLL 参赛记(北仑区广播电视台)
4. 我的口琴我的音乐梦(德清县广播电视台)

综艺

一等奖

1. 依依不舍·不舍“依依”(温州市广播电视台)
2. 桃花朵朵开(安吉县广播电视台)

二等奖(空缺)

三等奖

1. 两棵树(义乌市广播电视台)

专栏

一等奖(空缺)

二等奖

1. 快乐童年(奉化市广播电视台)
2. 红帆船(平湖市广播电视台)

三等奖

1. 小星星乐园(宁波电台)
2. 花儿朵朵(温州市广播电视台)
3. 小星星乐园(绍兴市广播电视台)

(二)电视部分

专题

一等奖

1. 闪闪红星(宁波电视台少儿频道)

二等奖

1. 同手同脚(浙江电视台少儿频道)

三等奖

1. 与梦同行(湖州市广播电视台)
2.山里娃 婺剧情(丽水市广播电视台)

综艺

一等奖

1.浙江省庆“六·一”联欢晚会(浙江电视台少儿频道)

2. “童心向党”杭州市中小学生庆祝建党 90 周年千人诵读童谣活动 (杭州电视台综合频道、少儿频道)

二等奖

1. 走进渔村快乐体验营(宁波电视台少儿频道)

2. 2011 诸暨市英语达人秀总决赛(诸暨市广播电视台)

3. “向阳花开”2011 年衢州市少儿书法美术电视大赛颁奖晚会(衢州市广播电视台)

三等奖

1. 海娃娃讲渔故事大赛(象山县广播电视台)

2. “春泥护花我成长—我是农村娃”小主持赛(温州市广播电视台)

动画

一等奖(空缺)

二等奖

1.蓝巨星和绿豆鲨之国学课堂(浙江卫视)

三等奖

1. 漂移少年(杭州易乐益动画有限公司　杭州电视台少儿频道)

专栏

一等奖

1. 你猜谁会赢(浙江电视台少儿频道)

二等奖

1. 成长超动力(浙江电视台少儿频道)
2. 快乐开卖啦(宁波电视台少儿频道)
3. 哆哆状元秀(温州市广播电视台)

三等奖

1. 阳光节拍(北仑区广播电视台)
2. 阳光时间(嘉兴市广播电视台)
3. 小兰花(绍兴市广播电视台)
4. 快乐课堂(金华市广播电视台)
5. 木娃娃(云和县广播电视台)
6. 彩虹桥(龙泉市广播电视台)

七、报刊与新闻专稿部分

(一)消息

一等奖(空缺)

二等奖

1. 4 天卖出 18 万斤梨 浙江之声 “告急！舟山蜜梨”大型公益行动圆满成功(浙江城市广播电视报)

三等奖

1. 湖州“双轮驱动”发展影视文化创意产业(湖州市广播电视报)

(二)专访

一等奖(空缺)

二等奖

1. 一丹:我与我追逐的梦(台州市广播电视报)

三等奖

2. 伊能静:“达人秀”让她再度蹿红(宁波市广播电视报)

3. 对话“最美妈妈”吴菊萍(嘉兴市广播电视报)

4. 金华飞出个“野鸭子”曹曦文(金华市广播电视报)

(三)通讯

一等奖

1. 舒中胜:好的新闻时评节目应让人感受到温暖(浙江城市广播电视报)

2. 导报记者走基层·社长手记(浙江交通旅游导报)

3. 28811111为何始终打不通?五问杭城出租车叫车难(浙江交通旅游导报)

4. 事故发生后15小时(温州市广播电视报)

二等奖

1. 一篇写了26次的命题作文——华溪春潮(浙江城市广播电视报)

2. 四问治超为何这么难?(浙江交通旅游导报)

3. 那个历史时刻 我们一生铭记–广电记者参与国新办浙江舟山群岛新区建设等情况发布会的幕后故事(舟山市广播电视报)

三等奖

1.私房·光影梦(杭州广播电视周报)

2.救命电波在空中传递(温州市广播电视报)

3. 吃鲁迅饭的草根明星们 绍兴市广播电视报

4. 叶绍生:<陈寮山发射台的驻守人>(丽水市广播电视报)

(四)评论

一等奖(空缺)

二等奖

1. 莫将精品工程变为数字工程(浙江城市广播电视报)

三等奖(空缺)

八、对农节目

(一)广播部分

对农栏目

一等奖

1. 乡土乡音(瑞安市广播电视台)

2. 对农广播600秒(诸暨市广播电视台)

二等奖

1. 走乡村(综合版)(长兴县广播电视台)

2. 乡土温州(温州市广播电视台)

3. 农村大世界(萧山区广播电视台)

三等奖

1.绿色田野(早间版)(镇海区广播电视台)

2.城乡新时空(衢州市广播电视台)

3.美丽新农村(桐乡市广播电视台)

4.兰溪新农村(兰溪市广播电视台)

对农节目

一等奖

1. 小桃子,大故事(浙江之声)

2. 开心农场,了却都市田园梦(杭州市广播电视台)

二等奖

1. “农房两改”合算了谁(镇海区广播电视台)

2. 请大学生到农场专业合作社里来(瑞安市广播电视台)

3. 猪猪的环保生活(玉环县广播电视台)

三等奖

1. 王丽珍家新建的危房(桐庐县广播电视台)

2. 一个纺纱女工的多彩人生(海盐县广播电视台)

3. 让我们给留守儿童撑起一片蓝天(天台市广播电视台)

4. 每周农经(松阳县广播电视台)

对农活动

一等奖

1. 走在乡间小路上(长兴县广播电视台二等奖)

1.关爱山区贫困母亲(余姚市广播电视台)

2. 建设美丽山村,共建和谐永康(永康市广播电视台)

三等奖

1. 身边的美丽(安吉县广播电视台)

2. 阿林哥走进魅力新农村暨2011海宁新农村建设带头人颁奖仪式 I(海宁市广播电视台)

3. 认知奥运蔬菜、感受绿色生活(嘉兴市广播电视台)

电视部分

(一)对农栏目

一等奖

1. 农事新说(湖州市广播电视台)

2. 吾乡吾土(瑞安市广播电视台)

二等奖

1.走乡村(综合版)(长兴县广播电视台)

2.生态家园(安吉县广播电视台)

3.今日新农村(纪实版)(海宁市广播电视台)

三等奖

1. 走近新农村 (新乐清人版)(乐清市广播电视台)

2. 金色田野(平湖市广播电视台)

3. 金色田野(兰溪市广播电视台)

4. 阿秀嫂说三农(服务版)(嘉兴市广播电视台)

对农节目

一等奖

1. “呆头鹅”迷上鹅之后(绍兴县广播电视台)

2. 梅开东方(浙江电视台公共·新农新农村频道)

二等奖

1. 山地茄子剪枝复壮技术(临安市广播电视台)

2. 老蒋搭棚记(海盐县广播电视台)

3. 蓝色风(洞头县广播电视台)

三等奖

1. 杭州白领深山养蛙(安吉县广播电视台)

2. 三名大学生村官的“种田经”(永康市广播电视台)

3. 农博有商机(瑞安市广播电视台)

4.逐利的市场 受伤的蚕茧(桐乡市广播电视台)

对农活动

一等奖

1. 让开化飞?(浙江电视台公共?新农村频道 开化县广播电视台)

二等奖

1. 九遮快乐农家—农技大比拼(天台市广播电视台)

2. 欢乐长兴行—走进二界岭 (长兴县广播电视台)

三等奖

1.阿秀嫂团购(嘉兴市广播电视台)

2.婺城区农民春节晚会(金华市广播电视台)

3.民生老区行——走进泰顺(温州市广播电视台)

2011年度浙江广播电视文艺奖获奖作品目录

一、广播文艺

(一)音乐节目

一等奖

告诉海(宁波电台)

二等奖

1. 百年音乐的先行者:学堂乐歌(浙江电台音乐调频)

2. 胡德夫和他的原生态音乐 (浙江电台城市之声)

3. 来自内心的感动(温州市广播电视台)

三等奖

1. 山水合璧——富春山居图 (富阳市广播电视台)

2. 唱支歌来给党听(嘉兴市广播电视台)

3. 跳跃在波峰浪尖的音符(嵊泗县广播电视台)

4.红军歌曲流传浙西南(丽水市广播电视台)

(二)文学节目

一等奖

1. 浓情城市——我家的留守儿童(浙江电台城市之声)

2. 主义之花(宁波电台)

二等奖

1. 感受最美——献给浙江的革命女儿(富阳市广播电视台)

三等奖

1. 吟在崇林深处(磐安县广播电视台)

(三)戏曲·曲艺节目

一等奖

此生只为越剧生——怀念越剧表演艺术家袁雪芬(浙江之声)

二等奖

1. 隅园主人的才情与梦想(海宁市广播电视台)
2. 求索何惧崎岖路 不平悲歌唱晓天(绍兴市广播电视台)

三等奖

1. 广播戏曲专题：东瓯王——同名历史剧赏析(温州市广播电视台)
2. 珍珠传奇(诸暨市广播电视台)

(四)长篇连播

一等奖

1. 红色婚恋(诸暨市广播电视台)
2. 刘伯温出山(温州市广播电视台)

二等奖

1. 男人帮(浙江之声)

三等奖

1. 革命首功之臣——陈其美(湖州市广播电视台)
2. 旗袍(衢州市广播电视台)
3. 情景报告文学——梅娘姨(玉环县广播电视台)
4. 明朝那些事儿(2集)(舟山市广播电视台)

(五)综艺节目

一等奖

艾雅的婚事(宁波电台)

二等奖

1. 不能忘却的纪念(杭州电台西湖之声)

三等奖

1. 绍兴市第四届老百姓戏台新年演唱会(绍兴市广播电视台)
2. 江山如此多娇主题晚会特别节目(江山市广播电视台)

(六)原创歌曲

一等奖(空缺)

二等奖

1. 走进红船(嘉兴市广播电视台)
2. 伴你飞翔(金华市广播电视台)

三等奖

1. 孝之歌(安吉县广播电视台)
2. 生如莲花——献给王益群的歌(台州市广播电视台)
3. 等着你(丽水市广播电视台)

(七)栏目

一等奖

美丽声音(杭州电台西湖之声)

二等奖

小雨来了(杭州电台交通之声)

三等奖(空缺)

二、电视文艺

(一)文艺专题片

一等奖

南戏八百年(温州市广播电视台)

二等奖

音乐行者——赵易山(浙江电视台影视娱乐)

三等奖(空缺)

(二)文学节目

一等奖

1.中华长歌行·端午(宁波电视台)

2. 三轮车夫之歌(嘉兴市广播电视台)

二等奖

1.历史的珍藏——富春山居图(浙江电视台国际频道)

2. 老宅寻梦(鄞州区广播电视台)

三等奖

1. 生命！生命!!(温州市广播电视台)

(三)综艺节目

一等奖

1. 红船向未来——浙江省庆祝中国共产党成立90周年文艺晚会暨第二届浙江文化艺术节开幕式(浙江卫视)

2. 影响2011·横店之夜——为浙江影视喝彩(浙江电视台影视娱乐频道)

二等奖

庆祝建党90周年大型群众献礼活动“心中有爱献出来”暨“心中有爱献出来”总决赛献礼晚会(浙江电视台钱江都市频道、杭州、宁波等11个市广播电视台)

2 .2011《十月的阳光·走向复兴》纪念辛亥革命100周年电视文艺直播活动(浙江电视台教育科技频道)

3. 舞在春花烂漫时——海宁市2012元旦电视直播文艺晚会(海宁市广播电视台)

4. 你是幸福泉——“幸福佳人”主题晚会(金华市广播电视台)

5. 2011台州电视春节联欢晚会(台州市广播电视台)

6. 2011中国航海日庆祝大会开幕式(舟山市广播电视台)

三等奖

1. “情满人间颂和谐”中秋晚会(杭州电视台综合频道)

2. 温州红色感动人物颁奖典礼(温州市广播电视台)

3. 绍兴市首届成人礼(绍兴市广播电视台)

4. 情寄东方——纪念李渔诞辰400周年晚会(兰溪市广播电视台)

(四)电视歌舞

一等奖

1. “激情飞扬 星星相映”—第六届中国电视观众节主题晚会(浙江卫视)

二等奖

1. “唱响杭州”音乐创作大赛颁奖晚会(杭州电视台西湖明珠频道)

三等奖

1. 颂歌飞扬90年(浙江电视台教育科技频道 浙江电台音乐调频)

2. “永远跟党走”——温州市庆祝中国共产党成立90周年大型红歌合唱音乐会(温州市广播电视台)

3. 红星闪耀 我心飞扬——建党90周年大型文艺晚会(金华市广播电视台)

(五)娱乐节目

一等奖

我爱记歌词(第205期)(浙江卫视)

二等奖

“台州我最LONG”总决赛(台州市广播电视台)

三等奖(空缺)

(六)电视艺术片

一等奖

云和梯田(云和县广播电视台)

二等奖

1. 话说西施(诸暨市广播电视台)

三等奖(空缺)

电视原创歌曲

一等奖(空缺)

二等奖

1. 登天台(天台县广播电视台)
2. 那些时候(丽水市广播电视台)

三等奖
1.青春舞台 MV(浙江电视台影视娱乐频道)
2. 家在湘湖边(萧山区广播电视台)
3. 都说你是英雄(温州市广播电视台)
4. 美丽乡村我的家(湖州市广播电视台)
5. 红船领航(嘉兴市广播电视台)
6.就在你身边(诸暨市广播电视台)
7. 心随你动(衢州市广播电视台)

(八)栏目
一等奖
《中国梦想秀》(7 月 2 日)(浙江卫视)

二等奖(空缺)

三等奖(空缺)

2011 年度浙江广播电视播音主持作品奖获奖目录

一、广播播音
(一)新闻类
一等奖
1. 浙广早新闻(浙江之声 周雯 武超)

二等奖
1. 93 早高峰(浙江电台交通之声 孙婧 章锦涛)
2. 嘉广早新闻(嘉兴市广播电视台 周觉民 崔雪晶)

三等奖
1. 杭广早新闻(杭州电台 AM954 曲艺 董明)
2. 新闻开讲(杭州交通经济广播 方楠)
3.永广新闻(永嘉县广播电视台 张凤玲)
4. 1053 整点快报(衢州市广播电视台 洪莹)

文艺类
一等奖
1.百年太炎(杭州电台 FM89 李艳 陶安)落红萧萧(宁波电台 何瑾 亚洲)

二等奖
1. 聆听大运河(浙江电台交通之声 孟亭)
2. 那一支林中的响箭——殷夫(宁波电台 张倩)
3. 南戏,永远的瑰宝(温州市广播电视台 北方)

三等奖
1. 心灵感悟(龙游县广播电视台 汪琼)

广播主持
新闻
一等奖
1. 温州动车事故特别节目(浙江之声 赵伟雯)

二等奖
1. 一路领先(杭州交通经济广播 韩峰 林文婷)

三等奖
1. 德清“特权校车”模式有点“被榜样”的味道(德清县广播电视台 何竞成)
2. 飞扬 936—大学校园里的生意人(绍兴市广播电视台 何敏)
3. 抗击洪灾 我们众志成城(兰溪市广播电视台 武金萍)
4. 让人心热的留学生徐双(舟山市广播电视台 魏秀玲)

文艺类
一等奖
1. 陈志远:转动音乐的魔术师(浙江电台音乐调频 马倩)
2. 1039 男生宿舍——李季最王牌(温州市广播电视台 李季)

二等奖
1. 美丽声音(杭州电台西湖之声 聂湘蓉)
2. 如果有一天我不在,树在(宁波电台 阿泽 洁敏 周静)

三等奖
1. 不老歌(丽水市广播电视台 章波)

服务类

一等奖

1. 神奇的哥——余波（浙江电台交通之声 李黎）

二等奖（空缺）

三等奖

1. 阿秀嫂的家常话（嘉兴市广播电视台 郭洁）

2. 阳光热线——夏日圆梦行动（台州市广播电视台 於亚女）

电视播音

新闻类

一等奖

1. 浙江卫视新闻（浙江卫视 何敏）

2. 宁波新闻（宁波电视台 曹力恒）

3.温州新闻联播（温州市广播电视台 陈天颖）

二等奖

1. 新闻搜搜看（杭州电视台影视频道 汪梦菲）

2. 嘉兴新闻（嘉兴市广播电视台 周强）

3.衢州新闻（衢州市广播电视台 周奕娈）

三等奖

1. 明珠新闻（杭州电视台西湖明珠频道 王芳）

2. 慈溪新闻（慈溪市广播电视台 李红）

3. 先锋播报（温州市广播电视台 李颖）

4. 嘉善新闻（嘉善县广播电视台 张良娜）

5. 新闻 361° —我们跨入新区时代特别节目（舟山市广播电视台 赵丽颖）

（二）文艺类（空缺）

四、电视主持

新闻类

一等奖

1. 2011 直播钱江大潮（浙江卫视 席文）

2. “信心破困局 转型促发展”主题论坛（温州市广播电视台 翁逻沿）

3. 一位温州实业家的坚守——对话江南控股集团董事长黄作兴（温州市广播电视台 朱宇艳）

二等奖

1.统筹城乡的“绿动”民生（浙江电视台民生休闲 亚丽）

2.与潘阿祥面对面（浙江电视台经济频道 茅莹）

三等奖

1. 穿墙盗贼（德清县广播电视台 周丽娜）

2.老兵回家（新昌县广播电视台 王孟蕾）

文艺类

一等奖

1. 我爱记歌词？（浙江卫视 伊一）

二等奖

1. 快乐蓝天下（浙江卫视 左岩）

2. 快乐一点通（浙江电视台影视娱乐 付琰）

3. 手的力量——吴菊萍先进事迹特别节目（杭州电视台综合频道 杨莅）

4. 天然舞台·我来秀（宁波电视台 陈艳）

三等奖

1. 向人民报告——2011 公安晚会（杭州电视台西湖明珠频道 张斌）

2. “红星闪耀 我心飞扬”主题歌舞晚会（金华市广播电视台 葛珊）

3. 2011 中国·丽水国际摄影文化节晚会（丽水市广播电视台 杨澜 隋东）

服务类

一等奖（空缺）

二等奖

1. 经视看地产（浙江经视 王森）

2.快乐欧洲行（温州市广播电视台 周洁）

三等奖（空缺）

2011 年度浙江省广播电视学术论文奖获奖作品目录

一、节目研究

一等奖

1. 理性报道大灾难 体现媒体新价值——日本

NHK灾难报道给人们的启示（安吉县广播电视台 金光华 章丹）

二等奖

1. 把握十大关系 探索创优规律——广播电视政府奖节目探幽（浙江省广播电影电视学会 陶广平）

2. 广播纪实报道剧的创作特点（杭州电台新闻综合频率 李艳）

3. "抢盐"风潮下的媒体应对（浙江电视台教育科技频道 黄毅）

4. 义乌电视台商贸频道专业化实践的若干思考（义乌市广播电视台 王培忠）

5. 媒介融合背景下提升主持传播力的策略（宁波电视台 李飒）

6. 把握五个关系 优化时政报道（嘉兴市广播电视台 沈炳忠）

7. 广播报告文学原创性再探（诸暨市广播电视台 赵卫明）

三等奖

1. 打开文化新闻的空间——以浙江电视台《快乐一点通》为例（浙江电视台影视娱乐频道 蔡志豪）

2. 经济报道的政治力量——稳定温州民间借贷危局中的经济报道（温州市广播电视台 钟翠凤）

3. "钱云会车祸案"的传播学思考（温州市广播电视台 吴晖）

4. 县（市区）电视台综艺节目怎么办——来自基层的实践与思考（嵊州市广播电视台 张元 谢文杰 程松）

5. 中国电视新闻节目的色彩隐喻和嬗变（金华市广播电视台 陈江苹）

6.舆论监督类节目主持人角色定位的思考（丽水市广播电视台 李行）

二、经营研究

一等奖

1. 浙江民营影视企业崛起原因初探（浙江电视台影视娱乐频道 刘臻）

二等奖（空缺）

三等奖

1. 倡导"生态传播"理念 增强广告文化服务能力（湖州市广播电视台 孙利明 王玮 谷莉）

三、决策研究

一等奖

1.也谈重庆卫视改革（浙江广播电视集团 赵力平）

二等奖

1. 全面提升地方电视台的舆论引导力（金华市广播电视台 俞国平 姜睿）

2. 完善版权保护制度 保障广播电视可持续发展（海宁市广播电视台 石月平）

三等奖

1. 文化建设：媒体发展的新力量（杭州文广集团 吴文平）

2. 广播电视报转型发展的思路和对策（衢州市广播电视台 郑晓明）

3. 制度化 规范化 人性化—嘉兴广播电视台主持人品牌建设的实践（嘉兴市广播电视台 王家红）

4. 数字电视时代观众收视行为分析及应对策略（衢州市广播电视台 方明伟）

四、新媒体及其他研究

一等奖

1. 论视听新媒体传播特征及内容生产规律（浙江省广播电影电视局 郑宇）

2. 对话与反思：公众媒体何以引导公众（杭州文广集团 朱永祥）

3. 微博时代广播媒体如何提升突发事件的舆论引导力（温州市广播电视台 陈永松）

二等奖（空缺）

三等奖

1. 电视新闻栏目试水微博的探索与思考（舟山市广播电视台 邵宇）

2. 微博时代，我们如何维持核心竞争力（丽水市广播电视台 应兴无 应为众）

2011 年度浙江广播电视服务类节目获奖作品目录

一、广播服务类

一等奖

1. 9 月 14 日维维说房(浙江之声)

2. 消费纠纷处理难 落地调节来帮忙(温州市广播电视台)

二等奖

1. 招工就业总动员(杭州人民广播电台FM89)

2.排毒疗法真的有效吗?(象山县广播电视台)

3. "1039 帮帮忙":丈夫赌气轻声 妻子电波求救(温州市广播电视台)

三等奖

1. 我们都是汽车人(浙江之声)

2. 阳光行动(奉化市广播电视台)

3. 阿斌车友汇(湖州市广播电视台)

二、电视服务类

一等奖

1. 3 月 11 日房产装修我来说(浙江电视台教育科技频道)

2. 你会刷牙吗?(杭州电视台影视频道)

二等奖

1.资本相亲会——第二季总决赛(浙江经视)

2. 奇嫂当家(湖州市广播电视台)

3. 科学识碘:多"碘"少"碘"都不行(嘉兴市广播电视台)

4. 闲话岱山:身边辐射知多少(岱山县广播电视台)

三等奖

1. 聊天八只脚周末版(奉化市广播电视台)

2. 温州房产报道(温州市广播电视台)

3. 生活现在时(东阳市广播电视台)

浙江省第 22 届电视"牡丹奖"(电视剧)获奖名单

优秀长篇电视剧

一等奖

《东方》(杭州南广影视制作有限公司)

《悬崖》(新丽传媒股份有限公司)

《向东是大海》(宁波广播影视艺术中心)

《国家命运》(浙江华策影视股份有限公司)

《温州一家人》(浙江影视(集团)有限公司)

《中国 1912》(浙江影视(集团)有限公司)

二等奖

《五星红旗迎风飘扬》(长城影视股份有限公司)

《全家福》(浙江华策影视股份有限公司)

《战争不相信眼泪》(东阳福添影视有限公司)

《隋唐英雄》(长城影视股份有限公司)

《北京爱情故事》(新丽传媒股份有限公司)

三等奖

《焦裕禄》(浙江永乐影视制作有限公司)

《孤军英雄》(新丽传媒股份有限公司)

《好女春华》(拉风传媒股份有限公司)

《仙女湖》(浙江横店影视制作有限公司)

《天涯明月刀》(浙江华策影视股份有限公司)

单项奖

优秀编剧:全勇先 《悬崖》

优秀导演:殷安建 《向东是大海》

优秀摄像:杨振宇 《悬崖》

优秀美术:徐连伟等 《全家福》

优秀男演员:吴刚 《全家福》

优秀女演员:张歆艺 《北京爱情故事》

戴佳佳 《温州一家人》

2011 年浙江省电视节目技术质量奖获奖名单

一、标准清晰度电视录制技术质量奖

新闻类

一等奖

1. 浙江广播电视集团（浙江新闻联播　孔　犇、王晓东、祝　斌、唐　柠）

2. 温州市广播电视台（温州零距离　张　毅、王甜温、邵来莉、何可人）

3. 温州市广播电视台（温州新闻联播　胡　彬、方培珍、仇谊冰、陈沐晨）

4. 宁波广播电视集团（宁波新闻　翁晴霄、孔　焱、贺晓连、蔡务兵）

5. 绍兴市广播电视台（绍兴新闻联播　孙建胜、吕春草、李　坚、陶月庆）

6. 杭州文化广播电视集团（杭州新闻联播　陈卫东、何文洁、何　蕙、孙　洁）

二等奖

7. 湖州市广播电视台（新闻60分　毛懿坤、陈辉、沈　琰、沈　斌）

8. 嘉兴市广播电视台（嘉兴新闻　詹斌兴、孙兵、杨志伟、胥旭伟）

9. 浙江广播电视集团（新闻007　叶发青、沈泰阁）

10. 金华市广播电视台（百姓零距离　冯　帅、何俊、刘群舒、商凌波）

11. 镇海区广播电视台（镇海新闻　傅景涛、刘健、严洪智、嵇　波）

12. 台州市广播电视台（600全民新闻　王一歆、林　宵、徐　昕、夏玉剑）

13. 舟山市广播电视台（舟山新闻　李善农、尤浩东、宗　嫣、王跃进）

三等奖

14. 北仑区广播电视中心（北仑新闻　叶建建、黄江宇、邵芬芬、陈建伟）

15. 台州市广播电视台（生活零距离　李　竑、王鑫鑫、尹福斌、陈　爽）

16. 衢州市广播电视台（衢州新闻　陆良贤、兰凌衢、廖鸿日、段程保）

17. 平湖市广播电视台（民生直通车　施志伟、凌　翔、钟海峰、王霄博）

18. 上虞市广播电视台（上虞新闻　宋　庆、杨　飞、鲍雪青、王振华）

19. 慈溪市广播电视台（慈溪新闻　费宇晖、陈科梁、胡建人、洪　涛）

20. 丽水市广播电视台（丽水新闻　滕　青、黄善斌、朱丽亮、周松青）

21. 乐清市广播电视台（乐清新闻　包晓润、陈翔、霍海茹、郑云霄）

22. 江山市广播电视台（江山新闻　张　平、梁司原、刘　丽、毛俊轩）

23. 安吉县广播电视台（安吉新闻　陈宏亮、张炳、徐伟刚）

24. 萧山区广播电视台（萧山新闻　周豪建、石澜、张玉明、李　磊）

25. 黄岩区广播电视台（黄岩新闻　梁　锋、应小青、林红彬、邱　礼）

专题类

一等奖

1. 温州市广播电视台（春天里的温州　宋志坚、杨　佩、仇谊冰、郑　凯）

2. 温州市广播电视台（魅力文成　宋志坚、杨佩、彭德全、吴挺毅）

3. 绍兴市广播电视台（水墨绍兴　陈大可、张哲军、黄光明、张　骞）

4. 宁波广播电视集团（潮起达蓬山　朱克湘、王征新、袁琼妮、蔡务兵）

5. 浙江广播电视集团（遗落的汪洋之舟　张莹、张立庆、谢　颖、吴莲香）

6. 湖州市广播电视台（中国湖州　张银林、吴朝杰、叶　帆、慎　寒）

二等奖

7. 衢州市广播电视台（绿色衢州 幸福之城　符建云、刘建清、毛毅辉、童　翔）

8. 镇海区广播电视台（逐梦人生　嵇　波、严洪智、陈　桢、傅景涛）

9. 瑞安市广播电视台（吾乡吾土　彭希旺、林海、张和桃、潘志刚）

10. 丽水市广播电视台（秀山丽水生态名城　陈水生、李新会、董　枫、郑　瑾）

11. 丽水市广播电视台（根石传奇——大美无痕　张启法、章　剑、叶文伟、谭光伟）

12. 嘉兴市广播电视台（嘉善京砖　詹斌兴、顾雅芳、陈锋枫、徐　刚）

三等奖

13. 鄞州区广播电视台(穿越千年的绿色　陈志红、陈　威、侯肖雷)

14. 金华市广播电视台(心路　章　涛、叶晓东、徐峰、姜德华)

15. 舟山市广播电视台(鸦片战争——定海保卫战　李善农、杨宽永、刘　萍、王跃进)

16. 湖州市广播电视台(美丽乡村　沈　元、沈立敏、戴　丹、朱兆敏)

17. 金华市广播电视台(穿越四百年的亲情　徐峰、王辉球、吴迎春、叶晓东)

18. 萧山区广播电视台(南宋官窑瓷今"萧"现辉煌　孔笑林、沈玉夫、张玉明、周少伟)

19. 余姚市广播电视台(大岚印象　宋建红、吕冰、汪　灏、杨文波)

20. 海宁市广播电视台(金庸书院　许建琴、沈杭、王向阳、许文跃)

21. 海盐县广播电视台(生活 5+6 百姓故事　李恳、杨　波、陈全军、张　毅)

综合文体类

一等奖

1. 浙江广播电视集团(风尚盛典　潘永盈、洪超、王志刚、徐　鋆　徐　俊、徐　霞、韩明亮、陈　瑶)

2. 温州市广播电视台("情系中华 握手世界"春节联欢晚会　金　科、秦利永、姜　悦、郑碧挺、陈逊儒、许一峰、林　鹏、徐晓勇)

3. 绍兴市广播电视台(世合赛开幕式　杜洪军、吕春草、唐　晓、周　峰、李吉勇、平　雄、邵国钱、贺素根)

4. 杭州文化广播电视集团(《闪光的党徽》——庆祝建党 90 周年"西湖先锋"创先争优晚会　吴海舟、叶　倩、徐渭锋、余　俊、殷瑞俊、徐　坤、李　伟、祝坚毅)

二等奖

5. 杭州文化广播电视集团(第二届"唱响杭州"音乐创作大赛颁奖晚会　吴海舟、叶　倩、徐渭锋、汪平、余　俊、殷瑞俊、李　伟、祝坚毅)

6. 嘉兴市广播电视台("欢乐双城"2011 嘉兴·湖州春节联欢晚会　徐传荣、何国跃、詹斌兴、张　辉林　涛、邵建国、丁建平、沈晓伟)

7. 宁波广播电视集团(第二届国际河姆渡文化节开幕式文艺晚会　蒋　波、陈春玉、应可进、高明君、蔡务兵、谢联斌、李奇阜、姚庆波)

8. 衢州市广播电视台(绿色中国行 走进衢州　张国泉、符建云、毛毅辉、童　翔、成关升、朱　晋、邵海燕)

三等奖

9. 湖州市广播电视台(中国织里童装城文艺晚会　殷立炜、毛懿坤、梅若炎、吴朝杰、岳康明、郭　强、胡国君、戴晟凯)

10. 海宁市广播电视台(《奔向未来》鸿翔控股海宁市　2011 元旦电视直播文艺晚会　许建琴、王向阳、许文跃、沈　杭、吴佳颖、柯云涛)

11. 萧山区广播电视台(2010 中国国际(萧山)钱江观潮节开幕式文艺晚会　石　澜、孙　涛、金　可、丁少利、周宏波、张玉明、来念耕、李　磊)

12. 台州市广播电视台(五周年晚会(下)　陈　爽、尹福斌、吴立平、王　勇、林　霄、叶良友、夏玉剑)

14. 余杭区广播电视台(越剧《洪昇》　张　强、蔡小名、陈方杰、张世林、徐忠期、郎悦云、隋戈光)

二、高清晰度电视录制质量奖

一等奖

1. 浙江广播电视集团(锦鳞寻踪　张咏梅、潘晓红、胡红英、鲁　俊)

2. 杭州文化广播电视集团(西湖清韵(三)　黄琼、罗　蓉、李振波、徐　琛)

3. 温州市广播电视台(魅力文成　宋志坚、杨佩、彭德全、吴挺毅)

二等奖

4. 宁波广播电视集团(藏军浴血宁波　王征新、朱红天、林　琳、刘冬平)

三等奖

5. 丽水市广播电视台("鸟人"宋世和　陈水生、张启法、李新会、李文道)

体育类

二等奖

1. 浙江广播电视集团(2010 年亚运会羽毛球男单决赛　潘析飞、陈忠立、刘　晟、赖　黎、赵　赟、陈晓钟、胡振蕾、吴铮)

电视剧类

二等奖

1. 宁波广播电视集团(雪花那个飘 蒋 波、王征新、陈春玉、陈莎莎、管红文、徐夏丹、程 波、方 侠)

三等奖

2. 浙江广播电视集团(京城四少 冯亦农、陆晔、应彩君、傅丽云、安 嵘、胡 蓉、高树燕、王 诚)

三、视频图形制作技术质量奖

片头类

一等奖

1. 浙江广播电视集团(五洲四海看浙江 成 晖、潘呈雨、李 燕、孙 雁)

2. 宁波广播电视集团(五月五 话端午 吴颖丹、陈列铭、马旭文、徐文颖)

3. 温州市广播电视台(温州广播电视 传媒集团片头 苏立冕、林 剑、许一锋、刘 笑)

4. 舟山市广播电视台(《鸦片战争——定海保卫战》片头 张 超、杨宽永、胡军良、王跃进)

二等奖

5. 瑞安市广播电视台(瑞安形象片 彭希旺、张和桃、林 海、潘志刚)

6. 杭州文化广播电视集团(秋季版宣传片 孙亮、罗晓群、葛 玲、徐 琛)

7. 平湖市广播电视台(态度决定一切 施志伟、凌 翔、吴 涛)

8. 绍兴市广播电视台(创建文明城市 邵剑锋、唐 晓、刘 会、盛奎田)

三等奖

9. 丽水市广播电视台(新闻追踪片头 李延骥、田 芸、藤 青、李 灵)

10. 金华市广播电视台(《百姓零距离》片头 徐元凯、章 涛、黄奋强、贾长青)

11. 诸暨市广播电视台(开播片 吴铁华、王开义、齐 盛)

12. 湖州市广播电视台(大方小方夜班车 朱兆敏、马婉佳、沈立敏、戴 丹)

13. 绍兴市广播电视台(王帆有话 王均光、张朝正、胡国强、吕初阳)

14. 台州市广播电视台(寻访红色足迹 王一歆、李 竑、王鑫鑫、徐 昕)

15. 奉化市广播电视中心(江口新闻》片头 沈旭辉、尹 磊、黄铭均、董玉立)

视频短片类

一等奖

1. 浙江广播电视集团(新青年制造 丁晓嵘、杨奕、周 煜、黄 克)

2. 宁波广播电视集团(快乐巴士 谢辉珍、俞敏、吴晓漪、曾泽坤)

二等奖

3. 温州市广播电视台(庆祝"温州广播电视传媒集团"成立宣传片 林 剑、苏立冕、金 科、季禾立)

4. 杭州文化广播电视集团(华数双高计划 袁静、黄 炜)

三等奖

5. 湖州市广播电视台(逛新城 张银林、叶 帆、岳康明、慎 寒)

6. 余杭区广播电视台(余杭宣传片 张 强、陈方杰、张世林)

7. 临安市广播电视台(柳溪江 李 娜、蒋海英、唐永常、徐国华)

视频动画片类

一等奖

1. 浙江广播电视集团(天选者的徽章 杜重远、金益、蔡慧、姚玮)

四、播出质量奖

一等奖

1. 温州市广播电视台(施继强、廖朝东、滕小亮、刘云和、吴 森、陈绿漪、陈 琳、王陆云)

2. 宁波广播电视集团(吴石松、吴晨海、戴宏斌、乐文燕、傅飞峰、邬国东、姜 梁、陈荣海)

二等奖

3. 绍兴市广播电视台(汪炜钢、任明堂、章潇泉、汪华明、陆光明、朱光明、秦 越、张 明)

4. 丽水市广播电视台(谭光伟、章 剑、李文道、周松青、叶文伟、金亦建、吕海宏、李 灵)

5. 湖州市广播电视台(高 韵、沈兰兰、方 正、陆

燕峰、李　锋、严小强、谷崇友、李丽娟）

三等奖

6. 杭州文化广播电视集团（任　岗、章国华、朱惠珉、马　军、吕　斌、王佳琪、方　尧、何　易）

7. 台州市广播电视台（龚曙光、唐　渝、赵丹丹、陈昶儒、周顺达、徐　阳、沈少微、龚　珍）

8. 嘉兴市广播电视台（徐传荣、胡海涛、詹斌兴、吴加超、陶建国、钱晓生、陆始立、吴青春）

9. 金华市广播电视台（王建寅、施春霞、丰　庆、方琼蓉、周春英、吴婵媛、李　俊）

10. 舟山市广播电视台（李善农、江立宇、杨宽永、尤浩东、郑沈海、鲁松芬、钟　艳、刘　伟）

11. 衢州市广播电视台（廖　鸫、廖鸿日、胡育敏、陈　燕、翁朝阳、洪　琼、郑孝珍、章俊杰）

2011年度浙江省广播节目技术质量奖获奖名单

【语言类】

一等奖

1.《百年太炎》（杭州人民广播电台 姚蕾、叶涵、李艳　）

2.《尺八》（宁波广播电视集团 缪晓东、忻震、丁小敏）

3.《瓯江漫记》（丽水市广播电视台 叶瑛、章波、曾彤）

4.《就这样被感动》（宁波广播电视集团 姚兰、陈晔、忻震）

5.《党啊！生日快乐》（湖州市广播电视台　黄俞成、冯红、宋德荣）

二等奖

6.《回家——记援救失落缅甸的中国远征军》（杭州文化广播电视集团　李雪峰、叶涵、王力）

7.《红色依恋》（慈溪市广播电视台　张登尔、孙高峰、朱红吉）

8.《老城》（丽水市广播电视台　姜晓华、叶瑛、郑晓峰）

9.《声音的记忆》（宁波广播电视集团　汪清、姚培红、陈军）

10.《倾听海泥的声音》（舟山市广播电视台 李善农、王青山、金桂枝）

11.《追风铁骑》（舟山市广播电视台　沈海明、韩奕伟、孔一伦）

12.《小水滴》（台州市广播电视台 刘敏燕、潘欣铭、章建伟）

13.《心灯照人生》（台州市广播电视台　潘欣铭、蒋爱华、刘敏燕）

14.《红船领航》（嘉兴市广播电视台　徐传荣、徐方勇、朱世英）

15.《辛亥奇侠传》（海宁市广播电视台　许文跃、王向阳、沈杭）

三等奖

16.《喜看新农村》（湖州市广播电视台　宋德荣、冯红）

17.《让生命之花绽放》（江山市广播电视台　梁司原、张锋、史潮）

18.《江南小巷》余姚市广播电视台（吕冰、陈峰峰）

19.《白马湖书院》（上虞市广播电视台　黄大产、方伟）

20.《故乡》（镇海区广播电视台　许坚刚、董波、王建敏）

21.《芹江文艺》（开化县广播电视台 唐中朝、曹蓉、钱聪）

22.《江郎山圆梦世遗》（衢州市广播电视台　汪海波、余燊、姜志良）

23.《庚寅祭孔子文》（衢州市广播电视台　范晓俊、张国泉）

24.《爱》（北仑区广播电视中心　江千宏、郑丹、施齐杰）

25.《寻找红色足迹》（萧山区广播电视台　俞扬、倪兴康、于海涛）

26.《走过天安门》（北仑区广播电视中心　江千宏、王承东、缪春伦）

27.《楠溪您好》（永嘉县广播电视台　张风玲、胡忠贵、吕小飞）

28.《为历史作证》（金华市广播电视台　项敏、庄益军、潘军帅）

29.《用心看世博》（黄岩区广播电视台　夏寒峰、林红杉、邱礼）

30.《走进新农村》（平阳县广播电视台　郑朝亮、程义喜、吴克印）

31.《在西非维和的日子》(新昌县广播电视台 宋六明、刘晓)

33.《好戏连台唱》(武义县广播电视台 包侃、王昱峰)

34.《地球怎么了》(德清县广播电视台 于国民、戚筱炜、姚徐钰)

35.《梦在继续》(安吉县广播电视台 陈宏亮、张炳、杨子)

36.《西瓜娃》(平湖市广播电视台 施志伟、凌翔、钟海锋)

37.《资讯快报》(长兴县广播电视台 廖德峰、蒋杰、毛浩)

38.《语录谈资》(义乌市广播电视台 王磊、何恃新)

39.《三毛和他的三对三》(海盐县广播电视台 陈全军、张国红、李恳)

【音乐类】

一等奖

1.《十送红军》(兰溪市广播电视台 何富国、郎建军)

2.《南湖红船南湖水》(嘉兴市广播电视台 姚伟)

3.《欢歌弦舞》(衢州市广播电视台 童茜、刘建清)

二等奖

4. 莫扎特《长笛与竖琴协奏曲》(杭州文化广播电视集团 杨柳)

5.《水乡行》(海宁市广播电视台 王向阳、许文跃、沈杭)

6.《船王》(杭州文化广播电视集团 杨柳)

7.《红船领航》(嘉兴市广播电视台 朱世英、徐方勇、来建伟)

8.《龙腾虎跃》(平湖市广播电视台 施志伟、凌翔、钟海锋)

9.《心的方向》(湖州市广播电视台 宋德荣、冯红)

10.《故乡老街》(鄞州区广播电视台 汪平、徐云)

三等奖

11.《北京有个金太阳》(宁海县广播电视台 陈泽华、王海峰、陈勇)

12.《我们一起出发》(开化县广播电视台 唐中朝、曹蓉、韩勇)

13. 古筝《银河碧波、将军令》(北仑区广播电视中心 江千宏、郑丹)

14.《她》(台州市广播电视台 章建伟、刘敏燕、蒋爱华)

15.《桑葚铺成江南画》(上虞市广播电视台 黄大产、宋庆、吴国峰)

16. 2010 瑶族舞蹈伴奏(义乌市广播电视台 何恃新、王磊)

17.《中华第一舟》(萧山区广播电视台 孔笑林、张伟明、韩磊)

18. 民乐合奏《关山月》(舟山市广播电视台 李善农、金浩、张冬青)

19.《竹笛——水乡船歌》(金华市广播电视台 陈翠、方凯)

21.《绗缝之歌》(浦江县广播电视台 贾建勋、吴享重)

22.《祖国 慈祥的母亲》(建德市广播电视台 陈力群、朱言、许军)

【戏曲类】

一等奖

1. 越剧《恨苍天无公道》选段(慈溪市广播电视台 张登尔、张万能、陈曦)

二等奖

2. 越剧选段《言道主雅客不勤》(绍兴市广播电视台 方静、靳晓东、杨晓)

3.《自食其果》(萧山区广播电视台 张伟明、龚晓鸣、祝国钢)

4. 戏曲电影《秋瑾》选段(杭州文化广播电视集团 杨柳)

三等奖

5. 舟山走书《双珠球》选段(舟山市广播电视台 李善农、王青山、张海兵)

6. 越剧《刘猛将传奇》选段(嘉兴市广播电视台 计顺泉)

7.《紫玉钗》(湖州市广播电视台 冯红、宋德荣)

8.《一封情书意稠稠》(余姚市广播电视台 吕冰、陈峰峰)

9.《新农夫汤书》(海盐县广播电视台 陈全军、顾妹、杨波)

【广播剧类】

一等奖

1.《何小川和他的挂帘村》(台州市广播电视台 蒋爱华、章建伟、潘欣铭)

二等奖

2.《风雨1907》(绍兴市广播电视台 张迪扬、王毓敏、方静)

3.《英雄爸爸》(北仑区广播电视中心 王承东、江千宏、缪春伦)

三等奖

4.《绿荫的守望》(宁波广播电视集团 姚兰、陈晔、黄准)

5.《杜鹃花开》(平湖市广播电视台 施志伟、凌翔、钟海锋)

6.《我为祖国献石油》(湖州市广播电视台 黄俞成、冯红、宋德荣)

7.《恪守》(鄞州区广播电视台 金子、徐云、汪平)

【片花广告类】

一等奖

1.《文明生活》(慈溪市广播电视台 张登尔、孙建军、岑泽煊)

2.《上海世博会 绍兴主题论坛》(绍兴市广播电视台 王毓敏、张迪扬)

3.《为你精彩呈现》(台州市广播电视台 刘敏燕、蒋爱华、邹磊)

4.《景宁畲乡欢迎您》(丽水市广播电视台 陈水生、叶瑛、王充)

二等奖

5.《嘉兴形象篇》(嘉兴市广播电视台 徐方勇、陈军、来建伟)

6.《关爱》(嘉兴市广播电视台 朱世英)

7.《宁波欢迎你》(宁波广播电视集团 汪清、丁小敏、吴海翔)

8.《照相》(镇海区广播电视台 许坚刚、董波、王建敏)

9.《保护水资源》(海宁市广播电视台 王向阳、沈杭、许文跃)

10.《爱心桥》(宁波广播电视集团 汪清、孙刚鸿、赵勇)

11.《爱上民间老游戏》(平湖市广播电视台 施志伟、凌翔、钟海锋)

12.《走过四季》(丽水市广播电视台 王充、李跃华、章波)

三等奖

13.《超级音乐吧》(嘉兴市广播电视台 林涛、严王君、刘国清)

14.《江山宣传片》(江山市广播电视台 梁司原、张锋、史潮)

15.《987下午档》(台州市广播电视台 潘欣铭、章建伟、吴安信)

16.《包教包会》(乐清市广播电视台 周杰、陈定川、王奕童)

17.《宠物俱乐部》(黄岩区广播电视台 郑泽丰、夏寒峰、王萌)

18.《广告部宣传片》(义乌市广播电视台 朱锦文、方达星、张凯)

19.《我最摇摆》(鄞州区广播电视台 徐云、汪平、金子)

20.《中梁橡树湾》(温州市广播电视台 刘闻佳、颜伟国、孙允铭)

21.《穿越历史的声音》(萧山区广播电视台 朱海水、黄琪、祝国钢)

22.《水精灵青虾》(德清县广播电视台 于国民、戚筱炜、姚徐钰)

23.《节能减排》(长兴县广播电视台 徐森、蒋俊杰、席关中)

【组织奖】

丽水市广播电视台

2011年度浙江省广播电影电视科技创新奖获奖名单

一、高新技术开发与奖

1.广播级视音频多接入无线公网并行传输关键技术研究与应用(浙江广播电视集团科技管理部

杨 勇、蔡国炎、陈惠芳、周建海、陈 宏、王孟孺、陈晓东、陈师亮）

三等奖

2. 基于"三网融合"业务的1.7GHz带宽的光传输技术研究（浙江省广播电视科学研究所 浙江省广电科技股份有限公司 程 伟、斯菊文、郑新源、王玩球、潘美丽、吴孝彪、吴小茜、王丹君、胡 镔）

3. 手机流媒体集成播控平台研发和应用（华数传媒网络有限公司 何沛中、朱素平、郭利群、谢 军 姚 军、刘 洋）

4. 广播电视台全业务网络系统应急保障预案及应用（杭州文广集团技术中心 洪 明、林葆青、陆国栋、吴 峰、韦俊豪、郑 健、陈中强、陈 玮）

二、科技成果应用与技术革新奖

一等奖

1. 基于刀片和存储虚拟化技术的广电业务云平台（浙江广播电视集团科技管理部 袁克东、罗列异、郑 磊、钱永江、江冠阳、郑 亮、张志远、杨亚苇）

2. 浙江省广播电视集团高清全流程新闻制播系统（浙江广播电视集团卫视技术中心 王水明、陈宪、吕小田、陈晓东、孔德平、蔡志高、任芳琴、周建海）

3. 全媒体信息支撑平台（华数传媒网络有限公司 李学东、俞雷鸣、朱佳琪、方 景、胡芳芳、杨 骏、周枫）

4. 北高峰调频广播发射系统更新改造项目（浙江广播电视集团传输发射中心 丁清槐、郑红哲、曹振寿、钱启龙、杜崇建、姜国钧、邹南京、盛雪祥）

5. 多级安全备份机制的全IP数字电视系统 湖州华数数字电视有限公司 陈 屹、侯立俊、肖慧娟、姜 斌、虞 捷、吴 云、蒋 寅、邢淑铭）

二等奖

6. 基于远程网络集中管理的组合式广播语录室（浙江广播电视集团广播制播中心 葛朝清、王 强、汪丽芳、张医杭、仇玉萍、朱 捷、吴宇超、陈麟华）

7. 调频3+1发射智能化运行管理系统（杭州文广集团技术中心 张 川、章国华、鲁 明、任晨颐、潘洪祥、杨宁雷、沈 强）

8. 架构于非线性新介质流程的全媒体电视新闻直播系统（丽水市广播电视台 陈水生 李文道 李新会 谭光伟、叶文伟 滕 青 吕海宏 章 剑）

9. 广电Boss系统的开发与应用（江山市广播电视台 余 力、徐 进、郑 磊、叶华刚、毛黎华、柴学慜、何方明、伍江涛）

三等奖

10. 舟山市本级海岛有线电视数字微波联网工程（舟山广播电视台定海乡镇广播电视总站 孔军民、程松养、杨宽永、高 裕、宋佩庆、夏军华、洪岳银）

11. 基于纯IP传输的数字电视播控平台（永嘉县广播电视台 薛澄宇、林哲彦、汪振相、金松涛、潘政、吴东东、陈 珍、潘春雷）

12. 1550nm光纤网络中乡镇FM光信号的同波复用（衢州市广播电视台 骆春明 金敏跃 徐中东 葛向亮、姜 平 周云良 张廷琪 马立）

13. 一键式公共应急广播系统的创新实践（中广有线绍兴县分公司 马汉良、秦宇剑、赵红军、金国建、金志明、娄剑鸣、吴 健）

14. 广电双向网络建设规划（临海市广播电视台 赵学军、王毅力、孙 操、金仲远、孙 辉）

三、工程技术奖

一等奖

1. 浙江广播电视集团泛网络收录分发系统（浙江广播电视集团电视播出中心 蔡国炎、夏大强、祝青、宋 旸、朱 军、刘永成、余淡宁、胡向众）

2. 浙江广播电视集团第一发射台广播发射系统改造（浙江广播电视集团传输发射中心 丁清槐、郑红哲、虞飞江、郑志斌、沈国庆、孙 晔、樊 弘、周佳）

3. 数字电视广域多层多级冗灾体系工程（华数传媒网络有限公司 周 宏、包 勇、李 芳、邱承浚、胡泱、方 钧、张 俊、丁永清）

4. 300平米高清全媒体开放演播室（温州市广播电视台 蒋庆涵、宋志坚、彭德全、陈沐晨、蔡 勇、郑翔、朱伟可、仇谊冰）

5. 宁波电视台突发公共事件电视多信源调度指挥平台系统（宁波广播电视集团 王 伟、方荣尧、曹滔滔、朱红天、胡定颉、程 波、沈福明、郭文军）

二等奖

6. 全物联广播电视设施保护和安全播出系统（浙江广播电视集团科技管理部 袁克东、邹南京、张益

新、蒋 蔚、许晓春、潘建平、缪佳佳、夏海月）

7. 基于全台网架构的电视演播室共享制作系统（杭州文化广播电视集团 洪 明、林葆青、陆国栋、郑 健、洪 涛、李 伟、孙 瑶、钭丹华）

二等奖

8. 宁波数字化新闻传输系统（宁波广播电视集团 王 伟、胡定颉、方荣尧、林宏波、乌奕曙、陆一峰、楼昶、杨沪辉）

9. 基于K2视频服务器冗余的分布式异地上载电视播总控系统（丽水市广播电视台 陈水生、李文道、谭光伟、李新会、滕 青、章 剑、金亦建、叶 峰）

10. 金华广播转播台天线场地迁建工程 浙江广播电视集团（金华广播转播台 张 敏、杜贤德、池 赞、张荣鑫）

三等奖

11. 衢州市广播电视台电视新闻综合频道新闻高清制作网项目（衢州市广播电视台 陆良贤、符建云、毛毅辉、兰凌衢、童 翔、刘建清、廖 鸫、廖鸿日）

12. 广电网络线路光伏电与市电互补节能应用（平湖市广播电视台 张凯洲、宓伟峰、戈弟根）

13. 有线广播电视传输网络防雷系统的研究与成功应用（海宁市广播电视台 许建琴、陆利根、张国荣、沈国芳 童 华、顾群峰、朱云海、陈铁峰）

14. 调频广播发射机房备播应急系统技术改造项目（浙江广播电视集团传输发射中心 王 英 俊 、沈 方、罗平东、俞森林 郑红哲、丁清槐）

15.《盐盘山发射机房使用5.8G无线网桥传输备用节目源及主备信号调度系统》（乐清市广播电视台 郑 云、包晓润、陈 英、陈 汝、郑云霄、蔡香迪）

16. 广播电视监测机房搬迁改造项目（丽水市广播电视监测中心 周一平、王 健、何军珺）

四、软科学奖

一等奖

1. 杭州文广集团安全播出应急预案（杭州文化广播电视集团 徐 青、罗 琛、林华明、洪 明、周 宏、洪见成、梁宝瑜）

二等奖

2. 三网融合下新业态电视技术调研报告（杭州文化广播电视集团 徐国银、林华明、罗 琛、赵志峰、徐 青）

3. 宁波电视台播控系统原址改建项目管理（宁波广播电视集团 黄培建、王忠良、吴石松、吴晨海、齐宁哲、方荣尧、傅飞峰、陈荣海）

4. 宁波电视台突发公共事件电视多信源调度指挥平台系统（宁波广播电视集团 王 伟、方荣尧、曹滔滔、朱红天、胡定颉、程 波、沈福明、郭文军）

五、科普作品

一等奖

1. 日全食（安吉县广播电视台 张 炳、陈宏亮、江一兴）

二等奖

2. 小蚯蚓的“餐饮革命”（诸暨市广播电视台广播节目中心 毛萍霞、赵卫明、徐佩敏、邹海明）

六、论 文

一等奖

1. 卫星地球站安全播出信息管理系统的探索与实践（浙江广播电视集团传输发射中心 李震宇、施建华）

2. 流媒体综合运营管理平台的搭建（杭州文化广播电视集团 林华明、徐青、罗琛）

3. 广播电台业务生产系统互联互通的关键技术与应用实践（宁波广电集团广播制播中心 陈 军）

4 . 分布式数字电视综合监测系统（浙江省广播电视科学研究所（浙江省广电科技股份有限公司） 程 伟、叶 砚、吴孝彪）

5 . 使用p4p技术的iptv交付系统的分析与研究（杭州文化广播电视集团 林华明）

6. 分布式有线电视信号监测系统网络结构设计（浙江省广播电视科学研究所（浙江省广电科技股份有限公司） 吴孝彪）

二等奖

7. 加快浙江省应急广播系统的建设步伐（浙江广播电视集团中波发射管理中心 王兴南）

8 . 杭州区县数字电视1550直传方案探讨（华数传媒网络有限公司 包 勇）

9 . 网络视音频直播技术探讨（杭州文化广播电视集团 林华明）

10. 广播发射机房防雷电分析及设备保护措施改

造(鄞州区广播电视台 徐云、崔小优)

11. 开放式演播室的探讨和思考（温州市广播电视台 杨佩）

12. 温州广播电视总台播总控准备系统设计及实现(温州市广播电视台 潘雨凯)

13. 有线数接入应用实践(洞头县广播电视台 陈辉峰、陈戈、刘顺坤、曾华林)

14. 探讨 EPON 模式下的广电运营支撑系统建设新思路（中广有线信息网络有限公司 绍兴县分公司 章海滨、王建丰）

15. 缩小网络汇聚误差，提高上行通道的 NPR(中广有线信息网络有限公司 绍兴县分公司冯金林、王海泉)

16. 农村有线广播“村村响”工程可寻址应急广播技术方案与实施(浦江县广播电视台 边旭东、吴健)

17. 无线覆盖改造工程建设体会（衢州市广播电视台 胡传新）

18. 有线电视网整合的若干问题（台州市广播电视台 吕新景、江琴宁）

19. 8G 数字微波在海岛电视节目传输系统中的应用(台州市广播电视台 蔡才君)

三等奖

20. 中波发射台播出控制系统数字化 改造方案的设计和实施(浙江广播电视集团 传输发射中心 虞飞江)

21. 更换连接排线引起发射机异常浅析（浙江广播电视集团传输发射中心 周佳)

22. 中波发射台天馈系统的接地改造与防雷实践(浙江广播电视集团 绍兴广播转播台 金世新、梁益峰)

23. 卫星转播车的构建及探讨（浙江广播电视集团 钱江都市频道 沈泰阁)

24. 有线电视可寻址用户路权管理系统的应用与实践(桐庐华数数字电视有限公司 叶顺海)

25. 杭州文广集团广电全媒体实践应用（杭州文化广播电视集团 罗琛）

26. 宁波市鄞州区广播电视台 1550nm+EPON 网络改造(鄞州区广播电视台 单智勇)

27. 宁波广电 712 高山台改造设计与实践（宁波广播电视集团广电发射中心 杨晓卫)

28. 慈溪电视台新闻制作网络的设计与思考（慈溪市广播电视台 张登尔）

29. 温度变化对陷波网络的影响（宁波广播电视集团广电发射中心 严吉强）

30. 温州广播电视总台播控系统中的节目跟播和机动备份(温州市广播电视台 廖朝东)

31. 论县级数字电视平台建设与设备选型（平阳县广播电视台 李庆华）

32. 以信息化网络管理系统提升网络可靠性（平阳县广播电视台 李江涛）

33. 嵊州市广播电视总台电视节目制作解决方案(嵊州市广播电视台 吕玉江)

34. 基于 SNMP 协议的 CMTS/CM 综合网管系统的设计与实现（中广有线信息网络有限公司 绍兴县分公司 朱平尧)

35. 利用 EXCEL 辅助机房运行环境分析(中广有线信息网络有限公司 绍兴县分公司韦玉生、汪杰华)

36. 应用频谱仪进行卫星接收天线系统优化（中广有线信息网络有限公司 绍兴县分公司韦玉生）

37. 新闻卫星直播车(DSNG)系统设计(绍兴市广播电视台 陈大可)

38. 有线电视网络在农村信息化建设中的作用和探讨（嘉兴华数电视通信有限公司 池胜华、陆建萍）

39. 时钟校时在硬盘播出系统中的运行实践（海盐县广播电视台 汤丽琴）

40. 有线数字网络中加入本地节目的方案探讨(海盐县广播电视台 蔡洪珠、黄雪良、张跃峰、周文浩)

41. 学习型遥控器全接触 桐乡市广播电视台（李伟、沈晓晖)

42. 机顶盒带电现象的探讨分析（桐乡市广播电视台 李伟）

43. 桐乡市广电 IP 城域网系统配置优化探析（桐乡市广播电视台 邹永进）

44. 广播电台网络化播控系统初探（兰溪市广播电视台 何富国、罗昕、何民伟）

45. 县级广播电视台呼叫中心的设计和实现（兰溪市广播电视台 胡辉）

46. 几例发射天馈系统故障及处理（衢州市广播电视台 胡传新、汪晓荣）

47. 有条件接收系统在舟山数字电视中的应用(舟山市广播电视台 单波、李善农)

48. 新闻直播演播室视音频系统的改造实践与思考(舟山市广播电视台　刘　萍)

49. 试谈 Tcl 的闭包（舟山市广播电视台　张冬青）

50. 一次视音频不同步现象的探寻（舟山市广播电视台　刘　萍、张　超　）

51. 谈谈新建住宅区有线电视管线　设施设计及施工(玉环县广播电视台　叶荣高)

52. “村村响”设备光功率过高干扰有线电视故障处理(黄岩区广播电视台　高素菊、梁　锋)

53. 一种 EPON 网络环路问题解决方案（台州市广播电视台　贺　健)

54. 广电宽带、互动业务频繁断线故障的分析与排除（湖州华数数字电视有限公司　邢淑铭、肖慧娟)

55. 基于 IP 传输的数字电视前端监测方案（湖州华数数字电视有限公司　肖慧娟、吴　云、徐　琳)

56. 县级广电应对三网融合下的数字整转策略(德清县广播电视台　徐海泳)

2012 年度全省广播电视(发射系统)技术能手竞赛获奖名单

一、调幅广播

一等奖

吴顺元(浙江省庆元广播转播台)
周　佳(浙江广播电视集团)

二等奖

张　帆(浙江省江山广播转播台)
马青石(宁波广播电视集团)
余　剑(浙江省开化广播转播台)

三等奖

李　亮(浙江广播电视集团)
于金玲(浙江省嵊泗广播转播台)
刘红萍(浙江省江山广播转播台)
池　赞(浙江省金华广播转播台)
金秀泉(杭州文化广播电视集团)

二、调频广播

一等奖

盛雪祥(浙江广播电视集团)
颜敏聪(浙江广播电视集团)
华青平(遂昌县广播电视台)
应金彪(义乌市广播电视台)

二等奖

章　旭(金华市广播电视台)
胡传新(衢州市广播电视台)
刘宏杰(宁波广播电视集团)
金林喜(临海市广播电视台)
张　波(舟山市广播电视台)
陆　均(萧山区广播电视台)

三等奖

王永明(绍兴市广播电视台)
罗平东(浙江广播电视集团)
林　舟(舟山市广播电视台)
宋德荣(湖州市广播电视台)
陈全军(海盐县广播电视台)
项冠霖(丽水市广播电视台)
计顺泉(嘉兴市广播电视台)
李海光(温州市广播电视台)
董　恩(宁波广播电视集团)
朱建平(宁波广播电视集团)

三、电视广播

一等奖

杨剑云(湖州市广播电视台)
林伟杰(舟山市广播电视台)
张松雷(舟山市广播电视台)
席关中(长兴县广播电视台)

二等奖

朱立新(浙江广播电视集团)
金通业(浙江广播电视集团)
李振兴(宁波广播电视集团)
金亦建(丽水市广播电视台)
王仁余(衢州市广播电视台)
孔向刚(磐安县广播电视台)

三等奖

王　南(淳安县广播电视台)
杨　波(海盐县广播电视台)

余　杰（温州市广播电视台）
温岱岩（浙江广播电视集团）
苏灵会（台州市广播电视台）
叶樟巍（松阳县广播电视台）
余景毅（温州市广播电视台）
吴铁华（诸暨市广播电视台）
夏方明（临海市广播电视台）
朱红吉（慈溪市广播电视台）
其中，获得一等奖的吴顺元、盛雪祥、杨剑云三位同志将代表浙江省参加全国技术能手大赛。

四、组织奖单位

浙江广播电视集团
湖州市文化广电新闻出版局
嘉兴市文化广电新闻出版局
金华市文化广电新闻出版局
舟山市文化广电新闻出版局

19. 交流合作

JIAOLIUHEZUO

2012年浙江省广播电影电视局外事工作

【涉外工作概况】

2012年，浙江省广播电影电视局（简称省广电局）自组出国团组3批17人次，参加双跨团组2批2人次，接待韩国、芬兰等国客人3批28人次。

【韩国大韩贸易投资振兴公社代表团访问浙江】

4月10日至12日，韩国大韩贸易投资振兴公社副社长李在翎率团考察浙江。代表团考察了浙江广电集团、浙江华数集团、横店影视城、中国（杭州）国际动漫节节展办、杭州（滨江）国家高新技术产业开发区等，并在省广电局就浙江省影视剧发展、浙江动漫产业发展等问题进行了座谈。省广电局局长张宝贵会见考察团一行。

【省广电局考察团访问西班牙、葡萄牙和捷克】

6月12日至22日，应西班牙马德里电视台电影频道、葡萄牙依尼左传媒公司和捷克国家广播电视委员会的邀请，以副巡视员傅宏章为团长的省广电局考察团一行6人访问上述3国。在西班牙，考察团拜会了马德里电视台高层，参观电视台电影频道的直播室、后期制作楼等。傅宏章与该频道负责人莱维杰娅签订初步合作意向书。在葡萄牙，代表团访问了依尼左传媒公司总部，双方就广播影视节目制作、传播、营销一体化模式及管理人才队伍培训计划等签订了意向性协议书。在捷克，代表团会晤了捷克广播电视委员会主席克里斯托华，双方就审核发放广播电视牌照，审查、监管广播影视节目及广告播出等内容进行了座谈。

【亚太广播联盟人员访问省广电局】

6月28日，亚太广播联盟市场运营部主任拜访省广电局，了解浙江广播影视发展情况，介绍亚太广播联盟的市场运营。省广电局副局长王国富会见客人。

【省广电局代表团赴南非、土耳其和塞舌尔开展国际交流】

7月4日至14日，省广电局局长张宝贵率浙江广电代表团一行6人赴南非、土耳其和塞舌尔3国开展广播影视文化国际交流活动。在南非，代表团与南非广播公司对外联络合作发展部主任米切尔以及广播和电视相关部门负责人进行了工作会谈，提出了浙江广播电视与南非国家广播公司合作的建议，并向对方赠送了介绍浙江社会经济发展和百姓生活的5个专题节目，在南非浙江电视周的时段滚动播出。南非国家广播公司表示，希望与浙江广播电视进行全方位合作。双方商讨了包括广播节目的直播连线等具体细节。代表团返程后，浙江广电集团海外中心广播节目部按照程序报批后，正式与南非广播公司广播频道进行实质性合作。在土耳其，代表团访问土耳其视野广播电视公司，与该公司总经理哈桑等管理高层就影视节目制作、广播电视知识产权问题进行了交流。双方商定浙江电视台国际频道制作的文化节目在土耳其视野广播电视公司定期播出。张宝贵接受了土耳其视野广播电视公司的专访。在塞舌尔，代表团拜会了塞舌尔国家广播电视公司总裁安托尼，参观了公司新闻播出中心和机房。

【省广电局考察团访问澳大利亚、新西兰和韩国】

10 月 25 日至 11 月 5 日，应澳大利亚安弗斯公司、新西兰广播网际集团和韩国釜山亚洲电影会展组委会的邀请，省广电局考察团一行 5 人对澳大利亚、新西兰、韩国等进行了考察。双方就数字电视技术应用、广播电视产业、釜山国际影展等签订了合作协议书。

【芬兰大众明天传媒公司亚洲区负责人到浙江调研】

11 月 20 日至 22 日，芬兰大众明天传媒公司亚洲区负责人杨敏霏到浙江华数集团、横店影视产业实验区、浙江省电影公司等单位，对浙江数字电视、浙江影视剧和浙江动漫产业的发展进行调研。

浙江广播电视集团
2012 年外事工作概况

2012 年，集团按照“统一领导、归口管理”原则切实加强对因公出国（境）工作的指导与管理，以“精简、节约、务实、高效”的要求，与境外媒体机构开展多层次、宽领域的交流与合作，积极拓展外宣传播体系，提升集团传媒品牌影响力及美誉度，增强集团国际传播力建设。截至年底，集团共派遣 60 批 223 人次分赴 44 个国家（地区）执行采访拍摄、媒体交流、技术研讨等形式多样、内容丰富的公务活动。同时，我方共接待 13 批 82 人次来自 24 个国家（地区）的传媒同行及政商界代表。上述一系列外事活动战略清晰、目标明确、方法科学，较好地达到了广交朋友、拓宽渠道、增进互信、加强交流的效果。

1. 积极组织实施赴境外拍摄项目。

集团派遣 5 批摄制组分赴法国、荷兰、意大利、南非、阿联酋、越南、巴西等国拍摄《华人天地》与《天下义乌》电视专题片，展现“浙商”这一特殊群体在激烈国际竞争格局中的敏锐与实干、坚守与创新以及敢为人先的精神世界。周密策划、精心组建摄制组分赴美国、墨西哥、摩洛哥、以色列等国拍摄大型系列纪录片《艺术：北纬三十度》，依托沿线丰富的人文地理资源，探索古老文明与现代文明的交汇融合。集团还派员赴英国伦敦采访浙江健儿奋力拼搏奥运赛场，分赴四国录制全球华人同贺中秋的感人场面。同时，集团摄制人员还随省政府、省外办组团赴澳大利亚、新西兰、德国、比利时等国采访报道经贸往来、友城交流等一些重大活动，有效提升了浙江在国际相关领域的影响力与辐射力。

2. 着力培育构建与境外主流传媒的互惠合作机制。

为加强外宣阵地建设，提升国际传播能力，增强双边互信，谋求共赢发展，集团先后组团出访波兰、英国、芬兰、墨西哥、巴西、澳大利亚、新西兰、印尼等一批传媒业发展态势较好、地域影响力较大的国家，会晤了嫦娥卫视、普罗派乐电视台、大众明天传媒集团、阿兹台克集团、精宇卫星技术公司、马哈卡媒体集团等众多境外广播电视媒体。中外双方共同探讨国际传播规律与特性，研究制定“本土化”策略，积极探索在内容生产、传输覆盖等领域的新途径、新方法，逐步完善现有外宣节目体系。

在做好与境外媒体在传统领域的交流与合作外，集团在拓展合作领域、实现双边共赢方面做了全新尝试。今年 6 月，集团与韩国光州文化放送精心规划、紧密协作，共同举办了 3D 魔幻艺术展活动，在杭州、嘉兴、丽水等地均取得了较好效果，为拓展衍生产业经营，提升传媒品牌价值做了有益探索。

3. 大力推进开展广播电视媒体技术交流。

为进一步提升集团在平台建设、装备使用、维护保障、技术研发等领域的实际能力，集团派遣技术人员分赴美国、加拿大、荷兰、德国、南非等国，参加全美广播电视设备展（NAB）与欧洲广播电视博览会（IBC），全面了解广电技术发展趋势及潮流，增进与哈里斯、AXON 等广电装备制造企业与传输服务商的友好双边关系，拓展咨询、采购、维护等领域的专业渠道。

4. 认真完成外事接待任务

今年以来，日本 TVQ 九州放送、韩国光州文化放送、瑞典 Bonnier 广播集团、缅甸新闻代表团、非洲法语国家广电官员研修班、墨西哥及英国驻华使领馆、新西兰惠灵顿经济发展署等先后到访集团。集团领导、相关部门和单位负责人、业务骨干等与来访宾客进行了全面深入的交流，共同探讨了广播电视的行业现状、机构管理、品牌培育、渠道拓展、团队建设等，并邀请参观新建的数字演播厅、广播直播室，观摩新闻内容的采制流程等。

通过认真做好外事接待，既充分展现了集团的快速发展及综合实力，又增进了与到访机构的互信友谊，为集团进一步拓展外宣渠道，加强人员及节目领域的交流与合作提供了良好契机。

浙江广播电视集团 2012 年度因公出国交流情况

1. 3 月 9 日至 20 日，集团交通导报社社长刘小杰随省报协组织的媒体代表团访问英国、瑞典、丹麦，与到访国报界同行就媒介融合、创新发展等主题进行深入交流。

2. 3 月 29 日至 4 月 5 日，浙江卫视节目中心编导郑宏赴法国参加戛纳电视节及相关活动，深入了解节目研发、模式引进、产业运作、版权保护等影视领域的最新动态及发展情况。

3. 4 月 1 日至 5 日，浙江卫视新闻中心记者周文随省小百花越剧团赴韩国采访报道该团在中韩友好交流年活动期间的演出盛况。

4. 4 月 1 日至 5 月 6 日，集团国际频道副总监潘玲、摄像蒋志荣、编导王曦赴法国、西班牙拍摄第五期《华人天地》系列节目，共计采访报道了两国 20 余位颇具代表性的华侨精英。摄制组还与中谊传媒、欧华报等华语媒体进行了合作洽谈。

5. 4 月 2 日至 7 日，浙江卫视新闻中心记者胡群芳，摄像胡俊峰、娄原，浙江之声记者方蓓随省政府代表团赴日采访报道浙静结好三十周年系列庆祝活动。

6. 4 月 12 日至 20 日，浙江音像出版社副社长郑伟国、发行部主任严志华随省商务厅组团赴英国伦敦参加第 42 届伦敦国际书展。

7. 4 月 15 日至 24 日，集团行政管理部副主任阮舟，集团科技管理部工程师钱永江，广播电视传输发射中心工程师邹南京、沈国庆赴美国、加拿大观摩 2012 全美广播电视设备展(NAB)，并与我集团重要合作伙伴——哈里斯公司的技术人员就设备维护、技术升级等事宜进行全面深入探讨。

8. 4 月 17 至 29 日，为配合省友协在美参加“轰炸东京 70 周年”纪念活动，集团电视教育科技频道编导王维、赵缨，摄像向荣，剧务郭希云赴美拍摄纪录片《拯救杜利特尔中队》，通过实地走访、资料收集等方式，跟随我方救援当事人在美的足迹，以电视语言独特的表现魅力帮助人们追忆这段壮美的史实。

9. 5 月 3 日至 14 日，集团总编辑程蔚东率团出访波兰、以色列、韩国，分别与嫦娥卫视、新闻 10 频道、SBS 广播集团在影视制作、媒介融合、品牌建设等领域深入交流，洽谈合作。电视影视娱乐频道总监田伟、国际频道副总监高枫、电视教育科技频道副总监王永显、电视影视娱乐频道主持人胡桦、国际频道主持人韩妮佳等陪同出访。

10. 6 月 4 日至 16 日，集团电视少儿频道调研员费敏赴法国、英国参加参加安纳西国际动画电影节，并与到访国媒体机构代表就内容生产、推广营销等事宜进行深入交流。

11. 6 月 20 日至 26 日，浙江卫视制片人冯军等一行 15 人赴泰国拍摄《爽食行天下》特别节目，深入该国第二大城市、素有美食之都称誉的清迈，探访泰国传统的王府之味，关注琳琅满目的街边小吃，挖掘泰式美食的独特魅力，展现当地的历史人文风情。

12. 6 月 23 日至 7 月 4 日，交通旅游导报社助理调研员赵建随省记协组织的浙江新闻界人士代表团赴英国、瑞典、芬兰等地考察交流。

13. 6 月 27 日至 7 月 8 日，集团副总编辑施泉明率团出访英国、瑞士、奥地利，与英国普罗派乐卫视商谈我奥运报道协作及拓展双边合作事宜，与瑞士 EVP 电视制作公司交流分享内容生产、多屏推广等方面的成熟经验，并与奥中友协联合调研我外宣节目在该国及周边地区的覆盖传播前景。

14. 7 月 4 日至 15 日，集团国际频道总监朱进萱随省广电局组团赴南非、土耳其、塞舌尔开展媒体交流与合作洽谈，与到访国主流传媒机构就品牌建设、平台拓展、内容生产等领。

15. 7 月 15 日至 22 日，浙江卫视新闻中心记者周福增随国务院新闻办公室组织的中国青年媒体工作者代表团赴日参加新闻交流活动，与日主流媒体就环境保护、防灾预警等主题开展形式多样、内容丰富的业务交流，并通过实地走访进一步了解日本的风土人情、民俗习惯。

16. 7 月 17 日至 28 日，浙江卫视技术中心主任陈宪随中国仪器进出口（集团）公司组团赴津巴布韦，对该国基础环境及设备技术水平等开展深入调研，为援津高清转播车设计提供信息和依据。

17. 7 月 19 日至 24 日，浙江卫视新闻中心记者邵一平、摄像陈擘随宁波市外宣办组团赴韩国采访报道世博会浙江宁波周系列活动。

18. 7 月 22 日至 8 月 15 日，由浙江卫视新闻中心调研员金彪、制片人金侹、记者蒋琛、摄像桑海斌、技术中心工程师肖伟，电视经济生活频道记者蒋盈盈、朱佳宇，广播城市之声记者田雪组成的摄制组赴英国采访报道伦敦奥运会盛况，展现浙江健儿赛场风采，精心策划制作的赛况信息、新闻特写、人物专访等节目在我集团多个频道的主要新闻栏目中开辟专栏及时播出。

19. 7 月 22 日至 8 月 16 日，浙江之声记者袁奇翔随央广组织的记者团赴英国伦敦采访奥运会盛况，因持有奥组委正规采访证件，可进入重点场馆制作新闻报道，为后方发回大量精彩节目。

20. 7 月 23 日至 8 月 15 日，集团电视民生休闲频道原副总监金宝成随央视报道组赴英国担任赛事解说。作为全国各地方广电机构唯一入选的解说嘉宾，金宝成承担了体操、游泳、篮球等多个项目大量赛事的现场解说，受到央视及观众的好评。

21. 7 月 24 日至 8 月 4 日，集团副总编辑顾顺坤率团出访芬兰、瑞典、丹麦，与芬兰国广传媒国际管理公司以及 SBS 广播集团在瑞典、丹麦两地的分支机构进行了会晤。中外双方联合调研了我集团优质节目国际传播实效，并就深化互惠合作框架、分享传媒运营管理经验等开展交流。浙江卫视副总监王水明、集团广告管理中心副主任张军、浙江之声新闻中心副主任陈瑶、国际频道制片人许好好陪同出访。

22. 7 月 29 日至 8 月 6 日，集团电视教育科技频道记者陈伟骏、摄像金峥随省友协组团赴西澳州采访报道“2012 体验西澳”系列活动。

23. 8 月 5 日至 10 日，集团电视制作中心主任蔡国炎赴英国观摩伦敦奥运会 3D 及高清转播情况，并与为赛事提供高清数字摄录及传输设备的松下公司进行业务交流与合作洽谈。

24. 8 月 30 日至 9 月 28 日，浙江卫视编导黄坚、倪斌、叶惠明、杨铭、张克鑫、左言彬、宫浩、周纯蓥、李晗赴美国、墨西哥拍摄大型纪录片《艺术：北纬三十度》美洲篇，通过探访玛雅文明遗迹、美东西两岸主要人文景观等，以艺术的视角展现人类文明不朽的创造力。

25. 9 月 1 日至 5 日，浙江卫视新闻中心记者胡群芳、摄像胡俊峰赴澳大利亚采访报道省委副书记、省长夏宝龙率领的省政府代表团出访大洋洲期间的各项交流活动。

26. 9 月 1 日至 15 日，集团总编辑程蔚东率团赴新西兰、斐济，拍摄反映新西兰及周边地区历史人文、地理民俗、多元文化交融发展的专题节目，并与外方就影视高科技后期制作等领域进行深入交流。国际频道副总监高枫、浙江卫视摄像史鲁杭、电视影视娱乐频道摄像林晨、电视制作中心高级工程师张莹、国际频道编导程泠陪同出访。

27. 9 月 2 日至 9 日，浙江卫视节目中心编导陈星、郑潇、王利、崔巍，国际频道编导应玮琳赴阿联酋采制“月是故乡明”中秋晚会迪拜外景地专题节目。

28. 9 月 2 日至 11 日，国际频道副调研员杨忠贵、编导崔航，浙江卫视编导蒋敏昊、朱伟峰、管琰、潘磊赴南非采制“月是故乡明”中秋晚会约翰内斯堡外景地专题节目。

29. 9月3日至12日，浙江卫视副总监麻宝洲、制片徐和灵、记者张炜、摄像高国军，国际频道编导夏盈悦、许好好赴法国采制“月是故乡明”中秋晚会巴黎外景地专题节目。

30. 9月4日至13日，浙江卫视节目中心制片人裘鸿维、编导徐珏、摄像吴庆磊、主持人陈欢，国际频道编导冯炎、王红标赴美国采制月是故乡明”中秋晚会纽约外景地专题节目。

31. 9月4日至9日，集团电视播出中心副主任祝青、集团办公室科长童颀、科技管理部郑磊、电视制作中心工程师戚翔、浙江卫视技术中心工程师李鼎伟赴荷兰观摩国际广播电视博览会(IBC)，与境外合作机构就高清、3D设备的使用保障、软件升级、多屏交互等事宜进行业务交流与研讨。

32. 9月6日至26日，浙江卫视总编室副主任许继锋等20人赴美国密苏里大学新闻学院参加媒体培训课程，并走访美国广播公司(ABC)、福克斯(FOX)、全美广播公司(NBC)及其财经频道(CNBC)等主流广播电视机构，与美国媒体同行就战略策划、节目创作、市场营销、平台融合等进行了深入交流。

33. 9月10日至19日，电视教育科技频道记者姜亚林、李莉、章月、罗永建赴瑞典、丹麦、芬兰拍摄系列专题片《北欧教育巡礼》，通过走访丹麦库尔商学院、瑞典克里斯蒂安斯塔德大学、芬兰Aalto大学等知名院校，细致解读举国体制、创新战略、研究至上等北欧教育体系所具有的鲜明特点，为国内赴海外留学人群提供有效、有用的院校信息及在外学习、生活的实践经验。

34. 9月16日至27日，集团党委书记、总裁王同元率团出访墨西哥、巴西、阿根廷，与千年传媒、阿兹台克电视公司、精宇卫星科技中心驻巴分公司、Satyred新威电视公司进行了会晤，努力推进双方在媒体管理、品牌建设、产业经营等领域的相互交流与互惠合作，积极开展国际频道推广活动，着力增强外宣覆盖及传播实效。集团编委、电视教育科技频道总监胡戎，广播交通之声总监张立，国际频道调研员朱进萱，电视教育科技频道编导陈晶晶，集团办公室外事科长顾中陪同出访。

35. 9月17日至28日，集团纪委书记赵力平率团出访美国、加拿大、古巴，与密苏里大学新闻学院积极商谈拓展培训领域、加强媒体互动、提升培训质量事宜，并与加拿大汇声广播、古巴哈瓦那电台就节目交流、品牌营销、团队建设等领域相互交换意见。集团行政管理部主任赵五一、人事管理部调研员林朝阳、浙江之声新闻中心副主任李方存、电视民生休闲频道副总监施彬歆陪同出访。

36. 9月18日至10月21日，集团国际频道记者胡正明、钱文舸赴法国、荷兰拍摄第六期《华人天地》系列节目，采访了近30位具有代表性的各界华侨人士，以生动鲜活的记录，展现海外华侨华人吃苦耐劳、坚韧不拔的奋斗精神以及爱国爱乡、守望扶持的生存理念。

37. 9月18日至30日，集团办公室陈斌，浙江卫视新闻中心记者李霞、孙慧、朱贤勇、姜伟赴南非、阿联酋拍摄《天下义乌》专题节目，聚焦经济全球化背景下，义乌深入推进国际贸易综合改革试点，面向世界再起航的崭新风貌。该项目是我集团联合浙江省侨办、义乌市委宣传部等联合举办的大型活动。

38. 9月20日至23日，浙江卫视总监夏陈安、节目中心副主任陈伟、营销中心副主任楼志岳赴澳门参加第三届“澳门国际电视节”暨“国际电视台长论坛”活动，并与知名导演、艺人洽谈合作事宜。

39. 9月20日至29日，集团管委朱建华、总编室主任陈方柱、广告管理中心主任李秀平、集团工会调研员孙彪、行政管理部副主任王虹、少儿频道副总监赵丹荣赴奥地利、塞舌尔调研传媒市场，拓展外宣影响、增进互惠合作。

40. 9月23日至10月5日，电视钱江都市频道主持人何珊赴法国，与Fisheye-FILM传媒集团下属ParisMADAME栏目合作拍摄《风尚日》特别节目——2013春夏女装巴黎时装周。

41. 9月26日至10月11日，浙江卫视新闻中心记者陶兆龙、孙宇、黄利伟、杨意飞赴巴西、智利拍摄《天下义乌》专题节目，精心记录义乌商人在南美洲勇敢“走出去”开拓市场的故事，展现不屈不挠的创业精神，探究金融危机背景下贸易国际化战略的义乌实践。

42. 9月27日至10月4日，浙江卫视新闻中心副主任沈芸，记者龚奇、柳晓黎、刘艳琼、卢嘉玺赴越南拍摄《天下义乌》专题节目。

43. 10月15日至24日，广播交通之声记者戴家琪、雷学勤、陈裕杰，国际频道编导陈旭洲出访加拿大、美国，与汇声广播华侨之声电台联合制作特别节目，展示我省经济社会发展成就及民风习俗、文化地理，同时与美国鹰龙传媒有限公司增强外宣节目的覆盖推广、开展受众调研等事宜进行深入洽谈。

44. 11月7日至18日，交通旅游导报社副社长何天俊随省报协组团赴南非、纳米比亚、阿联酋，实地考察到访国主要新闻媒体发展的体制机制，了解传统纸媒发展的思路与做法。

45. 11月26日至12月7日，浙江卫视新闻中心记者黄小裕、邵大望随省外办组团赴德国、比利时采访报道友城交流活动。

46. 11月28日至12月23日，浙江卫视编导黄坚、叶惠明、王凯、姚远、左言彬、宫浩赴以色列、摩洛哥拍摄大型纪录片《艺术：北纬三十度》中东北非篇。

47. 12月3日至14日，集团副总编辑董传亮率团出访新西兰、澳大利亚、印尼三国，分别与 Mediaworks 传媒集团、澳广公司、印尼星洲日报等当地主流媒体就扩大双边交流领域，增进互惠传媒合作等事宜进行洽谈，并就新媒体发展、多屏融合等主题展开研讨。集团科技管理部主任周智敏、产业发展部主任高子华、浙江之声副总监张建平、电视影视娱乐频道总监金俊、新蓝网总编辑钱黎明随同出访。

48. 12月3日至8日，浙江卫视节目中心编导郑宏赴新加坡参加第13届亚洲电视节，与参会的境外机构洽谈版权合作、模式引进等事宜，并参加一系列专业论坛，近距离了解全球影视娱乐行业的最新动态及发展趋势。

49. 12月7日至14日，集团监察审计室副主任李萌华，广播电视传输发射中心工程师杜崇建、曹旸出访美国，与哈里斯传输系统公司研讨设备维护、技术升级等事宜，并赴洛杉矶、纽约等地观摩类似设备的实际使用情况。

50. 12月22日至31日，电视播出中心主任夏大强，行政管理部调研员金明财，科技管理部工程师夏海月，电视播出中心工程师刘永成、丁景、李一君赴南非、毛里求斯，与当地媒体机构交流安达斯播出集成系统的使用及维护情况。

浙江广播电视集团
2012年度与港澳台地区交流情况

1. 3月18日至21日，集团电视经济生活频道副总监孙剑忠赴香港参加国际影视博览会，全面了解广播影视发展的最新动态，并与当地媒体交流合作事宜。

2. 3月25日至4月2日，集团党委书记、总裁王同元率团赴台湾地区交流考察，与旺旺中时媒体集团、TVBS、森森购物、东森电视台等一批主流传媒机构相互交流在运营管理、内容建设、推广营销、新媒体发展等领域的经验与做法，并深入洽谈增进交流、促进合作事宜。集团管委委员、人事管理部主任郦海瑾，集团编委委员、电视教育科技频道总监胡戎，少儿频道总监李勤勇，广播音乐调频总监裘永刚，浙江卫视副总监王俊，电视民生休闲频道副总监李秀平，集团办公室副主任何族强，集团办公室接待科科长周晓政，广播交通之声广告部主任张欣随同赴台。

3. 4月1日至9日，集团科技管理部助理调研员张康敏随中华广播影视交流协会组织的代表团赴台湾进行电视技术交流，通过专题调研、实地观摩、业务交流等方式，共同研讨电视制播新技术及制播流程的科学化管理，增进海峡两岸电视媒体的相互了解与互信。

4. 6月25日至29日，浙江卫视新闻中心记者杨海、摄像娄原随省政府代笔团赴香港采访报道苏浙沪庆港回归 15 周年活动。

5. 9 月 14 日至 20 日，浙江卫视新闻中心记者余晖、张楠随省文化厅组团赴台湾采访报道第六届台湾浙江文化周。

6. 9 月 18 日至 25 日，集团管委、办公室主任姚休，集团总编室科长潘波随省广电学会组团赴台湾观摩 2012 台北电视节。

7. 9 月 18 日至 24 日，浙江卫视新闻中心记者范豪群、李学东随省旅游局组织的省内主流媒体记者团赴台湾进行采风考察活动，以加深对台湾经济社会发展情况的了解，增强海峡两岸新闻交流。

8. 9 月 20 日至 23 日，浙江卫视总监夏陈安、节目中心副主任陈伟、营销中心副主任楼志岳赴澳门参加《中国好声音》全球巡回首场演唱会并指导相关节目制作。

9. 10 月 15 日至 18 日，好易购家庭购物频道总监蔡懿、客户营销中心主任王忆、商品开发中心副主任沈莉、节目制播中心主任助理樊凯、运营管理中心统筹编排部经理李明华赴台与森森百货股份有限公司进行业务交流与研讨，深入了解台方购物节目的电视制作和网络推广、商品开发方案及销售理念以及不同管理模式的优劣等。

10. 11 月 20 日至 29 日，浙江卫视新闻中心记者周新科、姜晓丹，浙江之声记者方向红随浙江新闻界人士和中央驻浙媒体团赴台采访，进一步拓展深化与台湾新闻界的交流与合作。

11. 12 月 10 日至 13 日，浙江卫视总监夏陈安，管理中心主任方国定，总编室副主任许继锋，节目中心编导刘曦、张炜、胡乔华、彭奕裔、边渊赴澳门参加第三届“澳门国际电视节”暨“国际电视台长论坛”活动，并与知名导演、艺人洽谈合作事宜。

浙江广播电视集团 2012 年接待境外来访人员情况

1. 2 月 10 日，集团管委、办公室主任姚休会见了日本静冈县企划广报部一行 5 人，商谈借助浙静结好 30 周年之契机，进一步加强两地新闻领域交流与合作事宜。

2. 4 月 20 日至 22 日，日本 TVQ 九州放送社长河西敬一、取缔役中岛修一行 2 人到访集团。集团党委书记、总裁王同元，副总裁何跃新分别与日方进行了会晤，并在运营管理、内容生产、品牌建设等领域深入交流、充分探讨。双方均表示将继续深化双边友谊、推进互惠合作。集团管委、办公室主任姚休，国际频道总监朱进萱，集团办公室副主任茹竞岩、李艳等参加会见。

3. 5 月 15 日，电视钱江频道副总监祝云光与集团办公室外事科有关人员会晤了韩国光州文化放送文化局局长朴栋灿一行 2 人，双方就联合举办“3D 魔幻艺术中国特别展”的协议内容进行商议。

4. 6 月 28 日，集团党委书记、总裁王同元会见了来访的韩国 MBC 光州文化放送社长徐敬周、MBC 中国支社长文哲虎一行 5 人，双方回顾了历年的交流与合作，并对继续增进双边友谊、拓展合作领域做了展望。29 日，集团总编辑程蔚东、副总裁何跃新与韩方一同参加“魔幻 3D 艺术展”开幕仪式，这是双方立足传统媒体优势，拓展衍生产业的一次有益尝试。

5. 7 月 20 日，墨西哥驻沪总领事罗兰多·加西亚一行 3 人来访，与浙江卫视副总监杜昉及节目中心部分主创人员商谈赴墨拍摄《艺术：北纬三十度》事宜。墨方对该节目的制作方案做了详细了解，并愿提供各种协助以确保拍摄顺利进行。

6. 8 月 23 日，集团总编辑程蔚东会见了瑞典 Bonnier 广播集团副总裁谢曼杨、瑞典电视 4 集团副总裁马尔特及中国区总监刘雨中一行，双方回顾了中瑞双方在联合制片、高层互访领域的密切交流，并就发挥各自优势，推动内容生产、品牌协作、营销推广等方面的合作充分交换了意见。

7. 8月31日，集团副总编辑董传亮会见了由缅甸宣传部信息与公共关系司副处长吴温勉率领的缅甸新闻代表团一行。双方就新媒体发展及媒介融合竞争等事宜进行了交流，并表达了增进相互了解、推动常态合作的良好愿景。集团管委、办公室主任姚休，新媒体公司总经理吴慧君，总编室副主任陈秋是，新蓝网总编辑钱黎明参加了会见。

8. 9月14日，集团副总编辑董传亮会见了前来浙江参观考察的非洲法语国家广播电视中高层管理官员研修班一行，并向外方介绍了集团新媒体发展的具体情况，双方还就媒介融合、多元渠道传播、数字内容生产等领域进行了互动交流。集团总编室主任陈方柱、新媒体总经理吴慧君、新蓝网总编辑钱黎明、集团办公室副主任李艳参加了会见。

9. 10月11日，浙江卫视节目中心与集团办公室外事科人员与墨西哥驻沪总领事罗兰多·加西亚一行3人交流了《艺术：北纬三十度》在墨拍摄时的基本情况，并就节目制作等后续事宜交换了意见。

10. 12月5日，钱江频道、集团计财部、集团办公室外事科相关人员会见了来访的韩国光州文化放送文化局局长朴栋灿，双方就联合举办3D魔幻艺术展的合同条款、处置预案等进行了商议。

11. 12月6日，集团副总裁杨勇会见了来访的英国驻华大使馆新闻部主管（一等秘书）John Gallagher与英驻沪总领馆新闻处主管Mark Logan。双方就加强媒体合作，推动两国文化交流等事宜进行了商谈。国际频道副总监高枫参加会见。

12. 12月7日，国际频道副总监高枫及集团办公室外事科人员会晤了来访的新西兰惠灵顿经济发展署官员，双方就此前集团高层赴新访问时签署的双边影视合作协议执行细则进行了商议。

13. 12月20日，集团办公室外事科会晤了台湾宜兰“浙江经贸文化之旅”参访团一行8人，双方就加强两岸文化经贸交流、促进媒体协作等事宜充分交换了意见。

20. 统计

TONGJI

2012年浙江省广播电影电视业发展概况

2012年，在国际经济复苏进程依然缓慢、国内经济下行压力加大的严峻形势下，全省广播影视工作以迎接、宣传、贯彻党的十八大和省党代会为主线，抓住重点、突破难点、创新亮点，全面完成了各项目标任务，保持了健康向上发展的良好态势。2012年全省广播影视业发展指标统计数据具体如下：

一、全省广播影视行业主要指标、数据

全年制作广播节目464716小时，制作电视节目165056小时。全年制作电视剧75部2803集，制作动画电视439小时35分钟。

全年经营收入237.81亿元（含电影综合收入13.75亿元），比上年增长16.41%；实现增加值97.15亿元，比上年增长41.02%；全行业资产总额525.35亿元，比上年增长27.79%。

全行业从业人员为42689人，比上年增加2756人。

（一）广播电视宣传情况

1. 广播

2012年底全省共有广播电台78座，其中省级1座、地市级11座、县（市、区）级66座。全省广播节目套数包括省、市、县公共广播节目共为108套。

（1）节目播出情况：全省全年公共广播节目播出节目共计714622小时。平均每日播出时间1957小时52分钟。在全省公共广播节目播出时间中，按节目类型分：新闻资讯类节目占20.38%、专题服务类节目占24.42%，综艺类节目占25.18%、广播剧类节目占3.73%、广告类节目占10.18%、其他类节目占16.11%。按节目来源分：转中央台节目占6.57%、转省级台节目占5.77%、转地市级台节目占2.85%、自制节目占74.35%、购买交换节目占10.46%。

（2）广播节目制作情况：全年制作广播节目共计464715小时49分钟，被中央人民广播电台采用广播节目2570条。

2. 电视

2012年全省共有电视台78座，其中省级1座，县（市、区）级11座。全省电视节目套数共为116套，其中：省、市、县公共电视节目114套，付费电视节目2套。

（1）节目播出情况：全省全年公共电视节目播出时间733784小时。平均每日播出时间2010小时36分钟。在全年公共电视节目播出时间中，按节目类型分：新闻资讯类节目占12.89%、专题服务类节目占10.03%、综艺益智类节目占5.29%、影视类节目占44.84%、广告类节目占16.85%、其他类节目占10.10%。按节目来源分：转中央台节目占2.94%、转省级台节目占1.37%、转地市级台节目占0.52%、自制节目占39.61%、购买交换节目占55.56%。

（2）电视节目制作情况：全年制作电视节目共计165056小时，被中央电视台采用电视节目2852条。

2012年全省制作电视剧75部2803集。

2012年制作动画电视439小时35分钟。

(3)电视节目交易情况:全年全省电视节目国内销售额 34.31 亿元,其中:社会影视机构全年电视节目国内销售额 33.31 亿元,占全省电视节目国内销售额的 97.08%。

3. 电影

2012 年全省制作电影 34 部。

2012 年底,全省院线内影院 196 家,其中县级城镇多厅影院 88 家;院线内影院放映厅 1110 个。

2012 年全省观影人数达到 3440.57 万人次,院线内影院票房收入 13.33 亿元,与去年同比增长 36.75%。

农村电影放映工程送电影下乡 30.5 万场,农村电影数字有线公司 12 家,农村数字电影放映队 810 个。

(二)广播电视传输与覆盖情况

2012 年全省广播电视传输覆盖基础设施建设,以城乡有线广播电视网络整体转换和双向化改造为重点,继续稳步推进。全省广播、电视综合覆盖率继续上扬。

广播人口综合覆盖率 99.54%,比上年提高 0.16 个百分点。中央广播节目覆盖率 98.81%,比上年提高 0.41 个百分点。

电视人口综合覆盖率 99.60%,比上年提高 0.22 个百分点。中央电视节目覆盖率 98.91%,比上年提高 0.28 个百分点。

1. 无线广播、电视发射台站

(1)全省共有中波广播发射台 36 座,发射功率 405 千瓦;广播调频发射(转播)台 99 座,发射功率 322.35 千瓦。

(2)全省共有电视发射台、转播台 97 座,发射功率 290.72 千瓦。

(3)全省有微波传送线路 1852.20 公里,其中数字微波线路 898.66 公里。

2. 有线广播电视传输

(1) 全省有线广播电视传输干线网络总长达 251594 公里。

(2) 全省共有有线广播电视用户数 1357.34 万户,比上年增加 26.41 万户;全省有线广播电视入户率 83.89%。

(3) 全省共有有线数字电视用户数 1179.79 万户。

(三)农村广播电视覆盖情况

1. 农村广播人口综合覆盖率 99.44%,中央广播节目覆盖率 98.65%。

2. 农村电视人口综合覆盖率 99.52%,中央电视节目覆盖率 98.80%。

3. 全省农村有线广播电视用户数 808.64 万户,全省农村有线广播电视入户率为 68.38%。

(四)从业人员

2012 年底,全省广播电视从业人员(含社会影视机构)计 42689 人,管理人员 4869 人、专业人员 21617 人、其他人员 16203 人。

全部从业人员按学历分:研究生以上 887 人,本科及大专 30452 人,高中及以下 11350 人。

全部专业技术人员中,高级职称 1551 人,中级 6178 人,初级 21856 人。

全部从业人员按年龄分:35 岁以下 20654 人,36 岁至 50 岁 17747 人,51 岁及以上 4288 人。

(五)广播影视业经营情况

全省广播影视业经营收入 237.81 亿元,比上年增长 16.41%;省本级 57.52 亿元,比上年增长 10.87%;市级 45.56 亿元,比上年增长 0.80%;县级 45.86 亿元,比上年增长 7.10%;全省影视机构 75.12 亿元,比上年增长 66.08%;电影综合收入 13.75 亿元,比上年增长 41.03%。

经营收入中广告收入 72.44 亿元,比上年增长 6.42%;有线电视网络业务收入 54.16 亿元,比上年增长 10.24%,其中有线电视收视费收入 28.03 亿元,比上年增长 9.53%;其他产业收入 63.01 亿元,比上年增长 1.0%。

全省广播影视事业单位资产总额 175.54 亿元,其中固定资产原值为 101.63 亿元,占资产总额的 57.90%。

全省广播影视企业单位(含社会影视业)资产总额349.81 亿元。

全省本年固定资产投资额(含社会影视机构)36.60 亿元。

二、全省广播影视节目制作机构主要指标、数据

2012 年,纳入统计的全省广播影视制作机构共 701 个。

全省广播影视制作机构全年制作电视节目 199778 小时 19 分钟;制作电视剧 64 部 2533 集;制作动画电视 433 小时 26 分钟。

全年制作电视节目投资额 21.92 亿元,其中,电视剧制作和动画电视制作投资额分别为 15.58 亿元和1.90 亿元。

全年电视节目国内销售额 33.30 亿元，其中，电视剧和动画电视国内销售额分别 25.05 亿元和 1.70 亿元。

全年经营收入为 75.12 亿元，与去年同比增长 66.08%，其中，广告收入 47.07 亿元，占经营收入的 62.66%；广播电视节目销售收入 33.31 亿元，占经营收入的 44.34%；其他收入 5.26 亿元，占经营收入的 7.0%。

年末从业人员 5424 人，其中，管理人员 1150 人、专业人员 2827 人、其他人员 1447 人。从业人员按学历分：研究生以上 278 人，本科及大专 4346 人，高中及以下 800 人；专业人员中：高级职称 153 人，中极 485 人，初级 1716 人。从业人员按年龄分：35 岁及以下 4126 人，35 岁及 50 岁 1095 人，51 岁以上 203 人。

图(一)

2012 年全省广播影视业各项收入构成情况

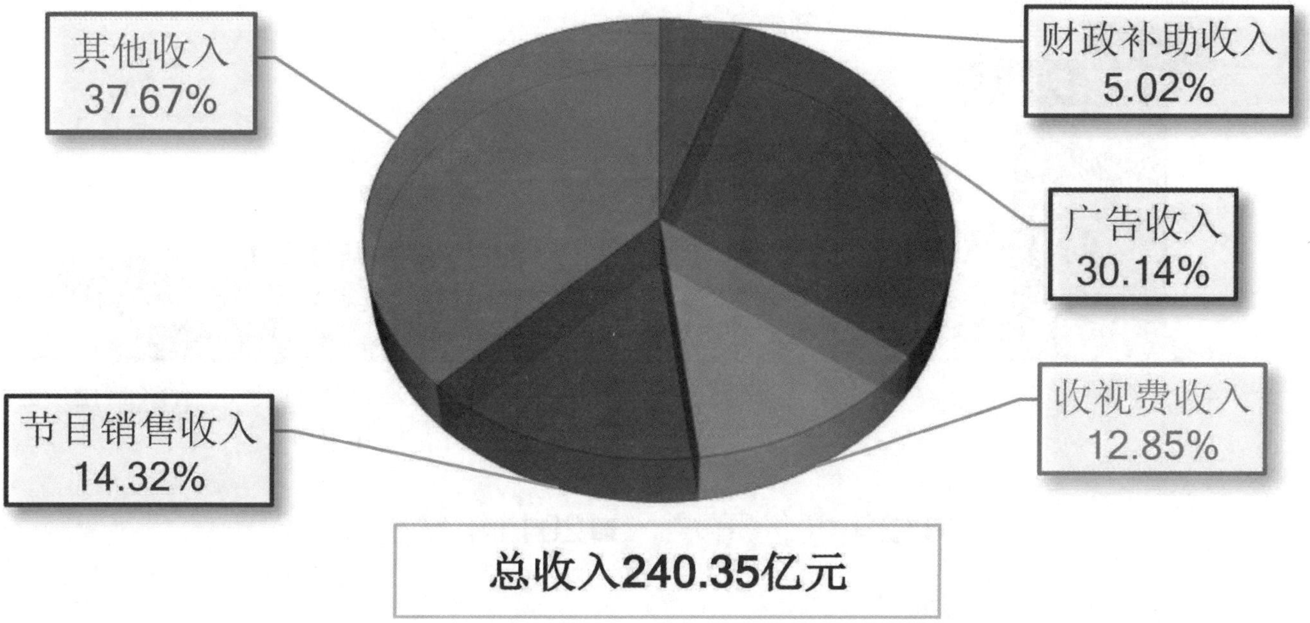

图(二)

2012 年全省广播影视业经营收入分级构成情况

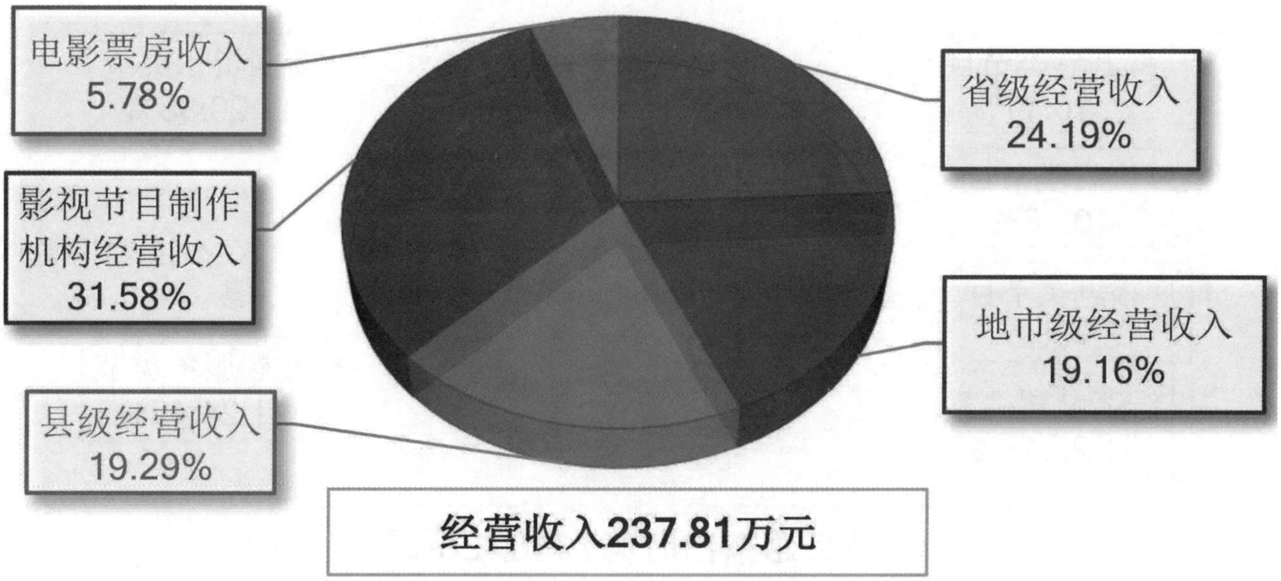

图(三)　2012 年与 2011 年全省广播影视业经营收入比较情况

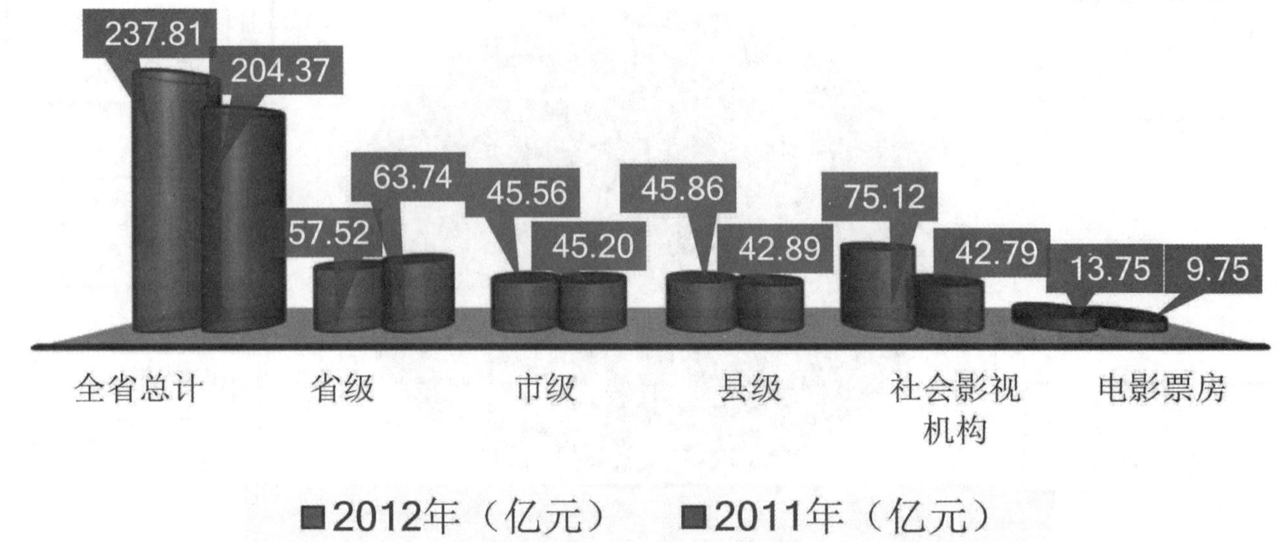

图(四)　2012 年全省公共广播节目播出时间按节目类型构成情况

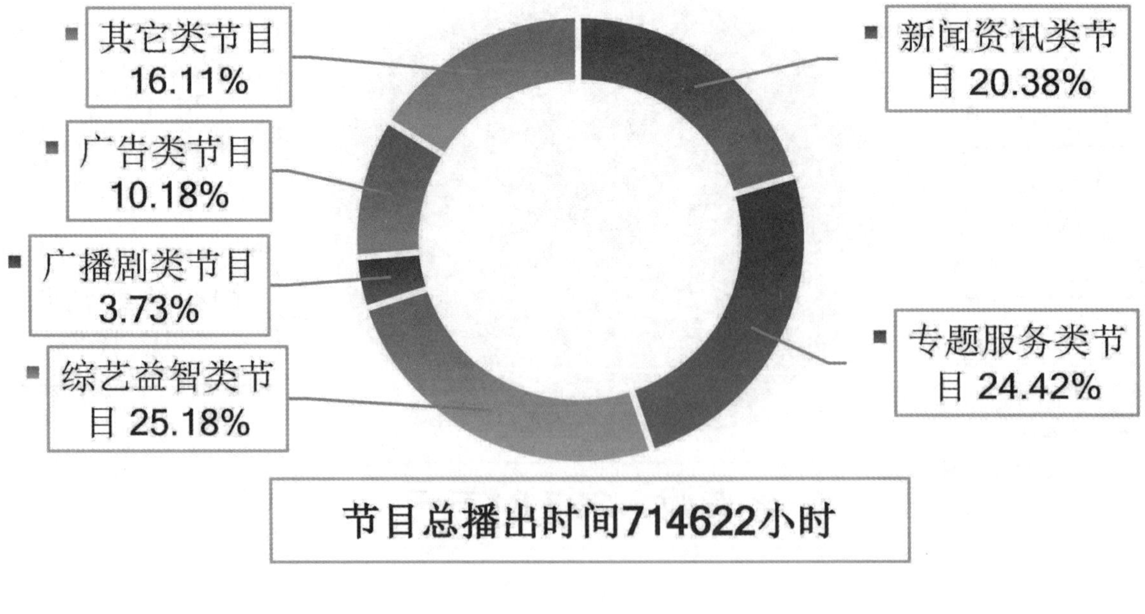

图(五)　2012 年全省公共广播节目播出时间按节目类型构成情况

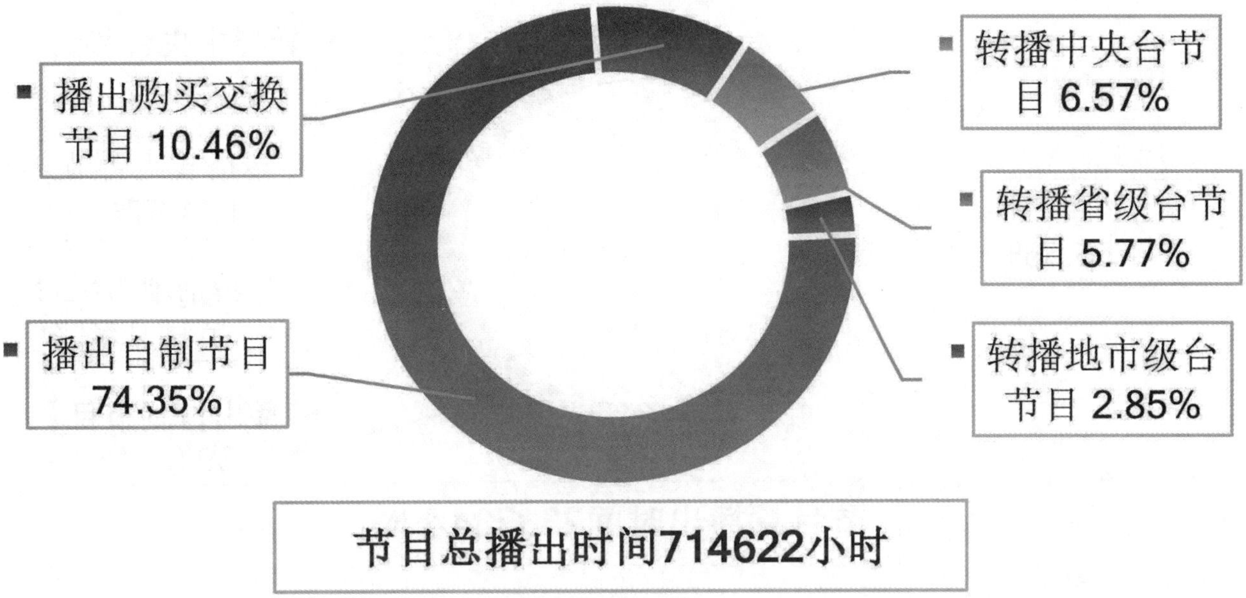

图(六)　2012 年全省公共电视节目播出时间按节目类型构成情况

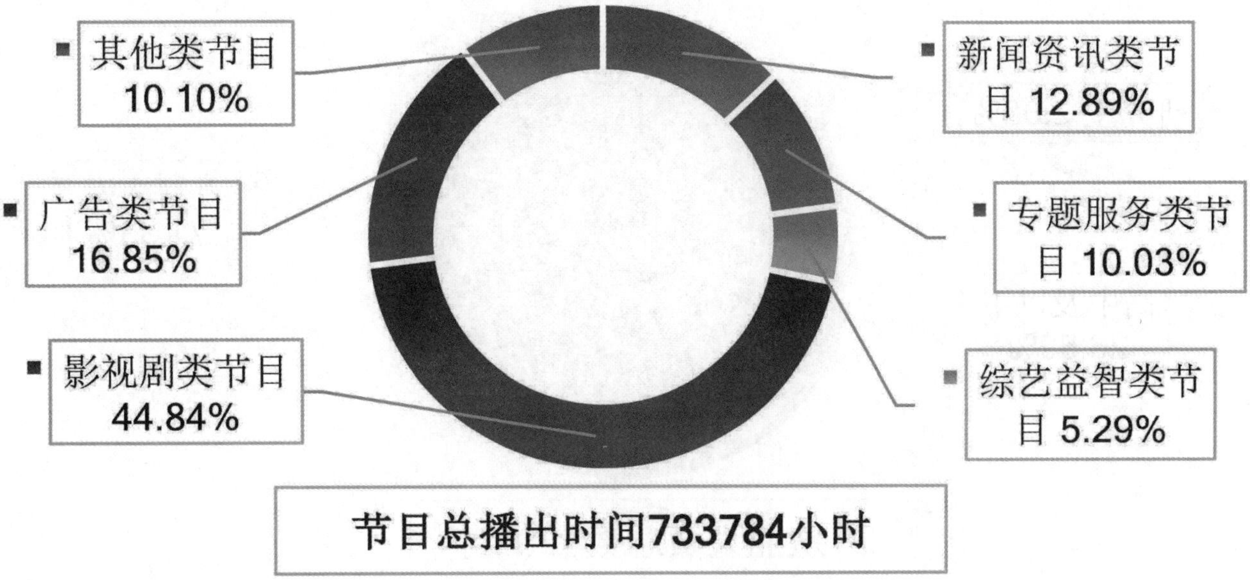

图(七) 2012年全省公共电视节目播出时间按节目类型构成情况

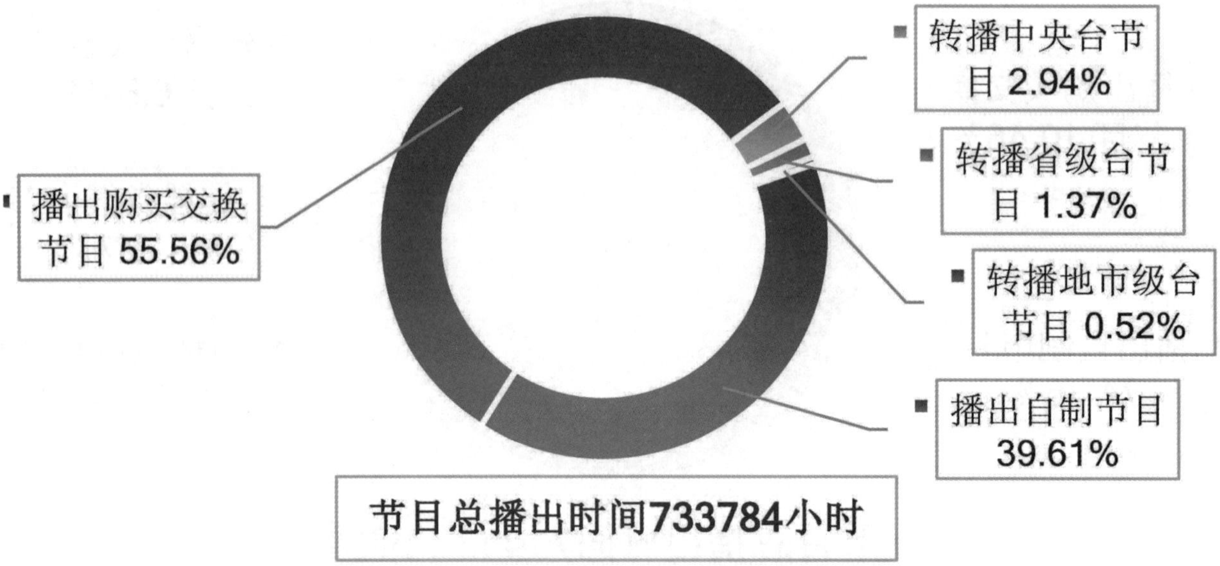

图(八) 2012年全省广播影视业从业人员学历构成情况

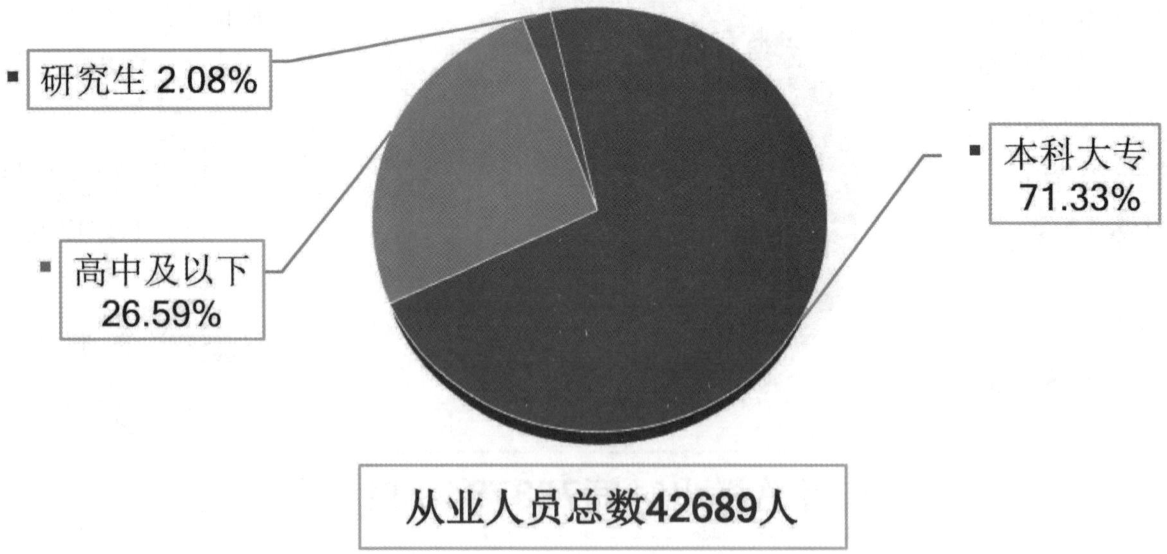

图(九)　2012 年全省广播影视业从业人员职称构成情况

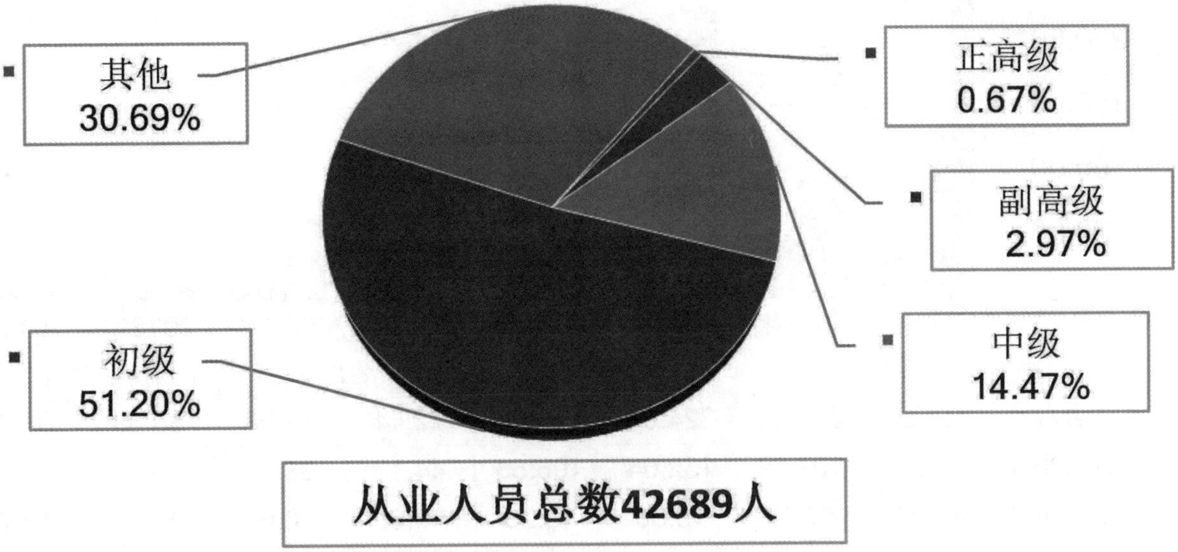

图(十)　2012 年全省广播影视业从业人员年龄构成情况

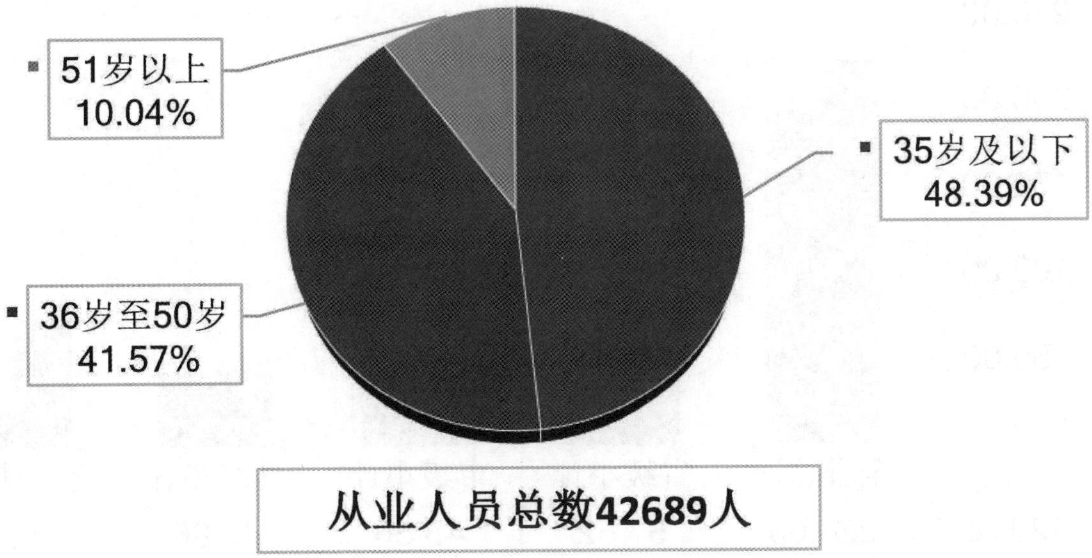

图(十一) 2012 年与 2011 年全省各级广播电视台各项收入比较

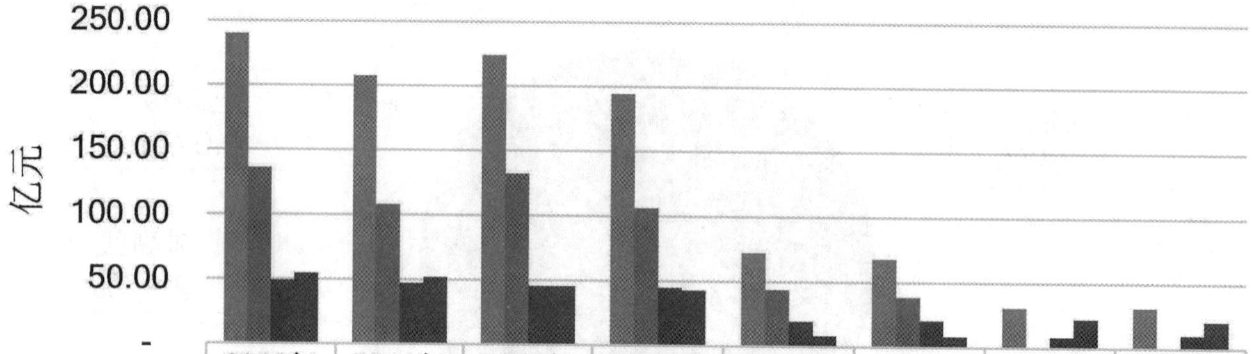

	总收入		经营收入		广告收入		收视费收入	
	2012年	2011年	2012年	2011年	2012年	2011年	2012年	2011年
■全省总计	240.35	207.59	224.06	194.62	72.44	68.08	30.89	31.30
■省级小计	136.18	107.99	132.64	106.53	44.13	38.72	-	-
■市级小计	49.31	47.47	45.56	45.20	19.60	20.67	8.57	10.29
■县级小计	54.86	52.13	45.86	42.89	8.71	8.69	22.32	21.02

图(十二) 2012 年与 2011 年全省各级广播电视台经营收入比较

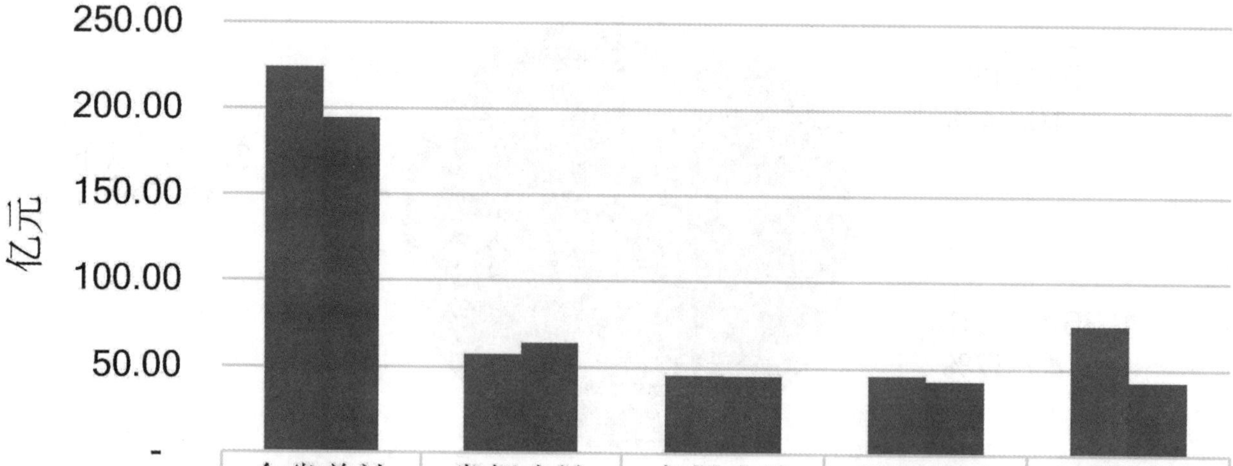

	全省总计	省级小计	市级小计	县级小计	影视机构
■2012年	224.06	57.52	45.56	45.86	75.12
■2011年	194.62	63.74	45.20	42.89	42.79

图(十三)

2012 年 1—12 月份全省各级广播电视台经营收入走势图

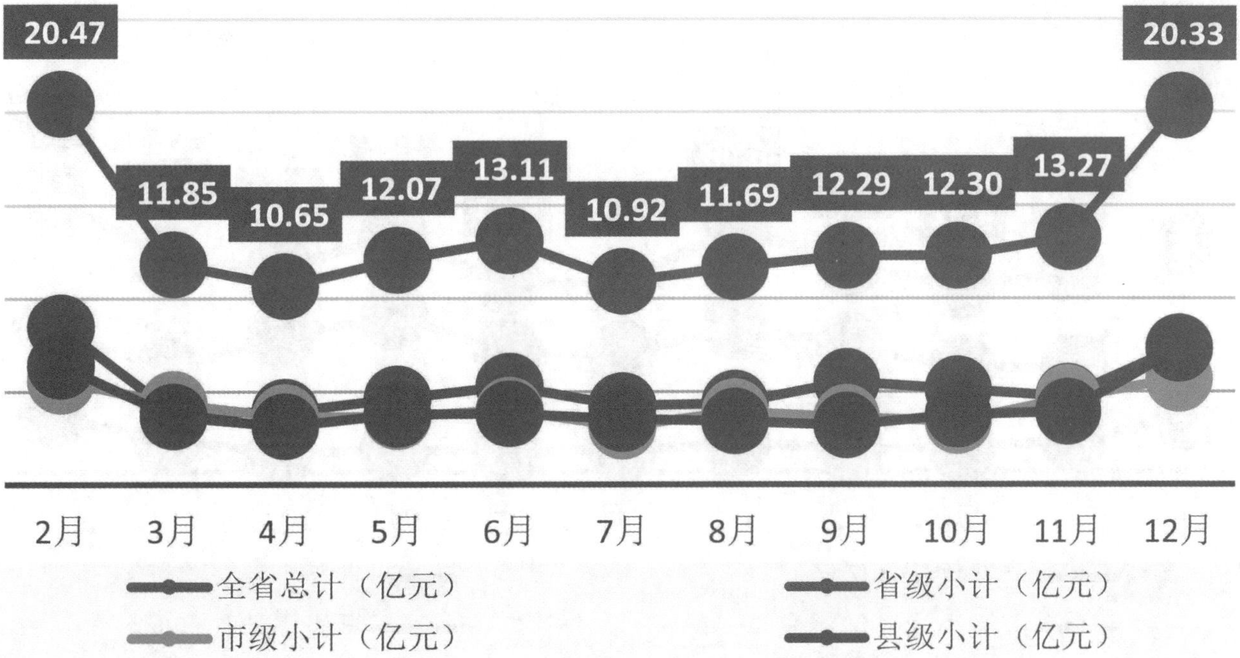

图(十四)

2012 年与 2011 年全省各级广播电视台广告收入比较

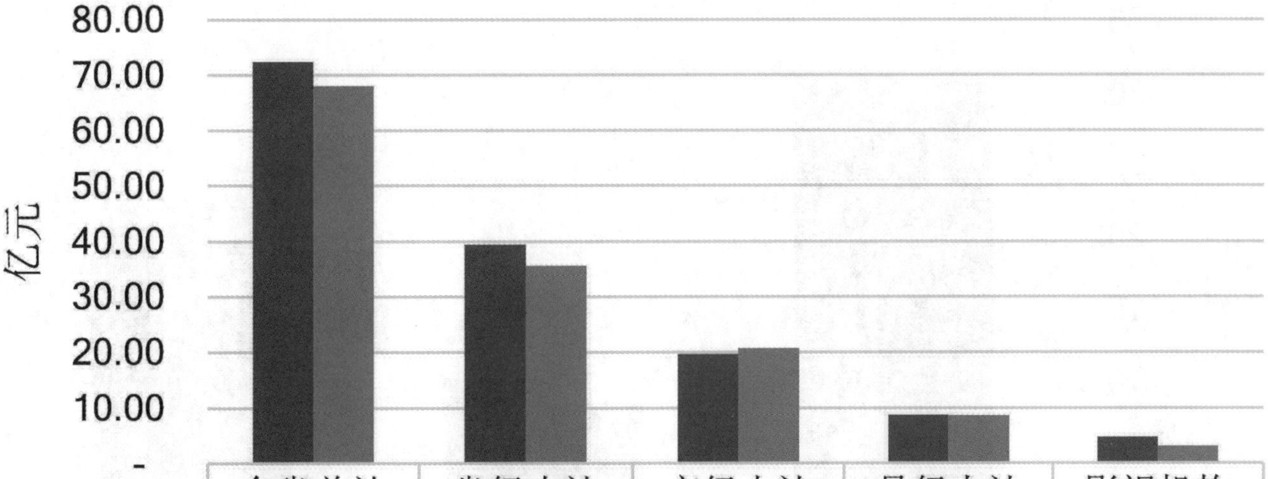

	全省总计	省级小计	市级小计	县级小计	影视机构
■2012年	72.44	39.42	19.60	8.71	4.71
■2011年	68.08	35.64	20.67	8.69	3.08

图(十五) 2012 年 1—12 月份全省各级广播电视台广告收入走势图

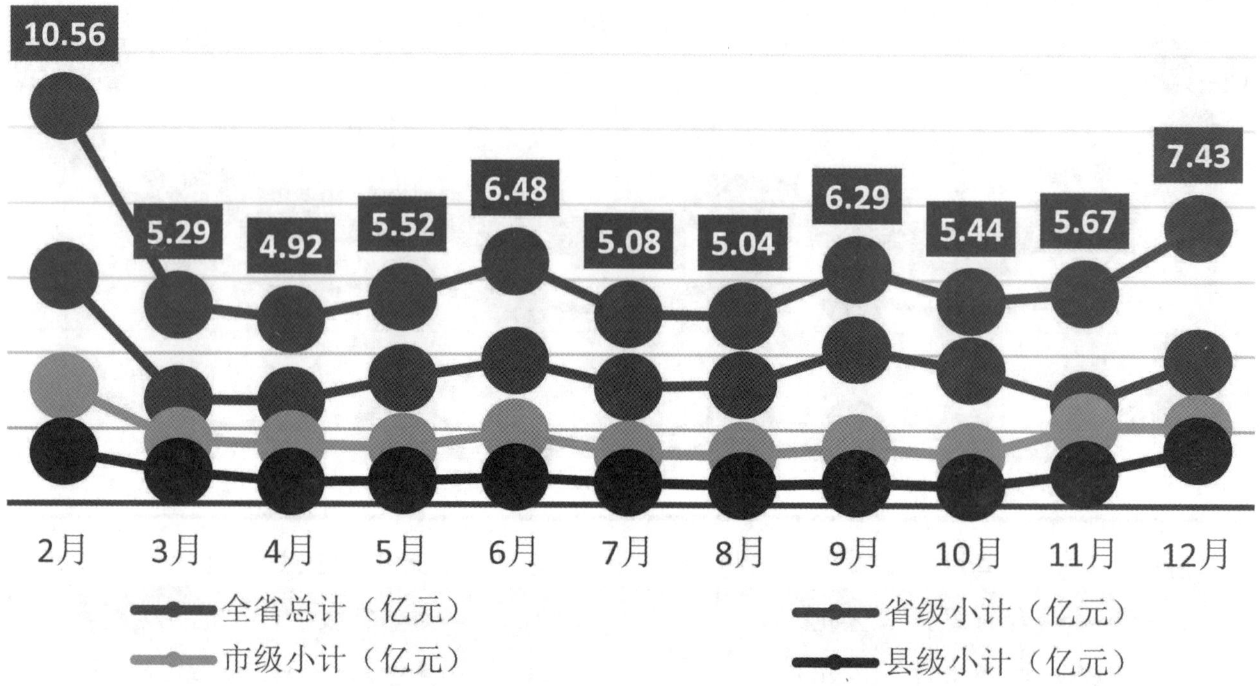

图(十六) 2012 年与 2011 年全省有线广播电视收视费收入比较

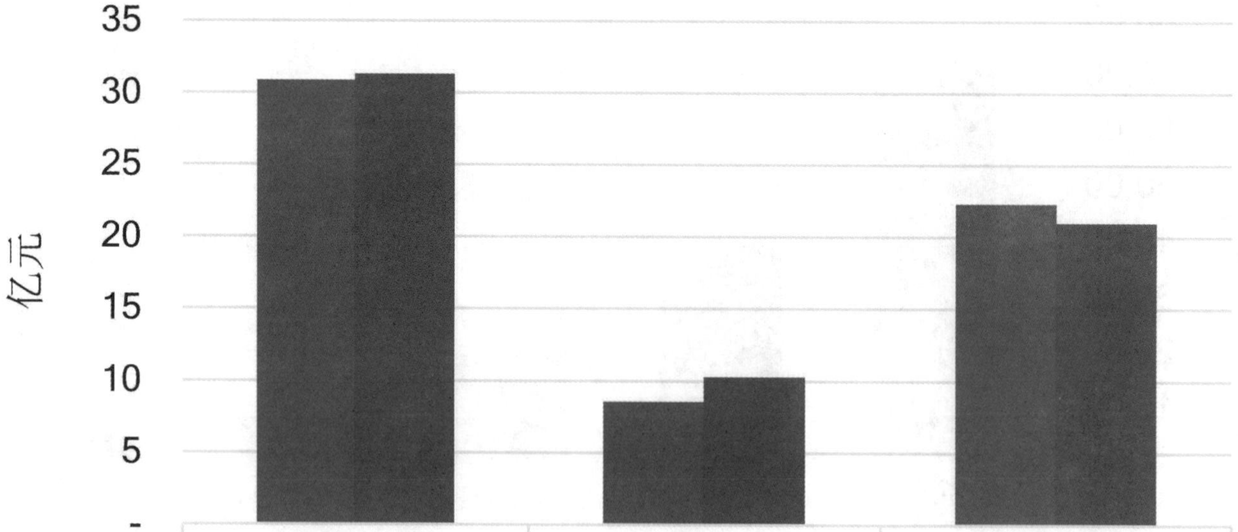

	全省总计	市级小计	县级小计
■2012年	30.89	8.57	22.32
■2011年	31.30	10.29	21.02

图(十七)　**2012 年 1—12 月份全省有线广播电视收视费收入走势图**

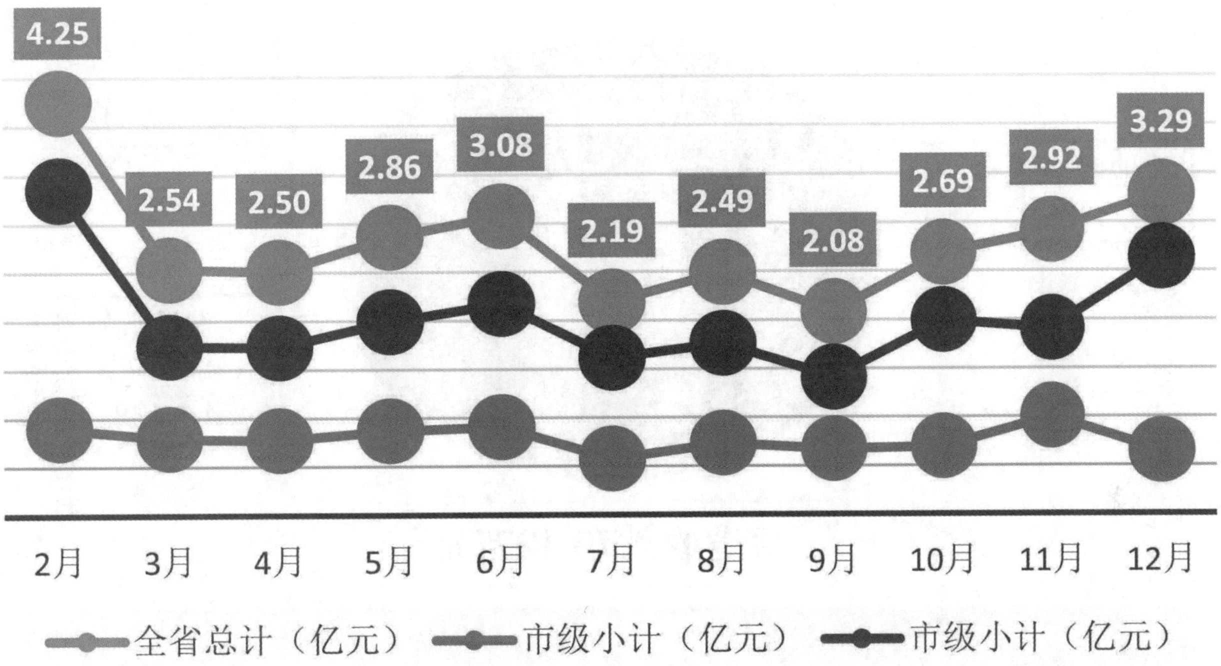

图(十八)　**2011 年全省十一地市有线电视用户数**

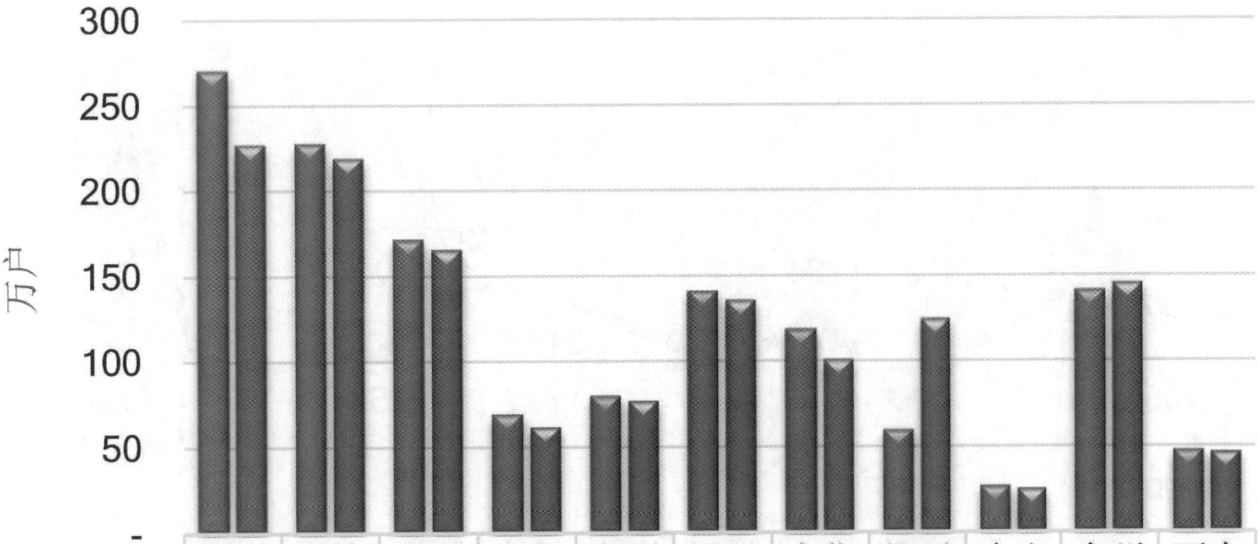

	杭州	宁波	温州	嘉兴	湖州	绍兴	金华	衢州	舟山	台州	丽水
2012年	271	228	171	70	80	141	119	60	27	141	48
2011年	227	219	166	62	77	136	101	125	26	146	47

图(十九) 2012年全省广播影视节目制作机构各项经营收入构成情况

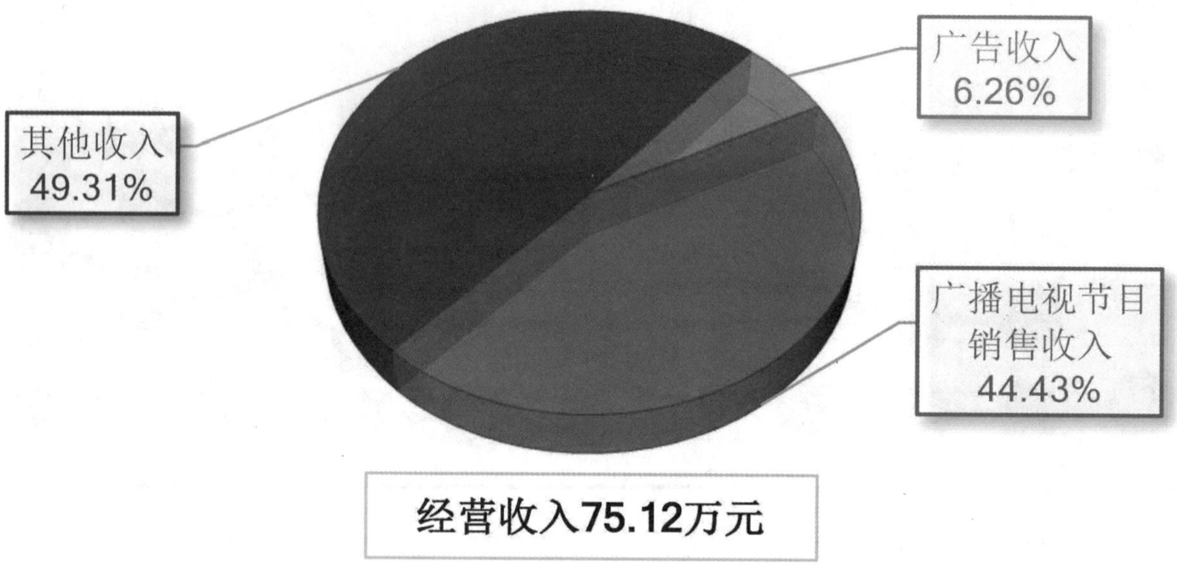

图(二十) 2012年全省电影票房观影人数月走势图

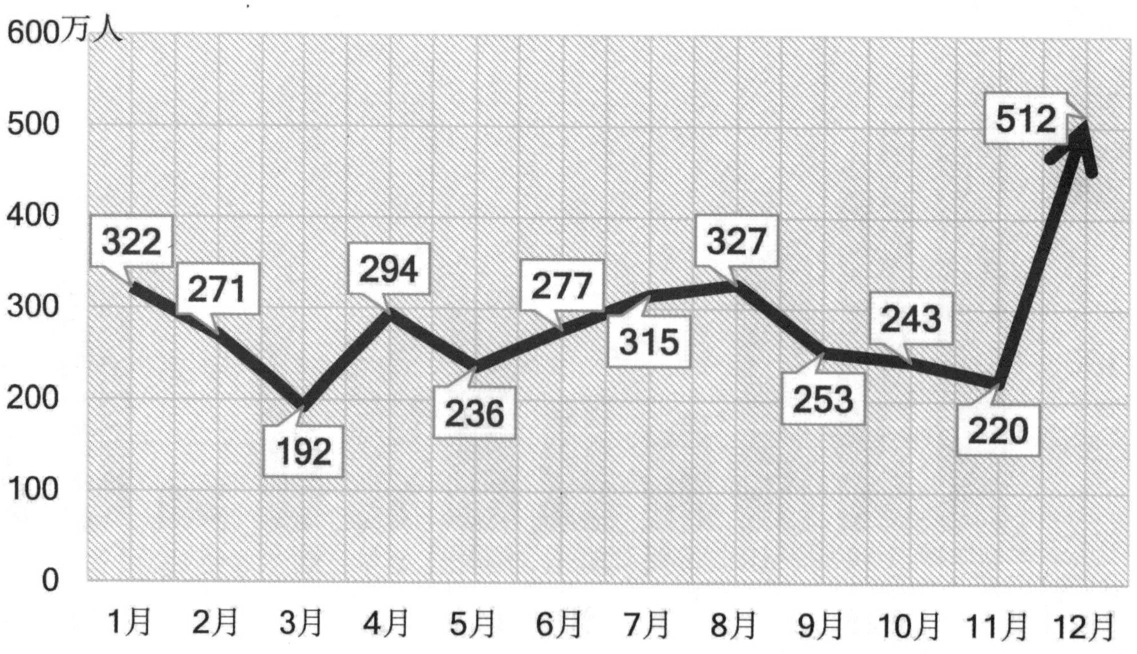

图(二十一)

2012 年全省电影票房收入走势图

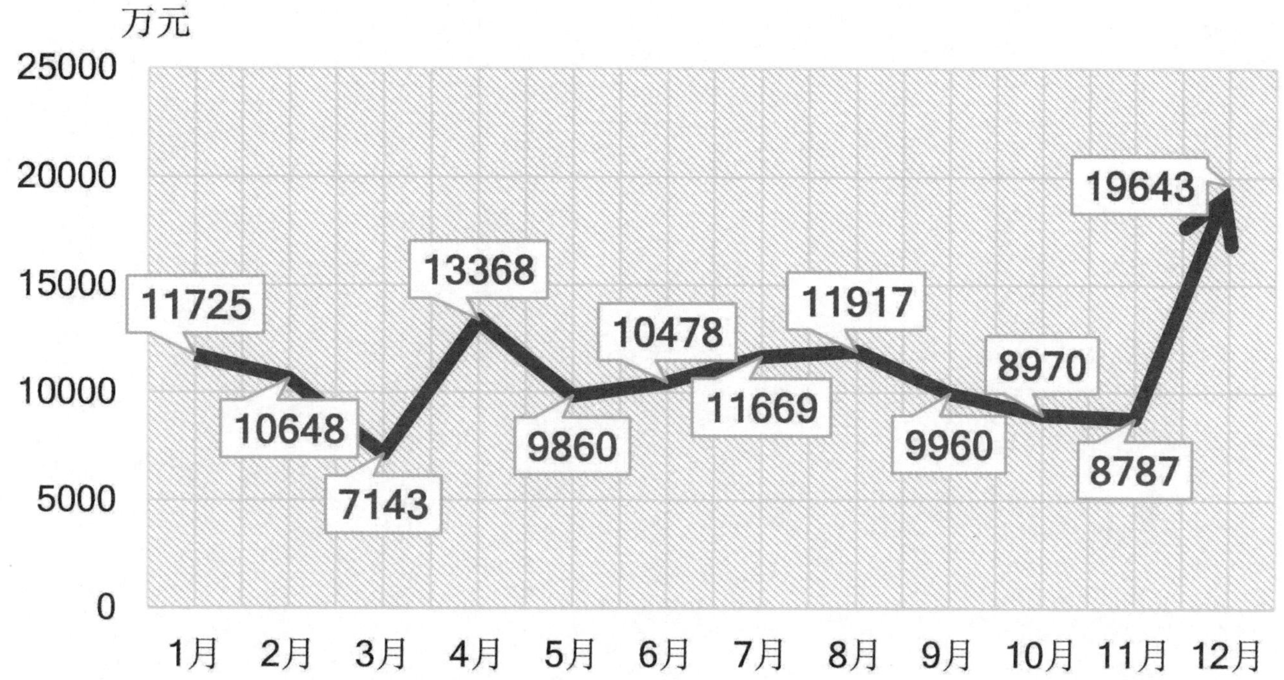